BUTTERWORTHS
SPANISH/ENGLISH
LEGAL DICTIONARY

DICCIONARIO JURÍDICO
ESPAÑOL/INGLÉS
BUTTERWORTHS

To my parents: it is easy to write a dictionary when your parents write dictionaries.

—— Guillermo Cabanellas de las Cuevas

To my parents for their love and especially to my husband, Marc, for his support and encouragement.

_____ **Eleanor C. Hoague**

ISBN   0-40925-667-6

ISBN   0-40925-669-2 *(2-vol. set)*

Grupo de Compañías Butterworth

Estados Unidos

Butterworth Legal Publishers, Austin, Texas; Clearwater, Florida (D & S Publishers); Orford, New Hampshire (Equity Publishing); St. Paul, Minnesota; y Salem, New Hampshire

Reino Unido

Butterworth & Co. (Publishers) Ltd., Londres y Edimburgo

Canadá

Butterworths Canada Ltd., Toronto y Vancouver

Australia

Butterworths Pte Ltd., Sydney, Melbourne, Brisbane, Adelaida y Perth

Nueva Zelandia

Butterworths (New Zealand) Ltd., Wellington y Auckland

Puerto Rico

Equity de Puerto Rico, Inc., Hato Rey

Singapore

Malayan Law Journal Pte Ltd., Singapore

IMPORTED BOOKS
P. O. Box 4414
Dallas, Texas 75208
(214) 941-6497   Printed in U.S.A.

GUILLERMO CABANELLAS de las CUEVAS
Abogado, Licenciado en Economía y Doctor en Ciencias Jurídicas. Profesor Títular de la Universidad de Buenos Aires. Profesor Adjunto de la Universidad de Illinois. L.L.B., Lic. in Economics and J.S.D. Professor, University of Buenos Aires. Adjunct Professor, University of Illinois.

ELEANOR C. HOAGUE
Abogada. Miembro del Colegio de Abogados del Estado de Washington. J.D. Member of the Washington Bar.

BUTTERWORTHS SPANISH/ENGLISH LEGAL DICTIONARY

1 ENGLISH/SPANISH

INGLÉS/ESPAÑOL

DICCIONARIO JURÍDICO ESPAÑOL/INGLÉS BUTTERWORTHS

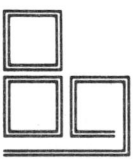

BUTTERWORTH LEGAL PUBLISHERS

PROLOGUE

The constant growth of communications and the resulting rapprochement between nations has brought about an increasingly intense interaction between different legal systems. Recently, this has given rise to an enormous volume of legal translations. These may be either explicit, as when legal writings must be translated from one language to another, or implicit as when legal writings which are read and used, are in a language which is not that of the writer or user.

This interaction becomes particularly intense and difficult when it concerns Spanish and English legal language. The intensity arises out of a variety of sources, including the commercial relationship between Spanish and English speaking countries, the existence of large populations of Spanish speakers in the United States, the use in Spanish speaking countries of legal texts written in English, the fact that Great Britain and Spain are both members of the Common Market, etc.. The main difficulty in English - Spanish legal translations is that one is not translating one identical concept from one language to another, but rather finding a legal concept in one language that is similar and fulfills equivalent functions of that in the other language.

The Anglo-North American legal system from which the largest part of legal terminology in the English language was developed and the Roman system which has been the source of Spanish legal terminology differ from their most fundamental concepts to those farthest afield. Bearing this in mind, it is useless to try to always find the equivalent in one language of a term used in the other; to do so also runs the risk of not providing the equivalent of the term in the other language, but of creating a pseudoterm which only sounds similar to the words actually used in the other language.

To avoid these dangers, we have provided the equivalent of each word only when one actually exists in the other language. When there is no precise equivalent, the meaning of the word has been explained. Even in cases in which a precise translation does exist, an explanation has also been provided where necessary.

It is obvious from these comments that this dictionary cannot supplant the knowledge, creativity and judgment of a translator. A careful translator must choose between different meanings, including a term or description which in the other language best provides the true interpretation of the term to be translated. This dictionary is thus a tool which must be used with the human flexibility and inventiveness. An accurate translation cannot be created by mechanically replacing words from one language with words from another: such work would merely give the appearance of certainty and equivalence where there is none.

PRÓLOGO

El permanente crecimiento de las comunicaciones, y el acercamiento entre naciones que ello implica, ha conducido a que la interacción entre los distintos sistemas jurídicos, sea cada vez más intensa. Ello ha dado origen a un volumen, hoy en día de enorme magnitud, de traducciones explícitas o implícitas, de uno a otro lenguaje jurídico. Explícitas, en la medida en que textos jurídicos deben ser vertidos a otro idioma; implícitas, en cuanto se leen y utilizan textos jurídicos correspondientes a idiomas que no son los del lector o usuario.

Esta relación entre lenguajes jurídicos es particularmente intensa y dificultosa entre el inglés y el español. Intensa, desde múltiples perspectivas: por las relaciones comerciales entre países anglo e hispanoparlantes, por la existencia de amplios núcleos de población de habla hispana en los Estados Unidos, por la utilización de textos jurídicos en inglés -por distintos motivos- en los países de lengua española, por el hecho de que el Reino Unido y España sean miembros del Mercado Común Europeo, etc. Dificultosa, por cuanto no se trata aquí de trasladar un mismo concepto de uno a otro idioma, sino de encontrar en otro lenguaje jurídico conceptos que guarden semejanza o cumplan funciones equivalentes a los de otro lenguaje, ante la imposibilidad de dar con el mismo concepto en ambos idiomas.

En efecto, el sistema jurídico anglo-norteamericano, en relación con el cual se ha formado la mayor parte de la terminología jurídica en lengua inglesa, difiere, prácticamente desde sus conceptos más fundamentales hasta los más laterales, del sistema de raíz romana que ha dado origen a la terminología jurídica en español. Sobre tal base, pretender encontrar en uno de estos idiomas el equivalente de los términos utilizados por el otro es un esfuerzo no sólo inútil sino que lleva consigo el grave peligro de dar no ya equivalentes de un término en otro idioma, sino crear un seudolenguaje que no es sino un símil sonoro en una lengua de las palabras que efectivamente se usan en la otra.

Para evitar estos peligros, se suministran equivalente de cada palabra en el otro idioma sólo cuando efectivamente los haya, en caso contrario, se explica el significado de la palabra carente de traducción exacta. También se da esa explicación, de ser necesaria, en los casos en que existe traducción precisa.

Surge del enfoque aquí adoptado que este diccionario no puede suplir el conocimiento, creatividad y criterio del traductor, éste debe optar entre distintas acepciones, incluir, en un texto determinado, sobre la base del significado de la palabra a traducir, el término que en otro idioma mejor supla al traducido, aunque no lo haya exacto. Este diccionario es así un instrumento para una tarea que hoy requiere la flexibilidad del talento humano. No es una suerte de maquinaria impresa, que daría una apariencia de certeza y univocidad, donde no la hay.

SUGGESTIONS FOR THE USE OF THIS DICTIONARY

1. Terms are arranged alphabetically in each language.

Accordingly, one must remember, for example, that in Spanish "ll" is a letter which come after "l" and before "m"; similarly, "ch" is a letter which come after "c" and before "d".

2. Phrases are alphabetized by their first words. Phrases that have a first word in common are alphabetized by the following word or words.

3. Abbreviations have been treated as if they were a single word.

4. Words foreign to both Spanish and English are placed in quotation marks. In particular, this has been done with Latin terms that are not fully incorporated into the language in which they are being used.

5. Spanish terms are listed with a description of their grammatical function and, as appropriate, their gender: verb (v), adjective (adj), adverb (adv), masculine (m), feminine (f).

6. When a given term has a variety of possible meanings, the various translations have been separated by two slanted lines.

7. In general, the precise equivalents of a term has been supplemented by an explanation only where it was deemed necessary for clarity. When no equivalent exists, only an explanation is provided.

8. English terms have been translated according to their use and meaning in the United States as well as in Great Britain. Spanish terms have been translated using the U.S. spelling.

INDICACIONES PARA LA CONSULTA Y EL MANEJO DE ESTA OBRA

1. Las voces se encuentran ordenadas alfabéticamente, según el orden alfabético del idioma al que corresponden. Debe así recordarse, por ejemplo, que en español la ll es una letra, que alfabéticamente va antes de la m y después de la l, similarmente, la ch es en español una letra, que alfabéticamente va antes de la d y después de la c.

2. Tratándose de voces compuestas, la alfabetización se basa en la primera de las palabras que la componen. Las voces compuestas cuya primera palabra es común son luego ordenadas en función de la alfabetización de las palabras que siguen a la primera.

3. Las siglas se consideran como si fueran una voz unitaria.

4. Las palabras y locuciones que se usan en uno de los idiomas, pero que pertenecen a otros idiomas y no han sido incorporadas al idioma en relación con el cual se usan, se colocan entre comillas. Tal el caso, en particular, de las voces latinas que se utilizan en relación con el inglés y el español pero no han sido incorporadas a estos idiomas.

5. Respecto de las voces en español, se indica antes de las mismas si son sustantivos masculinos (m), sustantivos femeninos (f), verbos (v), adjetivos (adj) o adverbios (adv).

6. Cuando una voz tiene varios sentidos posibles, las traducciones correspondientes a esos distintos sentidos se separan mediante barras.

7. En general, se incluyen los equivalentes en un idioma de las voces del otro, acompañándolos, cuando se lo considera necesario, por una explicación del sentido de la palabra que se traduce. Cuando no es posible dar tales equivalentes, se comienza directamente con la explicación de la voz de que se trate.

8. Tratándose de la traducción del inglés al español, en general se la da respecto de las voces según se las utiliza tanto en Estados Unidos como en Gran Bretaña. En la traducción del español al inglés se utiliza la ortografía empleada normalmente en los Estados Unidos.

ABACTION.

llevar o apropiarse por la fuerza. ‖ abigeato.

ABACTOR.

abigeo. La voz se aplica respecto de quien hurta o roba una cantidad de animales al tiempo, en contraposición con quien lo hace con un solo animal.

ABALIENATION.

enajenación o transferencia dc propiedad. Se trata de una traducción de la voz latina *abalienatio*; se la utiliza en el inglés jurídico solamente en relación con cuestiones de Derecho Romano o de CIVIL LAW (v.).

ABANDON.

abandonar.

ABANDONED PROPERTY.

propiedad abandonada.

ABANDONEE.

la persona que se ve favorecida por el abandono efectuado por otra.

ABANDONMENT.

abandono. Se utiliza esta voz respecto a la renuncia a un derecho, título o posesión, con intención de no reclamarlos. Tal renuncia puede resultar de actos mediante los que el titular de un derecho se desprende del objeto respecto del cual se ejerce tal derecho, sin que exista una persona determinada a la que se intente transferir tal derecho. El *abandonment* se distingue del SURRENDER (v.) por cuanto en esta segunda figura la renuncia a un derecho es seguida de un acuerdo con la persona favorecida por tal renuncia; del NON USE (v.) por cuanto en este último caso la falta de ejercicio de un derecho no se ve acompañada por la intención de abandonarlo; y del FORFEITURE (v.) por cuanto en esta última figura, si bien se pierde un derecho por su no ejercicio, ello no se debe a la intención de renunciar, sino a que el orden jurídico atribuye tal consecuencia al no ejercicio.

ABANDONMENT BY HUSBAND.

abandono del hogar conyugal por el marido.

ABANDONMENT BY WIFE.

abandono del hogar conyugal por la mujer.

ABANDONMENT CLAUSE.

cláusula por la que se acuerda el abandono del buque en favor del asegurador en caso de reclamarse la indemnización de la pérdida total del navío.

ABANDONMENT OF ACTION.

abandono de la acción. Se aplica la expresión tanto cuando se trata de la no iniciación de la acción dentro del término de prescripción, como cuando se omite instar a la continuación de un proceso ya iniciado, en los términos debidos.

ABANDONMENT OF CARGO.

abandono de la carga en favor del asegurador. V. ABANDONMENT CLAUSE.

ABANDONMENT OF CHILD.

abandono de un menor.

ABANDONMENT OF CHILDREN.

abandono de menores.

ABANDONMENT OF CLAIM.

renuncia a un derecho o acción. V. CLAIM.

ABANDONMENT OF COPYRIGHT.

abandono de derecho de autor.

ABANDONMENT OF CONTRACT.

rescisión unilateral del contrato que resulta del incumplimiento de sus términos acompañado de la intención manifiesta de continuar tal incumplimiento en el futuro.

ABANDONMENT OF DOMICILE.

abandono de domicilio.

ABANDONMENT OF EXCESS.
desistimiento de una parte de la demanda a fin de evitar que el tribunal interviniente se declare incompetente en razón del monto del juicio.

ABANDONMENT OF FREIGHT.
renuncia al flete.

ABANDONMENT OF GIFT.
renuncia a una donación o legado.

ABANDONMENT OF GOODS.
abandono de bienes.

ABANDONMENT OF INVENTION.
abandono de una invención, al no ejercerse los actos necesarios para su protección jurídica, particularmente su mantenimiento en reserva antes del patentamiento.

ABANDONMENT OF OFFICE.
abandono de un cargo público, tal que la ley infiera la renuncia al mismo, aunque ésta no tenga lugar formalmente.

ABANDONMENT OF PATENT.
abandono de patente.

ABANDONMENT OF PROPERTY.
abandono de propiedad.

ABANDONMENT OF RIGHTS.
renuncia de derechos.

ABANDONMENT OF SHIP.
abandono del derecho sobre un buque en favor del asegurador. v. ABANDONMENT CLAUSE.

ABANDONMENT OF SPOUSE.
abandono del cónyuge.

ABANDONMENT OF SUIT.
abandono de la instancia.

ABANDONMENT OF TRADE-MARK.
abandono de marca.

ABANDONMENT OF VOYAGE.
abandono de un viaje marítimo, al modificarse el destino del navío.

ABANDONMENT TO INSURER.
abandono de un bien en favor del asegurador.

ABATABLE NUISANCE.
perjuicio o turbación evitables o eliminables. La expresión hace referencia a los perjuicios causados al titular de derechos sobre un inmueble, perjuicios que son contra derecho y que pueden en la práctica ser evitados o eliminados. v. NUISANCE.

ABATE.
suprimir. Anular. Destruir. Disminuir.

ABATEMENT.
supresión. Reducción. Extinción. En un senti-do más estrecho, la suspensión, cese o disminución de una obligación o carga.

ABATEMENT NOTICE.
intimación, generalmente de origen municipal, a eliminar la causa de perjuicios y molestias causados sobre otras propiedades.
v. NUISANCE.

ABATEMENT OF ACTION.
extinción de la acción. Esta denominación de la terminación del proceso ha caído en relativo desuso. Se utiliza en algunas jurisdicciones respecto de ciertas formas específicas de extinción de la acción, p. ej. al no notificarse la demanda dentro de cierto plazo tras haber sido interpuesta.

ABATEMENT OF BEQUEST.
v. ABATEMENT OF LEGACIES. BEQUEST.

ABATEMENT OF DEBTS.
en un sentido amplio, la reducción de deudas. En un sentido más estrecho, la remisión parcial de las obligaciones de un deudor respecto de distintos acreedores, como parte de un proceso concursal o de un arreglo privado con efectos similares.

ABATEMENT OF LEGACIES.
reducción de legados, particularmente cuando el patrimonio del causante no alcanza para cubrir su valor.

ABATEMENT OF NUISANCE.
eliminación de los perjuicios o molestias causados sobre una propiedad, o de su causa, realizada generalmente por el propio perjudicado. v. NUISANCE.

ABATEMENT OF TAXES.
remisión o reducción de impuestos.

ABATOR.
quien toma la posesión de los bienes dejados por el causante, en perjuicio de sus herederos y legatarios. ‖ quien elimina los perjuicios y molestias causados sobre una propiedad, o su causa. v. ABATEMENT OF NUISANCE . ‖ quien ocupa una propiedad sin título o apariencia de éste.

ABBREVIATE.
abreviar.

ABBREVIATE OF ADJUDICATION.
resumen de un fallo.

ABBREVIATION.
abreviatura.

ABBROCHMENT.
acto de acaparamiento, mediante la adquisi-

ción de mercaderías destinadas a un mercado, antes de que lleguen a éste.

ABDICATE.
abdicar.

ABDICATION.
abdicación.

ABDUCT.
secuestrar. v. ABDUCTION.

ABDUCTION.
secuestro de personas. La voz se utiliza a veces en un sentido amplio, que incluye no sólo la retención de personas mediante fuerza, violencia o engaños, sino también aquellos casos en que se atrae a uno de los cónyuges, mediante la conquista de sus afectos, en detrimento de la unión conyugal.

ABDUCTOR.
raptor. Secuestrador.

ABEARANCE.
comportamiento. Es un sinónimo, poco usado de BEHAVIOUR (v.).

ABET.
instigar. Inducir. Incitar. Se aplica en relación con la comisión de delitos.

ABETMENT.
instigación. v. ABET.

ABETTOR.
instigador.
v. ABET.

ABEYANCE.
en general, suspensión, inactividad o indeterminación de un derecho. ‖ en particular, la situación de un bien inmueble (*in abeyance*) cuando carece de titular, especialmente cuando no existe un sucesor luego de la muerte de su anterior propietario.

ABEYANT.
en suspenso. En expectativa. Vacante.
v. ABEYANCE.

ABIDE.
aceptar. Conformarse. Cumplir.

ABIDE BY A RULE.
someterse a una regla.

ABIDING CONVICTION.
condena o sentencia definitiva respecto de algún extremo, particularmente la culpabilidad de un acusado.
v. CONVICTION.

ABIDING FAITH.
creencia o convicción respecto de determinado extremo.

ABIGEUS.
Abigeo. Se utiliza la voz en relación con el CIVIL LAW (v.).

ABILITY.
capacidad. La voz no tiene un sentido jurídico preciso, como en la capacidad de hecho o de derecho del CIVIL LAW (v.), sino que se refiere a la capacidad en el sentido común del término, como posibilidad de hecho o de derecho de realizar un acto determinado.

ABILITY TO ACT.
capacidad de actuar.

ABILITY TO PAY DEBTS.
capacidad de pagar las deudas. Solvencia.

ABILITY TO SUPPORT.
capacidad de sostener a otra persona.

ABISHERING.
liberación respecto de las cargas o penalidades que pesan sobre una persona como consecuencia de una transferencia de derechos.

ABJUDICATE.
privar de un derecho mediante sentencia.

ABJURATION.
abjuración.

ABJURATION OF ALLEGIANCE.
renuncia a la nacionalidad.

ABJURATION OF THE REALM.
abandono de un estado sin intención de retornar.

ABLE.
capaz. Idóneo. Apto.

ABLE-BODIED.
con capacidad física para realizar una tarea determinada.

ABLE BUYER.
comprador con capacidad financiera de pagar su compra en las condiciones establecidas.

ABLE TO PAY.
capaz de pagar.

ABLOCATE.
locar.

ABNEGATE.
renunciar.

ABNORMAL RISK.
riesgo atípico o inusual.

ABNORMALITY OF MIND.
enfermedad o deficiencia mental.

ABNORMALLY DANGEROUS.
de peligrosidad atípica o inusual.

ABODE.
habitación. Residencia. Domicilio. Según las

circunstancias *abode* puede corresponder a cualquiera de estos conceptos, aunque generalmente la voz se utiliza en el primero de esos sentidos.

ABOLISH.
abolir.

ABOLITION.
abolición.

ABORIGINAL TITLE.
propiedad reconocida en los Estados Unidos en favor de los indígenas sobre la base del uso y ocupación continuos del inmueble.

ABORTEE.
mujer que ha abortado.

ABORTICIDE.
aborto.

ABORTIFACIENT.
abortivo. Sustancia susceptible de causar un aborto.

ABORTION.
aborto.

ABORTIONIST.
quien practica legal o ilegalmente abortos.

ABORTIVE TRIAL.
juicio en el que no se llega a un veredicto.

ABRIDGE.
resumir. Reducir. Sumariar.

ABRIDGMENT.
sumario. Resumen. Reducción.

ABRIDGMENT OF DAMAGES.
reducción de la indemnización de daños y perjuicios por el tribunal interviniente.

ABRIDGMENT OF RIGHTS.
restricción o limitación de derechos.

ABROAD.
en el extranjero.

ABROGATE.
anular. Derogar. Revocar.

ABROGATION.
anulación. Derogación de una ley.

ABROGATIVE.
derogante. Anulatorio. Revocatorio.

ABSCOND.
acción de evadirse de la acción de la justicia, de los acreedores, o de otras personas, sea mediante la huída a otra jurisdicción o mediante el ocultamiento.

ABSCONDER.
el que fuga u oculta de la justicia. v. ABSCOND.

ABSCONDING DEBTOR.
deudor que intenta escapar a la acción de sus acreedores, ocultándose o ausentándose. Este proceder ha sido considerado un hecho demostrativo de la insolvencia del deudor.

ABSENCE.
ausencia. Se aplica tanto respecto de quien se ha ausentado de su domicilio como de quien se encuentra fuera de la jurisdicción territorial de un tribunal. También se utiliza la voz en relación con quien no ha comparecido al ser citado a presentarse en juicio.

ABSENCE OF ACCUSED.
en las acciones penales, la ausencia del acusado.

ABSENT.
ausente.

ABSENTE REO.
demandado o imputado contumaz.

ABSENTEE.
persona ausente en forma relativamente permanente de determinado lugar.

ABSENTEE LANDLORD.
propietario normalmente ausente de su inmueble.

ABSENTEE LANDOWNER.
v. ABSENTEE LANDLORD.

ABSENTEE VOTING.
ejercicio del voto por las personas ausentes de su domicilio.

ABSENTEEISM.
ausentismo.

ABSOLUTE.
absoluto.

ABSOLUTE ACCEPTANCE.
aceptación absoluta o incondicional.

ABSOLUTE AND INDEFEASIBLE.
respecto de la transferencia u otros actos relativos a la propiedad, la característica de tal acto o de los derechos transmitidos, en cuanto no se encuentran sujetos a restricciones o condiciones.

ABSOLUTE ASSIGNMENT.
cesión absoluta, sin condiciones o restricciones.

ABSOLUTE BEQUEST.
legado incondicional e irrevocable.
v. BEQUEST.

ABSOLUTE CONTROL.
control absoluto.

ABSOLUTE CONVEYANCE.
transmisión total e incondicional de la propiedad. v. CONVEYANCE.

ABSOLUTE COVENANT.
estipulación incondicional.
v. COVENANT.

ABSOLUTE DEED.
instrumento por el que se efectúa una transmisión total e incondicional de la propiedad. Se utiliza la expresión en contraposición a los actos en que se transmiten derechos parciales, tales como los derivados de una hipoteca.
V. DEED.

ABSOLUTE DELIVERY.
tradición no sujeta a condiciones ni a limitaciones en cuanto a los derechos transmitidos.

ABSOLUTE DIVORCE.
divorcio vincular.

ABSOLUTE ESTATE.
dominio pleno o absoluto sobre un inmueble.
v. ESTATE.

ABSOLUTE GIFT.
donación incondicional e irrevocable.

ABSOLUTE GUARANTY.
garantía absoluta.

ABSOLUTE IMPEDIMENT.
impedimento absoluto.

ABSOLUTE INJURIES.
lesión absoluta de un derecho.

ABSOLUTE INTEREST.
derecho transferido en forma incondicional, ilimitada e irrevocable.

ABSOLUTE LIABILITY.
responsabilidad objetiva, que surge sin necesidad de culpa o negligencia del responsable.

ABSOLUTE NULLITY.
nulidad absoluta.

ABSOLUTE NUISANCE.
v. NUISANCE.

ABSOLUTE OBLIGATION.
obligación absoluta.

ABSOLUTE OFFENCE.
delito que se configura con independencia del dolo del imputado. v. OFFENCE.

ABSOLUTE OFFENSE.
v. ABSOLUTE OFFENCE. OFFENCE.

ABSOLUTE OWNER.
propietario absoluto.

ABSOLUTE OWNERSHIP.
propiedad absoluta o plena. La expresión se utiliza no en el sentido de que la propiedad está libre de las restricciones que pesan sobre todo propietario, sino de que se han recibido o

se gozan todos los derechos propios de un propietario pleno del bien.

ABSOLUTE PARDON.
indulto absoluto.
v. PARDON.

ABSOLUTE PRIVILEGE.
privilegio absoluto. La expresión no se refiere a los privilegios en cuanto derechos de preferencia de los acreedores, sino a las inmunidades y otros derechos gozados únicamente por ciertas personas, en contraposición a la generalidad de la población. Cuando el privilegio es absoluto carece de condiciones.
v. PRIVILEGE.

ABSOLUTE PROPERTY.
propiedad absoluta o plena.
v. ABSOLUTE OWNERSHIP.

ABSOLUTE RIGHT.
derecho absoluto.

ABSOLUTE SALE.
venta en la que se transfiere el dominio pleno del bien vendido.

ABSOLUTE TITLE.
título de propiedad absoluta o plena sobre un inmueble. v. ABSOLUTE OWNERSHIP.

ABSOLUTE WARRANTY.
garantía absoluta. v. WARRANTY.

ABSOLUTELY VOID.
afectado por una nulidad absoluta.

ABSOLUTION.
absolución.

ABSOLUTISM.
absolutismo.

ABSOLUTORY.
absolutorio.

ABSOLVE.
absolver. Liberar de una obligación o responsabilidad.

ABSORBED TAX.
impuesto absorbido por una de las partes.

ABSTENTION.
abstención.

ABSTENTION DOCTRINE.
doctrina de la abstención, que permite a un tribunal abstenerse de ejercer su jurisdicción sobre un caso a fin de evitar conflictos con otros poderes.

ABSTINENCE.
abstinencia.

ABSTRACT.
abstracto. ‖ resumen. Sumario. Extracto. ‖ co

mo verbo (*to abstract*), sustraer. Quitar. Retirar. Separar. Resumir.

ABSTRACT IDEA.
idea abstracta.

ABSTRACT LOSS.
pérdida no experimentada en concreto, como cuando no existen daños materiales sino una pérdida que se manifestará plenamente en el futuro sobre el patrimonio del perjudicado.

ABSTRACT INSTRUCTION.
instrucción al jurado que sólo supone la enunciación de una regla abstracta de Derecho, sin referirse adecuadamente a los presupuestos fácticos del caso.

ABSTRACT OF ARTICLE.
resumen. Sumario. Compendio. Extracto.

ABSTRACT OF JUDGMENT.
resumen de un fallo.

ABSTRACT OF RECORD.
resumen de un expediente judicial.

ABSTRACT OF TITLE.
resumen del título. Se trata de un sumario de los actos que hayan afectado o que afecten a los derechos de propiedad sobre determinado inmueble. Es un documento suministrado por el vendedor o transmisor de derecho a fin de que el comprador determine la situación jurídica del inmueble.

ABSTRACT ON APPEAL.
resumen de las actuaciones a efectos de su elevación al tribunal de alzada.

ABSTRACT QUESTION.
cuestión abstracta. La que no se refiere a hechos concretos sino a situaciones hipotéticas.

ABSTRACT THING.
literalmente, cosa abstracta. La expresión se refiere a los derechos, en contraposición a las cosas materiales.

ABSTRACTER.
quien otorga resúmenes de títulos de propiedad. v. ABSTRACT OF TITLE.

ABSTRACTION.
sustracción o apropiación ilegal.

ABSURDITY.
absurdo. Disparate. Contrasentido.

ABUSE.
abuso. ‖ injuria. ‖ Malos tratos. ‖ como verbo (*to abuse*), abusar.

ABUSE OF AUTHORITY.
abuso de autoridad.

ABUSE OF BLANK SIGNATURE.
abuso de firma en blanco.

ABUSE OF CHILDREN.
abuso deshonesto de menores. ‖ Estupro.

ABUSE OF CONFIDENCE.
abuso de confianza.

ABUSE OF DISCRETION.
abuso de poder, en cuanto ese abuso tiene lugar en relación con facultades discrecionales otorgadas a una autoridad, especialmente la autoridad judicial.

ABUSE OF DOMINANT POSITION.
abuso de posición dominante.

ABUSE OF POLICE OFFICER.
insultos y otras formas de resistencia o agresión contra la policía.

ABUSE OF POWER.
abuso de poder.

ABUSE OF PROCESS.
utilización del procedimiento y de sus formas para lograr objetivos ilegales, contrarios a los propósitos para los cuales fueron dispuestas las normas procesales objeto de abuso.

ABUSE OF TRUST.
abuso de confianza, en particular cuando es imputable a un fideicomisario.

ABUSED CHILDREN.
menores que han sido objeto de malos tratos.

ABUSIVE LANGUAGE.
lenguaje abusivo o insultante.

ABUT.
tocar. Lindar. Limitar. La voz sólo se aplica a inmuebles.

ABUTTALS.
límites de un terreno. ‖ en sentido más estricto, los límites longitudinales de un terreno. ‖ señales o indicaciones colocadas en los límites de un terreno.

ABUTTER.
vecino. Dueño de un terreno lindero.

ABUTTING OWNER.
propietario de un bien lindero.

ABUTTING PROPERTY.
propiedad lindera.

ACADEMIC FREEDOM.
libertad académica.

ACADEMIC QUESTION.
cuestión académica o puramente teórica.

ACCEDE.
consentir. Acordar. Acceder.

ACCELERATED DEPRECIATION.
amortización o depreciación acelerada.

ACCELERATION.
literalmente, aceleración. En un sentido técnico jurídico, la voz se utiliza ya sea en relación con la reducción o caducidad de plazos, ya para referirse a la transferencia inmediata o acelerada de la propiedad u otros derechos en favor de un beneficiario que, de no mediar la circunstancia que produce la aceleración, debería aguardar al efecto el cumplimiento de cierto plazo.
v. ACCELERATION CLAUSE. ACCELERATION DOCTRINE.

ACCELERATION CLAUSE.
cláusula de caducidad o decaimiento de plazos, de vencimiento anticipado o de aceleración. En virtud de esta cláusula contractual, una obligación sujeta a plazo se convierte en inmediatamente exigible, sea en razón de un incumplimiento del deudor o aun por motivos ajenos al mismo. v. ACCELERATION.

ACCELERATION DOCTRINE.
doctrina de la aceleración, propia del Derecho anglonorteamericano, en virtud de la cual, cuando por testamento o por otro medio se transfiere una propiedad o derecho a varias personas que accederán al mismo sucesivamente, la imposibilidad de que la primera de ellas acceda a tal propiedad o derecho conduce a que se acelere la transmisión al sucesivo beneficiario. v. ACCELERATION.

ACCELERATION OF ESTATE.
aceleración de la adquisición de un derecho relativo a un inmueble, sujeto a plazo o condición. v. ACCELERATION. ESTATE.

ACCELERATION OF MATURITY.
decaimiento, caducidad o reducción de plazos.
v. ACCELERATION. ACCELERATION CLAUSE.

ACCELERATION PREMIUM.
premio o prima por mayor producción.

ACCEPT.
aceptar.

ACCEPTANCE.
aceptación, en general. ‖ aceptación cambiaria. ‖ aceptación o ratificación de un tratado. ‖ aceptación de una oferta contractual. ‖ aceptación de mercaderías. ‖ aceptación bancaria.

ACCEPTANCE CREDIT.
crédito a ser instrumentado mediante aceptaciones bancarias.

ACCEPTANCE FOR HONOR.
v. ACCEPTANCE FOR HONOUR.

ACCEPTANCE FOR HONOUR.
aceptación por intervención.

ACCEPTANCE HOUSE.
banco de descuentos.

ACCEPTANCE IN BLANK.
aceptación cambiaria mediante la simple firma del girado.

ACCEPTANCE OF BILL OF EXCHANGE.
aceptación de una letra de cambio.

ACCEPTANCE OF CHARTER.
aceptación por los beneficiarios de un acto estatal mediante el que se crea una persona jurídica de la que tales beneficiarios forman parte. v. CHARTER.

ACCEPTANCE OF CHECK.
certificación bancaria de un cheque.

ACCEPTANCE OF CHEQUE.
v. ACCEPTANCE OF CHECK.

ACCEPTANCE OF GIFT.
aceptación de una donación.

ACCEPTANCE OF GOODS.
aceptación de los bienes entregados, particularmente la realizada por el comprador.

ACCEPTANCE OF OFFER.
aceptación de oferta.

ACCEPTANCE OF OFFICE.
aceptación de un cargo.
v. OFFICE

ACCEPTANCE OF PERFORMANCE.
aceptación del cumplimiento de las prestaciones efectuadas bajo un contrato.

ACCEPTANCE OF PLEA.
aceptación por el tribunal de la declaración de culpabilidad o falta de ella pronunciada por el acusado.

ACCEPTANCE OF SERVICE.
aceptación de la notificación de un juicio, sea al producirse ésta o en forma previa a la misma.

ACCEPTANCE SAMPLING.
muestreo realizado a efectos de realizar una aceptación de mercaderías.

ACCEPTANCE SUPRA PROTEST.
aceptación por intervención.

ACCEPTILATION.
aceptilación. Liberación del deudor, sin contraprestación a cargo de éste. La voz se utiliza solamente en relación con el CIVIL LAW (v.) y el Derecho escocés.

ACCEPTOR.
aceptante de una letra de cambio.

ACCESS.
acceso, en general. ‖ el acceso carnal. ‖ posibilidad de comunicación o de alcanzar una cosa, persona o lugar. ‖ posibilidad de trasladarse desde un fundo hasta un camino cercano, a través de un fundo ajeno.
V. ACCESS EASEMENT.

ACCESS EASEMENT.
servidumbre de paso, entre un fundo y un camino cercano.

ACCESS TO COUNSEL.
acceso al asesoramiento y patrocinio de letrados.

ACCESS TO COURTS.
acceso a los tribunales.

ACCESSION.
accesión, en general. ‖ adquisición del dominio por accesión. ‖ accesión al poder o a un cargo público. V. ACCESSION TO OFFICE. ‖ adhesión a un tratado internacional.

ACCESSION TO OFFICE.
accesión al poder o a un cargo público.

ACCESSIONS.
cosas accesorias, instaladas, fijadas o dependientes de la cosa principal.

ACCESSORY.
accesorio, en general. ‖ cosa accesoria. ‖ en Derecho Penal, cómplice.

ACCESSORY ACTION.
en Derecho Procesal, acción accesoria o incidental.

ACCESSORY AFTER THE FACT.
quien actúa como cómplice o encubridor con posterioridad al hecho principal constitutivo del delito.

ACCESSORY AT THE FACT.
V. ACCESORY DURING THE FACT.

ACCESSORY BEFORE THE FACT.
el que actúa como instigador o cómplice con anterioridad al hecho constitutivo del delito.

ACCESSORY CONTRACT.
contrato accesorio.

ACCESSORY DURING THE FACT.
el que estando presente durante el hecho constitutivo de un delito omite realizar lo debido para evitarlo.

ACCESSORY OBLIGATION.
obligación accesoria, p. ej. la del fiador.

ACCESSORY TO ADULTERY.
el cónyuge que coadyuva al adulterio del otro.

ACCESSORY USE.
uso accesorio dado a un inmueble, respecto de su destino principal.

ACCIDENT.
accidente.

ACCIDENT INSURANCE.
seguro de accidentes.

ACCIDENT PRONENESS.
propensión a sufrir accidentes.

ACCIDENT REPORT.
informe relativo a un accidente.

ACCIDENTAL.
accidental. Fortuito.

ACCIDENTAL CAUSE.
causa accidental.

ACCIDENTAL DAMAGE.
daño accidental.

ACCIDENTAL DEATH.
muerte accidental.

ACCIDENTAL INJURY.
lesión accidental.

ACCIDENTAL KILLING.
homicidio accidental, en el que no media una conducta culposa imputable al causante de la muerte ajena.

ACCIDENTAL MEANS.
causas accidentales.

ACCIDENTAL RESULT.
resultado o consecuencia accidental.

ACCLAMATION.
aclamación. Aprobación o voto por aclamación.

ACCOMODATED PARTY.
el beneficiario de un crédito que no está necesariamente obligado directamente a su devolución, por pesar tal obligación sobre un tercero.

ACCOMODATION.
prestación a título gratuito. Favor. Acto carente de contraprestación.

ACCOMODATION BILL.
letra de favor. Letra cuyo obligado asume su obligación sin contraprestación a su favor, tomando tal obligación para favorecer a un tercero.

ACCOMODATION INDORSEMENT.
endoso de favor. Endoso efectuado sin contraprestación a favor del endosante, particularmente para favorecer a algún otro obligado cambiario.

ACCOMODATION LINE.
pólizas aceptadas por el asegurador en ra-

zón de sus relaciones con el agente u otra parte interviniente en la operación, aunque ésta esté fuera de las pólizas normales del asegurador.

ACCOMODATION MAKER.

el que suscribe una letra de cambio como librador, sin contraprestación a su favor, a fin de favorecer a otro obligado cambiario. V. ACCOMODATION BILL.

ACCOMODATION NOTE.

V. ACCOMODATION BILL.

ACCOMODATION PARTY.

el que suscribe una letra de cambio, como librador o endosante, sin contraprestación a su favor, a fin de favorecer a otro obligado cambiario. V. ACCOMODATION BILL.

ACCOMPANY.

acompañar.

ACCOMPLICE.

cómplice.

ACCOMPLISH.

llevar a cabo. Consumar. Lograr.

ACCORD.

acuerdo, en general. ‖ como verbo (*to accord*), acordar. ‖ acuerdo transaccional. ‖ la prestación convenida en un acuerdo transaccional.

ACCORD AND SATISFACTION.

acuerdo transaccional. *Accord* se refiere al acuerdo en sí, y *satisfaction* a la contraprestación convenida en cancelación de las obligaciones preexistentes.

ACCORD EXECUTORY.

acuerdo transaccional aún no cumplido.

ACCORDING TO LAW.

conforme a Derecho. Legal.

ACCOUNT.

cuenta, en general. ‖ cuenta corriente. ‖ el saldo debido por operaciones comerciales, particularmente adquisiciones de bienes o servicios.

ACCOUNT ANNEXED.

resumen contable de las operaciones entre las partes, acompañado a ciertas presentaciones procesales.

ACCOUNT BALANCE.

saldo de una cuenta.

ACCOUNT BALANCED AND RENDERED.

cuenta presentada a la contraparte.

ACCOUNT BOOK.

libro contable.

ACCOUNT DAY.

en las operaciones bursátiles, el día en que se cumple la operación concertada, con la entrega o transferencia de los títulos y su pago.

ACCOUNT DEBTOR.

persona deudora bajo una cuenta corriente o bajo ciertos instrumentos comerciales, como el CHATTEL PAPER (v.).

ACCOUNT FOR.

por cuenta o razón. ‖ pagar una suma debida. ‖ rendir cuentas respecto de una operación o conducta.

ACCOUNT HOLDER.

titular de una cuenta.

ACCOUNT IN TRUST.

cuenta fideicomisaria, abierta en beneficio de un tercero.

ACCOUNT NUMBER.

número de cuenta.

ACCOUNT PAYABLE.

deudas comerciales a corto plazo, aun no pagadas ni instrumentadas en títulos de crédito, que pueden o no estar vencidas.

ACCOUNT PAYEE ONLY.

cláusula que indica que el cheque en el que consta debe ser pagado exclusivamente mediante acreditación en la cuenta del beneficiario.

ACCOUNT RECEIVABLE.

créditos de un negocio, resultantes de su giro normal.

ACCOUNT RENDER.

acción de rendición de cuentas.

ACCOUNT RENDERED.

cuenta presentada al deudor.

ACCOUNT SALES.

ventas pagaderas mediante una cuenta corriente entre las partes.

ACCOUNT SETTLED.

cuenta cancelada, mediante el pago del respectivo saldo.

ACCOUNT STATED.

cuenta cuyo saldo, y las condiciones de su pago, han sido acordadas entre las partes.

ACCOUNTABILITY.

responsabilidad. Imputabilidad.

ACCOUNTABLE.

responsable. Imputable. ‖ obligado a rendir cuentas o explicaciones sobre una gestión.

ACCOUNTABLE RECEIPT.

recibo con cargo de rendición de cuentas sobre el otorgante de tal recibo.

ACCOUNTANT.

contador.

ACCOUNTANT PRIVILEGE.

derecho a mantener la reserva que un contador debe guardar respecto de la información suministrada por su cliente.

ACCOUNTANT'S LIEN.

privilegio o derecho de preferencia del contador sobre los materiales por él preparados y respecto de los cuales aún no ha recibido pago. V. LIEN.

ACCOUNTING.

contabilidad. ‖ rendición de cuentas.

ACCOUNTING EVIDENCE.

prueba contable.

ACCOUNTING FOR PROFITS.

acción de rendición de cuentas, ejercida contra quien ha obtenido ganancias como consecuencia de una relación fiduciaria y en violación de los términos de ésta.

ACCOUNTING PERIOD.

período contable, utilizado con fines determinados, p.ej. la presentación de balances.

ACCOUNTING STANDARDS.

normas contables. Criterios contables generalmente admitidos.

ACCOUNTING YEAR.

año contable. Año fiscal. En general, un período anual utilizado con fines de contabilidad.

ACCOUNTS AUDITING.

auditoría contable.

ACCOUNTS RECEIVABLE INSURANCE.

seguro respecto del cobro de cuentas pendientes.

ACCREDIT.

autorizar. Reconocer oficialmente. ‖ reconocer las credenciales de un enviado extranjero. ‖ enviar al extranjero un representante, con las credenciales correspondientes.

ACCREDITED.

acreditado. Reconocido. Autorizado.

ACCREDITED LAW SCHOOL.

facultad de Derecho reconocida oficialmente.

ACCREDITED REPRESENTATIVE.

representante autorizado a actuar en materia de notificaciones procesales.

ACCRETION.

adquisición de la propiedad mediante el aumento gradual de la cosa sobre la que se ejerce, como ser mediante aluvión. ‖ derecho de acrecer de los sucesores o en materia de ejer-

cicio de derecho de preferencia. ‖ acumulación de una suma a un capital o valor.

ACCROACH.

usurpar. Inmiscuirse.

ACCRUAL.

devengamiento.

ACCRUAL BASIS.

método contable basado en el criterio de lo devengado.

ACCRUAL METHOD.

V. ACCRUAL BASIS.

ACCRUAL OF CAUSE OF ACTION.

condición de una acción en cuanto pasa a estar en situación de ser interpuesta fundadamente. V. ACCRUED CAUSE OF ACTION.

ACCRUE.

devengar. ‖ respecto de un crédito o derecho, resultar vencido o exigible. ‖ acumularse a un capital o valor.

ACCRUED.

devengado. Exigible. Vencido.

ACCRUED ASSETS.

activos devengados.

ACCRUED CAUSE OF ACTION.

acción ejercitable, por darse los extremos para ello, en contraposición a los derechos en expectativa cuyo ejercicio no puede aún ser objeto de acción.

ACCRUED DEPRECIATION.

amortización devengada, conforme a los criterios contables que se utilicen a tal fin.

ACCRUED DIVIDEND.

dividendos declarados, pagos o impagos.

ACCRUED EXPENSE.

gasto devengado.

ACCRUED INCOME.

ingresos devengados.

ACCRUED INTEREST.

intereses devengados.

ACCRUED LIABILITY.

responsabilidad devengada.

ACCRUED RIGHT.

derecho adquirido y exigible.

ACCRUED CLAUSE.

cláusula mediante la que se establece un derecho de acrecer en favor de ciertos derechohabientes en caso de fallecimiento de alguno de los restantes.

ACCRUING.

derecho, acción o valor que aún no ha alcanzado la condición de devengado o de exigible, pero que se encuentra en curso de serlo.

ACCRUING INTEREST.

interés aún no devengado, pero en curso de hacerlo.

ACCRUING RIGHT.

derecho aún no adquirido, pero en curso de serlo. ‖ Derecho cuyo valor o extensión está aumentando.

ACCUMULATED DIVIDEND.

dividendo acumulado.

ACCUMULATED EARNINGS TAX.

impuesto sobre los ingresos acumulados, que se impone cuando tales ingresos son retenidos por una sociedad, en lugar de ser distribuidos a los socios.

ACCUMULATED INTEREST.

interés acumulado.

ACCUMULATED LEGACY.

parte de una sucesión aún no distribuida a los legatarios.

ACCUMULATED PROFITS.

utilidades acumuladas.

ACCUMULATED SURPLUS.

reserva formada mediante las utilidades acumuladas y otros rubros que no constituyen formalmente capital de la empresa pero que reflejan los activos propios de ésta. Generalmente, deducidas las deudas y el capital nominal de la firma, el *accumulated surplus* corresponde al resto del valor del activo, no imputado a los rubros precedentes.

ACCUMULATION.

acumulación, en general. ‖ acumulación de intereses, dividendos u otras utilidades al capital que las produce. ‖ acumulación de los intereses u otros lucros derivados de un capital en beneficio futuro de un legatario o donatario.

ACCUMULATION TRUST.

fideicomiso en el que determinadas rentas se acumulan durante cierto período, vencido el cual el total acumulado es entregado al beneficiario. v. TRUST.

ACCUMULATIVE.

acumulativo.

ACCUMULATIVE DIVIDENDS.

dividendos acumulativos; particularmente los correspondientes a los accionistas preferidos, el valor de cuya preferencia se acumula año a año en caso de pagárseles dividendos inferiores a los previstos para su preferencia.

ACCUMULATIVE INTEREST.

interés acumulativo.

ACCUMULATIVE JUDGMENT.

sentencia dictada contra una persona ya condenada con anterioridad, a cumplirse al finalizar la anterior condena.

ACCUMULATIVE LEGACY.

legado que se acumula a otro otorgado por el mismo causante.

ACCUMULATIVE SENTENCE.

v. ACCUMULATIVE JUDGMENT.

ACCURACY.

precisión. Exactitud.

ACCUSATION.

acusación.

ACCUSATORY BODY.

cuerpo que tiene a su cargo la acusación en el proceso penal.

ACCUSATORY PLEADING.

acto procesal mediante el que se formula formalmente la acusación. v. PLEADING.

ACCUSATORY.

acusatorio, en cuanto condición de un procedimiento, en contraposición al inquisitorio, basado en la acusación estatal contra el imputado y la carga de la prueba sobre la parte que formula la acusación.

ACCUSE.

acusar.

ACCUSED.

el acusado.

ACCUSER.

el acusador.

ACCUSTOMED.

acostumbrado.

ACEPHALOUS.

acéfalo.

ACID TEST.

prueba ácida. Relación contable que se obtiene dividiendo los activos líquidos de una firma por sus pasivos corrientes. ‖ modismo que hace referencia a una prueba o pregunta que requiere una respuesta definitiva.

ACKNOWLEDGE.

admitir. Reconocer.

ACKNOWLEDGE RECEIPT.

acusar recibo.

ACKNOWLEDGMENT.

admisión. Reconocimiento.

ACKNOWLEDGMENT OF CHILD.

reconocimiento de paternidad.

ACKNOWLEDGMENT OF DEBT.
reconocimiento de deuda.

ACKNOWLEDGMENT OF INSTRUMENT.
reconocimiento de la firma o veracidad de un instrumento.

ACKNOWLEDGMENT OF LIABILITY.
reconocimiento de responsabilidad.

ACKNOWLEDGMENT OF PATERNITY.
reconocimiento de paternidad.

ACKNOWLEDGMENT OF WILL.
reconocimiento de un testamento por el testador.

ACQUAINTED.
informado. Al corriente. Con conocimiento personal sobre alguna cosa, tema o hecho, aunque sea relativamente superficial.

ACQUEST.
propiedad adquirida mediante una compra.

ACQUIESCE.
consentir. Prestar aquiescencia.
v. ACQUIESCENSE.

ACQUIESCENSE.
aquiescencia. Consentimiento. Conformidad. Supone un consentimiento implícito, particularmente mediante una conducta que tiene también otro propósito o sentido, de un acto cuya validez o efectos pueden depender de tal consentimiento.

ACQUIESCENSE FOR DETECTION.
colaborar con un delincuente, cuando tal colaboración es en realidad fingida y está destinada a favorecer la detención o descubrimiento del criminal.

ACQUIESCENSE IN CUSTOM.
dar consentimiento, aunque sea implícito, a una costumbre o a la aplicación de una regla consuetudinaria.
v. ACQUIESCENSE.

ACQUIRE.
adquirir.

ACQUIRED.
adquirido.

ACQUIRED ALLEGIANCE.
lealtad a un país, derivada de la naturalización de quien la debe. v. ALLEGIANCE.

ACQUIRED RIGHTS.
derechos adquiridos.

ACQUIRED SURPLUS.
ganancias acumuladas derivadas de la adquisición de otras sociedades, en cuyo balance figuraban aquéllas.

ACQUISITION.
adquisición, en cuanto acto. ‖ La cosa adquirida.

ACQUISITION BY LAPSE OF TIME.
prescripción adquisitiva.

ACQUISITION BY PRESCRIPTION.
prescripción adquisitiva. No es una expresión de uso corriente.

ACQUISITIVE OFFENCES.
delitos contra la propiedad ejecutados mediante la adquisición ilícita de la posesión o de derechos sobre ciertos bienes.

ACQUISITIVE PRESCRIPTION.
prescripción adquisitiva. Es una expresión generalmente sólo usada para traducir expresiones similares utilizadas bajo el CIVIL LAW (v.).

ACQUIT.
absolver. Liberar de una obligación o responsabilidad.

ACQUITTAL.
absolución. Liberación de una obligación o responsabilidad. ‖ Certificado de absolución en un juicio penal.

ACQUITTAL CONTRACT.
contrato por el que se declara la liberación del deudor respecto de cierta obligación.

ACQUITTAL FOR WANT OF EVIDENCE.
absolución por falta de pruebas.

ACQUITTAL IN FACT.
absolución declarada por el jurado, en función de los hechos del caso.

ACQUITTAL IN LAW.
absolución declarada en razón de motivos de Derecho.

ACQUITTANCE.
liberación por escrito del deudor, sin la formalidad de un sello. Carta de pago. v. SEAL.

ACQUITTED.
absuelto. Liberado de una obligación o responsabilidad.

ACRE.
medida de superficie, equivalente a 43.560 pies cuadrados, o sea poco más de 0,4 hectáreas.

ACRE FOOT.
medida del volumen de aguas, particularmente de regadío, equivalente a la cantidad de agua necesaria para cubrir un acre con un pie de agua.

ACT.
acto, en general. ‖ como verbo (to act), actuar.

‖ ley, en sentido formal. ‖ acto jurídico. ‖ acto judicial. ‖ acto con efectos formales en relación con el Derecho Internacional.

ACT IN PAIS.

acto extrajudicial.

ACT IN THE LAW.

acto jurídico. Es una expresión poco usada, y cuando lo es, se aplica en relación con el CIVIL LAW (v.).

ACT OF BANKRUPTCY.

acto que da lugar a la declaración de quiebra. Es un concepto cuya función técnica se acerca a la de la cesación de pagos.

ACT OF COMMISSION.

acto de comisión, en contraposición al que resulta de una omisión.

ACT OF CONGRESS.

acto del Congreso.

ACT OF DOMINION.

acto mediante el que se exterioriza el ejercicio del derecho de dominio.

ACT OF GOD.

expresión que literalmente significa acto de Dios y que comprende hechos caracterizables como caso fortuito y fuerza mayor. La equivalencia con estos conceptos es sólo aproximada y depende de los sistemas jurídicos que se tomen como referencia para hacer la comparación.

ACT OF GRACE.

amnistía.

ACT OF HONOR.

act of honour (v.), conforme a la ortografía estadounidense.

ACT OF HONOUR.

acto de aceptación de un título de crédito por un tercero, cuando ya ha existido protesta.

ACT OF HOSTILITY.

acto de hostilidad o de beligerancia.

ACT OF IMPEACHMENT.

acto mediante el que se formula la acusación contra una persona sometida a juicio político.

ACT OF INDEMNITY.

ley por la que se legalizan *a posteriori* ciertas conductas consideradas ilegales por leyes preexistentes.

ACT OF INSOLVENCY.

acto por el cual un deudor declara su estado de insolvencia, o por el que ese estado se manifiesta. Se aplica en particular a la situación financiera de los bancos.

ACT OF LAW.

efecto legal. Consecuencia que tiene lugar *ipso iure*.

ACT OF PARLIAMENT.

ley del Parlamento, particularmente el británico.

ACT OF PRINCE.

hecho del príncipe.

ACT OF PROVIDENCE.

v. ACT OF GOD.

ACT OF SALE.

instrumento por el que se acuerda o registra una venta.

ACT OF STATE.

acto de gobierno. Acto estatal. Acto político. Acto o hecho del príncipe. La expresión se refiere a aquellos actos que por su carácter político, o por provenir de un poder soberano, no pueden ser examinados judicialmente en cuanto a su validez.

ACT OF THE PARTIES.

acto de las partes.

ACT OF WAR.

acto o hecho de guerra.

ACT UNDER SEAL.

acto formal caracterizado por la utilización de un sello.

ACTING.

actuante. ‖ respecto de los funcionarios públicos y órganos societarios o de otra especie, la voz se refiere a quien actúa interinamente en cierto cargo. Equivale a la expresión "en ejercicio".

ACTING AS AGENT.

actuando como representante. v. AGENT.

ACTIO NON.

parte de la contestación de la demanda en que se declara que la acción no debió haber sido entablada.

ACTION.

acción. Conducta. Comportamiento. ‖ acción judicial. En el pasado se aplicaba el término *action* únicamente para las *actions at law* (v. ACTION AT LAW), en contraposición al término *suit* que regía tanto para los procesos de Derecho estricto como para los regidos por el sistema de EQUITY (v.). Esta distinción ha desaparecido. ‖ en el Derecho escocés, el procedimiento judicial.

ACTION AT COMMON LAW.

v. ACTION AT LAW.

ACTION AT LAW.
acción de Derecho estricto, en contraposición a las que se entablen bajo el sistema de EQUITY (v.).

ACTION BARRED BY LAPSE OF TIME.
acción prescripta.

ACTION BROUGHT.
acción iniciada.

ACTION EX CONTRACTU.
acción *ex contractu*. Acción por incumplimiento de contrato.

ACTION EX DELICTO.
acción *ex delicto*. Acción por delito.

ACTION FOR ACCOUNTING.
acción de rendición de cuentas, bajo el régimen de EQUITY (v.).

ACTION FOR DAMAGES.
acción de daños y perjuicios.

ACTION FOR DECLARATION.
acción declaratoria.

ACTION FOR INFRINGEMENT OF PATENT RIGHTS.
acción por violación de patente.

ACTION FOR LIBEL.
acción por difamación escrita.
V. LIBEL.

ACTION FOR MONEY HAD AND RECEIVED.
acción para recuperar una suma de dinero entregada por el accionante.

ACTION FOR PARTITION.
acción de división de condominio u otras formas de copropiedad.

ACTION FOR POINDING.
acción destinada a lograr el secuestro judicial de las rentas o bienes del deudor.

ACTION IN EQUITY.
acción entablada bajo las reglas de EQUITY (v.).

ACTION IN PERSONAM.
acción *in personam* o personal. La que se entabla para tener efectos contra una persona determinada.

ACTION IN REM.
acción *in rem* o contra la cosa. Se trata de una acción cuyos efectos son *erga omnes* y que se refiere a una cosa determinada; como cuando se determina la existencia de un derecho real de garantía sobre una cosa.

ACTION IN TRESPASS.
antigua acción del Derecho inglés, dirigida contra la transgresión de derechos de distintos tipos, reales, personales e individuales.
V. TRESPASS.

ACTION OF A LOCAL NATURE.
acción referida a una disputa cuyos elementos se encuentran íntegramente en la jurisdicción territorial del tribunal interviniente.

ACTION OF ASSUMPSIT.
acción contractual, cuando el contrato carece de formalidades.
V. ASSUMPSIT.

ACTION OF CONTRACT.
acción contractual.

ACTION OF RECOURSE.
acción de regreso.

ACTION OF WRIT.
excepción de falta de acción, por haberse entablado una acción incorrecta.

ACTION ON THE CASE.
acción por hechos ilícitos en los que no media fuerza o violencia. Originalmente comprendía también otras causas, particularmente contractuales.

ACTION PENDING.
acción pendiente de sentencia o en trámite.

ACTION QUASI IN REM.
acción contra una persona determinada, en relación con ciertos bienes de ésta.

ACTION TO QUIET TITLE.
acción destinada a declarar la propiedad o derechos del demandante respecto de un bien inmueble, en contraposición a los reclamados o aducidos por el demandado. Se asemeja a la acción de jactancia, aunque su objeto es más amplio.

ACTION TO RECOVER DAMAGES.
acción de daños y perjuicios.

ACTIONABLE.
accionable, susceptible de ser objeto de una acción judicial.

ACTIONABLE FRAUD.
defraudación accionable judicialmente.

ACTIONABLE MISREPRESENTATION.
dolo, en cuanto vicio de la voluntad, susceptible de dar lugar a acciones judiciales.

ACTIONABLE NEGLIGENCE.
negligencia de entidad suficiente como para ser jurídicamente relevante.

ACTIONABLE NUISANCE.
perjuicio causado ilícitamente, susceptible de dar lugar a acciones judiciales. V. NUISANCE. ‖ la causa de ese perjuicio.

ACTIONABLE PER QUOD.

difamación o injuria que sólo queda configurada cuando causa un daño efectivo, susceptible de prueba.

ACTIONABLE PER SE.

palabras en sí mismas difamatorias o injuriosas, constitutivas de un acto ilícito sin necesidad de probar el perjuicio causado.

ACTIONABLE TORT.

acto ilícito accionable judicialmente. v. TORT.

ACTIONABLE WORDS.

palabras injuriosas en sí mismas, que dan lugar a acciones judiciales.

V. ACTIONABLE PER SE.

ACTIONABLE WRONG.

perjuicio accionable.

ACTIONS.

acciones contenciosas, en contraposición a las no contenciosas, llamadas *matters*. ‖ plural de ACTION (v.).

ACTIONS AND MATTERS.

V. ACTIONS.

ACTIVE.

activo, como característica de una cosa o persona en acción.

ACTIVE BOND.

bono o debenture que produce intereses.

ACTIVE CAPITAL.

capital circulante.

ACTIVE CAUSE.

causa eficiente.

ACTIVE CONCEALMENT.

ocultamiento activo, mediante conductas positivas dirigidas a ese fin.

ACTIVE DEBT.

la deuda que produce intereses.

ACTIVE MEMBER.

miembro activo.

ACTIVE NEGLIGENCE.

negligencia resultante de una conducta activa pero culposamente perjudicial por la omisión de las precauciones necesarias o comisión de actos que carecen de cuidados debidos.

ACTIVE PROGRESS.

en progreso. En curso. En actividad.

ACTIVE RECEIVERSHIP.

administración o liquidación judicial que tiene a su cargo el manejo de la continuidad de los negocios de la empresa objeto de administración o liquidación.

V. RECEIVERSHIP.

ACTIVE SECURITY.

garantía real susceptible de ser ejecutada.

ACTIVE TRUST.

fideicomiso que exige una conducta activa de parte del fideicomisario.

V. TRUST.

ACTIVITY.

actividad.

ACTOR.

el autor de un acto ilícito. ‖ en relación al CIVIL LAW (v.), el actor en un juicio.

ACTS OF POSSESSION.

actos posesorios.

ACTS OF PREPARATION.

actos preparatorios.

ACTUAL.

actual. Efectivo.

ACTUAL AGENCY.

representación efectiva o efectivamente ejercitada. v. AGENCY.

ACTUAL ALLEGIANCE.

lealtad al país de residencia, debida por el súbdito de otra nación.

V. ALLEGIANCE.

ACTUAL AUTHORITY.

representación conferida al mandatario, sea intencionalmente o debida a la forma adoptada por una autorización o mandato.

ACTUAL BIAS.

parcialidad manifestada en un caso determinado. V. BIAS.

ACTUAL CASH VALUE.

el valor de mercado de una cosa, en operaciones corrientes.

ACTUAL CHANGE OF POSSESSION.

transferencia visible e inequívoca de la posesión.

ACTUAL COMPULSION.

compulsión ejercida efectivamente, en contraposición a la meramente presumida en razón de relaciones entre las partes.

ACTUAL CONTROVERSY.

controversia concreta, respecto de un caso justiciable.

ACTUAL COST.

el costo efectivamente pagado o incurrido.

ACTUAL DAMAGES.

daños y perjuicios efectivamente sufridos, a diferencia de las indemnizaciones que se conceden por el mismo concepto pero que en realidad reflejan una penalidad o castigo.

ACTUAL DELIVERY.
tradición efectiva.

ACTUAL DOUBT.
duda razonable.

ACTUAL EVICTION.
desalojo efectivo. v. EVICTION.

ACTUAL FAULT.
culpa personal del responsable.

ACTUAL FORCE.
fuerza o violencia aplicadas efectivamente, en contraposición a las presumidas o imputadas por la ley.

ACTUAL FRAUD.
fraude efectivo.

ACTUAL INTEREST.
derecho actual y efectivo respecto de un bien.

ACTUAL KNOWLEDGE.
conocimiento efectivo.

ACTUAL LOSS.
pérdida real, resultante de la destrucción de la propiedad asegurada.

ACTUAL MALICE.
dolo real y efectivo. v. MALICE.

ACTUAL MARKET VALUE.
valor de mercado.

ACTUAL NECESSITY.
necesidad real y efectiva.

ACTUAL NOTICE.
notificación efectiva.

ACTUAL OCCUPATION.
ocupación efectiva de un inmueble.

ACTUAL OUSTER.
desposesión efectiva de un inmueble.

ACTUAL POSSESSION.
posesión efectiva.

ACTUAL PRACTICE.
ejercicio activo de una profesión.

ACTUAL RESIDENCE.
residencia efectiva.

ACTUAL SEISIN.
posesión real de un bien por quien tiene un derecho de dominio sobre el mismo.

ACTUAL SERVICE.
notificación efectiva.

ACTUAL USE.
uso efectivo dado a un bien.

ACTUAL VALUE.
valor de mercado.

ACTUAL VIOLENCE.
violencia física ejercida efectivamente sobre la persona afectada.

ACTUAL WASTE.
daños materiales causados sobre un inmueble. v. WASTE.

ACTUARIAL TABLE.
tabla actuarial.

ACTUARY.
actuario.

A. D.
abreviatura de Anno Domini, o sea después de Cristo.

AD SECTAM.
v. ADS.

AD VALOREM TAX.
impuesto *ad valorem*.

ADAPTED.
adaptado.

ADD ON CLAUSE.
cláusula mediante la cual los bienes comprados al mismo vendedor pasan a ser garantía de las compras posteriores.

ADDED DAMAGES.
daños punitorios.

ADDENDUM.
suplemento. Apéndice. Anexo.

ADDICT.
adicto.

ADDICTION.
adicción.

ADDITION.
adición, en general. || estructura incorporada o unida a un inmueble. || elementos accesorios o adicionales. || Títulos, grados y origen adicionales al nombre de una persona.

ADDITIONAL ABSTRACT.
resumen de las actuaciones formulado a efectos de una apelación, modificatorio de una anterior.

ADDITIONAL ALLOWANCES.
costas adicionales o extraordinarias.

ADDITIONAL ASSESSMENT.
determinación de impuestos adicionales.

ADDITIONAL INSTRUCTIONS.
instrucciones adicionales al jurado.

ADDITIONAL INSURED.
asegurado adicional. Coasegurado.

ADDITIONAL LEGACY.
legado adicional a otro otorgado al mismo legatario.

ADDITIONAL PREMIUM.
primas adicionales.

ADDITIONAL SERVITUDES.
servidumbres adicionales relacionadas a otras

ya existentes respecto del mismo fundo sirviente.

ADDITIONAL WORKS.

trabajos adicionales en una obra o construcción.

ADDITIONAL SECURITY.

garantía adicional. v. SECURITY.

ADDITIONALS.

términos o cláusulas adicionadas a un contrato preexistente.

ADDITIONS.

aumentos. Adiciones.

ADDITIONS AND BETTERMENTS.

aumentos y mejoras.

ADDITUR.

facultad de los tribunales de incrementar el valor de la condena impuesta al demandado, con consentimiento de éste, y aunque no se lo obtenga del demandante. Esta facultad es ejercida por el tribunal de forma de rechazar las solicitudes de repetición del juicio.

v. NEW TRIAL.

ADDRESS.

domicilio, sobre todo en el sentido corriente del término. ‖ comunicación. Discurso. Mensaje. ‖ como verbo (*to address*), dirigirse a alguien o a algo.

ADDRESS FOR SERVICE.

domicilio constituido a los efectos de las notificaciones judiciales.

ADDRESS THE COURT.

dirigirse al tribunal.

ADDRESSEE.

destinatario.

ADDUCE EVIDENCE.

ofrecer pruebas.

ADEEM.

revocar. Sustituir un beneficio por otro o dejarlo sin efecto.

ADEMPTION.

revocación de un legado.

ADEQUACY.

adecuación.

ADEQUATE.

adecuado. Suficiente.

ADEQUATE CARE.

cuidado adecuado.

ADEQUATE CAUSE.

causa suficiente.

ADEQUATE COMPENSATION.

retribución o pago justos.

ADEQUATE CONSIDERATION.

contraprestación justa o adecuada.

v. CONSIDERATION.

ADEQUATE FACILITIES.

instalaciones adecuadas.

ADEQUATE LEGAL REMEDY.

acción o recurso derivados del Derecho estricto, en contraposición al régimen de EQUITY (v.), adecuados para lograr la efectividad de determinado derecho. v. REMEDY.

ADEQUATE NOTICE.

notificación suficiente o adecuada.

ADEQUATE PROVOCATION.

provocación suficiente para considerar que un delito ha sido cometido en estado de emoción violenta.

ADEQUATE REMEDY AT LAW.

v. ADEQUATE LEGAL REMEDY.

ADHERENCE.

adhesión, en particular a un tratado o contrato.

ADHERENT.

adherente, en particular a una causa política o ideológica.

ADHERING.

adherirse, en particular a una causa, idea o partido.

ADHESION.

adhesión.

ADHESION CONTRACT.

contrato de adhesión.

ADJACENT.

adyacente.

ADJACENT LAND.

tierras adyacentes.

ADJACENT OWNER.

propietario colindante.

ADJACENT TERRITORY.

territorio adyacente.

ADJECTIVE LAW.

derecho adjetivo o procesal.

ADJECTIVE PROVISION.

disposición adjetiva o procesal.

ADJOINING.

contiguo. Adyacente.

ADJOINING OWNERS.

propietarios colindantes.

ADJOINING PROPERTIES.

propiedades linderas.

ADJOURN.

suspender. Postergar. Diferir. Se utiliza la voz

en relación con reuniones o sesiones de cuerpos colectivos.

ADJOURNED CAUSES.
procesos suspendidos.

ADJOURNED SESSION.
sesión aplazada, suspendida o en receso.

ADJOURNED SUMMONS.
emplazamiento o notificación judicial a ser objeto posterior de un juicio.

ADJOURNED TERM.
continuación del período judicial ordinario.

ADJOURNMENT.
suspensión. Postergación. Diferimiento.

ADJOURNMENT DAY.
día al que se posterga una audiencia de prueba.

ADJOURNMENT OF HEARING.
postergación de audiencia.

ADJOURNMENT SINE DIE.
suspensión indefinida de una reunión o sesión.

ADJUDGE.
juzgar. Decidir. Sentenciar.

ADJUDGEABLE.
justiciable.

ADJUDGED.
decidido. Juzgado. Sentenciado.

ADJUDICATE.
juzgar. Decidir. Sentenciar.

ADJUDICATED LIABILITY.
responsabilidad establecida judicialmente.

ADJUDICATED RIGHTS.
derechos reconocidos o establecidos judicialmente.

ADJUDICATEE.
adjudicatario.

ADJUDICATION.
sentencia. Pronunciamiento judicial. || proceso o actividad judicial. || Adjudicación.

ADJUDICATION IN BANKRUPTCY.
sentencia declarativa de quiebra.

ADJUDICATION OF BANKRUPTCY.
v. ADJUDICATION IN BANKRUPTCY.

ADJUDICATIVE.
relacionado con la actividad judicial. || adjudicativo.

ADJUDICATIVE CLAIMS ARBITRATION.
arbitraje de pequeñas causas.

ADJUDICATIVE FACTS.
hechos particulares de un caso determinado, que están en contraposición a los que son ge-

nerales en el tipo de caso de que se trate.

ADJUDICATIVE POWER.
poder judicial. Poder o facultad de decidir controversias.

ADJUDICATORY.
con capacidad de decidir o juzgar.

ADJUDICATORY AUTHORITY.
autoridad con capacidad o poder decisorio.

ADJUDICATORY HEARING.
audiencia ante una autoridad administrativa, en la que se determinan los derechos de una o más partes, previa intervención de éstas.

ADJUDICATORY PROCESS.
proceso decisorio, en el que se determinan los derechos de las partes. || proceso decisorio en sede administrativa o judicial, según los casos.

ADJUDICATURE.
sentencia. Decisión.

ADJUNCT.
adjunto.

ADJUNCT ACCOUNT.
cuenta adjunta, en la que se asientan determinados movimientos vinculados a otra cuenta, en particular aumentos en el valor de activos asentados en esta última.

ADJUNCTION.
adjunción.

ADJURATION.
juramento.

ADJUST.
ajustar, en general. || arreglar. || componer un pleito o disputa. || saldar una cuenta o deuda. || determinar el saldo de una cuenta u obligación.

ADJUSTED BASIS.
valor ajustado de una propiedad o bien, p. ej. en función de amortizaciones o mejoras.

ADJUSTED GROSS INCOME.
ingreso bruto ajustado a fines impositivos con las deducciones permitidas por la ley.

ADJUSTER.
mediador. Tasador. Arbitrador. Componedor. Se utiliza especialmente en materia de seguros.

ADJUSTING AGENCY.
agencia de cobranzas. || agencia encargada de representar a deudores frente a sus acreedores.

ADJUSTMENT.
arreglo. Ajuste. || transacción. Conciliación. || tasación. Liquidación. || determinación de la indemnización debida, particularmente bajo un seguro.

ADJUSTMENT BOND.
bono emitido como parte de la reestructuración del capital de una sociedad.
V. REORGANIZATION.

ADJUSTMENT OF CLAIMS.
liquidación de créditos o indemnizaciones.

ADJUSTMENT OF LOSS.
liquidación de los daños resultantes de un siniestro asegurado.

ADJUSTMENT SECURITIES.
títulos emitidos como parte de una reorganización societaria.
V. ADJUSTMENT BOND. REORGANIZATION. SECURITY.

ADJUTOR.
adjutor.

ADMEASURE.
mensurar. ‖ dividir una propiedad o bien.

ADMEASUREMENT.
mensura. División de una propiedad o bien, conforme a sus medidas.

ADMINICLE.
prueba corroborante o confirmatoria.

ADMINICULAR.
auxiliar. Subordinado. Accesorio. Instrumental.

ADMINICULAR EVIDENCE.
pruebas auxiliares o suplementarias. Prueba corroborativa.

ADMINICULATE.
producir pruebas auxiliares o corroborativas.

ADMINISTER.
administrar.

ADMINISTER A DECREE.
ejecutar una sentencia u orden judicial.

ADMINISTER JUSTICE.
administrar justicia.

ADMINISTER OATHS.
tomar juramentos.

ADMINISTERED ESTATE.
herencia cuya administración finaliza, al haberse distribuido sus activos y cancelado sus pasivos.
V. ESTATE.

ADMINISTRATION.
administración, en general. ‖ el Poder Ejecutivo. ‖ los funcionarios del Poder Ejecutivo. ‖ administración de una sucesión.

ADMINISTRATION ACTION.
acción destinada a obtener el control judicial de la administración de una sucesión.

ADMINISTRATION AD COLLIGENDUM BONA DEFUNCTI.
administración sucesoria destinada a ubicar y preservar los bienes de un difunto.

ADMINISTRATION AD PROSEQUENDUM.
administración sucesoria destinada a entablar una acción o a defender a la sucesión en juicio.

ADMINISTRATION BOND.
la garantía otorgada por un administrador judicial. V. BOND.

ADMINISTRATION CUM TESTAMENTO ANNEXO.
administración sucesoria en casos en que existe testamento.

ADMINISTRATION DE BONIS NON.
administración sucesoria respecto de bienes que no han sido objeto de una administración anterior.

ADMINISTRATION DE BONIS NON CUM TESTAMENTO ANNEXO.
administración sucesoria respecto de bienes que no han sido objeto de una administración anterior por haber fallecido el albacea testamentario.

ADMINISTRATION DURANTE ABSENTIA.
administración sucesoria durante la ausencia del albacea.

ADMINISTRATION DURANTE MINORI AETATE.
administración sucesoria durante la minoría de edad del albacea

ADMINISTRATION EXPENSES.
gastos administrativos relativos a una sucesión.

ADMINISTRATION LETTERS.
instrumento por el que se designa un administrador de una sucesión. Normalmente se utiliza LETTERS OF ADMINISTRATION (v.).

ADMINISTRATION OF ESTATE.
administración de una sucesión. V. ESTATE.

ADMINISTRATION OF JUSTICE.
administración de justicia.

ADMINISTRATION PENDENTE LITE.
administración de la sucesión durante la pendencia de un juicio relativo a un testamento.

ADMINISTRATION PROCEEDING.
el procedimiento de administración y partición de una sucesión.

ADMINISTRATION SUIT.
juicio entablado por el acreedor de una sucesión, contra ésta, para el cobro de su crédito,

ADMINISTRATIVE.
administrativo.

ADMINISTRATIVE ACTS.
actos administrativos.

ADMINISTRATIVE ADJUDICATION.
procedimiento administrativo. Procedimiento para decidir una cuestión en sede administrativa.

ADMINISTRATIVE AGENCY.
organismo o repartición administrativa.

ADMINISTRATIVE APPEAL.
recurso administrativo.

ADMINISTRATIVE AUTHORITY.
los poderes y facultades de un organismo administrativo.

ADMINISTRATIVE BOARD.
organismo administrativo con facultades decisorias propias y con independencia del Poder Ejecutivo.

ADMINISTRATIVE COMMISSION.
comisión administrativa.

ADMINISTRATIVE COURT.
tribunal administrativo.

ADMINISTRATIVE DEVIATION.
desvío o abuso de las facultades otorgadas a un administrador.

ADMINISTRATIVE DISCRETION.
discreción o poderes discrecionales de organismos administrativos.

ADMINISTRATIVE EMPLOYEE.
empleado administrativo.

ADMINISTRATIVE LAW.
literalmente, Derecho Administrativo. Sin embargo, en los países de Derecho anglo-norteamericano, el concepto de Derecho Administrativo difiere del aplicado en los sistemas de CIVIL LAW (v.). En aquéllos, el Derecho Administrativo comprende ya sea la parte del Derecho Constitucional relativa a la organización del Ejecutivo, ya el Derecho referido al funcionamiento de entes administrativos relativamente independientes, y en particular el que se refiere a la actividad reglamentaria o cuasi-judicial de estos entes.

ADMINISTRATIVE LAW JUDGE.
miembro de un tribunal administrativo.

ADMINISTRATIVE OFFICER.
funcionario administrativo.

ADMINISTRATIVE ORDER.
el acto o sentencia administrativa por el que se da fin a un procedimiento o se aplica o se in-

terpreta administrativamente una norma.

ADMINISTRATIVE POWER.
poder administrador. ‖ poder o facultad de administrar.

ADMINISTRATIVE PRACTICE.
práctica administrativa.

ADMINISTRATIVE PROCEDURE.
procedimiento administrativo.

ADMINISTRATIVE PROCEEDING.
proceso administrativo.

ADMINISTRATIVE REMEDY.
recursos y demás actos del procedimiento administrativo dirigidos a la efectivización, protección o ejercicio de un derecho.

ADMINISTRATIVE REPORTS.
colección de fallos, decisiones y actos administrativos.

ADMINISTRATIVE REVIEW.
revisión o recurso respecto de un acto administrativo, sea en sede judicial o administrativa.

ADMINISTRATIVE RULE-MAKING.
facultad reglamentaria de los organismos administrativos.

ADMINISTRATIVE TRIBUNAL.
tribunal administrativo.

ADMINISTRATOR.
administrador, en general. ‖ administrador judicial de una sucesión.

ADMINISTRATOR AD LITEM.
el administrador *ad litem* designado respecto de una sucesión.

ADMINISTRATOR CUM TESTAMENTO ANNEXO.
V. ADMINISTRATION CUM TESTAMENTO ANNEXO.

ADMINISTRATOR DE BONIS NON.
administrador designado en una sucesión respecto de bienes que no han sido objeto de una administración anterior. V. ADMINISTRATION DE BONIS NON.

ADMINISTRATOR OF ABSENTEE.
administrador del patrimonio de un ausente con presunción de fallecimiento.

ADMINISTRATOR OF DECEDENT'S ESTATE.
administrador judicial de una sucesión.
V. ESTATE.

ADMINISTRATOR PENDENTE LITE.
V. ADMINISTRATION PENDENTE LITE.

ADMINISTRATRIX.
administradora judicial de una sucesión.
V. ADMINISTRATOR.

ADMIRAL.

almirante.

ADMIRALTY.

almirantazgo. ‖ lo relativo al Derecho Marítimo.

ADMIRALTY ACTION.

acción de Derecho Marítimo.

ADMIRALTY COURT.

tribunal de Derecho Marítimo. Tribunal del almirantazgo.

ADMIRALTY JURISDICTION.

jurisdicción marítima o del almirantazgo.

ADMIRALTY LAW.

derecho Marítimo. Derecho de la Navegación. Derecho de Almirantazgo.

ADMIRALTY LIEN.

preferencia o privilegio, ejercitables respecto de navíos, en favor de créditos resultantes del aprovisionamiento, reparación o servicios en favor de esos navíos.

v. LIEN.

ADMISSIBLE EVIDENCE.

pruebas admisibles. v. EVIDENCE.

ADMISSION.

admisión, en general. ‖ admisión o autorización de medios de prueba. ‖ admisión en un territorio, desde el punto de vista aduanero y migratorio, ‖ reconocimiento o confesión. ‖ acto judicial de liberación bajo fianza.

ADMISSION AGAINST INTEREST.

reconocimiento de un hecho o circunstancia contrarios al interés de quien lo realiza.

ADMISSION BY DEMURRER.

admisión de hechos formulados en una demanda, a efectos de oponer excepciones contra tal demanda.

v. DEMURRER.

ADMISSION BY SILENCE.

confesión o reconocimiento tácitos.

ADMISSION OF ALIEN.

admisión de ingreso al país de un extranjero.

ADMISSION OF EVIDENCE.

admisión o autorización de medios de prueba.

v. EVIDENCE.

ADMISSION OF GUILT.

admisión de culpabilidad. Confesión.

ADMISSION OUT OF COURT.

confesión extrajudicial.

ADMISSION TEMPORAIRE.

admisión temporaria, desde el punto de vista aduanero.

ADMISSION TO THE BAR.

autorización al ejercicio de la abogacía. Colegiación de un abogado. v. BAR.

ADMISSIONS TAX.

impuesto sobre las entradas a espectáculos públicos.

ADMIT TO BAIL.

liberar bajo fianza o caución.

v. BAIL.

ADMITTANCE.

forma de transmisión de la posesión, hoy en día fuera de uso.

ADMITTED ASSETS.

activos computables. Activos que conforme a las normas aplicables pueden computarse en los estados contables.

ADMITTED TO THE BAR.

autorizado al ejercicio de la abogacía.

v. BAR.

ADMIXTURE.

mezcla. ‖ acto de mezclar.

ADMONISH.

apercibir. Prevenir. Amonestar.

ADMONITION.

admonición. Apercibimiento. Prevención.

ADOPT.

adoptar, en general. ‖ adoptar un hijo. ‖ aprobar o aceptar una ley u otra norma. ‖ apropiarse de un bien o derecho.

ADOPTED CHILD.

hijo adoptivo.

ADOPTION.

adopción. v. ADOPT.

ADOPTION BY ACKNOWLEDGMENT.

adopción de un hijo mediante su reconocimiento como tal. Sólo en nombre es una adopción, pues se trata, jurídicamente, de un reconocimiento.

ADOPTION BY AGREEMENT.

adopción mediante un acuerdo con ese objeto.

ADOPTION BY DEED.

adopción mediante un acto formal dirigido al efecto. v. DEED.

ADOPTION BY ESTOPPEL.

adopción de hijos en virtud de conducta que inhibe a quien la realiza de negar tal adopción.

v. ESTOPPEL.

ADOPTION BY REFERENCE.

adopción o aprobación de una cláusula, estipulación o manifestación, mediante la

referencia que a ellas se haga en otro instrumento.

ADOPTION OF CHILDREN.
adopción de hijos.

ADOPTION OF CONTRACT.
ratificación de contrato.

ADOPTION OF TRANSACTION.
aceptación tácita de una operación o acto.

ADOPTIVE.
adoptivo.

ADOPTIVE ACT.
ley o norma que entra en vigor al ser aceptada o adoptada por las personas a las que
se dirige.

ADOPTIVE ADMISSION.
admisión de hechos o declaraciones de una
persona de cuyos actos es responsable quien
efectúa tal admisión.

ADOPTIVE CHILD.
hijo adoptivo.

ADOPTIVE PARENT.
padre adoptivo.

ADPROMISSOR.
fiador. Garante.

ADS.
abreviatura de *ad sectam*, o sea "a instancia
de". Indica al actor o demandante.

ADULT.
adulto.

ADULTER.
adulterador, sea por adulterar o falsificar objetos, metales u otros bienes, o por incitar o
provocar el adulterio.

ADULTERATE.
adulterar un objeto, metal o bien.

ADULTERATED.
adulterado.

ADULTERATION.
adulteración de objetos, metales u otros bienes.

ADULTERATOR.
adulterador de objetos, metales u otros bienes.

ADULTERER.
adúltero.

ADULTERESS.
mujer adúltera.

ADULTERINE.
adulterino.

ADULTERINE BASTARD.
hijo adulterino.

ADULTERINE GUILD.
gremio, corporación o conjunto de comer-
ciantes o artesanos que actúan sin autorización. v. GUILD.

ADULTEROUS.
adúltero.

ADULTEROUS BASTARD.
hijo adulterino.

ADULTEROUS HUSBAND.
esposo adúltero.

ADULTEROUS WIFE.
esposa adúltera.

ADULTERY.
adulterio.

ADVANCE.
adelanto, en general. ‖ anticipo o adelanto de
una suma de dinero. ‖ préstamo. ‖ como verbo (*to advance*), avanzar. Realizar anticipos o
adelantos de dinero.

ADVANCE AGAINST SECURITIES.
adelanto contra documentos. v. SECURITIES.

ADVANCE BID.
oferta realizada después de finalizado un remate judicial, con un incremento superior al
diez por ciento respecto del precio obtenido
en ese remate, sujeta a la condición de que el
remate se reabra.

ADVANCE BILL.
letra de cambio librada antes de la recepción
de la mercadería a la que corresponde.

ADVANCE ON CONTRACT.
pago adelantado de una contraprestación contractual.

ADVANCE PAYMENT.
pago anticipado.

ADVANCEMENT.
anticipo o adelanto. ‖ adelanto de herencia o
legado.

ADVANCES.
pago adelantado al propietario por un comisionista por bienes en poder de éste.

ADVENTITIOUS.
adventicio. Casual. Accidental.

ADVENTURE.
literalmente, aventura. ‖ negocio u operación
aleatoria o riesgosa. ‖ empresa u operación
comercial. ‖ el riesgo o peligro en el transporte
marítimo.

ADVENTURER.
el que participa en un negocio u operación
aleatoria o riesgosa. ‖ el participante en una

empresa conjunta o JOINT VENTURE (v.). ||
aventurero.

ADVERSARY.
adversario.

ADVERSARY EVIDENCE.
pruebas que resultan admisibles en razón de
vincularse con hechos o elementos probatorios articulados por la contraparte.
v. EVIDENCE.

ADVERSARY PROCEEDING.
procedimiento contencioso.

ADVERSARY SYSTEM.
el régimen procesal basado en el litigio entre
dos o más partes, a ser resuelto por un juez independiente. El sistema penal acusatorio en
oposición al sistema inquisitorio.

ADVERSARY TRIAL.
juicio contencioso.

ADVERSE.
adverso. Contrario. Opuesto.

ADVERSE CLAIM.
derecho de una persona, alegado u opuesto a
los derechos de otra, p. ej., un tercero que
opone un mejor derecho contra un acreedor
embargante.
v. CLAIM.

ADVERSE ENJOYMENT.
ejercicio de un derecho, particularmente mediante la posesión, en contra de los derechos o
intereses de otra persona.

ADVERSE INTEREST.
interés contrario al de otra persona. || interés
de un testigo en las resultas del juicio.

ADVERSE PARTY.
parte contraria. Parte con un interés contrario
a otra de las partes en un juicio.

ADVERSE POSSESSION.
posesión de una cosa ajena, tal que con el
transcurso del tiempo da lugar a la prescripción adquisitiva en favor del poseedor.

ADVERSE TITLE.
título resultante de la prescripción adquisitiva.

ADVERSE USE.
uso de una cosa ajena que da lugar a la prescripción adquisitiva en favor de quien lo realiza.

ADVERSE USER.
quien efectúa un uso de cosa ajena calificable
como ADVERSE USE (v.).

ADVERSE WITNESS.
testigo que da un testimonio contrario a la
parte que lo interroga. || testigo hostil a alguna
de las partes.

ADVERTISE.
publicitar. Anunciar públicamente.

ADVERTISEMENT.
aviso. Publicidad.

ADVICE.
opinión. Recomendación. Aviso. Notificación.

ADVICE AND CONSENT.
proceso de consulta y aprobación entre distintos organismos y poderes.

ADVICE NOTE.
documento mediante el que se informa respecto de un hecho, acto u operación.

ADVICE OF COURT.
opinión del tribunal, en ciertos casos sin fuerza
vinculante para las partes.

ADVICE OF EVIDENCE.
opinión del abogado en un juicio, dirigida a su
cliente respecto de las pruebas necesarias en
tal juicio. v. EVIDENCE.

ADVISE.
asesorar. Aconsejar. Recomendar.

ADVISED.
situación de un juez o tribunal que se encuentra en condiciones de emitir sentencia.

ADVISEDLY.
con conocimiento. Intencionadamente.

ADVISEMENT.
deliberaciones. Consultas. Estudio de un caso,
particularmente como paso previo a la sentencia.

ADVISER.
asesor. Consejero. Consultor.

ADVISING BANK.
banco que notifica a otro banco la apertura de
un crédito.

ADVISOR.
v. ADVISER.

ADVISORY.
consultivo. Asesor.

ADVISORY BODY.
ente consultivo o asesor.

ADVISORY COUNCIL.
consejo asesor.

ADVISORY COUNSEL.
abogado utilizado como asesor, particularmente en relación con un juicio, sin ejercer
representación en éste.

ADVISORY JURY.
jurado consultivo, cuyas opiniones no son vin-
culantes para el juez.

ADVISORY INSTRUCTION.

instrucción dada por el juez al jurado respecto del Derecho aplicable para la decisión del caso, en supuestos en que el jurado debe decidir sobre cuestiones de Derecho.

ADVISORY JUDGMENT.

sentencia sin fuerza vinculatoria para las partes, obrando en carácter de recomendación. No son admitidas constitucionalmente.

ADVISORY OPINION.

opinión consultiva o de asesoramiento, particularmente la que dicta un tribunal sin tener valor vinculante para las partes. v. ADVISORY JUDGMENT.

ADVISORY VERDICT.

veredicto del jurado sin valor vinculante para el juez. v. ADVISORY JURY.

ADVOCACY.

defensa o abogación de una causa.

ADVOCATE.

como verbo (*to advocate*), defender o sostener una causa. Ejercer la abogacía, particularmente en relación con una causa determinada. ‖ abogado. ‖ defensor de una causa, interés o posición, aunque no sea de tipo legal.

ADVOWSON.

especie de derecho de patronato, reconocido por el Derecho Eclesiástico inglés, que autorizaba a su titular a proponer a un candidato para un beneficio eclesiástico existente en determinada diócesis.

AESTHETIC VALUE.

valor estético.

AESTHETIC ZONING.

normas de planificación urbana dictadas con fines estéticos.

AFFAIR.

asunto. Asunto público de relativa resonancia y con características espectaculares, inmorales o escandalosas.

AFFAIRS.

los actos y operaciones en general de una persona o empresa. ‖ los negocios de una persona o empresa.

AFFECT.

afectar, en general. ‖ dedicar un bien a determinado destino o propósito.

AFFECTED.

afectado.

AFFECTED BY A PLAN.

condición de un acreedor sujeto a un plan de pagos derivado de un proceso concursal.

AFFECTED WITH A PUBLIC INTEREST.

respecto de un bien o empresa, la característica de estar afectado a un uso público.

AFFECTION.

afecto. ‖ enfermedad o malestar. ‖ acto de afectar jurídicamente un bien al cumplimiento o garantía de una obligación.

AFFEER.

tasar. Liquidar. Evaluar.

AFFIANCE.

otorgar fianza o garantía. Afianzar. ‖ comprometerse al matrimonio.

AFFIANT.

declarante. Deponente. Persona que suscribe un acta o declaración.

AFFIDAVIT.

declaración jurada. Acta juramentada.

AFFIDAVIT FOR ATTACHMENT.

declaración jurada del acreedor embargante exigida como condición para la traba del correspondiente embargo.

AFFIDAVIT IN CRIMINAL PROSECUTION.

declaración jurada en la que se acusa formalmente respecto de la comisión de un delito, exigida como condición previa para ordenar el arresto del acusado.

AFFIDAVIT OF DEFENSE.

declaración o acta por la que el demandado manifiesta tener defensas sustanciales.

AFFIDAVIT OF GOOD FAITH.

declaración de buena fe, exigida a los apelantes, mediante la cual éstos afirman que la apelación no es interpuesta con meros fines de demora procesal.

AFFIDAVIT OF INQUIRY.

declaración jurada por la cual el demandante manifiesta que el demandado no puede ser notificado dentro de la jurisdicción del tribunal actuante, por no habérselo podido localizar allí pese a una búsqueda diligente.

AFFIDAVIT OF MERITS.

declaración o acta por la que el demandado manifiesta tener defensas sustanciales e indica los hechos que las fundamentan.

AFFIDAVIT OF NO COLLUSION.

declaración jurada de un tercero interviniente en un proceso, respecto de su no colusión con alguna de las partes.

AFFIDAVIT OF NOTICE.

declaración jurada de que las demás partes de un proceso han sido notificadas.

AFFIDAVIT OF SERVICE.

declaración jurada de que las restantes partes han sido notificadas del juicio.

AFFIDAVIT ON DEMURRER.

declaración relativa al mérito de una excepción.

AFFIDAVIT TO HOLD TO BAIL.

declaración jurada exigida respecto de las circunstancias en base a las cuales se solicita la detención de una persona en relación a un proceso civil.

AFFIDAVIT UPON INFORMATION AND BELIEF.

declaración que no importa una afirmación de un hecho o circunstancia, sino la mera expresión de lo que se cree respecto de ciertos hechos o de la información que se tiene respecto a los mismos.

AFFILIATE.

asociado. Aliado. Afiliado. ‖ como verbo (*to affiliate*), afiliarse. Afiliar.

AFFILIATE COMPANY.

filial. Subsidiaria. Empresa o sociedad controlada o subsidiaria.

AFFILIATE CORPORATION.

persona jurídica controlada o subsidiaria.

V. AFFILIATE COMPANY. CORPORATION.

AFFILIATED COMPANY

V. AFFILIATE COMPANY.

AFFILIATED CORPORATION.

V. AFFILIATE CORPORATION.

AFFILIATION.

afiliación. ‖ pertenencia a un partido, organización religiosa u otro cuerpo. ‖ declaración de paternidad.

AFFILIATION PROCEEDINGS.

juicio de paternidad.

AFFINITY.

afinidad, en general. ‖ parentesco por afinidad.

AFFIRM.

afirmar, en general. ‖ conformar un acto. ‖ confirmar, ratificar o convalidar una sentencia recurrida. ‖ realizar una articulación o declaración procesal.

AFFIRMANCE.

afirmación. Confirmación. Ratificación.

V. AFFIRM.

AFFIRMANCE OF JUDGMENT.

confirmación de una sentencia recurrida.

V. AFFIRM.

AFFIRMANT.

el que afirma, particularmente en el curso de un proceso, en especial cuando lo hace sin actuar bajo juramento.

AFFIRMATION.

afirmación, en general. ‖ Declaración formal o solemne.

AFFIRMATION IN LIEU OF OATH.

declaración solemne formulada en reemplazo de un juramento.

AFFIRMATION OF FACT.

declaración de hechos, particularmente en el curso de negociaciones, tal que la contraparte actúe sobre la base de la misma.

AFFIRMATIVE.

afirmativo.

AFFIRMATIVE ACTION.

literalmente, acción afirmativa. Programas o normas que exigen una acción positiva para eliminar o evitar conductas, actitudes o situaciones discriminatorias.

AFFIRMATIVE AUTHORIZATION.

autorización expresa.

AFFIRMATIVE CHARGE.

instrucción al jurado dirigida a eliminar la posibilidad de condena respecto de ciertas imputaciones contenidas en la acusación.

AFFIRMATIVE CONDITION.

condición afirmativa o positiva. La que consiste en que un hecho o acto tenga lugar, en contraposición a la que se define mediante la negación de un estado de cosas.

AFFIRMATIVE COVENANT.

estipulación o convenio afirmativo. El que requiere un dar o un hacer, en contraposición a los que exigen un no hacer.

AFFIRMATIVE DEFENSE.

literalmente, defensa afirmativa. Afirmación o articulación de hechos o circunstancias que constituyen una defensa frente a la demanda o acusación, aunque no se nieguen los hechos indicados en éstas.

AFFIRMATIVE EASEMENT.

servidumbre afirmativa, que da a su titular el derecho a usar o hacer algo en relación con el fundo sirviente.

AFFIRMATIVE PLEA.

oposición de defensas que no implican negar

los hechos formulados en la demanda pero que anulan, de ser aceptadas, los efectos jurídicos pretendidos respecto de tales hechos por el actor. v. AFFIRMATIVE DEFENSE.

AFFIRMATIVE PREGNANT.

afirmación procesal que implica a su vez una negación favorable al adversario.

AFFIRMATIVE PROOF.

prueba favorable o afirmativa respecto de un hecho o aseveración.

AFFIRMATIVE RELIEF.

beneficio resultante de una orden o proveimiento judicial que es o puede ser solicitada mediante reconvención. También se aplica la expresión respecto de una orden o proveimiento judicial que ordena realizar determinada conducta.

v. RELIEF.

AFFIRMATIVE REPRESENTATION.

afirmación de la existencia de un hecho, particularmente en el curso de negociaciones contractuales. v. REPRESENTATION.

AFFIRMATIVE STATUTE.

ley o norma que ordena realizar una conducta, en contraposición a las que prohiben.

v. STATUTE.

AFFIRMATIVE WARRANTY.

afirmación o estipulación respecto de un hecho o situación, incluida en un contrato o efectuada en relación al mismo. Se utiliza la expresión, especialmente, en materia de seguros.

v. WARRANTY.

AFFIX.

fijar. Colocar. Adherir.

AFFIXED TO THE FREEHOLD.

fijado al terreno.

AFFLICTION.

aflicción.

AFFORCE.

incrementar. Fortalecer.

AFFORCE THE ASSIZE.

procedimiento para asegurar que el jurado emita un veredicto, con la unanimidad normalmente requerida, consistente en confinar a tal jurado hasta el cumplimiento de su cometido, o en añadir nuevos miembros. Está en desuso completo.

AFFOREST.

dar a un terreno el carácter de bosque, en sentido legal, con las obligaciones, derechos y cargas consiguientes.

AFFORESTMENT.

v. AFFOREST.

AFFRAY.

riña. Pelea en un lugar público, tal que provoca una conmoción o desorden.

AFFREIGHTER.

fletador.

AFFREIGHTMENT.

fletamento.

AFFRONT.

afrenta. Insulto. Injuria.

AFORESAID.

antedicho. Antes nombrado. Citado.

AFORETHOUGHT.

premeditado. Deliberado. Planeado.

AFTER-ACQUIRED.

adquirido con posterioridad a un hecho o fecha.

AFTER-ACQUIRED PROPERTY.

propiedad adquirida por el deudor con posterioridad al perfeccionamiento de un derecho de garantía que lo afecte.

AFTER-ACQUIRED PROPERTY CLAUSE.

cláusula en una hipoteca o en un contrato del que resulta un derecho de garantía, por la que se dispone que la propiedad adquirida por el deudor con posterioridad al contrato queda sujeta a tal derecho de garantía.

AFTER-ACQUIRED TITLE.

derecho respecto de un inmueble, que se adquiere por una persona luego que la misma ha transferido el inmueble a un tercero. ‖ doctrina en virtud de la cual el título adquirido sobre una propiedad, respecto de la cual se hayan transferido derechos para cuya transmisión tal título era necesario, beneficia automáticamente a las personas a quienes se hayan transferido tales derechos.

AFTER-BORN CHILD.

hijo póstumo. ‖ hijo nacido con posterioridad a un testamento.

AFTER-BORN HEIR.

heredero póstumo.

AFTER COMPLETION OF THE OPERATION.

después del perfeccionamiento o finalización de una operación.

AFTER DATE.

después de la fecha de un instrumento.

AFTER DEMAND.

después de demanda o solicitud de pago.

AFTER-DISCOVERED EVIDENCE.

pruebas que han sido descubiertas posterior-

mente al momento de la iniciación de un juicio.

AFTER SIGHT.
en los títulos de crédito, después de la vista.

AFTERBIRTH.
nacimiento de un hijo póstumo, o producido
con posterioridad al testamento de uno de los
progenitores.

AFTERTHOUGHT.
pensamiento posterior a un hecho o situación.

AGAINST.
contra. Contrario.

AGAINST ALL RISKS.
contra todo riesgo.

AGAINST EVIDENCE.
contrario a las pruebas o contradictorio con
éstas. v. EVIDENCE.

AGAINST INTEREST.
contrario al propio interés.

AGAINST MY ESTATE.
contra mi propiedad.
v. ESTATE.

AGAINST PUBLIC INTEREST.
contrario al interés público

AGAINST PUBLIC POLICY.
contra el interés o el orden público.
v. PUBLIC POLICY.

AGAINST SURRENDER OF DOCUMENTS.
contra entrega de documentos.

AGAINST THE EVIDENCE.
v. AGAINST EVIDENCE.

AGAINST THE FORM OF THE STATUTE.
literalmente, contra las formas de la ley. Fórmula procesal utilizada para alegar la violación
de una norma.

AGAINST THE PEACE.
contrario a la tranquilidad pública.

AGAINST THE WEIGHT OF THE EVIDENCE.
contrario al peso de la prueba.

AGAINST THE WILL.
contra la voluntad. Se utiliza la expresión en
relación con los delitos que implican violencia
contra otra persona.

AGE.
edad.

AGE ERROR ARREARS.
en el contrato de seguro de vida, la modificación de las primas, inclusive retroactivamente,
en razón de una declaración errada de la edad
del asegurado.

AGE OF CONSENT.
edad en que se puede contraer matrimonio sin
autorización paterna.

AGE OF MAJORITY.
edad en que se deja la minoridad.

AGE OR REASON.
edad en que se considera a un niño potencialmente responsable, normalmente siete
años.

AGED.
de determinada edad. ‖ anciano. Viejo.

AGENCY.
representación voluntaria. Incluye al mandato, así como otras figuras de las que resulta
una representación consensual. ‖ agencia. ‖
repartición. Ente autónomo.

AGENCY ACTION.
acto de una repartición o ente autónomo.

AGENCY AGREEMENT.
contrato del que resulta una relación de representación.

AGENCY BY ESTOPPEL.
representación resultante de la conducta de
las partes, tal que éstas no puedan válidamente alegar que no existe tal representación; p.
ej., cuando se permite a un tercero manifestar
a otras personas que la representación existe.
v. AGENCY. ESTOPPEL.

AGENCY BY NECESSITY.
representación que resulta o que se asume como consecuencia de un estado de necesidad.
Incluye ciertos casos asimilables a la figura de
gestión de negocios.

AGENCY BY OPERATION OF LAW.
representación imputada por la ley. Incluye
ciertos casos similares a la AGENCY BY ES-
TOPPEL (v.).

AGENCY CONTRACT.
v. AGENCY AGREEMENT.

AGENCY COUPLED WITH AN INTEREST.
representación voluntaria en la que el representante tiene un interés propio en el objeto
de tal representación.

AGENCY FEE.
comisión del banco agente.

AGENCY IN FACT.
representación acordada entre las partes, en
contraposición a la que nace tácita o implícitamente.

AGENCY OF NECESSITY.
v. AGENCY BY NECESSITY.

AGENCY PROCEEDING.
procedimiento ante una repartición o ente autónomo. V. AGENCY.

AGENCY RELATIONSHIP.
relación de representación.

AGENCY SHOP.
empresa que acuerda con un sindicato que los trabajadores no afiliados al mismo, para mantener su empleo, deben pagar una cuota sindical similar a la de los trabajadores afiliados.

AGENCY TO SELL.
representación con poder para vender.

AGENDA.
orden del día. Temario. Programa.

AGENT.
representante voluntario. ‖ agente comercial. ‖ factor. ‖ mandatario. ‖ agente.

AGENT AND PATIENT.
la condición de quien actúa con carácter de representante de una de las partes y por derecho propio como otra parte.

AGENT BANK.
banco agente.

AGENT ENTRUSTED WITH GOODS.
agente comercial.

AGENT NOT AUTHORIZED TO COLLECT.
representante no autorizado a efectuar cobros.

AGENT'S ACTUAL AUTHORITY.
facultades efectivas de representación.
V. AGENCY.

AGENT'S APPARENT AUTHORITY.
facultades aparentes de representación.
V. AGENCY.

AGENT'S EXPRESS AUTHORITY.
facultades expresas de representación.
V. AGENCY.

AGENT'S IMPLIED AUTHORITY.
facultades implícitas de representación.
V. AGENCY.

AGENT'S INCIDENTAL AUTHORITY.
facultades incidentales de representación.
V. AGENCY.

AGENT'S LIEN.
derecho de retención ejercido por un representante sobre los bienes de su representado que se encuentran en su poder, respecto de créditos emergentes de su relación con tal representado.
V. AGENCY. LIEN.

AGENT TO RECEIVE SERVICE OF PROCESS.
representante autorizado a recibir notificaciones procesales. V. AGENCY. SERVICE OF PROCESS.

AGGRAVATED.
agravado.

AGGRAVATED ASSAULT.
agresión o violencia personal agravadas. v. ASSAULT. ‖ agresión o violencia personal con intención de cometer otro delito.

AGGRAVATED BATTERY.
violencia física agravada. v. BATTERY.

AGGRAVATED LARCENY.
hurto agravado. v. LARCENY.

AGGRAVATED RAPE.
violación agravada. V. RAPE.

AGGRAVATED ROBBERY.
robo con violencia o intimidación en las personas, agravado. v. ROBBERY.

AGGRAVATING CIRCUMSTANCES.
circunstancias agravantes.

AGGRAVATION.
agravación.

AGGRAVATION OF DAMAGES.
agravación de daños.

AGGRAVATION OF DISABILITY.
agravación de una invalidez o lesión profesional.

AGGREGATE.
total. Suma. Conjunto. Agregado.

AGGREGATE AMOUNT.
monto total.

AGGREGATE CORPORATION.
persona jurídica formada por una pluralidad de personas físicas.
V. CORPORATION.

AGGREGATE DAMAGE.
daños conjuntos causados por un hecho o causa determinados.

AGGREGATE INCOME.
ingreso conjunto de varias personas o resultante de diversos rubros.

AGGREGATE THEORY OF PARTNERSHIP.
teoría negatoria de la personalidad jurídica de las PARTNERSHIPS (v.).

AGGREGATION.
agregación o agregado, en general. ‖ agregado o combinación de distintos bienes o patrimonios. ‖ combinación de elementos de una invención, que actúan en forma independiente y sin cooperar entre sí.

AGGRESSION.
agresión.

AGGRESSOR.
agresor.
AGGRIEVED.
dañado. Perjudicado. Agraviado.
AGGRIEVED PARTY.
persona o parte dañada, perjudicada o agraviada.
AGING OF ACCOUNTS.
ordenamiento de cuentas, saldos, créditos o deudas en función cronológica.
AGIO.
prima. Agio. Margen. Descuento.
AGIOTAGE.
agiotaje. Especulación.
AGISTER.
quien toma ganado ajeno a su cargo, para su cuidado o pastoreo.
AGISTOR.
V. AGISTER.
AGISTMENT.
derecho a introducir animales y hacerlos pastar en un terreno.
AGISTMENT OF SEA-BANKS.
el tributo impuesto sobre los propietarios de terrenos costeros, con destino a obras de contaminación del mar.
AGITATOR.
agitador. Perturbador.
AGNATES.
agnados. Parientes por vía paterna. La voz se utiliza en el Derecho escocés.
AGNATIC.
agnático.
AGNATION.
agnación.
AGONY.
agonía. ‖ sufrimiento o dolor extremos.
AGRARIAN LAWS.
leyes agrarias.
AGRARIAN MURDER.
homicidio producido por disputas agrarias.
AGREE.
acordar. Convenir. Contratar. Concertar.
AGREEANCE.
acuerdo.
AGREED.
acordado. Convenido.
AGREED AMOUNT CLAUSE.
cláusula del contrato de seguro por la que se acuerda que el asegurado mantendrá cierto valor cubierto bajo seguro.

AGREED CASE.
proceso en que las partes someten al tribunal una enumeración de hechos sobre cuya existencia han acordado, en base a la cual se dictará la sentencia.
V. SUMMARY JUDGMENT.
AGREED JUDGEMENT.
sentencia resultante de un acuerdo previo entre las partes.
AGREED ORDER.
orden o decreto judicial resultante de un acuerdo previo entre las partes.
AGREED PRICE.
precio convenido.
AGREED STATEMENT OF FACTS.
estipulación procesal previa realizada entre las partes, por la que se acuerdan los hechos reconocidos por ambas que se someterán en común a juicio.
AGREED STATEMENT ON APPEAL.
acuerdo entre todas las partes de un proceso, respecto de los hechos y demás circunstancias que serán sometidas en común a un tribunal de apelación.
AGREED VALUE.
valor acordado entre las partes respecto de una operación en que existan intereses en común, p. ej., el valor de los aportes en especie efectuados a una sociedad.
AGREEMENT.
acuerdo. Convenio. Contrato. Pacto. Estipulación. El concepto de *agreement* es más amplio que el de contrato, y comprende todo acuerdo, aunque no sea calificable de contrato, por tratarse, p. ej., de un acuerdo político o de Derecho Público o Internacional. ‖ el documento en el que se instrumenta o incorpora un *agreement*, en la primera acepción del término.
AGREEMENT AGAINST PUBLIC POLICY.
acuerdo contrario al orden o interés público. v. AGREEMENT. PUBLIC POLICY.
AGREEMENT BY SPECIALTY.
V. SPECIALTY.
AGREEMENT FOR ARBITRATION.
compromiso arbitral.
AGREEMENT FOR INSURANCE.
contrato de seguro provisional, realizado en forma previa al contrato definitivo, a fin de mantener una cobertura hasta la suscripción de éste.

AGREEMENT FOR LEASE.

contrato mediante el que se acuerda otorgar una locación en el futuro, respecto de determinado bien. v. LEASE.

AGREEMENT OF CONVEYANCE.

contrato mediante el que se acuerda transferir derechos respecto de un inmueble.

v. CONVEYANCE.

AGREEMENT OF SALE.

contrato de compraventa.

AGREEMENT TO SELL.

promesa de venta. Contrato o estipulación por los que se acuerda una venta futura, no perfeccionada con ese primer acto.

AGREEMENT UNDER SEAL.

v. CONTRACT UNDER SEAL.

AGRICULTURAL COMMODITIES.

productos agrícolas, inclusive los del sector ganadero. v. COMMODITIES.

AGRICULTURAL FIXTURES.

muebles accesorios de un inmueble, destinados a la agricultura. v. FIXTURES.

AGRICULTURAL LABOR.

v. AGRICULTURAL LABOUR.

AGRICULTURAL LABOUR.

trabajo agrícola o rural.

AGRICULTURAL LEASE.

arrendamiento rural. v. LEASE.

AGRICULTURAL LIEN.

privilegio o derecho de preferencia en favor de créditos agrícolas.

v. LIEN.

AGRICULTURAL PRODUCTS.

v. AGRICULTURAL COMMODITIES.

AGRICULTURAL SOCIETY.

asociación agraria. ‖ sociológicamente, sociedad agraria.

AGRICULTURE.

agricultura en general, incluyendo no solamente la agricultura propiamente dicha sino también la ganadería.

AID.

ayuda. Colaboración. Cooperación. ‖ en Derecho Penal, complicidad. ‖ como verbo (*to aid*), ayudar.

AID AND ABET.

complicidad en sentido amplio, incluyendo la instigación.

AID AND COMFORT.

en general, ayuda y colaboración. En particular, la colaboración con el enemigo.

AID BONDS.

bonos públicos emitidos para colaborar con la financiación de inversiones privadas.

AID SOCIETY.

asociación de beneficiencia, ayuda o socorros.

AIDER.

ayudante. Colaborador. ‖ Cómplice.

AIDER BY VERDICT.

saneamiento de los defectos procesales, particularmente de los existentes en las presentaciones y alegatos de las partes, mediante el veredicto.

AIDING ESCAPE.

favorecimiento de la fuga o evasión.

AILMENT.

enfermedad. Indisposición.

AIM.

propósito. Fin. ‖ como verbo (*to aim*), aspirar o dirigirse a determinado propósito. Apuntar un arma o instrumento.

AIR CARRIER.

transportador aéreo.

AIR CHARTER.

fletamento aéreo.

AIR LAW.

derecho Aeronáutico.

AIR NAVIGATION.

navegación aérea.

AIR PIRACY.

piratería aérea.

AIR RIGHTS.

derecho al espacio aéreo existente sobre un terreno. Se trata de una especie de derecho real, escindible de los restantes derechos relativos al mismo inmueble, bajo el Derecho anglonorteamericano. Puede incluir el derecho a construir en el espacio aéreo correspondiente.

AIR TRAFFIC RULES.

reglas de tráfico aéreo.

AIR TRANSPORTATION.

transporte aéreo.

AIR TRAVEL INSURANCE.

seguro de accidentes de aviación.

AIR WAYBILL.

carta de porte aéreo.

AIRBILL.

v. AIR WAYBILL.

AIRCRAFT.

aeronave.

AIRLINE.

línea aérea.

AIRPLANE.
aeroplano. Avión.

AIRPORT.
aeropuerto.

AIRSPACE.
espacio aéreo.

AIRWAY.
ruta de navegación aérea.

ALCOHOLISM.
alcoholismo.

AKIN.
emparentado por consanguinidad. ‖ similar. Parecido.

ALDERMAN.
concejal municipal.

ALEATORY.
aleatorio.

ALEATORY CONTRACT.
contrato aleatorio.

ALEATORY SALE.
venta aleatoria.

ALIA ENORMIA.
otros ilícitos. Expresión procesal, actualmente fuera de uso corriente, mediante la que se manifiesta, en forma genérica, haber sufrido daños derivados de TRESPASS (v.), además de los indicados expresamente.

ALIAS.
alias.

ALIAS DICTUS.
alias.

ALIAS EXECUTION.
reiteración de un proceso ejecutivo, luego de haber fallado el primero.

ALIAS PROCESS.
proceso o acto procesal intentado luego de haber fracasado otro similar.

ALIAS SUMMONS.
notificación cursada luego de haber fallado un intento anterior de perfeccionarla.
v. SUMMONS.

ALIAS WARRANT.
reiteración de una orden judicial, luego del fracaso de la primera. v. WARRANT.

ALIAS WRIT.
orden judicial mediante la que se reitera otra anterior. v. WRIT.

ALIBI.
coartada.

ALIEN.
extranjero.

ALIEN AMY.
súbdito de un estado extranjero amigo.

ALIEN CORPORATION.
sociedad constituida en otra jurisdicción, sea en el exterior o en otro estado.

ALIEN ENEMY.
súbdito de un estado enemigo.

ALIEN FRIEND.
v. ALIEN AMY.

ALIEN NEE.
persona que ha nacido extranjera.

ALIENABLE.
enajenable.

ALIENAGE.
condición de extranjero.

ALIENATE.
enajenar.

ALIENATED.
enajenado, en los distintos sentidos de esta voz.

ALIENATION.
enajenación. Transferencia de la propiedad.

ALIENATION CLAUSE.
cláusula contractual relativa a la transferencia de una propiedad, autorizándola o prohibiéndola.

ALIENATION OF AFFECTIONS.
enajenación de afectos. Interferencia en las relaciones conyugales ajenas, captando el afecto de uno de los cónyuges, en detrimento de tales relaciones.

ALIENEE.
adquirente de una propiedad.

ALIENIST.
perito alienista.

ALIENOR.
enajenante de una propiedad.

ALIMENTED.
el acreedor de una obligación alimentaria. Voz rara vez usada.

ALIMONY.
alimentos o pensión alimentaria, en el sentido del Derecho de Familia.

ALIMONY IN GROSS.
pago por alimentos, calculado en forma global y pagadero de una sola vez.
v. ALIMONY.

ALIMONY PENDENTE LITE.
alimentos provisionales. v. ALIMONY.

ALIMONY TRUST.
fideicomiso alimentario en virtud del cual un

cónyuge transmite al fideicomisario cierta propiedad, que éste utiliza para pagar los alimentos. v. TRUST.

ALIQUOT.
alícuota.

ALITER.
de otra manera. En sentido contrario.

ALIUNDE.
de otra fuente u origen.

ALIVE.
con vida. Vivo. Viviente.

ALL AND SINGULAR.
todos y cada uno, sin excepción.

ALL CASES AT LAW.
todos los casos de Derecho estricto, o sea los juzgados bajo el *Common Law* (v.), en contraposición a los que se rigen por el régimen de *equity* (v.).

ALL COSTS.
todas las costas.

ALL FAULTS.
todos los defectos. Cláusula que determina la responsabilidad respecto de los defectos de los bienes vendidos.

ALL FOURS.
que acuerdan o coinciden en un todo.

ALL MATTERS IN DIFFERENCE.
todas las cuestiones respecto de las cuales existe litigio o controversia entre determinadas partes.

ALL RIGHT, TITLE AND INTEREST.
cláusula mediante la que se hace referencia a la totalidad de los derechos que una persona puede tener sobre determinado bien.

ALL RISK INSURANCE.
seguro contra todo riesgo.

ALLEGATION.
alegación. Aserción. Pretensión.

ALLEGATION OF FACT.
alegación o aserción de hechos.

ALLEGATION OF FACULTIES.
declaración de los bienes del otro cónyuge, efectuada por el que solicita alimentos.

ALLEGATIONS UPON INFORMATION AND BELIEF.
aserciones basadas en la información y conocimientos que sobre el objeto de aquéllas tiene el que las formula, sin que se afirme tener certeza al respecto.

ALLEGE.
alegar. Manifestar. Aseverar. Pretender.

ALLEGED.
pretendido. Alegado. Supuesto, como cuando se habla del supuesto autor de un delito.

ALLEGIANCE.
fidelidad. Lealtad. Se aplica especialmente en relación con el vínculo de un individuo con la nación o estado a los que pertenece.

ALLEGING DIMINUTION.
v. DIMINUTION.

ALLEN CHARGE.
instrucción a los miembros del jurado, dirigida a que tomen recíprocamente en cuenta sus posiciones y argumentos. La expresión se deriva del caso Allen v. United States (164 U.S. 492), donde se aplicó tal instrucción.

ALLIANCE.
alianza, particularmente en el campo internacional. ‖ vínculo familiar de afinidad.

ALLIES.
aliados.

ALLISION.
choque de un navío en movimiento con otro que se encuentra detenido.

ALLOCATE.
asignar. Atribuir.

ALLOCATION.
asignación. Atribución.

ALLOCATION OF LOSS.
asignación o imputación de pérdidas o daños.

ALLOCATION OF RISK.
asignación o distribución de riesgos.

ALLOCATION OF RESOURCES.
asignación de recursos.

ALLOCATION OF THE BURDEN OF PROOF.
asignación de la carga de la prueba.

ALLOCATUR.
acto del actuario, secretario o agente judicial por el que se autorizan, reconocen o liquidan ciertos gastos u otras sumas de dinero.

ALLOCUTION.
planteamiento formulado al acusado para que éste manifieste las causas por las que considera que no debe ser condenado por el juez, después de haber sido declarado culpable por el jurado.

ALLODIAL.
alodial. Libre. Que no reconoce vínculo de superioridad o vasallaje.

ALLODIAL LAND.
tierra alodial, cuya propiedad se ejerce a título y en nombre propio, sin reconocer por eso, un

superior derecho ajeno sobre las mismas.

ALLODIUM.

v. ALLODIAL LAND.

ALLOGRAPH.

alógrafo. Escritura realizada por una persona para otra, en contraposición a la autógrafa.

ALLONGE.

prolongación u hoja de extensión de un título de crédito.

ALLOT.

asignar. Distribuir. Repartir.

ALLOTMENT.

asignación. Cuota. Contingente. Parte.

ALLOTMENT CERTIFICATE.

certificado por el que se reconoce la participación correspondiente a cierta persona en títulos o bienes a ser adjudicados o distribuidos.

ALLOTMENT NOTE.

documento por el que el personal embarcado cede parte de su remuneración a distintos familiares beneficiarios.

ALLOTTEE.

adjudicatario. Persona a quien se asigna algo.

ALLOW.

admitir. Permitir. Conceder.

ALLOWANCE.

contribución. Asignación. Cuota. ‖ pago periódico, generalmente a título gratuito, o sin una contraprestación inmediata. ‖ descuento o concesión otorgados a la contraparte en una operación comercial. ‖ tolerancia, en relación con pesos y medidas, p. ej. cuando se permite cierta variación, en más o en menos, respecto de una medida preestablecida.

ALLOWANCE PENDENTE LITE.

alimentos provisorios.

ALLUREMENT.

atractivo. Elemento que incita a realizar una conducta.

ALLUSION.

alusión.

ALLUVION.

aluvión.

ALLY.

aliado. ‖ como verbo (to ally), afiliarse.

ALMS.

limosna. Caridad. Donaciones caritativas.

ALONGSIDE SHIP.

literalmente, al costado del buque. Indica que las mercaderías serán entregadas a la vera del buque o que la responsabilidad del vendedor

o transportador subsistirá hasta ese momento.

v. FREE ALONGSIDE SHIP.

ALTER.

alterar. Modificar. Variar.

ALTER EGO DOCTRINE.

doctrina judicial mediante la que se desestima o desconoce la personalidad societaria, cuando un ente es utilizado como instrumento o *alter ego* de otra persona, para lograr propósitos ilícitos.

ALTERATION.

alteración. Variación. Modificación. Falsificación.

ALTERATION OF BRAND.

alteración de las marcas o señales de un animal.

ALTERATION OF CONTRACT.

alteración de un contrato.

ALTERATION OF INSTRUMENT.

alteración de un instrumento.

ALTERCATION.

altercado.

ALTERNAT.

alternancia en el poder o en cierto cargo o posición. Se utiliza la voz especialmente en el Derecho Internacional.

ALTERNATE.

suplente. Sustituto. Alternativo. Reemplazante.

ALTERNATE DIRECTOR.

director suplente.

ALTERNATE JUROR.

jurado suplente.

ALTERNATE LEGACY.

legado alternativo.

ALTERNATIVE.

alternativo (como adjetivo). ‖ alternativa (como sustativo).

ALTERNATIVE CONTRACT.

contrato con prestaciones alternativas.

ALTERNATIVE DAMAGES.

daños y perjuicios estipulados contractualmente, a ser aplicables en caso de incumplimiento de una obligación como alternativa frente a los que resultarían en ausencia de tal estipulación.

ALTERNATIVE JUDGMENT.

sentencia que impone obligaciones u órdenes alternativas.

ALTERNATIVE OBLIGATION.

obligación alternativa.

ALTERNATIVE PAYEES.
obligados alternativos.

ALTERNATIVE PLEADING.
solicitudes o planteamientos procesales alternativos. V. PLEADING.

ALTERNATIVE PUNISHMENT.
penas alternativas.

ALTERNATIVE RELIEF.
reparaciones, indemnizaciones o petitorios alternativos planteados o solicitados por las partes. V. RELIEF.

ALTERNATIVE REMAINDERS.
derechos futuros o en expectativa respecto de un inmueble concedidos en forma alternativa. V. REMAINDER.

ALTERNATIVE REMEDIES.
acciones o recursos alternativos para dar efectividad judicialmente a un derecho.
V. REMEDY.

ALTERNATIVE SENTENCE.
sentencia penal que prevé distintas sanciones o medidas, aplicables en forma alternativa.
V. SENTENCE.

ALTERNATIVE WRIT.
orden judicial alternativa, requiriendo su cumplimiento o bien la demostración de un motivo válido para no cumplirla. v. WRIT.

ALWAYS AFLOAT.
literalmente, siempre a flote. Indica la condición del fletamento en virtud de la cual el buque no ha de entrar a puertos donde se carece de calado suficiente para el ingreso del buque totalmente cargado.

A. M.
antes de mediodía. Horas de la mañana. Son las siglas de la expresión *ante meridiem*.

AMALGAMATION.
amalgama. ‖ unión. ‖ fusión, en general. ‖ fusión u otra forma de integración entre sociedades o empresas.

AMANUENSIS.
amanuense.

AMBASSADOR.
embajador.

AMBIGUITY.
ambigüedad.

AMBIGUITY UPON THE FACTUM.
ambigüedad sobre el sentido o propósito global de un instrumento, en contraposición a la que afecta la posible interpretación de sus términos particulares.

AMBIT.
ámbito de un poder o jurisdicción. ‖ límite o ámbito, en general.

AMBULANCE CHASER.
literalmente, perseguidor de ambulancias. Expresión denigratoria dirigida a los abogados inescrupulosos, particularmente en materia de obtener clientes en casos relativos a accidentes.

AMBULATORY.
ambulatorio. Movible. ‖ modificable. Revocable. Alterable.

AMBULATORY COURTS.
tribunales itinerantes. No se los utiliza actualmente.

AMBULATORY DISPOSITION.
acto judicial revocable.

AMBULATORY JURISDICTION.
jurisdicción sin asiento territorial fijo.

AMBULATORY WILL.
testamento revocable.

AMBUSH.
emboscada.

AMELIORATING WASTE.
actos del locatario que, aunque técnica o formalmente pueden considerarse como dañosos, en los hechos constituyen mejoras y son autorizados como tales.

AMELIORATIONS.
mejoras.

AMENABLE.
sujeto a cierta ley o responsable bajo ella. ‖ sujeto a cierta jurisdicción. ‖ responsable. ‖ controlable. Tratable. ‖ receptivo.

AMEND.
modificar. Reformar. Corregir.

AMENDABLE.
modificable. Corregible.

AMENDABLE PROCESS.
proceso con vicios subsanables.

AMENDATORY STATUTE.
ley de reformas o modificatoria.

AMENDMENT.
reforma. Modificación. Corrección. Enmienda. ‖ más específicamente, las reformas introducidas a la Constitución de los Estados Unidos.

AMENDMENT AS OF COURSE.
modificación de presentaciones o planteamientos procesales, tal que no requiere autorización del tribunal.

AMENDMENT BY COMPULSION.
modificación de presentaciones o planteamientos procesales impuesta por el tribunal para adecuar aquéllos a los requisitos del procedimiento.

AMENDMENT BY REFERENCE.
reforma de la legislación al hacer referencia a ella en una nueva norma, sin alterar directamente el texto de aquélla.

AMENDMENT OF CONSTITUTION.
reforma constitucional.

AMENDMENT OF JUDGMENT.
modificación de una sentencia por el propio tribunal que la ha emitido.

AMENDMENT OF PLEADINGS.
corrección de los errores, generalmente materiales, en las presentaciones o planteamientos procesales. V. PLEADING.

AMENDMENT OF STATUTE.
modificación de una ley o norma escrita. V. STATUTE.

AMENDMENT OF WRIT.
corrección de los errores, generalmente materiales, en los autos o decretos judiciales. V. WRIT.

AMENDMENT ON COURT'S OWN MOTION.
modificación de un auto o presentación procesal, ordenada de oficio por el tribunal.

AMENDMENT TO CONFORM TO PROOF.
modificación de presentaciones o planteamientos procesales, para adecuarlos a las pruebas producidas en los mismos autos.

AMENDS.
resarcimiento. Indemnización. Disculpas u otra forma de reparación de la parte dañada o injuriada.

AMENITY.
comodidad. Accesorio útil o gratificante. Circunstancias favorables o gratas de una propiedad o instalación. ‖ mejoras o accesorios útiles de un inmueble. ‖ servidumbre negativa.

AMENTIA.
locura. Demencia.

AMERCE.
multar. Penar. Castigar.

AMERCEMENT.
multa, en particular la impuesta a un funcionario.

AMERICAN BAR ASSOCIATION.
Asociación Americana de Abogados.
V. BAR ASSOCIATION.

AMERICAN CLAUSE.
cláusula del contrato de seguro en virtud de la cual el asegurador mantiene inalterada su responsabilidad aunque el asegurado contrate nuevas coberturas respecto del mismo riesgo.

AMERICAN LAW INSTITUTE.
institución estadounidense sin fines de lucro que ha realizado entre otras tareas, recopilaciones y digestos no oficiales de reglas jurídicas aplicables en distintas áreas del Derecho de ese país. V. RESTATEMENT OF LAW.

AMERICAN RULE.
literalmente, regla americana. Se refiere la expresión a la regla seguida en los Estados Unidos, en virtud de la cual las costas procesales son impuestas o abonadas en el orden causado, salvo que una ley o contrato especial exijan lo contrario, o que la parte perdidosa haya actuado con mala fe o en forma abusiva.

AMIABLE COMPOSITEURS.
amigables componedores.

AMIABLE COMPOSITION.
composición o transacción amigable. Arbitraje de amigables componedores.

AMICABLE.
amigable. De mutuo acuerdo.

AMICABLE ACTION.
acción entablada de común acuerdo entre las partes, para dirimir un punto de Derecho.

AMICABLE COMPOUNDERS.
amigables componedores. Árbitros de equidad.

AMICABLE SETTLEMENT.
transacción amigable. V. SETTLEMENT.

AMICABLE SUIT.
V. AMICABLE ACTION.

AMICUS.
V. AMICUS CURIAE.

AMICUS CURIAE.
literalmente, amigo del tribunal. Persona que, no siendo parte en un juicio, tiene interés en el resultado del mismo y formula en consecuencia una presentación u opinión respecto de la materia objeto de tal juicio.

AMISSION.
pérdida voluntaria de la posesión. Es voz sin uso frecuente.

AMITY.
amistad. Relaciones amistosas.

AMNESTY.
amnistía o indulto. La voz inglesa admite am-

bas acepciones, las que podrán ser aplicadas según el caso que corresponda.

AMORTIZATION.

amortización o depreciación de bienes. ‖ amortización de títulos o deudas. ‖ amortización de manos muertas y de derechos reales en general.

AMORTIZATION RESERVE.

reserva para amortizaciones.

AMORTIZED LOAN.

préstamo en el que los pagos realizados por el deudor se destinan en primer lugar a la cancelación de los intereses devengados, dirigiéndose el resto a amortización de capital.

AMORTIZED MORTGAGE.

préstamo hipotecario en el que los pagos realizados por el deudor se destinan en primer lugar a la cancelación de los intereses devengados, aplicándose el resto a amortización de capital.

AMOTION.

desalojo. Desposesión. ‖ remoción de un cargo.

AMOUNT.

cantidad. Suma. ‖ como verbo (*to amount*), importar, alcanzar cierta suma, implicar cierta cantidad. Se utiliza la expresión *to amount to*.

AMOUNT COVERED.

monto asegurado.

AMOUNT IN CONTROVERSY.

monto del litigio. Valor del juicio.

AMOUNT IN DISPUTE.

v. AMOUNT IN CONTROVERSY.

AMOUNT OF LOSS.

monto de una pérdida asegurada o sujeta a indemnización.

AMOUNT REALIZED.

el valor realizado mediante la venta de un bien.

AMPLIATION.

demora, prórroga, suspensión o diferimiento de un juicio. ‖ ampliación del procedimiento, para recoger nuevos elementos o reconsiderar la sentencia.

AMUSEMENT TAX.

impuesto sobre las entradas a espectáculos públicos.

ANALOGOUS.

análogo.

ANALOGY.

analogía.

ANALYTICAL JURISPRUDENCE.

expresión traducida frecuente e incorrectamente como "jurisprudencia analítica". Una traducción más exacta es "Escuela analítica del Derecho". Se trata de una escuela de filosofía o teoría general del Derecho que aplica al estudio de éste la metodología de la filosofía analítica, descartando los elementos valorativos, funcionales y sociológicos, centrándose en el análisis de los conceptos, lenguaje y mecanismos estrictamente jurídicos.

ANARCHY.

anarquía.

ANATHEMA.

anatema.

ANATOCISM.

anatocismo.

ANATOMICAL GIFT.

donación o legado de órganos.

ANCESTOR.

ascendiente. Antepasado.

ANCESTRAL.

ancestral.

ANCESTRAL DEBT.

deuda de un ascendiente.

ANCESTRAL ESTATE.

derecho respecto de un inmueble adquirido de un ascendiente por vía sucesoria. v. ESTATE.

ANCHORAGE DUTY.

derecho de anclaje. Derecho o tasa por uso de las instalaciones portuarias.

ANCIENT.

antiguo. Viejo.

ANCIENT DEED.

título de propiedad antiguo, por tener más de veinte o treinta años, según los casos.

ANCIENT DOCUMENTS.

documentos antiguos y considerados auténticos, por tener más de veinte o treinta años, según los casos.

ANCIENT JUDGMENT.

sentencia antigua, normalmente dictada con una anterioridad de veinte o más años, cuya regularidad se presume en razón de esa circunstancia.

ANCIENT LIGHT.

derecho de servidumbre de aire y luz adquirido mediante su ejercicio continuado por veinte años.

ANCIENT STREET.

terreno destinado a calle o camino, mediante

el acto explícito o implícito de un propietario anterior de ese terreno y de los que dan a esa calle o camino.

ANCIENT WILL.

testamento que, por tener una antigüedad de treinta o más años, no requiere la comparecencia de los testigos presentes en el acto testamentario, a efectos de determinar su validez.

ANCIENTS.

letrados autorizados a actuar ante ciertos tribunales ingleses, por haber cumplido los estudios y residencias necesarios a tal fin.

ANCILLARY.

accesorio. Complementario. Subordinado. Adicional. Auxiliar.

ANCILLARY ACTION.

acción accesoria de otra entablada ante el mismo tribunal o fuero.

ANCILLARY ADMINISTRATION.

administración de los bienes de una sucesión ubicados fuera de la jurisdicción donde tramita el procedimiento principal, o donde falleció el causante.

ANCILLARY ATTACHMENT.

embargo solicitado una vez iniciado el juicio en relación al cual se lo pretende trabar.

V. ATTACHMENT.

ANCILLARY BILL.

incidente procesal. Acción subordinada o accesoria a otra ya iniciada.

ANCILLARY CLAIM.

derecho, acción o pretensión accesorios o subordinados.

V. CLAIM.

ANCILLARY CLAUSE.

cláusula accesoria. La expresión se utiliza en especial en el Derecho antimonopólico, respecto de aquellas cláusulas que siendo en sí anticompetitivas, pueden encontrar justificación en su carácter accesorio respecto de una operación lícita.

ANCILLARY GARNISHMENT.

embargo de créditos o de bienes en poder de terceros, como acto accesorio de determinado juicio. V. GARNISHMENT.

ANCILLARY JURISDICTION.

jurisdicción respecto de cuestiones accesorias o incidentales; permite extender los límites de la jurisdicción federal a tales materias accesorias.

ANCILLARY OBLIGATION.

obligación accesoria.

ANCILLARY PRIVILEGE.

privilegio, inmunidad o derecho especial accesorio de un cargo o de otro derecho o facultad.

V. PRIVILEGE.

ANCILLARY PROCEEDING.

procedimiento accesorio o incidental.

ANCILLARY RECEIVER.

síndico o liquidador auxiliar. El que actúa en una jurisdicción distinta a la que corresponde al procedimiento concursal o de liquidación principal.

V. RECEIVER.

ANEW.

de nuevo.

ANGARY.

derecho de angaria. Derecho a utilizar las naves extranjeras o privadas con fines bélicos o de utilidad pública.

ANGLO-AMERICAN LAW.

Derecho anglo-norteamericano. Conjunto de principios, reglas y tradiciones jurídicas que forman la base común del Derecho de Inglaterra y otras regiones del Reino Unido, por una parte, y de las zonas de los Estados Unidos y Canadá en que no ha perdurado el Derecho francés.

ANGLO-SAXON LAW.

Derecho anglosajón. El Derecho existente en Inglaterra antes de la conquista normanda en 1066. Es un Derecho histórico y pretérito, que no debe confundirse con el Derecho anglo-norteamericano, con vigencia en la actualidad.

ANGUISH.

dolor extremo, en particular de orden mental o psicológico. Es un concepto más amplio que el de angustia.

ANNEX.

anexo. ‖ como verbo (*to annex*), anexar.

ANNEXATION.

anexión. ‖ accesión o incorporación de un mueble a un inmueble.

ANNEXATION BY REFERENCE.

incorporación de un instrumento a otro, mediante referencia contenida en uno de ellos.

ANNEXION DE FACTO.

anexión de facto.

ANNOTATION.

nota. Anotación. Comentario a un caso o a una norma.

ANNOUNCEMENT.

anuncio.

ANNOUNCEMENT OF DECISION.

anuncio o comunicación de una decisión judicial.

ANNOYANCE.

molestia.

ANNUAL.

anual.

ANNUAL DEPRECIATION.

amortización anual.

ANNUAL DIVIDEND.

dividendo anual.

ANNUAL DUES.

cuotas o tasas anuales.

ANNUAL FEE.

honorario pagadero anualmente. v. FEE.

ANNUAL GENERAL MEETING.

asamblea ordinaria anual de accionistas.

ANNUAL LABOR.

v. ANNUAL LABOUR.

ANNUAL LABOUR.

trabajos anuales exigidos para la conservación de derechos respecto de un yacimiento minero.

ANNUAL RENT.

renta o alquiler anual.

ANNUAL VALUE.

el valor de la renta anual de un inmueble.

ANNUITY.

anualidad. ‖ renta vitalicia. ‖ pensión. ‖ en general, toda suma pagadera en forma periódica a una persona, por un número de años o hasta el cumplimiento de un plazo o condición.

ANNUITY BOND.

bono o título perpetuo.

ANNUITY CERTAIN.

renta pagadera por un número predeterminado de años.

ANNUITY CONTRACT.

contrato de renta vitalicia o mediante el que se dispone el pago de sumas periódicas a una persona. v. ANNUITY.

ANNUITY INSURANCE.

seguro que supone el pago de una anualidad al asegurado. v. ANNUITY.

ANNUITY POLICY.

póliza de seguro que supone el pago de una anualidad al asegurado.

ANNUITY TRUST.

fideicomiso en el que se impone al fideicomi-sario el pago de rentas fijas con independencia del valor del capital que permanece bajo el fideicomiso. v. TRUST.

ANNUL.

anular.

ANNULMENT.

anulación.

ANNULMENT OF MARRIAGE.

anulación de matrimonio.

ANOMALOUS.

anómalo.

ANOMALOUS INDORSER.

endosante anómalo, por realizar endoso después de la firma y entrega del documento pero antes de haberse convertido el endosante en endosatario.

ANOMALOUS PLEA.

contestación de demanda que incluye elementos negativos y afirmativos. v. PLEA.

ANNONYMOUS.

anónimo.

ANNONYMOUS CASE.

caso en el que se omite el nombre de las partes, al ser publicado.

ANSWER.

respuesta o contestación, en general. ‖ contestación de demanda. ‖ como verbo (*to answer*), responsabilizarse o responder frente a una deuda u obligación. Contestar.

ANSWER IN BAR.

responder a una acción, interponiendo defensas destinadas a lograr su rechazo, y no meramente a demorar su curso.

ANSWER TO INTERROGATORIES.

contestación a los interrogatorios. Absolución de posiciones.

v. INTERROGATORIES.

ANSWERABLE.

responsable.

ANTAGONISTIC.

antagonista.

ANTECEDENT.

antecedente.

ANTECEDENT CLAIM.

derecho o pretensión anterior a cierta fecha o momento. v. CLAIM.

ANTECEDENT CREDITOR.

acreedor anterior a un acto que puede afectarlo.

ANTECEDENT DEBT.

deuda anterior a un que acto que la incorpora,

cancela o modifica. ‖ deuda que por su antigüedad respecto de la solicitud de quiebra carece de preferencia.

ANTECEDENTS.
antecedentes penales.

ANTECESSOR.
antecesor.

ANTEDATE.
antedatar.

ANTENUPTIAL.
prematrimonial. Prenupcial. Antenupcial.

ANTENUPTIAL AGREEMENT.
convención o contrato prematrimonial.

ANTENUPTIAL GIFT.
donación prematrimonial.

ANTENUPTIAL SETTLEMENTS.
V. ANTENUPTIAL AGREEMENT.

ANTENUPTIAL WILL.
testamento que, por haber sido suscripto antes del matrimonio, se considera revocado por éste, de no probarse que no fue suscripto con vistas a tal matrimonio.

ANTICHRESIS.
anticresis.

ANTICIPATED PROFIT.
ganancias esperadas.

ANTICIPATION.
anticipación, en general. ‖ actos relativos a derechos aún no adquiridos o a sumas aún no percibidas. ‖ en el Derecho de patentes, las anterioridades o antecedentes que privan de novedad a la invención.

ANTICIPATION NOTE.
nota de crédito o descuento por pago adelantado.

ANTICIPATION OF DEFENSE.
anticipación en la demanda de las defensas que opondrá la contraparte.

ANTICIPATION OF INCOME.
anticipación o cesión de ingresos futuros en garantía.

ANTICIPATORY BREACH OF CONTRACT.
repudio de las obligaciones contractuales. En el Derecho anglo-norteamericano esta figura es relativamente amplia, pues comprende toda conducta por la que una parte pone de manifiesto su intención de incumplir el contrato, sea expresa o tácitamente. Configurada tal conducta, la contraparte puede actuar en función del incumplimiento contractual que se atribuye al causante del repudio. El significa-

do literal de esta expresión es "incumplimiento anticipatorio de contrato".

ANTICIPATORY NUISANCE.
hechos dañosos o molestos cuyos efectos nocivos se manifestarán en el futuro. v. NUISANCE. ‖ derecho a impedir un hecho dañoso antes de que se produzca.

ANTICIPATORY OFFENCE.
actos preparatorios de un delito, cuando son en sí mismos punibles.

ANTICIPATORY OFFENSE.
V. ANTICIPATORY OFFENCE.

ANTICIPATORY REPUDIATION.
repudio de las obligaciones contractuales.
V. ANTICIPATORY BREACH OF CONTRACT.

ANTICONSTITUTIONAL.
anticonstitucional.

ANTIDEFICIENCY LEGISLATION.
legislación dirigida a cubrir un vacío o insuficiencia presupuestaria.

ANTIDUMPING.
antidumping.

ANTIDUMPING ACT.
ley antidumping. v. DUMPING.

ANTIDUMPING DUTY.
derecho, gravamen o impuesto antidumping.
V. DUMPING.

ANTIDUMPING TARIFF.
V. ANTIDUMPING DUTY.

ANTILAPSE STATUTE.
normas por las que se dispone que los legados pasan a los sucesores del legatario, aunque éste fallezca antes que el causante.

ANTINOMY.
antinomia.

ANTIRACKETEERING ACT.
ley destinada a evitar prácticas extorsivas y otras formas de crimen organizado.
V. RACKETEERING.

ANTITRUST.
derecho antimonopólico, antitrust o de defensa de la competencia. Conjunto de normas dirigidas a sancionar y evitar los actos lesivos de la libre competencia y la monopolización.

ANTITRUST LAW.
Derecho ANTITRUST (v.).

ANTITRUST LAWS.
leyes mediante las que se establece el Derecho ANTITRUST (v.).

ANTIWAIVER CLAUSE.
cláusula contractual por la que se limitan las

conductas de las partes que pueden ser interpretadas como una renuncia.

V. WAIVER.

APEX RULE.

regla que permite continuar una explotación minera fuera de los límites estrictos de una concesión o pertenencia, si se lo hace siguiendo una veta que tiene su punto superior en esa concesión o pertenencia.

APOLOGY.

disculpa. Rectificación de una injuria. || apología.

APPARENT.

aparente. Manifiesto.

APPARENT AGENT.

representante o mandatario aparente.

V. AGENT.

APPARENT AUTHORITY.

representación o poder aparente.

V. AUTHORITY.

APPARENT DANGER.

peligro evidente. Expresión usada en Derecho Penal.

APPARENT DEFECT.

vicio o defecto aparente.

APPARENT EASEMENT.

servidumbre aparente.

V. EASEMENT.

APPARENT ERROR.

error manifiesto.

APPARENT HEIR.

heredero necesario o forzoso.

APPARENT JEOPARDY.

la condición de quien es sometido a un juicio penal regular, en cuanto está así aparentemente expuesto a la posibilidad de una condena. V. JEOPARDY.

APPARENT MATURITY.

fecha de vencimiento de un título de crédito, según surge de sus términos explícitos.

V. MATURITY.

APPARENT POSSESSION.

posesión aparente.

APPARENT TITLE.

título aparente.

APPEAL.

apelación. Recurso. || como verbo (*to appeal*), apelar. Recurrir.

APPEAL BOND.

fianza o caución exigible para que se dé curso a una apelación o recurso. V. BOND.

APPEAL BY WAY OF CASE STATED.

apelación restringida a cuestiones de Derecho.

APPEAL FOR AMENDMENT.

recurso de enmienda o modificación.

APPEAL FOR ANNULMENT.

recurso de nulidad.

APPEAL FOR RECONSIDERATION.

recurso de revisión, reposición o reconsideración.

APPEAL IN FORMA PAUPERIS.

apelación entablada con beneficio de pobreza o de litigar sin gastos.

APPEAL RECORD.

los autos elevados al tribunal de alzada, como consecuencia de una apelación o recurso.

APPEALABLE.

apelable. Recurrible.

APPEALABLE JUDGMENT.

sentencia apelable.

APPEALS BOARD.

tribunal de alzada en materia de ciertos recursos administrativos.

APPEALS COURTS.

tribunales de apelación o de alzada.

APPEAR.

comparecer en juicio. Ser parte de un proceso.

APPEAR ON FACE.

surgir a la vista. Ser evidente.

APPEARANCE.

comparecencia en juicio. Participación en un proceso.

APPEARANCE BAIL.

caución o fianza de comparecencia en juicio.

V. BAIL.

APPEARANCE BOND.

caución o fianza de comparecencia en juicio.

V. BOND.

APPEARANCE BY ATTORNEY.

comparecencia o presentación en juicio mediante letrado o apoderado.

APPEARANCE BY COUNSEL.

comparecencia en juicio de un letrado.

APPEARANCE DAY.

último día en el que un demandado debidamente notificado puede comparecer en juicio, contestando la demanda, para que tal contestación tenga validez y no sea el demandado declarado en rebeldía.

APPEARANCE DOCKET.

registro o listado de las presentaciones en autos, conjuntamente con un resumen de éstos.

APPEARANCE IN PERSONAM.
presentación o comparecencia por derecho propio.

APPEARANCE TERM.
período de sesiones de un tribunal dentro del cual debe comparecer un demandado o acusado.

APPEARING PARTY.
parte compareciente o constituida como tal en un proceso.

APPELLANT.
apelante. Recurrente.

APPELLATE.
relativo a las apelaciones o recursos.

APPELLATE BRIEF.
escrito de expresión de agravios o de contestación a la expresión de agravios.

APPELLATE COURT.
tribunal de apelaciones, de alzada o de segunda instancia.

APPELLATE DIVISION.
sala de apelaciones de un tribunal.

APPELLATE JURISDICTION.
jurisdicción de alzada o de apelación

APPELLATE REVIEW.
revisión de la sentencia recurrida por el tribunal de alzada o de apelación.

APPELLATE RULES.
normas sobre el procedimiento de apelación y en segunda instancia.

APPELLEE.
la parte contra la que se dirige una apelación, o sea la contraria al recurrente.

APPELLOR.
apelante. Recurrente. Voz poco usada. ‖ imputado que acusa a sus propios cómplices.

APPENDAGE.
accesorio. Subordinado. Dependiente.

APPENDANT.
accesorio. Subordinado. Dependiente. ‖ objeto accesorio en razón de su utilización en forma vinculada o dependiente de otro, y que se transfiere en la sucesión conjuntamente con éste, aunque nada se haya dispuesto al respecto en el testamento o en otros instrumentos.

APPENDANT EASEMENT.
V. APPURTENANT EASEMENT.

APPENDANT POWER.
V. POWER APPENDANT.

APPENDIX.
apéndice. ‖ material que es suplementario o

agregado en el escrito principal de apelación.

APPERTAIN.
pertenecer. Relacionarse. Depender.

APPERTAINING.
perteneciente. Dependiente. Correspondiente.

APPLICABLE.
aplicable.

APPLICABLE LAW.
derecho aplicable.

APPLICANT.
apelante. Recurrente. ‖ solicitante.

APPLICATION.
solicitud. Petición. ‖ aplicación. ‖ imputación de pagos o fondos. ‖ iniciación de una acción.

APPLICATION FOR INCORPORATION.
solicitud de autorización para actuar como persona jurídica.

V. CORPORATION. INCORPORATION.

APPLICATION OF PAYMENTS.
imputación de pagos.

APPLY.
solicitar. Peticionar. ‖ aplicar. ‖ imputar. Atribuir.

APPOINT.
nombrar, designar, elegir.

APPOINTEE.
persona designada para un cargo o posición.

APPOINTING POWER.
poder o atribución de designar las personas que ocuparán determinados cargos.

APPOINTMENT.
nombramiento. Designación. Elección. Se aplica la voz cuando no se trata de designaciones en elecciones populares, sino por cuerpos colegiados o por otros funcionarios o individuos.

APPOINTOR.
el que nombra, designa o elige.

APPORTION.
repartir. Asignar. Dividir.

APPORTIONMENT.
repartición. Asignación. División. Imputación. ‖ la repartición de derechos sobre un inmueble entre diversas personas. ‖ la asignación de bancas o cargos entre diversas jurisdicciones.

V. APPORTIONMENT OF REPRESENTATIVES.

APPORTIONMENT OF COMMON.
adquisición de derechos sobre un inmueble sujeto a servidumbre, por el beneficiario de esa servidumbre.

APPORTIONMENT OF REPRESENTATIVES.
determinación del número de bancas en la cámara de representantes que corresponderá a distintas jurisdicciones o distritos.

APPORTIONMENT OF TAXES.
asignación de la carga impositiva entre los distintos contribuyentes.

APPORTIONMENT STATUTES.
leyes que determinan la distribución de los impuestos sucesorios entre los distintos sucesores.

APPRAISAL.
tasación. Valuación. Avalúo. Valoración.

APPRAISAL CLAUSE.
cláusula contractual que autoriza al asegurador a solicitar la tasación de los daños experimentados por el asegurado.

APPRAISAL REMEDY.
derecho de receso del accionista, en virtud del cual el que disiente respecto de un acto societario puede retirarse de la sociedad, recibiendo un valor, calculado de modo predeterminado, por sus acciones.

APPRAISAL RIGHTS.
V. APPRAISAL REMEDY.

APPRAISAL VALUE.
valor de tasación.

APPRAISEMENT.
V. APPRAISAL.

APPRAISER.
tasador. Avaluador.

APPRECIABLE.
perceptible. Notable.

APPRECIATE.
valorar. Estimar en su justo valor. ‖ entender. Comprender. ‖ aumentar o incrementar de valor.

APPRECIATION IN VALUE.
incremento o aumento de valor.

APPRECIATION SURPLUS.
reserva formada como consecuencia del mayor valor de los activos de una sociedad.

APPREHEND.
comprender. Entender. ‖ aprehender materialmente. Tomar. Adquirir el *corpus* de la posesión. ‖ arrestar.

APPREHENSION.
aprehensión. El acto correspondiente a las distintas acepciones del verbo APPREHEND (V.). ‖ temor. Desconfianza.

APPREHENSION OF INJURY.
conciencia de la posibilidad de daño o lesión como consecuencia del resultado de una conducta.

APPRENTICE.
aprendiz.

APPRENTICESHIP.
aprendizaje.

APPRISE.
informar. Notificar.

APPROACH.
acceso. Camino. Vía. ‖ enfoque de un problema o cuestión. ‖ como verbo (*to approach*), acercarse. Aproximarse. En sentido más estrecho, acercarse una nave a otra para examinarla, o a sus tripulantes o contenido.

APPROBATION.
aprobación.

APPROPRIATE.
apropiado. Correcto. Conveniente. ‖ como verbo (*to appropriate*), apropiarse de una cosa u objeto. ‖ también como verbo, asignar fondos, recursos o bienes, o procurarse de ellos.

APPROPRIATED SURPLUS.
reserva societaria destinada a un fin determinado.

APPROPRIATION.
apropiación, en general. ‖ apropiación indebida. ‖ la determinación del destino de fondos en el presupuesto. ‖ asignación de fondos, recursos o bienes. ‖ determinación de las cosas que serán entregadas, en una compraventa de una cantidad de cosas de cierto género. ‖ imputación de un pago. ‖ división de los bienes de una sucesión entre los distintos herederos.

APPROPRIATION BILL.
norma que autoriza gastos y partidas presupuestarias.

APPROPRIATION OF LAND.
selección y asignación de terrenos para un propósito determinado. ‖ expropiación de tierras. ‖ el acto de toma de posesión de tierras expropiadas.

APPROPRIATION OF PAYMENTS.
imputación de pagos a distintas obligaciones.

APPROPRIATION OF WATER.
apropiación o desvío de aguas.

APPROPRIATION TO CAPITAL.
capitalización de las ganancias de una empresa.

APPROPRIATOR.
el que realiza un acto de apropiación.

APPROVAL.
aprobación. Conformidad. Autorización.

APPROVAL OF PERFORMANCE.
conformidad prestada al cumplimiento de una obligación contractual.

APPROVAL SALE.
venta sujeta a la aprobación de la calidad de los bienes por el comprador.
V. SALE ON APPROVAL.

APPROVE.
aprobar. Confirmar. Ratificar. Consentir.

APPROVED BILL OF EXCHANGE.
letra de cambio aceptada.

APPROVED INDORSED NOTE.
título de crédito endosado, con propósitos de garantía, por una persona aprobada por el beneficiario del título.

APPROVED INSURANCE POLICY.
póliza de seguros aprobada por las partes, completa y efectiva.

APPROVED NOTE.
V. APPROVED INDORSED NOTE.

APPROVED SECURITY.
garantía dada por una de las partes de una operación, y aceptada por la otra, o por un tercero. En particular, la que da el comprador en un remate, y que es aceptada por el rematador.

APPROVEMENT.
mejoras introducidas en un predio rústico. Voz poco usada. ‖ Acusación de un reo en contra de otros delincuentes, a fin de obtener una reducción o liberación de condena. Voz poco usada.

APPROVER.
el que realiza una acusación contra otros delincuentes, para obtener una reducción o liberación de condena.

APPROXIMATE.
aproximado.

APPROXIMATION.
aproximación. ‖ doctrina en virtud de la cual, en ciertos fideicomisos a título gratuito, si no resulta posible aplicar estrictamente alguna de las disposiciones del fideicomitente, se debe aplicar la solución que más se aproxime a la originalmente prevista, respetando la intención del fideicomitente. v. TRUST.

APPURTENANCE.
pertenencia. ‖ accesorio. Apéndice. ‖ derecho accesorio, particularmente en relación a un in-

mueble. ‖ dependencia territorial de un país.

APPURTENANT.
perteneciente. ‖ adjunto. Accesorio. Anexo.

APPURTENANT EASEMENT.
servidumbre real.

APPURTENANT POWER.
V. POWER APPURTENANT.

APPURTENANT RIGHTS.
derechos necesarios para el ejercicio efectivo de un derecho de propiedad.

APT.
apto. Idóneo.

APT WORDS.
literalmente, palabras aptas. Términos apropiados para lograr un efecto jurídico determinado.

APUD ACTA.
en autos. En el expediente.

AQUATIC RIGHTS.
derechos a utilizar los ríos y los mares, con fines de pesca o navegación.

ARABLE LAND.
tierra cultivable.

ARBITER.
árbitro.

ARBITRABLE.
arbitrable.

ARBITRAGE.
arbitraje, en el sentido de mediación entre distintos mercados, no en el de solución extrajudicial de controversias.

ARBITRAGE BOND.
garantía respecto del cumplimiento de un laudo arbitral. v. BOND. ‖ garantía objeto de un arbitraje.

ARBITRAGEUR.
operador en negocios de arbitraje entre distintos mercados. v. ARBITRAJE.

ARBITRAMENT.
sentencia o laudo arbitral.

ARBITRAMENT AND AWARD.
acción en relación a una causa que ya ha sido objeto de un laudo arbitral.

ARBITRARILY.
arbitrariamente.

ARBITRARINESS.
arbitrariedad.

ARBITRARY.
arbitrario.

ARBITRARY AND CAPRICIOUS.
arbitrario y caprichoso. Se aplica la expresión,

especialmente en Derecho Administrativo, para atacar a las sentencias o actos así calificados.

ARBITRARY DECISION.

sentencia arbitraria.

ARBITRARY DISCRETION.

discreción ejercida en forma arbitraria.

ARBITRARY POWER.

poderes, facultades o atribuciones arbitrarias o discrecionales.

ARBITRARY PUNISHMENT.

pena arbitraria, por carecer de suficiente fundamento. ‖ pena discrecional, por ser librada al criterio de los jueces.

ARBITRATE.

arbitrar. ‖ someter a arbitraje.

ARBITRATION.

arbitraje.

ARBITRATION AGREEMENT.

cláusula compromisoria. Compromiso arbitral.

ARBITRATION AND AWARD.

excepción procesal basada en la existencia de una sentencia arbitral sobre la misma causa.

ARBITRATION AWARD.

laudo o sentencia arbitral.

ARBITRATION BOARD.

cámara o junta arbitral.

ARBITRATION BOND.

garantía dada respecto del sometimiento a un arbitraje o del cumplimiento de lo que en el mismo se decida. v. BOND.

ARBITRATION CLAUSE.

cláusula compromisoria. Cláusula de arbitraje.

ARBITRATION COURT.

tribunal arbitral.

ARBITRATION EX AEQUO ET BONO.

arbitraje de equidad.

ARBITRATION OF EXCHANGE.

arbitraje de cambio, o sea el que se realiza entre diversos mercados cambiarios.

v. ARBITRAGE.

ARBITRATION OF LABOUR DISPUTES.

arbitraje de conflictos laborales.

ARBITRATION PROCEEDING.

juicio o procedimiento arbitral.

ARBITRATOR.

árbitro.

ARBITRIUM.

laudo o sentencia arbitral.

ARCHITECT'S LIEN.

privilegio o derecho de preferencia de los arquitectos, reconocido a éstos respecto de sus honorarios. v. LIEN.

ARCHIVES.

archivos.

AREA.

área.

AREA BARGAINING.

negociación colectiva entre un sindicato y los empleadores de un área o región.

AREA VARIANCE.

desvío o variación autorizada respecto de los usos y construcciones admisibles en relación a los inmuebles ubicados en determinada zona.

ARGUENDO.

en el curso o con el propósito de un argumento. Hipótesis formulada a efectos de defender o analizar una tesis o posición.

ARGUMENT.

argumento. ‖ alegato o defensa en favor de una posición. ‖ discusión.

ARGUMENT BY COUNSEL.

alegato sobre el mérito de la causa, formulado por los letrados de las partes. ‖ argumento oral de un letrado en un juicio.

ARGUMENT OF COUNSEL.

v. ARGUMENT BY COUNSEL.

ARGUMENT ON APPEAL.

expresión de agravios o la contestación a ésta.

ARGUMENT TO JURY.

alegato dirigido al jurado.

ARGUMENTATIVE.

argumentativo. ‖ condición de la presentación procesal que incluye o se basa en afirmaciones a ser dilucidadas en etapas posteriores.

ARGUMENTATIVE INSTRUCTION.

instrucción al jurado que deforma las cuestiones sometidas a éste, sea por excesivo énfasis en aspectos parciales del litigio, sea por inmiscuirse indebidamente en facultades reservadas a tal jurado.

v. INSTRUCTION.

ARGUMENTATIVE PLEADING.

presentación de argumentaciones y defensas de las partes en forma de razonamientos e inferencias, y no como afirmaciones o negativas precisas. v. PLEADING.

ARGUMENTATIVE QUESTION.

pregunta o interrogatorio viciado por sugerir la respuesta.

ARISE.
surgir. Originarse. Provenir de.
ARISTOCRACY.
aristocracia.
ARMED.
armado.
ARMED FORCE.
fuerza o grupo armado.
ARMED ROBBERY.
robo a mano armada.
ARMED SERVICES.
fuerzas armadas.
ARMISTICE.
armisticio.
ARMS.
armas.
ARM'S LENGTH TRANSACTION.
acto entre partes independientes, en contraposición al que tiene lugar entre empresas vinculadas.
ARMY.
ejército.
ARRA.
arras. Seña.
ARRAIGN.
ordenar. ‖ preparar para un juicio. ‖ procesar.
Acusar. Llevar al acusado ante un juez para
informarle formalmente de las cargas contra
él y exigiéndole se declare culpable o inocente.
ARRAIGNMENT.
acusación. Procesamiento. V. ARRAIGN.
ARRANGEMENT.
acuerdo. Arreglo. Composición. Transacción.
ARRANGEMENT WITH CREDITORS.
concordato o avenimiento con los acreedores.
ARRAY.
grupo de personas, entre las que se selecciona
a los miembros de un jurado.
ARREARAGES.
V. ARREARS.
ARREARS.
deudas impagas. Atrasos. Obligaciones en
mora. ‖ dividendos impagos acumulados en
relación con acciones preferidas.
ARREARS OF INTEREST.
intereses atrasados o impagos.
ARREST.
arresto. Detención. ‖ como verbo (to arrest),
arrestar. Detener.
ARREST BY WARRANT.
arresto en virtud de una orden judicial.

ARREST OF INQUEST.
presentación contraria al curso de una investigación judicial.
ARREST OF JUDGMENTS.
suspensión del dictado de la sentencia, debido
a la existencia de vicios o nulidades en las etapas procesales anteriores.
ARREST OF SHIPS.
secuestro de una nave, normalmente como
consecuencia de su embargo.
ARREST RECORD.
informe policial sobre un arresto. ‖ prontuario
de arrestos.
ARREST WARRANT.
orden judicial de arresto.
ARRESTABLE OFFENCE.
delito que por su gravedad permite el arresto
inmediato de quien lo comete.
ARRESTABLE OFFENSE.
V. ARRESTABLE OFFENCE.
ARRIVAL.
llegada. Arribo.
ARRIVAL CONTRACT.
contrato de compraventa en el cual se exige la
llegada de la mercadería al puerto que fue
destinado.
ARROGATION.
arrogación. Voz poco usada.
ARSON.
incendio intencional.
ARSONIST.
incendiario.
ART.
arte, en general. ‖ oficio. ‖ en el Derecho de
patentes, un procedimiento. ‖ engaños y artificios utilizados en casos de seducción. Acepción poco usada.
ARTICLE.
artículo, en general. ‖ cláusula. ‖ capítulo de
una ley. ‖ artículo científico o periodístico.
ARTICLED CLERK.
en Gran Bretaña, secretario aprendiz de un letrado.
ARTICLES.
artículos, en general. ‖ ley, en sentido material. Cuerpo normativo. ‖ contrato. Acuerdo.
‖ contrato de empleo marítimo. ‖ impugnación del testimonio de un testigo, durante el
interrogatorio.
ARTICLES OF ACCUSATION.
puntos u objeto de la acusación.

ARTICLES OF AGREEMENT.
contrato. ‖ instrumento contractual. ‖ memorándum escrito de lo convenido oralmente por las partes.

ARTICLES OF AMENDMENT.
modificación del acta constitutiva de una sociedad. v. ARTICLES OF INCORPORATION.

ARTICLES OF APPRENTICESHIP.
contrato de aprendizaje.

ARTICLES OF ASSOCIATION.
acta constitutiva de una sociedad de personas.

ARTICLES OF COMMERCE.
bienes comercializables.

ARTICLES OF CONSOLIDATION.
acta de fusión.

ARTICLES OF DISSOLUTION.
acta de liquidación, previa a la disolución final de una sociedad.

ARTICLES OF IMPEACHMENT.
acta de acusación en el juicio político.
v. IMPEACHMENT.

ARTICLES OF INCORPORATION.
acta constitutiva, inscripta ante un órgano estatal, de una sociedad por acciones u otra persona jurídica.
v. CORPORATION.

ARTICLES OF PARTNERSHIP.
acta constitutiva de una sociedad de personas o colectiva.
v. PARTNERSHIP.

ARTICLES OF SEAMEN.
contrato de trabajo con el personal embarcado. Contrato de ajuste.

ARTICLES OF THE PEACE.
solicitud de protección judicial, presentada por una persona que se ve amenazada en su seguridad física.

ARTICLES OF WAR.
código militar.

ARTICULATED PLEADING.
división en partes o capítulos de los hechos sustanciales descriptos en presentaciones procesales. v. PLEADING.

ARTIFICE.
artificio.

ARTIFICER.
artífice. ‖ artesano.

ARTIFICIAL.
artificial.

ARTIFICIAL BOUNDARY.
límite o frontera artificial.

ARTIFICIAL FORCE.
en Derecho de patentes, fuerza artificial, o sea la que ha sido desarrollada por el ingenio humano mediante la transformación de las fuerzas de la naturaleza.

ARTIFICIAL INSEMINATION.
inseminación artificial.

ARTIFICIAL PERSON.
persona jurídica o de existencia ideal.

ARTIFICIAL PRESUMPTION.
presunción legal, en contraposición a la que proviene de los hechos, en base a la apreciación judicial.

ARTIFICIAL SUCCESSION.
transmisión de derechos entre los sucesivos miembros de una persona jurídica, que cambian mientras ésta permanece jurídicamente idéntica.

ARTIFICIAL WATER COURSE.
curso de agua artificial.

ARTIFICIALLY DEVELOPED WATER.
curso de agua resultante del trabajo o esfuerzo humano.

ARTISAN.
artesano. Persona educada en un oficio.

ARTISAN'S LIEN.
derecho de preferencia o privilegio respecto de los créditos emergentes de trabajos de artesanos o correspondientes a oficios comunes, como reparaciones de artefactos de uso doméstico. Resulta del ejercicio de un derecho de retención. v. LIEN.

AS AGAINST.
respecto, en comparación con.

AS BETWEEN.
en relación, entre dos personas, como cuando se habla de que un derecho sea ejercido en relación a determinada persona.

AS IS.
literalmente, tal cual. Indica que una operación, en particular una compraventa, se realiza respecto de una cosa en el estado en que se encuentra, sin garantías expresas o implícitas.

AS OF.
desde determinado momento o fecha.

AS OF COURSE.
conforme a lo solicitado o demandado.

AS OF RIGHT.
conforme a derecho. Según derecho.

AS PER.
según lo acordado o previsto. De acuerdo con.

AS PER CONTRACT.
según contrato. Conforme a lo acordado contractualmente.

AS SOON AS POSSIBLE.
tan pronto como sea posible.

AS SOON AS PRACTICABLE.
tan pronto como sea razonablemente posible.

ASCENDANTS.
ascendientes.

ASCERTAIN.
determinar. Fijar. Establecer judicialmente.

ASCERTAINMENT.
determinación de una cualidad o condición, o de una relación jurídica.

ASCERTAINMENT OF GOODS.
individualización o determinación de los bienes a ser objeto de un acto.

ASK.
preguntar. ‖ solicitar. Demandar. Peticionar. Pedir.

ASKING PRICE.
precio solicitado.

ASPERSION.
actos mediante los que se efectúa una calumnia, difamación, injuria, o crítica.

ASPORTATION.
movimiento o transporte de cosas. ‖ transporte o acarreo de cosas hurtadas o robadas.

ASSAILANT.
agresor. Asaltante.

ASSASSIN.
asesino.

ASSASSINATION.
asesinato. ‖ homicidio doloso del Presidente o Vicepresidente de los Estados Unidos.

ASSAULT.
violencia o agresión física contra las personas, intentada o amenazada.

ASSAULT AND BATTERY.
violencia contra las personas, concretada en un contacto físico con la víctima, causante de lesiones corporales o de daños morales.

ASSAY.
examen y determinación de las características de un objeto.

ASSECURATION.
seguro marítimo.

ASSEMBLAGE.
reunión o asamblea. ‖ el acto de reunirse.

ASSEMBLY.
asamblea.

ASSEMBLY PROCEEDINGS.
actas de una asamblea.

ASSEMBLYMAN.
miembro de una asamblea o legislatura.

ASSENT.
asentimiento. Consentimiento. Aprobación. Acuerdo. ‖ como verbo (*to assent*), asentir. Consentir. Aprobar. Acordar.

ASSENTED STOCK.
acciones que son depositadas por su titular ante un tercero como parte de una operación relativa a la sociedad emisora.

ASSENTING SHAREHOLDERS.
accionistas que consienten una moción o votan por la afirmativa.

ASSENTING STOCKHOLDERS.
V. ASSENTING SHAREHOLDERS.

ASSERT.
afirmar. Aseverar. Confirmar o hacer valer un derecho.

ASSERTION.
afirmación. Declaración.

ASSERTION UNDER OATH.
declaración jurada.

ASSERTORY.
afirmativo. Aseverativo.

ASSERTORY COVENANT.
estipulación afirmativa. Cláusula por la que se declara que un hecho o cosa existe o existirá. V. COVENANT

ASSERTORY OATH.
juramento respecto de hechos pasados o presentes.

ASSESS.
tasar. Valorar. Fijar o estimar un valor. ‖ gravar. Imponer tasas, gravámenes o impuestos.

ASSESSABLE.
susceptible de ser tasado o valorado. ‖ gravable. Imponible.

ASSESSABLE INCOME.
ingreso gravable o imponible.

ASSESSABLE INSURANCE.
seguro en que la prima aumenta en caso de que el daño exceda de cierto valor.

ASSESSABLE POLICY.
V. ASSESSABLE INSURANCE.

ASSESSABLE SECURITY.
título que puede obligar a su titular a realizar aportes adicionales. V. SECURITY.

ASSESSABLE STOCK.
acciones que pueden obligar al accionista a

realizar aportes adicionales; de cumplirse ciertas circunstancias. v. STOCK.

ASSESSED.

tasado. Valorado. Justipreciado. ‖ gravado. Objeto de impuestos.

ASSESSED TAXES.

impuestos determinados respecto de una propiedad o de un contribuyente.

ASSESSED VALUATION.

valuación o tasación fiscal, con fines impositivos.

ASSESSMENT.

tasación. Valoración. Determinación de un impuesto, tasa, contribución, carga u obligación. ‖ aporte adicional exigido a un accionista.

ASSESSMENT BASE.

el total del valor fiscal de los inmuebles de un distrito.

ASSESSMENT COMPANY.

conjunto de individuos que realizan aportes para pagar el seguro de vida correspondiente en caso de muerte de uno de ellos.

ASSESSMENT CONTRACT.

contrato en el que ciertas prestaciones dependen de los aportes que realizan al efecto otras personas sujetas al mismo contrato. v. ASSESSMENT COMPANY.

ASSESSMENT DISTRICT.

distrito o división municipal destinada a realizar valuaciones y tasaciones inmobiliarias.

ASSESSMENT FOR BENEFITS.

tasa o contribución de mejoras.

ASSESSMENT FUND.

fondo formado mediante las contribuciones de distintos individuos con derecho a obtener ciertos beneficios, como pensiones, de ese fondo.

ASSESSMENT INSURANCE.

seguro en que el asegurado que sufre un siniestro y los demás asegurados deben realizar pagos adicionales a efectos de que se abone la indemnización correspondiente.

ASSESSMENT OF DAMAGES.

determinación de daños y perjuicios.

ASSESSMENT PLAN.

v. ASSESSMENT INSURANCE.

ASSESSMENT POLICY.

v. ASSESSMENT INSURACE.

ASSESSMENT RATIO.

la relación entre el valor real de una propiedad y su valor o tasación fiscal.

ASSESSMENT WORK.

en Derecho Minero, los trabajos y mejoras que deben realizarse en una mina para mantener los derechos sobre la concesión o pertenencia, cuando éstos no se han adquirido de forma definitiva.

ASSESSOR.

tasador. ‖ perito. ‖ asesor.

ASSET.

activo. ‖ bien. ‖ ventaja o beneficio.

ASSET DEPRECIATION RANGE.

límites del período de amortización admisible con fines fiscales.

ASSET DIVIDEND.

dividendo en especie.

ASSET VALUE.

valor de libros. ‖ valor de los bienes o activos.

ASSETS.

activos. Bienes. ‖ el activo total de una empresa, persona o patrimonio.

ASSETS AND LIABILITIES.

activo y pasivo.

ASSETS ENTRE MAINS.

v. ASSETS IN HAND.

ASSETS IN HAND.

activos o bienes en poder del albacea o administrador de la sucesión, y que éste puede aplicar al pago de deudas.

ASSETS PER DESCENT.

bienes heredados de un ascendiente, respecto de los cuales se puede exigir al descendiente que pague las obligaciones dejadas por aquél.

ASSEVERATION.

aseveración. Afirmación. Aserción.

ASSIGN.

ceder. Transferir. ‖ cesionario. ‖ asignar. ‖ indicar. Especificar.

ASSIGNABILITY.

transferibilidad. Cesibilidad.

ASSIGNABLE.

transferible. Cesible.

ASSIGNABLE CHOSE IN ACTION.

cesión de derechos ejecutables contra terceros. v. CHOSE IN ACTION.

ASSIGNABLE ERROR.

error efectuado en el proceso de primera instancia, susceptible de ser planteado en la apelación.

ASSIGNABLE LEASE.

locación cesible o transferible. v. LEASE.

ASSIGNED.
cedido. Transferido.

ASSIGNED ACCOUNT.
crédito transferido o dado en garantía de un préstamo.

ASSIGNED COUNSEL.
abogado designado de oficio para representar a pobres e indigentes.

ASSIGNED RISK.
riesgo cedido por una compañía de seguros, particularmente en casos en que existe obligación de asegurar tal riesgo.

ASSIGNEE.
cesionario.

ASSIGNEE AT LAW.
cesionario legal. Quien resulta cesionario por ordenarlo así alguna norma, y no en virtud de un acto voluntario del cedente.

ASSIGNEE BY DEED.
V. ASSIGNEE IN FACT.

ASSIGNEE CLAUSE.
cláusula de las leyes procesales de los Estados Unidos, por las que se desconocen las cesiones de derechos dirigidas a hacer aplicable la jurisdicción federal.

ASSIGNEE FOR THE BENEFIT OF CREDITORS.
persona a quien se ceden los bienes de un deudor, actuando aquélla en beneficio de los acreedores. V. ASSIGNMENT FOR BENEFIT OF CREDITORS.

ASSIGNEE IN BANKRUPTCY
síndico de una quiebra, en cuanto se le transfieren derechos sobre los bienes de un fallido.

ASSIGNEE IN FACT.
el cesionario que lo es en virtud de un acto voluntario del cedente.

ASSIGNEE IN INSOLVENCY.
V. ASSIGNEE FOR THE BENEFIT OF CREDITORS.

ASSIGNEE IN LAW.
el cesionario o sucesor que lo es en virtud de una disposición legal, independiente de la voluntad del causante. V. ASSIGNEE AT LAW.

ASSIGNEE IN TRUST FOR THE BENEFIT OF CREDITORS.
V. ASSIGNEE FOR THE BENEFIT OF CREDITORS.

ASSIGNEE OF PATENT.
cesionario de una patente.

ASSIGNEE'S FEES.
honorarios que corresponden a un síndico o a un representante de los acreedores en un proceso concursal.

ASSIGNMENT.
cesión. Transferencia. Alienación.

ASSIGNMENT BY DELIVERY.
cesión o transferencia de un bien mediante la entrega del título correspondiente.

ASSIGNMENT BY WAY OF CHARGE.
cesión en garantía.

ASSIGNMENT FOR THE BENEFIT OF CREDITORS.
cesión de bienes a un representante de los acreedores, a fin de proceder a su realización y al consiguiente pago de las deudas. Es una forma de acuerdo transaccional extrajudicial.

ASSIGNMENT OF ACCOUNT.
cesión o transferencia de un crédito.

ASSIGNMENT OF CHOSES IN ACTION.
cesión de créditos y acciones contra terceros. V. CHOSE IN ACTION.

ASSIGNMENT OF CLAIM.
cesión de un derecho o acción. V. CLAIM.

ASSIGNMENT OF CONTRACT.
cesión de contrato.

ASSIGNMENT OF COUNSEL.
designación de oficio de un letrado, particularmente para representar a pobres e indigentes.

ASSIGNMENT OF DEBTS.
delegación.

ASSIGNMENT OF DOWER.
determinación y liquidación de la parte de la viuda en la sucesión del difunto esposo.

ASSIGNMENT OF EARNINGS.
cesión de salarios.

ASSIGNMENT OF ERRORS.
expresión de agravios.

ASSIGNMENT OF INTEREST.
cesión de derechos sobre una cosa o respecto de otros bienes. V. INTEREST.

ASSIGNMENT OF LEASE.
cesión de locación. V. LEASE.

ASSIGNMENT OF WAGES.
V. ASSIGNMENT OF EARNINGS.

ASSIGNMENT PRO TANTO.
cesión de créditos en favor de un cesionario que realiza pagos por orden del cedente, y por el valor de esos pagos.

ASSIGNMENT WITH PREFERENCES.
la cesión de bienes a los acreedores, incluyendo preferencias en favor de algunos de éstos. V. ASSIGNMENT FOR THE BENEFIT OF CREDITORS.

ASSIGNMENT WITHOUT RECOURSE.

cesión de créditos, sin garantía respecto de és-tos. v. WITHOUT RECOURSE.

ASSIGNOR.

cedente.

ASSIGNS.

cesionarios. Sucesores. Causahabientes.

ASSIGNS AND SUCCESSORS.

cesionarios y sucesores. Sucesores en general. Causahabientes.

ASSISE.

tribunales, de raíz feudal, que originalmente actuaban con carácter similar a un jurado y que posteriormente constituían, en Gran Bretaña, una forma de tribunales descentraliza-dos e itinerantes, con actuación en las provincias. ‖ decisión de tales tribunales. ‖ acción posesoria antiguamente utilizada en Gran Bretaña. ‖ ley o reglamento antiguamente uti-lizado en Gran Bretaña.

ASSISER.

asesor o perito. ‖ empleado encargado del control de pesos y medidas.

ASSISOR.

miembro de un jurado. v. ASSISE.

ASSIST.

ayudar. Asistir. Auxiliar.

ASSISTANCE.

asistencia. Ayuda. ‖ complicidad o coopera-ción en un delito.

ASSISTANCE AND SALVAGE AT SEA.

asistencia y salvataje en el mar.

ASSISTANCE OF COUNSEL.

asistencia de letrado, particularmente en rela-ción con causas penales.

v. COUNSEL.

ASSISTANT.

asistente. Colaborador. Sustituto.

ASSIZE.

v. ASSISE.

ASSOCIATE.

asociado. Auxiliar. Adjunto. Cómplice. ‖ co-mo verbo (to associate), asociar. Vincular.

ASSOCIATE COUNSEL.

letrado que actúa en juicio cooperando con el letrado principal de una de las partes.

ASSOCIATE JUSTICES.

miembros de un tribunal colegiado, con ex-cepción de su presidente.

ASSOCIATED.

asociado, como adjetivo.

ASSOCIATED COMPANY.

sociedad o compañía vinculada o asociada.

ASSOCIATION.

concepto más amplio que el de asociaciones y que comprende a éstas y a las sociedades, en general. También se aplica el término en un sentido más estricto, comprensivo de las aso-ciaciones y de las sociedades que carecen de personalidad jurídica.

ASSUME.

presumir. Suponer. ‖ asumir o contraer una obligación.

ASSUME RESPONSIBILITY.

asumir responsabilidad.

ASSUMED FACTS.

hechos hipotéticos o supuestos.

ASSUMED NAME.

alias.

ASSUMED RISK.

riesgo asumido.

ASSUMPSIT.

literalmente, él prometió o él está obligado. La voz se utiliza en el Derecho anglo-norteameri-cano respecto de la promesa o acto mediante los que se toma una obligación contractual, y también en relación con la acción bajo el régi-men de EQUITY (v.) que nace del incumpli-miento de una obligación contractual no escri-ta.

ASSUMPSIT FOR MONEY HAD AND RECEIVED.

acción dirigida a obtener la devolución de una suma de dinero entregada al demandado.

v. ASSUMPSIT.

ASSUMPSIT ON QUANTUM MERUIT.

acción para obtener el pago de un servicio, por el cual no se ha convenido remuneración. v. ASSUMPSIT.

ASSUMPTION.

presunción. Suposición. ‖ asunción de una obligación.

ASSUMPTION CLAUSE.

cláusula contractual por la que se asume una obligación preexistente. ‖ cláusula contractual por la que se dispone que una obligación sólo puede ser asumida por un tercero con autori-zación del acreedor.

ASSUMPTION FEE.

cargo o derecho que impone el acreedor hipo-tecario cuando la obligación garantizada es asumida por un nuevo obligado.

ASSUMPTION OF CARE.

tomar a cargo cuidados, salvamento o protección, de una persona en peligro, accidentada o herida.

ASSUMPTION OF DEBT.

asunción de deuda.

ASSUMPTION OF EMPLOYER'S KNOWLEDGE.

asunción por el empleador del riesgo derivado de un trabajo, resultante cuando el empleador manifiesta al empleado que ese trabajo no es peligroso o está amparado por medidas de seguridad adecuadas.

ASSUMPTION OF INDEBTEDNESS.

V. ASSUMPTION OF DEBT.

ASSUMPTION OF MORTGAGE.

asunción de una obligación hipotecaria.

ASSUMPTION OF OBLIGATION.

asunción de una obligación.

ASSUMPTION OF RISK.

aceptación de riesgo. Actitud de la persona que sufre un daño como consecuencia de un riesgo que ha aceptado, sea mediante una conducta que la sujeta voluntariamente a tal riesgo, sea mediante otras formas de asentimiento.

ASSURABLE.

asegurable.

ASSURANCE.

garantía, aunque sea de tipo informal. ‖ seguro. ‖ el acto de transferir la propiedad sobre un inmueble, así como el instrumento de tal transferencia. ‖ afirmación. Aseveración.

ASSURANCE FUND.

fondo destinado a cubrir la responsabilidad de los registros inmobiliarios resultante de errores o fraude en la registración.

ASSURED.

el asegurado.

ASSURER.

asegurador. ‖ garante.

ASYLUM.

asilo.

ASYLUM STATE.

estado que otorga asilo.

AT AND FROM.

literalmente, en y desde. Indica esta expresión el momento en que nace la responsabilidad.

AT ARM'S LENGTH.

condición de las negociaciones contractuales, en virtud de la cual éstas se desarrollan mediante actitudes independientes de las partes entre sí, sin que una de ellas tenga control, preeminencia o superior influencia sobre la otra.

AT BAR.

ante el tribunal. Condición de un caso que es objeto de juicio.

AT EARLIEST CONVENIENCE.

tan pronto como sea posible.

AT ISSUE.

en discusión. Aspecto de un juicio respecto del cual las partes mantienen posiciones encontradas.

AT LARGE.

sin limitaciones. Irrestricto. ‖ en libertad. Fugitivo.

AT LAW.

de acuerdo a Derecho. Jurídicamente. ‖ de Derecho estricto. V. COMMON LAW. EQUITY.

AT PAR.

a la par.

AT THE MARKET.

a precios de mercado.

ATONEMENT.

expiación. Reparación. Satisfacción.

ATROCITY.

atrocidad.

ATTACH.

secuestrar una cosa o persona en el curso de un proceso. V. ATTACHMENT. ‖ unir. Vincular. Atar. Adjuntar.

ATTACHABLE.

embargable. Secuestrable. V. ATTACHMENT.

ATTACHED.

embargado. Secuestrado. V. ATTACHMENT. ‖ vinculado. Unido. Adjunto.

ATTACHING CREDITOR.

acreedor embargante.

ATTACHMENT.

secuestro de un bien embargado. ‖ orden de tal secuestro. ‖ detención de una persona, por orden judicial. ‖ embargo. ‖ perfeccionamiento de un efecto jurídico.

ATTACHMENT BOND.

fianza o caución otorgada para sustituir un embargo. V. BOND.

ATTACHMENT EXECUTION.

embargo ejecutivo.

ATTACHMENT LIEN.

derecho de preferencia o prioridad a favor del acreedor embargante. V. LIEN.

ATTACHMENT OF ASSETS.

embargo de bienes.

ATTACHMENT OF DEBTS.
embargo de créditos.

ATTACHMENT OF EARNINGS.
embargo de salarios.

ATTACHMENT OF PERSONS.
detención de personas, por orden judicial.

ATTACHMENT OF RISK.
entrada en vigencia de la cobertura de un riesgo por el asegurador.

ATTACHMENT PROCEEDINGS.
diligenciamiento de embargo y también de secuestro.

ATTACK.
atacar. Impugnar un acto.

ATTAINDER.
proscripción. Pérdida de derechos civiles, por traición u otro crimen serio, cuando se dicta la condena sin juicio previo.
V. BILL OF ATTAINDER.

ATTEMPT.
tentativa. Intento.

ATTENDANCE.
asistencia. Comparecencia.

ATTENDANT.
asistente. Dependiente.

ATTENDANT CIRCUMSTANCES.
circunstancias que rodean a un hecho.

ATTENDANT TERMS.
cláusulas y disposiciones incluidas en testamentos y otros actos, destinadas a asegurar el cumplimiento del objeto principal de esos actos.

ATTENUATING CIRCUMSTANCES.
circunstancias atenuantes.

ATTERMINING.
espera, concedida respecto del pago de una deuda. Voz poco usada.

ATTEST.
testificar. Testimoniar. Certificar.

ATTESTATION.
testimonio. Certificación.

ATTESTED COPY.
copia certificada por testigo.

ATTESTED SIGNATURE.
firma certificada por testigo.

ATTESTING WITNESS.
testigo certificante de un acto.

ATTESTOR.
V. ATTESTING WITNESS.

ATTORN.
transferir. ‖ aceptar un nuevo locador.

ATTORNEY.
representante. Apoderado. ‖ abogado. Letrado. Apoderado judicial.

ATTORNEY AD HOC.
letrado o procurador ad hoc, designado para una causa o asunto en especial.

ATTORNEY AT LAW.
abogado. Letrado. Apoderado judicial.

ATTORNEY-CLIENT PRIVILEGE.
relación de confidencialidad entre el abogado y su cliente, que da origen a la obligación de no divulgar la información obtenida como consecuencia del vínculo entre esas partes, y al derecho a no revelar tal información, cuando sea solicitada por terceros.

ATTORNEY FEES.
honorarios de un abogado.

ATTORNEY GENERAL.
procurador general del Estado.

ATTORNEY IN FACT.
el apoderado que actúa en un acto o negocio determinado.

ATTORNEY OF RECORD.
letrado apoderado constituido como parte en un proceso.

ATTORNEY SPECIAL.
abogado designado para un caso determinado.

ATTORNEY'S LICENSE.
autorización para el ejercicio profesional de la abogacía.

ATTORNEY'S LIEN.
privilegio o derecho de preferencia reconocido en favor de un abogado, respecto de sus honorarios.
V. LIEN.

ATTORNEY'S OATH.
juramento de un abogado, al iniciar el ejercicio de su profesión.

ATTORNEY'S PRIVILEGE.
inmunidad procesal del abogado. Inmunidad de arresto de que goza el abogado durante el ejercicio de sus funciones y mientras se dirige a los tribunales o regresa a éstos a efectos de tal ejercicio.

ATTORNEYSHIP.
procuraduría. Estudio jurídico.

ATTORNMENT.
reconocimiento. Admisión. ‖ reconocimiento del vendedor de que tiene ciertas cosas en su poder, por cuenta del comprador que las ha

adquirido. ‖ aceptación, por el locatario, de un nuevo locador.

ATTRACTIVE NUISANCE.
objetos peligrosos susceptibles de atraer a los niños y colocarlos así en situación de riesgo.

ATTRACTIVE NUISANCE DOCTRINE.
doctrina que en materia de actos ilícitos hace responsable a quien coloca o crea objetos peligrosos susceptibles de atraer a los niños.
V. ATTRACTIVE NUISANCE.

ATTRIBUTION.
atribución. ‖ imputación de actos, ingresos o tenencias.

AUCTION.
subasta. Remate.

AUCTION BUSINESS.
empresa de subastas.

AUCTION SALE.
venta en remate. Subasta.

AUCTIONEER.
rematador. Martillero.

AUCTIONEER'S LIEN.
privilegio o derecho de preferencia reconocido a un rematador respecto de sus honorarios y otros créditos originados en el remate.
V. LIEN.

AUDIENCE.
audiencia, en general.

AUDIT.
auditoría. Inspección.

AUDITA QUERELA.
defensa o excepción oponible contra una ejecución de sentencia, basada en hechos posteriores a ésta, o que no fueron tenidos en cuenta en la misma.

AUDITOR.
auditor. Inspector. Revisor de cuentas. Perito contador designado en juicio.

AUGMENTED ESTATE.
el acervo sucesorio, una vez ajustado en función de los gastos y deudas que pesan sobre él y de los bienes que a él corresponden y que se encuentran en poder de otras personas.

AUTHENTIC.
auténtico. Legítimo. Certificado. Legalizado.

AUTHENTIC ACT.
acto auténtico. Acto certificado.

AUTHENTIC INTERPRETATION.
interpretación auténtica.

AUTHENTICATION.
autenticación. Certificación.

AUTHENTICATION OF A WRITING.
autenticación o certificación de un documento o instrumento.

AUTHENTICATION OF SIGNATURE.
autenticación o certificación de firma.

AUTHOR.
autor.

AUTHORITATIVE DECISION.
sentencia que, al decidir una cuestión de Derecho, puede servir de base o precedente a nuevas sentencias.

AUTHORITIES.
fuentes de reglas jurídicas aplicables a determinada cuestión. Incluye tanto a las fuentes formales, como son los precedentes judiciales bajo la regla de STARE DECISIS (v.), como a las no formales, y en especial la doctrina. Las fuentes formales son llamadas primarias (*primary*), e incluyen a las leyes y otras normas escritas y a los precedentes judiciales; las no formales, en particular la doctrina, son llamadas secundarias (*secondary*). ‖ las autoridades de un país, región o comarca.

AUTHORITY.
fuente formal o informal de reglas jurídicas. V. AUTHORITIES. ‖ poder, autorización o legitimación para realizar un acto. ‖ autoridad sobre una persona o materia. ‖ la autoridad gubernativa, en sus distintos aspectos. ‖ repartición, agencia o ente estatal

AUTHORITY BY ESTOPPEL.
poder o autorización que resulta de la conducta de las partes, tal que éstas no pueden válidamente alegar que no existe tal poder o representación. V. AGENCY BY ESTOPPEL. ESTOPPEL.

AUTHORITY OF AGENT.
poder, autorización o legitimación de un representante.
V. AGENT.

AUTHORITY OF OFFICER.
poderes y facultades de un funcionario o de quien actúa como órgano de una persona jurídica. V. OFFICER.

AUTHORIZATION.
autorización.

AUTHORIZATION BILL.
proyecto de ley de autorización de gastos públicos.

AUTHORIZE.
autorizar. ‖ extender un poder u otorgar una facultad de representación.

AUTHORIZED AGENT.
mandatario o representante con poder suficiente.

AUTHORIZED CAPITAL.
capital autorizado.

AUTHORIZED ISSUE.
emisión autorizada de acciones.

AUTHORIZED STOCK.
capital autorizado. Acciones cuya emisión ha sido autorizada.

AUTOCRACY.
autocracia.

AUTOGRAPH.
autógrafo.

AUTOMATIC CONTINUANCE.
suspensión de una causa por efecto legal, como en los casos en que así lo impone la terminación del período de sesiones del tribunal.

AUTOMATIC INSURANCE.
seguro que se extiende automáticamente a determinados riesgos, aunque éstos no existieren al tiempo de contratarse aquél.

AUTOMATIC REVOCATION OF TRUST.
revocación de un fideicomiso como consecuencia automática de ciertos hechos.
V. TRUST.

AUTOMATISM.
automatismo.

AUTOMOBILE.
automóvil.

AUTOMOBILE INSURANCE.
seguro de automóviles.

AUTOMOBILE LIABILITY INSURANCE.
seguro de responsabilidad frente a terceros por accidentes automovilísticos.

AUTONOMOUS.
autónomo.

AUTONOMOUS TARIFF.
derecho de importación fijado autónomamente por un país, y no en virtud de tratados.

AUTONOMY.
autonomía.

AUTOPSY.
autopsia.

AUTOPTIC EVIDENCE.
prueba visible. Elemento probatorio verificable mediante inspección ocular.

AUTOPTIC PROFERENCE.
presentación como prueba de elementos verificables mediante inspección ocular.
V. AUTOPTIC EVIDENCE.

AUTRE DROIT.
derecho de un tercero.

AUTRE VIE.
literalmente, otra vida. Indica que un derecho se disfruta en tanto dure la vida de un tercero.

AUTREFOIS ACQUIT.
excepción de cosa juzgada aplicable en causas penales.

AUTREFOIS CONVICT.
excepción aplicable en las causas penales, basada en la existencia de una condena anterior respecto de los mismos hechos.

AUXILIARY.
auxiliar. Subsidiario.

AUXILIARY COVENANT.
estipulación o convenio auxiliar.
V. COVENANT.

AVAILABILITY.
disponibilidad.

AVAILABLE.
disponible. Accesible. Obtenible. ‖ respecto de un derecho o acción, la posibilidad y efectividad de su ejercicio.

AVAILABLE FOR WORK.
estar disponible para realizar trabajos.

AVAILABLE MARKET.
mercado accesible. Mercado al que puede accederse para vender o comprar determinados bienes.

AVAILABLE MEANS.
valores líquidos o fácilmente realizables.

AVAILS.
el producido neto de una venta o de una sucesión.

AVAL.
aval. La voz se utiliza, en general, al referirse a esa institución en el CIVIL LAW (v.), o como traducción de textos que la incluyen.

AVARICE.
avaricia.

AVENTURE.
V. ADVENTURE.

AVER.
afirmar. Declarar. Alegar.

AVERAGE.
promedio. ‖ avería o daño sufrido por una nave o por su carga.

AVERAGE ADJUSTER.
liquidador de averías o daños.

AVERAGE AGREEMENT.
garantía de averías o daños marítimos.

AVERAGE BOND.

fianza o caución de averías o daños marítimos. v. BOND.

AVERAGE CLAUSE.

cláusula relativa a averías o daños marítimos. ‖ cláusula de proporcionalidad en el contrato de seguros, en virtud de la cual la cobertura de un riesgo sobre una cosa asegurada es proporcional al valor de esa cosa asegurada respecto del total del valor de las cosas objeto del contrato.

AVERAGE DAILY BALANCE.

saldo diario promedio.

AVERAGE MAN TEST.

criterio del hombre promedio, consistente en presumir que un miembro del jurado está prejuiciado respecto del objeto del juicio si un hombre normal, puesto en la relación que el miembro del jurado tiene con el juicio, se vería prejuiciado. También se aplica como *standard* para determinar la negligencia o culpabilidad.

AVERAGE PREMIUM.

prima media, en el contrato de seguros.

AVERAGE RATE.

tasa media.

AVERAGE RISK.

riesgo normal.

AVERAGE-TAKER.

v. AVERAGE ADJUSTER.

AVERMENT.

afirmación. Declaración. Alegato.

AVERMENT OF NOTICE.

afirmación en juicio de que se ha efectuado una notificación.

AVERMENT ON INFORMATION AND BELIEF.

declaración en la que no se manifiesta categóricamente la existencia de un hecho sino que se indica que tal hecho existe conforme a la información que sobre el mismo se dispone.

AVIATION.

aviación.

AVIATION INSURANCE.

seguro aeronáutico.

AVIATION LIABILITY INSURANCE.

seguro de responsabilidad por riesgos aeronáuticos.

AVIATION RISK.

riesgo aeronáutico.

AVOID.

evitar. Evadir. ‖ anular un acto. ‖ eludir impuestos.

AVOIDABLE.

evitable. ‖ Anulable.

AVOIDABLE CONSEQUENCES.

consecuencias evitables por la víctima de un acto ilícito o de un incumplimiento contractual.

AVOIDANCE.

evasión o escape, particularmente respecto de un daño o peligro. ‖ anulación de un acto. ‖ elusión de un impuesto. ‖ articulación procesal mediante la que se manifiesta que ciertos hechos ya alegados tienen efectos jurídicos distintos o adicionales a los antes expuestos.

AVOIDANCE BY OPERATION OF LAW.

anulación de pleno derecho.

AVOIDANCE OF TAXES.

elusión de impuestos.

AVOIRDUPOIS.

sistema de pesos tradicionalmente utilizado en Gran Bretaña y en sus zonas de influencia.

AVOUCHER.

intimación al garante de un título de propiedad, para que haga efectiva su garantía.

AVOW.

reconocer. Declarar. Confesar.

AVOW LIABILITY.

admitir responsabilidad.

AVOWAL.

reconocimiento. Declaración. Confesión.

AVOWANT.

el que en una acción reivindicatoria de cosas muebles declara las razones por las que se ha apropiado de las cosas reclamadas. ‖ declarante.

AVOWRY.

manifestación procesal, en el curso de una acción reivindicatoria de cosas muebles, por la que el demandado expresa las razones por las que se ha apropiado de las cosas demandadas.

AVULSION.

avulsión.

AWARD.

sentencia, en particular la dictada en procesos arbitrales. Laudo arbitral. ‖ como verbo (*to award*), conceder. Otorgar. Adjudicar. ‖ monto indemnizatorio. ‖ premio.

AWARD IN GROSS.

acuerdo transaccional en el marco de un juicio de divorcio, por el que se establecen los derechos patrimoniales y extrapatrimoniales de las partes.

AWARD OF DAMAGES.

sentencia condenatoria al pago de daños y perjuicios. ‖ liquidación de daños y perjuicios.

AWAY-GOING CROP.

cosecha correspondiente a una siembra efectuada por un arrendatario antes de la expiración del arrendamiento, cosechada luego de tal expiración.

BABY ACT.

defensa basada en la minoridad y consiguiente incapacidad de un contratante.

BACHELOR.

soltero. ‖ título universitario correspondiente a los primeros cuatro años de estudio.

BACHELOR OF LAWS.

abogado. Licenciado en Derecho. La expresión se abrevia mediante las siglas LL. B.

BACK.

dorso. ‖ como verbo (*to back*), respaldar. Endosar. Garantizar. Asumir una obligación. ‖ dar validez a una orden o mandamiento judicial emitido en otra jurisdicción.

BACK-BENCHER.

miembro de la Cámara de los Comunes británica que no forma parte del gabinete, aunque pertenezca al partido gobernante.

BACK BOND.

contrafianza. Contracautela.

v. BOND.

BACK DUES.

tasas o cuotas atrasadas. v. DUES.

BACK FREIGHT.

flete de regreso respecto de las mercaderías que no han podido ser entregadas en el punto de destino.

BACK LANDS.

tierras que no lindan con las vías de comunicación o están alejadas de éstas.

BACK LETTER.

carta o declaración de garantía.

v. LETTER OF INDEMNITY.

BACK PAY.

salarios atrasados.

BACK PAY AWARD.

sentencia que reconoce una obligación de pagar salarios atrasados o que impone el pago, con retroactividad, de mayores salarios.

BACK PAY ORDERS.

v. BACK PAY AWARD.

BACK RENT.

alquileres atrasados o en mora.

BACK TAXES.

impuestos atrasados o en mora.

BACK TO WORK AGREEMENT.

convenio colectivo de trabajo que establece la forma en que se reiniciarán las tareas luego de terminada una huelga.

BACKBEREND.

ladrón sorprendido con la cosa robada o hurtada en su poder.

BACKBOND.

garantía de indemnización dada a un fiador o garante. v. BOND.

BACKDATING.

antedatar un instrumento, particularmente un título de crédito.

BACKER.

endosante. Garante. ‖ partidario.

BACKHAUL.

traer de regreso una carga.

BACKLOG.

cartera de órdenes o pedidos que no han sido satisfechos.

BACKWARDATION.

pago adicional debido por el atraso en la entrega de títulos adquiridos en el curso de operaciones bursátiles.

BAD.

malo. Falso.

BAD CHARACTER.

mala conducta. Mala reputación. Antecedentes penales. Puede incidir para determinar la magnitud de la pena y la credibilidad de los testigos.

BAD CHECK.
cheque incobrable.

BAD DEBT.
deuda incobrable.

BAD DEBT RESERVE.
reserva para deudores incobrables.

BAD DEBTOR.
deudor incumplidor o insolvente.

BAD DELIVERY.
entrega de bienes en mal estado o defectuosos, o la que se efectúa tardíamente.

BAD FAITH.
mala fe.

BAD LAW.
fallo que, por apartarse de otros precedentes o por ser manifiestamente irrazonable o ilegal, carece de valor jurisprudencial.

BAD LOAN.
préstamo incobrable.

BAD LOSS.
siniestro o pérdida dolosa.

BAD MOTIVE.
intención dolosa.

BAD PLEA.
articulación procesal infundada.
V. PLEA.

BAD RISK.
riesgo inconveniente.

BAD TITLE.
título de propiedad defectuoso, viciado o inválido.

BADGE.
signo. Marca. Distintivo.

BADGES OF FRAUD.
indicios de fraude en la compraventa.

BAGGAGE CHECK.
talón de equipaje, particularmente como constancia de recibo de éste en el transporte aéreo.

BAGGAGE LIEN.
derecho de preferencia o privilegio resultante del ejercicio de un derecho de retención del transportista sobre los bienes transportados de un pasajero, en relación con los créditos que se tengan respecto de ese pasajero.
V. LIEN.

BAIL.
dar fianza. Asumir determinadas obligaciones sujetas a la condición de que una deuda no sea pagada o de que una persona no se presente ante la justicia. ‖ acción de liberar a una persona bajo fianza. ‖ fianza. Caución. Bienes que se entregan para asegurar el cumplimiento de la obligación de un tercero o responsabilidad que se asume respecto de tal obligación. La expresión se utiliza especialmente respecto de la obligación de presentarse ante la justicia, en relación con acciones penales. ‖ persona que asume la responsabilidad de que otra se presentará ante la justicia.

BAIL ABOVE.
en ciertos procesos civiles, personas que garantizan que el demandado pagará las sumas que sea condenado a abonar en la sentencia. Esa garantía es una figura similar, aunque no idéntica, a la fianza a las resultas del juicio y a la fianza de arraigo.

BAIL ABSOLUTE.
garantía de que un administrador u otra persona que administra o dispone bienes de terceros cumplirá con sus obligaciones respecto de tales bienes.

BAIL BELOW.
V.BAIL TO THE SHERIFF.

BAIL BOND.
documento mediante el que se instrumenta la garantía dada en la libertad bajo fianza.
V. BAIL.

BAIL COMMON.
ficción jurídica por la cual, en casos en que se requiere formalmente fianza (v. BAIL) para liberar a un imputado, se la sustituye por una fianza dada por personas ficticias, cuando no existen razones para exigir una fianza efectiva. Se trata de una figura fuera de uso.

BAIL IN ERROR.
garantía, fianza o caución exigida al apelante que reclama un efecto suspensivo para su apelación.

BAIL JUMPING.
violación de las obligaciones de presentarse al juzgado, que pesan como condición de la libertad bajo fianza.

BAIL OUT.
ayudar económicamente a quien se encuentra en posición dificultosa.

BAIL PIECE.
documento mediante el que se instrumenta una garantía, fianza o caución en las causas civiles. V. BAIL.

BAIL POINT SCALE.

sistema de puntuación, basado en condiciones tales como los antecedentes del imputado, en virtud del cual se determina la posibilidad de libertad bajo fianza y el monto de ésta.

BAIL TO THE ACTION.

V. BAIL ABOVE.

BAIL TO THE SHERIFF.

garantía, fianza o caución respecto de que el demandado comparecerá ante el tribunal.

V. BAIL.

BAILABLE.

caucionable. Excarcelable. Situación que permite utilizar la figura de BAIL (v.). Condición de un delito que admite la libertad bajo fianza.

BAILABLE ACTION.

acción judicial en la que el demandado debe otorgar caución o fianza como condición para ser liberado. V. BAIL.

BAILABLE OFFENCE.

delito excarcelable, bajo condición de fianza o caución. V. BAIL.

BAILABLE OFFENSE.

V. BAILABLE OFFENCE.

BAILABLE PERSON.

persona susceptible de ser dejada en libertad bajo fianza. V. BAIL.

BAILABLE PROCESS.

V. BAILABLE ACTION.

BAILEE.

persona a la que se transfiere la tenencia o posesión de una cosa mueble, sin transmitirle la propiedad. Depositario. Consignatario. Comodatario. Locatario. Según los casos, corresponde a éstas u otras figuras del CIVIL LAW (v.).

BAILEE FOR HIRE.

depositario a título oneroso. Más generalmente, el BAILEE (v.) que recibe una contraprestación por sus servicios.

BAILEE POLICY.

póliza de seguros que cubre los bienes en poder de un depositario o BAILEE (v.).

BAILEE'S LIEN.

derecho de retención y privilegio o preferencia consiguiente en favor de un depositario o BAILEE (v.), en relación a los bienes ajenos que se encuentran en su poder. V. LIEN.

BAILIFF.

oficial judicial. Oficial de justicia. ‖ alguacil. ‖ depositario o administrador de bienes ajenos.

BAILIFF-ERRANT.

auxiliar de un oficial judicial.

BAILIWICK.

distrito en que un oficial judicial ejerce sus funciones. V. BAILIFF. ‖ área de competencia o conocimiento.

BAILMENT.

transferencia de la tenencia o posesión de una cosa mueble, sin transmitir la propiedad. Depósito. Consignación. Comodato. V. BAILEE.

BAILMENT FOR HIRE.

depósito a título oneroso. Más generalmente, el BAILMENT (v.) en el que se abona una contraprestación en favor del tenedor de los bienes ajenos.

BAILMENT FOR MUTUAL BENEFIT.

depósito o BAILMENT (v.) en interés recíproco. Dado el interés del depositante en la cosa depositada, en general esta figura equivale al ABAILMENT FOR HIRE (v.), aunque es más amplia, pues admite que el beneficio del depositario resulte indirectamente, por ejemplo, por realizar trabajos de reparación sobre las cosas depositadas, por los que recibe un pago.

BAILMENT LEASE.

locación de cosas muebles, con opción de compra al finalizar la locación. V. LEASE.

BAILOR.

depositante. Consignador. Comodante. El que da una cosa en BAILMENT (v.).

BAILOUT.

extracción de fondos de una sociedad, de modo de eludir o disminuir la carga impositiva que pesa sobre esa sociedad. ‖ adquisición de una sociedad a fin de obtener ventajas impositivas derivadas de ésta. ‖ inversión o préstamo a favor de una persona en situación económica dificultosa, a fin de rescatarla de esa situación.

BAILOUT STOCK.

acciones preferidas, emitidas como dividendo no imponible.

BAILSMAN.

garante. Fiador.

BAIT ADVERTISEMENT.

propaganda relativa a bienes baratos, no con el propósito de venderlos sino de atraer al público a otros más caros vendidos por la misma empresa.

BAIT AND SWITCH.

método de comercialización, consistente en

ofrecer bienes baratos con el propósito de vender otros, más caros.

BAITING ANIMALS.
incitar a animales a luchar o atacar a otros animales.

BALANCE.
saldo. Diferencia entre valores, particularmente sumas de dinero. ‖ equilibrio. ‖ como verbo (*to balance*), equilibrar.

BALANCE DUE.
saldo pendiente de pago.

BALANCE OF CONVENIENCE.
el equilibrio entre los prejuicios que un decreto judicial u otro acto procesal causa a una parte y los beneficios que otorga a la otra.

BALANCE OF PAYMENTS.
balanza de pagos.

BALANCE OF POWER.
equilibrio de poder.

BALANCE OF TRADE.
balanza comercial.

BALANCE ORDER.
orden judicial dirigida a un socio, imponiendo el pago de sumas debidas a otros socios o a la sociedad.

BALANCE SHEET.
balance de una empresa.

BALANCING TEST.
criterio jurisprudencial, utilizado en distintas materias, como el Derecho Constitucional y el Antimonopólico, por el cual diversos intereses o elementos en conflicto deben ser cotejados a fin de lograr un equilibrio entre ellos.

BALANCING THE EQUITIES.
mecanismo del régimen de EQUITY (v.), por el que se busca un equilibrio entre los diversos derechos en conflicto que merecen protección bajo las reglas de EQUITY.

BALLAST.
lastre.

BALLASTAGE.
derecho pagadero por la extracción de arena o lodo del fondo de un puerto, para ser utilizados como lastre.

BALLISTICS.
balística.

BALLOON PAYMENT.
en una obligación pagadera en cuotas, la cuota mediante la que se cancela la totalidad o la mayor parte del monto originalmente recibido en préstamo. En general, es todo pago sustan-

cialmente superior a las cuotas anteriores.

BALLOT.
votación. Elección. ‖ boleta electoral.

BALLOT BOX.
urna electoral.

BAN.
prohibición. ‖ excomunicación. Expulsión. Interdicción. ‖ bando. Proclama.

BANC.
el asiento de un tribunal. ‖ el tribunal en pleno.

BANDIT.
bandido.

BANDITRY.
bandidaje. Bandolerismo.

BANE.
enemigo o peligro público. ‖ declaración de una persona como enemigo o peligro público.

BANISHMENT.
destierro. Exilio.

BANK.
banco. ‖ el asiento de un juzgado. ‖ tribunal en pleno. ‖ orillas de un río.

BANK ACCEPTANCE.
aceptación bancaria.

BANK ACCOUNT.
cuenta bancaria.

BANK ADVANCE.
anticipo o adelanto bancario.

BANK ASSETS.
activos bancarios.

BANK BILL.
letra bancaria.

BANK BOOK.
libreta bancaria.

BANK CALL.
auditoría bancaria o revisión de documentación, efectuadas por las autoridades de superintendencia y control de entidades financieras.

BANK CHARTER.
autorización estatal para que un banco actúe como tal.

BANK CHECK.
V. BANK CHEQUE.

BANK CHEQUE.
cheque librado contra una cuenta bancaria.

BANK CREDIT.
crédito bancario.

BANK DEBIT.
débito bancario.

BANK DEPOSIT.
depósito bancario.

BANK DRAFT.
letra bancaria.

BANK EXAMINER.
inspector de bancos.

BANK FAILURE.
insolvencia de un banco.

BANK GUARANTY.
garantía de depósitos bancarios.

BANK HOLIDAY.
feriado bancario.

BANK MONEY ORDER.
orden de pago bancaria.

BANK NOTE.
billete de banco.

BANK OF CIRCULATION.
banco emisor o de emisión.

BANK OF DISCOUNT.
banco de descuentos.

BANK OF ISSUE.
banco emisor o de emisión.

BANK OVERDRAFT.
sobregiro bancario.

BANK PAPER.
valores bancarios.

BANK RATE.
interés bancario. Tasa bancaria.

BANK RECEIVER.
interventor o liquidador de un banco.
v. RECEIVER.

BANK SECRECY.
secreto bancario.

BANK STATEMENT.
estado o extracto de cuenta.

BANK STOCK.
acciones bancarias.

BANK SYNDICATE.
consorcio bancario.

BANKABLE NOTE.
pagaré descontable ante un banco.

BANKABLE PAPER.
valores descontables o aceptables por los bancos.

BANKER.
banquero.

BANKER'S ACCEPTANCE.
aceptación bancaria.

BANKER'S LIEN.
privilegio especial de los bancos respecto de los valores allí depositados, que se halla en relación con las deudas de origen bancario.
v. LIEN.

BANKER'S NOTE.
billete bancario emitido por una institución privada.

BANKING.
banca. El conjunto de los negocios bancarios.

BANKING A DEAL.
financiar un negocio.

BANKING CORPORATION.
persona jurídica que tiene por objeto actividades bancarias.
v. CORPORATION.

BANKING DAY.
día hábil bancario.

BANKING HOURS.
horario bancario. Puede incluir horas posteriores a la atención al público.

BANKING LAW.
derecho bancario.

BANKING SECRET.
secreto bancario.

BANKRUPT.
quebrado. Fallido. ‖ insolvente.

BANKRUPT ESTATE.
patrimonio insolvente. v. ESTATE.

BANKRUPTCY.
quiebra. Bancarrota. ‖ insolvencia. Cesación de pagos.

BANKRUPTCY ACT.
ley de quiebras o de concursos.

BANKRUPTCY ASSETS.
activos del concurso o de la quiebra.

BANKRUPTCY COURT.
tribunal de quiebras.

BANKRUPTCY DISCHARGE.
liberación del fallido respecto de las deudas incluidas en un procedimiento concursal.

BANKRUPTCY DISTRIBUTION.
distribución del producido de un procedimiento concursal. Dividendo concursal.

BANKRUPTCY OFFENCE.
delito concursal.

BANKRUPTCY OFFENSE.
v. BANKRUPTCY OFFENCE.

BANKRUPTCY PROCEDURES.
procedimiento concursal o de quiebra.

BANKRUPTCY PROCEEDINGS.
juicio concursal o de quiebra.

BANKRUPTCY TRUSTEE.
síndico de la quiebra o concurso.

BANNS OF MATRIMONY.
aviso público previo a la celebración de un matrimonio.

BAR.
corte o tribunal. ‖ conjunto de abogados de un distrito o jurisdicción. Colegio de abogados. ‖ la barra, en los cuerpos legislativos. ‖ impedimento. Obstáculo. ‖ excepción procesal opuesta por el demandado. ‖ como verbo (*to bar*), impedir. Obstaculizar.

BAR ADMISSION.
admisión al ejercicio de la abogacía en un tribunal o jurisdicción.

BAR AND MERGER.
efecto de cosa juzgada.

BAR ASSOCIATION.
colegio de abogados.

BARE.
mero. Nudo.

BARE LEGAL OWNER.
fideicomisario. v. TRUST. ‖ en general, el que tiene sus derechos formales sobre una cosa limitados o absorbidos por otro titular de mejores o mayores derechos sobre la misma.

BARE LICENSEE.
persona cuya presencia en una propiedad se tolera, sin que exista acto alguno de autorización o invitación expresas. ‖ licenciatario simple.

BARE POSSIBILITY.
v. NAKED POSSIBILITY.

BARE TRUSTEE.
fideicomisario que debe transferir la propiedad que mantiene en fideicomiso, sea en forma inmediata, sea cuando así lo exija el beneficiario del fideicomiso.
v. TRUST.

BAREBOAT CHARTER.
fletamento en el que el dueño del barco sólo suministra éste, sin personal u otros elementos accesorios.

BARE BONES.
mero. Nudo.

BARGAIN.
contrato. Acuerdo. Intercambio. ‖ como verbo (*to bargain*), negociar. Acordar. Convenir. Regatear.

BARGAIN AND SALE.
compraventa. ‖ transferencia de la propiedad, particularmente de bienes inmuebles, como consecuencia de una compraventa.

BARGAIN AND SALE DEED.
instrumento formal de compraventa, en el que se establece el precio pagado y la transferencia de la propiedad.

BARGAIN MONEY.
seña.

BARGAIN SALE.
venta en liquidación. Venta por debajo del precio normal de mercado.

BARGAINEE.
adquirente. Comprador.

BARGAINING.
negociación. Contratación. Regateo.

BARGAINING AGENT.
sindicato autorizado a negociar en representación de un conjunto determinado de trabajadores.

BARGAINING FOR PLEA.
v. PLEA BARGAINING.

BARGAINING POWER.
poder de negociación.

BARGAINING UNIT.
sindicato u otra organización que actúa en representación de los trabajadores en una negociación colectiva.

BARGAINOR.
transferente. Vendedor.

BARRATOR.
el que comete barratería.

BARRATRY.
barratería. Fraude u otros ilícitos cometidos por el capitán y marinos de un navío, en el ejercicio de sus funciones. ‖ Incitación ilícita a disputas y reyertas.

BARRED.
impedido u obstaculizado legalmente. Legalmente inadmisible. Precluido. Prescripto.

BARREN MONEY.
deuda que no lleva interés.

BARRENNESS.
esterilidad.

BARRISTER.
procurador. Abogado. En el sistema jurídico inglés, el *barrister*, en contraposición al SOLICITOR (v.), está autorizado a actuar en litigios judiciales, y especialmente en los juicios que se llevan a cabo ante tribunales superiores.

BARTER.
trueque. Permuta. ‖ como verbo (*to barter*), permutar. Regatear.

BASE.
fundamento. Base. ‖ base militar. ‖ de baja calidad. Inferior. Subordinado.

BASE COINS.
monedas adulteradas o de bajo tenor metálico.

BASE FEE.
derecho inmobiliario sujeto a condición resolutoria.
V. FEE.

BASE PAY.
jornal o salario básico.

BASELINE.
línea utilizada para demarcaciones topográficas, inmobiliarias o geográficas.

BASIC ENGINEERING.
ingeniería básica.

BASIC NORM.
norma básica o fundamental.

BASIC PATENT.
patente fundamental, de la cual dependen otras. ‖ patente respecto de una invención de gran importancia, por lo novedosa e inesperada, o por abrir nuevas posibilidades de explotación de singular trascendencia.

BASIS.
base. Fundamento. ‖ valor de un activo u operación, utilizado con fines contables o impositivos.

BASTARD.
bastardo. Hijo ilegítimo.

BASTARDIZE,
declarar a alguien bastardo o aportar pruebas para ello. ‖ alterar un instrumento, falseándolo o afectándolo de otra forma.

BASTARDY PROCEEDINGS.
procedimiento o juicio de paternidad.

BATCH.
lote. Tanda. Fajo.

BATTERY.
violencia contra las personas, consistente en tener un contacto físico con éstas, en contra de su voluntad, de modo que resulte un daño físico o moral.

BATTLE OF THE FORMS.
literalmente, batalla de los formularios. La lucha que se entabla entre dos partes en la negociación de un contrato, para lograr que su formulario o versión del contrato sea en definitiva aceptada, especialmente en las negociaciones y contratos por correspondencia.

BAWD.
alcahueta. Celestina.

BAWDY HOUSE.
casa de tolerancia. Prostíbulo.

BAY.
bahía.

B. C.
abreviatura de *before Christ*, o sea antes de Cristo.

BEACH.
playa. Zona de la costa entre las altas y las bajas mareas. ‖ como verbo (*to beach*), hacer encallar a un navío, particularmente en casos de emergencia.

BEACHING.
encalladura.

BEAR.
cargar. Llevar. Soportar. ‖ producir. Causar. ‖ dirigir. Conducir. ‖ el que especula a la baja en los mercados bursátiles.

BEAR ARMS.
portar o llevar armas.

BEAR INTEREST.
llevar o producir intereses.

BEAR MARKET.
mercado bajista o en el que los precios caen. Se utiliza expresamente en relación con la actividad bursátil.

BEAR WITNESS.
atestiguar. Testimoniar.

BEARER.
portador, en general. En particular, el portador de títulos de crédito u otros documentos.

BEARER BOND.
bono al portador.

BEARER CERTIFICATE.
certificado o título al portador.

BEARER CHECK.
V. BEARER CHEQUE.

BEARER CHEQUE.
cheque al portador.

BEARER DEBENTURE.
obligación o debenture al portador.

BEARER FORM.
título que ha sido emitido al portador.

BEARER INSTRUMENT.
título o instrumento al portador.

BEARER PAPER.
títulos, instrumentos o efectos al portador.

BEARER SECURITY.
título al portador. V. SECURITY.

BEARER SHARE.
acción al portador.

BEARER STOCK.
acciones al portador. v. STOCK.

BEARING DATE.
fechado.

BEARING INTEREST.
que produce intereses.

BEARING THE BURDEN.
soportar una carga, como ser la carga de la prueba.

BED OF RIVER.
lecho de un río.

BEFORE DUE.
antes del vencimiento.

BEFORE ME.
ante mí.

BEG.
implorar. Solicitar. Pedir limosna.

BEGET.
procrear.

BEGGAR.
pordiosero. Mendigo.

BEGINNING OF LIFE.
concepción. Comienzo de la vida.

BEGOTTEN.
concebido.

BEHALF.
beneficio. Defensa. Ventaja. Nombre. Así, *on behalf* es lo que se realiza en nombre, representación o beneficio de otra persona.

BEHAVIOR.
v. BEHAVIOUR.

BEHAVIOUR.
conducta. Comportamiento.

BEHOOF.
beneficio. Uso. Ventaja.

BEING.
ser.

BELATED CLAIM.
derecho prescripto o caduco. v. CLAIM. ‖ demanda tardía. ‖ presentación fuera de término.

BELIEF.
creencia. Convicción.

BELIEVE.
creer.

BELLIGERENCY.
beligerancia.

BELLIGERENT.
beligerante.

BELLIGERENT RIGHTS.
derechos de los beligerantes.

BELONGING.
pertenencia. Propiedad. Accesorio. ‖ perteneciendo.

BELONGINGS.
las propiedades o patrimonio de una persona.

BELOW.
inferior. De inferior instancia.

BENCH.
tribunal, particularmente un tribunal colegiado en su conjunto. ‖ estrado judicial. ‖ el conjunto de los jueces. La magistratura.

BENCH BLOTTER.
prontuario policial.

BENCH CONFERENCE.
discusión informal, entre el juez y los letrados, respecto de ciertos aspectos de la causa, a la que no tienen acceso los miembros que componen el jurado.

BENCH LAW.
v. BENCH LEGISLATION.

BENCH LEGISLATION.
jurisprudencia *contra legem* o *preter legem*, o bien la de carácter extensivo o analógico. ‖ doctrina judicial.

BENCH TRIAL.
juicio sin jurado.

BENCH WARRANT.
orden de detención emitida por un tribunal en razón de haberse cometido desacato o desobediencia contra el mismo.

BENCHER.
uno de los abogados decanos de los colegios profesionales ingleses.

BENEFICIAL.
beneficioso. Útil. Ventajoso. ‖ característica de un derecho, en cuanto de él derivan beneficios efectivos para su titular, aunque no sea reconocido por el Derecho estricto sino por el régimen de EQUITY (v.).

BENEFICIAL ASSOCIATION.
sociedad de socorros mutuos. Sociedad de beneficencia.

BENEFICIAL ENJOYMENT.
goce de un derecho en beneficio propio, y no en el de terceros.

BENEFICIAL ESTATE.
derecho real o de propiedad ejercido en beneficio de su titular y no en el de terceros.
v. ESTATE.

BENEFICIAL IMPROVEMENT.
mejora útil.

BENEFICIAL INTEREST.
beneficio o utilidad derivados de un derecho. ‖ derecho ejercido en beneficio propio, y no en el de terceros.

BENEFICIAL OWNER.
persona que no goza formalmente de la propiedad de un bien, pero tiene tales derechos relativos a éste que disfruta en realidad de los beneficios de tal propiedad. ‖ beneficiario de un fideicomiso. ‖ el que tiene la propiedad de un bien bajo el régimen de EQUITY (v.), pero no frente al Derecho estricto.

BENEFICIAL OWNERSHIP.
la propiedad de la que disfruta un BENEFICIAL OWNER (v.).

BENEFICIAL POWER.
poder o derecho concedido en beneficio de quien lo otorga.

BENEFICIAL USE.
el derecho a hacer uso efectivo de la propiedad de un bien. Ese derecho, en contraposición al de un nudo propietario.

BENEFICIARY
beneficiario, en general. ‖ tercero beneficiario, en un contrato en beneficio de terceros. ‖ el beneficiario de un fideicomiso. La persona en cuyo beneficio el fideicomisario ejerce los derechos derivados del fideicomiso. v. TRUST. ‖ legatario.

BENEFICIARY ASSOCIATION.
v. BENEFICIAL ASSOCIATION.

BENEFICIARY HEIR.
heredero con beneficio de inventario.

BENEFIT.
beneficio. Ventaja. Ganancia. ‖ contraprestación. ‖ beneficios recibidos como consecuencia de un sistema previsional, social o privado, en caso de infortunios personales. ‖ como verbo (to benefit), beneficiar.

BENEFIT CERTIFICATE.
certificado de deuda o de una obligación de pagar sumas de dinero. ‖ certificado de ser beneficiario de una póliza de seguros.

BENEFIT OF BARGAIN RULE.
regla en virtud de la cual un comprador víctima de una maniobra fraudulenta tiene derecho a una indemnización equivalente a la diferencia entre el valor atribuido fraudulentamente al objeto comprado y su valor real.

BENEFIT OF COUNSEL.
derecho al asesoramiento o representación letrada.

BENEFIT OF DISCUSSION.
beneficio de excusión.

BENEFIT OF DIVISION.
beneficio de división.

BENEFIT OF INVENTORY.
beneficio de inventario.

BENEFIT OF ORDER.
beneficio de orden, o sea el que exige que se agoten las acciones contra el deudor principal antes de accionarse contra el fiador. Sus efectos son similares a los del beneficio de excusión.

BENEFIT SOCIETY.
sociedad de beneficencia. Sociedad de ayuda o socorros mutuos.

BENEVOLENCE.
benevolencia. Beneficencia.

BENEVOLENT.
benevolente. Caritativo.

BENEVOLENT ASSOCIATION.
asociación de beneficencia.

BENEVOLENT CORPORATION.
sociedad o asociación de beneficencia. v. CORPORATION.

BENEVOLENT SOCIETY.
sociedad o asociación de beneficencia.

BEQUEATH.
legar bienes muebles o derechos. No se aplica generalmente a los legados de inmuebles, aunque en ciertos casos se ha interpretado la voz como extensible a estos últimos legados.

BEQUEST.
legado de bienes muebles o derechos. v. BEQUEATH.

BEREFT.
carente. Privado de algo.

BEREFT OF REASON.
privado de razón.

BERTHAGE.
derecho o tasa de estadía en puerto.

BEST BID.
mejor oferta.

BEST EVIDENCE.
prueba directa. ‖ las mejoras pruebas que pueden ser aportadas por las partes, habida cuenta de las circunstancias del caso.

BEST EVIDENCE RULE.
regla procesal en virtud de la cual deben pro-

ducirse como pruebas de un hecho las mejores que sean posibles respecto del mismo.

BEST OF HIS KNOWLEDGE AND BELIEF.
conforme a su mejor saber y entender.

BEST USE.
el mejor destino que se puede dar a una cosa, a fin de apreciar su valor con fines de expropiación y su indemnización.

BESTIALITY.
delito consistente en tener tráfico sexual con animales.

BESTOW.
donar. Legar. Conceder.

BESTOWAL.
donación. Legado. Acto a título gratuito.

BET.
apuesta. Juego de azar, por dinero. ‖ como verbo (*to bet*), apostar.

BETRAY.
traicionar. Engañar. Violar un secreto o una obligación de confidencialidad.

BETRAYAL.
traición. Engaño. Violación de un secreto o de una obligación de confidencialidad.

BETRAYAL OF CONFIDENCE.
abuso de confianza.

BETROTHAL.
compromiso matrimonial.

BETROTHED.
comprometido en matrimonio.

BETTER EQUITY.
mejor derecho, bajo las reglas de EQUITY (v.).

BETTERMENT.
mejora o mayor valor de una propiedad.

BETTERMENT CHARGE.
impuesto o contribución de mejoras.

BETTERMENT TAX.
V. BETTERMENT CHARGE.

BETTING.
apuestas. Juegos de azar, por dinero.

BEYOND A REASONABLE DOUBT.
más allá de una duda razonable. Se trata de un criterio para apreciar las pruebas sobre la culpabilidad de un imputado en un proceso penal.

BEYOND CONTROL.
fuera de control. Fuera del control de una persona determinada.

BEYOND THE JURISDICTION.
fuera del alcance de la competencia de un tribunal.

BEYOND THE SEAS.
ultramar. En el extranjero.

BIAS.
inclinación. Parcialidad. Prejuicio. ‖ respecto de las estadísticas, sesgo. ‖ como verbo (*to bias*), crear una parcialidad.

BICAMERAL.
bicameral.

BID.
oferta, en general. ‖ oferta contractual. ‖ oferta en licitaciones públicas. ‖ propuesta u oferta, en las subastas. ‖ como verbo (*to bid*), ofertar.

BID AND ASKED.
precio ofrecido por el potencial comprador y por el potencial vendedor, respectivamente, de un bien que se cotiza en un mercado institucionalizado, particularmente un mercado de valores.

BID BOND.
garantía o caución exigida a quienes realizan ofertas en licitaciones públicas.
V. BOND.

BID IN.
propuesta exitosa en una subasta, realizada por el dueño de la cosa vendida o por personas que actúan en interés de aquél.

BID OFF.
adjudicación del bien subastado, en forma inmediata, a quien realiza determinada propuesta.

BID PRICE.
el precio que un comprador potencial ofrece pagar, en un mercado institucionalizado, particularmente un mercado de valores. ‖ el precio ofrecido en una representación a una licitación pública.

BID SECURITY.
garantía de ofertas en licitaciones públicas.

BIDDER.
ofertante. Oferente. Proponente. Postor.
V. BID.

BIDDING.
acto de realizar ofertas o propuestas. ‖ participar, realizando posturas u ofertas, en una subasta.

BIDDING CONDITIONS.
pliego de condiciones de una licitación.

BIDDING FORM.
modelo o formulario de propuestas para una licitación.

BIDDING UP.
elevar el precio en una subasta, mediante sucesivas posturas.

BIFURCATED TRIAL.
juicio que da lugar a etapas sucesivas. ‖ juicio penal en el que diversas cuestiones, por ejemplo la culpabilidad y la pena, son juzgadas en forma separada.

BIGAMIST.
bígamo.

BIGAMY.
bigamia.

BILATERAL.
bilateral.

BILATERAL AGREEMENT.
V. BILATERAL CONTRACT.

BILATERAL CONTRACT.
contrato bilateral.

BILL.
documento. Certificado. Título. ‖ factura. Cuenta. ‖ pagaré. ‖ letra. ‖ proyecto de ley. ‖ reconocimiento de deuda. ‖ la demanda, en un juicio entablado bajo el régimen de EQUITY (v.). ‖ como verbo (*to bill*), facturar.

BILL-BOOK.
libro en el que se anotan los pagarés y letras de cambio, pagaderos o a cobrar.

BILL BROKER.
corredor, agente o intermediario de títulos de crédito.

BILL FOR A NEW TRIAL.
petición de nuevo juicio, fundada en la nulidad o vicios de otro anterior sobre la misma causa.

BILL FOR CANCELLATION.
acción, bajo el régimen de EQUITY (v.), dirigida a obtener la cancelación de un instrumento.

BILL FOR FORECLOSURE.
demanda de ejecución o juicio hipotecario.

BILL FOR FRAUD.
demandante de nulidad de una sentencia por razones de fraude.

BILL FOR REFORMATION.
acción, bajo el régimen de EQUITY (v.), dirigida a obtener la modificación de un instrumento.

BILL FOR SPECIFIC PERFORMANCE.
acción, bajo el régimen de EQUITY (v.), dirigida a obtener el cumplimiento específico de una obligación, en lugar de la pretensión de meros daños y perjuicios en compensación por su incumplimiento.
V. SPECIFIC PERFORMANCE.

BILL IN AID OF EXECUTION.
acción revocatoria de actos fraudulentos realizados respecto de bienes del deudor.

BILL IN EQUITY.
demanda interpuesta bajo el régimen de EQUITY (v.).

BILL IN NATURE OF BILL OF REVIEW.
acción iniciada por un tercero que no ha sido parte de un juicio, contra la sentencia recaída en ese juicio.

BILL IN NATURE OF BILL OF REVIVOR.
acción que continúa un juicio suspendido, pero que no puede continuarse en su forma original por la incapacidad o pérdida de legitimación de una de las partes, y que se distingue del BILL OF REVIVOR (v.) en que el objeto del juicio ha sido materia de un acto de disposición por la parte que ha perdido su legitimación procesal.

BILL IN NATURE OF SUPPLEMENTAL BILL.
acción que se interpone cuando se incorporan a un juicio nuevas partes.

BILL NOT ORIGINAL.
acción entablada bajo el régimen de EQUITY (v.), que viene a continuar un procedimiento preexistente entre las mismas partes respecto de causas similares o vinculadas a la que da lugar a aquella acción.

BILL OBLIGATORY.
pagaré sellado.
V. SEAL.

BILL OF ADVENTURE.
documento por el que el armador o capitán declaran que ciertas mercaderías viajan por cuenta y a riesgo de un tercero allí determinado.

BILL OF APPEAL.
apelación.

BILL OF ATTAINDER.
acto legislativo contra un individuo por el que se imponen penas sin procedimiento judicial previo. V. ATTAINDER.

BILL OF CERTIORARI.
acto por el que se interpone un recurso de apelación.

BILL OF COMPLAINT.
demanda.

BILL OF CONFORMITY.
petición de un albacea o administrador de una sucesión, a fin de que el tribunal participe en

la administración, en particular determinando los derechos de los acreedores.

BILL OF COSTS.

liquidación certificada de las costas de un juicio.

BILL OF CREDIT.

carta de crédito. ‖ billete emitido por un organismo estatal.

BILL OF DEBT.

pagaré.

BILL OF DISCOVERY.

acción destinada a que la contraparte suministre al juzgado ciertos documentos o información que están en su poder.

BILL OF ENTRY.

declaración de importación, mediante la que se informa a la aduana respecto de la mercadería a ser ingresada.

BILL OF EVIDENCE.

acta taquigráfica de las declaraciones testimoniales.

BILL OF EXCEPTIONS.

expresión de agravios. Escrito o presentación en el que se impugna lo actuado por el juez, particularmente a efectos de su consideración por el tribunal de alzada, y en relación con las pruebas y otros aspectos procesales del juicio.

BILL OF EXCHANGE.

letra de cambio.

BILL OF FREIGHT.

carta de porte.

BILL OF HEALTH.

certificado sanitario, sea respecto de un buque, de su carga o del puerto de origen.

BILL OF INDEMNITY.

ley de indemnidad, por la que se libera a funcionarios públicos de su responsabilidad por el ejercicio de sus funciones. ‖ citación en garantía.

BILL OF INDICTMENT.

auto de acusación. Es una figura que también puede asimilarse al autor de procesamiento de algunos sistemas procesales.

BILL OF INTERPLEADER.

acción o petición mediante la que se solicita que sea resuelta una cuestión entre terceros, relativa a bienes, derechos u obligaciones del accionante.

BILL OF LADING.

conocimiento de embarque. ‖ guía aérea. ‖ guía de embarque.

BILL OF PAINS AND PENALTIES.

BILL OF ATTAINDER (v.) en el que no se impone la pena de muerte.

BILL OF PARCELS.

factura, indicando los bienes que se entregan al comprador.

BILL OF PARTICULARS.

detalle de los elementos de una demanda o de una reconvención, suministrado a la contraparte, para su mejor defensa. ‖ detalle de la acusación penal formulada, suministrado al acusado para su mejor defensa.

BILL OF PEACE.

petición relativa a un derecho que puede verse sujeto a litigios múltiples, destinada a evitar tal multiplicidad.

BILL OF PROOF.

en Gran Bretaña, acción interpuesta por un tercero respecto de la materia objeto de determinado juicio.

BILL OF REVIEW.

recurso de revisión, de reposición o de reconsideración.

BILL OF REVIVOR.

acción que continúa un juicio suspendido, que no puede proseguirse en su forma original.

BILL OF RIGHTS.

carta o declaración de derechos. Declaración constitucional de derechos civiles.

BILL OF SALE.

acto por el que se perfecciona la venta de una cosa mueble, transfiriéndose la propiedad sobre esa cosa.

BILL OF SIGHT.

declaración aduanera, al leal saber y entender de quien la formula, sin asegurar que los bienes objeto de la declaración se ajustan exactamente a ella.

BILL ORIGINAL.

acción entablada bajo el régimen de EQUITY (v.), que es totalmente independiente de otros juicios preexistentes.

V. BILL NOT ORIGINAL.

BILL PAYABLE.

letras y pagarés librados y pendientes de pago.

BILL PENAL.

reconocimiento de deuda, acompañado de una cláusula penal.

BILL QUIA TIMET.

acción entablada por quien teme un daño a su propiedad o derechos, destinada a evitarlo.

BILL RECEIVABLE.
letras y demás títulos de crédito pendientes de cobro.

BILL RENDERED.
cuentas rendidas o presentadas. Rendición de cuentas.

BILL SINGLE.
pagaré.

BILL TO CARRY A DECREE INTO EXECUTION.
acción o petición destinada a lograr la ejecución de una sentencia.

BILL TO PERPETUATE TESTIMONY.
peticiónde que se tome testimonio a un testigo, como prueba anticipada.

BILL TO QUIET POSSESSION AND TITLE.
acción para que se elimine o declare inaplicable una imperfección, obstáculo o derecho ajeno contrarios al derecho o título que se tiene sobre una propiedad. v. ACTION TO QUIET TITLE.

BILL TO TAKE TESTIMONY DE BENE ESSE.
petición de que se tome testimonio a un testigo, cuyo testimonio se tome no podrá ser posible más adelante, antes de que se inicie la producción de las restantes pruebas, pero después de iniciado el juicio.

BILLS IN A SET.
conocimiento de embarque, emitido en varios ejemplares.

BIMETALLISM.
bimetalismo.

BIND.
obligar. Vincular.

BINDER.
contrato provisorio de seguro, en vigor hasta la entrada en vigor de la póliza definitiva. ‖ seña.

BINDING.
obligatorio. Vinculante.

BINDING AGREEMENT.
contrato obligatorio.

BINDING AUTHORITY.
fuentes formales, como una ley o precedente jurisprudencial, a las que debe sujetarse un fallo. v. AUTHORITY.

BINDING INSTRUCTION.
instrucción judicial dirigida al jurado, que éste está obligado a observar para llegar a su decisión.

BINDING OVER.
acto judicial en que se exige a una persona una garantía o caución respecto de su futura comparecencia ante el tribunal u otros aspectos de su conducta. ‖ transferencia de la causa a otro tribunal, cuando el que intervenía considera probable la existencia de conducta punible penalmente en esa causa, una vez que el fiscal ha demostrado tal probabilidad en una audiencia convocada con tal propósito. v. PROBABLE CAUSE.

BINDING RECEIPT.
la aceptación provisional del seguro que realiza el agente, hasta tanto el contrato es aceptado en forma definitiva por el asegurador.

BIPARTISAN.
bipartidista.

BIPARTITE.
bipartito.

BIRTH.
nacimiento.

BIRTH CERTIFICATE.
certificado de nacimiento.

BIRTH CONTROL.
control de la natalidad.

BLACK LETTER LAW.
expresión informal para referirse a los principios básicos y generalmente aceptados de una rama del Derecho.

BLACK LIST.
lista negra. La expresión se utiliza frecuentemente en relación con prácticas sindicales.

BLACK MARIA.
camión celular, utilizado para el transporte de prisioneros.

BLACK MARKET.
mercado negro.

BLACKING.
boicot, particularmente cuando se realiza en ocasión de conflictos colectivos de trabajo.

BLACKMAIL.
extorsión. Chantaje.

BLANK.
espacio en blanco, particularmente en un documento o formulario. ‖ formulario.

BLANK ACCEPTANCE.
aceptación cambiaria en blanco.

BLANK BILL.
letra en blanco. v. BILL.

BLANK CHECK.
v. BLANK CHEQUE.

BLANK CHEQUE.
cheque en blanco.

BLANK DEED.
instrumento otorgado en blanco. v. DEED.

BLANK INDORSEMENT.
endoso en blanco.

BLANK SIGNATURE.
firma en blanco.

BLANKET ACCEPTANCE.
aceptación global de la propuesta de la contraparte.

BLANKET BALLOT.
boleta electoral en la que figuran todos los candidatos para determinados cargos, entre los que debe elegir el votante.

BLANKET BOND.
caución o garantía global, por cubrir una pluralidad de hechos o riesgos. v. BOND.

BLANKET MORTGAGE.
hipoteca que pesa sobre distintos bienes, como garantía de una única deuda.

BLANKET POLICY.
póliza de seguros que cubre a toda una categoría de bienes, sin individualizarlos, en relación a ciertos riesgos.

BLANKET RATE.
tasa o tarifa aplicable a una generalidad de situaciones o servicios.

BLANKET SEARCH WARRANT.
orden de allanamiento que no especifica el lugar preciso donde pueden ejercerse esas atribuciones. v. SEARCH WARRANT.

BLASPHEMY.
blasfemia.

BLENDED FUND.
fondo formado por el producido de la venta de diferentes bienes, especialmente los que conforman una sucesión.

BLOCK.
bloque, en general. ‖ manzana de una ciudad. ‖ conjunto significativo de acciones o bonos, vendidos como unidad. ‖ como verbo (*to block*), bloquear. Impedir.

BLOCK-BOOKING.
venta o alquiler en forma conjunta de distintas películas.

BLOCK POLICY.
póliza conjunta respecto de diversos bienes del mismo asegurado.

BLOCKADE.
bloqueo, particularmente el naval.

BLOCKAGE.
bloqueo, en el sentido de imposibilidad de movimiento. Se aplica la voz respecto de los casos en que se cuenta con ciertos bienes, por ejemplo acciones, que no pueden ser realizados fácilmente en el mercado.

BLOCKAGE RULE.
técnica de valuación de acciones basada en el principio de que no se pueden vender acciones en bloque de la misma forma que separadamente.

BLOCKED ACCOUNT.
cuenta congelada o sujeta a restricciones en su movimiento.

BLOCKED CURRENCY.
moneda no convertible o sujeta a restricciones en cuanto a su transferencia.

BLOCKED INCOME.
ganancias retenidas en un país debido a prohibiciones imperantes respecto de su giro al exterior.

BLOOD MONEY.
dinero pagado a los herederos de una persona asesinada, por el asesino.

BLOOD RELATIONS.
relación o parentesco por consanguinidad.

BLOOD TEST.
prueba de sangre.

BLOT ON TITLE.
defecto o vicio de un título de propiedad.

BLOTTER.
registro policial de arrestos.

BLUE CHIP STOCK.
v. BLUE CHIPS.

BLUE CHIPS.
acciones de primera línea, debido al volumen de las operaciones relativas a las mismas y al prestigio y solvencia de las empresas emisoras.

BLUE LAWS.
leyes que restringen distintas actividades en los días domingo.

BLUE RIBBON JURY.
jurado formado por personas especialmente calificadas.

BLUE SKY LAWS.
legislación estadual estadounidense que regula la oferta de valores mobiliarios, particularmente a fin de evitar fraudes en relación con tales títulos.

BLUNDER.
error o negligencia evidentes o groseros.

BOARD.

junta. Comisión. Dirección. Departamento. ‖ alimentos y hospedaje, suministrados a un huesped. ‖ como verbo (*to board*), embarcar.

BOARD LOT.

unidad utilizada para las negociaciones en los mercados institucionalizados, correspondiente a una cantidad predeterminada de bienes o títulos.

BOARD MEETING.

reunión de directorio. ‖ menos frecuentemente, reunión de una junta o comisión. v. BOARD.

BOARD OF ALDERMEN.

concejo deliberante.

BOARD OF APPEALS.

tribunal de alzada administrativo.

BOARD OF ARBITRATORS.

tribunal o colegio arbitral.

BOARD OF AUDIT.

consejo de auditores o de revisores de cuentas.

BOARD OF DIRECTORS.

directorio. Consejo de administración.

BOARD OF EDUCATION.

consejo de educación. En los Estados Unidos, se trata de un organismo que funciona a nivel municipal o estadual.

BOARD OF ELECTION.

junta, comisión o tribunal electoral.

BOARD OF EQUALIZATION.

junta destinada a fijar los impuestos aplicables a las distintas propiedades ubicadas en determinado distrito, a fin de mantener una carga fiscal equitativa entre las mismas.

BOARD OF EXAMINERS.

consejo o cuerpo de examinadores, a efectos del ejercicio de profesiones y oficios.

BOARD OF FIRE UNDERWRITERS.

asociación de aseguradores contra incendio.

BOARD OF GOVERNORS.

junta directiva o de directores. Consejo de gobierno.

BOARD OF GOVERNORS OF FEDERAL RESERVE SYSTEM.

junta de Gobierno o de Gobernadores de la Reserva Federal.

v. FEDERAL RESERVE SYSTEM.

BOARD OF PARDONS.

consejo de indultos y amnistías.

BOARD OF REGENTS.

consejo que dirige o supervisa una institución educativa. Consejo de urgentes.

BOARD OF REVIEW.

consejo revisor, particularmente en relación con actos administrativos.

BOARD OF SUPERVISORS.

consejo de supervisión.

BOARD OF TRADE.

cámara o consejo de comercio. ‖ bolsa de comercio. Bolsa o mercado institucionalizado, donde se negocian valores u otros bienes fungibles.

BOARD OF TRUSTEES.

junta o consejo directivo. Consejo de administración. ‖ junta de fideicomisarios. v. TRUSTEE.

BODILY.

corporal. Corporalmente. Relativo al cuerpo.

BODILY EXHIBITION.

exhibición deshonesta.

BODILY HARM.

daño corporal.

BODILY HEIRS.

herederos o descendientes en línea recta.

BODILY INFIRMITY.

enfermedad o defecto físico.

BODILY INJURY.

daño corporal.

BODILY ISSUE.

v. BODILY HEIRS.

BODY.

cuerpo, en general. ‖ persona. ‖ ente. ‖ órgano de una persona jurídica. ‖ grupo de personas. ‖ la parte principal de un documento o instrumento. ‖ conjunto o cuerpo de leyes u otras normas.

BODY CORPORATE.

persona jurídica. Es equivalente también a CORPORATION (v.).

BODY EXECUTION.

aprehensión de una persona por orden judicial.

BODY HEIRS.

v. BODILY HEIRS.

BODY OF AN INSTRUMENT.

la parte principal de un acto o instrumento.

BODY OF LAWS.

conjunto o cuerpo de leyes u otras normas.

BODY OF THE CRIME.

v. BODY OF THE OFFENCE.

BODY OF THE OFFENCE.

cuerpo del delito.

BODY OF THE OFFENSE.

v. BODY OF THE OFFENCE.

BODY POLITIC.
órgano político o público. ‖ el conjunto de los ciudadanos.

BODY SNATCHING.
robo de cadáveres. Violación de sepulcros, a fin de robar los cuerpos allí enterrados.

BOGUS.
falso. Espúreo. Falsificado.

BOGUS CHECK.
cheque sin fondos.

BOGUS CHEQUE.
v. BOGUS CHECK.

BOILER-ROOM TRANSACTION.
operación realizada en forma apresurada o con urgencia.

BOILERPLATE.
lenguaje standard o común utilizado en cierto tipo de actos. ‖ Cláusulas o condiciones que han sido impuestas en los contratos de adhesión.

BONA.
bienes muebles.

BONA FIDE.
de buena fe.

BONA FIDE CLAIMANT.
acreedor o accionante de buena fe.

BONA FIDE DEBT.
deuda incurrida de buena fe.

BONA FIDE ERROR.
error no intencional.

BONA FIDE HOLDER.
tenedor de buena fe.

BONA FIDE HOLDER FOR VALUE.
tenedor de buena fe a título oneroso.

BONA FIDE MORTGAGE.
hipoteca constituida de buena fe y a título oneroso.

BONA FIDE OPERATION.
operación de buena fe.

BONA FIDE OPERATORS.
quienes operan un servicio en forma corriente y con prestaciones sustanciales.

BONA FIDE POSSESSOR.
poseedor de buena fe.

BONA FIDE PURCHASER.
adquirente de buena fe.

BONA FIDE PURCHASER FOR VALUE.
adquirente de buena fe a título oneroso.

BONA FIDE RESIDENCE.
residencia con intención de constituir un domicilio.

BONA FIDE SALE.
venta de buena fe.

BONA NOTABILIA.
bienes que deben ser incluidos y computados en el acervo hereditario.

BONA VACANTIA.
bienes vacantes. *Res nullius*.

BOND.
bono. Título. Obligación. Cédula. ‖ caución. Garantía. Se aplica tanto en materia civil como en relación con el proceso penal. ‖ obligación simple de pagar una suma de dinero. ‖ obligación garantizada por una hipoteca.

BOND AND MORTGAGE.
garantía o caución respaldada por una garantía hipotecaria adicional.

BOND COUPON.
talón o cupón para el cobro de intereses o el ejercicio de otros derechos correspondientes a un bono.

BOND CREDITOR.
acreedor garantizado por una caución o garantía de tercero calificable como BOND (v.).

BOND DISCOUNT.
descuento en la cotización de un bono respecto de su valor par.

BOND DIVIDEND.
dividendo pagado mediante la entrega de bonos o debentures.

BOND FOR COSTS.
garantía por las costas de un juicio.
v. BOND.

BOND FOR DEED.
v. BOND FOR TITLE.

BOND FOR TITLE.
contrato o acuerdo por el que se conviene transferir el título sobre un bien, en el futuro.

BOND INDENTURE.
título, acto o instrumento en el que se establecen las condiciones de emisión y pago de determinados bonos. v. INDENTURE.

BOND ISSUE.
emisión de bonos.

BOND ON APPEAL.
garantía exigible a quien interpone un recurso de apelación.

BOND PREMIUM.
prima de emisión o cotización de un bono, respecto de su valor par.

BOND REDEMPTION.
rescate de bonos.

BOND SIMPLE.
obligación incondicional de pagar una suma de dinero.

BOND TRUST.
fideicomiso cuyo objeto se encuentra constituido por bonos. v. TRUST.

BOND WITH SURETY.
caución real reforzada por una fianza.

BONDAGE.
esclavitud. Servidumbre.

BONDED DEBT.
deuda representada por bonos.

BONDED GOODS.
bienes almacenados, sobre los que se adeudan impuestos, generalmente aduaneros, respecto de cuyo pago se ha dado una garantía.

BONDED WAREHOUSE.
depósito de aduana. Almacén aduanero. Depósito o bodega fiscal. En forma más general, un almacén o depósito sujeto a un sistema especial de control.

BONDHOLDER.
tenedor de bonos. Debenturista.

BONDHOLDINGS.
tenencia de bonos en cartera.

BONDING COMPANY.
compañía de garantías o cauciones.

BONDSMAN.
fiador. Quien otorga una garantía o caución.

BONIFICATION.
bonificación. ‖ remisión o reintegro de impuestos, especialmente en casos de reexportación de mercaderías.

BONUS.
premio. Prima. Bonificación. En general, todo pago que se realiza por encima de lo estrictamente debido.

BONUS PLAN.
v. BONUS SCHEME.

BONUS SCHEME.
mecanismo para otorgar participación en las utilidades y otros beneficios a empleados y directivos, en forma regular y permanente.

BONUS STOCK.
acciones emitidas y entregadas sin una contraprestación equivalente.

BOODLE.
soborno.

BOOK.
libro. ‖ como verbo (*to book*), hacer una reserva o fijar una fecha para una reunión, un viaje,

etc. ‖ también como verbo, registrar policialmente el arresto de una persona.

BOOK ACCOUNT.
registro contable. Contabilidad.

BOOK DEBT.
deuda asentada contablemente.

BOOK ENTRY.
asiento contable.

BOOK OF ACCOUNTS.
libro diario.

BOOK OF ACTS.
libro de actas.

BOOK OF ORIGINAL ENTRIES.
libro diario.

BOOK VALUE.
valor contable. Valor de libros.

BOOK WARRANTY.
cláusula mediante la que el asegurado se compromete a llevar un inventario de los bienes asegurados.

BOOKED.
reservado. Comprometido. Registrado. Anotado en los registros policiales.
v. BOOK.

BOOKING.
anotación, en general. ‖ anotación policial del arresto de una persona. ‖

BOOKING CONTRACT.
contrato de actuación o de espectáculo, realizado a través de un agente.

BOOKKEEPING.
la actividad contable. Teneduría de libros. Contabilidad.

BOOKMAKER.
apostador profesional.

BOOKS OF ACCOUNT.
libros contables.

BOOKS OF AUTHORITY.
libros de doctrina jurídica, revestidos de especial autoridad y prestigio.

BOOT.
en las reorganizaciones societarias, fusiones y otros actos sujetos a un tratamiento impositivo especial, los pagos en dinero o en especie, pero no los títulos emitidos por las sociedades sujetas a aquellos actos, que se realizan como consecuencia de esas operaciones.

BOOTLEGGER.
comerciante de bebidas alcohólicas ilegales.

BOOTSTRAP SALE.
operación en la que los activos de una socie-

dad son utilizados por el comprador de ésta para pagar la compra.

BOOTY.
botín.

BORDER.
frontera. Confín. Límite.

BORDER SEARCH.
control fronterizo. Control de inmigración.

BORDER WARRANT.
autorización judicial para realizar arrestos en zonas fronterizas nacionales o extranjeras.

BORN.
nacido.

BORN ALIVE.
nacido con vida.

BORN OUT OF WEDLOCK.
nacido fuera de matrimonio. Ilegítimo.

BOROUGH.
ciudad. Distrito. Municipalidad.

BORROW.
tomar dinero u otro bien prestado.

BORROWED CAPITAL.
capital ajeno. Recursos ajenos. Capital tomado en préstamo.

BORROWED EMPLOYEE.
empleado trasladado a cumplir tareas bajo otro empleador.

BORROWED STATUTES.
normas de un estado o jurisdicción, aplicadas a un caso por un tribunal de otra jurisdicción en virtud de sus reglas sobre Derecho aplicable.

BORROWER.
prestatario. Tomador de un préstamo. Comodatario. Mutuario.

BORROWING POWERS.
Facultades o capacidad de contraer préstamos.

BORROWINGS.
conjunto de los préstamos tomados por una persona.

BOTTOM HOLE CONTRACT.
contrato utilizado en las explotaciones petroleras, en virtud del cual se debe abonar a quien realiza una perforación al llegar a determinada profundidad.

BOTTOMRY.
préstamo a la gruesa. ‖ hipoteca naval que garantiza un préstamo de dinero.

BOTTOMRY BOND.
hipoteca naval. ‖ documento por el que se instrumenta la garantía en un préstamo a la gruesa. V. BOND.

BOTTOMRY LIEN.
el privilegio o derecho de preferencia que resulta de las garantías otorgadas respecto de un préstamo a la gruesa.
V. LIEN.

BOUGHT.
comprado. ‖ compra perfeccionada.

BOUND.
obligado. Vinculado. ‖ limitado. ‖ límite. ‖ como verbo (*to be bound to*), estar destinado a cierto lugar.

BOUNDARY.
linde. Frontera. Límite. Confín.

BOUNDARY ACTION.
acción de deslinde.

BOUNDARY DISPUTE.
controversia o disputa sobre límites o lindes.

BOUNTY.
beneficio. Subsidio. Premio. Subvención.

BOYCOTT.
boicot. ‖ como verbo (*to boycott*), boicotear.

BRAIN DEATH.
muerte cerebral.

BRANCH.
sucursal. Agencia. Departamento. División. ‖ rama (de una familia).

BRANCH BANK.
sucursal bancaria. Filial o subsidiaria de un banco.

BRANCH OFFICE.
sucursal. Agencia.

BRAND.
marca.

BRANDED GOOD.
producto de marca.

BRANDEIS BRIEF.
escrito, particularmente en presentaciones ante tribunales superiores, en el que se señalan los aspectos económicos, sociales o de diversa naturaleza no estrictamente jurídica de un caso.

BRAWL.
riña. Pelea.

BREACH.
violación de una norma, obligación contractual o deber jurídico no contractual.

BREACH OF BAIL.
violación de las obligaciones bajo las cuales se ha concedido la libertad bajo fianza.

BREACH OF BLOCKADE.
violación de bloqueo.

BREACH OF CLOSE.
violación de la propiedad ajena, al entrarse en ella sin permiso.

BREACH OF CONFIDENCE.
abuso de confianza.

BREACH OF CONTRACT.
violación o incumplimiento de contrato.

BREACH OF COVENANT.
incumplimiento o violación de un pacto, garantía o cláusula contractual. v. COVENANT.

BREACH OF DUTY.
violación o incumplimiento de deberes jurídicos no contractuales. ‖ violación de obligaciones fiduciarias.

BREACH OF INJUNCTION.
violación o incumplimiento de una orden judicial. v. INJUNCTION.

BREACH OF LAW.
violación de una norma jurídica.

BREACH OF OFFICIAL DUTY.
violación de los deberes de funcionario público.

BREACH OF PEACE.
v. BREACH OF THE PEACE.

BREACH OF PRISON.
evasión o fuga carcelaria.

BREACH OF PRIVILEGE.
violación de un privilegio, prerrogativa o inmunidad.

BREACH OF PROMISE.
violación de promesa o de compromiso. En particular, la violación de un compromiso matrimonial.

BREACH OF PUBLIC ORDER.
v. BREACH OF THE PEACE.

BREACH OF THE PEACE.
alteración del orden o de la tranquilidad pública.

BREACH OF TREATY.
violación o incumplimiento de un tratado.

BREACH OF TRUST.
violación o incumplimiento de una obligación fiduciaria. ‖ abuso de confianza. ‖ violación de los deberes del fideicomisario .v. TRUST.

BREACH OF WARRANTY.
violación o incumplimiento de una obligación de garantía. ‖ falsedad de afirmaciones o incumplimiento de estipulaciones contractuales.
v. WARRANTY.

BREAK.
violación de una norma. Infracción. Incumplimiento. ‖ interrupción. ‖ Como verbo (to break), romper. Violar una norma.

BREAK-EVEN POINT.
punto de equilibrio.

BREAKAGE.
tolerancia respecto de artículos rotos o averiados.

BREAKDOWN CLAUSE.
cláusula contractual que prevé las consecuencias en caso de desperfectos o inconvenientes en los medios de transporte, tratándose de contratos relativos a tales medios, o en otros instrumentos o maquinarias.

BREAKING.
acto de romper, en general, o de violar una norma. v. BREAK. ‖ acto de rotura violenta de puertas, paredes u otros elementos, para ingresar ilegalmente en un domicilio.
v. BREAKING AND ENTRY.

BREAKING A CASE.
discusión preliminar entre los miembros de un tribunal colegiado.

BREAKING A CLOSE.
v. BREACH OF CLOSE.

BREAKING A WILL.
acto de declarar la invalidez de un testamento.

BREAKING AND ENTERING.
v. BREAKING AND ENTRY.

BREAKING AND ENTRY.
delito que incluye la entrada ilegal y violenta en un domicilio o propiedad ajena.
v. BREAKING BURGLARY.

BREAKING BULK.
violación de las obligaciones del depositario, apropiándose de los bienes depositados o dándoles un destino no autorizado.

BREAKING DOORS.
acto de fractura o violación de puertas.

BREAKING INTO.
acto de violación de domicilio, con intención de cometer un robo.

BREAKING JAIL.
evasión o fuga de prisión.

BREATH TEST.
examen del aliento, para determinar si ha existido ingestión de bebidas alcohólicas.

BRETHREN.
literalmente, hermanos. Voz usada por los miembros de un tribunal colegiado cuando se

referían a los demás integrantes del mismo.

BREVE.

orden o decreto judicial.

BREVIATE.

sumario. Resumen. Extracto.

BRIBE.

soborno. ‖ como verbo (*to bribe*), sobornar. Corromper a un funcionario público.

BRIBERY.

cohecho. Soborno. Corrupción de funcionarios públicos.

BRIEF.

documento. Instrumento. ‖ escrito o presentación judicial que resume un caso judicial y sus principales aspectos. ‖ carta. ‖ resumen. Sumario. Extracto.

BRIEFING.

reunión informativa.

BRIGANDAGE.

bandidaje.

BRING MONEY INTO COURT.

depositar judicialmente.

BRING SUIT.

iniciar juicio. Interponer una acción.

BRINGING ACTION TO TRIAL.

acto de realizar los actos procesales necesarios para que una acción sea sometida a las instancias necesarias para su juzgamiento, ante un jurado o un juez, según los casos.

BROAD CONSTRUCTION.

interpretación amplia.

v. BROAD INTERPRETATION.

BROAD INTERPRETATION.

interpretación amplia.

BROCAGE.

corretaje. Intermediación. ‖ comisión de corretaje.

BROCARD.

brocárdico.

BROKEN STOWAGE.

espacio de un navío no ocupado por su carga.

BROKER.

corredor. Agente. Intermediario. ‖ corredor o agente bursátil.

BROKER-AGENT.

el autorizado a actuar como corredor, representante o agente de las partes.

BROKER-DEALER.

corredor o agente bursátil.

BROKER'S LIEN.

derecho de preferencia o privilegio reconoci-

do en favor de un corredor respecto del producido de una operación concretada a través suyo, en relación con los créditos emergentes de su corretaje. v. LIEN.

BROTHEL.

prostíbulo. Casa de tolerancia.

BROTHER.

hermano.

BROTHER-IN-LAW.

cuñado o concuñado.

BROTHER-SISTER CORPORATIONS.

sociedades vinculadas. Sociedades sujetas a un mismo control.

v. CORPORATION.

BUBBLE.

conjunto de operaciones especulativas, sin fundamento en condiciones económicas reales.

BUCKET SHOP.

oficina donde se reciben órdenes de compra y venta de valores, sin intención de cumplir tales órdenes.

BUCKETING.

la práctica de recibir órdenes para la compra y venta de valores, sin intención de cumplirlas.

BUDGET.

presupuesto. ‖ como verbo (*to budget*), presupuestar.

BUFFER ZONE.

zona intermedia o de protección entre dos estados, regiones o distritos, destinada a mantenerlos separados.

BUGGERY.

sodomía.

BUGGING.

intercepción ilegal de conversaciones y comunicaciones telefónicas.

BUILDER.

constructor.

BUILDER'S RISK INSURANCE.

seguro sobre los riesgos que pesan sobre el constructor de un edificio.

BUILDING.

construcción. Edificio.

BUILDING AND LOAN ASSOCIATION.

sociedad de ahorro y préstamo para la vivienda.

BUILDING CODE.

código de edificación.

BUILDING CONTRACT.

contrato de construcción.

BUILDING LEASE.

suerte de locación, en la que se transfiere la tenencia de un terreno, por un período generalmente prolongado, a fin de que el locatario construya allí una edificación y la utilice en su provecho durante el término del contrato. V. LEASE.

BUILDING LIEN.

privilegio o derecho de preferencia del constructor. V. LIEN.

BUILDING LINE.

línea municipal de edificación.

BUILDING PERMIT.

permiso de construcción.

BUILDING PLOT.

terreno edificable o apto para construir.

BUILDING SOCIETY.

V. BUILDING AND LOAN ASSOCIATION.

BUILDING STANDARDS.

normas aplicables a la construcción de inmuebles.

BUILT-IN.

incorporado. Estructural.

BULK.

bulto o paquete. ‖ un conjunto de mercaderías, vendidas agrupadamente. ‖ conjunto de elementos físicos que forman un cuerpo o unidad.

BULK MORTGAGE.

derecho de garantía constituido sobre un conjunto de mercaderías.

BULK SALE.

venta del inventario. Venta de la totalidad o de la mayor parte del inventario de mercaderías de una empresa.

BULK SALE ACTS.

V. BULK SALE LAWS.

BULK SALE LAWS.

normas destinadas a proteger a los acreedores frente a las ventas del inventario de sus deudores. V. BULK SALE.

BULK TRANSFER.

operación similar a una BULK SALE (v.).

BULL.

bula papal. ‖ operador bursátil que especula a la alza de un mercado.

BULL MARKET.

mercado alcista. Mercado en el que los precios suben. Se utiliza especialmente respecto de los mercados bursátiles.

BULLET.

bala. ‖ préstamo en el que el valor del princi-

pal se devuelve en su integridad a la expiración de un único plazo, sin amortizaciones intermedias.

BULLETIN.

boletín.

BULLION.

oro y plata no amonedados.

BUNDLE OF RIGHTS.

haz o conjunto de derechos.

BUOY.

boya. ‖ carga. ‖ restricción. ‖ carga procesal o jurídica.

BURDEN.

carga. ‖ restricción. ‖ carga procesal o jurídica.

BURDEN OF ESTABLISHING A FACT.

carga de probar que un hecho es más probable que su no existencia.

BURDEN OF EVIDENCE.

carga de la prueba.

BURDEN OF GOING FORWARD.

carga de dar explicaciones sobre la propia conducta.

BURDEN OF LOSSES.

carga de las pérdidas. ‖ volumen de las pérdidas.

BURDEN OF PERSUASION.

literalmente, la carga de persuadir. La carga de aportar las pruebas y elementos necesarios para fundamentar la pretensión procesal.

BURDEN OF PRODUCING EVIDENCE.

carga de producir las pruebas necesarias para confirmar elementos que sólo arrojan una presunción. ‖ carga de la prueba.

BURDEN OF PROOF.

carga de la prueba.

BUREAU.

oficina. Departamento. Unidad administrativa. Escritorio.

BUREAU OF INVESTIGATIONS.

departamento de investigaciones.

BUREAUCRACY.

burocracia.

BURGLAR.

autor de robo con escalamiento o violación de domicilio.

BURGLAR ALARM.

alarma contra robos.

BURGLARY.

entrada ilegal y violenta en una propiedad ajena, con la intención de cometer un delito grave.

BURGLARY INSURANCE.
seguro tomado contra robos y otras formas de BURGLARY (v.).

BURGLARY TOOLS.
instrumentos utilizados para un robo u otras formas de BURGLARY (v.).

BURIAL.
entierro.

BURIAL EXPENSES.
gastos funerarios.

BURIAL INSURANCE.
seguro de entierro o de gastos funerarios.

BURIED IN PRICE.
incluido en el precio.

BUSINESS.
negocio. ‖ comercio. ‖ empresa. ‖ operación. Transacción. ‖ ocupación.

BUSINESS ADDRESS.
domicilio comercial.

BUSINESS ADMINISTRATION.
administración de empresas.

BUSINESS AGENT.
agente comercial. ‖ gestor. ‖ representante sindical ante el empleador.

BUSINESS AGREEMENT.
contrato comercial. ‖ contrato a título oneroso.

BUSINESS ASSOCIATION.
sociedad comercial.

BUSINESS BAD DEBTS.
deudores comerciales incobrables.

BUSINESS BOOKS.
libros de comercio.

BUSINESS BROKER.
corredor o intermediario en operaciones de venta de fondos de comercio u otros activos empresarios.

BUSINESS CAPACITY.
en carácter o condición de empresario.

BUSINESS COMPULSION.
compulsión o presiones ejercidas sobre los intereses empresarios o económicos de un individuo.

BUSINESS CONCERN.
empresa comercial.

BUSINESS CONNECTIONS.
contratos comerciales.

BUSINESS CONTRACT.
contrato comercial.

BUSINESS CORPORATION.
persona jurídica con objeto comercial. Socie-

dad anónima. Sociedad por acciones. v. CORPORATION.

BUSINESS DAY.
día hábil.

BUSINESS DISPUTE.
disputa o controversia comercial.

BUSINESS ENTERPRISE.
empresa comercial.

BUSINESS EXPENSES.
gastos empresarios. Gastos necesarios para el funcionamiento de una empresa.

BUSINESS GAINS.
ganancias o lucros empresarios.

BUSINESS GUEST.
visitante de un establecimiento comercial o industrial.

BUSINESS HOURS.
horario de trabajo. Horario laborable. Horario de atención.

BUSINESS INSURANCE.
seguro de riesgos empresarios.

BUSINESS INTERRUPTION INSURANCE.
seguro contra el riesgo de interrupción de las actividades de una empresa, especialmente por causa de incendio.

BUSINESS JUDGMENT RULE.
regla de discrecionalidad empresaria. Establece que los administradores de sociedades u otras empresas no son responsables por el ejercicio de buena fe de sus criterios de administración de la empresa.

BUSINESS LAW.
derecho empresario, empresarial o de la empresa. Es un concepto relativamente vago, que incluye al Derecho Comercial, pero también otras disciplinas jurídicas aplicables a la empresa, por ejemplo las vinculadas a las normas administrativas que regulan su actividad.

BUSINESS LOSSES.
pérdidas experimentadas en el ejercicio del comercio.

BUSINESS NAME.
nombre comercial.

BUSINESS OF PUBLIC CHARACTER.
actividad empresaria ejercida en forma pública y ostensible, y dirigida a una pluralidad de clientes potenciales.

BUSINESS ON COMMISSION.
operaciones a comisión.

BUSINESS ORGANIZATION.
alguna de las distintas formas de organización

jurídica de la empresa, incluyendo las sociedades comerciales.

BUSINESS POLICY.

política comercial o empresaria.

BUSINESS PROMISE.

obligación contraída en el ejercicio del comercio o con propósitos empresarios.

BUSINESS PURPOSE.

destino comercial, particularmente el que se da a un inmueble. ‖ el propósito u objeto empresarial, en general o aplicado a una operación determinada.

BUSINESS RECORDS.

registros, libros, archivos y documentación de una empresa.

BUSINESS RELATIONS.

relaciones comerciales.

BUSINESS RISK.

riesgo empresario. El riesgo atinente a una empresa.

BUSINESS SITUS.

la localización de una empresa en determinada jurisdicción, con fines impositivos o de otra especie.

BUSINESS TRANSACTION.

operación o negocio comercial.

BUSINESS TRUST.

empresa organizada en forma de fideicomiso, de suerte que los aportantes de capital actúan como beneficiarios del fideicomiso y los administradores como fideicomisarios.

V. TRUST.

BUSINESS USE.

destino comercial de un inmueble.

BUSINESS VISITOR.

quien ingresa un inmueble por motivos comerciales vinculados con las actividades de igual índole que se desarrollan en tal inmueble.

BUSINESSMAN.

empresario. Comerciante.

BUT FOR TEST.

criterio en virtud del cual las consecuencias de un acto se imputan al autor de éste si tales consecuencias no hubieren tenido lugar sin tal acto.

BUY.

comprar. ‖ compra en condiciones ventajosas.

BUY AMERICAN ACTS.

leyes que otorgan un derecho de preferencia a los proveedores estadounidenses de bienes y servicios, en relación con las licitaciones públicas y otras adquisiciones estatales.

BUY AND SELL AGREEMENT.

contrato por el cual un socio se compromete a vender su parte en una sociedad a los restantes socios, a un precio determinado, de cumplirse ciertas circunstancias, como ser su retiro de la empresa, y los restantes socios se comprometen a comprarla, bajo tales condiciones.

BUY IN .

adquirir una participación en una sociedad. ‖ comprar en una subasta que ha sido realizada por el vendedor o por alguien que actúa en su interés.

BUY LONG.

comprar acciones u otros valores especulando al alza, sea mediante la tenencia de tales valores o mediante contratos de futuro en que se los compra a un precio prefijado.

BUY ON MARGIN.

comprar acciones u otros valores mediante un crédito ofrecido por el corredor interviniente o por un tercero.

BUYER.

comprador.

BUYER IN ORDINARY COURSE OF BUSINESS.

adquirente de buena fe a título oneroso. Comprador en el curso ordinario de los negocios.

BUYER'S MARKET.

mercado de compradores, o sea aquél en que la oferta excede a la demanda.

BUYER'S OPTION.

opción de compra.

BUYER'S RISK.

riesgo del comprador.

BUYOUT.

adquisición de un paquete de acciones suficiente para ejercer el control de la sociedad emisora.

BY-BIDDER.

quien realiza ofertas o posturas en una subasta no con el fin de adquirir lo subastado sino de elevar su precio.

BY-BIDDING.

V. BY-BIDDER.

BY COLOUR OF OFFICE.

con autoridad aparente.

BY DUE PROCESS OF LAW.

conforme a debido proceso.

BY LAW.

de conformidad con la ley.

BY-LAWS.

reglamentos. Normas administrativas emanadas de una municipalidad u otro ente público. Ordenanzas. ‖ estatutos de una sociedad. Generalmente, no forman parte del acto constitutivo ni se registran ante la autoridad pública.

BY OPERATION OF LAW.

ope legis. Por efecto de la ley.

BY PROCURATION.

por procuración.

BY-PRODUCT.

subproducto.

BY THE ENTIRETY.

V. TENANCY BY THE ENTIRETY.

BY THE FULL COURT.

por el tribunal en pleno.

BY VIRTUE OF.

en virtud de.

BYSTANDER.

circunstante. Persona ajena a un hecho, pero que se ve envuelta en éste, como espectador o en otro carácter.

CABINET.
gabinete. Consejo de ministros.

CABLE.
cable. ‖ como verbo (*to cable*), cablegrafiar.

CABLE TRANSFER.
transferencia cablegráfica.

CABOTAGE.
cabotaje.

CALABOOSE.
calabozo.

CALAMITY.
calamidad.

CALCULATED.
calculado. Computado. Premeditado.

CALENDAR.
calendario.

CALENDAR CALL.
lectura de los juicios pendientes ante un tribunal, con indicación de su estado y de la fecha en que se realizarán las audiencias correspondientes.

CALENDAR DAYS.
días calendario. Días naturales.

CALENDAR YEAR.
año calendario.

CALL.
llamada, como sustantivo. ‖ visita. ‖ citación. Convocatoria. ‖ exigir el pago de una obligación. ‖ como verbo (*to call*), llamar, generalmente por teléfono.

CALL A MEETING.
convocar o citar a una reunión o asamblea.

CALL AT PORT.
escala portuaria. ‖ tocar un puerto.

CALL FOR BIDS.
llamado a licitación. Pedido de ofertas. ‖ llamar a licitación.

CALL FOR REDEMPTION.
decidir y notificar la amortización de títulos de deuda.

CALL FOR TENDER.
V. CALL FOR BIDS.

CALL LOAN.
préstamo con devolución exigible en cualquier momento por el prestamista, previo aviso por un plazo determinado, generalmente de veinticuatro horas.

CALL MONEY.
crédito otorgado en condiciones de CALL LOAN (v.) o a plazos reducidos.

CALL ON CONTRIBUTORIES.
exigir aportes adicionales a los socios, a fin de cubrir el pasivo de una sociedad, al producirse su liquidación.

CALL ON GUARANTOR.
citar en garantía. ‖ exigir el pago a un garante.

CALL ON SHARES.
exigir la integración del capital suscripto por los accionistas.

CALL OPTION.
opción de compra. Instrumento que da a su titular el derecho a comprar ciertos valores o mercaderías, a cierto precio y dentro de cierto plazo.

CALL PREMIUM.
prima que debe ser pagada por el emisor de un título, al proceder a amortizarlo en forma anticipada.

CALL PRICE.
V. CALL PREMIUM.

CALL TO ORDER.
llamar al orden.

CALLABLE.
rescatable. Característica de un título que

puede ser amortizado en forma anticipada.

CALLABLE BONDS.

bonos o debentures susceptibles de ser amortizados antes de su vencimiento normal.

CALLABLE STOCK.

acciones susceptibles de ser rescatadas a un precio predeterminado.

CALLED MEETING.

asamblea convocada.

CALLED UP CAPITAL.

el capital de una sociedad cuya integración ha sido perfeccionada o exigida.

CALLING.

profesión. Ocupación. ‖ vocación.

CALLING TO THE BAR.

habilitación para el ejercicio de la abogacía, en Inglaterra como BARRISTER (v.).

CALLIGRAPHER.

calígrafo.

CALLIGRAPHY.

caligrafía.

CALUMNIATE.

calumnia.

CALUMNIATOR.

calumniador.

CALUMNY.

calumnia.

CAMBIST.

cambista. Operador cambiario. ‖ corredor. ‖ operador en materia de títulos de crédito.

CAMERA.

sala de audiencias de un juzgado, a la que sólo tienen acceso las partes.

V. IN CAMERA.

CAMERA STELLATA.

V. STAR CHAMBER.

CAMPAIGN.

campaña en favor de una causa, propósito o persona.

CANAL.

canal.

CANCEL.

cancelar, en general. ‖ inutilizar. Destruir. ‖ anular. Revocar. Resolver. Rescindir. ‖ pagar una deuda u obligación.

CANCELLATION.

cancelación, en general. v. CANCEL.

CANCELLATION CLAUSE.

cláusula por la que se autoriza a las partes, en determinadas circunstancias, a dar por terminado un contrato.

CANCELLATION OF CONTRACT.

resolución unilateral de contrato, basada en el incumplimiento atribuible a la contraparte.

CANCELLATION OF TREATY.

extinción de un tratado.

CANCELLED CHECK.

cheque cancelado, al haberse asentado en él la constancia de su pago.

CANCELLED CHEQUE.

V. CANCELLED CHECK.

CANCELLING DATE.

fecha en la que se procede a resolver un contrato o hasta la cual tal resolución es posible.

CANCELLING PRICE.

multa o pago que debe abonarse en caso de resolución unilateral sin causa de un contrato.

C. & F.

iniciales de COST AND FREIGHT (v.), o sea costo y flete.

CANDIDATE.

candidato.

CANNON RULE.

regla en virtud de la cual se considera, en los Estados Unidos, que la compra de acciones de una sociedad no sujeta a quien la hace a la notificación procesal en el estado donde opera esa sociedad.

CANNON SHOT RULE.

principio ya superado del Derecho Internacional en virtud del cual la extensión del mar territorial llegaba hasta el punto de alcance de un cañón ubicado en la costa.

CANON.

canon. ‖ regla. Norma. ‖ regla eclesiástica.

CANON LAW.

derecho canónico.

CANONICAL.

canónico.

CANONIST.

canonista.

CANONS OF CONSTRUCTION.

reglas de interpretación.

CANONS OF DESCENT.

reglas para determinar la sucesión intestada en favor de los descendientes.

CANONS OF INHERITANCE.

reglas para determinar la sucesión intestada.

CANONS OF JUDICIAL ETHICS.

reglas de ética aplicables al Poder Judicial.

CAPABLE.

capaz.

CAPACITY.

capacidad, en general. || capacidad de hecho. || capacidad procesal. || la investidura o el carácter con que se efectúa un acto, por ejemplo no como un acto personal sino como el acto de una sociedad a la que se representa.

CAPACITY DEFENSE.

defensa o excepción basada en la falta de capacidad, la inimputabilidad o un vicio de consentimiento del demandado o acusado.

CAPACITY TO SUE.

legitimación procesal para demandar.

CAPIAS.

orden judicial de detención de una persona. No se utiliza la voz en la actualidad.

CAPIAS AD AUDIENDIUM JUDICIUM.

orden judicial de detención a fin de que un acusado comparezca ante el juez en el acto de ser dictada la sentencia. V. CAPIAS.

CAPIAS AD COMPUTANDUM.

orden judicial de rendición de cuentas. V. CAPIAS.

CAPIAS AD RESPONDENDUM.

orden judicial de detención a fin de que un demandado deba comparecer ante el juez contestando la demanda. V. CAPIAS.

CAPIAS AD SATISFACIENDUM.

orden judicial de detención de un deudor, aplicada en tanto éste no satisfaga una deuda determinada en juicio. V. CAPIAS.

CAPIAS PRO FINE.

orden judicial de detención de una persona que no ha pagado una multa. V. CAPIAS.

CAPITAL.

capital, en general. || el capital, en sentido económico. || el capital de una sociedad. || la capital de un estado.

CAPITAL ACCOUNT.

cuenta de capital.

CAPITAL ASSETS.

activos de una sociedad o empresa. || activos fijos. || bienes de capital.

CAPITAL CONTRIBUTION.

aporte de capital.

CAPITAL CRIME.

crimen respecto del que puede imponerse la pena de muerte.

CAPITAL DUTY.

impuesto sobre los capitales.

CAPITAL EXPENDITURE.

gastos de capital.

CAPITAL GAINS.

ganancias de capital. Ganancias resultantes de la venta de activos fijos. Ganancias eventuales.

CAPITAL GAINS TAX.

impuesto sobre las ganancias de capital. V. CAPITAL GAINS.

CAPITAL GOODS.

bienes de capital.

CAPITAL IMPAIRMENT.

reducción del patrimonio neto de una sociedad por debajo del valor nominal de su capital.

CAPITAL IMPROVEMENT.

gastos destinados a realizar inversiones de capital o a introducir mejoras en los bienes de capital existentes.

CAPITAL INVESTMENT.

inversión de capital. || patrimonio neto de una sociedad.

CAPITAL LEVY.

V. CAPITAL DUTY.

CAPITAL LOSS.

pérdida de capital. Pérdida resultante de la venta de activos fijos

CAPITAL MARKET.

mercado de capitales.

CAPITAL OFFENCE.

delito punible con pena de muerte. V. OFFENCE.

CAPITAL OFFENSE.

V. CAPITAL OFFENCE.

CAPITAL OUTLAY.

gasto de capital.

CAPITAL PUNISHMENT.

pena capital.

CAPITAL RECOVERY.

cobranza de créditos que habían sido computados como incobrables.

CAPITAL RETURN.

rendimiento del capital. || ingresos que representan la recuperación del capital invertido o de los costos que éste supone.

CAPITAL STOCK.

acciones de capital. El capital representado por acciones. || capital social o nominal, autorizado, suscripto o realizado, según los casos. || el patrimonio neto de una sociedad. || el valor del capital de una empresa o de una economía.

CAPITAL STOCK TAX.

impuesto sobre el capital social.

CAPITAL STRUCTURE.

estructura de capital. La relación entre el capital propio y ajeno, en una empresa, o sea entre el patrimonio neto y las deudas.

CAPITAL SURPLUS.

reserva formada por las primas de emisión y otros aportes realizados en exceso del valor nominal de las acciones emitidas.

CAPITAL TAX.

impuesto sobre los capitales o sobre el patrimonio.

CAPITAL TRANSACTION.

operación de capital. Compraventa o intercambio de activos fijos o bienes de capital.

CAPITAL TRANSFER TAX.

impuesto sobre las transferencias a título gratuito.

CAPITALIST.

capitalista.

CAPITALIZATION.

capitalización, en general. ‖ el valor total de las acciones, bonos y otros títulos emitidos por una sociedad. ‖ el valor de las acciones de una sociedad. ‖ capitalización de una deuda. ‖ activación de un gasto.

CAPITALIZATION METHOD.

método de valoración o tasación de los bienes basado en la capitalización de los ingresos derivables de tales bienes, mediante su multiplicación por un valor determinado o índice de capitalización.

CAPITALIZE.

capitalizar.

CAPITATION TAX.

impuesto de capitación.

CAPITULATION.

capitulación.

CAPRICE.

capricho. Arbitrariedad.

CAPTAIN.

capitán.

CAPTATION.

captación de voluntad.

CAPTION.

título. Epígrafe. Resumen introductorio.

CAPTIVE.

cautivo. Prisionero de guerra.

CAPTOR.

captor.

CAPTURE.

captura.

CARBON COPY.

copia carbónica.

CARD.

tarjeta. ‖ pedir documentación que acredite la mayoría de edad al ingresar a un lugar de expendio de bebidas alcohólicas.

CARD HOLDER.

el tenedor de una libreta, tarjeta de crédito, o documento que lo acredita en determinado carácter, por ejemplo como miembro de un partido.

CARE.

cuidado. Diligencia. Prudencia. Precaución. ‖ como verbo (*to care*), tener al cuidado. Cuidar de algo. Preocuparse o tomar precauciones respecto de algo.

CARE AND PROTECTION.

cuidado y protección, en particular respecto de menores.

CARELESS.

carente de cuidados. Negligente. Imprudente.

CARELESSLY.

imprudentemente. Negligentemente. Sin los cuidados necesarios.

CARELESSNESS.

imprudencia. Negligencia. Falta de cuidados.

CARETAKER.

encargado. Guardián. Persona que en los hechos está a cargo de un puesto o responsabilidad.

CARGO.

carga. Mercaderías transportadas.

CARGO CLAIM.

derecho emergente del daño o pérdida de mercaderías transportadas.

v. CLAIM.

CARGO HANDLING.

manejo o manipuleo de la carga.

CARGO LIEN.

derecho de preferencia o privilegio sobre la carga transportada, respecto de créditos emergentes de tal transporte, ejercitable mediante un derecho de retención sobre tal carga. v. LIEN.

CARGO WORTHINESS.

idoneidad de la nave para transportar cierta carga.

CARLOAD.

la cantidad de una mercadería susceptible de ser cargada en un vagón utilizado normalmente respecto de ese tipo de mercadería.

CARNAL ABUSE.
abuso carnal. Abusos deshonestos.

CARNAL KNOWLEDGE.
conocimiento o acceso carnal. Relación sexual.

CARNET.
carnet. Carné.

CARRIAGE.
transporte, en general, sea de cosas o de pasajeros. ‖ carruaje. Carro. Vehículo.

CARRIAGE NOTE.
carta de porte.

CARRIAGE OF GOODS.
transporte de cosas o mercaderías.

CARRIER.
transportador. Porteador.

CARRIER'S LIABILITY.
responsabilidad del transportador.

CARRIER'S LIEN.
privilegio o derecho de preferencia del transportador, resultante del ejercicio de un derecho de retención sobre la carga.
V. LIEN.

CARRIER'S RECEIPT.
carta de porte de transporte terrestre.

CARRY.
llevar. Transportar. Cargar.

CARRY A MOTION.
aprobar una moción.

CARRY AN ELECTION.
ganar una elección.

CARRY ARMS.
portar armas.

CARRY-BACK.
derecho a compensar las pérdidas de un período contra las ganancias de años anteriores, con fines impositivos.

CARRY COSTS.
imponer costas, en una sentencia.

CARRY INSURANCE.
estar asegurado.

CARRY ON BUSINESS.
llevar a cabo actividades comerciales.

CARRY ON TRADE.
V. CARRY ON BUSINESS.

CARRY-OVER.
compensar con las pérdidas de un período las ganancias de años posteriores, con fines impositivos.

CARRYING A DEBTOR.
conceder crédito. Tener un deudor.

CARRYING AWAY.
llevarse un objeto. Sustraer una cosa.

CARRYING CHARGES.
las cargas y adicionales que se agregan al precio de una operación, particularmente a una compraventa o a operaciones de garantía sobre bienes muebles.

CARTE BLANCHE.
carta blanca. ‖ Documento firmado en blanco.

CARTEL.
cartel. Acuerdo ilegal destinado a regular la competencia en una industria o en una actividad.

CARTELIZE.
sujetar una industria o actividad a un cartel.

CASE.
caso, en general. ‖ controversia respecto de cuestiones jurídicas. ‖ caso judicial. ‖ acto susceptible de tener consecuencias penales. ‖ la defensa de una causa en un litigio.

CASE AGREED ON.
acuerdo entre las partes de un juicio respecto de los hechos objeto del litigio.

CASE AT BAR.
el presente caso. El caso sometido al tribunal.

CASE BOOK.
libro de casos. Obra jurídica, utilizada especialmente con fines de enseñanza, formada por la transcripción de sentencias judiciales, o sus extractos, y comentarios u otros materiales que están vinculados a casos concretos o hipotéticos.

CASE CERTIFIED.
cuestión sometida por un tribunal de primera instancia a la decisión de un tribunal de alzada.

CASE DISMISSED.
causa o acción desestimada o rechazada por el juez.

CASE HEARD AND CONCLUDED.
causa o juicio litigado y concluido.

CASE IN CHIEF.
la presentación de la prueba por la parte que tiene la carga de ésta en un juicio.

CASE IN EQUITY.
caso juzgado bajo el régimen de EQUITY (v.).

CASE IN LAW.
caso juzgado bajo el régimen de Derecho estricto. V. COMMON LAW. EQUITY.

CASE LAW.
jurisprudencia. Precedentes judiciales o jurisprudenciales. Derecho judicial.

CASE LOAD.
el conjunto de casos a ser resueltos por un tribunal.

CASE MADE.
exposición de los hechos objeto de un juicio realizada por las partes a fin de que el tribunal decida una cuestión de Derecho. || todos los hechos de un procedimiento litigioso, sean o no parte de las actuaciones.

CASE METHOD.
método de estudio del Derecho, basado en el análisis de casos.

CASE OF ACTUAL CONTROVERSY.
caso justiciable, en contraposición al que supone una cuestión abstracta o hechos hipotéticos.

CASE OF FIRST IMPRESSION.
caso respecto del cual no existen precedentes aplicables. v. FIRST. IMPRESSION CASE.

CASE ON APPEAL.
caso que tramita en segunda instancia.

CASE RESERVED.
exposición de los hechos objeto de un juicio, realizada por las partes de común acuerdo y el juez interviniente, a fin de que el tribunal en pleno decida una cuestión de Derecho relativa a tales hechos.

CASE STATED.
v. CASE AGREED.

CASE SUFFICIENT TO GO TO A JURY.
litigio en el que las pruebas producidas autorizan su sometimiento a un jurado, no procediendo el rechazo de la acción en forma previa a tal sometimiento.

CASE SYSTEM.
v. CASE METHOD.

CASH.
efectivo. Dinero en efectivo. Al contado. Contablemente se entiende como *cash* no solamente a los billetes y monedas sino también a los depósitos bancarios a la vista.

CASH ACCOUNT.
en contabilidad, la cuenta de caja.

CASH AND CARRY.
modalidad de venta al por mayor, basada en el pago al contado y el retiro inmediato de la mercadería por el comprador.

CASH BAIL.
fianza o caución integrada en dinero. v. BAIL.

CASH BASIS ACCOUNTING.
contabilidad mediante el sistema de lo percibido. No se computan las operaciones conforme se devengan los créditos y deudas, sino según se perciben y pagan las sumas correspondientes.

CASH BOOK.
libro de caja.

CASH BUDGET.
presupuesto de caja.

CASH CUSTOMER.
cliente que paga al contado.

CASH DISCOUNT.
descuento por pago al contado.

CASH DIVIDEND.
dividendo en efectivo.

CASH FLOW.
flujo de caja o de fondos.

CASH MARKET VALUE.
valor de mercado de un bien, en el caso de su realización al contado.

CASH METHOD.
v. CASH BASIS ACCOUNTING.

CASH NOTE.
billete de banco emitido en Gran Bretaña.

CASH ON DELIVERY.
pago contra entrega.

CASH ON HAND.
dinero disponible en forma inmediata. Fondos líquidos y disponibles.

CASH ORDER.
orden de pago.

CASH POSITION.
posición de caja.

CASH PRICE.
precio al contado.

CASH PROCEEDS.
el producto en dinero de una operación.
v. PROCEEDS.

CASH REFUND ANNUITY.
renta vitalicia en la que los sucesores del beneficiario tienen derecho a cobrar la diferencia entre las sumas pagadas por el beneficiario y las por él percibidas.

CASH RESERVE.
reserva en efectivo. Encaje bancario. Efectivo mínimo.

CASH SALE.
venta al contado.

CASH SURRENDER VALUE.
el valor de rescate de una póliza de seguro de vida, obtenible cuando se cancela tal póliza antes del fallecimiento objeto del seguro.

CASH VALUE.

valor en efectivo. El valor de un bien en caso de querérselo vender en condiciones normales de mercado.

CASH VALUE OPTION.

opción de cancelar una póliza de seguro de vida antes del fallecimiento del asegurado, obteniéndose determinado valor de rescate.

v. CASH SURRENDER VALUE.

CASH VOUCHER.

vale de caja.

CASHIER.

cajero. ‖ dar de baja del servicio militar.

CASHIER'S CHECK.

cheque de cajero.

CASHIER'S CHEQUE.

v. CASHIER'S CHECK.

CASSATION.

casación. Sólo se utiliza la voz en traducciones del equivalente en otros idiomas.

CAST.

depositar. ‖ votar. ‖ dar forma. Construir. ‖ rechazar. Descartar. Desprenderse.

CAST AWAY.

rechazado. Descartado. ‖ náufrago.

CAST FOR THE COSTS.

condenado en costas.

CAST IN LIABILITY.

declarado responsable.

CASTING VOTE.

voto de desempate. Voto decisivo en caso de empate. ‖ acto de votar.

CASUAL.

casual, en general. Fortuito.

CASUAL CONDITION.

condición casual.

CASUAL DEFICIENCY OF REVENUE.

carencia imprevista de fondos. ‖ falta de fondos para pagar una deuda imprevista.

CASUAL DEFICIT.

déficit casual.

CASUAL DELEGATION.

principio según el cual quien controla una cosa es responsable por los daños causados por ésta aunque la cosa sea utilizada por otro con autorización de quien ejerce ese control.

CASUAL EJECTOR.

persona contra quien se dirige una acción de desalojo.

CASUAL EMPLOYEE.

empleado ocasional.

CASUAL EMPLOYMENT.

empleo ocasional.

CASUAL NEGLIGENCE.

culpa o negligencia leve.

CASUAL SALE.

venta ocasional, o sea no realizada en el ejercicio regular del comercio.

CASUALTY.

accidente grave. ‖ víctima de un accidente. ‖ daño derivado de un accidente.

CASUALTY INSURANCE.

seguro contra accidentes, enfermedades y responsabilidad civil.

CASUALTY LOSS.

pérdidas resultantes de un accidente.

CASUALTY OF WAR.

baja o víctima de guerra.

CASUS BELLI.

hecho causante o justificante de una guerra.

CASUS OMISSUS.

laguna jurídica. Caso no previsto en una norma.

CATALOG.

catálogo. ‖ como verbo (*to catalog*), catalogar. Clasificar.

CATASTROPHE.

catástrofe.

CATCH ALL.

cláusula o regla que por su generalidad comprende todo tipo de situaciones o un amplio espectro de casos.

CATCH ALL EXCEPTION.

exoneración general de responsabilidad.

CATCH IN THE ACT.

sorprender *in fraganti*.

CATCHING BARGAIN.

contrato abusivo, ya sea por lo inicuo de sus cláusulas o por resultar de un estado de necesidad o de la inexperiencia de una de las partes.

CATEGORICAL QUESTION.

pregunta categórica.

CATTLE RUSTLING.

v. CATTLE STEALING.

CATTLE STEALING.

abigeato.

CAUCASIAN.

literalmente, caucásico. Eufemismo para referirse a una persona de raza blanca.

CAUCUS.

reunión de delegados o electores de un partido, destinada a elegir candidatos a cubrir candidaturas o cargos partidarios.

CAUSA.
causa, en el sentido de igual voz latina. ‖ la causa de un acto o contrato. La voz se utiliza en tal caso solamente como traducción de los correspondientes términos en otros idiomas.

CAUSA CAUSANS.
causa inmediata.

CAUSA MORTIS.
causa mortis. En razón de muerte inminente.

CAUSA PROXIMA.
causa próxima. Causa eficiente. Causa inmediata.

CAUSA REMOTA.
causa remota. Causa mediata o indirecta.

CAUSAL RELATION.
relación de causalidad.

CAUSATION.
causación. Relación de causa y efecto. Relación de causalidad.

CAUSE.
causa, en general. ‖ como verbo (*to cause*), causar. Motivar. ‖ una causa judicial o juicio. ‖ antecedentes que justifican una acción judicial.

CAUSE BOOK.
registro de sentencia.

CAUSE IN FACT.
causa necesaria.

CAUSE LIST.
lista de las causas a ser litigadas ante un tribunal.

CAUSE OF ACTION.
los hechos o antecedentes que justifican una acción judicial.

CAUSE OF INJURY.
la causa de un daño.

CAUSES ADJOURNED.
causas suspendidas o prorrogadas.

CAUSES READY FOR TRIAL.
causas listas para su audiencia principal.

CAUTION.
cautela. Presunción. Cuidado. ‖ como verbo (*to caution*), advertir. Avisar. Precaver.

CAUTION MONEY.
dinero dado en caución o garantía.

CAUTIONARY.
preventivo. Admonitorio.

CAUTIONARY INSTRUCTION.
instrucción del juez al jurado indicando a éste que ciertas pruebas deben usarse sólo con ciertos fines u otros aspectos de la prueba o del juicio en general.

CAUTIOUS.
prudente. Cuidadoso.

CAVEAT.
advertencia. Aviso. Intimación. ‖ notificación a un órgano judicial o administrativo solicitando que ese órgano se abstenga de realizar cierto acto.

CAVEAT ACTOR.
que el que actúa tenga cuidado. Principio en virtud del cual el que realiza un acto lo hace a su propio riesgo.

CAVEAT EMPTOR.
caveat emptor.

CAVEAT TO WILL.
impugnación de testamento.

CAVEATEE.
el que recibe una advertencia, aviso o intimación.

CAVEATOR.
el que formula una advertencia, aviso o intimación.

CEASE.
cesar. Extinguirse.

CEASE AND DESIST ORDER.
orden de cesar y abstenerse. Orden de un órgano judicial o administrativo que establece que una parte debe cesar en una conducta y abstenerse de ella en el futuro.

CEDE.
ceder. Transferir.

CEILING PRICE.
precio máximo.

CELEBRATE.
celebrar.

CELEBRATION OF MARRIAGE.
celebración de matrimonio

CELIBACY.
celibato.

CEMETERY.
cementerio.

CENSOR.
censor. ‖ como verbo (*to censor*), censurar.

CENSORSHIP.
censura.

CENSURE.
voto de censura pronunciado por un cuerpo colegiado. ‖ como verbo (*to censure*), censurar.

CENSUS.
censo.

CENTER.
centro.

CENTER OF GRAVITY.
centro de gravedad. Doctrina en virtud de la cual, en Derecho Internacional Privado, la norma aplicable a un acto se determina en función del centro de gravedad de ese acto, o sea la jurisdicción con la que el acto tiene los contactos más significativos.

CENTRAL BANK.
banco central.

CENTRAL INTELLIGENCE AGENCY.
Oficina Central de Investigaciones.

CENTRALIZATION.
centralización.

CEREMONIAL MARRIAGE.
casamiento que cumple con todas las formalidades exigidas al efecto. v. MARRIAGE.

CERTAIN.
cierto. Preciso. Definitivo. Indudable. ‖ algunos.

CERTAIN CONTRACT.
contrato conmutativo.

CERTAINTY.
certeza.

CERTAINTY OF ALLEGATION.
claridad y certeza de las presentaciones procesales.

CERTAINTY OF DAMAGES.
certeza y determinabilidad de los daños y perjuicios.

CERTAINTY OF LAW.
certeza del Derecho. Seguridad jurídica.

CERTIFICATE.
certificado. Acta. Declaración. Documento. ‖ como verbo (to certificate), certificar. Autorizar.

CERTIFICATE CREDITOR.
acreedor en base a un certificado de deuda emitido por un ente municipal.

CERTIFICATE FOR COSTS.
certificado judicial necesario para cobrar las costas de un juicio, acreditando los hechos que se deben probar a efectos de cobrar tales costas.

CERTIFICATE INTO CHANCERY.
decisión de un tribunal de Derecho estricto, frente a una cuestión que le ha sido sometida por un tribunal de EQUITY (v.).

CERTIFICATE OF ABSTRACTER.
certificado emitido por quien otorga resúmenes de títulos de propiedad, respecto de un resumen otorgado por esa persona. v. ABSTRACTER.

CERTIFICATE OF ACCOUNTANT.
certificación contable. ‖ certificado que autoriza a un contador público a actuar como tal.

CERTIFICATE OF ACKNOWLEDGMENT.
certificado o acta de reconocimiento. Establece que las partes comparecieron ante el autor del certificado y que reconocieron como suyo cierto instrumento.

CERTIFICATE OF AIRWORTHINESS.
certificado de navegabilidad aérea.

CERTIFICATE OF AMENDMENT.
documento por el que se declara ante la autoridad pertinente que los estatutos de una sociedad han sido modificados.

CERTIFICATE OF ARCHITECT.
certificado emitido por un arquitecto respecto del estado de una obra o edificio.

CERTIFICATE OF AUTHENTICATION.
certificado respecto de las facultades de un funcionario judicial que actúa en relación con determinados actos probatorios. ‖ certificado de autenticación de un documento.

CERTIFICATE OF AUTHORITY.
documento emitido por la autoridad competente por el que se certifica que una sociedad no constituida ante esa autoridad tiene autorización para actuar en la jurisdicción correspondiente a esa autoridad.

CERTIFICATE OF CHARGE.
certificado de un registro inmobiliario respecto de la inscripción de una garantía respecto de un inmueble. v. CHARGE.

CERTIFICATE OF CITIZENSHIP.
certificado de ciudadanía.

CERTIFICATE OF COMPETENCY.
certificado de capacidad.

CERTIFICATE OF COMPLETION.
certificado de terminación de obra.

CERTIFICATE OF CONFORMITY.
certificado respecto de la conformidad de un documento con las condiciones legales exigidas para el mismo.

CERTIFICATE OF CONVENIENCE AND NECESSITY.
certificado emitido por un organismo adminis-

trativo autorizando el funcionamiento de un servicio público.

CERTIFICATE OF DAMAGE.
certificado de daño o averías.

CERTIFICATE OF DEPOSIT.
certificado de depósito.

CERTIFICATE OF ELECTION.
certificado de elección, por el que se acredita que una persona ha sido elegida para determinado cargo.

CERTIFICATE OF ENGINEER.
certificado emitido por un ingeniero respecto del estado de una obra o edificio.

CERTIFICATE OF EVIDENCE.
V. BILL OF EXCEPTIONS.

CERTIFICATE OF GOOD CONDUCT.
certificado de buena conducta.

CERTIFICATE OF HOLDER OF ATTACHED PROPERTY.
declaración realizada por un tercero que posee bienes sujetos a embargo, indicando cuáles son sus derechos sobre tales bienes.

CERTIFICATE OF IDENTITY.
certificado de identidad.

CERTIFICATE OF INCORPORATION.
certificado de constitución de una persona jurídica. V. CORPORATION. INCORPORATION.

CERTIFICATE OF INDEBTEDNESS.
certificado de deuda. Puede ser equivalente a un bono o debenture, a un certificado de depósito o a un título de la deuda pública.

CERTIFICATE OF INSURANCE.
certificado de seguro, en el que consta la cobertura existente respecto de cierto riesgo.

CERTIFICATE OF INTEREST.
certificado mediante el cual se reconoce una participación en una explotación petrolífera o en otro negocio.

CERTIFICATE OF MEMBERSHIP.
certificado que acredita la pertenencia a determinada institución.

CERTIFICATE OF MORTGAGE.
certificado utilizado para constituir hipotecas navales.

CERTIFICATE OF NEED.
certificado emitido por un organismo administrativo por el que se reconoce la necesidad de realizar cierta instalación, particularmente en materia de salud pública.

CERTIFICATE OF OCCUPANCY.
certificado de habilitación. Documento por el que se certifica que un edificio se encuentra habilitado para cierto destino.

CERTIFICATE OF ORIGIN.
certificado de origen.

CERTIFICATE OF PARTICIPATION.
certificado de participación. Certificado en el que se acredita una participación en una sociedad, negocio o préstamo.

CERTIFICATE OF PARTNERSHIP.
certificado mediante el que se acredita o instrumenta la participación en una sociedad de personas o PARTNERSHIP (v.).

CERTIFICATE OF PROTEST.
certificado de protesto.

CERTIFICATE OF PUBLIC CONVENIENCE.
V. CERTIFICATE OF CONVENIENCE AND NECESSITY.

CERTIFICATE OF PURCHASE.
certificado de compra, emitido en favor del adquirente en una subasta.

CERTIFICATE OF REGISTRATION.
certificado de registro.

CERTIFICATE OF REGISTRY.
certificado de registro. Matrícula de un navío.

CERTIFICATE OF SALE.
certificado de venta, emitido en favor de quien adquiere un bien ejecutado en subasta judicial.

CERTIFICATE OF SEAWORTHINESS.
certificado de navegabilidad.

CERTIFICATE OF STOCK.
título o certificado accionario.

CERTIFICATE OF TITLE.
certificado de título.

CERTIFICATE OF TITLE TO SECURITIES.
certificado o título mediante el que se acredita la titularidad de acciones u otros valores.
V. SECURITY.

CERTIFICATE OF TRADING.
certificado que autoriza a una sociedad a iniciar sus operaciones.

CERTIFICATION.
certificación. ‖ traslado de las actuaciones a otro tribunal, generalmente de superior instancia, para que determine una cuestión de Derecho.

CERTIFICATION MARK.
marca por la que se certifica la calidad u otras características de un producto o servicio.

CERTIFICATION OF CHECK.
V. CERTIFICATION OF CHEQUE.

CERTIFICATION OF CHEQUE.
certificación de cheque, acreditando la firma y la provisión de fondos.

CERTIFICATION OF LABOUR UNION.
autorización o reconocimiento de un sindicato.

CERTIFICATION OF QUESTION.
traslado de las actuaciones a un tribunal superior, para que determine una cuestión de Derecho.

CERTIFICATION OF RECORD ON APPEAL.
certificación respecto de la materia apelada, formulada por el *a quo*.

CERTIFICATION PROCEEDINGS.
procedimiento destinado a determinar si un sindicato cumple las condiciones necesarias para su autorización o reconocimiento como tal.

CERTIFIED.
certificado. Autorizado.

CERTIFIED BILL OF LADING.
conocimiento de embarque certificado consularmente.

CERTIFIED CARRIER.
transportista autorizado.

CERTIFIED CHECK.
v. CERTIFIED CHEQUE.

CERTIFIED CHEQUE.
cheque certificado.

CERTIFIED COPY.
copia certificada.

CERTIFIED MAIL.
correo certificado.

CERTIFIED PUBLIC ACCOUNTANT.
contador público.

CERTIFY.
certificar.

CERTIORARI.
auto por el que un tribunal superior, como consecuencia de un recurso ante él, decide avocarse el conocimiento de una causa, solicitando al tribunal inferior correspondiente su elevación. v. WRIT OF CERTIORARI.

CESSER.
cesación. Extinción. Finalización de un término. ‖ extinción de ciertos derechos al cumplirse el plazo o condición a que estaban sujetos o al faltar la persona o propósito para los que habían sido concedidos. ‖ omisión, negligencia.

CESSER CLAUSE.
cláusula en los contratos de fletamento, por la cual el fletador se libera de obligaciones una vez cargada la mercadería en el buque y firmados los conocimientos de embarque.

CESSER ON REDEMPTION.
cláusula por la cual se establece la extinción de una hipoteca al cumplirse con los pagos correspondientes al crédito garantizado.

CESSION.
cesión. En este sentido se utiliza generalmente como traducción de su equivalente en otros idiomas. ‖ cesión de territorio.

CESSION OF GOODS.
concordato o avenimiento mediante cesión de los bienes del deudor.

CESSIONARY BANKRUPT.
quebrado que realiza una cesión de bienes en favor de sus acreedores.

CESTUI QUE TRUST.
la persona a cuyo favor se constituye un fideicomiso, teniendo derecho a gozar de los beneficios derivados de éste. v. TRUST.

CESTUI QUE USE.
persona que tiene derecho a los beneficios derivados del uso de un inmueble, cuya propiedad detenta formalmente un tercero.

CESTUI QUE VIE.
persona cuya vida determina la duración de un fideicomiso, de un derecho real o de derechos de otra especie.

CESTUIS QUE TRUSTENT.
plural de CESTUI QUE TRUST (v.).

C. F. R.
iniciales de CODE OF FEDERAL REGULATIONS (v.), o sea el Código de Reglamentos Federales de los Estados Unidos.

CHAIN-CERTIFICATE METHOD.
certificación en cadena, utilizada para certificar documentos extranjeros, mediante la certificación previa de un funcionario foráneo.

CHAIN OF CAUSATION.
cadena de causalidad.

CHAIN OF CUSTODY.
regla en virtud de la cual quien ofrece un objeto como prueba es responsable de éste desde el momento del ofrecimiento hasta su producción.

CHAIN OF REPRESENTATION.
transmisión del cargo de albacea por fallecimiento del nombrado originalmente.

CHAIN OF TITLE.
cadena de título, en la que se expresan las sucesivas transferencias de derechos respecto de un inmueble.

CHAIN STORES.
cadena de negocios o comercios.

CHAIRMAN.
presidente de una reunión, comité, asamblea u otro cuerpo colegiado.

CHAIRMAN OF THE BOARD.
presidente del directorio o del consejo de administración.

CHAIRWOMAN.
femenino de CHAIRMAN (v.).

CHALLENGE.
objeción. Desafío. Oposición. ‖ impugnación. ‖ recusación. ‖ como verbo (*to challenge*), objetar. Desafiar. Impugnar. Recusar. Oponerse.

CHALLENGE FOR CAUSE.
recusar con causa.

CHALLENGE FOR PRINCIPAL CAUSE.
objeción contra la elección de un miembro de un jurado, tal que no deja facultades discrecionales al juez para aceptarla o rechazarla.

CHALLENGE OF A DECISION.
impugnación de una decisión.

CHALLENGE OF AN ACCOUNT.
impugnación de una cuenta.

CHALLENGE OF A WILL.
impugnación de testamento.

CHALLENGE OF AN ARBITRATOR.
recusación de un árbitro.

CHALLENGE OF JUDGE.
recusación de un juez.

CHALLENGE PROPTER AFFECTUM.
recusación por parcialidad.

CHALLENGE PROPTER DEFECTUM.
recusación por falta de competencia.

CHALLENGE PROPTER DELICTUM.
recusación en razón de un delito.

CHALLENGE TO ARRAY.
impugnación global a la integración de un jurado.

CHALLENGE TO FIGHT.
desafío o invitación a la lucha.

CHALLENG TO JUROR.
recusación de un jurado.

CHALLENGE TO JURY.
V. JURY CHALLENGE.

CHALLENGE TO THE FAVOR.
V. CHALLENGE TO THE FAVOUR.

CHALLENGE TO THE FAVOUR.
recusación de un miembro de un jurado por motivos de parcialidad.

CHALLENGE TO THE PANEL.
V. CHALLENGE TO ARRAY.

CHALLENGE TO THE POLL.
recusación de un miembro de un jurado.

CHAMBER.
cámara, en general. ‖ sala.

CHAMBER BUSINESS.
la actividad judicial que no se desarrolla en audiencia pública.

CHAMBER OF COMMERCE.
cámara de comercio.

CHAMBER OF DEPUTIES.
cámara de diputados. La expresión sólo se utiliza como traducción de su equivalente en otros idiomas.

CHAMBERLAIN.
chamberlán. Nombre dado a diversos cargos, derivado de *chamber* (cámara) y que indica que quien los ejerce está a cargo de una cámara, como ser la del tesoro.

CHAMBERS.
despacho privado de un juez.

CHAMBERS JUDGMENT.
sentencia dictada por un juez sin intervención del jurado.

CHAMBERS ORDER.
orden judicial dictada sin intervención del jurado.

CHAMPERTOR.
el culpable de CHAMPERTY (v.).

CHAMPERTOUS.
acto afectado de CHAMPERTY (v.).

CHAMPERTOUS ASSIGNMENT.
cesión de derechos efectuada con el propósito de que el cesionario entable un juicio relativo a tales derechos. V. CHAMPERTY.

CHAMPERTY.
acuerdo, considerado ilícito, por el que una parte conviene en conducir y solventar un litigio de la otra, a cambio de una participación en el resultado de ese litigio. Incluye, pero excede, la figura del pacto de *cuota litis*.

CHANCE.
suerte. Fortuna. Probabilidad. Riesgo. ‖ como verbo (*to chance*), arriesgar.

CHANCE BARGAIN.
contrato en el que se asumen determinados riesgos. Contrato aleatorio.

CHANCE-MEDLEY.

homicidio preterintencional. ‖ homicidio en legítima defensa.

CHANCE VERDICT.

veredicto del jurado dictado por suerte o azar.

CHANCELLOR.

canciller, en general. Nombre dado a diversos cargos administrativos o judiciales.

CHANCELLOR OF THE EXCHEQUER.

en Gran Bretaña, cargo equivalente al de Ministro de Hacienda.

CHANCERY.

tribunal que aplica el régimen de EQUITY (v.). ‖ el régimen de EQUITY (v.).

CHANGE.

cambio, en general. ‖ como verbo (*to change*), cambiar. Intercambiar.

CHANGE OF DOMICILE.

cambio de domicilio.

CHANGE OF NAME.

cambio de nombre.

CHANGE OF NATIONALITY.

cambio de nacionalidad.

CHANGE OF PARTIES.

cambio de las partes de un proceso.

CHANGE OF TITLE.

cambio de la titularidad de un bien.

CHANGE OF VENUE.

traslado de jurisdicción.

CHANGE OF VOYAGE.

alteración de la ruta de un viaje marítimo.

CHANGED CIRCUMSTANCES.

circunstancias modificadas.

CHANNEL.

canal. ‖ como verbo (*to channel*), canalizar.

CHAPTER.

capítulo. ‖ rama o filial de una asociación u otra agrupación.

CHARACTER.

carácter, en el sentido de las condiciones morales y personales de un individuo.

CHARACTER ASSASSINATION.

ataque violento contra la reputación de una persona, dirigido a privarla de toda estima.

CHARACTER EVIDENCE.

prueba respecto del carácter y reputación de una persona.

CHARACTERIZATION.

caracterización, en general. ‖ caracterización de un caso a fin de poder determinar las normas aplicables, particularmente desde el punto de vista del Derecho Internacional Privado.

CHARGE.

carga o servidumbre que recae sobre un bien. ‖ obligación. ‖ mandato. Orden. ‖ acusación. Imputación. ‖ instrucción general sobre el caso dada por el juez al jurado. ‖ precio o contraprestación. ‖ derecho de garantía sobre un bien. ‖ gasto. Erogación. ‖ gastos judiciales. ‖ la presentación con que se inicia un procedimiento administrativo. ‖ como verbo (*to charge*), imponer obligaciones o cargas. ‖ también como verbo, cargar en cuenta. Debitar. Contabilizar un gasto. ‖ como verbo, acusar. ‖ como verbo, dar el juez instrucciones al jurado.

CHARGE ACCOUNT.

cuenta en la que se registran las compras realizadas por un cliente, y que éste salda periódicamente.

CHARGE AND SPECIFICATIONS.

acusación de un delito, especificándose los hechos que configuran el mismo.

CHARGE-BACK.

compensación de obligaciones.

CHARGE CLAUSE.

cláusula por la que se establecen los honorarios o remuneración del fideicomisario.

v. TRUST.

CHARGE OF INDICTMENT.

parte de una acusación donde se especifican los hechos constitutivos del delito que da lugar a tal acusación.

CHARGE-OFF.

asiento contable mediante el que se elimina un activo o se reduce su valor.

CHARGE ON MOVABLES.

derecho de garantía constituido sobre bienes muebles.

CHARGE SHEET.

planilla en la que se registra el nombre y demás datos de las personas detenidas y el motivo de la detención.

CHARGE TO JURY.

instrucción al jurado, mediante la que el juez resume el caso e indica cuáles son las normas jurídicas aplicables a éste.

CHARGEABLE.

susceptible de ser hecho responsable respecto de un hecho.

CHARGED.

acusado o hecho responsable de conducta ilícita.

CHARGED WITH CRIME.
acusado o hecho responsable de un delito.

CHARGED WITH NOTICE.
dado por notificado.

CHARGEE.
el acreedor que cuenta con un derecho de garantía calificable como CHARGE (v.).

CHARGES.
gastos imputables a una operación.

CHARGING LIEN.
privilegio o derecho de preferencia que pesa sobre un bien específico. V. LIEN.

CHARGING ORDER.
orden judicial por la que se establece una suerte de embargo sobre las acciones o créditos del deudor respecto de una sociedad.

CHARITABLE.
de caridad. Relativo a ésta.

CHARITABLE ASSOCIATION.
asociación de caridad o beneficencia.

CHARITABLE BEQUEST.
legado con fines de caridad o beneficencia.

CHARITABLE COMPANY.
sociedad sin fines de lucro.

CHARITABLE CONTRIBUTIONS.
contribuciones o donaciones con fines de caridad o beneficencia.

CHARITABLE CORPORATION.
persona jurídica con fines de caridad o beneficencia. v. CORPORATION.

CHARITABLE DEDUCTION.
deducción impositiva respecto de donaciones con fines de caridad o beneficencia.

CHARITABLE FOUNDATION.
fundación con fines de caridad o beneficencia.

CHARITABLE GIFT.
donación con fines de caridad o beneficencia. v. GIFT.

CHARITABLE IMMUNITY.
inmunidad respecto de responsabilidad extra-contractual de que gozan las instituciones con fines de caridad o beneficencia.

CHARITABLE INSTITUTION.
institución de caridad o beneficencia.

CHARITABLE ORGANIZATION.
sociedad u otro tipo de ente con fines de caridad o beneficencia.

CHARITABLE PURPOSE.
propósito de caridad o beneficencia.

CHARITABLE REMAINDER.
bienes que se transfieren con fines de caridad o beneficencia, una vez extinguidos los derechos concedidos respecto de tales bienes a un tercero. V. REMAINDER.

CHARITABLE TRUST.
fideicomiso con fines de caridad o beneficencia, que el fideicomisario tiene la obligación de promover. V. TRUST.

CHARITABLE USE.
derecho de uso concedido con fines de beneficencia. v. USE.

CHARITY.
donación con fines de caridad o beneficencia. ‖ institución con iguales fines.

CHARTA.
instrumento o documento, particularmente cuando es de tipo formal. ‖ estatuto o documento básico donde se establecen ciertos derechos o principios públicos fundamentales. Voz utilizada en tiempos remotos.

CHARTER.
estatuto o documento en el que el soberano establece ciertos derechos o principios públicos fundamentales en favor de sus súbditos. ‖ la Ley o carta orgánica de una ciudad o municipalidad. ‖ acto estatal mediante el que se autoriza la creación y existencia de una persona jurídica, y se sientan las reglas básicas para su funcionamiento. Se aplica en particular a las CORPORATIONS (v.), en cuyo caso se dice que el *charter* es un contrato entre la *corporation* y el Estado, entre el Estado y los accionistas, y entre éstos y la *corporation*. ‖ contrato de fletamento. ‖ como verbo (*to charter*), contratar una nave o aeronave. ‖ también como verbo, autorizar la constitución de una persona jurídica.

CHARTER AGREEMENT.
contrato de fletamento.

CHARTER MONEY.
el flete pagadero en el contrato de fletamento.

CHARTER OF AFFREIGHTMENT.
contrato de fletamento.

CHARTER OF DEMISE.
contrato de fletamento sin provisión de tripulación por el dueño del buque.

CHARTER OF PARDON.
indulto.

CHARTER OF THE UNITED NATIONS.
Carta de las Naciones Unidas.

CHARTER PARTY.
contrato de fletamento.

CHARTERED COMPANY.
sociedad o compañía autorizada a actuar como tal, en base a un decreto u otro acto de la autoridad competente.

CHARTERED PUBLIC ACCOUNTANT.
contador público autorizado o registrado.

CHARTERED SHIP.
nave objeto de un contrato de fletamento.

CHARTERER.
fletador.

CHASE.
seguimiento. Persecución. Caza.

CHASTISEMENT.
pena corporal.

CHASTITY.
castidad.

CHATTEL.
concepto que incluye a los bienes muebles y a los derechos de una persona que no constituyen derechos de dominio sobre inmuebles.

CHATTEL FIXTURE.
v. FIXTURE.

CHATTEL INTEREST.
derecho inferior o más limitado que un derecho de dominio. v. CHATTEL.

CHATTEL LIEN.
privilegio o derecho de preferencia sobre una cosa mueble, normalmente resultante de un derecho de retención sobre la misma.
v. CHATTEL. LIEN.

CHATTEL MORTGAGE.
derecho de garantía sobre una cosa mueble. La expresión ha sido también traducida como "hipoteca mobiliaria". Se asemeja, pero no equivale, a la prenda con registro.
v. CHATTEL.

CHATTEL MORTGAGE BOND.
bono o debenture garantizado con bienes muebles.

CHATTEL PAPER.
instrumentos que incorporan una obligación de pagar sumas de dinero y una garantía relativa a esa obligación, impuesta sobre determinados bienes muebles.

CHATTELS PERSONAL.
bienes muebles y derechos que no sean relativos a inmuebles. v. CHATTELS REAL.

CHATTELS REAL.
derechos sobre inmuebles, que no constituyen derechos de dominio. Conjuntamente con los bienes que configuran CHATTELS PERSONAL (v.) abarcan los distintos tipos de CHATTEL (v.).

CHEAT.
fraude. Engaño. Trampa. ‖ persona que defrauda o engaña. ‖ como verbo (to cheat), defraudar. Engañar.

CHECK.
cheque, según la ortografía estadounidense. ‖ control. Freno. ‖ como verbo (to check), controlar. Verificar. Supervisar. Frenar. Detener.

CHECK-ALTERATION INSURANCE.
seguro contra alteración de cheques.

CHECK CLEARING.
compensación bancaria de cheques.

CHECK KITING.
práctica de emitir cheques sin provisión de fondos.

CHECK-OFF SYSTEM.
procedimiento por el cual el empleador deduce y retiene la cuota sindical del trabajador, y la envía al sindicato correspondiente.

CHECK REGISTER.
registro de cheques.

CHECK STUB.
talón de cheque.

CHECK TO BEARER.
cheque al portador.

CHECK TO ORDER.
cheque a la orden.

CHECKBOOK.
chequera.

CHECKING ACCOUNT.
cuenta corriente bancaria. Cuenta contra la que se pueden emitir cheques, aunque por los intereses que pueda otorgar u otras características se aparte de las cuentas corrientes bancarias comunes.

CHECKS AND BALANCES.
sistema de frenos y contrapesos, o sea aquél que mediante la división de poderes y el conjunto de relaciones entre éstos y los diversos organismos públicos y otros centros de poder, impide la concentración y el abuso en el ejercicio de éste.

CHEQUE.
cheque, conforme a la ortografía británica. v. CHECK y las voces siguientes a esa.

CHICANE.
chicana.

CHIEF.
jefe. Director. ‖ principal.

CHIEF CONSTABLE.

jefe de policía.

CHIEF EXECUTIVE.

ejecutivo principal. Gerente general.

CHIEF JUDGE.

juez decano o principal dentro de una jurisdicción, que ejerce funciones administrativas o de superintendencia respecto de los distintos juzgados que forman parte de aquélla.

CHIEF JUSTICE.

el presidente de un tribunal superior. Presidente de la Corte Suprema.

CHIEF MAGISTRATE.

primer magistrado. Presidente. Gobernador.

CHIEF OFFICE.

oficina principal. Casa Central.

CHIEF PLACE OF BUSINESS.

asiento principal de los negocios. Oficina principal.

CHIEF RENT.

renta principal, mediante la cual un locatario reemplaza a las otras posibles obligaciones respecto de su locador.

CHILD.

niño. Menor. Descendiente. Hijo.

CHILD ABUSE.

malos tratos y abusos deshonestos contra niños.

CHILD DESTRUCTION.

aborto ilegal.

CHILD LABOR.

V. CHILD LABOUR.

CHILD LABOUR.

trabajo de menores.

CHILD STEALING.

secuestro de menores.

CHILD'S DEFERRED ASSURANCE.

seguro dotal para menores.

CHILD'S PART.

literalmente, la parte de un hijo. Indica el derecho reconocido en ciertos casos a la viuda respecto de la sucesión del marido, en la que se le otorgan los mismos derechos que tendría un hijo del causante.

CHILD SUPPORT.

obligación de los padres, en especial de un cónyuge divorciado, de suministrar alimentos y cuidados a sus hijos menores.

CHILLING A SALE.

acuerdo ilegal entre posibles compradores con el propósito de hacer descender el precio de un bien subastado o en venta, por debajo de su valor normal.

CHILLING EFFECT.

el efecto negativo sobre el ejercicio de un derecho de orden constitucional, resultante de una norma o práctica.

CHIROGRAPH.

acto quirografario. En este sentido se utiliza la voz como traducción de sus equivalentes extranjeros en el ámbito del CIVIL LAW (v.). ‖ instrumento formal, hoy en desuso, para la transferencia de inmuebles.

CHOATE.

perfeccionado.

CHOATE LIEN.

privilegio o derecho de preferencia perfeccionado, y así susceptible de ser ejercitado.

V. LIEN.

CHOICE.

elección.

CHOICE OF COURT.

elección del tribunal competente.

CHOICE OF LAW.

elección del Derecho aplicable.

CHOSE.

aunque se trata de una palabra tomada del francés *chose*, o sea cosa, en sentido jurídico el inglés *chose* comprende tanto a las cosas muebles como a los derechos patrimoniales, excepto aquellos que sean equivalentes, relativos o derivados del dominio sobre bienes inmuebles.

CHOSE EX DELICTO.

derecho o acción civil emergente de un acto ilícito.

CHOSE IN ACTION.

derecho ejercitable contra terceros, respecto del cumplimiento de una obligación o en relación con una cosa mueble o relativo a bienes inmateriales, y con exclusión de los derechos equivalentes, relativos o derivados del dominio sobre inmuebles.

CHOSE IN POSSESSION.

cosa mueble. La equivalencia es sólo aproximada, pues los criterios utilizados para definir jurídicamente una cosa mueble no son idénticos a los que en el Derecho anglonorteamericano se utilizan para definir una *chose in possession*.

CHOSE LOCAL.

una cosa a la que se da destino en un lugar determinado, como cuando es accesoria de un inmueble.

CHOSE TRANSITORY.
una cosa destinada a ser transportada de un lugar a otro.

CHRISTIAN NAME.
nombre de pila.

CHRONIC.
crónico.

CHRONIC ALCOHOLISM.
alcoholismo crónico.

CHRONIC DISEASE.
enfermedad crónica.

CHRONICLE.
crónica, como sustantivo.

CHURCH.
iglesia.

C. I. F.
iniciales de *cost, insurance, freight*, o sea costo, seguro, flete. La cláusula C. I. F. indica que esos son los elementos incluidos en el precio.

C. I. F. C. I.
iniciales de *cost, insurance, freight, commission, interest*, o sea costo, seguro, flete, comisión e interés. La cláusula C. I. F. C. I. indica que esos son los elementos incluidos en el precio.

C. I. F. E.
iniciales de *cost, insurance, freight, exchange*, o sea costo, seguro, flete y cambio. La cláusula C. I. F. E. indica que esos son los elementos incluidos en el precio. Por cambio se entiende el costo del cambio de moneda que sea necesario para la operación.

CIPHER.
cifra. ‖ cifrado, en relación a un mensaje o texto.

CIRCA.
alrededor. Aproximadamente.

CIRCUIT.
circuito. ‖ división territorial a efectos de determinar la competencia judicial en ese orden.

CIRCUIT COURT.
tribunal de circuito. El tribunal competente en un CIRCUIT (v.).

CIRCUIT COURT OF APPEALS.
tribunal de apelación federal, en los Estados Unidos, con competencia territorial sobre varios estados. Existen trece de ellos en la actualidad. Su nombre oficial es *United States Court of Appeals*.

CIRCUIT JUDGE.
juez de un tribunal de circuito y CIRCUIT COURT.

CIRCUITY OF ACTION.
forma indirectaa y compleja de llevar a cabo una actividad procesal, que podría ser concretada de un modo más directo y simple.

CIRCULAR LETTER OF CREDIT.
carta de crédito basada en el crédito del emisor frente al destinatario.

CIRCULAR NOTE.
carta de crédito emitida por un banquero sobre sus corresponsales en el exterior.

CIRCULATING ASSETS.
capital circulante.

CIRCULATING CAPITAL.
capital circulante.

CIRCULATING NOTES.
billetes en circulación.

CIRCULATION.
circulación.

CIRCUMSTANCES.
circunstancias.

CIRCUMSTANCES OF AGGRAVATION.
circunstancias agravantes.

CIRCUMSTANTIAL EVIDENCE.
pruebas circunstanciales. Pruebas indiciarias.

CITATION.
citación judicial o emanada de otra autoridad. ‖ cita de jurisprudencia, legislación, doctrina u otros fundamentos referidos a una afirmación.

CITATION OF AUTHORITIES.
cita de las fuentes en que se asienta una afirmación jurídica.

CITATOR.
libro en el que se señalan las decisiones judiciales y otros elementos, tales como citas de doctrina, relativos a determinado fallo.

CITE.
citar. Mencionar. Referirse a algo. ‖ citar a una persona a presentarse en un lugar o procedimiento.

CITIZEN.
ciudadano.

CITIZEN'S ARREST.
arresto efectuado por un particular.

CITIZENSHIP.
ciudadanía.

CITIZENSHIP PAPERS.
carta de ciudadanía.

CITY.

ciudad. ‖ municipalidad. ‖ zona central de Londres, donde se concentra la actividad financiera.

CITY COUNCIL.

concejo deliberante.

CITY COURT.

tribunal que juzga infracciones municipales.

CITY REAL ESTATE.

inmuebles de propiedad de una municipalidad.

CIVIC.

cívico.

CIVIL.

civil, en general.

CIVIL ACTION.

acción civil. En general, toda acción entablada en ejercicio de un derecho privado. Se opone a la CRIMINAL ACTION (v.).

CIVIL ARREST.

arresto de una persona a fin de que comparezca en un juicio civil.

CIVIL ASSAULT.

violencia contra las personas que da lugar a una acción civil.

V. ASSAULT.

CIVIL AUTHORITY.

autoridad civil.

CIVIL AUTHORITY CLAUSE.

cláusula en un contrato de seguros relativa a la protección contra daños causados por bomberos y otros agentes estatales.

CIVIL AVIATION.

aviación civil.

CIVIL BAIL.

caución o fianza destinada a obtener la libertad de una persona arrestada en razón de una acción civil.

V. BAIL.

CIVIL CASE.

caso civil.

CIVIL CODE.

código civil.

CIVIL COMMITMENT.

confinamiento o reclusión de dementes, alcohólicos, drogadictos u otras personas disminuidas, sin fines de castigo o pena. ‖ arresto de una persona en virtud de no cumplir con un pago ordenado judicialmente.

CIVIL COMMOTION.

conmoción civil. Desórdenes.

CIVIL CONSPIRACY.

acuerdo, combinación o conspiración entre varias personas que tienen como objetivo un fin ilícito.

CIVIL CONTEMPT.

incumplimiento de una orden, decreto o mandamiento judicial.

CIVIL CORPORATION.

V. PUBLIC CORPORATION.

CIVIL DAY.

día civil. Intervalo de medianoche a medianoche.

CIVIL DEATH.

muerte civil. ‖ muerte presunta.

CIVIL DEFENCE.

defensa civil.

CIVIL DEFENSE.

V. CIVIL DEFENSE.

CIVIL DISABILITY.

inhabilitación judicial, impuesta generalmente como pena o accesorio de ésta.

CIVIL DISOBEDIENCE.

desobediencia civil. Incumplimiento deliberado de ciertas normas, sea para lograr su modificación o con otros fines de presión política.

CIVIL DISORDER.

disturbio. Desorden público.

CIVIL DOCKET.

registro judicial de las acciones civiles.

V. DOCKET.

CIVIL FRAUD.

defraudación contra el Fisco. ‖ defraudación que no constituye delito penal.

CIVIL FRUITS.

frutos naturales.

CIVIL INJURY.

lesión o daño resarcibles civilmente.

CIVIL JURISDICTION.

jurisdicción civil o de Derecho Privado.

CIVIL LAW.

sistema jurídico basado directa o indirectamente en el Derecho Romano. El sistema jurídico de los países de Europa Continental y de los restantes que adoptan lineamientos similares, como los de América Latina. ‖ el Derecho Romano Clásico. ‖ Derecho Civil, como una de las ramas de los sistemas jurídicos indicados en el punto anterior. ‖ el Derecho Privado. ‖ el Derecho de determinado Estado, en contraposición al Derecho Internacional y al Derecho Natural.

CIVIL LAWYER.
abogado o jurista especializado en Derecho Romano. ‖ abogado o jurista correspondiente a un país que adopta el sistema de CIVIL LAW (v.).

CIVIL LIABILITY.
responsabilidad civil.

CIVIL LIBERTIES.
libertades o derechos civiles. Derechos fundamentales del ciudadano.

CIVIL LITIGATION.
juicio civil o de Derecho Privado.

CIVIL MARRIAGE.
matrimonio civil.

CIVIL NUISANCE.
daño contra un inmueble ajeno o turbación contra los derechos de sus titulares.
V. NUISANCE.

CIVIL OBLIGATION.
obligación civil.

CIVIL OFFENCE.
V. CIVIL OFFENSE.

CIVIL OFFENSE.
violación de una norma, o realización de un acto ilícito, que no da lugar a sanciones penales.

CIVIL OFFICE.
cargo público, de naturaleza no militar.

CIVIL OFFICER.
funcionario civil.

CIVIL POSSESSION.
la posesión que se detenta mediante la conservación del *animus* sin mantener al *corpus*.

CIVIL PROCEDURE.
procedimiento civil.

CIVIL PROCEEDING.
juicio o proceso civil.

CIVIL PROCESS.
juicio o proceso civil.

CIVIL REMEDY.
acción civil y otros tipos de procedimientos o actos jurídicos de igual naturaleza destinados al ejercicio o protección de un derecho.
V. REMEDY.

CIVIL RESPONSIBILITY.
responsabilidad civil.

CIVIL RIGHTS.
derechos civiles. Derechos fundamentales del ciudadano.

CIVIL RULES.
reglas del procedimiento civil.

CIVIL SERVANT.
funcionario público.

CIVIL SERVICE.
administración pública.

CIVIL SIDE.
la jurisdicción civil ejercida por un tribunal que también ejerce jurisdicción penal o de otra especie.

CIVIL STATUS.
estado civil.

CIVIL STATUTE.
ley civil.

CIVIL SUIT.
juicio civil. Acción civil.

CIVIL TRIAL.
juicio civil.

CIVIL WAR.
guerra civil.

CIVIL WRONG.
ilícito civil. v. TORT.

CIVILIAN.
un civil, en contraposición a un militar. ‖ un experto en CIVIL LAW (v.).

CIVILIZATION.
civilización. ‖ la transformación de un juicio penal en civil.

CLAIM.
derecho subjetivo. ‖ crédito o acreencia. Derecho a un pago aunque sea mediato, condicionado o litigioso. ‖ pretensión. ‖ reclamo. ‖ acción. Demanda. Juicio. ‖ como verbo (*to claim*), demandar. Reclamar. Accionar.

CLAIM ACCRUED.
crédito devengado. ‖ Daños y perjuicios exigibles.

CLAIM ADJUSTER.
liquidador de siniestros o indemnizaciones de una compañía de seguros.

CLAIM ADJUSTMENT.
liquidación de siniestro.

CLAIM AGAINST THE ASSETS OF BANKRUPT.
crédito contra el patrimonio del fallido.

CLAIM AGENT.
empleado encargado de atender pretensiones, reclamos o acciones contra una empresa.

CLAIM AND COUNTERCLAIM.
créditos recíprocos. ‖ demanda y reconvención.

CLAIM AND DEFENCES.
acción y defensas.

CLAIM AND DELIVERY.
acción posesoria respecto de cosas muebles.

CLAIM ARISING FROM BREACH OF CONTRACT.
derecho o acción resultante de un incumplimiento contractual.

CLAIM BOND.
fianza o caución exigida al accionante. v. BOND.

CLAIM CHECK.
talón o recibo de equipajes u otros bienes depositados.

CLAIM FOR DAMAGES.
derecho, acción o reclamo por daños y perjuicios.

CLAIM IN EQUITY.
derecho o acción derivado de o ejercitable bajo el sistema de EQUITY (v.).

CLAIM JUMPING.
extensión de una explotación minera, de forma de invadir pertenencias ajenas.

CLAIM OF EXEMPTION.
acto de poner una exención respecto del embargo o ejecución de bienes.

CLAIM OF LIEN.
presentación mediante la que se solicita el perfeccionamiento o inscripción de un privilegio o derecho de preferencia.
v. LIEN.

CLAIM OF OWNERSHIP, RIGHT AND TITLE.
pretensión al título y propiedad de un inmueble.

CLAIM OF RIGHT.
acto de ingresar en un inmueble con intención de actuar como propietario del mismo.

CLAIM OF TITLE.
v. CLAIM OF RIGHT.

CLAIM SETTLEMENT.
acuerdo transaccional respecto de la liquidación de un siniestro.

CLAIMABLE.
exigible. Accionable.

CLAIMANT.
quien detenta, ejerce o plantea un derecho, acción o pretensión.

CLANDESTINE.
clandestino.

CLANDESTINE INTRODUCTION.
importación clandestina.

CLANDESTINE MARRIAGE.
matrimonio clandestino.

CLASS.
clase, en general. ‖ grupo de personas con un interés común. v. CLASS ACTION.

CLASS ACTION.
acción de clase, categoría o grupo, en virtud de la cual un integrante de un grupo o clase, por ejemplo, un perjudicado por un accidente que ha afectado a varios individuos, entabla juicio en nombre y en beneficio de los demás integrantes del grupo o clase, o sea los demás perjudicados por ese accidente, aunque no cuente con poder o representación expresa de éstos. Constituye un mecanismo para la protección de intereses difusos.

CLASS GIFT.
donación o legado en favor de una categoría de personas, sin individualizarlas.

CLASS LEGISLATION.
legislación clasista, por crear distinciones arbitrarias entre grupos o categorías de personas.

CLASS OF CREDITORS.
clase de acreedores, con fines concursales.

CLASS OF STOCK.
clase de acción societaria.

CLASS RATE.
tarifa de transporte aplicable a una clase de productos.

CLASS SUIT.
v. CLASS ACTION.

CLASSIFICATION.
clasificación.

CLASSIFICATION OF RISKS.
clasificación de los riesgos, a efectos de su cobertura por seguros.

CLAUSE.
cláusula.

CLAUSE OF ACCRUAL.
cláusula testamentaria que indica a quién corresponde un legado en caso de fallecimiento del legatario original.

CLAUSE OF RETURN.
cláusula de retroventa, o la que de otro modo prevé el retorno de un bien a quien lo ha transferido.

CLAUSULA DEROGATIVA.
cláusula de un testamento por la que se dispone que los testamentos posteriores no serán válidos.

CLEAN.
limpio. ‖ carente de vicios, defectos o irregularidades.

CLEAN BILL.

letra de cambio sin documentación adjunta. ‖ proyecto de ley conforme a las modificaciones introducidas por una comisión parlamentaria.

CLEAN BILL OF LADING.

conocimiento de embarco sin observaciones ni reservas.

CLEAN CREDIT.

crédito simple. Crédito sin garantías.

CLEAN DRAFT.

letra de cambio sin documentación adjunta.

CLEAN HANDS DOCTRINE.

doctrina en virtud de la cual no se dará curso a una acción o demanda si el que la realiza actúa de mala fe o en violación a los principios de EQUITY (v.).

CLEAN PAPER.

títulos de crédito sin documentación adjunta.

CLEAR.

claro, en general. ‖ libre. Incondicionado. Ilimitado. ‖ obvio. Evidente. ‖ como verbo (*to clear*), obtener la aprobación necesaria para un despacho aduanero u otro acto.

CLEAR AND CONVINCING PROOF.

prueba concluyente, al no dejar dudas razonables sobre el hecho probado.

CLEAR AND PRESENT DANGER DOCTRINE.

doctrina de Derecho Constitucional en virtud de la cual la libertad de prensa y expresión puede ser limitada para evitar un peligro grave e inmediato a intereses superiores.

CLEAR ANNUAL VALUE.

la renta anual de una propiedad, neta de impuestos, intereses y otros gastos.

CLEAR CHANCE.

posibilidad de advertir un peligro y de tomar las medidas necesarias para evitarlo.

CLEAR DAYS.

plazo de días, en el que no se computa ni el primero ni el último.

CLEAR EVIDENCE.

prueba precisa y explícita.

CLEAR LEGAL RIGHT.

un derecho claro y evidente, por surgir de hechos no controvertidos.

CLEAR MARKET VALUE.

el valor de mercado de una propiedad, obtenible de una venta en condiciones normales.

CLEAR OF ALL DEDUCTION.

libre de deducciones.

CLEAR PROOF.

v. CLEAR EVIDENCE.

CLEAR RECORD TITLE.

v. CLEAR TITLE OF RECORD.

CLEAR TITLE.

título de propiedad carente de defectos, gravámenes o condicionamientos.

CLEAR TITLE OF RECORD.

título de propiedad que se encuentra libre de defectos o limitaciones, según surge de su propio texto.

CLEAR VALUE.

valor neto, libre de deducciones.

CLEARANCE.

autorización. ‖ espacio libre. ‖ despacho aduanero. ‖ acto de zarpar o abandonar puerto.

CLEARANCE CARD.

certificado de trabajo, dado al empleado al concluir el contrato laboral.

CLEARANCE CERTIFICATE.

certificado de autorización, en general. En particular, el certificado de haber cumplido con los trámites aduaneros.

CLEARING.

compensación bancaria. ‖ acto de zarpar o abandonar puerto.

CLEARING BANK.

banco afiliado o participante en una cámara de compensación.

CLEARING HOUSE.

cámara de compensanción bancaria.

CLEARLY ERRONEOUS.

claramente erróneo. La calificación de una sentencia cuando está viciada por errores sustanciales de procedimiento, equivocada aplicación de la ley o apreciación indebida de la prueba.

CLEMENCY.

clemencia.

CLERGY.

clero.

CLERICAL.

clerical. ‖ referente a trabajos de oficina o de secretario.

CLERICAL ERROR.

error material, de transcripción, de copia o de pluma.

CLERK.

secretario o auxiliar administrativo. ‖ secretario o actuario de un juzgado. ‖ clérigo. ‖ en Inglaterra, se refiere a la persona que trabaja para un SOLICITOR (v.) como paso previo para la obtención de este título.

CLERK OF COURT.
secretario o actuario de un juzgado.

CLERK OF THE CHAMBERS.
secretario de un conjunto de estudios jurídicos, que actúa como intermediario entre los SOLICITORS y BARRISTERS (v.).

CLERK'S OFFICE.
secretaría u oficina de un juzgado.

CLERKSHIP.
residencia o trabajo temporal en estudios jurídicos o juzgados, realizada por estudiantes de Derecho o por profesionales recién recibidos, como parte de su formación.

CLIENT.
cliente.

CLIENT SECURITY FUND.
fondo formado por un colegio de abogados para cubrir las pérdidas sufridas por los clientes afectados por prácticas deshonestas de sus abogados.

CLIENT'S PRIVILEGE.
obligación del abogado de mantener secreto profesional respecto de información obtenida de su cliente.

CLIFFORD TRUST.
fideicomiso en el que el fideicomitente recupera la propiedad transferida al cumplirse un plazo o condición. v. TRUST.

CLINICAL TESTS.
pruebas o exámenes clínicos.

CLIPPED SOVEREIGNTY.
soberanía limitada.

CLOG.
obstáculo. Impedimento.

CLOG ON EQUITY OF REDEMPTION.
impedimento a la extinción de una hipoteca una vez cancelada la obligación garantizada por esa garantía.

CLOSE.
terreno cercado, amojonado o limitado de otra forma. ‖ cerrado. ‖ restringido. Limitado. ‖ como verbo (*to close*), cerrar. Concluir. Terminar. ‖ cerrar una cuenta o balance.

CLOSE COMPANY.
sociedad cerrada. Aquélla que es controlada por un grupo reducido de personas. v. CLOSE CORPORATION.

CLOSE COPIES.
copias informales de un documento.

CLOSE CORPORATION.
sociedad por acciones cerrada. Sociedad controlada por un grupo reducido de personas, cuyas acciones no cotizan en bolsa y que cuenta con restricciones estatutarias o de otro tipo a la transferencia de tales acciones.
v. CORPORATION.

CLOSE INTERPRETATION.
interpretación restrictiva.

CLOSE JAIL EXECUTION.
orden de arresto que prevé que la persona a ser arrestada sea mantenida en prisión.

CLOSE RELATIVES.
parientes cercanos.

CLOSE SEAS.
mares cerrados.

CLOSE SEASON.
período de veda de caza o pesca.

CLOSE WRIT.
orden judicial cerrada, sellada y dirigida a determinados funcionarios. v. WRIT.

CLOSED.
cerrado. Terminado. Concluido.

CLOSED ACCOUNT.
cuenta cerrada.

CLOSED-END INVESTMENT TRUST.
fondo común de inversión con un número limitado de cuotas de participación.

CLOSED-END MORTGAGE.
hipoteca que no permite la extensión de nuevos créditos en base a la misma garantía.

CLOSED HEARING.
audiencia a puertas cerradas.

CLOSED INSURANCE POLICY.
póliza de seguros que no permite la modificación de sus términos.

CLOSED INVESTIGATION.
investigación privada. ‖ investigación concluida.

CLOSED PRIMARY.
elecciones primarias en las que no pueden participar sino los miembros de un partido.

CLOSED SHOP.
condición impuesta sobre un empleador en virtud de la cual éste sólo puede contratar trabajadores afiliados a un sindicato.

CLOSED SHOP CONTRACT.
contrato colectivo de trabajo en el que se prohíbe al empleador contratar con trabajadores no afiliados a un sindicato.
v. CLOSED SHOP.

CLOSED TRANSACTION.
operación o acto jurídico consumados.

CLOSED TRIAL.
juicio a puertas cerradas.

CLOSED UNION.
sindicato que limita severamente el ingreso de nuevos miembros.

CLOSED VENIRE.
lista de jurados no susceptible de ser modificada.

CLOSELY HELD CORPORATION.
V. CLOSE CORPORATION.

CLOSING.
el cierre o firma de una operación, contrato o acto.

CLOSING ARGUMENT.
el alegato final, en un juicio civil o penal, ante juez o jurado.

CLOSING COSTS.
los costos resultantes de la compra de un inmueble, en adición al precio de compra, tales como impuestos, comisiones y gastos de inscripción.

CLOSING ESTATES.
liquidación del acervo sucesorio.

CLOSING STATEMENT.
el resumen del precio y gastos correspondientes a una operación inmobiliaria. ‖ sinónimo de CLOSING ARGUMENT (v.).

CLOTURE.
regla o procedimiento parlamentario destinado a la finalización de debates excesivamente extensos, a fin de proceder a la votación.

CLOUD ON TITLE.
factor que incide negativamente sobre la certeza o validez de un título inmobiliario, sea por referirse a la existencia y transmisión del derecho previsto en ese título, sea por existir gravámenes o cargas respecto de tal derecho. ‖ derecho relativo a un inmueble ajeno, que afecta al título del propietario de éste, pero cuyo ejercicio u oponibilidad se ve limitado o impedido por normas de EQUITY (v.).

CLUE.
indicio o pista respecto de la solución de un problema o investigación.

CLUSTER ZONING.
normas de planificación urbana que limitan la densidad de construcción.

COADMINISTRATOR.
coadministrador.

COADVENTURER.
el que comparte el riesgo de una empresa o negocio.

COAGENT.
correpresentante. Comandatario.
V. AGENT.

COALITION.
coalición.

COASSIGNEE.
cocesionario.

COAST.
costa.

COAST GUARD.
guardacostas.

COAST WATERS.
aguas costeras.

COASTAL WATERS.
aguas costeras.

COASTER.
buque de cabotaje.

COASTING TRADE.
navegación de cabotaje.

COAX.
inducir mediante artimañas, halagos o una argumentación prolongada.

C.O.D.
iniciales de *collect on delivery*. Indica que el transportador debe percibir el precio de la mercadería del destinatario, o bien devolverla al remitente.

CODE.
código.

CODE OF CIVIL PROCEDURE.
código de procedimiento civil.

CODE OF CONDUCT.
código de conducta.

CODE OF CRIMINAL PROCEDURE.
código de procedimiento penal.

CODE OF FEDERAL REGULATIONS.
Código de Reglamentos Federales. Incluye las normas reglamentarias dictadas por las agencias y organismos federales de los Estados Unidos.

CODE OF MILITARY JUSTICE.
código de justicia militar.

CODEFENDANT.
codemandado.

CODICIL.
codicilo testamentario.

CODIFICATION.
codificación.

CODIFY.
codificar.

COEMPLOYEE.
empleado de la misma empresa.

COEQUAL.
lo que es igual a otra cosa, medida, calidad o valor.

COERCE.
coaccionar. Forzar. Ejercer coacción.

COERCION.
coacción. fuerza. Violencia. Restricción de la libertad de una persona mediante amenazas, violencias o presiones ilícitas.

COERCIVE.
coercitivo.

COEXECUTOR.
coalbacea.

COGENCY.
fuerza de convicción de un argumento.

COGENT.
condición convincente o persuasiva de un argumento.

COGNATES.
cognados. Parientes por vía materna.

COGNIZABLE.
sujeto a la jurisdicción de un tribunal.

COGNIZANCE.
jurisdicción de un tribunal. ‖ confesión. Reconocimiento. ‖ conocimiento. Percepción.

COGNIZANCE OF THE CAUSE.
actos procesales mediante los que se inicia el ejercicio de jurisdicción sobre un caso.

COGNIZANT.
con jurisdicción respecto de un caso.

COGNOVIT.
acto por el que se consiente una sentencia o se produce un allanamiento a una demanda, generalmente bajo una condición, como ser una prórroga en el pago.

COGNOVIT ACTIONEM.
allanamiento a la demanda.

COGNOVIT JUDGMENT.
acto por el que un deudor se allana anticipadamente a una demanda en su contra, para el caso de no cumplir con determinada obligación.

COGNOVIT NOTE.
acto o documento por el que se autoriza a un mandatario a allanarse a una demanda que se ha entablado contra el firmante de tal documento.

COGUARANTOR.
cogarante o cofiador no solidario.

COGUARDIAN.
quien actúa como tutor, curador o guardián conjuntamente con otra persona.

COHABITATION.
cohabitación.

COHEIR.
coheredero.

COIN.
moneda. ‖ como verbo (*to coin*), acuñar. ‖ inventar palabras o usos verbales.

COINAGE.
las monedas en circulación. ‖ Acuñación.

COINHERITANCE.
herencia conjunta.

COINHERITOR.
coheredero.

COINSURANCE.
coaseguración. Coaseguro.

COINSURER.
coasegurador.

COITUS.
coito. Cópula carnal.

COLD BLOOD.
sangre fría. Premeditación.

COLEGATEE.
colegatario.

COLESSEE.
colocatario.

COLESSOR.
colocador.

COLLABORATION.
colaboración.

COLLAPSIBLE CORPORATION.
sociedad por acciones formada con el propósito de realizar sus acciones o mediante su liquidación. Se emplea con fines impositivos.
V. CORPORATION.

COLLATERAL.
colateral. Secundario. ‖ parentesco o vínculo familiar colateral. ‖ garantía. Los bienes dados en garantía.

COLLATERAL ACT.
acto que incluye obligaciones cuyo cumplimiento es objeto de garantías especiales.

COLLATERAL ACTION.
acción subsidiaria.

COLLATERAL AGREEMENT.
contrato, acuerdo o cláusula, accesorios respecto de un contrato principal.

COLLATERAL ANCESTORS.
ascendientes por vía colateral.

COLLATERAL ASSIGNMENT.
cesión en garantía.

COLLATERAL ASSURANCE.
garantía adicional.

COLLATERAL ATTACK.
ataque contra una sentencia o procedimiento, por vía de un incidente o mediante otro juicio cuyo propósito principal o aparente no es la anulación o revocación de la sentencia indirectamente atacada.

COLLATERAL CONDITION.
condición colateral, cuyo contenido no guarda relación directa con el objeto del acto del que forma parte.

COLLATERAL CONSANGUINITY.
consanguinidad colateral.

COLLATERAL CONTRACT.
contrato accesorio.

COLLATERAL COVENANT.
estipulación colateral, relativa a una cuestión ajena al objeto principal del acto en que se incluye. v. COVENANT.

COLLATERAL DESCENT.
descendencia colateral.

COLLATERAL ESTOPPEL.
impedimento al nuevo juzgamiento de cuestiones o determinaciones de hecho efectuadas en un juicio anterior entre las mismas partes. Aunque no equivale a la cosa juzgada, pues no se refiere a los efectos de una sentencia, sino de aspectos parciales de ésta y de otros actos procesales, es un concepto afín a aquél. v. ESTOPPEL.

COLLATERAL FACTS.
hechos no esenciales para la resolución de un litigio.

COLLATERAL FRAUD.
fraude o engaño respecto de aspectos secundarios de un proceso, que puede incidir sobre el curso de éste y por consiguiente, llevar a su nulidad.

COLLATERAL GUARANTY.
garantía de responder por los daños y perjuicios causados por el incumplimiento de las obligaciones a cargo de un tercero.

COLLATERAL HEIR.
heredero colateral.

COLLATERAL IMPEACHMENT.
v. COLLATERAL ATTACK.

COLLATERAL ISSUES.
cuestiones secundarias o no decisivas en un juicio.

COLLATERAL LIMITATION.
restricción de un derecho relativo a un inmueble, resultante de condiciones colaterales a ese derecho.

COLLATERAL LINE.
línea colateral.

COLLATERAL LOAN.
préstamo con garantías especiales.

COLLATERAL MATTER.
v. COLLATERAL FACTS.

COLLATERAL MORTGAGE.
hipoteca otorgada para garantizar los efectos de otra garantía preexistente.

COLLATERAL NEGLIGENCE.
la negligencia o culpa atribuible a un subcontratista por cuyos actos no es responsable el contratista principal.

COLLATERAL NOTE.
pagaré con garantía especial.

COLLATERAL POWERS.
poderes o mandatos colaterales, que no dan derecho de propiedad sobre los bienes respecto de los cuales se ejercen.

COLLATERAL PROCEEDING.
proceso en el que una cuestión puede plantearse o discutirse, pero en el que no se decide la misma.

COLLATERAL PROMISE.
obligación que reproduce los términos de otra obligación de igual contenido, asumida previamente por otra persona y que permanece en vigor.

COLLATERAL RELATIVE.
pariente por vía colateral.

COLLATERAL SECURITY.
garantía adicional o suplementaria.

COLLATERAL SOURCE RULE.
regla en virtud de la cual la obligación de indemnizar daños y perjuicios no se ve disminuida por el hecho de que el perjudicado haya recibido algún tipo de indemnización de una fuente independiente del obligado principal.

COLLATERAL TRUST BOND.
bono o debenture garantizado con acciones, bonos u otros títulos emitidos por otra sociedad.

COLLATERAL UNDERTAKING.
v. COLLATERAL AGREEMENT.

COLLATERAL WARRANTY.

estipulación o garantía implícitas, derivadas de la existencia de un contrato. ‖ garantía personal dada por un tercero al adquirente de una propiedad, respecto del título sobre ésta.

COLLATERALIZE.

dar garantías.

COLLATION.

control de una copia, respecto de su fidelidad al original. ‖ colación.

COLLATION OF ADVANCEMENTS.

colación.

COLLEAGUE.

colega.

COLLECT.

cobrar o recaudar deudas o impuestos. ‖ reunir.

COLLECT ON DELIVERY.

v. C. O. D.

COLLECTIBLE.

cobrable.

COLLECTING AGENT.

agente o representante con facultades de percibir cobros.

COLLECTING BANK.

banco a través del cual se realiza una cobranza.

COLLECTION.

cobranza. Cobro. Recaudación.

COLLECTION AGENCY.

agencia de cobranzas.

COLLECTION AT THE SOURCE.

recaudación o retención en la fuente.

COLLECTION DISTRICT.

distrito determinado a efectos de la recaudación impositiva o aduanera.

COLLECTION FEE.

comisión de cobro.

COLLECTION SERVICE.

servicio de cobranzas.

COLLECTIVE BARGAINING.

negociación colectiva de trabajo.

COLLECTIVE BARGAINING AGREEMENT.

contrato colectivo de trabajo.

COLLECTIVE BARGAINING UNIT.

el conjunto de trabajadores comprendidos en una negociación colectiva.

COLLECTIVE LABOUR AGREEMENT.

contrato colectivo de trabajo.

COLLECTIVE MARK.

marca colectiva.

COLLECTIVE SECURITY.

seguridad colectiva.

COLLECTIVE TRADEMARK.

v. COLLECTIVE MARK.

COLLECTOR.

recaudador. Cobrador. ‖ coleccionista.

COLLECTOR OF CUSTOMS.

recaudador de derechos aduaneros.

COLLECTOR OF DECEDENT'S ESTATE.

coadministrador de los bienes de la herencia, que actúa particularmente en materia de cobranzas.

COLLEGATARY.

colegatario.

COLLEGE.

colegio, en general. ‖ colegio o asociación profesional. ‖ universidad. ‖ facultad.

COLLIDE.

chocar.

COLLISION.

colisión.

COLLISION INSURANCE.

seguro contra choques o colisiones.

COLLISION OF SHIPS.

colisión o abordaje de navíos.

COLLITIGANT.

colitigante.

COLLUDE.

actuar colusivamente.

COLLUSION.

colusión.

COLLUSIVE.

colusivo.

COLLUSIVE ACTION.

acción colusiva.

COLLUSIVE BIDS.

ofertas en una licitación o en un remate, presentadas previa colusión entre quienes las formulan.

COLLUSIVE JOINDER.

incorporación colusiva de un tercero al proceso.

COLONIAL CHARTER.

carta o documento fundacional de una colonia. v. CHARTER.

COLONIAL LAWS.

leyes coloniales.

COLONIST.

colono.

COLONY.

colonia.

COLOR.
v. COLOUR.

COLOUR.
color. ‖ apariencia. Pretensión.

COLOUR OF AUTHORITY.
autoridad aparente.

COLOUR OF LAW.
apariencia de legitimación, autoridad o derecho.

COLOUR OF OFFICE.
apariencia de ejercer un cargo o función.

COLOUR OF RIGHT.
derecho aparente.

COLOUR OF TITLE.
título o derecho aparente.

COLOURABLE.
aparente.

COLOURABLE ALTERATION.
alteración en una obra, producción, proceso o artículo, que no altera su sustancia, estando destinada a la violación de derechos ajenos de propiedad industrial o intelectual.

COLOURABLE CAUSE OF INVOCATION OF JURISDICTION.
invocación de hechos o causas aparentes, susceptibles de provocar el procesamiento de un tercero.

COLOURABLE CLAIM.
pretensión o derecho ejercido contra una quiebra, basado en una relación aparente.

COLOURABLE IMITATION.
imitación de una marca, susceptible de crear una confusión en el público respecto de la marca auténtica.

COLOURABLE TITLE.
título aparente.

COLOURABLE TRANSACTION.
acto aparente o simulado.

COMBINATION.
unión o cooperación entre personas con un fin determinado. ‖ asociación, lícita o ilícita.

COMBINATION IN RESTRAINT OF TRADE.
acuerdo restrictivo de la competencia.

COMBINATION PATENT.
patente de combinación.

COMBINE.
acuerdo restrictivo de la competencia. ‖ como verbo (to combine), combinar.

COMBINED AIR CARRIAGE.
transporte aéreo combinado.

COMBINED TRANSPORT.
transporte combinado o multimodal.

COME INTO EFFECT.
entrar en vigencia.

COME INTO FORCE.
entrar en vigencia.

COME TO A NUISANCE.
instalarse en las inmediaciones de un objeto dañoso o perjudicial.
v. NUISANCE.

COMFORT.
confort. Comodidad. ‖ colaborar con el enemigo. v. AID AND COMFORT.

COMFORT LETTER.
informe de auditoría en el que se indica que aunque no existen motivos para presumir la existencia de cambios sustanciales respecto de un informe anterior, no se ha realizado una nueva auditoría en la cual se ha efectuado un análisis detallado de la contabilidad correspondiente.

COMITY.
respeto mutuo, particularmente en materia de relaciones internacionales, no en virtud de una obligación jurídica, sino por razones de cortesía y convivencia.

COMITY OF NATIONS.
el respeto y aplicación del Derecho de otro país, por razones de cortesía y convivencia.
v. COMITY.

COMMAND.
orden. Imperativo. ‖ poder. Dominio. Control. ‖ como verbo (to command), dirigir. Ordenar. Controlar.

COMMANDEER.
secuestrar una nave.

COMMANDER.
comandante.

COMMANDER IN CHIEF.
comandante en jefe.

COMMANDMENT.
orden. Mandamiento. ‖ incitación a cometer un delito.

COMMENCE.
comenzar. Iniciar. ‖ entablar o iniciar una acción procesal.

COMMENCEMENT OF ACTION.
iniciación de la acción.

COMMENCEMENT OF RISK.
entrada en vigencia de la cobertura de un seguro.

COMMENCEMENT ORDER.
orden ministerial en la que se establece la entrada en vigencia de una ley.

COMMENT.
comentario. ‖ el comentario respecto de un hecho hipotético, en contraposición con la afirmación de un hecho. ‖ como verbo (*to comment*), comentar.

COMMENT UPON THE EVIDENCE.
comentarios personales formulados por el juez al jurado respecto de las pruebas producidas en el juicio.

COMMENTARY.
comentario.

COMMENTATOR.
comentarista. Autor de comentarios jurídicos, particularmente en lo que hace referencia a fallos.

COMMERCE.
comercio. Tráfico.

COMMERCE AMONG THE STATES.
comercio interestatal.

COMMERCE CLAUSE.
cláusula de comercio.

COMMERCE DEPARTMENT.
departamento o Secretaría de Comercio.

COMMERCE POWERS.
poderes constitucionales para regular el comercio.

COMMERCIAL.
comercial.

COMMERCIAL ACCEPTANCE.
aceptación comercial.

COMMERCIAL AGENCY.
agencia comercial. ‖ agencia de cobranzas.

COMMERCIAL AGENT.
agente o representante comercial. ‖ agregado comercial.

COMMERCIAL ASSETS.
activos comerciales.

COMMERCIAL BANK.
banco comercial.

COMMERCIAL BLOCKADE.
bloqueo comercial.

COMMERCIAL BRIBERY.
soborno de empleados o dependientes de un tercero.

COMMERCIAL BROKER.
corredor de comercio.

COMMERCIAL CARRIER.
transportador público.

COMMERCIAL CAUSES.
causas o casos comerciales.

COMMERCIAL CODE.
código comercial. v. COMMERCIAL LAW.

COMMERCIAL COMMODITY.
mercadería comercializable.
v. COMMODITY.

COMMERCIAL CORPORATION.
persona jurídica con actividad comercial.
v. CORPORATION.

COMMERCIAL COURT.
tribunal comercial.

COMMERCIAL CUSTOM.
uso o costumbre comercial.

COMMERCIAL DOMICILE.
domicilio comercial.

COMMERCIAL ESTABLISHMENT.
establecimiento comercial.

COMMERCIAL FRUSTRATION.
frustración del fin del contrato. Extinción del contrato por imposibilidad del objeto.

COMMERCIAL IMPRACTICABILITY.
extinción del contrato al convertirse su objeto en impracticable, debido a un hecho que lo torna irrealizable o excesivamente oneroso, y cuya no ocurrencia era una condición implícita del contrato.

COMMERCIAL INSOLVENCY.
cesación de pagos o insolvencia de un comerciante.

COMMERCIAL INSTRUMENT.
título, instrumento o documento comercial.

COMMERCIAL INSURANCE.
seguro que cubre el riesgo de incumplimiento de la contraparte en operaciones comerciales.

COMMERCIAL LAW.
Derecho Comercial. Debe tenerse en cuenta que el *commercial law* en los países de Derecho anglonorteamericano tiene un ámbito más reducido que en los países del CIVIL LAW (v.), y que ese ámbito dista de ser preciso. El Derecho Societario, p. ej., es generalmente excluido, en los Estados Unidos, del *commercial law*.

COMMERCIAL LETTER OF CREDIT.
carta de crédito comercial.

COMMERCIAL LIST.
lista de las causas comerciales pendientes ante un tribunal.

COMMERCIAL LOAN.
préstamo comercial.

COMMERCIAL NAME.
nombre comercial.

COMMERCIAL OPERATION.
operación comercial.

COMMERCIAL PAPER.
títulos, documentos o instrumentos comerciales. Papeles de comercio. Títulos negociables o circulatorios.

COMMERCIAL PARTNERSHIP.
sociedad de personas de objeto comercial.
V. PARTNERSHIP.

COMMERCIAL PROPERTY.
propiedad comercial. ‖ propiedad aplicada a una explotación económica, en contraposición a la utilizada para vivienda.

COMMERCIAL SET.
el conjunto de la documentación referente a un embarque.

COMMERCIAL SPEECH.
expresiones o dichos de naturaleza comercial, y que como tales pueden recibir un tratamiento específico bajo las reglas sobre libertad de expresión.

COMMERCIAL TRANSACTION.
operación o negocio comercial.

COMMERCIAL TRAVELER.
viajante de comercio.

COMMERCIAL UNIT.
unidad utilizada para las operaciones comerciales con cierta mercadería

COMMERCIAL USAGE.
usos comerciales.

COMMERCIAL USE.
uso o destino comercial.

COMMINATORY.
conminatorio.

COMMINGLE.
confundir o combinar diversos elementos en una unidad.

COMMINGLING OF FUNDS.
confusión de fondos o de cuentas.

COMMINGLING OF GOODS.
confusión o mezcla de bienes.

COMMISSARY.
representante. Enviado. Encargado. ‖ comisariato.

COMMISSION.
comisión, en general. ‖ poder. Encargo. Autorización. Delegación. Representación. ‖ junta. Consejo. Comité. ‖ como verbo (to commission), comisionar. Encargar. Encomendar.

COMMISSION AGENT.
comisionista.

COMMISSION BROKER.
corredor comercial o bursátil.

COMMISSION DEL CREDERE.
cláusula del credere. Aquélla por la cual el agente o representante garantiza el pago del precio debido por el comprador.

COMMISSION FORM OF GOVERNMENT.
forma de gobierno municipal, basada en la delegación de las atribuciones administrativas y legislativas a un único cuerpo colegiado.

COMMISSION MERCHANT.
comisionista.

COMMISSION OF APPEALS.
comisión de apelaciones, que sustituye a los tribunales de alzada cuando éstos no pueden entender en ciertas causas.

COMMISSION OF INQUIRY.
comisión investigadora.

COMMISSION OF LUNACY.
comisión de peritos destinada a determinar la posible insania de una persona.
V. LUNACY.

COMMISSION OF PARTITION.
comisión nombrada judicialmente a efectos de proceder a la partición de bienes.

COMMISSION OF THE PEACE.
nombramiento de jueces de paz.

COMMISSION TO EXAMINE WITNESSES.
solicitud judicial a fin de que se tome testimonio a personas ubicadas fuera de la jurisdicción del tribunal que la emite.

COMMISSION TO TAKE TESTIMONY.
V. COMMISSION TO EXAMINE WITNESSES.

COMMISSIONER.
comisionado. Administrador. Miembro de una comisión o de una junta o concejo municipal.

COMMISSIONER OF BAIL.
funcionario encargado de recibir fianzas y garantías otorgadas en juicio. V. BAIL.

COMMISSIONER OF COURT.
persona designada para desempeñar temporalmente funciones judiciales o para colaborar en aspectos específicos de las mismas.

COMMISSIONER OF DEEDS.
funcionario judicial que opera fuera de la jurisdicción del estado del que depende y que tiene a su cargo certificar documentación a ser presentada en ese estado.

COMMISSIONER OF PATENTS.
comisario de patentes.

COMMISSIONERS OF MUNICIPALITY.
comisionados municipales. v. COMMISSION
FORM OF GOVERNMENT.

COMMISSIVE WASTE.
daños causados a un inmueble mediante actos
o conductas positivas. v. WASTE.

COMMIT.
cometer. Perpetrar. ‖ encarcelar. Recluir. ‖
encomendar. Confiar.

COMMITMENT.
reclusión. ‖ compromiso. Obligación. Promesa.

COMMITMENT FEE.
comisión de compromiso. Comisión que se
abona a bancos u otras instituciones de crédito
como contraprestación por el compromiso de
éstas de poner a disposición del prestatario
ciertas sumas.

COMMITMENT PROCEEDINGS.
procedimiento destinado a determinar la reclusión de una persona, particularmente por
motivos de salud mental.

COMMITTAL.
arresto. Reclusión.

COMMITTAL FOR TRIAL.
envío a juicio de una causa penal.

COMMITTAL PROCEEDINGS.
suerte de procedimiento instructorio, en el
que se decide si el acusado en una causa penal
será sometido a juicio.

COMMITTAL TO PRISON.
envío a prisión.

COMMITTEE.
comité. Comisión.

COMMITTEE OF INSPECTION.
comité de supervisión, generalmente formado
por acreedores que controlan la actividad del
síndico de una quiebra.

COMMITTING MAGISTRATE.
suerte de magistrado de instrucción que decide en la etapa inicial de un juicio penal el encarcelamiento o libertad bajo fianza del acusado y la prosecución o no del juicio.

COMMIXTION.
conmixtión. Se utiliza en relación al CIVIL LAW
(v.).

COMMODATE.
comodato. Se utiliza en relación al CIVIL LAW
(v.).

COMMODATUM BAILMENT.
comodato. v. BAILMENT.

COMMODITIES.
bienes. Mercaderías. Productos. ‖ bienes
muebles y fungibles comercializados en bolsas
u otros mercados institucionalizados.

COMMODITY.
v. COMMODITIES.

COMMODITY FUTURE.
operación de futuro con bienes calificables como COMMODITIES (v.).

COMMODITY OPTION.
opción de compra o de venta de bienes calificables como COMMODITIES (v.).

COMMODITY PAPER.
documentos comerciales garantizados con
bienes calificables como COMMODITIES (v.).

COMMODITY RATE.
tarifa de transporte aplicable a determinado
tipo de mercaderías.
v. COMMODITIES.

COMMON.
común. ‖ derecho de uso sobre un inmueble,
ejercido en común entre varias personas. ‖ terrenos municipales destinados a uso público.

COMMON ADVENTURE.
empresa o negocio en común, particularmente en materia de navegación.

COMMON ANCESTOR.
antepasado común.

COMMON ANCESTRY.
ascendencia común.

COMMON AREA.
area para uso común en inmuebles sujetos a
regímenes de propiedad horizontal, condominio o arrendamiento.

COMMON ASSURANCES.
mecanismos y actos utilizados para la transferencia de la propiedad inmueble.

COMMON AVERAGE.
avería común o simple.

COMMON BAIL.
v. BAIL COMMON.

COMMON BAR.
articulación procesal opuesta a una acción de
TRESPASS (v.), en la que el demandado exige
que el actor especifique el lugar en que se ha
producido el hecho que da lugar a la acción.

COMMON BARRATRY.
incitación reiterada a disputas y reyertas.
v. BARRATRY.

COMMON BELIEF.

creencia común o generalizada.

COMMON CARRIER.

transportador público. Empresa de transporte público.

COMMON COUNCIL.

concejo deliberante.

COMMON COUNT.

petición común formulada en una presentación, que abarca diversas posibles causas de los derechos pretendidos.

v. COUNT.

COMMON DAY.

día común, de medianoche a medianoche.

COMMON DEFENCE.

defensa o excepción planteada por diversos codemandados.

COMMON DEFENSE.

v. COMMON DEFENCE.

COMMON DESIGN.

intención o propósito común, en cuanto compartido por varias personas, y particularmente en relación con hechos ilícitos.

COMMON DILIGENCE.

diligencia común u ordinaria.

COMMON DISASTER.

conmoriencia. Muerte del asegurado y del beneficiario en un mismo hecho, de forma de no poder determinarse cuál murió primero.

COMMON DISASTER CLAUSE.

cláusula del contrato de seguro en la que se establece un nuevo beneficiario para el caso de conmoriencia del asegurado y el beneficiario original. v. COMMON DISASTER.

COMMON EMPLOYMENT DOCTRINE.

doctrina en virtud de la cual el empleador se ve excluido de responsabilidad por un accidente de trabajo cuando éste es imputable a otro trabajador dependiente del mismo empleador.

COMMON ENEMY DOCTRINE.

doctrina por la cual el dueño de un terreno puede realizar lo necesario para deshacerse de las aguas superficiales que afecten a su propiedad, sin importar sus consecuencias para otros inmuebles.

COMMON ENTERPRISE.

empresa o negocio en común.

COMMON FINE.

multa aplicada en común a un grupo de individuos.

COMMON FISHERY.

lugar donde existe un derecho general de pesca.

COMMON FUND DOCTRINE.

conforme a esta doctrina, si se forma un fondo como consecuencia de los esfuerzos de un demandante o de sus letrados, del cual pueden aprovecharse otras partes, aquéllos pueden cobrarse de ese fondo de gastos incurridos para formarlo, incluyendo los honorarios profesionales.

COMMON GOOD.

bienestar general. Bien común.

COMMON HUMANITY DOCTRINE.

doctrina por la cual un transportador público debe prestar a sus pasajeros enfermos o heridos la asistencia que requiere un sentimiento común de humanidad.

COMMON IN GROSS.

servidumbre personal.

COMMON INJURY.

daños o lesiones que resulten comúnmente de cierto tipo de hechos.

COMMON INTENDMENT.

el sentido común de una palabra o de una frase.

COMMON INTENT.

el sentido común de las palabras. ‖ intención común o compartida, particularmente en materia de actos ilícitos.

COMMON INTEREST.

copropiedad. ‖ intereses comunes o compartidos sobre un mismo bien, derecho u operación.

COMMON JURY.

jurado común, en contraposición a un GRAND JURY, CORONER'S JURY (v.) u otros jurados especiales.

COMMON KNOWLEDGE.

conocimiento público.

COMMON LAND.

terrenos comunales.

COMMON LAW.

el sistema jurídico anglo-norteamericano. v. ANGLO-AMERICAN LAW. ‖ dentro del sistema jurídico anglo-norteamericano, el conjunto de reglas y normas tradicionales que constituyen el núcleo común a los Derechos de ese sistema, particularmente según han sido reconocidos por la jurisprudencia. ‖ en una acepción más amplia que la anterior, siempre dentro del sistema jurídico anglo-norteamericano, las normas y reglas que no tienen origen legislativo. || el Derecho común de un país, en contraposición a las normas especiales que se aplican sólo a ciertas personas, regiones o materias. || El Derecho estricto, en contraposición al régimen de EQUITY (v.).

COMMON LAW ACTION.

acción fundada en el COMMON LAW (v.), en contraposición a las derivadas del régimen de EQUITY (v.), de la legislación o del CIVIL LAW (v.).

COMMON LAW ACTIONABLE NEGLIGENCE.

cuasidelito del que nacen obligaciones de resarcimiento bajo el COMMON LAW (v.), en contraposición a las derivadas de la legislación.

COMMON LAW ARBITRATION.

arbitraje que reúne las condiciones exigidas por el COMMON LAW (v.) para ser vinculante para las partes.

COMMON LAW ASSIGNMENT.

concordato por cesión de bienes en favor de los acreedores, basado en el COMMON LAW (v.) y no en disposiciones legales.

COMMON LAW BOND.

obligación simple de pagar una suma de dinero, que reúne las condiciones formales exigidas por el COMMON LAW (v.) para su validez. V. BOND. || garantía exigida por el COMMON LAW (v.) y no por normas de origen legislativo. V. BOND.

COMMON LAW CHEAT.

engaño, fraude o trampa, que están definidos por el COMMON LAW (v.) y no por la legislación.

COMMON LAW CONTEMPT.

desacato o desobediencia sancionable penalmente conforme al COMMON LAW (v.) y no en función de la legislación.

COMMON LAW COPYRIGHT.

el derecho de autor según se desprende del COMMON LAW (v.), y no el previsto por el legislador.

COMMON LAW COURTS.

tribunales que tienen a cargo de la aplicación del COMMON LAW (v.).

COMMON LAW CRIME.

delito sancionable según el COMMON LAW (v.), en contraposición a los que tienen origen legislativo.

COMMON LAW DEDICATION.

donación o dedicación de una propiedad o un derecho sobre ésta, para uso público, mediante consentimiento expreso o implícito de ese uso. V. DEDICATION.

COMMON LAW EXTORTION.

extorsión realizada por un funcionario público, definida por el COMMON LAW (v.), en contraposición con la sancionada legislativamente.

COMMON LAW JURISDICTION.

en el pasado, jurisdicción de un tribunal para aplicar el COMMON LAW (v.). || país o jurisdicción en el que rige el sistema de COMMON LAW (v.).

COMMON LAW JURY.

jurado formado conforme con las reglas del COMMON LAW (v.).

COMMON LAW LARCENY.

hurto común según lo define el COMMON LAW (v.).

COMMON LAW LIABILITY.

responsabilidad emergente de las reglas de COMMON LAW (v.).

COMMON LAW LIEN.

privilegio o derecho de preferencia, resultante generalmente del ejercicio de un derecho de retención, tal como lo reconoce el COMMON LAW (v.), en contraposición a los que resultan de normas legislativas o del acuerdo entre las partes.

V. LIEN.

COMMON LAW MARRIAGE.

matrimonio resultante del consentimiento de las partes, seguido de la cohabitación, sin otras ceremonias o actos solemnes.

COMMON LAW TRADE-MARK.

marca adquirida por su uso, conforme con el COMMON LAW (v.), sin cumplirse con requisitos adicionales exigidos por la legislación a ciertos efectos.

COMMON LAW TRUST.

empresa organizada como fideicomiso, en la que los administradores son fideicomisarios y los beneficiarios hacen las veces de socios o accionistas. Se lo conoce también con el nombre de MASSACHUSETTS TRUST O BUSINESS TRUST (v.). V. TRUST.

COMMON LAW WIFE.

esposa conforme a COMMON LAW MARRIAGE (v.).

COMMON LAWYER.
abogado versado en el COMMON LAW (v.). Expresión actualmente fuera de uso.

COMMON MARKET.
mercado común.

COMMON NOTORIETY.
conocimiento público.

COMMON NUISANCE.
molestia pública. Actividad o conducta que afecta al público en general, produciéndole un daño o una molestia.
V. NUISANCE.

COMMON OF PASTURE.
derecho o servidumbre de pastoreo.

COMMON ORDER.
intimación judicial dirigida a un demandado en rebeldía, conminándolo a comparecer bajo apercibimiento de dictar sentencia en su contra en caso contrario.

COMMON OWNERSHIP.
propiedad en común. Copropiedad.

COMMON PERIL.
peligro común.

COMMON PLEAS.
acciones civiles.

COMMON PROPERTY.
propiedad en común. Copropiedad. ‖ las partes comunes o de uso común de un edificio en propiedad horizontal, condominio o arrendado a diversos inquilinos.

COMMON RECOVERY.
forma de transmisión de la propiedad, basada en una suerte de juicio ficticio contra el anterior propietario.

COMMON REPUTE.
creencia generalizada.

COMMON RETURN DAYS.
días predeterminados de comparecencia de los demandados ante el tribunal.

COMMON RIGHT.
derecho subjetivo basado en el COMMON LAW (v.) y no reservado a grupos o personas determinadas.

COMMON SEAL.
sello distintivo de una persona jurídica.

COMMON SELLER.
vendedor habitual.

COMMON SENSE.
sentido común.

COMMON STOCK.
acciones ordinarias o comunes. V. STOCK.

COMMON TENANCY.
copropiedad. Propiedad en común. Se distingue del JOINT TENANCY (v.) en que los derechos de los copropietarios se transmiten a su muerte a los herederos, y no a los restantes copropietarios.

COMMON THIEF.
ladrón habitual.

COMMON TRAVERSE.
negativa directa de las afirmaciones de la contraparte.

COMMON TRUST FUND.
fondo formado a través de un fideicomiso, en el que un barco u otra institución financiera actúa como fideicomisario administrando los fondos de una pluralidad de fideicomitentes.
V. TRUST.

COMMON USE.
uso común.

COMMON WALL.
medianera. Muro común.

COMMON WEAL.
bienestar general. Bien común.

COMMONS.
los comunes, o sea los ciudadanos no pertenecientes a la nobleza. ‖ bienes municipales destinados al uso público.

COMMONWEALTH.
bienestar general. Bien común. ‖ estado. Comunidad. ‖ la Comunidad Británica de Naciones.

COMMORANCY.
en Gran Bretaña, residencia en una localidad. En los Estados Unidos, residencia temporaria.

COMMORANT.
residente. Residente temporario.
V. COMMORANCY.

COMMORIENTES.
conmorientes.

COMMOTION.
conmoción. Desorden. revuelta.

COMMUNE.
comuna.

COMMUNICATE.
comunicar. Informar.

COMMUNICATION.
comunicación.

COMMUNISM.
comunismo.

COMMUNIS OPINIO.
opinion general.

COMMUNITY.
comunidad. ‖ sociedad conyugal.

COMMUNITY ACCOUNT.
cuenta bancaria en común, en la que se encuentran confundidos los fondos de la sociedad conyugal.

COMMUNITY DEBT.
deuda de la sociedad conyugal.

COMMUNITY ESTATE.
sociedad conyugal.

COMMUNITY HOME.
instituto correccional de menores.

COMMUNITY HOUSE.
casa compartida por una pluralidad de familias.

COMMUNITY INCOME.
ingresos gananciales.

COMMUNITY LAW.
Derecho Comunitario, en particular el de la Comunidad Económica Europea.

COMMUNITY LEASE.
locación a favor de un único locatario, realizada por una pluralidad de locadores. V. LEASE.

COMMUNITY OBLIGATION.
obligación de la sociedad conyugal.

COMMUNITY OF INTEREST.
interés común, particularmente el que se tiene en una empresa o actividad emprendida en forma asociada.

COMMUNITY OF PROFIT.
propiedad en común y participación en las ganancias, características de las sociedades de personas. V. PARTNERSHIP.

COMMUNITY PROPERTY.
la propiedad en común resultante de la sociedad conyugal.

COMMUNITY SERVICE ORDER.
orden judicial de prestar servicios a la comunidad, en carácter de pena.

COMMUNITY TRUST.
fideicomiso para la administración de fondos destinados a fines de bien público.
V. TRUST.

COMMUTATION.
conmutación de pena. ‖ conversión del derecho a recibir un pago variable o periódico, en un pago fijo o único.

COMMUTATION OF SENTENCE.
conmutación de la pena.

COMMUTATIONOF TAXES.
conmutación impositiva.

COMMUTATIVE CONTRACT.
contrato conmutativo. Se utiliza la expresión en este sentido solamente en relación con el CIVIL LAW (v.). ‖ contrato con prestaciones recíprocas, dependientes unas de las otras.

COMMUTATIVE JUSTICE.
justicia conmutativa.

COMMUTED VALUE.
el valor actual de pagos o ingresos futuros.

COMPACT.
pacto. Acuerdo. Alianza. ‖ compacto.

COMPACT CLAUSE.
cláusula constitucional estadounidense relativa a acuerdos entre los estados que integran un sistema federal.

COMPANIONATE MARRIAGE.
relación matrimonial o extramatrimonial que las partes han estructurado de forma de poder darle fin en cualquier momento.

COMPANY.
compañía. Sociedad comercial.

COMPANY TOWN.
pueblo o ciudad controlado por una única empresa o dependiente totalmente de ésta, en el orden económico o de empleo.

COMPANY UNION.
sindicato de empresa, o sea el que sólo actúa en el marco de ésta. ‖ sindicato controlado por la empresa en que opera.

COMPARATIVE.
comparativo.

COMPARATIVE ADVERTISING.
publicidad comparativa.

COMPARATIVE INTERPRETATION.
interpretación comparativa.

COMPARATIVE JURISPRUDENCE.
Derecho Comparado.

COMPARATIVE LAW.
Derecho Comparado.

COMPARATIVE NEGLIGENCE.
proporcionalidad de la culpa. Principio en virtud del cual se reduce una indemnización de daños y perjuicios en función de la culpa proporcional que corresponda al perjudicado.

COMPARATIVE RECTITUDE.
principio según el cual es culpable del divorcio la parte a la que quepa atribuir una mayor gravedad en la inconducta, cuando ambas han incurrido en ésta.

COMPARISON.
comparación.

COMPARISON OF HANDWRITING.
cotejo caligráfico. Comparación efectuada en la escritura.

COMPATIBILITY.
compatibilidad.

COMPEL.
obligar. Compeler. Forzar.

COMPEL PAYMENT.
apremiar el pago.

COMPELLING STATE INTEREST.
interés estatal superior.

COMPENSABLE DEATH.
muerte indemnizable, particularmente en casos de accidentes de trabajo.

COMPENSABLE INJURY.
daño o lesión indemnizable, particularmente en casos de accidentes de trabajo.

COMPENSATE.
compensar.

COMPENSATING BALANCE.
depósito requerido por un banco como condición de un préstamo o línea de crédito.

COMPENSATION.
indemnización. ‖ remuneración. Contraprestación.

COMPENSATION COURT.
tribunal con competencia en cuestiones de accidentes de trabajo.

COMPENSATION ORDER.
indemnización civil ordenada en el marco de un juicio penal.

COMPENSATION PERIOD.
período durante el cual un trabajador recibe los beneficios establecidos para casos de desempleo o accidentes de trabajo.

COMPENSATORY DAMAGES.
indemnización de daños y perjuicios, que no excede del valor de éstos.

COMPENSATORY FINE.
multa procesal impuesta para compensar los daños causados por la contumacia del demandado.

COMPETE.
competir.

COMPETENCE.
capacidad para realizar un acto. ‖ viabilidad de un medio de prueba para obrar como tal. ‖ competencia de un órgano, en materia de Derecho Internacional.

COMPETENCY.
V. COMPETENCE.

COMPETENCY OF EVIDENCE.
viabilidad de la prueba.

COMPETENCY OF PERSONS.
capacidad de hecho.

COMPETENCY PROCEEDINGS.
procedimiento para determinar la capacidad mental de una persona, con fines civiles, penales o procesales.

COMPETENCY TO STAND TRIAL.
capacidad procesal.

COMPETENT.
capaz. Legitimado. Habilitado. ‖ competente.

COMPETENT ATTESTING WITNESS.
testigo capaz.

COMPETENT AUTHORITY.
autoridad competente.

COMPETENT COURT.
tribunal competente.

COMPETENT EVIDENCE.
prueba admisible.

COMPETENT JURISDICTION.
autoridad, órgano o jurisdicción competente.

COMPETENT PERSON.
persona capaz. Persona con capacidad de hecho.

COMPETENT TO DISPOSE.
capaz de disponer.

COMPETENT TO TESTIFY.
capaz de testificar.

COMPETENT WITNESS.
testigo competente.

COMPETITION.
competencia. Concurrencia.

COMPETITION LAW.
Derecho de la competencia. Derecho de defensa de la competencia. Derecho antimonopólico.

COMPETITIVE.
competitivo.

COMPETITIVE ADVERTISING.
publicidad con propósitos competitivos, que se encuentra en contraposición a la de orden informativo.

COMPETITIVE BIDDING.
formulación de ofertas o propuestas en forma competitiva.

COMPETITIVE EXAMINATION.
concurso por exámenes, para acceder a un cargo.

COMPETITOR.
competidor.

COMPILATION.
compilación.

COMPILED STATUTES.
legislación compilada.

COMPLAIN.
demandar. Accionar. ‖ denunciar. ‖ plantear quejas, protestas o reclamos.

COMPLAINANT.
demandante. Accionante.

COMPLAINT.
demanda. Acción. ‖ denuncia penal. ‖ reclamo. Recurso. ‖ queja. Protesta.

COMPLETE.
completo. Perfecto. Consumado. ‖ como verbo (to complete), completar.

COMPLETE DETERMINATION OF CAUSE.
agotamiento de un caso, de forma que la sentencia relativa al mismo tenga valor de cosa juzgada.

COMPLETE JURISDICTION.
jurisdicción plena.

COMPLETE VOLUNTARY TRUST.
fideicomiso voluntario todos cuyos elementos se encuentran ya constituidos. v. TRUST.

COMPLETED CONTRACT METHOD.
método contable en el que las pérdidas y ganancias de un contrato se determinan al completarse el cumplimiento del mismo.

COMPLETED CRIME.
delito consumado.

COMPLETENESS RULE.
regla en virtud de la cual un elemento de prueba, particularmente documental, puede ser complementado mediante otros elementos de prueba que se refieran a aquél y que lo modifiquen.

COMPLETION.
terminación. Consumación. Cumplimiento.

COMPLETION BOND.
garantía de que un contrato será cumplido íntegramente. v. BOND.

COMPLEX TRUST.
fideicomiso complejo, por incluir reglas relativas al destino de sus fondos o ingresos, de administración de éstos u otros elementos que se apartan de un fideicomiso simple. v. TRUST.

COMPLIANCE.
cumplimiento. Observancia. Obediencia. Conformidad.

COMPLICE.
cómplice.

COMPLICITY.
complicidad.

COMPLY.
cumplir. Observar. Obedecer. Aceptar.

COMPOSITE FACTS RULE.
regla procesal que admite como prueba un testimonio en el que se formulan conclusiones basadas en ciertos hechos, si de tales conclusiones pueden desprenderse los citados hechos.

COMPOSITE WORK.
obra colectiva, desde el punto de vista del derecho de autor.

COMPOSITION.
acuerdo o concordato con los acreedores. ‖ Obra. Composición.

COMPOSITION AGREEMENT.
v. COMPOSITION.

COMPOSITION DEED.
instrumento correspondiente a un concordato con los acreedores. v. DEED.

COMPOSITION IN BANKRUPTCY.
concordato con los acreedores.

COMPOSITION OF MATTER.
la composición de una sustancia, particularmente en relación con su patentamiento.

COMPOSITION WITH CREDITORS.
concordato o avenimiento extrajudicial con los acreedores.

COMPOUND.
compuesto. ‖ como verbo (to compound), transar. Llegar a un compromiso. ‖ también como verbo, incrementar. Aumentar.

COMPOUND INTEREST.
interés compuesto.

COMPOUND LARCENY.
hurto agravado por el ingreso ilícito en el inmueble en el que aquél se comete.

COMPOUNDER.
el que participa de una transacción o compromiso. ‖ árbitro. Componedor.

COMPOUNDING.
acto de transar o de llegar a un compromiso.

COMPOUNDING CRIME.
acuerdo ilícito entre la víctima de un delito y su autor, por el que aquélla acuerda no denunciarlo a cambio de una contraprestación.

COMPREHENSIVE.
amplio. Comprensivo. Global.

COMPREHENSIVE COVERAGE.
cobertura contra todo riesgo.

COMPREHENSIVE INSURANCE.
seguro contra todo riesgo.

COMPREHENSIVE POLICY.
póliza de seguros global o relativa a riesgos múltiples.

COMPRINT.
copia ilegal de una obra.

COMPRISE.
incluir. Comprender.

COMPROMISE.
transacción. Compromiso. Acuerdo.

COMPROMISE VERDICT.
veredicto de un jurado, que resulta de un compromiso entre las posiciones divergentes de sus miembros.

COMPTROLLER.
revisor de cuentas. Auditor. ‖ síndico de una sociedad.

COMPULSION.
coacción. Compulsión. Apremio. Coerción.

COMPULSORY.
obligatorio. Coactivo. ‖ forzado. Resultante de coacción.

COMPULSORY ARBITRATION.
arbitraje obligatorio.

COMPULSORY ASSIGNMENT.
cesión forzada en favor de los acreedores, normalmente en el curso de un proceso concursal.

COMPULSORY ATTENDANCE.
asistencia obligatoria.

COMPULSORY CONDITION.
condición obligatoria, por requerir el cumplimiento de una obligación como condición para la subsistencia o ejercicio de un determinado derecho.

COMPULSORY COUNTERCLAIM.
reconvención necesaria, por comprender cuestiones que sólo pueden ser planteadas por esa vía.

COMPULSORY DISCLOSURE.
entrega obligatoria de documentos, información u otros elementos, a ser utilizados como prueba en un proceso. ‖ información que debe ser dada obligatoriamente en ciertas circunstancias, por ejemplo, al asumirse ciertos cargos.

COMPULSORY EXECUTION.
transferencia forzada de la propiedad de un inmueble cuando la persona obligada a hacer la transferencia se niega a hacerlo.

COMPULSORY INSURANCE.
seguro obligatorio.

COMPULSORY JOINDER.
litisconsorcio necesario.

COMPULSORY LAW.
ley imperativa.

COMPULSORY LIQUIDATION.
liquidación forzada.

COMPULSORY NONSUIT.
caducidad o rechazo de una demanda por motivos procesales ajenos a la intención del demandante.

COMPULSORY PAYMENT.
pago forzado. ‖ pago de una deuda por el fiador.

COMPULSORY POOLING.
reunión compulsiva de terrenos, a efectos de procederse a una explotación más racional de los mismos en lo que hace a hidrocarburos.

COMPULSORY PROCESS.
citación de una persona a presentarse en juicio, bajo apercibimiento de utilizar la fuerza pública en caso de no hacerlo voluntariamente.

COMPULSORY PURCHASE.
expropiación.

COMPULSORY SALE.
ejecución forzada. Venta judicial.

COMPULSORY SELF-INCRIMINATION.
confesión o admisión de un delito o de un hecho incriminante, forzada o exigida a quien la hace.

COMPUTATION.
cómputo.

COMPUTATION OF TIME.
cómputo de tiempo.

COMPUTER.
computador. Ordenador.

CONCEAL.
ocultar. Esconder.

CONCEALED ASSETS.
activos ocultos.

CONCEALING OFFENCE.
encubrimiento de un delito.

CONCEALING OFFENSE.
v. CONCEALING OFFENCE.

CONCEALMENT.
ocultamiento. Disimulación. Encubrimiento. ‖ reticencia en el contrato de seguro.

CONCEALMENT OF BIRTH.
ocultamiento de parto.

CONCEALMENT OF CRIME.
encubrimiento de un delito.

CONCEPTION.
concepción.

CONCERN.
empresa. ‖ como verbo (*to concern*), ser referente o afectar a algo.

CONCERT.
concierto. Acuerdo. ‖ también como verbo (*to concert*), concertar.

CONCERTED ACTION.
acción concertada.

CONCESSION.
concesión.

CONCESSOR.
concedente.

CONCILIATION.
conciliación.

CONCILIATION BOARD.
junta de conciliación.

CONCISE.
conciso. Suscinto.

CONCISE STATEMENT OF DECISION.
parte dispositiva de una sentencia.

CONCLUDE.
terminar. ‖ llegar a una conclusión.

CONCLUSION.
terminación. ‖ conclusión. ‖ presunción *iuris et de iure*.

CONCLUSION OF FACT.
conclusión de hecho, basada en lo actuado en juicio.

CONCLUSION OF INDICTMENT.
parte final o cierre de una acusación.
v. INDICTMENT.

CONCLUSION OF LAW.
conclusión de derecho a la que se llega en un juicio.

CONCLUSIVE.
concluyente. Terminante. Irrebatible.

CONCLUSIVE ARGUMENT.
argumento irrefutable.

CONCLUSIVE CERTIFICATE.
certificado con valor de plena prueba respecto de los hechos allí indicados.

CONCLUSIVE EVIDENCE.
prueba concluyente.

CONCLUSIVE PRESUMPTION.
presunción concluyente.

CONCLUSIVENESS.
carácter concluyente, final o inapelable.

CONCLUSIVENESS OF JUDGMENT.
carácter final e inapelable que surge de una sentencia.

CONCOMITANT ACTIONS.
acciones entabladas conjuntamente.

CONCORD.
acuerdo. Compromiso. Transacción. Voz fuera de uso.

CONCORDAT.
concordato.

CONCOURSE OF ACTIONS.
coexistencia de acciones civiles y penales respecto de los mismos hechos.

CONCRIMINATION.
acusación contra dos o más personas respecto de un mismo delito.

CONCUBINAGE.
concubinato.

CONCUBINE.
concubina.

CONCUR.
acordar. Estar de acuerdo. Convenir.

CONCURRENCE.
concurrencia de opiniones o acciones. ‖ acuerdo.

CONCURRENCE OF CHARGES.
Concurso de acusaciones.

CONCURRENCE OF CRIMES.
concurso de delitos.

CONCURRENCE OF SENTENCES.
concurso de penas o condenas.

CONCURRENT.
concurrente.

CONCURRENT CAUSES.
causas concurrentes, que conjuntamente ocasionan un hecho.

CONCURRENT CONDITIONS.
condiciones suspensivas impuestas recíprocamente sobre los contratantes.

CONCURRENT CONSIDERATION.
contraprestación concurrente, por acordarse simultáneamente entre las partes las obligaciones recíprocas que la configuran.
v. CONSIDERATION.

CONCURRENT COVENANTS.
estipulaciones contractuales concurrentes.
v. COVENANT.

CONCURRENT ESTATES.
derechos en común ejercidos sobre un bien inmueble.
v. ESTATE.

CONCURRENT INSURANCE.
pluralidad de seguros respecto de un mismo riesgo.

CONCURRENT JURISDICTION.
jurisdicción concurrente de varios tribunales respecto de la misma causa.

CONCURRENT LEASE.
locación de cosas que comienza antes de la expiración de otra locación sobre el mismo bien. V. LEASE.

CONCURRENT LIENS.
derechos de preferencia o privilegios ejercidos conjuntamente respecto del mismo bien.
V. LIEN.

CONCURRENT NEGLIGENCE.
negligencia conjunta de varias personas en relación a un hecho.

CONCURRENT POWERS.
poderes concurrentes de varias autoridades, particularmente de un Estado federal y de las provincias o estados que lo componen.

CONCURRENT PROMISES.
promesas u obligaciones contractuales concurrentes, tales que una no es exigible si la otra no es cumplida o no se ofrece cumplirla simultáneamente con la primera.

CONCURRENT REMEDIES.
acciones y procedimientos emergentes conjuntamente de la lesión de un derecho, destinados a evitarla o eliminarla.
V. REMEDY.

CONCURRENT RESOLUTION.
resolución concurrente de ambas cámaras de la legislatura.

CONCURRENT SENTENCES.
V. CONCURRENCE OF SENTENCES.

CONCURRENT TORTFEASORS.
quienes mediante conductas independientes causan concurrentemente un hecho ilícito.
V. TORTFEASORS.

CONCURRENT WRITS.
órdenes judiciales emitidas concurrentemente. V. WRIT.

CONCURRING CAUSE.
causa concurrente de un hecho.

CONCURRING OPINION.
opinión de un miembro de un tribunal colegiado que concurre con la mayoría pero que da sus fundamentos por separado.

CONCUSSION.
extorsión. ‖ concusión.

CONDEMN.
expropiar. ‖ condenar. v. CONDEMNATION.

CONDEMNATION.
condena en sede civil. ‖ sentencia por la que se declara que una nave ha sido capturada o secuestrada legítimamente, o que por otros motivos no puede ser liberada. ‖ expropiación.

CONDEMNATION MONEY.
condena al pago de una suma de dinero.

CONDEMNATION PROCEEDINGS.
V. CONDEMNATION SUIT.

CONDEMNATION SUIT.
juicio de expropiación.

CONDITION.
condición, en general. ‖ cláusula de un acto relativo a la propiedad inmueble, impuesta por el enajenante y cuyo incumplimiento da lugar a la reversión de la enajenación. ‖ estado o condición de una persona. ‖ como verbo (*to condition*), condicionar.

CONDITION COLLATERAL.
condición que requiere el cumplimiento de un acto colateral no vinculado al objeto principal del contrato a que corresponde.

CONDITION FOR AVOIDANCE.
condición resolutoria a la que está sujeta una garantía.

CONDITION INHERENT.
condición que pesa sobre el derecho a obtener una renta de un inmueble.

CONDITION MERITORIOUS.
condición que depende de la conducta del obligado.

CONDITION PRECEDENT.
condición suspensiva.

CONDITION RUNNING WITH THE GOODS.
condición u obligación que pesa sobre ciertos bienes, aunque éstos sean adquiridos por quien no es parte del acto en que se la ha impuesto. Se asemeja a las obligaciones *propter rem*, sin identificarse con éstas.

CONDITION SUBSEQUENT.
condición resolutoria.

CONDITIONAL.
condicional.

CONDITIONAL ACCEPTANCE.
aceptación condicional.

CONDITIONAL ACKNOWLEDGMENT.
reconocimiento condicional de una obligación.

CONDITIONAL AFFIRMANCE.
confirmación condicional de una sentencia por el tribunal de alzada, sujeta a que los daños y perjuicios que se fijen oportunamente por el tribunal inferior sean correctos.

CONDITIONAL AGREEMENT.
contrato o acuerdo condicional.

CONDITIONAL ASSAULT.
amenazas pronunciadas para el caso en que el amenazado realice u omita un acto.

CONDITIONAL ASSIGMENT.
cesión condicional.

CONDITIONAL BEQUEST.
legado condicional de bienes muebles o derechos. V. BEQUEST.

CONDITIONAL CONTRACT.
contrato condicional.

CONDITIONAL CONVEYANCE.
transmisión condicional de la propiedad. V. CONVEYANCE.

CONDITIONAL COVENANT.
estipulación condicional. v. COVENANT.

CONDITIONAL CREDITOR.
acreedor condicional.

CONDITIONAL DELIVERY.
tradición condicional.
V. DELIVERY.

CONDITIONAL DISCHARGE.
liberación condicional de quien se encuentra preso o recluido.

CONDITIONAL DISMISSAL.
rechazo condicional de una demanda, como cuando tal rechazo se sujeta al cumplimiento de cierta obligación por el demandado.

CONDITIONAL DIVIDEND.
dividendo condicional.

CONDITIONAL FEE.
derecho inmobiliario sujeto a condición.

CONDITIONAL GIFT.
donación condicional. v. GIFT.

CONDITIONAL GUARANTY.
garantía condicional.

CONDITIONAL INDORSEMENT.
endoso sujeto a condición.

CONDITIONAL JUDGMENT.
fallo sujeto a condición.

CONDITIONAL LEGACY.
legado condicional.

CONDITIONAL LIMITATION.
limitación condicional sobre un derecho relativo a un inmueble.

CONDITIONAL OBLIGATION.
obligación condicional.

CONDITIONAL PARDON.
indulto condicional.

CONDITIONAL RELEASE.
liberación condicional de una obligación.

CONDITIONAL REVERSAL.
revocación de una sentencia sujeta a que el apelante cumpla con determinadas condiciones.

CONDITIONAL SALE.
venta condicional.

CONDITIONAL SALE CONTRACT.
contrato de venta con reserva de dominio por el vendedor.

CONDITIONAL SENTENCE.
sentencia condicional.

CONDITIONAL WILL.
testamento condicional.

CONDITIONAL ZONING.
normas de regulación urbana que imponen condiciones para el otorgamiento de derechos a construir o a dar cierto destino a determinados inmuebles.

CONDITIONALLY NECESSARY PARTY.
persona que es parte necesaria de un juicio para que éste tenga ciertos efectos, pero no para que pueda seguir su curso.

CONDITIONS OF CONTRACT.
condiciones de un contrato.

CONDITIONS OF EMPLOYMENT.
condiciones de empleo.

CONDITIONS OF SALE.
condiciones de venta. ‖ condiciones bajo las que se realiza una subasta.

CONDOMINIUM.
régimen de propiedad horizontal. ‖ inmueble sometido a ese régimen.

CONDONATION.
condonación.

CONDONE.
condonar.

CONDUCT.
conducta. ‖ como verbo (*to conduct*), conducir. Dirigir.

CONDUCT MONEY.
suma abonada a un testigo para cubrir sus gastos de traslado y estadía ocasionados por su testimonio.

CONDUIT.
conducto. Concepto utilizado en el Derecho

Tribunario en virtud del cual se considera que ciertas personas jurídicas son "conductos" respecto de sus socios o accionistas a los que se imputan los réditos y pérdidas realizados por aquéllas.

CONFEDERACY.
confederación. ‖ conspiración. Asociación para delinquir.

CONFEDERATION.
confederación.

CONFERENCE.
conferencia. Reunión. Asamblea. ‖ liga deportiva.

CONFESS.
confesar.

CONFESSION.
confesión.

CONFESSION AND AVOIDANCE.
reconocimiento de los hechos formulados en la demanda, pero dándoles otro valor jurídico que el previsto en ésta, particularmente mediante la articulación de otros hechos que modifican la consecuencia que tienen los reconocidos.

CONFESSION OF DEFENCE.
admisión por el actor de la validez de una defensa interpuesta por el demandado en base a hechos posteriores a la demanda.

CONFESSION OF DEFENSE.
V. CONFESSION OF DEFENCE.

CONFESSION OF ERROR.
reconocimiento por una parte, en el procedimiento de segunda instancia, de que la sentencia apelada por la contraparte contiene un error que perjudica al apelante.

CONFESSION OF JUDGMENT.
allanamiento a la demanda.

CONFESSION RELICTA VERIFICATIONE.
allanamiento a la demanda, posterior a la contestación pero anterior a la producción de la prueba.

CONFIDE.
confiar.

CONFIDENCE.
confianza. Relación fiduciaria.

CONFIDENCE MAN.
estafador. Defraudador.

CONFIDENCE TRICK.
defraudación mediante abuso de confianza.

CONFIDENTIAL.
confidencial.

CONFIDENTIAL COMMUNICATION.
comunicación reservada o confidencial.

CONFIDENTIAL CREDITOR.
acreedor que favorece a un deudor insolvente con quien tiene una relación de confianza, proporcionándole los medios para lograr nuevos créditos.

CONFIDENTIAL INFORMATION.
información reservada o confidencial.

CONFIDENTIAL POSITION.
posición de confianza.

CONFIDENTIAL RELATION.
relación fiduciaria.

CONFINE.
confinar.

CONFINEMENT.
confinamiento.

CONFIRM.
confirmar.

CONFIRMATION.
confirmación.

CONFIRMATION OF ESTATE.
transmisión de la propiedad de un inmueble en favor de la persona que ya tiene su posesión.

CONFIRMATION OF JUDGMENT.
confirmación de una sentencia.

CONFIRMATION OF SALE.
confirmación judicial de una venta efectuada en pública subasta.

CONFIRMED CREDIT.
crédito confirmado.

CONFIRMED LETTER OF CREDIT.
carta de crédito confirmada.

CONFIRMEE.
el beneficiario de la confirmación de un derecho.

CONFIRMING BANK.
banco confirmante.

CONFIRMOR.
el que confirma un acto o derecho.

CONFISCABLE.
confiscable.

CONFISCATE.
confiscar.

CONFISCATION.
confiscación.

CONFISCATORY.
confiscatorio.

CONFISCATORY RATES.
tarifas confiscatorias, por no cubrir los costos

de las empresas de servicios públicos a las que se imponen.

CONFLICT.

conflicto. ‖ como verbo (*to conflict*), entrar en conflicto u oposición con algo.

CONFLICT IN ADMINISTRATION.

conflicto entre entes administrativos.

CONFLICT OF AUTHORITY.

conflicto de autoridades. ‖ jurisprudencia divergente emanada de distintos tribunales de igual nivel.

CONFLICT OF INTEREST.

conflicto de intereses.

CONFLICT OF JURISDICTION.

conflicto de jurisdicción o de competencia.

CONFLICT OF LAWS.

Derecho Internacional Privado. La equivalencia no es exacta, pues el concepto de *conflict of laws* se aplica también respecto de normas no pertenecientes al Derecho Privado. También difiere por cuanto sólo se aplica a cuestiones relativas al conflicto o interacción entre diversos sistemas jurídicos, y no a materias tales como el Derecho de la nacionalidad o de extranjería. Otras diferencias son que el concepto de *conflict of laws* se aplica también a conflictos entre leyes de distintos estados o provincias de un mismo país, y tanto a la rama de Derecho antes descripta como a las cuestiones regladas por la misma. ‖ conflicto entre diversas normas, particularmente las correspondientes a diversos sistemas jurídicos.

CONFLICT OF PERSONAL LAWS.

conflicto entre normas ocasionado por las que rigen a un grupo nacional o racial determinado.

CONFLICT OF POWER.

conflicto de poderes o atribuciones.

CONFLICT OF WARRANTIES.

conflicto entre distintas garantías.

CONFLICTING EVIDENCE.

pruebas contradictorias.

CONFLICTING PRESUMPTIONS.

presunciones contradictorias.

CONFORMED COPY.

copia de un documento, a la que se introducen anotaciones explicativas respecto de elementos del mismo, inclusive los que se hayan omitido en esa copia.

CONFORMING GOODS.

bienes que se adecuan a lo que se ha convenido mediante un contrato de compraventa.

CONFORMING USE.

uso de una propiedad conforme a las normas municipales que lo rigen. v. ZONING.

CONFORMITY.

conformidad.

CONFORMITY HEARING.

audiencia destinada a determinar si un acto procesal cuya redacción está a cargo de una de las partes se adecua a la sentencia emitida por el tribunal en los mismos autos.

CONFRONTATION.

careo. Confrontación entre el acusado y los testigos. ‖ confrontación, en general.

CONFRONTATION OF WITNESS.

derecho de un acusado a objetar un testigo, sujetarlo a repreguntas y estar presente en el curso de la declaración de aquél.

CONFUSION.

confusión, en general. ‖ confusión de bienes.

CONFUSION OF BOUNDARIES.

confusión o incertidumbre de límites, lindes o confines. ‖ conjunto de normas relativas a la fijación de límites, lindes y confines.

CONFUSION OF DEBTS.

extinción de obligaciones por confusión.

CONFUSION OF GOODS.

confusión de bienes.

CONFUSION OF RIGHTS.

extinción de derechos por confusión.

CONFUSION OF TITLES.

extinción de derechos reales o de otros derechos relativos a una propiedad al reunirse varios de ellos en una misma persona.

CONFUTE.

demostrar la falsedad o invalidez de algo.

CONGEABLE.

legal. Legítimo.

CONGENITAL.

congénito.

CONGLOMERATE.

conglomerado. ‖ empresa de conglomerado, es decir la que opera en muy diversos sectores no relacionados entre sí. ‖ como verbo (*to conglomerate*), conglomerar.

CONGLOMERATE MERGER.

fusión de conglomerado, o sea la que resulta en la formación de una empresa de conglomerado.

CONGREGATE.

congregar. Reunir.

CONGREGATION.

congregación.

CONGRESS.

congreso.

CONGRESSIONAL.

parlamentario. Relativo al Congreso, en cuanto Poder Legislativo.

CONGRESSIONAL AUTHENTICATION.

autenticación de un acto por el Congreso.

CONGRESSIONAL COMMITTEE.

comisión parlamentaria.

CONGRESSIONAL COURT.

en los Estados Unidos, tribunal creado por el Congreso Federal.

CONGRESSIONAL DISTRICT.

distrito o circunscripción parlamentaria.

CONGRESSIONAL IMMUNITY.

inmunidad parlamentaria.

CONGRESSIONAL INVESTIGATION.

investigación parlamentaria.

CONGRESSIONAL POWERS.

poderes del Congreso o del Poder Legislativo.

CONGRESSMAN.

congresal. Miembro del Congreso. Legislador.

CONGRESSWOMAN.

término que tiene contenido semejante al de CONGRESSMAN (v.), pero aplicado a personas del sexo femenino.

CONJECTURE.

conjetura.

CONJOINT ROBBERY.

robo conjunto, por ser realizado por una pluralidad de individuos.

CONJOINT WILL.

testamento conjunto.

CONJOINTS.

cónyuges.

CONJUGAL.

conyugal.

CONJUGAL DUTIES.

deberes conyugales.

CONJUGAL RIGHTS.

derechos conyugales.

CONJUGAL SEDUCER.

quien lleva a cabo una seducción con promesas matrimoniales. Expresión fuera de uso.

CONJUNCT AND SEVERAL LIABILITY.

v. JOINT AND SEVERAL LIABILITY.

CONJUNCTIVE DENIAL.

negativa general de los hechos formulados en la demanda, que emana del demandado.

CONJUNCTIVE OBLIGATION.

obligación conjunta o copulativa.

CONJURATION.

conjuración.

CONJURATOR.

conjurado.

CONNECT.

conectar. Combinar.

CONNECTING CARRIER.

transportador público que participa de un sistema de transporte combinado.

CONNECTING FACTORS.

puntos o factores de contacto, utilizados para determinar el Derecho aplicable, conforme a las reglas del Derecho Internacional Privado.

CONNECTING UP DOCTRINE.

doctrina procesal en virtud de la cual una prueba puede ser suministrada si su relevancia resulta de otra prueba a ser ofrecida posteriormente.

CONNECTION.

conexión. Contacto. Relación.

CONNECTIONS.

conexiones. Vínculos familiares. Expresión fuera de uso.

CONNIVANCE.

connivencia.

CONNIVE.

actuar en connivencia.

CONQUEST.

conquista.

CONSANGUINITY.

consanguinidad.

CONSCIENCE.

conciencia.

CONSCIENCE OF THE COURT.

la conciencia del tribunal, respecto de la justicia y equidad en cuanto inciden sobre determinada causa.

CONSCIENTIOUS OBJECTOR.

quien plantea una objeción de conciencia contra el cumplimiento de sus obligaciones militares.

CONSCIENTIOUS SCRUPLE.

escrúpulos de conciencia contra la realización de determinado acto, como ser prestar un juramento.

CONSCIONABLE.

honesto. Conforme a las reglas de lo honesto y razonable.

CONSCIOUS.
conciente.

CONSCIOUS PARALLELISM.
paralelismo conciente. Adopción de conductas similares, generalmente entre competidores, con conocimiento del paralelismo existente entre tales conductas.

CONSCRIPTION.
conscripción.

CONSECUTIVE.
consecutivo.

CONSECUTIVE SENTENCES.
penas de prisión consecutivas.

CONSENSUAL.
consensual.

CONSENSUAL CONTRACT.
contrato consensual.

CONSENSUAL MARRIAGE.
matrimonio consensual.

CONSENSUS.
consenso.

CONSENSUS AD IDEM.
V. CONSENSUS OF MINDS.

CONSENSUS OF MINDS.
acuerdo. Consentimiento recíproco. Consenso.

CONSENT.
consentimiento. Conformidad. Acuerdo. Aquiescencia. ‖ como verbo (*to consent*), consentir. Permitir.

CONSENT DECREE.
decreto judicial emitido previo acuerdo de las partes. Se aplica especialmente en materia de Derecho Penal Económico.

CONSENT DIVIDEND.
dividendo meramente contable, sin que se entreguen bienes a los accionistas.

CONSENT JUDGMENT.
sentencia cuyo contenido surge de un acuerdo previo entre las partes.

CONSENT JURISDICTION.
jurisdicción a que las partes se someten por acuerdo entre ellas.

CONSENT OF THE VICTIM.
consentimiento de la víctima.

CONSENT RULE.
mecanismo procesal por el cual se determina la titularidad de un inmueble por vía de una ficción jurídica, consistente en la iniciación de un juicio de desalojo, en el que el demandado reconoce la existencia de una locación y el derecho del actor a llevar a cabo el desalojo.

CONSENT SEARCH.
allanamiento realizado con consentimiento de los afectados por el mismo.

CONSENT TO BE SUED.
consentimiento anticipado a ciertos tipos de juicios o demandas.

CONSENT TO NOTICE.
consentimiento de ciertas formas de notificación.

CONSEQUENCE.
consecuencia.

CONSEQUENTIAL CONTEMPT.
V. CONSTRUCTIVE CONTEMPT.

CONSEQUENTIAL DAMAGE.
daño indirecto.

CONSEQUENTIAL DAMAGES.
indemnización del daño indirecto.

CONSEQUENTIAL LOSS.
pérdida indirecta.

CONSERVATION.
conservación.

CONSERVATOR.
curador. Guardián.

CONSERVATOR OF THE PEACE.
funcionario encargado del mantenimiento del orden público.

CONSERVATORSHIP.
curatela. Guardia.

CONSERVATORY SEIZURE.
secuestro precautorio.

CONSERVE.
conservar.

CONSIDER.
considerar.

CONSIDERABLE.
considerable.

CONSIDERATION.
la contraprestación que se acuerda en una relación contractual. El concepto se acerca al de causa fin, pero no coincide con éste. El *animus donandi* o un beneficio económico indirecto o remoto no obran como *consideration*. ‖ consideración.

CONSIDERATION OF A SALE.
el precio o contraprestación de una venta.

CONSIDERED DICTUM.
obiter dictum incluido intencionalmente por el tribunal en su fallo. V. DICTUM.

CONSIGN.
consignar una mercadería para su transporte

y entrega a terceros. ‖ confiar una cosa a un representante o depositario. ‖ vender en consignación.

CONSIGNEE.
consignatario. ‖ destinatario.

CONSIGNMENT.
consignación. ‖ envío. ‖ partida de mercaderías.

CONSIGNMENT CONTRACT.
contrato de consignación.

CONSIGNMENT NOTE.
nota o boleta de consignación. ‖ remito. ‖ carta de porte.

CONSIGNMENT SALE.
venta por consignación.

CONSIGNOR.
consignador. ‖ remitente.

CONSISTENT.
consistente. ‖ congruente. No contradictorio. Coherente. Compatible.

CONSISTENT CONDITION.
condición congruente con el resto del acto de que forma parte.

CONSOLIDATE.
consolidar. Unir. Fusionar.

CONSOLIDATED.
consolidado. Unido. Fusionado.

CONSOLIDATED APPEAL.
apelación conjunta, presentada por varias partes de un juicio.

CONSOLIDATED BALANCE SHEETS.
balances consolidados.

CONSOLIDATED BILL.
consolidación de diversos proyectos legislativos sobre el mismo tema.

CONSOLIDATED BOND.
bono de consolidación de deudas.

CONSOLIDATED CORPORATIONS.
sociedades por acciones fusionadas.
v. CORPORATION.

CONSOLIDATED DEBT.
deuda consolidada.

CONSOLIDATED LAWS.
leyes consolidadas, mediante su compilación y ordenamiento.

CONSOLIDATED MORTGAGES.
hipotecas consolidadas.

CONSOLIDATED SECURITIES.
títulos de consolidación de deudas.
v. SECURITY.

CONSOLIDATED STATEMENTS.
balances o estados contables consolidados.

CONSOLIDATED TAX RETURN.
declaración impositiva consolidada, realizada conjuntamente por varias empresas vinculadas.

CONSOLIDATING STATUTE.
texto legal por el que se reunen y consolidan las diversas normas que se encuentran vigentes en cierta materia.

CONSOLIDATION.
consolidación. Unión. Fusión. ‖ consolidación de leyes. ‖ consolidación de la propiedad, mediante la reunión en una sola persona del usufructo y la nuda propiedad. ‖ fusión de sociedades mediante la creación de una nueva persona jurídica que las absorbe.

CONSOLIDATION OF ACTIONS.
acumulación de acciones en un único proceso.

CONSOLIDATION OF APPEALS.
acumulación de expedientes en el proceso de alzada.

CONSOLIDATION OF CASES.
acumulación de causas, integrándose en un único proceso.

CONSOLIDATION OF CORPORATIONS.
fusión de sociedades, mediante la creación de una nueva persona jurídica. v. CORPORATION.

CONSOLIDATION OF HEARINGS.
acumulación de audiencias, que se diligencian en un único acto.

CONSOLIDATION OF MORTGAGES.
consolidación de hipotecas, convirtiéndoselas o tratándoselas como una única hipoteca.

CONSOLIDATION ORDER.
orden o proveimiento judicial por el que se dispone la acumulación de acciones o causas.

CONSOLIDATION RULE.
orden judicial mediante la que se decreta la acumulación de acciones.

CONSOLS.
abreviatura de *consolidated annuities*. Título de la deuda pública consolidada.

CONSONANT STATEMENT.
prueba por un tercero de afirmaciones anteriores de un testigo utilizada para ratificar o probar la corrección de este testimonio, al ser tal testimonio objeto de impugnación.

CONSORT.
consorte. Cónyuge.

CONSORTIUM.
consorcio conyugal. ‖ consorcio o agrupación entre empresas.

CONSORTSHIP.
acuerdo de ayuda y salvataje entre distintos armadores.

CONSPICUOUS CLAUSE.
cláusula conspicua, destacada o fácilmente legible u observable.

CONSPICUOUS PLACE.
lugar conspicuo o fácilmente visible.

CONSPICUOUS TERM.
v. CONSPICUOUS CLAUSE.

CONSPIRACY.
conspiración. Conjura. Confabulación. ‖ combinación o concertación entre varias personas para cometer un ilícito o un acto que deviene ilícito al ser cometido como consecuencia de esa combinación.

CONSPIRACY IN RESTRAINT OF TRADE.
acuerdo restrictivo de la competencia.

CONSPIRATORS.
conspiradores. ‖ los partícipes en una combinación o concertación delictiva.
v. CONSPIRACY.

CONSPIRE.
conspirar. ‖ participar en una combinación o concertación delictiva. v. CONSPIRACY.

CONSTABLE.
agente de policía.

CONSTABLEWICK.
la jurisdicción territorial dentro de la cual un CONSTABLE (v.) ejerce sus funciones.

CONSTAT.
que consta. Que surge de las actuaciones. ‖ constancia o certificado respecto de las actuaciones.

CONSTATING INSTRUMENT.
actos constitutivos de una persona jurídica.

CONSTITUENCY.
los habitantes de un distrito electoral.

CONSTITUENT.
constituyente. Constitutivo. ‖ representado. Mandante. Poderdante. Comitente. ‖ elector.

CONSTITUENT AGREEMENT.
acuerdo constitutivo.

CONSTITUENT ELEMENT.
elemento constitutivo de un delito.

CONSTITUENT INSTRUMENT.
acto o instrumento constitutivo.

CONSTITUTE.
nombrar. Designar. ‖ constituir.

CONSTITUTED AUTHORITIES.
autoridades constituidas.

CONSTITUTION.
constitución.

CONSTITUTIONAL.
constitucional.

CONSTITUTIONAL CONVENTION.
convención constituyente.

CONSTITUTIONAL COURT.
tribunal constitucional. ‖ tribunal previsto por la constitución.

CONSTITUTIONAL FREEDOMS.
derechos fundamentales. Derechos constitucionales. Derechos garantizados por la constitución. Derechos de jerarquía constitucional.

CONSTITUTIONAL HOMESTEAD.
bien de familia, garantizado por la constitución. v. HOMESTEAD.

CONSTITUTIONAL LAW.
derecho Constitucional. Ley constitucional.

CONSTITUTIONAL LIBERTY.
libertad constitucional. v. CONSTITUTIONAL FREEDOMS.

CONSTITUTIONAL LIMITATIONS.
restricciones o límites constitucionales.

CONSTITUTIONAL OFFICE.
cargo o función pública previstos constitucionalmente.

CONSTITUTIONAL OFFICER.
funcionario cuyo cargo o función tienen origen constitucional.
v. CONSTITUTIONAL OFFICE.

CONSTITUTIONAL POWERS.
poderes derivados de la constitución.

CONSTITUTIONAL PROTECTION.
protección constitucional respecto de los derechos fundamentales.

CONSTITUTIONAL QUESTION.
cuestión de naturaleza constitucional.

CONSTITUTIONAL RIGHT.
derecho subjetivo protegido por la constitución.
v. CONSTITUTIONAL FREEDOMS.

CONSTITUTIONAL TORT.
acto ilícito violatorio de derechos constitucionales.
v. TORT.

CONSTITUTOR.
fiador. Garante.

CONSTRAINT.
restricción. Limitación. Obligación. ‖ como verbo (to constraint), restringir. Obligar. Limitar.

CONSTRUCTED VALUE.
valor construido de un bien, a efectos de la aplicación de normas aduaneras.

CONSTRUCTION.
interpretación del Derecho; es un concepto más amplio que el de INTERPRETATION (v.) pues abarca no sólo la interpretación de textos jurídicos sino también la aplicación de los textos así interpretados y sus efectos. ‖ construcción. Edificación.

CONSTRUCTION CONTRACT.
contrato de construcción. Locación de obra dirigida a la construcción de un inmueble.

CONSTRUCTION MORTGAGE.
hipoteca destinada a financiar una construcción.

CONSTRUCTION OF CONTRACT.
interpretación de un contrato.
v. CONSTRUCTION.

CONSTRUCTION OF DOCUMENTS.
integración de documentos.
v. CONSTRUCTION.

CONSTRUCTION OF LAW.
interpretación de la ley. v. CONSTRUCTION.

CONSTRUCTION OF POLICY.
interpretación de póliza.
v. CONSTRUCTION.

CONSTRUCTION OF WILL.
interpretación de testamento.
v. CONSTRUCTION.

CONSTRUCTION WARRANTY.
garantía respecto de vicios y condiciones de una construcción.

CONSTRUCTIVE.
implícito. Putativo. Ficticio. Ficto. Resultante de una presunción legal. *Ope legis*. La voz se aplica cuando una relación jurídica resulta de la acción o presunción legal que imputa tal relación en base a determinados hechos, aunque no existan en la realidad los elementos que normalmente constituyen tal relación.

CONSTRUCTIVE ABANDONMENT.
abandono presunto.

CONSTRUCTIVE ACCEPTANCE.
aceptación implícita.

CONSTRUCTIVE ADMISSION.
admisión o reconocimiento implícito.

CONSTRUCTIVE ADVERSE POSSESSION.
posesión de una cosa ajena, presumida en base a ciertos hechos, tales como el pago de impuestos. v. ADVERSE POSSESSION.

CONSTRUCTIVE ANNEXATION.
accesión putativa de un mueble a un inmueble. v. ANNEXATION.

CONSTRUCTIVE ASSENT.
consentimiento implícito.

CONSTRUCTIVE ASSIGNMENT.
cesión que la ley imputa, *ope legis*, en beneficio de los acreedores de un deudor que actúa fraudulentamente, respecto de los bienes y derechos que éste transmite con fraude.

CONSTRUCTIVE ATTACHMENT.
secuestro de bienes atribuido por la ley, aunque no se produzca materialmente.
v. ATTACHMENT.

CONSTRUCTIVE AUTHORITY.
poder o legitimación implícitos, resultantes generalmente de actos anteriores por los que se los ha otorgado explícitamente respecto de otras materias o actos.

CONSTRUCTIVE BAILMENT.
depósito implícito o ficticio. v. BAILMENT.

CONSTRUCTIVE BREACH OF CONTRACT.
incumplimiento implícito de contrato. Conducta que aunque en sí misma no constituye un incumplimiento de contrato, da derecho a la contraparte a actuar como si existiera tal incumplimiento.

CONSTRUCTIVE BREAKING INTO A HOUSE.
violación de domicilio implícita o atribuida por la ley, como en el caso en que entra en el domicilio con permiso de su dueño, pero la voluntad de éste está viciada por engaños o violencias. v. BREAKING.

CONSTRUCTIVE CONDITION.
condición contractual implícita.

CONSTRUCTIVE CONTEMPT.
desacato imputado por la ley en ciertas circunstancias, aunque no exista una desobediencia directa de órdenes de un tribunal.

CONSTRUCTIVE CONTRACT.
contrato implícito. ‖ contrato ficticio.

CONSTRUCTIVE CONVERSION.
apropiación ilícita presumida o imputada por la ley. v. CONVERSION.

CONSTRUCTIVE DELIVERY.
tradición simbólica.

CONSTRUCTIVE DESERTION.
abandono conyugal ficticio, como el que resulta cuando un cónyuge hace imposible la cohabitación.

CONSTRUCTIVE DIVIDEND.
dividendo implícito o ficticio. El que se considera abonado, a los fines impositivos, aunque en realidad no se haya perfeccionado su pago.

CONSTRUCTIVE EVICTION.
desalojo implícito, como en el caso en que las condiciones del inmueble hacen imposible la permanencia del locatario.

CONSTRUCTIVE FILING.
registro o presentación de un documento ante un funcionario que no es el autorizado a recibir la presentación o realizar tal registro, ante la imposibilidad de hacerlo ante la persona correcta.

CONSTRUCTIVE FLIGHT.
fuga ficticia. Figura utilizada en los Estados Unidos para solicitar la extradición de un acusado, aunque éste no se haya fugado realmente del estado que solicita la extradición.

CONSTRUCTIVE FORCE.
violencia resultante no de agresión física sino de amenazas u otros hechos susceptibles de crear temor.

CONSTRUCTIVE FRAUD.
fraude imputado por la ley respecto de una conducta, aunque ésta no tenga intención fraudulenta.

CONSTRUCTIVE INTENT.
intención imputable a una persona, aunque no haya existido en realidad, debido a la apariencia de tal intención que surge de la conducta de tal persona.

CONSTRUCTIVE KNOWLEDGE.
conocimiento imputable a una persona, que aunque no lo tenga debe tenerlo a la luz de las circunstancias del caso.

CONSTRUCTIVE LARCENY.
hurto imputado por la ley frente a cierta conducta no constitutiva de ese delito por sí sola.

CONSTRUCTIVE LEVY.
embargo que la ley considera trabado aunque no se hayan realizado los actos materiales necesarios para la traba. v. LEVY.

CONSTRUCTIVE LOSS.
en materia de seguros, pérdida presunta o atribuida por la ley bajo ciertas circunstancias.

CONSTRUCTIVE MALICE.
intención implícita o presunta de dañar.

CONSTRUCTIVE MORTGAGE.
hipoteca creada por efecto de la ley, y no por la voluntad explícita de las partes.

CONSTRUCTIVE NOTICE.
notificación presunta o atribuida por la ley bajo ciertas circunstancias.

CONSTRUCTIVE OWNERSHIP.
propiedad de un bien atribuida por la ley con fines impositivos.

CONSTRUCTIVE POSSESSION.
posesión legal, aunque no coincida con la real.

CONSTRUCTIVE PRESENCE.
presencia imputada a una nave u otro elemento en determinado territorio, aunque físicamente no se encuentre en él.

CONSTRUCTIVE RECEIPT OF INCOME.
percepción de ingresos atribuida por la ley, con fines impositivos, aunque esa percepción no haya tenido lugar en la realidad.

CONSTRUCTIVE SEISIN.
posesión ficta de un bien respecto del cual se tiene un derecho de dominio.

CONSTRUCTIVE SERVICE OF PROCESS.
notificación implícita o atribuida por la ley, al cumplirse con ciertas formalidades. v. SERVICE OF PROCESS.

CONSTRUCTIVE TAKING.
apropiación imputada o atribuida por la ley.

CONSTRUCTIVE TOTAL LOSS.
la pérdida total de un bien asegurado, atribuida por la ley aunque el bien no haya sido totalmente destruido o inutilizado.

CONSTRUCTIVE TREASON.
traición imputada o atribuida por la ley.

CONSTRUCTIVE TRUST.
fideicomiso ficticio, creado cuando una persona se apropia indebidamente de un bien, en cuyo caso queda convertida en fideicomisaria respecto de ese bien, en beneficio del legítimo propietario.
v. TRUST.

CONSTRUCTIVE WILLFULNESS.
dolo imputado en razón de una culpa o negligencia de tal gravedad que hacen presumirlo.

CONSTRUE.
interpretar una norma.

CONSUETUDINARY LAW.
derecho consuetudinario.

CONSUL.
consul.

CONSULAR.
consular.

CONSULAR AGENT.
agente consular.

CONSULAR COURT.
tribunal consular.

CONSULAR INVOICE.
factura consular.

CONSULAR MARRIAGE.
matrimonio por vía consular.

CONSULATE.
consulado.

CONSULT.
consultar. Conferenciar.

CONSULTANT.
asesor. Consultor.

CONSULTARY RESPONSE.
la opinión de un tribunal respecto de una cuestión de puro derecho sometida a aquél por las partes.

CONSULTATION.
consulta. Conferencia.

CONSULTATIVE OPINION.
V. CONSULTARY RESPONSE.

CONSUMER.
consumidor.

CONSUMER ADVOCATE.
defensor o representante de los consumidores.

CONSUMER AGREEMENT.
contrato con un consumidor, para suministrarle bienes de consumo.

CONSUMER BOYCOTT.
boicot efectuado por consumidores.

CONSUMER COOPERATIVE.
cooperativa de consumo o de consumidores.

CONSUMER CREDIT.
crédito para consumo.

CONSUMER CREDIT SALE.
venta de bienes de consumo a crédito.

CONSUMER DEBT.
deuda incurrida con fines de consumo.

CONSUMER GOODS.
bienes de consumo.

CONSUMER LAW.
derecho del consumidor. Derecho de defensa del consumidor.

CONSUMER LEASE.
locación de bienes de consumo.
V. LEASE.

CONSUMER LOAN.
préstamo de consumo.

CONSUMER PRICE INDEX.
índice de precios al consumidor. Índice de costo de vida.

CONSUMER PRODUCT.
producto de consumo.

CONSUMER PROTECTION.
protección del consumidor.

CONSUMER REPORT.
informe sobre artículos de consumo.

CONSUMER'S COOPERATIVE.
V. CONSUMER COOPERATIVE.

CONSUMER SALE.
venta al consumidor.

CONSUMERISM.
política y movimiento de protección al consumidor.

CONSUMMATE.
consumar. ‖ consumado.

CONSUMMATE LIEN.
privilegio o derecho de preferencia perfeccionado. V. LIEN.

CONSUMMATION.
consumación.

CONSUMMATION OF MARRIAGE.
consumación del matrimonio.

CONSUMMATION OF OFFENCE.
consumación del delito.

CONSUMMATION OF OFFENSE.
V. CONSUMMATION OF OFFENCE.

CONSUMPTION.
consumo. Extinción. Destrucción. Desaparición.

CONSUMPTION TAX.
impuesto al consumo.

CONTAGIOUS DISEASE.
enfermedad contagiosa.

CONTAINER.
contenedor. Recipiente.

CONTAMINATION.
contaminación.

CONTANGO.
operación bursátil compleja, consistente en la venta de títulos al contado, junto con un acuerdo de recompra de tales títulos, al precio de venta original al que se le suma un interés. ‖ el interés en la operación descripta en la acepción anterior.

CONTEMNER.
el culpable de desacato.

CONTEMNOR.
V. CONTEMNER.

CONTEMPLATE.
contemplar. Considerar los efectos de un acto. Actuar teniendo en miras cierto fin.

CONTEMPLATION.

contemplación. ‖ consideración de un fin o propósito.

CONTEMPLATION OF BANCKRUPTCY.

consideración de la insolvencia o quiebra futura, para realizar un acto que la tiene en cuenta, con fines lícitos o a fin de burlar a los acreedores.

CONTEMPLATION OF DEATH.

causa mortis. Característica de un acto, en cuanto es realizado en consideración a la muerte próxima de quien lo realiza.

CONTEMPLATION OF INSOLVENCY.

V. CONTEMPLATION OF BANCKRUPTCY.

CONTEMPORANEOUS.

contemporáneo.

CONTEMPORANEOUS CONSTRUCTION.

interpretación de una norma conforme a las circunstancias imperantes al momento de su redacción y sanción.

CONTEMPT.

desacato. Desobediencia. ‖ desprecio.

CONTEMPT OF CONGRESS.

conducta en violación de derechos o privilegios parlamentarios, por afectar los procedimientos del Poder Legislativo.

CONTEMPT OF COURT.

desacato o desobediencia, cometidos contra un tribunal.

CONTEMPT OF LEGISLATURE.

V. CONTEMPT OF CONGRESS.

CONTEMPT OF PARLIAMENT.

V. CONTEMPT OF CONGRESS.

CONTEMPT POWER.

facultades de un tribunal de castigar el desacato o la desobediencia contra él cometidos.

CONTEMPT PROCEEDINGS.

procedimientos relativos a desacato o desobediencia cometidos contra un tribunal.

CONTEMPTIBILITER.

con intención de cometer desacato o desobediencia. V. CONTEMPT.

CONTEMPTUOUS.

la característica de un acto o persona que consiste o incurre en desobediencia o desacato.

V. CONTEMPT.

CONTEMPTUOUS DAMAGES.

sentencia indemnizatoria irrisoria por lo mínimo del valor reconocido al actor.

CONTENT.

voto parlamentario positivo. ‖ contenido.

CONTENTION.

contienda. Disputa. ‖ argumento. Aseveración. Pretensión.

CONTENTIOUS.

contencioso.

CONTENTIOUS BUSINESS.

cuestión o materia contenciosa.

CONTENTIOUS JURISDICTION.

jurisdicción contenciosa.

CONTENTIOUS POSSESSION.

posesión contenciosa. Posesión que se opone a otra anterior.

CONTENTIOUS PROCEEDINGS.

procedimiento contencioso.

CONTENTMENT.

satisfacción. Confort. ‖ los medios que permiten obtener las satisfacciones fundamentales de la vida.

CONTENTS.

contenido.

CONTENTS UNKNOWN.

cláusula que indica que se desconoce el contenido de la carga transportada.

CONTERMINOUS.

adyacente. Limítrofe. Lindante.

CONTEST.

disputa. Competencia. Concurso. ‖ como verbo (*to contest*), disputar. Objetar. Impugnar. Controvertir. Litigar. Oponerse. Entablar defensas o excepciones.

CONTEST A WILL.

impugnar un testamento.

CONTESTABLE CLAUSE.

cláusula de una póliza de seguros que establece el período en que esa póliza puede ser impugnada.

CONTESTED.

impugnado. Litigado. Objeto de oposición.

CONTESTED ELECTION.

elección impugnada.

CONTEXT.

contexto.

CONTIGUOUS.

contiguo.

CONTIGUOUS ZONE.

zona marítima contigua.

CONTINENTAL LAW.

Derecho continental europeo. El Derecho de origen romano, en contraposición al COMMON LAW (v.).

V. CIVIL LAW.

CONTINENTAL SHELF.
plataforma continental.

CONTINGENCY.
contingencia. Eventualidad. Suceso futuro o aleatorio. Hecho fortuito.

CONTINGENCY CONTRACT.
contrato sujeto a condición. Contrato condicional. ‖ pacto de cuota litis.

CONTINGENCY FUND.
fondo de reserva para responsabilidades contingentes.

CONTINGENCY RESERVE.
reserva para gastos o responsabilidades fortuitos o imprevistos.

CONTINGENCY WITH DOUBLE ASPECT.
condición de un legado, donación o transmisión de derechos, por la cual se adquieren ciertos derechos si otra transmisión de los mismos derechos, sujeta a condición, en favor de otra persona, no llega a perfeccionarse.

CONTINGENT.
contingente. Condicional. Incierto. Eventual.

CONTINGENT ANNUITY.
anualidad sujeta a condición suspensiva.
V. ANNUITY.

CONTINGENT BENEFICIARY.
beneficiario condicional o eventual.

CONTINGENT BEQUEST.
legado condicional de bienes muebles o derechos. V. BEQUEST.

CONTINGENT CLAIM.
derecho en expectativa. Derecho condicional.
V. CLAIM.

CONTINGENT DAMAGES.
daños condicionales, posibles o eventuales.

CONTINGENT DEBT.
deuda sujeta a condición.

CONTINGENT ESTATE.
derecho o propiedad cuya adquisición está sujeta a condiciones o eventualidades. V. ESTATE.

CONTINGENT FEE.
honorario sujeto a un pacto de cuota litis.

CONTINGENT FUND.
fondo de reserva para cubrir gastos posibles o eventuales.

CONTINGENT INTENT.
intención de realizar un acto si se cumplen ciertas condiciones.

CONTINGENT INTEREST.
interés jurídico cuya protección o satisfacción están sujetas a una condición o eventualidad.

‖ derecho sujeto a condición suspensiva, particularmente referido a inmuebles.
V. INTEREST.

CONTINGENT LEGACY.
legado condicional.

CONTINGENT LIABILITY.
responsabilidad contingente o condicional. Pasivo eventual.

CONTINGENT LIMITATION.
limitación contingente o condicional respecto de un derecho relativo a un inmueble.

CONTINGENT REMAINDER.
derecho a suceder a cierta persona o personas respecto de cierta propiedad o derecho, sujeto a condición. V. REMAINDER.

CONTINGENT RIGHT.
derecho sujeto a condición suspensiva.

CONTINGENT TRUST.
fideicomiso cuya entrada en vigencia se encuentra sujeta a condición.
V. TRUST.

CONTINGENT USE.
derecho de uso sujeto a condición suspensiva.
V. USE.

CONTINUANCE.
aplazamiento o suspensión de una audiencia u otro acto procesal.

CONTINUING.
continuado. En continuación.

CONTINUING BAIL.
fianza que se renueva periódicamente hasta tanto la persona cuya libertad ha sido concedida bajo tal fianza sea absuelta o pierda su libertad. V. BAIL.

CONTINUING BREACH.
incumplimiento continuado de un contrato.
V. BREACH.

CONTINUING CONSIDERATION.
contraprestación pagadera o cumplible en forma continuada o durante un período prolongado. V. CONSIDERATION.

CONTINUING CONSPIRACY.
conspiración continuada, manteniéndose su unidad e identidad pese al cambio de partícipes y de operaciones.
V. CONSPIRACY.

CONTINUING CONTEMPT.
desacato continuado. Desobediencia de decretos judiciales, que tiene lugar en forma continuada, al incumplirse lo allí ordenado.
V. CONTEMPT.

CONTINUING CONTRACT.
contrato con prestaciones continuadas o diferidas.

CONTINUING COVENANT.
obligación contractual a ser cumplida en forma continuada o diferida.

CONTINUING CRIME.
delito continuado.

CONTINUING DAMAGES.
daños cuyos efectos se extienden a lo largo de cierto período.

CONTINUING EASEMENT.
servidumbre continua.

CONTINUING GUARANTY.
garantía continua, al regir durante cierto tiempo respecto de un conjunto de operaciones definidas que tengan lugar en ese período.

CONTINUING JURISDICTION.
continuación del ejercicio de jurisdicción respecto de cuestiones conexas a un juicio.

CONTINUING NUISANCE.
daños o molestias causados en forma continua sobre una propiedad. v. NUISANCE.

CONTINUING OFFENCE.
delito continuado.

CONTINUING OFFENSE.
V. CONTINUING OFFENCE.

CONTINUING OFFER.
oferta con validez continua durante cierto período.

CONTINUING TRESPASS.
violación continuada de derechos ajenos, generalmente de propiedad inmueble.
V. TRESPASS.

CONTINUING WARRANTY.
garantía continua durante un período determinado.

CONTINUOUS.
continuo. No interrumpido.

CONTINUOUS ADVERSE USE.
ejercicio no interrumpido de la posesión sobre una cosa ajena.
V. ADVERSE USE.

CONTINUOUS COURT.
tribunal que actúa en forma permanente, en contraposición al que lo hace ocasional o temporalmente.

CONTINUOUS CRIME.
delito continuado.

CONTINUOUS DISABILITY.
invalidez continua.

CONTINUOUS EASEMENT.
servidumbre continua.

CONTINUOUS INJURY.
daño, perjuicio o lesión causado en forma continuada o repetida.

CONTINUOUS OFFER.
oferta contractual que mantiene su vigor durante un período determinado.

CONTINUOUS POSSESSION.
posesión continua.

CONTINUOUS VOYAGE DOCTRINE.
doctrina en virtud de la cual las mercaderías destinadas a un puerto enemigo son tratadas como tales, aunque previamente sean dirigidas a puertos neutrales.

CONTINUOUSLY.
continuamente. Continuadamente. Ininterrumpidamente.

CONTRA ACCOUNTS.
contraasientos que reflejan contablemente lo registrado en otros asientos.

CONTRABAND.
Contrabando, particularmente el de guerra. ‖ mercaderías cuya tenencia, producción o tráfico es ilícito.

CONTRACEPTIVE.
anticonceptivo.

CONTRACT.
contrato. ‖ como verbo (*to contract*), contratar.

CONTRACT BOND.
garantía de cumplimiento de contrato.
V. BOND.

CONTRACT BY IMPLICATION OF LAW.
contrato presumido o atribuido por efecto legal.

CONTRACT CARRIER.
transportista que conviene con cada uno de los cargadores las condiciones que son particulares de cada transporte.

CONTRACT CLAUSE.
cláusula contractual. ‖ disposición constitucional que tutela los derechos de origen contractual.

CONTRACT FOR DEED.
contrato en el que el vendedor se compromete a otorgar el título de una propiedad, una vez cumplidas ciertas condiciones.

CONTRACT FOR THE BENEFIT OF THIRD PARTIES.
contrato en beneficio de terceros.

CONTRACT FOR WORK AND MATERIALS.
contrato de locación de obra.

CONTRACT FOR WORK AND SKILLS.
contrato de locación de obra o de servicios, según los casos.

CONTRACT GOODS.
bienes objeto de un contrato.

CONTRACT IMPLIED IN FACT.
contrato presumido a partir de hechos que hacen suponer una intención de convenirlo.

CONTRACT IMPLIED IN LAW.
contrato presumido o atribuido por efecto legal, aunque no exista una voluntad real o aparente de convenirlo.

CONTRACT IN RESTRAINT OF TRADE.
contrato restrictivo de la competencia.

CONTRACT LIEN.
privilegio o derecho de preferencia creado contractualmente. V. LIEN.

CONTRACT NOT TO COMPETE.
contrato de no concurrencia, por el que se acuerda no competir con la contraparte, generalmente en cierto período o territorio.

CONTRACT OF ADHESION.
contrato de adhesión.

CONTRACT OF AFFREIGHTMENT.
contrato de fletamento.

CONTRACT OF AGENCY.
contrato mediante el que se crea un mandato o representación. V. AGENCY.

CONTRACT OF BENEVOLENCE.
contrato a título gratuito.

CONTRACT OF CARRIAGE.
contrato de transporte.

CONTRACT OF HIRE.
contrato de locación de servicios.

CONTRACT OF INSURANCE.
contrato de seguro.

CONTRACT OF MARRIAGE.
compromiso matrimonial.

CONTRACT OF RECORD.
contrato que ha sido objeto de juicio o que resulta de una sentencia que lo reconoce.

CONTRACT OF SALE.
contrato de venta.

CONTRACT PRICE.
precio convenido contractualmente.

CONTRACT RIGHTS.
derechos contractuales.

CONTRACT SET ASIDE.
contrato anulado o dejado sin efecto.

CONTRACT SYSTEM.
sistema convenido contractualmente. ‖ sistema carcelario en el que el trabajo de los presos puede ser utilizado por contratistas particulares.

CONTRACT TO ADOPT.
compromiso contractual de realizar una adopción.

CONTRACT TO CONTRACT.
obligación contractual de suscribir otro contrato en el futuro.

CONTRACT UNDER SEAL.
contrato instrumentado utilizando la formalidad de un sello.

CONTRACTING.
acto de contratar.

CONTRACTING OUT.
acto de dejar contractualmente sin efecto una norma u obligación. ‖ acto de subcontratar trabajos con terceros.

CONTRACTING PARTY.
contratante. Parte contratante.

CONTRACTION.
abreviatura.

CONTRACTOR.
parte contratante. ‖ contratista de obras o servicios.

CONTRACTOR'S BONDS.
garantías otorgadas por contratistas de obras o servicios. V. BOND.

CONTRACTOR'S LIENS.
derecho de preferencia o privilegio a favor del contratista de una obra, respecto de ésta.
V. LIEN.

CONTRACTS MALA IN SE.
contratos ilícitos por violar la moral, las buenas costumbres o el orden público.

CONTRACTS MALA PROHIBITA.
contratos ilícitos en razón de violar una ley determinada.

CONTRACTUAL.
contractual.

CONTRACTUAL CLAUSE.
cláusula contractual.

CONTRACTUAL CONSIDERATION.
contraprestación acordada contractualmente.
V. CONSIDERATION.

CONTRACTUAL LIABILITY.
responsabilidad contractual.

CONTRACTUAL OBLIGATION.
obligación contractual.

CONTRACTUAL PROVISION.
disposición contractual.

CONTRACTUAL RIGHT.
derecho contractual.

CONTRADICT.
contradecir.

CONTRADICTION.
contradicción.

CONTRADICTION IN TERMS.
contradicción que surge de los propios términos empleados, como ser en la *contradictio in adjectio.*

CONTRADICTION OF WITNESS.
pruebas contradictorias con los dichos de un testigo. ‖ contradicción incurrida por un testigo.

CONTRADICTORY.
contradictorio.

CONTRADICTORY INSTRUCTIONS.
instrucciones contradictorias impartidas a un jurado.

CONTRADICTORY JUDGMENT.
sentencia dictada luego de un juicio contradictorio.

CONTRARY.
contrario.

CONTRARY TO LAW.
contrario a derecho. Ilegal.

CONTRARY TO THE EVIDENCE.
contrario a las pruebas.

CONTRAVENE.
contravenir. Violar.

CONTRAVENING EQUITY.
un derecho reconocido por el régimen de EQUITY (v.) que es contrario a otro derecho reconocido por el mismo régimen, correspondiente a otra persona.

CONTRAVENTION.
contravención. Infracción. Ilícito.

CONTRIBUTE.
contribuir. ‖ participar en un hecho ilícito al ser causante de un daño o bien de su agravamiento.

CONTRIBUTING CAUSE.
causa que contribuye a cierto resultado.

CONTRIBUTING INTERESTS.
quienes contribuyen o participan respecto del riesgo de avería.

CONTRIBUTING TO DELINQUENCY.
condición de las conductas que favorecen la delincuencia.

CONTRIBUTION.
contribución, en general. ‖ la obligación que pesa sobre otros obligados solidarios de indemnizar proporcionalmente a quien ha debido pagar íntegramente la obligación solidaria. ‖ aporte societario. ‖ contribución a las pérdidas resultantes de una avería.

CONTRIBUTION BETWEEN BENEFICIARIES.
derecho de un legatario a ser indemnizado por otros legatarios cuando el legado de aquél se ha visto afectado por deudas de la sucesión.

CONTRIBUTION BETWEEN COTENANTS.
derecho de un coarrendatario o copropietario a ser indemnizado por otros coarrendatarios o copropietarios respecto de gastos que los favorezcan conjuntamente. v. COTENANT.

CONTRIBUTION CLAUSE.
cláusula por la que se establecen las obligaciones que recaerán sobre distintos obligados solidarios, particularmente en el caso de seguros.

CONTRIBUTION TO CAPITAL.
aporte de capital.

CONTRIBUTOR.
el que contribuye al pago de una obligación. ‖ el que contribuye con su conducta a causar un daño. ‖ donante. Aportante.

CONTRIBUTORY.
característica de contribuir a algo. Contribuyente. ‖ el que debe contribuir al pago de las deudas de una sociedad, particularmente al producirse su liquidación.

CONTRIBUTORY CAUSE.
v. CONTRIBUTING CAUSE.

CONTRIBUTORY INFRINGEMENT.
participación accesoria en la comisión de un ilícito, particularmente en materia de patentes.

CONTRIBUTORY MORTGAGE.
hipoteca en la que varios acreedores aportan separadamente fondos.

CONTRIBUTORY NEGLIGENCE.
culpa concurrente del perjudicado por un hecho ilícito. ‖ doctrina que anula en tales casos la responsabilidad del autor de ese hecho.

CONTRIVANCE.
aparato. Mecanismo. ‖ práctica o artificio dirigido a engañar a la contraparte.

CONTROL.
control. ‖ como verbo (*to control*), controlar.

CONTROL OF CORPORATION.
control de una persona jurídica.
v. CORPORATION.

CONTROL STOCK.
paquete accionario de control.

CONTROLLED COMPANY.
compañía o sociedad controlada.

CONTROLLED SUBSTANCE.
droga controlada, por estar su uso sujeto a reglas especiales.

CONTROLLER.
v. COMPTROLLER.

CONTROLLING INTEREST.
la participación en el capital de una sociedad que permite controlarla.

CONTROVERSY.
controversia. Litigio. Disputa.

CONTROVERT.
controvertir. Impugnar. Disputar.

CONTROVERTED FACTS.
hechos controvertidos.

CONTUMACIOUS.
contumaz.

CONTUMACIOUS CONDUCT.
conducta contumaz o que implica desacato o desobediencia contra la justicia.

CONTUMACY.
contumacia. Rebeldía.

CONTUMAX.
prófugo. Rebelde. Voz fuera de uso.

CONTUMELY.
contumelia.

CONTUSE.
causar una contusión.

CONTUSION.
contusión.

CONTUTOR.
cotutor. Voz utilizada en relación al CIVIL LAW (v.).

CONUSANCE.
conocimiento de una causa.

CONUSANT.
el que tiene conocimiento de un hecho o circunstancia.

CONVALESCENCE.
convalescencia.

CONVENE.
convocar. Convenir. Citar. ‖ interponer una acción.

CONVENIENCE.
conveniencia. Ventaja. Beneficio.

CONVENIENT.
conveniente. Apropiado. Justo.

CONVENING ORDER.
indicación de que el tribunal se ha reunido en un lugar y momento determinados.

CONVENTION.
convención, en general. ‖ acuerdo. Tratado. ‖ asamblea legislativa.

CONVENTIONAL.
convencional.

CONVENTIONAL ESTATES.
derechos relativos a una propiedad que resultan convencionalmente, en contraposición a los que nacen *ope legis*. v. ESTATE.

CONVENTIONAL INTEREST.
interés convencional.

CONVENTIONAL LIEN.
privilegio o derecho de preferencia que resulta de una relación contractual entre deudor y acreedor. v. LIEN.

CONVENTIONAL LOAN.
préstamo inmobiliario sin participación ni garantías especiales del Estado.

CONVENTIONAL MORTGAGE.
hipoteca de origen contractual.

CONVENTIONAL OBLIGATION.
obligación contractual.

CONVENTIONAL SUBROGATION.
subrogación convencional.

CONVENTIONS.
tratados sobre extradición.

CONVENTIONS OF THE CONSTITUTION.
en Gran Bretaña, reglas constitucionales no escritas, resultantes de costumbres políticas de larga data.

CONVERSANT.
experto, informado o al tanto de cierto tema.

CONVERSATION.
conversación. ‖ costumbres y formas habituales de vida. ‖ seducción adulterina.

CONVERSE.
conversar. ‖ relacionarse. Tener relaciones sociales. ‖ inverso. Opuesto. Contrario.

CONVERSION.
apropiación ilícita de bienes ajenos. ‖ transformación. Conversión. Canje. ‖ la transformación de los derechos reales en derechos creditorios, o viceversa, ya sea para cumplir con disposiciones testamentarias, o en observancia de un contrato o de otro acto. v. EQUITABLE CONVERSION. ‖ la conversión de un título o va-

lor en otro de distintas características, como cuando un debenture o bono se convierte en acciones. ‖ la conversión de la propiedad de una sociedad en bienes propios de los socios, o viceversa, en razón de operaciones entre éstos y aquélla.

CONVERSION OF COMMERCIAL INSTRUMENTS.

apropiación indebida de títulos de crédito o del producido de su cobranza, cuando ésta resulta de una falsificación de endoso u otras maniobras fraudulentas.

CONVERSION OF INSURANCE POLICY.

cambio de una póliza de seguros por otra, conforme a una opción en tal sentido ejercida por el asegurado.

CONVERT.

convertir. Transformar. ‖ apropiarse ilícitamente de bienes ajenos. v. CONVERSION.

CONVERTIBLE.

convertible.

CONVERTIBLE BOND.

bono o debenture convertible en acciones.

CONVERTIBLE DEBT.

deuda convertible.

CONVERTIBLE DEBENTURE.

debenture convertible.

CONVERTIBLE INSURANCE.

seguro convertible en otras formas de aseguración, al cumplirse ciertas condiciones o actos.

CONVERTIBLE LIFE INSURANCE.

seguro de vida convertible en otros tipos de seguro de la misma especie, al cumplirse ciertas condiciones o actos.

CONVERTIBLE SECURITY.

título convertible, generalmente en acciones. v. SECURITY.

CONVERTIBLE STOCK.

acciones convertibles.

CONVERTIBLE SUBORDINATED DEBENTURE.

debenture convertible subordinado.

CONVERTIBLE TERM INSURANCE.

seguro de vida cuyo término de cobertura puede ser convertido de limitado a ilimitado.

CONVEY.

transferir. Transmitir la propiedad o el título. ‖ transportar. Llevar.

CONVEYANCE.

transmisión de la propiedad sobre un inmue-ble o de un derecho sobre éste. Acto o título traslativo de dominio. ‖ transferencia. Cesión o transmisión de derechos. ‖ transporte. Transmisión.

CONVEYANCE BY RECORD.

transmisión de la propiedad mediante el acto que le sirve de causa, particularmente cuando ese acto es de origen oficial.

CONVEYANCERS.

profesionales en la preparación de la documentación necesaria para la transmisión de la propiedad o derechos sobre inmuebles. v. CONVEYANCE.

CONVEYANCING.

el conjunto de actos dirigidos a la transmisión de derechos sobre inmuebles. v. CONVEYANCE.

CONVEYANCING COSTS.

costos derivados de los actos dirigidos a la transmisión de derechos sobre inmuebles; más especialmente, los honorarios profesionales originados en esos actos.

CONVEYANCING COUNSEL.

letrados que asesoran al tribunal en materia de los actos dirigidos a la transmisión de derechos sobre inmuebles. v. CONVEYANCE.

CONVICT.

convicto. Preso. Reo. Prisionero. ‖ como verbo (to convict), condenar, en un juicio penal. Declarar culpable.

CONVICT LABOUR.

el trabajo de prisioneros, generalmente en favor de contratistas privados.

CONVICT LABOR.

v. CONVICT LABOUR.

CONVICTION.

la condena en un juicio penal. ‖ convicción.

CONVINCING PROOF.

prueba convincente o suficiente.

CONVOY.

convoy.

COOBLIGOR.

coobligado. Codeudor.

COOL BLOOD.

sangre fría.

COOLING OFF PERIOD.

período en el que, en el curso de una disputa o negociaciones, se suspenden las acciones directas a cargo de las partes, como ser huelgas o despidos.

COOLING TIME.

v. COOLING OFF PERIOD.

COOPERATE.
cooperar.

COOPERATION.
cooperación.

COOPERATION CLAUSE.
cláusula de una póliza de seguros que obliga al asegurado a cooperar con el asegurador en las acciones que se entablen contra terceros.

COOPERATIVE.
cooperativa.

COOPERATIVE APARTMENT.
unidad de un edificio dividido conforme a un régimen de propiedad en común, en virtud del cual el edificio pertenece a una persona jurídica de propiedad de los dueños de las unidades, persona jurídica que a su vez loca las unidades en favor de tales dueños.

COOPERATIVE ASSOCIATION.
sociedad cooperativa.

COOPERATIVE BUSINESS CORPORATION.
V. COOPERATIVE CORPORATION.

COOPERATIVE CORPORATION.
cooperativa organizada a través de una sociedad con personería jurídica. v. CORPORATION.

COOPERATIVE FEDERALISM.
cooperación y división de funciones entre gobiernos estaduales y los poderes centrales, en el marco de un régimen federal.

COOPERATIVE INSURANCE.
seguro cooperativo.

COOPERATIVE NEGLIGENCE.
culpa concurrente de la víctima.

COOPTATION.
cooptación.

COORDINATE.
coordinado. ‖ como verbo (to coordinate), coordinar.

COORDINATE JURISDICTION.
jurisdicción concurrente.

COOWNER.
copropietario.

COOWNERSHIP.
copropiedad.

COPARCENARY.
copropiedad entre coherederos, respecto de derechos relativos a un inmueble. Comunión hereditaria en materia de derechos relativos a inmuebles.

COPARCENERS.
quienes participan en una COPARCENARY (v.).

COPARTIES.
distintas partes que ocupan la misma posición desde un punto de vista jurídico, como ser los diferentes codemandantes.

COPARTNER.
consocio.

COPARTNERSHIP.
concepto equivalente al de PARTNERSHIP. (v.).

COPARTY.
V. COPARTIES.

COPRINCIPAL.
copartícipe de un delito. ‖ una de varias partes representadas por la misma persona.

COPULA.
cópula, en su sentido carnal y gramatical.

COPULATION.
cópula carnal.

COPULATIVE.
copulativo.

COPULATIVE CONDITION.
condición copulativa, formada por distintos elementos que deben reunirse para que la condición se considere satisfecha.

COPY.
copia. ‖ como verbo (to copy), copiar.

COPYHOLD.
derechos sobre un inmueble, nacidos de un acto voluntario de su original propietario; copias de dichos actos eran registradas como constancia de los mismos. Se trata de una institución de origen medioeval, hoy desaparecida.

COPYRIGHT.
derecho de autor. Derecho de propiedad intelectual. Propiedad literaria y artística.

COPYRIGHT NOTICE.
aviso o inscripción respecto del derecho de autor sobre una obra.

CORAM NOBIS.
literalmente, ante nosotros, o sea ante el rey o el KING'S BENCH (v.). Recurso de reposición o reconsideración de una sentencia, fundado en errores de hecho.

CORAM NON JUDICE.
literalmente, ante quien no es juez. También, hace referencia al juicio en el que se dicta una CORAM NON JUDICE SENTENCE (v.).

CORAM NON JUDICE SENTENCE.
sentencia nula en razón de haber sido dictada por un tribunal sin jurisdicción suficiente.

CORESPONDENT.
codemandado.

CORN LAWS.

legislación sobre granos, que existía anteriormente en Gran Bretaña, que gravaba su importación.

CORNER.

acaparamiento. Más precisamente, la operación mediante la cual se logra elevar los precios en un mercado mediante la concentración de la oferta disponible en pocas manos. ‖ como verbo (*to corner*), acaparar.

CORONER.

médico forense, particularmente el que tiene a su cargo examinar las causas de los fallecimientos.

CORONER'S INQUEST.

investigación realizada por el CORONER (v.) asistido por un jurado, respecto de las causas de un fallecimiento.

CORONER'S JURY.

el jurado que colabora con un CORONER (v.) en una investigación. v. CORONER'S INQUEST.

CORPNERSHIP.

sociedad en comandita en la que una persona jurídica o CORPORATION (v.) actúa como socia solidaria. Es una voz cuyo uso no es muy frecuente.

CORPORAL IMBECILITY.

impotencia sexual.

CORPORAL OATH.

juramento solemne.

CORPORAL PROPERTY.

propiedad sobre bienes materiales.

CORPORAL PUNISHMENT.

pena corporal.

CORPORATE.

relativo a una CORPORATION (v.).

CORPORATE ACT.

el acto de una persona jurídica.

CORPORATE AGENT.

representante u órgano de una persona jurídica.

CORPORATE ALTER EGO.

doctrina en virtud de la cual se desestima la personalidad societaria cuando tal personalidad es usada como medio ilegal por los individuos que subyacen a la sociedad.

CORPORATE AUTHORITIES.

autoridades municipales. ‖ órganos de una persona jurídica.

CORPORATE BODY.

persona jurídica.

CORPORATE BOND.

bono o debenture emitido por una persona jurídica.

CORPORATE BOOKS.

libros societarios o de una persona jurídica.

CORPORATE CHARTER.

instrumento por el que se autoriza la creación y funcionamiento de una persona jurídica. v. CHARTER.

CORPORATE CITIZENSHIP.

nacionalidad de una persona jurídica.

CORPORATE CONDUCT.

conducta imputable a una persona jurídica.

CORPORATE CRIME.

delito imputable a una persona jurídica.

CORPORATE DOMICILE.

domicilio de una persona jurídica.

CORPORATE ENTITY.

personalidad jurídica de una persona de existencia ideal.

CORPORATE EXCESS.

el valor del capital de una sociedad dentro una jurisdicción, computado con fines impositivos, calculado multiplicando el valor total del capital de esa sociedad por la proporción existente entre los activos de la misma en la jurisdicción y sus activos totales.

CORPORATE FRANCHISE.

la autorización de que goza una persona jurídica para operar como tal.

CORPORATE LAND.

terrenos municipales. ‖ terrenos de una persona jurídica. v. CORPORATION.

CORPORATE LAW.

Derecho Empresario. ‖ v. CORPORATION LAW.

CORPORATE LAWYER.

abogado de empresas, interno o externo.

CORPORATE LIABILITY.

responsabilidad de una persona jurídica.

CORPORATE LIMITS.

límites territoriales de una municipalidad.

CORPORATE NAME.

nombre de una persona jurídica. Nombre societario. v. CORPORATION.

CORPORATE OFFICER.

órgano o funcionario de una persona jurídica.

CORPORATE OPPORTUNITY DOCTRINE.

doctrina en virtud de la cual los órganos de una persona jurídica deben actuar en beneficio de ésta, dando a los intereses de la persona jurídica una consideración superior a los de otras personas con los que entren en oposición.

CORPORATE PERSON.

persona jurídica. Ente con personalidad jurídica.

CORPORATE POWERS.

capacidad de una persona jurídica.

CORPORATE PURPOSE.

objeto societario. ‖ objeto de una persona jurídica. ‖ objetos o propósitos municipales.

CORPORATE RECORDS.

instrumentos, actas y libros correspondientes a los distintos actos mediante los que se crea y actúa una persona jurídica.

CORPORATE REORGANIZATION.

v. REORGANIZATION.

CORPORATE SEAL.

sello de una sociedad o persona jurídica.

CORPORATE SECURITIES.

títulos emitidos por una persona jurídica. v. SECURITY.

CORPORATE STOCK.

capital accionario. Acciones de una sociedad.

CORPORATE SURETY.

persona jurídica que actúa como fiadora. ‖ sociedad que tiene por objeto otorgar fianzas a cambio de contraprestaciones.

CORPORATE TAX.

impuesto que grava las ganancias de las personas jurídicas.

CORPORATE TRUSTEE.

sociedad u otra persona jurídica que actúa en carácter de fideicomisario. v. TRUST.

CORPORATION.

persona jurídica. Incluye entes con fines de lucro (*for profit corporations*), sin fines de lucro (*not for profit corporations*) y entes estatales (*government owned*). ‖ en un sentido más estrecho, sociedad por acciones, cuya organización y estructura se asemejan a las de las sociedades anónimas de otros sistemas jurídicos. Conjuntamente con las sociedades de personas (*partnerships*), las empresas conjuntas (*joint ventures*) y las empresas unipersonales, constituye una de las posibles formas jurídicas de organización de la empresa.

CORPORATION AFFECTED WITH A PUBLIC INTEREST.

persona jurídica privada que lleva a cabo actividades de interés público. v. CORPORATION.

CORPORATION AGGREGATE.

persona jurídica constituida por una pluralidad de individuos, que mantiene su identidad no obstante el cambio de tales individuos a lo largo de la existencia de tal ente.

CORPORATION BY CHARTER.

persona jurídica creada mediante un acto especial de la autoridad pública. v. CHARTER.

CORPORATION BY PRESCRIPTION.

persona jurídica que ha adquirido tal personalidad por prescripción.

CORPORATION BY REGISTRATION.

persona jurídica creada por medio de su registro como tal.

CORPORATION BY STATUTE.

persona jurídica creada mediante una ley especial.

CORPORATION CHARTER.

v. CORPORATE CHARTER.

CORPORATION DE FACTO.

persona jurídica que actúa como tal en el tráfico jurídico pese a no haber obtenido las autorizaciones u otros requisitos necesarios al efecto. ‖ sociedad no constituida regularmente.

CORPORATION BY ESTOPPEL.

situación en que la conducta de las partes las inhibe de negar frente a terceros la existencia de una relación societaria. v. CORPORATION, ESTOPPEL.

CORPORATION DE JURE.

persona jurídica que ha cumplido los distintos requisitos legales para su plena existencia como tal.

CORPORATION EXCISE TAX.

v. CORPORATION TAX.

CORPORATION FOR PROFIT.

persona jurídica con fines de lucro.

CORPORATION LAW.

Derecho de las personas jurídicas, en general, y de las sociedades por acciones, en especial. v. CORPORATION.

CORPORATION NOT FOR PROFIT.

persona jurídica sin fines de lucro.

CORPORATION SOLE.

persona jurídica formada y dirigida por un órgano unipersonal.

CORPORATION TAX.

impuesto sobre las actividades o el giro de las personas jurídicas con actividades comerciales.

CORPORATOR.

miembro de un órgano colectivo de una persona jurídica.

v. CORPORATION AGGREGATE.

CORPOREAL.

tangible. Corporal. Físico.

CORPOREAL HEREDITAMENT.

bienes inmuebles.

CORPOREAL POSSESSION.

posesión efectiva.

CORPOREAL PROPERTY.

bienes tangibles o corporales, sean muebles o inmuebles.

CORPS DIPLOMATIQUE.

cuerpo diplomático.

CORPSE.

cadáver.

CORPUS.

cuerpo. ‖ el capital de un fondo, patrimonio, sucesión o fideicomiso, en contraposición al interés o rendimiento que resulta del mismo.

CORPUS DELICTI.

cuerpo del delito. ‖ los hechos constitutivos de un delito.

CORRECT.

correcto. ‖ como verbo (*to correct*), corregir.

CORRECT ATTEST.

dar testimonio de la veracidad. Términos que colocados en un documento indican que los firmantes afirman la veracidad del contenido de tal documento.

CORRECTED POLICY.

póliza de seguros que corrige otra anterior viciada por errores.

CORRECTION.

tratamiento de corrección y rehabilitación impuesto sobre los delincuentes.

CORRECTIONAL INSTITUTION.

institución correccional.

CORRECTIONAL SYSTEM.

sistema correccional.

CORRELATIVE.

correlativo.

CORRELATIVE RIGHTS.

derechos correlativos. ‖ los derechos correlativos de que gozan los propietarios de terrenos linderos o vinculados respecto de materias tales como el uso de aguas y la explotación de minerales.

CORRESPONDENCE.

correspondencia, en general.

CORRESPONDENCE AUDIT.

auditoría efectuada por correspondencia.

CORRESPONDENT.

corresponsal.

CORRESPONDENT BANK.

banco corresponsal.

CORROBORATE.

corroborar.

CORROBORATING CIRCUMSTANCES.

circunstancias corroborantes.

CORROBORATING EVIDENCE.

prueba corroborante.

CORROBORATION.

corroboración.

CORROBORATIVE.

corroborativo.

CORRUPT.

corrupto. ‖ como verbo (*to corrupt*), corromper.

CORRUPT MOTIVE.

motivo ilegal de un acto de corrupción.

CORRUPT PRACTICES.

prácticas corruptas, particularmente en materia pública.

CORRUPTION.

corrupción.

COSIGNATORY.

cofirmante. Cosignatario.

COST.

costo. Coste. ‖ el costo de una mercadería en las operaciones de compraventa a distancia. ‖ como verbo (*to cost*), costar, cotizar.

COST ACCOUNTING.

contabilidad de costos.

COST AND FREIGHT.

costo y flete. Los elementos de la cláusula *C. & F.*.

COST BASIS.

el costo que se utiliza como base para computar la pérdida o ganancia en la realización de un bien.

COST BOND.

garantía por costas.

COST CONTRACT.

contrato a costo y costas. Contrato cuyo precio está determinado en base a costos.

COST DEPLETION.

sistema de imputación de los costos de explotaciones minerales, especialmente hidrocarburos, por el que los costos se atribuyen proporcionalmente a la producción.

COST, INSURANCE AND FREIGHT.
costo, seguro y flete. Los elementos de la cláusula *C. I. F.* (v.).

COST, INSURANCE, FREIGHT AND EXCHANGE.
costo, seguro, flete y cambio. Los elementos de la cláusula *C. I. F. E.* (v.).

COST, INSURANCE, FREIGHT, COMMISSION AND INTEREST.
costo, seguro, flete, comisión e interés. Los elementos de la cláusula *C. I. F. C. I.* (v.).

COST METHOD.
método contable en virtud del cual los activos se contabilizan a su precio de costo.

COST OF COMPLETION.
costo necesario para completar una obra o trabajo pendiente de ejecución.

COST OF LIVING.
costo de vida.

COST OF LIVING CLAUSE.
cláusula de ajuste por costo de vida.

COST OF UPKEEP.
costo de mantenimiento.

COST PLUS CONTRACT.
contrato a costo y costas. Contrato cuyo precio está determinado en base a costos.

COST PRICE.
precio de costo. ‖ precio al mayoreo. ‖ precio al que se ha adquirido un bien.

COST RULE OF DAMAGES.
regla conforme a la cual los daños se evalúan conforme al costo de reparar o reconstruir el bien dañado, o de finalizar su construcción si se trata del incumplimiento de una obligación de realizarla.

COSTIPULATOR.
coobligado.

COSTS.
costas judiciales. Según los casos puede o no incluir los honorarios de los profesionales intervinientes.

COSTS ALLOWED.
cláusula mediante la que se imponen las costas de un juicio.

COSTS BOND.
garantía por costas.

COSTS DE INCREMENTO.
costos adicionales impuestos por el juez respecto de los ordenados por el jurado.

COSTS OF ADMINISTRATION.
gastos de administración.

COSTS OF COLLECTION.
gastos de cobranza.

COSTS OF PROSECUTION.
costas resultantes de la interposición y trámite de una acción, generalmente con exclusión de los honorarios de los profesionales intervinientes.

COSTS OF THE DAY.
costas resultantes de la celebración de una audiencia en un día determinado, incluyendo los gastos relativos a los testigos y otros asistentes a la misma.

COSTS TO ABIDE EVENT.
cláusula de una sentencia mediante la que se indica que las costas que se impongan incluirán las correspondientes a la apelación.

COSTS TO FOLLOW THE EVENT.
cláusula de una sentencia por la que se establece que las costas son a cargo de la parte perdidosa.

COSURETY.
cofiador o cogarantía solidario.

COTENANCY.
ejercicio conjunto de derechos de tenencia sobre un mismo bien.

COTENANT.
copropietario de un inmueble. ‖ colocatario. Coinquilino. Coarrendatario.

COTERMINOUS.
colindante.

COTRUSTEE.
cofideicomisario. Fideicomisario que ejerce su función conjuntamente con otras personas.
V. TRUST. TRUSTEE.

COUNCIL.
consejo. Junta. Comité. Órgano colegiado. ‖ concejo deliberante.

COUNCIL OF CONCILIATION.
consejo de conciliación.

COUNCIL OF THE BAR.
consejo de disciplina de un colegio de abogados.

COUNSEL.
abogado. Asesor jurídico o legal. ‖ consejo. Asesoramiento. ‖ instigación. ‖ como verbo *(to counsel)*, aconsejar. Asesorar.

COUNSEL OF RECORD.
abogado presentado en autos.

COUNSELING.
asesoramiento. ‖ acto de realizar consultas para tomar una decisión.

COUNSELLOR.
consejero. ‖ abogado. Letrado. Asesor jurídico o legal.

COUNSELLOR AT LAW.
abogado. Letrado. Asesor jurídico o legal.

COUNT.
cada una de las distintas peticiones formuladas por la parte actora. ‖ las distintas imputaciones efectuadas contra un acusado. ‖ pretensión procesal independiente. ‖ como verbo (*to count*), formular procesalmente una pretensión, petición o el fundamento de una acción. En este sentido se encuentra fuera de uso.

COUNTER.
abogado defensor. ‖ como verbo (*to counter*), oponerse. Contradecir. Defenderse.

COUNTER-AFFIDAVIT.
presentación procesal que contradice otra presentada por la parte contraria.

COUNTER-APPEAL.
V. CROSS APPEAL.

COUNTER-BOND.
garantía dada por un deudor cuyas obligaciones han sido objeto de fianza, en favor del fiador.

COUNTER DEED.
contradocumento respecto de un acto formal. V. DEED.

COUNTER DEMAND.
V. CROSS DEMAND.

COUNTER-FEISANCE.
falsificación.

COUNTER-INJUNCTION.
orden judicial que decreta el incumplimiento de otra orden judicial, normalmente emanada de otro juzgado.
V. INJUNCTION.

COUNTER LETTER.
contradocumento por el que se dispone el oportuno retorno de una propiedad a quien la ha transferido, sirviendo la transferencia como garantía de una obligación.

COUNTER OFFER.
contraoferta.

COUNTER-SECURITY.
contragarantía. Contracautela.

COUNTER WILLS.
testamentos recíprocos.

COUNTERCLAIM.
reconvención.

COUNTERFEIT.
falsificado. ‖ como verbo (*to counterfeit*), falsificar.

COUNTERFEIT NOTE.
billete falsificado.

COUNTERFEITER.
falsificador.

COUNTERFEITING.
falsificación.

COUNTERFOIL.
duplicado.

COUNTERMAND.
revocar una orden, poder o instrucción.

COUNTERMARK.
contramarca.

COUNTERMOTION.
articulación procesal mediante la que se plantea una oposición al traslado de las actuaciones a otra jurisdicción.

COUNTERPART.
copia. Duplicado.

COUNTERSIGN.
refrendar. V. COUNTERSIGNATURE.

COUNTERSIGNATURE.
firma mediante la que se certifica, autentica o ratifica otra firma existente en el mismo instrumento. Refrendación.

COUNTERVAIL.
compensar. Contrabalancear.

COUNTERVAILING DUTY.
derecho compensatorio. El derecho de importación que se impone sobre las importaciones beneficiadas por subsidio en el exterior.

COUNTERVAILING EQUITY.
derecho tutelado por el régimen de EQUITY (v.), que se opone a otro derecho, también tutelado por ese régimen, ejercido contra el titular del primero.

COUNTRY.
país. ‖ campo.

COUNTY.
condado. Distrito. Departamento.

COUNTY AFFAIRS.
materias de competencia de un condado.

COUNTY ATTORNEY.
abogado que representa a un condado. Procurador del condado.

COUNTY BOARD OF SUPERVISORS.
consejo que actúa en materia de competencia de un condado, particularmente como órgano de control.

COUNTY BOND.
bono emitido por un condado.

COUNTY BUSINESS.
materias de competencia de un juzgado.

COUNTY CLERK.
secretario de un condado. ‖ secretario de un tribunal de condado.

COUNTY COMMISSIONERS.
comisionados de un condado. Sus funciones son administrativas, relacionadas con cuestiones financieras, de policía y de control.

COUNTY COUNCIL.
concejo electivo que gobierna a un condado.

COUNTY COURTS.
tribunales de condado, por ser esa la órbita de su competencia territorial.

COUNTY JAIL.
cárcel de un condado.

COUNTY JUDGE.
juez de un tribunal de condado. v. COUNTY COURTS.

COUNTY MANAGER.
administrador de condado. Funcionario que ejerce funciones de dirección en la administración de un condado.

COUNTY OFFICER.
funcionario de un condado.

COUNTY PROPERTY.
propiedad perteneciente a un condado.

COUNTY PURPOSES.
el fin público de las actividades llevadas a cabo por las autoridades de un condado.

COUNTY RATE.
gravamen territorial impuesto por un condado.

COUNTY SEAT.
ciudad cabecera de un condado.

COUNTY TAX.
impuesto destinado a atender los gastos de un condado.

COUNTY WARRANT.
orden dirigida al tesorero de un condado, ordenándole realizar un pago.

COUP D'ETAT.
golpe de estado.

COUPLED WITH AN INTEREST.
característica de un mandato en virtud del cual el mandatario tiene un interés propio en el objeto del mandato.

COUPON.
cupón.

COUPON BONDS.
bonos que constan de cupones a efectos del cobro de intereses y amortizaciones.

COUPON NOTES.
títulos de crédito que constan de cupones a efectos de la realización de pagos parciales.

COUPON SECURITIES.
valores que constan de cupones para el cobro de intereses, amortizaciones y dividendos. v. SECURITY.

COURSE.
curso, en general.

COURSE OF BUSINESS.
curso regular de los negocios o del comercio.

COURSE OF DEALING.
el curso de las negociaciones anteriores a un acto.

COURSE OF DESCENT.
transmisión de la propiedad por vía hereditaria a los descendientes del causante.

COURSE OF EMPLOYMENT.
curso del empleo. En ocasión del trabajo o de las tareas. La expresión es utilizada para determinar la responsabilidad del empleador en materia de accidentes de trabajo y de daños causados por sus empleados.

COURSE OF THE VOYAGE.
curso regular de un viaje.

COURSE OF TRADE.
regular de los negocios o del comercio.

COURSE OF VESSEL.
curso de un navío.

COURSES AND DISTANCES.
método para describir una propiedad, partiendo de un punto en su límite, y de allí en más indicando la dirección y distancia de tal límite, hasta definir todo su perímetro.

COURT.
tribunal. Juzgado. Corte. Cámara. ‖ parlamento. Cortes. ‖ la corte real. ‖ patio. Plazoleta. Callejón. Cortada.

COURT ABOVE.
tribunal superior. Tribunal que entiende en una apelación o recurso.

COURT ADMINISTRATIVE OFFICES.
oficinas administrativas de un tribunal.

COURT ADMINISTRATOR.
administrador o secretario no letrado de un tribunal.

COURT-APPOINTED ATTORNEY.
letrado designado por el tribunal para patroci-

nar a alguna de las partes. Defensor designado de oficio.

COURT BELOW.
tribunal inferior. Tribunal cuya sentencia es objeto de apelación o recurso. Tribunal *a quo*.

COURT BOND.
fianza o garantía presentada por un litigante.

COURT CALENDAR.
listado de las causas a ser tratadas en un período judicial.

COURT CASE.
caso o controversia judicial.

COURT CLERK.
secretario o actuario de un tribunal.

COURT COMMISSIONER.
oficial judicial designado por un tribunal para desempeñar funciones específicas.

COURT COSTS.
las costas resultantes de la actuación ante un tribunal, por ser exigidas por éste, como ser las tasas por actuar ante la justicia. v. COURT FEES.

COURT DECISION.
sentencia, fallo o decisión judicial.

COURT EN BANC.
v. COURT IN BANK.

COURT FEES.
tasas y cargos impuestos por actuaciones judiciales. Tasa de justicia.

COURT-HAND.
método de escritura, con un sistema especial de abreviaturas, utilizado para las actuaciones judiciales.

COURT HAVING SEISIN OF THE CASE.
tribunal competente en un caso.

COURT-HOUSE.
edificio en el que actúa un tribunal.

COURT IN BANK.
sesión de un tribunal en pleno.

COURT-LEET.
tribunal inglés que actúa anualmente en ciertos distritos, para juzgar cuestiones penales.

COURT-MARTIAL.
corte marcial.

COURT NOT OF RECORD.
tribunal que no lleva un archivo de sus actuaciones por escrito.

COURT OF ADMIRALTY.
tribunal del almirantazgo. Tribunal de Derecho Marítimo.

COURT OF APPEALS.
tribunal de apelaciones. En algunos estados, como Nueva York, se llama *Court of Appeals* al tribunal de última o superior jurisdicción.

COURT OF ARBITRATION.
tribunal arbitral o de arbitraje.

COURT OF BANKRUPTCY.
tribunal de quiebras o de concursos.

COURT OF CHANCERY.
tribunal que aplica el régimen de EQUITY (v.)

COURT OF CLAIMS.
tribunal que entiende en los juicios contra el Estado.

COURT OF COMMON PLEAS.
tribunal inglés de aplicaciones, con competencia en las cuestiones civiles, cuyas funciones han sido absorbidas por la HIGH COURT OF JUSTICE (v.). ‖ tribunal existente en algunos estados norteamericanos, con competencia en muy diversas ramas jurídicas.

COURT OF COMPETENT JURISDICTION.
tribunal con competencia respecto de una materia o causa.

COURT OF CONCILIATION.
tribunal de conciliación.

COURT OF CONSCIENCE.
tribunal que aplica el régimen de EQUITY. (v.).

COURT OF CUSTOMS AND PATENT APPEALS.
tribunal de apelaciones en materia de aduanas y patentes.

COURT OF EQUITY.
tribunal con juridicción en materia de EQUITY (v.).

COURT OF ERROR.
tribunal de alzada o apelación.

COURT OF EXCHEQUER.
tribunal inglés con competencia en cuestiones fiscales.

COURT OF FIRST INSTANCE.
tribunal de primera instancia.

COURT OF GENERAL JURISDICTION.
tribunal con competencia en la generalidad de las materias jurídicas. ‖ tribunal superior con facultades amplias de decisión sobre el ámbito de ejercicio de su jurisdicción.

COURT OF GENERAL SESSIONS.
tribunal de primera instancia en materia penal.

COURT OF GREATEST CONVENIENCE.
El tribunal más conveniente para intervenir en cuestiones relativas a una quiebra.

COURT OF INQUIRY.
tribunal militar. ‖ tribunal de instrucción.
COURT OF LAST RESORT.
tribunal de última instancia.
COURT OF LAW.
tribunal judicial, en general. ‖ tribunal que aplica el COMMON LAW (v.), en contraposición a los que aplican en régimen de EQUITY (v.).
COURT OF LIMITED JUDISDICTION.
tribunal con competencia en materias específicas.
COURT OF MILITARY APPEALS.
tribunal militar de apelaciones.
COURT OF NISI PRIUS.
tribunal de primera instancia en materia civil.
COURT OF ORDINARY.
tribunal con competencia en cuestiones sucesorias, de minoridad y de incapacidad.
COURT OF ORIGINAL JURISDICTION.
tribunal de primera instancia.
COURT OF PROBATE.
tribunal con competencia en cuestiones sucesorias, y en algunos estados también en cuestiones de minoridad y de incapacidad.
COURT OF QUEEN'S BENCH.
V. QUEEN'S BENCH.
COURT OF RECORD.
tribunal que lleva un archivo de sus actuaciones por escrito, con capacidad para imponer penas.
COURT OF SESSIONS.
tribunal penal existente en algunos estados norteamericanos.
COURT OF SMALL CLAIMS.
tribunal con competencia en cuestiones de menor cuantía.
COURT OF SPECIAL SESSIONS.
tribunal que se reúne para juzgar casos determinados, disolviéndose al terminar éstos.
COURT OF SUMMARY JURISDICTION.
tribunal inglés que actúa en cuestiones penales de menor importancia, sin participación de jurado.
COURT OF UNIVERSITIES.
tribunales universitarios. Tribunales con competencia respecto de las personas sujetas al fuero universitario.
COURT OFFICER.
oficial o funcionario judicial.
COURT OPINION.
sentencia de un tribunal.

COURT ORDER.
orden o providencia judicial.
COURT PAPERS.
actuaciones judiciales.
COURT PROCEEDINGS.
procedimientos judiciales. ‖ actos, documentos y constancias por escrito de las actuaciones judiciales.
COURT RECEIVER.
administrador judicial. Síndico o liquidador designado judicialmente. V. RECEIVER.
COURT RECORD.
actuaciones judiciales. ‖ escrito o memorándum en el que se resume lo actuado en un juicio.
COURT REPORTER.
escribiente judicial. ‖ relator de un tribunal. ‖ funcionario judicial que tiene a su cargo poner por escrito lo actuado en las audiencias y transcribir otros actos procesales.
COURT REPORTS.
colección de fallos seleccionados dictados por determinados tribunales.
COURT ROLLS.
documentos en forma de rollos de papel, donde se dejaba constancia de las actuaciones procesales de ciertos juzgados.
COURT ROOM.
sala de audiencias de un juzgado.
COURT RULE.
norma procesal.
COURT SITTING IN PANEL.
tribunal colegiado.
COURT STENOGRAPHER.
taquígrafo oficial o de un tribunal.
COURT SYSTEM.
el sistema judicial de determinada jurisdicción o Estado.
COURTHOUSE.
V. COURT-HOUSE.
COURTYARD.
patio.
COUSIN.
primo. Prima
COVENANT.
acuerdo. Pacto. Convenio. Contrato. ‖ estipulación contractual. ‖ promesa formal unilateral o bilateral. ‖ cláusula de un acto relativo a propiedad inmueble, impuesta por cualquiera de las partes y cuyo incumplimiento da lugar a la indemnización de daños y perjuicios. ‖ ac-

ción *ex contractu*, o por violación de contrato. ‖ como verbo (*to covenant*), convenir. Acordar. Prometer.

COVENANT AGAINST INCUMBRANCES.

garantía de evicción, respecto de inmuebles. Garantía de que un inmueble se encuentra libre de gravámenes o derechos de terceros.

COVENANT APPURTENANT.

obligación *propter rem*. Cláusula que crea una obligación que se transmite a los sucesivos propietarios de un inmueble.

COVENANT FOR FURTHER ASSURANCE.

cláusula por la que el vendedor de un inmueble se obliga a realizar los actos necesarios para perfeccionar la transferencia del título y derechos relativos a ese inmueble.

COVENANT FOR POSSESSION.

cláusula por la que se transfiere la posesión de un inmueble.

COVENANT FOR QUIET ENJOYMENT.

garantía de evicción. Garantía de que el adquirente de un inmueble no se verá afectado por acciones o derechos de terceros.

COVENANT FOR TITLE.

el conjunto de las garantías dadas por el vendedor de un inmueble respecto del título o derechos que transfiere.

COVENANT IN GROSS.

obligación personal. Cláusula que crea una obligación que no se transmite a los sucesivos propietarios del inmueble a que se refiere.

COVENANT IN LAW.

cláusula u obligación presumida o imputada por la ley.

COVENANT NOT TO COMPETE.

acuerdo de no competir. Cláusula de no concurrencia o de no competencia.

COVENANT NOT TO SUE.

obligación convencional de no entablar una acción.

COVENANT OF GOOD RIGHT TO CONVENY.

v. COVENANT OF SEISIN.

COVENANT OF NON-CLAIM.

cláusula por la que el vendedor de un inmueble renuncia a todo derecho sobre éste.

COVENANT OF QUIET ENJOYMENT.

v. COVENANT FOR QUIET ENJOYMENT.

COVENANT OF RIGHT TO CONVEY.

cláusula mediante la cual quien transfiere un derecho relativo a un inmueble manifiesta

contar con la capacidad y legitimación para efectuar tal acto.

COVENANT OF SEISIN.

cláusula mediante la cual quien transfiere un derecho relativo a un inmueble manifiesta ser titular de ese derecho.

COVENANT OF WARRANTY.

cláusula de garantía.

COVENANT OF PERFORMED.

articulación procesal mediante la que se admite la existencia de una obligación o cláusula contractual, pero se manifiesta haber cumplido con las mismas.

COVENANT RUNNING WITH THE LAND.

v. COVENANT APPURTENANT.

COVENANT RUNNING WITH TITLE.

obligación implícita resultante de la transferencia de derechos respecto de un inmueble.

COVENANT TO CONVEY.

cláusula por la que se acuerda transferir cierto derecho relativo a un bien inmueble.

COVENANT TO REDELIVER.

cláusula mediante la cual el locatario acuerda devolver la tenencia del inmueble locado al expirar la locación.

COVENANT TO RENEW.

cláusula de renovación, reconducción o prórroga.

COVENANTEE.

aquel respecto de quien se contrae una obligación incluida en un COVENANT (v.) o cláusula contractual.

COVENANTOR.

el que asume una obligación por medio de un COVENANT (v.) o cláusula contractual.

COVER.

cobertura, particularmente en materia de seguros. ‖ el acto por el cual el comprador, ante el incumplimiento del vendedor, adquiere de un tercero las mercaderías objeto del contrato incumplido. ‖ como verbo (*to cover*), cubrir, particularmente en relación con un seguro.

COVER-ALL CLAUSE.

cláusula que por su amplitud abarca todas las circunstancias relativas a un caso, hecho o negocio.

COVER INTO.

pagar en la forma regular para el pago de que se trate.

COVER LETTER.

v. COVER NOTE.

COVER NOTE.

certificado de cobertura, en materia de seguros. ‖ nota o carta introductoria respecto de un informe u otros materiales jurídicos.

COVER-UP.

encubrimiento.

COVERAGE.

cobertura, en particular la derivada de un seguro.

COVERING LETTER.

V. COVER NOTE.

COVERT.

cubierto. Protegido. ‖ oculto. Disimulado.

COVERTURE.

el estado de una mujer casada.

CRAFT.

nave. ‖ profesión. Oficio. Ocupación. ‖ habilidad o conocimiento práctico. ‖ gremio. ‖ artificio. Engaño.

CRAFT UNION.

sindicato formado por personas de un mismo oficio.

CRANAGE.

el derecho a utilizar gruas en puertos u otras instalaciones fluviales o marítimas. ‖ los pagos debidos por la utilización de servicios de grúas.

CRASH.

caída brusca en las cotizaciones bursátiles o en los precios de bienes comercializados en mercados institucionalizados. ‖ choque.

CREDENTIALS.

credenciales. Cartas credenciales.

CREDIBILITY.

credibilidad.

CREDENCE.

crédito a las afirmaciones de una persona.

CREDIBLE.

creíble. Digno de crédito. Verosímil.

CREDIBLE PERSON.

persona digna de crédito o confianza. La que puede testificar sobre cierto hecho. Aquélla cuyo testimonio es confiable.

CREDIBLE WITNESS.

testigo confiable. ‖ testigo competente para testificar sobre cierto hecho.

CREDIBLY INFORMED.

afirmación de que se tiene información confiable de terceros sobre cierto hecho.

CREDIT.

crédito. ‖ crédito impositivo, que se computa a cuenta de un gravamen. ‖ contablemente,

haber. ‖ como verbo (*to credit*), acreditar.

CREDIT ADVERTISING.

publicidad respecto de la concesión de créditos.

CREDIT AT BANK.

crédito bancario. ‖ crédito en base al cual se gira determinado cheque.

CREDIT BARGAIN.

condiciones de un crédito. Ventajas y beneficios derivados de un crédito.

CREDIT BUREAU.

organización que suministra información sobre la solvencia de las personas que solicitan crédito.

CREDIT CARD.

tarjeta de crédito.

CREDIT CARD CRIME.

delito cometido con tarjetas de crédito.

CREDIT INSURANCE.

seguro de crédito. Seguro que cubre diversos riesgos relativos a la cobrabilidad de créditos, como ser la insolvencia del deudor, la incobrabilidad de una deuda determinada, etc.

CREDIT LIFE INSURANCE.

seguro de vida que cubre el riesgo de la muerte del deudor, en beneficio de sus acreedores.

CREDIT LINE.

línea de crédito. ‖ mención en una película, o en otra protegida por derechos de autor, de las personas que han colaborado en la misma.

CREDIT MEMORANDUM.

notificación de una acreditación.

CREDIT NOTE.

nota de crédito.

CREDIT RATING.

evaluación de la solvencia de una persona.

CREDIT REPORT.

informe sobre la solvencia de una persona.

CREDIT REPORTING AGENCY.

V. CREDIT BUREAU.

CREDIT SALE.

venta a crédito.

CREDIT SLIP.

cupón o papeleta por los que se reconoce un crédito a favor de un cliente sea por haber devuelto mercaderías o por otros motivos.

CREDIT STATEMENT.

declaración de la situación financiera y económica de un solicitante de crédito.

CREDIT TERMS.

condiciones de un crédito.

CREDIT UNION.

cooperativa de crédito.

CREDITOR.

acreedor.

CREDITOR AT LARGE.

acreedor común o quirografario, cuyo crédito no ha sido determinado en juicio.

CREDITOR BENEFICIARY.

el que es beneficiario de un contrato entre terceros.

CREDITOR'S BILL.

juicio entablado por un acreedor sobre la base del régimen de EQUITY (v.), para ejercer acciones o alcanzar propiedad de su deudor cuando ello no es posible mediante acciones de Derecho estricto.

CREDITOR'S CLAIM.

derecho de un acreedor contra su deudor.

V. CLAIM.

CREDITOR'S MEETING.

junta de acreedores.

CREDITOR'S SUIT.

V. CREDITOR'S BILL.

CREED.

credo. Confesión. Creencia. Religión.

CREMATION.

cremación.

CREW.

tripulación.

CREW AGREEMENT.

contrato de trabajo con miembros de una tripulación.

CRIER.

oficial judicial que realiza anunción de viva voz en el juzgado. ‖ Rematador.

CRIME.

delito. Crimen.

CRIME AGAINST LAW OF NATIONS.

delito contra el Derecho de Gentes. Delito contra el Derecho Internacional. ‖ delito reconocido por la generalidad de los sistemas jurídicos.

CRIME AGAINST NATURE.

acto sexual *contra natura*. Sodomía.

CRIME AGAINST PROPERTY.

delito contra la propiedad.

CRIME INSURANCE.

seguro que cubre los riesgos resultantes de delitos contra el asegurado.

CRIME OF OMISSION.

delito de omisión.

CRIME OF REPUTATION.

delito resultante de conductas que afectan la reputación de quien las comete.

CRIME OF STATUS.

delito que no resulta de un acto determinado sino de una situación o forma de vida, como la vagancia, la ebriedad consuetudinaria, etc.

CRIME OF VIOLENCE.

delito que supone violencia contra las personas.

CRIME STATISTIC.

estadística criminal.

CRIMEN FALSI.

delitos que, como el perjuicio, la defraudación o la falsificación, suponen un engaño o falsedad. ‖ falsificación.

CRIMEN LAESAE MAJESTATIS.

crimen de lesa majestad.

CRIMES MALA IN SE.

delitos en sí. Delitos que se consideran son tales por la naturaleza inmoral o injusta del acto que los caracteriza, con independencia de su punición legal.

CRIMES MALA PROHIBITA.

delitos que resultan de la violación de una prohibición legal, y no de una supuesta inmoralidad o injusticia inherente al acto que los constituye.

V. CRIMES MALA IN SE.

CRIMINAL.

criminal. Penal. Vinculado o atinente a un delito. Delictivo. ‖ persona que ha violado las leyes penales. Incluye a delincuentes, reos y criminales.

CRIMINAL ABORTION.

delito de aborto.

CRIMINAL ACT.

acto criminal. Delito.

CRIMINAL ACTION.

acción penal.

CRIMINAL ADMISSION.

admisión por el acusado de hechos que demuestran su culpabilidad.

CRIMINAL ANARCHY.

el anarquismo en cuanto delito.

CRIMINAL APPEAL.

apelación contra una sentencia penal.

CRIMINAL ASSAULT.

V. ASSAULT.

CRIMINAL ATTEMPT.

tentativa de delito, en cuanto sea punible.

CRIMINAL BAIL.
fianza otorgada respecto del acusado en una causa penal. V. BAIL.

CRIMINAL BANKRUPTCY.
en Gran Bretaña, delito de quiebra.

CRIMINAL BEHAVIOUR.
conducta criminal o delictiva.

CRIMINAL BUSINESS.
cuestiones penales. ‖ actividad delictiva.

CRIMINAL CALENDAR.
lista de las causas penales que serán atendidas por un juzgado en cierto período.

CRIMINAL CAPACITY.
condiciones personales del imputado que hacen a la punibilidad del acto que se le atribuye.

CRIMINAL CASE.
causa o caso penal.

CRIMINAL CHARGE.
acusación de un delito.

CRIMINAL CODE.
código penal.

CRIMINAL CONSPIRACY.
delito de conspiración. V. CONSPIRACY.

CRIMINAL CONTEMPT.
delito de desacato o desobediencia.
V. CONTEMPT.

CRIMINAL CONVERSATION.
delito de adulterio.

CRIMINAL COURT.
tribunal o juzgado penal.

CRIMINAL DAMAGE.
delito de daños contra la propiedad.

CRIMINAL EVIDENCE.
prueba en materia penal.

CRIMINAL FORFEITURE.
confiscación impuesta como pena de un delito.

CRIMINAL FRAUD.
delito de defraudación. ‖ defraudación fiscal.

CRIMINAL GROSS NEGLIGENCE.
negligencia o culpa graves, que dan lugar a la configuración de un delito.

CRIMINAL HOMICIDE.
delito de homicidio.

CRIMINAL INFORMATION.
acusación penal.

CRIMINAL INFRINGEMENT.
violación penalmente punible de un derecho.

CRIMINAL INJURIES COMPENSATION.
indemnización estatal en favor de las víctimas de delitos.

CRIMINAL INJURY.
delito de lesiones

CRIMINAL INSANITY.
inimputabilidad penal por causa de insania.

CRIMINAL INTENT.
dolo en materia penal.

CRIMINAL JURISDICTION.
jurisdicción penal.

CRIMINAL JUSTICE SYSTEM.
sistema de justicia penal. El conjunto de tribunales penales de un país.

CRIMINAL LAW.
derecho penal. ‖ ley penal.

CRIMINAL LAWS.
leyes penales.

CRIMINAL LAWYER.
abogado penalista. La expresión es aplicable también generalmente a los abogados defensores.

CRIMINAL LIABILITY.
responsabilidad penal.

CRIMINAL LIBEL.
delito de difamación.

CRIMINAL MALVERSION.
delito de malversación de fondos.

CRIMINAL MISCHIEF.
delito de daños dolosos contra la propiedad.

CRIMINAL MOTIVE.
el motivo o propósito de un delito.

CRIMINAL NEGLIGENCE.
culpa o negligencia susceptible de configurar un delito.

CRIMINAL NON-SUPPORT.
delito de incumplimiento de los deberes de asistencia familiar.

CRIMINAL OFFENCE.
V. CRIMINAL OFFENSE.

CRIMINAL OFFENSE.
delito. Crimen.

CRIMINAL PLEA.
defensa o contestación del acusado en un juicio penal.

CRIMINAL PROCEDURE.
procedimiento penal.

CRIMINAL PROCEEDING.
juicio o proceso penal.

CRIMINAL PROCESS.
intimación a comparecer en una causa penal. ‖ juicio o proceso penal.

CRIMINAL PROSECUTION.
acción penal.

CRIMINAL PROTECTOR.
quien actúa como cómplice o encubridor con posterioridad al hecho principal constitutivo del delito.

CRIMINAL RECORD.
antecedentes penales.

CRIMINAL REGISTRATION.
registro de personas con antecedentes penales.

CRIMINAL RESPONSIBILITY.
responsabilidad penal.

CRIMINAL SANCTION.
sanción penal. Pena.

CRIMINAL SIDE.
jurisdicción penal.

CRIMINAL STATUTE.
ley penal.

CRIMINAL SYNDICALISM.
delitos relacionados con el anarco-sindicalismo. ‖ delitos vinculados con prácticas o prédicas revolucionarias.

CRIMINAL TRESPASS.
delito de violación de domicilio o propiedad.

CRIMINAL TRIAL.
juicio penal.

CRIMINALIST.
criminalista. ‖ criminal habitual.

CRIMINALISTICS.
criminalística.

CRIMINALIZATION.
penalización. Criminalización.

CRIMINATE.
incriminar. Acusar. Imputar.

CRIMINOLOGY.
criminología.

CRIMP.
el culpable de delitos relativos a la contratación de personal embargado.

CRISIS.
crisis.

CRITERION.
criterio.

CRITICAL DATE.
día crítico. El momento en que tiene lugar un hecho que da lugar a un conflicto internacional.

CRITICAL STAGE.
etapa crítica. Las fases de un procedimiento penal en las que los derechos del acusado pueden verse afectados, haciendo necesaria la participación de un defensor letrado.

CRITICISM.
crítica.

CROCK.
criminal. Tramposo. Estafador. Persona dada a prácticas fraudulentas u otros delitos.

CROOKED.
deshonesto. Malo. Perverso. Engañoso. Inmoral.

CROP.
cosecha.

CROP HAIL INSURANCE.
seguro contra granizo.

CROP INSURANCE.
seguro de cosechas, contra los distintos riesgos que pueden afectarlas.

CROP LIEN.
privilegio o derecho de preferencia sobre las cosechas. v. LIEN.

CROP MORTGAGE.
derecho de garantía sobre las cosechas.

CROP RENT.
renta o canon pagado en forma de una participación en las cosechas.

CROPPER.
aparcero.

CROPPER'S CONTRACT.
contrato de aparcería.

CROSS.
cruz. ‖ cruzado. ‖ como verbo (*to cross*), cruzar.

CROSS-ACTION.
la acción dirigida por un demandado contra el actor o contra otro codemandado.

CROSS APPEAL.
la apelación entablada cuando la otra parte del juicio también ha apelado la misma sentencia o providencia.

CROSS ASSIGNMENT OF ERRORS.
acto procesal mediante el cual una parte obtiene la revisión de los aspectos de una sentencia que le resultan desfavorables, sin apelarlos formalmente, en virtud de la apelación interpuesta por la contraparte contra esa sentencia.

CROSS BILL.
demanda dirigida por un demandado en juicio entablado bajo el régimen de EQUITY (v.), contra el actor o contra otro codemandado.

CROSS CLAIM.
acción dirigida contra un codemandado o contra un codemandante. ‖ reconvención.

CROSS COLLATERAL.
garantías recíprocas otorgadas por las distintas partes de un contrato.

CROSS COMPLAINT.
demanda dirigida por la parte originalmente demandada contra el actor o contra otras personas, fundada en los hechos que dan lugar a la demanda original.

CROSS DEMAND.
reconvención.

CROSS EASEMENTS.
servidumbres recíprocas.
V. EASEMENT.

CROSS ERRORS.
agravios formulados por las distintas partes de un juicio respecto de la sentencia.

CROSS EXAMINATION.
repreguntas dirigidas contra el testigo por la parte que no ha ofrecido su testimonio como prueba.

CROSS INTERROGATORY.
interrogatorio planteado por una parte que ha sido objeto a su vez de otros interrogatorios, contra las restantes partes del juicio.

CROSS LIABILITIES.
responsabilidades recíprocas.

CROSS LIBEL.
reconvención.

CROSS LICENCE.
licencia cruzada. Licencia recíproca. La licencia otorgada por un licenciatario en favor del licenciante.

CROSS LICENSE.
V. CROSS LICENCE.

CROSS MOTION.
petición o articulación procesal interpuesta contra otra planteada por la contraparte.

CROSS OFFERS.
ofertas recíprocas.

CROSS-QUESTION.
repreguntar. V. CROSS EXAMINATION.

CROSS REFERENCES.
remisiones entre distintas partes de una obra, ley o documento.

CROSS REMAINDERS.
derechos otorgados respecto de un inmueble que se transmiten a los sucesores de los beneficiarios; de fallecer alguno de éstos sin descendencia, los derechos se transmiten a los restantes beneficiarios o a sus descendientes. Sólo en caso de no existir ningún descendiente de los beneficiarios pasan los derechos a otra persona. V. REMAINDER.

CROSS RULES.
RULE NISI (v.) aplicable tanto respecto del actor como del demandado.

CROSS SALE.
V. CROSS TRADE.

CROSS TRADE.
vinculación de órdenes de compra y venta recibidas por un mismo corredor, a fin de efectuar la operación contemplada en dichas órdenes.

CROSS TRUSTS.
fideicomisos cuyos otorgantes son recíprocamente beneficiarios. v. TRUST.

CROSSED CHECK.
cheque cruzado.

CROSSED CHEQUE.
V. CROSSED CHECK.

CROWN.
la corona. El soberano.

CROWN CASES.
casos penales sujetos a acción pública.

CROWN COLONY.
colonia gobernada directamente por la corona.

CROWN COURT.
tribunal superior con jurisdicción en Inglaterra y Gales.

CROWN DEBTS.
las deudas debidas a la corona.

CROWN GRANT.
concesión de tierras públicas.

CROWN INMUNITY.
inmunidad de la corona.

CROWN LANDS.
tierras públicas.

CROWN LAW.
en Inglaterra, el Derecho Penal.

CROWN LAWYER.
abogado penalista.

CROWN OFFICE.
en Inglaterra, sala penal de los tribunales superiores.

CROWN PAPER.
listado de las causas penales pendientes de ser decididas.

CROWN PRIVATE ESTATES.
bienes privados de la corona.

CROWN PRIVILEGE.
privilegio invocado por la administración pú-

blica británica a fin de impedir la divulgación de documentos o actuaciones que pueden afectar el interés público.

CROWN PROCEEDINGS.
procedimientos judiciales de los que sea parte la corona.

CROWN PROPERTY.
propiedad de la corona.

CROWN SIDE.
sala penal de ciertos tribunales superiores ingleses.

CROWN SOLICITOR.
procurador o fiscal de la corona.

CRUEL.
cruel.

CRUEL AND INHUMAN TREATMENT.
sevicias, violencias o malos tratos, como causales de divorcio.

CRUEL AND UNUSUAL PUNISHMENT.
literalmente, penas crueles e inusuales. Las penas que por su crueldad y por su contradicción con principios generalmente aceptados de humanidad son consideradas inconstitucionales.

CRUELTY.
crueldad. Inhumanidad. Violencia. Sevicia. Malos tratos.

CRUELTY TO ANIMALS.
maltrato o trato cruel de animales.

CRUELTY TO CHILDREN.
maltrato o trato cruel de menores.

CRUSH.
aplastar.

CRY.
gritar. Proclamar. ‖ rematar.

CRYSTALLIZE.
perfeccionamiento de un derecho, garantía o privilegio.

CUCKOLD.
cornudo. ‖ como verbo (*to cuckold*), hacer cornudo.

CULPA IN CONTRAHENDO.
culpa in contrahendo.

CULPABILITY.
culpabilidad.

CULPABLE.
culpable.

CULPABLE HOMICIDE.
homicidio culposo.

CULPABLE IGNORANCE.
ignorancia culpable.

CULPABLE NEGLECT.
descuido o abandono culpable.

CULPABLE NEGLIGENCE.
negligencia culpable.

CULPABLE WANTONNESS.
imprudencia temeraria.

CULPRIT.
culpable. Delincuente. Reo. ‖ el acusado de un delito.

CULTIVATE.
cultivar.

CULTIVATOR.
agricultor. ‖ aparcero.

CUM DIVIDEND.
con dividendo. Se indica así que el comprador de acciones tiene derecho a determinados dividendos.

CUM ONERE.
con las cargas. Se indica con esta expresión que el comprador de un bien lo adquiere con las cargas que pesan sobre éste.

CUM RIGHTS.
con derechos. Expresión mediante la que se indica que el comprador de acciones adquiere los derechos de suscripción correspondientes a tales acciones.

CUM TESTAMENTO ANEXO.
cláusula por la que se indica que un administrador de una sucesión no ha sido nombrado en el testamento dejado por el causante.

CUMULATION OF ACTIONS.
acumulación de acciones.

CUMULATION OF WARRANTIES.
acumulación de garantías.

CUMULATIVE.
cumulativo. Acumulativo. Acumulable.

CUMULATIVE BEQUEST.
V. BEQUEST. CUMULATIVE LEGACY.

CUMULATIVE DIVIDEND.
dividendo acumulativo.

CUMULATIVE EVIDENCE.
pruebas adicionales o corroborantes.

CUMULATIVE JUDGMENT.
sentencia que entra en vigor una vez cumplidos los efectos de otra sentencia anterior.

CUMULATIVE LEGACY.
legado acumulativo.

CUMULATIVE LIABILITY.
responsabilidad acumulativa.

CUMULATIVE OFFENCE.
V. CUMULATIVE OFFENSE.

CUMULATIVE OFFENSE.
delito habitual. Delito que sólo se configura mediante la repetición de cierta conducta.

CUMULATIVE PREFERRED DIVIDENDS.
dividendos acumulativos de acciones preferidas.

CUMULATIVE PREFERRED STOCK.
acciones preferidas con dividendos acumulativos.

CUMULATIVE PENALTIES.
penas acumulativas.

CUMULATIVE PUNISHMENT.
pena acumulativa. ‖ pena aplicable en caso de reincidencia.

CUMULATIVE REMEDY.
acción o recurso adicional a otros ya existentes. V. REMEDY.

CUMULATIVE SENTENCE.
sentencia acumulativa, por prever una pena que se suma a otra anterior.

CUMULATIVE STOCK.
V. CUMULATIVE PREFERRED STOCK.

CUMULATIVE VOTING.
voto acumulativo.

CURATIVE.
literalmente, curativo. Acto destinado a producir el saneamiento de defectos, errores, omisiones o irregularidades.

CURATIVE ADMISSIBILITY OF EVIDENCE.
admisibilidad de medios de prueba, generalmente no admisibles, como forma de sanear un defecto anterior del proceso causado por la contraparte.

CURATIVE STATUTE.
legislación retroactiva destinada a sanear defectos, irregularidades o consecuencias de ciertos actos.

CURATOR.
curador. ‖ director de un museo o galería de arte.

CURATOR AD HOC.
curador *ad hoc*.

CURATOR AD LITEM.
curador *ad litem*.

CURATOR BONIS.
curador *ad bona* o de bienes.

CURATORSHIP.
curatela.

CURATRIX.
curadora.

CURB.
restringir.

CURB MARKET.
mercado informal o irregular.

CURE.
corrección de los defectos existentes en el cumplimiento de una obligación, particularmente de las que pesan sobre el vendedor. ‖ como verbo (*to cure*), sanear un acto de sus vicios, defectos o nulidades.

CURE BY JUDGMENT.
saneamiento de defectos procesales en virtud de la sentencia final que se emite en el juicio.

CURE BY VERDICT.
saneamiento de defectos procesales en virtud del veredicto final que se emite en el juicio.

CURFEW.
toque de queda.

CURIA ADVISARI VULT.
expresión mediante la que se indica que el tribunal desea considerar las actuaciones antes de dictar sentencia.

CURING ERROR.
saneamiento de los errores de un título o procedimiento.

CURING TITLE.
saneamiento de título. Eliminación de los vicios y defectos del título sobre un inmueble.

CURRENCY.
moneda. Dinero. Divisa.

CURRENCY OF THE POLICY.
vigencia de la póliza.

CURRENT.
corriente.

CURRENT ACCOUNT.
cuenta corriente.

CURRENT ANNUITY.
el valor que se paga actualmente en concepto de renta vitalicia u otro pago periódico.

CURRENT ASSETS.
activos corrientes. Activos circulantes.

CURRENT BANK NOTES.
dinero corriente.

CURRENT EARNINGS.
ingresos corrientes.

CURRENT EXPENSES.
gastos corrientes.

CURRENT FUNDS.
activos líquidos.

CURRENT INCOME.
ingreso corriente.

CURRENT INSURANCE.
seguro vigente.

CURRENT LIABILITIES.
pasivo corriente. Pasivo circulante.

CURRENT MAINTENANCE.
mantenimiento normal de instalaciones o edificios.

CURRENT MARKET VALUE.
valor corriente de mercado.

CURRENT MONEY.
dinero o moneda corriente o en circulación.

CURRENT OBLIGATIONS.
obligaciones actuales o exigibles en determinado momento.

CURRENT PRICE.
precio corriente, actual, de plaza o de mercado.

CURRENT REVENUES.
ingresos corrientes.

CURRENT VALUE.
valor corriente. ‖ valor de mercado o de plaza.

CURRENT WAGES.
salarios corrientes. Salarios normales. ‖ los salarios correspondientes al período en curso.

CURRENT YEAR.
año en curso.

CURRENT YIELD.
rendimiento corriente de un título, obligación o depósito.

CURRICULUM.
currículum. ‖ programa de estudios de una institución de enseñanza.

CURSE.
maldición. ‖ como verbo (*to curse*), maldecir.

CURSORY EXAMINATION.
examen o inspección superficial.

CURTAIL.
limitar. Restringir. Reducir.

CURTAIN CLAUSES.
derechos sobre un inmueble que no resultan del título ni del correspondiente registro, pero que son oponibles a terceros.

CURTESY.
derecho del marido, no transmisible a sus sucesores, sobre la propiedad de su esposa, al morir ésta.

CURTESY CONSUMMATE.
la consumación del derecho de CURTESY (v.), al producirse el fallecimiento de la esposa.

CURTESY INITIATE.
el derecho de CURTESY (v.), cuando se ha perfeccionado debido al nacimiento de hijos del matrimonio, donde existe tal condición, pero que no es aún ejercitable, por vivir todavía la esposa.

CURTILAGE.
el terreno circundante a una vivienda, rodeada por una cerca.

CUSTODIA LEGIS.
en la custodia de la ley. Custodia legal de bienes por funcionarios públicos.

CUSTODIAL ARREST.
arresto o detención de una persona por la policía u otros funcionarios públicos.

CUSTODIAL INTERROGATION.
interrogatorio a un detenido.

CUSTODIAN.
custodio. Guardián. ‖ depositario. ‖ administrador judicial o designado por algún organismo estatal.

CUSTODIAN BANK.
banco depositario.

CUSTODIAN OF ENEMY PROPERTY.
administrador de la propiedad enemiga.

CUSTODIAN TRUSTEE.
administrador o guardián de un fideicomiso, nombrado por el Estado.
v. TRUST. TRUSTEE.

CUSTODY.
custodia. ‖ depósito. ‖ intervención o administración judicial o dispuesta por algún organismo estatal. ‖ detención. Arresto.

CUSTODY ACCOUNT.
cuenta que un depositario o administrador judicial debe mantener en relación con la propiedad bajo su custodia.

CUSTODY OF CHILDREN.
custodia de menores.

CUSTODY OF THE LAW.
depósito o administración judicial.

CUSTOM.
costumbre. Uso.

CUSTOM AND USAGE.
usos y costumbres.

CUSTOM DUTIES.
derechos aduaneros.

CUSTOM-HOUSE.
oficina aduanera.

CUSTOM-HOUSE BROKER.
agente aduanero. Despachante de aduana.

CUSTOM OF MERCHANTS.
costumbre comercial.

CUSTOMARILY.

usualmente. Habitualmente. Conforme a lo acostumbrado.

CUSTOMARY.

usual. Común. Conforme a usos y costumbres.

CUSTOMARY DISPATCH.

prontitud habitual.

CUSTOMARY ESTATES.

derechos sobre un inmueble resultantes de la costumbre. v. ESTATE.

CUSTOMARY INTEREST.

interés habitual.

CUSTOMARY INTERNATIONAL LAW.

Derecho Internacional Público consuetudinario.

CUSTOMARY INTERPRETATION.

interpretación habitual.

CUSTOMARY LAW.

Derecho consuetudinario.

CUSTOMARY SERVICES.

servicios exigidos conforme a la costumbre.

CUSTOMARY TENANTS.

arrendatarios que ejercen derechos resultantes del Derecho consuetudinario.

CUSTOMER.

cliente. Comprador.

CUSTOMER'S GOODS.

bienes de propiedad de los clientes, mantenidos en depósito.

CUSTOMER'S MAN.

empleado que atiende directamente a la clientela.

CUSTOMS.

aduana. ‖ derechos aduaneros. ‖ costumbres. Normas consuetudinarias.

CUSTOMS AND PATENT APPEALS COURT.

tribunal de apelaciones en materia de aduanas y patentes.

CUSTOMS APPRAISER.

aforador o tasador de aduana. Funcionario a cargo de la valuación aduanera.

CUSTOMS AUTHORITY.

autoridad aduanera.

CUSTOMS BOND.

fianza o garantía prestada a la autoridad aduanera. v. BOND.

CUSTOMS BROKER.

despachante de aduana. Agente aduanero.

CUSTOMS CHARGES.

gastos o tasas por servicios aduaneros.

CUSTOMS CLEARANCE.

despacho aduanero. Despacho a plaza.

CUSTOMS CONVENTIONS.

convenciones aduaneras.

CUSTOMS COURT.

tribunal aduanero.

CUSTOMS DECLARATION.

declaración aduanera.

CUSTOMS DISTRICT.

distrito delimitado con fines aduaneros.

CUSTOMS DUTY.

derecho aduanero.

CUSTOMS ENTRIES.

formalidades aduaneras. ‖ despacho a plaza.

CUSTOMS EXEMPT.

libre de derechos aduaneros.

CUSTOMS HOUSE.

v. CUSTOM HOUSE.

CUSTOMS INSPECTION.

inspección aduanera.

CUSTOMS INSPECTOR.

inspector de aduanas.

CUSTOMS LIEN.

derecho de privilegio o preferencia que pesa sobre las mercaderías importadas respecto de las deudas por derechos aduaneros. v. LIEN.

CUSTOMS OFFICE.

oficina aduanera.

CUSTOMS OFFICER.

funcionario aduanero.

CUSTOMS REGULATIONS.

reglamentos aduaneros.

CUSTOMS SERVICE.

servicio aduanero. Autoridad aduanera.

CUSTOMS UNION.

unión aduanera.

CUSTOMS WAREHOUSE.

depósito o almacén aduanero.

CUT.

cortar. Disminuir. Dividir. Reducir.

CUTOFF DATE.

el día en que termina de correr un plazo.

CUTS.

cortes. Restricciones. Reducciones.

CY-PRES.

doctrina en virtud de la cual un acto de disposición unilateral, tal como un testamento, debe ser interpretado de la forma que se acerque más a la voluntad presunta del causante, cuando no sea posible o legal cumplir literalmente con sus disposiciones.

D

DACTILOGRAPHY.
dactiloscopía.

DAILY.
diario. Diariamente. ‖ periódico publicado diariamente.

DAILY ALLOWANCE.
viático o asignación diaria.

DAILY BALANCE.
saldo, especialmente bancario, correspondiente a cierto día.

DAILY OCCUPATION.
ocupación habitual.

DAILY RATE OF PAY.
salario o remuneración por día.

DAMAGE.
daño. Perjuicio. Pérdida.

DAMAGE FAISANT.
V. DAMAGE FEASANT.

DAMAGE FEASANT.
daños causados por animales ajenos.

DAMAGE IN LAW.
daño nominal.

DAMAGE TO PERSON.
daño a la persona, físico o moral.

DAMAGE TO PROPERTY.
daño a la propiedad.

DAMAGES.
daños y perjuicios. ‖ indemnización o resarcimiento de daños y perjuicios.

DAMAGES AND COSTS.
expresión que indica la obligación de un apelante de pagar el monto de la sentencia apelada y sus intereses, en caso de fracasar la apelación.

DAMAGES AT LARGE.
daños respecto de los cuales no existe un criterio preciso para efectuar su valoración mone-

taria, como en los daños referidos a losde orden moral.

DAMAGES FOR DELAY.
daños causados por la demora en el cumplimiento de una sentencia, motivada por su apelación.

DAMAGES ULTRA.
petición de una indemnización de daños y perjuicios superior a la ya abonada por el demandado.

DAMAGING.
dañoso. Perjudicial.

DAMN.
maldecir.

DAMNA.
daños.

DAMNATUS.
ilegal. Prohibido. Ilícito. Condenado.

DAMNIFICATION.
lo que provoca un daño.

DAMNIFY.
dañar. Perjudicar. ‖ obtener una sentencia contra un garante.

DAMNUM ABSQUE INJURIA.
daño sin antijuridicidad.

DAMNUM EMERGENS.
daño emergente.

DAMNUM FATALE.
daño inevitable, por resultar de fuerza mayor.

DANGER.
peligro. Riesgo.

DANGER INVITES RESCUE.
doctrina en virtud de la cual quien crea un peligro responde por los daños causados a quien acude en su rescate.

DANGER OF NAVIGATION.
peligros o riesgos de la navegación.

DANGEROUS.
peligroso.
DANGEROUS ANIMAL.
animal peligroso.
DANGEROUS CHATTEL.
objeto peligroso.
DANGEROUS CRIMINAL.
criminal o delincuente peligroso.
DANGEROUS DRIVING.
manejo o conducción imprudente de un automóvil.
DANGEROUS GOODS.
bienes peligrosos.
DANGEROUS INSTRUMENTALITY.
objeto susceptible de ocasionar peligros.
DANGEROUS MACHINE.
maquinaria peligrosa.
DANGEROUS OCCUPATION.
ocupación riesgosa o peligrosa.
DANGEROUS PER SE.
peligroso en sí mismo.
DANGEROUS PLACE.
lugar peligroso.
DANGEROUS PREMISES.
local, lugar o instalación peligrosos.
DANGEROUS-TENDENCY TEST.
prueba relativa a la peligrosidad de una persona u objeto.
DANGEROUS WEAPON.
arma peligrosa.
DANGERS OF THE SEA.
riesgos extraordinarios o irresistibles de la navegación marítima.
DATA.
datos. Información.
DATA ACQUISITION.
adquisición de información o de datos.
DATA BANK.
banco de datos.
DATA PROCESSING.
procesamiento de datos.
DATA PROTECTION.
protección de datos, particularmente los relativos a las personas.
DATE.
fecha. || como verbo (*to date*), datar. Fechar.
DATE BACK.
retrotraer. Antedatar.
DATE OF ACCRUAL OF A CAUSE OF ACTION.
momento en que puede ejercitarse judicialmente una acción.

DATE OF ATTACHMENT.
fecha de iniciación de la cobertura de un seguro. || fecha de un secuestro judicial.
V. ATTACHMENT.
DATE OF BANCKRUPTCY.
fecha de declaración de la quiebra.
DATE OF CLEAVAGE.
fecha en que el deudor solicita la declaración de quiebra, determinando así qué deudas quedan sujetas a los procedimientos concursales.
DATE OF ISSUE.
fecha de emisión.
DATE OF MATURITY.
fecha de vencimiento.
DATE OF PUBLICATION.
fecha de publicación.
DATE OF RECORD.
fecha de registro.
DATE OF SERVICE.
fecha de notificación.
DATION.
dación.
DATIVE.
nombrado por la autoridad pública. || dado, otorgado o nombrado voluntariamente.
DATUM.
dato. Premisa. Hipótesis. || fecha. || cosa dada.
DAWN RAID.
literalmente, ataque al amanecer. Compra imprevista y rápida en el mercado accionario de una parte sustancial del paquete de control perteneciente a una sociedad.
DAY.
día.
DAY-BOOK.
libro diario.
DAY CALENDAR.
agenda de las causas a ser atendidas por un tribunal en determinado día.
DAY CERTAIN.
fecha fija. Día cierto.
DAY IN COURT.
la oportunidad para poder ejercer los derechos judicialmente. || el tiempo fijado para ejercer judicialmente ciertos derechos.
DAY LABORER.
V. DAY LABOURER.
DAY LABOURER.
jornalero.
DAY LOAN.
préstamo diario. Préstamo que se realiza por

el término de un día, renovable por iguales períodos.

DAY OF HEARING.

día de audiencia.

DAY ORDER.

orden de realizar una operación bursátil en cierto día, vencido el cual la orden expira.

DAY TO SHOW CAUSE.

día de audiencia de causa. v. SHOW CAUSE. ‖ término dentro del cual una persona, al adquirir la mayoría de edad, puede impugnar una sentencia que se haya dictado durante su minoridad.

DAYLIGHT SAVING TIME.

horario utilizado para ahorrar energía, mediante la variación de la medianoche horaria respecto de la medianoche solar.

DAYS OF GRACE.

días de gracia.

DAYS' SIGHT.

días vista.

DAYTIME.

la parte del día en que se cuenta con luz natural.

D. B. A.

iniciales de DOING BUSINESS AS. (v.).

D. C.

abreviatura de DISTRICT COURT (v.) o bien de DISTRICT OF COLUMBIA, o sea el distrito que comprende a la ciudad de Washington.

DE BENE ESSE.

condicional. Provisional.

DE BONIS ASPORTATIS.

apropiarse físicamente de bienes muebles ajenos.

DE BONIS NON ADMINISTRATIS.

condición del administrador que tiene a su cargo los bienes dejados por un administrador anterior.

DE BONIS PROPRIIS.

tipo de sentencia dirigida contra los bienes propios de un administrador o albacea.

DE BONIS TESTATORIS.

tipo de sentencia dirigida contra los bienes de un testador.

DE CUJUS.

De cujus.

DE CURSU.

en el curso normal.

DE FACTO.

de hecho.

DE FACTO ADOPTION.

adopción de hecho, por no haberse cumplido las formalidades necesarias para su perfeccionamiento.

DE FACTO BUSINESS ASSOCIATION.

sociedad de hecho. La expresión sólo se utiliza como traducción de su equivalente en otros idiomas, bajo el CIVIL LAW (v.).

DE FACTO CONTRACT.

contrato dirigido a transferir cierta propiedad, pero que se encuentra viciado para tener tal efecto.

DE FACTO CORPORATE OFFICER.

funcionario o representante de hecho de una persona jurídica.

DE FACTO CORPORATION.

persona jurídica de hecho, por actuar como tal sin haber cumplido con las formalidades necesarias. v. CORPORATION.

DE FACTO COURT.

tribunal de facto, por no estar basado su funcionamiento en los preceptos constitucionales aplicables.

DE FACTO GOVERNMENT.

gobierno de facto.

DE FACTO JUDGE.

juez de facto, por actuar de hecho como tal sin estar legitimado para ello.

DE FACTO MARRIAGE.

matrimonio de hecho.

DE FACTO OFFICER.

funcionario de hecho.

DE FACTO SEGREGATION.

segregación de hecho, por no surgir de disposiciones expresas al efecto.

DE INJURIA.

tipo de argumentación en la que el autor atribuye ciertos actos alegados por el demandado a la culpa de éste.

DE JURE.

De jure.

DE JURE CORPORATION.

persona jurídica que ha cumplido con los distintos requisitos legales exigidos para su existencia como tal.

v. CORPORATION.

DE JURE GOVERNMENT.

gobierno *de jure*.

DE JURE SEGREGATION.

segregación racial que resulta de normas jurídicas.

DE NOVO.
nuevamente.

DE NOVO HEARING.
repetición de una audiencia, por vicios de una anterior.

DE NOVO TRIAL.
repetición de un juicio, por la nulidad de uno anterior sobre idéntica causa.

DEAD.
muerto.

DEAD ASSET.
activo sin valor.

DEAD BEAT.
deudor moroso.

DEAD BODY.
cadáver.

DEAD-BORN.
nacido sin vida.

DEAD FREIGHT.
flete pagado por el cargador por cierta capacidad de carga que en realidad no utiliza.

DEAD HAND.
mano muerta.

DEAD LETTER.
letra muerta. ‖ carta que no puede llegar a destino, por ejemplo, por faltar la dirección del destinatario.

DEAD MAN'S STATUTE.
principio procesal que impide alegar o probar los dichos de una persona ya fallecida.

DEAD-PLEDGE.
hipoteca.

DEAD RENT.
renta pagadera respecto de una concesión minera aunque la mina no sea explotada.

DEAD STOCK.
inventario invendible.

DEAD STORAGE.
depósito de bienes para su conservación y guarda, y no para su uso.

DEAD TIME.
tiempo muerto. Tiempo por el que no se recibe una contraprestación o que no se computa a efectos legales.

DEAD USE.
derecho de uso a ser ejercido en el futuro.

DEADLINE.
término. Vencimiento.

DEADLOCK.
imposibilidad de llegar a una decisión en un cuerpo colegiado.

DEADLOCKED JURY.
jurado que no consigue llegar a una solución.

DEADLY.
mortal.

DEADLY FORCE.
fuerza o violencia susceptible de causar la muerte.

DEADLY WEAPON.
arma, instrumento o sustancia susceptible de causar la muerte.

DEAL.
negocio. Acuerdo. Pacto. Contrato. ‖ compra a un precio favorable. ‖ como verbo (*to deal*), negociar. Comerciar. Intermediar. Vender.

DEALER.
comerciante. Distribuidor. Intermediario. ‖ corredor o agente de bolsa.

DEALER IN NARCOTICS.
traficante de drogas. Narcotraficante.

DEALER IN SECURITIES.
quien opera regularmente como corredor o intermediario en los mercados de valores.

DEALER'S TALK.
las recomendaciones exageradas de un comerciante respecto de las mercaderías que vende.

DEALING.
comerciar. Tratar. Intermediar. Operar.

DEALING IN FUTURES.
operar en transacciones de futuro.

DEALINGS.
negociaciones. Tratativas.

DEAN.
decano.

DEATH.
muerte. Defunción. Fallecimiento.

DEATH ACTS.
leyes que permiten accionar civilmente contra quien ha causado la muerte de una persona.

DEATH BENEFITS.
beneficios y pagos debidos por el asegurador al producirse la muerte del asegurado.

DEATH BY HIS OWN HAND.
suicidio.

DEATH BY WRONGFUL ACT.
muerte por hecho ilícito. Expresión técnica que se refiere a la acción que nace en tales casos, expresamente prevista en leyes especiales.

DEATH CERTIFICATE.
certificado de defunción.

DEATH DUTY.
impuestos sucesorios.

DEATH PENALTY.
pena de muerte.

DEATH RECORDS.
registros de fallecimiento.

DEATH SENTENCE.
pena de muerte.

DEATH TAXES.
impuestos sucesorios.

DEATH TRAP.
estructura, edificio o situación que crea un grave peligro de muerte.

DEATH WARRANT.
orden por la que se establece el lugar y tiempo de ejecución de la pena de muerte.

DEATHBED DECLARATIONS.
declaraciones *in extremis*.

DEATHSMAN.
verdugo. Persona que ejecuta la pena de muerte.

DEBARMENT.
exclusión del ejercicio o goce de un derecho.

DEBARMENT FROM AN ACTION.
decadencia de una acción.

DEBASEMENT.
corrupción o adulteración de metales o monedas.

DEBATE.
debate. Discusión. Disputa. ‖ como verbo, (*to debate*), debatir. Discutir. Disputar.

DEBAUCH.
corromper. Seducir.

DEBAUCHERY.
corrupción. Excesos sexuales.

DEBENTURE.
debenture. Bono. Obligación. Título representativo de deudas. ‖ certificado aduanero que acredita pagos u otros actos, a ser utilizado para obtener reintegros u otros beneficios aduaneros.

DEBENTURE BOND.
debenture o bono sin garantía especial.

DEBENTURE CERTIFICATE.
título o certificado correspondiente a un debenture, bono u obligación.

DEBENTURE INDENTURE.
acto o escritura por la que se establecen las condiciones o garantías de emisión de debentures, bonos u obligaciones.

DEBENTURE STOCK.
debentures, bonos u obligaciones que se distinguen de los ordinarios por no ser amortiza-

bles, dando lugar únicamente al pago de intereses, o por constituirse con garantía flotante sobre los bienes de la sociedad emisora.

DEBIT.
débito. ‖ como verbo (*to debit*), debitar.

DEBIT BALANCE.
balance. Saldo deudor.

DEBIT NOTE.
nota de débito.

DEBITRIX.
deudora.

DEBT.
deuda.

DEBT ACCRUING.
deuda aún no exigible.

DEBT ADJUSTING.
operación por la que una persona acuerda atender las deudas de otra a cambio de pagos periódicos.

DEBT ADJUSTMENT.
convenio para el pago de deudas impagas o litigiosas.

DEBT BARRED BY LIMITATION.
deuda prescripta.

DEBT BY SIMPLE CONTRACT.
deuda contractual, sin otra instrumentación formal.

DEBT CANCELLATION.
cancelación o extinción de deudas.

DEBT COLLECTION AGENCY.
agencia de cobranzas.

DEBT CONSOLIDATION.
consolidación de deudas. ‖ operación por la que un deudor acuerda realizar pagos periódicos a un único acreedor, quien a su vez se compromete a atender las restantes deudas de la contraparte.

DEBT DUE.
deuda vencida. Deuda exigible.

DEBT-EQUITY RATIO.
relación entre deudas y capital propio. Índice de endeudamiento.

DEBT FINANCING.
financiamiento de una empresa mediante créditos o la emisión de obligaciones.

DEBT LIMITATIONS.
límites máximos establecidos para el endeudamiento de ciertas personas, especialmente entes estatales.

DEBT OF HONOUR.
deuda de honor.

DEBT OF RECORD.
deuda que ha sido reconocida o declarada en juicio.

DEBT OWING.
deuda exigible.

DEBT POOLING.
operación de pago de las deudas de una persona mediante cesión de sus bienes a los distintos acreedores. ‖ operación por la que un deudor acuerda realizar pagos periódicos a un único acreedor, quien se compromete a atender las restantes deudas de la contraparte.

DEBT SECURITY.
título representativo de deuda. Obligación.

DEBT SERVICE.
servicio de la deuda.

DEBTOR.
deudor.

DEBTOR IN POSSESSION.
deudor sujeto a un proceso concursal, que continúa en la posesión y administración de sus bienes.

DEBTOR RELIEF.
conjunto de mecanismos concursales a los que puede recurrir un deudor insolvente.

DECEASE.
muerte. Fallecimiento. ‖ morir. Fallecer.

DECEASED.
fallecido. Muerto. Difunto.

DECEDENT.
fallecido. Muerto. Difunto.

DECEDENT'S ESTATE.
patrimonio sucesorio.

DECEIT.
engaño. Fraude. Dolo.

DECENCY.
decencia.

DECEPTION.
artificio. Engaño. Fraude.

DECEPTIVE SALES PRACTICES.
prácticas de comercialización engañosas.

DECIDE.
decidir.

DECISION.
decisión. ‖ providencia judicial. ‖ sentencia.

DECISION ON APPEAL.
sentencia que se dicta a consecuencia de una apelación. Sentencia de segunda instancia.

DECISION ON MERITS.
decisión o sentencia sobre el fondo de una cuestión.

DECISIVE.
decisivo.

DECLARANT.
declarante.

DECLARATION.
declaración, en general. ‖ demanda. ‖ declaración aduanera. ‖ declaración de cierto derecho, como consecuencia de una acción declarativa.

DECLARATION AGAINST INTEREST.
declaración que es contraria al interés de quien la realiza.

DECLARATION DATE.
fecha de declaración de dividendo.

DECLARATION IN CHIEF.
demanda principal, en contraposición a la dirigida a pretensiones accesorias de aquélla.

DECLARATION OF A DECEASED PERSON.
declaraciones realizadas por una persona ya difunta al momento de su utilización en juicio.

DECLARATION OF BANKRUPTCY.
declaración de quiebra.

DECLARATION OF DEATH.
declaración de fallecimiento.

DECLARATION OF DIVIDEND.
declaración de dividendo.

DECLARATION OF ESTIMATED TAX.
declaración impositiva.

DECLARATION OF HOMESTEAD.
declaración de bien de familia.

DECLARATION OF INABILITY TO PAY DEBTS.
declaración de insolvencia.

DECLARATION OF INDEPENDENCE.
declaración de la Independencia.

DECLARATION OF INTENTION.
declaración de intención. ‖ declaración de un extranjero que desea naturalizarse, de su intención de hacerlo.

DECLARATION OF INTEREST.
declaración del interés personal que se tiene en una cuestión, particularmente en el curso de debates parlamentarios.

DECLARATION OF LEGITIMACY.
declaración de legitimidad de un hijo.

DECLARATION OF PAIN.
prueba de dichos relacionados con expresiones de dolor.

DECLARATION OF RIGHTS.
declaración de derechos.

DECLARATION OF SOLVENCY.
declaración de solvencia formulada en el curso de una liquidación voluntaria de una sociedad.

DECLARATION OF STATE OF MIND.
prueba de dichos relacionados con expresiones sobre el estado de ánimo.

DECLARATION OF TRUST.
declaración por la cual quien ejerce un derecho manifiesta que lo hace en el carácter de fideicomisario, en beneficio de otra persona. V. TRUST.

DECLARATION OF WAR.
declaración de guerra.

DECLARATIVE REMEDIES.
acciones u otros mecanismos jurídicos que conducen a una sentencia declarativa de derechos. V. REMEDIES.

DECLARATOR OF TRUST.
acción dirigida contra el fideicomisario que actúa en base a títulos en los que aparece nominalmente como beneficiario de la propiedad respecto de la cual es realmente fideicomisario. V. TRUST.

DECLARATORY.
declaratorio.

DECLARATORY ACTION.
acción declaratoria.

DECLARATORY COVENANT.
estipulación meramente declaratoria. V. COVENANT.

DECLARATORY JUDGMENT.
sentencia declarativa.

DECLARATORY LEGISLATION.
legislación interpretativa, de la que surge una interpretación auténtica.

DECLARATORY PART OF A LAW.
parte de una ley en la que se definen las obligaciones y derechos derivados de la misma.

DECLARATORY RELIEF.
providencia judicial que tutela un derecho mediante su declaración como tal.

DECLARATORY STATUTE.
norma interpretativa, de la que surge una interpretación auténtica.

DECLARE.
declarar.

DECLINATION.
acto por el cual un representante manifiesta en juicio no actuar en este en tal carácter. || declinación de jurisdicción. || petición para que el tribunal actuante decline su jurisdicción.

DECLINATORY EXCEPTION.
excepción declinatoria.

DECLINE.
declinar. Decaer. Empeorar. || rechazar. Renunciar. || declinación. Caída. Decadencia.

DECLINE JURISDICTION.
declinar jurisdicción.

DECOMPOSE.
descomponerse. Disolver.

DECOY.
tentar. Atraer mediante engaños o artimañas. || señuelo.

DECOY LETTER.
carta utilizada para comprometer a un delincuente, especialmente al culpable de fraudes por correo.

DECREASE.
disminución. || como verbo (*to decrease*), disminuir. Decrecer.

DECREASING TERM INSURANCE.
seguro en el que el monto asegurado decrece a lo largo de su término.

DECREE.
decreto, en general. || decreto o sentencia judicial. || como verbo (*to decree*), decretar. Ordenar. || decreto, como acto del Poder Ejecutivo o de la Administración. En este sentido la voz sólo se emplea como traducción de sus equivalentes extranjeros.

DECREE ABSOLUTE.
sentencia definitiva.

DECREE ABSOLVITOR.
sentencia absolutoria.

DECREE CONDEMNATOR.
sentencia condenatoria.

DECREE DATIVE.
decreto judicial mediante el que se nombra el administrador de una sucesión.

DECREE FOR SPECIAL PERFORMANCE.
sentencia por la que se ordena que se dé cumplimiento al objeto específico de una obligación.

DECREE IN ABSENCE.
sentencia dictada con una parte rebelde.

DECREE NISI.
decreto u orden judicial provisional, que se convertirá en definitivo si las partes no demuestran razones valederas para modificarlo. || sentencia provisional de divorcio.

DECREE OF DISTRIBUTION.
sentencia por la que se determina la distribu-

ción del haber sucesorio entre los distintos herederos.

DECREE OF DIVORCE.
sentencia de divorcio.

DECREE OF INSOLVENCY.
declaración judicial de insolvencia. ‖ declaración judicial de que el haber sucesorio no alcanza a cubrir las deudas dejadas por el causante.

DECREE OF NULLITY.
sentencia por la que se declara la nulidad de un matrimonio.

DECREE PRO CONFESSO.
sentencia basada en la confesión tácita del demandado, al no haber contestado las pretensiones formuladas por el actor. Se la utiliza bajo el régimen de EQUITY (v.).

DECRETAL ORDER.
providencia preliminar, no referida a los aspectos sustanciales del juicio.

DECRIMINALIZATION.
despenalización. Desincriminación.

DECROWNING.
descoronar.

DECRY.
desacreditar. Menospreciar.

DEDICATE.
aplicar o dedicar un inmueble, o ciertos derechos sobre éste, a uso público.

DEDICATION.
aplicación o dedicación de un inmueble, o de ciertos derechos sobre éste, a uso público.

DEDICATION AND RESERVE.
la reserva de derechos por quien aplica o dedica un inmueble, o ciertos derechos sobre éste, a uso público.
V. DEDICATION.

DEDICATION BY ADVERSE USE.
dedicación implícita de un inmueble, o de un derecho sobre éste, a uso público, en virtud de tal uso, al ser tolerado por el propietario.
V. DEDICATION.

DEDICATION BY DEED.
aplicación o dedicación de un inmueble, o de ciertos derechos sobre éste, a uso público, mediante un acto formal. v. DEDICATION.

DEDICATION BY PLAT.
aplicación o dedicación de un inmueble, o de ciertos derechos sobre éste, a uso público, dejando constancia de dicho acto en mapas confeccionados al efecto. v. DEDICATION.

DEDICATION OF LITERATY PROPERTY.
publicación de una obra sin realizar los actos necesarios para la protección de los derechos relativos a esa obra.

DEDICATION OF WAY.
dedicación de una vía o camino al uso público, mediante la autorización expresa o tácita del propietario del inmueble correspondiente.

DEDICATION TO THE PUBLIC.
abandono del derecho de autor sobre una obra, al publicarla sin haber reservado tal derecho. ‖ aplicación o dedicación de bienes a uso público.
V. DEDICATION.

DEDITION.
dación. Entrega.

DEDUCTIBLE.
deducible. ‖ parte de una pérdida que pesa sobre el asegurado. Franquicia.

DEDUCTIBLE CLAUSE.
cláusula de franquicia. Cláusula del contrato de seguro en la que se establece la parte de las pérdidas que recae inicialmente sobre el asegurado.

DEDUCTIBLE LOSSES.
pérdidas deducibles, particularmente a fines impositivos.

DEDUCTION.
deducción.

DEDUCTION FOR NEW.
parte del costo de la reparación de un navío, que pesa sobre el asegurado, en función de una presunción de mayor valor de lo reparado frente a su estado anterior al siniestro.

DEDUCTION IN RESPECT OF A DECEDENT.
deducción impositiva correspondiente a una persona ya fallecida, que incide sobre su sucesión.

DEDUCTION OF A CLAIM.
prueba del fundamento jurídico de un derecho. v. CLAIM.

DEED.
instrumento mediante el que se transfieren derechos sobre un inmueble. ‖ instrumento formal, consistiendo tal formalidad normalmente en el sellado. v. SEAL. ‖ acto. Hecho. Acción. Realización. Obra.

DEED ABSOLUTE.
instrumento por el que se transfieren derechos definitivos sobre un inmueble.

DEED FOR A NOMINAL SUM.
transmisión de derechos sobre un inmueble a título gratuito, por prever únicamente una contraprestación nominal.

DEED IN FEE.
instrumento por el que se transmite el dominio pleno sobre un inmueble.

DEED INDENTED.
instrumento por el que se transfieren derechos sobre un inmueble, caracterizado por la formalidad de realizar cortes o de colocar bordes dentados en tal instrumento.

DEED INDENTURE.
V. DEED INDENTED.

DEED INTER PARTES.
instrumento por el que se transfieren derechos sobre un inmueble, suscripto personalmente por las partes del acto correspondiente, y no por medio de representantes.

DEED OF AGENCY.
constitución de un fideicomiso con el fin de pagar deudas.

DEED OF ARRANGEMENT.
instrumento mediante el que se acuerda un concordato con los acreedores.

DEED OF ASSIGNMENT.
instrumento de cesión.

DEED OF COMPOSITION.
V. DEED OF ARRANGEMENT.

DEED OF COVENANT.
instrumento por el que una persona asume determinadas obligaciones, especialmente aquellas accesorias a la transferencia de derechos sobre un inmueble.

DEED OF DISCHARGE.
instrumento mediante el que se declara la extinción de obligaciones.

DEED OF DISTRIBUTION.
instrumento mediante el que se transfieren derechos sobre inmuebles a los sucesores del difunto.

DEED OF GIFT.
instrumento de una donación.

DEED OF PARTITION.
instrumento de división de condominio o copropiedad.

DEED OF RELEASE.
instrumento por el que se declara la liberación o extinción de una obligación, particularmente las correspondientes a hipótesis u otros derechos de garantía.

DEED OF SEPARATION.
instrumento mediante el que se provee al mantenimiento del cónyuge y se incluyen otros aspectos relativos a la separación matrimonial.

DEED OF SETTLEMENT.
instrumento que se utiliza para la formación de una sociedad, mediante la designación de representantes de ésta.

DEED OF TRUST.
instrumento dirigido a la creación de una garantía inmobiliaria, mediante la transferencia de la propiedad de un inmueble a fideicomisarios, hasta tanto se cumpla la obligación garantizada.
V. TRUST.

DEED POLL.
instrumento unilateral.

DEED TO SUPPORT.
instrumento mediante el que se transfieren derechos a cambio de la obligación de la contraparte de proveer al mantenimiento futuro del otorgante.

DEEM.
creer. Considerar a algo como de determinada naturaleza. Dar a algo cierto tratamiento jurídico.

DEEP ROCK DOCTRINE.
doctrina en virtud de la cual los créditos de las personas que participan en la dirección de una sociedad son subordinados al producirse la liquidación o reorganización de aquélla.

DEFACE.
destruir un documento, firma o escrito. ‖ dañar o ensuciar un monumento o edificio. ‖ agraviar símbolos.

DEFALCATION.
desfalco. Defraudación. ‖ malversación. Apropiación de fondos públicos. ‖ incumplimiento de obligaciones. ‖ compensación de deudas. ‖ reconvención.

DEFALK.
compensar deudas. Reconvenir.

DEFAMACAST.
difamación por vía radial.

DEFAMATION.
difamación. Injuria.

DEFAMATORY.
difamatorio. Injuriante.

DEFAMATORY ADVERTISING.
publicidad difamatoria.

DEFAMATORY LIBEL.
difamación o injuria por escrito.

DEFAMATORY PER QUOD.
expresiones escritas que son difamatorias o injuriosas debido a manifestaciones adicionales que le dan ese sentido.

DEFAMATORY PER SE.
palabras que son difamatorias o injuriosas en sí mismas, sin necesidad de determinar su contexto.

DEFAMER.
quien difama o injuria.

DEFAULT.
incumplimiento de una obligación. Mora. ‖ acto deshonesto o malicioso. ‖ rebeldía procesal. ‖ como verbo (*to default*), incumplir obligaciones u omitir su pago.

DEFAULT ACTION.
acción por cobro de dinero.

DEFAULT DAY.
último día en que se puede comparecer en un juicio sin quedar en rebeldía.

DEFAULT INTEREST.
interés moratorio.

DEFAULT JUDGMENT.
sentencias en rebeldía.

DEFAULT OF PLEADING.
omisión de realizar una presentación o articulación procesal.

DEFAULT SUMMONS.
notificación de una demanda e intimación de pagar sumas de dinero.

DEFAULTED.
incumplido. En mora.

DEFAULTED DEBT.
deuda en mora.

DEFAULTER.
deudor incumplidor o también moroso. ‖ rebelde.

DEFAULTING PARTY.
parte incumplidora o en mora.

DEFEASANCE.
anulación. Revocación. Resolución.

DEFEASANCE CLAUSE.
cláusula por la que se dispone la extinción de una hipoteca al cumplirse con la obligación garantizada por aquélla.

DEFEASIBLE.
anulable. Revocable. Condicional.

DEFEASIBLE DEED.
instrumento de transmisión de derechos res-

pecto de un inmueble, sujeto a revocación o condición. v. DEED.

DEFEASIBLE FEE.
derecho de dominio condicional, contingente, revocable o imperfecto.

DEFEASIBLE TITLE.
título anulable o revocable.

DEFEASIBLY VESTED REMAINDER.
derecho sobre un inmueble, transferido a su beneficiario definitivo con sujeción a una condición resolutoria. v. REMAINDER.

DEFEASIVE.
reconvención que de prosperar implicará el rechazo de la demanda.

DEFEAT.
derrotar. ‖ impedir. Frustar. ‖ anular. Revocar. ‖ vencer en juicio. ‖ derrota.

DEFECT.
defecto. Vicio. ‖ como verbo (*to defect*), desertar.

DEFECT OF FORM.
defecto formal.

DEFECT OF PARTIES.
vicios en la legitimación procesal de las partes, debido a la falta de citación de partes que integran un litisconsorcio necesario.

DEFECT OF SUBSTANCE.
defecto de fondo o sustancial.·

DEFECT OF TITLE.
vicio de un título de propiedad.

DEFECTIVE.
defectuoso. Viciado.

DEFECTIVE CONDITION.
condición defectuosa de un bien o producto.

DEFECTIVE EXECUTION.
firma viciada de un instrumento.

DEFECTIVE GOODS.
bienes defectuosos.

DEFECTIVE PLEADINGS.
presentaciones o articulaciones procesales viciadas o defectuosas.

DEFECTIVE RECORD.
registro viciado o defectuoso. ‖ recurso o apelación viciado o defectuoso.

DEFECTIVE TITLE.
título viciado o defectuoso.

DEFECTIVE VERDICT.
veredicto viciado o defectuoso.

DEFENCE.
defensa, conforme a la ortografía utilizada en Gran Bretaña. La voz se refiere tanto a la de-

fensa penal como a la civil y a las defensas formales y de fondo que pueden oponerse en ambos tipos de proceso.

DEFENCE ATTORNEY.
abogado defensor.

DEFENCE BRIEF.
escrito en el que se formula una defensa.

DEFENCE COUNSEL.
abogado defensor.

DEFENCE OF HABITATION.
defensa del domicilio, en cuanto excusa justificatoria de conductas potencialmente ilícitas.

DEFENCE OF INSANITY.
defensa penal basada en la insania del acusado.

DEFENCE OF PROPERTY.
defensa de la propiedad, que obra como excusa posible de ciertas conductas potencialmente ilícitas.

DEFENCE UPON THE MERITS.
defensa sustancial.

DEFEND.
defender, en general. ‖ actuar como abogado defensor. ‖ prohibir.

DEFENDANT.
demandado. Acusado.

DEFENDANT IN DEFAULT.
demandado o acusado rebelde o contumaz.

DEFENDANT IN ERROR.
La contraparte de quien apela una sentencia.

DEFENDANT'S BOND.
garantía o fianza exigida al demandado o acusado.

DEFENSE.
defensa, conforme a la ortografía adoptada en los Estados Unidos.
V. DEFENCE.

DEFENSE BONDS.
bonos emitidos en los Estados Unidos con fines de financiación de gastos de defensa.

DEFER.
postergar. Diferir. Prorrogar.

DEFERMENT.
postergación. Prórroga. Plazo que incide sobre una relación jurídica.

DEFERRAL.
postergación. Prórroga.

DEFERRAL PERIOD.
período de postergación o prórroga.

DEFERRED.
postergado. Diferido. Prorrogado.

DEFERRED ANNUITY.
obligación de realizar pagos periódicos, cuya efectividad comienza recién luego de vencido cierto plazo a partir de acordarse tal obligación. V. ANNUITY.

DEFERRED BONDS.
bonos cuyos intereses son pagaderos luego de vencido cierto plazo a partir de su emisión.

DEFERRED CHARGE.
cargo diferido.

DEFERRED CLAIM.
derecho cuyo ejercicio o realización tendrá lugar en períodos futuros. V. CLAIM.

DEFERRED COMPENSATION.
ingresos que serán sujetos a impuestos a las ganancias una vez cumplido cierto plazo.

DEFERRED CREDITS.
pasivos imputables a períodos posteriores a aquél en que se contraen.

DEFERRED DIVIDEND.
dividendo diferido.

DEFERRED INCOME.
ingreso diferido.

DEFERRED LIEN.
privilegio o preferencia cuyos efectos se encuentran sujetos a un plazo. V. LIEN.

DEFERRED PAYMENTS.
pagos diferidos.

DEFERRED PREMIUM.
prima diferida.

DEFERRED SENTENCE.
sentencia cuyo dictado ha sido suspendido o diferido.

DEFERRED STOCK.
acciones subordinadas, por otorgar menores derechos, particularmente en materia de dividendos y de participación en el producido de la liquidación, que las ordinarias.

DEFIANCE.
desafío. Actitud desafiante.

DEFICIENCY.
deficiencia. Falta. Carencia.

DEFICIENCY ACCOUNT.
documento contable en el que se indican las causas de una insolvencia.

DEFICIENCY ASSESSMENT.
diferencia entre el impuesto reclamado por las autoridades y el previsto en la declaración impositiva correspondiente.

DEFICIENCY BILL.
proyecto de ley destinado a producir la apro-

piación legal de fondos necesarios para atender rubros que de otro modo quedarían insuficientemente atendidos.

DEFICIENCY DECREE.
v. DEFICIENCY JUDGMENT.

DEFICIENCY DIVIDEND.
dividendo abonado para cumplir con disposiciones impositivas.

DEFICIENCY JUDGMENT.
sentencia por la que se condena a un deudor hipotecario a responder personalmente por la diferencia entre el monto debido y el cubierto con el producido de la ejecución hipotecaria.

DEFICIENCY NOTICE.
nota por la que se informa al contribuyente la existencia de impuestos impagos, emitida por la autoridad tributaria.

DEFICIENCY OF MEN.
insuficiencia en la tripulación de un navío.

DEFICIENCY ON FORECLOSURE.
diferencia que existe entre la deuda debida a un acreedor hipotecario y lo realizado por éste mediante la ejecución ejercida contra el bien hipotecado.

DEFICIENCY SUIT.
juicio destinado a cubrir la diferencia entre la deuda debida a un acreedor hipotecario y lo realizado por éste mediante la ejecución ejercida contra el bien hipotecado.

DEFICIT.
déficit.

DEFICIT SPENDING.
gastos en exceso de los ingresos.

DEFINITE FAILURE OF ISSUE.
falta de descendencia existente en una fecha determinada, tal que produce efectos que no pueden ver revertidos por el nacimiento posterior de descendientes.

DEFINITE SENTENCE.
sentencia que establece una pena definida cuantitativamente.

DEFINITION.
definición.

DEFINITIVE.
definitivo.

DEFINITIVE SENTENCE.
v. DEFINITE SENTENCE.

DEFLECT.
desviar.

DEFLORATION.
defloración. ‖ seducción.

DEFORCEMENT.
detentación ilegal de una cosa.

DEFORCIANT.
detentador ilegal de una cosa.

DEFORMITY.
deformación.

DEFRAUD.
defraudar. Estafar.

DEFRAUDATION.
defraudación. Estafa.

DEFRAY.
sufragar. Costear. Subvenir.

DEFUNCT.
difunto. ‖ extinguido. Terminado. Liquidado.

DEFUNCT COMPANY.
compañía o sociedad que ha cesado su actividad.

DEGRADATION.
degradación. Decadencia. Degeneración. Deterioro. ‖ remoción de un cargo.

DEGRADE.
degradar. Decaer. Degenerar. ‖ remover de un cargo.

DEGRADING.
denigrante. Degradante.

DEGREE.
grado. Medida. ‖ título universitario. ‖ grado de relación familiar.

DEGREE OF CARE.
grado de cuidados exigidos frente a determinadas circunstancias.

DEGREE OF KIN.
grado de relación familiar.

DEGREE OF NEGLIGENCE.
grado de culpa o negligencia.

DEGREE OF PROOF.
grado, fuerza o certeza de la prueba exigida para acreditar un extremo.

DEHORS THE RECORD.
lo que no conste en las actuaciones.

DEL CREDERE.
acuerdo o cláusula *del credere,* por la cual un mandatario o representante se hace responsable de la solvencia de los compradores o clientes con los que contrate en favor de su mandante o representado.

DEL CREDERE AGENT.
agente del credere.
v. DEL CREDERE.

DEL CREDERE FACTOR.
factor del credere. v. DEL CREDERE.

DELATOR.
delator.

DELAY.
demora. Retraso. || como verbo (*to delay*), demorar. Retrasar.

DELAY RENTAL.
renta pagadera por quien realiza una explotación de hidrocarburos en razón de la prolongación del término de uso del terreno.

DELECTUS PERSONAE.
derecho de un socio a oponerse a la modificación de la integración de la sociedad mediante el ingreso de nuevos socios.

DELEGATE.
delegado. Representante. Mandatario. || como verbo (*to delegate*), delegar.

DELEGATE AUTHORITY.
delegar autoridad.

DELEGATED LEGISLATION.
legislación delegada o por delegación.

DELEGATION.
delegación, en general. || delegación de créditos. En tal sentido, la voz se utiliza en relación con el sistema de CIVIL LAW. (v.). || cesión de créditos.

DELEGATION OF POWERS.
delegación de poderes.

DELETE.
tachar. Borrar. Eliminar de un escrito o documento.

DELETERIOUS.
dañoso. Perjudicial.

DELIBERATE.
intencional. Voluntario. Deliberado. || como verbo (*to deliberate*), deliberar. Discutir.

DELIBERATE SPEED.
condición de un acto o práctica, en cuanto se realiza con la máxima velocidad que sea razonable en vista de las circunstancias y de los diversos intereses en conflicto.

DELIBERATE VIOLATION.
violación deliberada de una norma.

DELIBERATELY.
deliberadamente. Intencionalmente. Voluntariamente.

DELIBERATION.
deliberación. Discusión. || intención. Premeditación . Dolo.

DELICT.
delito. La voz se utiliza generalmente como traducción de su equivalente en otros idiomas.

DELICTUAL.
delictual. v. DELICT.

DELICTUAL FAULT.
culpa extracontractual. v. DELICT.

DELICTUAL LIABILITY.
responsabilidad extracontractual.
v. DELICT.

DELIMIT.
delimitar.

DELIMITATION.
delimitación.

DELINQUENCY.
incumplimiento de obligaciones. Morosidad. || delincuencia.

DELINQUENCY CHARGES.
cargos o intereses moratorios.

DELINQUENCY PROCEEDING.
procedimiento en virtud del cual se coloca a menores bajo la tutela de personas designadas por un tribunal. || procedimiento tendiente a la rehabilitación de una sociedad en dificultades financieras.

DELINQUENT.
delincuente. || condición de una deuda incumplida o en mora.

DELINQUENT CHILD.
delincuente infantil. Menor culpable de un delito.

DELINQUENT DEBT.
deuda incumplida o en mora.

DELINQUENT PARTY.
parte incumplidora o en mora.

DELINQUENT TAXES.
impuestos impagos o en mora.

DELIRIUM.
delirio.

DELIST.
suspensión o terminación de la cotización bursátil de un título.

DELIVER.
entregar. Transmitir la posesión.

DELIVERANCE.
entrega. || veredicto de un jurado.

DELIVEREE.
destinatario. || consignatario. || girado.

DELIVERY.
entrega. || tradición. || transmisión de la posesión.

DELIVERY BOND.
fianza o garantía dada al producirse el embargo o secuestro de bienes. v. BOND.

DELIVERY BY INSTALLMENTS.
entrega en cuotas o en distintos plazos.

DELIVERY CLAUSE.
cláusula en la que se establecen las condiciones de entrega, transporte, riesgo y seguro de la mercadería, en una compraventa a distancia.

DELIVERY IN ESCROW.
entrega de un bien a fin de que el depositario realice con el mismo lo que corresponde conforme a las condiciones a las que se sujeta tal depósito.
V. ESCROW.

DELIVERY OF CARGO.
entrega de mercadería.

DELIVERY OF POSSESSION.
transmisión de la posesión.

DELIVERY ORDER.
orden de entrega. Título por el que se ordena entregar cierta mercadería a determinada persona, dirigida a un depositario o cargador.

DELUSION.
ilusión. Fantasía.

DEMAIN.
V. DEMESNE.

DEMAND.
demanda, en general. ‖ solicitud. Pedido. ‖ acción. ‖ exigencia. ‖ como verbo (*to demand*), solicitar. Exigir. Accionar.

DEMAND CLAUSE.
cláusula de un título de crédito que permite el tenedor exigir su pago total e inmediato si el deudor no cumple con una cuota.

DEMAND DEPOSIT.
depósito a la vista.

DEMAND DRAFT.
letra a la vista.

DEMAND FOR JURY TRIAL.
presentación en un juicio mediante la que se solicita que en el mismo intervenga un jurado.

DEMAND FOR PAYMENT.
intimación de pago.

DEMAND FOR RELIEF.
el petitorio de una demanda.

DEMAND IN ATTACHMENT.
obligación en relación con la cual se traba un embargo. V. ATTACHMENT.

DEMAND LIABILITY.
obligación a la vista.

DEMAND LOAN.
préstamo a la vista.

DEMAND NOTE.
pagaré a la vista.

DEMAND PAPER.
documentos comerciales a la vista.

DEMANDANT.
demandante.

DEMANDRESS.
demandante del sexo femenino.

DEMARCATION.
demarcación.

DEMEANOR.
apariencia física.

DEMENTED.
demente.

DEMENTIA.
demencia.

DEMESNE.
dominio. Propiedad plena o que no reconoce otro derecho superior. ‖ propio.

DEMESNE AS OF FEE.
dominio pleno sobre una cosa.

DEMESNIAL.
relacionado con el dominio o propiedad plena.
V. DEMESNE.

DEMISE.
arrendamiento. ‖ cesión temporal de derechos de un inmueble. ‖ muerte. fallecimiento. ‖ como verbo (*to demise*), ceder o transferir temporalmente derechos. Arrendar.

DEMISE AND REDEMISE.
derechos recíprocos de arrendamiento sobre un mismo inmueble, intercambiados entre dos personas.

DEMISE CHARTER.
fletamento por un período.

DEMISE OF THE CROWN.
transferencia de la corona al sucesor.

DEMISED PREMISES.
propiedad arrendada.

DEMOBILIZATION.
desmovilización.

DEMOCRACY.
democracia.

DEMOLISH.
demoler.

DEMONETIZATION.
desmonetización.

DEMONSTRATE.
demostrar. Manifestar.

DEMONSTRATION.
demostración. Manifestación.

DEMONSTRATIVE BEQUEST.
legado a ser atendido mediante determinados fondos o recursos. v. BEQUEST.

DEMONSTRATIVE EVIDENCE.
prueba producida mediante elementos directamente verificables por los sentidos, en contraposición a los hechos que se prueban indirectamente a través de testimonios o de documentos que los acreditan.

DEMONSTRATIVE LEGACY.
V. SDEMONSTRATIVE BEQUEST.

DEMONSTRATOR.
manifestación. Participante en una demostración.

DEMOTION.
degradación. Relegación.

DEMUR.
excepcionar. Presentar u oponer excepciones. V. DEMURRER.

DEMURRABLE.
excepcionable. Susceptible de ser objeto de una excepción. v. DEMURRER.

DEMURRAGE.
sobreestadía.

DEMURRAGE CHARGES.
cargos o derechos de sobreestadía.

DEMURRAGE LIEN.
privilegio por sobreestadías, ejercitable mediante un derecho de retención. v. LIEN..

DEMURRANT.
excepcionante. v. DEMURRER.

DEMURRER.
excepción de falta de acción,fundada en motivos de Derecho.

DEMURRER BOOK.
cuaderno o expediente correspondiente a un incidente relativo a una excepción.
V. DEMURRER.

DEMURRER ORE TENUS.
excepción de falta de acción, en base a la cual se solicita que no se abra la causa a prueba.
V. DEMURRER.

DEMURRER TO EVIDENCE.
objeción contra la prueba producida por el demandante, por ser insuficiente para fundamentar la acción. v. DEMURRER.

DEMURRER TO INTERROGATORIES.
objeción contra los interrogatorios planteados a un testigo.

DEMURRER TO SUBSTANCE.
excepción fundada en aspectos sustanciales de la pretensión de la contraparte. v. DEMURRER.

DEMURRER TO THE JURISDICTION.
excepción de incompetencia.

DEMURRER TO THE PERSON.
excepción de falta de legitimación.

DENATIONALIZATION.
desnacionalización. ‖ pérdida de nacionalidad.

DENATURALIZE.
privar a una persona de su nacionalidad.

DENIAL.
negativa. Denegación.

DENIZATION.
naturalización.

DENIZE.
naturalizar.

DENIZEN.
extranjero naturalizado. ‖ extranjero con ciertos derechos en el país en que reside, aunque no equivalentes a los de un ciudadano de éste. ‖ residente.

DENOMINATION.
denominación. ‖ grupo o sociedad religiosa.

DENOMINATIONAL.
perteneciente o relativo a un grupo o sociedad religiosa.

DENOMINATIONAL INSTITUTION.
institución religiosa.

DENOUNCE.
denunciar.

DENOUNCEMENT.
denuncia minera.

DENSITY ZONING.
normas de planificación urbana que establecen en términos generales la densidad de construcción admisible en ciertos distritos, quedando la determinación de los detalles de esas normas a cargo de organismos administrativos inferiores.

DENUMERATION.
acto de pago.

DENUNCIATION.
denuncia.

DENY.
negar. Denegar.

DEPARTMENT.
departamento, en cuanto división política militar universitaria administrativa.

DEPARTMENT OF GOVERNMENT.
rama o departamento del gobierno.

DEPARTMENT OF LAW.
rama del Derecho.

DEPARTMENT OF STATE.
Departamento de Estado. En los Estados Unidos equivale al Ministerio de Relaciones Extranjeras.

DEPARTURE.
desviación. Divergencia. ‖ inconsistencia entre distintas articulaciones procesales de una misma parte.

DEPEÇAGE.
despiece. Fragmentación. En Derecho Internacional Privado, la división de un contrato u otro acto en distintas partes o elementos, a cada uno de los cuales se aplica un diverso régimen jurídico.

DEPECULATION.
peculado. Malversación.

DEPENDABLE.
confiable.

DEPENDENCE.
dependencia.

DEPENDENCY.
dependencia de una persona respecto de otra. ‖ dependencia territorial.

DEPENDENT.
dependiente. Condicional. Contingente. ‖ persona dependiente de otra para su subsistencia o medios de vida.

DEPENDENT CONDITIONS.
condiciones u obligaciones contractuales dependientes entre sí.

DEPENDENT CONTRACT.
contrato accesorio o dependiente. ‖ contrato en el que la prestación de una parte está sujeta a la condición de que la contraparte cumpla con determinada obligación.

DEPENDENT COVENANT.
obligación contractual sujeta a la condición de que la contraparte cumpla con cierto acto u obligación. v. COVENANT.

DEPENDENT PROMISE.
v. DEPENDENT COVENANT.

DEPENDENT RELATIVE REVOCATION.
revocación de un testamento que, al quedar anulada por algún vicio o defecto, da lugar a que el testamento inicial recobre su vigor.

DEPENDING.
pendiente. La situación de una causa pendiente de resolución.

DEPLETABLE ECONOMIC INTEREST.
recurso económico agotable, particularmente los de naturaleza minera.

DEPLETE.
agotar, generalmente un yacimiento minero u otro recurso económico.

DEPLETION.
agotamiento o reducción de valor mediante la explotación o uso de un recurso económico, particularmente yacimientos minerales.

DEPLETION ALLOWANCE.
deducción impositiva aplicable en las explotaciones mineras, fundada en el agotamiento del yacimiento.

DEPLETION DEDUCTION.
v. DEPLETION ALLOWANCE.

DEPLETION RESERVE.
reserva por agotamiento. Asiento contable que refleja el agotamiento de un yacimiento minero, resultante de su explotación.

DEPONE.
testificar. Deponer. Declarar.

DEPONENT.
declarante. Deponente.

DEPONER.
v. DEPONENT.

DEPORTATION.
deportación.

DEPOSE.
testificar, deponer o declarar, por escrito y en forma juramentada. ‖ deponer a un gobernante.

DEPOSIT.
depósito. ‖ como verbo (*to deposit*), depositar.

DEPOSIT BOX.
caja de seguridad. Caja de caudales.

DEPOSIT COMPANY.
compañía locadora de cajas de seguridad.

DEPOSIT IN COURT.
depósito judicial.

DEPOSIT IN ESCROW.
depósito en el que el depositario debe cumplir las condiciones acordadas con diversos terceros respecto de la entrega de lo depositado. v. ESCROW.

DEPOSIT INSURANCE.
garantía de depósitos bancarios.

DEPOSIT INSURANCE CORPORATION.
organismo federal estadounidense que se ocupa de atender la garantía de depósitos bancarios.

DEPOSIT OF TITLE-DEEDS.
depósito efectuado en garantía de títulos de propiedad.

DEPOSIT PREMIUM.
prima inicial pagada por un asegurado, sujeta a reajuste.

DEPOSIT RATIO.
relación entre capital y depósitos de una institución financiera.

DEPOSIT SLIP.
constancia o recibo otorgado al depositante en una institución financiera.

DEPOSITARY.
depositario.

DEPOSITION.
testimonio, declaración o confesión judicial, por escrito y en forma juramentada.

DEPOSITION DE BENE ESSE.
testimonio a ser leído en una audiencia, en ausencia del testigo.

DEPOSITOR.
depositante.

DEPOSITORY.
lugar donde se conservan los bienes en depósito.

DEPOSITORY BANK.
banco depositario. ‖ banco al que se entrega un valor para su cobranza.

DEPRAVE.
corromper. Vilificar. Difamar.

DEPRAVED.
depravado.

DEPRAVED HEART MURDER.
homicidio con características de especial atrocidad.

DEPRAVED MIND.
mente depravada.

DEPRECIABLE.
amortizable.

DEPRECIABLE LIFE.
período de amortización o depreciación de un bien.

DEPRECIATION.
depreciación. ‖ amortización.

DEPRECIATION INSURANCE.
seguro de depreciación.

DEPRECIATION RESERVE.
reserva por depreciación o amortización.

DEPREDATION.
depredación.

DEPRESSING BIDS.
ofertas en una subasta judicial destinadas a crear un efecto depresivo sobre otras posible ofertas de mayor valor.

DEPRESSION.
depresión, en los distintos sentidos de la voz.

DEPRIVATION.
privación.

DEPRIVATION OF CITIZENSHIP.
privación o retiro de la ciudadanía.

DEPRIVATION OF PROPERTY.
privación de propiedad.

DEPRIVE.
privar.

DEPUTIZE.
delegar. Comisionar. Diputar. ‖ nombramiento de un sustituto, delegado o reemplazante de un funcionario judicial.

DEPUTY.
sustituto. Suplente. Delegado.

DEPUTY CHAIRMAN.
vicepresidente de una sociedad o de otra organización colectiva.
v. CHAIRMAN.

DEPUTY CONSUL.
vicecónsul.

DEPUTY GOVERNOR.
vicegobernador.

DEPUTY MARSHALL.
delegado o sustituto del MARSHALL. (v.)

DEPUTY SHERIFF.
delegado o sustituto del SHERIFF. (v.)

DERAIGN.
probar. ‖ desagraviar.

DEREGISTRATION.
cancelación de un registro.

DEREGULATION.
desregulación.

DERELICT.
cosa abandonada. ‖ *res nullius.* ‖ marginal. ‖ buque abandonado.

DERELICTION.
abandono. ‖ adquisición por accesión resultante del retiro de las aguas.

DERELICTION OF DUTY.
abandono de funciones.

DERIVATIVE.
derivado. Secundario.

DERIVATIVE ACTION.
acción entablada por un accionista destinada a hacer valer un derecho de la sociedad ante la inacción de los órganos societarios.

DERIVATIVE CONTRABAND.
bienes sujetos a confiscación debido al destino que se les da.

DERIVATIVE CONVEYANCES.

transmisión de la propiedad que supone otra transmisión u otro acto anterior.

V. CONVEYANCE.

DERIVATIVE DEED.

instrumento formal modificatorio o accesorio de otro.

V. DEED.

DERIVATIVE EVIDENCE.

prueba derivada de otra, particularmente la que es inadmisible por derivar de otra que también lo es.

DERIVATIVE JURISDICTION.

competencia que deriva de la que corresponde a otro tribunal, como ser la competencia de un tribunal de apelación.

DERIVATIVE POSSESSION.

posesión en nombre de terceros.

DERIVATIVE SUIT.

V. DERIVATIVE ACTION.

DERIVATIVE TORT.

responsabilidad del mandante por los hechos ilícitos cometidos por el mandatario.

V. TORT.

DERIVE.

derivar. ‖ obtener un ingreso de determinada fuente.

DEROGATION.

derogación. ‖ derogación parcial de una ley. ‖ dejar sin efecto una norma, particularmente las de naturaleza imperativa, respecto de un acto determinado.

DEROGATION CLAUSE.

cláusula de exclusión o limitación de responsabilidad.

DEROGATION FROM GRANT.

restricción o limitación de un derecho concedido en el mismo acto.

DEROGATION OF JURISDICTION.

exclusión de la competencia de determinados tribunales respecto de las cuestiones suscitadas entre las partes que la convienen.

DEROGATORY.

despectivo. Despreciativo.

DEROGATORY CLAUSE.

cláusula incluida en un testamento que debe ser incluida en testamentos posteriores modificatorios para que éstos sean válidos. La cláusula se mantiene en secreto, a fin de evitar presiones o conductas que vicien la voluntad del testador.

DESCEND.

descender. ‖ transferir por sucesión *mortis causa.*

DESCENDANT.

descendiente.

DESCENDENT.

V. DESCENDANT.

DESCENDIBILITY OF FUTURE INTERESTS.

transmisibilidad de derechos futuros sobre un inmueble a los herederos del titular de esos derechos. V. FUTURE INTERESTS.

DESCENDIBLE.

susceptible de ser transmitido por sucesión *mortis causa.*

DESCENT.

sucesión hereditaria.

DESCENT CAST.

transmisión de derecho al heredero al morir intestado el propietario de un inmueble.

DESCRIBE.

describir.

DESCRIPTION.

descripción.

DESCRIPTIVE.

descriptivo.

DESCRIPTIVE TRADEMARK.

marca descriptiva.

DESECRATE.

ofender símbolos públicos o nacionales.

DESEGREGATION.

desagregación. Eliminación de normas o conductas que implican segregación racial.

DESERT.

abandonar. Desertar.

DESERTION.

deserción. ‖ abandono del hogar conyugal. ‖ abandono del empleo o de otras obligaciones, como las que corresponden al personal embarcado.

DESERTION OF CHILDREN.

abandono de menores.

DESERVING.

merecedor.

DESIGN.

intención. Dolo. Plan. ‖ diseño. ‖ como verbo *(to design)*, diseñar.

DESIGN PATENT.

derecho exclusivo sobre un diseño.

DESIGNATE.

designar.

DESIGNATING PETITION.
petición de nombramiento de un candidato partidario.

DESIGNATION.
designación. Nombramiento. ‖ título u otra adición al nombre, que identifica adicionalmente a una persona.

DESIGNED.
diseñado. ‖ apto. Indicado. Adaptado. Preparado para algo.

DESIGNEDLY.
intencionalmente. Dolosamente.

DESIGNEE.
persona designada o nombrada.

DESIRE.
deseo. ‖ como verbo (to desire), desear. Solicitar. Pedir.

DESISTEMENT.
doctrina en virtud de la cual se aplica la lex fori a la interpretación de un testamento.

DESK AUDIT.
auditoría de la función pública, destinada a determinar la correspondencia entre cargos y funciones, por una parte, y la paga y condiciones profesionales de quienes están a cargo de aquéllos.

DESPATCH.
v. DISPATCH.

DESPOIL.
despojar en forma violenta o clandestina.

DESPONSATION.
casamiento.

DESPOT.
déspota.

DESPOTISM.
despotismo.

DESTINATION.
destino que se le da a un bien. ‖ destino de un viaje.

DESTINATION BILL OF LADING.
carta de porte emitida en el lugar de destino de la mercadería, a solicitud del cargador.

DESTINATION CONTRACT.
contrato de compraventa a distancia en el que el riesgo de la cosa pasa al comprador en el lugar de destino de la mercadería.

DESTINATION DU PERE DE FAMILLE.
servidumbre creada mediante el uso originalmente dado a su propiedad por el único propietario del inmueble luego dividido en fundo dominante y fundo sirviente.

DESTITUTE.
indigente.

DESTITUTE CIRCUMSTANCES.
circunstancias de necesidad o pobreza extrema.

DESTROY.
destruir.

DESTRUCTIBILITY.
susceptibilidad de ser destruido o dejado sin efecto.

DESTRUCTIBILITY OF CONTINGENT REMAINDERS.
característica de un derecho a adquirir en el futuro otro derecho o propiedad, en cuanto tal adquisición está sujeta a condición.
v. CONTINGENT REMAINDER.

DESTRUCTIBLE TRUST.
fideicomiso sujeto a condición.
v. TRUST.

DESTRUCTION OF WILL.
destrucción voluntaria de un testamento.

DESUETUDE.
desuetudo.

DETAIL.
detalle. ‖ quien realiza una tarea militar especial. ‖ como verbo (to detail), detallar.

DETAIN.
detener. ‖ apropiarse. Retener.

DETAINER.
detención. Arresto. ‖ apropiación. Retención. ‖ secuestro.

DETAINMENT.
detención. Arresto. ‖ apropiación. Retención.

DETECTION.
detección.

DETECTIVE.
detective.

DETECTOR.
detector.

DETENTION.
detención. Arresto. ‖ apropiación. Retención.

DETENTION HEARING.
audiencia relativa a la detención de un imputado.

DETENTION IN A REFORMATORY.
detención o arresto en un reformatorio.

DETENTION OF GOODS.
mora o incumplimiento en la entrega de mercaderías.

DETENTION OF SHIP.
secuestro de navío.

DETER.
disuadir. Impedir mediante amenazas o castigos.

DETERIORATION.
deterioro.

DETERMINABLE.
determinable. ‖ susceptible de resolución.

DETERMINABLE CONTRACT.
contrato susceptible de resolución.

DETERMINABLE ESTATE.
derecho sobre un inmueble susceptible de extinguirse al cumplirse una condición.
V. ESTATE.

DETERMINABLE FEE.
derecho de dominio sobre un inmueble, sujeto a condición resolutoria.
V. FEE.

DETERMINABLE FREEHOLD.
FREEHOLD. (v.) sujeto a condición resolutoria.

DETERMINABLE INTEREST.
derecho sujeto a condición resolutoria.

DETERMINATE.
determinado. Especificado. Cierto. Específico.

DETERMINATE OBLIGATION
obligación cierta o determinada.

DETERMINATE SENTENCE.
condena de privación de libertad por un período predeterminado.

DETERMINATION.
determinación. ‖ decisión. Sentencia. ‖ extinción de un derecho sujeto a condición resolutoria.

DETERMINATION LETTER.
nota mediante la cual un organismo administrativo establece su posición respecto de la posición jurídica de un acto, particularmente en materia impositiva.

DETERMINATION OF A CASE.
decisión de un caso o litigio.

DETERMINATION OF A CONTRACT.
extinción de un contrato.

DETERMINATION OF ADVERSE CLAIMS.
procedimiento legal para determinar la validez de los derechos pretendidos sobre un inmueble.

DETERMINATION OF AN ESTATE.
extinción de un derecho relativo a un inmueble. V. ESTATE.

DETERMINATION OF BOUNDARIES.
delimitación de fronteras o confines.

DETERMINATION OF WILL.
finalización de una sucesión testamentaria.

DETERMINE.
determinar. Estimar. Terminar. Decidir.

DETERRENT.
elemento disuasivo. Amenazas o castigos dirigidos a impedir una conducta.

DETINUE.
retención indebida de cosas muebles. ‖ acción dirigida contra quien retiene indebidamente cosas muebles.

DETINUIT.
el estado de una acción dirigida contra quien retiene indebidamente cosas muebles, una vez que el actor ha obtenido nuevamente la posesión. La acción se dirige entonces a mantener legítimamente tal posesión.

DETOUR.
desvío. Rodeo.

DETOURNEMENT.
desvío de fondos.

DETRACTION.
traslado de propiedad a otro estado, luego de su transmisión *mortis causa.*

DETRIMENT.
perjuicio. Sacrificio. Detrimento.

DETRIMENTAL RELIANCE.
perjuicios sufridos como consecuencia de haber confiado en las ofertas o promesas de otra persona.

DEVALUATION.
devaluación.

DEVASTATION.
devastación.

DEVASTAVIT.
administración ruinosa de una herencia.

DEVELOPED COUNTRY.
país desarrollado.

DEVELOPED WATERS.
aguas traídas a la superficie mediante el trabajo del hombre.

DEVELOPING COUNTRY.
país en vías de desarrollo.

DEVELOPMENT.
desarrollo. ‖ urbanización.

DEVELOPMENT CHARGE.
impuesto o tasa por urbanización o edificación.

DEVELOPMENT GAINS.
utilidades derivadas de la urbanización o edificación de terrenos.

DEVELOPMENT LAND.
terreno susceptible de edificación o urbanización.

DEVELOPMENT PLAN.
plan de desarrollo. ‖ plan o código de urbanización o edificación.

DEVELOPMENT VALUE.
valor de un inmueble en razón de su destino a urbanización o edificación.

DEVEST.
privar de un título, propiedad o derecho.

DEVIATION.
desvío. Desviación. ‖ abandono o incumplimiento de obligaciones laborales. ‖ apartamiento respecto de las condiciones previstas en una póliza de seguros para la cobertura de un riesgo. ‖ desvío de ruta.

DEVIATION DOCTRINE.
doctrina en la cual se permite el apartamiento respecto de los términos de un testamento o fideicomiso cuando tal interpretación sea necesaria para poder lograr los objetivos de tales actos.

DEVICE.
mecanismo. Aparato. Obra de ingenio.

DEVILLING.
traslado del manejo de un juicio a un subordinado o abogado con menor experiencia. ‖ el abogado a quien se efectúa el traslado indicado arriba.

DEVISABLE.
legable.

DEVISE.
legado, especialmente de inmuebles. ‖ como verbo (to devise), legar. ‖ también como verbo, inventar. Concebir. Planear.

DEVISEE.
legatario.

DEVISOR.
otorgante de un legado. Testador.

DEVOLUTION.
devolution. ‖ transmisión de derechos. ‖ transferencia de poderes públicos.

DEVOLUTION AGREEMENT.
acuerdo entre un país independizado y el anterior poder colonial, en relación con los derechos y obligaciones asumidos por aquel en el plano internacional.

DEVOLUTION OF PROPERTY ON DEATH.
devolución de propiedad a su anterior titular por causa de muerte.

DEVOLUTIVE APPEAL.
apelación con efecto meramente devolutivo.

DEVOLVE.
devolver. ‖ transferir derechos.

DIAGNOSIS.
diagnóstico.

DIALECTICS.
dialéctica.

DICTA.
plural de DICTUM. (v.).

DICTATE.
dictar. ‖ ordenar. Instruir.

DICTATOR.
dictador.

DICTUM.
parte de una sentencia en la que se ponen de manifiesto consideraciones de Derecho que, por no ser necesarias para la solución del caso, carecen de valor formal como precedente jurisprudencial. Es una abreviatura de la expresión latina obiter dictum. ‖ afirmación. Observación.

DIE.
morir.

DIE WITHOUT ISSUE.
morir sin descendencia.

DIES.
día o días. ‖ v. DIE.

DIES A QUO.
dia en que comienza un plazo.

DIES AD QUEM.
día en que termina un plazo.

DIES COMMUNES IN BANCO.
días comunes o regulares de audiencias judiciales.

DIES JURIDICUS.
día en que se desarrolla actividad judicial.

DIES NON.
abreviatura de DIES NON JURIDICUS. (v.).

DIES NON JURIDICUS.
día en que no se desarrolla actividad judicial.

DIET.
dieta. Parlamento.

DIETA.
trabajo o viaje de un día. ‖ dieta. Viáticos.

DIFFERENCE.
diferencia. Desacuerdo. Disputa.

DIGAMY.
matrimonio en segundas nupcias.

DIGEST.
digesto.

DIGNITARY.
dignatario.

DIJUDICATION.
adjudicación o decisión judicial.

DILAPIDATION.
incuria. ‖ estado de abandono y falta de reparaciones de un edificio.

DILATION.
dilación.

DILATORY.
dilatorio.

DILATORY DEFENCE.
defensa dilatoria.

DILATORY DEFENSE.
V. DILATORY DEFENCE.

DILATORY EXCEPTION.
excepción dilatoria.

DILATORY MOTION.
solicitud en juicio de una prórroga o suspensión de plazos en el mismo. V. MOTION.

DILATORY PLEA.
defensa o argumentación procesal dilatoria.

DILIGENCE.
diligencia.

DILIGENT.
diligente.

DIMINISHED RESPONSIBILITY.
restricción de la responsabilidad penal en razón de las insuficiencias o deficiencias mentales del autor de un acto ilícito.

DIMINUTION.
disminución. ‖ falta de elementos. ‖ condición de un expediente que se encuentra incompleto o en él se han omitido ciertos documentos.

DIMINUTION OF RECORD.
V. DIMINUTION.

DIOCESE.
diócesis.

DIPLOMA.
diploma.

DIPLOMACY.
diplomacia.

DIPLOMATIC AGENT.
agente diplomático.

DIPLOMATIC IMMUNITY.
inmunidad diplomática.

DIPLOMATIC RELATIONS.
relaciones diplomáticas.

DIRECT.
directo. ‖ como verbo (*to direct*), dirigir. Guiar.

DIRECT ACTION.
acción directa.

DIRECT AND PROXIMATE CAUSE.
causa directa o inmediata.

DIRECT ATTACK.
acción dirigida en forma expresa e inmediata a obtener la revisión, anulación o revocación de una sentencia u otra providencia judicial.

DIRECT BOUNTY.
subsidio directo.

DIRECT CAUSE.
causa directa.

DIRECT CHARGE-OFF METHOD.
criterio contable conforme al cual los créditos sólo se computan como incobrables al ser totalmente imposible su recupero.

DIRECT CONTEMPT.
actos de desacato o desobediencia cometidos en presencia del tribunal o de forma de afectar inmediatamente el funcionamiento de éste.

DIRECT CONVERSION.
apropiación ilícita de un bien concretada en los hechos V. CONVERSION.

DIRECT COSTS.
costos directos.

DIRECT DAMAGES.
daños que son la consecuencia directa de un hecho. ‖ resarcimiento de daños directos.

DIRECT ESTOPPEL.
impedimento a una acción derivado de haber sido su materia ya objeto de litigio y decisión judicial en relación a las mismas partes.
V. ESTOPPEL BY JUDGMENT.

DIRECT EVIDENCE.
prueba directa. ‖ testimonio de un testigo presencial.

DIRECT EXAMINATION.
interrogatorio de un testigo, por la parte que lo ha ofrecido.

DIRECT INFRINGEMENT.
violación directa de una patente, mediante actos que implican la aplicación de la invención protegida, en contraposición a los actos que sólo posibilitan o facilitan tal aplicación.

DIRECT INJURY.
daño directo. ‖ violación inmediata de un derecho individual, tal que permita dirigir una acción contra la constitucionalidad de la norma que la causa.

DIRECT INTEREST.
interés directo en una causa o litigio, tal que

afecte la capacidad de quien lo tiene para actuar como testigo.

DIRECT LINE.

línea directa, particularmente en materia de ascendencia y descendencia.

DIRECT LOSS.

daño o pérdida directa.

DIRECT PAYMENT.

pago directo, completo o incondicional.

DIRECT PLACEMENT.

colocación directa de bonos u otros títulos, adquiridos por los interesados finales sin pasar por intermediarios o agentes colocadores.

DIRECT SELLING.

venta directa al público. ‖ venta minorista.

DIRECT TAX.

impuesto directo.

DIRECT TRUST.

fideicomiso creado expresamente.

v. TRUST.

DIRECTED VERDICT.

veredicto del jurado cuyo contenido ha sido ordenado por el juez de la causa en razón de que, por motivos de Derecho, sólo tal veredicto es legalmente posible.

DIRECTION.

dirección. Rumbo. ‖ cuerpo directivo de una institución. ‖ instrucción. Orden. Directiva. ‖ instrucción del juez al jurado respecto de cuestiones de Derecho sobre las que ha de basar su veredicto.

DIRECTLY.

directamente.

DIRECTOR.

director.

DIRECTORS' MEETING.

reunión de directorio.

DIRECTORS' REPORT.

informe del directorio.

DIRECTORY.

carácter dispositivo, derogable, interpretativo o supletorio de una norma. ‖ guía. Listado. Compilación.

DIRECTORY STATUTE.

norma imperfecta.

DIRECTORY TRUST.

fideicomiso en el que el fideicomisario está sujeto a instrucciones preestablecidas con referencia al destino a dar a los activos que componen aquél. v. TRUST. Se contrapone al DISCRETIONARY TRUST. (v.).

DIRIMANT IMPEDIMENT.

impedimento dirimente, en el Derecho Canónico exclusivamente.

DIRTY BILL OF LADING.

carta de porte con reservas u observaciones.

DISABILITY.

incapacidad. Invalidez.

DISABILITY CLAUSE.

cláusula de una póliza de seguros que excluye en pago de primas durante la invalidez del asegurado.

DISABILITY COMPENSATION.

indemnización o compensación por invalidez.

DISABILITY INSURANCE.

seguro de invalidez.

DISABILITY PENSION.

pensión por invalidez.

DISABILITY RETIREMENT.

jubilación o pensión por invalidez.

DISABILITY TO ENTER A CONTRACT.

incapacidad contractual.

DISABLE.

incapaz. ‖ como verbo (*to disable*), privar de capacidad o facultades.

DISABLED PERSON.

invalido. Persona incapacitada.

DISABLEMENT.

invalidez.

DISABLEMENT BENEFIT.

beneficios, subsidios o pensiones por invalidez.

DISABLEMENT INSURANCE.

seguro de invalidez.

DISABLING.

incapacitante.

DISABLING RESTRAINTS.

restricciones sobre la alienación de propiedad.

DISABLING STATUTE.

ley que introduce restricciones al ejercicio de un derecho o a la validez de un acto.

DISADVOCAIR.

negar. Desmentir.

DISAFFIRM.

negar. Desmentir. Repudiar.

DISAFFIRMANCE.

repudio. Negativa. Desmentida.

DISAGREEMENT.

desacuerdo. ‖ rechazo o repudio de una donación o de un derecho.

DISALLOW.

desautorizar. Denegar. Desaprobar.

DISALLOWANCE OF A CLAIM.
rechazo de una demanda, acción o reclamo.
DISALT.
privar de capacidad o facultades.
DISAPPROVAL.
desaprobación.
DISAPPROVE.
desaprobar.
DISASTER.
desastre.
DISASTER LOSS.
pérdida resultante de un desastre.
DISAVOW.
desautorizar, o repudiar lo actuado por un representante.
DISBAR.
desaforar. Excluir del ejercicio de la abogacía.
DISBARMENT.
desafuero. Exclusión del ejercicio de la abogacía.
DISBURSEMENT.
desembolso.
DISCHARGE.
cumplimiento de una obligación. En ésta y en las restantes acepciones se utiliza también el verbo *to discharge*. ‖ liberación de una obligación o carga. ‖ licenciamiento de personal militar. ‖ finalización de una relación laboral. ‖ liberación de prisión. ‖ terminación de una relación contractual. ‖ absolución de un procesado. ‖ revocación de una sentencia u otra providencia judicial. ‖ disolución de un jurado. ‖ descarga de mercaderías. ‖ rehabilitación. ‖ elementos presentados en juicio en base a los cuales se formula una defensa de compensación.
DISCHARGE BY AGREEMENT.
resolución del contrato por mutuo acuerdo.
DISCHARGE BY BREACH.
resolución del contrato por incumplimiento de una de las partes.
DISCHARGE BY OPERATION OF LAW.
resolución del contrato por efecto o disposición legal.
DISCHARGE BY PERFORMANCE.
extinción de un contrato por el pleno cumplimiento de las obligaciones allí previstas.
DISCHARGE BY SUPERVENING IMPOSSIBILITY.
extinción de un contrato o una obligación por

imposibilidad sobreviniente de su cumplimiento.
DISCHARGE FROM LIABILITY.
exoneración o liberación de responsabilidad.
DISCHARGE IN BANKRUPTCY.
rehabilitación del fallido.
DISCHARGE OF A SURETY.
liberación de un fiador.
DISCHARGE OF A WARRANT OF ARREST.
revocación de una orden de arresto.
V. WARRANT OF ARREST.
DISCHARGE OF AN APPEAL.
rechazo de una apelación.
DISCHARGE OF AN EMPLOYEE.
despido de un empleado.
DISCHARGE OF AN INJUNCTION.
revocación de una orden judicial.
V. INJUNCTION.
DISCHARGE OF AN OBLIGATION.
extinción de una obligación. ‖ cumplimiento de una obligación.
DISCHARGE OF ATTACHMENT.
levantamiento de embargo. V. ATTACHMENT.
DISCHARGE OF JURY.
disolución de un jurado.
DISCHARGE OF LIEN.
extinción de un privilegio o de un derecho de preferencia o de retención. V. LIEN.
DISCHARGE OF THE BURDEN OF PROOF.
satisfacción de la carga de la prueba.
DISCHARGE OF TRUSTEES.
sustitución de fideicomisarios.
DISCHARGEABLE CLAIM.
derecho o acción que se extingue como consecuencia de la quiebra del deudor correspondiente. V. CLAIM.
DISCIPLINARY OFFENCE.
infracción disciplinaria.
DISCIPLINARY OFFENSE.
V. DISCIPLINARY OFFENCE.
DISCIPLINARY PROCEEDINGS.
procedimientos disciplinarios.
DISCIPLINE.
disciplina.
DISCLAIM.
renunciar. Repudiar un derecho. Negar una responsabilidad.
DISCLAIMER.
renuncia. ‖ repudiación de un derecho. ‖ de-

negación o negativa de una responsabilidad. ||
renuncia de una reivindicación o de un elemento o aspecto de una invención, en materia de patentes.

DISCLAIMER CLAUSE.
cláusula exonerativa de responsabilidad.

DISCLAIMER IN TRUST.
renuncia del fideicomisario a sus funciones.
V. TRUST.

DISCLAIMER OF A GIFT.
renuncia a una donación.

DISCLAIMER OF CONTRACT.
denuncia unilateral de un contrato.

DISCLAIMER OF LIABILITY
rechazo o denegación de responsabilidad.

DISCLAIMER OF PATERNITY.
negativa de la paternidad que se atribuye a quien la formula.

DISCLOSE.
revelar. Exponer. Hacer saber.

DISCLOSURE.
revelación. Delaración. Información. || la información suministrada en el trámite de patentamiento respecto de la invención y de su funcionamiento, utilización u otras materias vinculadas a su aplicación. || información dada a las autoridades bursátiles, requerida para el ofrecimiento o negociación de títulos.

DISCLOSURE BY PARTIES.
información que debe ser intercambiada entre las partes durante el desarrollo de una negociación.

DISCLOSURE OF INTEREST.
declaración del interés personal que se tiene en una cuestión.

DISCONTINUANCE.
interrupción. Suspensión. Abandono. Terminación. || desistimiento de la acción.

DISCONTINUANCE OF ACTION.
desistimiento de la acción.

DISCONTINUANCE OF POSSESSION.
interrupción de la posesión.

DISCONTINUING EASEMENT.
servidumbre discontinua.

DISCOUNT.
descuento. || compensación de deudas. || comisión. || como verbo (*to discount*), descontar.

DISCOUNT BOND.
bono o debenture vendido bajo la par.

DISCOUNT BROKER.
intermediario financiero que participa en operaciones de descuento. || agente bursátil que ofrece rebajas en materia de comisiones.

DISCOUNT OF BILL.
descuento de una letra de cambio.

DISCOUNT RATE.
tasa de descuento.

DISCOUNT SHARES.
acciones emitidas bajo la par.

DISCOVER.
descubrir.

DISCOVERED PERIL.
doctrina en virtud de la cual una parte es responsable de ciertos daños si ha descubierto el peligro de los mismos con antelación suficiente para evitarlos y no lo ha hecho, aunque la causa de tales daños esté en la víctima.

DISCOVERY.
descubrimiento. || conjunto de actos procesales destinados a que las partes de un litigio obtengan información y pruebas sobre lo hechos relativos a tal litigio, mediante interrogatorio, producción de documentos u otros medios. || declaración del fallido respecto del contenido de su patrimonio.

DISCOVERY PROCEEDINGS.
V. DISCOVERY.

DISCOVERY RULE.
regla conforme a la cual la prescripción de las acciones por responsabilidad profesional médica comienza al descubrirse o deber descubrirse la negligencia del profesional o sus consecuencias.

DISCREDIT.
descrédito. || como verbo (*to discredit*), desacreditar.

DISCREETLY.
discretamente.

DISCREPANCY.
discrepancia.

DISCRETELY.
discretamente. || separadamente.

DISCRETION.
discreción. Discrecionalidad.

DISCRETIONARY.
discrecional.

DISCRETIONARY ACCOUNT.
cuenta discrecional, por la cual el cliente da a su agente bursátil libertad para decidir qué inversiones realizar con sus fondos.

DISCRETIONARY ACTS.
actos discrecionales.

DISCRETIONARY DAMAGES.
condena de daños y perjuicios cuyo monto queda librado a la discrecionalidad del jurado.

DISCRETIONARY DUTY.
obligación que otorga un poder discrecional al obligado respecto de los detalles de su cumplimiento.

DISCRETIONARY ORDER.
orden de compra o venta a discreción del agente bursátil que la llevará a cabo.

DISCRETIONARY POWER.
poder discrecional.

DISCRETIONARY REVIEW.
revisión en la alzada de aspectos de una sentencia sujetos a la discrecionalidad del juez.

DISCRETIONARY TRUST.
fideicomiso que otorga cierto grado de discrecionalidad al fideicomisario. v. TRUST.

DISCRIMINATION.
discriminación.

DISCUSSION.
discusión. ‖ beneficio de excusión.

DISEASE.
enfermedad.

DISENTAILING DEED.
instrumento que se utiliza para la realización de un DISENTAILMENT. (v.).

DISENTAILMENT.
acto por el cual un inmueble cuya propiedad sólo era transmisible a personas determinadas queda libre de esa restricción, siendo alienado en forma absoluta. v. FEE TAIL.

DISFIGUREMENT.
desfiguración.

DISFRANCHISE.
privar de derechos, en especial el de voto.

DISFRANCHISEMENT.
privación de derechos. v. DISFRANCHISE.

DISGRACE.
desgracia. Deshonor.

DISGUISE.
falsa apariencia. Disfraz. ‖ también, como verbo (*to disguise*), alterar la apariencia. Disfrazar. Ocultar.

DISHONESTY.
deshonestidad.

DISHONOR.
forma ortográfica norteamericana de la expresión DISHONOUR. (v.).

DISHONOUR.
deshonrar, en particular los símbolos. ‖ falta

de pago o aceptación de una letra u otro instrumento.

DISINCARCERATE.
excarcelar.

DISINHERISON.
desheradación.

DISINHERIT.
desheredar.

DISINHERITANCE.
desheredación.

DISINTER.
desenterrar.

DISINTERESTED.
desinteresado.

DISINTERESTED WITNESS.
testigo sin interés en el juicio.

DISINTERMEDIATION.
realizar operaciones sin recurrir a intermediarios, particularmente en materia financiera.

DISJUNCTIVE.
disyuntivo.

DISJUNTIVE ALLEGATION.
alegación disyuntiva.

DISJUNCTIVE CONDITION.
condición disyuntiva.

DISJUNCTIVE COVENANT.
estipulación disyuntiva. v. COVENANT.

DISLOCATION.
dislocación. ‖ desorden.

DISLOYAL.
desleal.

DISMISS.
despedir. Destituir. ‖ rechazar una acción. Desestimar.

DISMISSAL.
despido. Destitución. ‖ rechazo o desestimación de una acción.

DISMISSAL AGREED.
desestimación de una acción, acordada entre las partes.

DISMISSAL AND NONSUIT.
terminación de un juicio por desistimiento o inactividad del actor.

DISMISSAL COMPENSATION.
indemnización por despido.

DISMISSAL FOR CAUSE.
despido o destitución con causa.

DISMISSAL FOR WANT OF PROSECUTION.
rechazo de la demanda por inactividad d
tor.

DISMISSAL OF A CLAIM.
rechazo de un derecho o de una acción.
v. CLAIM.

DISMISSAL OF APPEAL.
rechazo de una apelación por motivos que no hacen al fondo del juicio.

DISMISSAL ON A POINT OF LAW.
rechazo de la demanda por motivos de Derecho.

DISMISSAL ON THE MERITS.
rechazo de la demanda en cuanto a su fondo, obrando como impedimento de nuevas acciones relativas a la misma causa.

DISMISSAL WITH PREJUDICE.
rechazo de la demanda con efecto de cosa juzgada.

DISMISSAL WITHOUT PREJUDICE.
rechazo de la demanda sin que ello obre como obstáculo a nuevas acciones sobre la misma causa.

DISMORTGAGE.
redención de hipoteca.

DISOBEDIENCE.
desobediencia.

DISOBEDIENT CHILD.
menor desobediente. Menor que no se sujeta a las órdenes de padres, tutores o guardianes.

DISORDER.
desorden.

DISORDERLY.
desordenamiento . Contrario a la tranquilidad pública.

DISORDERLY CONDUCT.
desorden público. Conducta desordenada. Conducta contraria al orden y a la tranquilidad pública.

DISORDERLY HOUSE.
casa en que se realizan conductas contrarias al orden y a la tranquilidad pública.

DISORDERLY PERSON.
persona de conducta desordenada.

DISORDERLY PICKETING.
demostraciones, boicots o manifestaciones, en el curso de conflictos laborales, que alteran el orden público. v. PICKETING.

DISORIENTATION.
desorientación.

DISPARAGE.
desacreditar. Menospreciar.

DISPARAGEMENT.
desacreditación. Menosprecio. Publicidad denigratoria.

DISPARAGEMENT OF GOODS.
desacreditar o denigrar los bienes de un tercero.

DISPARAGEMENT OF TITLE.
dichos o publicaciones falsas dirigidos a negar o crear dudas respecto de la legitimidad de un título o de propiedad.

DISPARAGING INSTRUCTIONS.
instrucciones al jurado que desacreditan o denigran a alguna de las partes del juicio.

DISPARITY.
disparidad.

DISPATCH.
prontitud. Diligencia. ‖ mensaje. ‖ como verbo (to dispatch), despachar.

DISPATCH MONEY.
pago especial o adicional realizado en contraprestación por realizar una carga o descarga de mercaderías en un plazo preestablecido.

DISPAUPER.
pérdida de los beneficios de pobreza.

DISPEL.
disipar. Aclarar.

DISPENSARY.
dispensario.

DISPENSATION.
dispensa. Exención. Licencia.

DISPENSATION WITH PRESENTMENT.
dispensa de la presentación de títulos de crédito.

DISPENSE.
dispensar.

DISPLACE.
desplazar.

DISPLACED PERSON.
persona desplazada o refugiada.

DISPLAY.
exhibición. Muestra.

DISPOSABLE.
disponible.

DISPOSABLE EARNINGS.
ingreso disponible.

DISPOSABLE INCOME.
v. DISPOSABLE EARNINGS.

DISPOSABLE PORTION.
parte disponible, particularmente en materia testamentaria.

DISPOSAL.
disposición.

DISPOSE OF.
disponer.

DISPOSING CAPACITY.

capacidad de disponer del testador.

v. DISPOSING MIND.

DISPOSING MIND.

capacidad mental del testador necesaria para comprender el sentido de sus actos de disposición testamentaria.

DISPOSITION.

disposición. Acto de disposición. ‖ decisión de un juicio penal. ‖ actitud. Disposición mental.

DISPOSITION HEARING.

audiencia dirigida a la decisión de un juicio penal.

DISPOSITION WITHOUT TRIAL.

decisión de un caso penal sin realizar las etapas procesales normales, por la existencia de confesión judicial u otros motivos.

DISPOSITIVE.

dispositivo.

DISPOSITIVE FACTS.

hechos jurídicos.

DISPOSSESS.

desposeer.

DISPOSSESS PROCEEDINGS.

procedimientos de desalojo.

DISPOSSESS WARRANT.

orden judicial de desalojo.

DISPOSSESSION.

desposesión.

DISPROVE.

refutar. Producir pruebas que contradicen las afirmaciones de la contraparte.

DISPUTABLE.

disputable. Discutible. Controvertible.

DISPUTABLE PRESUMPTION.

presunción rebatible. Presunción *juris tantum.*

DISPUTE.

disputa. Conflicto. Controversia. ‖ como verbo (*to dispute*), controvertir. Disputar. Refutar.

DISPUTED CLAIM.

derecho o pretensión que es objeto de disputa, controversia o litigio.

v. CLAIM.

DISPUTES CLAUSE.

cláusula contractual relativa a las disputas o controversias que surjan del correspondiente contrato.

DISQUALIFICATION.

descalificación. ‖ privación de un derecho, acción, legitimación o capacidad.

DISQUALIFICATION FOR INTEREST.

incompatibilidad por conflicto de intereses.

DISQUALIFIED JUDGE.

juez descalificado para intervenir en cierta causa.

DISQUALIFIED WITNESS.

persona no calificada para actuar como testigo.

DISQUALIFY.

descalificar. ‖ privar de un derecho, acción, legitimación o capacidad.

DISREGARD.

desestimación. Desconocimiento. Inobservación. Desestimar. Desconocer. No observar.

DISREGARD OF CORPORATE ENTITY.

desconocimiento o desestimación de la personalidad societaria. La expresión se puede también aplicar a otros tipos de personas jurídicas.

DISREGARD OF LEGAL ENTITY.

v. DISREGARD OF CORPORATE ENTITY.

DISREPAIR.

estado defectuoso de un objeto. Falta o necesidad de reparaciones.

DISREPUTE.

mala reputación. Descrédito.

DISRUPTIVE.

disruptivo. Desordenado.

DISRUPTIVE CONDUCT.

conducta desordenada. Conducta que altera el orden. ‖ conducta disruptiva de una audiencia u otra actividad judicial.

DISSECTION.

disección.

DISSEISE.

desposeer.

DISSEISEE.

quien es privado de la posesión de un bien.

DISSEISIN.

desposesión. Turbación de la posesión. Usurpación.

DISSEISIN BY CONSTRUCTION OF LAW.

usurpación ficticia o imputada por la ley en base a ciertos actos.

DISSEISIN IN FACT.

desposesión efectiva.

DISSEISOR.

quien priva a otro ilegítimamente de la posesión. Usurpador. Turbador de la posesión.

DISSEMBLE.

ocultar bajo una falsa apariencia.

DISSENSION.
disensión.

DISSENT.
diseño. Disidencia. Disconformidad. ‖ como verbo (*to dissent*), disentir.

DISSENTER.
disidente.

DISSENTING OPINION.
opinión o voto en disidencia.

DISSENTING SHAREHOLDER.
accionista disidente.

DISSIMILARITY.
desemejanza.

DISSIPATE.
disipar.

DISSOLUTION.
disolución.

DISSOLUTION BOND.
garantía otorgada en sustitución de un embargo, a efectos de que se proceda al levantamiento de éste. V. BOND.

DISSOLUTION OF CORPORATION.
disolución de una persona jurídica.
V. CORPORATION.

DISSOLUTION OF INJUNCTION.
acto mediante el que se deja sin efecto una orden judicial. v. INJUNCTION.

DISSOLUTION OF MARRIAGE.
disolución matrimonial.

DISSOLUTION OF PARLIAMENT.
disolución del parlamento.

DISSOLVE.
disolver.

DISSOLVING BOND.
garantía dada para obtener la revocación o modificación de una orden judicial. v. BOND. DISSOLUTION BOND.

DISSOLVING CONDITION.
condición resolutoria.

DISSUADE.
disuadir.

DISTINCT.
claro. Diferente. Distinto.

DISTINCT OFFENCES.
delitos independientes.

DISTINCT OFFENSES.
V. DISTINCT OFFENCES.

DISTINCTION.
distinción.

DISTINCTIVE NAME.
nombre distintivo.

DISTINCTIVELY.
distintivamente.

DISTINGUISH.
distinguir. ‖ destacar las diferencias entre dos cargos, tales que justifiquen decisiones distintas para los mismos.

DISTINGUISHING MARK.
señal o marca distintiva. No se aplica en Derecho marcario.

DISTORT.
introducir o crear una distorsión. Distorsionar.

DISTRACTED PERSON.
persona afectada por una incapacidad mental menor.

DISTRACTION.
fistracción, particularmente en materia de accidentes u otros actos ilícitos culposos.

DISTRAIN.
secuestrar bienes, hasta que se cumpla con una orden u obligación.

DISTRAINER.
V. DISTRAINOR.

DISTRAINOR.
quien realiza un secuestro de bienes.
V. DISTRAIN.

DISTRAINT.
secuestro de bienes.
V. DISTRAIN.

DISTRESS.
secuestro o retención de bienes, en garantía o pago de una obligación. ‖ bienes objeto de un secuestro o retención. ‖ peligro. Dificultad. Situación penosa. ‖ como verbo (*to distress*). Angustiar.

DISTRESS AND DANGER.
peligro concreto a que se ve sujeto un navío.

DISTRESS FOR RENT.
secuestro y retención de bienes, en garantía del pago de los alquileres debidos por el propietario de tales bienes.

DISTRESS INFINITE.
secuestros de bienes, en garantía o pago de una obligación, sin límites preestablecidos respecto de la identidad de los bienes.

DISTRESS WARRANT.
orden de secuestro de bienes.

DISTRESSED GOODS.
bienes liquidados o vendidos en una liquidación.
V. DISTRESSED SALE.

DISTRESSED PROPERTY.
propiedad vendida como parte de una ejecución judicial.

DISTRESSED SALE.
venta en liquidación. Venta en condiciones desventajosas para el vendedor debido a la urgencia con que se realiza.

DISTRIBUTE.
distribuir. Dividir. Se aplica en particular a la partición de los bienes del difunto en las sucesiones *ab intestato*.

DISTRIBUTEE.
heredero. Beneficiario de una herencia, particularmente en las sucesiones *ab intestato*.

DISTRIBUTION.
distribución, en general. || división hereditaria, en la sucesión *ab intestato*.

DISTRIBUTION IN KIND.
distribución o división de bienes en especie.

DISTRIBUTION IN LIQUIDATION.
distribución de los bienes resultantes de la liquidación de una sociedad.

DISTRIBUTION OF CAPITAL.
distribución de activos constitutivos del capital de una sociedad, a sus socios.

DISTRIBUTION OF PROCEEDS.
distribución del producido de la realización de bienes.

DISTRIBUTIVE.
distributivo.

DISTRIBUTIVE CLAUSE.
cláusula de un fideicomiso que establece la distribución de los ingresos, beneficios y bienes derivados del objeto de tal fideicomiso. v. TRUST.

DISTRIBUTIVE DEVIATION.
desvío de fondos en favor de beneficiarios que tienen necesidad de ingresos inmediatos en el marco de un fideicomiso. v. TRUST.

DISTRIBUTIVE FINDING OF THE ISSUE.
veredicto en el que se atienden parcialmente las pretensiones de las distintas partes en conflicto.

DISTRIBUTIVE JUSTICE.
justicia distributiva.

DISTRIBUTIVE SHARE.
participación en una distribución de bienes, como las que resultan de sucesiones, liquidaciones societarias o fideicomisos.

DISTRIBUTOR.
distribuidor.

DISTRICT.
distrito.

DISTRICT ATTORNEY.
fiscal de distrito. v. DISTRICT COURT.

DISTRICT CLERK.
secretario de un tribunal de distrito.
v. DISTRICT COURT.

DISTRICT COUNCIL.
en Gran Bretaña, consejos de distrito, siendo éste un ente local resultante de la subdivisión de un condado.

DISTRICT COURT.
tribunal de distrito. En los Estados Unidos, y particularmente en su sistema judicial federal, se trata de tribunales unipersonales de primera instancia; existe por lo menos uno por estado.

DISTRICT JUDGE.
juez de distrito. v. DISTRICT COURT.

DISTRICT REGISTRIES.
en Gran Bretaña, auxiliares judiciales que actúan en los tribunales de condado. v. COUNTY COURTS.

DISTRICTING.
determinación de distritos electorales.

DISTRUST.
desconfianza. || como verbo (*to distrust*), desconfiar.

DISTURB.
perturbar. Alterar. Molestar. Desordenar.

DISTURBANCE.
molestia. Turbación. Perturbación. || desorden. Tumulto.

DISTURBANCE OF PEACE.
alteración del orden público.

DISTURBANCE OF PUBLIC MEETINGS.
perturbación de reuniones públicas.

DISTURBANCE OF TENURE.
turbación de la tenencia.

DIVERGENCE.
divergencia.

DIVERGENCE OF OPINION.
divergencia de opinión. Disidencia.

DIVERS.
v. DIVERSE.

DIVERSE.
diversos.

DIVERSION.
desvío. || distracción de fondos.

DIVERSION PROGRAM.
participación de reos en programas educativos

o de trabajo, como parte de sus obligaciones bajo un régimen de libertad condicional.

DIVERSITY.

diversidad. ‖ excepción en un juicio penal, por la que se manifiesta que el detenido sometido a juicio no es la persona que ha sido condenada previamente en ese juicio.

DIVERSITY CASES.

casos que, en los Estados Unidos, se litigan ante los tribunales federales debido a la diversidad de ciudadanía entre las partes.

v. DIVERSITY OF CITIZENSHIP.

DIVERSITY JURISDICTION.

en los Estados Unidos, jurisdicción federal basada en la diversidad de los estados a que pertenecen las partes del juicio.

DIVERSITY OF CITIZENSHIP.

diversidad de ciudadanía, que en los Estados Unidos sirve de base a la aplicación de la jurisdicción federal, refiriéndose a los estados a que pertenecen las partes del juicio.

v. DIVERSITY JURISDICTION.

DIVERT.

desviar. ‖ distraer fondos.

DIVEST.

privar de un derecho o propiedad. v. DEVEST.. ‖ desprenderse de parte de los activos de una empresa.

DIVESTING.

privación de un derecho o propiedad.

DIVESTITIVE FACT.

hecho extintivo de una relación jurídica.

DIVESTITURE.

orden judicial que impone al demandado desprenderse de ciertos bienes. Se aplica especialmente en materia de Derecho antimonopólico.

DIVESTMENT.

privación o desprendimiento de un derecho. ‖ extinción de un derecho sobre un bien inmueble antes del término originalmente prefijado. ‖ desprendimiento de parte de los activos de una empresa.

DIVIDE.

dividir.

DIVIDED.

dividido.

DIVIDED ACCOUNT.

cuenta dividida.

DIVIDED COURT.

tribunal colegiado en el que se emiten votos en disidencia respecto de cierta causa.

DIVIDED CUSTODY.

tenencia compartida de un hijo, por los padres divorciados.

DIVIDED INTEREST.

intereses o derechos separados, no ejercitables en común, sobre un mismo objeto.

DIVIDEND.

dividendo.

DIVIDEND ADDITION.

adición a los beneficios derivables de un seguro de vida.

DIVIDEND ARREARS.

dividendos atrasados o en mora, particularmente en relación con acciones preferidas.

DIVIDEND COUPON.

cupón o talón de dividendos.

DIVIDEND IN KIND.

dividendo en especie.

DIVIDEND IN LIQUIDATION.

dividendo liquidatorio.

DIVIDEND IN SCRIP.

dividendo en acciones o en otras participaciones societarias, con limitaciones en cuanto a los derechos derivados de tales títulos.

DIVIDEND INCOME.

ingreso derivado de dividendos.

DIVIDEND OFF.

ex dividendo. Condición de las acciones que son vendidas o transferidas sin derecho a los dividendos ya declarados.

DIVIDEND ON.

condición de las acciones que son vendidas o transferidas con derecho a los dividendos ya declarados.

DIVIDEND ON INSURANCE POLICY.

dividendo pagadero a los tenedores de pólizas de seguros, sobre la base de las ganancias habidas por la aseguradora.

DIVIDEND POLICY.

póliza de seguros que da derecho a percibir determinados dividendos, en base a los excedentes registrados en el pago de primas por un conjunto de asegurados.

DIVIDEND WARRANT.

cédula para cobro de dividendos.

DIVIDEND YIELD.

rendimiento de los dividendos, en proporción al precio de la acción.

DIVIDENDS PERCEIVED DEDUCTION.

deducción impositiva de los dividendos percibidos.

DIVINE LAWS.
leyes divinas.

DIVINE RIGHT OF KINGS.
derecho divino de los reyes.

DIVISIBILITY.
divisibilidad.

DIVISIBLE.
divisible.

DIVISIBLE AVERMENTS.
imputaciones divisibles, en un juicio penal.

DIVISIBLE CONTRACT.
contrato divisible.

DIVISIBLE DIVORCE.
sentencia de divorcio susceptible de ser dividida a los fines de su aplicación, efectos o validez.

DIVISIBLE OBLIGATION.
obligación divisible.

DIVISIBLE OFFENCE.
felito que engloba a otras figuras delictivas de menor gravedad.

DIVISIBLE OFFENSE.
V. DIVISIBLE OFFENCE.

DIVISION.
división.

DIVISION OF FEES.
división de honorarios entre distintos letrados.

DIVISION OF LOSS.
repartición o división de una pérdida o de la responsabilidad resultante de cierto daño.

DIVISION OF OPINION.
división de los votos en un tribunal colegiado.

DIVISION CF POWERS.
división de poderes.

DIVISION WALL.
medianera. Muro medianero.

DIVISIONAL COURTS.
tribunales de apelación pertenecientes a la organización judicial británica.

DIVISIONAL SECURITIES.
títulos emitidos para financiar proyectos específicos. V. SECURITY.

DIVISIONS OF THE LAW.
capítulos o ramas del Derecho.

DIVORCE.
divorcio.

DIVORCE A MENSA ET THORO.
separación matrimonial sin ruptura del vínculo. Expresión fuera de uso.

DIVORCE A VINCULO MATRIMONII.
divorcio vincular. Expresión fuera de uso.

DIVORCE BY CONSENT.
divorcio por mutuo consentimiento.

DIVORCE FOR CAUSE.
divorcio por causas imputables a las partes.

DIVORCE FROM BED AND BOARD.
V. DIVORCE A MENSA ET THORO.

DIVORCE PROCTOR.
curador *ad litem* designado en un juicio de divorcio.

DIVORCE SUIT.
juicio de divorcio.

DIVULGE.
divulgar.

DOCK.
dársena. Muelle. ‖ banquillo del acusado. ‖ como verbo (*to dock*), disminuir. Reducir. Limitar. ‖ también como verbo, atracar en un muelle.

DOCK CHARGES.
cargos o derechos por el uso de dársenas o muelles.

DOCK RECEIPT.
guía o recibo de muelle.

DOCK WARRANT.
título representativo de mercaderías depositadas en almacén. Warrant.

DOCKAGE.
V. DOCK CHARGES.

DOCKET.
registro en el que se anotan los distintos actos procesales realizados en el ámbito de un tribunal. ‖ lista o calendario de casos a ser juzgados en un período judicial. ‖ también, como verbo (*to docket*), registrar un acto procesal en el libro judicial correspondiente.

DOCKET FEE.
honorarios profesionales de los que se deja constancia en el DOCKET. (v.).

DOCKETING JUDGMENT.
anotación de una sentencia en el registro judicial correspondiente.

DOCKING CLAUSE.
cláusula por la que se extiende la cobertura de un seguro marítimo al tiempo en que la nave se encuentra atracada.

DOCTOR.
doctor. ‖ como verbo (*to doctor*), suministrar tratamiento médico. ‖ también como verbo, fraguar. Alterar ilegalmente.

DOCTOR OF LAWS.
doctor en Derecho.

DOCTOR-PATIENT PRIVILEGE.
exclusión como prueba de la información que haya sido suministrada por el paciente a su facultativo como parte de su tratamiento, por decisión del paciente.

DOCTRINAL INTERPRETATION.
interpretación doctrinal. La interpretación que no resulta de normas positivas interpretativas o de otras normas que tengan similares efectos.

DOCTRINE.
doctrina jurídica, especialmente la que resulta de un fallo. No equivale a la doctrina en cuanto ésta se refiere a la opinión de autores y jurisconsultos.

DOCUMENT.
documento. Instrumento. ‖ prueba instrumental. ‖ como verbo (to document), documentar. Probar documentalmente.

DOCUMENT BILL.
letra de cambio documentada.

DOCUMENT OF TITLE.
documento de legitimación. Documento que es representativo de título.

DOCUMENT OF TITLE TO GOODS.
título representativo de mercaderías.

DOCUMENT OF TITLE TO LAND.
título de propiedad inmobiliaria.

DOCUMENTARY.
documental. Documentario.

DOCUMENTARY BILL OF EXCHANGE.
letra de cambio documentada.

DOCUMENTARY CREDIT.
crédito documentario.

DOCUMENTARY DRAFT.
letra de cambio documentada .

DOCUMENTARY EVIDENCE.
prueba documental.

DOCUMENTARY INSTRUCTIONS.
instrucciones emitidas como parte de una operación de crédito documentario.

DOCUMENTARY LETTER OF CREDIT.
carta de crédito documentada.

DOCUMENTARY ORIGINALS RULE.
regla en virtud de la cual los originales de un documento constituyen la prueba de mayor valor respecto de tal documentación.

DOCUMENTS AGAINST PAYMENT.
cláusula en las compraventas a distancia en virtud de la cual la documentación se entrega contra el pago de la mercadería.

DOCUMENTATION.
documentación.

DOGMA.
dogma.

DOING.
acto de hacer. Prestación de servicios.

DOING BUSINESS.
ejercicio del comercio o de actividad económica.

DOING BUSINESS AS.
indicación del nombre bajo el que se actúa comercialmente.

DOLE.
porción. Parte. Cuota. ‖ en el lenguaje corriente británico, indemnización o subsidio de desempleo.

DOLI CAPAX.
capaz de dolo. Penalmente imputable.

DOLI INCAPAX.
incapaz de dolo. Penalmente inimputable.

DOLLAR.
dólar.

DOMAIN.
dominio. ‖ inmueble sujeto a un derecho de dominio. ‖ dominación. Poder. Control.

DOMESDAY BOOK.
libro correspondiente con un catastro general realizado en Inglaterra en el siglo XI.

DOMESTIC.
doméstico. ‖ interno. Nacional. ‖ persona correspondiente al servicio doméstico.

DOMESTIC ADMINISTRATION.
administración sucesoria designada en el lugar de fallecimiento del difunto.

DOMESTIC AGREEMENT.
contrato entre miembros del mismo grupo familiar. ‖ contrato interno, en contraposición a uno internacional.

DOMESTIC ANIMAL.
animal doméstico.

DOMESTIC ASSOCIATION.
asociación o sociedad local, por estar constituida en el estado en que actúa o en el que se considera su carácter local. v. ASSOCIATION.

DOMESTIC AUTHORITY.
autoridad paterna o familiar.

DOMESTIC BILL.
letra girada contra una localidad de la misma jurisdicción.

DOMESTIC CITIZENSHIP.
en los Estados Unidos, ciudadanía de un esta-

do, en contraposición a la ciudadanía de los Estados Unidos.

DOMESTIC COMMERCE.
comercio interno.

DOMESTIC CORPORATION.
persona jurídica o sociedad por acciones local. En los Estados Unidos la constituida en el estado correspondiente.
V. CORPORATION.

DOMESTIC COURTS.
tribunales con asiento en la jurisdicción donde una persona está domiciliada.

DOMESTIC CREDITOR.
acreedor que reside en la misma jurisdicción que el deudor.

DOMESTIC EXPORTS.
exportación de bienes producidos en el país exportador, en contraposición a los que se reexportan.

DOMESTIC FIXTURE.
muebles de uso doméstico adheridos físicamente a un inmueble. V. FIXTURE.

DOMESTIC GUARDIAN.
tutor o curador designado en el lugar de domicilio del pupilo o del incapaz.

DOMESTIC INTERNATIONAL SALES CORPORATION.
sociedad por acciones estadounidense sujeta a un régimen impositivo especial, que deriva el grueso de sus ingresos de operaciones de exportación.

DOMESTIC JUDGMENT.
sentencia de un tribunal del mismo país. En los Estados Unidos, la sentencia de un tribunal del mismo estado.

DOMESTIC JURISDICTION.
jurisdicción de un tribunal respecto de las personas ubicadas dentro de los límites de la competencia territorial de ese tribunal. ‖ soberanía interna de un Estado. ‖ poder de decisión de los órganos de una persona jurídica, dentro del ámbito de ésta.

DOMESTIC LAW.
ley interna o nacional. ‖ derecho interno o nacional.

DOMESTIC RELATIONS.
relaciones familiares.

DOMESTIC SERVANT.
empleado de servicio doméstico.

DOMESTIC TRIBUNAL.
tribunal con asiento en la jurisdicción donde

una persona está domiciliada. ‖ tribunal interno de una persona jurídica u otra organización.

DOMESTICATED.
domesticado.

DOMICIL.
V. DOMICILE.

DOMICILE.
domicilio.

DOMICILE OF CHOICE.
domicilio de elección.

DOMICILE OF CORPORATION.
domicilio de una persona jurídica.
V. CORPORATION.

DOMICILE OF ORIGIN.
domicilio de origen.

DOMICILE OF SUCCESSION.
domicilio sucesorio.

DOMICILED.
domiciliado.

DOMICILED NOTE.
pagaré pagadero en un banco predeterminado.

DOMICILIARY.
domiciliario.

DOMICILIARY ADMINISTRATION.
administración de la sucesión en la jurisdicción donde se encuentra el domicilio sucesorio.

DOMICILIARY EXECUTOR.
albacea que actúa en la jurisdicción donde se encontraba el domicilio del testador.

DOMICILIATE.
domiciliarse. Establecer domicilio.

DOMINANT.
dominante.

DOMINANT CAUSE.
causa determinante o principal.

DOMINANT ESTATE.
fundo o predio dominante. V. ESTATE.

DOMINANT POSITION.
posición dominante.

DOMINANT TENEMENT.
V. DOMINANT ESTATE.

DOMINATE.
dominar.

DOMINICAL.
dominical.

DOMINION.
dominio. Propiedad. ‖ soberanía. ‖ dominio, en cuanto variante del régimen colonial.

DOMINIUM.
dominio. Propiedad. ‖ soberanía.
DOMINIUM DIRECTUM.
la propiedad que teóricamente corresponde indirectamente a la corona sobre las tierras de su reino. ‖ nuda propiedad.
DOMINIUM DIRECTUM ET UTILE.
dominio pleno, por reunir la nuda propiedad y el dominio útil.
DOMINIUM PLENUM.
dominio pleno.
DOMINIUM UTILE.
dominio útil. Expresión utilizada en el régimen de EQUITY. (v.).
DOMINUS.
señor. ‖ propietario. ‖ mandante.
DOMINUS LITIS.
persona que es parte interesada en un juicio o en una acción, y que como tal puede disponer de ellos, inclusive renunciando o desistiendo de los mismos.
DONATE.
donar.
DONATED STOCK.
donaciones transferidas gratuitamente, generalmente por los socios a la sociedad, usualmente para su reventa.
DONATED SURPLUS.
reservas societarias resultantes de aportes de bienes sin contraprestación de acciones o de la donación de éstas a la sociedad.
DONATIO.
V. DONATION.
DONATION.
donación.
DONATION CONDITIONALIS.
donación condicional.
DONATION INOFFICIOSA.
donación inoficiosa.
DONATION INTER VIVOS.
donación entre vivos.
DONATION MERA.
donación simple o pura.
DONATION MORTIS CAUSA.
donación *mortis causa.*
DONATION PROPTER NUPTIAS.
donación *propter nuptias.*
DONATION PURA.
donación simple o pura.
DONATION REMUNERATORIA.
donación remuneratoria.

DONATION SUB MODO.
donación modal.
DONATIVE INTENT.
intención de donar. *Animus donandi.*
DONATIVE TRUST.
fideicomiso utilizado para instrumentar una donación. v. TRUST.
DONATOR.
donante.
DONATORIOUS.
donatorio. ‖ comprador.
DONE.
hecho. Completado. Terminado.
DONEE.
donatario.
DONEE BENEFICIARY.
beneficiario, a título gratuito, de un contrato a favor de terceros.
DONOR.
donante.
DOOR CLOSING DOCTRINE.
doctrina en virtud de la cual la interpretación de una ley debe cubrir las lagunas o vacíos que permitirían evadirla.
DORMANT.
inactivo. En suspenso. En expectativa.
DORMANT ACCOUNT.
cuenta inactiva.
DORMANT CLAIM
derecho en expectativa. Derecho no ejercitado. v. CLAIM.
DORMANT CORPORATION.
persona jurídica que no realiza actividades u operaciones. v. CORPORATION.
DORMANT EXECUTION.
ejecución suspendida una vez trabado el embargo.
DORMANT FUND.
fondo o depósito inmovilizado o no utilizado.
DORMANT JUDGMENT.
sentencia no ejecutada, pero que debe ser sometida a un procedimiento especial para volver a dársele efecto.
DORMANT LIEN OF JUDGMENT.
privilegio o derecho de preferencia que surge de una sentencia pero que no es ejercido por no realizarse aún ejecución sobre los bienes respecto de los cuales es aplicable.
V. JUDGMENT LIEN.
DORMANT PARTNER.
socio oculto. ‖ socio inactivo o pasivo.

DOT.
dote.

D.O.T.
iniciales de Department of Transportation, institución que en los Estados Unidos equivale al Ministerio de Transporte.

DOTAGE.
senilidad. ‖ relativo a una dote.

DOTAL.
dotal.

DOTAL PROPERTY.
propiedad dotal.

DOTATION.
acto de otorgar una dote. ‖ acto de financiar a título gratuito una institución o actividad.

DOUBLE.
doble.

DOUBLE ADULTERY.
adulterio en el que ambos adúlteros se encuentran casados con terceros.

DOUBLE AGENCY.
la condición del mandatario que actúa como tal en relación con una pluralidad de mandantes.
v. AGENCY.

DOUBLE ASSESSMENT.
doble imposición.

DOUBLE BOND.
garantía que prevé la imposición de una pena en caso de incumplimiento. V. BOND.

DOUBLE COMMISSIONS.
comisiones pagaderas a un corredor u otro intermediario por las dos partes del contrato al que corresponden tales comisiones. ‖ comisiones diversas pagadas sobre un mismo acto a una misma persona, con distintas causas, como ser por una parte la redacción y por otra el registro de tal acto.

DOUBLE COMPENSATION.
doble indemnización.

DOUBLE CONVERSION.
operación compleja en que un bien inmueble es vendido, utilizándose el dinero así obtenido para la adquisición de otro inmueble.
v. CONVERSION.

DOUBLE COSTS.
imposición de costas en la que éstas deben ser pagadas en forma duplicada, a manera de sanción.

DOUBLE CREDITOR.
acreedor con garantías sobre distintos bienes.

DOUBLE DAMAGES.
indemnización doble de daños y perjuicios.

DOUBLE-DEALING.
falsedad. Estafa. Defraudación. Engaño.

DOUBLE DERIVATIVE SUIT.
juicio entablado por el accionista de una sociedad que es a su vez accionista de la sociedad en base a cuyos derechos se entabla tal juicio, en razón de la inacción de tales sociedades.
V. DERIVATIVE SUIT.

DOUBLE ENTRY.
doble registración contable, conforme al régimen de asientos a dos columnas.

DOUBLE HEARSAY.
testimonio de oídas respecto de otro testimonio o afirmación de oídas. v. HEARSAY.

DOUBLE INDEMNITY.
doble indemnización.

DOUBLE INSURANCE.
aseguración de un mismo riesgo con distintos aseguradores.

DOUBLE JEOPARDY.
sometimiento a enjuiciamiento de una persona ya sometida a juicio por los mismos hechos.

DOUBLE PATENTING.
otorgamiento de distintas patentes respecto de idéntica invención o descubrimiento.

DOUBLE PLEA.
la inclusión de diversas pretensiones en un mismo petitorio de la demanda u otra presentación procesal. v. PLEA.

DOUBLE PROOF.
doble prueba, consistente en la prueba de un hecho y su corroboración por otro medio probatorio. Usada en Derecho Penal.

DOUBLE PUNISHMENT.
imposición de varias penas por el mismo hecho.

DOUBLE RECOVERY.
obtención de una indemnización u otra forma de reparación en exceso del valor de los daños y perjuicios a que aquéllas responden.

DOUBLE RENT.
suerte de alquileres punitorios, correspondientes cuando el locatario no desaloja la propiedad vencido el plazo previsto para ello.

DOUBLE STANDARD.
duplicidad de criterios o criterios discriminatorios aplicados para idéntica cuestión.

DOUBLE TAXATION.
doble imposición.

DOUBLE USE.
nuevo uso dado a un proceso o medio conocido. Es un concepto utilizado en el Derecho de Patentes.

DOUBLE WASTE.
daños agravados causados por el tenedor de una propiedad a ésta, por ocasionarse daños adicionales para reparar los causados originalmente.

v. WASTE.

DOUBLE WILL.
testamento recíproco, por otorgarse los testadores beneficios el uno al otro.

DOUBT.
duda. ‖ como verbo (*to doubt*), dudar.

DOUBTFUL TITLE.
título dudoso o litigioso.

DOVETAIL SENIORITY.
mantenimiento de los derechos derivados de la antigüedad al producirse un cambio de empleador, que se suman a los obtenidos bajo el nuevo empleador.

v. SENIORITY.

DOW JONES INDUSTRIAL AVERAGE.
promedio Dow Jones de acciones industriales. Índice bursátil basado en la cotización en la Bolsa de Nueva York de treinta acciones industriales de primera línea.

DOWABLE.
condición de los inmuebles sobre los que la esposa puede ejercer derecho al fallecer el marido. v. DOWER.

DOWAGER.
viuda que ejerce derechos sobre inmuebles antes pertenecientes a su marido, al fallecer éste.

v. DOWER.

DOWER.
derechos vitalicios ejercidos por la viuda sobre cierta parte de los inmuebles de su marido, al fallecer éste. Fuera de uso en la mayor parte de los Estados Unidos.

DOWN PAYMENT.
pago inmediato, al concretarse una operación de compraventa a crédito.

DOWRY.
dote.

DR.
abreviatura de *doctor,* doctor.

DRACONIAN LAWS.
leyes draconianas.

DRAFT.
letra de cambio. ‖ proyecto. Borrador. ‖ conscripción militar. ‖ como verbo (*to draft*), redactar. ‖ también como verbo, reclutar.

DRAFT AGREEMENT.
proyecto de contrato.

DRAFT BOARD.
junta de conscripción militar.

DRAFT CODE.
proyecto de código.

DRAFTING COMMITTEE.
comité de redacción.

DRAFTSMAN.
redactor. ‖ diseñador de planos, maquinarias o edificios.

DRAGNET CLAUSE.
cláusula de una hipoteca u otra operación de garantía, por la cual ésta se extiende a créditos pasados y futuros.

DRAGO DOCTRINE.
doctrina Drago.

DRAIN.
como verbo (*to drain*), drenar. ‖ vaciar. Agotar. ‖ canal de drenaje. ‖ servidumbre de drenaje, por la cual el propietario de un inmueble debe tolerar el paso de las aguas de drenaje de otro terreno.

DRAINAGE.
drenaje.

DRAINAGE RIGHTS.
derechos de drenaje, que imponen tolerar el paso de las aguas de drenaje procedente de otro terreno.

DRAMSHOP ACTS.
leyes que imponen la responsabilidad por daños a terceros sobre los dueños de establecimientos en los que el causante del daño se ha embriagado.

DRAW.
apuntar un arma. ‖ librar una letra de cambio u otro título de crédito. ‖ trazar. Dibujar. ‖ redactar un instrumento o escrito. ‖ elegir al azar. ‖ retirar dinero de una cuenta.

DRAW A CHECK.
librar un cheque.

DRAW A CHEQUE.
v. DRAW A CHEK.

DRAW A DRAFT.
librar una letra de cambio.

DRAW A JURY.
seleccionar un jurado.

DUELING.
duelo.

DUES.
tasas. Impuestos. Cargos. Cuotas de un club.

DULY.
debidamente.

DULY ATTESTED.
debidamente atestiguado.

DULY AUTHORIZED AGENT.
representante debidamente autorizado.
V. AGENT.

DULY NEGOTIATED.
transferido en legal forma, particularmente en relación con los títulos de crédito.

DULY PERFORMED.
plenamente cumplido.

DULY QUALIFIED.
debidamente calificado.

DULY REGISTERED.
debidamente registrado.

DUMB-BIDDING.
precio mínimo que acepta un vendedor en pública subasta, que se establece por anticipado pero que se mantiene en reserva hasta producida la subasta.

DUMMY.
falso. Ficticio. Nominal. ‖ prestanombre. Testaferro. Propietario simulado. Hombre de paja.

DUMMY CORPORATION.
sociedad por acciones formada con fines de crear relaciones jurídicas similares.
V. CORPORATION.

DUMMY DIRECTOR.
director de una sociedad que revista formalmente tal carácter sin ejercer poder o funciones efectivas en el directorio.

DUMMY SHAREHOLDER.
accionista aparente o simulado.

DUMMY STOCKHOLDER.
V. DUMMY SHAREHOLDER.

DUMP.
arrojar. Dejar caer. ‖ vender en condiciones de DUMPING. (v.).

DUMPING.
dumping. Acto de vender en los mercados extranjeros a precios inferiores a los que se perciben en el mercado del país desde el que se exporta. ‖ en sentido comercial, acto de vender en cantidades muy significativas a precios muy bajos.

DUN.
exigencia del pago de una deuda vencida. ‖ como verbo (*to dun*), exigir el pago de una deuda.

DUOPOLY.
duopolio.

DUPLICATE.
duplicado. Copia. Ejemplar. ‖ como verbo (*to duplicate*), duplicar. Copiar.

DUPLICATE TAXATION.
V. DOUBLE TAXATION.

DUPLICATE WILL.
redacción de un testamento en dos ejemplares.

DUPLICITOUS.
condición de la demanda o reconvención que incluye dos o más pretensiones.

DUPLICITOUS APPEAL.
apelación contra dos providencias judiciales.

DUPLICITY.
la inclusión de dos o más pretensiones en un mismo petitorio. ‖ duplicidad. Engaño.

DUPLICITY IN PLEADING.
formulación procesal de las pretensiones incluyendo en una misma presentación una pluralidad de pretensiones independientes, susceptibles de dar lugar a acciones separadas.
V. PLEADING.

DURABLE GOODS.
bienes durables.

DURABLE LEASE.
locación de tiempo prácticamente ilimitado, en tanto se abone el alquiler convenido, por estar sujeta a una condición resolutoria de cumplimiento prácticamente imposible.
V. LEASE.

DURATION.
duración. Término. Plazo.

DURATION OF RISK.
duración de la cobertura de un riesgo.

DURESS.
compulsión. Coerción. Violencia.

DURESS BY PUBLIC UTILITY.
compulsión ejercida por una empresa de servicios públicos, que amenaza interrumpir la prestación de tales servicios si no se realizan ciertos pagos.

DURESS OF GOODS.
pago o contraprestación exigida por la entrega de bienes de que se ha privado ilegítimamente a quien lo realiza.

DURESS OF IMPRISONMENT.
detención ilegal de una persona para obligarla a realizar un acto.

DURESS PER MINAS.
coerción mediante amenazas.

DURESSOR.
el culpable de actuar con violencia o cumpulsión sobre la contraparte. v. DURESS.

DURHAM RULE.
regla de Derecho Penal, en virtud de la cual una persona es juzgada inimputable penalmente si se encuentra afectada por una deficiencia mental y existe una relación causal entre esa deficiencia y el acto ilícito cometido.

DURING.
durante.

DURING GOOD BEHAVIOUR.
mientras dure el buen comportamiento. Indica la condición a que se sujetan ciertos nombramientos, particularmente en el Poder Judicial.

DUTCH AUCTION.
subasta en la que se parte de un precio alto que se va reduciendo gradualmente hasta que un comprador manifiesta su intención de adquirir.

DUTIABLE.
gravable. Imponible.

DUTIES.
derechos de importación. ‖ impuestos. ‖ obligaciones.

DUTIES OF DETRACTION.
impuestos que pesan sobre el traslado a otro estado de bienes que son adquiridos por vía sucesoria.

DUTIES ON IMPORTS.
derechos de importación.

DUTY.
obligación. Deber. ‖ derecho de importación. ‖ impuesto. Tasa.

DUTY-FREE.
libre de derechos o impuestos.

DUTY OF CARE.
deber de diligencia. ‖ deber de asistencia familiar.

DUTY OF DILIGENCE.
deber de diligencia.

DUTY OF DISCLOSURE.
deber de información.

DUTY OF SUPPORT.
deber de realizar prestaciones alimentarias.

DUTY OF TONNAGE.
derecho de tonelaje.

DUTY TO ACT.
deber de actuar.

DUTY TO COMMUNICATE.
deber de comunicar, en particular el que el mandatario u otro representante tiene respecto del representado en relación con las diversas cuestiones que hagan a la representación.

DWELL.
residir. Habitar. Vivir en un lugar. ‖ permanecer.

DWELLING.
casa. Residencia. Habitación.

DWELLING DEFENCE.
causal de justificación resultante de haberse efectuado un acto al ser violado el lugar de residencia del imputado, en legítima defensa de su persona o de otros bienes.

DWELLING DEFENSE.
v. DWELLING DEFENCE.

D.W.I.
iniciales de *driving while intoxicated,* (manejar en estado de ebriedad) y de *died without issue* (muerto sin descendientes).

DYING DECLARATION.
declaración *in extremis,* relativa a las causas de las heridas o males que afectan al agonizante, cuando éstos resultan de un delito.

DYING INTESTATE.
morir intestado.

DYING WITHOUT ISSUE.
morir sin descendencia.

DYNAMITE INSTRUCTION.
instrucción dada a un jurado que no ha podido llegar a un veredicto, a fin de que sus miembros traten de tener en cuenta las opiniones de los demás o cedan en sus posiciones de forma de poderse emitir el veredicto.

DYNASTY.
dinastía.

DYSNOMY.
legislación deficiente o injusta.

E

E PLURIBUS UNUM.

de muchos uno. Lema de los Estados Unidos.

EARL.

conde.

EARLDOM.

condado.

EARLIER MATURITY RULE.

regla conforme a la cual se da preferencia a los bonos o debentures con prioridad de vencimiento respecto del producido de la ejecución de los bienes que les sirven de garantía.

EARMARK.

señal. Marca. ‖ como verbo (*to earmark,*) separar. Distinguir. Destinar a un fin determinado.

EARMARK RULE.

regla conforme a la cual el carácter fungible del dinero impide que las sumas depositadas en fondos o cuentas comunes sean atribuidas separadamente a quienes las han depositado, al producirse una situación concursal.

EARN.

ganar.

EARNED INCOME.

ingreso derivado de la actividad laboral o personal, en contraposición al que resulta de rentas o de inversiones.

EARNED INCOME CREDIT.

crédito impositivo aplicable en relación a ingresos derivados de actividades laborales o personales. V. EARNED INCOME.

EARNED PREMIUM.

primas abonadas en contraprestación por la cobertura de un riesgo durante un período determinado.

EARNED SURPLUS.

utilidades acumuladas.

EARNER.

quien recibe ingresos por sus esfuerzos o propiedad.

EARNEST.

seña. Señal. Arras. ‖ garantía. ‖ serio.

EARNEST MONEY.

seña. Señal. Arras.

EARNING.

que produce réditos o ingresos.

EARNING ASSETS.

activos o capital redituables o que producen ingresos.

EARNING CAPACITY.

capacidad de producir ingresos.

EARNINGS,

ingresos. Ganancias. Réditos. ‖ remuneración. Salario.

EARNINGS PER SHARE.

ganancias por acción.

EARNINGS REPORT.

estado de resultados. Cuenta de pérdidas y ganancias.

EARWITNESS.

testigo relativo a algo que ha oído.

EASEMENT.

servidumbre.

EASEMENT BY CUSTOM.

servidumbre fundada en el Derecho consuetudinario.

EASEMENT BY ESTOPPEL.

servidumbre que resulta cuando de la conducta del titular del fundo sirviente surge que acepta o tolera tal servidumbre, y el beneficiario de ésta actúa en consecuencia. V. ESTOPPEL.

EASEMENT BY NECESSITY.

servidumbre necesaria.

EASEMENT BY PRESCRIPTION.
servidumbre adquirida por prescripción.

EASEMENT IN GROSS.
servidumbre personal.

EASEMENT OF ACCESS.
servidumbre de acceso.

EASEMENT OF CONVENIENCE.
servidumbre beneficiosa pero no necesaria para el goce del fundo dominante.

EASEMENT OF DRIP.
servidumbre de recibir las aguas de los techos vecinos.

EASEMENT OF NATURAL SUPPORT.
servidumbre de apoyo. La que permite fijar apoyos y soportes en terrenos vecinos.

EASEMENT OF NECESSITY.
servidumbre necesaria para el ejercicio de ciertos derechos sobre el fundo dominante.

EAVES-DRIP.
soteo o desagüe de techos.

EAVESDROP.
escuchar ilegalmente conversaciones, por ejemplo mediante la intercepción de mensajes telefónicos u otros medios.

ECCLESIASTICAL.
eclesiástico.

ECCLESIASTICAL AUTHORITIES.
autoridades eclesiásticas.

ECCLESIASTICAL CORPORATION.
persona jurídica eclesiástica o de Derecho Eclesiástico.
V. CORPORATION.

ECCLESIASTICAL COURT.
tribunal eclesiástico.

ECCLESIASTICAL JURISDICTION.
jurisdicción eclesiástica.

ECCLESIASTICAL LAW.
derecho eclesiástico.

ECLECTIC.
ecléctico.

ECOLOGY.
ecología.

ECONOMIC.
económico.

ECONOMIC ANALYSIS OF LAW.
análisis económico del Derecho.

ECONOMIC BURDEN.
carga económica.

ECONOMIC DISCRIMINATION.
discriminación en cuestiones económicas o comerciales.

ECONOMIC LAW.
Derecho Económico.

ECONOMIC LOSS.
pérdida de naturaleza económica.

ECONOMIC OBSOLESCENCE.
obsolescencia económica. Pérdida del valor de un bien, por haber quedado obsoleto.

ECONOMIC OFFENCE.
delito económico.

ECONOMIC OFFENSE.
V. ECONOMIC OFFENCE.

ECONOMIC STRIKE.
huelga por motivos económicos.

ECONOMIC TORT.
hechos ilícitos en materias económicas o comerciales.
V. TORT.

ECONOMIC WASTE.
explotación excesiva o irracional de un yacimiento u otro recurso natural.

ECONOMIC ZONE.
zona definida con fines de regulación económica. ‖ zona oceánica de explotación económica exclusiva.

ECONOMIST.
economista.

ECONOMY.
economía.

ECOSYSTEM.
ecosistema.

E.C.U.
iniciales de *European Currency Unit,* unidad monetaria europea.

ECUMENICAL.
ecuménico.

EDGE ACT BANK.
subsidiaria estadounidense de un banco extranjero, sujeto a un régimen especial que la excluye de ciertas restricciones que pesan sobre los bancos locales.

EDGE LEASE.
concesión de explotación minera en el borde de un yacimiento.

EDICT.
edicto.

EDIT.
revisar. Corregir.

EDITION.
edición.

EDITOR.
director de una publicación.

EDUCATE.

educar.

EDUCATION.

educación.

EDUCATIONAL CORPORATION.

persona jurídica constituida con propósitos educacionales. v. CORPORATION.

EDUCATIONAL PURPOSE.

propósito educacional, en particular el de una asociación u otra institución.

EDUCATIONAL TRUST.

fideicomiso creado con propósitos educacionales. v. TRUST.

E.E.O.C.

iniciales de Equae Employment Opportunity Commission, Comisión de igual oportunidad en el empleo de los Estados Unidos.

EFFECT.

efecto. Consecuencia. ‖ también, como verbo (to effect.), efectuar. Producir. Hacer. Causar.

EFFECTING A LOAN.

desembolso de un préstamo.

EFFECTIVE.

efectivo. Eficaz.

EFFECTIVE ASSISTANCE OF COUNSEL.

asistencia efectiva de letrado.

EFFECTIVE DATE.

fecha de vigencia.

EFFECTIVE POSSESSION.

posesión efectiva.

EFFECTIVE PROCURING CAUSE.

intermediario o corredor que ha concertado una operación, siendo la causa del acuerdo entre las partes.

EFFECTS.

efectos personales. ‖ efectos bancarios.

EFFICACY.

eficacia.

EFFICIENCY.

eficiencia.

EFFICIENT.

eficiente.

EFFICIENT CAUSE.

causa eficiente.

EFFICIENT INTERVENING CAUSE.

causa eficiente de un hecho que rompe la cadena causal entre ese hecho y un acto u otra causa aparente a la que se atribuía tal hecho como consecuencia.

EFFIGY.

efigie.

EFFLUX.

expiración de un plazo.

EFFLUXION OF TIME.

expiración de un plazo.

EFFORCIALITER.

mediante fuerza o violencia.

EFFORT.

esfuerzo. Intento.

EFFRACTION.

ingreso por la fuerza o violencia en una propiedad.

EFFRACTOR.

quien comete un robo penetrando en una propiedad.

E.G.

abreviatura de exempli gratia. Significa "por ejemplo".

EGALITARIAN.

quien aboga por la igualdad.

EGALITY.

igualdad.

EGRESS.

egreso.

EIGHT-HOUR LAWS.

leyes que imponen la jornada laboral de ocho horas.

EJECT.

expulsar. Echar. Desposeer. Desalojar.

EJECTION.

expulsión. Desposesión. Desalojo.

EJECTMENT.

acción dirigida a recuperar la posesión de un inmueble.

EJECTMENT BILL.

acción de EJECTMENT (v.) entablada bajo el régimen de EQUITY (v.).

EJECTOR.

el que procura el desalojo o desposesión de otra persona respecto de un inmueble.

v. EJECTION.

EJUSDEM GENERIS.

literalmente, del mismo género. Regla de interpretación conforme a la cual, al realizarse una enumeración de cosas o personas en un texto, las palabras generales incluidas en ese texto en relación con esa enumeración deben entenderse como haciendo referencia únicamente a cosas o personas del mismo género que las enumeradas.

ELAPSE.

transcurrir. ‖ expirar un plazo.

ELDEST.
el mayor en edad.

ELECTED DOMICILE.
domicilio por elección.

ELECTION.
elección.

ELECTION AT LARGE.
elección que abarca la totalidad de un distrito electoral.

ELECTION BOARD.
junta electoral.

ELECTION BY BALLOT.
elección mediante voto secreto.

ELECTION BY SPOUSE.
elección de que dispone el cónyuge supérstite entre los bienes que le han sido otorgados por testamento, los que le corresponden conforme al régimen de legítima y los resultantes del régimen de DOWER. (v.).

ELECTION CONTEST.
impugnación de elecciones.

ELECTION DEPOSIT.
depósito exigido a los candidatos electorales, que no es devuelto si no obtienen cierta cantidad mínima de votos.

ELECTION DISTRICT.
distrito electoral.

ELECTION DOWER.
DOWER (v.) que resulta de la elección de la viuda entre varios posibles beneficios sucesorios. Expresión fuera de uso. v. ELECTION BY SPOUSE.

ELECTION JUDGES.
jueces electorales.

ELECTION OF COUNTS.
elección por la parte actora o acusadora de las peticiones o imputaciones en base a las cuales proseguirá la acción. v. COUNT.

ELECTION OF DEFENCES.
elección de las defensas que se opondrán a una acción penal.

ELECTION OF DEFENSES.
v. ELECTION OF DEFENCES.

ELECTION OF REMEDIES.
elección entre las diversas acciones disponibles para ejercitar o hacer efectivo un derecho. v. REMEDY.

ELECTION OFFENCE.
delito electoral.

ELECTION OFFENSE.
v. ELECTION OFFENCE.

ELECTION OFFICER.
funcionario electoral.

ELECTION PETITION.
recurso o impugnación electoral.

ELECTION RETURNS.
dictamen de las autoridades electorales respecto del resultado de las elecciones que controlan.

ELECTION UNDER WILL.
elección entre los beneficios derivados de un testamento y derechos sucesorios incompatibles con el goce simultáneo de aquéllos.

ELECTIVE.
electivo.

ELECTIVE FRANCHISE.
derecho de voto.

ELECTIVE OFFICE.
cargo electivo.

ELECTIVE SHARE.
la participación del cónyuge supérstite en el haber sucesorio como consecuencia de una elección entre varias alternativas sucesorias. v. ELECTION BY SPOUSE.

ELECTOR.
elector.

ELECTORAL.
electoral.

ELECTORAL COLLEGE.
colegio electoral.

ELECTORAL COURT.
tribunal electoral.

ELECTORAL FRANCHISE.
derecho de voto.

ELECTORAL PROCESS.
proceso electoral.

ELECTORAL REGISTER.
registro electoral.

ELECTORAL SYSTEM.
sistema electoral.

ELECTORATE.
electorado.

ELECTRONIC DATA PROCESSING.
procesamiento electrónico de datos.

ELECTRONIC EAVESDROPPING.
acto de escuchar secretamente mediante instrumentos electrónicos. v. EAVESDROP.

ELECTRONIC FUNDS TRANSFER.
transferencia electrónica de fondos.

ELEEMOSYNARY.
caritativo. Con fines de caridad.

ELEEMOSYNARY CORPORATION.
persona jurídica con fines de caridad o beneficiencia.
V. CORPORATION.

ELEEMOSYNARY DEFENCE.
defensa opuesta contra una acción de responsabilidad extracontractual por una entidad de beneficencia, fundada en su carácter de tal.

ELEEMOSYNARY DEFENSE.
V. ELEEMOSINARY DEFENCE.

ELEEMOSYNARY GIFT.
donación con fines de caridad.

ELEEMOSYNARY PURPOSE.
objeto de caridad de una persona jurídica o institución.

ELEMENT.
elemento.

ELEMENTS.
elementos. ‖ las fuerzas de la naturaleza. Los elementos.

ELEMENTS OF CRIME.
elementos constitutivos de un delito.

ELEVATOR INSURANCE.
seguro contra accidentes de ascensor.

ELIGIBLE.
apto. Capaz. Susceptible de ser elegido o designado.

ELIGIBLE ALIEN.
extranjero que reúne las condiciones necesarias para adquirir la ciudadanía.

ELIGIBLE TO AN OFFICE.
persona que reúne las condiciones necesarias para ocupar un cargo.

ELIGIBILITY.
idoneidad. Capacidad. La condición de quien reúne las condiciones para ser elegido o designado.

ELIMINATION.
eliminación.

ELISOR.
persona designada para ejecutar ciertos actos procesales, cuando el juez u oficiales judiciales se ven imposibilitados de hacerlo.

ELOIGNE.
contestación al juzgado que ha emitido una orden de secuestro respecto de ciertos bienes, indicando que tales bienes han sido trasladados a otra jurisdicción. ‖ trasladar bienes fuera de la jurisdicción de un juzgado, generalmente para evitar su secuestro. ‖ como verbo (to eloigne).

ELOIGNMENT.
remoción física. Alejamiento.

ELONGAVIT.
providencia judicial en la que se establece que el depositario de bienes embargados los ha removido de la jurisdicción en que debían encontrarse.

ELOPE.
verbo correspondiente al acto de ELOPEMENT. (v.).

ELOPEMENT.
abandono del hogar para casarse, sin permiso paterno. ‖ abandono del hogar conyugal por la esposa para vivir en adulterio. También la conducta del hombre que con ella convive en adulterio.

EMANCIPATED MINOR.
menor emancipado.

EMANCIPATION.
emancipación.

EMANCIPATION BY MARRIAGE.
emancipación por matrimonio

EMANCIPATION PROCLAMATION.
proclamación de la emancipación de los esclavos. Se refiere a la declarada en los Estados Unidos en 1863.

EMBARGO.
secuestro de naves, prohibición de comerciar e inmovilización o confiscación de las cuentas u otros bienes de súbditos extranjeros, impuestos como parte de las hostilidades contra otro Estado. ‖ secuestro de bienes por el Estado.

EMBASSADOR.
V. AMBASSADOR.

EMBASSY.
embajada.

EMBEZZLE.
desfalcar. Defraudar. Apropiarse indebidamente de fondos o bienes.

EMBEZZLEMENT.
desfalco. Defraudación. Apropiación indebida de fondos.

EMBEZZLER.
desfalcador. Estafador. Defraudador.

EMBLEMENTS.
frutos naturales anuales que se obtienen como resultado de trabajos agrícolas, o sea no silvestres.

EMBODY.
incorporar. Incluir.

EMBRACERY.
delito de corrupción o soborno de miembros de un jurado.

EMERGENCY.
emergencia.

EMERGENCY DOCTRINE.
doctrina conforme a la cual el nivel de cuidado y precaución exigido disminuye en el curso de una emergencia o de un peligro súbito e imprevisto.

EMERGENCY EMPLOYMENT DOCTRINE.
doctrina conforme a la cual un empleado tiene derecho a recurrir a ayudantes o visitantes en el curso de una emergencia que requiera esa ayuda.

EMERGENCY LEGISLATION.
legislación de emergencia.

EMERGENCY POWERS.
poderes extraordinarios ejercitables en períodos de emergencia.

EMERGENCY PRICE CONTROL.
control de precios aplicable en períodos de emergencia.

EMIGRANT.
emigrante.

EMIGRANT AGENT.
agente de emigración.

EMIGRATION.
emigración.

EMIGRATION OF COMPANY.
traslado de una compañía al exterior.

EMIGRE.
emigrado político.

EMINENT DOMAIN.
dominio eminente.

EMISSARY.
emisario. ‖ agente secreto.

EMISSION.
emisión.

EMIT.
emitir.

EMOLUMENT.
emolumento.

EMOTIONAL INSANITY.
forma de demencia caracterizada por desequilibrios emocionales.

EMPANNEL.
V. IM PANEL.

EMPEROR.
emperador.

EMPHASIZING FACTS.
instrucción al jurado en la que se pone especial énfasis en ciertos hechos.

EMPHYTHEUSIS.
enfiteusis. La voz sólo se utiliza en relación con el CIVIL LAW (v.).

EMPIRE.
imperio.

EMPIRIC.
empírico. ‖ quien ejerce la medicina sin estudios habilitantes.

EMPIRICAL.
empírico.

EMPLEAD.
acusar. Procesar.

EMPLOY.
emplear. Dar empleo.

EMPLOYED.
empleado.

EMPLOYEE.
empleado. Dependiente. Trabajador.

EMPLOYEE PARTICIPATION.
participación de los trabajadores.

EMPLOYEE STOCK OPTION.
derecho de opción a adquirir acciones, otorgado en favor de los trabajadores de una empresa.

EMPLOYER.
empleador.

EMPLOYERS' ASSOCIATION.
asociación patronal o de empleadores.

EMPLOYERS' LIABILITY.
responsabilidad del empleador, en particular por accidentes o riesgos del trabajo.

EMPLOYERS' LIABILITY INSURANCE.
seguro de responsabilidad por riesgos laborales. v. EMPLOYERS' LIABILITY.

EMPLOYMENT.
empleo.

EMPLOYMENT AGENCY.
agencia de empleo o de colocaciones.

EMPLOYMENT AT WILL.
contrato de trabajo por tiempo indeterminado.

EMPLOYMENT CONTRACT.
contrato de trabajo.

EMPLOYMENT OF SHIP.
utilización de la nave.

EMPLOYMENT SECURITY.
derecho de estabilidad laboral o a indemnizaciones en caso de despido o desempleo.

EMPORIUM.
centro de comercio al por mayor.

EMPOWER.
facultar. Autorizar. Conferir poder o autoridad.

EMPRESARIO.
empresario teatral.

EN AUTRE DROIT.
por cuenta de terceros.

EN BANC.
sesión plenaria de un tribunal.

EN BLOC.
en bloque.

EN MASSE.
en masa.

EN ROUTE.
en ruta.

EN VENTRE SA MERE.
condición de la persona por nacer.

EN VIE.
en vida.

ENABLE.
capacitar. Habilitar. Hacer posible.

ENABLING ACT.
ley que autoriza, capacita o habilita.

ENABLING CLAUSE.
cláusula de una ley que autoriza a poner en efecto y aplicar tal ley.

ENABLING POWER.
facultad concedida a otra persona por el titular de derechos sobre un inmueble para que aquélla conceda derechos respecto de tal inmueble.

ENABLING STATUTE.
V. ENABLING ACT.

ENACT.
aprobar una ley. Establecer legalmente.

ENACTED LAW.
ley escrita. ‖ ley aprobada.

ENACTING CLAUSE.
cláusula de una ley en la que se manifiesta la autoridad legislativa que la ha dispuesto.

ENACTMENT.
ley escrita. ‖ disposición de una ley escrita. ‖ proceso por el que se aprueba una ley.

ENCLAVE.
enclave.

ENCLOSE.
adjuntar. Incluir. ‖ V. INCLOSE.

ENCLOSURES.
adjunto. Anexos. ‖ V. INCLOSURE.

ENCOURAGE.
instigar. Incitar. Animar.

ENCROACH.
usurpar. Invadir gradualmente. Introducirse en territorio ajeno, en forma gradual o subrepticia.

ENCROACHMENT.
usurpación. Invasión gradual. Introducción en territorio ajeno. ‖ invasión, por ejemplo, de una calle u otra vía pública, por medio de construcciones. ‖ imposición de una restricción o carga adicional sobre el fundo sirviente, por el titular de un derecho de servidumbre.

ENCUMBER.
Gravar. Afectar. Dificultar.

ENCUMBRANCE.
gravamen, carga o derecho de garantía que pesa sobre una cosa. ‖ derechos de terceros que inciden sobre un inmueble.

ENCUMBRANCER.
quien goza de un derecho que incide sobre un bien ajeno. V. ENCUMBRANCE.

END.
propósito. Objeto. Fin. ‖ final. ‖ como verbo (to end), terminar. Finalizar.

END LINES.
límites de una pertenencia minera que cortan la veta.

END OF WILL.
fin de la parte dispositiva de un testamento.

ENDEAVOUR.
actividad. Esfuerzo. ‖ también, como verbo (to endeavour), esforzarse.

ENDORSABLE.
endosable.

ENDORSE.
endosar.

ENDORSE IN BLANK.
endosar en blanco.

ENDORSEE.
endosatario.

ENDORSEMENT.
endoso. ‖ confirmación. Ratificación. Aprobación.

ENDORSER.
endosante.

ENDOW.
dotar. ‖ realizar aportes o donaciones a una fundación u otra institución benéfica.

ENDOWMENT.
dotación. ‖ aportes o donaciones a una funda-

ción u otra institución benéfica. ‖ transferencia de DOWER (v.).

ENDOWMENT CONTRACT.
contrato de capitalización.

ENDOWMENT FUND.
fondo destinado a título gratuito a atender las necesidades de una organización.

ENDOWMENT INSURANCE.
seguro de vida en virtud del cual el asegurado recibe el valor de los fondos acumulados en función de sus primas, cuando llega a cierta edad.

ENDOWMENT POLICY.
póliza de seguros la cual es correspondiente al ENDOWMENT INSURANCE (v.).

ENDURANCE.
resistencia. Tolerancia. Capacidad de tolerar males o sufrimientos.

ENEMY.
enemigo.

ENEMY ALIEN.
ciudadano de un país enemigo.

ENEMY BELLIGERENT.
ciudadano de un país enemigo que ingresa al país con propósitos hostiles.

ENEMY'S PROPERTY.
propiedad enemiga.

ENEMY SUBJECT.
ciudadano de un país enemigo.

ENEMY TERRITORY.
territorio enemigo.

ENEMY VESSEL.
nave enemiga.

ENFEOFF.
verbo el cual es correspondiente con el acto de ENFEOFFMENT (v.).

ENFEOFFMENT.
investidura de la posesión o de otros derechos respecto de un inmueble. ‖ documento mediante el que se realiza la investidura precedente.

ENFORCE.
ejecutar. Hacer cumplir. Aplicar.

ENFORCEABLE.
ejecutable. Exigible. Aplicable.

ENFORCEABLE AGREEMENT.
contrato exigible.

ENFORCEABLE JUDGMENT.
sentencia ejecutable.

ENFORCEABLE LEGAL RIGHT.
derecho exigible.

ENFORCEABLE TRUST.
fideicomiso cuyas prestaciones a favor de terceros pueden ser exigidas judicialmente por los beneficiarios.
v. TRUST.

ENFORCEMENT.
ejecución. ‖ aplicación. ‖ acto de hacer cumplir una norma.

ENFORCEMENT NOTICE.
notificación exigiendo el cumplimiento de una norma.

ENFORCEMENT OF A CLAIM.
acto de hacer valer o ejecutar un derecho.
v. CLAIM.

ENFORCEMENT OF A CONTRACT.
acto de aplicar o hacer cumplir un contrato.

ENFORCEMENT OF AN AWARD.
ejecución de sentencia arbitral.

ENFORCEMENT OF FOREIGN JUDGMENT.
ejecución de sentencia extranjera.

ENFORCEMENT OF JUDGMENT.
ejecución de sentencia.

ENFORCEMENT OF JUDGMENT ABROAD.
ejecución de sentencia en el extranjero.

ENFORCEMENT OF LIEN.
ejecución de un derecho garantizado con privilegios o derechos de retención.
v. LIEN.

ENFORCEMENT OF PAYMENT.
ejecución de un crédito.

ENFORCEMENT OF RIGHT.
ejecución de un derecho.

ENFORCEMENT OF SECURITY.
ejecución de bienes dados en garantía.

ENFORCEMENT OF THE LAW.
aplicación de la ley.

ENFORCEMENT POWERS.
poderes y facultades constitucionales necesarios para poner en ejecución una norma.

ENFRANCHISEMENT.
concesión de un derecho o privilegio. ‖ concesión del derecho de voto. ‖ conversión de una propiedad limitada y sujeta a cargas, respecto de un inmueble, en dominio pleno. ‖ acto de emancipar.

ENFRANCHISEMENT OF COPYHOLD.
conversión de una propiedad limitada y sujeta a cargas, respecto de un inmueble, en dominio pleno.

ENGAGE.
tomar parte en una actividad. ‖ emplear a alguien.

ENGAGED.
comprometido. ‖ ocupado. Contratado.

ENGAGED IN BUSINESS.
estar dedicado a actividades empresarias.

ENGAGED IN COMMERCE.
estar dedicado al comercio o empleado en él.

ENGAGED IN EMPLOYMENT.
estar empleado.

ENGAGED IN PRACTICE.
llevar a cabo una actividad profesional.

ENGAGEMENT.
promesa. Compromiso. Obligación. ‖ contrato. Acuerdo. ‖ acto de contratar a un trabajador.

ENGAGEMENT TO MARRY.
compromiso matrimonial.

ENGENDER.
causar. Ocasionar.

ENGINEERING.
ingeniería.

ENGINEERING CONTRACT.
contrato de ingeniería.

ENGLISH LAW.
derecho inglés.

ENGLISH RULE.
regla conforme a la cual las costas pesan sobre la parte vencida.

ENGROSS.
elaboración o preparación de un instrumento jurídico. v. ENGROSSMENT. ‖ comprar en bloque para influir sobre el precio de mercado.

ENGROSSED BILL.
proyecto de ley listo para su voto por la legislatura.

ENGROSSMENT.
preparación de la documentación que será firmada en relación con un contrato, legislación u otro acto jurídico. v. ENGROSS.. ‖ acaparamiento.

ENHANCE.
incrementar en intensidad, valor o cantidad.

ENJOIN.
ordenar judicialmente la realización de un acto o la abstención de él. v. INJUNCTION.. ‖ ordenar. Mandar. Requerir.

ENJOINED.
sujeto a una orden judicial de hacer o no hacer.

ENJOINMENT.
orden judicial. ‖ orden. Prescripción. Disposición. Prohibición. Imposición.

ENJOY.
gozar. Disponer de algo.

ENJOYMENT.
goce o ejercicio de un derecho.

ENLARGE.
agrandar. Aumentar. Extender. ‖ poner en libertad.

ENLARGED LIABILITY.
responsabilidad ampliada, respecto de sus límites normales o naturales.

ENLARGEMENT.
aumento. Extensión. ‖ extensión de poderes, capacidades o derechos.

ENLARGEMENT OF ESTATE.
extensión de los derechos relativos a un inmueble, como en el caso en que se eliminan los derechos de terceros respecto del mismo. v. ESTATE.

ENLARGING STATUTE.
ley ampliatoria o modificatoria de una anterior. v. STATUTE.

ENLIST.
enrolarse voluntariamente.

ENLISTMENT.
enrolamiento voluntario.

ENOCH ARDEN DOCTRINE.
doctrina conforme a la cual es lícito un nuevo casamiento de una persona cuyo cónyuge se ha ausentado durante un tiempo suficiente para presumir su fallecimiento, si ha actuado de buena fe, y aunque se produzca la reaparición del ausente.

ENORMOUS.
enorme. Excesivo. Agravado.

ENQUIRY.
v. INQUIRY.

ENRICHMENT.
enriquecimiento.

ENROLL.
inscribir. Registrar. Matricular.

ENROLLED.
inscripto. Registrado. Matriculado.

ENROLLED BILL.
proyecto de ley aprobado por la legislatura, elevado para aprobación al Poder Ejecutivo.

ENROLLED ORDER.
decreto judicial listo para ser firmado por el juez correspondiente.

ENROLLMENT.
inscripción. Registro. Matriculación. ‖ enrolamiento militar.

ENROLLMENT FOR MILITARY SERVICE.
enrolamiento militar.

ENROLLMENT OF JUDGMENT.
inscripción de una sentencia en los registros o archivos del juzgado.

ENROLLMENT OF VESSELS.
matriculación o registro de naves.

ENSEAL.
sellar.

ENSUE.
seguir o ser consecuencia de algo.

ENSUING LIABILITY.
responsabilidad derivada de cierto hecho.

ENSURE.
asegurar. V. ASSURE.

ENTAIL.
tener como consecuencia. ‖ transmitir un derecho sobre inmuebles, poniendo límites a la sucesión de ese derecho. ‖ derecho sobre inmuebles sólo transmisible a determinados herederos.

ENTAILED.
cualidad de un derecho respecto de inmuebles, en cuanto sólo es transmisible a determinados herederos.

ENTAILED MONEY.
dinero destinado a adquirir propiedades sobre las que se crearán derechos sólo transmisibles a determinados herederos.

ENTAILMENT.
limitación en la transmisibilidad de derechos sobre inmuebles, que se restringe sólo a ciertos herederos.

ENTER.
entrar. ‖ tomar posesión de un inmueble. ‖ registrar. Inscribir. Anotar.

ENTER A JUDGMENT.
registrar una sentencia en los libros del tribunal que la dicta.

ENTER AN APPEARANCE.
registrar una comparecencia en juicio.

ENTER AN ORDER.
anotar una orden judicial.

ENTER INTO A CONTRACT.
acordar un contrato.

ENTERING.
inscripción. Registro. Anotación. ‖ entrada.

Acto de introducirse en una propiedad ajena. V. BREAKING AND ENTERING. ‖ toma de posesión.

ENTERPRISE.
empresa. ‖ aventura.

ENTERTAIN.
entender en un caso judicial. ‖ entretener. ‖ atender.

ENTERTAINMENT EXPENSES.
gastos de representación.

ENTERTAINMENT OF A CASE.
V. ENTERTAIN.

ENTERTAINMENT OF A SUIT.
V. ENTERTAIN.

ENTICE.
instigar. Persuadir. Motivar. Seducir.

ENTICEMENT.
persuasión. Motivación. Seducción.

ENTICEMENT OF SERVANT.
persuasión maliciosa para que un empleado abandone las tareas que desempeña.

ENTIRE.
completo. Entero. Indiviso.

ENTIRE BLOOD.
descendencia común por vía materna y paterna.

ENTIRE CONTRACT.
contrato indivisible.

ENTIRE CONTRACT CLAUSE.
cláusula de un instrumento que indica que la totalidad de un contrato entre las partes se encuentra incluida en ese instrumento.

ENTIRE DAY.
día natural completo.

ENTIRE INTEREST.
derecho pleno, sin limitaciones.

ENTIRE OUTPUT CONTRACT.
compraventa de la totalidad de la producción de una empresa o planta.

ENTIRE TENANCY.
derecho a la tenencia plena, indivisa y no compartida.

ENTIRE USE.
derecho al uso no compartido.

ENTIRELY.
completamente. Por entero.

ENTIRELY WITHOUT UNDERSTANDING.
totalmente carente de entendimiento.

ENTIRETY.
totalidad. Conjunto no indiviso. ‖ cosa o acto indivisible.

ENTIRETY OF CAUSE OF ACTION.

unidad de la pretensión en el sentido de que es sólo una la pretensión formulada, por tener un único fundamento fáctico.

V. CAUSE OF ACTION.

ENTIRETY OF CONTRACT.

unidad del contrato, en el sentido de que existe un único contrato y no una pluralidad de ellos. ‖ totalidad del contrato, en el sentido de que un instrumento lo incluye completamente.

ENTIRETY OF STATUTE.

unidad de una ley, en el sentido de que cada una de sus partes debe ser interpretada en función del conjunto que integra.

ENTITLE.

dar derecho. Legitimar.

ENTITLED.

autorizado. Legitimado. Investido de un derecho.

ENTITLED IN INTEREST.

quien tiene un interés o derecho en expectativa sobre una cosa.

ENTITLED TO POSSESSION.

quien tiene derecho a la posesión.

ENTITLEMENT.

derecho. Legitimación.

ENTITY.

entidad. Ente. Persona.

ENTRANCE.

entrada. Ingreso.

ENTRANCE FEE.

cuota o derecho de ingreso.

ENTRAP.

atrapar, especialmente con trampas o artificios.

ENTRAPMENT.

instigación o inducción a cometer un delito, realizada por agentes del Estado a fin de iniciar acciones penales contra quien lo comete.

ENTREATY.

ruego. Solicitud.

ENTREPOT.

almacén. Depósito.

ENTRENCHED CLAUSE.

disposición constitucional no susceptible de ser modificada.

ENTREPRENEUR.

empresario.

ENTRUST.

confiar algo. Encomendar. ‖ transferir un bien a un fideicomisario, a los fines del fideicomiso.

V. TRUST.

ENTRUSTING.

transferir la posesión de bienes a un comerciante que negocia comúnmente con ese tipo de mercaderías y que queda autorizado a transferir tal posesión a un comprador en el curso regular de los negocios.

ENTRY.

anotación. Inscripción. Registro. ‖ asiento o registro contable. ‖ presentación judicial. ‖ declaración judicial. ‖ entrada. Ingreso. ‖ violación de domicilio. Ingreso ilegal a un inmueble. ‖ ingreso de mercaderías a un territorio aduanero. ‖ toma de posesión de un inmueble.

ENTRY AT CUSTOMHOUSE.

declaración aduanera.

ENTRY BOOK.

registro. Libro en que se asientan determinados actos.

ENTRY IN THE REGULAR COURSE OF BUSINESS.

asiento de operaciones que deben contabilizarse en el curso normal de los negocios.

ENTRY INTO FORCE.

entrada en vigencia.

ENTRY OF ALIEN.

ingreso de un extranjero al país.

ENTRY OF APPEARANCE.

actuación judicial en la que se deja constancia de la comparecencia del demandado o de un letrado.

ENTRY OF JUDGMENT.

transcripción de una sentencia en el registro del tribunal correspondiente.

ENTRY ON THE ROLL.

el derecho en expectativa de quien ha transferido un derecho sobre inmuebles, sujeto a condición resolutoria.

ENUMERATED.

enumerado.

ENUMERATED POWERS.

poderes enumerados en una constitución.

ENURE.

operar. Tener efecto. Beneficiar. Ser de uso.

ENVIRONMENT.

ambiente. Medio ambiente.

ENVIRONMENTAL IMPACT STATEMENT.

declaración de impacto ambiental. Documentos exigidos por diversas normas sobre protección del medio ambiente en los que se debe indicar el impacto de ciertos proyectos y programas sobre ese medio.

ENVIRONMENTAL LAW.
derecho del medio ambiente. Conjunto de normas que regulan los efectos de la actividad humana sobre el medio ambiente.

ENVIRONMENTAL OFFENCE.
violación de las leyes de protección del medio ambiente.

ENVIRONMENTAL OFFENSE.
V. ENVIRONMENTAL OFFENCE.

ENVOY.
enviado.

EPICONTINENTAL SEA.
mar epicontinental.

EQUAL.
igual.

EQUAL AND UNIFORM TAXATION.
impuestos iguales y uniformes.

EQUAL BENEFIT.
beneficios o derechos iguales.

EQUAL DEGREE.
igualdad de grados de parentesco.

EQUAL ELECTION.
elección en que todos los votantes tienen igual número de votos y poder de decisión.

EQUAL EQUITIES.
equivalencia de las razones del actor y del demandado frente al régimen de EQUITY (v.), tal que no permite dar a uno prevalencia sobre el otro.

EQUAL OPPORTUNITY EMPLOYER.
empleador de igual oportunidad. El que no discrimina por razones de raza, sexo, nacionalidad, opiniones o creencias, a efectos de la contratación de trabajadores.

EQUAL PAY.
igual pago por igual trabajo.

EQUAL PROTECTION OF THE LAW.
igual protección legal. Principio constitucional estadounidense.

EQUAL RIGHTS.
igualdad de derechos, particularmente entre los sexos.

EQUAL TIME.
derecho a la igualdad de tiempo disponible en los medios de radiodifusión para los distintos candidatos en una elección.

EQUALITY.
igualdad.

EQUALIZATION.
igualación. ‖ Homogenización de los gravámenes impuestos en distintos distritos de una misma jurisdicción.

EQUALIZATION BOARD.
junta a cargo de la homogenización de los gravámenes impuestos en los distintos distritos de una misma jurisdicción.

EQUALIZATION OF TAXES.
homogenización de los criterios para aplicar impuestos en distintos distritos de una misma jurisdicción.

EQUALIZE.
igualar.

EQUALLY.
igualmente.

EQUALLY DIVIDED.
dividido en partes iguales.

EQUIP.
equipar.

EQUIPMENT.
equipo. Equipamiento.

EQUIPMENT TRUST.
fideicomiso constituido respecto de los bienes arrendados para el equipamiento de una empresa, de forma de financiar y garantizar su pago. V. TRUST.

EQUITABLE.
justo. Equitativo. ‖ conforme al régimen de EQUITY (v.), o relativo a éste.

EQUITABLE ABSTENTION DOCTRINE.
abstención del ejercicio de jurisdicción, cuando tal abstención se considera equitativa a la luz de la jurisdicción concurrente de otros tribunales.

EQUITABLE ACTION.
Acción dirigida a ejercer un derecho tutelado bajo el régimen de EQUITY (v.).

EQUITABLE ADJUSTMENT.
ajuste de las obligaciones con un contratista de forma que éste pueda atender regularmente sus obligaciones, particularmente con sus subcontratistas y proveedores.

EQUITABLE ADOPTION.
adopción respecto de la cual no se han cumplido los requisitos formales necesarios para su perfeccionamiento.

EQUITABLE APPROXIMATION DOCTRINE.
V. EQUITABLE DOCTRINE OF APPROXIMATION.

EQUITABLE ASSETS.
activos que están sujetos a acciones entabla-

das bajo el régimen de EQUITY (v.), pero que escapan a las de Derecho estricto.

EQUITABLE ASSIGNMENT.
cesión que aunque resulta inválida bajo el Derecho estricto, es reconocida y exigible bajo el régimen de EQUITY (v.).

EQUITABLE CHATTEL MORTGAGE.
CHATTEL MORTGAGE (v.), que no reúne las condiciones para ser exigible en Derecho estricto pero sí bajo el régimen de EQUITY (v.).

EQUITABLE CHOSE IN ACTION.
derecho ejercitable contra un tercero determinado, susceptible de ser exigido bajo el régimen de EQUITY (v.), pero no bajo el Derecho estricto.
v. CHOSE IN ACTION.

EQUITABLE CLAIM.
derecho o pretensión susceptibles de dar lugar a acciones bajo el régimen de EQUITY (v.).
v. CLAIM.

EQUITABLE CONSIDERATION.
contraprestación carente de obligatoriedad jurídica, pero fundada en un deber moral.
v. CONSIDERATION.

EQUITABLE CONSTRUCTION.
interpretación conforme a la equidad.

EQUITABLE CONVERSION.
conversión de ciertos derechos de reales a personales, o viceversa, de forma de posibilitar el cumplimiento de disposiciones testamentarias o contractuales.

EQUITABLE DEFENCE.
defensa derivada del régimen de EQUITY (v.),
v. DEFENCE.

EQUITABLE DEFENSE.
v. EQUITABLE DEFENCE.

EQUITABLE DISTRIBUTION.
distribución equitativa entre los cónyuges de los bienes matrimoniales, al producirse el divorcio sin culpa imputable a alguno de ellos.

EQUITABLE DOCTRINE OF APPROXIMATION.
doctrina conforme a la cual un fideicomiso o testamento debe ser interpretado de forma de concretar la voluntad del otorgante, aunque ello suponga apartarse de la letra del acto.

EQUITABLE EASEMENT.
servidumbre que resulta de la existencia de una propiedad común anterior sobre inmuebles luego divididos entre varios propietarios, particularmente en materia de edificaciones.

EQUITABLE EJECTMENT.
acción con efectos similares a un desalojo, fundada en el régimen de EQUITY (v.).
v. EJECTMENT.

EQUITABLE ELECTION.
doctrina conforme a la cual la aceptación de beneficios testamentarios impide la impugnación de la validez del testamento de que aquéllos derivan.

EQUITABLE ESTATE.
derechos sobre un inmueble derivados del régimen de EQUITY (v.). v. ESTATE.

EQUITABLE ESTOPPEL.
impedimento bajo el régimen de EQUITY (v.) a que una persona adopte una posición jurídica incompatible con otra anterior en base a la cual otra persona ha ajustado su conducta, de forma que la nueva posición jurídica fuere dañosa para esa otra persona. v. ESTOPPEL.

EQUITABLE EXECUTION.
ejecución fundada en las reglas de EQUITY (v.).

EQUITABLE FRAUD.
fraude determinado conforme al régimen de EQUITY (v.).

EQUITABLE INTEREST.
el derecho que tiene el beneficiario de un fideicomio respecto del objeto de éste. Ese derecho resulta del régimen de EQUITY (v.).

EQUITABLE LIEN.
privilegio especial o derecho de preferencia resultante del régimen de EQUITY (v.). v. LIEN.

EQUITABLE MORTGAGE.
acto que es considerado como una hipoteca bajo el régimen de EQUITY (v.), aunque formalmente adopte otra naturaleza, como ser la transmisión de la propiedad al acreedor.

EQUITABLE OWNER.
propietario conforme a las reglas de EQUITY (v.). ‖ quien goza una EQUITABLE OWNERSHIP (v.).

EQUITABLE OWNERSHIP.
dominio o derecho inmaterial reconocido por el régimen de EQUITY (v.). ‖ los derechos del beneficiario de un fideicomiso respecto del objeto de éste. v. TRUST.

EQUITABLE PLAINTIFF.
el actor en un juicio regido por las reglas de EQUITY (v.). ‖ el titular de un derecho bajo el régimen de EQUITY (v.), cuando ese derecho es materia de una acción entablada en favor

de ese titular por quien posee derechos bajo el régimen de Derecho estricto respecto del mismo objeto.

EQUITABLE PLEA.
contestación a la demanda en la que se opone una defensa fundada en el régimen de EQUITY (v.), contra una acción de Derecho estricto. v. PLEA.

EQUITABLE PROPERTY.
v. EQUITABLE OWNERSHIP.

EQUITABLE RECOUPMENT.
derecho de compensación de deudas, oponible a una acción, derivado del régimen de EQUITY (v.).

EQUITABLE REDEMPTION.
rescate de una propiedad hipotecada, por haberse producido el pago de la hipoteca, aun luego de haberse iniciado la ejecución hipotecaria.

EQUITABLE RELIEF.
reparación o protección judicial derivada del régimen de EQUITY (v.). v. RELIEF.

EQUITABLE REMEDIES.
acciones y otros medios de tutela jurídica de un derecho derivados del régimen de EQUITY (v.). v. REMEDIES.

EQUITABLE RESCISSION.
rescisión de un contrato fundada en motivos derivados del régimen de EQUITY (v.).

EQUITABLE RESTRAINT DOCTRINE.
doctrina estadounidense conforme a la cual un tribunal federal no interviene en un juicio penal conducido por un tribunal estatal, salvo prueba concluyente de ilegalidades y perjuicios que de otra forma serían irreversibles.

EQUITABLE RIGHT.
derecho derivado del régimen de EQUITY (v.).

EQUITABLE SALVAGE.
situación que aunque no constituye un salvataje de bienes es tratada como tal por el régimen de EQUITY (v.), como en el caso en que se adelantan fondos para evitar la pérdida de una cosa.

EQUITABLE SEISIN.
posesión atribuida o reconocida por el régimen de EQUITY (v.)., respecto de un inmueble en relación con el cual se gozan otros derechos.

EQUITABLE SERVITUDE.
servidumbre derivada del régimen de EQUITY (v.).

EQUITABLE SET-OFF.
compensación reconocida bajo el régimen de EQUITY (v.), cuando no es posible hacer efectivos los derechos del demandado por otros medios jurídicos. v. SET-OFF.

EQUITABLE TITLE.
título sobre un bien, derivado del régimen de EQUITY (v.).

EQUITABLE WASTE.
perjuicios a una propiedad, incompatibles con su buena administración, indemnizables bajo el régimen de EQUITY (v.). v. WASTE.

EQUITIES.
capital accionario de una sociedad. Acciones. ‖ el derecho o razón que asiste a una parte las reglas de EQUITY (v.).

EQUITY.
equidad. ‖ sistema jurídico desarrollado en Inglaterra paralelamente al sistema de Derecho estricto e incorporado en general al régimen jurídico anglo-norteamericano. Bajo el sistema inglés de Derecho estricto, las acciones judiciales posibles se encontraban estrictamente limitadas. Ante la insuficiencia de estas acciones para proteger intereses legítimos de las partes, éstas recurrían al rey, el cual a su vez delegaba a tribunales especiales (*Chancery Courts*) la decisión de estos casos. Tales tribunales desarrollaron un conjunto de reglas, primero basadas en la equidad según esos tribunales la entendían, y luego cristalizadas en un régimen jurídico propio. Durante el siglo pasado la mayoría de los tribunales de EQUITY se fusionaron con los de Derecho estricto, pero quedó vigente el conjunto de reglas históricamente desarrolladas por aquéllos, que hoy se conoce con el nombre de *equity*. Este concepto fue oportunamente incorporado a los distintos sistemas jurídicos basados en el Derecho inglés. ‖ el capital propio de una sociedad, en contraposición a sus obligaciones frente a terceros. ‖ acción de una sociedad. Se utiliza en este sentido en relación con los mercados financieros.

EQUITY ACTS IN PERSONAM.
principio según el cual el régimen de EQUITY (v.), actúa imponiendo obligaciones personales, y no medidas aplicables directamente sobre el patrimonio del obligado.

EQUITY CAPITAL.
capital propio de una sociedad.

EQUITY COURT.
tribunal que aplica el régimen de EQUITY (v.).

EQUITY DOES NOT ALLOW A STATUTE TO BE MADE AN INSTRUMENT OF FRAUD.
principio según el cual el régimen de EQUITY (v.), no permite que una ley sea aplicable de forma de constituirse en un instrumento de fraude.

EQUITY DOES NOT SUFFER A WRONG TO BE WITHOUT REMEDY.
principio según el cual el régimen de EQUITY (v.), no permite que una conducta ilícita quede sin reparación.

EQUITY FINANCING.
financiamiento mediante la emisión de acciones.

EQUITY FOLLOWS THE LAW.
principio según el cual el régimen de EQUITY (v.), aplica las reglas de Derecho estricto, salvo en casos de vacíos o en que la propia naturaleza del régimen de EQUITY obliga a apartarse de ellas.

EQUITY IN A COMPANY.
capital propio de una compañía.

EQUITY JURISDICTION.
la jurisdicción correspondiente a un tribunal que aplica el régimen de EQUITY (v.).

EQUITY JURISPRUDENCE.
principios fundamentales del régimen de EQUITY (v.).

EQUITY LOOKS TO THE INTENT RATHER THAN TO THE FORM.
principio según el cual el régimen de EQUITY (v.), se aplica respecto de lo que las partes han querido establecer, en lugar de basarse en las formas de los actos a él sometidos.

EQUITY LOOKS UPON THAT AS DONE WHICH OUGHT TO HAVE BEEN DONE.
principio del régimen de EQUITY (v.) conforme al cual se deben considerar realizados y exigibles todos los efectos derivables de la conducta exigida por el régimen de EQUITY (v.), aunque tal conducta no haya tenido lugar en los hechos.

EQUITY OF A STATUTE.
lo que es justo bajo una ley, que permite aplicarla a casos que no están comprendidos en su letra.

EQUITY OF PARTNERS.
derecho de los socios solidarios a que las deudas de una sociedad sean primeramente atendidas por los activos de esa sociedad, antes de accionarse contra aquéllos.

EQUITY OF REDEMPTION.
derecho del propietario de un bien hipotecado a rescatarlo, mediante el pago de sus deudas, aun una vez iniciada la ejecución.

EQUITY OF SETTLEMENT.
derecho de la esposa bajo el régimen de EQUITY (v.), a destinar parte de sus bienes a sus hijos o retenerlos en su propiedad, cuando el marido haya establecido una acción bajo tal régimen destinada a limitar los derechos de la esposa.

EQUITY PLEADINGS.
las presentaciones en juicio en que se formulan las pretensiones y defensas de las partes, en cuanto se plantean en un juicio regido por las reglas de EQUITY (v.).
v. PLEADINGS.

EQUITY RATIO.
relación entre el capital propio y los activos totales de una sociedad.

EQUITY RECEIVER.
administrador judicial, depositario o liquidador designado de conformidad con las reglas de EQUITY (v.).
v. RECEIVER.

EQUITY SECURITY.
título correspondiente a acciones u otras formas de participación societaria.

EQUITY SHARE CAPITAL.
capital accionario.

EQUITY SHARES.
acciones de una sociedad.

EQUITY SIDE.
la actividad judicial de un tribunal en cuanto aplica el régimen de EQUITY (v.).

EQUITY SUFFERS NOT A RIGHT WITHOUT REMEDY.
principio según el cual el régimen de EQUITY (v.), no admite que un derecho carezca de acciones judiciales necesarias para su efectividad.
v. REMEDY.

EQUITY TERM.
período de actividades de un tribunal en el que sólo se atienden cuestiones correspondientes al régimen de EQUITY (v.).

EQUITY TO A SETTLEMENT.
derecho bajo el régimen de EQUITY (v.), de la

esposa, y secundariamente de los hijos, sobre el patrimonio del marido, en casos de divorcio.

EQUIVALENT.

equivalente.

EQUIVALENTS DOCTRINE.

doctrina de las equivalencias, en el Derecho de patentes. Conforme a ella, la utilización de una parte, elemento o mecanismo diferentes a los de la invención patentada no impide que se considere utilizada tal invención, cuando tales elementos son equivalentes a los previstos en la patente.

EQUIVOCAL.

equívoco.

ERASURE.

testadura. Borradura. Sobrerraspado.

ERASURE OF RECORD.

destrucción o reserva de antecedentes penales, dispuesta legalmente, en especial en el caso de menores.

ERECT.

erigir.

ERECTION.

construcción.

EROSION.

erosión.

ERR.

errar.

ERRANT.

errante. Vagabundo. Itinerante.

ERRATUM.

errata.

ERRONEOUS.

erróneo.

ERRONEOUS ASSESSMENT.

valuación fiscal errada.

ERRONEOUS JUDGMENT.

sentencia errada o contraria a Derecho.

ERRONEOUS TAX.

impuesto aplicado erróneamente, por carácter de fundamento legal suficiente.

ERROR.

error, en general. || vicio o error en un procedimiento o sentencia.

ERROR APPARENT OF RECORD.

error que surge de las propias actuaciones.

ERROR CORAM NOBIS.

error cometido por el propio tribunal ante el cual se recurre para su corrección.

ERROR CORAM VOBIS.

error que ha sido cometido por el tribunal cu-

ya sentencia es apelada.

ERROR IN EXERCISE OF JURISDICTION.

error de hecho o de derecho en base al cual un tribunal ejerce indebidamente su jurisdicción.

ERROR IN FACT.

error de hecho.

ERROR IN LAW.

error de derecho.

ERROR IN VACUO.

error carente de consecuencias sobre el contenido efectivo de la sentencia.

ERROR JURIS NOCET.

el error de derecho perjudica a quien lo comete.

ERROR NOMINIS.

error sobre el nombre de las personas.

ERROR OF FACT.

V. ERROR IN FACT.

ERROR OF JUDGMENT.

error de juicio; se refiere a todo tipo de actividades en que se cometan tales errores, y no solamente las judiciales.

ERROR OF LAW.

V. ERROR IN LAW.

ERROR OF NAVIGATION.

error en la navegación.

ERROR PERSONAE.

error en la persona.

ERRORS AND OMISSIONS INSURANCE.

seguro respecto de las consecuencias de los errores y omisiones.

ERRORS EXCEPTED.

excepto error. Salvo error u omisión. Expresión mediante la que se indica la aceptación de errores pequeños en estados contables.

ESCALATION CLAUSE.

V. ESCALATOR CLAUSE.

ESCALATOR CLAUSE.

cláusula de indexación. Clásula de ajuste de precios por mayores costos. Cláusula de actualización de precios y salarios.

ESCAPE.

escapar. || salida. Escape.

ESCAPE CLAUSE.

cláusula de escape. Cláusula contractual que permite dejar sin efecto ciertas obligaciones o responsabilidades de las partes bajo determinadas circunstancias.

ESCAPE OF THINGS.

fuga o pérdida de cosas o substancias peligrosas.

ESCAPE PERIOD.

período durante el cual los trabajadores pueden renunciar a su afiliación sindical sin violar las cláusulas de convenios colectivos que exigen tal afiliación como condición para su aplicación.

ESCHEAT.

derecho del Estado a las herencias vacantes.

ESCOBEDO RULE.

regla de procedimiento penal que impide utilizar como prueba las confesiones de un detenido que no ha sido notificado de sus derechos y al que se le ha negado acceso a asistencia letrada.

ESCROW.

depósito de dinero, títulos, documentos u otros bienes para que el depositario los entregue a un tercero al cumplirse ciertas condiciones, obligaciones o manifestaciones de las partes o de terceros. Se asemeja, pero no equivale, al depósito en garantía.

ESCROW ACCOUNT.

cuenta bancaria que reúne las condiciones de un ESCROW (v.).

ESCROW AGENT.

el depositario de un depósito en condiciones de ESCROW (v.).

ESCROW AGREEMENT.

contrato mediante el que se crea un ESCROW (v.).

ESCROW DEPOSIT.

depósito que reúne la totalidad de las condiciones del ESCROW (v.).

ESCROW FUNDS.

fondos que han sido depositados bajo un régimen de ESCROW (v.).

ESCROW OFFICER.

funcionario bancario o cargo de depósitos en condiciones de ESCROW (v.).

ESPIONAGE.

espionaje.

ESPOUSALS.

compromisos matrimoniales.

ESQ.

v. ESQUIRE.

ESQUIRE.

dignidad de origen feudal, aproximadamente equivalente a la de caballero. ‖ título utilizado en los Estados Unidos por los abogados.

ESSENCE.

esencia.

ESSENCE OF THE CONTRACT.

prestaciones esenciales del contrato.

ESSENCE OF TITLE.

fuente o fundamento esencial de un derecho o legitimación.

ESSENTIAL.

esencial.

ESSENTIAL IGNORANCE.

ignorancia sobre aspectos esenciales de un acto.

ESSENTIALLY.

esencialmente.

ESTABLISH.

establecer, en general. ‖ determinar. ‖ fundar. Constituir. Crear. ‖ instituir. ‖ ratificar. Confirmar.

ESTABLISHMENT.

establecimiento. ‖ institución. ‖ constitución.

ESTABLISHMENT CLAUSE.

cláusula constitucional estadounidense que prohíbe el establecimiento de una religión oficial.

ESTATE.

propiedad. Patrimonio. Capital. ‖ derecho de una persona respecto de un inmueble. No equivale al concepto de derecho real, pues varios de los derechos calificables como *estates* se ejercen contra una persona determinada, aunque se refieren a un inmueble. ‖ patrimonio sucesorio. ‖ estamento social. ‖ el estado de una persona.

ESTATE AND INTEREST.

cláusula testamentaria por la que se incluye la totalidad de los derechos del causante sobre bienes inmuebles.

ESTATE AT SUFFERANCE.

posesión legítima de un inmueble en virtud de la tolerancia del propietario, y los derechos que nacen de tal posesión.

ESTATE AT WILL.

derecho a la posesión de un inmueble, que puede darse por terminado en cualquier momento por quien lo ha concedido.

ESTATE BY ENTIRETY.

v. ESTATE BY THE ENTIRETY.

ESTATE BY PURCHASE.

derecho sobre un inmueble adquirido a título oneroso.

v. ESTATE.

ESTATE BY THE CURTESY.

derecho sobre un inmueble adquirido por el

marido al fallecer su esposa, anterior propietaria de ese bien. v. ESTATE. CURTESY.

ESTATE BY THE ENTIRETY.
copropiedad de los cónyuges sobre bienes muebles e inmuebles.

ESTATE CONTRACT.
contrato relativo a derechos sobre inmuebles calificables como ESTATES. V. ESTATE.

ESTATE DUTY.
impuesto sucesorio.

ESTATE FOR LIFE.
derecho relativo a muebles o inmuebles que rige durante la vida de su titular o de otra persona. V. ESTATE.

ESTATE FOR YEARS.
derecho relativo a muebles o inmuebles que tiene una duración fija. v. ESTATE.

ESTATE FROM PERIOD TO PERIOD.
derecho relativo a inmuebles concedido por un período determinado y susceptible de ser renovado por períodos iguales. v. ESTATE.

ESTATE FROM YEAR TO YEAR.
derecho relativo a inmuebles que se renueva tácitamente por períodos anuales en caso de silencio del propietario. v. ESTATE.

ESTATE IN ABEYANCE.
derechos vacantes sobre un inmueble.
    V. ABEYANCE.

ESTATE IN BANKRUPTCY.
bienes del fallido que se transfieren al síndico.

ESTATE IN COMMON.
propiedad o derechos ejercidos en común respecto de un inmueble, susceptibles de ser transferidos a los sucesores *mortis causa.*

ESTATE IN COPARCENARY.
comunión hereditaria respecto de derechos sobre inmuebles. v. ESTATE.COPARCENARY.

ESTATE IN DOWER.
derechos sobre inmuebles resultantes del régimen de DOWER. (v.).

ESTATE IN EXPECTANCY.
derechos sobre inmuebles en expectativas o a ejercerse en el futuro. v. ESTATE.

ESTATE IN FEE SIMPLE.
dominio pleno sobre un inmueble.
    V. ESTATE.FEE SIMPLE.

ESTATE IN FEE TAIL .
derecho sobre un inmueble que sólo se transmite a los descendientes directos de quien lo ha creado, o a otra categoría predeterminada de sucesores. v. ESTATE.FEE TAIL.

ESTATE IN JOINT TENANCY.
propiedad o derechos ejercidos en común respecto de un inmueble, que se transmiten a los restantes copropietarios al fallecer uno de ellos.

ESTATE IN LAND.
derechos relativos a inmuebles. v. ESTATE.

ESTATE IN NUBIBUS.
derechos vacantes respecto de un inmueble.
    V. ESTATE.

ESTATE IN PLURALITY.
derechos respecto de un inmueble compartidos por una pluralidad de personas. v. ESTATE.

ESTATE IN POSSESSION.
derecho respecto de un inmueble que da acceso a la posesión legítima del mismo.

ESTATE IN REMAINDER.
derechos sobre inmuebles que sólo se ejercerán en el futuro, al extinguirse otro derecho incompatible con aquéllos y que se encuentra sujeto a plazo o condición.
    V. ESTATE.REMAINDER.

ESTATE IN REVERSION.
derechos sobre inmuebles que corresponderán en el futuro a una persona o a sus herederos, retenidos cuando esa persona ha otorgado otros derechos sobre esos inmuebles que se encuentran sujetos a plazo o condición.
    V. ESTATE.REVERSION.

ESTATE IN SEVERALTY.
derecho no compartido sobre un inmueble, sin que existan derechos similares de otras personas sobre el mismo inmueble. v. ESTATE.

ESTATE LESS THAN FREEHOLD.
derechos sobre un inmueble ejercitables por un plazo determinado o sujetos a ser dejados sin efecto por quien los ha creado. v. ESTATE. v. FREEHOLD.

ESTATE OF A BANKRUPT.
patrimonio de un quebrado.

ESTATE OF DECEASED.
patrimonio sucesorio.

ESTATE OF FREEHOLD.
derechos absolutos sobre inmuebles, no limitados en el tiempo salvo que el límite sea la vida de su titular.
    V. ESTATE.FREEHOLD.

ESTATE OF INHERITANCE.
derecho sobre inmuebles susceptibles de ser transferido a los herederos.
    V. ESTATE.

ESTATE ON CONDITION.
derechos sobre inmuebles sujetos a condición. V. ESTATE.

ESTATE ON CONDITIONAL LIMITATION.
derechos sobre inmuebles, sujetos a condición resolutoria. V. ESTATE.

ESTATE ON LIMITATION.
derechos sobre inmuebles, sujetos a plazo. V. ESTATE.

ESTATE OWNER.
titular de derechos de propiedad en general o sobre inmuebles. V. ESTATE.

ESTATE PLANNING.
planificación de la situación patrimonial y sucesoria de una persona, a fin de minimizar la carga impositiva y financiera sobre su patrimonio y permitir la realización de sus disposiciones testamentarias u otros actos de igual fin.

ESTATE POUR AUTRE VIE.
derechos sobre inmuebles, que se gozan durante el término de la vida de otra persona. V. ESTATE.

ESTATE PUR AUTRE VIE.
V. ESTATE POUR AUTRE VIE.

ESTATE SUBJECT TO CONDITIONAL LIMITATION.
derechos sobre inmuebles sujetos a condición resolutoria. V. ESTATE.

ESTATE TAIL.
V. ESTATE IN FEE TAIL.

ESTATE TAIL QUASI.
derechos sobre inmuebles transmisibles a determinada categoría de sucesores, limitados por las restricciones que a su vez pesaban sobre quien los concedió. V. ESTATE.ESTATE IN FEE TAIL.

ESTATE TAX.
impuesto sucesorio.

ESTATE TRUST.
fideicomiso cuyos fondos ingresan al patrimonio del difunto, en beneficio del cónyuge supérstite. V. TRUST.

ESTATE UPON CONDITION.
derechos sobre inmuebles sujetos a condición. V. ESTATE.

ESTATE UPON CONDITION EXPRESSED.
derechos sobre inmuebles sujetos a condición expresa. V. ESTATE.

ESTATE UPON CONDITION IMPLIED.
derechos sobre inmuebles sujetos a condición implícita. V. ESTATE.

ESTATE VESTED IN POSSESSION.
derecho sobre inmuebles que da derecho a la posesión presente. V. ESTATE.

ESTATE VESTED SUBJECT TO DEFEASANCE.
derecho sobre inmuebles sujeto a condición resolutoria. V. ESTATE.

ESTATES OF THE REALM.
estamentos o estados del reino.

ESTIMATE.
estimación. ‖ evaluación. Presupuesto. ‖ como verbo (to estimate), estimar. Calcular.

ESTIMATED COST.
costo estimado. ‖ costo razonable.

ESTIMATED TAX.
estimación provisoria o preliminar de un impuesto.

ESTIMATED USEFUL LIFE.
vida útil estimada, a los efectos de la amortización de bienes.

ESTOP.
impedir. Prevenir. Precluir. Sujetar un acto o efecto jurídico a un obstáculo, conforme a la teoría del ESTOPPEL. (v.).

ESTOPPEL.
preclusión o impedimento que incide sobre un acto, pretensión o efecto jurídico cuando éstos supondrían una posición contradictoria con otra asumida por la misma parte. La teoría del estoppel se asemeja a la de los actos propios, siendo ambas aplicación del principio venire contra factum proprium.

Conforme a esta teoría, quien mediante sus actos o conductas ha inducido a otros a realizar ciertos actos no puede posteriormente cambiar su posición mediante actos o conductas contradictorios con los anteriores, de forma de causar un daño a su contraparte. Esos actos o conductas contradictorios incluyen invocar la invalidez de lo antes actuado o declarado, o desconocer la propia conducta. La teoría del estoppel recibe aplicación en muy distintas ramas del Derecho, lo que dificulta una formulación general de los casos en que resulta relevante.

ESTOPPEL BY ACQUIESCENCE.
ESTOPPEL (v.), que surge cuando una persona induce a otra, mediante su silencio o aquiescencia, a realizar ciertos actos que causarían un perjuicio a quien los hace si debieran ser

EVIDENTLY.
evidentemente. ‖ plenamente probado.

EVOLUTION STATUTE.
ley que prohíbe la enseñanza de la teoría darwiniana de la evolución.

EX AEQUO ET BONO.
de acuerdo a la equidad.

EX AEQUUS.
disposición testamentaria que establece la división en partes iguales del patrimonio del testador.

EX BONUS.
sin distribución de utilidades a los accionistas.

EX CONTRACTU.
contractual. Derivado de un contrato.

EX CURIA.
extrajudicial.

EX DEBITO IUSTITIAE.
decretos y medidas judiciales a los que una parte tiene derecho, no dependiendo o de la discrecionalidad del tribunal.

EX DELICTO.
delictual. Derivado de un delito civil.

EX DELICTO TRUST.
fideicomiso creado con fines ilícitos. v. TRUST.

EX DIVIDEND.
ex dividendo.

EX DOCK.
franco en muelle.

EX DOLO MALO.
fraudulento. Doloso.

EX FACIE.
según surge de las apariencias de los hechos o del texto de un documento.

EX FACTO.
como consecuencia de un hecho. De hecho.

EX GRATIA.
a título gratuito.

EX GRATIA PAYMENT.
pago indebido. Pago sin causa.

EX INDUSTRIA.
deliberadamente, Intencionalmente. A propósito.

EX INTEREST.
sin intereses.

EX LEGE.
como consecuencia de la ley.

EX MERO MOTU.
actuación de oficio de un tribunal.

EX NUDO PACTO NON ORITUR ACTIO.
de un pacto nudo, o sea que se encuentra ca-

rente de CONSIDERATION (v.), no nacen acciones.

EX OFFENDER.
delincuente que ha cumplido su condena.

EX OFFICIO.
de oficio.

EX OFFICIO INFORMATION.
en Inglaterra, acusación penal en representación de la Corona.

EX OFFICIO JUSTICES.
quienes integran un tribunal en razón de ocupar determinado cargo, ajeno a o separado de tales funciones, pero cuyo ocupante es de oficio integrante de aquel tribunal.

EX OFFICIO SERVICES.
servicios que deben ser prestados por una persona en razón de ocupar determinado cargo.

EX PARTE.
a instancia y en relación con una única parte, en un juicio o procedimiento. ‖ incidente promovido por un tercero.

EX PARTE DIVORCE.
procedimiento de divorcio en el que sólo participa uno de los cónyuges.

EX PARTE HEARING.
audiencia efectuada a instancia y en relación con una sola de las partes de un conflicto.

EX PARTE INJUNCTION.
orden judicial derivada de actuaciones en las que ha participado sólo una parte.
V. INJUNCTION.

EX PARTE INVESTIGATION.
investigación respecto de una persona que no toma parte del procedimiento correspondiente.

EX PARTE PROCEEDING.
procedimiento en el que sólo participa una de las partes de un litigio.

EX PARTE REVOCATION.
revocación de un acto o de una autorización en un procedimiento en el que no participa la parte cuyos derechos se ven así dejados sin efecto.

EX POST FACTO DATE.
fecha postdatada.

EX POST FACTO LAW.
ley posterior a los hechos.

EX QUAY.
franco en muelle.

EX REL.
V. EX RELATIONE.

EX RELATIONE.
procedimiento iniciado por el fiscal a instancia de un particular. ‖ relación de un caso o sentencia conforme a datos suministrados por terceros y no conforme a la información inmediata de quien la realiza.

EX RIGHTS.
sin derechos de suscripción.

EX SHIP.
franco a bordo.

EX WAREHOUSE.
franco en depósito o en almacén.

EX WARRANTS.
acción vendida sin warrants representativos de derechos de suscripción.

EX WORKS.
franco en fábrica.

EXACTION.
exacción.

EXACTOR.
recaudador de impuestos.

EXAMINATION.
examen. ‖ Investigación. Inspección. ‖ interrogatorio.

EXAMINATION BEFORE TRIAL.
interrogatorio a que se somete a un acusado antes de la iniciación de un juicio, generalmente a fin de determinar si el juicio es procedente y si corresponde la libertad bajo fianza.

EXAMINATION DE BIEN ESSE.
interrogatorio provisional a un testigo cuyo testimonio es de importancia y que puede resultar luego imposible.

EXAMINATION IN CHIEF.
el interrogatorio inicial a un testigo, por la parte que ha ofrecido su testimonio como prueba.

EXAMINATION OF BANKRUPT.
interrogatorio a que se somete a un quebrado respecto de sus activos y pasivos, las causas de su insolvencia y otras cuestiones relativas a la quiebra.

EXAMINATION OF INVENTION.
examen de una invención, respecto de su novedad y condiciones de su patentamiento.

EXAMINATION OF JUROR.
interrogatorio de un miembro de un juicio, a fin de determinar si existen impedimentos para que lo integre.

EXAMINATION OF TITLE.
examen de un título de propiedad, a fin de determinar su validez.

EXAMINATION OF WITNESS.
interrogatorio de un testigo.

EXAMINE.
examinar. Interrogar.

EXAMINED COPY.
copia cotejada con el original.

EXAMINER.
examinador. Investigador. Persona que formula interrogatorios.

EXAMINING BOARD.
junta examinadora.

EXAMINING COURT.
tribunal que realiza un examen previo de un caso, a fin de decidir si se otorga la libertad bajo fianza y si corresponde el procesamiento del acusado.

EXAMINING TRIAL.
procedimiento previo a un juicio penal, en el que se decide si corresponde el procesamiento de un acusado.

EXCELLENCY.
excelencia.

EXCEPT.
excepto. ‖ como verbo (*to except*), exceptuar.

EXCEPTANT.
quien opone una excepción.

EXCEPTED.
exceptuado.

EXCEPTING.
con excepción.

EXCEPTIO.
excepción.

EXCEPTIO DILATORIA.
excepción dilatoria.

EXCEPTIO IN FACTUM.
excepción fundada en determinados extremos fácticos del caso.

EXCEPTIO IN PERSONAM.
excepción personal.

EXCEPTIO IN REM.
excepción real.

EXCEPTIO PEREMPTORIA.
excepción perentoria.

EXCEPTIO REI JUDICATAE.
excepción de cosa juzgada.

EXCEPTION.
excepción. Exclusión. Exoneración. ‖ recurso contra una decisión judicial en el curso de una audiencia.

EXCEPTION CLAUSE.
cláusula exonerativa.

EXCEPTION IN CONTRACT.
cláusula mediante la que se excluye determinado objeto o materia de un contrato.

EXCEPTION IN DEED.
cláusula mediante la que se excluye determinado objeto del marco de aplicación de un acto formal. v. DEED.

EXCEPTION OF LACK OF CAPACITY.
excepción de falta de personería.

EXCEPTION OF MISJOINDER.
excepción de falta de legitimación procesal en el demandado.
v. MISJOINDER.

EXCEPTION OF NO CAUSE OF ACTION.
excepción de falta de acción.

EXCEPTION OF WANT OF INTEREST.
excepción de falta de legitimación para obrar en el actor, por ausencia de interés propio en el juicio.

EXCEPTIONAL.
excepcional.

EXCEPTIONAL CIRCUMSTANCES.
circunstancias excepcionales.

EXCEPTIONABLE.
oponible. Impugnable.

EXCEPTIONABLE TITLE.
título impugnable.

EXCERPT.
extracto. Pasaje de un texto.

EXCESS.
exceso.

EXCESS CLAUSE.
cláusula de franquicia en el contrato de seguro.

EXCESS CONDEMNATION.
expropiación en exceso de lo necesario para los fines expropiatorios.

EXCESS FARE.
suplemento de tarifa.

EXCESS INSURANCE.
seguro sujeto a una cláusula de franquicia.

EXCESS JURISDICTION.
ejercicio de jurisdicción respecto de materias o personas en exceso de las facultades del tribunal.

EXCESS LIABILITY.
responsabilidad no asegurada.

EXCESS LIABILITY DAMAGES.
daños en exceso del monto asegurado.

EXCESS OF AUTHORITY.
abuso de poder o de autoridad.

EXCESS OF JURISDICTION.
extralimitación del ejercicio de jurisdicción.

EXCESS OF LOSS.
pérdida en exceso del monto asegurado.

EXCESS OF POWER.
exceso en el ejercicio de poder.

EXCESS OF PRIVILEGE.
abuso de un derecho o facultad privilegiada o excepcional. v. PRIVILEGE.

EXCESS POLICY.
póliza de seguros que incluye una cláusula de franquicia.

EXCESS PROFITS.
ganancias o beneficios extraordinarios.

EXCESS PROFITS TAX.
impuesto sobre los beneficios extraordinarios.

EXCESS REINSURANCE.
reaseguro de la responsabilidad del asegurador en exceso de los valores admisibles.

EXCESS RESERVE.
reserva excedente.

EXCESSIVE.
excesivo.

EXCESSIVE ASSESSMENT.
valuación fiscal excesiva de un inmueble.

EXCESSIVE AWARD.
sentencia excesiva en favor del actor. ‖ laudo arbitral que excede los límites de las facultades del tribunal arbitral. v. AWARD.

EXCESSIVE BAIL.
fianza excesiva para la libertad de un acusado. v. BAIL.

EXCESSIVE DAMAGES.
indemnización excesiva de daños y perjuicios.

EXCESSIVE DEPOSIT.
depósito en exceso de lo admisible conforme a las reglas aplicables a la entidad financiera depositaria.

EXCESSIVE DRUNKENNESS.
total estado de ebriedad.

EXCESSIVE FINE.
multa excesiva.

EXCESSIVE FORCE.
aplicación excesiva de fuerza o violencia, como en los casos de exceso en la legítima defensa.

EXCESSIVE INTEREST.
interés excesivo.

EXCESSIVE LEVY.
embargo en exceso de lo necesario a los fines con que se lo traba. v. LEVY.

EXCESSIVE LOAN.
préstamo en exceso de los límites autorizados.

EXCESSIVE PUNISHMENT.
pena o castigo excesivo.

EXCESSIVE SENTENCE.
condena en exceso de los límites legales.

EXCESSIVE SPEED.
exceso de velocidad.

EXCESSIVE TAX.
impuesto excesivo.

EXCESSIVE VERDICT.
veredicto del jurado que se considera excesivo por resultar de pasiones o prejuicios.

EXCESSIVELY.
excesivamente.

EXCHANGE.
cambio. Intercambio. Permuta. ‖ comercio. ‖ bolsa. Mercado de valores. ‖ como verbo (to exchange), cambiar. Intercambiar. Permutar.

EXCHANGE BROKER.
corredor de cambios.

EXCHANGE CERTIFICATE.
certificado de pertenencia a una bolsa o mercado de valores.

EXCHANGE CONTROL.
control de cambios.

EXCHANGE OF INSTRUMENTS.
intercambio de documentación, particularmente en materia de negociaciones internacionales.

EXCHANGE OF JUDGES.
intercambio de jueces entre distintos tribunales o jurisdicciones, para facilitar las tareas de quienes se encuentran sobrecargados de casos.

EXCHANGE OF LAND.
permuta de inmuebles.

EXCHANGE OF STOCK.
intercambio de acciones.

EXCHANGE OFFER.
oferta de intercambio de prestaciones, como parte de una negociación contractual.

EXCHANGE PERMIT.
permiso de cambio.

EXCHANGE RATE.
tipo de cambio.

EXCHEQUER.
en Gran Bretaña, el Departamento o Ministerio del Tesoro.

EXCHEQUER BILL.
letra de tesorería.

EXCHEQUER BOND.
bono de tesorería.

EXCHEQUER DIVISION.
sala fiscal.

EXCISABLE.
sujeto a un impuesto a las ventas, la fabricación o el consumo. V. EXCISE TAX.

EXCISE.
V. EXCISE TAX.

EXCISE TAX.
impuesto sobre el consumo, las ventas o la fabricación de ciertos artículos. La expresión se extiende en ciertos contextos a todos los impuestos indirectos.

EXCITED UTTERANCE.
manifestación o expresiones realizadas en un estado de excitación o emoción, particularmente el que resulta del hecho respecto del cual se emiten tales expresiones.

EXCLUDE.
excluir.

EXCLUSION.
exclusión. ‖ exclusión de medios probatorios Exclusión de la cobertura de un seguro.

EXCLUSION CLAUSE.
cláusula exonerativa. Cláusula liberatoria de responsabilidad.

EXCLUSION ORDER.
orden de expulsión de un extranjero.

EXCLUSIONARY CONDUCT.
conducta dirigida a excluir a un competidor actual o potencial de un mercado.

EXCLUSIONARY RULE.
regla conforme a la cual las pruebas obtenidas en violación de preceptos constitucionales deben ser excluidas del juicio.

EXCLUSIONARY ZONING.
normas sobre edificación o uso de tierras que excluyen a ciertas personas o usos de determinadas zonas.
V. ZONING.

EXCLUSIVE.
exclusivo.

EXCLUSIVE AGENCY.
distribución o venta exclusiva.

EXCLUSIVE AGENCY LISTING.
V. EXCLUSIVE LISTING.

EXCLUSIVE AGENT.
agente exclusivo.

EXCLUSIVE CONTRACT.
contrato de exclusiva o de exclusividad.

EXCLUSIVE CONTROL.
control exclusivo de una cosa, particularmente en relación con las que son peligrosas o causan daños.

EXCLUSIVE DEALING ARRANGEMENT.
acuerdo por el que una parte acuerda operar exclusivamente con otra, en materia de sus compras o ventas.

EXCLUSIVE DISTRIBUTOR.
distribuidor exclusivo.

EXCLUSIVE ECONOMIC ZONE.
zona económica exclusiva.

EXCLUSIVE FRANCHISE.
concesión exclusiva.
v. FRANCHISE.

EXCLUSIVE JURISDICTION.
jurisdicción exclusiva.

EXCLUSIVE LIABILITY.
responsabilidad exclusiva.

EXCLUSIVE LICENCE.
licencia exclusiva, en la ortografía británica.

EXCLUSIVE LICENSE.
licencia exclusiva, en la ortografía estadounidense.

EXCLUSIVE LICENSEE.
licenciatario exclusivo.

EXCLUSIVE LISTING.
acuerdo con un corredor inmobiliario por el cual éste percibe su comisión si la venta se realiza dentro de cierto período, aunque el corredor no haya participado en la operación.

EXCLUSIVE OWNERSHIP.
propiedad exclusiva.

EXCLUSIVE POSSESSION.
posesión exclusiva.

EXCLUSIVE REPRESENTATIVE.
representante exclusivo.

EXCLUSIVE RIGHT.
derecho exclusivo.

EXCLUSIVE SALE.
derechos exclusivos de venta otorgados a un corredor.

EXCLUSIVE USE.
uso exclusivo, en general. ‖ uso exclusivo de una marca. ‖ uso exclusivo del objeto de una servidumbre, de forma de poderse adquirir ésta por prescripción.

EXCLUSIVELY.
exclusivamente.

EXCOMMENGEMENT.
v. EXCOMMUNICATION.

EXCOMMUNICATION.
excomunión.

EXCULPATE.
exculpar.

EXCULPATION.
exculpación. Dispensa. Exoneración.

EXCULPATORY.
exculpatorio. Eximente. Justificativo.

EXCULPATORY CLAUSE.
cláusula exculpatoria.

EXCULPATORY EVIDENCE.
pruebas exculpatorias. v. EVIDENCE.

EXCULPATORY STATEMENT.
declaración que tiende a liberar al acusado de su culpa.

EXCUSABLE.
excusable.

EXCUSABLE ASSAULT.
violencia contra las personas, excusable por existir causales de justificación. v. ASSAULT.

EXCUSABLE HOMICIDE.
homicidio excusable, sea por existir razones de justificación o por falta de culpa.

EXCUSABLE NEGLECT.
negligencia excusable, que no hace responsable a quien en ella incurre por existir motivos válidos para incurrir en una conducta así calificable.

EXCUSABLE NEGLIGENCE.
v. EXCUSABLE NEGLECT.

EXCUSE.
excusa. Causal de justificación. ‖ como verbo (*to excuse*), excusar.

EXECUTE.
ejecutar. Completar. Perfeccionar. ‖ firmar. Celebrar u otorgar un acto. ‖ ajusticiar.

EXECUTE A CONTRACT.
celebrar o firmar un contrato.

EXECUTE A CRIMINAL.
ejecutar o ajusticiar a un criminal.

EXECUTE A DEED.
perfeccionar o firmar un acto solemne.
v. DEED.

EXECUTE A JUDGMENT.
ejecutar una sentencia.

EXECUTE A POWER.
ejercer una facultad o atribución.

EXECUTE AN ORDER.
cumplir una orden.

EXECUTED.
ejecutado. Cumplido. Perfeccionado.

EXECUTED AGREEMENT.
contrato cuyas prestaciones han sido ya cumplidas.

EXECUTED CONSIDERATION.
contraprestación cumplida.
v. CONSIDERATION.

EXECUTED CONTRACT.
contrato firmado. ‖ contrato cumplido.

EXECUTED COVENANT.
estipulación contractual cumplida.
v. COVENANT.

EXECUTED DEED.
acto formal firmado y perfeccionado. v. DEED.

EXECUTED ESTATE.
derecho sobre un inmueble transferido y perfeccionado en cabeza de su titular. v. ESTATE.

EXECUTED GIFT.
donación perfeccionada.

EJECUTED LICENCE.
autorización a ingresar a una propiedad, plenamente perfeccionada. v. LICENCE.

EXECUTED LICENSE.
V. EXECUTED LICENCE.

EXECUTED NOTE.
pagaré firmado y entregado.

EXECUTED REMAINDER.
derecho futuro sobre un inmueble, sujeto a plazo y no a condición, que se considera ya transferido y perfeccionado en cabeza de su titular. v. REMAINDER.

EXECUTED SALE.
compraventa perfeccionada.

EXECUTED TRUST.
fideicomiso cuyas condiciones han sido plenamente determinadas en el instrumento que lo crea, sin depender de actos adicionales.
v. TRUST.

EXECUTED USE.
conversión de un uso en un derecho respecto del inmueble a que aquél se refiere, cumpliendo ciertos extremos legales exigidos al respecto. v. USE.

EXECUTED WILL.
testamento firmado y perfeccionado.

EXECUTION.
ejecución, en general. ‖ celebración de un acto o contrato. ‖ ejecución de una sentencia. ‖ ajusticiamiento. Ejecución de un criminal.

EXECUTION AGAINST THE PERSON.
ejecución de una sentencia contra la persona del deudor, mediante su arresto.

EXECUTION CREDITOR.
acreedor ejecutante.

EXECUTION LIEN.
embargo ejecutivo. v. LIEN.

EXECUTION OF CONTRACT.
celebración o firma de un contrato.

EXECUTION OF DECREE.
ejecución de sentencia.

EXECUTION OF INSTRUMENT.
perfeccionamiento de un instrumento.

EXECUTION OF JUDGMENT.
ejecución de sentencia.

EXECUTION OF WILL.
firma de un testamento.

EXECUTION SALE.
venta judicial.

EXECUTIONER.
verdugo.

EXECUTIVE.
ejecutivo, en general. ‖ Poder Ejecutivo.

EXECUTIVE ACT.
acto del Poder Ejecutivo.

EXECUTIVE ADMINISTRATION.
administración ejecutiva. Conjunto de los funcionarios superiores de la Administración Pública.

EXECUTIVE AGENCY.
ente autónomo dependiente del Poder Ejecutivo.

EXECUTIVE AGREEMENT.
acuerdo internacional suscripto, en los Estados Unidos, por el Poder Ejecutivo, sin aprobación del Senado.

EXECUTIVE BOARD.
junta o comité ejecutivo.

EXECUTIVE CAPACITY.
carácter de un poder o representación, en cuanto da lugar al ejercicio de facultades ejecutivas.

EXECUTIVE CLEMENCY.
facultad del Poder Ejecutivo de otorgar indultos.

EXECUTIVE COMMITTEE.
comité ejecutivo.

EXECUTIVE DEPARTMENT.
Poder Ejecutivo.

EXECUTIVE DIRECTOR.
director ejecutivo.

EXECUTIVE EMPLOYEE.
empleado que tiene a su cargo la supervisión o control de otros empleados.

un acreedor, como condición a las acciones que tal acreedor intente contra garantías que también benefician a otros acreedores.

EXHAUSTIVE.
taxativo. Limitado.

EXHIBIT.
documento de prueba. || elemento probatorio físico. || como verbo (*to exhibit*), exhibir. Presentar. Someter a examen o inspección.

EXHIBITION.
exhibición.

EXHIBITION OF DOCUMENTS.
exhibición de documentos.

EXHIBITION VALUE.
valor de exhibición.

EXHIBITIONISM.
exhibicionismo.

EXHIBITIONIST.
exhibicionista.

EXHUMATION.
exhumación.

EXIGENCE.
exigencia.

EXIGENCY.
exigencia. Requisito.

EXIGENCY OF A BOND.
conducta exigida cuyo cumplimiento ha sido objeto de una garantía. v. BOND.

EXIGENCY OF A WRIT.
la conducta exigida por un decreto u orden judicial.

EXIGENT CIRCUMSTANCES.
circunstancias que exigen cierto comportamiento, particularmente el arresto de una persona.

EXIGENT LIST.
lista de audiencias de un juzgado relativas a incidentes u otras cuestiones accesorias.

EXIGENT SEARCH.
allanamiento policial sin orden judicial previa, por requerirlo las circunstancias.

EXIGIBLE.
exigible.

EXIGIBLE DEBT.
deuda exigible.

EXILE.
exilio. || exiliado.

EXIST.
vivir. Existir. || tener efecto.

EXISTING CLAIM.
derecho o acción ejercitable. v. CLAIM.

EXISTING DEBT.
deuda existente, esté o no vencida.

EXISTING EQUITY.
derecho existente, derivado del régimen de EQUITY (v.).

EXISTING INDEBTEDNESS.
v. EXISTING DEBT.

EXISTING INSURANCE.
seguro evidente.

EXISTING LAW.
derecho o ley vigente.

EXISTING PERSON.
persona legalmente existente, aunque se trate de una persona por nacer.

EXISTING USE.
uso o destino actual de un inmueble.

EXIT.
salida. || emisión o libramiento de una orden judicial. || como verbo (*to exit*), salir.

EXIT OF A WRIT.
libramiento de un mandamiento judicial.
v. WRIT.

EXIT WOUND.
orificio de salida de un proyectil.

EXITUS.
descendencia. || renta inmobiliaria. || derecho o impuesto de exportación. || parte final de un escrito judicial.

EXONERATE.
exonerar. Disculpar. Liberar de una obligación o responsabilidad.

EXONERATION.
exoneración. Disculpa. Liberación. || subrogación. Derecho a contraprestación por el pago de deudas ajenas.

EXONERATION CLAUSE.
cláusula de exoneración o liberación de responsabilidad.

EXONERATION FROM LIABILITY.
exoneración o liberación de responsabilidad.

EXONERATION OF BAIL.
liberación del garante o de la garantía en los casos de libertad bajo fianza o garantía.
v. BAIL.

EXONERATION OF SURETY.
liberación del fiador.

EXORBITANT.
exorbitante. Excesivo.

EXORBITANT JURISDICTION.
jurisdicción exorbitante. Exceso de jurisdicción.

EXORDIUM.
exordio.
EXPATRIATE.
expatriado.
EXPATRIATION.
pérdida de nacionalidad.
EXPECT.
esperar. Tener una expectativa.
EXPECTANCIES.
expectativas de adquirir derechos respecto de un inmueble.
EXPECTANCY.
expectativa. ‖ V. EXPECTANCIES.
EXPECTANCY DAMAGES.
daños resultantes de la frustación de expectativas de ganancias.
EXPECTANCY OF LIFE.
expectativa de vida.
EXPECTANCY TABLES.
tablas actuariales sobre expectativa de vida.
EXPECTANT.
contingente. Condicional. En expectativa.
EXPECTANT BENEFICIARY.
beneficiario en expectativa.
EXPECTANT ESTATE.
derecho en expectativa respecto de un inmueble.
V. ESTATE. REMAINDER. REVERSION.
EXPECTANT HEIR.
persona con expectativa de recibir una herencia.
EXPECTANT RIGHT.
derecho en expectativa.
EXPECTATION.
expectativa.
EXPECTATION DAMAGES.
V. EXPECTANCY DAMAGES.
EXPECTATION OF LIFE.
expectativa de vida.
EXPECTED RETURN.
rendimiento esperado.
EXPEDIENCY.
conveniencia. Razonabilidad. Expeditividad.
EXPEDIENT.
expeditivo. Apto para determinado fin.
EXPEDITE.
agilizar. Facilitar. Apurar.
EXPEDITER.
empleado encargado de asegurar el aprovisionamiento de insumos a las distintas partes de un establecimiento.

EXPEDITION.
expedición.
EXPEDITIOUS.
eficiente. Expeditivo. Rápido.
EXPEL.
expulsar.
EXPEND.
consumir. Gastar.
EXPENDABLE.
consumible. ‖ no esencial. Descartable.
EXPENDED.
pagado. Desembolsado. Consumido. Gastado.
EXPENDITOR.
encargado de realizar pagos.
EXPENDITURE.
gasto.
EXPENSE.
gasto. Costo. Precio.
EXPENSE IN CARRYING ON BUSINESS.
gastos normales de un comercio o de una empresa.
EXPENSE INCURRED.
gasto incurrido.
EXPENSE OF LITIGATION.
costas judiciales.
EXPENSE RATIO.
relación entre gastos e ingresos.
EXPENSES OF ADMINISTRATION.
gastos de administración de una sucesión.
EXPENSES OF FAMILY.
gastos comunes de la familia.
EXPENSE OF RECEIVERSHIP.
gastos incurridos como consecuencia de una situación de RECEIVERSHIP (v.).
EXPERIENCE.
experiencia.
EXPERIENCE RATING.
determinación de las primas de seguro conforme a la experiencia de la compañía aseguradora en materia del riesgo a ser cubierto.
EXPERIMENT.
experimento. ‖ como verbo (to experiment) experimentar.
EXPERIMENTAL EVIDENCE.
prueba experimental, producida mediante la realización de experimentos.
EXPERT.
perito. Experto.
EXPERT ACCOUNTANT.
perito contable.

EXPERT APPRAISAL.
tasación pericial.
EXPERT APPRAISER.
perito tasador.
EXPERT EVIDENCE.
informes o pruebas de peritos.
EXPERT OPINION.
informe o dictamen pericial.
EXPERT REPORT.
V. EXPERT OPINION.
EXPERT TESTIMONY.
opinión o informe de peritos.
EXPERT WITNESS.
perito. Consultor técnico.
EXPERTISE.
pericia. Experiencia.
EXPIRATION.
terminación. Finalización. Extinción. Expiración.
EXPIRATION OF AN ESTATE.
extinción de un derecho relativo a un inmueble. V. ESTATE.
EXPIRE.
terminar. Finalizar. Extinguirse. Expirar. Morir.
EXPIRY.
V. EXPIRATION.
EXPLANATORY.
explicativo.
EXPLETA.
ingresos y ganancias derivados de propiedades.
EXPLICIT.
explícito.
EXPLOITATION.
explotación. en general, sea en el sentido de utilización o de abuso de un recurso económico o de una persona.
EXPLORATION.
exploración.
EXPORT.
exportación. Bien exportado. || como verbo (*to export*), exportar.
EXPORT BOND.
garantía de exportación. V. BOND.
EXPORT CERTIFICATE.
certificado o permiso de exportación.
EXPORT CONTROLS.
controles sobre la exportación.
EXPORT CREDIT INSURANCE.
seguro de crédito a la exportación.

EXPORT DECLARATION.
declaración de exportación.
EXPORT DUTIES.
derechos de exportación.
EXPORT LETTER.
carta de crédito extendida en favor de un exportador.
EXPORT LICENCE.
permiso de exportación.
EXPORT LICENSE.
V. EXPORT LICENCE.
EXPORT QUOTA.
cuota de exportación.
EXPORT TAX.
impuesto a la exportación.
EXPORT TRADE.
comercio de exportación.
EXPORTS CLAUSE.
cláusula constitucional estadounidense que limita los gravámenes estaduales sobre la exportación o importación.
EXPOSE.
exponer. Poner de manifiesto. Mostrar. Exhibir.
EXPOSE.
exposición oral. Presentación. Discurso. Conferencia. || revelación de cuestiones antes ocultas o secretas.
EXPOSED FOR SALE.
expuesto a la venta.
EXPOSING.
exposición de menores. Omisión de la debida custodia y vigilancia de menores.
EXPOSITION.
exposición. Muestra. || presentación. Discurso. Exposición. || interpretación. Explicación.
EXPOSITORY STATUTE.
ley explicativa, interpretativa o aclaratoria.
EXPOSURE.
exposición. Exhibición. || Abandono.
EXPOSURE OF CHILD.
exposición o abandono de menores.
EXPOSURE OF PERSON.
exhibiciones deshonestas.
EXPRESS.
expreso. || como verbo (*to express*), expresar. Manifestar. Decir.
EXPRESS ABROGATION.
derogación expresa de una ley.
EXPRESS ACCEPTANCE.
aceptación expresa.

EXPRESS ACTIVE TRUST.
fideicomiso en el que se dan facultades expresas de administración al fideicomisario respecto del objeto del fideicomiso.
v. TRUST.

EXPRESS ADMISSION.
admisión expresa.

EXPRESS AGREEMENT.
contrato o acuerdo expreso.

EXPRESS APPOINTMENT.
nombramiento expreso.

EXPRESS ASSENT.
asentimiento expreso. v. ASSENT.

EXPRESS ASSUMPSIT.
aceptación expresa de una obligación.
v. ASSUMPSIT.

EXPRESS AUTHORITY.
autorización o apoderamiento expreso.

EXPRESS COLOR.
argumentación evasiva, fundada en motivos ficticios. Expresión fuera de uso.

EXPRESS COMMON-LAW DEDICATION.
dedicación expresa de un inmueble al uso público. v. DEDICATION.

EXPRESS COMPANY.
compañía dedicada al transporte público de mercaderías, especialmente en pequeños paquetes o bultos.

EXPRESS CONDITION.
condición expresa.

EXPRESS CONSENT.
consentimiento expreso.

EXPRESS CONSIDERATION.
contraprestación expresa. v. CONSIDERATION.

EXPRESS CONTRACT.
contrato expreso.

EXPRESS COVENANT.
estipulación expresa. v. COVENANT.

EXPRESS DEDICATION.
v. EXPRESS COMMON-LAW DEDICATION.

EXPRESS DIRECTION.
orden o indicación expresa de realizar cierta conducta.

EXPRESS DISSATISFACTION.
declaración expresa de disconformidad, particularmente con las condiciones de un testamento.

EXPRESS LICENCE.
licencia expresa.

EXPRESS LICENSE.
v. EXPRESS LICENCE.

EXPRESS MALICE.
malicia o dolo evidentes y deliberados.

EXPRESS NOTICE.
notificación expresa.

EXPRESS OBLIGATION.
obligación expresa.

EXPRESS PERMISSION.
permiso expreso de una actividad o del uso de una cosa.

EXPRESS PRIVATE PASSIVE TRUST.
fideicomiso expreso en el que se transfiere al fideicomisario la nuda propiedad de un bien, sin dársele autorización alguna a administrar o realizar actos posesorios respecto de ese bien, sin permiso del beneficiario del fideicomiso.
v. TRUST.

EXPRESS REPEAL.
derogación expresa de una ley.

EXPRESS REPUBLICATION.
repetición de las formalidades y solemnidades necesarias para la renovación de la vigencia de un testamento anterior que había sido dejado sin efecto.

EXPRESS REQUEST.
solicitud expresa de que alguien realice determinada conducta.

EXPRESS TERMS.
términos expresos de un contrato, ley u otro acto.

EXPRESS TRUST.
fideicomiso creado mediante un acto expreso dirigido a tal fin. v. TRUST.

EXPRESS WAIVER.
renuncia expresa a un derecho. v. WAIVER.

EXPRESS WARRANTY.
garantía expresa.

EXPROMISSOR.
quien asume una deuda por novación o delegación. Sólo se utiliza en relación con el CIVIL LAW (v.).

EXPROPRIATE.
expropiar.

EXPROPRIATION.
expropiación.

EXPROPRIATION FOR PUBLIC UTILITIES.
expropiación por causa de utilidad pública.

EXPROPRIATION OF FOREIGN PROPERTY.
expropiación de propiedad extranjera.

EXPULSION.
expulsión.

EXPUNGE.
borrar. Destruir. Inutilizar. ‖ destruir pruebas.

EXPUNGEMENT OF RECORD.
eliminar antecedentes penales del registro correspondiente.

EXPURGATION.
expurgación.

EXTEMPORE.
característica de una sentencia, en cuanto es emitida en forma inmediatamente posterior a la audiencia principal del juicio.

EXTEND.
extender. Otorgar.

EXTENDED.
extendido. Prolongado. Prorrogado.

EXTENDED COVERAGE CLAUSE.
cláusula que extiende la protección de un seguro a riesgos no comprendidos en la póliza básica.

EXTENDED INSURANCE.
prolongación o extensión del plazo de cobertura de un seguro.

EXTENDED POLICY.
póliza que extiende la protección del asegurado a períodos en los cuales no se abonan ya primas o también a riesgos no originalmente cubiertos.

EXTENDED TERM INSURANCE.
V. EXTENDED INSURANCE.

EXTENSION.
extensión. ‖ prolongación. Ampliación. ‖ espera concedida a un deudor. ‖ prolongación o renovación de un plazo.

EXTENSION AGREEMENT.
acuerdo para extender el plazo de cumplimiento de un contrato.

EXTENSION CLAUSE.
cláusula de extensión, en especial de la cobertura de un seguro.

EXTENSION OF CREDIT.
extensión u otorgamiento de un crédito.

EXTENSION OF LIMITATION PERIOD.
suspensión del plazo de prescripción.

EXTENSION OF TIME.
extensión o prórroga de plazos.

EXTENSION SERVICES.
servicios complementarios o de apoyo.

EXTENSIVE.
extensivo.

EXTENSIVE INTERPRETATION.
interpretación extensiva.

EXTENT.
extensión. Alcance. Amplitud.

EXTENUATE.
atenuar. Mitigar.

EXTENUATING CIRCUMSTANCES.
circunstancias atenuantes.

EXTENUATION.
atenuación de un delito.

EXTERIOR.
exterior.

EXTERNAL.
externo. Aparente. Patente. Visible.

EXTERNAL DEBT.
deuda externa.

EXTERNAL EVIDENCE.
pruebas resultantes de elementos externos y visibles que sean consecuencia del hecho a probar.

EXTERNAL MEANS.
medios o elementos exteriores al objeto o persona sobre los que inciden.

EXTERNAL WATERS.
aguas exteriores.

EXTERRITORIALITY.
extraterritorialidad.

EXTINCT.
extinto.

EXTINCTION.
extinción.

EXTINCTION OF RIGHTS.
extinción de derechos.

EXTINCTIVE PRESCRIPTION.
prescripción extintiva. La expresión se utiliza en relación con el CIVIL LAW (v.).

EXTINGUISH.
extinguir.

EXTINGUISHMENT.
extinción, especialmente de una relación jurídica.

EXTINGUISHMENT OF DEBT.
extinción de una deuda.

EXTINGUISHMENT OF ESTATE.
extinción de un derecho relativo a un inmueble. V. ESTATE.

EXTINGUISHMENT OF LEGACY.
extinción de un legado, por ser imposible su cumplimiento.

EXTINGUISHMENT OF LIEN.
extinción *ipso jure* de un privilegio o derecho de preferencia.
V. LIEN.

EXTINGUISHMENT OF WAY.
extinción de una servidumbre de paso.

EXTORSIVELY.
extorsivamente.

EXTORT.
extorsionar. Obtener mediante extorsión.

EXTORTION.
extorsión.

EXTORTIONATE.
vejatorio. Exorbitante. Abusivo.

EXTORTIONATE CREDIT.
crédito en condiciones abusivas.

EXTRA ALLOWANCE.
suma que en casos excepcionales se suma a las costas reconocidas a la parte vencedora.

EXTRA DIVIDEND.
dividendo extraordinario.

EXTRA JUDICIUM.
extrajudicial.

EXTRA VIRES.
V. ULTRA VIRES.

EXTRACT.
extracto ‖ como verbo (to extract), extraer.

EXTRADITE.
extraditar.

EXTRADITION.
extradición.

EXTRADITION TREATY.
tratado de extradición.

EXTRADITION WARRANT.
orden de detención de una persona sujeta a un proceso de extradición.

EXTRAHAZARDOUS.
grave e inusualmente peligroso.

EXTRAJUDICIAL.
extrajudicial.

EXTRAJUDICIAL CONFESSION.
confesión extrajudicial.

EXTRAJUDICIAL EVIDENCE.
pruebas extrajudiciales.

EXTRAJUDICIAL IDENTIFICATION.
identificación extrajudicial.

EXTRAJUDICIAL OATH.
juramento extrajudicial.

EXTRAJUDICIAL OPINION.
V. DICTUM. OBITER DICTUM.

EXTRAJUDICIAL STATEMENT.
dichos o manifestaciones extrajudiciales.

EXTRALATERAL RIGHT.
derecho del titular de una pertenencia minera de continuar la explotación de una veta inclui-

da en esa pertenencia, aunque se extienda más allá de sus límites perpendiculares.

EXTRAMURAL.
fuera de los límites legales de una municipalidad.

EXTRANATIONAL.
fuera de las fronteras nacionales.

EXTRANEOUS.
extraño. Ajeno. Exterior.

EXTRANEOUS EVIDENCE.
pruebas referidas a un documento, ajenas al documento en sí.

EXTRANEOUS OFFENCE.
delito ajeno a aquel objeto de determinado juicio.

EXTRANEOUS OFFENSE.
V. EXTRANEOUS OFFENCE.

EXTRANEOUS QUESTIONS.
preguntas ajenas al objeto del juicio en relación al cual se formulan.

EXTRAORDINARY.
extraordinario.

EXTRAORDINARY AVERAGE.
avería extraordinaria.

EXTRAORDINARY CARE.
diligencia o cuidados extraordinarios.

EXTRAORDINARY CIRCUMSTANCES.
circunstancias extraordinarias.

EXTRAORDINARY DANGER.
peligro extraordinario.

EXTRAORDINARY DILIGENCE.
diligencia extraordinaria.

EXTRAORDINARY DIVIDEND.
dividendo extraordinario.

EXTRAORDINARY EXPENSES.
gastos extraordinarios.

EXTRAORDINARY FLOOD.
inundación extraordinaria.

EXTRAORDINARY GRAND JURY.
jurado con funciones instructorias limitadas a un caso predeterminado.
V. GRAND JURY.

EXTRAORDINARY HAZARD.
peligro extraordinario.

EXTRAORDINARY REMEDIES.
acciones o recursos de carácter extraordinario. V. REMEDIES.

EXTRAORDINARY REPAIRS.
reparaciones extraordinarias.

EXTRAORDINARY RISK.
riesgo extraordinario.

EXTRAORDINARY SESSION.
sesión extraordinaria.

EXTRAORDINARY WRITS.
V. EXTRAORDINARY REMEDIES.

EXTRAPOLATION.
extrapolación.

EXTRATERRITORIAL.
extraterritorial.

**EXTRATERRITORIAL
JURISDICTION.**
jurisdicción extraterritorial.

EXTRATERRITORIALITY.
extraterritorialidad. ‖ aplicación extraterritorial del Derecho.

**EXTRAVAGANT
INTERPRETATION.**
interpretación inusual o extravagante.

EXTREME.
extremo.

EXTREME CASE.
caso extremo.

EXTREME CRUELTY.
crueldad extrema.

EXTREMIS.
V. IN EXTREMIS.

EXTREMITY.
extremidad. ‖ peligro o situación extrema. ‖ medida extrema.

EXTRINSIC.
extrínseco.

EXTRINSIC AMBIGUITY.
ambigüedad de los términos de un instrumento que surge de elementos externos a tal instrumento.

EXTRINSIC EVIDENCE.
pruebas externas a un instrumento al que se refieren o relacionan.

EXTRINSIC FRAUD.
fraude procesal que se realiza en relación a aspectos ajenos a la cuestión esencial debatida en el juicio respecto del cual tal fraude tiene lugar.

EYEWITNESS.
testigo ocular.

EYEWITNESS IDENTIFICATION.
identificación mediante testigos oculares.

F

FABRICATE.
elaborar una falsedad, un engaño o falsificación.

FABRICATED EVIDENCE.
pruebas fraguadas o falsificadas.

FABRICATED FACT.
hecho aparente, que se pretende hacer pasar por real mediante artificios y engaños.

FABRICATION
falsedad. Engaño. Falsificación.

FACE.
faz. Superficie. ‖ la apariencia o texto de un acto.

FACE AMOUNT.
monto o valor nominal.

FACE OF INSTRUMENT.
lo que surge del texto o letra de un instrumento.

FACE OF JUDGMENT.
el valor nominal de una sentencia.

FACE OF POLICY.
el texto íntegro de una póliza de seguros. ‖ el valor nominal asegurado que figura en la póliza.

FACE OF RECORD.
lo que surge del conjunto de actuaciones judiciales correspondientes a un caso. ‖ en las causas penales, el texto del procesamiento y del veredicto.

FACE VALUE.
valor nominal de un título o póliza. ‖ valor del capital sujeto a interés. ‖ valor que resulta de un texto, acto o instrumento.

FACIAL DISFIGUREMENT.
desfiguración facial.

FACILITATE.
facilitar.

FACILITATION.
asistencia. Facilitación. ‖ acto de facilitar un delito.

FACILITIES.
instrumentos. Instalaciones. Medios. ‖ concesiones de crédito. v. FACILITY.

FACILITY.
instrumento. Instalación. Medio. ‖ concesión de un crédito, a hacerse efectivo más adelante, al cumplirse ciertas condiciones o de solicitarlo el beneficiario del crédito.

FACILITY LETTER.
notificación de los términos de un crédito concedido a un cliente, especialmente por un banco.

FACILITY OF PAYMENT CLAUSE.
cláusula en un contrato de seguros en la que se estipula a qué persona pueden hacerse los pagos del monto asegurado.

FACSIMILE.
facsímil.

FACSIMILE SIGNATURE.
firma facsimilar.

FACT.
hecho.

FACT FINDER.
órgano que determina los hechos relativos a una causa.

FACT FINDING BOARD.
junta o comisión destinada a investigar o determinar ciertos hechos.

FACT IN ISSUE.
hecho controvertido.

FACT OF GENERAL NOTORIETY.
hecho de conocimiento público.

FACT QUESTION.
cuestión de hecho.

FACTOR.
factor. ‖ agente comercial. ‖ comisionista. ‖ institución financiera que actúa en un contrato de FACTORING (v.).

FACTOR'S LIEN.
privilegio o derecho de retención a favor de un comisionista o agente comercial.
V. LIEN.

FACTORAGE.
comisiones y otras remuneraciones pagadas a un comisionista o agente comercial.

FACTORAGE FINANCING.
financiamiento en el que los bienes que obran como garantía quedan en poder del deudor.

FACTORING.
contrato por el que un comerciante cede la totalidad o parte de sus créditos comerciales a una institución financiera, que asume el riesgo y administración de su cobranza, a cambio de un descuento o comisión.

FACTORING AGREEMENT.
contrato de FACTORING (v.).

FACTORING PROCESS.
procedimiento en virtud del cual se procede a embargar bienes del deudor que se encuentran en poder de un tercero.

FACTORY.
fábrica.

FACTORY ACTS.
leyes que regulan las horas y condiciones de trabajo en la industria.

FACTORY PRICE.
precio en fábrica.

FACTS.
hechos. Los hechos probados o discutidos en juicio.

FACTS IN ISSUE.
plural de FACT IN ISSUE (v.).

FACTS INCOMPLETE.
certificación de un juez de primera instancia indicando que un BILL OF EXCEPTIONS (v.), es incompleto o imperfecto.

FACTUM.
hecho. Evento. ‖ descripción o enumeración de hechos.

FACULTATIVE.
facultativo.

FACULTATIVE COMPENSATION.
remuneración o indemnización facultativa.

FACULTATIVE REINSURANCE.
reaseguro facultativo.

FACULTIES.
facultades. ‖ capacidad económica del marido, determinada a efectos de fijar sus obligaciones en caso de divorcio.

FACULTY.
facultad. Capacidad. ‖ el conjunto de profesores de una institución educativa.

FAGGOT.
término despectivo para un homosexual.

FAIL.
fallar. Fracasar. ‖ quebrar. Falta de perfeccionamiento de un derecho sujeto a condición . ‖ ser reprobado en un examen.

FAILED.
insolvente. Quebrado.

FAILED BANK.
banco insolvente.

FAILING CIRCUMSTANCES.
circunstancias propias de la insolvencia.

FAILURE.
fracaso. ‖ extinción de un derecho. ‖ inobservancia. Incumplimiento. ‖ quiebra.

FAILURE OF CONDITION.
incumplimiento de una condición.

FAILURE OF CONSIDERATION.
imposibilidad o pérdida del valor de la contraprestación acordada, en especial cuando ocurre sin culpa de las partes. V. CONSIDERATION. ‖ incumplimiento de la contraprestación acordada.

FAILURE OF EVIDENCE.
falta de prueba de determinado extremo o de los extremos necesarios para fundamentar una acción o defensa.

FAILURE OF GOOD BEHAVIOUR.
falta de buena conducta, especialmente la de un funcionario cuya permanencia en el cargo depende de tal conducta.

FAILURE OF ISSUE.
falta de descendencia.

FAILURE OF JUSTICE.
deficiencia del sistema judicial o procesal que impide la efectividad de un derecho.

FAILURE OF PROOF.
V. FAILURE OF EVIDENCE.

FAILURE OF RECORD.
no presentación de una prueba instrumental ofrecida.

FAILURE OF TITLE.
incumplimiento de la transmisión del título sobre un bien vendido.

FAILURE OF TRUST.
ineficacia de un fideicomiso, por su nulidad o por otros motivos. v. TRUST.

FAILURE OTHERWISE THAN UPON MERITS.
rechazo de una demanda por motivos ajenos al fondo de la pretensión allí planteada, p. ej. nulidades procesales.

FAILURE TO ACT.
omisión de un acto exigido por ley o contrato.

FAILURE TO APPEAR.
incomparecencia en juicio.

FAILURE TO BARGAIN COLLECTIVELY.
incumplimiento de una carga de participar en negociaciones colectivas de trabajo.

FAILURE TO COMPLY.
inobservancia. Incumplimiento.

FAILURE TO MAKE DELIVERY.
falta de entrega, en particular de la mercadería vendida.

FAILURE TO MEET OBLIGATIONS.
incumplimiento de obligaciones.

FAILURE TO PARTICULARIZE.
omisión de la denuncia de los vicios, generalmente de las mercaderías compradas, dentro del plazo previsto para ello.

FAILURE TO PERFORM.
incumplimiento de una obligación contractual.

FAILURE TO STATE CAUSE OF ACTION.
excepción procesal basada en no haberse expuesto en la demanda hechos que permitan dar curso a la acción entablada.

FAILURE TO STATE A CLAIM UPON WHICH RELIEF CAN BE GRANTED.
v. FAILURE TO STATE CAUSE OF ACTION.

FAILURE TO TESTIFY.
incumplimiento del deber de prestar testimonio, especialmente en juicios penales.

FAINT ACTION.
acción ficticia, entablada colusión con la contraparte, en perjuicio de un tercero.

FAINT PLEADING.
alegaciones o articulaciones ficticias, en colusión con la contraparte, en perjuicio de un tercero.

FAIR.
justo. Honesto. Razonable. Leal. Equitativo. Imparcial.

FAIR AND EQUITABLE.
justo y equitativo. ‖ en particular, el requisito de que en la reorganización del capital y del pasivo de una empresa, como parte de un proceso concursal, se dé un tratamiento equitativo a las distintas categorías de accionistas y acreedores involucrados en tal procedimiento.
v. REORGANIZATION.

FAIR AND IMPARTIAL JURY.
v. JURADO JUSTO E IMPARCIAL.

FAIR AND IMPARTIAL TRIAL.
juicio justo e imparcial.

FAIR AND PROPER LEGAL ASSESSMENT.
tasación justa y equitativa de un inmueble con fines impositivos.

FAIR AND REASONABLE VALUE.
v. FAIR MARKET VALUE.

FAIR AND VALUABLE CONSIDERATION.
contraprestación justa y valiosa.
v. CONSIDERATION.

FAIR CASH VALUE.
valor de mercado de un bien.

FAIR COMMENT.
comentario o crítica razonable, como califica ción de ciertos dichos a los que se pretende calificar como injuriosos.

FAIR COMPETITION.
competencia leal o ilícita.

FAIR CONSIDERATION.
contraprestación justa.
v. CONSIDERATION.

FAIR DEALING.
negociaciones contractuales de buena fe.

FAIR ENJOYMENT.
goce no abusivo de un bien.

FAIR EQUIVALENCE.
equivalencia entre dos prestaciones. Contraprestación o precio justo.

FAIR HEARING.
audiencia correcta e imparcial respecto de las pretensiones de una parte.

FAIR MARKET PRICE.
v. FAIR MARKET VALUE.

FAIR MARKET VALUE.
valor justo de mercado.

FAIR ON ITS FACE.
aparentemente legal.

FAIR PERSUASION.
persuasión razonable, en el curso de negociaciones.

FAIR PLAY.
juego limpio.

FAIR PLEADING.
lealtad procesal, particularmente en materia de formulación de pretensiones y defensas.
V. PLEADINGS.

FAIR PREPONDERANCE OF EVIDENCE.
preponderancia suficiente de las pruebas aportadas por la parte sobre quien pesa la carga de la prueba, necesaria para satisfacer tal carga.

FAIR RENT.
renta o alquiler razonable.

FAIR RETURN ON INVESTMENT.
rendimiento razonable o justo de una inversión.

FAIR SALE.
venta en pública subasta, concretada en condiciones razonables en cuanto a precio y circunstancias de la subasta.

FAIR TRADE.
competencia leal. ‖ Lealtad comercial.

FAIR TRADING.
V. FAIR TRADE.

FAIR TRIAL.
juicio regular e imparcial.

FAIR USAGE.
V. FAIR USE.

FAIR USE.
el uso de materiales sujetos a derechos de autor, sin permiso del titular de esos derechos pero dentro de los límites permitidos por la ley.

FAIR VALUE.
valor equitativo o de mercado.

FAIRNESS.
equidad. Justicia. Lealtad. Imparciabilidad.

FAIRNESS DOCTRINE.
doctrina que requiere que los medios de radiodifusión den atención equitativa a las distintas posiciones existentes respecto de asuntos de interés público.

FAIT ACCOMPLI.
hecho consumado.

FAITH.
creencia. Fe. Confianza.

FAITHFUL.
honesto. Leal. Confiable. Fiel.

FAITHFULLY.
lealmente. Honestamente. De buena fe.

FAKE.
falso. Falsificado. ‖ como verbo (to fake), falsificar. Fingir.

FALL.
caer. Decrecer.

FALL DUE.
vencer. Resultar pagadero.

FALL THROUGH.
fracasar.

FALL WITHIN.
estar incluido o comprendido.

FALSE.
falso. Falsificado. Erróneo. Engañoso.

FALSE ACCOUNTING.
contabilidad fraudulenta.

FALSE ACTION.
acción fingida entablada en convivencia con el demandado, en perjuicio de terceros.

FALSE ADVERTISING.
publicidad engañosa.

FALSE AND FRAUDULENT.
falso y fraudulento. Dolosamente falso.

FALSE ANSWER.
contestación temeraria de la demanda.

FALSE ARREST.
arresto ilegal.

FALSE CHARACTER.
dar falsas referencias sobre un dependiente. ‖ delito consistente en asumir una identidad falsa.

FALSE CHECK.
cheque falso. ‖ cheque librado con pleno conocimiento de su incobrabilidad.

FALSE CHEQUE.
V. FALSE CHECK.

FALSE CLAIM.
demanda o pretensión fraudulenta o maliciosa.
V. CLAIM.

FALSE DEMONSTRATION.
descripción errónea de una persona o de una cosa en un instrumento.

FALSE DOCUMENT.
documento falso.

FALSE ENTRY.
asiento falso.

FALSE FACT.
hecho falso, simulado o fingido.

FALSE IMPERSONATION.
acto de hacerse pasar por otra persona con fines ilícitos.

FALSE IMPRISONMENT.
prisión o encarcelamiento ilegal. ‖ secuestro de personas.

FALSE INSTRUMENT.
instrumento falsificado.

FALSE LIGHT IN THE PUBLIC EYE.
falsa apariencia frente al público.

FALSE LIGHTS AND SIGNALS.
luces y señales falsas utilizadas para desviar maliciosamente la navegación.

FALSE MAKING.
acto de introducir un elemento de falsedad en un instrumento. ‖ acto de otorgar un instrumento falso o ficto.

FALSE NEWS.
noticias o informaciones falsas, propaladas con fines ilícitos.

FALSE OATH.
perjurio.Juramento falso.

FALSE PERSONATION.
V. FALSE IMPERSONATION.

FALSE PLEA.
V. FAINT PLEADING.

FALSE PLEADING.
V. FAINT PLEADING.

FALSE PRETENSES.
declaraciones o manifestaciones fraudulentas o engañosas, especialmente con fines de estafa.

FALSE REPRESENTATION.
declaraciones falsas o inexactas.

FALSE RETURN.
declaración impositiva falsa. ‖ devolución al juzgado de un documento de notificación en el que se incluyen afirmaciones falsas respecto de su entrega u otros aspectos de tal notificación.

FALSE STATEMENT.
declaración o dicho falso, generalmente dolosa o fraudulentamente. ‖ estados contables falsos.

FALSE SWEARING.
V. FALSE OATH.

FALSE TOKEN.
documento, moneda o signo falso, utilizado fraudulentamente.
V. TOKEN.

FALSE VERDICT.
veredicto manifiestamente contrario a derecho.

FALSE WEIGHTS.
pesos o medidas viciados.

FALSE WITNESS.
testigo falso.

FALSEHOOD.
falsedad.

FALSELY.
falsamente.

FALSIFICATION.
falsificación.

FALSIFICATION OF BOOKS.
falsificación de libros contables.

FALSIFY.
falsificar. ‖ demostrar la falsedad de algo.

FALSITY.
falsedad.

FAMILIAR.
familiar. Conocido. Acostumbrado. Tener un conocimiento o trato cercano o frecuente.

FAMILIARITY.
familiaridad. Confianza. Trato familiar.

FAMILY.
familia.

FAMILY AGREEMENT.
acuerdo o contrato entre miembros de una familia.

FAMILY ALLOWANCE.
asignación familiar. ‖ fondos reservados a la manutención de la familia del divorciado o del difunto mientras tramita el divorcio o sucesión.

FAMILY ARRANGEMENT.
convención familiar. Acuerdo entre miembros de una familia respecto de la distribución o administración de propiedades pertenecientes a los miembros de ese grupo familiar.

FAMILY AUTOMOBILE DOCTRINE.
doctrina que hace al dueño de un automóvil responsable por los daños causados con éste por un miembro de su familia.

FAMILY BENEFITS.
asignaciones familiares.

FAMILY COMPANY.
sociedad de familia.

FAMILY CORPORATION.
sociedad anónima de familia.
V. CORPORATION.

FAMILY COUNCIL.
consejo de familia.

FAMILY COURT.
tribunal de familia.

FAMILY DISTURBANCE.
disputa, desorden o reyerta en la familia.

FAMILY EXPENSES.
gastos de la familia.

FAMILY GROUP.
grupo familiar.
FAMILY IMMUNITY.
inmunidad frente a la responsabilidad extra-contractual por daños causados a familiares.
FAMILY INCOME INSURANCE.
seguro destinado a proteger los ingresos familiares.
FAMILY LAW.
Derecho de Familia.
FAMILY MEETING.
consejo de familia. ‖ consejo que asesora al juez en materia de disputas familiares.
FAMILY PARTNERSHIP.
sociedad de personas familiar.
V. PARTNERSHIP.
FAMILY PROVISIONS.
medidas provisionales adoptadas por un juez para asegurar la manutención de los miembros del grupo familiar del difunto hasta tanto se distribuyan los bienes de la sucesión.
FAMILY PURPOSE DOCTRINE.
doctrina conforme a la cual el propietario de un auto que permite su utilización por otros miembros de su familia es responsable por los daños causados por éstos con tal vehículo.
V. FAMILY AUTOMOBILE DOCTRINE.
FAMILY SETTLEMENT.
V. FAMILY ARRANGEMENT.
FANATIC.
fanático.
FANCIFUL TRADEMARK.
marca de fantasía.
FANNIE MAE.
nombre dado comúnmente a la Federal National Mortgage Association, o sea la Asociación Nacional Federal Hipotecaria, de los Estados Unidos.
FARE.
tarifa de transporte de pasajeros. ‖ pasajero que paga su transporte.
FARM.
granja. Finca. Explotación agrícola. ‖ como verbo (*to farm*), cultivar. Realizar una explotación agrícola.
FARM LABOUR.
trabajo rural. Trabajo agrícola.
FARMER.
agricultor.
FARMING PRODUCTS.
productos agrícolas.

FARM OUT.
Alquilar. Locar. ‖ otorgar una concesión para la recaudación de impuestos. ‖ subcontratar trabajos.
F.A.S.
siglas de *free alongside ship,* o sea libre a la vera del buque. La cláusula F.A.S., en las compraventas a distancia, indica que tales son las condiciones de entrega de la mercadería.
FATAL.
fatal. Mortal.
FATAL ACCIDENT.
accidente fatal o mortal.
FATAL DEFECT.
defecto que vicia la validez de un contrato.
FATAL ERRORS.
errores que vician un juicio, haciendo necesaria su reiteración.
FATAL INJURY.
herida o lesión mortal.
FATAL VARIANCE.
diferencia entre lo alegado en la demanda y lo probado, tal que afecta la posición del demandado y vicia esa prueba. v. VARIANCE.
FATHER.
padre. ‖ como verbo, ser padre.
FATHER-IN-LAW.
suegro.
FAULT.
culpa. Negligencia. ‖ falta. Defecto. ‖ omisión o acto legal. ‖ como verbo (*to fault*), encontrar faltas o defectos en algo o alguien.
FAULT LIABILITY.
responsabilidad por culpa.
FAULT PRINCIPLE.
principio de la responsabilidad por culpa.
FAULTY.
defectuoso. Imperfecto.
FAVOR.
FAVOUR (v.), conforme a la ortografía norteamericana.
FAVOUR.
favor. Inclinación. Parcialidad. ‖ como verbo (*to favour*), favorecer. Inclinarse a ser favorable a algo.
FAVOURABLE ERROR.
error procesal favorable a una de las partes.
FAVOURABLE NATION.
nación favorecida.
FAVORITISM.
favoritismo.

FAX.
facsímil.

F.B.I.
iniciales de *Federal Bureau of Investigation*, Oficina Federal de Investigaciones, de los Estados Unidos.

F.C.C.
iniciales de *Federal Communications Commission*, Comisión Federal de Comunicaciones, de los Estados Unidos.

F.D.A.
iniciales de *Federal Drug Administration*, Administración Federal de Drogas, de los Estados Unidos.

F.D.I.C.
iniciales de FEDERAL DEPOSIT INSURANCE CORPORATION (v.), de los Estados Unidos.

FEAR.
temor. Miedo. ‖ como verbo (*to fear*), temer.

FEASANCE.
acto. Conducta. ‖ cumplimiento de una obligación

FEASIBILITY.
factibilidad.

FEASIBILITY STUDY.
estudio de factibilidad.

FEASIBLE.
realizable. Factible. Viable.

FEASOR.
autor de un acto.

FEAST.
festividad.

FEAST DAY.
festividad pública.

FEATHERBEDDING.
prácticas laborales mediante la que se mantiene artificialmente el empleo a través de la pérdida de tiempo o de otras medidas que reducen la productividad.

FEDERAL.
federal.

FEDERAL ACTS.
leyes federales.

FEDERAL AGENCY.
agencia federal. v. AGENCY.

FEDERAL CITIZENSHIP.
ciudadanía federal.

FEDERAL COMMON LAW.
el COMMON LAW (v.), tal como ha sido desarrollado y receptado por los tribunales federales, en los Estados Unidos.

FEDERAL CORPORATION.
persona jurídica creada conforme a leyes federales. v. CORPORATION.

FEDERAL COURTS.
tribunales federales.

FEDERAL CRIMES.
delitos federales.

FEDERAL DEPOSIT INSURANCE CORPORATION.
ente federal estadounidense que asegura o garantiza los depósitos bancarios, hasta ciertos montos.

FEDERAL DISTRICT.
distrito federal.

FEDERAL GOVERNMENT.
gobierno federal.

FEDERAL GRAND JURY.
GRAND JURY (v.), federal, por actuar en el ámbito de procedimientos de esta naturaleza.

FEDERAL INSTRUMENTALITY.
agencia, ente o repartición federal.

FEDERAL JUDGE.
juez federal.

FEDERAL JURISDICTION.
jurisdicción federal.

FEDERAL LAW.
derecho federal.

FEDERAL OFFENSE.
delito federal.

FEDERAL POWERS.
los poderes y atribuciones del gobierno federal.

FEDERAL PRE-EMPTION.
primacía del Derecho federal respecto del Derecho estadual, tal que excluye la aplicación de éste en campos legislados por aquél.

FEDERAL QUESTION.
cuestión federal.

FEDERAL REGISTER.
publicación del gobierno federal estadounidense, en la que se incluyen los reglamentos y documentos emanados del Poder Ejecutivo y sus distintas reparticiones y dependencias.

FEDERAL REGULATIONS.
reglamentos y resoluciones reglamentarias dictados en el orden federal estadounidense.

FEDERAL RESERVE BOARD.
junta de la Reserva Federal. Órgano directivo de esa institución, equivalente a un Banco Central de los Estados Unidos.
v. FEDERAL RESERVE SYSTEM.

FEDERAL RESERVE NOTES.
billetes de la Reserva Federal. El dinero en circulación en los Estados Unidos.

FEDERAL RESERVE SYSTEM.
sistema de la Reserva Federal. Ente integrado por doce Bancos de la Reserva Federal y por una Junta central; de él depende la generalidad del sistema bancario estadounidense, obrando como una especie de Banco Central.

FEDERAL RULES OF APPELLATE PROCEDURE.
reglas federales de procedimiento de apelación. Conjunto de normas que rigen el procedimiento en segunda instancia de los tribunales federales de los Estados Unidos.

FEDERAL RULES OF CIVIL PROCEDURE.
reglas federales de procedimiento civil. Conjunto de normas que rigen el procedimiento civil de los tribunales federales de los Estados Unidos.

FEDERAL RULES OF CRIMINAL PROCEDURE.
reglas federales de procedimiento penal. Conjunto de normas que rigen el procedimiento penal de los tribunales federales de los Estados Unidos.

FEDERAL RULES OF EVIDENCE.
reglas federales en materia de prueba. Conjunto de normas que rigen la producción, aceptación y evaluación de la prueba en los tribunales federales de los Estados Unidos.

FEDERAL STATUTES.
leyes federales.

FEDERAL TAXES.
impuestos federales.

FEDERAL TRADE COMMISSION.
Comisión Federal de Comercio. Institución federal estadounidense dirigida a promover la competencia libre y leal en la esfera federal.

FEDERALISM.
federalismo.

FEDERATION.
federación.

FEE.
tributo. Tasa. Impuesto. ‖ honorario. Compensación. Retribución. ‖ derecho pleno de propiedad sobre un inmueble.

FEE ABSOLUTE.
dominio absoluto.

FEE DAMAGES.
daños y perjuicios resultantes de la construc-

ción de obras en una propiedad ajena y que implican una limitación del dominio.

FEE EXPECTANT.
transmisión del dominio limitado a los miembros de un matrimonio y a sus descendientes directos.

FEE FARM.
derecho de dominio sobre un inmueble, sujeto al pago de una renta a quien lo ha transferido.

FEE FARM RENT.
renta pagadera respecto de un derecho de FEE FARM (v.).

FEE SIMPLE.
derecho pleno de dominio sobre un inmueble.

FEE SIMPLE ABSOLUTE.
derecho pleno de dominio sobre un inmueble, no sujeto a limitaciones o condiciones.

FEE SIMPLE CONDITIONAL.
derecho pleno de dominio sobre un inmueble, sujeto a condición.

FEE SIMPLE DEFEASIBLE.
derecho pleno de dominio sobre un inmueble, sujeto a condición resolutoria.

FEE SIMPLE DETERMINABLE.
derecho pleno de dominio sobre un inmueble, sujeto a plazo o condición resolutorios.

FEE TAIL.
derecho pleno de dominio sobre un inmueble, que sólo puede ser transmitido a los descendientes directos de quien primero recibe ese derecho o a otra categoría limitada de sucesores.

FEE TAIL FEMALE.
FEE TAIL (v.), limitado a la descendencia femenina.

FEE TAIL GENERAL.
FEE TAIL (v.), en favor de la generalidad de los descendientes.

FEE TAIL MALE.
FEE TAIL (v.), limitado a la descendencia masculina.

FEIGNED.
fingido. Simulado.

FEIGNED ACCOMPLICE.
quien se hace pasar por cómplice de un delito para obtener pruebas o información sobre el mismo.

FEIGNED ACTION.
acción sin fundamento , entablada con fines ilícitos.

FEIGNED DISEASE.
enfermedad fingida.
FELLOW.
compañero. Colega. ‖ becario. Miembro de una institución académica.
FELLOW HEIR.
coheredero.
FELLOW SERVANT.
quien trabaja bajo el mismo empleador que otra persona.
FELLOW SERVANT RULE.
regla, hoy en desuso, en virtud de la cual un empleador puede liberarse de responsabilidad por accidentes de trabajo probando que éstos han sido causados por un compañero del trabajador accidentado.
FELON.
criminal. Delincuente. Persona que incurre en delitos calificables como FELONY (v.).
FELONIOUS.
criminal. Delictivo. ‖ doloso. Malicioso.
FELONIOUS ASSAULT.
violencia criminal contra las personas.
FELONIOUS ENTRY.
violación criminal de domicilio.
FELONIOUS HOMICIDE.
homicidio calificable como crimen.
FELONIOUS INTENT.
intención criminal.
FELONIOUS TAKING.
apropiación con intención criminal.
FELONIOUSLY.
criminalmente. Maliciosamente. Con intención criminal.
FELONY.
crimen. Delito grave. En los Estados Unidos se consideran generalmente tales los que conllevan la pena de muerte o pena de prisión superior a un año. Se halla en contraposición al MISDEMEANOR (v.).
FELONY MURDER DOCTRINE.
doctrina que califica como FELONY (v.), al homicidio cometido en el curso de una conducta calificable como *Felony*, aunque ese homicidio no sea intencional.
FEMALE.
mujer. ‖ femenino.
FEME COVERT.
mujer casada.
FEME SOLE.
mujer soltera, viuda o divorciada.

FEMICIDE.
homicidio de una mujer. ‖ homicida de una mujer.
FEMININE.
femenino.
FENCE.
cerco. Confín. Valla. ‖ quien comercia con bienes robados.
FENCING PATENTS.
patentes obtenidas a fin de extender la protección derivada de una patente principal.
FENERATION.
usura.
FERRY FRANCHISE.
concesión otorgada a un servicio de ferry.
FETAL DEATH.
muerte de un feto antes de haber sido dado a luz.
FETICIDE.
aborto voluntario.
FETTERING.
poner grilletes. Encadenar. ‖ impedir. Trabar. Obstaculizar.
FETTERS.
grilletes. Cadenas.
FETUS.
feto.
FEUD.
feudo.
FEUDAL.
feudal.
FEUDAL ACTIONS.
en el antiguo Derecho inglés, acciones reales o relativas a la propiedad inmueble.
FEUDAL LAW.
Derecho feudal.
FEUDAL SYSTEM.
sistema feudal.
FEUDALISM.
feudalismo.
FEUDARY.
feudatario.
FIANCÉ.
novio.
FIANCÉE.
novia.
FIAT.
autorización, en particular la emanada de una providencia judicial.
FIAT MONEY.
dinero fiduciario.

FICTION OF THE LAW.
ficción jurídica.

FICTITIOUS.
ficticio.

FICTITIOUS ACTION.
acción ficticia, dirigida a obtener una decisión judicial sobre una cuestión, aunque no existe una controversia efectiva que subyazga a esa acción.

FICTITIOUS BIDDING.
realizar posturas ficticias en una subasta pública, a fin de elevar los precios allí ofrecidos.

FICTITIOUS CREDIT.
endoso ficticio asentado en un título de crédito.

FICTITIOUS DEBT.
deuda ficticia.

FICTITIOUS NAME.
nombre fingido o simulado.

FICTITIOUS PARTY.
persona fingida, en cuyo nombre se entabla un juicio.

FICTITIOUS PAYEE.
beneficiario fingido o simulado de un título de crédito.

FICTITIOUS PERSON.
persona fingida o simulada, cuyo nombre se incluye en un instrumento.

FICTITIOUS PLAINTIFF.
actor fingido o simulado.

FICTITIOUS PROMISE.
ficción legal, hoy desusada, en virtud de la cual se presumen ciertas estipulaciones contractuales, cuando ellas son necesarias para poder entablar ciertas acciones.

FICTITIOUS RECEIPT.
recibo ficticio, por bienes no entregados.

FIDECOMMISSARY.
fideicomisario.

FIDELITY.
fidelidad.

FIDELITY AND GUARANTY INSURANCE.
seguro contra los riesgos derivados de la infidelidad, deshonestidad o incumplimientos de ciertas personas, especialmente empleados.

FIDELITY BOND.
garantía de fidelidad y honestidad, suministrada generalmente por un tercero, exigida a ciertos empleados o dependientes. v. BOND.

FIDELITY GUARANTY INSURANCE.
V. FIDELITY AND GUARANTY INSURANCE.

FIDELITY INSURANCE.
V. FIDELITY AND GUARANTY INSURANCE.

FIDUCIAL.
V. FIDUCIARY.

FIDUCIARY.
fiduciario. Basado en la confianza y buena fe. ‖ persona que representa a otra o que de otra forma cuida de sus intereses o administra sus bienes, tal que exista una relación de confianza entre ambas. ‖ relativo al fideicomiso o participante de la naturaleza de éste.

FIDUCIARY BOND.
garantía exigida a quien actúa como representante o administrador de otra persona.
V. BOND.

FIDUCIARY CAPACITY.
la situación de quien actúa en nombre, representación o beneficio de un tercero, sobre la base del una relación de confianza.

FIDUCIARY CONTRACT.
contrato por el que se transfiere una cosa que ha de ser devuelta a quien la transfiere. ‖ contrato a través del cual se crea una relación fiduciaria.

FIDUCIARY DEBT.
deuda que resulta de una relación fiduciaria.

FIDUCIARY ESTATE.
derecho respecto de un inmueble del que goza un fideicomisario, cuando tales inmuebles son objeto de un fideicomiso.
V. ESTATE.TRUST.

FIDUCIARY HEIR.
heredero fiduciario, sobre el que pesa la carga de transferir bienes de la sucesión a los herederos o legatarios definitivos.

FIDUCIARY LOAN.
préstamo fiduciario.

FIDUCIARY RELATIONSHIP.
relación fiduciaria.

FIELD.
campo.

FIELD AUDIT.
inspección de libros y documentación en las oficinas o instalaciones de una persona sujeta a auditoría, particularmente con fines impositivos.

FIELD NOTES.
descripción de una medición catastral.

FIELD OFFICE.
oficina ubicada en zonas apartadas de la oficina o repartición central de la que depende.

FIELD WAREHOUSE.
depósito de bienes prendados o dados en garantía. v. FIELD WAREHOUSING.

FIELD WAREHOUSE RECEIPT.
recibo de bienes depositados en prenda o garantía. v. FIELD WAREHOUSING.

FIELD WAREHOUSING.
operación mediante la que se depositan bienes prendados o dados en garantía, en depósitos del deudor o a los que tiene acceso el deudor, aunque controlados por un tercero.

FIELD WORK.
trabajo de campo.

FIERI FACIAS.
orden de embargo ejecutivo. Auto judicial ordenando el embargo de bienes del deudor, a fin de satisfacer el monto de la sentencia.

FIERI FECI.
escrito mediante el cual el oficial judicial a cargo de un embargo ejecutivo informa respecto del resultado de la diligencia dirigida a realizar tal embargo.

FI.FA.
abreviatura de FIERI FACIAS (v.).

F.I.F.O.
iniciales de *first in, first out,* o sea el sistema de valuación de inventarios basado en el principio de que los primeros productos en entrar al inventario son los primeros en salir del mismo.

FIGHT.
pelea. Lucha. ‖ como verbo (*to fight*), pelear. Luchar.

FIGHTING WORDS.
palabras dirigidas a ocasionar una pelea.

FILCH.
robar o hurtar pequeñas cantidades. Raterismo.

FILE.
archivo. Legajo. Expediente. ‖ como verbo (*to file*), archivar. Presentar. Registrar. Depositar documentos.

FILE AN APPEAL.
apelar.

FILE A CLAIM.
presentar una demanda o solicitud. Formular formalmente una pretensión. v. CLAIM.

FILE A JUDGMENT.
registrar una sentencia.

FILE A MOTION.
presentar un recurso. Formular una petición. v. MOTION.

FILE AN OBJECTION.
objetar un acto procesal.

FILE A PROTEST.
formular una protesta o queja.

FILE CLERK.
empleado a cargo de registrar ciertos actos.

FILE SUIT.
entablar juicio.

FILE WRAPPER ESTOPPEL.
regla conforme a la cual el titular de una patente no puede dar a ésta una extensión a la que ha renunciado durante los trámites dirigidos a la obtención de tal patente. v. ESTOPPEL.

FILIATION.
filiación.

FILIATION PROCEEDING.
procedimiento o juicio de filiación.

FILIBUSTER.
quien practica obstruccionismo parlamentario. ‖ la citada práctica obstruccionista.

FILIBUSTERING.
obstruccionismo parlamentario.

FILING.
acto de archivar o registrar, o de hacer una presentación o depósito de documentos.

FILING ARTICLES OF INCORPORATION.
registros del acta constitutiva de una persona jurídica. v. ARTICLES OF INCORPORATION.

FILING CLAIM IN BANKRUPTCY.
presentación de un pedido de verificación de un crédito en una quiebra.

FILING DATE.
fecha de presentación de una demanda o de otro instrumento.

FILING FEE.
tasa por la presentación o registro de un documento. v. FEE. ‖ tasa judicial.

FILING LAWS.
leyes que exigen el registro de un instrumento para que éste tenga validez.

FILING LIBEL.
iniciación de una demanda, particularmente relativa a materias vinculadas con el Derecho de la Navegación.

FILING OFFICER.
funcionario que registra información o documentación necesaria para ciertos actos, particularmente para el perfeccionamiento de ciertas garantías.

FILING SYSTEM.
sistema de perfeccionamiento de las garantías

mobiliarias mediante su registro. ‖ sistema de archivo o registro.

FILING WITH COURT.
presentación ante un tribunal.

FILM RENTAL.
alquiler de películas.

FINAL.
final.

FINAL APPEALABLE ORDER.
orden o decreto final, susceptible de ser apelado.

FINAL ASSESSMENT.
tasación final, respecto de la cual no existen posibilidades de apelación. v. ASSESSMENT.

FINAL AWARD.
sentencia arbitral definitiva.

FINAL CERTIFICATE.
certificado final de obra.

FINAL CLAUSES OF A CONVENTION.
cláusulas finales de una convención o tratado.

FINAL COSTS.
costas definitivas de un juicio.

FINAL DECISION.
decisión o sentencia definitiva de un juicio.

FINAL DECISION RULE.
regla conforme a la cual sólo son apelables las sentencias definitivas.

FINAL DECREE.
v. FINAL DECISION.

FINAL DETERMINATION.
decisión final de una cuestión litigiosa.

FINAL DISPOSITION.
v. FINAL DETERMINATION.

FINAL DISTRIBUTION.
distribución final en una liquidación o en un trámite sucesorio.

FINAL HEARING.
audiencia final o definitiva de un juicio.

FINAL JUDGMENT.
sentencia definitiva.

FINAL JUDGMENT RULE.
v. FINAL DECISION RULE.

FINAL JURISDICTION.
jurisdicción de última o superior instancia.

FINAL MEETING.
junta de acreedores destinada a dar fin a un proceso concursal o a ciertos aspectos de éste.

FINAL ORDER.
decisión final o definitiva de un caso.

FINAL PASSAGE.
decisión final que toma un cuerpo parlamen-

tario respecto de un proyecto de ley.

FINAL PLEADINGS.
alegatos. Presentación final de las partes en un juicio.

FINAL PROCESS.
el proceso final para decidir un cuestión. ‖ Proceso de ejecución de sentencia o posterior a ésta.

FINAL RECOVERY.
sentencia final o definitiva que ordena un pago a favor del actor.

FINAL REPORT.
informe final, en particular el de un síndico o liquidador.

FINAL SENTENCE.
sentencia final o definitiva.

FINAL SETTLEMENT.
auto mediante el que se da por finalizado un procedimiento sucesorio.

FINAL SUBMISSION.
elevación de los autos a sentencia.

FINALITY OF JUDGMENT.
carácter definitivo de una sentencia.

FINALITY RULE.
v. FINAL DECISION RULE.

FINANCE.
finanzas. ‖ como verbo (*to finance*), financiar.

FINANCE BILL.
proyecto de ley de presupuesto o de ley que incluye disposiciones impositivas o sobre financiación pública.

FINANCE CHARGE.
cargo financiero.

FINANCE COMMITTEE.
comisión de finanzas.

FINANCE COMPANY.
compañía o sociedad financiera.

FINANCE INSTITUTION.
institución financiera.

FINANCIAL.
financiero.

FINANCIAL CONDITION.
condición financiera.

FINANCIAL CORPORATION.
persona jurídica con objeto financiero.

FINANCIAL EXPENSE.
gasto financiero.

FINANCIAL INCOME.
ingreso financiero.

FINANCIAL INSTITUTION.
institución financiera.

FINANCIAL REPORT.
informe financiero.
FINANCIAL RESPONSIBILITY.
capacidad o solvencia financiera.
FINANCIAL STATEMENTS.
estados financieros.
FINANCIAL WORTH.
patrimonio neto.
FINANCIAL YEAR.
año financiero. Año fiscal.
FINANCIALLY ABLE.
solvente.
FINANCIER.
financista.
FINANCING AGENCY.
entidad financiera.
FINANCING STATEMENT.
declaración presentada por un acreedor ante la autoridad competente, respecto de la constitución de un derecho de garantía, necesaria para el perfeccionamiento de tal derecho a favor de él.
FIND.
encontrar. Descubrir. Determinar, ‖ fallar. Decidir. Declarar.
FIND AGAINST.
fallar en contra.
FIND FOR.
fallar a favor.
FIND GUILTY.
declarar culpable.
FINDER.
corredor de operaciones financieras. ‖ descubridor.
FINDER OF GOODS.
descubridor de cosas abandonadas o cosasperdidas.
FINDING.
fallo. Decisión. Determinación judicial. ‖ descubrimiento.
FINDING OF FACT.
determinación de una cuestión de hecho.
FINDING OF LAW.
determinación de una cuestión de Derecho.
FINDINGS OF JURY.
veredicto del jurado, generalmente sobre una cuestión de hecho.
FINE.
multa. ‖ como verbo (to fine), multar.
FINGERPRINT.
huella digital o dactilar. Impresión digital o

dactilar. ‖ como verbo (to fingerprint), tomar impresiones digitales.
FIRE.
fuego. Incendio. ‖ como verbo (to fire), despedir, en el lenguaje vulgar.
FIRE CLAUSE.
cláusula de exoneración de responsabilidad por los daños causados por el fuego o incendios.
FIRE DISTRICT.
distrito de bomberos.
FIRE INSURANCE.
seguro contra incendios.
FIRE LOSS.
pérdida derivada del fuego o incendio.
FIRE REGULATIONS.
reglamentaciones en materia de incendios y su prevención.
FIRE RISK.
riesgo de incendio.
FIRE SALE.
venta en liquidación, especialmente la que resulta de una situación de emergencia del vendedor, como ser incendio o inundación.
FIREARM.
arma de fuego.
FIRM.
firma. Empresa. ‖ firme.
FIRM BID.
oferta en firme.
FIRM NAME.
nombre comercial. Razón social. Designación de una empresa.
FIRM OFFER.
oferta contractual en firme.
FIRMLY.
firmemente.
FIRST.
primero.
FIRST AID CLAUSE.
cláusula de una póliza de seguros en virtud de la cual el asegurador paga los gastos de primeros auxilios derivados de riesgos asegurados.
FIRST BLUSH.
la primera impresión que produce una cosa o situación, y en especial un caso o veredicto judicial.
FIRST-BORN.
primogénito.
FIRST CLASS.
primera clase.

FIRST CLASS TITLE.
título de propiedad que no es defectuoso u observable.

FIRST DEFENDANT.
el demandado original en un juicio.

FIRST DEGREE MURDER.
asesinato con premeditación o alevosía, o cometido en relación con un hecho punible con pena de muerte o de prisión perpetua.

FIRST DEVISEE.
el legatario inicial de un bien, que puede luego ser transferible a otras personas de acuerdo con las condiciones impuestas en el legado.

FIRST-HAND KNOWLEDGE.
conocimiento directo e inmediato.

FIRST HEIR.
el sucesor inicial respecto de un inmueble al que accederá una vez extinguidos los derechos, sujetos a plazo, otorgados a un tercero respecto del mismo inmueble.

FIRST IMPRESSION CASE.
un caso que plantea una cuestión de Derecho no resuelta aún en otros casos, que no puede ser decidida exclusivamente, por lo tanto, en base a precedentes.

FIRST IN, FIRST OUT.
V FIFO.

FIRST INSTANCE.
primera instancia.

FIRST LIEN.
derecho de preferencia o privilegio de primer grado. v. LIEN.

FIRST MEETING OF CREDITORS.
la junta inicial de acreedores, en un procedimiento de quiebra.

FIRST MORTGAGE.
primera hipoteca. Hipoteca de primer grado.

FIRST MORTGAGE BONDS.
bonos garantizados con una hipoteca de primer grado.

FIRST NAME.
nombre de pila.

FIRST OCCUPANT.
primer ocupante o descubridor de un bien.

FIRST OF EXCHANGE.
primera de cambio.

FIRST OFFENDER.
delincuente sin antecedentes penales.

FIRST OPTION.
derecho a una primera opción. Derecho de preferencia.

FIRST PARTY INSURANCE.
seguro sobre la propiedad o persona del asegurado.

FIRST PAST THE POST.
sistema electoral británico en virtud del cual es elegido parlamentario en representación de cada distrito electoral el candidato que obtenga mayor cantidad de votos, con independencia de que esa pluralidad constituya o no mayoría.

FIRST POLICY YEAR.
el primer año de vigencia de una póliza de seguro.

FIRST PURCHASER.
quien primero adquirió de terceros, mediante acto entre vivos, un inmueble o un derecho relativo a éste, luego transferidos por sucesión a sus herederos.

FIRST REFUSAL.
v. RIGHT OF FIRST REFUSAL.

FIRST SALE RULE.
regla conforme a la cual el titular de un derecho de autor no puede ejercerlo respecto de un bien que incorpora el objeto de ese derecho, una vez que el bien de que se trata ha sido vendido.

FIRST VESTED STATE.
el derecho relativo a un inmueble transferido a los herederos inmediatos del propietario de ese inmueble.

FISCAL.
fiscal. Tributario. Relativo al fisco.

FISCAL AFFAIRS.
asuntos fiscales.

FISCAL AGENT.
agente fiscal.

FISCAL COURT.
tribunal fiscal.

FISCAL OFFICERS.
funcionarios fiscales o tributarios.

FISCAL PERIOD.
período fiscal.

FISCAL YEAR.
año fiscal.

FISHERY.
pesca. ‖ zona pesquera. ‖ derecho de pesca. ‖ pescadería.

FISHING.
pesca.

FISHING BOAT.
barco pesquero.

FISHING LICENCE.
licencia de pesca.
FISHING LICENSE.
V. FISHING LICENCE.
FISHING RIGHT.
derecho de pesca.
FISHING TRIP.
práctica procesal en virtud de la cual el procedimiento judicial es utilizado para obtener información vinculada directamente al objeto del juicio. También se aplica la expresión cuando, en el curso de un proceso, se solicita el suministro de información o documentación sin conocerse exactamente el contenido de estos elementos o su relevancia probatoria. Se utiliza la expresión para indicar que una investigación o interrogatorio se han extendido en exceso.
FIT.
apropiado. Apto. Idóneo. ‖ como verbo (*to fit*), adaptar. Hacer apto.
FITNESS.
aptitud. Idoneidad.
FITNESS FOR A PARTICULAR PURPOSE.
aptitud para un propósito especial.
FIX.
fijar. Determinar. Establecer. ‖ situación problemática. Dilema.
FIX PRICES.
acordar o fijar precios.
FIXED.
fijo. Determinado. Establecido.
FIXED ASSETS.
activo fijo.
FIXEX BAIL.
fianza fija o determinada. V. BAIL.
FIXED CAPITAL.
capital fijo.
FIXED CHARGES.
derecho de garantía sobre un bien determinado. V. CHARGE.. ‖ cargas o costos fijos.
FIXED COSTS.
costos fijos.
FIXED DEBT.
deuda consolidada. ‖ deuda a largo plazo.
FIXED EXPENSES.
gastos o costos fijos.
FIXED FEE.
remuneración o retribución fija.
FIXED INCOME.
ingreso fijo

FIXED INDEBTEDNESS.
deuda incondicional. ‖ V. FIXED DEBT.
FIXED LIABILITIES.
responsabilidad no sujeta a condiciones ni a variaciones de valor. ‖ responsabilidad a largo plazo.
FIXED OPINION.
opinión previa o prejuicio de un miembro de un jurado.
FIXED PRICE.
precio fijo. ‖ precio acordado entre competidores.
FIXED PRICE CONTRACT.
contrato a precio fijo.
FIXED SALARY.
salario fijo.
FIXED SENTENCE.
sentencia que dispone una pena fija.
FIXED TENURE.
derecho a permanecer en un cargo por un término fijo.
FIXED TERM.
plazo fijo o determinado.
FIXED TRUST.
fideicomiso que no deja al fideicomisario libertad respecto del ejercicio de sus atribuciones, que deben ejercerse conforme a instrucciones fijas. V. TRUST.
FIXTURE.
inmuebles por adhesión física. Muebles adheridos físicamente a un inmueble.
FLAG.
bandera. ‖ como verbo (*to flag*), indicar. Señalar.
FLAG DESECRATION.
profanación o insulto a la bandera.
FLAG DISCRIMINATION.
discriminación entre navíos de distintas banderas.
FLAG OF CONVENIENCE.
bandera de conveniencia.
FLAG OF TRUCE.
bandera de tregua.
FLAG STATE.
estado de la bandera de un navío.
FLAGRANT.
flagrante.
FLAGRANT NECESSITY.
necesidad evidente e inmediata.
FLAGRANTE DELICTO.
In fraganti. En flagrante delito.

FORCEABLE EXECUTION.
ejecución forzada.

FORCED HEIR.
heredero forzoso.

FORCED LOAN.
empréstito forzoso.

FORCED SALE.
venta forzada.

FORCES.
fuerzas armadas.

FORCIBLE.
violento. Forzado.

FORCIBLE DETAINER.
secuestro de bienes. ‖ desposesión forzada. ‖
V. FORCIBLE ENTRY AND DETAINER.

FORCIBLE ENTRY.
toma de la posesión de un inmueble mediante
el uso de fuerza o violencia.

FORCIBLE ENTRY AND DETAINER.
acción posesoria. Proceso sumario destinado a
recuperar la posesión de un inmueble de la
que se ha sido despojado ilícitamente.

FORCIBLE FELONY.
crimen que supone el uso de fuerza o violencia. V. FELONY.

FORCIBLE RAPE.
violencia realizada con el uso de violencia física.

FORCIBLE TRESPASS.
apropiación violenta de bienes muebles.

FORECLOSE.
emprender una ejecución hipotecaria o basada en otros derechos de garantía. ‖ impedir u
obstaculizar el ejercicio de un derecho.

FORECLOSURE.
ejecución hipotecaria o basada en otro derecho de garantía. ‖ impedimiento u obstáculo
al ejercicio de un derecho.

FORECLOSURE BY SALE.
ejecución de una garantía mediante la venta
privada del bien hipotecado o prendado, ordenada por el acreedor.

FORECLOSURE DECREE.
decreto judicial mediante el que se ordena una
ejecución hipotecaria o basada en otro derecho de garantía.

FORECLOSURE SALE.
venta judicial. Venta forzada. Subasta de un
inmueble hipotecado.

FOREHAND RENT.
alquiler pagadero por adelantado.

FOREIGN.
extranjero. ‖ ajeno. Extraño.

FOREIGN ADJUSTMENT.
liquidación de averías producidas en puertos
extranjeros.

FOREIGN ADMINISTRATOR.
administrador sucesorio designado en el extranjero .

FOREIGN AGENT.
representante de Estados o intereses extranjeros. ‖ substancia extraña, que opera determinados efectos.

FOREIGN AID.
ayuda exterior.

FOREIGN ASSIGNMENT.
cesión efectuada en el extranjero.

FOREIGN ATTACHMENT.
embargo de bienes pertenecientes a quien no
reside en la jurisdicción en la que se ordena tal
embargo.

FOREIGN AWARD.
sentencia arbitral extranjera.

FOREIGN BILL OF EXCHANGE.
letra de cambio librada en un país distinto al
de pago.

FOREIGN BOND.
bono extranjero.

FOREIGN COIN.
moneda extranjera.

FOREIGN COMMERCE.
comercio exterior.

FOREIGN COMPANY.
compañía extranjera.

FOREIGN CONSULATE.
consulado de un país extranjero.

FOREIGN CORPORATION.
persona jurídica o sociedad por acciones extranjera o constituida en otro estado.
V. CORPORATION.

FOREIGN COUNTRY.
país extranjero.

FOREIGN COURT.
tribunal extranjero.

FOREIGN CREDIT.
crédito externo.

FOREIGN CREDITOR.
acreedor extranjero.

FOREIGN CURRENCY.
moneda extranjera.

FOREIGN DEBT.
deuda externa.

FOREIGN DIPLOMATIC OFFICERS.
agentes diplomáticos extranjeros.

FOREIGN DIVORCE.
divorcio en el extranjero.

FOREIGN DOCUMENTS.
documentos extranjeros.

FOREIGN DOMICILE.
domicilio extranjero.

FOREIGN ENLISTMENT.
alistamiento en un ejército extranjero.

FOREIGN ENTERPRISE.
empresa extranjera.

FOREIGN EXCHANGE.
cambio de moneda extranjera. ‖ moneda extranjera.

FOREIGN EXCHANGE RATE.
tipo de cambio de monedas extranjeras.

FOREIGN FIRM.
firma o empresa extranjera.

FOREIGN GUARDIAN.
tutor o curador designado en una jurisdicción que no es la de domicilio del pupilo o incapaz.

FOREIGN INMUNITY.
inmunidad de los Estados extranjeros.

FOREIGN INVESTMENT.
inversión extranjera.

FOREIGN JUDGMENT.
sentencia extranjera.

FOREIGN JURISDICTION.
jurisdicción extranjera.

FOREIGN JURY.
jurado de un condado que no es aquél en que el litigio tiene lugar.

FOREIGN LAW.
Derecho extranjero.

FOREIGN MINISTER.
representante de un Estado extranjero.

FOREIGN MONEY.
dinero extranjero.

FOREIGN OFFICE.
Ministerio de asuntos o relaciones exteriores de Gran Bretaña.

FOREIGN PLEA.
excepción de falta de competencia territorial.

FOREIGN PRINCIPAL.
mandante o representante extranjero.

FOREIGN PROCEEDING.
procedimiento en el extranjero.

FOREIGN RECEIVER.
síndico o liquidador designados en el extranjero. V. RECEIVER..

FOREIGN REPRESENTATIVE.
representante designado en el exterior o en un procedimiento extranjero.

FOREIGN SECURITIES.
títulos extranjeros. v. SECURITIES.

FOREIGN SERVICE.
servicio exterior. ‖ v. FOREIGN SERVICE OF PROCESS.

FOREIGN SERVICE OF PROCESS.
notificación de actos procesales en el exterior.

FOREIGN SITUS TRUST.
fideicomiso creado bajo una ley extranjera. v. TRUST.

FOREIGN STATE.
estado extranjero. ‖ otro estado de los Estados Unidos.

FOREIGN SUBSTANCE.
substancia exterior o extraña al organismo.

FOREIGN TAX CREDIT.
crédito impositivo por impuestos pagados en el exterior.

FOREIGN TAX DEDUCTION.
deducción de impuestos pagados en el exterior.

FOREIGN TRADE.
comercio exterior.

FOREIGN TRADE ZONE.
zona de libre importación.

FOREIGN TRUST.
v. FOREIGN SITUS TRUST.

FOREIGN WATERS.
aguas territoriales de un país extranjero.

FOREIGN WILL.
testamento de una persona domiciliada fuera de un país o estado determinado.

FOREIGNER.
extranjero.

FOREJUDGE.
prejuzgar.

FOREMAN.
capataz. ‖ presidente de un jurado.

FOREMATRON.
presidente de un jurado.

FORENSIC.
forense. Relativo a la justicia.

FORENSIC EXPERT.
perito judicial.

FORENSIC MEDICINE.
medicina legal.

FOREPERSON.
presidente de un jurado.

FORESEE.
prever. Anticipar.

FORESEEABILITY.
previsibilidad .

FORESEEABLE.
previsible.

FORESHORE.
la zona que media entre las líneas de alta y baja marea.

FORESIGHT.
previsión. Anticipación.

FOREST.
bosque.

FORESTALL.
impedir. Obstruir.

FORESTALL THE MARKET.
impedir el acceso de productos al mercado. ‖ elevar el precio de mercaderías mediante su compra para su posterior reventa.

FORFEIT.
perder un derecho como consecuencia del incumplimiento de una obligación o como penalidad. ‖ ser multado.

FORFEITABLE.
sujeto a confiscación, decomiso o pérdida, como consecuencia del incumplimiento de una obligación.

FORFEITURE.
pérdida de un derecho como consecuencia del incumplimiento de una obligación o como penalidad. ‖ confiscación. Decomiso. ‖ multa. Pena.

FORFEITURE CLAUSE.
cláusula que prevé la pérdida de un derecho o bien en caso de darse cierta condición, especialmente un incumplimiento de una obligación de la parte sujeta a esa pérdida.

FORFEITURE OF A BENEFIT.
decadencia de un beneficio.

FORFEITURE OF A BOND.
pérdida de una garantía como consecuencia del incumplimiento de la obligación que esa garantía aseguraba.
v. BOND.

FORFEITURE OF A PUBLIC OFFICE.
pérdida o remoción de un cargo público.

FORFEITURE OF LEASE.
resolución de una locación por violación de obligaciones del locatario. v. LEASE.

FORFEITURE OF SHARES.
pérdida del derecho respecto de ciertas acciones de una sociedad por encontrarse en mora en la integración del capital.

FORGE.
falsificar. Imitar fraudulentamente.

FORGED.
falsificado. Fraguado.

FORGED CHECK.
cheque falsificado.

FORGED CHEQUE.
v. FORGED CHECK.

FORGED DOCUMENT.
documento falsificado.

FORGED INDORSEMENT.
endoso falsificado.

FORGER.
falsificador.

FORGERY.
falsificación. Imitación fraudulenta.

FORM.
forma. ‖ formulario. ‖ modelo. ‖ como verbo (*to form*), formar. Establecer. Constituir.

FORM OF ACTION.
acción procesal tipificada.
v. FORMS OF ACTION.

FORMA PAUPERIS.
v. APPEAL IN FORMA PAUPERIS.

FORMAL.
formal.

FORMAL CONCLUSION.
conclusión formal a la que llega un tribunal o un jurado.

FORMAL CONTRACT.
contrato formal.

FORMAL DEFECT.
defecto de forma.

FORMAL ISSUE.
cuestión formal.

FORMAL PLEA.
excepción o defensa basada en vicios de forma. ‖ petición formal.

FORMAL PROMISE.
promesa formal.

FORMAL REQUIREMENT.
requisito formal.

FORMALISM.
formalismo.

FORMALITY.
formalidad.

FORMALIZE.
formalizar. Perfeccionar. Celebrar. Instrumentar.

FORMED DESIGN.
intención formada y deliberada de cometer un delito.

FORMER.
primero. Anterior. Previo.

FORMER ADJUDICATION.
decisión judicial previa.

FORMER JEOPARDY.
V. DOUBLE JEOPARDY.

FORMER PROCEEDINGS.
procedimientos anteriores sobre una misma cuestión.

FORMER RECOVERY.
indemnización o satisfacción de una pretensión ya satisfecha en un anterior juicio.
V. RECOVERY.

FORMER STATEMENTS.
declaraciones hechas por una parte o un testigo en una anterior oportunidad.

FORMER TESTIMONY.
testimonio prestado en una actuación anterior sobre cuestiones relativas a un juicio en curso.

FORMS OF ACTION.
designación del proceso formulario inglés tradicional, en virtud del cual las posibles acciones se encontraban estrictamente tipificadas y sujetas a un *numerum clausum*, de suerte que la inclusión de una pretensión bajo alguna de tales acciones implicaba la imposibilidad de articularla judicialmente.

FORMULA.
fórmula. ‖ fórmula utilizada procesalmente.

FORMULA INSTRUCTION.
instrucción al jurado en la que se establece la solución jurídica aplicable de configurarse ciertos hechos.

FORNICATE.
fornicar.

FORNICATION.
fornicación.

FORSPEAKER.
abogado en una causa.

FORSWEAR.
jurar en falso.

FORTAX.
gravar con impuestos ilegales o abusivos.

FORTHCOMING BOND.
garantía relativa a la presentación de bienes embargados. V. BOND.

FORTHWITH.
inmediatamente. En forma inmediata.

FORTUITOUS.
fortuito.

FORTUITOUS COLLISION.
colisión fortuita o accidental.

FORTUITOUS EVENT.
hecho fortuito.

FORTUITOUSLY.
fortuitamente.

FORUM.
foro. Tribunal. Jurisdicción.

FORUM ACTUS.
jurisdicción del lugar en que se efectuó un acto.

FORUM ARRESTI.
facultad jurisdiccional de ordenar el secuestro de los bienes de un deudor.

FORUM CLAUSE.
cláusula de elección de jurisdicción.

FORUM COMPETENS.
tribunal competente.

FORUM CONTRACTUS.
jurisdicción del lugar de celebración de un contrato.

FORUM CONVENIENS.
jurisdicción apropiada o adecuada.

FORUM DESTINATAE SOLUTIONIS.
jurisdicción del lugar de cumplimiento de la obligación.

FORUM DOMESTICUM.
tribunal interno de una asociación u organización.

FORUM DOMICILII.
jurisdicción del domicilio del demandado.

FORUM DOMICILII ACTORIS.
jurisdicción del domicilio del actor.

FORUM DOMICILII REI.
jurisdicción del domicilio del demandado.

FORUM FORTUITUM.
jurisdicción sobre una causa resultante de circunstancias fortuitas.

FORUM LIGENTIAE ACTORIS.
jurisdicción del país de nacionalidad del actor.

FORUM LIGENTIAE REI.
jurisdicción del país de nacionalidad del demandado.

FORUM LITIS MOTAE.
jurisdicción del tribunal en que se inicia una acción.

FORUM NON CONVENIENS.
jurisdicción inadecuada o inapropiada. Un tribunal puede declararse incompetente confor-

me a la teoría de este nombre cuando exista otro tribunal más apropiado para llegar a una solución adecuada del caso bajo examen.

FORUM ORIGINIS.
jurisdicción del domicilio de origen de una de las partes.

FORUM REI.
jurisdicción del lugar donde se encuentra la cosa objeto de un juicio. ‖ jurisdicción del domicilio del demandado.

FORUM REI GESTAE.
jurisdicción del lugar donde se efectuó un acto.

FORUM REI SITAE.
jurisdicción del lugar donde se encuentra la cosa objeto de un juicio.

FORUM SELECTED.
jurisdicción elegida por las partes.

FORUM SELECTING CLAUSE.
cláusula de elección de jurisdicción.

FORUM SHOPPING.
conducta mediante la cual una parte intenta seleccionar el tribunal más conveniente para iniciar una acción, de los varios que sean posibles. Término despectivo que indica desaprobación de la mencionada conducta.

FORWARD.
adelante. ‖ como verbo (*to forward*), enviar. Transmitir. Transportar.

FORWARDER.
quien recibe bienes para su posterior transporte. ‖ abogado que pasa asuntos a otro.

FORWARDER'S RECEIPT.
carta de norte.

FORWARDING.
expedición. Envío. Transmisión.

FORWARDING AGENT.
agente de empresa o expedición. Quien recibe bienes para su posterior transporte.

FORWARDING BANK.
banco que envía un valor a otro, particularmente para su cobro.

FORWARDING CHARGES.
cargos de expedición.

FORWARDING FEE.
participación en los honorarios que corresponde al abogado que pasa asuntos a otro.

FORWARDING INSTRUCTIONS.
instrucciones de envío.

FOSTER CHILD.
niño a quien se da el trato y los cuidados de un

hijo, aunque no sea formalmente adoptado. v. FOSTERAGE.

FOSTER HOME.
hogar de niños expósitos.

FOSTER PARENT.
quien da a un niño el trato y los cuidados de un padre, aunque no exista formalmente adopción. v. FOSTERAGE.

FOSTERAGE.
la relación entre un niño a quien se da el trato y los cuidados de un hijo, y quien brinda esos tratos. v. FOSTER CHILD. FOSTER PARENT.

FOUL.
sucio. Malo. Tramposo. ‖ como verbo (*to foul*), ensuciar.

FOUL BILL OF LADING.
conocimiento de embarque con observaciones o reservas.
v. BILL OF LADING.

FOUND.
encontrarse en un lugar determinado. ‖ como verbo (*to found*), fundar. Constituir.

FOUNDATION.
fundación, en sus distintas acepciones.

FOUNDED.
fundado. Basado.

FOUNDED ON.
basado en. Fundado en.

FOUNDER.
fundador.

FOUNDER OF A TRUST.
fideicomitente. v. TRUST.

FOUNDERS SHARES.
acciones o partes de fundador.

FOUNDING FATHERS.
los padres fundadores. Expresión utilizada en los Estados Unidos para referirse a los autores de la Constitución federal de ese país y a los inspiradores de sus instituciones fundamentales.

FOUNDLING.
niño expósito.

FOUR CORNERS RULE.
regla conforme a la cual un instrumento debe ser interpretado conforme a lo contenido en ese instrumento, en su conjunto, con exclusión de elementos extrínsecos.

FRACTION.
fracción.

FRACTION OF A DAY.
parte o fracción de un día.

FRACTIONAL SHARES.
acciones fraccionarias. ‖ partes fraccionarias.

FRAME-UP.
maniobra dirigida acusar o condenar a alguien con pruebas falsas. v. FRAMED.

FRAMED.
condición de quien resulta acusado o condenado en base a pruebas falsas.

FRAMED EVIDENCE.
pruebas falsificadas.

FRAMING.
v. FRAME-UP.

FRANCHISE.
franquicia. Privilegio. ‖ derecho de voto. ‖ autorización a usar una marca, nombre u otro derecho exclusivo. ‖ negocio contractual complejo, basado en una licencia de marca, acompañada de medidas de control sobre la apariencia, calidad y actividades del licenciatario, y de otras medidas tendientes a asegurar un cierto nivel mínimo de prestaciones al público.

FRANCHISE CLAUSE.
cláusula de franquicia en una póliza de seguros.

FRANCHISE TAX.
impuesto que grava la concesión de ciertos derechos o privilegios, como ser la autorización a actuar como persona jurídica.

FRANCHISED DEALER.
un concesionario que actúa bajo el régimen de FRANCHISE (v.).

FRANCHISEE.
el licenciatario bajo un contrato de FRANCHISE (v.).

FRANCHISING.
la comercialización a través de un sistema basado en contratos de FRANCHISE (v.).

FRANCHISOR.
el licenciante bajo un contrato de FRANCHISE (v.).

FRANKING PRIVILEGE.
franquicia postal.

FRATERNAL.
fraternal. Mutual.

FRATERNAL INSURANCE.
socorros mutuos. Seguros mutuales.

FRATERNAL SOCIETY.
fraternidad. ‖ sociedad de ayuda o socorros mutuos.

FRATERNITY.
fraternidad. Cofradía.

FRATRICIDE.
fratricida. ‖ fratricidio.

FRAUD.
fraude. Estafa. Defraudación. ‖ dolo. Engaño. ‖ abuso de confianza.

FRAUD IN EQUITY.
conducta que se reputa como fraude frente al régimen de EQUITY (v.).

FRAUD IN FACT.
fraude efectivo o de hecho.

FRAUD IN LAW.
fraude presumido o imputado por la ley.

FRAUD IN THE FACTUM.
fraude respecto a aspectos fácticos, como cuando se cambia la hoja a ser firmada por otra desconocida por el firmante.

FRAUD IN THE INDUCEMENT.
dolo dirigido a inducir a la contraparte a realizar cierto acto.

FRAUD ON A STATUTE.
fraude contra la ley. Fraude que está dirigido a violar las disposiciones de una ley determinada.

FRAUD ON CREDITORS.
fraude en perjuicio de los acreedores.

FRAUD ON POWER.
abuso fraudulento en el ejercicio de un mandato o representación.

FRAUD ON THE PUBLIC.
fraude contra el público.

FRAUD ON THIRD PERSONS.
fraude en perjuicio de terceros.

FRAUD ORDER.
orden dirigida a una oficina de correos para prevenir el uso del correo con fines fraudulentos.

FRAUDULENT.
fraudulento. Doloso.

FRAUDULENT ACT.
acto fraudulento.

FRAUDULENT ALIENATION.
enajenación fraudulenta.

FRAUDULENT ALIENEE.
quien adquiere un bien con conocimientos de que ha sido enajenado fraudulentamente.

FRAUDULENT ASSIGNMENT.
cesión fraudulenta, en particular la efectuada por un insolvente en favor de ciertos acreedores.

FRAUDULENT BANKING.
recepción de depósitos bancarios en fraude de

FREIGHT BOOKING.
reserva de bodega.
FREIGHT CHARGES.
gastos de transporte.
FREIGHT COLLECT.
flete pagadero en destino.
FREIGHT COMMISSION.
comisión cargada sobre los fletes.
FREIGHT CONTRACTING.
contratación de operaciones de transporte.
FREIGHT FORWARD.
flete pagadero en destino.
FREIGHT FORWARDER.
despachante de carga. Quien realiza operaciones de expedición de carga.
V. FORWARDER.
FREIGHT INSURANCE.
seguro de carga.
FREIGHT MILE.
unidad de medida de transporte, equivalente al movimiento de una tonelada por espacio de una milla.
FREIGHT PAYABLE AT DESTINATION.
flete pagadero en destino.
FREIGHT RATE.
tarifa de transporte de cargas.
FREIGHTER.
quien contrata una operación de transporte de carga. ‖ el buque contratado para una operación de transporte de carga.
FREQUENT.
frecuente. ‖ como verbo (*to frequent*), frecuentar.
FREQUENTER.
quien tiene derecho de acceso a un lugar público o de trabajo, sin estar allí empleado. ‖ quien frecuenta un lugar.
FRESH.
nuevo. Inmediato.
FRESH COMPLAINT RULE.
regla conforme a la cual el hecho de que un delito, especialmente de naturaleza sexual, haya sido denunciado en forma relativamente inmediata fortalece las pruebas que dé la supuesta víctima.
FRESH EVIDENCE.
nuevos elementos de prueba. Prueba sobreviniente.
FRESH PURSUIT.
seguimiento o persecución en forma inmediata a la comisión de un delito.

FRESH START.
recomienzo. Reinicio.
FRIEND.
amigo.
FRIEND OF THE COURT.
V. AMICUS CURIAE.
FRIENDLY ADJUSTMENT.
concordato extrajudicial.
FRIENDLY FIRE.
fuego útil.
FRIENDLY RECEIVERSHIP.
síndico o administrador designado como consecuencia de un concordato extrajudicial.
V. RECEIVERSHIP.
FRIENDLY SETTLEMENT.
transacción amigable.
FRIENDLY SOCIETY.
asociación de ayuda y socorros mutuos.
FRIENDLY SUIT.
juicio que es iniciado de común acuerdo por las partes a fin de obtener un pronunciamiento judicial respecto de una cuestión disputada entre ellas. ‖ juicio interpuesto por un acreedor contra un administrador de bienes ajenos, a instancias de éste, con el fin de poder obtener una sentencia oponible a los restantes acreedores.
FRIGIDITY.
frigidez.
FRINGE BENEFITS.
beneficio extrasalariales, generalmente de naturaleza no dineraria, otorgados a obreros y empleados.
FRISK.
palpar de armas.
FRIVOLOUS.
frívolo. Vano.
FRIVOLOUS ACTION.
acción que carece de propósito o de fundamento.
FRIVOLOUS ANSWER.
contestación de la demanda manifiestamente carente de fundamento.
FRIVOLOUS APPEAL.
apelación manifiestamente carente de fundamento.
FRIVOLOUS DEFENCE.
defensa manifiestamente carente de fundamento.
FRIVOLOUS DEFENSE.
V. FRIVOLOUS DEFENSE.

FRIVOLOUS PLEA.
articulación procesal carente de propósito o fundamento.

FRIVOLOUS SUIT.
juicio carente de propósito o fundamento.

FROM TIME TO TIME.
ocasionalmente. Oportunamente. De tanto en tanto. Periódicamente.

FRONT.
frente.

FRONT-BENCHER.
en Gran Bretaña, los parlamentarios que ocupan puestos en el gabinete.

FRONT FOOT.
medida equivalente a un pie de frente de una propiedad, utilizada para fijar los valores de impuestos, tasas y contribuciones.

FRONT OPERATION.
operación o actividad utilizada para encubrir otra de carácter ilícito.

FRONT WAGES.
salarios adicionales abonados para compensar los perjuicios ocasionados por prácticas discriminatorias.

FRONTAGE.
el frente de una propiedad.

FRONTAGER.
el propietario de un inmueble cuyo frente da a la vía pública.

FRONTIER.
frontera.

FRONTIER DISPUTE.
controversia fronteriza o de límites.

FRONTING.
condición de una propiedad en cuanto su frente da a una vía pública.

FROZEN.
congelado.

FROZEN ACCOUNT.
cuenta congelada o inmovilizada.

FROZEN ASSETS.
activos congelados o inmovilizados.

FRUIT.
fruto.

FRUIT OF POISONOUS TREE DOCTRINE.
doctrina conforme a la cual las pruebas derivadas de confesiones obtenidas ilegalmente o mediante procedimientos prohibidos no son admisibles en juicio.

FRUITLESS.
infructuoso. Improductivo.

FRUITS OF CRIME.
los frutos o beneficios del delito.

FRUITS OF PROPERTY.
ganancias y rentas derivadas de una propiedad.

FRUITS OF THE LAND.
frutos naturales.

FRUSTRATE.
frustrar.

FRUSTRATED EXPECTATIONS.
expectativas frustradas o defraudadas.

FRUSTRATION.
frustación. Fracaso. Extinción. Impedimento.

FRUSTRATION CLAUSE.
cláusula contractual que prevé las reglas aplicables en caso de frustración del propósito del contrato.
V. FRUSTRATION OF CONTRACT.

FRUSTRATION OF CONTRACT.
frustración del contrato. Doctrina conforme a la cual las obligaciones contractuales se extinguen en caso de frustrarse el propósito en vista del cual tales obligaciones habían sido asumidas.

FRUSTRATION OF PURPOSE.
frustración del propósito de un contrato.
V. FRUSTRATION OF CONTRACT.

FRUSTRATION OF THE ADVENTURE.
frustración de una operación o negocio.

F.T.C.
iniciales de FEDERAL TRADE COMMISSION. (v.).

FUGITIVE.
fugitivo. Prófugo.

FUGITIVE FROM JUSTICE.
fugitivo o prófugo de la justicia.

FULFILL.
cumplir. Ejecutar. Satisfacer un requisito.

FULFILL AN OBLIGATION.
cumplir una obligación.

FULFILLMENT.
cumplimiento. Ejecución. Satisfacción de un requisito.

FULL.
pleno. Completo. Suficiente.

FULL ACTUAL LOSS.
pérdida total experimentada.

FULL AGE.
mayoría de edad.

FULL AMOUNT.
valor íntegro o total.

FULL AND COMPLETE CARGO.
carga plena y completa.

FULL ANSWER.
contestación de la demanda que reúne todos los requisitos formales.

FULL AUTHORITY.
poderes plenos y suficientes. ‖ capacidad plena. ‖ autoridad plena y suficiente.

FULL BENCH.
un tribunal colegiado en pleno.

FULL BILL OF LADING.
conocimiento de embarque en el que el transportista asume plena responsabilidad por la carga.

FULL BLOOD.
relación de consanguinidad tanto por vía paterna como por la materna.

FULL BROTHER.
hermano carnal.

FULL CASH VALUE.
valor pleno en efectivo de un bien, en condiciones normales de mercado.

FULL COPY.
copia integral. Transcripción completa.

FULL COURT.
tribunal en pleno.

FULL COVENANTS.
garantías plenas respecto del título de propiedad transmitido.

FULL COVERAGE.
cobertura completa de un riesgo.

FULL DEFENCE.
formulación plena y no resumida de la defensa opuesta en un juicio.

FULL DEFENSE.
V. FULL DEFENCE.

FULL DISCLOSURE.
plena declaración de ciertas circunstancias cuya revelación exige la ley en ciertos casos, por ejemplo, el interés que un mandatario puede tener a título personal en una operación en la que actúa en representación de terceros.

FULL FAITH AND CREDIT CLAUSE.
cláusula constitucional estadounidense en virtud de la cual todos los actos públicos de un estado deben ser reconocidos en el resto de la Unión.

FULL HEARING.
procedimiento en el que se da plena posibilidad de accionar y de defensa a las partes, así como una amplia oportunidad de producir las pruebas necesarias para acreditar los extremos planteados.

FULL INDORSEMENT.
endoso sin limitaciones a favor de una persona determinada.

FULL JURISDICTION.
jurisdicción plena y sin limitaciones respecto de determinada materia o cuestión.

FULL LIFE.
la situación de quien se encuentra con vida de hecho y de derecho.

FULL NAME.
nombre completo de una persona.

FULL-PAID STOCK.
acciones totalmente integradas.

FULL PARDON.
indulto pleno.

FULL PARTNER.
socio con responsabilidad solidaria de una sociedad de personas.

FULL PAYMENT.
pago total.

FULL POWERS.
plenos poderes.

FULL PROOF.
prueba plena.

FULL RIGHT.
derecho pleno.

FULL SATISFACTION.
pago total de una deuda. ‖ entera satisfacción.

FULL SETTLEMENT.
liquidación y pago total de las obligaciones existentes entre las partes.

FULL TIME.
dedicación exclusiva.

FULL VALUE.
valor total o pleno de un bien.

FULL WARRANTY.
garantía plena.

FULLY ACCOUNTED.
actos u operaciones que han sido objeto de una plena rendición de cuentas.

FULLY ADMINISTERED.
presentación judicial del administrador de una sucesión por la que manifiesta haber dispuesto de la totalidad de los activos puestos bajo su administración.

FULLY PAID STOCK.
capital totalmente integrado.

FUNCTION.
función.

FUNCTIONAL DEPRECIATION.
depreciación de un bien como consecuencia de su reemplazo por otros más eficientes.

FUNCTIONAL DISEASE.
enfermedad que impide el funcionamiento de algún órgano corporal.

FUNCTIONAL OBSOLESCENCE.
la obsolescencia de un bien, tal que le impide continuar desarrollando las funciones productivas a que estaba aplicado o hacerlo económicamente.

FUNCTIONARY.
funcionario.

FUND.
fondo. Patrimonio. Capital. ‖ como verbo (*to fund*), financiar. Suministrar fondos.

FUND RAISING.
colecta u obtención de fondos.

FUNDAMENTAL.
fundamental.

FUNDAMENTAL BREACH OF CONTRACT.
violación de una obligación esencial de un contrato.

FUNDAMENTAL CHANGE OF CIRCUMSTANCES.
cambio fundamental de las circunstancias subyacentes a un acto.

FUNDAMENTAL ERROR.
error esencial.

FUNDAMENTAL FAIRNESS DOCTRINE.
doctrina que exige la aplicación de las reglas de debido proceso en materia judicial.

FUNDAMENTAL LAW.
ley fundamental.

FUNDAMENTAL RIGHTS.
derechos fundamentales.

FUNDAMENTAL TERM OF CONTRACT.
cláusula esencial de un contrato.

FUNDED.
financiado. Con reservas suficientes para atender las obligaciones que implica.

FUNDED DEBT.
deuda para cuya atención se destina un fondo u otros recursos determinados. ‖ Deuda consolidada.

FUNDING.
financiamiento. Consolidación de deudas.

FUNDING SYSTEM.
sistema de financiamiento.

FUNDS.
fondos.

FUNERAL EXPENSES.
gastos funerarios.

FUNGIBLE.
fungible.

FUNGIBLE GOODS.
V. FUNGIBLES.

FUNGIBLES.
bienes fungibles.

FURNISH.
proveer. Proporcionar. Suministrar.

FURNISH BAIL.
prestar fianza.

V. BAIL.

FURNISH INFORMATION.
suministrar información.

FURNITURE.
el mobiliario de una casa u oficina.

FURTHER.
ulterior. Futuro.

FURTHER ADVANCE.
nuevo préstamo otorgado al mismo deudor hipotecario.

FURTHER ASSURANCE.
garantías adicionales respecto de un acto o prestación.

FURTHER EVIDENCE.
pruebas adicionales u ulteriores.

FURTHER HEARING.
audiencias adicionales o ulteriores.

FURTHER INSTRUCTIONS.
instrucciones adicionales dadas a un jurado, luego que éste ya ha sesionado en base a las instrucciones originales.

FURTHER PROCEEDINGS.
procedimientos adicionales o ulteriores.

FURTHERANCE.
impulso. Promoción. Actuación con miras a un resultado.

FURTIVE.
furtivo. Secreto.

FUTURE.
futuro.

FUTURE ADVANCE CONTRACT.
contrato en el que se establece que los adelantos adicionales que se otorguen al deudor estarán sujetos a las mismas garantías que inciden sobre los préstamos ya desembolsados.

FUTURE ADVANCES.
los adelantos posteriores al perfeccionamiento de una garantía y que dan lugar a obligaciones también aseguradas por esa garantía.

FUTURE DAMAGES.

daños y perjuicios determinados en función de las consecuencias futuras de un hecho ilícito.

FUTURE EARNINGS.

ganancias o ingresos futuros.

FUTURE ESTATES.

derechos relativos a inmuebles sujetos a plazo o condición, de forma que recién serán efectivos en el futuro.

V. ESTATE.

FUTURE GOODS.

bienes no existentes, o si existentes, no determinados.

FUTURE INTEREST.

derechos relativos a un inmueble en los que la posesión sólo se adquirirá en un momento futuro.

FUTURE PERFORMANCE.

cumplimiento futuro o diferido de una obligación contractual.

FUTURE RENT.

rentas o alquileres futuros.

FUTURE RIGHT.

derecho futuro o en expectativa.

FUTURES.

futuros. Contratos u operaciones de futuro. Operaciones a término.

FUTURES CONTRACT.

contrato de futuro o a término. Contrato en el que una parte se obliga a entregar en una fecha futura una cantidad de bienes fungibles, a un precio determinado.

FUTURES TRADING.

operaciones de futuro a término.

G

GABEL.
gabela.

GAG ORDER.
orden judicial que prohíbe a alguna de las partes hablar durante las audiencias, o se lo impide de hecho, debido a desórdenes o inconductas antes ocasionados por esa parte.

GAGE.
prenda.

GAIN.
ganancia. Utilidad. Beneficio. ‖ como verbo (*to gain*), ganar. Beneficiarse.

GAINFUL.
beneficioso. Provechoso. Lucrativo. Ventajoso.

GAINFUL EMPLOYMENT.
empleo lucrativo o provechoso.

GAINFUL OCCUPATION.
ocupación lucrativa o provechosa.

GAMBLER.
apostador. Tahúr.

GAMBLING.
práctica de juegos por dinero o apuestas.

GAMBLING CONTRACT.
contrato de juego.

GAMBLING DEVICE.
aparato usado para juegos de azar.

GAMBLING HOUSE.
casa de juego.

GAMBLING PLACE.
lugar de juego.

GAMBLING POLICY.
póliza de seguro de vida cuyo beneficiario no tiene un interés o vinculación pecuniarios con la vida asegurada.

GAMBLING TRANSACTION.
operación de juego.

GAME.
juego. ‖ animales y aves salvajes, y como tales objeto de cacería.

GAME-KEEPER.
guardián de caza.

GAME LAWS.
leyes de caza.

GAME LICENCE.
licencia de caza.

GAME LICENSE.
V. GAME LICENCE.

GAME OF CHANGE.
juego de azar.

GAMING.
practicar juegos de azar.

GAMING CONTRACT.
V. GAMBLING CONTRACT.

GANANCIAL PROPERTY.
propiedad ganancial. Se utiliza la expresión solamente como traducción de sus equivalentes en otros idiomas.

GANG.
banda. Pandilla.

GANGSTER.
gangster. Pistolero. Hampón.

GAOL.
carcel. Prisión.

GAP.
laguna. Vacío.

GARAGEMAN'S LIEN.
privilegio o derecho de preferencia en favor de un garage o una estación de servicios en relación con las obligaciones derivadas de los servicios prestados. V. LIEN.

GARBLE.
mezclar o confundir, especialmente comunicación o información.

GENERAL GUARANTY.
garantía general.

GENERAL GUARDIAN.
tutor o curador general. v. GUARDIAN.

GENERAL INCOME TAX.
impuesto general a las ganancias. Impuesto que pesa sobre las ganancias de una persona, en su conjunto.

GENERAL INDORSEMENT.
endoso en blanco.

GENERAL INSANITY.
insania o demencia total.

GENERAL INSTRUCTION.
instrucción que en todos los juicios debe ser dada al jurado.

GENERAL INSURANCE.
seguro general. ‖ seguro contra riesgos que surgen de la naturaleza del seguro tomado, sin necesidad de ser especificados.

GENERAL INTENT.
intención general de realizar cierta conducta, aunque no exista respecto de sus elementos o circunstancias particulares.

GENERAL INTEREST.
el interés general.

GENERAL JUDGMENT.
v. JUDGMENT IN PERSONAM.

GENERAL JURISDICTION.
competencia general, en contraposición a la que se ciñe a determinados tipos de casos.

GENERAL LAW.
ley o norma general.

GENERAL LEGACY.
legado pagadero de los activos generales de la sucesión.

GENERAL LETTER OF CREDIT.
carta de crédito no dirigida a una persona determinada.

GENERAL LIEN.
preferencia o privilegio que se ejerce no solamente respecto de créditos vinculados a los bienes sujetos a esas preferencias sino también respecto de los restantes créditos surgidos de las relaciones entre el deudor y el acreedor, aunque sean ajenos a tales bienes. v. LIEN.

GENERAL MALICE.
malicia o encono contra un conjunto de personas. ‖ carácter malicioso o criminal de una persona.

GENERAL MANAGER.
gerente general.

GENERAL MEETING.
asamblea general.

GENERAL MORTGAGE.
hipoteca sobre la generalidad de los bienes del deudor.

GENERAL MORTGAGE BOND.
bono o debenture garantizado con una hipoteca general sobre los bienes de la sociedad emisora.

GENERAL OBJECTION.
objeción general dirigida contra la prueba ofrecida o producida por la contraparte.

GENERAL OBLIGATION BOND.
bono garantizado con los recursos generales del ente emisor.

GENERAL OBLIGATIONS.
las obligaciones generales que resultan de determinados contratos.

GENERAL ORDER.
reglas generales de procedimiento dictadas por un tribunal.

GENERAL OWNER.
quien goza de la propiedad y de la posesión de un inmueble.

GENERAL PARDON.
indulto general para cierto tipo de delincuentes.

GENERAL PARTNER.
socio solidario de una sociedad de personas.

GENERAL PARTNERSHIP.
sociedad de personas similar a la sociedad colectiva.

GENERAL PLEA.
presentación o articulación procesal que niega en forma general afirmaciones hechas anteriormente por la contraparte. v. PLEA.

GENERAL POLICY CONDITIONS.
condiciones generales de cierto tipo de pólizas de seguros.

GENERAL POWER OF APPOINTMENT.
facultad dada a un donatario de determinar libremente quién será el beneficiario ulterior de un derecho relativo a inmuebles, una vez fallecido el donatario o extinguidos los derechos a éste transmitidos.
v. POWER OF APPOINTMENT.

GENERAL POWER OF ATTORNEY.
poder general.

GENERAL POWERS.
poderes o facultades generales en determinada materia.

GENERAL PRAYER.
petitorio general basado en los elementos ya formulados en la demanda.

GENERAL PRINCIPLES OF LAW.
principios generales del Derecho.

GENERAL PROPERTY.
propiedad, en sentido similar al que corresponde bajo el derecho de dominio.

GENERAL PROXY.
v. GENERAL POWER OF ATTORNEY.

GENERAL PUBLIC.
norma o ley de aplicación general, en contraposición a la que dirige a individuos determinados.

GENERAL RECEIVERSHIP.
administrador o liquidador judicial con atribuciones respecto de la totalidad de los bienes de la persona sujeta a quien así ha sido designado.

GENERAL RELIEF.
pretensión general basada en los elementos ya formulados en la demanda.
v. RELIEF.

GENERAL REPLICATION.
réplica mediante la que se niegan por el actor las afirmaciones formuladas en la contestación a la demanda.

GENERAL REPRISALS.
represalias de tipo general contra un Estado extranjero.

GENERAL REPUTATION.
reputación general de un acusado.

GENERAL RETAINER.
acuerdo con un abogado para que éste se haga cargo de la generalidad de los asuntos de una empresa, por un plazo determinado o sin término cierto. v. RETAINER.

GENERAL REVENUE FUND.
fondo de rentas generales.

GENERAL REVIVAL RULES.
reglas que establecen que el fallecimiento de una de las partes de un juicio no impide la normal continuación de éste, a través de los representantes de la parte fallecida.

GENERAL SAVING PROVISION.
disposición legal que establece que la derogación de la ley de que forma parte no tendrá efectos retroactivos respecto de los derechos adquiridos bajo dicha ley.

GENERAL STATUTE.
ley general.

GENERAL STRIKE.
huelga general.

GENERAL SUCCESSION.
sucesión entre Estados.

GENERAL SURVIVAL RULES.
v. GENERAL REVIVAL RULES.

GENERAL TAX.
impuesto general.

GENERAL TENANCY.
derecho a ejercer la posesión de un inmueble, no sujeta a un plazo cierto. v. TENANCY.

GENERAL TERM.
período general de sesiones de un tribunal.

GENERAL TRAVERSE.
negativa general de las afirmaciones de la contraparte.

GENERAL USAGE.
costumbres generales.

GENERAL VERDICT.
veredicto que decide en forma general las cuestiones sometidas a juicio.

GENERAL WARRANT.
orden de arresto de un número indeterminado de personas.

GENERAL WARRANTY.
garantía general.

GENERAL WELFARE.
bienestar general.

GENERAL WORDS.
condiciones o cláusulas generales. Expresiones o fórmulas verbales utilizadas en los actos de transferencia de derechos relativos a inmuebles, mediante las que se detallan los derechos transferidos y las condiciones de la operación, y que no responden a particularidades de esa operación, sino a las consecuencias normales del tipo de acto de que se trata.

GENERATION.
generación.

GENERATION-SKIPPING TRUST.
fideicomiso en el que ciertos beneficios se transfieren directamente a una generación posterior a la inmediatamente siguiente al fideicomitente, de forma de evitar ciertas cargas impositivas. v. TRUST.

GENERIC.
genérico.

GENERIC NAME.
nombre genérico.

GENERIC TRADEMARK.
marca genérica.

GENETIC.
genético.
GENOCIDE.
genocidio.
GENTLEMAN.
caballero.
GENTLEMEN'S AGREEMENT.
acuerdo de caballeros.
GENUINE.
genuino. Legítimo. Auténtico.
GENUINE ISSUE.
cuestión que requiere la producción de pruebas para ser resuelta.
GENUINE LINK.
relación genuina, en particular la que existe entre un Estado y una persona u objeto sujetos a su nacionalidad o protección.
GEOGRAPHIC MARKET.
mercado geográfico.
GERMANE.
pertinente.
GERRYMANDERING.
práctica consistente en trazar artificialmente los distritos electorales de forma de favorecer a determinado partido o candidato.
GESTATION.
gestación.
GESTURE.
gesto.
GET.
obtener. Recibir.
GET-UP.
presentación de una mercadería.
GIFT.
donación.
GIFT BY WILL.
V. GIFT CAUSA MORTIS.
GIFT CAUSA MORTIS.
donación por causa de muerte.
GIFT DEED.
transferencia formal a título gratuito de derechos relativos a inmuebles. V. DEED.
GIFT ENTERPRISE.
mecanismo de promoción comercial mediante el cual se da derecho a los compradores de ciertos bienes a participar de un sorteo.
GIFT IN CONTEMPLATION OF DEATH.
donación realizada en previsión de la muerte cercana o inminente del donante.
GIFT IN TRUST.
donación en favor de un fideicomisario, a fin de que éste cumpla con los términos de un fideicomiso en beneficio de un tercero. V. TRUST.
GIFT INTER VIVOS.
donación entre vivos.
GIFT NOTE.
pagaré dado en donación por el librador.
GIFT OVER.
donación que beneficia inmediatamente a determinado donatario, y al fallecer éste a otra persona fijada en el instrumento de donación.
GIFT SPLITTING.
regla impositiva en virtud de la cual una donación efectuada por una persona casada puede ser atribuida, hasta la mitad, a su cónyuge, como donante.
GIFT TAX.
impuesto sobre las transferencias a título gratuito.
GIFT TO A CLASS.
donación en favor de una categoría de personas no individualizadas sino definidas conforme a ciertas condiciones o características.
GILD.
guilda. Forma británica de gremios. ‖ impuesto. Tributo.
GILT-EDGED SECURITIES.
en Gran Bretaña, los títulos o bonos emitidos por el Estado o que gozan de garantías o seguridad similar. V. SECURITIES.
GILTS.
V. GILT-EDGED SECURITIES.
GINNIE MAE.
nombre corriente de la *Government National Mortgage Association,* Asociación Nacional Gubernamental Hipotecaria, de los Estados Unidos.
GIST.
esencia. Causa. Motivo de una demanda, o de una cuestión o disputa.
GIST OF ACTION.
motivo esencial de una demanda, o de una cuestión o disputa.
GIVE.
dar. Donar.
GIVE AND BEQUEATH.
legar.
GIVE BAIL.
dar fianza respecto de la comparecencia ante un tribunal. V. BAIL.
GIVE COLOR.
V. GIVE COLOUR.

GIVE COLOUR.
reconocer la apariencia de ciertos derechos de la contraparte, aunque sin admitir que tales derechos existan en realidad.

GIVE EVIDENCE.
dar testimonio o prueba.

GIVE JUDGMENT.
dictar sentencia.

GIVE NOTICE.
notificar.

GIVE TIME.
dar o extender un plazo.

GIVE WARNING.
dar aviso.

GIVE WAY.
dar paso.

GIVER.
donante.

GIVING IN PAYMENT.
donación en pago.

GLOSS.
glosa.

G.N.P.
iniciales de GROSS NATIONAL PRODUCT (v.).

GO BAIL.
V. GIVE BAIL.

GO-BETWEEN.
intermediario.

GO PRIVATE.
V. GOING PRIVATE.

GO PUBLIC.
V. GOING PUBLIC.

GO SLOW.
trabajo a desgano o reglamento.

GO TO PROTEST.
destinar un documento a protesto, ante su no pago o aceptación.

GO WITHOUT DAY.
desestimación de un caso previa a su enjuiciamiento.

GOING AND COMING RULE.
regla que excluye la responsabilidad del empleador por accidentes *in itinere*.

GOING BUSINESS.
V. GOING CONCERN.

GOING CONCERN.
empresa en marcha.

GOING CONCERN VALUE.
valor de una empresa en marcha.

GOING INTO EFFECT.
entrada en vigencia de una ley.

GOING PRICE.
precio al que puede venderse un bien, en condiciones normales de mercado.

GOING PRIVATE.
operación mediante la cual una empresa que cotiza sus acciones en el mercado de valores deja de hacerlo, generalmente procediendo ciertos socios a la adquisición de la totalidad o parte predominante de las acciones antes en poder del público.

GOING PUBLIC.
operación mediante la que se ofrece una parte sustancial de las acciones de una sociedad al público, procediéndose a la cotización bursátil de tales acciones.

GOING VALUE.
valor corriente de mercado.

GOING WITNESS.
testigo que planea desplazarse a otra parte del país.

GOLD BOND.
bono pagadero en oro o en monedas que son convertibles en ese metal.

GOLD CERTIFICATE.
certificado que da derecho a percibir determinada cantidad de oro.

GOLD CLAUSE.
cláusula oro.

GOLD STANDARD.
patrón oro.

GOLDEN HANDSHAKE.
pago sustancialmente elevado que una empresa efectúa a un miembro de su personal directivo al prescindir de sus servicios.

GOLDEN PARACHUTE.
conjunto de mecanismos mediante el cual los directivos de una sociedad se aseguran beneficios elevados o exorbitantes para el caso que, por ser esa sociedad adquirida por otro grupo empresario, deban dejar estos directores sus puestos.

GOLDEN RULE.
regla de oro. || argumento, considerado inválido, consistente en indicar a los jurados que se deben colocar en el lugar del acusado o demandado.

GOOD.
bueno. || bien. La voz inglesa correcta es el plural *goods* || solvente. Responsable. || respecto de una deuda, la certeza de su cobrabilidad.

GOOD ABEARANCE.
buena conducta.

GOOD ACCOUNT.
crédito de cobro fácil o seguro.

GOOD AND CLEAR RECORD TITLE.
título que conforme a los registros obrantes se
encuentra está libre de cualquier defecto o limitación.

GOOD AND VALID.
válido y legalmente suficiente o efectivo.

GOOD AND WORKMANLIKE MANNER.
cumplimiento de una obligación de hacer o de
un trabajo de forma correcta conforme a los
criterios de la actividad de que se trate.

GOOD BEHAVIOUR.
buen comportamiento. Buena conducta.

GOOD CAUSE.
causa o motivo suficiente. Justificación.

GOOD CHARACTER.
condiciones personales favorables de un individuo.

GOOD CONDITION.
en buenas condiciones.

GOOD CONDUCT.
buena conducta.

GOOD CONSIDERATION.
contraprestación que es válida o efectiva. v.
CONSIDERATION. ‖ motivos de orden moral o
afectivo en virtud de los cuales se acuerda
aceptar una obligación contractual.

GOOD DEFENCE.
defensa válida.

GOOD DEFENSE.
v. GOOD DEFENCE.

GOOD FAITH.
buena fe.

GOOD FAITH PURCHASER.
comprador de buena fe.

GOOD HEALTH.
buena salud.

GOOD INVESTMENT.
inversión productiva.

GOOD JURY.
jurado elegido de una lista especial elaborada
al efecto.

GOOD MORAL CHARACTER.
condiciones morales favorables de un individuo.

GOOD MORALS.
buenas costumbres. Reglas morales generalmente aceptadas.

GOOD NAME.
buena reputación.

GOOD OFFICES.
buenos oficios.

GOOD ORDER.
buen estado de mercaderías o inmuebles.

GOOD RECORD TITLE.
título que conforme a los registros obrantes
está libre de gravámenes.

GOOD REPAIR.
en buen estado de conservación.

GOOD REPUTATION.
buena reputación.

GOOD REPUTE.
v. GOOD REPUTATION.

GOOD SAMARITAN.
literalmente, buen samaritano. La situación
de quien se encuentra en la obligación moral,
aunque no jurídica, de socorrer a un tercero.

GOOD SAMARITAN DOCTRINE.
doctrina conforme a la cual quien acude en socorro o ayuda de una persona no es responsable por las consecuencias de ese socorro o ayuda, salvo casos de culpa o imprudencia grave o
manifiesta.

GOOD STANDING.
condición de quien cumple regularmente sus
obligaciones.

GOOD TITLE.
título libre de defectos y restricciones ocultas.

GOOD WILL.
la buena reputación comercial de un establecimiento entre su clientela, tal que le permite
atraer tal clientela y dar mayor valor a ese establecimiento.

GOODS.
bienes. ‖ cosas muebles. ‖ mercaderías.

GOODS AND CHATTELS.
bienes muebles.

GOODS AND SERVICES.
bienes y servicios.

GOODS IN BOND.
bienes almacenados, pendientes del cumplimiento de determinadas obligaciones o cargas
por sus propietarios, particularmente en materia aduanera.

GOODS IN TRANSIT.
bienes en tránsito.

**GOODS PRIVILEGED FROM
EXECUTION.**
bienes inembargables.

GOODS VEHICLE.
vehículo destinado al transporte de mercaderías.

GOODTIME ALLOWANCE.
libertad condicional por buena conducta.

GOVERN.
gobernar. ‖ regir o ser aplicable respecto de un caso.

GOVERNING BODY.
órgano directivo de un ente.

GOVERNING DIRECTOR.
director ejecutivo de una sociedad, o que concentra en los hechos el poder dentro de la misma.

GOVERNING LAW.
ley o Derecho que rige una determinada cuestión.

GOVERNMENT.
gobierno. Estado.

GOVERNMENT ANNUITY.
contrato de renta vitalicia con el Estado.

GOVERNMENT ATTORNEY.
fiscal. Procurador fiscal. ‖ abogado del Estado.

GOVERNMENT BANK.
banco estatal.

GOVERNMENT BOND.
bono emitido por el Estado.

GOVERNMENT CONTRACT.
contrato con el Estado.

GOVERNMENT CORPORATION.
persona jurídica de Derecho Público.
V. CORPORATION.

GOVERNMENT DE FACTO.
gobierno de facto.

GOVERNMENT DE JURE.
gobierno *de jure* o constitucional.

GOVERNMENT DEBENTURE.
obligación, título o bono emitido por el Estado.

GOVERNMENT ENTERPRISE.
empresa del Estado o estatal.

GOVERNMENT GRANT.
subvención estatal.

GOVERNMENT IMMUNITY.
inmunidad del Estado. ‖ inmunidad de Estados extranjeros.

GOVERNMENT INSTRUMENTALITY.
repartición, empresa o ente estatal.

GOVERNMENT INSURANCE.
seguro estatal.

GOVERNMENT NATIONAL MORTGAGE ASSOCIATION.
V. GINNIE MAE.

GOVERNMENT OF LAWS.
régimen de Derecho. ‖ decisión de los casos conforme a Derecho.

GOVERNMENT OPERATION.
operación o actividad estatal.

GOVERNMENT PAPER.
títulos u obligaciones del Estado.

GOVERNMENT SECURITIES.
V. GOVERNMENT PAPER.

GOVERNMENT SHIP.
nave perteneciente al Estado.

GOVERNMENT SPENDING.
gasto público.

GOVERNMENT TORT.
acto ilícito atribuible a un empleado u órgano estatal. V. TORT.

GOVERNMENTAL.
gubernamental.

GOVERNMENTAL ACT.
acto gubernamental.

GOVERNMENTAL ACTIVITY.
actividad de gobierno. Actividad estatal.

GOVERNMENTAL AGENCY.
ente gubernamental.

GOVERNMENTAL AGENT.
empleado o agente gubernamental o estatal.

GOVERNMENTAL BODY.
cuerpo o ente gubernamental o estatal.

GOVERNMENTAL DUTIES.
deberes del Estado.

GOVERNMENTAL ENTERPRISE.
V. GOVERNMENT ENTERPRISE.

GOVERNMENTAL FACILITY.
instalación gubernamental.

GOVERNMENTAL FUNCTIONS.
funciones esenciales del gobierno o del Estado.

GOVERNMENTAL IMMUNITY.
V. GOVERNMENT IMMUNITY.

GOVERNMENTAL INSTRUMENTALITY.
V. GOVERNMENT INSTRUMENTALITY.

GOVERNMENTAL INTERESTS.
intereses de gobierno. ‖ interés público.

GOVERNMENTAL LIEN.
privilegio o derecho de preferencia a favor de créditos del Estado. V. LIEN.

GOVERNMENTAL POWERS.
poderes o atribuciones del Estado.

GRAVEYARD INSURANCE.
seguro de vida obtenido fraudulentamente. ‖ prácticas de aseguración imprudentes o singularmente riesgosas.

GRAY'S INN.
uno de los INNS OF COURT (v.).

GREAT BODILY INJURY.
lesiones corporales graves.

GREAT CARE.
diligencia extraordinaria.

GREAT CHARTER.
la Carta Magna.

GREAT DILIGENCE.
V. GREAT CARE.

GREAT-GRANDCHILD.
bisnieto.

GREAT-GRANDPARENT.
bisabuelo.

GREAT-PREJUDICE.
perjuicio grave.

GREAT SEAL.
gran sello. Nombre dado al sello oficial de algunos Estados.

GREEN RIVER ORDINANCE.
norma que prohibe las ventas a domicilio.

GREENMAIL.
nombre dado al precio que una empresa paga a quien ha adquirido parte de sus acciones, a fin de que no adquiera un número mayor que le permita adquirir el control de dicha empresa. Se paga tal precio por las acciones ya adquiridas por quien pretendía acceder al control de la sociedad, a un precio superior al pagado por esa persona, quien obtiene así un lucro mediante su maniobra.

GRIEVANCE.
agravio. Ofensa. Perjuicio sufrido como consecuencia de una conducta ilícita. ‖ queja o presentación respecto de agravios o perjuicios sufridos.

GRIEVED.
agraviado. Perjudicado. Ofendido.

GRIEVOUS.
perjudicial. Agraviante. Ofensivo. Doloroso.

GRIEVOUS BODILY HARM.
lesión corporal grave.

GROSS.
general. Absoluto. Independiente. No accesorio. ‖ entero. Completo. Sin deducciones. Bruto. ‖ excesivo. Flagrante. Manifiestamente impropio o ilegal. Inexcusable.

GROSS ADVENTURE.
préstamo a la gruesa.

GROSS ALIMONY.
pago de alimentos determinado en función de una suma única y global, aunque sea pagadera en cuotas. V. ALIMONY.

GROSS AVERAGE.
avería gruesa.

GROSS CHARTER.
fletamento en el que el fletante tiene a su cargo los gastos del buque.

GROSS EARNINGS.
ingresos brutos.

GROSS ESTATE.
la propiedad del difunto, antes de quedar sujeta a los impuestos sucesorios.

GROSS ESTATE OF DECEDENT.
V. GROSS ESTATE.

GROSS FAULT.
culpa o negligencia grave.

GROSS INADEQUACY.
insuficiencia o no adecuación evidentes.

GROSS INCOME.
ganancias o ingresos brutos.

GROSS INCOME TAX.
impuesto sobre los ingresos brutos.

GROSS INTEREST.
interés bruto o total.

GROSS LEASE.
locación de cosa en la que el locatario paga un alquiler global, estando a cargo del locador el pago de los distintos gastos que resultan del bien alquilado. V. LEASE.

GROSS MARGIN.
margen bruto.

GROSS MISDEMEANOR.
delito serio o importante, aunque sin llegar a la gravedad de los que son calificados como FELONY (v.). V. MISDEMEANOR.

GROSS NATIONAL PRODUCT.
producto nacional bruto.

GROSS NEGLECT OF DUTY.
incumplimiento grave de las obligaciones o cargas, públicas o privadas.

GROSS NEGLIGENCE.
negligencia o culpa grave.

GROSS PREMIUM.
primas brutas, que incluyen todos los gastos a cargo del asegurado.

GROSS PROCEEDS.
el producido bruto de una venta. V. PROCEEDS.

GROSS PROFIT.
beneficio bruto.

GROSS RATE.
tasa bruta.

GROSS RECEIPTS.
ingresos brutos.

GROSS RECEIPTS TAX.
impuesto a los ingresos brutos.

GROSS REVENUE.
ingreso bruto.

GROSS SALES.
facturación bruta. Ventas brutas.

GROSS SPREAD.
margen bruto.

GROSS STRESS REACTION.
reacción de un individuo ante una situación de
tensión extrema.

GROSS UP.
adicionar al precio neto de un bien o servicio
el valor de los impuestos que pesen sobre ese
precio, de modo de llegar al precio bruto necesario para alcanzar ese precio neto.

GROSS VALUE.
valor bruto.

GROSS YIELD.
rendimiento bruto.

GROUND.
tierra. Terreno. Suelo. ‖ motivo. Fundamento.
Causa. ‖ como verbo (*to ground*), fundar. Basar. Fundamentar.

GROUND LANDLORD.
el locador de un terreno baldío, normalmente
con autorización para que el locatario construya en el mismo.

GROUND LEASE.
locación de un terreno, normalmente con autorización para que el locatario construya en el
mismo. v. LEASE.

GROUND OF ACTION.
el motivo de una acción procesal.

GROUND RENT.
la renta pagadera por una GROUND LEASE
(v.).

GROUND WATER.
aguas subterráneas o surgentes.

GROUNDLESS.
sin fundamento. Sin motivo.

GROUNDS.
motivos. Causas. Fundamentos.

GROUNDS FOR ANNULMENT.
motivo de anulación.

GROUNDS FOR DIVORCE.
causales de divorcio.

GROUP.
grupo.

GROUP ANNUITY.
sistema de pensiones a favor de un grupo de
personas determinadas, como los empleados
de una empresa.

GROUP BOYCOTT.
boicot acordado entre un grupo de personas.

GROUP INSURANCE.
seguro colectivo.

GROUP LIBEL.
difamación o injuria dirigida contra un grupo
de individuos.

GROUPING.
agrupamiento.

GROUPING OF CONTACTS.
la evaluación de los contactos de un acto o litigio con distintas posibles jurisdicciones, de
manera de determinar la ley aplicable mediante la prevalencia de los contactos con determinada jurisdicción.

GROW.
crecer.

GROWING CROP.
frutos naturales que se hallan pendientes o en
crecimiento.

GROWTH.
crecimiento.

GROWTH STOCK.
acciones con perspectivas de alzas sustanciales
de valor.

GUARANTEE.
garantía. Caución. Fianza. ‖ el acreedor a favor del cual se otorga una garantía. ‖ como
verbo (*to guarantee*), garantizar.

GUARANTEE CLAUSE.
cláusula de garantía.

GUARANTEE DEPOSIT.
depósito de garantía.

GUARANTEE FUND.
fondo de garantía.

GUARANTEE STOCK.
capital de las sociedades de ahorro y préstamo
que garantiza el pago de intereses a los depositantes.

GUARANTEED.
garantizado.

GUARANTEED BOND.
bono o debenture garantizado.

GUARANTEED PAYMENT.
garantía del pago de un documento, obligándose el que la da en forma directa y como principal pagador, sin beneficio de excusión.

GUARANTEED STOCK.
acciones con garantías de terceros.
V. STOCK.

GUARANTEED TITLE.
título de propiedad garantizado.

GUARANTOR.
garante.

GUARANTY.
garantía. Caución. Fianza. En todos los casos la responsabilidad es subsidiaria a la del deudor principal y condicionada a la mora en que éste incurra. ‖ como verbo (*to guaranty*), garantizar.

GUARANTY BOND.
caución.
V. BOND.

GUARANTY CLAUSE.
V. GUARANTEE CLAUSE.

GUARANTY COMPANY.
compañía dedicada al otorgamiento de garantías y fianzas.

GUARANTY FUND.
fondo de garantía, especialmente respecto de depósitos bancarios.

GUARANTY INSURANCE.
seguro contra fraudes o abusos de confianza de empleados o funcionarios.

GUARANTY OF COLLECTION.
garantía de efectuar diligentemente esfuerzos para el cobro de un crédito.

GUARANTY OF LIBERTY.
garantía constitucional de libertad.

GUARANTY OF PAYMENT.
garantía de pago.

GUARANTY POLICY.
póliza de seguro mediante la que el asegurador garantiza el pago de una obligación.

GUARANTY STOCK.
acciones de sociedades de ahorro y préstamo que otorgan dividendos una vez pagados los intereses debidos a los depositantes.

GUARDIAN.
tutor. Curador. Guardián.

GUARDIAN AD HOC.
curador *ad hoc* o especial.

GUARDIAN AD LITEM.
curador *ad litem.*

GUARDIAN BY APPOINTMENT OF THE COURT.
tutor o curador judicial.

GUARDIAN BY ELECTION.
tutor elegido por el menor.

GUARDIAN BY ESTOPPEL.
el que mediante sus actos se ha colocado frente a terceros en la posición de guardián o curador, estando así jurídicamente impedido de negar esa posición.
V. ESTOPPEL.

GUARDIAN BY NATURE.
los padres de un menor, que como tales tienen por naturaleza la custodia y control de ese menor.
V. GUARDIAN.

GUARDIAN BY STATUTE.
tutor o curador testamentario.

GUARDIAN DE SON TORT.
V. GUARDIAN BY ESTOPPEL.

GUARDIAN OF SPENDTHRIFT.
curador de un pródigo.

GUARDIAN'S BOND.
garantía exigida a un tutor, curador o guardián.
V. BOND.

GUARDIAN'S COMMISSION.
remuneración debida a un tutor, curador o guardián.

GUARDIANSHIP.
curatela. Tutela. Custodia.

GUEST.
huesped. Pasajero de un automóvil, transportado a título gratuito.

GUEST STATUTE.
ley que regula la responsabilidad del dueño o conductor de un automóvil, frente a pasajeros transportados a título gratuito.

GUILD.
V. GILD.

GUILLOTINE.
guillotina. ‖ mecanismo parlamentario dirigido a acortar o limitar los debates.

GUILT.
culpa.

GUILTY.
culpable.

GUILTY KNOWLEDGE.
conocimiento de la ilicitud de cierta conducta.

GUILTY MIND.
intención delictiva.

GUILTY PLEA.

admisión en juicio de la propia culpabilidad.

GUILTY VERDICT.

veredicto mediante el cual se declara la culpabilidad de la persona acusada.

GUNMAN.

pistolero.

GYNECOCRACY.

ginecocracia.

H

HABEAS CORPUS.
hábeas corpus.

HABEAS CORPUS ACTS.
leyes de hábeas corpus.

HABEAS CORPUS AD DELIBERANDUM ET RECIPIENDUM.
orden judicial por la que se requiere que una persona detenida en un condado sea transportada a otro condado para ser sometida a juicio.

HABEAS CORPUS AD FACIENDUM ET RECIPIENDUM.
orden judicial por la que se requiere que una causa y la persona a ella sometida sea transferida a un tribunal superior.

HABEAS CORPUS AD PROSEQUENDUM.
orden judicial para que se traslade a un detenido a la jurisdicción donde será juzgado.

HABEAS CORPUS AD RESPONDENDUM.
orden judicial por la que se ordena el traslado de una persona a la jurisdicción en la que se encuentra sujeta a un juicio civil.

HABEAS CORPUS AD SATISFACIENDUM.
orden judicial por la que se ordena la comparecencia de un detenido ante un tribunal superior para que responda a una ejecución allí entablada.

HABEAS CORPUS AD SUBJICIENDUM.
orden judicial por la que se ordena que quien ha detenido a una persona la presente al tribunal y justifique tal detención.

HABEAS CORPUS AD TESTIFICANDUM.
orden judicial por la que se solicita la comparecencia de un detenido ante el tribunal para que testifique.

HABEAS CORPUS CUM CAUSA.
V. HABEAS CORPUS AD FACIENDUM ET RECIPIENDUM.

HABENDUM CLAUSE.
sección o cláusula de un DEED (v.) donde se determina la identidad y extensión de los derechos transferidos.

HABERE FACIAS.
V. HABERE FACIAS POSSESSIONEM.

HABERE FACIAS POSSESSIONEM.
procedimiento destinado a ejecutar una orden de desalojo, devolviendo la tenencia al actor.

HABIT.
hábito.

HABITABILITY.
habitabilidad.

HABITABLE.
habitable.

HABITABLE REPAIR.
estado de habitabilidad en que queda un inmueble como consecuencia de trabajos y cuidados.

HABITANCY.
residencia de una persona.

HABITANT.
habitante.

HABITATION.
habitación.

HABITUAL.
habitual.

HABITUAL CRIMINAL.
delincuente habitual.

HABITUAL DRUNKARD.
ebrio habitual o consuetudinario.

HABITUAL DRUNKENNESS.
ebriedad habitual o consuetudinaria.

HABITUAL INTOXICATION.
V. HABITUAL DRUNKENNESS.

HABITUAL OFFENDER.
delincuente habitual.

HEADING.
encabezamiento. Título.

HEADNOTE.
resumen introductorio, no oficial, de una sentencia.

HEADQUARTERS.
sede u oficina central o principal. ‖ cuartel general.

HEADQUARTERS AGREEMENT.
acuerdo entre una organización internacional y el país donde tiene su sede respecto del funcionamiento de ésta.

HEADSTART.
la ventaja que obtiene quien primero empieza algo, en particular la de quien adquiere cierta tecnología o emprende una actividad, respecto de sus competidores.

HEADS OF AGREEMENT.
carta de intención. Acuerdo preliminar.

HEALTH.
salud.

HEALTH AUTHORITIES.
autoridades sanitarias.

HEALTH INSURANCE.
seguro de salud.

HEALTH LAWS.
leyes sobre salud pública.

HEALTH OFFICER.
funcionario de salud pública.

HEALTH REGULATIONS.
reglamentaciones sanitarias. Disposiciones de salud pública.

HEALTHY.
sano. Saludable.

HEAR A CASE.
conocer una causa.

HEARING.
audiencia. ‖ procedimiento judicial en forma oral.

HEARING DE NOVO.
repetición de una audiencia.

HEARING EXAMINER.
funcionario a cargo de las audiencias en procedimientos administrativos.

HEARING IN CAMERA.
audiencia a puertas cerradas.

HEARING OF A CASE.
audiencia de examen de la causa.

HEARING OF A MOTION.
audiencia de consideración de una moción o presentación.

HEARING OF AN ACTION.
audiencia de examen de una causa civil.

HEARING OFFICER.
v. HEARING EXAMINER.

HEARSAY.
testimonio de oídas.

HEARSAY EVIDENCE.
prueba consistente en un testimonio de oídas.

HEARSAY EVIDENCE RULE.
regla procesal mediante la que se rechaza como prueba el testimonio de oídas.

HEART BALM STATUTES.
leyes que dejan sin efecto las acciones contra ciertas conductas basadas en relaciones afectivas, como ser la alienación de afectos.

HEAT OF PASSION.
estado de emoción violenta.

HEDGE.
cubrir un riesgo, particularmente a través de una operación de futuro o de otra similar. v. HEDGING. ‖ ocultar la verdad, aunque sin incurrir en falsedades.

HEDGING.
cobertura. Práctica comercial mediante la cual una empresa u otro operador económico se cubre de ciertos riesgos derivados de la fluctuación de los precios de mercado mediante la concertación de operaciones de futuro u otras comparables que minimicen tales riesgos. ‖ ocultamiento de la verdad, sin incurrir en falsedad.

HEEDLESS.
imprudente. Negligente.

HEEDLESSNESS.
imprudencia. Negligencia.

HEGEMONY.
hegemonía.

HEIR.
heredero. ‖ descendiente. ‖ en el vocabulario común, sucesor *mortis causa.*

HEIR APPARENT.
heredero necesario.

HEIR AT LAW.
heredero legítimo. ‖ descendiente directo.

HEIR BY ADOPTION.
heredero como consecuencia de un acto de adopción.

HEIR BY BLOOD.
v. HEIR OF THE BLOOD.

HEIR BY DEVISE.
legatario de inmuebles.

HEIR BY LEGACY.
legatario de muebles.

HEIR COLLATERAL.
heredero colateral.

HEIR CONVENTIONAL.
heredero convencional.

HEIR EXPECTANT.
heredero en expectativa.

HEIR GENERAL.
heredero legítimo.

HEIR HUNTER.
persona que localiza herederos, como profesión.

HEIR LEGAL.
heredero legal. La expresión se utiliza en relación con el CIVIL LAW (v.).

HEIR OF LINE.
V. HEIR OF THE BODY.

HEIR OF PROVISION.
quien resulta sucesor como consecuencia de una cláusula de un instrumento.

HEIR OF THE BLOOD.
heredero por consanguinidad.

HEIR OF THE BODY.
heredero que es descendiente directo del causante.

HEIR PER STIRPES.
heredero por estirpes.

HEIR PRESUMPTIVE.
heredero legítimo, cuyo derecho puede quedar sin efecto en razón del nacimiento de herederos prioritarios.

HEIR SPECIAL.
heredero respecto de derechos relativos a inmuebles, en tanto tales derechos sólo puedan ser transmitidos a determinados herederos.
V. ENTAILED.

HEIR TESTAMENTARY.
heredero testamentario.

HEIR UNCONDITIONAL.
heredero incondicional.

HEIRDOM.
sucesión hereditaria.

HEIRESS.
heredera. ‖ mujer menor de edad.

HEIRLESS ESTATE.
sucesión vacante.

HEIRLOOMS.
parte o accesorio de una herencia. ‖ bienes que han permanecido en una familia a través de varias generaciones.

HEIRS AND ASSIGNS.
sucesores. Herederos y cesionarios.

HEIRSHIP.
condición de heredero.

HEIRSHIP PROCEEDING.
procedimiento sucesorio especial, dispuesto por ciertas leyes.

HELD.
decidido, en el contexto de un fallo.
V. HOLDING. ‖ tenido. Poseído. ‖ V. HOLD.

HELD IN TRUST.
tenido o poseído en razón de un fideicomiso.
V. TRUST.

HENCEFORTH.
de ahora en adelante. En forma inmediata. Se refiere a la continuación o realización de un acto en el futuro inmediato.

HERALD.
heraldo.

HERALDRY.
heráldica.

HERD.
manada. Rebaño. ‖ como verbo (*to herd*), pastorear y cuidar animales.

HEREAFTER.
de aquí en adelante. En el futuro.

HEREDITAMENTS.
bienes susceptibles de ser heredados. ‖ bienes inmuebles.

HEREDITARY.
hereditario.

HEREDITARY SUCCESSION.
sucesión hereditaria.

HEREDITY.
herencia.

HEREIN.
en el presente. En este documento.

HEREINAFTER.
de aquí en adelante.

HEREINBEFORE.
anteriormente. Precedentemente. Mencionado anteriormente.

HERESY.
herejía.

HERETOFORE.
anteriormente.

HEREUNDER.
más abajo. *Infra.* En el presente documento. Remisión a otra parte de un instrumento.

HEREWITH.
adjunto. Con el presente.

HERITABLE.
susceptible de ser transmitido por herencia.

HERITABLE BOND.
garantía complementada por la transferencia de derechos relativos a inmuebles. v. BOND.

HERITABLE OBLIGATION.
obligación transmisible activa y pasivamente a los herederos.

HERITABLE RIGHT.
derecho transmisible por herencia.

HERITABLE SECURITY.
garantía constituida respecto de un inmueble.

HERITAGE.
bienes inmuebles susceptibles de ser objeto de un derecho de propiedad. ‖ Herencia.

HERMENEUTICS.
hermenéutica.

HIDE.
ocultar.

HIDDEN.
oculto.

HIDDEN ASSET.
activo oculto.

HIDDEN DEFECT.
defecto oculto.

HIERARCHY.
jerarquía.

HIGH AND LOW WATER MARK.
línea de las altas y bajas mareas.

HIGH COMMISSIONER.
alto comisionado.

HIGH CONTRACTING PARTIES.
altas partes contratantes.

HIGH COURT OF JUSTICE.
tribunal superior inglés.

HIGH DEGREE OF CARE.
v. GREAT CARE.

HIGH DILIGENCE.
v. GREAT CARE.

HIGH MANAGERIAL AGENT.
funcionario jerárquico o superior de una empresa.

HIGH SEAS.
alta mar.

HIGH TREASON.
alta traición.

HIGH WATER MARK.
línea de las altas mareas.

HIGHEST AND BEST USE.
el uso de un inmueble que da una mayor rentabilidad.

HIGHEST BIDDER.
mejor postor u oferente.

HIGHEST DEGREE OF CARE.
máximos cuidados o precauciones. *Standard* utilizado para evaluar la culpa o negligencia.

HIGHEST PROVED VALUE.
el máximo valor que un bien haya tenido durante cierto período.

HIGHNESS.
alteza.

HIGHWAY.
carretera. Camino público.

HIGHWAY ACTS.
leyes sobre carreteras.

HIGHWAY CROSSING.
cruce de caminos o de carreteras.

HIGHWAY EASEMENT.
servidumbre de tránsito en favor del público.

HIGHWAY RATE.
impuesto caminero o vial.

HIGHWAY ROBBERY.
asalto en caminos.

HIGHWAY TAX.
v. HIGHWAY RATE.

HIGHWAY TOLL.
peaje caminero.

HIGHWAYMAN.
salteador o asaltante de caminos.

HIJACKER.
secuestrador de medios de transporte. ‖ asaltante de caminos.

HIJACKING.
secuestro de aeronaves, naves u otros medios de transporte. ‖ robo de mercaderías transportadas o de vehículos de transporte.

HINDER.
obstruir. Impedir.

HINDRANCE.
obstáculo. Impedimento. Estorbo.

HIRE.
alquilar una cosa mueble. ‖ contratar los servicios de una persona. ‖ el acto de alquilar o contratar, en las acepciones precedentes. ‖ el pago por el alquiler de una cosa o por los servicios de una persona.

HIRE-PURCHASE.
alquiler de una cosa mueble, con opción de compra.

HIRER.
el locatario de una cosa mueble o quien contrata los servicios de una persona. v. HIRE.

HIRING AT WILL.
alquiler de una cosa mueble o contratación de servicios, sin un plazo determinado y con facultad de disolver el contrato en cualquier momento.

HIRING HALL.
lugar proporcionado por un sindicato para la contratación de trabajadores.

HIS EXCELLENCY.
Su Excelencia.

HISTORIC BAY.
bahía histórica.

HISTORIC SITE.
lugar histórico.

HISTORICAL COST.
costo histórico.

HISTORICAL INTERPRETATION.
interpretación de la ley conforme a sus antecedentes históricos.

HISTORICAL JURISPRUDENCE.
estudio de la Historia del Derecho.

HIT AND RUN ACCIDENT.
accidente en el que un conductor que lo ha causado escapa sin identificarse.

HITHERTO.
hasta el presente.

HOARD.
acaparar.

HOARDER.
acaparador.

HOARDING.
acaparamiento.

HOLD.
poseer o detentar la tenencia de un inmueble legítimamente. ‖ decidir un caso. ‖ sostener una posición o tesis. ‖ imponer una obligación o restricción. ‖ llevar a cabo una asamblea, reunión u otra actividad colectiva. ‖ ocupar un cargo. ‖ tener. Retener. ‖ celebrar una elección.

HOLD HARMLESS AGREEMENT.
acuerdo indemnizatorio o liberatorio de responsabilidad.

HOLD OUT.
manifestar o declarar algo. Presentar determinada apariencia o condición frente a terceros. ‖ soportar. Resistir.

HOLD OVER.
retener la tenencia de un inmueble, una vez expirado el plazo del derecho bajo el cual se gozaba de tal tenencia.

HOLD PLEAS.
juzgar una causa.

HOLD RESPONSIBLE.
hacer responsable.

HOLDER.
tenedor. Poseedor. Portador.

HOLDER FOR VALUE.
tenedor a título oneroso.

HOLDER IN DUE COURSE.
tenedor legítimo.

HOLDER IN GOOD FAITH.
tenedor de buena fe.

HOLDER OF A BILL OF EXCHANGE.
tenedor de una letra de cambio.

HOLDER OF A CHECK.
v. HOLDER OF A CHEQUE.

HOLDER OF A CHEQUE.
portador de un cheque.

HOLDER OF A MORTGAGE.
acreedor hipotecario.

HOLDER OF A NEGOTIABLE INSTRUMENT.
tenedor de un título de crédito.

HOLDER OF A SECURITY.
tenedor de bienes dados en garantía. ‖ tenedor de un título. v. SECURITY.

HOLDER OF A TRUST.
beneficiario de un fideicomiso. v. TRUST.

HOLDER OF AN ACCOUNT.
titular de una cuenta.

HOLDER WITH GOOD TITLE.
tenedor legítimo.

HOLDING.
el principio o regla legal en base al cual se decide un caso. La *ratio decidendi*. ‖ las propiedades, inversiones o tenencias de una persona. ‖ un inmueble sobre el que se ejerce legítimamente la tenencia, bajo un derecho otorgado por su propietario.

HOLDING COMPANY.
sociedad de control. Sociedad controlante. Sociedad cuyo objeto principal es detentar participaciones de control en otras sociedades.

HOLDING COMPANY TAX.
impuesto especial que incide sobre las utilidades no distribuidas de las sociedades de control.
v. HOLDING COMPANY.

HOLDING PERIOD.
período en que un activo ha permanecido en poder de su propietario.

HOLDINGS.
el conjunto de las propiedades o inversiones de una persona.

HOLDOVER TENANT.
un locatario u otro tenedor que retiene la tenencia de un inmueble una vez expirados los derechos bajo los cuales se gozaba tal tenencia.

HOLDUP.
asalto. Atraco.

HOLIDAY.
día festivo. Feriado.

HOLIDAYS.
vacaciones. Días feriados.

HOLOGRAPH.
hológrafo.

HOLOGRAPHIC WILL.
testamento hológrafo.

HOME.
casa. Domicilio. Hogar. Residencia.

HOME AND SAVINGS ASSOCIATION.
asociación de ahorro y préstamo para la vivienda.

HOME FACTOR.
factor que reside en la misma localidad o jurisdicción que su principal.

HOME LOAN BANK.
banco de crédito para la vivienda.

HOME OFFICE.
en Gran Bretaña, institución equivalente a un Ministerio del Interior. ‖ casa central o matriz de una empresa.

HOME PORT.
puerto de registro.

HOME RULE.
gobierno local. Autonomía de una región.

HOME RULE CHARTER.
carta o ley orgánica de una municipalidad o localidad. v. HOME RULE. CHARTER.

HOME OWNER.
propietario de una casa de familia.

HOMEOWNER INSURANCE.
v. HOMEOWNERS POLICY.

HOMEOWNER'S ASSOCIATION.
asociación de propietarios.

HOMEOWNER'S POLICY.
póliza de seguros que cubre los distintos riesgos de un hogar o casa de familia.

HOMESTEAD.
bien de familia. ‖ residencia familiar. ‖ inmueble consistente en la residencia familiar y un terreno adjunto cultivable por la misma familia.

HOMESTEAD CORPORATION.
sociedad organizada para la adquisición, subdivisión y distribución de inmuebles destinados al asentamiento de familias.
v. HOMESTEAD. CORPORATION.

HOMESTEAD EXEMPTION LAWS.
leyes de protección del bien de familia, mediante su inembargabilidad y exclusión de medidas ejecutivas. v. HOMESTEAD.

HOMESTEAD LAWS.
v. HOMESTEAD EXEMPTION LAWS.

HOMESTEAD RIGHTS.
los derechos derivados del bien de familia, particularmente su exclusión respecto de posibles acciones de los acreedores.
v. HOMESTEAD EXEMPTION LAWS.

HOMICIDAL.
homicida.

HOMICIDE.
homicidio. Incluye los delitos de MURDER, MANSLAUGHTER y NEGLIGENT HOMICIDE. (v.).

HOMICIDE BY MISADVENTURE.
homicidio involuntario o accidental.

HOMICIDE BY NECESSITY.
homicidio justificado por resultar de una situación inevitable.

HOMICIDE PER INFORTUNIUM.
homicidio accidental.
v. HOMICIDE BY MISADVENTURE.

HOMICIDE SE DEFENDENDO.
homicidio en defensa propia.

HOMOLOGATION.
homologación.

HONOR.
HONOUR (v.), conforme a la ortografía estadounidense.

HONORABLE.
honorable.

HONORABLE DISCHARGE.
licenciamiento de personal militar acompañado de la declaración de que el mismo no afecta el honor de quien deja de prestar servicio.

HONORARIUM.
honorario, en cuanto retribución.

HONORARY.
honorario, como adjetivo.

HONORARY CONSUL.
cónsul honorario.

HONORARY MAGISTRATE.
magistrado honorario.

HONORARY OFFICE.
cargo público honorario.

HONORARY SERVICES.
servicios honorarios.

HONORARY TRUST.
fideicomiso en el que no existe un beneficiario designado formalmente. v. TRUST.

HONORARY TRUSTEE.
fideicomisario respecto de un CONTINGENT REMAINDER (v.), que no tiene una limitación legal respecto de sus facultades, debido a la naturaleza de éstas, debiendo ejercerlas conforme a su sentido del honor. v. TRUST.

HONOUR.
honor. ‖ como verbo (*to honour*), aceptar una letra de cambio. Pagar un documento u otra deuda.

HONOUR CLAUSE.
cláusula mediante la que se establece que un acuerdo tiene un valor meramente moral y no legal.

HOPE.
esperanza. Expectativa. ‖ como verbo (*to hope*), esperar. Tener expectativas o esperanzas.

HORIZONTAL AGREEMENT.
acuerdo horizontal. Acuerdo entre competidores.

HORIZONTAL INTEGRATION.
integración horizontal. Integración entre competidores.

HORIZONTAL MERGER.
fusión horizontal. La que tiene lugar entre empresas competidoras.

HORIZONTAL RESTRAINT.
restricción horizontal a la competencia. La que tiene lugar entre competidores.

HORIZONTAL PROPERTY ACTS.
leyes de propiedad horizontal.

HORIZONTAL UNION.
sindicato horizontal.

HORNBOOK.
libro de texto introductorio respecto de alguna materia, especialmente de Derecho.

HOSPITAL.
hospital.

HOSPITAL INSURANCE.
seguro de gastos hospitalarios.

HOSPITAL LIABILITY INSURANCE.
seguro de responsabilidad civil de un hospital.

HOSPITAL SERVICE CONTRACT.
contrato mediante el cual una de las partes se compromete, a cambio de una contraprestación, a atender las necesidades hospitalarias de la otra.

HOSPITALIZATION.
hospitalización.

HOSTAGE.
rehén.

HOSTILE.
hostil.

HOSTILE EMBARGO.
secuestro de naves o inmovilización de activos impuestos contra un país enemigo.
v. EMBARGO.

HOSTILE FIRE.
fuego incontrolable.

HOSTILE PARAMOUNT TITLE.
título ajeno superior respecto de un inmueble.

HOSTILE POSSESSION.
posesión ejercida en contra de la intención de otras personas, de los derechos de éstas o de sus pretensiones.

HOSTILE WITNESS.
testigo hostil a la parte que ofrece su testimonio como prueba.

HOSTILITIES.
hostilidades. Acciones bélicas.

HOSTILITY.
hostilidad.

HOT BLOOD.
pasión. La condición de quien comete un delito en estado de emoción violenta.

HOT CARGO.
bienes producidos por un empleador con quien un sindicato mantiene una disputa.

HOT ISSUE.
emisión de acciones u otros títulos que se cotizan en mercados de valores a un precio sustancialmente superior a su valor de emisión. ‖ cuestión intensamente debatida.

HOT PURSUIT.
seguimiento de una nave que ha cometido un acto ilícito en las aguas de un Estado, fuera de tales aguas por las naves de ese Estado, en forma inmediata a tal acto y como continuación de la persecución en las aguas del mencionado Estado. ‖ v. FRESH PURSUIT.

HOTCHPOT.
colación. ‖ reunión de bienes pertenecientes a distintas personas, para proceder a su división.

I

I.D.
V. IDENTITY CARD.

IDENTICAL.
idéntico.

IDENTIFICATION.
identificación.

IDENTIFICATION EVIDENCE.
pruebas no testimoniales.
V. EVIDENCE.

IDENTIFICATION OF GOODS.
identificación o especificación de bienes.

IDENTIFICATION PARADE.
identificación en rueda de sospechosos.

IDENTIFY.
identificar.

IDENTITY.
identidad.

IDENTITY CARD.
carta o documento de identidad.

IDENTITIY EVIDENCE.
prueba sobre la identidad de una persona.

IDENTITY OF CAUSES OF ACTION.
identidad del objeto de distintos procedimientos.

IDENTITY OF INTERESTS.
identidad de intereses entre varias personas, particularmente con fines procesales.

IDENTITY OF INVENTION.
identidad entre un producto, procedimiento o combinación y una invención patentada.

IDENTITY OF OFFENCES.
identidad entre delitos.

IDENTITY OF OFFENSES.
V. IDENTITY OF OFFENCES.

IDENTITY OF PARTIES.
identidad entre distintas partes o personas, con fines procesales.

IDIOCY.
idiotez. Imbecilidad. Debilidad mental.

IDLE.
inactivo. Improductivo.

IDLE FUNDS.
fondos improductivos.

I.E.
abreviatura de *id est,* esto es.

IGNOMINY.
ignominia.

IGNORANCE.
ignorancia.

IGNORANCE OF FACT.
ignorancia de hecho.

IGNORANCE OF LAW.
ignorancia del Derecho.

IGNORE.
ignorar. Desconocer.

ILL.
enfermo. ‖ errado. Malo. Defectuoso.

ILL FAME.
mala reputación.

ILLEGAL.
ilegal. Ilícito.

ILLEGAL ACT.
acto ilegal o ilícito.

ILLEGAL CONSIDERATION.
causa o contraprestación ilícita.
V. CONSIDERATION.

ILLEGAL CONTRACT.
contrato ilegal o ilícito.

ILLEGAL ENTRY.
ingreso ilegal, a un país o a un inmueble.

ILLEGAL IMMIGRANT.
inmigrante ilegal.

ILLEGAL INTEREST.
interés ilegal ó usurario.

ILLEGAL PER SE.
ilegal en sí mismo, con independencia de las circunstancias que rodeen o se vinculen a lo así calificado.

ILLEGAL PRACTICE.
práctica ilegal, particularmente en materia electoral.

ILLEGAL RESTRAINT.
restricción ilícita de la competencia.

ILLEGAL STRIKE.
huelga ilegal.

ILLEGAL TRADE.
comercio ilegal.

ILLEGAL TRANSACTION.
operación o negocio ilegal.

ILLEGALITY.
ilegalidad.

ILLEGALLY.
ilegalmente.

ILLEGALLY OBTAINED EVIDENCE.
pruebas obtenidas ilegalmente.

ILLEGITIMACY.
ilegitimidad.

ILLEGITIMATE.
ilegítimo.

ILLEGITIMATE CHILD.
hijo ilegítimo.

ILLICIT.
ilícito. Ilegal. Prohibido.

ILLICIT COHABITATION.
cohabitación ilícita.

ILLICIT CONNECTION.
relación sexual ilícita.

ILLICIT RELATION.
V. ILLICIT CONNECTION.

ILLICIT TRADE.
comercio ilícito.

ILLITERACY.
analfabetismo.

ILLITERATE.
analfabeto.

ILLNESS.
enfermedad.

ILLUSION.
ilusión.

ILLUSORY.
ilusorio. Aparente. Engañoso.

ILLUSORY APPOINTMENT.
designación ilusoria, carente de eficacia. Usada en referencia a un beneficiario aparente de derechos relativos a un inmueble.

ILLUSORY PROMISE.
promesa ficticia o aparente.

ILLUSORY TRUST.
fideicomiso en el que el fideicomitente retiene derechos sobre el objeto del acto en tal grado que dicho fideicomiso es sólo aparente.
V. TRUST.

ILLUSTRATIVE.
ilustrativo. Ejemplificativo.

ILLUSTRIOUS.
ilustre.

IMAGINE.
imaginar. ‖ Planear o concebir determinada conducta criminal.

IMBECILITY.
imbecilidad. Debilidad mental.

IMITATION.
imitación.

IMMATERIAL.
innecesario. No esencial. Irrelevante.

IMMATERIAL ALLEGATION.
aseveración o pretensión innecesaria.

IMMATERIAL ALTERATION.
alteración no sustancial de un instrumento.

IMMATERIAL EVIDENCE.
pruebas innecesarias.

IMMATERIAL FACTS.
hechos irrelevantes.

IMMATERIAL ISSUE.
cuestión irrelevante.

IMMATERIAL REPRESENTATION.
declaración o afirmación irrelevante.
V. REPRESENTATION.

IMMATERIAL VARIANCE.
divergencia no esencial entre la prueba y los hechos expuestos en la demanda, contestación u otros actos procesales.

IMMATERIALITY.
irrelevancia. Innecesariedad. No esencialidad.

IMMATURE CLAIM.
derecho o pretensión respecto de una deuda no vencida. V. CLAIM.

IMMATURITY.
inmadurez.

IMMEDIATE.
inmediato.

IMMEDIATE CAUSE.
causa inmediata.

IMMEDIATE CONTROL.
control inmediato, especialmente el de un vehículo.

IMMEDIATE DANGER.
peligro inmediato.

IMMEDIATE DEATH.
muerte inmediata.

IMMEDIATE DELIVERY.
entrega inmediata.

IMMEDIATE DESCENT.
descendencia inmediata. ‖ la situación del descendiente a quien se transfieren ciertos bienes en forma directa, sin que medien otras transferencias.

IMMEDIATE FAMILY.
familiares inmediatos.

IMMEDIATE INJURY.
daños o lesiones inmediatos.

IMMEDIATE INTEREST.
interés inmediato.

IMMEDIATE NOTICE.
notificación inmediata.

IMMEDIATELY.
inmediatamente.

IMMEDIATELY ON DEMAND.
en forma inmediata a la vista, demanda o exigencia.

IMMEMORIAL.
inmemorial.

IMMEMORIAL CUSTOM.
costumbre inmemorial.

IMMEMORIAL POSSESSION.
posesión inmemorial.

IMMEMORIAL USAGE.
uso o costumbre inmemorial.

IMMIGRANT.
inmigrante.

IMMIGRANT ALIEN.
extranjero inmigrante.

IMMIGRANT VISA.
visa de inmigrante.

IMMIGRATION.
inmigración.

IMMIGRATION OFFICER.
funcionario de inmigración.

IMMINENT.
inminente.

IMMINENT DANGER.
peligro inmediato o inminente.

IMMINENTLY DANGEROUS ARTICLE.
artículo o producto susceptible de crear un peligro inminente.

IMMINENT PERIL.
peligro inmediato.

IMMODERATE.
inmoderado. Excesivo.

IMMORAL.
inmoral.

IMMORAL ACT.
acto inmoral.

IMMORAL CONDUCT.
conducta inmoral.

IMMORAL CONSIDERATION.
contraprestación o causa inmoral.
v. CONSIDERATION.

IMMORAL CONTRACT.
contrato inmoral.

IMMORALITY.
inmoralidad.

IMMOVABLE PROPERTY.
propiedad inmueble.
v. IMMOVABLES.

IMMOVABLES.
inmuebles. La voz sólo se utiliza en relación al CIVIL LAW (v.) y al Derecho Internacional Privado.

IMMUNITY.
inmunidad. Exención.

IMMUNITY CLAUSE.
cláusula de inmunidad.

IMMUNITY FROM ARREST.
inmunidad de arresto.

IMMUNITY FROM DISTRESS.
inembargabilidad.

IMMUNITY FROM EXECUTION.
inmunidad de ejecución.

IMMUNITY FROM JURISDICTION.
inmunidad de jurisdicción.

IMMUNITY FROM PROCESS.
inmunidad frente a procesos civiles.

IMMUNITY FROM PROSECUTION.
inmunidad frente a acciones penales.

IMMUNITY FROM SUIT.
inmunidad de jurisdicción.

IMMUNITY FROM TAXATION.
exención o exclusión impositiva.

IMMUNITY OF STATES.
inmunidad soberana.

IMMUNIZATION.
inmunización.

IMMUNIZE.
inmunizar. Eximir.

IMPACTED AREA.
área afectada.

IMPAIR.
dificultar. Debilitar. Impedir. Afectar negativamente. Disminuir.

IMPAIRED CAPITAL.
pérdida de capital, tal que éste quede reducido por debajo de su valor nominal.

IMPAIRED RISK.
riesgo afectado negativamente.

IMPAIRMENT.
impedimento. Disminución. Debilitamiento. Dificultad.

IMPAIRMENT OF OBLIGATION OF CONTRACTS.
impedimento o dificultad que afecta negativamente el cumplimiento de obligaciones contractuales.

IMPANEL.
determinar la integración de un jurado.

IMPANELLING OF JURY.
V. IMPANEL.

IMPARLANCE.
el término otorgado al demandado para presentar su defensa y contestación de la demanda. ‖ negociaciones entre las partes a fin de llegar a una transacción respecto de una cuestión litigiosa.

IMPARTIAL.
imparcial.

IMPARTIAL EXPERT.
perito designado de oficio.

IMPARTIAL JURY.
jurado imparcial.

IMPARTIAL WITNESS.
testigo imparcial.

IMPEACH.
acusar. Enjuiciar. ‖ objetar. Negar. Contradecir. ‖ acusar formalmente de un delito ante el órgano correspondiente a funcionarios, magistrados o representantes estatales. Acusar en un juicio político.

IMPEACHABLE.
acusable. Enjuiciable. Impugnable. Contestable.

IMPEACHMENT.
acusación. ‖ objeción. Impugnación. ‖ acusación formal dirigida contra funcionarios, magistrados y representantes estatales. Acusación en un juicio político.

IMPEACHMENT OF A CONTRACT.
impugnación de un contrato.

IMPEACHMENT OF A GIFT.
revocación de una donación.

IMPEACHMENT OF A TREATY.
contestación de la validez de un tratado.

IMPEACHMENT OF A WITNESS.
impugnación de un testigo o de su testimonio.

IMPEACHMENT OF AWARD.
impugnación de un laudo arbitral.

IMPEACHMENT OF VERDICT.
impugnación del veredicto de un jurado.

IMPEACHMENT OF WASTE.
acusación contra un locatario u otro tenedor de un inmueble que no ha actuado con la debida diligencia en lo que hace a su conservación. V. WASTE.

IMPEACHMENT PROCEEDINGS.
juicio político. ‖ el procedimiento en tal juicio.

IMPEDE.
impedir. Obstruir. Obstaculizar.

IMPEDIMENT.
impedimento. ‖ vicios de un contrato derivados de falta de capacidad o consentimiento.

IMPEDIMENT TO MARRIAGE.
impedimento matrimonial.

IMPERATIVE.
imperativo.

IMPERATIVE DIRECTION.
orden imperativa.

IMPERATIVE POWER.
poder o representación que debe ejercerse conforme a ciertas órdenes o restricciones derivadas de quien lo concede o de otros órganos.

IMPERATIVE STATUTE.
ley imperativa.

IMPERFECT.
imperfecto.

IMPERFECT GIFT.
donación no perfeccionada.

IMPERFECT MORTGAGE.
hipoteca legal cuyos efectos derivan del régimen de EQUITY (v.).

IMPERFECT OBLIGATION.
obligación natural.

IMPERFECT OWNERSHIP.
dominio imperfecto. La expresión sólo se utiliza en relación con el CIVIL LAW (v.).

IMPERFECT PERFORMANCE.
cumplimiento imperfecto o inexacto de una obligación.

IMPERFECT RIGHT.
derecho imperfecto, indeterminado, impreciso o litigioso.

IMPERFECT TITLE.
título imperfecto.

IMPERFECT TRUST.
fideicomiso no perfeccionado. V. EXECUTORY
TRUST.

IMPERFECT USUFRUCT.
usufructo imperfecto o cuasiusufructo. La expresión sólo se utiliza en relación con el CIVIL
LAW (v.).

IMPERFECT WAR.
guerra limitada a lugares, cosas o personas determinadas, en contraposición a la que afecta
íntegramente a un Estado.

IMPERIUM.
imperio. El poder de un órgano estatal de dar
órdenes y hacerlas ejecutar.

IMPERSONAL.
impersonal.

IMPERSONAL PAYEE.
el que cobra un cheque u otro título al portador.

IMPERSONATION.
asumir una falsa identidad ‖ sustitución de
personas. Falsedad personal. ‖

IMPERTINENCE.
impertinencia. Irrelevancia.

IMPERTINENT.
impertinente. Irrelevante.

IMPLEAD.
demandar. Accionar. ‖ citar o llamar a juicio a
un tercero.

IMPLEADER.
procedimiento mediante el cual un tercero es
citado o llamado a juicio.

IMPLEMENT.
implemento. ‖ como verbo (*to implement*),
implementar.

IMPLEMENTS OF TRADE.
implementos de trabajo.

IMPLEMENTATION.
implementación. Aplicación.

IMPLICATION.
implicación. Presunción. Inferencia.

IMPLICIT.
implícito.

IMPLIED.
implícito. Presumido. Inferido. Presunto.

IMPLIED ABANDONMENT.
abandono o desistimiento implícito.

IMPLIED ACCEPTANCE.
aceptación implícita.

IMPLIED ACKNOWLEDGMENT.
reconocimiento implícito.

IMPLIED ADMISSION.
admisión implícita.

IMPLIED AGENCY.
representación implícita o presumida.
V. AGENCY.

IMPLIED AGREEMENT.
acuerdo o contrato implícito.

IMPLIED ASSENT.
asentimiento implícito. V. ASSENT.

IMPLIED ASSERTION.
afirmación implícita.

IMPLIED ASSUMPSIT.
compromiso u obligación contractual implícitos. V. ASSUMPSIT.

IMPLIED AUTHORITY.
poder o autorización implícitos.

IMPLIED BIAS.
parcialidad presumida. V. BIAS.

IMPLIED BY LAW.
presumido o inferido por la ley.

IMPLIED CONDITION.
condición implícita.

IMPLIED CONFESSION.
confesión ficta o implícita.

IMPLIED CONSENT.
consentimiento implícito.

IMPLIED CONSIDERATION.
contraprestación o causa implícita.
V. CONSIDERATION.

IMPLIED CONTRACT.
contrato implícito o tácito.

IMPLIED COVENANT.
cláusula contractual implícita, presunta o tácita.

IMPLIED DEDICATION.
aplicación o dedicación implícita de un inmueble a uso público.
V. DEDICATION.

IMPLIED EASEMENT.
servidumbre implícita o tácita.

IMPLIED FINDING.
determinación de hecho que surge implícitamente de los términos de una sentencia.

IMPLIED FORCE.
violencia presumida o imputada por la ley.

IMPLIED INTENT.
intención implícita.

IMPLIED LICENCE.
licencia o autorización implícita. V. LICENCE.

IMPLIED LICENSE.
V. IMPLIED LICENCE.

IMPLIED MALICE.
V. CONSTRUCTIVE MALICE.

IMPLIED NOTICE.
notificación implícita o presunta.

IMPLIED OBLIGATION.
obligación implícita.

IMPLIED PARTNERSHIP.
sociedad de personas no constituida formal ni expresamente, pero que la ley considera como implícitamente existente, por haber actuado frente a terceros como tal. V. PARTNERSHIP.

IMPLIED POWERS.
poderes tácitos o implícitos, especialmente los de un órgano gubernamental.

IMPLIED PROMISE.
promesa u obligación contractual implícita o presunta.

IMPLIED RATIFICATION.
ratificación implícita.

IMPLIED REJECTION.
rechazo implícito.

IMPLIED REPEAL.
derogación implícita.

IMPLIED REPRESENTATION.
declaración implícita de ciertos hechos.
V. REPRESENTATION.

IMPLIED RESERVATION.
reserva implícita de derechos respecto de un inmueble que ha sido transferido.
V. RESERVATION.

IMPLIED TRUST.
fideicomiso tácito. Relación fideicomisaria presumida o imputada por la ley. V. TRUST.

IMPLIED WAIVER.
garantía implícita o tácita.

IMPLIED WARRANTY.
garantía implícita.

IMPLIED WARRANTY OF AUTHORITY.
garantía implícita de quien actúa en carácter de representante en el sentido de que cuenta con las facultades y poderes necesarios para actuar en tal carácter.

IMPLY.
implicar.

IMPORT.
importación. Como verbo (*to import*), importar.

IMPORT DUTY.
derecho de importación.

IMPORT LETTER.
carta de crédito extendida en favor de un importador.

IMPORT LICENCE.
permiso o licencia de importación.

IMPORT LICENSE.
V. IMPORT LICENCE.

IMPORT QUOTA.
cuota de importación.

IMPORT TAX.
impuesto o derecho de importación.

IMPORTATION.
importación.

IMPORTER.
importador.

IMPORTUNITY.
el acto de importunar a otra persona.

IMPOSE.
imponer. Gravar.

IMPOSITION.
imposición. Impuesto. Gravamen.

IMPOSSIBILITY.
imposibilidad.

IMPOSSIBILITY OF PERFORMANCE.
imposibilidad de cumplimiento.

IMPOSSIBLE.
imposible.

IMPOSSIBLE CONDITION.
condición imposible.

IMPOSSIBLE CONSIDERATION.
contraprestación de cumplimiento imposible.
V. CONSIDERATION.

IMPOSSIBLE CONTRACT.
contrato de cumplimiento imposible.

IMPOST.
impuesto. Gravamen. Derecho.

IMPOSTOR.
impostor.

IMPOTENCE.
impotencia.

IMPOUND.
secuestrar. Confiscar. ‖ depositar o guardar judicialmente.

IMPOUND A DOCUMENT.
secuestrar un documento.

IMPOUND ACCOUNT.
cuenta formada mediante fondos depositados por un deudor a favor de quien le ha otorgado un préstamo, a fin de que el acreedor atienda gastos que oportunamente ocasione ese préstamo, como impuestos, seguros, etc.

IMPOUNDED FUNDS.
fondos confiscados o secuestrados.

IMPOUNDED PROPERTY.
propiedad confiscada o secuestrada.

IMPOUNDING DISTRESS.
secuestro de bienes del locatario moroso.

IMPRACTICABILITY.
impracticabilidad. Dificultad que prácticamente impide realizar un acto aunque éste no
sea completamente imposible.
V. COMMERCIAL IMPRACTICABILITY.

IMPRACTICABLE.
impracticable.
V. IMPRACTICABILITY.

IMPRESCRIPTIBILITY.
imprescriptibilidad.

IMPRESCRIPTIBLE RIGHT.
derecho imprescriptible.

IMPRESSION.
impresión. V. FIRST IMPRESSION CASE.

IMPRESSMENT.
facultad estatal de confiscar bienes o de ordenar servicios personales, con propósitos militares.

IMPREST.
préstamo. Anticipo. ‖ también, como verbo
(to imprest), prestar. Otorgar un préstamo.

IMPREST FUND.
fondo para atender gastos corrientes.

IMPRIMATUR.
imprimátur.

IMPRISON.
encarcelar.

IMPRISONMENT.
arresto. Encarcelamiento. Prisión.

IMPRISONMENT FOR DEBT.
prisión por deudas.

IMPRISONMENT ON CIVIL PROCESS.
prisión por deudas o como consecuencia de un
juicio civil en que se incumple la sentencia.

IMPROBABLE.
improbable.

IMPROBATION.
acción de nulidad de un instrumento fundada
en su falsificación.

IMPROPER.
impropio. Inadecuado. Irregular.

IMPROPER CUMULATION OF ACTIONS.
acumulación irregular de acciones.

IMPROPER DELIVERY
entrega irregular o imperfecta de bienes.

IMPROPER INFLUENCE.
ejercicio de influencia indebida sobre una persona.

IMPROPER USE.
uso o ejercicio indebido.

IMPROPERLY OBTAINED EVIDENCE.
pruebas obtenidas indebidamente.

IMPROVE.
mejorar. Perfeccionar.

IMPROVED LAND.
tierras con mejoras.

IMPROVED VALUE.
el valor de un terreno con sus mejoras.

IMPROVEMENT.
mejora. Perfeccionamiento.

IMPROVEMENT BOND.
bono destinado a financiar mejoras.

IMPROVEMENT LIEN.
privilegio o derecho de preferencia a favor de
los créditos originados en mejoras introducidas a un inmueble, respecto de éste. V. LIEN.

IMPROVEMENT PATENT.
patente de perfeccionamiento.

IMPROVIDENCE.
imprudencia o prodigalidad en la administración de bienes.

IMPROVIDENT CONTRACT.
contrato con cláusulas abusivas o exorbitantes, consecuencia de la imprudencia o prodigalidad de una de las partes.

IMPROVIDENT PERSON.
pródigo.

IMPROVIDENTLY.
imprudentemente. Sin debido fundamento.

IMPUGN.
impugnar.

IMPULSE.
impulso.

IMPUNITY.
impunidad.

IMPUTABILITY.
imputabilidad.

IMPUTATION.
imputación, particularmente la de carácter in-
jurioso.

IMPUTATION OF PAYMENT.
imputación de un pago.

IMPUTE.
imputar. Atribuir.

IMPUTED.
imputado. Atribuido.

IMPUTED COST.
costo imputado.

IMPUTED INCOME.
ingreso imputado, particularmente con fines impositivos.

IMPUTED INTEREST.
interés imputado, particularmente con fines impositivos.

IMPUTED KNOWLEDGE.
conocimiento imputado o atribuido legalmente a una persona.

IMPUTED NEGLIGENCE.
culpa indirecta. Negligencia o culpa imputable a una persona, en razón de los actos de otra.

IMPUTED NOTICE.
notificación implícita o atribuida por la ley.

IN ABSENTIA.
en ausencia.

IN ACTION.
condición de los derechos no gozados o ejercidos, sino que dependen de una acción para su efectividad.

IN ADVERSUM.
en un litigio, o procedimiento contencioso. La situación de un derecho o relación jurídica que han sido determinados en un procedimiento contencioso.

IN BANC.
en pleno. La condición de un tribunal colegiado que así sesiona.

IN BANCO.
v. IN BANC.

IN BEING.
con vida. Existente.

IN BLANK.
en blanco.

IN BONIS.
entre los bienes o propiedad. ‖ en ejercicio de la posesión.

IN BONIS DEFUNCTI.
entre los bienes del difunto.

IN BULK.
en bloque. En conjunto. En su totalidad.

IN CAHOOTS.
en combinación o entendimiento ilícitos.

IN CAMERA.
en la sala privada de un juzgado. ‖ privadamente. A puertas cerradas.

IN CAMERA INSPECTION.
inspección de un documento ofrecido como prueba, realizada privadamente por el juez a fin de determinar su admisibilidad en el procedimiento.

IN CAMERA PROCEEDINGS.
audiencias o procedimientos a puertas cerradas.

IN CAPITA.
por cabeza. ‖ individualmente.

IN CASE.
en caso.

IN CASH.
en efectivo.

IN CASU PROVISO.
en un caso determinado o previsto.

IN CHAMBERS.
v. IN CAMERA.

IN CHARGE.
a cargo.

IN CHIEF.
principal. ‖ en forma directa. En jefe.

IN COMMENDAM.
en comandita.

IN COMMON.
en común.

IN CONJUNCTION.
conjuntamente.

IN CONSIDERATION OF.
en consideración de. ‖ Como contraprestación de.

IN CONTEMPLATION OF DEATH.
en consideración de la muerte de una persona.
v. CONTEMPLATION OF DEATH.

IN CONTEMPT.
la condición de quien se encuentra en estado de desacato o desobediencia respecto de un tribunal.
v. CONTEMPT.

IN CONTINENTI.
inmediatamente.

IN COURT.
ante un tribunal. ‖ en juicio.

IN CURIA.
en audiencia pública.

IN CURRENCY.
en efectivo.

IN CURRENT FUNDS.
en dinero u otros fondos que tengan un valor semejante a aquél.

IN CUSTODIA LEGIS.
en la custodia de la ley. v. CUSTODIA LEGIS.

IN CUSTODY.
en custodia.

IN DELICTO.
con culpa. En situación ilícita.

IN DIEM.
por un día.

IN DORSO.
al dorso.

IN DUBIO.
en duda. En caso de duda.

IN DUE COURSE.
regularmente. En el curso regular de los negocios. Legítimamente.

IN DUPLO.
duplicado. Doblado.

IN EADEM CAUSA.
en la misma causa. ‖ en la misma condición o situación.

IN EFFECT.
en vigor. En vigencia. ‖ en los hechos.

IN EQUAL SHARES.
en partes iguales.

IN EQUITY.
en un tribunal que aplica el régimen de EQUITY (v.). ‖ en un procedimiento regido por el régimen de EQUITY (v). ‖ conforme a las reglas de EQUITY (v). ‖ conforme a la equidad.

IN ESSE.
existente. En existencia.

IN EVIDENCE.
probado. Resultante de las pruebas.

IN EXECUTION AND PURSUANCE OF.
en ejecución y cumplimiento de un poder, facultad o atribución.

IN EXITU.
en disputa. En cuestión. En litigio.

IN EXPECTATION.
en expectativa.

IN EXTREMIS.
in extremis.

IN FACT.
en realidad. En los hechos.

IN FIERI.
en proceso. En formación.

IN FORMA PAUPERIS.
con beneficio de pobreza o de poder litigar sin gastos.

IN FULL.
en pleno. Completo.

IN FULL LIFE.
en vida, de hecho y jurídicamente.

IN FULL SETTLEMENT.
en pago total de una obligación.

IN GOOD FAITH.
de buena fe.

IN GROSS.
en bruto. ‖ al por mayor. En grandes cantidades. ‖ en conjunto. Globalmente. ‖ Independiente. Principal.

IN HIS OWN FAVOUR.
a favor de sí mismo.

IN HIS OWN RIGHT.
por su propio derecho. Por su propia cuenta.

IN ISSUE.
en litigio. En disputa. Objeto de juicio.

IN JEOPARDY.
sujeto a juicio penal. ‖ en peligro.

IN JUDGMENT.
en juicio. Ante un tribunal.

IN JURE.
en derecho. Conforme a Derecho.

IN KIND.
en especie.

IN LAW.
en Derecho. Conforme a Derecho.

IN-LAWS.
parientes políticos.

IN LIEU OF.
en lugar de. En sustitución de.

IN LOCO.
en lugar. En reemplazo.

IN LOCO PARENTIS.
en el lugar o posición de los padres. Con las obligaciones o responsabilidades de los padres.

IN MERCY.
sujeto a la merced o discreción de un juez u otra autoridad.

IN PAIS.
extrajudicialmente. Sin necesidad de procedimiento. V. ESTOPPEL IN PAIS.

IN PARI CAUSA.
en igual causa. ‖ con iguales derechos para ambas partes.

IN PARI DELICTO.
con igual culpa. Igualmente culpable.

IN PARI MATERIA.
en la misma materia. Relativo a los mismos hechos.

IN PARI PASSU.
con iguales derechos. Sin preferencias ni privilegios. V. PARI PASSU.

IN PART.
en parte.

IN PAYING QUANTITIES.
en cantidades suficientes para ser rentables.

IN PERPETUITY.
en perpetuidad.

IN PERSON.
en persona. Personalmente.

IN PERSONAM.
personal. Contra la persona. Relativo a una persona determinada. La condición de una relación jurídica que incide sobre una persona determinada. v. ACTION IN PERSONAM.
IN PERSONAM JURISDICTION.

IN PERSONAM ACTION.
V. ACTION IN PERSONAM.

IN PERSONAM JUDGMENT.
V. JUDGMENT IN PERSONAM.

IN PERSONAM JURISDICTION.
jurisdicción respecto de la persona. La posibilidad de ejercer jurisdicción respecto de personas determinadas, en base a cierta vinculación de éstas con el ámbito en que el tribunal actúa. Es un concepto más amplio que el de competencia en razón de las personas, pues los requisitos de la jurisdicción respecto de la persona se deben reunir aun cuando el tribunal tenga competencia sobre la causa por motivos ajenos a la identidad de las partes.

IN PLURALITY.
V. ESTATE IN PLURALITY.

IN POSSE.
en posibilidad.

IN POSSESSION.
en posesión.

IN RE.
en el caso. En la materia. ‖ en relación. Con referencia.

IN REGARD TO.
en relación a. Con referencia a.

IN REM.
real. Contra la cosa. Relativo a una cosa determinada. La condición de una relación jurídica que incide sobre una cosa determinada.
V. ACTION IN REM. IN REM JURISDICTION.

IN REM JURISDICTION.
jurisdicción respecto de la cosa. La posibilidad de ejercer jurisdicción respecto de cosas determinadas en base a cierta vinculación de éstas con el ámbito en que el tribunal actúa.

IN REM MORTGAGE.
la hipoteca en cuanto sus efectos jurídicos se refieren al bien hipotecado.

IN REMAINDER.
V. ESTATE IN REMAINDER.

IN RENDER.
la situación de una cosa en cuanto debe ser entregada a otra persona una vez vencido cierto plazo.

IN REVERSION.
V. ESTATE IN REVERSION.

IN SOLIDUM.
solidariamente.

IN SPECIE.
en especie.

IN STIRPES.
por estirpes.

IN TERROREM.
en situación de miedo o terror, particularmente el que resulta de amenazas ilícitas.

IN TERROREM CLAUSE.
cláusula de un contrato o testamento destinada a evitar una conducta de una parte involucrada en esos actos mediante la amenaza de pérdida de los derechos allí previstos u otros perjuicios. Se refiere en particular a las cláusulas que disponen la caducidad de los derechos de las partes que impugnan la validez de los actos que incluyen tales cláusulas.

IN TESTIMONIUM.
en testimonio de. En prueba de.

IN THE COURSE OF EMPLOYMENT.
en el curso del empleo.

IN THE ORDINARY COURSE OF BUSINESS.
en el curso regular de los negocios.

IN THE PRESENCE.
en presencia.

IN TOTO.
totalmente. En total.

IN TRADE.
en el comercio.

IN TRANSIT.
en tránsito.

IN TRANSITU.
en tránsito.

IN TRUST.
en fideicomiso. v. TRUST.

IN VENTRE SA MERE.
en el seno materno.

IN WITNESS WHEREOF.
en fe de lo cual. En testimonio de lo cual.

INACTION.
inacción.

INACTIVE ACCOUNT.
cuenta inactiva.

INADEQUACY.
insuficiencia. Inadecuación.

INADEQUATE.
inadecuado.

INADEQUATE CONSIDERATION.
contraprestación inadecuada.
v. CONSIDERATION.

INADEQUATE DAMAGES.
indemnización de daños y perjuicios inadecuada o insuficiente.

INADEQUATE PRICE.
precio inadecuado o insuficiente.

INADEQUATE REMEDY AT LAW.
falta de acciones y recursos suficientes bajo el régimen de Derecho estricto, tal que requiere recurrir al régimen de EQUITY (v.) para que sea posible el efectivo ejercicio de un derecho.
v. REMEDY.

INADMISSIBILITY.
inadmisibilidad.

INADMISSIBLE.
inadmisible.

INADMISSIBLE EVIDENCE.
pruebas inadmisibles.

INADVERTENCE.
inadvertencia.

INALIENABLE.
inalienable.

INALIENABLE INTERESTS.
derechos inalienables respecto de una propiedad.

INALIENABLE RIGHTS.
derechos inalienables.

INAUGURATION.
inauguración. ‖ ceremonia de asunción de un cargo.

INBOARD.
la posición de la carga u otros elementos que no quedan fuera de la borda de un buque.

INC.
abreviatura de INCORPORATED (v.).

INCAPACITATED.
incapacitado, por enfermedad mental o física, edad, uso habitual de drogas o alcohol u otra situación que causa falta de entendimiento o de capacidad de actuar en una forma razonable.

INCAPACITATED PERSON.
persona incapacitada.

INCAPACITY.
incapacidad. La voz se aplica tanto a la incapacidad de hecho como a la del derecho, así como a la incapacidad física de un individuo.

INCAPACITY FOR WORK.
incapacidad laboral.

INCAPACITY TO SUE.
falta de legitimación procesal activa.

INCARCERATION.
encarcelamiento. Prisión.

INCAUTIOUS.
incauto.

INCENDIARY.
incendiario. Piromaníaco.

INCENTIVE.
incentivo.

INCENTIVE COMPENSATION.
remuneraciones abonadas como incentivo adicional para los empleados que las reciben.

INCENTIVE WAGES.
salarios superiores a los mínimos legales o convencionales, abonados como incentivo adicional para los trabajadores que los reciben.

INCEPTION.
comienzo. Iniciación. Formación. Origen. Apertura.

INCEST.
incesto.

INCESTUOUS.
incestuoso.

INCESTUOUS ADULTERY.
adulterio incestuoso, por tener lugar con una persona con la que se comete incesto.

INCESTUOUS BASTARDS.
hijos incestuosos.

INCH.
pulgada.

INCHARTARE.
transferir mediante un instrumento.

INCHMAREE CLAUSE.
cláusula en los seguros marítimos que protege contra los riesgos resultantes de la culpa o negligencia del capitán o tripulantes, o de los vicios de la nave.

INCHOATE.
incompleto. Imperfecto. Parcial. No perfeccionado.

INCHOATE AGREEMENT.
contrato no perfeccionado.

INCHOATE CRIME.
delito no perfeccionado. Incluye las tentativas

y las combinaciones dirigidas a realizar un delito. v. CONSPIRACY.

INCHOATE DOWER.
DOWER (v.) no perfeccionado, o sea el derecho en expectativa que tiene la esposa sobre los bienes de su marido que son constitutivos del *dower,* en vida de aquél.

INCHOATE INSTRUMENT.
instrumento no perfeccionado.

INCHOATE INTEREST.
derecho en expectativa. Derecho no perfeccionado. v. INTEREST.

INCHOATE LIEN.
derecho de preferencia o privilegio no perfeccionado, particularmente cuando ese derecho resulta de una sentencia que aún no ha quedado firme. v. LIEN.

INCHOATE OFFENCE.
delito o acto ilícito no perfeccionado.
v. INCHOATE CRIME. OFFENCE.

INCHOATE RIGHT.
derecho en expectativa. Derecho no perfeccionado.

INCIDENCE.
incidencia.

INCIDENCE OF TAXATION.
incidencia impositiva.

INCIDENT.
incidente, tanto como sustantivo y como adjetivo. ‖ accidente. ‖ normas, disposiciones o cláusulas accesorias.

INCIDENT OF OWNERSHIP.
retención de un grado significativo de derechos respecto de un bien, tal que se pueda considerar que existe propiedad sobre el mismo, particularmente a fines impositivos.

INCIDENTAL.
incidental.

INCIDENTAL ADMISSION.
admisión incidental.

INCIDENTAL ASSISTANCE.
asistencia incidental, por ser prestada por un particular presente en el lugar del hecho, especialmente en materia marítima.

INCIDENTAL AUTHORITY.
poder o autorización incidentales, derivados implícitamente de poderes o autorizaciones expresos. v. AUTHORITY.

INCIDENTAL BENEFICIARY.
beneficiario incidental o indirecto de un acto, especialmente un fideicomiso. v. TRUST.

INCIDENTAL DAMAGES.
daños incidentales.

INCIDENTAL POWERS.
poderes implícitos de un órgano societario, particularmente los necesarios para el ejercicio de los concedidos expresamente.

INCIDENTAL PROCEEDING.
incidente. Proceso incidental.

INCIDENTAL QUESTION.
cuestión incidental.

INCIDENTAL RELIEF.
reparación judicial ordenada aunque no haya sido expresamente solicitada en la demanda.

INCIDENTAL TO ARREST.
accesorio o necesario respecto de un arresto.

INCIDENTAL TO EMPLOYMENT.
accesorio o derivado de una relación de empleo, particularmente en materia de riesgos laborales.

INCIDENTAL USE.
uso de un bien, particularmente de un inmueble, que es accesorio respecto del uso principal que se da a ese bien.

INCITE.
incitar. Instigar. Provocar.

INCITEMENT.
incitación. Instigación. Provocación.

INCITEMENT TO COMMIT A CRIME.
instigación a cometer un crimen.

INCITEMENT TO DISAFFECTION.
instigación a abandonar al cónyuge.

INCITER.
incitador. Instigador. Provocador.

INCIVISM.
incivismo.

INCLOSE.
cerrar. Cercar. ‖ realizar un INCLOSURE (v.).

INCLOSED LAND.
terrenos cerrados o cercados. ‖ terrenos apropiados por un propietario a título individual, quedando así excluidos del régimen feudal de uso común.

INCLOSURE.
cerramiento o cercamiento de tierras. ‖ apropiación de terrenos a título individual, excluyéndolos del régimen feudal de uso común.

INCLUDE.
incluir.

INCLUDED.
incluido.

INCLUDED OFFENCE.

delito o ilícito que resulta absorbido por otra figura de mayor gravedad en la que queda incluida la conducta a ser calificada.

INCLUDED OFFENSE.

V. INCLUDED OFFENSE.

INCLUSIVE.

inclusivo.

INCOGNITO.

de incógnito.

INCOME.

ingreso. Ganancia. Rédito.

INCOME AVERAGING.

cómputo del ingreso de un contribuyente mediante el promedio de su ingreso en determinado número de años.

INCOME BASIS.

cómputo de la rentabilidad de una inversión en función de la relación entre el ingreso y el valor invertido, y no en función de la relación entre el ingreso y el valor nominal de la acción, título u otra inversión de que se trate.

INCOME BEARING.

productivo de ganancias o ingresos.

INCOME BENEFICIARY.

el beneficiario del ingreso derivado de una inversión o propiedad.

INCOME BOND.

bono adquirido con fines de obtener un flujo de intereses, en contraposición al que se adquiere con propósitos de obtener una valorización del capital invertido.

INCOME IN RESPECT OF DECEDENT.

ingreso que fue obtenido por una persona fallecida y que por no haber sido incluido en sus declaraciones impositivas se imputa a sus sucesores.

INCOME PROPERTY.

propiedad de la que se deriva una renta.

INCOME RETURN.

declaración de los ingresos, con fines impositivos.

INCOME STATEMENT.

V. INCOME RETURN.

INCOME TAX.

impuesto a las ganancias o a los réditos.

INCOME TAX DEFICIENCY.

deficiencia o defecto en el pago del impuesto a las ganancias.

INCOME TAX RETURN.

V. INCOME RETURN.

INCOMING PARTNER.

nuevo socio incorporado a una sociedad de personas. V. PARTNERSHIP.

INCOMMUNICADO.

incomunicado.

INCOMMUTABLE.

no conmutable.

INCOMPATIBILITY.

incompatibilidad.

INCOMPATIBILITY OF TEMPER.

incompatibilidad de caracteres.

INCOMPETENCE.

incompetencia. Incapacidad. Ineptitud.

INCOMPETENCY.

V. INCOMPETENCE.

INCOMPETENCY PROCEEDINGS.

procedimiento de declaración de incapacidad.

INCOMPETENT.

incompetente. Incapaz. Inepto.

INCOMPETENT EVIDENCE.

pruebas inadmisibles.

INCOMPETENT PERSON.

persona incapaz.

INCOMPLETE.

incompleto.

INCOMPLETE POSSESSION.

posesión parcial o incompleta. ‖ posesión sujeta a conflictos o disputas.

INCOMPLETE PRIVILEGE.

doctrina conforme a la cual quien causa daños a la propiedad ajena para evitar daños a la propia queda eximido de responsabilidad extracontractual por esa conducta.

INCOMPLETE TRANSFER.

transferencia de propiedad incompleta o no perfeccionada, particularmente cuando ello se debe al fallecimiento del transferente.

INCONCLUSIVE.

inconcluyente. Indeciso. Insuficiente para llegar a una decisión definitiva.

INCONSEQUENTIAL ERROR.

error irrelevante.

INCONSISTENCY.

contradicción. Inconsecuencia. Incompatibilidad.

INCONSISTENT.

contradictorio. Inconsecuente. Incompatible.

INCONSISTENT PRESUMPTIONS.

presunciones contradictorias.

INCONSISTENT REMEDIES.

medios judiciales o extrajudiciales incompatibles entre sí para proteger o dar efectividad a un derecho. v. REMEDY.

INCONTESTABILITY CLAUSE.
cláusula de incontestabilidad, particularmente la que se incluye en las pólizas de seguros respecto de las declaraciones del asegurado, con efectos una vez pasado cierto tiempo.

INCONTESTABILITY PROVISION.
v. INCONTESTABILITY CLAUSE.

INCONTESTABLE.
incontestable. Inatacable. Inimpugnable.

INCONTESTABLE POLICY.
póliza que no puede ser impugnada una vez pasado cierto tiempo. v. INCONTESTABILITY CLAUSE.

INCONTINENCE.
incontinencia.

INCONTROVERTIBLE.
incontrovertible.

INCONVENIENCE.
inconveniencia. Obstáculo.

INCONVENIENCE OF REMEDY.
inconveniencia de un medio para hacer efectivo un derecho.
v. REMEDY.

INCONVENIENT FORUM.
tribunal inapropiado, por razones de conveniencia y efectividad de la justicia, para actuar en determinada causa.

INCORPORATE.
constituir persona jurídica. v. CORPORATION. ‖ autorizar a una persona jurídica a funcionar como tal. ‖ incorporar una cosa a otra, especialmente un documento a otro.

INCORPORATED.
constituido como persona jurídica. ‖ incorporado.

INCORPORATED ASSOCIATION.
asociación con personalidad jurídica.

INCORPORATED COMPANY.
compañía con personalidad jurídica.

INCORPORATED LAW SOCIETY.
sociedad de letrados que en Gran Bretaña ejerce diversas funciones de naturaleza pública como ser el control del ejercicio de la profesión y la acusación contra los profesionales que incurren en ilícitos en el ejercicio de sus tareas.

INCORPORATING STATE.
estado en que se concede la personería jurídica a un ente.

INCORPORATION.
constitución de una persona jurídica.
v. CORPORATION. ‖ Incorporación de una cosa a otra.

INCORPORATION BY REFERENCE.
incorporación del contenido de un instrumento a otro haciendo referencia en éste a aquél.

INCORPORATION FEES.
tasa de constitución de una persona jurídica.

INCORPORATION PAPERS.
instrumentos mediante los que se constituye una persona jurídica. v. CORPORATION.

INCORPORATION UNDER GENERAL LAWS.
constitución de una persona jurídica conforme a las reglas generales aplicables a tal constitución.

INCORPORATION UNDER SPECIAL LAWS.
constitución de una persona jurídica por ley especial.

INCORPORATOR.
el que constituye una persona jurídica.
v. CORPORATION.

INCORPOREAL.
incorporal. Ideal. Inmaterial. Intangible.

INCORPOREAL CHATTELS.
bienes inmateriales. v. CHATTEL.

INCORPOREAL HEREDITAMENTS.
bienes intangibles o incorporales susceptibles de ser heredados.

INCORPOREAL PROPERTY.
propiedad inmaterial, formada por bienes inmateriales y por derechos contra personas determinadas.

INCORPOREAL RIGHTS.
derechos inmateriales, ejercitables respecto de bienes inmateriales o contra personas determinadas.

INCORPOREAL THINGS.
cosas intangibles.

INCORRIGIBLE.
incorregible.

INCORRUPTIBLE.
incorruptible.

INCOTERMS.
abreviatura de International Rules for the Interpretation of Trade Terms, reglas internacionales para la interpretación de términos comerciales, elaboradas por la Cámara Internacional de Comercio.

INCREASE.

incremento. Aumento. Extensión. ‖ productos de la tierra y el ganado ‖ como verbo (*to increase*), aumentar. Incrementar.

INCREASE OF CAPITAL.

aumento de capital.

INCREASE OF RISK.

agravamiento del riesgo.

INCREMENT.

incremento. Aumento.

INCRIMINATE.

acusar. Incriminar. Inculpar. Comprometer penalmente. Crear la posibilidad de una condena penal.

INCRIMINATING ADMISSION.

admisión o reconocimiento de hechos susceptibles de comprometer penalmente a quien la realiza.

INCRIMINATING CIRCUMSTANCES.

circunstancias incriminantes.

INCRIMINATING EVIDENCE.

prueba que tiende a demostrar la culpabilidad de un acusado.

INCRIMINATION.

acusación. Incriminación.

INCRIMINATORY STATEMENT.

declaración incriminatoria.

INCROACH.

v. ENCROACH.

INCROACHMENT.

v. ENCROACHMENT.

INCULPATE.

acusar. Incriminar.

INCULPATORY.

incriminatorio.

INCULPATORY EVIDENCE.

pruebas incriminatorias. v. EVIDENCE.

INCUMBENCY.

término de ejercicio de un cargo público. ‖ incumbencia.

INCUMBENT.

persona en ejercicio de un cargo público. ‖ incumbente.

INCUMBER.

v. ENCUMBER.

INCUMBRANCE.

v. ENCUMBRANCE.

INCUR.

incurrir.

INCUR A DEBT.

contraer una deuda.

INCUR A PENALTY.

incurrir en una pena o multa.

INCURABLE.

incurable.

INCURABLE DISEASE.

enfermedad incurable.

INDEBITATUS ASSUMPSIT.

Acción de ASSUMPSIT (v.), en la que el actor declara la existencia de una deuda a su favor.

INDEBTED.

Obligado. Endeudado.

INDEBTEDNESS.

Deuda. Endeudamiento.

INDECENT.

Indecente. Obsceno. Inmoral.

INDECENT ADVERTISEMENT.

Anuncio o publicidad obscenos o inmorales.

INDECENT ASSAULT.

Abusos deshonestos.

INDECENT BEHAVIOUR.

Comportamiento inmoral o indecente.

INDECENT EXHIBITION.

Exhibición inmoral o indecente.

INDECENT EXPOSURE.

Exposición o exhibición obscena.

INDECENT LIBERTIES.

Libertades que se toman respecto de una persona y que constituyen actos inmorales o indecentes.

INDECENT PUBLICATIONS.

publicaciones inmorales, indecentes u obscenas.

INDEFEASIBLE.

irrevocable. Absoluto. Incondicionado.

INDEFINITE.

indefinido.

INDEFINITE CONTRACT.

contrato por tiempo indeterminado.

INDEFINITE FAILURE OF ISSUE.

falta de descendientes, aunque ocurra en el curso de generaciones posteriores.

INDEFINITE IMPRISONMENT.

presión por tiempo indeterminado.

INDEFINITE LEGACY.

legado de una generalidad o conjunto de bienes, en contraposición al que se refiere a bienes determinados.

INDEFINITE PAYMENT.

pago no imputable a una deuda determinada.

INDEFINITENESS OF PLEADING.

carácter indefinido e impreciso de las pretensiones o defensas de las partes. **v.** PLEADING.

INDEMNIFICATION.

indemnización. Compensación de un gasto o pérdida.

INDEMNIFY.

indemnizar. Compensar un gasto o pérdida.

INDEMNITEE.

quien recibe una indemnización o una compensación por gastos o pérdidas.

INDEMNITOR.

quien paga una indemnización o una compensación por gastos o pérdidas.

INDEMNITY.

indemnización. ‖ contrato mediante el cual una parte acuerda compensar los gastos, pérdidas o responsabilidades de la otra. ‖ indemnidad. ‖ el acto mediante el cual se da indemnidad a una persona respecto de ciertas responsabilidades, especialmente de orden penal.

INDEMNITY AGAINST LIABILITY.

contrato mediante el que una parte acuerda compensar o cubrir las responsabilidades que pesan sobre la otra por ciertas causas.

INDEMNITY BOND.

garantía en virtud de la cual quien la otorga debe abonar ciertas sumas en caso de no responder por ciertas responsabilidades, particularmente las que resultan del ejercicio de representaciones, empleos o cargos de fideicomisario. **v.** BOND. INDEMNITY.

INDEMNITY CONTRACT.

contrato mediante el cual una parte acuerda compensar o cubrir las pérdidas, daños o gastos que pesan sobre la otra por ciertas causas.

INDEMNITY INSURANCE.

seguro que cubre el riesgo de que se produzcan determinadas pérdidas o gastos.

INDEMNITY POLICY.

póliza de seguros que cubre determinados gastos efectuados por el asegurado.

INDEMNITY RULE.

regla conforme a la cual la parte vencida debe abonar las costas derivadas de un litigio.

INDENIZATION.

naturalización.

INDENTURE.

instrumento formal, especialmente aquél mediante el que se constituyen hipotecas o fideicomisos, o se emiten bonos o debentures. ‖ Documento en base al cual se emiten bonos,

acciones u otros títulos susceptibles de ser cotizados en bolsa.

INDENTURE OF TRUST.

documento mediante el que se instrumenta un fideicomiso.

v. INDENTURE. TRUST.

INDENTURE TRUSTEE.

fideicomisario nombrado en un INDENTURE (v.). **v.** INDENTURE OF TRUST.

INDEPENDENCE.

independencia.

INDEPENDENT.

independiente.

INDEPENDENT ADJUSTER.

liquidador de seguros independiente, por no actuar exclusivamente en relación con un único asegurador.

INDEPENDENT ADVICE.

asesoramiento mediante expertos u otras personas independientes de las partes respecto de cuyos actos se da tal asesoramiento.

INDEPENDENT AGENT.

quien presta servicios o realiza prestaciones a favor de una empresa, sin relación de dependencia.

INDEPENDENT AUDIT.

auditoría independiente.

INDEPENDENT CONDITIONS.

condiciones independientes.

INDEPENDENT CONTRACT.

contrato en el que las prestaciones de una parte son independientes de las de la otra.

INDEPENDENT CONTRACTOR.

contratista independiente de obras y servicios.

INDEPENDENT COVENANTS.

obligaciones independientes derivadas de un contrato, tales que el cumplimiento de una de ellas no es condición para exigir el cumplimiento de las otras que pesan sobre la contraparte. **v.** COVENANT.

INDEPENDENT SIGNIFICANCE.

significado independiente de un instrumento, particularmente en cuanto no está destinado a simular otra operación y, en especial, en cuanto no oculta una disposición de tipo testamentario.

INDEPENDENT SOURCE RULE.

regla conforme a la cual un medio de prueba es válido si proviene de una fuente independiente de otro medio de prueba considerado ilegal.

INDEPENDENT UNION.

sindicato independiente.

INDESTRUCTIBLE.

indestructible.

INDESTRUCTIBLE TRUST.

fideicomiso cuyas ventajas en favor del beneficiario no pueden ser dejadas sin efecto por el fideicomisario. v. TRUST.

INDETERMINATE.

indeterminado.

INDETERMINATE BOND.

bono sin plazo determinado, por ser amortizable en cualquier momento mediante decisión del ente emisor.

INDETERMINATE CONDITIONAL RELEASE.

excarcelación condicional.

INDETERMINATE DAMAGES.

daños y perjuicios indeterminados o no liquidados.

INDETERMINATE OBLIGATION.

obligación de dar cosas inciertas.

INDETERMINATE SENTENCE.

condena de prisión por un tiempo cuya determinación precisa, entre un máximo y un mínimo, corresponde a las autoridades penales o a los organismos encargados de decidir la libertad condicional del reo.

INDEX.

índice.

INDEXATION.

indexación.

INDIAN LANDS.

tierras cuya propiedad corresponde a tribus indias.

INDIAN RESERVATION.

reserva india.

INDIAN TITLE.

título de las tribus indias respecto de ciertos bienes.

INDIAN TRIBAL PROPERTY.

propiedad correspondiente a tribus indias.

INDICATION.

indicación. indicio.

INDICATIVE EVIDENCE.

pruebas indiciarias o de indicios.

INDICIA.

indicios.

INDICIA OF TITLE.

prueba de indicios respecto de un título o derecho de propiedad.

INDICT.

acusar formalmente de un delito, luego de un proceso preliminar. v. INDICTMENT.

INDICTABLE.

sujeto a o susceptible de acusación formal de un delito. v. INDICTMENT.

INDICTABLE OFFENCE.

delito o acto ilícito susceptible de dar lugar a una acusación formal o a un procesamiento. v. INDICTMENT.

INDICTABLE OFFENSE.

v. INDICTABLE OFFENCE.

INDICTED.

acusado penalmente. Procesado.

INDICTEE.

persona acusada penalmente o procesada.

INDICTMENT.

acusación formal de un delito. Procesamiento. El *indictment* requiere un procedimiento especial previo, sea ante un jurado GRAND JURY (v.) que decide formular la acusación (Estados Unidos), o ante magistrados especiales que toman tal decisión (Gran Bretaña).

INDICTOR.

el que realiza una acusación formal o procesamiento.

INDIFFERENT.

indiferente. Imparcial.

INDIGENT.

indigente.

INDIGENT DEFENDANT.

acusado o demandado que carece de recursos para costear su propia defensa. Persona que litiga con beneficio de pobreza.

INDIGNITY.

indignidad. ‖ ultrajes causados al cónyuge, que operan como causal de divorcio.

INDIRECT.

indirecto.

INDIRECT BOUNTY.

subsidio indirecto.

INDIRECT CONFESSION.

confesión indirecta.

INDIRECT DAMAGES.

daños indirectos.

INDIRECT EVIDENCE.

prueba circunstancial. Prueba indirecta.

INDIRECT TAX.

impuesto indirecto.

INDISPENSABLE.

indispensable.

INDISPENSABLE EVIDENCE.
prueba necesaria para acreditar determinado extremo.

INDISPENSABLE PARTY.
parte necesaria en un juicio.

INDISPUTABILITY.
incontestabilidad.

INDISPUTABLE.
indiscutible.

INDIVIDUAL.
individual. ‖ individuo.

INDIVIDUAL ASSETS.
bienes o activos individuales. ‖ los bienes particulares de los socios, en contraposición a los pertenecientes a la sociedad.

INDIVIDUAL DEBTS.
deudas u obligaciones individuales. ‖ deudas u obligaciones particulares de los socios, en contraposición a las que inciden sobre la sociedad.

INDIVIDUAL PROPRIETORSHIP.
empresa individual o de propiedad de una persona física.

INDIVIDUAL RETIREMENT ACCOUNT.
literalmente, cuenta individual de retiro. Se trata de una cuenta destinada a atender las necesidades de un contribuyente al retirarse de sus trabajos, los fondos destinados a la cual gozan generalmente de un tratamiento impositivo favorable.

INDIVIDUAL RIGHTS.
derechos individuales.

INDIVIDUALLY.
individualmente.

INDIVISIBLE.
indivisible.

INDIVISIBLE CONTRACT.
contrato indivisible tal que el incumplimiento o invalidez de alguna de sus cláusulas afecten al contrato en su totalidad.

INDIVISIBLE OBLIGATION.
obligación indivisible.

INDORSABLE.
endosable.

INDORSEE.
endosatario.

INDORSEE FOR COLLECTION.
endosatario en procuración. Endosatario con fines de cobro.

INDORSEE IN DUE COURSE.
endosatario regular. Endosatario de buena fe a título oneroso.

INDORSEMENT.
endoso. v. ENDORSEMENT.

INDORSEMENT FOR COLLECTION.
endoso en procuración. Endoso con fines de cobro.

INDORSEMENT OF DEED.
endoso de un instrumento formal, a efectos de la transmisión de los derechos que en él constan. v. DEED.

INDORSEMENT ON POLICY.
agregados introducidos a una póliza de seguros.

INDORSEMENT ON WRIT.
anotación al dorso de una orden judicial, indicando su cumplimiento o la imposibilidad de éste. v. WRIT.

INDORSEMENT WITHOUT RECOURSE.
endoso sin acción de regreso.

INDORSER.
endosante.

INDUBITABLE.
indudable. Indubitable.

INDUBITABLE PROOF.
prueba indubitable o irrefutable.

INDUCE.
inducir. Instigar.

INDUCEMENT.
instigación. Motivación. ‖ incentivo. ‖ contraprestación dirigida a que la contraparte asuma ciertas obligaciones.

INDUCING BREACH OF CONTRACT.
instigar a la violación de un contrato.

INDUCT.
iniciar una actividad. ‖ poner en funciones. Instalar en un cargo. ‖ enrolar. Incorporar al servicio militar.

INDUCTION.
iniciación en una actividad. ‖ acto de asunción de funciones o de instalación en un cargo. ‖ enrolamiento. Conscripción.

INDULGENCE.
indulgencia.

INDUSTRIAL.
industrial. Relativo al trabajo o al Derecho de trabajo.

INDUSTRIAL ACCIDENT.
accidente de trabajo.

INDUSTRIAL ACTION.
acción sindical.

INDUSTRIAL ARBITRATION.
arbitraje laboral.

INDUSTRIAL BANK.
banco industrial.

INDUSTRIAL BOUNTY.
subsidio industrial.

INDUSTRIAL DEMOCRACY.
literalmente, democracia industrial. Conjunto de mecanismos dirigidos a instrumentar la participación de los trabajadores en el control y gobierno de las empresas.

INDUSTRIAL DESIGN.
diseño industrial.

INDUSTRIAL DEVELOPMENT BOND.
bono para el desarrollo industrial.

INDUSTRIAL DISEASE.
enfermedad laboral o profesional.

INDUSTRIAL DISPUTE.
conflicto laboral.

INDUSTRIAL ESPIONAGE.
espionaje industrial.

INDUSTRIAL INJURY.
lesión profesional.

INDUSTRIAL INSURANCE.
seguro de vida colectivo de los trabajadores de una empresa.

INDUSTRIAL LAW.
derecho Laboral. Derecho del Trabajo.

INDUSTRIAL PROPERTY.
propiedad industrial.

INDUSTRIAL RELATIONS.
relaciones laborales. Relaciones colectivas de trabajo.

INDUSTRIAL SECRET.
secreto industrial.

INDUSTRIAL TORT.
acto ilícito relativo a las relaciones colectivas de trabajo.
v. TORT.

INDUSTRIAL TRIBUNAL.
tribunal de trabajo. Tribunal que tiene competencia en materia de relaciones colectivas de trabajo.

INDUSTRIOUS CONCEALMENT.
oultación dolosa del vicio de una cosa.

INDUSTRY.
industrial.

INEBRIATE.
ebrio. || como verbo (*to inebriate*), embriagar.

INEFFECTIVE.
ineficaz.

INEFFECTUAL JUDGMENT.
sentencia ineficaz.

INEFFICIENCY.
ineficiencia. || período de no utilización o de utilización parcial de un navío.

INELIGIBILITY.
descalificación o falta de condiciones para ocupar un cargo o acceder a ciertos derechos o beneficios.

INELIGIBLE.
quien no reúne las condiciones para ocupar un cargo o acceder a ciertos derechos o beneficios.

INEQUITABLE.
inequitativo.

INEQUITABLE CONDUCT.
conducta injusta o contraria a las reglas de la equidad.

INESCAPABLE.
inevitable. Ineludible.

INESCAPABLE PERIL.
peligro inevitable.

INEVITABLE.
inevitable.

INEVITABLE ACCIDENT.
accidente inevitable.

INEVITABLE MISTAKE.
error inevitable.

INEXCUSABLE.
inexcusable.

INEXCUSABLE NEGLECT.
negligencia inexcusable.

INFAMOUS.
infame. Infamante. Objeto de repudio o condenación general.

INFAMOUS CRIME.
delito infamante.

INFAMOUS PUNISHMENT.
pena infamante.

INFAMY.
infamia.

INFANCY.
minoridad. Minoría de edad.

INFANT.
menor. Menor de edad.

INFANT INDUSTRY.
industria incipiente.

INFANTICIDE.
infanticidio.

INFER.
inferir.

INFERENCE.
inferencia.

INFERENCE ON INFERENCE.
inferencia basada en inferencias.

INFERENTIAL.
basado en inferencias.

INFERENTIAL FACTS.
hechos determinados en base a inferencias.

INFERIOR.
inferior.

INFERIOR AGENT.
empleado o dependiente de rango inferior.

INFERIOR COURT.
tribunal inferior. || tribunal cuya competencia territorial es limitada. || tribunal cuyos procedimientos no gozan de la presunción de ser realizados por un órgano judicial competente.

INFERIOR EQUITY.
derecho subordinado o inferior a otro desde el punto de vista del régimen de EQUITY (v.).

INFERRED.
inferido.

INFERRED AUTHORITY.
poder o autorización inferidos. v. INCIDENTAL AUTHORITY.

INFIDELITY.
infidelidad.

INFIRM.
débil. Carente de entereza. Enfermo.

INFIRMATIVE.
susceptible de vicios o invalidez, particularmente en materia de pruebas.

INFIRMATIVE CONSIDERATION.
hipótesis en que se fundamenta una prueba o argumento jurídico, y que lo debilita por ser meramente una suposición.

INFIRMATIVE FACT.
hecho puramente supuesto, que debilita la prueba o argumento en él basado.
v. INFIRMATIVE CONSIDERATION.

INFIRMATIVE HYPOTHESIS.
hipótesis favorable al acusado por hacer jugar en favor de éste las pruebas producidas en juicio.

INFIRMITY.
vicio. Causal de nulidad o invalidez. || enfermedad. Debilidad.

INFLATION.
inflación.

INFLICT.
infligir.

INFLUENCE.
influencia.

INFLUENTIAL.
influyente.

INFORM.
informar.

INFORMAL.
informal. || con vicios de forma.

INFORMAL CONTRACT.
contrato verbal.

INFORMAL MARRIAGE.
matrimonio informal.

INFORMAL PROCEEDINGS.
procedimientos informales.

INFORMALITY.
informalidad. Carencia de formas legales.

INFORMANT.
informante. Denunciante particular.

INFORMATION.
información. || acusación de un delito, realizada por un funcionario competente, pero sin cumplir con las formalidades que requiere un INDICTMENT (v.).

INFORMATION AND BELIEF.
saber y entender. Indicación de que una afirmación se realiza de buena fe.

INFORMATIVE.
informativo.

INFORMATIVE ADVERTISING.
publicidad informativa.

INFORMED.
informado. Con conocimiento.

INFORMED CONSENT.
consentimiento prestado con conocimiento de sus circunstancias.

INFORMER.
v. INFORMANT.

INFORMER'S PRIVILEGE.
prerrogativa de los organismos públicos competentes de mantener en secreto la identidad de los informantes o denunciantes de delitos o actos ilícitos.

INFRACTION.
infracción. Transgresión. Violación.

INFRINGEMENT.
violación de una ley, norma o derecho.

INFRINGEMENT OF COPYRIGHT.
violación de derechos de autor.

INFRINGEMENT OF PATENT.
violación de patente.

INFRINGEMENT OF PRIVACY.
violación de los derechos a la intimidad o privacidad.

INFRINGEMENT OF RIGHT.
violación de un derecho.

INFRINGEMENT OF TRADEMARK.
violación de una marca o de derechos marcarios.

INFRINGEMENT SUIT.
juicio por violación de un derecho de propiedad industrial o intelectual.

INFRINGER.
infractor. Violador de una ley, norma o derecho, especialmente los relativos a la propiedad industrial o intelectual.

INFRINGING.
en violación de una ley, norma o derecho.

INGRATITUDE.
ingratitud.

INGRESS.
entrar. Ingresar.

INGROSSING.
acto de realizar una copia en limpio o una versión final de un instrumento.

INHABIT.
habitar.

INHABITABILITY.
habitabilidad.

INHABITANT.
habitante.

INHERE.
ser inherente.

INHERENT.
inherente.

INHERENT AUTHORITY.
poder o facultades inherentes a una cargo o posición. v. AUTHORITY.

INHERENT CONDITION.
condición inherente.

INHERENT COVENANT.
estipulación referida a la propiedad que constituye el objeto principal del acto en el que aquélla se incluye. v. COVENANT.

INHERENT DEFECT.
vicio intrínseco o inherente a una cosa.

INHERENT JURISDICTION.
facultades y poderes inherentes a las funciones jurisdiccionales de un tribunal.

INHERENT POWER TO ADJUDICATE.
poder de decidir y dictar sentencias, inherente a las funciones de un tribunal.

INHERENT POWERS.
poderes, facultades y atribuciones inherentes a un cargo, posición o relación jurídica.

INHERENT POWERS OF A COURT.
los poderes, facultades y atribuciones inherentes a las funciones de un tribunal.

INHERENT RIGHT.
derecho inherente a la persona.

INHERENT VICE.
vicio inherente, intrínseco o propio de una cosa.

INHERIT.
heredar.

INHERITANCE.
herencia.

INHERITANCE TAX.
impuesto a la herencia.

INHIBIT.
inhibir.

INHIBITION.
inhibición.

INHUMAN.
inhumano.

INHUMAN TREATMENT.
tratamiento cruel o inhumano, que opera como causal de divorcio.

INITIAL.
inicial. ‖ como verbo (to initial), inicialar.

INITIAL APPEARANCE.
comparecencia inicial o preliminar en juicio.

INITIAL CARRIER.
el transportista inicial de una mercadería, en casos de transporte a ser realizado sucesivamente por varios transportistas.

INITIAL SURPLUS.
reserva por prima de emisión. ‖ Ganancias acumuladas existentes al iniciarse el ejercicio.

INITIALLING.
acto de inicialar un instrumento.

INITIALS.
iniciales.

INITIATE.
iniciar. Comenzar. ‖ someter a aprobación.

INITIATION.
iniciación. Comienzo. Ingreso.

INITIATION FEE.
cuota de ingreso.

INITIATIVE.
iniciativa.

INJUNCTION.
orden, mandamiento o decreto judicial mediante el que se impone a alguna de las partes una obligación de hacer o de abstenerse de determinado acto o conducta. Es un concepto

INSIDER REPORTS.
informes respecto de la compra y venta de acciones por personas que ocupan cargos jerárquicos en las empresas de cuyas acciones se trata, o sean directores o accionistas importantes de ellas.

INSIDER TRADING.
compra o venta de acciones por un INSIDER (v.).

INSIGNIA.
insignias. Símbolos.

INSINUATION.
insinuación.

INSOLVENCY.
insolvencia. Cesación de pagos.

INSOLVENCY PROCEEDINGS.
procedimientos concursales.

INSOLVENT.
insolvente. Fallido.

INSOLVENT COMPANY.
compañía insolvente o fallida.

INSOLVENT DEBTOR.
deudor insolvente o en cesación de pagos.

INSOLVENT ESTATE.
patrimonio hereditario insolvente.

INSPECT.
inspeccionar. Controlar. Revisar.

INSPECTION.
inspección.

INSPECTION BY CUSTOMS.
inspección aduanera.

INSPECTION CHARGES.
derechos o cargos por inspección.

INSPECTION LAWS.
leyes que autorizan la inspección de instalaciones, documentos, mercaderías u otros elementos.

INSPECTION OF BUSINESS BOOKS.
inspección de libros de comercio.

INSPECTION OF DOCUMENTS.
inspección de documentación.

INSPECTION OF PREMISES.
inspección de instalaciones.

INSPECTION OF TITLE DEEDS.
examen de los títulos de propiedad.

INSPECTION RIGHTS.
derechos de inspección. Derecho de inspeccionar ciertos bienes, en vistas a su adquisición, o de inspeccionar la documentación o instalaciones de la contraparte, como medida probatoria.

INSPECTION SEARCH.
allanamiento de una propiedad con el propósito de inspeccionar condiciones de higiene, seguridad u otras de interés público.

INSPECTOR.
inspector.

INSTABILITY.
inestabilidad.

INSTALL.
instalar.

INSTALLATION.
instalación. ‖ asunción de un cargo.

INSTALLATION CHARGES.
gastos de instalación.

INSTALLMENT.
cuota. Pago periódico.

INSTALLMENT CONTRACT.
contrato cuyas prestaciones se cumplen en cuotas.

INSTALLMENT CREDIT.
crédito pagadero en cuotas.

INSTALLMENT DEBT.
deuda pagadera en cuotas.

INSTALLMENT LAND CONTRACT.
contrato de venta inmobiliaria, cuyo precio se paga en cuotas, transfiriéndose la propiedad del inmueble al abonarse la última cuota.

INSTALLMENT LEGACY.
legado cuyo cumplimiento se realiza en cuotas.

INSTALLMENT LOAN.
préstamo pagadero en cuotas.

INSTALLMENT METHOD.
método contable en el que las ganancias de una operación se imputan proporcionalmente a cada cuota correspondiente al precio de esa operación.

INSTALLMENT NOTE.
pagaré pagadero en cuotas o que forma parte de una serie de pagarés emitidos para el pago en cuotas de una deuda.

INSTALLMENT PAYMENTS.
pagos en cuotas.

INSTALLMENT PLAN.
plan de pagos en cuotas.

INSTALLMENT SALE.
venta a plazos o en cuotas.

INSTALMENT.
v. INSTALLMENT.

INSTANCE.
instancia.

INSTANCE COURT.
tribunal de primera instancia.

INSTANT.
presente. Actual. ‖ instante.

INSTANTANEOUS CRIME.
delito instantáneo.

INSTANTANEOUS DEATH.
muerte instantánea.

INSTANTER.
inmediatamente. Instantáneamente.

INSTANTLY.
instantáneamente.

INSTIGATE.
instigar.

INSTIGATION.
instigación.

INSTITUTE.
instituto. Institución. ‖ también, como verbo (*to institute*), instituir. Entablar.

INSTITUTE AN ACTION.
entablar una acción.

INSTITUTED EXECUTOR.
albacea designado sin restricciones en cuanto a sus facultades.

INSTITUTES.
institutas. Instituciones.

INSTITUTION.
institución. Establecimiento. ‖ comienzo. Iniciación.

INSTITUTIONAL.
institucional.

INSTITUTIONAL INVESTOR.
inversor institucional. El que actúa por cuenta de instituciones tales como bancos, compañías de seguros, fondos de pensiones, etc.

INSTITUTIONAL LENDER.
institución de crédito.

INSTITUTIVE INSTRUMENT.
acto constitutivo.

INSTRUCT.
instruir.

INSTRUCTED VERDICT.
V. DIRECTED VERDICT.

INSTRUCTION.
instrucción.

INSTRUCTIONS TO JURY.
instrucciones al jurado. Las que da el juez respecto de las reglas en base a las cuales el jurado emite su veredicto.

INSTRUCTOR.
instructor.

INSTRUMENT.
instrumento. Documento.

INSTRUMENT FOR THE PAYMENT OF MONEY.
pagaré.

INSTRUMENT IN WRITING.
acto escrito.

INSTRUMENT OF APPEAL.
acto de apelación.

INSTRUMENT OF EVIDENCE.
instrumento probatorio.

INSTRUMENT UNDER HAND.
instrumento ológrafo.

INSTRUMENT UNDER SEAL.
instrumento sellado. V. SEAL.

INSTRUMENTA.
instrumentos no sellados. V. SEAL.

INSTRUMENTAL.
instrumental. Obrante como medio, ayuda o instrumento.

INSTRUMENTAL TRUST.
V. MINISTERIAL TRUST.

INSTRUMENTALITY.
instrumento. ‖ sociedad que opera meramente como un instrumento o forma jurídica para las operaciones de otra persona.

INSTRUMENTALITY RULE.
regla conforme a la cual se desestima la personalidad jurídica de una sociedad si ésta es meramente un instrumento de otra sociedad o persona.

INSUBORDINATION.
insubordinación.

INSUFFICIENCY.
insuficiencia.

INSUFFICIENCY OF EVIDENCE.
insuficiencia de la prueba.

INSUFFICIENT.
insuficiente.

INSUFFICIENT FUNDS.
falta o insuficiencia de fondos.

INSULAR.
insular.

INSULAR COURTS.
en los Estados Unidos, tribunales federales con competencia en los territorios insulares.

INSULAR POSSESSIONS.
territorios insulares, en particular los de los Estados Unidos.

INSULATION PERIOD.
período previo a negociaciones colectivas du-

rante el cual no puede afectarse la representatividad de un sindicato que participe en tales negociaciones.

INSURABLE.
asegurable.

INSURABLE INTEREST.
interés asegurable.

INSURABLE RISK.
riesgo asegurable.

INSURABLE VALUE.
valor asegurable.

INSURANCE.
seguro. Aseguración.

INSURANCE ADJUSTER.
liquidador de seguros.

INSURANCE AGENT.
agente de seguros.

INSURANCE AGREEMENT.
contrato de seguros.

INSURANCE BROKER.
corredor de seguros.

INSURANCE CARRIER.
asegurador. Empresa aseguradora.

INSURANCE COLLECTOR.
cobrador de primas de seguro.

INSURANCE COMMISSIONER.
comisionado de seguros. Funcionario a cargo del control de la actividad aseguradora.

INSURANCE COMPANY.
compañía de seguros.

INSURANCE CONTRACT.
contrato de seguros.

INSURANCE COST.
el costo que para el asegurador representa el cumplimiento de todas sus obligaciones como tal.

INSURANCE EXCHANGE.
asociación de empresas aseguradoras, con fines de cooperación, intercambio de información, promoción del seguro y uniformización de condiciones. ‖ intercambio de seguros entre distintas personas o empresas, que se aseguran recíprocamente.

INSURANCE MONEY.
suma cobrada por el asegurado del asegurador, en cumplimiento del contrato de seguros entre tales partes.

INSURANCE POLICY.
póliza de seguros.

INSURANCE PREMIUM.
prima de seguros.

INSURANCE RATING.
determinación de la prima de un seguro en función del riesgo asegurado.

INSURANCE TRUST.
fideicomiso basado en un seguro, tal que el valor de la indemnización es colocado en un fideicomiso a favor de determinados beneficiarios, al producirse la circunstancia objeto del seguro.
V. TRUST.

INSURE.
asegurar.

INSURED.
asegurado.

INSURED BANK.
banco cuyos depósitos se encuentran garantizados por el Banco Central u otra entidad similar.

INSURED DEPOSIT.
depósito garantizado por el Banco Central u otra entidad similar.

INSURED PROPERTY.
propiedad asegurada.

INSURED RISK.
riesgo asegurado.

INSURED TITLE.
título de propiedad garantizado en cuanto a su validez por una entidad especializada en asegurar los riesgos relativos a tales títulos.

INSURER.
asegurador.

INSURGENCY.
insurgencia.

INSURGENT.
insurgente.

INSURRECTION.
insurrección.

INTANGIBLE.
intangible. Inmaterial.

INTANGIBLE ASSETS.
activos inmateriales. Bienes intangibles.

INTANGIBLE PROPERTY.
propiedad inmaterial. Propiedad formada por bienes y derechos intangibles.

INTANGIBLES.
bienes intangibles o inmateriales.

INTANGIBLES TAX.
impuesto sobre bienes intangibles o inmateriales.

INTEGRAL PART.
parte integrante. Parte esencial.

INTEGRATE.
integrar.

INTEGRATED BAR.
colegio de abogados respecto del cual se impone la colegiación obligatoria para el ejercicio de la profesión. v. BAR.

INTEGRATED CONTRACT.
contrato que contiene la totalidad de las condiciones y cláusulas acordadas entre las partes respecto de determinada operación.

INTEGRATED PROPERTY SETTLEMENT.
acuerdo entre los cónyuges divorciados, respecto de aspectos patrimoniales, incorporado a la sentencia de divorcio.

INTEGRATED WRITING.
instrumento que comprende la totalidad de lo acordado entre las partes respecto de determinada operación.

INTEGRATION.
integración, en general. ‖ integración o concentración empresaria. ‖ integración racial.

INTEGRITY.
integridad. Honestidad. Honradez.

INTELLECTUAL PROPERTY.
propiedad intelectual.

INTELLIGIBLE.
inteligible. Requisito aplicable a las presentaciones procesales, en cuanto deben ser comprensibles para una persona con capacidad intelectiva normal.

INTEMPERANCE.
intemperancia. Ebriedad habitual o consuetudinaria.

INTEND.
intentar. Tener determinado propósito o intención.

INTENDANT.
intendente. Persona a cargo de una oficina, instalación o repartición.

INTENDED USE.
el uso para el que está destinado un producto.

INTENDMENT OF LAW.
el propósito o intención de la ley. ‖ Presunción basada en la ley.

INTENT.
intención. Propósito. ‖ condición subjetiva de quien realiza una conducta.

INTENTION.
intención.

INTENTIONAL.
intencional.

INTENTIONAL INJURY.
lesión o daño intencional.

INTENTIONAL TORT.
acto ilícito intencional. Delito civil. v. TORT.

INTENTIONAL WRONG.
ilícito intencional.

INTENTIONALLY.
intencionalmente.

INTER ALIA.
entre otros.

INTER ALIOS.
entre terceros.

INTER PARTES.
entre las partes.

INTER VIVOS.
entre vivos.

INTER VIVOS GIFT.
donación entre vivos.

INTER VIVOS TRANSFER.
transferencia entre vivos.

INTER VIVOS TRUST.
fideicomiso con efectos en vida del fideicomitente. v. TRUST.

INTERCEPT.
interceptar.

INTERCEPTION.
intercepción.

INTERCEPTION OF COMMUNICATIONS.
intercepción de comunicaciones.

INTERCHANGEABLE.
intercambiable.

INTERCHANGEABLY.
mediante intercambio. Susceptible de intercambio. La voz se aplica especialmente al intercambio de documentos firmados por las respectivas partes.

INTERCOURSE.
comunicación. Relación. Comercio. ‖ relación sexual. ‖ conversación. Plática.

INTERDICT.
interdicto. ‖ como verbo (to interdict), prohibir. Interdecir.

INTERDICTION.
interdicción. Prohibición.

INTEREST.
interés. ‖ interés jurídico. ‖ derecho, pretensión fundada legalmente, acción o título respecto de un bien. ‖ derecho relativo a un inmueble.

INTEREST BOND.
bono entregado en pago de intereses.

INTEREST CLAIM.
demanda o acción relativa a intereses.
V. CLAIM.

INTEREST CLAUSE.
cláusula sobre intereses.

INTEREST EQUALIZATION TAX.
impuesto de equiparación de intereses. Impuesto aplicado en el pasado en los Estados Unidos respecto de la adquisición de ciertos títulos emitidos en el extranjero, tendiente a compensar los mayores intereses pagaderos en el exterior.

INTEREST FOR YEARS.
derecho relativo a un inmueble, limitado a un número de años.

INTEREST IN REMAINDER.
el derecho relativo a un inmueble que se ejercerá mediante posesión una vez expirados los derechos posesorios de que goza un tercero.
V. REMAINDER.

INTEREST POLICY.
póliza de seguros en la que el beneficiario del seguro tiene un interés propio en el objeto o riesgo asegurado.

INTEREST RATE.
tasa de interés.

INTEREST ON INTEREST.
V. INTEREST UPON INTEREST.

INTEREST UPON INTEREST.
interés sobre intereses.

INTEREST WARRANT.
orden de pago de intereses.

INTERESTED.
interesado.

INTERESTED PARTY.
parte interesada.

INTERESTED WITNESS.
testigo con interés en el juicio.

INTERFERE.
interferir.

INTERFERENCE.
interferencia. ‖ existencia de derechos preexistentes que impiden el patentamiento de una invención. ‖ delito civil consistente en interferir en las relaciones laborales o comerciales de un tercero. ‖ acto de interferir ilícitamente en el ejercicio de los derechos laborales de una persona. ‖ interferencia telefónica.

INTERFERENCE PROCEEDINGS.
procedimiento destinado a determinar la prioridad de una invención frente a la existencia de

pretensiones conflictivas respecto de su patentamiento.

INTERIM.
interino. Provisorio.

INTERIM AWARD.
sentencia u orden judicial interlocutoria.

INTERIM BALANCE SHEET.
balance provisorio.

INTERIM CERTIFICATE.
certificado provisorio.

INTERIM COMMITTITUR.
orden de detención provisoria de un acusado.

INTERIM CURATOR.
curador provisorio.

INTERIM DIVIDEND.
dividendo provisorio.

INTERIM FINANCING.
financiamiento provisorio.

INTERIM INJUNCTION.
orden o decreto judicial provisorio.
V. INJUNCTION.

INTERIM JUDGMENT.
sentencia o decreto judicial inerlocutorio.

INTERIM OFFICER.
funcionario interino. V. OFFICER.

INTERIM ORDER.
orden cautelar.

INTERIM RECEIPT.
recibo por pagos sujetos a revisión.

INTERIM REPORT.
informe provisional.

INTERIM STATEMENTS.
balances o estados contables provisionales.

INTERINSURANCE.
V. INTERINSURANCE EXCHANGE.

INTERINSURANCE EXCHANGE.
aseguración recíproca.

INTERIOR.
interior.

INTERIOR DEPARTMENT.
Departamento del Interior; en los Estados Unidos tiene competencia en cuestiones relativas al medio ambiente, entre otras.

INTERLINEATION.
acto de interlinear. Interlineado. Interlineación.

INTERLINING.
transferencia de carga entre distintas líneas navieras.

INTERLOCKING DIRECTORATE.
directorios encadenados. Situación en la que

las mismas personas ocupan cargos en directorios de distintas empresas, en particular competidoras, pudiendo así interferir en las relaciones competitivas entre aquéllas.

INTERLOCUTORY.
interlocutorio.

INTERLOCUTORY APPEAL.
apelación contra una resolución o auto interlocutorio.

INTERLOCUTORY APPLICATION.
solicitud de resoluciones o autos interlocutorios por las partes.

INTERLOCUTORY COSTS.
costas resultantes en etapas intermedias del juicio.

INTERLOCUTORY DECREE.
auto o decreto interlocutorio.

INTERLOCUTORY HEARING.
audiencia interlocutoria.

INTERLOCUTORY INJUNCTION.
orden judicial interlocutoria de hacer o de no hacer, dirigida a las partes.
v. INJUNCTION.

INTERLOCUTORY JUDGMENT.
sentencia interlocutoria.

INTERLOCUTORY ORDER.
orden interlocutoria.

INTERLOCUTORY SENTENCE.
sentencia interlocutoria.

INTERLOPER.
quien interfiere en asuntos o negocios ajenos. ‖ quien realiza actividades comerciales o económicas sin la autorización necesaria.

INTERMARRIAGE.
matrimonio mixto. Casamiento entre personas de distintas razas, religiones o nacionalidades.

INTERMEDDLE.
inmiscuirse ilícitamente en los negocios o asuntos de otra persona.

INTERMEDIARY.
intermediario.

INTERMEDIARY BANK.
banco intermediario, a efectos del cobro de un documento.

INTERMEDIATE.
intermedio. Interpuesto. Intermediario.

INTERMEDIATE ACCOUNT.
rendición de cuentas intermedia, parcial o provisional, en contraposición a la que cierra la actuación de un administrador, albacea, representante u otra persona con obligación de realizar tal rendición.

INTERMEDIATE ADMINISTRATIVE APPEAL.
apelación ante un órgano administrativo, sin agotar los recursos de esa naturaleza.

INTERMEDIATE CARRIER.
transportista intermedio, en un transporte realizado por una pluralidad de transportistas.

INTERMEDIATE COURTS.
tribunal intermedio, en materia de recursos, entre los tribunales de primera instancia y el tribunal supremo con competencia en esa materia.

INTERMEDIATE ESTATE.
derecho respecto de un inmueble que media cronológicamente entre otros derechos relativos al mismo inmueble.

INTERMEDIATE ORDER.
orden interlocutoria.

INTERMEDIATE WITNESS.
testigo de oídas.

INTERMEDIATOR.
mediador.

INTERMINGLING.
mezcla o confusión de bienes causada dolosamente.

INTERMITTENT EASEMENT.
servidumbre intermitente.

INTERMITTENT STREAM.
corriente intermitente de agua.

INTERMIXTURE OF GOODS.
confusión de bienes.

INTERMODAL TRANSPORT.
transporte intermodal, multimodal, mixto o combinado.

INTERN.
estudiante residente. ‖ como verbo (*to intern*), internar.

INTERNAL.
interno.

INTERNAL ACT.
acto interno de un gobierno u organización.

INTERNAL AFFAIRS.
asuntos internos de un país u organización.

INTERNAL AUDIT.
auditoría interna.

INTERNAL COMMERCE.
comercio interior.

INTERNAL IMPROVEMENTS.
obras públicas y otras inversiones destinadas a

INTERVENTOR.
V. INTERVENING PARTY.

INTERVIEW.
entrevista.

INTESTABLE.
quien carece de capacidad testamentaria.

INTESTACY.
la situación de quien fallece intestado.

INTESTATE.
intestado. *Ab intestato.*

INTESTATE LAWS.
leyes relativas a la sucesión *ab intestato.*

INTESTATE SUCCESSION.
sucesión *ab intestato.*

INTIMACY.
intimidad. Amistad.

INTIMATE.
íntimo. Amigo. ‖ como verbo (*to intimate*), sugerir. Intimar. Notificar.

INTIMATION.
intimación. Notificación. ‖ insinuación. Sugerencia. Indicio.

INTIMIDATION.
intimidación.

INTOLERABLE.
intolerable.

INTOXICATED.
intoxicado. Ebrio.

INTOXICATING LIQUOR.
licor susceptible de producir ebriedad.

INTOXICATION.
intoxicación. Ebriedad.

INTRA VIRES.
dentro del objeto y capacidad de una persona jurídica.

INTRALIMINAL RIGHTS.
derecho al mineral ubicado dentro de una pertenencia.

INTRAMURAL.
interno. Relativo a las cuestiones internas de una empresa, organización o institución.

INTRANSITIVE COVENANT.
obligación contractual que no se transmite a los sucesores de quien la ha contraído.
V. COVENANT.

INTRASTATE.
intraestatal. Interior.

INTRASTATE COMMERCE.
comercio intraestatal.

INTRASTATE OFFERING.
oferta intraestatal de títulos o valores.

INTRINSIC.
intrínseco.

INTRINSIC EVIDENCE.
la prueba que resulta de los términos de un instrumento.

INTRINSIC FRAUD.
fraude procesal que se realiza en relación a la cuestión esencial debatida en el juicio en que tal fraude tiene lugar.

INTRINSIC VALUE.
valor intrínseco.

INTRODUCTION.
introducción.

INTRUDE.
entrometerse. Cometer un acto de intrusión.

INTRUDER.
intruso.

INTRUSION.
intrusión. Entrometimiento.

INTRUST.
V. ENTRUST.

INUNDATION.
inundación.

INURE.
tener efecto. Entrar en vigencia. Beneficiar a alguien.

INUREMENT.
objeto útil o beneficioso.

INVALID.
inválido. Nulo. ‖ persona inválida.

INVALIDATE.
invalidar. Anular.

INVALIDATION.
invalidación. Anulación.

INVALIDITY.
invalidez.

INVASION.
invasión.

INVASION OF CORPUS PRINCIPAL.
pagos o gastos mediante los que se utiliza parte del capital destinado a producir intereses o renta con otros propósitos.

INVASION OF PRIVACY.
invasión o violación de la privacidad o de la vida privada.

INVEIGLE.
atraer o tentar con un propósito ilícito.

INVENT.
inventar.

INVENTION.
invención.

INVENTOR.
inventor.

INVENTORY.
inventario. ‖ existencias. ‖ mercaderías e insumos que forman el capital circulante de una empresa.

INVERSE.
inverso.

INVERSE CONDEMNATION.
acción de quien ha sufrido una expropiación, a fin de obtener la contraprestación exigida por la ley.

INVEST.
invertir.

INVESTIGATE.
investigar.

INVESTIGATION.
investigación.

INVESTIGATION OF LOSS.
investigación de un siniestro.

INVESTIGATION OF TITLE.
investigación de títulos.

INVESTIGATORY POWERS.
poderes y facultades de investigar y obtener información, otorgados a organismos gubernamentales.

INVESTITIVE FACT.
hecho que da origen a un derecho o inviste a una persona con el mismo.

INVESTITURE.
investidura.

INVESTMENT.
inversión. ‖ hacer efectivo un derecho, atribución o beneficio.

INVESTMENT ADVISOR.
asesor de inversiones.

INVESTMENT BANK.
banco de inversión.

INVESTMENT BANKING.
banca de inversión.

INVESTMENT BILL.
letra de cambio adquirida con propósitos de inversión.

INVESTMENT BROKER.
agente o corredor de inversiones bursátiles.

INVESTMENT COMPANY.
compañía de inversión.

INVESTMENT CONTRACT.
contrato de inversión. Aquél mediante el cual se invierten recursos en una empresa o negocio, sin participar en el manejo o control de la misma.

INVESTMENT CREDIT.
crédito impositivo otorgado en función de las inversiones que fueron realizadas por el contribuyente.

INVESTMENT FUND.
fondo de inversiones.

INVESTMENT INSTITUTIONS.
instituciones, tales como bancos, compañías de seguros y cajas de pensiones, que realizan inversiones masivas de recursos líquidos.

INVESTMENT PROPERTY.
propiedad adquirida con fines de inversión.

INVESTMENT SECURITY.
título mobiliario empleado para operaciones de inversión.

INVESTMENT TAX CREDIT.
v. INVESTMENT CREDIT.

INVESTMENT TRUST.
fideicomiso utilizado para canalizar operaciones de inversión. v. TRUST. ‖ fondo común de inversiones. ‖ sociedad de inversiones.

INVESTMENT VALUE.
valor de un bien en cuanto inversión, en contraposición a su valor nominal o de libros.

INVESTOR.
inversor.

INVIOLABILITY.
inviolabilidad.

INVIOLABLE.
inviolable.

INVIOLATE.
inviolado. Intacto.

INVITATION.
invitación, en particular la que se efectúa para realizar un acto del cual posteriormente resultan daños.

INVITATION TO BID.
invitación a realizar ofertas. Solicitud de ofertas. Llamado a licitación.

INVITATION TO TENDERS.
solicitud de ofertas.

INVITATION TO TREAT.
invitación a tratar o negociar.

INVITE.
invitar. Solicitar.

INVITED ERROR.
error cometido en el ofrecimiento o producción de la prueba, como consecuencia de un error previo de la contraparte.

INVITED ERROR RULE.
regla que admite pruebas normalmente no admisibles como consecuencia de un error previo de la contraparte.

INVITEE.
invitado. Persona que entra a un inmueble mediante autorización expresa o tácita de su dueño, con propósitos de interés común.

INVOCATION.
invocación.

INVOICE.
factura. ‖ como verbo (*to invoice*), facturar.

INVOICE BOOK.
libro donde se asientan o copian facturas.

INVOICE DISCOUNTING.
descuento de facturas. v. FACTORING.

INVOICE PRICE.
precio de facturación.

INVOICE PRO-FORMA.
factura pro forma.

INVOICE VALUE.
valor de facturación.

INVOLUNTARY.
involuntario.

INVOLUNTARY ADJUDICATION.
sentencia que no surge del allanamiento o consentimiento de las partes. ‖ declaración de quiebra sin que haya existido un pedido de propia quiebra por el deudor concursado.

INVOLUNTARY ADMISSION.
admisión o reconocimiento involuntario de un hecho.

INVOLUNTARY ALIENATION.
alienación o transmisión involuntaria de bienes.

INVOLUNTARY ASSIGNMENT.
transmisión de derechos por efecto de la ley, y no como consecuencia de un acto voluntario del causante.

INVOLUNTARY BAILEE.
depositario involuntario o accidental.
V. BAILEE.

INVOLUNTARY BAILMENT.
depósito involuntario o accidental.
V. BAILMENT.

INVOLUNTARY BANKRUPTCY.
quiebra involuntaria.

INVOLUNTARY CONFESSION.
confesión involuntaria.

INVOLUNTARY CONVERSION.
pérdida de propiedad por motivos ajenos a su propietario, como ser robo, accidente o expropiación.

INVOLUNTARY CONVEYANCE.
transmisión involuntaria de bienes inmuebles.
V. CONVEYANCE.

INVOLUNTARY DEPOSIT.
depósito involuntario.

INVOLUNTARY DISCONTINUANCE.
suspensión del procedimiento por motivos involuntarios.

INVOLUNTARY DISMISSAL.
desestimación de una acción, en forma contraria a la voluntad de quien la ha entablado.

INVOLUNTARY IGNORANCE.
ignorancia involuntaria.

INVOLUNTARY LIEN.
derecho de preferencia o privilegio que nace con independencia del consentimiento del obligado. v. LIEN.

INVOLUNTARY MANSLAUGHTER.
homicidio involuntario. v. MANSLAUGHTER.

INVOLUNTARY PAYMENT.
pago involuntario, por resultar de un error, fraude u otro vicio del consentimiento.

INVOLUNTARY SERVITUDE.
trabajo o servicio forzado.

INVOLUNTARY TRANSFER.
v. INVOLUNTARY CONVEYANCE.

INVOLUNTARY TRUST.
fideicomiso involuntario, por ser impuesto por la ley bajo ciertas circunstancias. v. TRUST.

I.O.U.
literalmente, "te debo", por corresponder esas letras a la expresión "*I owe you*", de tal significado. Constituye un reconocimiento escrito de deuda, a veces asimilado en sus efectos jurídicos a un pagaré.

IPSE DIXIT.
afirmación no confirmada mediante otros elementos probatorios.

IPSO FACTO AVOIDANCE.
nulidad inmediata. Nulidad de pleno derecho.

I.R.A.
iniciales de la voz INDIVIDUAL RETIREMENT ACCOUNT (v.).

I.R.C.
iniciales de INTERNAL REVENUE CODE (v.).

IRON-SAFE CLAUSE.
cláusula en los contratos de seguros que requiere la conservación de ciertos elementos en cajas de seguridad.

IRRATIONAL.
irracional.

IRREBUTTABLE.
irrefutable. Irrebatible.

IRREBUTTABLE PRESUMPTION.
presunción irrebatible, absoluta o *juris et de jure.*

IRRECONCILABLE DIFFERENCES.
diferencias inconciliables, en cuanto causal de divorcio.

IRRECOVERABLE.
incobrable. Irrecuperable.

IRRECOVERABLE DEBT.
deuda incobrable.

IRRECUSABLE.
irrecusable. Ineludible.

IRRECUSABLE OBLIGATION.
obligación *ex lege.*

IRREDEEMABLE.
irredimible.

IRREFUTABLE.
irrefutable.

IRREGULAR.
irregular.

IRREGULAR BID.
propuesta u oferta irregular.
V. BID.

IRREGULAR DEPOSIT.
depósito irregular.

IRREGULAR DIVIDEND.
dividendo irregular, extraordinario u ocasional.

IRREGULAR ENDORSEMENT.
endoso irregular.

IRREGULAR ENDORSER.
endosante irregular.

IRREGULAR JUDGMENT.
sentencia irregular.

IRREGULAR PROCESS.
proceso irregular.

IRREGULAR SUCCESSION.
sucesión irregular, por falta de sucesores legítimos o testamentarios.

IRREGULARITY.
irregularidad. || vicio, error o irregularidad del procedimiento que no afecta su validez o la de la sentencia.

IRRELEVANCY.
irrelevancia. Impertinencia.

IRRELEVANT.
irrelevante. Impertinente.

IRRELEVANT ALLEGATION.
alegación irrelevante.

IRRELEVANT ANSWER.
contestación irrelevante de la demanda, por carecer de efectos respecto de ésta.

IRRELEVANT EVIDENCE.
pruebas irrelevantes. V. EVIDENCE.

IRREPARABLE.
irreparable.

IRREPARABLE DAMAGES.
daños irreparables. || daños no susceptibles de evaluación jurídica.

IRREPARABLE HARM.
V. IRREPARABLE INJURY.

IRREPARABLE INJURY.
daño o lesión que por su naturaleza no se presta a ser reparado, corregido o indemnizado jurídicamente.

IRREPLEVIABLE.
no susceptible de una acción de REPLEVIN (v.).

IRREPLEVISABLE.
V. IRREPLEVIABLE.

IRRESISTIBLE.
irresistible.

IRRESISTIBLE FORCE.
fuerza o violencia irresistible.

IRRESISTIBLE IMPULSE.
impulso irresistible.

IRRESPONSIBILITY.
irresponsabilidad.

IRRESPONSIBLE.
irresponsable.

IRRETRIEVABLE BREAKDOWN OF MARRIAGE.
rotura irreversible de las relaciones matrimoniales, como causal de divorcio.

IRREVOCABLE.
irrevocable.

IRREVOCABLE ELECTION.
opción irrevocable entre distintas acciones o vías legales.

IRREVOCABLE LETTER OF CREDIT.
carta de crédito irrevocable.
V. LETTER OF CREDIT.

IRREVOCABLE OFFER.
oferta irrevocable.

IRREVOCABLE TRUST.
fideicomiso irrevocable.
V. TRUST.

IRRIGATION.
irrigación.

IRRITANT CLAUSE.
cláusula de un instrumento susceptible de causar su nulidad o invalidez.

I.R.S.
iniciales de INTERNAL REVENUE SERVICE (v.).

ISLAND.
isla.

ISOLATE.
aislar.

ISOLATED SALE.
venta aislada, en contraposición a la que realiza quien opera normalmente en el ramo de que se trate.

ISSUABLE.
emitible. ‖ susceptible de producir una controversia o una disputa judicial, o dirigido a tal controversia o disputa.

ISSUABLE DEFENCE.
defensa relativa al fondo de la demanda.

ISSUABLE DEFENSE.
V. ISSUABLE DEFENCE.

ISSUABLE PLEA.
presentación procesal relativa al fondo de la causa. V. PLEA.

ISSUE.
emisión. ‖ cuestión. Punto de batido. ‖ la cuestión jurídica principal discutida en un caso. ‖ número de una publicación. ‖ descendencia. ‖ como verbo (*to issue*), emitir. Entregar o hacer saber una orden.

ISSUE OF FACT.
cuestión de hecho.

ISSUE OF JUDGMENT.
la cuestión jurídica principal determinada en una sentencia.

ISSUE OF LAW.
cuestión de derecho.

ISSUE OF POLICY.
emisión de una póliza.

ISSUE PRECLUSION.
preclusión de una cuestión, al haber sido ya decidida en juicio.

ISSUED CAPITAL.
capital emitido.

ISSUED STOCK.
acciones emitidas.

ISSUER.
emisor.

ISSUES.
las ganancias y rentas derivadas de un inmueble.

ISSUES AND PROFITS.
V. ISSUES.

ISSUING BANK.
banco emisor.

ITEM.
ítem. Rubro. Partida. ‖ instrumento utilizado para el pago de sumas de dinero.

ITEM VETO.
veto de partidas específicas de un presupuesto.

ITEMIZE.
separar en rubros o partidas. Detallar. Puntualizar.

ITEMIZED DEDUCTIONS.
deducciones impositivas detalladas o separadas en rubros o partidas.

ITINERANT.
itinerante.

ITINERANT JUSTICES.
jueces itinerantes.

ITINERANT PEDDLING.
venta ambulante.

ITINERANT VENDOR.
vendedor ambulante. Viajante de comercio.

IUS.
V. JUS.

J

JACTITATION.

jactancia.

JACTITATION OF MARRIAGE.

declaración falsa de una persona que afirma estar casada con otra.

JACTUS.

echazón.

JAIL.

cárcel. Prisión. ‖ como verbo (*to jail*), encarcelar.

JAIL BREAKING.

fuga de una prisión, con violencia en las cosas o en las personas.

JAIL DELIVERY.

salida de un prisionero de la cárcel, por ser sometido a juicio, por escapar, o por otros motivos.

JAIL LIBERTIES.

terreno alrededor de una cárcel en el cual los prisioneros están autorizados a desplazarse libremente.

JAILER.

carcelero.

JAILHOUSE LAWYER.

preso que en su estadía en la cárcel se familiariza con aspectos del Derecho y asesora en tal sentido a otros detenidos.

JASON CLAUSE.

cláusula de los conocimientos de embarque en la que se establece la responsabilidad del cargador en casos de avería común, siempre que el armador haya actuado con la debida diligencia respecto de las condiciones de navegabilidad del navío afectado.

J.D.

iniciales de *Juris Doctor*. En los Estados Unidos es un título equivalente al de abogado y no supone, estrictamente, un doctorado.

JEDBURGH JUSTICE.

justicia sumaria aplicada sin las formalidades procesales debidas, a un delincuente, por el pueblo de un lugar.

JEOPARDIZE.

poner en peligro.

JEOPARDY.

peligro. Riesgo. ‖ la posibilidad de ser condenado en un juicio penal.

JEOPARDY ASSESSMENT.

el cobro inmediato de impuestos, por temerse la imposibilidad futura de tal cobro.

JETSAM.

los bienes objeto de echazón.

JETTISON.

echazón. Como verbo (*to jetisson*), arrojar a las aguas la carga de un barco.

J.N.O.V.

iniciales de "*judgment non obstante veredicto*", o sea, literalmente, sentencia no obstante el veredicto. La sentencia que se dicta por el juez en contra del veredicto del jurado, por existir razones que hacen que tal veredicto sea evidentemente improcedente.

JOB.

trabajo. Tarea. Empleo.

JOBBER.

comisionista. Corredor u operador bursátil. Intermediario. Mayorista.

JOHN DOE.

nombre ficticio que se da una de las partes de un juicio.

JOIN.

unir. Vincular. ‖ declarar a alguien parte en un juicio.

JOINT INVENTION.
invención conjunta.

JOINT LEGACIES.
legados conjuntos.

JOINT LEGATEE.
colegatario.

JOINT LESSOR.
coarrendatario.

JOINT LIABILITY.
responsabilidad solidaria que se distingue de la JOINT AND SEVERAL LIABILITY (v.) en que cada deudor tiene derecho a exigir que, en caso de demanda, los demás deudores sean citados como codemandados; además, la liberación de la deuda respecto de un deudor libera a los demás y la deuda no se transmite a los herederos del deudor.

JOINT LIFE INSURANCE.
seguro de vida conjunto.

JOINT LIVES.
plazo resolutorio que incide sobre un derecho, basado en la vida de dos o más personas, de suerte que si una de ellas fallece el derecho se extingue.

JOINT MAKER.
cosignatario de un instrumento.

JOINT MORTGAGE.
hipoteca otorgada por varios codeudores.

JOINT NEGLIGENCE.
negligencia conjunta de varias personas a las que resulta imputable un hecho ilícito.

JOINT NOTE.
pagaré con libradores obligados mancomunadamente.

JOINT OBLIGATION.
obligación de la que resulta una responsabilidad solidaria calificable como JOINT LIABILITY (v.).

JOINT OBLIGOR.
coobligado solidario en las condiciones propias de la JOINT LIABILITY (v.).

JOINT OFFENCE.
delito cometido por dos o más autores.

JOINT OFFENDER.
coautor de un delito.

JOINT OFFENSE.
V. JOINT OFFENCE.

JOINT ORDER.
orden dirigida conjuntamente a dos o más personas.

JOINT OWNER.
copropietario.

JOINT OWNERSHIP.
copropiedad.

JOINT PARTIES.
litisconsortes.

JOINT PATENT.
patente otorgada conjuntamente a varios titulares.

JOINT PAYEES.
acreedores conjuntos.

JOINT POLICY.
póliza de seguro de vida en la que las partes son recíprocamente aseguradas y beneficiarias del seguro.

JOINT POSSESSION.
posesión conjunta. Coposesión.

JOINT RATE.
tarifa conjunta aplicada por una pluralidad de medios de transporte.

JOINT RESOLUTION.
resolución conjunta.

JOINT RETURN.
declaración conjunta de impuesto a las ganancias, presentada por los cónyuges.

JOINT SENTENCE.
sentencia conjunta contra varios acusados.

JOINT SESSION.
sesión conjunta.

JOINT-STOCK ASSOCIATION.
sociedad por acciones, no organizada en forma de persona jurídica.

JOINT-STOCK BANK.
sociedad por acciones dedicada a actividades bancarias.

JOINT-STOCK COMPANY.
sociedad por acciones.

JOINT-SURETY.
cofiador.

JOINT TARIFF.
tarifa de transporte fijada conjuntamente por varios transportistas.

JOINT TAX RETURN.
V. JOINT RETURN.

JOINT TENANCY.
copropiedad sobre un inmueble, tal que al fallecer uno de los copropietarios sus derechos pasan a los restantes, originada en un único instrumento, con una duración común y similares derechos posesorios de los copropietarios.

JOINT TENANT.

copropietario de un inmueble, en las condiciones de JOINT TENANCY (v.).

JOINT THROUGH RATE.

tarifa de transporte conjunta, cobrada por quienes realizan operaciones de transporte combinado.

JOINT TORT.

acto ilícito cometido conjuntamente por varios autores. v. TORT.

JOINT TORTFEASORS.

coautores de un acto ilícito.

v. TORT.

JOINT TRESPASS.

violación conjunta por varias personas de derechos ajenos.

v. TRESPASS.

JOINT TRESPASSER.

quienes violan conjuntamente derechos ajenos. v. TRESPASS. TRESPASSER.

JOINT TRIAL.

juicio penal contra dos o más personas conjuntamente.

JOINT TRUSTEES.

fideicomisarios conjuntos. v. TRUST.

JOINT UNDERTAKING.

v. JOINT ENTERPRISE.

JOINT VENTURE.

concepto complejo que puede traducirse, con fines de brevedad, como empresa conjunta. Comprende las operaciones, de muy distintos tipos, mediante las cuales una pluralidad de empresas cooperan entre sí con un propósito determinado, conjunto y limitado, destinando a tal efecto una parte relativamente restringida de sus activos. Dentro de tal figura queda comprendida la *joint venture* en sentido estricto, que es similar a un PARTNERSHIP (v.) pero que se caracteriza porque su objeto está restringido a operaciones concretas y limitadas; la *joint venture* contractual, que comprende operaciones contractuales no societarias mediante las que se instrumenta la cooperación interempresaria propia de las *joint ventures* en general; la *joint venture* internacional, caracterizada por estar formada por empresas de distintos países; y la JOINT VENTURE CORPORATION (v.) que se describe en la voz correspondiente.

JOINT VENTURE CORPORATION.

CORPORATION (v.) que se utiliza para instrumentar una JOINT VENTURE (v.).

JOINT VERDICT.

veredicto conjunto, por referirse a diversas personas o causas.

JOINT WILL.

testamento conjunto.

JOINTLY.

conjuntamente. En común. Mancomunadamente.

JOINTLY ACQUIRED PROPERTY.

propiedad adquirida en común por los esposos.

JOINTLY AND SEVERALLY.

solidariamente.

JOINTLY OWNED PROPERTY.

propiedad común de los esposos.

JOINTRESS.

la mujer a quien su esposo ha transferido derechos, a ser ejercidos durante el término de su vida, condicionados a su supervivencia respecto del marido.

JOINTURE.

derecho de propiedad relativo a inmuebles transferido a la mujer por su marido, para el caso que lo sobreviva.

JOURNAL.

diario. Periódico. ‖ libro diario. ‖ diario de a bordo.

JOURNAL ENTRY.

asiento contable en el libro diario.

JOURNALIST.

Periodista.

JOURNALISTS' PRIVILEGE.

exención o causal de justificación de que gozan los periodistas, en materia de difamaciones e injurias, respecto de los comentarios periodísticos relativos a asuntos públicos, en caso de actuar de buena fe.

JOURNEYMAN.

oficial, como categoría laboral. Persona instruida en un oficio.

JOYRIDING.

hurto de uso de un vehículo.

JUDGE.

juez. ‖ como verbo (*to judge*), juzgar.

JUDGE A QUO.

juez a quo. Juez cuya sentencia es apelada.

JUDGE AD QUEM.

juez ad quem. Juez ante el cual se apela una sentencia.

JUDGE ADVOCATE.

asesor jurídico principal de una fuerza militar.

Asesor jurídico en materia de temas militares.

JUDGE ADVOCATE CORPS.
el cuerpo de asesores del JUDGE ADVOCATE GENERAL (v.).

JUDGE ADVOCATE GENERAL.
asesor jurídico principal de las fuerzas armadas.

JUDGE DE FACTO.
V. DE FACTO JUDGE.

JUDGE-MADE LAW.
jurisprudencia. Derecho elaborado judicialmente.

JUDGE PRO TEMPORE.
juez interino.

JUDGE TRIAL.
juicio sin jurado.

JUDGE'S CERTIFICATE.
certificado judicial. ‖ certificado judicial sobre las costas de un juicio.

JUDGE'S MINUTES.
V. JUDGE'S NOTES.

JUDGE'S NOTES.
notas tomadas por el juez, en el curso de las audiencias, respecto de lo que allí sucede.

JUDGES OF ELECTIONS.
jueces electorales.

JUDGE'S ORDER.
orden judicial.

JUDGES' RULES.
reglas aplicables a los interrogatorios policiales.

JUDGMENT.
sentencia. Fallo. ‖ juicio u opinión de una persona sobre algún asunto. ‖ juicio de una persona, en cuanto capacidad de comprender una cuestión.

JUDGMENT BOOK.
libro de sentencia. Libro en el que se registran las sentencias de un juzgado.

JUDGMENT BY CONFESSION.
sentencia dictada sobre la base de la confesión del demandado.

JUDGMENT BY CONSENT.
sentencia resultante del allanamiento del demandado.

JUDGMENT BY DEFAULT.
sentencia en rebeldía o por falta de presentación de las debidas defensas.

JUDGMENT BY DEFAULT AND INQUIRY.
sentencia en rebeldía, el monto de la cual se encuentra pendiente de liquidación en función de las pruebas que se aporten respecto del monto debido.

JUDGMENT BY JUDGE'S ORDER.
sentencia sin abrirse la causa a prueba, por decidirse que la demanda y su contestación dan bases suficientes para dictar la sentencia.
V. SUMMARY JUDGMENT.

JUDGMENT BY NON SUM INFORMATUS.
sentencia contra el demandado en el caso en que su letrado, en lugar de interponer defensas contra la demanda, manifiesta no estar informado sobre tales posibles defensas.

JUDGMENT CREDITOR.
acreedor cuyo crédito ha sido reconocido judicialmente.

JUDGMENT CREDITOR'S ACTION.
ejecución de sentencia.
V. JUDGMENT CREDITOR.

JUDGMENT DE BONIS INTESTATI.
sentencia contra una sucesión intestada.

JUDGMENT DE BONIT TESTATORIS.
sentencia contra una sucesión testamentaria.

JUDGMENT DEBT.
deuda reconocida judicialmente.

JUDGMENT DEBTOR.
deudor cuya deuda ha sido reconocida judicialmente.

JUDGMENT DOCKET.
registro de las sentencias de un juzgado.
V. DOCKET.

JUDGMENT EXECUTION.
ejecución de sentencia.

JUDGMENT FILE.
V. JUDGMENT DOCKET.

JUDGMENT FILED.
sentencia registrada.

JUDGMENT FOR THE PLAINTIFF.
sentencia a favor del actor. Sentencia que acoge la demanda.

JUDGMENT IN ABSENCE.
sentencia en rebeldía.

JUDGMENT IN DEFAULT.
V. JUDGMENT BY DEFAULT.

JUDGMENT IN DEFAULT OF APPEARANCE.
sentencia en rebeldía, por falta de comparecencia.

JUDGMENT IN DEFAULT OF DEFENCE.
sentencia contra el demandado que no ha presentado las debidas defensas.

JUDGMENT IN DEFAULT OF DEFENSE.
V. JUDGMENT IN DEFAULT OF DEFENCE.

JUDGMENT IN ERROR.
sentencia de segunda instancia. Sentencia de apelación.

JUDGMENT IN PERSONAM.
sentencia dirigida contra una persona determinada, o que determina sus derechos u obligaciones, en contraposición al JUDGMENT IN REM (v.).

JUDGMENT IN REM.
sentencia que determina la situación jurídica de una cosa o derecho, y que como tal afecta a todas las personas relacionadas con tal cosa o derecho.

JUDGMENT IN RETRAXIT.
sentencia que resulta de un acuerdo transaccional entre las partes.

JUDGMENT INTER PARTES.
V. JUDGMENT IN PERSONAM.

JUDGMENT LIEN.
privilegio o derecho de preferencia que surge de una sentencia, respecto de las deudas allí determinadas.
V. LIEN.

JUDGMENT NIHIL DICIT.
sentencia en rebeldía o por falta de presentación de las debidas defensas.

JUDGMENT NISI.
V. DECREE NISI.

JUDGMENT NOTE.
pagaré por el que se autoriza a un apoderado allí previsto, o a otra persona, a allanarse respecto de una acción basada en tal pagaré.

JUDGMENT NOTWITHSTANDING VEREDICT.
sentencia contraria al veredicto del jurado.

JUDGMENT OF AFFIRMANCE.
sentencia confirmatoria.

JUDGMENT OF ASSETS IN FUTURE.
sentencia en la que se reconoce, a los acreedores del difunto, derecho sobre los bienes de éste que en futuro sean determinados como tales.

JUDGMENT OF ASSETS IN FUTURO.
V. JUDGMENT OF ASSETS IN FUTURE.

JUDGMENT OF CONVICTION.
sentencia condenatoria.

JUDGMENT OF DISMISSAL.
sentencia desestimatoria. Sentencia absolutoria.

JUDGMENT OF FORECLOSURE.
sentencia o auto de ejecución.

JUDGMENT OF HIS PEERS.
juicio por jurado. Juicio por sus iguales.

JUDGMENT ON CASE STATED.
sentencia de puro derecho, por existir acuerdo respecto de los hechos.

JUDGMENT ON DEMURRER.
sentencia o auto relativo a una excepción previa de falta de acción. V. DEMURRER.

JUDGMENT ON PLEADINGS.
sentencia basada en la demanda y su contestación y en los restantes escritos anteriores a la apertura de la causa a prueba.
V. PLEADINGS.

JUDGMENT ON THE MERITS.
sentencia basada en el fondo de la causa.

JUDGMENT ON VERDICT.
sentencia basada en el veredicto del jurado.

JUDGMENT PROOF.
la condición de aquellas personas respecto de las cuales una sentencia carece de efectos, por ser insolventes o gozar total o parcialmente de inembargabilidad respecto de sus bienes.

JUDGMENT QUANDO ACCIDERINT.
V. JUDGMENT OF ASSETS IN FUTURE.

JUDGMENT QUASI IN REM.
sentencia basada en la competencia que el tribunal tiene en la causa debido a la existencia de bienes del demandado en jurisdicción del juzgado. V. QUASI IN REM JURISDICTION.

JUDGMENT QUOD COMPUTET.
sentencia en una acción de rendición de cuentas que ordena una pericia contable a realizarse por un auditor o por un funcionario judicial designado al efecto.

JUDGMENT RECORD.
expediente judicial. Transcripción de las actuaciones de un juicio. Expresión en uso en Gran Bretaña.

JUDGMENT RECOVERED.
excepción basada en la existencia de una sentencia anterior que ya ha concedido lo demandado.

JUDGMENT ROLL.
transcripción de las actuaciones principales de un juicio.

JUDGMENT SATISFIED.
sentencia cumplida.

JUDGMENT UPON THE MERITS.
V. JUDGMENT ON THE MERITS.

JUDGMENT VACATED.
sentencia revocada.

JUDGMENT VOID ON ITS FACE.
sentencia cuya invalidez resulta inmediatamente de la lectura del expediente correspondiente.

JUDGMENT WITH COSTS.
sentencia en la que se imponen costas a la parte vencida.

JUDICATURE.
judicatura.

JUDICATURE ACTS.
leyes británicas de organización del sistema judicial.

JUDICIAL.
judicial.

JUDICIAL ACT.
acto judicial.

JUDICIAL ACTION.
actuación judicial.

JUDICIAL ACTIVISM.
activismo judicial. Política o tendencia judicial a adoptar una posición activa en la creación, determinación y aplicación del Derecho.

JUDICIAL ADMISSION.
admisión en juicio de un hecho o circunstancia.

JUDICIAL ARTICLE.
artículo III de la Constitución de los Estados Unidos, que regula la organización del Poder Judicial.

JUDICIAL AUTHORITY.
jurisdicción. Autoridad Judicial.

JUDICIAL AVOIDANCE.
anulación judicial.

JUDICIAL BOND.
fianza o garantía exigida judicialmente.
v. BOND.

JUDICIAL BRANCH.
poder judicial.

JUDICIAL BUSINESS.
actividad judicial.

JUDICIAL CIRCUIT.
circuito judicial. En general, circuito federal estadounidense, en el que funciona un tribunal de apelaciones. v. CIRCUIT. CIRCUIT COURT. CIRCUIT COURT OF APPEALS.

JUDICIAL CODE.
Código Judicial. Código Federal estadounidense que regula la organización y funcionamiento del Poder Judicial.

JUDICIAL COGNIZANCE.
hechos o circunstancias de conocimiento público que como tales no precisan ser probados.

JUDICIAL COMITY.
COMITY (v.), tal como resulta aplicado por las autoridades judiciales.

JUDICIAL CONFESSION.
confesión judicial o en juicio.

JUDICIAL CONTROL.
control judicial.

JUDICIAL CONVENTION.
acuerdo llegado entre las partes como consecuencia de una acción judicial. ǁ convención encargada de designar autoridades judiciales.

JUDICIAL COUNCIL.
consejo judicial. Formado por los jueces de un circuito para asegurar la efectiva administración de justicia.

JUDICIAL CY-PRES.
la doctrina de CY-PRES (v.), según resulta aplicada en sede judicial.

JUDICIAL DAY.
día de actividad judicial.

JUDICIAL DECISION.
decisión judicial.

JUDICIAL DECLARATION OF LAW.
declaración judicial de las reglas jurídicas aplicables a la solución de un caso.

JUDICIAL DEFINITION.
definición judicial de un concepto.

JUDICIAL DEPARTMENT.
poder Judicial.

JUDICIAL DEPOSIT.
depósito judicial.

JUDICIAL DICTA.
plural de JUDICIAL DICTUM (v.).

JUDICIAL DICTUM.
obiter dictum incluido en una sentencia judicial. v. DICTUM.

JUDICIAL DISCRETION.
discreción judicial. Poder discrecional de las autoridades judiciales.

JUDICIAL DISTRICT.
distrito judicial.
v. DISTRICT COURT.

JUDICIAL DOCUMENT.
actos judiciales. ǁ los instrumentos correspondientes a actos judiciales.

JUDICIAL DUTY.
obligación de una autoridad judicial en el curso de su actividad como tal.

JUDICIAL ERROR.
error judicial.

JUDICIAL ESTOPPEL.
impedimento contra actos o manifestaciones mediante los que se pretende contradecir lo manifestado o actuado en el curso de actuaciones judiciales. La figura de ESTOPPEL (v.), en cuanto aplicada respecto de actuaciones judiciales.

JUDICIAL EVIDENCE.
prueba judicial. Prueba producida en sede judicial.

JUDICIAL FORECLOSURE.
ejecución judicial.

JUDICIAL FUNCTION.
función judicial.

JUDICIAL IMMUNITY.
inmunidad de los miembros del Poder Judicial, en particular respecto de acciones basadas en sus funciones jurisdiccionales.

JUDICIAL INQUIRY.
investigación judicial.

JUDICIAL INTERPRETATION.
interpretación judicial.

JUDICIAL INTERVENTION.
intervención judicial en el procedimiento administrativo.

JUDICIAL KNOWLEDGE.
conocimiento público. Hechos o circunstancias de conocimiento público, que como tales no precisan ser probados.

JUDICIAL LEGISLATION.
jurisprudencia. Derecho de creación judicial.
V. JUDGE-MADE LAW.

JUDICIAL LIEN.
privilegio o preferencia respecto de bienes determinados que resulta de alguna actuación judicial o que es decidido o impuesto judicialmente.
V. LIEN.

JUDICIAL LOCATION.
ubicación de una servidumbre por decisión judicial.

JUDICIAL METHOD.
método de actuación o decisión judicial.

JUDICIAL MORTGAGE.
privilegio o preferencia respecto de bienes determinados que resulta de actuaciones judiciales.

JUDICIAL NOTICE.
hechos o circunstancias de conocimiento público, que como tales no precisan ser probados. ‖ notificación judicial.

JUDICIAL OATH.
juramento judicial.

JUDICIAL OFFICE.
cargo judicial.

JUDICIAL OFFICER.
funcionario judicial.

JUDICIAL OPINION.
opinión judicial. ‖ fundamento de una sentencia judicial.

JUDICIAL ORDER.
orden judicial.

JUDICIAL PARTITION.
partición judicial.

JUDICIAL POWER.
atribuciones y facultades judiciales.

JUDICIAL PRECEDENT.
precedente jurisprudencial.

JUDICIAL PROCEEDING.
procedimiento judicial.

JUDICIAL PROCESS.
proceso judicial.

JUDICIAL PROOF.
prueba en juicio. Prueba admisible en juicio Prueba aceptada judicialmente.

JUDICIAL QUESTION.
cuestión judiciable. Cuestión o disputa que debe ser resuelta judicialmente.

JUDICIAL RECORDS.
constancias o registros judiciales.

JUDICIAL REMEDY.
acción o recurso mediante los que se obtiene judicialmente la aplicación o efectividad de un derecho. V. REMEDY.

JUDICIAL REPRIEVE.
suspensión temporal de una sentencia condenatoria, resuelta judicialmente. V. REPRIEVE.

JUDICIAL REVIEW.
control o revisión judicial de los actos de la administración pública.

JUDICIAL SALARIES.
remuneración de los miembros del Poder Judicial.

JUDICIAL SALE.
venta judicial.

JUDICIAL SELF-RESTRAINT.
autolimitación de los jueces, en cuanto efectúan la aplicación de leyes o procedentes que contradicen sus pareceres personales respecto a las cuestiones debatidas en juicio.

JUDICIAL SEPARATION.
separación judicial de los cónyuges.

JURISTIC.
jurídico.

JURISTIC ACT.
acto jurídico. La expresión se utiliza en relación con el CIVIL LAW (v.).

JURISTIC PERSON.
persona jurídica.

JURISTIC WRITINGS.
doctrina jurídica.

JUROR.
miembro del jurado. Jurado.

JUROR DESIGNATE.
persona que ha sido designada como miembro de un jurado.

JUROR'S BOOK.
registro de las personas calificadas para integrar jurados.

JURY.
jurado.

JURY-BOX.
tribuna del jurado.

JURY CASE.
caso litigado con participación de un jurado.

JURY CHALLENGE.
impugnación de la selección de miembros de un jurado, con causa o sin ella.

JURY COMMISIONER.
funcionario encargado de la selección de jurados.

JURY FIXING.
soborno de jurados.

JURY INSTRUCTIONS.
instrucciones dadas por el juez al jurado, en las que se le indican las reglas aplicables al caso.

JURY-LIST.
lista de personas citadas para actuar como miembros de un jurado.

JURY OF MATRONS.
jurado integrado por mujeres, destinado a determinar si una condenada a muerte se encuentra embarazada.

JURY PANEL.
conjunto de personas citadas para actuar como miembros de un jurado.

JURY POLLING.
práctica consistente en cuestionar uno a uno a los miembros de un jurado para que confirmen su veredicto.

JURY PROCESS.
proceso mediante el que se cita a los miembros de un jurado.

JURY QUESTION.
cuestiones que deben ser resueltas por un jurado. ‖ preguntas que el juez dirige al jurado respecto a cuestiones determinadas.

JURY SELECTION.
selección de miembros de un jurado.

JURY SERVICE.
actuación como miembro de un jurado.

JURY SUMMATION.
el alegato final de un juicio, ante el jurado.

JURY TRIAL.
juicio por jurado.

JURY VETTING.
obtención de información respecto de las personas que integrarán un jurado.

JURY WHEEL.
mecanismo para elegir por sorteo a los miembros de un jurado.

JURYWOMAN.
mujer que integra un JURY OF MATRONS (v.).

JUS.
derecho.

JUS ACCRESCENDI.
el derecho de acrecer de que gozan diversos tipos de propietarios en caso de fallecimiento de alguno de los restantes.

JUS AD REM.
derecho a obtener una cosa determinada del deudor, oponible a terceros.

JUS COGENS.
Derecho imperativo.

JUS COMMUNE.
Derecho común. No equivale al concepto de COMMON LAW (v.).

JUS DISPONENDI.
derecho de disposición.

JUS IN PERSONAM.
derecho creditorio. Derecho contra una persona determinada.

JUS IN REM.
derecho relativo a una cosa determinada. Equivale en gran medida al concepto de derecho real, sin ser igual a éste.

JUS MERCATORUM.
Derecho Comercial o Mercantil.

JUS PRIVATUM.
Derecho Privado. ‖ el derecho de un particular sobre una cosa u otro objeto de su propiedad.

JUS PUBLICUM.
Derecho público. ‖ dominio público.

JUS QUAESTUM TERTIO.
contrato en beneficio de terceros.

JUS TERTII.
derecho de un tercero.

JUST.
justo. Justificado.

JUST CAUSE.
causa legítima, justa o adecuada.

JUST CAUSE OF PROVOCATION.
provocación que disminuye la gravedad de un delito, particularmente el homicidio, sin obrar como causal de justificación.

JUST CLAIM.
pretensión válidamente exigible.
V. CLAIM.

JUST COMPENSATION.
contraprestación justa, que debe abonarse en casos de expropiación.

JUST CONSIDERATION.
contraprestación suficiente para que un contrato sea válido.
V. CONSIDERATION.

JUST DEBT.
deuda legalmente exigible.

JUST PRIOR.
inmediatamente precedente.

JUST TITLE.
justo título.

JUST VALUE.
valor justo.

JUSTICE.
justicia. ‖ juez, especialmente el de algún tribunal superior.

JUSTICE DEPARTMENT.
Departamento de Justicia.

JUSTICE EJECTMENT.
acción de desalojo prevista en leyes especiales.

JUSTICE OF THE PEACE.
juez de paz.

JUSTICE'S CLERK.
secretario de un juzgado. Secretario privado de un juez.

JUSTICESHIP.
judicatura.

JUSTICIABLE.
justiciable.

JUSTICIABLE CONTROVERSY.
controversia justiciable.

JUSTIFIABLE.
justificable. Justificado.

JUSTIFIABLE CAUSE.
causa o motivo justificado de una conducta. En particular, la existencia de motivos justificados para iniciar una acción judicial.

JUSTIFIABLE HOMICIDE.
homicidio justificado.

JUSTIFICATION.
justificación. Defensa. Excusa. ‖ proceso mediante el que se determina la solvencia de un garante.

JUSTIFY.
justificar.

JUSTIFYING BAIL.
justificación de que las garantías dadas para la libertad bajo fianza son suficientes. V. BAIL.

JUSTINIAN'S CODE.
Código de Justiniano.

JUSTINIAN'S INSTITUTE.
Institutas de Justiniano.

JUSTNESS.
justicia de una acción o pretensión.

JUVENILE.
juvenil. ‖ menor. Menor de edad.

JUVENILE COURT.
tribunal de menores.

JUVENILE DELINQUENCY.
delincuencia juvenil.

JUVENILE DELINQUENT.
delincuente juvenil.

JUVENILE OFFENDER.
delincuente juvenil. Menor culpable de un delito.

JUXTAPOSITION.
yuxtaposición.

K

KANGAROO.
sistema para abreviar las discusiones parlamentarias, basado en las facultades del presidente de una cámara de decidir qué cuestiones, particularmente en materia de enmiendas a un proyecto, han de ser debatidas.

KANGAROO COURT.
tribunal que realiza un juicio en violación de las reglas básicas del debido proceso.

K.B.
v. KING'S BENCH.

KEELAGE.
derecho de quilla o de puerto.

KEEP.
retener. Mantener. ‖ continuar. Realizar una conducta en forma continuada. ‖ cuidar. Administrar.

KEEP IN REPAIR.
mantener en buen estado de conservación.

KEEP TERM.
en Inglaterra, asistir a un número suficiente de reuniones en los INNS OF COURT (v.), como para ser admitido a la práctica profesional.

KEEP THE PEACE.
mantener el orden público.

KEEPER.
guardián. Depositario. Administrador. Superintendente.

KEEPER OF PUBLIC RECORDS.
funcionario a cargo de archivos públicos.

KEEPING BOOKS.
llevar libros contables.

KEEPING HOUSE.
conducta de un deudor que elude las requisitorias de sus acreedores.

KELP SHORE.
franja de terreno sobre las líneas de altas y bajas mareas.

KEY.
llave. ‖ muelle.

KEY MAN INSURANCE.
seguro de vida que contrata una empresa, como beneficiaria, respecto de la vida de un empleado o directivo de gran valor para aquélla.

KEYAGE.
derecho o impuesto de muelle, o de carga y descarga.

KICKBACK.
corrupción o soborno de funcionarios mediante el pago de una parte del precio de la licitación u otras operaciones en las que intervienen. El pago mediante el que se concreta tal conducta.

KIDNAP.
secuestrar. Raptar.

KIDNAPPER.
secuestrador. Raptor.

KIDNAPPING.
secuestro. Rapto.

KILL.
matar.

KILLED INSTANTLY.
muerto instantáneamente.

KILLER.
homicida.

KILLING BY MISADVENTURE.
homicio accidental.

KIN.
parentela. Parentesco. Relación de consanguinidad.

KIND.

clase. Grado. Tipo. ‖ especie.

v. IN KIND.

KINDRED.

v. KIN.

KINDRED RULE.

regla vinculada o relacionada.

KING.

rey.

KING CAN DO NO WRONG.

principio jurídico según el cual el soberano no es susceptible de actuar ilícitamente.

KINGDOM.

reino.

KING'S ADVOCATE.

procurador o abogado del reino, en Gran Bretaña.

KING'S BENCH.

tribunal superior inglés, integrante de la HIGH COURT OF JUSTICE (v.).

KING'S COUNSEL.

en Gran Bretaña, abogados de la Corona.

KING'S EVIDENCE.

pruebas aportadas por una persona involucrada en un delito, contra su cómplice.

KING'S PROCTOR.

representante de la Corona en juicios relativos a cuestiones de familia, particularmente los de separación o divorcio, cuya intervención se dirige a evitar que se viole el orden público en tales juicios.

KINSFOLK.

familiares. Miembros de una misma familia.

KINSMAN.

hombre de la misma raza o familia.

KINSWOMAN.

mujer de la misma raza o familia.

KITCHEN CABINET.

gabinete ministerial informal o utilizado para consultas no oficiales.

KITING.

práctica de librar cheques sin debida provisión de fondos, en la expectativa de que no se presentarán al cobro antes de que se depositen los fondos necesarios en la cuenta girada.

KLEPTOMANIA.

cleptomanía.

KNIGHT.

caballero, en el sistema feudal.

KNOCK AND ANNOUNCE RULE.

regla conforme a la cual un funcionario encargado de realizar un arresto puede abrir las puertas de un inmueble, con ese fin, una vez que ha anunciado su propósito e investidura.

KNOCK DOWN.

asignar al mejor postor, en pública subasta. En las subastas, el golpe de martillo mediante el que se declara vendido un bien al mejor postor.

KNOCK DOWN PRICES.

precios de liquidación.

KNOCK OUT AGREEMENT.

acuerdo entre postores en una subasta para impedir la elevación del precio.

KNOT.

nudo. ‖ milla marítima.

KNOW.

saber. Conocer.

KNOW-HOW.

conocimientos técnicos. Conocimientos no patentados, generalmente mantenidos en secreto o reserva, utilizados para la producción de bienes o servicios.

KNOWINGLY.

con conocimiento. Intencionalmente. Concientemente. Voluntariamente. A sabiendas.

KNOWINGLY AND WILLFULLY.

v. KNOWINGLY AND WILLINGLY.

KNOWINGLY AND WILLINGLY.

conciente e intencionalmente.

KNOWLEDGE.

conocimiento. Saber.

KNOWN.

sabido. Conocido.

KNOWN HEIRS.

herederos conocidos.

L

LABEL.
etiqueta. ‖ codicilo. ‖ como verbo (*to label*), identificar. Poner nombres o etiquetas.

LABOR.
trabajo, conforme a la ortografía estadounidense.
V. LABOUR.

LABOR A JURY.
interferir o intentar influir en las funciones de un jurado.

LABORATORY REPORT.
informe de laboratorio.

LABORER.
trabajador.

LABOUR.
trabajo, conforme a la ortografía inglesa. ‖ como verbo (*to labour*), trabajar.

LABOUR AGREEMENT.
contrato de trabajo. Contrato laboral.

LABOUR CODE.
Código de Trabajo. Código Laboral.

LABOUR CONTRACT.
contrato de trabajo. Contrato laboral.

LABOUR COURT.
tribunal de trabajo. Tribunal laboral.

LABOUR DISPUTE.
conflicto de trabajo o laboral. Disputa de trabajo o laboral.

LABOUR FEDERATION.
confederación o federación de trabajo o de trabajadores.

LABOUR INJUNCTION.
orden judicial de hacer o de no hacer, dirigida a las partes en el curso de un conflicto laboral.
V. INJUNCTION.

LABOUR JURISDICTION.
jurisdicción laboral.

LABOUR LAW.
Derecho Laboral. Derecho del Trabajo.

LABOUR LAWS.
leyes del trabajo. Leyes laborales.

LABOUR LEGISLATION.
legislación laboral. Legislación del trabajo.

LABOUR LIEN.
privilegio o derecho de preferencia de los trabajadores respecto de los bienes en que realizan trabajos. V. LIEN.

LABOUR-MANAGEMENT RELATIONS.
relaciones laborales.

LABOUR ONLY SUB-CONTRACTOR.
subcontratista que proporciona los servicios de sus trabajadores al contratista principal.

LABOUR ORGANIZATION.
organización laboral de trabajadores. Sindicato. Asociación profesional de trabajadores. Gremio.

LABOUR PICKETING.
formar piquetes de huelga. Acto mediante el cual en el curso de una huelga los huelguistas se colocan en la entrada del establecimiento afectado a fin de disuadir a los trabajadores que desean ingresar al establecimiento de hacerlo.

LABOUR RELATIONS.
relaciones laborales.

LABOUR UNION.
sindicato. Asociación profesional de trabajadores. Gremio.

LABOURER.
trabajador.

LABOURER'S LIEN.
derecho de preferencia o privilegio general correspondiente a los trabajadores respecto de sus remuneraciones. V. LIEN.

LAPSED.
caduco. Extinguido.

LAPSED DEVISE.
legado caduco.
V. DEVISE.

LAPSED LEGACY.
legado caduco.

LAPSED POLICY.
póliza caduca.

LARCENIST.
ladrón.

LARCENOUS.
con intención o carácter de hurto.

LARCENOUS INTENT.
intención de hurto.

LARCENY.
hurto. Apropiación indebida o ilícita de bienes.

LARCENY BY BAILEE.
apropiación indebida o fraudulenta de bienes por un depositario.
V. BAILEE.

LARCENY BY DECEPTION.
apropiación ilícita de bienes mediante engaños.

LARCENY BY EXTORTION.
apropiación ilícita de bienes mediante extorsión.

LARCENY BY FRAUD.
apropiación ilícita de bienes mediante prácticas fraudulentas.

LARCENY BY TRICK.
V. LARCENY BY DECEPTION.

LARCENY FROM THE PERSON.
hurto cometido al despojar a alguien de los bienes que se encuentran físicamente en su poder, auque sin actuar con fuerza o violencia.

LARCENY OF AUTO.
hurto de automotor.

LARCENY OF PROPERTY DELIVERED BY MISTAKE.
apropiación ilícita de bienes entregados por error por un tercero.

LARCENY OF PROPERTY LOST.
apropiación ilícita de bienes perdidos por un tercero, circunstancia conocida por quien así actúa.

LARCENY OF PROPERTY MISLAID.
V. LARCENY OF PROPERTY LOST.

LASCIVIOUS.
lascivo.

LASCIVIOUS COHABITATION.
delito consistente en convivir una pareja, sin estar casada.

LAST.
último. ‖ como verbo (*to last*), durar. Perdurar.

LAST ANTECEDENT RULE.
regla de interpretación conforme a la cual un adjetivo u otro elemento calificativo se aplica a la última palabra o frase, y no a otros elementos gramaticales anteriores, salvo que lo contrario surja de la intención del legislador o del contexto.

LAST CLEAR CHANCE.
última posibilidad de evitar un accidente.

LAST CLEAR CHANCE DOCTRINE.
doctrina que impone la responsabilidad extracontractual por daños y perjuicios sobre quien tuvo la última posibilidad de evitar los daños.

LAST HEIR.
la persona a quien corresponden los bienes de un difunto, de morir éste sin herederos.

LAST ILLNESS.
la enfermedad de que muere una persona.

LAST IN, FIRST OUT.
V. LIFO.

LAST KNOWN ADDRESS.
último domicilio conocido.

LAST RESORT.
última instancia. La condición de un tribunal cuva decisión es inapelable.

LAST SICKNESS.
V. LAST ILLNESS.

LAST WILL.
última voluntad. ‖ testamento. Último testamento.

LATE.
tarde. ‖ difunto.

LATENT.
latente.

LATENT AMBIGUITY.
ambigüedad latente en un instrumento, tal que no resulta de una lectura superficial del mismo.

LATENT DEED.
instrumento formal que se mantiene reservado u oculto. V. DEED.

LATENT DEFECT.
defecto oculto.

LATENT EQUITY.
derecho protegido por el régimen de EQUITY

(v.), que se ha mantenido oculto o reservado.

LATENT FAULT.
vicio oculto.

LATENT GOODWILL.
valor llave o de clientela de un negocio que se mantiene oculto o que no resulta aparente para terceros.
v. GOODWILL.

LATENT RESERVES.
reservas ocultas.

LATROCINY.
latrocinio.

LAUNCH.
botar. Lanzar.

LAUNDERING.
blanqueo de fondos que han sido habidos ilícitamente.

LAW.
ley. ‖ Derecho, en sentido objetivo.

LAW ABIDING.
respetuoso del Derecho.

LAW AND EQUITY.
el Derecho estricto y el régimen de EQUITY (v.), que en conjunto integran el sistema jurídico anglo-norteamericano.

LAW AND ORDER.
Derecho y orden, en cuanto elementos esenciales de la organización pública de una sociedad.

LAW ARBITRARY.
Derecho arbitrario, en cuanto no resulta de la naturaleza de las cosas, conforme a una interpretación jusnaturalista.

LAW BOOK.
libro jurídico.

LAW CHARGES.
costas judiciales.

LAW COURT.
tribunal de jurisdicción ordinaria.

LAW DAY.
día de audiencia.

LAW DEPARTMENT.
Departamento de Justicia; aquél al que corresponden los asuntos estrictamente jurídicos de la Administración Pública. ‖ departamento legal de una empresa.

LAW ENFORCEMENT.
aplicación o ejecución de la ley.

LAW ENFORCEMENT OFFICER.
funcionario a cargo de la aplicación o ejecución de la ley. Policía.

LAW FIRM.
estudio jurídico. Firma de abogados. Bufete.

LAW FRENCH.
forma degenerada del francés, utilizada en el lenguaje jurídico anglo-norteamericano y que aún perdura en parte de su vocabulario. Es consecuencia de la deformación del lenguaje introducido con la invasión normanda que siguió a la batalla de Hastings, en el siglo XI.

LAW IN ABEYANCE.
ley aprobada pero que aún no ha entrado en vigencia.

LAW IN ACTION.
ley aplicada. El Derecho, tal como se lo aplica en la realidad.

LAW IN THE BOOKS.
ley en sentido formal. El Derecho, tal como existe formalmente, con independencia de su aplicación efectiva.

LAW JOURNAL.
revista jurídica.

LAW LATIN.
latín jurídico. ‖ forma degenerada del latín utilizada en en lenguaje jurídico anglo-norteamericano, que aún perdura en parte de su vocabulario.

LAW LIST.
listado de los profesionales del Derecho actuantes en distintas jurisdicciones y de otras informaciones necesarias o útiles para el ejercicio de la profesión de abogado.

LAW LORDS.
miembros de la Cámara de los Lores que desempeñan funciones judiciales atribuidas a esa Cámara.

LAW MAKING.
proceso normativo. Proceso de formación y aprobación de la ley.

LAW MAKING AGREEMENT.
acuerdo normativo.

LAW MAKING TREATY.
tratado internacional que obra como fuente permanente y general de reglas jurídicas.

LAW MARTIAL.
ley marcial.

LAW MERCHANT.
Derecho Comercial o Mercantil.

LAW OF A GENERAL NATURE.
ley general.

LAW OF ARMS.
Derecho de la Guerra.

LAW OF CAPTURE.
el Derecho que rige la explotación de substancias subterráneas.

LAW OF CITATIONS.
ley de citas.

LAW OF EVIDENCE.
la rama del Derecho relativa a materias probatorias.

LAW OF MARQUE.
derecho de represalia, ejercitable mediante la aprobación de los bienes del causante del daño. ‖ el Derecho Internacional objetivo que rige al ejercicio del derecho de represalia antes descripto.

LAW OF NATIONS.
Derecho Internacional Público.

LAW OF NATURE.
Derecho Natural.

LAW OF SHIPPING.
derecho de la Navegación.

LAW OF THE CASE.
la regla jurídica aplicable a un caso determinado, conforme a lo decidido por el tribunal superior que haya intervenido en ese caso, y a la que tienen que ceñirse los tribunales inferiores que intervengan en el mismo.

LAW OF THE FLAG.
Derecho del país correspondiente a la bandera de un buque.

LAW OF THE FORUM.
Derecho del tribunal interviniente. Derecho del país o jurisdicción a que corresponde el tribunal que lo aplica.

LAW OF THE LAND.
el Derecho Común de un país. ‖ el Derecho de aplicación general en un país, en contraposición al que rige en regiones determinadas. ‖ el Derecho que protege a todo ciudadano de un país.

LAW OF THE ROAD.
Derecho que rige el uso de los caminos y carreteras.

LAW OF THE SEA.
Derecho del Mar. Derecho Internacional Público aplicable a cuestiones marítimas.

LAW OF THE STAPLE.
Derecho Comercial o Mercantil.

LAW OF WAR.
Derecho de la Guerra.

LAW OFFICE.
estudio jurídico.

LAW QUESTION.
cuestión de Derecho.

LAW REPORT.
V. LAW REPORTER.

LAW REPORTER.
colección de fallos judiciales.

LAW REVIEW.
revista jurídica.

LAW SCHOOL.
Facultad de Derecho.

LAW SCHOOL ADMISSIONS TEST.
examen utilizado en los Estados Unidos para la selección de los ingresantes a facultades de Derecho.

LAW SHOPPING.
adopción de maniobras destinadas a obtener que sea aplicable a un caso la ley más favorable a quien las realiza.

LAW SIDE.
en los casos de un tribunal con competencia en cuestiones de Derecho estricto y de EQUITY (v.), la sala o sesión de tal tribunal que entiende en el primer tipo de cuestiones.

LAW SITTING.
sesión de un tribunal.

LAW SOCIETY.
en Inglaterra, especie de colegio que agrupa a los abogados.

LAW SPIRITUAL.
Derecho Eclesiástico.

LAW SUIT.
juicio. Litigio. Controversia judicial.

LAW TERM.
período de sesiones de un tribunal.

LAW WORTHY.
merecedor de protección jurídica.

LAWBREAKER.
infractor. Violador de la ley.

LAWBREAKING.
infracción. Ilícito. Violación de la ley.

LAWFUL.
legal. Lícito. Legítimo.

LAWFUL AGE.
mayoría de edad. La condición del mayor de edad.

LAWFUL ARREST.
arresto legal o lícito.

LAWFUL AUTHORITIES.
autoridades legales o legítimas.

LAWFUL BUSINESS.
negocios lícitos.

LAWFUL CAUSE.
causa lícita o legítima.

LAWFUL CONDITION.
condición lícita.

LAWFUL CURRENCY.
moneda de curso legal.

LAWFUL DAMAGES.
indemnización de daños y perjuicios determinada conforme a Derecho.

LAWFUL DAY.
día hábil.

LAWFUL DEPENDENTS.
dependientes reconocidos legalmente como tales a efectos de gozar ciertos beneficios, tales como los derivados de la seguridad social.

LAWFUL DISCHARGE.
liberación de una obligación como consecuencia de un procedimiento concursal.

LAWFUL ENTRY.
ingreso lícito en una propiedad.

LAWFUL FORCE.
uso legal de la fuerza o la violencia, como cuando se actúa en legítima defensa.

LAWFUL GOODS.
bienes que se detentan o comercian lícitamente.

LAWFUL HEIRS.
herederos legítimos.

LAWFUL HOLDER.
tenedor legitimado.

LAWFUL INTEREST.
interés lícito, por no exceder el máximo legal.

LAWFUL ISSUE.
descendencia legítima.

LAWFUL MONEY.
moneda de curso legal.

LAWFUL POSSESSION.
posesión legítima.

LAWFUL REPRESENTATIVE.
representante legal. ‖ herederos legales. ‖ albacea. Administrador de la herencia.

LAWFUL TRADE.
comercio lícito.

LAWFUL WAR.
guerra justa. Guerra lícita.

LAWFULNESS.
licitud. Legalidad. Legitimidad.

LAWGIVER.
legislador.

LAWLESS.
ilegal. Ilegítimo. Ilícito. Fuera de la ley.

LAWMAKER.
legislador.

LAWMAKING.
actividad legislativa.

LAWS OF WAR.
Derecho de la Guerra.

LAWSUIT.
v. LAW SUIT.

LAWYER.
abogado. Letrado.

LAWYER'S LIABILITY.
responsabilidad profesional de los abogados.

LAWYER'S LIABILITY POLICY.
póliza de seguro de responsabilidad profesional de los abogados.

LAWYER'S PROTECTIVE POLICY.
v. LAWYER'S LIABILITY POLICY.

LAY.
laico. ‖ lego. ‖ como verbo (*to lay*), poner. Colocar. ‖ también como verbo, alegar. Afirmar o sostener judicialmente.

LAY CORPORATION.
persona jurídica de Derecho Común, en contraposición a la de Derecho Eclesiástico.
v. CORPORATION.

LAY DAMAGES.
reclamar daños y perjuicios en una demanda.

LAY DAYS.
días de carga, de descarga o estiba de un buque.

LAY JUDGE.
juez no letrado.

LAY MAGISTRATE.
magistrado no letrado.

LAY OFF.
suspensión o terminación de una relación laboral. ‖ como verbo (*to lay off*), suspender o terminar una relación laboral.

LAY OVER.
aplazar. Suspender.

LAY PEOPLE.
miembros de un jurado.

LAY TIME.
tiempo acordado para la carga, descarga o estiba de un buque.

LAY WITNESS.
testimonio, en particular el de un testigo que no es perito en el tema sobre el cual testifica.

LAYAWAY.
conservar bienes para su venta o entrega futura.

LAYING FOUNDATION.
presentación de pruebas necesarias para que otras pruebas a ser producidas posteriormente adquieran su debido sentido o valor.

LAYING THE VENUE.
determinación en la demanda del tribunal con competencia territorial sobre el litigio.
V. VENUE.

LAYMAN.
laico. ‖ lego.

LAYOFF.
V. LAY OFF.

LEAD.
guiar. Conducir. Encabezar. Liderar. ‖ guía. Indicación. Orientación.

LEAD COUNSEL.
el letrado que tiene a su cargo la dirección del juicio, desde el punto de vista de la parte actora o de la demandada.

LEAD TIME.
tiempo de ejecución. El término que transcurre desde el inicio de una actividad productiva y el momento en que de la misma resultan los bienes y servicios a cuya producción aquélla se dirige. ‖ período que media antes de la realización de un acto o el vencimiento de un término.

LEADER.
jefe. Líder.

LEADER OF THE HOUSE.
en Gran Bretaña, parlamentario que actúa como portavoz o representante del gobierno ante su respectiva cámara.

LEADER OF THE OPPOSITION.
líder o jefe de la oposición. En Gran Bretaña es una figura típica de la actividad parlamentaria y actúa formalmente como tal.

LEADING.
principal. Dominante. Directivo.

LEADING CASE.
sentencia que sirve de precedente a una serie sucesiva de decisiones basadas en la misma.

LEADING COUNSEL.
V. LEAD COUNSEL.

LEADING JUDGMENT.
voto de la mayoría, en un tribunal colegiado.

LEADING OBJECT RULE.
doctrina conforme a la cual si una garantía o fianza es otorgada teniendo en vista el beneficio de quien la otorga no es necesaria la prueba por escrito de tal garantía o fianza.

LEADING QUESTION.
pregunta sugestiva.

LEAGUE.
liga. ‖ legua.

LEAGUE OF NATIONS.
Sociedad de las Naciones.

LEAK.
burlar información confidencial.

LEAKAGE.
pérdida o infiltración de líquidos. ‖ tolerancia respecto de pérdidas o filtraciones de líquidos.

LEAN.
inclinarse. En sentido figurado, inclinarse a favor o en contra de determinada posición jurídica.

LEAPFROG.
saltear. *Per saltum.* Se utiliza la voz respecto de los casos en que se "salta" una posible apelación, permitiendo la ley recurrir directamente al tribunal superior.

LEAP-YEAR.
año bisiesto.

LEARN.
aprender.

LEARNED.
culto. Erudito. ‖ letrado. Versado en el Derecho.

LEARNING.
doctrina legal.

LEASE.
arrendamiento. Locación de cosa. Alquiler. ‖ como verbo (*to lease*), arrendar. Locar. Alquilar.

LEASE BY ESTOPPEL.
locación que surge cuando de la conducta de las partes resulta que éstas no pueden alegar la inexistencia de tal locación. V. ESTOPPEL.

LEASE FOR LIVES.
locación cuya duración está fijada en función de la vida de las partes.

LEASE FOR YEARS.
locación por un número determinado de años.

LEASE IN REVERSION.
locación que se hace efectiva al finalizar el término de una locación preexistente.

LEASE OF MILITARY BASE.
concesión de una base militar.

LEASE WITH OPTION TO PURCHASE.
alquiler o locación con opción de compra.

LEASEBACK.
venta o transferencia de un bien seguida del

alquiler de ese bien al vendedor o transferencia.

LEASEHOLD.
el derecho que adquiere el locatario de un inmueble respecto de éste. **v.** ESTATE FOR YEARS. PERIODIC TENANCY. TENANCY AT WILL. TENANCY AT SUFFERANCE.

LEASEHOLD ESTATE.
V. LEASEHOLD. ESTATE.

LEASEHOLD IMPROVEMENT.
mejoras realizadas por el locatario.

LEASEHOLD INTEREST.
el interés del locatario en la locación, particularmente a efectos de su valoración en casos de expropiación.

LEASEHOLD MORTGAGE.
hipoteca que pesa sobre el derecho del locatario sobre un inmueble. Esta figura es posible dado que ese derecho, bajo el sistema jurídico anglo-norteamericano, es de naturaleza afín a un derecho real.

LEASEHOLD MORTGAGE BOND.
garantía otorgada respecto de un inmueble que quien la otorga ha construido en un terreno alquilado.
V. BOND.

LEASEHOLD VALUE.
valor de un derecho de locación.

LEASEHOLDER.
locatario. Arrendatario. El que goza de un derecho de LEASEHOLD (v.).

LEASING.
locación. Alquiler. Arrendamiento. Locación con opción de compra. La voz se utiliza frecuentemente respecto de la locación de un bien mueble, generalmente con opción de compra. Se trata de operaciones complejas, en las que las partes normalmente convienen numerosas obligaciones adicionales a las típicas de una locación. Cuando se utiliza respecto de la locación de un inmueble, generalmente no hay opción de compra.

LEAVE.
permiso. Autorización. Licencia. ‖ ausencia. ‖ como verbo (*to leave*), permitir. Autorizar. Legar. ‖ también como verbo, dejar. Abandonar.

LEAVE AND LICENCE.
permiso de ingresar a una propiedad, que se opone como defensa a una acción dirigida contra quien ha ingresado en ella.

LEAVE AND LICENSE.
V. LEAVE AND LICENCE.

LEAVE BY WILL.
dejar por testamento. Legar.

LEAVE NO ISSUE.
morir sin dejar descendencia.

LEAVE OF ABSENCE.
licencia. Permiso para ausentarse.

LEAVE OF COURT.
permiso, autorización o venia del tribunal.

LEAVE TO APPEAL.
concesión del recurso.

LEAVE TO DEFEND.
autorización para desarrollar las defensas formuladas en la contestación de demanda, opuesta al pedido del actor de que se sentencie directamente en base a lo planteado en tal contestación.

LEDGER.
libro mayor de contabilidad.

LEFT.
dejado. Legado. Izquierda.

LEGACY.
legado de bienes muebles. En sentido más amplio y menos técnico, cualquier legado.

LEGACY DUTY.
tasa, derecho o gravamen impuesto sobre los legados de bienes muebles.
V. LEGACY.

LEGACY TAX.
impuesto sucesorio.

LEGAL.
legal. Jurídico. Legítimo. Lícito.

LEGAL ACT.
traducción al inglés de la locución acto jurídico, y de otras equivalentes en otros idiomas. No se utiliza la expresión en relación con el Derecho anglo-norteamericano.

LEGAL ACUMEN.
conocimiento del Derecho o versación en él.

LEGAL ADDRESS.
domicilio legal.

LEGAL ADVICE.
consejo o asesoramiento jurídico.

LEGAL ADVISER.
asesor jurídico. Abogado consultor.

LEGAL AGE.
mayoría de edad.

LEGAL AID.
asesoramiento jurídico. Asesoramiento jurídico gratuito.

LEGAL NEWSPAPER.
periódico de publicaciones de interés jurídico.

LEGAL NOTICE.
notificación legal. Notificación perfeccionada conforme a los requisitos legales aplicables.

LEGAL OBLIGATION.
obligación legal.

LEGAL OBSOLESCENCE.
obsolescencia jurídica. Desuetudo.

LEGAL OFFICER.
funcionario *de jure*.

LEGAL OPINION.
opinión jurídica. Dictamen jurídico. La opinión de un abogado sobre un asunto legal.

LEGAL ORDER.
orden jurídico.

LEGAL OWNER.
propietario legal. El propietario conforme a Derecho estricto, o sea el régimen de COMMON LAW (v.), en contraposición al régimen de EQUITY (v.).

LEGAL PARTNERSHIP.
sociedad de abogados. Sociedad formada para el ejercicio de la abogacía. v. PARTNERSHIP.

LEGAL PERIODICAL.
revista jurídica.

LEGAL PERSON.
persona jurídica.

LEGAL PERSONAL REPRESENTATIVE.
el representante de una persona fallecida, o más precisamente el que tiene a su cargo en forma inmediata la administración de sus bienes al producirse el fallecimiento.

LEGAL POSITIVISM.
positivismo jurídico.

LEGAL POSSESSION.
posesión legítima. La posesión ejercida teniendo derecho a tal ejercicio.

LEGAL POSSESSOR.
poseedor legítimo. v. LEGAL POSSESSION.

LEGAL PREJUDICE.
perjuicio contra los derechos. Perjuicio jurídico.

LEGAL PRESUMPTION.
presunción legal.

LEGAL PRINCIPLE.
principio jurídico.

LEGAL PRIVILEGE.
privilegio o derecho excepcional otorgado a una persona. No corresponde a la figura del privilegio en cuanto preferencia de ciertos acreedores. ‖ en sentido más limitado, el derecho a no revelar en juicio o en otros procedimientos jurídicos cierta información de que se dispone en razón de la profesión, cargo, condición u otros motivos especiales.

LEGAL PRIVITY.
v. PRIVITY.

LEGAL PROCEEDING.
procedimiento judicial.

LEGAL PROCESS.
proceso válido o legítimo. ‖ orden o decisión judicial.

LEGAL PROFESSION.
abogacía. Profesión forense.

LEGAL PROPERTY.
la propiedad tutelada por el Derecho estricto, o COMMON LAW (v.), en contraposición a los derechos que resultan del régimen de EQUITY (v.).

LEGAL QUAY.
muelle habilitado para operaciones de carga, descarga y almacenamiento de mercaderías sujetas a regímenes especiales, particularmente en materia impositiva.

LEGAL RATE.
tasa legal.

LEGAL RATE OF INTEREST.
v. LEGAL INTEREST.

LEGAL REALISM.
realismo jurídico.

LEGAL REASONING.
razonamiento jurídico.

LEGAL REDRESS.
reparación jurídica.

LEGAL REGIME.
régimen jurídico.

LEGAL RELATION.
relación jurídica.

LEGAL RELATIONSHIP.
v. LEGAL RELATION.

LEGAL RELEVANCY.
relevancia jurídica. Admisibilidad en juicio.

LEGAL REMEDY.
acción, recurso u otros mecanismos legales dirigidos a dar efectividad a un derecho
. v. REMEDY.

LEGAL REPRESENTATIVE.
representante legal. ‖ quien administra los bienes de una persona al fallecer ésta.

LEGAL RESCISSION.
rescisión.

LEGAL RESEARCH.
investigación de los antecedentes jurídicos de una cuestión o caso y de las reglas aplicables a su solución.

LEGAL RESERVE.
reserva legal.

LEGAL RESIDENCE.
domicilio.

LEGAL RIGHT.
derecho, en sentido subjetivo. ‖ derecho subjetivo que es tutelado por el Derecho estricto, o COMMON LAW (v.), en contraposición al que surge del régimen de EQUITY (v.).

LEGAL RULE.
regla jurídica.

LEGAL SEPARATION.
separación matrimonial.

LEGAL SERVICES.
servicios de asistencia jurídica.

LEGAL STAFF.
cuerpo de asesores jurídicos de una empresa, organización o ente estatal.

LEGAL STANDARDS.
criterios o principios generales utilizados para la aplicación del Derecho; como el del "buen padre de familia", en materia de culpa o negligencia.

LEGAL STANDING.
legitimación procesal.

LEGAL STATUS.
status jurídico. Estado.

LEGAL STRIKE.
huelga lícita o legal.

LEGAL SUBDIVISION.
subdivisión territorial para catastro o control gubernamental de la propiedad inmueble.

LEGAL SUBROGATION.
subrogación legal.

LEGAL SUCCESSION.
sucesión legal.

LEGAL SUIT.
acción legal.

LEGAL SYSTEM.
sistema legal. Ordenamiento jurídico.

LEGAL TENDER.
moneda de curso legal.

LEGAL TERMINOLOGY.
terminología jurídica.

LEGAL THEORY.
teoría jurídica. ‖ teoría general del Derecho. Filosofía del Derecho.

LEGAL TITLE.
título de propiedad derivado de o tutelado por el Derecho estricto o COMMON LAW (v.), en contraposición al que resulta del régimen de EQUITY (v.).

LEGAL TRADITION.
tradición jurídica. Conjunto de principios, conceptos y reglas fundamentales que constituye la base de los principales sistemas jurídicos, caracterizado por su permanencia prolongada en el tiempo.

LEGAL TRANSPLANTS.
transplantes jurídicos. La introducción de reglas o instituciones de sistemas jurídicos ajenos a aquél en que se introducen.

LEGAL USUFRUCT.
usufructo legal. El usufructo creado por disposición de la ley.

LEGAL VALIDITY.
validez jurídica.

LEGAL VOTER.
votante. Dícese de la persona con derecho a voto.

LEGAL WILLFULNESS.
dolo, en cuanto intención de realizar una conducta ilícita.

LEGAL WRITERS.
doctrina. Autores jurídicos.

LEGAL YEAR.
año judicial.

LEGALITY.
legalidad. Licitud. Legitimidad.

LEGALITY OF OBJECT.
licitud del objeto.

LEGALIZATION.
legalización. ‖ confirmación de un acto. Convalidación de un acto viciado. Eliminación de lo vicios de un acto.

LEGALIZE.
legalizar. ‖ confirmar. ‖ convalidar.

LEGALIZED NUISANCE.
molestia o perjuicio causados sobre el goce de una propiedad, que se encuentran legitimados por normas que los autorizan.

LEGALLY.
legalmente. Lícitamente. Jurídicamente. Válidamente.

LEGALLY ADOPTED.
adoptado legalmente.

LEGALLY BINDING.
jurídicamente vinculante.

LEGALLY COMMITTED.
arrestado o internado en un hospital o manicomio conforme a una orden de magistrado competente.

LEGALLY COMPETENT.
con capacidad jurídica suficiente. Jurídicamente capaz.

LEGALLY CONSTITUTED.
legalmente constituido.

LEGALLY CONSTITUTED COURT.
tribunal legalmente constituido.

LEGALLY CONTRIBUTING CAUSE OF INJURY.
causa contribuyente a la configuración de un daño, conforme a las reglas aplicables a la imputación de daños.

LEGALLY DEAD.
fallecido, desde el punto de vista jurídico.

LEGALLY DETERMINED.
hecho o relación jurídica determinados en juicio.

LEGALLY INSUFFICIENT TITLE.
título jurídicamente insuficiente.

LEGALLY INTERESTED.
con interés jurídico.

LEGALLY LIABLE.
legalmente responsable.

LEGALLY OPERATE AUTOMOBILE.
conducir un automóvil con autorización o derecho suficiente.

LEGALLY PROVED.
probado en juicio.

LEGALLY RESIDE.
domiciliarse.

LEGALLY SUFFICIENT EVIDENCE.
prueba jurídicamente suficiente.

LEGALLY SUFFICIENT TENDER.
oferta jurídicamente suficiente de cumplir una prestación. V. TENDER.

LEGALLY SUFFICIENT TITLE.
título jurídicamente suficiente.

LEGALNESS.
legalidad. Licitud. Legitimidad.

LEGATARY.
legatario.

LEGATEE.
legatario.

LEGATION.
legación.

LEGATOR.
testador.

LEGISLATE.
legislar.

LEGISLATION.
legislación. Acto de legislar.

LEGISLATIVE ACT.
ley en sentido formal.

LEGISLATIVE APPORTIONMENT.
V. APPORTIONMENT.

LEGISLATIVE ASSEMBLY.
asamblea legislativa.

LEGISLATIVE BRANCH.
poder legislativo.

LEGISLATIVE CONTROL.
control legislativo.

LEGISLATIVE COUNCIL.
consejo legislativo, que actúa durante el receso de la legislatura.

LEGISLATIVE COUNSEL.
asesor jurídico de la legislatura.

LEGISLATIVE COURT.
tribunal creado por la legislatura, en contraposición al de origen constitucional.

LEGISLATIVE DEPARTMENT.
poder Legislativo.

LEGISLATIVE DISTRICT.
distrito para elecciones legislativas.

LEGISLATIVE DISTRICTING.
determinación de los distritos electorales a efectos de la elección de legisladores.

LEGISLATIVE DIVORCE.
divorcio decretado por la legislatura.

LEGISLATIVE FUNCTIONS.
funciones legislativas.

LEGISLATIVE HISTORY.
conjunto de antecedentes de una ley.

LEGISLATIVE IMMUNITY.
inmunidad parlamentaria.

LEGISLATIVE INTENT.
intención del legislador.

LEGISLATIVE INVESTIGATION.
investigación emprendida por la legislatura.

LEGISLATIVE JURISDICTION.
esfera de competencia del Poder Legislativo.

LEGISLATIVE OFFICER.
legislador. Miembro de la legislatura.

LEGISLATIVE POWER.
la atribución de dictar leyes.

LEGISLATIVE RECORD.
diario legislativo. Diario de sesiones.

LEGISLATOR.
legislador.

LEGISLATURE.
Legislatura. Poder Legislativo. Congreso. Parlamento.

LEGITIMACY.
legitimidad.

LEGITIMATE.
legítimo. ‖ como verbo (to legitimate), legitimar. Legalizar. Convalidar.

LEGITIMATE CHILD.
hijo legítimo.

LEGITIMATE HEIRS.
herederos legítimos.

LEGITIMATE INFERENCES.
inferencia legítimas en base a los hechos probados.

LEGITIMATED CHILD.
hijo legitimado.

LEGITIMATE HEIRS.
herederos legítimos.

LEGITIMATION.
legitimación, en particular la de los hijos extramatrimoniales.

LEND.
prestar.

LEND ON MORTGAGE.
prestar sobre hipoteca.

LEND-LEASE.
operación conjunta de préstamo y arriendo.

LENDER.
prestamista. Mutuante. Comodante.

LENDING AGENCY.
compañía o sociedad de préstamos. Entidad financiera.

LENGTH OF PRISON SENTENCE.
duración de una sentencia de prisión.

LEONINA PARTNERSHIP.
sociedad de personas leonina. v. PARTNERSHIP.

LEONINA SOCIETAS.
sociedad leonina.

LESION.
lesión. Daño. Perjuicio.

LESSEE.
arrendatario. Locatario.

LESSEE'S INTEREST.
el valor de los derechos del arrendatario, particularmente a efectos de determinar la indemnización debida en casos de expropiación.

LESSER.
menor. De menor importancia. Inferior.

LESSER INCLUDED OFFENCE.
delito que incluye parte de los elementos constitutivos de un delito de mayor gravedad.

LESSER INCLUDED OFFENSE.
v. LESSER INCLUDED OFFENCE.

LESSOR.
locador. Arrendador.

LESSOR'S INTEREST.
el valor de una propiedad para su locador, teniendo en cuenta el valor de los alquileres y el de la propiedad en sí una vez finalizado el alquiler, especialmente a efectos del cómputo de la indemnización en casos de expropiación.

LET.
arrendar. Alquilar. ‖ autorizar. Permitir. ‖ elegir una oferta entre varias, particularmente en el curso de licitaciones. ‖ ordenar judicialmente.

LETHAL.
lctal.

LETHAL WEAPON.
arma mortal.

LETTER.
letra. ‖ carta. ‖ la letra de la ley.

LETTER-BOOK.
libro copiador de cartas.

LETTER CONTRACT.
contrato perfeccionado, generalmente en las contrataciones con el Estado.

LETTER OF ADMINISTRATION.
certificado de designación del administrador de una sucesión.

LETTER OF ADVICE.
carta de aviso, mediante la cual el librador de una letra de cambio avisa al girado tal libramiento. ‖ carta de consejo o recomendación.

LETTER OF ALLOTMENT.
carta mediante la que se comunica al suscriptor de acciones de una sociedad que tales acciones le han sido adjudicadas.

LETTER OF ATTORNMENT.
carta mediante la que se comunica a un locatario que la propiedad ha sido vendida, debiendo pagar los alquileres al nuevo propietario.

LETTER OF ATTORNEY.
carta poder.

LETTER OF AUTHORITY.
carta o documento mediante la que se otorga una autorización o investidura.

LETTER OF COMMENT.
carta mediante la cual informa la SECURITIES EXCHANGE COMMISSION (v.)a quienes reali-

zan presentaciones ante la misma respecto de los defectos que aquéllas incluyen.

LETTER OF CREDENCE.
carta credencial.

LETTER OF CREDIT.
carta de crédito.

LETTER OF EXCHANGE.
letra de cambio.

LETTER OF GUARANTY.
carta de garantía.

LETTER OF INDEMNITY.
carta de garantía, mediante la cual una parte se obliga a mantener a la otra indemne frente a determinadas circunstancias.

LETTER OF INTENT.
carta de intención.

LETTER OF INTRODUCTION.
carta de presentación.

LETTER OF LICENCE.
carta o acta mediante la cual los acreedores se comprometen a no accionar contra su deudor durante determinado plazo.

LETTER OF LICENSE.
V. LETTER OF LICENCE.

LETTER OF MARQUE AND REPRISAL.
carta de represalia.

LETTER OF PATRONAGE.
carta mediante la cual una sociedad controlante informa a un banco u otro posible acreedor que otra sociedad es controlada.

LETTER OF RECALL.
carta mediante la cual un gobierno anuncia a otro que un representante del primero ante el segundo deja de tener tal investidura. ‖ carta mediante la que una empresa solicita que ciertos productos sean devueltos a aquélla para proceder a la reparación de defectos.

LETTER OF RECREDENTIALS.
carta mediante la cual un gobierno deja constancia de la extinción de la investidura del representante de otro gobierno, extinción oportunamente comunicada por este último.
V. LETTER OF RECALL.

LETTER OF THE LAW.
la letra de la ley.

LETTER OF UNDERTAKING.
carta de compromiso.

LETTER PATENT.
carta patente.

LETTER RULING.
dictamen que emana de la autoridad impositi-

va respecto de una cuestión de carácter tributario.

LETTER STOCK.
acciones respecto de las cuales el adquirente se ha comprometido a no comercializarlas y que por lo tanto se encuentran libres de los requisitos formales que impone su comercialización.

LETTERS AD COLLIGENDUM BONA DEFUNCTI.
carta o acta mediante la que se autoriza a una persona a reunir y conservar los bienes de un difunto.

LETTERS OF ADMINISTRATION.
V. LETTER OF ADMINISTRATION.

LETTERS OF GUARDIANSHIP.
carta o acta mediante la que se designa un curador judicial respecto de los bienes de un incapaz.

LETTERS OF PATENT.
carta patente.

LETTERS OF REQUEST.
carta rogatoria. Carta mediante la que se solicita a un juez extranjero realizar medidas de prueba en el ámbito de su jurisdicción.

LETTERS OF SAFE CONDUCT.
salvoconducto.

LETTERS ROGATORY.
cartas rogatorias.

LETTERS TESTAMENTARY.
carta o acta mediante la cual un tribunal autoriza a un albacea a actuar como tal.

LEVANT ET COUCHANT.
la condición de animales que permanecen más de una noche en un terreno ajeno. Se trata de una expresión originada en el francés, que indica que los animales duermen en tal terreno.

LEVEL.
nivel.

LEVEL PREMIUM INSURANCE.
seguro con primas constantes a lo largo de su término.

LEVERAGE.
índice de endeudamiento. ‖ la relación entre el capital de una sociedad y sus obligaciones frente a tercero ‖ los efectos financieros del grado de endeudamiento de una sociedad. ‖ el poder de mercado de que goza una empresa. ‖ control. Poder. Influencia.

LEVERAGED BUY OUT.
compra del control de una sociedad, financia-

da mediante la emisión de obligaciones u otras formas de endeudamiento.

LEVIABLE.
gravable. Imponible. ‖ embargable.

LEVITICAL DEGREES.
los grados de parentesco respecto de los cuales está prohibido el matrimonio, en función de lo indicado en el Levítico.

LEVY.
impuesto. Tasa. Gravamen. ‖ embargo ejecutivo. ‖ como verbo (*to levy*), gravar. Imponer. Embargar. Recaudar.

LEVY AT THE RISK OF PLAINTIFF.
embargo de cuyas consecuencias se hace responsable el acreedor embargante.

LEVY EXECUTION.
ejecutar judicialmente.

LEVY OF ATTACHMENT.
embargo. Traba de embargo.

LEVY OF EXECUTION.
embargo ejecutivo.

LEVY TAXES.
gravar. Establecer y recaudar impuestos.

LEVY WAR.
conspirar para emprender actividades armadas contra las autoridades establecidas.

LEWD.
lascivo. Obsceno. Indecente.

LEWD AND LASCIVIOUS COHABITATION.
la cohabitación de parejas no casadas.

LEWDNESS.
lascivia. Obscenidad. Indecencia.

LEX ACTUS.
la ley del lugar en que se realiza un acto.

LEX AMISSA.
persona que vive fuera de la ley.

LEX ANGLIAE.
la ley o Derecho de Inglaterra. El COMMON LAW (v.).

LEX CAUSAE.
la ley sustantiva que rige una cuestión o controversia.

LEX COMERCII.
ley o Derecho comercial.

LEX COMMUNIS.
Derecho común. COMMON LAW (v.).

LEX CONTRACTUS.
la ley del lugar de celebración del contrato. ‖ la ley que rige a un contrato.

LEX DELICTI.
la ley del lugar en que el acto ilícito se ha cometido.

LEX DOMICILII.
la ley del domicilio de una persona.

LEX FORI.
la ley tribunal.

LEX LOCI.
la ley del lugar en que tiene lugar un hecho.

LEX LOCI ACTUS.
la ley del lugar en que se realiza un acto.

LEX LOCI CELEBRATIONIS.
la ley del lugar en el que se ha celebrado el contrato.

LEX LOCI CONTRACTUS.
la ley del lugar en el que se ha celebrado el contrato.

LEX LOCI DELICTI.
la ley del lugar en que un acto ilícito ha sido cometido.

LEX LOCI DOMICILII.
v. LEX DOMICILII.

LEX LOCI REI SITAE.
la ley del lugar en que se encuentra la cosa objeto del litigio.

LEX LOCI SOLUTIONIS.
la ley del lugar de cumplimiento de la obligación o de ejecución del contrato.

LEX MERCATORIA.
ley o Derecho comercial.

LEX NATURALE.
ley natural. Derecho natural.

LEX NON SCRIPTA.
Derecho no escrito.

LEX REI SITAE.
v. LEX LOCI REI SITAE.

LEX SCRIPTA.
Derecho escrito.

LEX SITUS.
v. LEX LOCI REI SITAE.

LEX SOLUTIONIS.
v. LEX LOCI SOLUTIONIS.

LEX TALIONIS.
ley del Talion.

LEX TERRAE.
v. LAW OF THE LAND.

LIABILITIES.
deudas. Obligaciones. Responsabilidades. Pasivo. v. LIABILITY.

LIABILITY.
responsabilidad. Abligación. Deuda. Pasivo.

LIABILITY BOND.
garantía o fianza de responsabilidad civil.
v. BOND.

LIABILITY CREATED BY STATUTE.
responsabilidad emergente de una ley determinada.

LIABILITY FOR ABSTENTION.
responsabilidad por omisión.

LIABILITY FOR ANIMALS.
responsabilidad por los hechos de los animales.

LIABILITY FOR CHATTELS.
responsabilidad por los daños causados por las cosas o sustancias peligrosas. v. CHATTEL.

LIABILITY FOR DAMAGES.
responsabilidad por daños y perjuicios.

LIABILITY FOR LAWFUL ACTS.
responsabilidad por actos ilícitos.

LIABILITY IMPOSED BY LAW.
responsabilidad impuesta o determinada por la ley. ‖ responsabilidad fijada en juicio.

LIABILITY IN CONTRACT.
responsabilidad contractual.

LIABILITY IN PERSONAM.
responsabilidad personal.

LIABILITY IN REM.
responsabilidad que pesa en relación a un bien determinado.

LIABILITY IN SOLIDO.
responsabilidad solidaria.

LIABILITY IN TORT.
responsabilidad extracontractual.

LIABILITY INSURANCE.
seguro de responsabilidad civil.

LIABILITY TO MAKE GOOD DAMAGES.
obligación de reparar los daños y perjuicios.

LIABILITY WITHOUT FAULT.
responsabilidad objetiva.

LIABLE.
responsable. ‖ obligado. ‖ sujeto a un riesgo o contingencia.

LIABLE CIVILLY.
responsable civilmente.

LIABLE CRIMINALLY.
responsable penalmente.

LIABLE FOR TAX.
sujeto a impuestos.

LIABLE IN DAMAGES.
responsable por daños y perjuicios.

LIABLE TO ACTION.
sujeto a una acción.

LIABLE TO DUTY.
sujeto a una obligación.

LIABLE TO PENALTY.
sujeto a una pena.

LIBEL.
difamación. injuria mediante publicaciones, televisión o radio. ‖ demanda. ‖ como verbo (*to libel*), difamar.

LIBEL OF REVIEW.
impugnación contra una sentencia una vez expirado el plazo para apelarla.

LIBEL SUIT.
acción o juicio por difamación.
v. LIBEL.

LIBELANT.
demandante.

LIBELEE.
demandado.

LIBELOUS.
difamatorio.

LIBELOUS PER QUOD.
expresiones que presentan carácter difamatorio debido al contexto en que se pronuncian.

LIBELOUS PER SE.
difamatorio en sí mismo.

LIBERAL.
liberal. ‖ generoso. Abierto. ‖ amplio. Extensivo.

LIBERAL CONSTRUCTION.
interpretación amplia o extensiva.

LIBERAL INTERPRETATION.
v. LIBERAL CONSTRUCTION.

LIBERATE.
liberar.

LIBERATION.
liberación, en particular la del deudor.

LIBERTIES.
libertades. ‖ derechos fundamentales.

LIBERTY.
libertad. Facultad. ‖ concesión o privilegio otorgados por el Estado.

LIBERTY CLAUSE.
cláusula mediante la que se otorga una facultad o autorización.

LIBERTY OF A PORT.
posibilidad de tocar un puerto, prevista en una póliza de seguro marítimo.

LIBERTY OF CONSCIENCE.
libertad de conciencia.

LIBERTY OF CONTRACT.
libertad contractual.

LIBERTY OF EXPRESSION.
libertad de expresión.

LIBERTY OF SPEECH.
libertad de palabra y expresión.

LIBERTY OF THE GLOBE.
posibilidad de navegar a cualquier punto, prevista en una póliza de seguro marítimo.

LIBERTY OF THE PRESS.
libertad de prensa.

LIBOR.
iniciales de *London Interbank Offered Rate,* tasa ofrecida para depósitos interbancarios en el mercado de Londres.

LICENCE.
licencia. Autorización. Concesión. Permiso. ‖ autorización a ingresar en una propiedad. ‖ autorización a utilizar el objeto de una patente o una marca. ‖ como verbo (*to licence*), licenciar. Autorizar.

LICENCE AGREEMENT.
contrato de licencia.

LICENCE BOND.
garantía exigida para la concesión de una licencia o autorización.

LICENCE BY INVITATION.
el permiso a ingresar en un inmueble resultante de la invitación de su propietario.

LICENCE BY PERMISSION.
el permiso a ingresar en un inmueble dado expresa o implícitamente por su propietario.

LICENCE CONTRACT.
contrato de licencia.

LICENCE FEES.
regalías. Derechos pagaderos por una licencia.

LICENCE HOLDER.
licenciatario. Concesionario.
v. LICENCE.

LICENCE TAX.
tasa o impuesto establecidos respecto de una concesión o autorización.

LICENSE.
LICENCE (v.), conforme a la ortografía utilizada en los Estados Unidos.

LICENSED.
autorizado. Licenciado. Objeto de una licencia.

LICENSED PREMISES.
local en que pueden venderse bebidas alcohólicas.

LICENSEE.
licenciatario. Concesionario. Permisionario.

LICENSING.
actividad de otorgar licencias.

LICENSING ACTS.
leyes que regulan el otorgamiento de permisos y concesiones. ‖ leyes que regulan el otorgamiento de concesiones de venta de bebidas alcohólicas.

LICENSING AGREEMENT.
contrato de licencia.

LICENSING AUTHORITY.
autoridad facultada a otorgar concesiones y permisos.

LICENSING MAGISTRATE.
magistrado autorizado a otorgar concesiones y permisos.

LICENSING POWER.
poder de otorgar licencias, permisos o concesiones.

LICENSING STATE.
el Estado que autoriza una actividad, por ejemplo, la operación de una central nuclear.

LICENSOR.
licenciante.

LICENTIATE.
licenciado.

LICENTIOUSNESS.
lascivia. Condición de actuar licenciosamente.

LICITATION.
licitación. La voz se utiliza solamente en relación con el CIVIL LAW (v.).

LIDFORD LAW.
suerte de linchamiento, en el que una persona era primero castigada y luego sujeta formalmente a juicio.

LIE.
mentira. ‖ como verbo (*to lie*), mentir. ‖ también como verbo, designa la condición de una acción en cuanto la misma se encuentra debidamente fundada. ‖ yacer. Encontrarse en determinada condición.

LIE DETECTOR.
detector de mentiras.

LIE IN FRANCHISE.
la condición de un bien cuya posesión puede ser tomada por un derecho habiente sin necesidad de recurrir a la justicia.

LIE IN GRANT.
la condición de una propiedad que es transmisible mediante un acto formal o DEED (v.).

LIE IN LIVERY.
la condición de una propiedad que se transmi-

te por mediode la entrega de la posesión.

LIEN.
privilegio o derecho de preferencia de un acreedor, que puede resultar de disposiciones legales, de contratos o de embargos judiciales. Puede estar o no acompañado de un derecho de retención y ser o no oponible a terceros adquirentes de los bienes afectados, según sea la causa del privilegio.

LIEN ACCOUNT.
descripción de los privilegios o derechos de preferencia existentes o pretendidos respecto de ciertos bienes. v. LIEN.

LIEN BY CONTRACT.
privilegio o derecho de preferencia constituido mediante contrato entre el deudor y el acreedor privilegiado.
v. LIEN.

LIEN BY JUDICIAL PROCEEDING.
privilegio o derecho de preferencia resultante de un embargo o de otra medida judicial.
v. LIEN.

LIEN BY OPERATION OF THE LAW.
privilegio o derecho de preferencia que resulta por disposición legal, en contraposición al acordado entre deudor y acreedor o al dispuesto judicialmente.
v. LIEN. LIEN BY CONTRACT. LIEN BY JUDICIAL PROCEEDING.

LIEN CREDITOR.
acreedor privilegiado o que goza un derecho de preferencia. v. LIEN.

LIEN FOR SUPPLIES.
privilegio o derecho de preferencia respecto de los créditos resultantes de suministros.
v. LIEN.

LIEN OF A COVENANT.
parte inicial o introductoria de un contrato u otro acto jurídico, donde se encuentran los nombres y carácter de las partes.

LIEN OF FACTOR.
privilegio o derecho de preferencia de un factor. v. LIEN.

LIEN OF PARTNERS.
privilegio o derecho de preferencia de los socios respecto de los bienes afectados a una sociedad de personas.
v. LIEN. PARTNERSHIP.

LIEN ON FREIGHT.
privilegio o derecho de preferencia ejercitable respecto de los fletes. v. LIEN.

LIEN ON POLICY.
privilegio o derecho de preferencia ejercitable respecto de una póliza de seguros y de los derechos allí previstos. v. LIEN.

LIEN WAIVER.
renuncia a un privilegio o derecho de preferencia. v. LIEN. WAIVER.

LIENEE.
deudor cuyos bienes están sujetos a un privilegio o derecho de preferencia. v. LIEN.

LIENOR.
acreedor privilegiado o que goza de un derecho de preferencia. v. LIEN.

LIENS ATTACHED TO THE VESSEL.
privilegios o derechos de preferencia que pesan sobre la nave. V LIEN.

LIEU LANDS.
tierras dadas como indemnización en razón de la expropiación de otras.

LIEU TAX.
impuesto sustitutivo. Impuesto que reemplaza a otro.

LIEUTENANT.
teniente. ‖ suplente. Sustituto. Reemplazante.

LIEUTENANT COLONEL.
teniente coronel.

LIEUTENANT GENERAL.
teniente general.

LIEUTENANT GOVERNOR.
vicegobernador.

LIFE.
vida. ‖ duración o vigencia de un contrato u otra relación jurídica. ‖ pena perpetua de prisión. ‖ como adjetivo, perpetuo. Vitalicio.

LIFE ANNUITANT.
acreedor de una renta vitalicia.

LIFE ANNUITY.
renta vitalicia.

LIFE ASSURANCE.
seguro de vida.

LIFE BENEFICIARY.
quien recibe ciertos beneficios durante el término de su vida, particularmente en virtud de ser beneficiario de un fideicomiso que prevé tales beneficios.

LIFE CARE CONTRACT.
contrato mediante el que una parte acuerda cuidar de la otra y atenderla en sus necesidades durante la vida de ésta.

LIFE ESTATE.
derecho respecto de un inmueble cuya dura-

ción es el término de la vida del derechohabiente o de otra persona. V. ESTATE.

LIFE EXPECTANCY.
expectativa de vida.

LIFE EXPECTATION.
V. LIFE EXPECTANCY.

LIFE-HOLD.
inmueble respecto del cual se tiene un derecho posesorio durante la vida de una persona.

LIFE IMPRISONMENT.
prisión perpetua.

LIFE IN BEING.
la duración de la vida de una persona ya existente en el momento en que se le transmiten ciertos derechos, desde ese momento.

LIFE INSURANCE.
seguro de vida.

LIFE INSURANCE PROCEEDS.
los pagos efectuados a los beneficiarios de un seguro de vida.

LIFE INSURANCE RESERVES.
las reservas mantenidas por el asegurador en relación con sus responsabilidades bajo los seguros de vida que ha otorgado.

LIFE INSURANCE TRUST.
fideicomiso cuyo objeto es un seguro de vida cuyo eventual producido tiene como beneficiario a quien lo sea de tal fideicomiso.
V. TRUST.

LIFE INTEREST.
derecho respecto de un inmueble, cuya duración es la vida de una persona, sea o no titular de ese derecho.

LIFE MEMBER.
miembro vitalicio.

LIFE OF A PATENT.
duración de una patente.

LIFE OF A WRIT.
vigencia de una orden judicial. V. WRIT.

LIFE PEERAGE.
título nobiliario vitalicio.

LIFE POLICY.
póliza de seguro de vida.

LIFE SENTENCE.
prisión perpetua. Cadena perpetua.

LIFE TABLES.
tablas actuariales sobre expectativa de vida.

LIFE TENANCY.
derecho de propiedad sobre un inmueble por el término de la vida de una persona, sea o no el titular de ese derecho. V. TENANCY.

LIFE TENANT.
el titular de un derecho de LIFE TENANCY (v.).

LIFO.
iniciales de *last in, first out*, literalmente "lo último que entra es lo primero que sale". Método de valuación de inventario en virtud del cual las mercaderías vendidas son valoradas conforme al costo de las últimas mercaderías compradas.

LIFT.
levantar, inclusive en el sentido de "levantar" un pagaré, y de levantar un impedimento u obstáculo legal. || ascensor.

LIFTING THE CORPORATE VEIL.
desestimación de la personalidad societaria.

LIGAN.
echazón. Aboyada.

LIGHT.
luz. || ventana u otra abertura que permite el paso de la luz. || servidumbre de luces.

LIGHT DUES.
derechos de faro.

LIGHT HOUSE.
faro.

LIGHT SENTENCE.
sentencia leve o moderada.

LIGHTERAGE.
operación de carga, descarga y transferencia de cargas marítimas.

LIKE.
similar. || como verbo (*to like*), gustar. Agradar.

LIKE-KIND EXCHANGE.
intercambio de bienes de similares características.

LIKELIHOOD.
probabilidad. Verosimilitud.

LIKELY.
probable.

LIMINE.
V. MOTION IN LIMINE.

LIMIT.
límite. || frontera. || como verbo (*to limit*), limitar.

LIMIT ORDER.
orden de compra o venta de acciones u otros valores, a la que se fijan límites de precio.

LIMITATION.
limitación. Restricción. || el plazo dentro del cual puede entablarse una acción, vencido el cual se produce su prescripción.

LIMITATION FUND.
fondo al que se limita la responsabilidad de una persona respecto de ciertos posibles daños.

LIMITATION IN LAW.
derecho respecto de un inmueble sujeto a una condición resolutoria.

LIMITATION OF ACTION.
prescriptibilidad de la acción. ‖ el término de prescripción de una acción.

LIMITATION OF DAMAGES.
limitación de daños. Generalmente, la estipulación previa de los daños derivables de ciertos incumplimientos contractuales.

LIMITATION OF INDEBTEDNESS.
limitación, generalmente constitucional, de las deudas que puede contraer un Estado.

LIMITATION OF LIABILITY.
limitación de la responsabilidad civil.

LIMITATION OF MARITIME CLAIMS.
limitación de los créditos marítimos. Limitación de la responsabilidad del armador.

LIMITATION OF PROSECUTIONS.
prescripción de las acciones penales.

LIMITATION OF SHIPOWNER'S LIABILITY.
limitación de la responsabilidad del propietario de una nave.

LIMITATION OF TIME.
término de prescripción. ‖ límite de un término o plazo.

LIMITATION OVER.
condición de un derecho respecto de un inmueble que recién se hará efectivo una vez que expire otro derecho sobre el mismo inmueble.

LIMITATION PERIOD.
término de prescripción.

LIMITATION TITLE.
título pleno respecto de un inmueble, que impide todo derecho ajeno sobre éste.

LIMITED.
limitado. Restringido. ‖ la condición de limitación de la responsabilidad de una persona jurídica; puede ser indicada mediante la abreviatura "*Ltd.*".

LIMITED ADMINISTRATION.
facultad de administración otorgada respecto de asuntos o materias determinadas, o limitada a cierto período.

LIMITED ADMISSIBILITY.
admisibilidad limitada de la prueba, de modo que los elementos probatorios sólo pueden ser usados a ciertos fines.

LIMITED ADOPTION.
adopción parcial o limitada de ciertas reglas de un orden jurídico ajeno en el propio orden jurídico.

LIMITED APPEAL.
apelación parcial. Apelación limitada a ciertos aspectos de la sentencia recurrida.

LIMITED AUTHORITY.
poder, autoridad o legitimación limitados a ciertos asuntos. v. AUTHORITY.

LIMITED COMPANY.
sociedad cuyos socios son sólo responsables por el monto del capital aportado. Comprende figuras semejantes a la sociedad de responsabilidad limitada y a la sociedad anónima.

LIMITED COMPETITION.
competencia limitada o imperfecta.

LIMITED CONSTITUTION.
constitución que incluye limitaciones sobre los poderes públicos.

LIMITED DIVORCE.
sentencia de divorcio que sólo prevé la disolución del matrimonio, sin incluir disposiciones sobre alimentos. ‖ divorcio sin derecho a un nuevo casamiento.

LIMITED EXECUTOR.
albacea cuyas facultades están limitadas a materias determinadas o restringidas a cierto período.

LIMITED FEE.
derecho inmobiliario sujeto a limitaciones o restricciones.

LIMITED GUARANTY.
garantía limitada.

LIMITED INTEREST.
v. LIMITED FEE.

LIMITED INTERPRETATION.
interpretación limitada o restringida.

LIMITED JURISDICTION.
competencia limitada a materias o asuntos determinados.

LIMITED LIABILITY.
responsabilidad limitada.

LIMITED OWNER.
quien tiene derechos respecto de un inmueble más limitados que los derivados del dominio de tal inmueble.

LIMITED PARTNER.
socio comanditario.
V. LIMITED PARTNERSHIP.

LIMITED PARTNERSHIP.
forma de sociedad de personas similar a la sociedad en comandita simple, estando la responsabilidad de ciertos socios, que no administran la sociedad, limitada a sus aportes.

LIMITED PAYMENT LIFE INSURANCE.
seguro de vida en el que las primas son pagaderas durante un plazo cierto y prefijado.

LIMITED PAYMENT PLAN.
plan de pago de un seguro en el que las primas terminan de pagarse antes de terminar el plazo de cobertura del seguro.

LIMITED PERIOD.
período, término o plazo limitado.

LIMITED POLICY.
póliza de seguros limitada, por excluir ciertos riesgos.

LIMITED POLICY INSURANCE.
V. LIMITED POLICY.

LIMITED POWER OF APPOINTMENT.
facultad de designación limitada a ciertas personas o a ciertos grupos de ellos.

LIMITED PUBLICATION.
publicación limitada a ciertos grupos o individuos.

LIMITED PURPOSE MARRIAGE.
matrimonio convenido con propósitos ajenos a los específicamente conyugales, como ser obtener la nacionalización de uno de los cónyuges.

LIMITED TRUST.
fideicomiso creado por un período determinado. V. TRUST.

LIMITED WARRANTY.
garantía limitada.

LINDBERGH ACT.
ley estadounidense que pena los secuestros.

LINE.
línea, en general. || límite. Frontera. || línea de transporte. || rubro de actividad o comercio. || línea de parentesco.

LINE BY LINE BUDGET.
presupuesto detallado.

LINE OF CREDIT.
línea de crédito.

LINE OF DUTY.
cumplimiento del deber, particularmente en materia militar.

LINE OF ORDINARY HIGH TIDE.
línea de altas mareas ordinarias.

LINEAGE.
linaje.

LINEAL.
lineal, en general. || relación de ascendencia o descendencia en línea directa.

LINEAL ASCENDANTS.
ascendentes lineales.

LINEAL ASCENDENTS.
V. LINEAL ASCENDANTS.

LINEAL ASCENT.
ascendencia lineal.

LINEAL CONSANGUINITY.
consanguinidad lineal, directa o en línea recta.

LINEAL DESCENDANT.
descendiente directo.

LINEAL DESCENDENT.
V. LINEAL DESCENDANT.

LINEAL DESCENT.
descendencia directa.

LINEAL HEIR.
heredero directo, por ser ascendiente o descendiente directo del causante.

LINEALS.
ascendientes o descendientes directos del causante.

LINER.
buque que realiza servicios de línea regular.

LINES AND CORNERS.
los límites físicos de una propiedad inmueble, y sus ángulos. || la descripción de esos límites y ángulos.

LINEUP.
rueda de sospechosos.

LINK.
vínculo. Ligamen. Relación.

LINK-IN-CHAIN.
un elemento en una cadena o razonamiento probatorio, que permite llegar a conclusiones.

LIQUID.
líquido.

LIQUID ASSETS.
activos líquidos.

LIQUID DEBT.
deuda líquida y exigida.

LIQUIDATE.
liquidar, en general. || pagar.

LIQUIDATED.
liquidado. || de valor determinado en una suma líquida. || pagado. Cancelado.

LIQUIDATED ACCOUNT.
cuenta con saldo líquido y determinado.

LIQUIDATED CLAIM.
crédito líquido y exigible. v. CLAIM.

LIQUIDATED DAMAGES.
daños líquidos y determinados, particularmente los que corresponden a una sentencia firme o a un acuerdo que determina su monto.

LIQUIDATED DEBT.
deuda líquida y exigible.

LIQUIDATED DEMAND.
demanda de suma líquida y cierta.

LIQUIDATING DISTRIBUTION.
distribución de acciones como parte de la reestructuración del capital de una sociedad, o de su liquidación.

LIQUIDATING DIVIDEND.
dividendo de liquidación.

LIQUIDATING PARTNER.
socio liquidador.

LIQUIDATING TRUST.
fideicomiso en proceso de liquidación.
v. TRUST.

LIQUIDATION.
liquidación. ‖ pago de una deuda u obligación.

LIQUIDATION DIVIDEND.
dividendo de liquidación.

LIQUIDATION PRICE.
precio de liquidación.

LIQUIDATION STATEMENT.
estado de liquidación.

LIQUIDATION TRUST.
fideicomiso creado para la liquidación de un negocio o empresa. v. TRUST.

LIQUIDATION VALUE.
valor de liquidación.

LIQUIDATOR.
liquidador.

LIQUIDITY.
liquidez.

LIQUOR.
licor.

LIQUOR LICENCE.
licencia de venta de bebidas alcohólicas.

LIQUOR LICENSE.
v. LIQUOR LICENCE.

LIQUOR OFFENSES.
delitos vinculados al uso o venta de bebidas alcohólicas.

LIS.
litis. Disputa. Controversia. Litigio.

LIS ALIBI PENDENS.
litispendencia ante otro tribunal.

LIS MOTA.
controversia ya planteada y en curso de decisión.

LIS PENDENS.
litispendencia. ‖ la jurisdicción de un tribunal respecto de la propiedad que es objeto de juicio ante el mismo. ‖ anotación de litis.

LIS SUB JUDICE.
litigio pendiente. Litigio objeto de las actuaciones.

LIST.
lista. Nómina. ‖ lista de casos pendientes o que serán considerados en cierto período.

LIST OF CASES.
lista de causas de un tribunal.

LIST OF CREDITORS.
lista de acreedores, a efectos de un procedimiento concursal.

LIST OF PROPERTY.
listado de bienes.

LIST OF REFERRED CASES.
lista de casos pendientes de decisión en relación a un fallido, elaborada por el síndico.

LIST PRICE.
precio de lista.

LIST SYSTEM.
sistema de voto mediante listas de candidatos.

LISTED.
incluido en una lista o nómina. ‖ cotizado en bolsas o en mercados de valores. ‖ ofrecido en venta, particularmente un inmueble.

LISTED MARKET SECURITIES.
v. LISTED SECURITY.

LISTED SECURITY.
título cotizado en bolsa.

LISTED STOCK.
acciones cotizadas en bolsa.

LISTERS.
funcionarios encargados de realizar listados de contribuyentes u objetos gravados.

LISTING.
cotización en bolsa. ‖ confección de una nómina o listado. ‖ contrato con un corredor inmobiliario, para la venta de un inmueble.

LISTING AGREEMENT.
acuerdo con una bolsa o mercado de valores para proceder a la cotización en éste de ciertos títulos.

LISTING OF SECURITIES.
cotización de títulos en bolsa.
LITE PENDENTE.
durante el litigio. Durante el curso del juicio.
LITERACY.
alfabetismo.
LITERACY QUALIFICATION.
exigencia de alfabetismo, especialmente para integrar jurados o votar.
LITERACY TEST.
prueba de alfabetismo.
LITERAL.
literal.
LITERAL CONSTRUCTION.
interpretación literal.
LITERAL INTERPRETATION.
interpretación literal.
LITERAL PROOF.
prueba documental.
LITERARY.
literario.
LITERARY COMPOSITION.
composición u obra literaria.
LITERARY PROPERTY.
propiedad literaria.
LITERARY WORK.
obra literaria.
LITERATE.
alfabeto. Persona que sabe leer y escribir. ‖ culto. Educado.
LITIGANT.
litigante.
LITIGANT IN PERSON.
litigante por derecho propio.
LITIGATE.
litigar.
LITIGATION.
litigio. Juicio. Controversia judicial. Pleito.
LITIGATION EXPENSES.
costas judiciales.
LITIGIOSITY.
litigiosidad.
LITIGIOUS.
litigioso. Controvertido.
LITIGIOUS RIGHT.
derecho litigioso. ‖ derecho que requiere una acción judicial para su ejercicio.
LITIS.
litis.
LITIS AESTIMATIO.
determinación de los daños y perjuicios.

LITIS CONTESTATIO.
litiscontestación. Contestación de la litis. Se utiliza solamente en relación al CIVIL LAW (v.).
LITIS DENUNCIATION.
denuncia de la litis, particularmente respecto de quien ha dado garantías de evicción respecto del objeto del juicio. Se utiliza solamente en relación al CIVIL LAW (v.).
LITISPENDENCE.
período de duración de un juicio.
LITTERING.
arrojar basuras o desperdicios, especialmente de modo ilegal.
LITTORAL.
litoral.
LITTORAL LAND.
tierras litorales.
LIVE.
vivo. ‖ como verbo (*to live*), vivir.
LIVE BIRTH.
nacimiento con vida.
LIVE ISSUE.
descendencia nacida con vida.
LIVELIHOOD.
medios de vida. Trabajo. Ocupación.
LIVERY.
tradición, en particular de bienes inmuebles. ‖ derechos y privilegios especiales otorgados a un gremio o coporación. ‖ alquiler de vehículos o animales de carga.
LIVES IN BEING.
las vidas ya en curso en el momento de celebrarse un acto, cuya duración incide sobre los términos de los efectos de ese acto.
LIVESTOCK.
ganado. Animales de ganadería.
LIVING.
en vida. Viviente. ‖ residiendo. Teniendo cierto domicilio o residencia. ‖ medios de vida.
LIVING APART.
viviendo separadamente.
LIVING IN SIN.
cohabitar sin vínculo matrimonial.
LIVING ISSUE.
descendientes vivientes o en vida.
LIVING PLEDGE.
transferencia de la propiedad en garantía de un crédito.
LIVING SEPARATE AND APART.
vivir separadamente marido y mujer.

un juez, susceptible de ser tenido en cuenta en su decisión.

LOCAL LAND CHARGE.
tasas o gravámenes territoriales, fundados en la prestación de servicios públicos.

LOCAL LAW.
Derecho local o aplicable en una zona o región determinadas. ‖ Derecho interno de un país, y en particular el del país del tribunal actuante, en contraposición al Derecho extranjero y al internacional.

LOCAL LOAN.
préstamo otorgado a una autoridad local o municipal.

LOCAL OFFICER.
funcionario local o municipal.

LOCAL OMBUDSMAN.
defensor cívico en cuestiones de naturaleza local o municipal.
V. OMBUDSMAN.

LOCAL OPTION.
opción dada a una región o localidad de regirse autonómicamente o de dictar ciertas normas.

LOCAL PLANNING AUTHORITY.
autoridad local o municipal de planificación urbana.

LOCAL REPRESENTATIVE.
agente de plaza. Representante para un área determinada.

LOCAL RULES.
reglas locales. Reglas dictadas para ser aplicadas a zonas, regiones o distritos determinados.

LOCAL STATUTE.
ley local. Ley dictada para ser aplicada a zonas, regiones o distritos determinados.

LOCAL TAX.
impuesto local.

LOCAL UNION.
sindicato local.

LOCAL USAGE.
usos locales.

LOCAL VALUATION COURT.
tribunal encargado de la valuación de inmuebles a efectos de la determinación de tasas y gravámenes locales.

LOCAL VENUE.
competencia territorial limitada a una zona o distrito determinados.

LOCALITY.
localidad.

LOCALITY OF A LAWSUIT.
competencia territorial respecto de un juicio.

LOCALIZATION.
localización.

LOCATE.
localizar. Encontrar. Ubicar. Descubrir. ‖ localizar o ubicar jurídicamente una cosa o relación en un lugar determinado.

LOCATED.
encontrado. Descubierto. ‖ ubicado. Localizado.

LOCATIO.
locación de cosa, en el ámbito del CIVIL LAW (v.).

LOCATION.
ubicación. Lugar. ‖ acto de apropiación de una pertenencia minera. ‖ delimitación de un inmueble o pertenencia minera.

LOCATOR.
quien delimita inmuebles o pertenencias mineras. ‖ quien se apropia de pertenencias mineras.

LOCK.
candado. Cerradura. ‖ como verbo (*to lock*), cerrar.

LOCKED IN.
encerrado. ‖ quien se encuentra impedido de realizar las ganancias derivadas del mayor valor de sus acciones u otros activos, o considera inconveniente proceder a su realización.

LOCKOUT.
paro patronal. Cierre de empresas.

LOCKUP.
celda. Prisión de una comisaría, juzgado o dependencia judicial o policial.

LOCO PARENTIS.
V. IN LOCO PARENTIS.

LOCUM TENENS.
suplente. Lugarteniente.

LOCUS.
lugar.

LOCUS CONTRACTUS.
lugar de celebración del contrato.

LOCUS DELICTI.
lugar del delito.

LOCUS IN QUO.
el lugar de un hecho.

LOCUS POENITENTIAE.
acto de dejar sin efecto el consentimiento contractual antes del perfeccionamiento del contrato.

LOCUS REGIT ACTUM.

el lugar del acto determina la ley aplicable al mismo.

LOCUS REI SITAE.

lugar de ubicación de la cosa.

LOCUS SIGILLI.

en el lugar del sello. El lugar donde el sello debe ser ubicado o ha sido ubicado en otras copias del documento.

LOCUS STANDI.

legitimación procesal.

LODGE A COMPLAINT.

presentar una demanda, un recurso o una queja.

LODGER.

pensionista. Inquilino.

LODGING HOUSE.

casa de renta. Pensión. Inquilinato.

LODGING PLACE.

lugar de habitación.

LODGINGS.

pensión. Cuarto alquilado. Las habitaciones que se utilizan en una propiedad ajena, en carácter de pensionista o inquilino.

LOG.

registro. Libro diario.

LOG IN.

registrar. Contabilizar. Asentar.

LOGBOOK.

diario de navegación.

LOGIC.

lógica. ‖ lógico.

LOGICAL.

lógico.

LOGICAL INFERENCE.

inferencia lógica.

LOGICAL INTERPRETATION.

interpretación lógica.

LOGICAL RELEVANCY.

relevancia lógica, particularmente la de un medio de prueba respecto de un extremo a ser probado.

LOITER.

vagar. Vagabundear. Holgar.

LOITERING.

vagancia. Vagabundo. Holganza.

LONDON LLOYD'S.

v. LLOYD'S.

LONG.

largo. En relación a las operaciones a término, se dice que una posición es larga (*long*) cuando se ha comprado a término más de lo que se ha vendido. v. LONG POSITION.

LONG ACCOUNT.

cuenta que por su longitud o complejidad es sometida por el tribunal a un perito o funcionario especial para su análisis.

LONG AND SHORT HAUL CLAUSE.

cláusula de la legislación de transporte estadounidense que impide discriminar en materia de tarifas entre cargas transportadas a través de cortas o largas distancias.

LONG ARM STATUTES.

leyes estadounidenses que permiten extender la jurisdicción personal de los tribunales de los estados que las dictan a personas no residentes en tales estados, siempre que se cumplan ciertos requisitos en cuanto a la realización de actos en tales estados, así como los relativos a la notificación. v. PERSONAL JURISDICTION.

LONG DATED.

de antigua data.

LONG POSITION.

la situación de quien posee ciertas acciones u otros títulos, o derechos a obtenerlos en el futuro, en la expectativa de que subirán de valor.

LONG TENANCY.

derecho a la posesión de un inmueble, adquirido por un plazo en exceso de veintiún años. v. TENANCY.

LONG TERM.

largo plazo.

LONG TERM BILL.

letra a largo plazo.

LONG TERM CAPITAL GAIN.

ganancia de capital de largo plazo.

LONG TERM CAPITAL LOSS.

pérdida de capital de largo plazo.

LONG TERM DEBT.

deuda de largo plazo.

LONG TERM FINANCING.

financiación de largo plazo.

LONG TERM LEASE.

locación de cosas a largo plazo. v. GROUND RENT.

LONG TON.

tonelada larga. Equivale a 2.240 libras, o sea unos 1.017 kilogramos.

LONG VACATION.

feria judicial.

LONGEVITY.

longevidad.

LONGEVITY PAY.
pagos adicionales que corresponden en ciertas ocupaciones al cumplirse determinado número de años de servicio.

LONGHAND.
manuscrito con caligrafía normal.

LONGSHOREMAN.
trabajador portuario. Estibador.

LOOK.
mirada. Observación. ‖ como verbo (*to look*), mirar. Observar.

LOOKOUT.
atención. Observación atenta. Vigilancia. ‖ persona encargada de la vigilancia u observación de ciertos hechos, como ser los relativos a la navegación marítima o aérea.

LOOTING.
saqueo.

LORD.
señor, en cuanto título de nobleza. ‖ aquel de quien se deriva un derecho respecto de un inmueble, como el propietario de quien se ha obtenido un derecho temporal de posesión. ‖ en Gran Bretaña, juez. ‖ miembro de la cámara de los Lores.

LORD ADVOCATE.
especie de procurador general, en Escocia.

LORD CHANCELLOR.
funcionario británico que preside varios cuerpos colegiados como el tribunal judicial de la Cámara de los Lores, la *Chancery Division*, la *Supreme Court of Judicature* y el *Judicial Committee of the Privy Council*, entre numerosas otras funciones.

LORD CHIEF JUSTICE.
funcionario judicial británico que preside el tribunal llamado *Queen's Bench Division*.

LORD HIGH CHANCELLOR.
v. LORD CHANCELLOR.

LORD IN GROSS.
quien tiene el título o carácter de LORD (v.) en razón de su propia persona, y no en cuanto propietario de un inmueble.
v. LORD.

LORD MAYOR.
nombre que en el pasado se daba al funcionario que actuaba en un cargo equivalente al de intendente de Londres.

LORD PARAMOUNT.
literalmente, el señor superior o máximo. En el Derecho feudal inglés se trata del rey, sobre la base de que de él se derivan todos los derechos respecto de la propiedad inmueble del reino.

LORDS JUSTICES OF APPEAL.
en Inglaterra, jueces de un tribunal de apelaciones.

LORDS OF APPEAL.
jueces que integran la Cámara de los Lores y que forman el tribunal superior del reino.

LORDS OF APPEAL IN ORDINARY.
quienes actúan como jueces en el marco de la Cámara de los Lores habiendo sido designados especialmente para desempeñar esas funciones. v. LORDS OF APPEAL.

LORDS OF PARLIAMENT.
los miembros de la Cámara de los Lores.

LORDS SPIRITUAL.
obispos y arzobispos que integran la Cámara de los Lores.

LORDS TEMPORAL.
los miembros laicos de la Cámara de los Lores.

LORDSHIP.
relación de dominio o señorío feudal. ‖ tratamiento personal dado a los miembros de la nobleza. ‖ tratamiento personal dado a los jueces.

LOSE.
perder.

LOSS.
pérdida. Daño. Siniestro.

LOSS ADJUSTMENT EXPENSES.
gastos de liquidación de siniestros.

LOSS ASSESSMENT.
evaluación de los daños.

LOSS BURDEN.
carga de las pérdidas, daños o siniestros. ‖ volumen de siniestros.

LOSS DUE TO EXCEPTED CAUSE.
daño debido a un riesgo no cubierto.

LOSS EXPERIENCE.
siniestralidad.

LOSS FREQUENCY.
frecuencia de siniestros.

LOSS LEADERS.
artículos vendidos a pérdida a fin de atraer clientela.

LOSS OF A NEGOTIABLE INSTRUMENT.
pérdida de un título de crédito.

LOSS OF AMENITIES OF LIFE.
pérdida de la posibilidad de llevar una vida normal.

LOSS OF ANTICIPATED PROFITS.
lucro cesante.

LOSS OF BARGAIN.
pérdida de las utilidades derivadas de un contrato.

LOSS OF CONSORTIUM.
pérdida del acceso carnal conyugal.

LOSS OF DOMICILE.
pérdida de un domicilio, al cambiárselo por uno nuevo.

LOSS OF EARNING CAPACITY.
pérdida de la capacidad de trabajo o de obtener ingresos.

LOSS OF EARNINGS.
pérdida de ingresos. ‖ lucro cesante.

LOSS OF EMPLOYMENT.
pérdida del empleo.

LOSS OF INCOME.
pérdida de ingresos.

LOSS OF JURISDICTION.
pérdida de la jurisdicción sobre un caso.

LOSS OF NATIONALITY.
pérdida de la ciudadanía.

LOSS OF SERVICES.
pérdida de los servicios de un dependiente, particularmente en virtud de haber sido antes contratado por un tercero.

LOSS OF TIME.
daños ocasionados por la pérdida de tiempo de trabajo.

LOSS OF USE.
daños ocasionados por la pérdida del uso de un bien.

LOSS PAYABLE CLAUSE.
cláusula de un contrato de seguros que indica el orden en que se pagará a los distintos beneficiarios de un seguro.

LOSS PAYEE.
beneficiario de un seguro.

LOSS RATIO.
la relación entre la indemnización de daños y las primas percibidas por una compañía de seguros.

LOSS RESERVE.
reserva para siniestros, de una compañía de seguros, o para pérdidas o créditos incobrables, en otros casos.

LOSSES INCURRED.
daños sufridos.

LOST.
perdido.

LOST BILL.
proyecto de ley rechazado.

LOST BILL OF EXCHANGE.
letra de cambio perdida o extraviada.

LOST DOCUMENT.
documento perdido.

LOST GRANT.
literalmente, concesión perdida. Implica una forma de adquisición de derechos inmobiliarios, particularmente servidumbres, en base a prescripción, mediante la ficción jurídica de que el adquirente ha extraviado el título que le otorgaba tales derechos.

LOST OR NOT LOST CLAUSE.
cláusula del contrato de seguros en virtud de la cual la cobertura del seguro comienza en una fecha determinada anterior al contrato, aun cuando el siniestro se haya producido con anterioridad a tal contrato, siempre que el asegurador desconozca la existencia de l siniestro.

LOST PAPERS.
documentos perdidos o extraviados.

LOST PROFITS.
lucro cesante.

LOST PROPERTY.
bienes perdidos o extraviados.

LOST WILL.
testamento perdido o extraviado.

LOT.
conjunto. Grupo. ‖ parcela. Lote. ‖ suerte. Sorteo.

LOTTERY.
lotería. Sorteo.

LOVE.
amor. Afecto. ‖ como verbo (*to love*), amar. Gustar de algo.

LOVE AND AFFECTION.
relación afectiva.

LOW.
bajo.

LOW BIDDER.
el proponente a precios más bajos en una licitación.

LOW DILIGENCE.
diligencia mínima o escasa.

LOW WATER LINE.
línea de las bajas mareas.

LOWER COURT.
tribunal inferior.

LOWER HOUSE.
cámara baja.

LOWER OF COST OR MARKET.
método de valuación de inventarios basado en el menor de los valores.que resulte del cotejo de los precios de adquisición y de mercado de las mercaderías.

LOWEST BIDDER.
V. LOW BIDDER.

LOWEST RESPONSIBLE BIDDER.
el proponente con responsabilidad suficiente, en una licitación, que haya ofrecido precios más bajos.

LOYAL.
leal. Fiel. Legal.

LOYALTY.
lealtad. Fidelidad. Legalidad.

LOYALTY ARRANGEMENT.
cláusula mediante la que se otorgan descuentos especiales a los compradores que no operan con competidores.

LOYALTY CLAUSE.
V. LOYALTY ARRANGEMENT.

LOYALTY OATH.
juramento de fidelidad.

LSAT.
iniciales de LAW SCHOOL ADMISSIONS TEST (v.).

LTD.
iniciales de LIMITED (v.).

LUCID.
lúcido.

LUCID INTERVAL.
intervalo lúcido.

LUCRATIVE.
lucrativo.

LUCRATIVE BAILMENT.
depósito oneroso. V. BAILMENT.

LUCRATIVE OFFICE.
cargo remunerado.

LUCRATIVE TITLE.
título oneroso.

LUCRE.
lucro.

LUCRUM CESSANS.
lucro cesante.

LUGGAGE.
equipaje.

LUMP.
en masa. Global.

LUMP COMPENSATION.
indemnización efectuada mediante un único pago.

LUMP FREIGHT.
flete pagadero al contado.

LUMP SUM.
pago único. Suma global.

LUMP SUM ALIMONY.
pago de las sumas debidas al cónyuge como consecuencia del divorcio, mediante un único acto, en lugar de pagos periódicos.

LUMP SUM DISTRIBUTION.
distribución de bienes realizada de una única vez, en contraposición a la que se efectúa mediante pagos periódicos.

LUMP SUM PAYMENT.
pago único o global, en contraposición al que se realiza en varias cuotas.

LUMP SUM SETTLEMENT.
transacción en la que se acuerda el pago mediante una suma global de las obligaciones reconocidas en la misma.

LUMP SUM VERDICT.
veredicto del jurado que establece una única suma a cuyo pago se condena, en contraposición a los casos en que se especifican distintos ítems a cada uno de los cuales corresponde una suma debida.

LUNACY.
locura. Insania. Demencia.

LUNACY PROCEEDING.
procedimiento de insania.

LUNATIC.
loco. Insano. Demente.

LUNATIC ASYLUM.
manicomio. Hospital para enfermos mentales.

LUXURY.
lujo.

LUXURY TAX.
impuesto sobre artículos de lujo. Impuesto suntuario.

LYING.
yacente.

LYING BY.
acto de dar aquiescencia a un acto mediante el silencio o inactividad frente al mismo, seguido de la negativa a conformarse a las consecuencias de tal acto.

LYING DAYS.
días de carga y descarga de una nave.

LYING IN GRANT.
la condición de los derechos o propiedad que se transmiten mediante un acto formal o DEED (v.).

LYING IN LIVERY.

la condición de los derechos o propiedad que se transmiten mediante la entrega de la posesión.

LYING IN WAIT.

la conducta de quien está al acecho.

LYNCH LAW.

literalmente, ley de Lynch. La práctica de linchamiento.

LYNCHING.

linchamiento.

MAIN OFFICE.
oficina principal. Sede central.

MAIN PURPOSE.
el propósito principal de un acto.

MAIN SEA.
mar abierto.

MAINLY.
principalmente.

MAINTAIN.
mantener. ‖ realizar trabajos de mantenimiento. ‖ proveer al mantenimiento. ‖ entablar o continuar una acción o demanda.

MAINTAINABLE.
mantenible. Sostenible. Defendible.

MAINTAINED.
mantenido. Objeto de mantenimiento. ‖ la condición de una acción entablada y continuada.

MAINTAINOR.
quien se inmiscuye en un juicio ajeno, realizando pagos a alguna de las partes con tal propósito.

MAINTENANCE.
mantenimiento. ‖ manutención. ‖ alimentos. ‖ inmiscuirse en un juicio ajeno, realizando pagos a alguna de las partes con tal propósito.

MAINTENANCE AGREEMENT.
acuerdo entre los cónyuges, durante o después del matrimonio, respecto de cuestiones de mantenimiento, alimentos y otras materias patrimoniales.

MAINTENANCE AND CURE.
obligación de manutención y atención médica en favor del personal embarcado, durante el curso de la navegación.

MAINTENANCE AND EDUCATION CLAUSES.
cláusula de un acto, particularmente un fideicomiso, relativas a la manutención y educación de menores.

MAINTENANCE ASSESSMENT.
tasa o contribución por conservación y mantenimiento de mejoras y servicios públicos.

MAINTENANCE BOND.
garantía respecto del mantenimiento o conservación de un bien o propiedad.
V. BOND.

MAINTENANCE COSTS.
costos de mantenimiento.

MAINTENANCE OF CHILDREN.
mantenimiento de menores.

MAINTENANCE ORDER.
orden judicial que dispone una obligación de prestar manutención o pagar alimentos.

MAJESTY.
majestad.

MAJOR.
mayor, en general. ‖ principal. Sustancial. ‖ mayor de edad. ‖ Mayor, como grado militar.

MAJOR CRIME.
crimen. Delito grave.

MAJOR DISPUTE.
conflicto grave, en particular en relación con los conflictos colectivos de trabajo.

MAJOR FAULT.
culpa grave.

MAJOR MEDICAL INSURANCE.
seguro respecto de gastos médicos en exceso de ciertos montos.

MAJORITY.
mayoría. ‖ mayoría de edad.

MAJORITY INTEREST.
interés mayoritario.

MAJORITY OPINION.
opinión o voto de la mayoría de un tribunal.

MAJORITY RULE.
gobierno o régimen de la mayoría o mayoritario.

MAJORITY STOCKHOLDERS.
accionistas mayoritarios.

MAJORITY VOTE.
voto mayoritario.

MAKE.
hacer. Fabricar. Producir. ‖ causar. Tener cierto efecto. ‖ firmar. Suscribir.

MAKE A CONTRACT.
celebrar un contrato.

MAKE A DEAL.
llegar a un acuerdo.

MAKE A LOSS.
indemnizar una pérdida o siniestro. ‖ incurrir en pérdidas.

MAKE A PROFIT.
tener ganancias.

MAKE AN ASSIGNMENT.
efectuar una cesión.

MAKE AN AWARD.
emitir un dictamen o laudo arbitral.
V. AWARD.

MAKE DEFAULT.
incumplir. ‖ no comparecer en juicio. Cesar en rebeldía.

MAKE DELIVERY.
entregar. Hacer entrega.

MAKE GOOD.
resarcir. Compensar.

MAKE OVER.
traspasar. Ceder. Rehacer.

MAKER.
quien hace, ejecuta o firma. Hacedor. ‖ el librador de un título de crédito. ‖ el autor o firmante de un instrumento.

MAKING LAW.
creación de una nueva regla jurídica, especialmente por vía jurisprudencial.

MAKING RECORD.
preparación de las actuaciones para ser elevadas a efectos de poder decidir una apelación. V. RECORD ON APPEAL. ‖ realización de actos procesales con el fin de dejar constancia en las actuaciones de ciertas circunstancias que pueden ser de importancia en etapas ulteriores del juicio.

MALA.
ilícito. Mal.

MALA FIDE.
de mala fe.

MALA FIDE HOLDER.
tenedor de mala fe.

MALA FIDE POSSESSOR.
poseedor de mala fe.

MALA FIDE PURCHASER.
adquirente de mala fe.

MALA FIDES.
mala fe.

MALA PRAXIS.
culpa o negligencia, o violación de obligaciones, en el curso de la actividad profesional.
V. MALPRACTICE.

MALADMINISTRATION.
administración fraudulenta. Prevaricato. Conducta culposa o negligente en el ejercicio de la administración de bienes ajenos.

MALAPPORTIONMENT.
delimitación ilícita o indebida de los distritos electorales.

MALCONDUCT.
mala conducta. Comportamiento ilícito, deshonesto o indebido.

MALE.
masculino.

MALEDICTION.
maldición.

MALEFACTION.
acto ilícito. Delito.

MALEFACTOR.
el culpable de un acto ilícito o delito.

MALFEASANCE.
acto ilícito.

MALICE.
dolo, en cuanto elemento subjetivo de un delito o acto ilícito. ‖ malicia. Maldad. Intención de dañar.

MALICE AFORETHOUGHT.
premeditación dolosa.

MALICE IN FACT.
intención concreta y efectiva de dañar o de cometer un acto ilícito. V. MALICE.

MALICE IN LAW.
dolo presumido o imputado por la ley.
V. MALICE.

MALICE PREPENSE.
V. MALICE AFORETHOUGHT.

MALICIOUS.
doloso. V. MALICE. ‖ premeditado. ‖ malicioso. Maligno.

MALICIOUS ABANDONMENT.
abandono doloso del hogar conyugal.

MALICIOUS ABUSE OF LEGAL PROCESS.
abuso procesal malicioso o intencional.

MALICIOUS ACCUSATION.
acusación o querella maliciosa.

MALICIOUS ACT.
acto doloso o malicioso. V. MALICE.

MALICIOUS ARREST.
arresto ilícito doloso, por carecer de causa suficiente, aunque se realice de manera formalmente regular.

MALICIOUS ASSAULT.
violencia dolosa contra las personas.
V. ASSAULT.

MALICIOUS DAMAGE.
daños dolosos contra la propiedad.

MALICIOUS FALSEHOOD.
falsedad maliciosa.

MALICIOUS INJURY.
lesiones infligidas dolosamente.

MALICIOUS KILLING.
homicidio doloso.

MALICIOUS MISCHIEF.
daños dolosos contra los bienes muebles.

MALICIOUS MOTIVE.
motivo malicioso, particularmente el de una denuncia o acción penal.

MALICIOUS PROSECUTION.
promoción de una acción penal con motivos ilícitos o maliciosos, por carecer de base legal.

MALICIOUS TRESPASS.
violación dolosa de derechos ajenos.
v. TRESPASS.

MALICIOUS USE OF PROCESS.
abuso procesal. Promoción de una acción civil sin base legal.

MALIGN.
maligno. ‖ como verbo (to malign), calumniar. Difamar.

MALINGER.
simular una enfermedad a fin de eludir deberes.

MALPRACTICE.
culpa profesional. Violación de las obligaciones que pesan sobre los profesionales en el ejercicio de su profesión.

MALPRACTICE INSURANCE.
seguro contra la responsabilidad por culpa profesional. v. MALPRACTICE.

MALTREATMENT.
tratamiento anónimo de un paciente.

MALUM.
malo. Mal.

MALVERSATION.
malversación. Peculado. Violación de las obligaciones de funcionario público.

MAN.
hombre.

MAN OF STRAW.
hombre de paja. Prestanombre. Testaferro.

MAN OF WAR.
nave de guerra.

MANACLES.
esposas.

MANAGE.
administrar. Conducir. Dirigir.

MANAGED.
administrado. Dirigido.

MANAGED CURRENCY.
moneda controlada. Moneda sujeta a controles.

MANAGED ECONOMY.
economía dirigida.

MANAGEMENT.
administración. Dirección. Conducción. Gerencia. Gestión.

MANAGEMENT CONTRACT.
contrato de administración.

MANAGEMENT FEE.
comisión de administración.

MANAGEMENT OF THE SHIP.
administración de la nave.

MANAGEMENT SHARES.
acciones de administración. Las emitidas en favor de los administradores, por su carácter de tales.

MANAGER.
administrador. Gerente.

MANAGING AGENT.
representante o mandatario con facultades de administración.
v. AGENT.

MANAGING CLERK.
secretario de un abogado, con funciones administrativas.

MANAGING COMMITTEE.
comité directivo.

MANAGING DIRECTOR.
director gerente. Director ejecutivo.

MANAGING EMPLOYEE.
empleado con facultades de administración.

MANAGING OWNER OF A SHIP.
copropietario de una nave que tiene a su cargo su gestión o administración.

MANAGING PARTNER.
socio administrador. v. PARTNERSHIP.

MANDAMUS.
literalmente, ordenamos. Orden o mandamiento judicial mediante el que se exige el cumplimiento de determinada conducta. Puede dirigirse a una persona física o jurídica, a reparticiones administrativas o a tribunales inferiores o administrativos.

MANDANT.
mandante.

MANDATARY.
mandatario.

MANDATE.
orden o mandato, en particular el de naturaleza judicial. ‖ mandato. ‖ prestación gratuita de servicio. ‖ como verbo (to mandate), ordenar. Mandar. Exigir.

MANDATED TERRITORY.
territorio sometido a un mandato, en Derecho Internacional Público.

MANDATOR.
mandante.

MANDATORY.
imperativo. Obligatorio. Inderogable.

MANDATORY ADVICE.
parecer o recomendación obligatorios.

MANDATORY CLAUSE.
cláusula obligatoria o imperativa.

MANDATORY INJUNCTION.
orden judicial imperativa.
v. INJUNCTION.

MANDATORY INSTRUCTION.
instrucción obligatoria. Instrucción dirigida por el juez al jurado y que es obligatoria para éste.

MANDATORY ORDER.
orden imperativa. ‖ orden que requiere una acción o conducta positiva.

MANDATORY RULE.
regla imperativa o inderogable.

MANDATORY SENTENCING.
condena obligatoria de un delincuente una vez determinado que existe cierto delito, por no dejar la ley aplicable discrecionalidad alguna en la materia.

MANDATORY STATUTE.
ley imperativa.

MANDAVI BALLIVO.
en Inglaterra, informe del SHERIFF (v.) al tribunal indicando que ha ordenado al BAILIFF (v.) que cumpla una orden de dicho tribunal.

MANHOOD.
hombría. ‖ mayoría de edad.

MANIA.
manía.

MANIAC.
maníaco.

MANIFEST.
manifiesto. Evidente. ‖ manifiesto de carga.

MANIFEST IMPEDIMENT.
impedimento manifiesto, especialmente el que obstaculiza el cumplimiento de obligaciones militares.

MANIFEST NECESSITY.
necesidad manifiesta, particularmente la que impide la continuación de un juicio.

MANIFESTATION.
manifestación.

MANIFESTATION OF INTENTION.
manifestación o expresión de intención, particularmente en materia de actos unilaterales.

MANIFESTO.
declaración pública efectuada por un gobierno, autoridad u organización política.

MANIPULATION.
manipulación, por ejemplo la de mercados.

MANKIND.
la humanidad.

MANNER.
manera. Modo.

MANNING.
citación a comparecer ante un tribunal, emitida por éste. ‖ Dotar de personal. Formar la dotación de un buque.

MANNIRE.
citar a comparecer ante el tribunal que emite la citación.

MANOR.
residencia. Casa. ‖ feudo. Unidad económico-administrativa del sistema feudal en la cual el señor otorgaba derechos revocables respecto de las tierras de esa unidad, a los villanos. ‖ el conjunto de derechos respecto de inmuebles, derivados del señorío, en el régimen feudal.

MANORIAL.
señorial. Feudal. Relativo al MANOR (v.).

MANORIAL COURTS.
tribunales señoriales, conocidos en el sistema feudal.

MANORIAL SYSTEM.
sistema feudal.

MANPOWER.
mano de obra.

MANSION.
mansión. Residencia. Casa habitada.

MANSION-HOUSE.
v. MANSION.

MANSLAUGHTER.
homicidio culposo o cometido como consecuencia de un estado de emoción violenta u otra alteración emocional.

MANSTEALING.
secuestro de personas.

MANUAL.
manual.

MANUAL DELIVERY.
tradición manual.

MANUAL GIFT.
donación manual.

MANUAL LABOR.
v. MANUAL LABOUR.

MANUAL LABOUR.
trabajo manual.

MANUAL RATING INSURANCE.
seguro en el que los riesgos son evaluados con-

forme a pautas preestablecidas en manuales especializados.

MANUFACTURE.
manufactura. Fabricación. Industria. ‖ producto manufacturado o industrial. ‖ como verbo (*to manufacture*), manufacturar. Fabricar.

MANUFACTURED ARTICLE.
artículo manufacturado.

MANUFACTURER.
fabricante. Industrial.

MANUFACTURER'S LIABILITY.
responsabilidad del fabricante. Responsabilidad por productos manufacturados.

MANUFACTURING CORPORATION.
sociedad industrial. Persona jurídica con objeto industrial. v. CORPORATION.

MANUFACTURING ESTABLISHMENT.
establecimiento manufacturero o industrial.

MANUMISSION.
manumisión.

MANUSCRIPT.
manuscrito.

MAP.
mapa. ‖ como verbo (*to map*), hacer un mapa o plano.

MAR.
estropear. Dañar. Arruinar.

MARAUD.
rapiñar. Merodear. Entregarse al pillaje.

MARAUDER.
rapiñador. Merodeador.

MARCHES.
marcas. Confines. Fronteras.

MAREVA INJUNCTION.
en Inglaterra, especie de embargo preventivo, en el que mediante una orden judicial se manda al deudor no desprenderse de ni gravar la garantía de un crédito.

MARGIN.
margen, en general. ‖ margen de utilidad. ‖ margen de un lago. ‖ pago en efectivo realizado cuando se compran acciones u otros títulos a crédito.

MARGIN ACCOUNT.
cuenta de un cliente de un agente bursátil, utilizada para que aquél adquiera acciones u otros títulos a crédito.

MARGIN CALL.
solicitud de un agente de bolsa para que un cliente que ha comprado títulos a crédito reali-

ce pagos, debido a haber excedido los límites de crédito concedidos.

MARGIN LIST.
listado en el que se establece el valor que, como garantía de préstamos, puede darse a las acciones de los bancos que conceden tales préstamos.

MARGIN OF PROFIT.
margen de utilidad.

MARGIN TRADING.
operación en mercados de valores mediante créditos concedidos a tal efecto, generalmente por los agentes bursátiles intervinientes.

MARGIN TRANSACTION.
operación bursátil efectuada mediante un crédito concedido a tal efecto.
v. MARGIN TRADING.

MARGINAL.
marginal.

MARGINAL NOTE.
nota o anotación marginal.

MARIGUANA.
mariguana. Marihuana. Marijuana.

MARIHUANA.
v. MARIGUANA.

MARIJUANA.
v. MARIGUANA.

MARINE.
marítimo. Náutico. Naval.

MARINE ADVENTURE.
negocio marítimo. ‖ expedición marítima. Viaje marítimo. ‖ riesgo marítimo.

MARINE BELT.
mar territorial. Aguas territoriales.

MARINE CARRIER.
transportador marítimo.

MARINE CONTRACT.
contrato marítimo o naval. Contrato relativo a la navegación marítima.

MARINE CORPS.
cuerpo de infantería de marina.

MARINE INSURANCE.
seguro marítimo.

MARINE INTEREST.
interés sobre un préstamo a la gruesa.

MARINE LEAGUE.
legua marítima.

MARINE PROTEST.
protesta marítima.

MARINE RISK.
riesgo marítimo. Riesgos de la navegación.

MARINE SURVEY.
inspección marítima.

MARINE UNDERWRITER.
asegurador marítimo.

MARINER.
marinero.

MARINER'S LIEN.
privilegio o derecho de preferencia a favor de los créditos del personal embarcado. v. LIEN.

MARINER'S WILL.
testamento oral otorgado por un marinero.

MARITAL.
marital. Conyugal. Matrimonial.

MARITAL AGREEMENTS.
convenciones matrimoniales.

MARITAL COERCION.
coerción marital.

MARITAL COMMUNICATIONS PRIVILEGE.
relación de confidencialidad entre cónyuges que permite mantener en secreto, frente a acciones judiciales y la obligación de testificar, la información recibida en el curso de esa relación.

MARITAL DEDUCTION.
deducción matrimonial. La que se admite con fines impositivos respecto de ciertas operaciones o relaciones económicas entre cónyuges.

MARITAL DEDUCTION TRUST.
fideicomiso formado para aprovechar deducciones impositivas matrimoniales. v. MARITAL DEDUCTION. v. TRUST.

MARITAL DUTIES.
deberes matrimoniales.

MARITAL INFIDELITY.
infidelidad matrimonial.

MARITAL PORTION.
porción legítima de la viuda, respecto de la sucesión del cónyuge.

MARITAL PRIVILEGES.
derechos matrimoniales o conyugales. Los derechos que nacen del vínculo matrimonial.

MARITAL PROPERTY.
bienes adquiridos por los cónyuges durante el matrimonio. Se asemejan pero no equivalen a los bienes gananciales.

MARITAL RELATIONSHIP.
relación matrimonial.

MARITAL RIGHTS.
derechos conyugales o matrimoniales.

MARITIMA INCREMENTA.
tierras ganadas al mar.

MARITIME.
marítimo. Náutico. Naval.

MARITIME ADVENTURE.
v. MARINE ADVENTURE.

MARITIME ATTACHMENT.
embargo marítimo, dirigido particularmente contra naves y otros efectos navales. v. ATTACHMENT.

MARITIME BELT.
v. MARINE BELT.

MARITIME BOUNDARY.
frontera o límite marítimo.

MARITIME CASUALTY.
siniestro marítimo.

MARITIME CAUSE.
causa marítima o naval. Causa o litigio que surge en relación con la navegación.

MARITIME CLAIM.
crédito marítimo o naval. v. CLAIM.

MARITIME COASTAL TRADE.
v. MARITIME COASTING TRADE.

MARITIME COASTING TRADE.
comercio de cabotaje.

MARITIME COASTLINE TRADE.
v. MARITIME COASTING TRADE.

MARITIME COMMISSION.
comisión de asuntos marítimos. Organismo estadounidense con competencia sobre tales asuntos.

MARITIME CONTRACT.
contrato naval. Contrato relativo a la navegación.

MARITIME CONVENTION.
convención sobre asuntos marítimos.

MARITIME COURT.
tribunal de almirantazgo. Tribunal que entiende en cuestiones relativas a la navegación.

MARITIME FLAG.
bandera marítima o naval.

MARITIME INTEREST.
v. MARINE INTEREST.

MARITIME JURISDICTION.
jurisdicción marítima o naval.

MARITIME LAW.
derecho marítimo. Derecho de la navegación.

MARITIME LIEN.
privilegio marítimo o naval.
v. LIEN.

MARITIME LOAN.
préstamo marítimo o naval. ‖ préstamo a la gruesa.

MARITIME MORTGAGE.
hipoteca marítima o naval.

MARITIME PASSPORT.
pasaporte marítimo.

MARITIME PERILS.
riesgos de la navegación.

MARITIME PRIZE.
presa naval.

MARITIME SERVICE.
servicio prestado a la navegación.

MARITIME STATE.
conjunto de oficiales y marinero, en cuanto están sometidos a normas especiales.

MARITIME TORT.
acto ilícito relativo a la navegación. v. TORT.

MARITIME TRADE.
comercio marítimo.

MARITIME WATERS.
aguas territoriales.

MARK.
marca. Señal. Signo. ‖ marco, como moneda. ‖ como verbo (*to mark*), marcar. Señalar.

MARKED MONEY.
dinero marcado.

MARKER.
marcador. Señal. ‖ inscripción, en particular las de naturaleza funeraria.

MARKET.
mercado. ‖ como verbo (*to market*), comerciar. Comercializar.

MARKET MAKING.
demanda y oferta de bienes, particularmente acciones y títulos, de manera de formar un mercado activo respecto de esos bienes.

MARKET ORDER.
orden de compra o de venta en una bolsa u otro mercado organizado.

MARKET OVERT.
mercado abierto y público. Venta al público.

MARKET PRICE.
precio de mercado.

MARKET QUOTATION.
cotización de mercado.

MARKET REPORT.
informe de mercado. Informe sobre las cotizaciones u otros aspectos de las actividades de un mercado.

MARKET SHARE.
participación de mercado.

MARKET STRUCTURE.
estructura de mercado.

MARKET VALUE.
valor de mercado.

MARKETABLE.
comercializable.

MARKETABLE SECURITIES.
títulos susceptibles de ser comercializados en mercados de valores.
V. SECURITIES.

MARKETABLE TITLE.
título de propiedad transferible sin restricciones, por no estar sujeto a gravámenes, vicios o limitaciones.

MARKETING.
comercialización.

MARKETING CONTRACT.
contrato de comercialización. Contrato mediante el que una empresa acuerda comercializar la producción de otra.

MARKING UP.
revisación detallada de un proyecto de norma o acto. ‖ determinación de la fecha de una audiencia.

MARKON.
suma adicionada al costo de un producto para llegar al precio de lista.

MARKSMAN.
quien, no pudiendo escribir su nombre, coloca una cruz u otra marca, a modo de firma. ‖ tirador. Quien dispara sobre determinada cosa o persona.

MARKUP.
margen adicionado al precio de costo por un comerciante.

MARQUE.
marca. ‖ represalia.

MARQUIS.
marqués.

MARRIAGE.
matrimonio. Boda. Casamiento.

MARRIAGE ARTICLES.
capitulaciones matrimoniales. Convenciones prematrimoniales.

MARRIAGE BROKER.
intermediario matrimonial. Agencia matrimonial.

MARRIAGE BY PROXY.
matrimonio por poder.

MARRIAGE CEREMONY.
ceremonia matrimonial.

MARRIAGE CERTIFICATE.
certificado de matrimonio.

MARRIAGE IN JEST.
matrimonio celebrado con *animus jocandi.*

MARRIAGE LICENCE.
licencia matrimonial.

MARRIAGE LICENSE.
V. MARRIAGE LICENCE.

MARRIAGE PORTION.
dote.

MARRIAGE PROMISE.
promesa matrimonial.

MARRIAGE REGISTER.
registro matrimonial.

MARRIAGE SETTLEMENT.
convención prematrimonial, en la que se establece el destino a darse a determinados bienes de los cónyuges.

MARRIED.
casado.

MARSHAL.
alguacil. Auxiliar de la justicia encargado de hacer ejecutar las órdenes judiciales. ‖ como verbo (*to marshal*), ordenar. Organizar. Clasificar.

MARSHALING.
V. MARSHALLING.

MARSHALLING.
acto de clasificar o poner en determinado orden ciertos derechos, particularmente los de distintos acreedores contra el mismo deudor. ‖ doctrina en virtud de la cual se protege a los distintos acreedores contra el ejercicio abusivo de preferencias y contra la creación artificial de éstas por el deudor.

MARSHALLING LIENS.
determinación del orden en que los distintos bienes del deudor, en particular aquéllos que han sido objeto de actos de disposición, deben responder respecto de las obligaciones del deudor en relación con las cuales existen derechos de preferencia o privilegios. V. LIEN.

MARSHALLING OF ASSETS.
la división de los bienes de un causante o de un deudor a fin de determinar y otorgar los derechos que corresponden a los diferentes sucesores y acreedores.

MARSHALLING REMEDIES.
determinación de los límites al ejercicio de los derechos de preferencia o privilegios de un acreedor de modo de no interferir innecesariamente en los derechos de un acreedor subordinado. V. MARSHALLING REMEDY.

MARSHALLING SECURITIES.
V. MARSHALLING REMEDIES.

MART.
mercado.

MARTIAL LAW.
ley marcial.

MARY CARTER AGREEMENT.
acuerdo transaccional en los juicios por responsabilidad extracontractual con varios demandados, en virtud del cual se libera o limita la responsabilidad de un codemandado, bajo la condición de que éste continúe participando en el juicio, en forma favorable a los intereses del actor.

MASOCHISM.
masoquismo.

MASON-DIXON LINE.
línea demarcatoria entre los estados esclavistas y los no esclavistas, antes de la Guerra Civil estadounidense.

MASS.
masa. Grupo. Conjunto. ‖ misa.

MASS STRIKE.
huelga general o generalizada.

MASSACHUSETTS BUSINESS TRUST.
V. MASSACHUSETTS TRUST.

MASSACHUSETTS RULE.
regla conforme a la cual los distintos bancos que reciben un cheque, a efectos de su cobro, son responsables frente al depositante de ese cheque, respecto de su gestión.

MASSACHUSETTS TRUST.
figura societaria, en la que los socios transmiten ciertos bienes, a ser utilizados a los fines societarios, a un fideicomiso, del cual son beneficiarios.
V. TRUST.

MASTER.
empleador. Patrono. Locatario de servicios. ‖ persona investida de autoridad o control sobre personas o cosas. ‖ maestro de un arte u oficio. ‖ auxiliar de la justicia, que tiene a su cargo participar en la producción de pruebas o realizar otros actos procesales, como liquidaciones, pericias u opiniones sobre cuestiones específicas del juicio, dentro de las atribuciones que le dé el juez interviniente en el juicio. ‖ propietario. Poseedor. ‖ comandante o capitán de una nave. ‖ título universitario, inferior al doctorado, pero posterior al de licenciado o abogado. ‖ como verbo (*to master*), dominar,

en particular un arte, profesión, técnica o idioma.

MASTER AGREEMENT.
contrato principal. ‖ contrato colectivo de trabajo.

MASTER AND SERVANT.
empleador y empleado. ‖ locatario y locador de servicios.

MASTER AND SERVANT RELATIONSHIP.
relación de trabajo. ‖ locación de servicios.

MASTER AT COMMON LAW.
auxiliar judicial de los tribunales que tienen a su cargo la aplicación del COMMON LAW (v.). V. MASTER.

MASTER BUILDER.
maestro de obra.

MASTER IN CHANCERY.
auxiliar judicial de un tribunal de CHANCERY (v.). V. MASTER.

MASTER IN LUNACY.
funcionario judicial encargado de participar en la determinación de la posible insania de una persona.

MASTER LEASE.
locación de cosas en base a la cual se conceden otras locaciones o sublocaciones de aquélla dependientes.

MASTER MARINER.
capitán o comandante de una nave mercante.

MASTER OF A SHIP.
capitán o comandante de una nave.

MASTER OF LAWS.
V. LL. M..

MASTER OF THE CROWN OFFICE.
fiscal de la Corona, en materias penales.

MASTER OF THE ROLLS.
funcionario judicial encargado en Inglaterra de la conservación de archivos.

MASTER PLAN.
plan urbano general. Código de urbanización o de edificación.

MASTER POLICY.
póliza principal, en un seguro colectivo.

MASTER SERVANT RULE.
regla que hace al patrono responsable por los actos de sus dependientes.

MASTER'S REPORT.
informe emitido por un auxiliar de la justicia que actúa en carácter de MASTER (v.), respecto de los actos y funciones a su cargo.

MASTHEAD.
membrete. Rótulo. Cabecera.

MATCHED ORDERS.
órdenes simultáneas de compra y venta de acciones u otros títulos, realizadas con el propósito de manipular el mercado para tales acciones o títulos, creando una apariencia de operaciones.

MATE.
cónyuge. ‖ compañero. ‖ primer oficial de un buque. ‖ como verbo (*to mate*), aparear.

MATERIAL.
material, en general, tanto como sustantivo como cuanto adjetivo. ‖ relevante. Importante. Substancial. Pertinente.

MATERIAL ALLEGATION.
alegación procesal que hace a la esencia del acto en que se formula.

MATERIAL ALTERATION.
alteración substancial, en particular la que afecta a un instrumento.

MATERIAL BREACH.
violación substancial que se hace de una obligación.

MATERIAL CHANGE.
alteración o modificación substancial.

MATERIAL CIRCUMSTANCE.
circunstancia relevante; la que incide sobre el consentimiento de las partes, particularmente en materia de seguros.

MATERIAL CONCEALMENT.
ocultación fraudulenta que incide sobre el consentimiento de la contraparte. ‖ reticencia. Disimulación u ocultamiento por el asegurado de circunstancias que afecten el otorgamiento de un seguro.

MATERIAL EVIDENCE.
prueba relevante.

MATERIAL FACT.
hecho relevante, a los efectos del consentimiento de las partes de un contrato. ‖ hecho que incide sobre la concesión de un seguro o sobre sus términos. ‖ hecho cuya determinación incide sobre la decisión de un juicio. ‖ hecho cuyo conocimiento incide sobre la decisión de efectuar una inversión.

MATERIAL FRAUD.
dolo o fraude determinante de la voluntad de la contraparte.

MATERIAL INJURY.
lesión o daño substancial.

MATERIAL INTEREST.

interés relevante o substancial respecto de un asunto o negocio.

MATERIAL MISREPRESENTATION.

falsedad o declaración inexacta o errónea, relevante en cuanto afecta a un elemento substancial del acto otorgado en base a esos errores. V. MISREPRESENTATION.

MATERIAL MISTAKE.

error esencial o substancial.

MATERIAL RECIPROCITY.

reciprocidad respecto de los aspectos esenciales de un acuerdo, tratado o convenio.

MATERIAL REPRESENTATION.

declaración relevante, en cuanto afecta a un elemento substancial de un acto otorgado en base a la misma.

V. REPRESENTATION.

MATERIAL WITNESS.

testigo cuyo testimonio es esencial respecto de alguna cuestión jurídica.

MATERIALITY.

relevancia o pertinencia de un elemento, respecto de alguna cuestión jurídica.

MATERIALMAN.

proveedor de materiales.

MATERIALMAN'S LIEN.

privilegio o derecho de preferencia en favor de un proveedor de materiales, respecto de los créditos derivados del suministro de aquéllos. V. LIEN.

MATERNAL.

maternal.

MATERNAL LINE.

línea materna.

MATERNAL PROPERTY.

propiedad heredada por vía materna.

MATERNAL WELFARE.

prestaciones por maternidad, derivadas del sistema de seguridad social.

MATERNITY.

maternidad, en cuanto condición de la madre.

MATHEMATICAL EVIDENCE.

prueba derivada mediante cómputos matemáticos. || prueba irrefutable.

MATRICIDE.

matricidio. || matricida.

MATRICULATION.

matriculación.

MATRIMONIAL.

matrimonial.

MATRIMONIAL ACTION.

acción dirigida a obtener la anulación de un matrimonio o la separación o divorcio de los cónyuges. || acción dirigida a obtener la determinación del estado civil de las partes, para defender y proteger tal estado.

MATRIMONIAL CAUSES.

causas o acciones matrimoniales.

MATRIMONIAL COHABITATION.

cohabitación matrimonial.

MATRIMONIAL DOMICILE.

domicilio matrimonial.

MATRIMONIAL HOME.

hogar conyugal.

MATRIMONIAL MAINTENANCE.

mantenimiento del cónyuge.

MATRIMONIAL OFFENCE.

violación de deberes conyugales. Acto ilícito relativo a deberes conyugales.

MATRIMONIAL OFFENSE.

V. MATRIMONIAL OFFENCE.

MATRIMONIAL ORDER.

orden judicial relativa a la nulidad o disolución de un matrimonio o a un divorcio o separación.

MATRIMONIAL PROCEEDINGS.

V. MATRIMONIAL CAUSES.

MATRIMONIAL PROPERTY.

propiedad conyugal o matrimonial.

MATRIMONIAL RES.

estado matrimonial.

MATRIMONY.

matrimonio.

MATRON.

matrona.

V. JURY OF MATRONS.

MATTER.

materia, en general. || asunto. Cuestión. Objeto de un litigio. || aspectos sustantivos de un juicio, demanda, acción o pretensión. || negocio. Operación comercial. || juicio o procedimiento no contencioso. || también, como verbo (to matter), importar. Tener importancia.

MATTER IN CONTROVERSY.

la cuestión objeto de un juicio o controversia.

MATTER IN DEED.

la materia probada mediante un DEED (v.). || cuestión de hecho.

MATTER IN ISSUE.

materia objeto de litigio. Cuestión controvertida.

MATTER IN PAIS.
cuestión de hecho.

MATTER IN PAYS.
V. MATTER IN PAIS.

MATTER OF COURSE.
lo que se realiza en el curso normal de una actividad.

MATTER OF DEFENCE.
cuestión que sólo puede formularse como excepción o también como defensa, y no como acción.

MATTER OF DEFENSE.
V. MATTER OF DEFENCE.

MATTER OF FACT.
cuestión de hecho.

MATTER OF FORM.
cuestión formal.

MATTER OF LAW.
cuestión de Derecho.

MATTER OF PROBATE.
materia sucesoria.
V. PROBATE.

MATTER OF RECORD.
relación jurídica o elemento probatorio que derivan de actuaciones judiciales y que sólo pueden ser probados mediante tales actuaciones. ‖ cuestión o hecho asentado en actuaciones judiciales.

MATTER OF SUBSTANCE.
cuestión sustantiva. Cuestión que hace a la decisión del fondo de un caso.

MATURE.
maduro. Vencido. Exigible. ‖ como verbo (*to mature*), vencer o cumplirse un plazo. Hacerse exigible una deuda. Madurar.

MATURED.
vencido. Exigible. Maduro.

MATURED CLAIM.
crédito exigible.

MATURED DEBT.
deuda vencida o exigible.

MATURITY.
vencimiento. Fecha en que una obligación resulta vencida o exigible. Madurez.

MATURITY VALUE.
el valor de una obligación al momento de ser exigible.

MAXIM.
máxima. Aforismo.

MAXIMIZE.
maximizar.

MAXIMS OF EQUITY.
máximas jurídicas utilizadas bajo el régimen de EQUITY (v.).

MAXIMUM.
máximo.

MAXIMUM PENALTY.
pena máxima. Máximo de una pena.

MAXIMUM SENTENCE.
V. MAXIMUM PENALTY.

MAY.
poder. Verbo auxiliar que implica facultad, permiso, posibilidad o autorización.

MAYHEM.
lesión permanente. Violencia destructiva.

MAYOR.
intendente. Alcalde.

MAYORALTY.
intendencia. Alcaldía.

MAYORESS.
intendente o alcalde de sexo femenino.

MAYOR'S COURT.
tribunal municipal, presidido por el intendente.

MCNABB-MALLORY RULE.
regla que requiere la pronta presentación de un detenido ante un magistrado, bajo sanción de nulidad de las pruebas que se obtengan de tal detenido.

MCNAGHTEN RULES.
reglas que se refieren a la imputabilidad penal en los casos de insania, basadas en la capacidad de apreciar la corrección de la propia conducta.

M. D.
iniciales de Medical Doctor, o sea doctor en medicina.

MEAN.
promedio. Media. ‖ inferior. Pobre. Vulgar. De escasa calidad o valor. ‖ malo. Maligno. ‖ como verbo (*to mean*), significar.

MEAN HIGH TIDE.
el promedio de las altas mareas.

MEAN LOW TIDE.
el promedio de las bajas mareas.

MEAN RESERVE.
las reservas medias mantenidas por un asegurador durante cierto período.

MEANING.
significado.

MEANS.
medios. Recursos.

MEANS OF SUPPORT.
medios de subsistencia. Medios de vida

MEASURE.
medida.

MEASURE OF CONSERVATION.
medida de conservación.

MEASURE OF DAMAGES.
reglas o criterios para la determinación de los daños y perjuicios.

MEASURE OF INDEMNITY.
la indemnización debida en caso de un siniestro asegurado. V. MEASURE OF DAMAGES.

MEASURE OF VALUE.
medida de valor.

MECHANICAL EQUIVALENT.
en el Derecho de patentes, el equivalente mecánico de un dispositivo de una invención preexistente, que no alcanza para crear una novedad respecto de ésta.

MECHANICAL MOVEMENT.
movimiento mecánico.

MECHANICAL PROCESS.
procedimiento mecánico. Concepto aplicado en el Derecho de patentes.

MECHANIC'S LIEN.
privilegio o derecho de preferencia respecto de los créditos resultantes de la construcción o reparación de un inmueble. V. LIEN.

MECHANIC'S LIENOR.
acreedor que goza de un MECHANIC'S LIEN (v.).

MEDIA.
medios de comunicación.

MEDIA CONCLUDENDI.
los medios o elementos utilizados para llegar a una conclusión jurídica.

MEDIATE.
mediato. ‖ como verbo (*to mediate*), mediar.

MEDIATE DATUM.
dato del que pueden derivarse otras informaciones relevantes para una cuestión jurídica.

MEDIATE DESCENT.
descendencia mediata.

MEDIATE INTEREST.
interés mediato.

MEDIATE POWERS.
poderes o facultades incidentales. Las que son necesarias para cumplir con un poder, facultad o atribución.

MEDIATE TESTIMONY.
testimonio indirecto, por no referirse directa-

mente a los hechos a ser probados sino a otros elementos probatorios.

MEDIATION.
mediación.

MEDIATION OF LABOR DISPUTES.
V. MEDIATION OF LABOUR DISPUTES.

MEDIATION OF LABOUR DISPUTES.
mediación en conflictos colectivos de trabajo.

MEDIATOR.
mediador.

MEDICAL.
médico, como adjetivo.

MEDICAL BENEFIT.
beneficios médicos o asistenciales.

MEDICAL CARE.
atención médica.

MEDICAL DEDUCTION.
deducción impositiva de los gastos de atención médica.

MEDICAL EVIDENCE.
prueba pericial médica.

MEDICAL EXAMINATION.
examen médico.

MEDICAL EXAMINER.
médico forense que se encarga de averiguar las causas de las muertes violentas o sospechosas.

MEDICAL EXPENSES.
gastos de atención médica.

MEDICAL INSANITY.
insania a los fines médicos, aunque no necesariamente a efectos jurídicos.

MEDICAL INSURANCE.
seguro de atención médica.

MEDICAL JURISPRUDENCE.
medicina legal.

MEDICAL MALPRACTICE.
culpa profesional en el ejercicio de la medicina. V. MALPRACTICE.

MEDICAL PRACTICE.
práctica de la medicina.

MEDICAL RECORD.
historia clínica.

MEDICINE.
medicina.

MEDIUM OF EXCHANGE.
medio de cambio.

MEET.
reunir.

MEET AN OBLIGATION.
pagar una obligación.

MEET SPECIFICATIONS.
cumplir con las especificaciones.
MEETING.
reunión. Asamblea. Junta. Conferencia.
MEETING OF CREDITORS.
junta de acreedores.
MEETING OF MINDS.
voluntad común. Acuerdo de voluntades.
MEETING OF SHAREHOLDERS.
junta o asamblea de accionistas.
MELIORATION.
mejora. ‖ doctrina del régimen de EQUITY (v.) que requiere el pago de las mejoras introducidas a un inmueble por su ocupante.
MEMBER.
miembro.
MEMBER BANK.
banco que es miembro de la Reserva Federal. v. FEDERAL RESERVE BOARD.
MEMBER FIRM.
firma integrante de una organización, especialmente de una bolsa o mercado de valores.
MEMBER OF CONGRESS.
congresal. Miembro del Poder Legislativo.
MEMBER OF PARLIAMENT.
miembro del parlamento.
MEMBER OF THE BAR.
abogado matriculado. v. BAR.
MEMBERSHIP.
condición de socio o miembro.
MEMBERSHIP CORPORATION.
persona jurídica sin fines de lucro, la participación en la cual no se representa mediante acciones. v. CORPORATION.
MEMBERSHIP ORGANIZATION.
v. MEMBERSHIP CORPORATION.
MEMORANDUM.
memorándum. Nota. Informe. ‖ resumen de las condiciones de un contrato.
MEMORANDUM ARTICLES.
cláusulas de un memorándum correspondiente a una póliza de seguros que limitan los efectos de tal póliza.
MEMORANDUM CHECK.
cheque entregado en garantía de un crédito, a ser devuelto al pagarse la deuda correspondiente.
MEMORANDUM CLAUSE.
cláusula que en el seguro naval excluye la responsabilidad respecto de mercaderías perecederas.

MEMORANDUM DECISION.
comunicación de la parte decisiva de una sentencia, sin incluir sus fundamentos.
MEMORANDUM IN ERROR.
expresión de agravios, respecto de cuestiones de hecho.
MEMORANDUM OF ALTERATION.
modificación de las reivindicaciones de una solicitud de patente.
MEMORANDUM OF ASSOCIATION.
acta constitutiva de una sociedad.
MEMORANDUM OF PROTEST.
certificado de protesto.
MEMORANDUM OF UNDERSTANDING.
nota de entendimiento, sustitutiva de un acuerdo formal o previo a éste.
MEMORANDUM OPINION.
sentencia breve, dictada por unanimidad.
MEMORANDUM SALE.
venta sujeta a prueba.
MEMORIAL.
memorial. Nota. Informe. Petición. ‖ minuta o resumen de un acto.
MEMORY.
memoria.
MENACE.
amenaza.
MENIAL SERVANT.
empleado doméstico.
MENS.
mente. Intención.
MENS LEGIS.
la intención de la ley.
MENS LEGISLATORIS.
la intención del legislador.
MENS REA.
dolo. Intención criminal.
MENS TESTATORIS.
la intención del testador.
MENSA ET THORO.
v. DIVORCE A MENSA ET THORO.
MENTAL.
mental.
MENTAL ACCEPTANCE.
aceptación no exteriorizada.
MENTAL ALIENATION.
alienación mental. Demencia. Locura.
MENTAL ANGUISH.
sufrimiento psíquico, mental o moral.
MENTAL CAPACITY.
capacidad mental o intelectual.

MENTAL COMPETENCE.
V. MENTAL CAPACITY.

MENTAL CRUELTY.
crueldad mental, en cuanto causal de divorcio.

MENTAL DEFECT.
defecto o deficiencia mental.

MENTAL DEFICIENCY.
deficiencia o debilidad mental.

MENTAL DERANGEMENT.
desorden o enfermedad mental.

MENTAL DISABILITY.
deficiencia o incapacidad mental.

MENTAL DISEASE.
enfermedad mental.

MENTAL DISORDER.
desorden o enfermedad mental.

MENTAL EXAMINATION.
examen mental.

MENTAL HOSPITAL.
hospital psiquiátrico. Hospital para enfermos mentales.

MENTAL INCAPACITY.
incapacidad mental.

MENTAL INCOMPETENCY.
V. MENTAL INCAPACITY.

MENTAL RESERVATION.
reserva mental.

MENTAL STATE.
estado o capacidad mental o intelectual.

MENTAL SUFFERING.
sufrimiento psíquico, mental o moral.

MERCABLE.
comercializable.

MERCANTILE.
comercial. Mercantil.

MERCANTILE AGENCY.
mandato o representación comercial.
V. AGENCY.

MERCANTILE AGENT.
mandatario o representante comercial.

MERCANTILE CONTRACT.
contrato comercial.

MERCANTILE ESTABLISHMENT.
establecimiento comercial.

MERCANTILE LAW.
Derecho Comercial o Mercantil.

MERCANTILE PAPER.
títulos de comercio.

MERCANTILE PARTNERSHIP.
sociedad de personas de objeto comercial.
V. PARTNERSHIP.

MERCANTILE RESTRICTIONS.
restricciones impuestas a la instalación de comercios.

MERCANTIVE.
comercial. Mercantil.

MERCHANDISE.
mercadería. Mercancía. ‖ también, como verbo (*to merchandise*), comercializar. Vender.

MERCHANDISE BROKER.
corredor de mercaderías.

MERCHANDISE MARKS.
marcas o signos identificatorios de mercaderías, aunque no constituyen estrictamente marcas de comercio.

MERCHANDISING.
comercialización.

MERCHANT.
comerciante. Comercial.

MERCHANT BANK.
banco comercial.

MERCHANT SEAMAN.
marinero empleado en la navegación comercial.

MERCHANT SHIPPING.
navegación comercial.

MERCHANTIBILITY.
comerciabilidad. Condición de poder ser comercializado.

MERCHANTABLE.
comercializable.

MERCHANTABLE QUALITY.
calidad comercializable.

MERCHANTABLE TITLE.
V. MARKETABLE TITLE.

MERCHANTMAN.
nave comercial.

MERCHANT'S ACCOUNTS.
cuentas comerciales. Cuenta corriente comercial, particularmente la que resulta de la compraventa de mercaderías.

MERCY.
clemencia. Gracia.

MERCY KILLING.
eutanasia.

MERE.
mero.

MERE EVIDENCE.
objetos que sólo sirven como medios de prueba. Concepto aplicable en casos de secuestros de bienes pertenecientes a sospechosos, detenidos o procesados.

MERE LICENSEE.

quien ingresa en una propiedad ajena median-te una simple autorización a tal efecto, inclusi-ve tácita.

MERE MOTION.

acto realizado espontáneamente, sin la in-fluencia, incitación o instigación de un tercero. ‖ decisión tomada de oficio por un tribunal, sin petición de parte.

V. SUA SPONTE.

MERE REPRESENTATION.

manifestaciones o afirmaciones realizadas en la etapa precontractual, sin ser incorporadas a los instrumentos contractuales.

V. REPRESENTATION.

MERE RIGHT.

nuda propiedad.

MERETRICIOUS.

relativo a relaciones sexuales ilícitas. ‖ falso. Engañoso.

MERGE.

fusionar. Unir. Combinar. ‖ confundir dere-chos. ‖ unir una acción, derecho o pretensión a otra, particularmente a efectos procesales.

V. MERGER.

MERGER.

fusión. ‖ unión. Combinación. Consolidación. ‖ la absorción de un contrato por otro poste-rior acordado entre las mismas partes. ‖ en el Derecho antimonopólico se suelen calificar como *mergers* no sólo las fusiones desde el punto de vista societario, sino todo tipo de unión de empresas o de absorción de una em-presa o sus activos por otra. ‖ absorción de una figura delictiva por otra. ‖ la absorción de una acción, derecho o pretensión por una sen-tencia que se refiere a ellos, y que de allí en más los sustituye jurídicamente. ‖ confusión de derechos. ‖ unión de una acción, derecho o pretensión a otros, particularmente con fines procesales.

MERGER CLAUSE.

cláusula contractual en la que se establece que un instrumento comprende la totalidad de lo acordado por las partes respecto del objeto del contrato, con exclusión de otros contratos pre-vios o acuerdos orales precedentes.

MERGER OF ESTATES.

consolidación de diferentes derechos respecto de un bien inmueble en un único derecho, por ejemplo en razón de ser el titular del dominio

sucesor de otro derecho respecto del mismo bien. V. ESTATE.

MERGER OF OFFENSES.

absorción de una figura delictiva por otra.

MERGER OF RIGHTS.

confusión de derechos.

MERGER OF SENTENCES.

dictado de una única sentencia en caso de con-curso de delitos.

MERIT.

mérito. ‖ como verbo (*to merit*), merecer.

MERIT SYSTEM.

sistema de promoción de empleados públicos en base a méritos y antecedentes.

MERITORIOUS.

meritorio.

MERITORIOUS CAUSE OF ACTION.

la persona respecto de la cual ha nacido una acción, aunque ésta luego pase o se transfiera a otras personas. ‖ causa meritoria. Acción meritoria.

MERITORIOUS CONSIDERATION.

obligación moral que motiva a una parte a asumir obligaciones contractuales, sustituyen-do así a una contraprestación económicamen-te valiosa en cuanto causa de tales obligacio-nes contractuales. V. CONSIDERATION.

MERITORIOUS DEFENCE.

defensa sustantiva, en contraposición a la que se refiere a cuestiones procesales, de forma o meramente dilatorias.

MERITORIOUS DEFENSE.

V. MERITORIOUS DEFENCE.

MERITS.

los derechos sustantivos que corresponden a las distintas partes en un juicio.

MERITS OF CASE.

V. MERITS.

MESNE.

intercambio. Medio. Interpuesto.

MESNE ASSIGNMENT.

cesión o transferencia intermedia, dentro de una cadena de cesiones o transferencias de de-rechos.

MESNE CONVEYANCE.

transmisión intermedia de derechos respecto de un inmueble, dentro de una cadena de transferencias de tales derechos.

V. CONVEYANCE.

MESNE ENCUMBRANCE.

gravamen, restricción o carga de impuestos en

forma intermedia a otros actos relativos al mismo bien. V. ENCUMBRANCE.

MESNE INCUMBRANCE.
V. MESNE ENCUMBRANCE.

MESNE PROCESS.
órdenes judiciales o autos dictados durante el curso del proceso, una vez citadas las partes, y antes del dictado y ejecución de la sentencia.

MESNE PROFITS.
utilidades y rentas obtenidas por un poseedor ilegítimo durante el curso de tal posesión.

MESSAGE.
mensaje. ‖ discurso.

MESSENGER.
mensajero. Correo. Oficial de justicia encargado de efectuar embargos.

MESSUAGE.
el conjunto formado por un inmueble destinado a vivienda y los edificios y tierras accesorios a tal inmueble.

MESTIZO.
mestizo.

METAYER.
mediero.

METER.
el metro, como unidad de medida. ‖ una unidad o instrumento de medida, en general. ‖ como verbo (*to meter*), medir.

METER RATE.
tarifa por unidad de medida o consumo.

METES AND BOUNS.
límites o confines de un inmueble.

METHOD.
método.

METRIC SYSTEM.
sistema métrico decimal.

METROPOLIS.
metrópolis.

METROPOLITAN.
metropolitano.

METROPOLITAN COUNCIL.
consejo deliberante con competencia en ciertas áreas metropolitanas.

METROPOLITAN COUNTIES.
condados que forman parte de un área metropolitana.

METROPOLITAN COURTS.
tribunales con competencia en el área metropolitana londinense, en materia civil.

METROPOLITAN DISTRICT.
distrito metropolitano.

MICROSCOPIC EXAMINATION.
examen microscópico

MID-CHANNEL.
canal medio de un río.

MIDDLE LINE OF MAIN CHANNEL.
la línea media del canal principal de un río.

MIDDLE OF THE RIVER.
V. MIDDLE LINE OF MAIN CHANNEL.

MIDDLE THREAD.
la línea que corre a lo largo de la corriente de un río, por la línea media de éste.

MIDDLEMAN.
intermediario.

MIDNIGHT.
medianoche.

MIDNIGHT DEADLINE.
vencimiento de un plazo en la medianoche.

MIDWAY.
V. TALWEG.

MIDWIFE.
partera.

MIGHT.
poder. Potencia. Fuerza. ‖ podría. Condicional imperfecto de MAY (v.).

MIGRATION.
migración.

MIGRATION CORPORATION.
persona jurídica organizada en un estado para operar en otros. V. CORPORATION.

MIGRATORY DIVORCE.
divorcio obtenido mediante el cambio de domicilio de uno o de ambos cónyuges a la jurisdicción donde se decreta.

MILE.
milla. Medida de distancia equivalente a 1.609 metros.

MILEAGE.
literalmente, millage. La voz suele referirse generalmente a ciertos viáticos basados en la distancia recorrida.

MILEAGE TAX.
literalmente, impuesto al millaje. Gravamen determinado en función de la distancia recorrida por ciertos medios de transporte.

MILESTONE.
mojón.

MILITARY.
militar. ‖ el conjunto de las fuerzas armadas.

MILITARY BASE.
base militar.

MILITARY BOARD.
junta militar, que tiene a su cargo funciones de asesoramiento, de investigación o juzgamiento.

MILITARY COMMISSION.
en los Estados Unidos, suerte de tribunal militar.

MILITARY COURT.
tribunal militar.

MILITARY FORCES.
fuerzas militares. Fuerzas armadas.

MILITARY GOVERNMENT.
gobierno militar.

MILITARY JURISDICTION.
jurisdicción militar.

MILITARY JUSTICE.
justicia militar.

MILITARY LAW.
Derecho militar.

MILITARY OFFENCE.
delito militar.

MILITARY OFFENSE.
V. MILITARY OFFENCE.

MILITARY OFFICER.
oficial militar.

MILITARY PERSONNEL.
personal militar.

MILITARY REVIEW.
revisión en segunda instancia de los fallos de tribunales militares. ‖ revisión o inspección de un cuerpo militar.

MILITARY SERVICE.
servicio militar.

MILITARY STATE.
estado militar o militarista. ‖ estamento militar. Las fuerzas armadas.

MILITARY TESTAMENT.
testamento militar.

MILITIA.
milicia.

MILITIAMEN.
milicianos.

MILL.
molino. ‖ milésimo. ‖ como verbo (to mill), moler.

MILL PRIVILEGE.
derecho a instalar un molino a las orillas de un curso de agua, utilizando esa corriente para el molino.

MILL SITE.
terreno para la instalación de un molino, al

que tiene derecho el titular de una explotación minera.

MILLED MONEY.
dinero amonedado.

MIND.
mente.

MIND AND MEMORY.
literalmente, mente y memoria. Las facultades metales.

MINE.
mina. ‖ como verbo (to mine), explotar una mina.

MINERAL.
mineral, como adjetivo y como sustantivo.

MINERAL DEED.
acto formal mediante el que se transfieren derechos sobre un yacimiento minero.
V. DEED.

MINERAL DISTRICT.
distrito fijado a efectos de determinar derechos y obligaciones en materia minera.

MINERAL LANDS.
tierras en las que se encuentran depósitos minerales.

MINERAL LEASE.
contrato mediante el que se otorga el derecho a explorar y explotar los minerales de un inmueble, durante un período determinado.
V. LEASE.

MINERAL RIGHT.
derecho a la explotación de un mineral o a obtener regalías respecto de esa explotación.

MINERAL ROYALTY.
regalía minera. Regalía respecto de explotaciones mineras.

MINERAL SERVITUDE.
servidumbre minera.

MINIMAL.
mínimo.

MINIMAL CONTACTS.
contactos mínimos, particularmente los que son necesarios con una jurisdicción para que los tribunales de ésta o sus leyes sean aplicables.

MINIMIZATION OF DAMAGES.
V. MITIGATION OF DAMAGES.

MINIMUM.
mínimo.

MINIMUM AREA RESTRICTIONS.
restricciones respecto del área mínima de lotes y terrenos.

MINIMUM CHARGE.
tarifa mínima.
MINIMUM CONTACTS.
v. MINIMAL CONTACTS.
MINIMUM DAMAGE LIMITATION.
regla que fija un monto mínimo de daños y perjuicios imputables a ciertos actos ilícitos.
MINIMUM FEE.
honorario mínimo.
MINIMUM JURISDICTIONAL AMOUNT.
monto mínimo de los litigios sujetos a determinados tribunales.
MINIMUM PRICE.
precio mínimo.
MINIMUM RESIDENCE.
residencia mínima para acceder a determinados derechos.
MINIMUM ROYALTY.
regalía mínima.
MINIMUM SENTENCE.
mínimo de una pena.
MINIMUM WAGE.
salario mínimo.
MINING.
minería.
MINING CLAIM.
pertenencia minera.
MINING DISTRICT.
distrito minero. v. MINERAL DISTRICT.
MINING LAW.
Derecho Minero.
MINING LEASE.
v. MINERAL LEASE.
MINING LICENCE.
licencia minera.
MINING LICENSE.
v. MINING LICENCE.
MINING LIEN.
privilegio o derecho de preferencia respecto de los créditos originados en explotaciones mineras. v. LIEN.
MINING LOCATION.
denuncia de un descubrimiento minero o de mineral. ‖ pertenencia minera.
MINING PARTNERSHIP.
sociedad minera.
MINING RENT.
renta o regalía derivada de la concesión del derecho a explotar un yacimiento minero.
MINING ROYALTY.
v. MINERAL ROYALTY.

MINISTER.
ministerio, en general. ‖ agente. Representante. ‖ sacerdote. Pastor. ‖ también, como verbo (to minister), ayudar. Asistir.
MINISTER PLENIPOTENCIARY.
ministro plenipotenciario.
MINISTERIAL.
ministerial. ‖ ejecutivo. Administrativo. ‖ relativo al cumplimiento de un mandato, poder u orden.
MINISTERIAL ACT.
acto ministerial. ‖ acto administrativo. ‖ acto realizado en cumplimiento de un mandato, poder u orden, sin atribuciones discrecionales.
MINISTERIAL DUTY.
obligación derivada del cumplimiento de un mandato, poder u orden, que no deja facultades discrecionales al obligado.
MINISTERIAL FUNCTIONS.
las funciones de quien en ejercicio de un mandato, poder u orden carece de facultades discrecionales para su cumplimiento.
MINISTERIAL OFFICE.
cargo o función en el que se carece de facultades discrecionales para el cumplimiento de las funciones correspondientes.
MINISTERIAL OFFICER.
quien desempeña un cargo o función en el que se carece de facultades discrecionales para el cumplimiento de las atribuciones correspondientes.
MINISTERIAL POWER.
poderes o atribuciones que no dejan margen de discrecionalidad para su cumplimiento.
MINISTERIAL REGULATION.
reglamento ministerial. v. REGULATION.
MINISTERIAL RESPONSABILITY.
responsabilidad ministerial. La responsabilidad política del gabinete frente al parlamento.
MINISTERIAL TRUST.
fideicomiso en el que el fideicomisario carece de discrecionalidad para el ejercicio de sus funciones. v. TRUST.
MINISTRY.
ministerio. ‖ gabinete. Los funcionarios políticos del Poder Ejecutivo. ‖ profesión o funciones religiosas.
MINOR.
menor. ‖ menor de edad.
MINOR DISPUTE.
conflicto colectivo de trabajo derivado de la in-

terpretación o aplicación de un convenio colectivo. ‖ conflicto o disputa de menor importancia.

MINOR FACT.
hecho circunstancial o de importancia secundaria respecto de la prueba relevante en un juicio.

MINOR INTERESTS.
derechos respecto de un inmueble, inalienables y no susceptibles de ser opuestos a terceros de buena fe, salvo en caso de estar legalmente registrados.

MINOR LOSS.
siniestro menor.

MINOR OFFENCE.
contravención o delito de escasa gravedad.

MINOR OFFENSE.
V. MINOR OFFENCE.

MINOR TENANCY.
locación u otro derecho a la tenencia de un inmueble, por términos inferiores a un año.
V. TENANCY.

MINORA REGALIA.
derechos menores de la Corona, que no hacen al ejercicio de la soberanía.

MINORITY.
minoría. ‖ minoridad.

MINORITY INTEREST.
participación minoritaria en una sociedad, empresa o negocio.

MINORITY OPINION.
opinión en minoría. Opinión en disidencia.

MINORITY OPPRESION.
opresión de las minorías. ‖ realización de actos que son gravemente perjudiciales y opresivos respecto de los intereses de los accionistas minoritarios.

MINORITY RIGHTS.
derechos de las minorías.

MINORITY STOCKHOLDER.
accionista minoritario.

MINOR'S ESTATE.
patrimonio de un menor.

MINT.
casa de la moneda. ‖ como verbo (*to mint*), acuñar.

MINTAGE.
acuñación. ‖ moneda metálica. ‖ derecho de acuñación.

MINUTE.
minuta. Acta. Copia. ‖ minuto.

MINUTE- BOOK.
libro de actas o de minutas.

MINUTES.
minutas. Actas. Actuaciones.

MINUTES OF PROCEEDINGS.
actas o minutas de un procedimiento.

MIRANDA HEARING.
audiencia judicial destinada a determinar si se ha cumplido con la MIRANDA RULE (v.).

MIRANDA RULE.
regla de procedimiento penal conforme a la cual un detenido, antes de ser interrogado, debe ser informado de su derecho a permanecer en silencio, de que sus afirmaciones pueden ser usadas en su contra, de que puede solicitar la presencia de un abogado, y de que puede requerir que se nombre un letrado de oficio, de no desear nombrarlo por su propia cuenta. Generalmente, el incumplimiento con estos requisitos invalida la prueba obtenida existiendo tal incumplimiento.

MIRROR PRINCIPLE.
principio conforme al cual los registros inmobiliarios deben reflejar plenamente la situación jurídica de los inmuebles a que se refieren.

MISADVENTURE.
accidente. Infortunio. Caso fortuito.

MISALLEGE.
alegar o aducir errónea o falsamente.

MISALLEGATION.
alegato o afirmaciones erróneos o falsos.

MISAPPLICATION.
aplicación o destino indebido dado a fondos o recursos.

MISAPPROPRIATION.
apropiación indebida. Malversación.

MISAPPROPRIATION OF PUBLIC FUNDS.
apropiación indebida de bienes públicos. Malversación de fondos. Peculado. Malversación de caudales públicos.

MISBEHAVIOUR.
mala conducta. ‖ conducta antijurídica.

MISBRANDING.
indicaciones erróneas o engañosas en mercaderías o sus envases.

MISCALCULATION.
error de cálculo.

MISCARRIAGE.
aborto. ‖ administración, manejo o conducción erróneas. ‖ conducta ilícita.

MISCARRIAGE OF CHILD.
aborto.

MISCARRIAGE OF JUSTICE.
juzgamiento erróneo o violatorio de los derechos de las partes a él sujetas.

MISCEGENATION.
mestizaje. Matrimonio interracial.

MISCHARGE.
instrucción errónea dada por el juez al jurado. v. CHARGE. ‖ como verbo (to mischarge), cobrar erróneamente.

MISCHIEF.
vicio. Conducta ilícita o inmoral. Maldad. ‖ conducta mediante la que se causan daños a un tercero, sea dolosamente o mediando culpa grave.

MISCHIEF RULE.
canon interpretativo conforme al cual se debe aplicar la ley teniendo en cuenta el mal o inconveniente que esa ley busca remediar.

MISCONDUCT.
inconducta. Mala conducta. Comportamiento ilícito, irregular o deshonesto. Violación de los deberes correspondientes a un cargo, oficio, trabajo o condición.

MISCONDUCT IN OFFICE.
incumplimiento de los deberes de funcionario público.

MISCONDUCT OF A BUSINESS.
administración fraudulenta o culposa de una empresa.

MISCONDUCT OF ATTORNEY.
violación de los deberes profesionales de los abogados.

MISCONDUCT OF COUNSEL.
inconducta procesal del abogado de una de las partes.

MISCONDUCT OF JUDGE.
violación de los deberes del juez, en el curso del proceso.

MISCONDUCT OF JURY.
violación de los deberes del jurado, en el curso del proceso.

MISCONDUCT OF THE MASTER.
violación de deberes del capitán de una nave.

MISCONDUCT OF THE CREW.
violación de los deberes de la tripulación de un navío.

MISCONSTRUCTION.
interpretación falsa o errónea
v. CONSTRUCTION.

MISCONTINUANCE.
aplazamiento indebido de un juicio, por no cumplirse las formalidades necesarias al efecto. v. CONTINUANCE.

MISCONVEYANCE.
consignación o entrega errónea o defectuosa de mercaderías. v. CONVEYANCE.

MISCREANT.
infiel. Apóstata.

MISDATE.
fecha falsa o errónea en un instrumento. ‖ como verbo (to misdate), datar falsa o erróneamente.

MISDECLARATION.
declaración falsa o errónea.

MISDEED.
conducta ilícita o inmoral.

MISDELIVERY.
entrega errónea de mercaderías u otros objetos.

MISDEMEANANT.
contraventor o culpable de un delito menor.

MISDEMEANOR.
contravención o delito menor.

MISDESCRIPTION.
descripción inexacta o errada.

MISDIRECTION.
instrucciones erradas, particularmente las que el juez dirige al jurado.

MISE.
costas. Gastos.

MISFEASANCE.
cumplimiento irregular, negligente o inexacto de una conducta en principio lícita.

MISFEAZANCE.
v. MISFEASANCE

MISFORTUNE.
infortunio. Accidente. Desgracia.

MISGOVERNMENT.
desgobierno. Administración o gobierno irregular, dañoso o inconveniente.

MISJOINDER.
acumulación o unión, impropias o antijurídicas, de acciones, causas o partes de un juicio. v. JOINDER.

MISJOINDER OF CAUSES OF ACTIONS.
acumulación de acciones impropia o antijurídica. v. MISJOINDER.

MISJOINDER OF PARTIES.
litisconsorcio o intervención de partes en un juicio, en forma impropia o antijurídica.
v. MISJOINDER.

MISLABELING.
identificación falsa o engañosa de mercaderías.

MISLAID PROPERTY.
bienes perdidos o extraviados.

MISLAY.
perder. Extraviar. Olvidar donde se ha dejado un objeto.

MISLEAD.
engañar. Confundir. Conducir a error.

MISLEADING.
engañoso. Causante de confusión. Conducente a error.

MISMANAGEMENT.
administración fraudulenta, negligente o perjudicial.

MISNOMER.
utilización de un nombre o designación errados para una persona o cosa. ‖ error en la individualización de las partes de un juicio.

MISPLEADING.
comisión de errores en la demanda, contestación, reconvención o tercerías. v. PLEADING.

MISPRISION.
delito. Conducta ilícita. ‖ delitos contra la soberanía, seguridad, organización o administración de un Estado. ‖ ocultación o tolerancia de delitos.

MISPRISION OF FELONY.
ocultación de un delito grave. v. FELONY.

MISPRISION OF TREASON.
ocultación del delito de traición.

MISREADING.
lectura errónea, particularmente la de un documento.

MISRECITAL.
indicación o descripción errónea de un hecho, especialmente en un documento.

MISREPRESENTATION.
declaración inexacta, errónea o falsa, tal que induzca a error a la parte a quien tal declaración se efectúa. v. REPRESENTATION.

MISSING.
faltante. Desaparecido.

MISSING PERSON.
ausente. Desaparecido. Persona sin paradero conocido.

MISSING SHIP.
buque perdido o desaparecido.

MISSION.
misión.

MISSTATEMENT.
declaración errada o inexacta.

MISTAKE.
error. Equivocación. ‖ también, como verbo (*to mistake*), confundir. Tomar una cosa o persona por otra.

MISTAKE OF FACT.
error de hecho.

MISTAKE OF LAW.
error de derecho.

MISTAKEN.
errado. Erróneo.

MISTAKEN PARTY.
parte que incurre en error.

MISTER.
señor. ‖ trabajo. Ocupación. Empleo. Profesión. Oficio.

MISTERY.
misterio. ‖ actividad. Arte. Profesión. Oficio.

MISTRESS.
señora. Ama de casa. ‖ directora de una institución. ‖ concubina. Querida. Amante.

MISTRIAL.
juicio nulo o viciado.

MISUSE.
uso ilícito, errado o dañoso. Abuso.

MISUSE OF POWER.
abuso de poder.

MITIGATE.
mitigar. Atenuar. Reducir. Limitar.

MITIGATING CIRCUMSTANCES.
circunstancias atenuantes.

MITIGATION.
atenuación. Reducción. Limitación.

MITIGATION OF DAMAGES.
atenuación de daños. Adopción de medidas destinadas a mitigar los daños derivados de una conducta ajena, particularmente el incumplimiento de un contrato. ‖ reducción de la indemnización de daños y perjuicios, especialmente por la existencia de culpa concurrente.

MITIGATION OF PUNISHMENT.
reducción de la pena. v. PUNISHMENT.

MITIGATORY DEFENCE.
defensa dirigida a obtener la reducción de la pena o responsabilidad.

MITIGATORY DEFENSE.
v. MITIGATORY DEFENCE.

MITTIMUS.
orden o mandamiento de arresto.

MIX.
mezcla. ‖ como verbo (*to mix*), mezclar.
MIXED.
mixto. Mezclado.
MIXED ACTION.
acción mixta, particularmente por incluir elementos de acciones reales y personales.
MIXED CONDITION.
condición mixta, por incluir elementos casuales y voluntarios.
MIXED CONTRACT.
contrato que incluye elementos onerosos y gratuitos, especialmente la donación con cargo.
MIXED ESTATE.
locación de un bien inmueble por un término prácticamente infinito.
MIXED GIFT.
donación de bienes muebles e inmuebles.
MIXED INSURANCE COMPANY.
compañía de seguros cuyas utilidades son en parte repartidas a los accionistas y en parte a los asegurados como en una sociedad mutua.
MIXED JURY.
jurado mixto, por constar de miembros de distintas razas o sexos.
MIXED LARCENY.
V. COMPOUND LARCENY.
MIXED LAWS.
leyes aplicables tanto a derechos reales como a los personales.
MIXED MARRIAGE.
matrimonio mixto. Matrimonio interracial.
MIXED NUISANCE.
hecho que ocasiona daños o molestias al público en general y a determinadas personas en particular.
V. NUISANCE.
MIXED POLICY.
póliza mixta.
MIXED POWERS.
combinación o suma de poderes públicos, al gozar un solo órgano de las atribuciones propias de dos o más de los poderes ejecutivo, legislativo y judicial.
MIXED PRESUMPTION.
presunción mixta, con elementos de presunción de hecho y de presunción de derecho.
MIXED PROPERTY.
bienes que incluyen características propias de inmuebles y de PERSONAL PROPERTY (v.).

MIXED QUESTION OF LAW AND FACT.
cuestión mixta de derecho y de hecho.
MIXED QUESTIONS.
cuestiones mixtas, en general, por incluir aspectos relativos a distintos sistemas jurídicos, o por referirse a problemas de hecho y de derecho.
MIXED SUBJECTS OF PROPERTY.
V. MIXED PROPERTY.
MIXED TRUST.
fideicomiso creado con propósitos tanto individuales como de caridad o beneficencia.
V. TRUST.
MIXTION.
mezcla o confusión de bienes.
MIXTURE.
mezcla.
M'NAGHTEN RULE.
V. MCNAGHTEN RULES.
MOB.
tumulto. Masa. Manifestación violenta. ‖ como verbo (*to mob*), formar un tumulto. Agredir en masa.
MOCK.
simulado. Ficticio. ‖ como verbo (*to mock*), burlarse. Ridiculizar.
MOCK AUCTION.
subasta ficticia.
MOCK TRIAL.
juicio ficticio, generalmente con fines didácticos.
MODAL.
modal.
MODAL LEGACY.
legado modal.
MODE.
modo.
MODE OF CARRIAGE.
modo de transporte.
MODE OF TRANSPORT.
V. MODE OF CARRIAGE.
MODEL.
modelo.
MODEL ACT.
ley modelo. Ley tipo.
MODEL CLAUSE.
cláusula modelo. Cláusula tipo.
MODEL CODE.
código modelo. Código tipo.
MODEL LAW.
ley modelo. Ley tipo.

MORAL DURESS.
presiones o influencias morales que inciden sobre la volutand de una persona. v. DURESS.

MORAL EVIDENCE.
pruebas que aunque no aportan una certeza absoluta respecto de ciertos hechos, generan una situación de verosimilitud o probabilidad respecto de tales hechos.

MORAL FAULT.
culpa, en materia de delitos.

MORAL FRAUD.
fraude intencional.

MORAI HAZARD.
la probabilidad de un siniestro, teniendo en cuenta las condiciones personales del asegurado.

MORAL IMBECILE.
enfermo mental.

MORAL INSANITY.
locura moral.

MORAL LAW.
ley moral.

MORAL OBLIGATION.
obligación moral.

MORAL RESTRAINT.
restricción o inhibición moral.

MORAL TURPITUDE.
torpeza moral. Conducta inmoral.

MORATORIUM.
moratoria.

MORE.
más.

MORE FAVORABLE TERMS.
V. MORE FAVOURABLE TERMS.

MORE FAVOURABLE TERMS.
términos más favorables.

MORE OR LESS.
literalmente, más o menos. Aproximadamente.

MORGANATIC MARRIAGE.
matrimonio morganático.

MORGUE.
morgue.

MORNING LOAN.
préstamo dado al inicio de un día, para permitir llevar a cabo las operaciones de ese día.

MORON.
persona mentalmente deficiente o disminuida.

MORTAL.
mortal.

MORTALITY.
mortalidad.

MORTALITY TABLES.
tablas de mortalidad.

MORTGAGE.
hipoteca. ‖ como verbo (*to mortgage*), hipotecar.

MORTGAGE BANK.
banco hipotecario.

MORTGAGE BOND.
bono, cédula o título hipotecario.

MORTGAGE BROKER.
corredor de préstamos hipotecarios.

MORTGAGE CERTIFICATE.
cédula, certificado o título hipotecario.

MORTGAGE CLAUSE.
cláusula que protege al acreedor hipotecario en un contrato de seguro.

MORTGAGE COMMITMENT.
compromiso de realizar un préstamo hipotecario.

MORTGAGE COMPANY.
compañía que gestiona operaciones hipotecarias.

MORTGAGE CONTINGENCY CLAUSE.
cláusula que condiciona una operación inmobiliaria a la obtención de un préstamo hipotecario por el comprador.

MORTGAGE DEED.
título hipotecario. Título mediante el que se instrumenta una hipoteca.

MORTGAGE FORECLOSURE.
ejecución hipotecaria.

MORTGAGE GUARANTEE INSURANCE.
seguro respecto del cobro de préstamos hipotecarios.

MORTGAGE INSURANCE.
seguro destinado a cubrir una deuda hipotecaria en caso de fallecimiento del deudor. ‖ seguro destinado a cubrir el riesgo de incobrabilidad de un crédito hipotecario.

MORTGAGE LIEN.
privilegio o derecho de preferencia que resulta de una hipoteca.
V. LIEN.

MORTGAGE LOAN.
préstamo hipotecario.

MORTGAGE NOTE.
pagaré hipotecario.

MORTGAGE OF GOODS.
V. CHATTEL MORTGAGE.

MORTGAGE OF SHIP.

hipoteca naval.

MORTGAGE POOL.

fideicomiso formado conjuntamente por varios acreedores hipotecarios que transfieren fiduciariamente sus créditos a un fideicomisario, quien actúa en beneficio de tales acreedores. V. TRUST.

MORTGAGE TAX.

impuesto sobre las operaciones hipotecarias.

MORTGAGEE.

acreedor hipotecario.

MORTGAGEE IN POSSESSION.

acreedor hipotecario que goza de la posesión del bien hipotecado, como condición de la hipoteca, y que sólo puede ser desposeído al cumplirse con el pago del crédito hipotecario.

MORTGAGING OUT.

adquisición de un inmueble financiado mediante préstamos hipotecarios.

MORTGAGOR.

deudor hipotecario.

MORTIS CAUSA.

mortis causa. Por causa de muerte.

MORTMAIN.

mano muerta.

MORTUARY.

funeraria. Casa de sepelios. ‖ cementerio.

MORTUARY TABLES.

tablas de mortalidad.

MORTUUM VADIUM.

hipoteca.

MOSLEM LAW.

Derecho musulmán.

MOST FAVORED NATION CLAUSE.

V. MOST FAVOURED NATION CLAUSE.

MOST FAVOURED NATION CLAUSE.

cláusula de nación más favorecida.

MOST SUITABLE USE VALUATION.

valuación de un bien conforme a su destino más ventajoso.

MOTHER.

madre. ‖ como verbo (to mother), dar cuidados maternales.

MOTHER IN LAW.

suegra.

MOTION.

propuesta. Moción. Proposición. Petición. ‖ petición o solicitud hecha al juez en el curso de un juicio. ‖ movimiento. ‖ también, como verbo (to motion), peticionar. Proponer.

MOTION BY WAY OF APPEAL.

interposición de un recurso de apelación.

MOTION DEFEATED.

moción o propuesta rechazada.

MOTION FOR DIRECTED VERDICT.

petición de que se dé una instrucción al jurado estableciendo el veredicto que éste debe dar. V. DIRECTED VERDICT.

MOTION FOR JUDGMENT.

petición de que se dicte sentencia, en base a los hechos probados, que sólo admiten una sentencia determinada.

MOTION FOR JUDGMENT NOTWITHSTANDING VERDICT.

petición de que el juez dicte sentencia en favor de la parte que la efectúa, no obstante un veredicto contrario del jurado.

MOTION FOR JUDGMENT ON PLEADINGS.

petición de que se declare la causa de puro derecho y se dicte sentencia en consecuencia.

MOTION FOR MORE DEFINITE STATEMENT.

petición de que la contraparte aclare lo articulado en su demanda, reconvención o contestación a éstas.

MOTION FOR NEW TRIAL.

solicitud de que se anule lo actuado en el juicio y se proceda a reiniciarlo.

MOTION GRANTED.

petición o solicitud concedida.

MOTION IN ARREST OF JUDGMENT.

solicitud de que se suspenda el dictado de sentencia.

V. ARREST OF JUDGMENT.

MOTION IN BAR.

solicitud o petición que de prosperar implica el rechazo de la demanda. Excepción perentoria.

MOTION IN LIMINE.

solicitud o petición in limine. La que se presenta, antes de que en el juicio se inicie la participación del jurado, destinada a determinar las cuestiones y materias que serán presentadas ante éste.

MOTION OF CENSURE.

moción de censura.

MOTION OF COURSE.

solicitud o petición que se debe ser atendida, por no dejar la ley discrecionalidad alguna al juez frente a ella.

MOTION PAPERS.
la documentación que acompaña a una solicitud o petición en juicio.

MOTION TO ADJOURN.
moción de levantar la sesión.

MOTION TO DISMISS.
solicitud de que se rechace la demanda.

MOTION TO SET ASIDE.
recurso de reposición.

MOTION TO STRIKE.
solicitud de que se eliminan de las actuaciones elementos superfluos, innecesarios, impertinentes o escandalosos.

MOTION TO SUPRESS.
solicitud de que no se produzcan en un juicio penal elementos de prueba por haber sido obtenidos ilícitamente, o por otras razones.

MOTION TO VACATE.
recurso de nulidad. Se aplica la expresión con cierta amplitud, inclusive respecto de recursos de apelación.

MOTIVATION.
motivación.

MOTIVE.
motivo. Móvil.

MOTOR CAR.
automóvil. Automotor.

MOTOR CARRIER.
transportador vial. Transportista por carretera.

MOTOR VEHICLE.
vehículo automotor.

MOTORING OFFENCES.
infracciones viales. Delitos o infracciones cometidos en violación de las normas sobre circulación vial.

MOURNING.
duelo.

MOVABLE.
movible. Móvil. ‖ bien mueble.

MOVABLE ESTATE.
propiedad mueble.

MOVABLE PROPERTY.
propiedad inmueble.

MOVABLES.
bienes muebles.

MOVANT.
solicitante. Quien realiza una presentación o petición. v. MOTION. ‖ móvil.

MOVE.
solicitud. Petición. ‖ propuesta. Moción. ‖ como verbo (*to move*), realizar una solicitud o petición. ‖ transferir. Transladar. Mudarse. ‖ causar. Ocasionar.

MOVE OUT.
desocupar. Abandonar o dejar la posesión.

MOVING PAPERS.
la instrumentación de una petición o solicitud en juicio, con la documentación correspondiente.
v. MOTION.

MULCT.
multa.

MULTICRAFT UNION.
sindicato que incluye miembros pertenecientes a distintos oficios.

MULTIDISCRICT LITIGATION.
en los Estados Unidos, controversia civil que tramita ante distintos distritos judiciales federales.

MULTIFARIOUS ISSUE.
cuestión compleja. Cuestión contenciosa que abarca diversos aspectos que deben ser resueltos separadamente.
v. ISSUE.

MULTIFARIOUSNESS.
reunión en una única demanda de distintas acciones que deben ser litigadas separadamente. ‖ reunión en un proyecto de ley o en una ley de cuestiones no conectadas entre sí. Es la condición de las llamadas leyes ómnibus.

MULTILATERAL.
multilateral.

MULTILATERAL AGREEMENT.
acuerdo multilateral.

MULTIMEMBER DISTRICT.
distrito legislativo con pluralidad de miembros.

MULTIMODAL.
multimodal.

MULTIMODAL TRANSPORT.
transporte multimodal.

MULTINATIONAL.
multinacional.

MULTINATIONAL CORPORATION.
sociedad multinacional. v. CORPORATION.

MULTINATIONAL ENTERPRISE.
empresa multinacional.

MULTIPARTITE.
multipartito.

MULTIPLE.
múltiple.

MULTIPLE ACCESS.
acceso carnal múltiple, o sea el habido con distintos hombres durante cierto período.

MULTIPLE COUNTS.
pluralidad de acciones, imputaciones o pretensiones en una demanda civil o acusación penal.

MULTIPLE DAMAGES.
condena en daños y perjuicios en la que se multiplican por un factor predeterminado el valor de los daños y perjuicios efectivamente experimentados por el actor.

MULTIPLE DEEDS.
multiplicidad de instrumentos formales necesarios para efectivizar la transferencia de un inmueble.
v. DEED.

MULTIPLE DEFENDANTS.
codemandados.

MULTIPLE EVIDENCE.
prueba con valor probatorio respecto de distintos extremos o en distintas etapas de un juicio.

MULTIPLE INTEREST.
devolución del interés percibido ilícitamente, multiplicado por un factor predeterminado, en carácter punitivo.

MULTIPLE ISSUES.
pluralidad de cuestiones debatidas en un juicio.

MULTIPLE LISTING.
la venta de una propiedad a través de una pluralidad de corredores inmobiliarios, que la ofrecen conjuntamente.

MULTIPLE OFFENCES.
concurso ideal.

MULTIPLE PARTIES.
litisconsorcio.

MULTIPLE-PARTY ACCOUNTS.
cuenta con una pluralidad de titulares.

MULTIPLE PERILS INSURANCE.
seguro contra una pluralidad de riesgos.

MULTIPLE SENTENCE.
sentencia en que se multiplica el monto de la pena, en razón de reincidencia.

MULTIPLE SENTENCES.
pluralidad de penas de prisión impuestas en una misma sentencia.

MULTIPLICITY.
multiplicidad. ‖ pluralidad de acciones o pretensiones en una misma demanda.

MULTIPLICITY OF ACTIONS.
multiplicidad de acciones con idéntica causa.

MULTISTATE CORPORATION.
persona jurídica constituida en una pluralidad de estados.
v. CORPORATION.

MULTITUDE.
multitud.

MUNICIPAL.
municipal. Local. Comunal. ‖ nacional, en contraposición a internacional. ‖ gubernamental o estatal, en contraposición a privado.

MUNICIPAL ACTION.
acción, actividad o gobierno municipal.

MUNICIPAL AFFAIRS.
asuntos municipales.

MUNICIPAL AID.
ayuda municipal. La dada por una municipalidad a entes o actividades de interés público.

MUNICIPAL AUTHORITIES.
autoridades municipales.

MUNICIPAL BOND.
bono o título municipal. Bono o título emitido por una municipalidad o ente municipal.

MUNICIPAL CHARTER.
carta o ley orgánica, o estatuto, de una municipalidad.

MUNICIPAL CORPORATION.
ente municipal. ‖ una municipalidad, en cuanto persona jurídica. v. CORPORATION.

MUNICIPAL CORPORATION DE FACTO.
municipalidad no constituida formalmente, pero reconocida como tal por actuar de hecho en ese carácter.
v. MUNICIPAL CORPORATION.

MUNICIPAL COURT.
tribunal municipal.

MUNICIPAL DOMICILE.
domicilio local o municipal.

MUNICIPAL ELECTION.
elección municipal.

MUNICIPAL FUNCTION.
función municipal. Función de una municipalidad.

MUNICIPAL GOVERNMENT.
gobierno municipal.

MUNICIPAL LAW.
Derecho municipal. ‖ Derecho local, nacional o interno, en contraposición al internacional. ‖ el Derecho de un estado, en contraposición al federal.

MUNICIPAL LIEN.
privilegio o derecho de preferencia que favorece a los créditos de una municipalidad.
V. LIEN.

MUNICIPAL NOTE.
pagaré o título de deuda emitido por una municipalidad.

MUNICIPAL OFFICER.
funcionario municipal.

MUNICIPAL ORDINANCE.
ordenanza municipal.

MUNICIPAL PURPOSES.
propósitos o fines de utilidad municipal.

MUNICIPAL RECORDS.
registros y archivos municipales.

MUNICIPAL SECURITIES.
títulos municipales. Los emitidos por una municipalidad o un ente municipal.
V. SECURITIES.

MUNICIPAL TAXATION.
tributación municipal.

MUNICIPAL WARRANT.
orden de pago dirigida por un funcionario municipal al tesorero o funcionario equivalente de la municipalidad.

MUNICIPALITY.
municipalidad.

MUNIMENT.
acto o documento probatorio. Título probatorio o constitutivo de un derecho.

MUNIMENT DEED.
instrumento formal que opera como prueba o título constitutivo de un derecho.
V. DEED. MUNIMENT.

MUNIMENT OF TITLE.
título. Documento probatorio o constitutivo de título. ‖ título de propiedad.

MURDER.
asesinato. Homicidio voluntario. ‖ como verbo (to murder), asesinar.

MURDER IN THE FIRST DEGREE.
homicidio con premeditación.

MURDER IN THE SECOND DEGREE.
homicidio doloso, pero sin premeditación.

MURDERER.
asesino. Homicida.

MUST.
deber, como verbo auxiliar.

MUSTER ROLL.
lista de tripulantes.

MUTATION.
mutación.

MUTATION OF LIBEL.
modificación de la fundamentación de una acusación de difamación.

MUTE.
mudo.

MUTILATE.
mutilar.

MUTILATED.
mutilado.

MUTILATED BALLOT.
boleta electoral mutilada.

MUTILATED INSTRUMENT.
instrumento o documento mutilado.

MUTILATION.
mutilación.

MUTINOUS.
insubordinado. Amotinado. Propenso o preparado o amotinarse.

MUTINY.
motín. Amotinamiento. ‖ también, como verbo (to mutiny), amotinarse.

MUTUAL.
mutuo. Recíproco. ‖ mutual.

MUTUAL ACCOUNTS.
cuentas que registran créditos y débitos recíprocos entre las partes.

MUTUAL AFFRAY.
duelo. ‖ lucha o pelea por voluntad de ambas partes.

MUTUAL AGREEMENT.
mutuo acuerdo.

MUTUAL AND RECIPROCAL WILLS.
testamentos recíprocos.

MUTUAL ASSENT.
consenso. Mutuo acuerdo. Mutuo asentimiento.

MUTUAL ASSOCIATION.
asociación mutual. Mutual.

MUTUAL BENEFIT ASSOCIATION.
V. MUTUAL ASSOCIATION.

MUTUAL BENEFIT INSURANCE.
seguro de beneficios mutuos.

MUTUAL COMPANY.
sociedad mutual.

MUTUAL CONDITION.
condición mutua.

MUTUAL CONSENT.
mutuo acuerdo. Acuerdo o consentimiento recíproco.

MUTUAL CONSIDERATION.
contraprestaciones recíprocas.
V. CONSIDERATION.

MUTUAL CONTRACT.
contrato que se efectúa en interés recíproco de las partes.

MUTUAL COVENANTS.
estipulaciones o cláusulas contractuales que se condicionan recíprocamente, de modo que el cumplimiento de una es condición del cumplimiento de la otra.
V. COVENANT.

MUTUAL CREDITS.
créditos recíprocos.

MUTUAL DEBT.
deuda recíproca.

MUTUAL DEMANDS.
demandas, pretensiones o acciones recíprocas. Demanda y reconvención.

MUTUAL EASEMENTS.
servidumbres recíprocas.

MUTUAL ERROR.
error recíproco. Error común a las distintas partes de un contrato.

MUTUAL FUND.
fondo común de inversión.

MUTUAL INSURANCE.
seguro mutual.

MUTUAL INSURANCE COMPANY.
compañía mutual de seguros.

MUTUAL MISTAKE.
error recíproco. Error común a las partes.
V. MUTUAL ERROR.

MUTUAL PROMISES.
promesas recíprocas.

MUTUAL RELIEF ASSOCIATION.
sociedad de ayuda mutua.

MUTUAL SAVINGS BANK.
banco de ahorros mutuos. Banco mutual de ahorros.

MUTUAL TESTAMENTS.
V. MUTUAL WILLS.

MUTUAL WILLS.
testamentos recíprocos.

MUTUALITY.
mutualidad. Reciprocidad.

MUTUALITY DOCTRINE.
doctrina que exige la reciprocidad de obligaciones contractuales para que sean válidas.

MUTUALITY OF ASSENT.
reciprocidad de consentimiento contractual.

MUTUALITY OF CONTRACT.
reciprocidad o interdependencia de las obligaciones contractuales.

MUTUALITY OF OBLIGATION.
reciprocidad o interdependencia de las obligaciones, particularmente en materia contractual.

MUTUALITY OF REMEDY.
existencia recíproca de acciones y recursos entre las partes, y en consecuencia, de obligaciones exigibles entre ellas. V. REMEDY.

MUTUANT.
mutuante.

MUTUARY.
mutuario.

MUTUUM.
mutuo.

MYSTERY.
oficio. Profesión. Arte. Ocupación.

MYSTIC TESTAMENT.
testamento firmado conforme a formalidades especiales frente a un escribano y siete testigos.

NATIONAL.
nacional. ‖ persona con determinada nacionalidad.

NATIONAL BANK.
banco nacional. En los Estados Unidos, banco constituido bajo las leyes federales.

NATIONAL CITIZENSHIP.
ciudadanía nacional, en contraposición a la de un estado o provincia.

NATIONAL CORPORATION.
en los Estados Unidos, persona jurídica constituida bajo las leyes federales.
V. CORPORATION.

NATIONAL CURRENCY.
moneda nacional.

NATIONAL DEBT.
deuda pública.

NATIONAL DEFENCE.
defensa nacional.

NATIONAL DEFENSE.
V. NATIONAL DEFENCE.

NATIONAL DOMAIN.
propiedad pública.

NATIONAL DOMICILE.
el país en que se tiene domicilio. ‖ domicilio en un país. Domicilio nacional.

NATIONAL EMERGENCY.
emergencia nacional.

NATIONAL GOVERNMENT.
gobierno nacional.

NATIONAL GUARD.
guardia nacional.

NATIONAL INCOME.
ingreso nacional.

NATIONAL ORIGIN.
nacionalidad de origen. Origen étnico.

NATIONAL REPORTER SYSTEM.
sistema general de publicación de la jurisprudencia de los tribunales estadounidenses.

NATIONAL SERVICE.
servicio militar, en Gran Bretaña. Servicio nacional.

NATIONAL SERVICE LIFE INSURANCE.
seguro de vida del personal militar.

NATIONAL TREATMENT.
tratamiento o trato nacional.

NATIONAL UNION.
sindicato nacional.

NATIONALITY.
nacionalidad.

NATIONALITY BY BIRTH.
nacionalidad de nacimiento.

NATIONALITY BY NATURALIZATION.
nacionalidad por naturalización.

NATIONALIZATION.
nacionalización.

NATIONALIZE.
nacionalizar.

NATIONALIZED INDUSTRIES.
empresas nacionalizadas.

NATIVE.
nativo, como sustantivo y como adjetivo.

NATIVE CITIZEN.
ciudadano nativo.

NATURAL.
natural.

NATURAL AFFECTION.
afecto natural, entre parientes cercanos.

NATURAL ALLEGIANCE.
fidelidad al Estado de que se es ciudadano.
V. ALLEGIANCE.

NATURAL AND PROBABLE CONSEQUENCES.
consecuencias naturales y probables de un hecho.

NATURAL-BORN SUBJECT.
ciudadano nativo.

NATURAL CHANNEL.
canal natural de un río o de otro curso de agua.

NATURAL CHILD.
hijo natural o ilegítimo.

NATURAL DAY.
día natural. El día, comprendido de media noche a media noche.

NATURAL DEATH.
muerte natural.

NATURAL DOMICILE.
domicilio de origen.

NATURAL EQUITY.
justicia natural.

NATURAL FRUITS.
frutos naturales.

NATURAL GUARDIAN.
el padre de un menor, en cuanto guardián o tutor natural del mismo.

NATURAL HEIRS.
herederos naturales.

NATURAL INFANCY.
infancia. Período de inimputabilidad por razón de minoría de edad.

NATURAL JUSTICE.
justicia natural.

NATURAL LAW.
Derecho Natural.

NATURAL LIBERTY.
libertad natural.

NATURAL LIFE.
vida física de una persona.

NATURAL MONOPOLY.
monopolio natural.

NATURAL MONUMENT.
monumento natural.

NATURAL OBJECTS.
objetos naturales o de la naturaleza.

NATURAL OBJECTS OF TESTATOR'S BOUNTY.
herederos legítimos.

NATURAL OBLIGATION.
obligación natural.

NATURAL PARENTS.
padres biológicos.

NATURAL PERSON.
persona física o natural.

NATURAL POSSESSION.
posesión física.

NATURAL PREMIUM.
las primas estrictamente necesarias para cubrir los siniestros asegurados, según se producen normalmente.

NATURAL RESOURCES.
recursos naturales.

NATURAL RIGHTS.
derechos naturales.

NATURAL SUCCESION.
sucesión natural.

NATURAL USE.
uso natural u ordinario de un bien.

NATURAL YEAR.
año natural.

NATURALIZATION.
naturalización.

NATURALIZATION BY MARRIAGE.
naturalización por matrimonio.

NATURALIZATION COURTS.
tribunales con competencia en cuestiones de naturalización.

NATURALIZATION PAPERS.
documentos de naturalización.

NATURALIZATION PROCEEDINGS.
procedimiento de naturalización.

NATURALIZED CITIZEN.
ciudadano naturalizado.

NATURE.
naturaleza.

NAUFRAGE.
naufragio.

NAUTICAL.
náutico.

NAUTICAL ASSESSOR.
asesor o perito en cuestiones navales.

NAUTICAL MILE.
milla marítima. Nudo.

NAUTICAL ERROR.
error o culpa en la navegación.

NAUTICAL FAULT.
culpa náutica o en la navegación.

NAUTICAL INCIDENT.
accidente, incidente o siniestro náutico o de la navegación.

NAVAL.
naval.

NAVAL COURTS.
tribunales navales o del almirantazgo.

NAVAL COURTS MARTIAL.
tribunales con competencia sobre la marina de guerra.

NAVAL LAW.
Derecho naval. ‖ Derecho aplicable a la marina de guerra.

NAVAL SHIP.
buque de guerra.

NAVICERT.
certificado emitido en un país neutral respecto del destino de la carga de un buque que ha zarpado de ese país.

NAVIGABLE.
navegable.

NAVIGABLE IN FACT.
navegable de hecho en un estado natural.

NAVIGABLE WATERS.
aguas navegables.

NAVIGATE.
navegar.

NAVIGATION.
navegación.

NAVIGATION SERVITUDE.
derecho a la libre navegación de las aguas.

NAVY.
marina.

NAVY DEPARTMENT.
Ministerio de Marina.

NAY.
voto negativo.

NAYE.
v. NAY.

N.B.
iniciales de *nota bene,* expresión equivalente a "nota" u "observación".

NE EXEAT.
orden de no abandonar el país.

NEAR.
próximo. Vecino. Cercano.

NEAR MONEY.
cuasidinero. Activos fácilmente convertibles en dinero.

NEAR RELATIVE.
pariente cercano.

NEAREST BLOOD.
pariente consanguíneo más cercano.

NEAREST BLOOD RELATIVES.
parientes consanguíneos más cercanos.

NEAREST OF BLOOD.
v. NEAREST BLOOD.

NEAREST OF KIN.
v. NEAREST BLOOD.

NECESSARIES.
artículos de primera necesidad.

NECESSARILY INCLUDED OFFENCE.
delito que, por estar incluidos sus elementos en otra figura punible, necesariamente queda configurado al incurrirse esta última.

NECESSARILY INCLUDED OFFENSE.
v. NECESSARILY INCLUDED OFFENCE.

NECESSARY.
necesario.

NECESSARY AND PROPER.
necesario y apropiado.

NECESSARY DAMAGES.
daños necesarios. Los daños, materiales y morales, que la ley imputa como consecuencia de un acto ilícito.

NECESSARY DEPOSIT.
depósito necesario.

NECESSARY DILIGENCE.
diligencia necesaria.

NECESSARY DOMICILE.
domicilio necesario.

NECESSARY EASEMENT.
servidumbre necesaria, por exigirla el goce de los derechos sobre el fundo dominante.

NECESSARY EXPENSE.
gasto necesario.

NECESSARY INFERENCE.
inferencia necesaria.

NECESSARY LITIGATION.
litigio necesario o inevitable.

NECESSARY PARTY.
parte necesaria de un juicio. Parte de un litisconsorcio necesario.

NECESSARY POWERS.
poderes necesarios para el ejercicio de una función.

NECESSARY REPAIRS.
reparaciones necesarias.

NECESSARY REPRESENTATION.
representación necesaria.

NECESSARY RULE.
regla que limita el ejercicio de las servidumbres de paso a lo necesario para tener acceso a la vía pública.

NECESSITIES.
v. NECESSARIES.

NECESSITOUS.
necesitado. Indigente.

NECESSITOUS CIRCUMSTANCES.
circunstancias de necesidad o indigencia.

NECESSITY.
necesidad. || estado de necesidad. || fuerza o compulsión irresistible.

NECROPHILIA.
necrofilia.

NECROPSY.
autopsia.

NEED.
necesidad. || también, como verbo (*to need*), necesitar.

NEEDFUL.
necesario. Indispensable.

NEEDLESS.
innecesario.

NEEDY.
necesitado. Indigente.

NEGATIVE.
negativo. || rechazo. Negativa.

NEGATIVE AVERMENT.
declaración de hechos o circunstancias que, aunque formulada gramaticalmente en términos negativos, supone afirmar un hecho concreto, como ser que una habitación no había sido pintada.
v. AVERMENT.

NEGATIVE CONDITION.
condición negativa.

NEGATIVE COVENANT.
obligación contractual de no realizar determinada conducta. v. COVENANT.

NEGATIVE EASEMENT.
servidumbre negativa.

NEGATIVE EVIDENCE.
prueba de que un hecho es falso o no se ha configurado.

NEGATIVE FINDING.
determinación judicial de la no configuración de un hecho o extremo.

NEGATIVE GOODWILL.
valor de un negocio o empresa por debajo del de sus activos netos, valuados individualmente. v. GOODWILL.

NEGATIVE KNOWLEDGE.
falta de conocimiento de un hecho.

NEGATIVE MISPRISION.
ocultación de un hecho que se tiene el deber de declarar o denunciar. v. MISPRISION.

NEGATIVE PLEA.
presentación procesal en la que se niega una afirmación de la contraparte. v. PLEA.

NEGATIVE PREGNANT.
negativa formulada en un escrito judicial o declaración, de la que surge implícitamente una afirmación o admisión.

NEGATIVE PROOF.
prueba negativa. Prueba de un hecho demostrando que su inexistencia o falsedad es imposible.

NEGATIVE REPRISALS.
represalias contra un Estado extranjero efectuadas mediante el incumplimiento de obligaciones debidas a ese Estado.

NEGATIVE RIGHT.
el derecho correlativo a una obligación ajena de no hacer.

NEGATIVE SERVITUDE.
servidumbre negativa.

NEGATIVE STATUTE.
ley que utiliza términos negativos, especialmente la determinación de obligaciones de no hacer.

NEGATIVE TESTIMONY.
testimonio del que puede inferirse que un hecho no ha tenido lugar, aunque nada se diga expresamente sobre ese hecho.

NEGATIVE TO THE TERMS OF A SECTION.
estipulación contractual mediante la que se deja sin efecto una norma supletoria o interpretativa.

NEGLECT.
negligencia. Descuido. Abandono. ‖ incumplimiento de una obligación. ‖ como verbo (*to neglect*), descuidar. Actuar con negligencia o abandono.

NEGLECT OF DUTY.
incumplimiento de un deber.

NEGLECTED CHILD.
menor descuidado o insuficientemente atendido.

NEGLECTED MINOR.
v. NEGLECTED CHILD.

NEGLIGENCE.
negligencia.

NEGLIGENCE CLAUSE.
cláusula de exoneración de la responsabilidad por negligencia.

NEGLIGENCE IN LAW.
negligencia desde el punto de vista jurídico. Negligencia jurídicamente relevante. Negligencia por no haberse cumplido con una obligación prescripta por la ley.

NEGLIGENCE LIABILITY INSURANCE.
seguro de la responsabilidad por negligencia.

NEGLIGENCE PER SE.
negligencia *per se*.
conducta que configura negligencia sin necesidad de acreditar extremos adicionales, por violar una ley o por su manifiestamente irrazonable.

NEGLIGENT.
negligente. Culpable. Culposo.

NEGLIGENT ESCAPE.
fuga atribuible a la negligencia de los custodios del fugitivo.

NEGLIGENT HOMICIDE.
homicidio culposo. v. HOMICIDE.

NEGLIGENT MANSLAUGHTER.
homicidio culposo. v. MANSLAUGHTER.

NEGLIGENT MISREPRESENTATION.
declaración falsa, inexacta o errónea, realizada en virtud de culpa o negligencia.
v. MISREPRESENTATION.

NEGLIGENT OFFENCE.
delito culposo.

NEGLIGENT OFFENSE.
v. NEGLIGENT OFFENCE.

NEGLIGENT VIOLATION.
violación culposa de una obligación.

NEGLIGENTLY.
culposamente. Negligentemente.

NEGOTIABILITY.
negociabilidad. Transferibilidad. ‖ endosabilidad.

NEGOTIABLE.
negociable. Transferible. ‖ endosable.

NEGOTIABLE BILL OF LADING.
carta de porte negociable.
V. BILL OF LADING.

NEGOTIABLE BOND.
bono transferible, negociable o endosable.

NEGOTIABLE COUPON.
cupón transferible, negociable o endosable.

NEGOTIABLE DOCUMENT OF TITLE.
título transferible. Documento representativo de título transferible, negociable o endosable.
V. DOCUMENT OF TITLE.

NEGOTIABLE INSTRUMENT.
título negociable. Título circulatorio. Título o instrumento de crédito. El Código Uniforme de Comercio de los Estados Unidos lo define como cualquier promesa incondicionada por escrito y firmada de pagar una suma fija de dinero a la vista o en una fecha fija, a la orden de una persona determinada o indeterminada.

NEGOTIABLE NOTE.
pagaré negociable.

NEGOTIABLE PAPER.
V. NEGOTIABLE INSTRUMENT.

NEGOTIABLE SECURITIES.
títulos negociables. V. SECURITIES.

NEGOTIABLE WORDS.
términos que dan a un título o instrumento el carácter de negociable.

NEGOTIATE.
negociar. Tratar. ‖ ceder. Transferir.

NEGOTIATED PLEA.
declaración o defensa en un juicio penal, efectuada por el acusado, que es consecuencia de una negociación previa con el acusador.
V. PLEA. PLEA BARGAINING.

NEGOTIATING STATE.
estado que participa en una negociación internacional.

NEGOTIATION.
negociación. Tratativa.

NEGOTIATION OF INSTRUMENT.
negociación o transferencia de un título.

NEGOTIATOR.
negociador.

NEIGHBOR.
V. NEIGHBOUR.

NEIGHBORHOOD.
V. NEIGHBOURHOOD.

NEIGHBOUR.
vecino.

NEIGHBOURHOOD.
vecindad.

NEITHER PARTY.
fórmula utilizada para indicar que en un juicio se ha llegado a transacción entre las partes, por lo que éstas no comparecerán ante el tribunal.

NEMINE CONTRADICENTE.
sin oposición. Unánimemente.

NEPHEW.
sobrino.

NEPOTISM.
nepotismo.

NET.
neto. ‖ red.

NET ASSET VALUE.
patrimonio neto.

NET ASSETS.
activos netos.

NET BALANCE.
saldo neto.

NET CAPITAL STOCK.
patrimonio neto.

NET CASH.
precio neto en efectivo.

NET COST.
costo neto.

NET EARNINGS.
ingresos netos.

NET ESTATE.
patrimonio sucesorio neto.

NET INCOME.
ingreso neto.

NET INTEREST.
interés neto.

NET LEASE.
locación de bienes en que el locador recibe una suma neta preestablecida, estando los gastos ocasionados por los bienes a cargo del locatario.
V. LEASE.

NET LEVEL ANNUAL PREMIUM.
nivel de primas necesario para cubrir las responsabilidades del asegurador frente a los siniestros asegurados, en un período anual.

NET LISTING.
contrato con un corredor inmobiliario, para la venta de un inmueble, en el que la comisión es función del exceso del precio de venta sobre un valor previamente estipulado.
V. LISTING.

NET LOSS.
pérdida neta.

NET NATIONAL PRODUCT.
producto nacional neto.

NET OPERATING ASSETS.
activos operativos netos.

NET OPERATING LOSS.
pérdidas netas de las operaciones corrientes.

NET POSITION.
posición neta. La diferencia entre los títulos u otros bienes adquiridos y vendidos, en operaciones de futuro.

NET PREMIUM.
primas netas. ‖ parte de la prima necesaria para cubrir el costo del seguro.

NET PRICE.
precio neto.

NET PROCEEDS.
el producido neto de una venta o subasta.

NET PROFITS.
utilidades o ganancias netas.

NET RENT.
renta neta.

NET RETURNS.
rendimientos o utilidades netas.

NET REVENUE.
ingreso neto.

NET SALE CONTRACT.
V. NET LISTING.

NET SALES.
ventas netas.

NET SINGLE PREMIUM.
las primas necesarias para cubrir las responsabilidades futuras derivadas del contrato de seguro correspondiente, teniendo en cuenta los intereses que cabe derivar de la inversión de esas primas.

NET SUCCESSION.
el valor neto de las hijuelas, una vez deducidos los gastos de administración y otros derivados de la sucesión.

NET TONNAGE.
tonelaje neto.

NET VALUE.
valor neto.

NET WEIGHT.
peso neto.

NET WORTH.
patrimonio neto.

NET YIELD.
rendimiento neto.

NETWORK.
red. ‖ cadena radial o televisiva.

NEUTRAL.
neutral.

NEUTRAL NATION.
nación neutral.

NEUTRAL PROPERTY.
propiedad neutral o de neutrales.

NEUTRALITY.
neutralidad.

NEUTRALITY LAWS.
leyes sobre neutralidad.

NEUTRALIZATION.
neutralización.

NEW.
nuevo. Novedoso.

NEW ACQUISITON.
bienes adquiridos por actos entre vivos. ‖ bienes no adquiridos a títulos gratuitos de un ascendiente.

NEW ACTION.
nueva acción, en particular sobre una cuestión que ha sido objeto de litigio.

NEW AND USEFUL.
novedoso y útil, particularmente en materia de patentes.

NEW ASSETS.
activos que ingresan en una sucesión luego que ha expirado el plazo para hacer efectivos los derechos de terceros contra los bienes de esa sucesión.

NEW ASSIGNMENT.
aclaración del objeto de la demanda, en respuesta al contenido de la contestación del demandado, en particular para alegar que esa contestación no se ajusta a la demanda.

NEW CAUSE OF ACTION.
hechos nuevos, de los que surgen pretensiones o acciones adicionales. v. CAUSE OF ACTION.

NEW CONSIDERATION.
contraprestación adicional a la originalmente acordada entre las partes. v. CONSIDERATION.

NEW CONTRACT.
contrato que modifica o sustituye a uno anterior.

larmente en los correspondientes al sector público, que prohíbe las huelgas.

NOBILITY.
nobleza.

NOCENT.
culpable.

NOLENS VOLENS.
con consentimiento o sin él.

NOLLE PROSEQUI.
fórmula mediante la que un demandante desiste de su demanda o el fiscal o acusador desisten de la acusación.

NOLO CONTENDERE.
acto procesal mediante el que un acusado no se opone a, ni acepta la acusación. Penalmente, esto supone una admisión de culpabilidad, pero tal admisión no sirve de base para una acción civil posterior fundada en los mismos hechos.

NOMEN JURIS.
término jurídico.

NOMINAL.
nominal.

NOMINAL ASSETS.
activos nominales.

NOMINAL CAPITAL.
capital nominal. ‖ capital que por su escaso valor cumple sólo una función formal.

NOMINAL CONSIDERATION.
contraprestación nominal.
V. CONSIDERATION.

NOMINAL DAMAGES.
resarcimiento nominal, mediante el que se reconoce la existencia de un derecho violado, pero no la experiencia de daños y perjuicios resarcibles.

NOMINAL DEFENDANT.
demandado nominal, por no exigirse de él prestación alguna, extendiéndosele la demanda por motivos formales.

NOMINAL INTEREST RATE.
tasa de interés nominal.

NOMINAL PARTNER.
socio aparente.

NOMINAL PARTY.
parte de un juicio por motivos puramente formales, no teniendo derechos u obligaciones efectivos dependientes del resultado de ese juicio.

NOMINAL PLAINTIFF.
demandante nominal. V. NOMINAL PARTY.

NOMINAL RIGHT.
derecho nominal, por carecer de contenido efectivo.

NOMINAL TRUST.
fideicomiso nominal, por carecer el fideicomisario de facultades efectivas respecto del objeto del fideicomiso, concentrándose tales facultades en el beneficiario.
V. TRUST.

NOMINATE.
nominado. Nombrar. Designar. ‖ como verbo (*to nominate*).

NOMINATE CONTRACTS.
contratos nominados.

NOMINATION.
nombramiento. Designación.

NOMINATION PAPER.
lista de candidatos.

NOMINATOR.
quien realiza una designación o nombramiento.

NOMINE.
bajo el nombre de.

NOMINEE.
persona nombrada o designada. ‖ candidato. ‖ prestanombre. ‖ representante. ‖ fideicomisario. Representante. Fiduciario. ‖ propietario aparente.

NOMINEE TRUST.
fideicomiso en el que el fideicomisario acuerda detentar cierta propiedad inmueble como propietario formal, en beneficio de las personas designadas en el fideicomiso. V. TRUST.

NON.
no. Prefijo indicativo de negación.

NON-ABILITY.
falta de legitimación o de capacidad.

NON-ACCEPTANCE.
no aceptación, en particular la de bienes comprados o la de una letra de cambio.

NON-ACCESS.
falta de acceso, por ejemplo, a un inmueble, carnal, etc.

NON-ACT.
omisión.

NON-ACQUIESCENCE.
desacuerdo. Falta de consentimiento.

NON-ADMISSION.
no admisión de un hecho o imputación.

NON-AGE.
minoridad.

NON-ANCESTRAL ESTATE.
propiedad adquirida mediante acto entre vivos. V. ESTATE.

NON-APPARENT EASEMENT.
servidumbre no aparente.

NON-APPEARANCE.
incomparecencia.

NON-ASSENTING.
en disidencia. En disconformidad.

NON-ASSESSABLE.
no susceptible de cargas, impuestos o responsabilidades adicionales.

NON-ASSESSABLE INSURANCE.
seguro al que no pueden imponerse primas o cargas adicionales.

NON-ASSESSABLE STOCK.
acciones respecto de las cuales no pueden exigirse aportes adicionales.

NON-ASSIGNABLE.
no transferible. Intransferible.

NON-ASSUMPSIT.
la defensa opuesta a una acción de ASSUMPSIT (v.), negando la deuda cuyo cobro se pretende mediante tal acción.

NON-ATTENDANCE.
inasistencia.

NON-BAILABLE.
delito que no autoriza o que no requiere la fianza como condición de la libertad del acusado. V. BAIL. ‖ en un sentido más estrecho, delito no excarcelable.

NON BUSINESS DAY.
día no laborable.

NON-CANCELLABLE
no cancelable. Cláusula que impide la cancelación de un seguro.

NON-CLAIM.
prescripción o caducidad de una acción.

NON-COLLECTABLE.
incobrable.

NON-COMBATANT.
no combatiente.

NON-COMMERCIAL.
no comercial.

NON-COMMISSIONED OFFICER.
oficial del ejército nombrado por un superior.

NON-COMMITTAL ANSWER.
respuesta no concluyente.

NON-COMMUNITY PROPERTY.
bienes propios de los cónyuges.

NON-COMPLIANCE.
incumplimiento.

NON COMPOS MENTIS.
enfermo mental. Afectado por una enfermedad mental.

NON-CONCURRENT.
no concurrente.

NON-CONFORMING.
en incumplimiento de determinadas exigencias, requisitos o condiciones.

NON-CONFORMING GOODS.
bienes que no cumplen las condiciones pactadas entre las partes.

NON-CONFORMING USE.
uso de un inmueble contrario a las normas de urbanización generalmente aplicables.

NON-CONFORMIST.
inconformista. ‖ quien se opone a la iglesia oficial.

NON-CONSOLIDATED.
no consolidado.

NON-CONTENTIOUS.
no contencioso.

NON-CONTESTABLE.
incontestable. Inimpugnable. Inatacable.

NON-CONTESTABLE CLAUSE.
cláusula que inhibe la impugnación del acto en que se incluye.

NON-CONTINUOUS EASEMENT.
servidumbre discontinua.

NON-CONTRACT CARGO.
carga no prevista en el contrato de transporte o fletamento.

NON-CONTRACTUAL.
no contractual.

NON-CONTRIBUTION CLAUSE.
cláusula que limita la responsabilidad del asegurador a los daños sufridos por el dueño o el acreedor hipotecario de un inmueble asegurado.

NON-COURT RECEIVER.
síndico, administrador o liquidador no designado judicialmente, sino en virtud de un contrato o por decisión del Poder Ejecutivo.

NON-CUMULATIVE DIVIDENDS.
dividendos no acumulativos.

NON-CUMULATIVE PREFERRED STOCK.
acciones preferidas sin derecho a dividendos acumulativos.

NON-CUMULATIVE STOCK.
acción sin derecho a dividendos acumulativos.

NON-DELIVERY.
falta de entrega. Incumplimiento de la obligación de entrega de bienes.

NON-DEPRECIABLE.
no depreciable. No amortizable.

NON-DIRECTION.
omisión del juez de dar instrucciones al jurado a efectos de que éste dicte su veredicto.

NON-DISCLOSURE.
omisión de declaración o información.

NON-DISCRETIONARY TRUST.
fideicomiso que no otorga facultades discrecionales al fideicomisario respecto de su administración. v. TRUST.

NON-DUTIABLE.
no imponible. Libre de derechos.

NON-EQUITY SECURITIES.
títulos representativos de deuda, en contraposición a los representativos de acciones.
v. EQUITY. SECURITIES.

NON-ESSENTIAL IGNORANCE.
v. ACCIDENTAL IGNORANCE.

NON EST FACTUM.
negativa de un acto, sea por no habérselo suscripto o por estar viciado el consentimiento.

NON EST INVENTUS.
cláusula mediante la que el SHERIFF (v.) u otro oficial de justicia declara que no ha podido encontrar la persona que debía detener.

NON-EXCLUSIVE.
no exclusivo.

NON-EXPERT EVIDENCE.
prueba o testimonio no derivado de peritos.

NON-FATAL INJURY.
heridas o lesiones no mortales.

NON-FEASANCE.
omisión. No cumplimiento. Incumplimiento.

NON-FECIT.
negativa de haberse realizado un acto, en particular la suscripción de un título de crédito.

NON-FORFEITABLE.
no sujeto a pérdida, caducidad o confiscación.
v. FORFEITURE.

NON-FREEHOLD ESTATES.
derechos respecto de un inmueble, no calificables como FREEHOLD (v.).

NON-FULFILLMENT.
incumplimiento.

NON-FUNCTIONAL.
no funcional. Lo que no cumple la función para la que se lo ha adquirido.

NON-INSURABLE RISK.
riesgo no asegurable.

NON-INTERCOURSE.
falta o prohibición de relaciones comerciales.
‖ ausencia de relaciones sexuales.

NON INTEREST BEARING.
títulos que no devengan interés.

NON-INTERVENTION WILL.
testamento que da al albacea la facultad de administrar sin intervención del tribunal competente y sin tener que prestar garantías.

NON-INTROMITTANT CLAUSE.
cláusula utilizada en Inglaterra, en virtud de la cual un distrito municipal queda excluido de la jurisdicción de los jueces de paz.

NON-ISSUABLE PLEA.
petición o planteamiento procesal cuyo curso no es determinante de la decisión eventual basada sobre los méritos de la causa. v. PLEA.

NON-JOINDER.
falta de citación o comparecencia en juicio de partes necesarias para el curso de éste.

NON-JUDICIAL DAY.
día sin actividad judicial. Feriado judicial.

NON-JUDICIAL FORECLOSURE.
ejecución no judicial. v. FORECLOSURE.

NON-JURIDICAL DAY.
v. NON-JUDICIAL DAY.

NON-JUROR.
quienes se niegan a prestar juramentos de lealtad a un Estado.

NON-JURY CAUSE.
juicio sin jurado.

NON-JUSTICIABLE.
no justiciable.

NON-LEGAL RULES.
reglas extralegales. Reglas extrajurídicas.

NON-LEVIABLE.
inembargable.

NON-LIABLE.
no responsable.

NON-LIENABLE.
bien no comprendido en los privilegios o derechos de preferencia calificables como LIEN (v.).

NON LIQUET.
literalmente, en latín, no está claro. Negativa a emitir una sentencia, por falta de los elementos suficientes para decidir.

NON-LITIGATING PARTY.
quien es parte en un juicio aunque sin interve-

nir como litigante respecto de las cuestiones disputadas en aquél.

NON-MAILABLE.
no susceptible de ser enviado por correo.

NON-MARKETABLE.
no comercializable.

NON-MARKETABLE SECURITIES.
títulos no comercializables en los mercados de valores.
V. SECURITIES.

NON-MEDICAL POLICY.
póliza emitida sin una revisación médica del asegurado.

NON-MEMBER.
quien no es miembro de una institución u organización.

NON-MERCHANTABLE TITLE.
título no susceptible de ser transferido o negociado, por los defectos que presenta.

NON-NAVIGABLE.
no navegable.

NON-NEGOTIABLE.
no negociable.

NON-NEGOTIABLE BILL OF LADING.
carta de porte no negociable.
V. BILL OF LADING.

NON-OBSERVANCE.
inobservancia. Incumplimiento.

NON-OBSTANTE VEREDICTO.
sentencia dictada no obstante haber emitido el jurado un veredicto contrario al contenido de esa sentencia.

NON-OCCUPATIONAL.
no ocupacional. No laboral.

NON-OCCUPATIONAL ACCIDENT.
accidente no ocupacional. Accidente no laboral.

NON OMITTAS.
cláusula incluida en una orden de embargo o secuestro dirigida a un SHERIFF (v.) u otro oficial de justicia, a fin de que éste no omita realizar tal embargo o secuestro por razones derivadas de defensas, excepciones, exenciones o prerrogativas locales.

NON-OPERATING EXPENSE.
gasto no operativo.

NON-OPERATING INCOME.
ingreso no operativo.

NON-PAR STOCK.
acciones sin valor par.

NON-PAYMENT.
falta de pago. Incumplimiento de una obligación.

NON-PECUNIARY DAMAGE.
daño no pecuniario.

NON-PECUNIARY LOSS.
pérdida no pecuniaria.

NON-PERFORMANCE.
incumplimiento. No ejecución de un acto.

NON-PERFORMING CREDITS.
créditos morosos. Créditos respecto de los cuales no se abonan regularmente intereses y amortizaciones.

NON-PROBATE ASSETS.
activos no incluidos en el procedimiento sucesorio.

NON-PRODUCTION OF EVIDENCE.
falta de producción de la prueba.

NON-PROFIT ASSOCIATION.
asociación sin fines de lucro.

NON-PROFIT CORPORATION.
persona jurídica sin fines de lucro.
V. CORPORATION.

NON PROS.
abreviatura de NON PROSEQUITUR (v.).

NON PROSEQUITUR.
sentencia a favor del demandado basada en la caducidad de la instancia.

NON-RECORDING INSURANCE.
seguro contra el riesgo resultante de la no inscripción de un instrumento, en particular aquél mediante el que se perfecciona un derecho de garantía.

NON-RECOURSE.
sin regreso. Sin recurso.
V. NO RECOURSE.

NON-RECOURSE LOAN.
préstamo en el que el acreedor pierde su acción contra el deudor si el valor de los bienes que garantizan la obligación cae debajo del valor de tal préstamo.

NON-RECURRENT.
no recurrente.

NON-REGISTERED STOCKHOLDER.
accionista no registrado.

NON-RENEWABLE.
no renovable.

NON-RESIDENCE.
falta de domicilio en determinada jurisdicción.

NON-RESIDENT.
no residente.

NON-RESIDENT ALIEN.
extranjero no residente.

NON-RESIDENT DECEDENT.
persona fallecida con residencia en otra jurisdicción.

NON-RESPONSIBLE PARTY.
parte no responsable, sea por su falta de capacidad personal, o por carecer de bienes en su patrimonio.

NON-RESPONSIVE ANSWER.
respuesta evasiva.

NON-RESTRICTIVE.
sin restricciones. No restrictivo.

NON-RESTRICTIVE INDORSEMENT.
endoso sin restricciones.

NON-RETROACTIVITY.
irretroactividad.

NON-SANE.
insano.

NON-SCHEDULE DISABILITY.
incapacidad no especificada o prevista por la ley.

NON-SCHEDULED.
irregular. Imprevisto. No planificado.

NON-SCHEDULED FLIGHT.
vuelo no regular.

NON-STOCK CORPORATION.
persona jurídica que no emite acciones a favor de sus socios o miembros. v. CORPORATION.

NON SUBMISSIT.
defensa dirigida contra la ejecución de un laudo arbitral basada en que el demandado no había acordado someterse a arbitraje.

NON-SUPPORT.
incumplimiento de las obligaciones alimentarias.

NON-TAXABLE.
no imponible. No gravable.

NON-TENURE.
defensa respecto de una acción relativa a inmuebles, en la que el demandado afirma no ser poseedor de los bienes objeto del juicio o de parte de ellos.

NON-TERM.
feria judicial.

NON-TESTAMENTATY ASSETS.
bienes no incluidos en un testamento.

NON-TRADING PARTNERSHIP.
sociedad de personas que no realiza corrientemente operaciones comerciales.
v. PARTNERSHIP.

NON-TRANSFERABLE.
instransferible.

NON-TRAVERSABLE.
incontestable. No susceptible de defensas o contestaciones.

NON-UNION GOODS.
bienes fabricados por obreros no afiliados a un sindicato.

NON-UNION WORKERS.
obreros no afiliados a un sindicato.

NON-USER.
quien no es usuario de un bien o servicio.

NON-VOTING STOCK.
acciones sin derecho de voto.

NON VULT CONTENDERE.
v. NOLO CONTENDERE.

NON-WAIVER AGREEMENT.
acuerdo mediante el que se mantienen los derechos de las partes que no hayan sido objeto de expresa renuncia.
v. WAIVER.

NON-WAIVER CLAUSE.
cláusula contractual mediante la que se establece que sólo se entenderá renunciado un derecho mediante un acto expreso dirigido a tal fin. v. WAIVER.

NONDESCRIPT.
sin clase o tipo definido.

NONFEASANCE.
incumplimiento.

NONPAYMENT.
falta de pago.

NONSENSE.
sin sentido. Tontería.

NONSUIT.
terminación de un juicio mediante el rechazo de la demanda por falta de pruebas o por no haberse cumplido con las cargas procesales pertinentes, sin llegarse a una decisión sobre la sustancia del caso. Puede ser voluntario (por abandono de la acción), involuntario (por falta de comparecencia, de pruebas, etc.), o perentorio (por falta total de prueba).

NORM.
norma.

NORMAL.
normal.

NORMAL LAW.
Derecho aplicable al común de las personas, en contraposición al que rige respecto de los incapaces.

NORMAL MIND.
capacidad mental normal.

NORMAL TAX.
impuesto normal. Tipo o tasa impositiva normal.

NORMALLY.
normalmente.

NORMAN FRENCH.
V. LAW FRENCH.

NORMATIVE.
normativo.

NORRIS-LA GUARDIA ACT.
ley que delimita la intervención de los tribunales federales estadounidenses en materia de huelgas.

NOSCITUR A SOCIIS.
canon interpretativo conforme al cual el significado de un término debe ser determinado en función del contexto y de las restantes palabras que lo acompañan.

NOT.
no.

NOT ADMINISTERED.
bienes no sujetos a la administración de una sucesión.

NOT EXCEEDING.
no excediendo.

NOT-FOR-PROFIT CORPORATION.
persona jurídica sin fines de lucro.
V. CORPORATION.

NOT FOUND.
fórmula procesal mediante la cual se deniega un procesamiento. ‖ fórmula procesal mediante la que se indica que no ha sido posible efectuar una notificación, por no encontrarse a la persona a ser notificada. ‖ no encontrado.

NOT GUILTY.
inocente. No culpable.

NOT NEGOTIABLE.
no negociable.

NOT POSSESSED.
contestación a una acción relativa a la apropiación de un bien mueble en la que se niega haber tenido la posesión de ese bien.

NOT PROVEN.
no probado. Fórmula de absolución, al no haberse probado los extremos necesarios para el éxito de la acusación.

NOT SATISFIED.
declaración por un SHERIFF (v.) u otr oficial de justicia de que no se ha satisfecho una orden de embargo o secuestro, por no haberse encontrado bienes susceptibles de ser sujetos a esa orden. ‖ impago. Insatisfecho.

NOT TRANSFERABLE.
intransferible. Inalienable.

NOTA BENE.
V. N. B.

NOTARIAL.
notarial. v. NOTARY PUBLIC.

NOTARIAL ACT.
acta notarial.

NOTARIAL CERTIFICATE.
certificado notarial.

NOTARIAL SEAL.
sello notarial.

NOTARIAL WILL.
testamento notarial.

NOTARY PUBLIC.
notario. Escribano público. Las funciones, facultades y requisitos de formación profesional de estos funcionarios son sustancialmente más reducidas bajo el sistema jurídico anglonorteamericano que en el régimen de CIVIL LAW (v.).

NOTATION.
nota. Anotación.

NOTATION CREDIT.
crédito que al ser utilizado debe ser objeto de anotación en la carta de crédito u otro instrumento que le ha dado origen.

NOTE.
pagaré. ‖ nota. Anotación. ‖ como verbo (*to note*), anotar. Apuntar. Tomar razón o conocimiento.

NOTE A BILL.
dejar constancia en una letra de cambio de la falta de pago o aceptación.

NOTE AN EXCEPTION.
presentar una excepción o impugnación.

NOTE BROKER.
corredor o intermediario de títulos de crédito.

NOTE IN PAYMENT.
pagaré dado en pago de una deuda.

NOTE OF HAND.
pagaré. ‖ reconocimiento por escrito de una deuda.

NOTE OF PROTEST.
nota de protesto, en materia de títulos de crédito.

NOTEHOLDER.
tenedor de un pagaré.

NOTES PAYABLE.
pagarés pendientes de pago.

NOTES RECEIVABLE.
pagarés pendientes de cobro.

NOTICE.
notificación. Aviso. Advertencia. Intimación. ‖ conocimiento. Información. ‖ como verbo (*to notice*), tomar conocimiento.

NOTICE ACTS.
leyes que impiden alegar la falta de registro de un instrumento, si se ha tomado conocimiento de él por otros medios.

NOTICE IN LIEU OF SERVICE.
notificación que sustituye a la citación formal a comparecer en juicio.

NOTICE IN PAIS.
notificación de hecho. Notificación que no consta en registros o instrumentos.

NOTICE IN PERSON.
notificación personal.

NOTICE IN WRITING.
notificación por escrito.

NOTICE OF A PRIOR INTEREST.
conocimiento o notificación de un derecho preexistente sobre un bien.

NOTICE OF ABANDONMENT.
aviso de abandono.

NOTICE OF ACTION.
anotación de litis.

NOTICE OF ALIBI.
notificación por un sospechoso o acusado de los testigos que pretende usar para probar una coartada.

NOTICE OF APPEAL.
notificación que se da a la contraparte respecto de la interposición de un recurso de apelación.

NOTICE OF APPEARANCE.
notificación a la contraparte respecto de la comparecencia en juicio de quien formula la notificación, o de su representante legal.

NOTICE OF ARRIVAL.
notificación de la llegada de mercadería a destino.

NOTICE OF ASSIGNMENT.
notificación de una cesión, en particular la que se efectúa al deudor en las cesiones de créditos.

NOTICE OF CLAIM.
aviso de siniestro.

NOTICE OF COPYRIGHT.
inscripción en las obras protegidas por derechos de autor respecto de tal protección.

NOTICE OF DISHONOR.
v. NOTICE OF DISHONOUR.

NOTICE OF DISHONOUR.
notificación de falta de pago o de falta de aceptación de un título de crédito.

NOTICE OF DISMISSAL.
notificación del desistimiento de una acción. ‖ notificación del despido.

NOTICE OF EXEMPTION.
demanda o presentación procesal en la que se solicita que ciertos bienes sean excluidos de un embargo u otra medida, en razón de estar beneficiados por una exención.

NOTICE OF FORFEITURE.
notificación en un juicio de confiscación o decomiso, a fin de que comparezcan los posibles interesados. v. FORFEITURE.

NOTICE OF INTENDED PROSECUTION.
notificación a un detenido o sospechoso de que se intenta someterlo a juicio penal.

NOTICE OF INTENTION.
carta de intención.

NOTICE OF ISSUE.
v. NOTICE OF TRIAL.

NOTICE OF JUDGMENT.
notificación de sentencia.

NOTICE OF LIEN.
notificación de la existencia de un privilegio o derecho de preferencia respecto de ciertos bienes. v. LIEN.

NOTICE OF LIS PENDENS.
anotación de litis.

NOTICE OF LOSS.
anotación de un siniestro.

NOTICE OF MEETING.
convocatoria a asamblea.

NOTICE OF MOTION.
notificación de una moción o instancia judicial. v. MOTION.

NOTICE OF ORDER.
notificación de una orden judicial.

NOTICE OF PROTEST.
notificación del protesto a los obligados de regreso.

NOTICE OF READINESS.
notificación de la disponibilidad de una nave.

NOTICE OF TAKING.
notificación de una audiencia de testigos.

NOTICE OF TITLE.
notificación o conocimiento de los derechos de terceros respecto de un bien.

NOTICE OF TRIAL.
notificación de la intención de continuar un juicio, una vez trabada la litis.

NOTICE TO ADMIT.
intimación a la contraparte para que admita hechos y reconozca documentos.

NOTICE TO APPEAR.
intimación al demandado para que comparezca en juicio y formule sus defensas.

NOTICE TO CREDITORS.
notificación a los acreedores, en el curso de un proceso concursal.

NOTICE TO PERFORM.
intimación a cumplir el contrato.

NOTICE TO PLEAD.
intimación a contestar la demanda.

NOTICE TO PRODUCE.
intimación a producir en juicio un documento.

NOTICE TO QUIT
intimación o notificación de desalojo.

NOTICE TO THIRD PARTY.
notificación o citación de un tercero.

NOTICE TO TREAT.
notificación de la intención de expropiar, intimando a realizar tratativas para llegar a un acuerdo sobre el monto de la indemnización.

NOTIFICATION.
notificación. Comunicación. Denuncia. Citación.

NOTIFICATION OF BIRTH.
denuncia de nacimiento.

NOTIFY.
notificar. Comunicar. Informar. Citar. Intimar. Denunciar.

NOTING.
anotación, en una letra de cambio, de su falta de pago o aceptación.

NOTING PROTEST.
acta de protesto.

NOTORIETY.
notoriedad.

NOTORIOUS.
notorio.

NOTORIOUS COHABITATION.
cohabitación notoria o de público conocimiento.

NOTORIOUS CUSTOM.
costumbre notoria o de público conocimiento.

NOTORIOUS INSOLVENCY.
insolvencia notoria.

NOTORIOUS POSSESSION.
posesión notoria o manifiesta.

NOVATION.
novación. La voz se utiliza generalmente respecto de la novación subjetiva.

NOVEL.
nuevo. Novedoso. ‖ novela.

NOVEL CASE.
caso novedoso o sin antecedentes jurisprudenciales.

NOVELS.
las Novelas de Justiniano.

NOVELTY.
novedad, en particular la de una invención.

NOW.
ahora.

N.O.W.
iniciales de *negotiable order of withdrawal*, literalmente, orden negociable de retiro. La expresión se refiere al retiro de fondos de una cuenta bancaria, y designa a un documento que tiene funciones y efectos similares a un cheque. ‖ iniciales de National Organization of Women, Organización Nacional de Mujeres.

NOXIOUS.
nocivo. Dañino. Ofensivo. Desagradable.

NOXIOUS SUBSTANCE.
substancia nociva.

NUCLEAR.
nuclear.

NUCLEAR DAMAGE.
daños nucleares.

NUCLEAR INCIDENT.
incidente nuclear.

NUCLEAR INSTALLATION.
instalación nuclear.

NUCLEAR OPERATOR.
operador nuclear.

NUCLEAR POWERPLANT.
planta nuclear. Usina nuclear.

NUCLEAR RISK.
riesgo nuclear.

NUCLEAR WAR.
guerra nuclear.

NUDE.
nudo. ‖ desnudo.

NUDE CONTRACT.
contrato carente de una contraprestación su-

ficiente para darle validez jurídica.
V. CONSIDERATION.

NUDE MATTER.
afirmación de un hecho, sin pruebas que la sustenten.

NUDE PACT.
V. NUDE CONTRACT.

NUDUM PACTUM.
V. NUDE CONTRACT.

NUGATORY.
nugatorio. Ineficaz. Inválido.

NUISANCE.
molestia. Turbación. ‖ hecho o conducta que afecta o interfiere con el uso o goce de un inmueble ajeno.

NUISANCE AT LAW.
hecho o conducta respecto de los cuales existe una presunción irrebatible de ser nocivos para el uso o goce de inmuebles ajenos, o para otros derechos. V. NUISANCE.

NUISANCE IN FACT.
hecho o conducta que para ser considerado perjudicial para el uso o goce de un inmueble ajeno u otros derechos requiere la prueba de tal perjuicio.

NUISANCE PER ACCIDENS.
V. NUISANCE IN FACT.

NUISANCE PER SE.
V. NUISANCE AT LAW.

NUL TIEL RECORD.
defensa contra una acción basada en un acto judicial, especialmente sentencias, en la que se niega la existencia de ese acto.

NUL TORT.
defensa contra una acción por actos ilícitos, en que se niega la existencia de! acto ilícito.
V. TORT.

NUL WASTE.
negativa procesal de haberse cometido un acto calificable como WASTE (v.).

NULL.
nulo.

NULL AND VOID.
en general, nulo. La expresión puede también referirse a los actos anulables.

NULLA BONA.
V. NO GOODS.

NULLIFICATION.
anulación.

NULLIFY.
anular.

NULLITY.
nulidad.

NULLITY OF MARRIAGE.
nulidad matrimonial.

NULLITY SUIT.
juicio de nulidad.

NULLIUS FILIUS.
hijo de padre desconocido.

NULLO EST ERRATUM PLEA.
contestación a una expresión de agravios, negando los errores que allí se imputan.

NULLUM ARBITRIUM.
defensa contra la ejecución de un laudo arbitral, mediante la que se niega la existencia de ese laudo.

NULLUM FECERUNT ARBITRIUM.
defensa contra la ejecución de un laudo arbitral, mediante la que se niega haberse sometido a arbitraje la disputa objeto de ese laudo.

NULLUM TEMPUS OCCURRIT REGI.
máxima conforme a la cual el tiempo no corre contra la Corona, a efectos de la prescripción, actualmente de limitada aplicación.

NULLUM TEMPUS OCCURRIT REIPUBLICAE.
máxima conforme a la cual el tiempo no corre contra el Estado, a efectos de la prescripción, actualmente de limitada aplicación.

NUNC PRO TUNC.
efecto retroactivo, en particular el de una sentencia.

NUNCUPATIVE WILL.
testamento abierto o nuncupativo.

NUNQUAM INDEBITATUS.
defensa mediante la que se niega la existencia de la deuda en base a la cual se actúa contra el demandado.

NUPTIAL.
nupcial.

NURTURE.
nutrir. ‖ criar. Educar.

NYMPHOMANIA.
nimfomanía.

O

OATH.
juramento.

OATH IN COURT.
juramento judicial.

OATH IN LITEM.
juramento del demandante respecto del valor del objeto del juicio.

OATH OF ALLEGIANCE.
juramento de fidelidad. Juramentos de fidelidad a la nación.

OATH OF OFFICE.
juramento de cargo.

OATH OF A WITNESS.
juramento de un testigo.

OATH-RITE.
fórmula utilizada por un juramento.

OBEDIENCE.
obediencia.

OBEDIENTIAL OBLIGATION.
obligación de obediencia.

OBIT.
V. OBITUARY.

OBITER.
incidentalmente.

OBITER DICTA.
V. DICTUM.

OBITER DICTUM.
V. DICTUM.

OBITUARY.
obituario.

OBJECT.
objeto, en general. ‖ fin. Propósito. Intención. ‖ también, como verbo (*to object*), objetar. Impugnar.

OBJECT CLAUSE.
cláusula en la que se fija el objeto de una sociedad.

OBJECT OF AN ACTION.
objeto de una acción.

OBJECT OF A STATUTE.
objeto o propósito de una ley.

OBJECTION.
objeción. Oposición. Excepción. Defensa.

OBJECTION IN POINT OF LAW.
defensa de puro derecho.

OBJECTIONABLE.
objetable. Impugnable

OBJECTIVE.
objetivo. ‖ propósito. Objeto.

OBJECTOR.
impugnador. Quien formula una objeción. ‖ quien se opone a cumplir con sus obligaciones militares.
V. CONSCIENTIOUS OBJECTOR.

OBJECTS OF A POWER.
las personas que pueden ser designadas por un donatario o legatario para suceder al donante o testador respecto de determinados bienes.

OBLIGATE.
obligar.

OBLIGATION.
obligación. ‖ obligación asumida o reconocida por escrito.

OBLIGATION OF A CONTRACT.
obligación contractual.

OBLIGATION UNDER SEAL.
obligación emergente de un acto sellado.

OBLIGATORY.
obligatorio.

OBLIGATORY COVENANT.
estipulación obligatoria para quien la realiza.

OBLIGEE.
acreedor.

OBLIGOR.
obligado.

OBLITERATE.
destruir. Borrar. Eliminar.

OBLITERATION.
destrucción. Eliminación. Tachadura.

OBLIVION.
olvido. ‖ amnistía.

OBLIVIOUS.
quien ha olvidado algo.

OBLOQUY.
censura. Reproche.

OBNOXIOUS.
ofensivo. Desagradable. Odioso. Objetable.

OBREPTION.
adquirir mediante fraude o engaño.

OBSCENE.
obsceno.

OBSCENE LIBEL.
difamaciones obscenas. v. LIBEL.

OBSCENE PUBLICATION.
publicación obscena.

OBSCENITY.
obscenidad.

OBSCURE.
oscuro. De difícil comprensión.

OBSERVANCE.
observancia. Cumplimiento.

OBSERVE.
observar. Cumplir.

OBSERVER.
observador.

OBSOLESCENCE.
obsolescencia. ‖ desuetudo. Desuso.

OBSOLESCENT.
caído en desuso. En vías de obsolescencia.

OBSOLETE.
obsoleto. No usado. No observado.

OBSTANTE.
obstante. Obstaculizante.

OBSTINATE DESERTION.
abandono persistente del hogar conyugal, como causa de divorcio.

OBSTRICTION.
obligación.

OBSTRUCT.
obstruir.

OBSTRUCTING AN OFFICER.
obstrucción de un agente policial.

OBSTRUCTING JUSTICE.
obstrucción de la actividad judicial.

OBSTRUCTING MAIL.
interferencia u obstrucción de los servicios de correo.

OBSTRUCTING PROCEEDINGS OF LEGISLATURE.
obstrucción de los procedimientos de la legislatura.

OBSTRUCTING PROCESS.
obstrucción de un proceso criminal.

OBSTRUCTION.
obstrucción. Obstáculo. Resistencia a la autoridad.

OBSTRUCTION OF HIGHWAY.
bloqueo u obstrucción de caminos.

OBSTRUCTION OF NAVIGATION.
obstrucción de la navegación.

OBSTRUCTION OF POLICE.
resistencia a la autoridad policial u obstrucción de sus funciones.

OBSTRUCTIONISM.
obstruccionismo.

OBTAIN.
obtener. Adquirir.

OBVIOUS.
obvio. *Obviousness.*

OBVIOUS DANGER.
peligro evidente.

OBVIOUS DEFECT.
defecto aparente.

OBVIOUS RISK.
riesgo evidente.

OBVIOUSNESS.
carácter obvio. la condición de una pretendida invención que, por su carácter obvio para una persona especializada en la materia a que aquélla se refiere, no es patentable.

OCCASION.
ocasión. ‖ como verbo (*to occasion*), ocasionar.

OCCASIONAL.
ocasional.

OCCUPANCY.
tenencia. ‖ ocupación de bienes *res nullius.* ‖ ocupación de territorios, en el campo internacional, en particular aquéllos aún no ocupados por otros Estados.

OCCUPANT.
ocupante. Tenedor. Poseedor. v. OCCUPANCY.

OCCUPATION.
ocupación, en general. ‖ tenencia. ‖ toma de la tenencia o posesión de un bien. ‖ ocupación

de bienes *res nullius*. || ocupación de territorios, en el campo internacional.

OCCUPATION TAX.
impuesto que pesa sobre ciertas profesiones u ocupaciones.

OCCUPATIONAL.
ocupacional.

OCCUPATIONAL ACCIDENT.
accidente de trabajo o laboral.

OCCUPATIONAL DISABILITY.
incapacidad profesional o laboral.

OCCUPATIONAL DISEASE.
enfermedad laboral, profesional o de trabajo.

OCCUPATIONAL DUTIES.
deberes de una ocupación, empleo o profesión.

OCCUPATIONAL HAZARD.
riesgo laboral, profesional o de trabajo.

OCCUPATIONAL LEASE.
arrendamiento destinado a asegurar el acceso inmediato del arrendatario al bien arrendado.

OCCUPATIONAL TAX.
v. OCCUPATION TAX.

OCCUPIER.
ocupante. v. OCCUPATION.

OCCUPIER'S LIABILITY.
responsabilidad del ocupante.

OCCUPY.
ocupar. v. OCCUPATION.

OCCUPYING CLAIMANT.
quien acciona o reclama respecto de las mejoras que ha introducido en un inmueble que ha ocupado sin derecho.

OCCUR.
ocurrir.

OCCURRENCE.
evento. Hecho. Incidente.

OCEAN.
océano.

OCEAN BILL.
carta de porte marítima.
v. BILL OF LADING.

OCEAN FLOOR.
suelo oceánico.

ODD LOT.
conjunto de bienes, en particular acciones, inferior en una cantidad diferente de la necesaria para su comercialización normal.

ODD LOT DOCTRINE.
doctrina conforme a la cual una incapacidad laboral se considera total, aunque material o

físicamente no sea tal, si de hecho impide al trabajador obtener empleo regular.

ODD LOT ORDER.
orden de compra o de venta respecto de un ODD LOT (v.).

ODIOUS.
odioso. Infame. Repugnante.

ODIUM.
odio. Infamia. Animadversión.

OF AGE.
mayor de edad.

OF COMMON RIGHT.
conforme a los derechos derivados de la ley.

OF COUNSEL.
calificación del letrado que colabora con un abogado en la defensa de un caso o en su asesoramiento.

OF COURSE.
por supuesto. || en el curso normal del procedimiento o del ejercicio de un derecho.

OF FORCE.
en vigor. Vigente.

OF RECORD.
registrado. Inscripto.

OF RIGHT.
de derecho. || en el curso normal de ejercicio de un derecho.

OF THE BLOOD.
condición de parentesco por consanguinidad.

OFF.
fuera. Aparte.

OFF-BOARD.
operación bursátil no realizada a través de mercados institucionalizados.

OFF-CALENDAR.
no incluido en el calendario de causas de un juzgado.

OFF-HIRE CLAUSE.
cláusula que indica los casos en que no es debido el flete en un contrato de fletamento.

OFF-SET.
v. OFFSET.

OFF THE RECORD.
no registrado. No transcripto. No incluido en actas o en las actuaciones. Dicho con el propósito de que no sea reproducido o publicado.

OFFENCE.
delito. || infracción. Acto ilícito. || ofensa. Insulto.

OFFENCE COMMITTED ABROAD.
delito cometido en el exterior.

OFFEND.
transgredir. Ofender. Insultar.

OFFENDER.
delincuente. ‖ transgresor. Infractor. ‖ ofensor.

OFFENDING.
delictivo. Ilícito. En infracción. ‖ ofensivo.

OFFENDING ACT.
acto ilícito. Transgresión. Infracción. ‖ delito.

OFFENDING OBJECT.
objeto en infracción. Objeto en situación ilícita.

OFFENDING PARTY.
parte incumplidora. Parte infractora. Delincuente. Transgresor. Infractor.

OFFENDING VESSEL.
nave en infracción o en situación ilícita.

OFFENSE.
OFFENCE (v.), conforme a la ortografía estadounidense.

OFFENSIVE.
ilícito. ‖ ofensivo. ‖ nocivo. Perjudicial. Dañino. ‖ desagradable. Molesto.

OFFENSIVE LANGUAGE.
lenguaje ofensivo o insultante.

OFFENSIVE TRADE.
comercio ilícito. ‖ comercio de sustancias nocivas o prohibidas.

OFFENSIVE WEAPON.
arma ofensiva.

OFFER.
oferta. Propuesta. Ofrecimiento. ‖ como verbo (*to offer*), ofrecer. Proponer.

OFFER A MOTION.
realizar una moción. v. MOTION.

OFFER AND ACCEPTANCE.
oferta o propuesta y aceptación, en materia contractual.

OFFER OF AMENDS.
oferta de realizar enmiendas o rectificaciones, en materia de injurias o calumnias.

OFFER OF COMPROMISE.
oferta de compromiso o acuerdo transaccional.

OFFER OF JUDGMENT.
oferta de allanamiento judicial.

OFFER OF PROOF.
ofrecimiento de prueba. ‖ producción de una prueba testimonial que se mantiene oculta del jurado, a fin de que el juez determine su admisibilidad.

OFFERED EVIDENCE.
prueba ofrecida en juicio.
v. EVIDENCE.

OFFEREE.
persona a quien se dirige una oferta.

OFFERING.
oferta. Ofrecimiento. ‖ oferta pública de acciones u otros títulos.

OFFERING CIRCULAR.
circular o prospecto en el que se indican las condiciones de las acciones u otros títulos ofrecidos al público.

OFFERING STATEMENT.
v. OFFERING CIRCULAR.

OFFEROR.
oferente. Ofertante. Proponente.

OFFICE.
oficina. Repartición. Organismo estatal. ‖ despacho. Escritorio. ‖ oficio. ‖ cargo. Función.

OFFICE AUDIT.
auditoría impositiva realizada en las oficinas del auditor.

OFFICE BOOK.
libro oficial no judicial.

OFFICE COPY.
copia certificada.

OFFICE GRANT.
acto de transmisión de la propiedad realizada por un funcionario público, ante la resistencia o imposibilidad del titular de esa propiedad de cumplir con tal transmisión.

OFFICE HOURS.
horario de oficina.

OFFICE OF HONOR.
v. OFFICE OF HONOUR.

OFFICE OF HONOUR.
cargo honorario.

OFFICE OF PROFIT.
cargo remunerado.

OFFICE PRACTICE.
práctica de la abogacía, en sus aspectos no procesales.

OFFICEHOLDER.
quien ejerce un cargo, generalmente público.

OFFICER.
funcionario. ‖ administrador. Representante. Órgano. ‖ oficial. ‖ Agente u oficial de policía.

OFFICER DE FACTO.
funcionario *de facto*.

OFFICER DE JURE.
funcionario *de jure*.

OFFICER OF THE COURT.
funcionario auxiliar de un tribunal.

OFFICER OF JUSTICE.
funcionario auxiliar de la justicia.

OFFICERS OF A COMPANY.
funcionarios u órganos pertenecientes a una compañía.

OFFICIAL.
oficial. Funcionario. ‖ oficial. De oficio.

OFFICIAL ACT.
acto oficial.

OFFICIAL BALLOT.
boleta electoral aprobada oficialmente.

OFFICIAL BOND.
garantía prestada por un funcionario público, respecto del correcto desempeño de su cargo. V. BOND.

OFFICIAL CAPACITY.
investidura o carácter oficial.

OFFICIAL FORM.
formulario o modelo oficial.

OFFICIAL GAZETTE.
boletín oficial.

OFFICIAL IMMUNITY.
inmunidad respecto del ejercicio de cargos públicos.

OFFICIAL JOURNAL.
diario oficial.

OFFICIAL LOGBOOK.
diario oficial de navegación.

OFFICIAL MISCONDUCT.
incumplimiento de deberes de funcionario público.

OFFICIAL NOTICE.
notificación oficial o judicial.

OFFICIAL OATH.
juramento de un funcionario.

OFFICIAL RECEIVER.
síndico oficial, en las quiebras, con funciones de control e investigación, y que reemplaza al síndico designado por los acreedores ante la vacancia de este último cargo.

OFFICIAL RECORD.
documento o registro oficial.

OFFICIAL REPORTER.
V. OFFICIAL REPORTS.

OFFICIAL REPORTS.
colección oficial de los fallos de un tribunal.

OFFICIAL RULES.
reglamentos, en particular los que rigen el funcionamiento de entes administrativos.

OFFICIAL SEAL.
sello oficial.

OFFICIAL SECRET.
secreto de estado.

OFFICIAL STRIKE.
huelga declarada oficialmente por el sindicato correspondiente.

OFFICIAL USE.
uso oficial.

OFFICIALTY.
el tribunal u organismo que dirige un funcionamiento judicial.

OFFICIOUS WILL.
testamento oficioso.

OFFSET.
compensación, en cuanto medio de extinción de las obligaciones. ‖ como verbo (to offset), compensar.

OFFSHORE.
exterior. Fuera del territorio.

OFFSHORE BANKING.
operaciones bancarias que se realizan en un país con fondos tomados y prestados en el exterior.

OFFSPRING.
hijo. Descendiente.

OLD LINE LIFE INSURANCE.
seguro de vida con primas y montos asegurados fijos e incondicionales.

OLIGARCHY.
oligarquía.

OLIGOPOLY.
oligopolio.

OLOGRAPH.
ológrafo.

OLOGRAPHIC TESTAMENT.
testamento ológrafo.

OMBUDSMAN.
defensor cívico. Defensor del pueblo. Funcionario encargado de atender reclamos de los ciudadanos respecto del funcionamiento de la administración.

OMISSION.
omisión.

OMIT.
omitir.

OMNIBUS.
ómnibus.

OMNIBUS BILL.
proyecto de ley ómnibus.

OMNIBUS CLAUSE.
cláusula ómnibus. La que se refiere a una pluralidad de materias u objetos.

OMNIBUS COUNT.
formulación simultánea de diversas pretensiones por la actora.
V. COUNT.

OMNIBUS HEARING.
audiencia relativa a una pluralidad de materias o cuestiones.

ON ACCOUNT.
a cuenta. Como pago a cuenta.

ON ALL FOURS.
expresión mediante la que se indica la identidad de los hechos y las cuestiones jurídicas debatidas en distintos casos, sirviendo un fallo de precedente de los otros.

ON APPROVAL.
al ser aprobado. Sujeto a aprobación.

ON BEHALF OF.
por cuenta de.

ON BOARD BILL.
carta de porte que indica que la mercadería se encuentra a bordo. V. BILL OF LADING.

ON CALL.
a la vista. ‖ dispuesto a atender llamadas o pedidos en forma inmediata.

ON CARRIAGE.
sobre vagón.

ON DEFAULT.
en caso de incumplimiento. V. DEFAULT.

ON DEMAND.
a la vista.

ON FILE.
registrado. Archivado.

ON LICENCE.
bajo licencia.

ON LICENSE.
V. ON LICENCE.

ON OR ABOUT.
(date) en determinada fecha o en una fecha próxima a ésta.

ON OR BEFORE.
(date) en determinada fecha o antes de ella.

ON SIGHT.
a la vista.

ON THE PERSON.
llevado con uno. Físicamente con la persona.

ONE-MAN COMPANY.
sociedad unipersonal. Sociedad de un solo socio.

ONE-MAN CORPORATION.
persona jurídica con un solo miembro o integrante. Sociedad de un solo socio.
V. CORPORATION.

ONE-SIDED CONTRACT.
contrato de adhesión. Contrato inequitativo o abusivo.

ONE-TIME INSURANCE.
seguro respecto de un riesgo concreto, de duración limitada.

ONEROUS.
oneroso.

ONEROUS CONTRACT.
contrato oneroso.

ONEROUS GIFT.
donación con cargo.

ONEROUS PROPERTY.
propiedad sujeta a cargas o gravámenes.

ONEROUS TITLE.
título oneroso.

ONLY.
solamente.

ONOMASTIC.
firma de un instrumento que ha sido escrito por la mano de otra persona.

ONUS.
carga.

ONUS OF PROOF.
carga de la prueba.

ONUS PROBANDI.
V. ONUS OF PROOF.

OPEC.
iniciales de la voz *Organization of Petroleum Exporting Countries,* la Organización de Países Exportadores de Petróleo.

OPEN.
abierto. Público. ‖ como verbo (*to open*), abrir.

OPEN A CASE.
proceder a la apertura de un juicio.

OPEN A COMMISSION.
comenzar el ejercicio de un cargo o comisión.

OPEN A COURT.
iniciar las sesiones de un tribunal.

OPEN A LINE OF CREDIT.
abrir una línea de crédito.

OPEN A JUDGMENT.
proceder a un nuevo examen de una sentencia definitiva.

OPEN A LOAN.
otorgar un préstamo.

OPEN A RULE.
proceder a la apertura de una etapa procesal ya agotada.

OPEN ACCOUNT.
cuenta corriente abierta, que permite a las partes tener saldos deudores.

OPEN AND NOTORIOUS.
público y notorio. Flagrante. Evidente.

OPEN AND NOTORIOUS ADULTERY.
adulterio público y notorio.

OPEN BID.
oferta pública. || oferta en la que el oferente se reserva el derecho de disminuir el precio si otro oferente propone un precio inferior.

OPEN BULK.
a granel.

OPEN CHARTER.
contrato de fletamento sin determinación de la carga o destino.

OPEN CHECK.
v. OPEN CHEQUE.

OPEN CHEQUE.
cheque no cruzado.

OPEN CONTRACT.
contrato que no modifica las reglas supletorias que rigen respecto de ese tipo de contrato.

OPEN COURT.
tribunal en sesiones. || tribunal que celebra audiencias públicas.

OPEN COVER.
acto informal mediante el cual el asegurador se compromete a emitir una póliza una vez que se cumplan determinadas circunstancias, en particular la carga de la mercadería en un seguro marítimo.

OPEN CREDIT.
crédito concedido sin que se deban otorgar garantías para hacer uso de él.

OPEN DIPLOMACY.
diplomacia abierta o pública, en contraposición a la secreta.

OPEN-END CONTRACT.
contrato en el que el comprador puede confirmar la adquisición dentro de determinado plazo, a un precio prefijado. || contrato en el que ciertos elementos no han sido determinados.

OPEN-END CREDIT.
crédito continuo, cancelable mediante pagos periódicos, como el que se concede en relación con las tarjetas de crédito.

OPEN-END FUND.
v. OPEN-END INVESTMENT COMPANY.

OPEN-END INVESTMENT COMPANY.
fondo común de inversión que readquiere libremente sus cuotas parte y emite otras, igualmente sin límite.

OPEN-END INVESTMENT TRUST.
fideicomiso en el que el fideicomisario puede decidir las inversiones a realizar con los fondos objeto del fideicomiso.
v. TRUST.

OPEN-END MORTGAGE.
hipoteca que permite hacer uso de créditos adicionales, cubiertos por la misma garantía.

OPEN-END TRANSACTION.
operación susceptible de ser modificada por las partes.

OPEN ENTRY.
ingreso a una propiedad, en forma pública y notoria.

OPEN GOVERNMENT.
ejercicio del gobierno sin secreto ni prácticas reservadas.

OPEN HEARING.
audiencia pública.

OPEN INSOLVENCY.
insolvencia manifiesta.

OPEN LETTER.
carta abierta.

OPEN LETTER OF CREDIT.
carta de crédito que no requiere la presentación de los títulos documentarios para hacerla efectiva.

OPEN LISTING CONTRACT.
contrato con varios corredores inmobiliarios en el que la comisión se abona al corredor que concrete la operación.

OPEN MARKET.
mercado abierto.

OPEN MARKET OPERATIONS.
operaciones de mercado abierto.

OPEN MARKET PAPER.
títulos utilizados o negociados en operaciones de mercado abierto.

OPEN ORDER.
orden bursátil que permanece abierta hasta que pueda realizarse el precio en ella establecido.

OPEN POLICY.
póliza de seguro en la que el valor asegurado se determina al producirse el siniestro.

OPEN PORT.
puerto libre.

OPEN POSSESSION.
posesión manifiesta o notoria.

OPEN PRICE.
precio que no ha sido fijado en el contrato y que debe ser establecido conforme a las reglas supletorias que rigen en tales casos.

OPEN QUESTION.
cuestión no decidida.

OPEN SEA.
mar abierto.

OPEN SEASON.
período o temporada de caza.

OPEN SHOP.
establecimiento en el que no existen restricciones al empleo de personal no agremiado.

OPEN SPACE.
espacios abiertos. Terrenos no edificados. ‖ terrenos abiertos al público, especialmente con fines de esparcimiento.

OPEN TRUST.
V. ACTIVE TRUST.

OPEN UNION.
sindicato que no opone restricciones al ingreso de nuevos miembros.

OPEN VERDICT.
veredicto de un jurado en el que se declara no poder establecerse las causas de un fallecimiento.
V. CORONER'S INQUEST.

OPENING.
apertura.

OPENING BIDS.
ofertas iniciales de una subasta.

OPENING BIDDINGS.
apertura de la subasta.

OPENING JUDGMENT.
revisión de una sentencia.

OPENING STATEMENT.
exposición inicial de un caso.

OPENING THE CASE.
apertura de la discusión de un caso.

OPERATE.
operar.

OPERATING CHARGES.
gastos operativos.

OPERATING COMPANY.
sociedad operadora. ‖ sociedad en operación.

OPERATING EXPENSES.
gastos operativos.

OPERATING INCOME.
ingreso operativo.

OPERATING LOSS.
pérdida operativa.

OPERATING MARGIN.
margen operativo.

OPERATING PROFIT.
ganancias operativas.

OPERATING SURPLUS.
ganancias operativas acumuladas.

OPERATION.
operación. Acto. Negocio. ‖ vigencia. Eficacia. Efecto. Aplicación.

OPERATION OF A TREATY.
aplicación de un tratado.

OPERATION OF LAW.
ministerio de ley. *Ope legis.*

OPERATIVE.
operativo. Eficaz. Vigente.

OPERATIVE CLAUSE.
cláusula operativa.

OPERATIVE DATE.
fecha de entrada en vigencia.

OPERATIVE MISTAKE.
error relevante.

OPERATIVE PART.
parte operativa de un acto o instrumento.

OPERATIVE PROPERTY.
propiedad utilizada en las operaciones de una empresa.

OPERATIVE TRUST.
V. ACTIVE TRUST.

OPERATIVE WORDS.
términos operativos de un instrumento.

OPERATOR.
operador. Gestor. Concesionario. Administrador.

OPINE.
opinar. Emitir un voto u opinión.

OPINION.
opinión. ‖ dictamen, opinión o parecer sobre una cuestión jurídica. ‖ voto u opinión de un juez.

OPINION EVIDENCE.
testimonio en el que un testigo o un perito da su opinión sobre determinada cuestión.

OPINION OF COURT.
fundamentos de una sentencia judicial

OPINION OF COUNSEL.
opinión de un abogado sobre una cuestión jurídica.

OPINION PER CURIAM.
fundamentos de una sentencia, asentidos conjuntamente por todos los miembros de un tribunal.

OPINION TESTIMONY.
v. OPINION EVIDENCE.

OPPONENT.
oponente. Adversario.

OPPOSER.
opositor. Oponente.

OPPOSING PARTY.
v. OPPOSITE PARTY.

OPPOSITE.
opuesto.

OPPOSITE PARTY.
parte opuesta. Parte con intereses contrapuestos.

OPPOSITION.
oposición.

OPPRESSION.
opresión. ‖ abuso de poder. ‖ vejaciones o malos tratos contra detenidos o contra personas sujetas a una autoridad. ‖ limitación abusiva de los derechos efectivos de un socio minoritario.

OPPRESSIVE.
opresivo. Vejatorio. Abusivo.

OPPRESSIVE AGREEMENT.
pacto leonino o abusivo.

OPPRESSIVE CLAUSE.
cláusula leonina o abusiva.

OPPRESSIVE LITIGATION.
acción de litigar con fines abusivos o vejatorios.

OPPRESSOR.
opresor. ‖ culpable de un acto de OPPRESSION (v.).

OPPROBRIUM.
oprobio.

OPTION.
opción.

OPTION MORTGAGE.
hipoteca con intereses inferiores a los de mercado.

OPTION ON SHARES.
v. OPTION ON STOCK.

OPTION ON STOCK.
opción de adquisición de acciones.

OPTION TO PURCHASE.
opción de adquirir o comprar en condiciones determinadas.

OPTION TRADING.
operaciones bursátiles relativas a opciones de compra y venta de acciones u otros títulos.

OPTION WARRANT.
warrant o cupón para ejercer una opción de suscripción de nuevas acciones u otros títulos.

OPTIONAL.
opcional. Optativo.

OPTIONAL AGREEMENT.
contrato que da opción a una o a ambas partes respecto de ciertas prestaciones.

OPTIONAL APPEARANCE.
comparecencia facultativa.

OPTIONAL CLAUSE.
cláusula opcional.

OPTIONAL LAW.
derecho supletorio.

OPTIONAL STATUTE.
ley a cuyos términos pueden optar por someterse ciertas personas.

OPTIONEE.
el titular de un derecho de opción.

ORAL.
oral.

ORAL AGREEMENT.
contrato verbal.

ORAL ARGUMENT.
presentación oral efectuada en juicio.

ORAL CONFESSION.
confesión oral.

ORAL CONTRACT.
contrato verbal.

ORAL DEFAMATION.
difamación oral. v. DEFAMATION.

ORAL DEPOSITION.
declaración oral con efectos probatorios.

ORAL EVIDENCE.
prueba oral. ‖ prueba testimonial, dada verbalmente.

ORAL PLEADING.
formulación oral de la demanda, reconvención o sus contestaciones.
v. PLEADING.

ORAL TRUST.
fideicomiso constituido oralmente. v. TRUST.

ORAL WILL.
testamento abierto.

ORDAIN.
ordenar.

ORDEAL.
ordalía.

ORDER.
orden. Precepto. Decisión. Ordenanza. Instrucción. ‖ como verbo (*to order*), ordenar.

ORDER BILL OF LADING.
conocimiento de embarque a la orden.

ORDER FOR COSTS.
providencia judicial relativa a las costas del juicio.

ORDER FOR INSPECTION.
orden judicial de presentación de cierta documentación para su inspección por la contraparte.

ORDER FOR POSSESSION.
orden de entrega de la posesión.

ORDER NISI.
orden judicial provisional o condicional.

ORDER OF BUSINESS.
temario. Orden del día.

ORDER OF CAUSE.
orden judicial emitida a instancia de parte.

ORDER OF FILIATION.
declaración de filiación y de las obligaciones consiguientes de quien es declarado padre.

ORDER OF THE DAY.
orden del día.

ORDER TO SHOW CAUSE.
orden judicial dirigida a una parte para que fundamente su acción o pretensión.

ORDINANCE.
ordenanza. Estatuto. Decreto. Ley.

ORDINARY.
ordinario.

ORDINARY ANNUITY.
anualidad ordinaria. v. ANNUITY.

ORDINARY CALLING.
conducta ordinaria y periódica correspondiente a cierta actividad o negocio.

ORDINARY CARE.
diligencia ordinaria. Cuidados normales u ordinarios.

ORDINARY COURSE OF BUSINESS.
curso regular del comercio. Curso ordinario de los negocios.

ORDINARY DANGERS.
peligros ordinarios o normales.

ORDINARY DILIGENCE.
diligencia ordinaria.

ORDINARY DIVIDEND.
dividendo ordinario.

ORDINARY EXPENSES.
gastos ordinarios.

ORDINARY HAZARDS.
peligros ordinarios o normales.

ORDINARY INCOME.
ingresos ordinarios.

ORDINARY INTEREST.
interés ordinario.

ORDINARY JURISDICTION.
jurisdicción ordinaria.

ORDINARY LOSS.
pérdida ordinaria.

ORDINARY NEGLIGENCE.
negligencia o culpa común u ordinaria, en contraposición a la grave.

ORDINARY PARTNERSHIP.
sociedad de personas ordinaria, por no estar sujeta a alguno de los regímenes especiales aplicables a ciertos tipos de PARTNERSHIP (v.).

ORDINARY PERSON.
persona que actúa con cuidado y diligencia normales.

ORDINARY PROCEEDING.
procedimiento ordinario.

ORDINARY PROOF.
la prueba sumaria aportada por un acreedor en una quiebra, para probar su crédito.

ORDINARY REPAIRS.
reparaciones ordinarias.

ORDINARY RISK.
riesgo ordinario.

ORDINARY SERVICES.
servicios ordinarios.

ORDINARY SHARES.
acciones ordinarias.

ORDINARY SKILL.
la habilidad y capacidad ordinarias de una persona conocedora del oficio o arte de que se trate.

ORDINARY STOCK.
acciones ordinarias.

ORDINARY WRITTEN LAW.
leyes escritas ordinarias.

ORDRE PUBLIC.
orden público. Se utiliza en inglés esta expresión de origen francés.

ORE-LEAVE.
autorización de extraer minerales de un terreno.

ORGAN.
órgano.

ORGANIC ACT.
ley orgánica.

ORGANIC LAW.
ley orgánica. Ley fundamental.

ORGANIZATION.
organización. ‖ forma jurídica de organización. La voz se utiliza respecto de cualquier ente que sea empleado para organizar jurídicamente una actividad económica, aunque se trate de figuras carentes de personalidad jurídica.

ORGANIZATION EXPENSES.
gastos de organización.

ORGANIZATION MEETING.
asamblea constitutiva.

ORGANIZATIONAL EXPENSES.
V. ORGANIZATION EXPENSES.

ORGANIZATIONAL MEETING.
V. ORGANIZATION MEETING.

ORGANIZE.
organizar. ‖ constituir.

ORGANIZED COUNTY.
condado legalmente constituido.

ORGANIZED CRIME.
crimen organizado. ‖ organización criminal.

ORGANIZED LABOR.
V. ORGANIZED LABOUR.

ORGANIZED LABOUR.
trabajadores sindicalizados o agremiados.

ORGANIZER.
organizador.

ORIGINAL.
original.

ORIGINAL BILL.
demanda ante un tribunal de EQUITY (v.) respecto de una cuestión no litigada antes entre las mismas partes.

ORIGINAL BILL OF LADING.
conocimiento de embarque original.

ORIGINAL CAPITAL.
capital inicial.

ORIGINAL CONTRACTOR.
contratista original.

ORIGINAL CONVEYANCE.
el acto mediante el que se crea un determinado derecho respecto de un inmueble.
V. CONVEYANCE.

ORIGINAL COST.
costo original.

ORIGINAL ENTRY.
asiento inicial, respecto de una organización, en contraposición a los que se copian o extraen de aquél.

ORIGINAL DAMAGES.
daños y perjuicios causados inmediatamente, en contraposición a los que son consecuencia de un hecho durante un determinado período.

ORIGINAL DOCUMENT RULE.
regla de evaluación de la prueba que da preeminencia al instrumento original como prueba documental.

ORIGINAL ESTATE.
propiedad original respecto de un bien inmueble, del cual derivan otros derechos respecto del mismo bien.
V. ESTATE.

ORIGINAL EVIDENCE.
prueba directa. El original de la prueba, en contraposición a las copias o a las otras pruebas derivadas de ese original, como ser la afirmación de un testigo de haber visto la prueba original.

ORIGINAL INVENTOR.
inventor original, en contraposición al que introduce mejoras a una invención preexistente.

ORIGINAL ISSUE.
emisión original de acciones u otros títulos.

ORIGINAL JURISDICTION.
jurisdicción originaria. ‖ jurisdicción de primera instancia.

ORIGINAL PACKAGE.
un bulto o paquete tal como fue despachado al primer transportista, antes de sufrir cambios en su envase o acondicionamiento.

ORIGINAL PROCESS.
proceso principal, del cual derivan incidentes y procesos de ejecución.

ORIGINAL PROMISE.
promesa o compromiso contractual contraído en interés de quien lo formula.

ORIGINAL SUMMONS.
acto original de citación de las partes en un juicio. V. SUMMONS.

ORNAMENTAL FIXTURES.
accesorios ornamentales de un inmueble.
V. FIXTURES.

ORPHAN.
huérfano.

ORPHAN'S COURT.
tribunal testamentario.

ORPHAN'S DEDUCTION.
deducción impositiva especial concedida a los huérfanos, respecto de los impuestos sucesorios.

OSTENSIBLE.
ostensible. Aparente.

OSTENSIBLE AGENCY.
representación aparente.
v. AGENCY BY ESTOPPEL.

OSTENSIBLE AUTHORITY.
autoridad o poder aparente, tal que induce a terceros a creer que tal autoridad o poder existe. v. AUTHORITY BY ESTOPPEL.

OSTENSIBLE OWNERSHIP.
propiedad aparente.

OSTENSIBLE PARTNER.
socio aparente.

O.T.C.
iniciales de OVER-THE-COUNTER MARKET (v.).

OUGHT.
verbo auxiliar, aproximadamente equivalente a "deber", con sentido predominantemente normativo.

OUNCE.
onza.

OUST.
desalojar. Desposeer. Remover. Desplazar. Expulsar. Despojar.

OUSTER.
desalojo. Despojo. Remoción. Desplazamiento. Expulsión. Lanzamiento.

OUSTER JUDGMENT.
sentencia de desalojo o de lanzamiento.

OUSTER OF JURISDICTION.
pérdida de jurisdicción.

OUT.
fuera.

OUT OF BENEFIT.
asegurado cuya cobertura está suspendida por no haber abonado las primas.

OUT-OF-COURT.
extrajudicial.

OUT-OF-COURT SETTLEMENT.
transacción o acuerdo extrajudicial.

OUT-OF-POCKET EXPENSES.
gastos pagados en efectivo.

OUT-OF-POCKET LOSS.
pérdida monetaria resultante de una operación determinada.

OUT OF STATE.
fuera del estado.

OUT OF TERM.
fuera del período de actividad judicial.

OUT OF THE JURISDICTION.
fuera de la jurisdicción.

OUT OF TIME.
fuera de tiempo. Sin tiempo.

OUT OF WARRANT.
ilegal.

OUTBID.
mejorar una propuesta u oferta. Concretar una operación también pretendida por otra persona.

OUTER.
extremo.

OUTER BAR.
abogados de menor antigüedad que en Inglaterra ocupan en los juicios plazas fuera de los estrados reservados a los de mayor antigüedad. v. BAR.

OUTER SPACE.
espacio exterior. Espacio cósmico.

OUTGOING.
saliente. ‖ dado. Extrovertido.

OUTGOING PARTNER.
socio saliente.

OUTGOINGS.
gastos.

OUTLAND BILL OF EXCHANGE.
letra de cambio debida en un país distinto al de pago.

OUTLAW.
quien vive fuera de la ley. Criminal. ‖ como verbo (to outlaw), prohibir. Proscribir. Negar un derecho.

OUTLAWED.
prohibido. ‖ prescripto. Caduco.

OUTPUT.
producción.

OUTPUT CONTRACT.
contrato mediante el que se vende la producción íntegra de un establecimiento a una compañía o persona determinada.

OUTRAGE.
afronta. Insulto. Injuria. ‖ también, como verbo (to outrage), insultar. Injuriar.

OUTRIGHT.
directo. Intacto. Sin limitaciones.

OUTS.
condiciones u obligaciones cuyo incumplimiento da derecho a un banco a rescindir o resolver un contrato.

OUTSIDE DIRECTOR.
director que no forma parte de la estructura administrativa permanente de la empresa en cuyo directorio actúa.

OUTSIDER.
quien no pertenece a una organización o acuerdo.

OUTSTANDING.
pendiente de pago. ‖ en vigor. ‖ emitido. En circulación.

OUTSTANDING ACCOUNT.
cuenta no cancelada.

OUTSTANDING AND OPEN ACCOUNT.
deuda pendiente de pago derivada de una cuenta corriente abierta.

OUTSTANDING CHECK.
cheque no presentado al cobro.

OUTSTANDING CHEQUE.
v. OUTSTANDING CHECK.

OUTSTANDING CLAIM.
crédito u otra pretensión pendiente de pago o de satisfacción.
v. CLAIM.

OUTSTANDING CREDIT.
crédito pendiente de pago.

OUTSTANDING DEBT.
deuda pendiente de pago.

OUTSTANDING LIABILITIES.
obligaciones pendientes de pago.

OUTSTANDING SECURITIES.
títulos en circulación. v. SECURITY.

OUTSTANDING SHARES.
acciones en circulación.

OUTSTANDING STOCK.
v. OUTSTANDING SHARES.

OUTSTANDING TERM.
término de un derecho de locación respecto de un inmueble, oponible a terceros.

OUTSTANDING TITLE.
título respecto de un inmueble que coexiste con otros derechos respecto del mismo inmueble.

OUTVOTE.
vencer en una votación.

OVER.
sobre. Encima. ‖ voz mediante la que se indica que en caso de no cumplirse con las condiciones establecidas para conservar un derecho respecto de un inmueble, tal derecho caducará, en beneficio de los derechos de terceros respecto del mismo inmueble. ‖ palabra mediante la que se indica que un instrumento continúa en la página siguiente.

OVER-INSURANCE.
sobreaseguración.

OVER-THE-COUNTER MARKET.
mercado informal de acciones y títulos, en el que las operaciones no se efectúan a través de una bolsa institucionalizada sino directamente entre los operarios.

OVERAWE.
incidir sobre otra persona en virtud de temor reverencial.

OVERBID.
realizar ofertas a precios en exceso de los de otras anteriores o de valores normales o razonables.

OVERBREADTH DOCTRINE.
doctrina en virtud de la cual una ley es inválida si es susceptible de violar derechos protegidos constitucionalmente.

OVERCERTIFICATION.
certificación bancaria de un cheque cuando no existen en realidad fondos suficientes en la cuenta correspondiente para atender su pago.

OVERCHARGE.
cobrar precios en exceso de los valores convenidos, autorizados o razonables.

OVERCOME.
sobreponerse. ‖ rebatir o refutar una prueba o presunción.

OVERCREDIT.
acreditar en exceso.

OVERDEBIT.
debitar en exceso.

OVERDRAFT.
sobregiro. Giro en descubierto. Cheque girado sin provisión de fondos.

OVERDRAW.
sobregirar. Girar en descubierto.

OVERDRAWN.
en descubierto. Sobregirado.

OVERDUE.
en mora. Impago, vencido. ‖ atrasado.

OVERDUE BILL.
letra de cambio vencida o impaga.

OVERDUE DELIVERY.
entrega atrasada.

OVERDUE NOTE.
pagaré vencido e impago.

OVERHAUL.
revisar. Inspeccionar. ‖ realizar un control y reparación general.

OVERHEAD.
gastos generales.

OVERISSUE.

emisión en exceso de los límites autorizados.

OVERLOAD.

sobrecarga. ‖ como verbo (*to overload*), sobrecargar.

OVERLYING RIGHT.

derecho del propietario de un inmueble a extraer las aguas subterráneas.

OVERPLUS.

resto. Residuo. Remanente.

OVERRATE.

sobrestimar.

OVERREACHING.

extensión. Conversión. ‖ la extensión u oponibilidad de los derechos respecto de un inmueble, en relación a un adquirente de tal inmueble o de otros derechos respecto del mismo.

OVERRIDE.

prevalecer. ‖ derogar. Dejar sin efecto. ‖ comisión debida a un corredor por operaciones realizadas por sus subordinados, o concertadas luego de concluido el contrato que lo unía con alguna de las partes aunque con un cliente traído por el corredor.

OVERRIDING.

prevaleciente. Que deja sin efecto otra norma o acto.

OVERRIDING CLAUSE.

cláusula derogatoria o que prevalece sobre otra.

OVERRIDING INTEREST.

derecho prevaleciente. ‖ derecho oponible a terceros.

OVERRIDING PRINCIPLE.

principio jurídico superior o prevaleciente.

OVERRIDING PROVISION.

disposición o norma prevaleciente, superior o inderogable.

OVERRIDING ROYALTY.

la regalía debida respecto de una explotación de hidrocarburos en favor de quien no es el otorgante del derecho a esa explotación, como en el caso en que tal derecho resulta de una subcontratación y la regalía se debe al dueño del inmueble en que se realiza la explotación.

OVERRIDING TRUST.

fideicomiso prevaleciente sobre otros relativos al mismo objeto. v. TRUST.

OVERRIDING VETO.

acto de prevalecer sobre un veto, en particular cuando la legislatura obtiene las mayorías necesarias para dejar sin efecto el veto del Poder Ejecutivo.

OVERRULE.

anular. Invalidar. Revocar. ‖ denegar. Rechazar. ‖ dejar sin efecto un precedente jurisprudencial.

OVERRULE A CLAIM.

rechazar una acción o pretensión. v. CLAIM.

OVERRULE AN OBJECTION.

rechazar la oposición a un acto procesal.

OVERRULING.

anulación. Revocación. Invalidación. ‖ denegación. Rechazo. ‖ sentencia por la que se deja sin efecto un precedente jurisprudencial.

OVERSEAS.

ultramar. País de ultramar.

OVERSEAS BILL.

carta de porte de ultramar. v. BILL OF LADING.

OVERSEAS TRADE.

comercio exterior o de ultramar.

OVERSEER.

supervisor. Superintendente. Controlador.

OVERSUBSCRIPTION.

sobresuscripción. Suscripción en exceso del número de acciones u otros valores ofrecidos.

OVERT.

abierto. Manifiesto. Público.

OVERT ACT.

acto manifiesto. Acto exteriorizado.

OVERT WORDS.

palabras claras, de significado manifiesto.

OVERTIME.

horas extras. Horas extraordinarias.

OVERTIME WAGE.

salario por horas extraordinarias.

OVERTHROW.

derrocar un gobierno o autoridad. Golpe de estado.

OVERTURE.

propuesta.

OWE.

deber. Estar en deuda. Tener una obligación.

OWELTY.

igualdad.

OWELTY OF EXCHANGE.

suma pagada al intercambiarse tierras u otros bienes, a fin de igualar el valor de los objetos intercambiados.

OWELTY OF PARTITION.

las sumas pagadas por una parte a otra al realizarse la división de un bien o de un conjunto de éstos, de forma de igualar el valor de cada parte.

OWING.

debido. Pendiente de pago.

OWN.

tener. Poseer. Ser propietario de algo. ‖ propio.

OWN COST.

propio costo.

OWN OUTRIGHT.

ser propietario sin restricciones.

OWN RISK.

propio riesgo.

OWNER.

propietario. Dueño. ‖ titular de un derecho respecto de un inmueble.

OWNER OF RECORD.

propietario o titular registrado.

OWNERSHIP.

propiedad. Titularidad.

OWNERSHIP IN COMMON.

condominio.

OYER.

copia de un documento, en base al cual se acciona, entregada a la contraparte.

OYER DE RECORD.

petición de que el juez inspeccione determinado registro.

OYEZ.

escuchad. La voz dada por un oficial judicial, solicitando la atención de los presentes en una audiencia.

P

P. AND L.
iniciales de PROFIT AND LOSS (v.).

PACIFIC BLOCKADE.
bloqueo pacífico.

PACIFICATION.
pacificación.

PACIFIST.
pacifista.

PACK.
engañar. Inducir a engaño o error. ‖ empacar.

PACK A JURY.
influir ilícitamente en la conformación de un jurado, para que éste quede integrado por personas favorables a quien así actúa.

PACKAGE.
paquete. Parcela.

PACKAGE DEAL.
operación que incluye cláusulas atadas, de forma de incorporar a un mismo acto u oferta un conjunto de prestaciones susceptibles de formar parte de operaciones separadas.

PACKAGE INSURANCE.
seguro respecto de riesgos múltiples.

PACKAGE LICENSING.
condiciones del otorgamiento de licencias respecto de derechos de propiedad industrial a la aceptación de licencias suplementarias.

PACKAGE MORTGAGE.
hipoteca que afecta a una pluralidad de bienes del deudor, inclusive los accesorios de un inmueble hipotecado.

PACKING LIST.
lista de empaque.

PACT.
pacto. Acuerdo.

PACT DE NON ALIENANDO.
pacto o acuerdo de no alienación.

PACTIONAL.
convencional. Contractual.

PACTIONAL DAMAGES.
liquidación o determinación convencional de daños y perjuicios.

PACTIONS.
acuerdos internacionales, cuyo cumplimiento se reduce a un único acto.

PACTITIOUS.
fijado o determinado contractualmente.

PACTUM.
pacto. Acuerdo.

PACTUM COMISSORIUM.
pacto comisorio.

PACTUM DE CONTRAHENDO.
contrato preliminar.

PACTUM DE NON ALIENANDO.
V. PACT DE NON ALIENANDO.

PACTUM DE QUOTA LITIS.
pacto de cuota litis.

PAID.
pagado. Pago.

PAID-IN CAPITAL.
capital integrado o realizado.

PAID IN FULL.
pagado totalmente. Liquidado. Cancelado.

PAID-IN SURPLUS.
reserva formada en virtud de primas de emisión u otros aportes de los accionistas no imputados a capital.

PAID UP.
totalmente pagado. Pago.

PAID-UP CAPITAL.
V. PAID-IN CAPITAL.

PAID-UP INSURANCE.
seguro en el que no se han pagado las primas necesarias para el mantenimiento de la cober-

tura durante el período previsto en la póliza.

PAID-UP POLICY.
póliza de un PAID-UP INSURANCE (v.).

PAID-UP STOCK.
acciones totalmente integradas.

PAIN.
dolor.

PAIN AND SUFFERING.
literalmente, dolor y sufrimiento. Daños físicos y morales, sufridos por una persona.

PAINS AND PENALTIES.
V. BILL OF PAIN AND PENALTIES.

PAIRING-OFF.
en la práctica legislativa, acuerdo entre miembros de distintos partidos en virtud del cual se conviene que se abstendrán de participar de una sesión o votación igual cantidad de miembros de cada partido. ‖ Formar parejas.

PAIS.
país. Comunidad. ‖ jurado. ‖ extrajudicial. De hecho. V. ESTOPPEL IN PAIS.

PALIMONY.
acuerdo o sentencia de alimentos entre quienes han convivido extramatrimonialmente. v. ALIMONY.

PALM OFF.
engañar. Defraudar. ‖ hacer pasar bienes por los de un competidor, especialmente mediante la imitación de su marca u otros signos distintivos.

PALM PRINTS.
huellas dejadas por la palma de la mano.

PALMING OFF.
V. PALM OFF.

PALPABLE.
palpable. Perceptible.

PANDECTS.
pandectas.

PANDER.
proxeneta. ‖ como verbo (to pander), actuar como proxeneta.

PANDERER.
proxeneta.

PANDERING.
proxenetismo.

PANDERING OF OBSCENITY.
ofrecer o comercializar publicaciones pornográficas.

PANEL.
panel. ‖ lista de jurados, para un caso determinado. ‖ sala de un tribunal.

PANEL OF ARBITRATORS.
panel o colegio arbitral.

PANNELATION.
integración de un panel de jurados.

PAPER.
papel. ‖ documento. Instrumento. Título. ‖ título de crédito. ‖ diario. Periódico. ‖ artículo. Publicación. ‖ nominal. Formal. Aparente. Simulado.

PAPER BLOCKADE.
bloqueo formal, no llevado a la práctica.

PAPER CREDIT.
crédito documentario.

PAPER MONEY.
papel moneda.

PAPER PATENT.
invención patentada no explotada comercialmente.

PAPER PROFIT.
ganancias nominales, no realizadas.

PAPER STANDARD.
sistema monetario que usa como patrón algún tipo de papel moneda.

PAPER TITLE.
título de propiedad formalmente válido pero carente de efectos.

PAR.
par. Paridad. A la par.

PAR DELICTUM.
V. IN PARI DELICTUM.

PAR ITEMS.
valores que son remitidos por un banco a otro sin descuento ni comisión. Valores cobrables sin comisión.

PAR OF EXCHANGE.
paridad cambiaria.

PAR VALUE.
valor par.

PAR VALUE STOCK.
acciones con valor par.

PARAGRAPH.
parágrafo. Apartado. División efectuada en parágrafos.

PARALEGAL.
personal auxiliar de un abogado o de un estudio jurídico, integrado por personas sin título de abogado, pero con experiencia o entrenamiento legal, aunque limitado.

PARALLEL CITATION.
cita de un caso publicado en varias colecciones, con remisión a todas ellas.

PARALLEL IMPORTATION.
importaciones paralelas.

PARAMOUNT.
supremo. Superior. Preeminente. Prevaleciente.

PARAMOUNT CLAUSE.
cláusula prevaleciente sobre otra.

PARAMOUNT EQUITY.
derecho derivado del régimen de EQUITY (v.)
que prevalece, bajo ese régimen, sobre otros
derechos.

PARAMOUNT TITLE.
título superior sobre un inmueble, en el sentido de que otros derechos o títulos derivan de
él. ‖ derecho respecto de un inmueble que
prevalece sobre otros derechos pretendidos
sobre el mismo bien.

PARAMOUR.
amante.

PARAPHERNALIA.
bienes propios de la mujer, excepto los derivados de la dote. ‖ bienes parafernales.

PARAPHERNAL PROPERTY.
V. PARAPHERNALIA.

PARAPROFESSIONAL.
paraprofesional. Auxiliar no diplomado de un
profesional.

PARAVAIL.
subordinado. Inferior.

PARCEL.
parcela. ‖ paquete. ‖ como verbo (*to parcel*),
dividir. Parcelar.

PARCEL-POST.
encomienda postal.

PARCELS.
en un título o instrumento relativo a inmuebles, la descripción de los bienes objeto del acto instrumentado.

PARCENARY.
herencia conjunta. Comunidad hereditaria.

PARCENER.
coheredero.

PARDON.
perdón. ‖ indulto. ‖ como verbo (*to pardon*),
indultar. Perdonar.

PARDON ATTORNEY.
fiscal que considera y que da recomendaciones.

PARENS PATRIAE.
la autoridad con facultad de proteger a incapaces. ‖ la autoridad que tiene a su cargo representar y proteger los intereses colectivos de la
comunidad.

PARENT.
padre, en sentido comprensivo de la madre y
el padre. Progenitor.

PARENT-CHILD IMMUNITY.
inmunidad entre padres e hijos respecto de acciones por responsabilidad extracontractual.

PARENT COMPANY.
sociedad controlante.

PARENT CORPORATION.
sociedad controlante.
V. CORPORATION.

PARENT STATE.
estado en que se ha constituido una sociedad.

PARENTAGE.
ascendencia.

PARENTAL AUTHORITY.
autoridad paterna. Autoridad de los padres.

PARENTAL CONSENT.
consentimiento paterno.

PARENTAL LIABILITY.
responsabilidad de los padres por los hechos
de sus hijos.

PARENTAL RIGHTS.
patria potestad.

PARENTICIDE.
figura que comprende las de parricidio y ma-
tricidio. ‖ el parricida o matricida.

PARI CAUSA.
con igual derecho.

PARI DELICTO.
con igual culpa. Igualmente culpable.
V. IN PARI DELICTO.

PARI MATERIA.
de la misma materia. Relativo al mismo tema,
cuestión o materia.

PARI PASSU.
sin preferencias ni privilegios. Proporcionalmente. Igualmente.

PARI RATIONE.
por las mismas razones. Por igual razón.

PARISH.
parroquia.

PARISH COURT.
tribunación con competencia territorial limitada a una parroquia determinada.

PARITY.
paridad.

PARITY PRICE.
precio de paridad.

PARLIAMENT.
parlamento.

PARLIAMENTARY.
parlamentario.

PARLIAMENTARY AGENTS.
personas que actúan ante el parlamento procurando la aprobación de proyectos de ley presentados o promovidos por particulares.

PARLIAMENTARY BILL.
proyecto de ley, ingresado al parlamento o elaborado en el seno de éste.

PARLIAMENTARY COMMITTEE.
comisión parlamentaria.

PARLIAMENTARY DEBATE.
debate parlamentario.

PARLIAMENTARY DIVORCE.
divorcio decretado por el parlamento.

PARLIAMENTARY DRAFTSMEN.
auxiliares parlamentarios, encargados de la redacción de proyectos de ley.

PARLIAMENTARY FRANCHISE.
derecho de voto en las elecciones parlamentarias.

PARLIAMENTARY GOVERNMENT.
gobierno parlamentario.

PARLIAMENTARY IMMUNITY.
inmunidad parlamentaria.

PARLIAMENTARY LAW.
Derecho parlamentario. Conjunto de normas que rigen el funcionamiento de los parlamentos u otros cuerpos colegiados.

PARLIAMENTARY PAPERS.
documentos parlamentarios.

PARLIAMENTARY PRIVILEGE.
inmunidad o inviolabilidad parlamentaria.

PARLIAMENTARY RULES.
reglas parlamentarias. v. PARLIAMENTARY LAW.

PARLIAMENTARY SUPREMACY.
supremacía parlamentaria.

PARLIAMENTARY TAXES.
impuestos creados por el parlamento.

PARLIAMENTARY WILL.
el conjunto de normas que rigen la sucesión *ab intestato*, obrando, según el razonamiento que subyace a esta expresión, como un testamento impuesto por la ley.

PAROL.
oral. Verbal. ‖ palabra. Discurso.

PAROL AGREEMENT.
contrato oral. ‖ contrato que no ha cumplido la formalidad de ser sellado en los casos, hoy raros, en que se exige tal formalidad.

PAROL ARREST.
arresto que es ordenado por un juez o magistrado, en forma oral, respecto de una persona presente, especialmente en el curso de una audiencia.

PAROL CONTRACT.
contrato oral. ‖ contrato que no ha cumplido con la formalidad de ser sellado en los casos en que se exige tal formalidad.
v. PAROL AGREEMENT.

PAROL EVIDENCE.
prueba oral. Prueba extrínseca a un instrumento, relativa al contenido de éste.

PAROL EVIDENCE RULE.
regla que prohíbe utilizar como prueba elementos extrínsecos a un instrumento, anteriores o contemporáneos a éste, que modifiquen su contenido.

PAROL GIFT.
donación manual.

PAROL LEASE.
arrendamiento oral. v. LEASE.

PAROL PROMISE.
promesa oral.

PAROL WILL.
testamento oral o nuncupativo.

PAROLE.
libertad condicional.

PAROLE BOARD.
junta que decide la concesión de libertad condicional.

PAROLE OFFICER.
funcionario encargado de controlar a quienes se hallan en libertad condicional.

PAROLEE.
quien se encuentra en libertad condicional.

PARRICIDE.
parricidio. ‖ parricida.

PART.
parte. ‖ parcial. ‖ uno de los ejemplares de un instrumento.

PART OWNER.
copropietario. Condómino. Titular de una parte o cuota de un bien.

PART OWNERSHIP.
copropiedad. Condominio. Titularidad de una parte o cuota de un bien.

PART PAYMENT.
pago parcial.

PART PERFORMANCE.
cumplimiento parcial. Principio de cumplimiento.

PART TIME.
sin dedicación exclusiva. Dedicación parcial. Durante parte del día o del horario laborable.

PARTIAL.
parcial.

PARTIAL ACCEPTANCE.
aceptación parcial o condicionada.

PARTIAL ACCOUNT.
rendición parcial de cuentas.

PARTIAL ASSIGNMENT.
cesión parcial.

PARTIAL AVERAGE.
avería parcial o particular.

PARTIAL BREACH.
incumplimiento parcial de una obligación.
V. BREACH.

PARTIAL DEFENCE.
defensa parcial.

PARTIAL DEFENSE.
V. PARTIAL DEFENCE.

PARTIAL DEPENDENCY.
dependencia parcial, en particular respecto de una fuente de ingresos o de sustancias que crean adicción.

PARTIAL DISABILITY.
incapacidad o invalidez parcial.

PARTIAL DISTRIBUTION.
distribución parcial. Distribución a cuenta.

PARTIAL EVICTION.
desposesión parcial. V. EVICTION.

PARTIAL EVIDENCE.
prueba parcial. Prueba de un hecho determinado, insuficiente para fundar por sí solo la pretensión de quien la produce.

PARTIAL FAILURE OF CONSIDERATION.
incumplimiento parcial de un contrato.
V. CONSIDERATION.

PARTIAL INCAPACITY.
incapacidad o invalidez parcial.

PARTIAL INSANITY.
disminución de las facultades mentales.

PARTIAL INSURANCE.
seguro parcial.

PARTIAL INVALIDITY.
invalidez parcial.

PARTIAL LIMITATION.
limitación parcial. ‖ cláusula de un contrato de seguros en virtud de la cual se debe abonar la

totalidad de la pérdida del asegurado si ésta excede de cierto valor.

PARTIAL LIQUIDATION.
liquidación parcial.

PARTIAL LOSS.
siniestro o pérdida parcial.

PARTIAL PARDON.
indulto parcial.

PARTIAL PAYMENT.
pago parcial.

PARTIAL PERFORMANCE.
cumplimiento parcial de una obligación.

PARTIAL RELEASE.
liberación parcial de una obligación o de las garantías dadas respecto de ésta.

PARTIAL REVERSAL.
revocación parcial de una sentencia.

PARTIAL TAKING.
expropiación parcial.

PARTIAL VERDICT.
veredicto en el que se declara al acusado inocente respecto de ciertas acusaciones y culpable respecto de otras.

PARTIAL WAIVER.
renuncia parcial.
V. WAIVER.

PARTIBLE.
divisible.

PARTICEPS CRIMINIS.
partícipe de un delito.

PARTICEPS FRAUDIS.
partícipe de un fraude.

PARTICIPANT.
participante.

PARTICIPATE.
participar.

PARTICIPATING INSURANCE.
V. PARTICIPATING POLICY.

PARTICIPATING POLICY.
póliza que da al asegurado derecho a participar en las utilidades producidas por la inversión de sus primas.

PARTICIPATING PREFERRED STOCK.
acciones preferidas con participación en las utilidades que excede del dividendo preferencial.

PARTICIPATING STOCK.
V. PARTICIPATING PREFERRED STOCK.

PARTICIPATION.
participación.

PARTICIPATION AGREEMENT.
acuerdo de participación en las ganancias o producido de una operación.

PARTICIPATION IN CRIME.
participación en un delito.

PARTICIPATION LOAN.
préstamo en el que participan varios bancos.

PARTICIPATION MORTGAGE.
hipoteca en la que el acreedor hipotecario participa en las utilidades derivadas del bien hipotecado.

PARTICIPATION STOCK.
V. PARTICIPATING PREFERRED STOCK.

PARTICULAR.
particular.

PARTICULAR AGENT.
mandatario o representante especial.
V. AGENT.

PARTICULAR AVERAGE.
avería particular.

PARTICULAR ESTATE.
derecho relativo a un inmueble, derivado de un derecho de mayor amplitud respecto del mismo inmueble, y que al concluir resulta en el nacimiento de un nuevo derecho relativo al mismo inmueble, previsto en el mismo instrumento, en favor de un nuevo titular. V. ESTATE.

PARTICULAR LIEN.
privilegio especial, ejercitable mediante la retención de la cosa objeto de ese privilegio.
V. LIEN.

PARTICULAR LOSS.
V. PARTICULAR AVERAGE.

PARTICULAR MALICE.
intención de dañar a una persona determinada. V. MALICE.

PARTICULAR PARTNERSHIP.
sociedad de personas formada respecto de un negocio u operación concretos y predeterminados. V. PARTNERSHIP.

PARTICULAR SERVICES.
servicios profesionales.

PARTICULAR TENANT.
titular de un derecho que puede ser calificable como PARTICULAR ESTATE (v.).

PARTICULARITY.
particularidad. ‖ detalle o especificación de aspectos particulares del caso, en una representación o acto procesal.

PARTICULARIZE.
particularizar. Detallar.

PARTICULARS.
detalles. Precisiones. ‖ extremos formulados en una demanda.

PARTICULARS OF A DOCUMENT.
detalles de un documento.

PARTICULARS OF CLAIM.
extremos formulados en una demanda.

PARTICULARS OF CRIMINAL CHARGES.
exposición detallada de las imputaciones formuladas contra un acusado.

PARTICULARS OF DEFENCE.
extremos en los que se basa la defensa respecto de una acción.

PARTICULARS OF DEFENSE.
V. PARTICULARS OF DEFENCE.

PARTICULARS OF SALE.
descripción detallada de las condiciones físicas o jurídicas de un bien en venta, particularmente cuando se trata de un bien vendido en pública subasta.

PARTIES.
partes de un acto o procedimiento, entendidas como las personas que en ellos participan.

PARTIES AND PRIVIES.
partes que se encuentran vinculadas directamente mediante un acto, especialmente un contrato. V. PARTIES.

PARTIES IN INTEREST.
partes que tienen derechos relativos al objeto de un juicio y la legitimación consiguiente.
V. PARTIES.

PARTIES TO CRIME.
partícipes de un delito.

PARTISAN.
partidario.

PARTITION.
división. Partición.

PARTITION ORDER.
orden de división de bienes comunes, en particularmente medianeras.

PARTITION SALE.
venta efectuada como parte de una división de bienes.

PARTITION WALL.
medianera. Muro divisorio.

PARTNER.
socio.

PARTNERSHIP.
sociedad de personas. Sociedad colectiva. Tipo societario *intuitu personae*, con responsabilidad ilimitada de los socios, generalmente sin

personalidad jurídica y administrada y representada por sus socios, y sujeta a escasos requisitos formales. Dado que los tipos societarios bajo el sistema jurídico anglo-norteamericano difieren de los propios del CIVIL LAW (v.), el concepto de *partnership* no puede identificarse ni al de sociedad de personas ni al de la sociedad colectiva; es más amplio que éste y más estrecho que aquél.

PARTNERSHIP AGREEMENT.

contrato que crea una PARTNERSHIP (v.).

PARTNERSHIP ARTICLES.

V. ARTICLES OF PARTNERSHIP.

PARTNERSHIP ASSETS.

bienes de una PARTNERSHIP (v.).

PARTNERSHIP ASSOCIATION.

sociedad de personas de responsabilidad limitada. Equivale a una PARTNERSHIP (v.) en la que la responsabilidad de los socios está limitada al capital suscripto.

PARTNERSHIP AT WILL.

PARTNERSHIP (v.) que se disuelve cuando alguno de los socios así lo decide.

PARTNERSHIP CERTIFICATE.

instrumento mediante el que se acredita ser socio de una PARTNERSHIP (v.).

PARTNERSHIP CONTRACT.

V. PARTNERSHIP AGREEMENT.

PARTNERSHIP DEBT.

deuda de una PARTNERSHIP (v.).

PARTNERSHIP INSURANCE.

seguro de vida respecto de un socio de una PARTNERSHIP (v.), en favor de los restantes socios, destinado a permitir la continuación de la sociedad al fallecer ese socio.

PARTY.

parte de un juicio, acto o contrato, entendida como una persona que en ellos participa. ‖ partido político.

PARTY AGGRIEVED.

parte agraviada.

PARTY AND PARTY COSTS.

costas judiciales.

PARTY AT FAULT.

la parte culpable o responsable.

PARTY IN INTEREST.

parte con interés en el litigio.

PARTY LITIGANT.

parte litigante.

PARTY OF RECORD.

parte reconocida como tal en un juicio.

PARTY PROSECUTION.

acción a instancia de parte.

PARTY SYSTEM.

sistema de partidos políticos.

PARTY TO A BILL OF EXCHANGE.

parte de una relación cambiaria. V. PARTY.

PARTY TO BE CHARGED.

parte responsable del cumplimiento de un contrato.

PARTY WALL.

medianera. Muro divisorio.

PASS.

pase. Permiso. Autorización. ‖ como verbo (*to pass*), aprobar. Dictar o adoptar un acto o sentencia. Transferir. Hacer circular. V. las voces siguientes.

PASS COUNTERFEIT MONEY.

hacer circular moneda falsa.

PASS DIVIDEND.

omitir el dividendo.

PASS JUDGMENT.

juzgar. Dictar sentencia.

PASS LEGISLATION.

aprobar una ley.

PASS SENTENCE.

sentenciar.

PASS TITLE.

transferir el título.

PASS UPON.

decidir cierta cuestión.

PASSAGE.

pasaje. Tránsito. ‖ aprobación de una ley.

PASSAGE MONEY.

el precio de un pasaje de transporte marítimo de personas.

PASSBOOK.

libreta de ahorros.

PASSED DIVIDEND.

dividendo omitido.

PASSENGER.

pasajero.

PASSENGER SHIP.

buque de pasajeros.

PASSIM.

pássim.

PASSING.

pasaje. Acto de pasar o transferir. V. PASS.

PASSING JUDGMENT.

acto de dictar una sentencia.

PASSING OF PROPERTY.

transferencia de propiedad.

PASSING OF RISK.
transferencia del riesgo.

PASSING OF TITLE.
transferencia de título.

PASSING OFF.
imitación fraudulenta. Competencia desleal mediante confusión.

PASSING SENTENCE.
V. PASS SENTENCE.

PASSIVE.
pasivo. Inactivo.

PASSIVE BOND.
bono que no devenga interés.

PASSIVE DEBT.
deuda que no produce interés.

PASSIVE NEGLIGENCE.
negligencia pasiva, resultante de la omisión de conductas debidas.

PASSIVE PARTICIPATION.
participación pasiva en un acto mediante el consentimiento que se da al mismo, aunque no se tome parte en él.

PASSIVE SECURITY.
garantía ejercida mediante la retención de un bien dado en tal carácter.

PASSIVE TRUST.
fideicomiso que no requiere actividad de parte del fideicomisario, o en el que éste no tiene discrecionalidad respecto del objeto del fideicomiso. V. TRUST.

PASSPORT.
pasaporte.

PAST.
pasado. Precedente. ‖ el pasado.

PAST CONSIDERATION.
contraprestación cumplida antes de suscribir un contrato, y que como tal no es suficiente para dar validez a éste.
V. CONSIDERATION.

PAST CONVICTIONS.
condenas penales precedentes.

PAST DEBT.
deuda preexistente.

PAST DUE.
vencido. En mora.

PAST RECOLLECTION RECORDED.
notas escritas que un testigo ha hecho en el pasado respecto de un hecho que ya no recuerda con precisión.

PASTURE.
pastura. Pastoreo.

PATENT.
patente. Patente de invención. ‖ evidente. Patente. Manifiesto. ‖ como verbo (*to patent*), patentar.

PATENT AGENT.
agente de patentes. Agente de propiedad industrial.

PATENT AMBIGUITY.
ambigüedad evidente.

PATENT APPLICATION.
solicitud de patente.

PATENT ATTORNEY.
abogado de patentes.

PATENT DEFECT.
defecto o vicio evidente.

PATENT INFRINGEMENT.
violación o infracción de patente.

PATENT LAW.
Derecho de patentes.

PATENT LAWYER.
abogado de patentes.

PATENT LICENCE.
licencia de patentes.

PATENT LICENSE.
V. PATENT LICENCE.

PATENT OFFICE.
oficina de patentes.

PATENT PENDING.
patente pendiente de otorgamiento.

PATENT POOL.
contrato por el cual los titulares de varias patentes combinan sus derechos, sea mediante la concesión recíproca de derechos o mediante la transferencia de derechos a una sociedad u otra organización común, para que ésta proceda a su administración y explotación.

PATENT POOLING.
la conducta consistente en formar un PATENT POOL (v.).

PATENT RIGHTS.
derechos derivados de una patente.

PATENT ROYALTY.
regalía derivada de una licencia de patente.

PATENT SUIT.
juicio por infracción a una patente.

PATENTABLE.
patentable.

PATENTED.
patentado.

PATENTED ARTICLE.
artículo o producto patentado.

PATENTED PROCESS.
proceso patentado.

PATENTEE.
el patentado. Titular de una patente.

PATER PATRIAE.
v. PARENS PATRIAE.

PATERNAL.
paternal. Paterna. Paterno.

PATERNAL AUTHORITY.
autoridad paterna.

PATERNAL LINE.
línea paterna.

PATERNAL POWER.
patria potestad.

PATERNAL PROPERTY.
propiedad heredada por vía paterna.

PATERNITY.
paternidad.

PATERNITY PROCEEDING.
juicio de paternidad.

PATERNITY SUIT.
juicio de paternidad.

PATERNITY TEST.
prueba de paternidad.

PATIENT.
paciente.

PATIENT-PHYSICIAN PRIVILEGE.
el derecho a mantener en secreto la información dada a un médico en el curso de las actividades profesionales de éste.

PATRICIDE.
parricidio. ‖ parricida.

PATRIMONIAL.
patrimonial.

PATRIMONY.
bienes heredados de los ascendientes. ‖ patrimonio.

PATROL.
patrulla. ‖ como verbo (to patrol), patrullar.

PATRON.
cliente. ‖ quien protege, subvenciona o apoya
una actividad.

PATRONAGE.
clientela. ‖ facultad de nombrar discrecional-
mente funcionarios o empleados públicos.

PATRONAGE DIVIDEND.
dividendo pagado por una cooperativa en función de las compras realizadas a la misma.

PATRONIZE.
ser cliente. ‖ proteger, subvencionar o apoyar
una actividad.

PATTERN.
modelo. Norma. Pauta.

PAUPER.
pobre. Indigente.

PAWN.
prenda. Bien empeñado o dado en prenda. ‖
también, como verbo (to pawn), prendar. Em-
peñar.

PAWN AGREEMENT.
contrato de prenda.

PAWN SHOP.
casa de empeños.

PAWNBROKER.
quien realiza habitualmente préstamos prendarios, generalmente de valor individual reducido.

PAWNEE.
acreedor prendario.

PAWNOR.
deudor prendario.

PAY.
salario. Sueldo. ‖ pago. ‖ como verbo (to pay),
pagar.

PAY AT SIGHT.
pagar a la vista.

PAY BACK.
restituir. Devolver. Reintegrar.

PAY BACK PERIOD.
período de amortización.

PAY BY INSTALLMENTS.
pagar en cuotas.

PAY CHECK.
cheque mediante el que se pagan salarios.

PAY DAMAGES.
pagar daños y perjuicios.

PAY IN ADVANCE.
pagar anticipadamente o por adelantado.

PAY IN FULL.
pagar total o íntegramente.

PAY OFF.
saldar. Cancelar una deuda. Pagar total o íntegramente. ‖ sobornar. Corromper.

PAY-OFF.
compensación o beneficio obtenidos de un esfuerzo o trabajo, o como contraprestación.

PAY TO THE ORDER OF.
pagar a la orden de.

PAY UNDER PROTEST.
pagar bajo protesta.

PAYABLE.
pagadero.

PAYABLE AT SIGHT.
pagadero a la vista.

PAYABLE BILL OF EXCHANGE.
letra de cambio aceptada.

PAYABLE IN TRADE.
pagadero en especie, mediante los bienes que comercia el deudor.

PAYABLE ON DEMAND.
pagadero a la vista.

PAYABLE TO BEARER.
pagadero al portador.

PAYABLE TO CASH.
pagadero al portador.

PAYABLE TO HOLDER.
pagadero al portador.

PAYABLE TO ORDER.
pagadero a la orden.

PAYEE.
acreedor. Persona a quien se efectúa un pago. ‖ el beneficiario de un título de crédito o circulatorio.

PAYER.
pagador. Quien efectúa un pago. ‖ el girado u obligado en un título de crédito o circulatorio.

PAYER BY INTERVENTION.
pagador por intervención.

PAYING AGENT.
agente pagador.

PAYMENT.
pago.

PAYMENT AGAINST DOCUMENTS.
pago contra documentos.

PAYMENT BOND.
fianza o garantía de pago. v. BOND.

PAYMENT FOR HONOR.
v. PAYMENT FOR HONOUR.

PAYMENT FOR HONOUR.
pago por intervención.

PAYMENT GUARANTEED.
pago garantizado. Usado en cláusulas cuyo firmante garantiza como obligado directo y principal el pago de las obligaciones derivadas del instrumento en que se inserta.

PAYMENT IN DUE COURSE.
pago en término y forma, efectuado de buena fe a quien aparece como legitimado para recibir el pago de un título de crédito.

PAYMENT IN FULL.
pago total.

PAYMENT IN KIND.
pago en especie.

PAYMENT INTO COURT.
pago judicial. Pago ante un tribunal. Pago mediante depósito judicial.

PAYMENT OF ACCOUNT.
pago a cuenta. ‖ pago en una cuenta corriente.

PAYMENT OF STATUTE BARRED DEBT.
pago de una deuda prescripta.

PAYMENT ON DEMAND.
pago a la vista.

PAYMENT OUT OF COURT.
pago extrajudicial.

PAYMENT REFUSED.
pago negado o rechazado.

PAYMENT STOPPED.
pago suspendido, especialmente por orden del deudor.

PAYMENT UNDER PROTEST.
pago bajo protesta. Pago con reservas.

PAYOR.
v. PAYER.

PAYOR BANK.
banco girado.

PAYROLL.
nómina. Conjunto de salarios pagados por un empleador.

PAYROLL TAX.
impuesto sobre la nómina. Impuesto que pesa sobre los salarios pagados por una empresa. v. PAYROLL.

PEACE.
paz.

PEACE BOND.
garantía exigida por un magistrado a una persona que ha amenazado la paz pública. v. BOND.

PEACE OFFICERS.
funcionarios de policía, encargados de mantener el orden público.

PEACE TREATY.
tratado de paz.

PEACEABLE.
pacífico. ‖ sin violencia o uso de fuerza.

PEACEABLE ENTRY.
ingreso a un inmueble sin uso de fuerza o violencia.

PEACEABLE POSSESSION.
posesión pacífica.

PECULATION.
peculado. ‖ distracción o apropiación indebida de fondos.

PECUNIARY.
pecuniario. Monetario.

PECUNIARY ADVANTAGE.
ventaja o beneficio pecuniario.

PECUNIARY BENEFITS.
beneficios pecuniarios.

PECUNIARY BEQUEST.
legado de sumas de dinero.
V. BEQUEST.

PECUNIARY CONSIDERATION.
contraprestación dineraria.
V. CONSIDERATION.

PECUNIARY DAMAGE.
daño patrimonial.

PECUNIARY ENGAGEMENT.
obligación pecuniaria.

PECUNIARY INJURY.
daño patrimonial.

PECUNIARY INTEREST.
interés económico en un caso, juicio o negocio.

PECUNIARY LEGACY.
legado de sumas de dinero.

PECUNIARY LOSS.
pérdida o daño patrimonial.

PEDAL POSSESSION.
posesión efectiva.

PEDDLER.
vendedor ambulante.

PEDERASTY.
pederastía.

PEDESTRIAN.
peatón. Pedestre.

PEDIGREE.
genealogía. Linaje. Antepasados.

PEDLAR.
V. PEDDLER.

PEER.
par. Noble. Miembro de la Cámara de los Lores.

PEERAGE.
nobleza. Título de nobleza. ‖ la nobleza, en su conjunto.

PEG.
fijar el valor de un bien, especialmente de una moneda, en relación a otro, puede ser el oro o una moneda extranjera.

PENAL.
penal.

PENAL ACTION.
acción penal. ‖ acción civil dirigida a la impo-

sición de una sanción o pena pecuniaria contra el responsable de un acto ilícito.

PENAL BILL.
instrumento mediante el que se asume una obligación equivalente a las derivadas de una cláusula penal.

PENAL BOND.
instrumento con efectos similares a una cláusula penal, en el que se otorga una garantía que se hace efectiva en caso de no cumplirse con la obligación principal. V. BOND. ‖ garantía cuyo no cumplimiento da lugar a la aplicación de una cláusula penal. V. BOND.

PENAL CLAUSE.
cláusula penal.

PENAL CODE.
Código Penal.

PENAL INSTITUTION.
institución penal o carcelaria.

PENAL INTEREST.
interés punitorio.

PENAL LAW.
Derecho Penal. ‖ ley penal.

PENAL LAWS.
leyes penales.

PENAL OBLIGATION.
obligación con cláusula penal.

PENAL OFFENCE.
delito.

PENAL OFFENSE.
V. PENAL OFFENCE.

PENAL RENT.
alquileres punitorios.

PENAL RESPONSABILITY.
responsabilidad penal.

PENAL SERVITUDE.
prisión con trabajos forzados.

PENAL STATUTE.
ley penal.

PENAL SUIT.
juicio penal.

PENAL SUM.
penalidad. Multa. ‖ suma convenida como objeto de una cláusula penal o en un instrumento con efectos similares.

PENALIZABLE.
sancionable. Penalizable.

PENALIZE.
penalizar. Sancionar. Castigar. Penar. Multar.

PENALTY.
penalidad. Pena. Multa. Sanción.

PENALTY BOND.
v. PENAL BOND.

PENALTY CLAUSE.
cláusula penal.

PENALTY PROVISION.
disposición en una ley o un contrato mediante la que se impone una penalidad o cláusula penal.

PENDENCY.
pendencia. Litispendencia.

PENDENCY OF ACTION.
litispendencia.

PENDENS.
pendiente. En curso.

PENDENT JURISDICTION.
extensión de la jurisdicción del tribunal a cuestiones accesorias de un juicio pendiente, que quedarían fuera de tal jurisdicción si fueran consideradas independientemente.

PENDENTE LITE.
durante el juicio. Durante el curso o pendencia del juicio.

PENDENTE LITE ADMINISTRATOR.
administrador provisorio designado para actuar durante un litigio relativo al objeto de su administración.

PENDENTE LITE ALLOWANCE.
alimentos provisionales.

PENDENTE LITE RECEIVER.
síndico, administrador o interventor designado para actuar en un litigio relativo a los bienes respecto de los cuales aquél es designado.
v. RECEIVER.

PENDING.
pendiente. En curso.

PENDING ACTION.
acción judicial pendiente de sentencia definitiva.

PENDING APPEAL.
pendiente de apelación. Sujeto a una apelación pendiente.

PENDING LITIGATION.
litigio pendiente de sentencia definitiva.

PENETRATION.
penetración.

PENITENTIARY.
penitenciario. ‖ penitenciaría. Presidio.

PENNY STOCKS.
acciones de muy bajo valor de cotización.

PENOLOGY.
criminología.

PENSION.
pensión. ‖ jubilación. ‖ también, como verbo (to pension), jubilar. Pensionar.

PENSION FUND.
caja de jubilaciones o pensiones. ‖ fondo, vinculado a una empresa u otra organización, destinado a atender las jubilaciones y pensiones de los empleados de aquélla, sus familiares u otros beneficiarios.

PENSION PLAN.
plan establecido por un empleador para atender las jubilaciones y pensiones de sus empleados y derechohabientes.

PENSION RIGHTS.
derechos a jubilaciones o pensiones. Derechos jubilatorios.

PENSION TRUST.
fideicomiso utilizado para organizar un sistema de jubilaciones o pensiones. v. TRUST.

PENSIONER.
jubilado. Pensionado.

PENUMBRA DOCTRINE.
doctrina constitucional estadounidense en virtud de la cual un poder implícito puede ser derivado de otro poder de la misma naturaleza.

PEOPLE.
pueblo. Gente. Personas.

PEPPERCORN.
literalmente, grano de pimienta. La voz se refiere a los pagos o contraprestaciones nominales, debido a lo escaso de su valor.

PER.
por. Mediante.

PER ACCIDENS NUISANCE.
conducta o elemento que resulta en una molestia o daño para inmuebles vecinos por razones accidentales.
v. NUISANCE.

PER ACCIDENT CLAUSE.
cláusula de un contrato de seguros que limita la responsabilidad derivada de cada accidente.

PER ANNUM.
por año.

PER AUTRE VIE.
literalmente, por otra vida. La condición de un derecho que dura lo que la vida de una persona que no es titular de tal derecho.

PER CAPITA.
per capita. Por cabeza.

PER CENT.
por ciento.

PER CURIAM.

por el tribunal. La condición de una opinión o fallo emitido por el tribunal en su conjunto.

PER CURIAM OPINION.

fallo dictado y fundamentado conjuntamente por los distintos miembros de un tribunal colegiado, a veces caracterizado por la forma suscinta de su fundamentación.

PER DIEM.

por día. ‖ dieta. Viático. Remuneración diaria.

PER FRAUDEM.

mediante fraude.

PER INCURIAM.

por error. Por inadvertencia.

PER INFORTUNIUM.

por desgracia o infortunio. En razón de caso fortuito.

PER MINAS.

mediante amenazas.

PER MISADVENTURE.

V. PER INFORTUNIUM.

PER MY ET PER TOUT.

literalmente, por la mitad y por el todo. La condición en que los JOINT TENANTS (v.) ejercen su copropiedad.

PER PAIS.

dícese de la condición del juicio por jurado.

PER PROCURATION.

por poder.

PER QUOD.

por lo tanto. En consecuencia.

PER SAMPLE.

mediante muestra. La condición de la venta así convenida.

PER SE.

por sí mismo. En sí mismo. La condición de aquellos delitos o infracciones que se configuran al constituirse ciertos extremos predeterminados sin necesidad de tener que probar que las consecuencias de los actos en cuestión son antijurídicas o afectan al bien jurídico protegido. El concepto se asemeja, pero no equivale, al de delito o infracción formal.

PER SE NEGLIGENCE.

conducta que constituye en sí misma negligencia, sin necesidad de pruebas adicionales.

PER SE VIOLATION.

infracción o delito. PER SE (v.).

PER STIRPES.

por estirpe o representación, en materia sucesoria.

PER TOTAM CURIAM.

por la totalidad del tribunal. Por unanimidad.

PER UNIVERSITATEM.

a título universal.

PER YEAR.

por año.

PERCENT.

V. PER CENT.

PERCENTAGE LEASE.

locación cuyo precio está integrado por un porcentaje del giro del negocio que opera en el inmueble locado.

PERCENTAGE ORDER.

orden de compra o venta de acciones a hacerse efectiva una vez que se haya realizado cierto número de operaciones en el mercado correspondiente.

PERCEPTION.

percepción.

PEREMPTION.

perención de instancia. ‖ conclusión de un juicio sin llegarse a una sentencia que decida sobre el fondo de la causa.

PEREMPTORY.

perentorio. Imperativo. Inderogable. Irrevocable. ‖ sin causa. Arbitrario.

PEREMPTORY CHALLENGE.

recusación de un jurado sin causa.

PEREMPTORY DAY.

término perentorio para el cumplimiento de un acto procesal.

PEREMPTORY DEFENCE.

defensa perentoria.

PEREMPTORY DEFENSE.

V. PEREMPTORY DEFENCE.

PEREMPTORY EXCEPTION.

excepción perentoria. Término utilizado en relación con el *civil law*.

PEREMPTORY INSTRUCTION.

instrucción imperativa a un jurado.

PEREMPTORY NONSUIT.

conclusión de un juicio sin dictarse sentencia sobre el fondo de la causa, ante la total insuficiencia de las pruebas aportadas por el actor. V. NONSUIT.

PEREMPTORY NORM.

norma imperativa.

PEREMPTORY NOTICE.

intimación perentoria.

PEREMPTORY ORDER.

orden judicial imperativa

PEREMPTORY PAPER.
listado de cuestiones a ser consideradas en forma inmediata por el tribunal.

PEREMPTORY PLEA.
planteamiento en juicio de cuestiones perentorias, como ser excepciones o defensas de esa naturaleza. v. PLEA.

PEREMPTORY RULE.
regla imperativa. ‖ auto judicial dictado en forma inmediata a la circunstancia que la da origen, especialmente en el curso de una audiencia.

PEREMPTORY WRIT.
v. PEREMPTORY ORDER.

PERFECT.
perfecto. Completo exigible. ‖ como verbo (*to perfect*), perfeccionar.

PERFECT ATTESTATION CLAUSE.
cláusula de un testamento en la que se declara haberse cumplido con todos los actos necesarios para la validez de una disposición testamentaria.

PERFECT EQUITY.
título o derecho que reúne todas las condiciones exigidas para su plena validez bajo el régimen de EQUITY (v.).

PERFECT INSTRUMENT.
instrumento que reúne todas las condiciones necesarias para ser plenamente oponible frente a terceros.

PERFECT OBLIGATION.
obligación jurídicamente exigible.

PERFECT OWNERSHIP.
dominio perfecto.

PERFECT RIGHT.
derecho legalmente exigible.

PERFECT TITLE.
título perfecto.

PERFECT TRUST.
fideicomiso perfeccionado.
v. TRUST.

PERFECT USUFRUCT.
usufructo perfecto.

PERFECT WAR.
guerra cuyas hostilidades afectan totalmente a dos o más estados.

PERFECTED.
perfeccionado.

PERFECTING BAIL.
perfeccionamiento de la fianza otorgada en casos de libertad bajo fianza, al declarar el tribunal reunidos los requisitos exigidos para la aceptación de la fianza ofrecida. v. BAIL.

PERFECTING LIEN.
perfeccionamiento de un privilegio o derecho de preferencia. v. LIEN.

PERFECTING OF SECURITY INTEREST.
perfeccionamiento de un derecho de garantía, de forma de hacerlo plenamente oponible a terceros. v. SECURITY INTEREST.

PERFIDY.
perfidia.

PERFORM.
cumplir con una obligación o contrato.

PERFORMANCE.
cumplimiento de una obligación o contrato. ‖ representación de una obra teatral o pieza musical.

PERFORMANCE BOND.
garantía de cumplimiento de las obligaciones asumidas en un contrato. v. BOND.

PERFORMING ASSETS.
los activos de una entidad financiera, especialmente créditos, que producen intereses normalmente.

PERFORMING CARRIER.
transportador de hecho.

PERIL.
peligro.

PERILS EXCEPTED.
riesgos exceptuados de una cláusula, responsabilidad o seguro.

PERILS OF THE SEA.
riesgos de la navegación marítima.

PERIOD.
período.

PERIOD OF GESTATION.
período de gestación.

PERIOD OF GRACE.
plazo de gracia.

PERIODIC.
periódico.

PERIODIC ALIMONY.
alimentos pagaderos periódicamente.
v. ALIMONY.

PERIODIC TENANCY.
derecho a la tenencia de un inmueble concedido por un período determinado (de semana a semana, mes a mes, año a año) y que normalmente continúa por otros períodos iguales, hasta ser dejado sin efecto.
v. TENANCY.

PERIODICAL.
periódico. Publicación periódica.

PERISM.
perecer.

PERISHABLE.
perecedero.

PERISHABLE GOODS.
bienes perecederos.

PERJURY.
perjurio.

PERK.
V. PERQUISITE.

PERMANENT.
permanente.

PERMANENT ABODE.
domicilio permanente.

PERMANENT ALIMONY.
obligación alimentaria a ser cumplida durante el límite de la vida del beneficiario.
V. ALIMONY

PERMANENT DAMAGE.
daño permanente.

PERMANENT DISABILITY.
incapacidad o invalidez permanente.

PERMANENT EMPLOYMENT.
contrato de trabajo por tiempo indeterminado.

PERMANENT HOME.
residencia permanente. Domicilio.

PERMANENT INJUNCTION.
orden judicial que permanece en efecto por tiempo indeterminado.
V. INJUNCTION.

PERMANENT INJURY.
lesión permanente.

PERMANENT INSURANCE.
seguro permanente. Seguro sin límite temporal. ‖ seguro definitivo, en contraposición al provisorio.

PERMANENT LAW.
normas que no tienen un plazo de vigencia, subsistiendo en vigor por tiempo indeterminado.

PERMANENT LOCATION.
ubicación permanente.

PERMANENT MISSION.
misión diplomática permanente.

PERMANENT NUISANCE.
molestia, daño o turbación causados en forma permanente.
V. NUISANCE.

PERMANENT RESIDENCE.
residencia permanente. Domicilio.

PERMANENT TRESPASS.
violación permanente de derechos ajenos.
V. TRESPASS.

PERMISSION.
permiso. Autorización. Licencia.

PERMISSIVE.
permisivo. Se dice de una norma que otorga un permiso, autorización o facultad.

PERMISSIVE COUNTERCLAIM.
reconvención facultativa respecto de una materia no vinculada al objeto de la demanda.

PERMISSIVE JOINDER.
litisconsorcio facultativo.

PERMISSIVE OCCUPATION.
ocupación de un inmueble en virtud de una autorización del propietario o poseedor, sin otorgarse otros derechos.

PERMISSIVE POSSESSION.
V. PERMISSIVE OCCUPATION.

PERMISSIVE USE.
uso de un bien o propiedad en virtud del permiso tácito o expreso de su propietario.

PERMISSIVE WASTE.
el deterioro de un inmueble por no realizarse las reparaciones y mantenimiento normales.
V. WASTE.

PERMIT.
permiso. Autorización. Licencia. ‖ como verbo (to permit), permitir.

PERMUTATION.
permuta.

PERPARS.
la parte de una herencia.

PERPETRATE.
perpetrar.

PERPETRATION.
perpetración.

PERPETRATOR.
perpetrador.

PERPETUAL.
perpetuo.

PERPETUAL ANNUITY.
renta vitalicia.

PERPETUAL BOND.
bono sin vencimiento, tal que resulta en el pago permanente de intereses, sin que exista una amortización o devolución del capital.

PERPETUAL CONTRACT.
contrato sin límite de duración.

PERPETUAL INJUNCTION.
orden judicial con efectos permanentes.
V. INJUNCTION.

PERPETUAL LEASE.
arrendamiento perpetuo. V. LEASE.

PERPETUAL STATUTE.
V. PERMANENT STATUTE.

PERPETUAL SUCCESSION.
la continuación ilimitada de la existencia jurídica de una persona de existencia ideal.

PERPETUAL TRUST.
fideicomiso que permanece en vigencia en tanto subsista el objeto para el que ha sido creado. V. TRUST.

PERPETUATING TESTIMONY.
procedimiento de conservación y archivo de las actuaciones judiciales referidas a las pruebas de un caso.

PERPETUITIES.
V. PERPETUITY. RULE AGAINST PERPETUITIES.

PERPETUITY.
perpetuidad. ‖ inalienabilidad de un derecho respecto de un inmueble, resultante de los derechos concedidos a un tercero, cuando tales derechos pueden ser ejercitados aún después de un plazo equivalente a la vida de una persona viva al concederse tales derechos, más veintiún años. V. RULE AGAINST PERPETUITIES.

PERPETUITY PERIOD.
el período de vigencia de la inalienabilidad de un derecho respecto de un inmueble, cuando resulta constitutivo de una PERPETUITY (v.).

PERQUISITES.
beneficios, dinerarios o no, adicionales al salario, otorgados a empleados o funcionarios.

PERSISTENT OFFENDER.
delincuente habitual reincidente.

PERSISTENT VIOLATOR.
V. PERSISTENT OFFENDER.

PERSON.
persona.

PERSON AGGRIEVED.
V. AGGRIEVED PARTY.

PERSON ANSWERABLE OVER.
responsable. Garante.

PERSON CHARGED.
acusado.

PERSON ENTITLED.
derechohabiente.

PERSON IN LOCO PARENTIS.
quien actúa como padre, sin serlo ni haber adoptado formalmente al menor, respecto del cual así se actúa.

PERSON OF FULL AGE.
mayor de edad.

PERSON OF UNSOUND MIND.
enfermo mental.

PERSON UNDER DISABILITY.
incapaz.

PERSONA DESIGNATA.
beneficiario designado individualmente en una disposición testamentaria.

PERSONA NON GRATA.
persona non grata.

PERSONABLE.
legitimado para actuar en un juicio.

PERSONAL.
personal.

PERSONAL ACCIDENT.
accidente o infortunio personal.

PERSONAL ACTION.
acción personal.

PERSONAL ASSETS.
V. PERSONAL PROPERTY.

PERSONAL BENEFIT.
beneficio personal.

PERSONAL BOND.
fianza o garantía personal.
V. BOND.

PERSONAL CHATTEL.
cosa mueble.

PERSONAL CONTRACT.
contrato *intuitus personae*.

PERSONAL COVENANT.
cláusula de un acto relativo a una propiedad inmueble que crea obligaciones personales para una de las partes de dicho acto.
V. COVENANT.

PERSONAL DAMAGES.
daños contra la persona.

PERSONAL DEFENCE.
defensa personal.

PERSONAL DEFENSE.
V. PERSONAL DEFENCE.

PERSONAL DEMAND.
intimación personal de pago.

PERSONAL DISABILITY.
incapacidad de hecho o de derecho que pesa sobre una persona determinada, no incidiendo sobre los sucesores.

PERSONAL EARNINGS.
ingresos derivados del trabajo personal.

PERSONAL EFFECTS.
efectos personales.

PERSONAL ESTATE.
el conjunto de los bienes muebles de una persona.

PERSONAL EVIDENCE.
prueba testimonial.

PERSONAL EXEMPTION.
exención o deducción impositiva personal.

PERSONAL HOLDING COMPANY.
sociedad formada para controlar las inversiones de un individuo en distintas empresas.
V. HOLDING COMPANY.

PERSONAL INCOME.
ingreso personal.

PERSONAL INJURY.
lesión personal. Lesión corporal. ‖ daño contra los derechos personales de un individuo.

PERSONAL JUDGMENT.
sentencia que impone determinadas obligaciones personales sobre el demandado. ‖ juicio o parecer personal sobre una cuestión.

PERSONAL JURISDICTION.
jurisdicción o poder jurisdiccional sobre la persona.

PERSONAL KNOWLEDGE.
conocimiento personal.

PERSONAL LAW.
ley personal.

PERSONAL LIABILITY.
responsabilidad personal.

PERSONAL LIBERTIES.
derechos individuales. Derechos fundamentales de la persona.

PERSONAL LIBERTY.
V. PERSONAL LIBERTIES.

PERSONAL LOAN.
préstamo personal.

PERSONAL NOTICE.
notificación personal.

PERSONAL OBLIGATION.
obligación personal.

PERSONAL PROPERTY.
el conjunto de derechos patrimoniales de una persona que no constituyen derechos respecto de inmuebles. Se trata de un concepto más amplio que el de bienes muebles, pues abarca tanto a éstos como a los derechos sobre bienes inmateriales y a los derechos creditorios.

PERSONAL RECOGNIZANCE.
compromiso personal de un acusado de comparecer ante el tribunal cuando así le sea solicitado.

PERSONAL RELATION.
relación jurídica personal.

PERSONAL RELEASE.
liberación o extinción de la obligación de un coobligado, sin efectos respecto de los restantes.

PERSONAL REPRESENTATION.
representación personal.

PERSONAL REPRESENTATIVE.
representante personal. ‖ representante de una sucesión.

PERSONAL RIGHTS.
derechos no patrimoniales. ‖ derechos personales, en contraposición a los reales.

PERSONAL SECURITY.
garantía personal. ‖ seguridad personal. ‖ título mediante el que se instrumenta una obligación personal. V. SECURITY.

PERSONAL SERVICE.
notificación personal de un acto procesal. ‖ V. PERSONAL SERVICES..

PERSONAL SERVICES.
servicios. Trabajos. ‖ servicios personales.

PERSONAL SERVICES CONTRACT.
locación de servicios.

PERSONAL SERVITUDE.
servidumbre personal.

PERSONAL STATUTE.
ley o estatuto personal, en cuanto impone obligaciones u otorga derechos a las personas, en contraposición a los que se refieren a las cosas.

PERSONAL STATUS.
el estado jurídico de una persona.

PERSONAL SURETY.
fianza, en carácter de obligación solidaria. ‖ fiador, en el mismo carácter.

PERSONAL TAX.
impuesto sobre las personas o impuesto en relación a éstas, y no en relación a determinado bien o propiedad. ‖ impuesto sobre los bienes que no son cosas inmuebles.

PERSONAL THINGS.
efectos personales.

PERSONAL TORT.
acto ilícito que produce daños contra las personas. V. TORT.

PERSONAL TRUST.
fideicomiso creado con propósitos personales,

en contraposición a los que tienen fines de beneficencia. v. TRUST.

PERSONAL WARRANTY.
garantía personal.

PERSONALITY.
personalidad.

PERSONALTY.
v. PERSONAL PROPERTY.

PERSONATE.
asumir una personalidad ajena. Hacerse pasar por otra persona.

PERSONATION.
asunción de una personalidad ajena. Sustitución de personas.

PERSONNEL.
personal de una empresa u organización.

PERSUADE.
persuadir.

PERSUASION.
persuasión. Fe. Creencia.

PERSUASIVE AUTHORITY.
precedentes jurisprudenciales o doctrinarios convincentes o persuasivos para la solución de una cuestión.

PERTAIN.
pertenecer.

PERTINENT.
pertinente. Relevante.

PERVERSE VERDICT.
veredicto del jurado que no respeta las reglas de Derecho determinadas por el juez a efectos de su dictado.

PERVERTING THE COURSE OF JUSTICE.
comisión de delitos contra la administración de justicia.

PETIT JUROR.
v. PETTY JUROR.

PETIT JURY.
v. PETTY JURY.

PETIT LARCENY.
hurto menor.

PETITION.
petición. Demanda. Súplica. Pedido. Recurso.

PETITION FOR ADJUDICATION.
petición de quiebra.

PETITION FOR ANNULMENT.
acción o recurso de nulidad.

PETITION FOR CERTIORARI.
interposición de un recurso de apelación.
v. CERTIORARI.

PETITION FOR REHEARING.
petición de nueva audiencia. v. REHEARING.

PETITION FOR WINDING UP.
solicitud de liquidación.

PETITION IN BANKRUPTCY.
petición de quiebra.

PETITION IN INSOLVENCY.
petición de quiebra.

PETITION OF ERROR.
recurso de apelación.

PETITION OF RIGHTS.
declaración de derechos y garantías fundamentales, dictada por el Parlamento británico en 1629.

PETITIONER.
peticionante. Solicitante. ‖ demandante. Apelante. Recurrente. Actor.

PETITIONING CREDITOR.
acreedor solicitante de la declaración de quiebra de su deudor.

PETITORY ACTION.
acción petitoria.

PETTIFOGGER.
buscapleitos. Picapleitos. Leguleyo.

PETTY.
menor. De menor importancia.

PETTY AVERAGE.
avería menor.

PETTY CASH.
caja chica.

PETTY JUROR.
miembro de un jurado ordinario, o sea el que dicta veredictos en causas civiles o penales.

PETTY JURY.
jurado ordinario, o sea el que dicta veredictos en causas civiles o penales.

PETTY LARCENY.
hurto menor.

PETTY OFFENCE.
contravención o delito menor.

PETTY OFFENDER.
contraventor o autor de un delito menor.

PETTY OFFENSE.
v. PETTY OFFENCE.

PETTY OFFICER.
oficial inferior o de baja graduación en la marina de guerra.

PHILOSOPIIICAL JURISPRUDENCE.
filosofía del Derecho.

PHILOSOPHY OF LAW.
filosofía del Derecho.

PHYSICAL.
físico.

PHYSICAL ASSETS.
activos físicos o materiales.

PHYSICAL CRUELTY.
crueldad física, como causal de divorcio.

PHYSICAL DELIVERY.
entrega física o material.

PHYSICAL DEPRECIATION.
depreciación resultante del desgaste físico de un bien.

PHYSICAL DISABILITY.
incapacidad o invalidez física.

PHYSICAL FACT.
hecho material o tangible.

PHYSICAL FORCE.
fuerza o violencia física.

PHYSICAL HARM.
daño corporal o material.

PHYSICAL IMPOSSIBILITY.
imposibilidad física.

PHYSICAL INCAPACITY.
incapacidad o invalidez física. ‖ Impotencia.

PHYSICAL INJURY.
daño corporal.

PHYSICAL INVENTORY.
inventario real o físico.

PHYSICAL NECESSITY.
necesidad física. ‖ la situación de quien se ve sujeto a coerción física.

PHYSICAL POSSESSION.
posesión física o efectiva.

PHYSICAL SUFFERING.
sufrimiento físico.

PHYSICAL VIOLENCE.
fuerza o violencia física.

PHYSICIAN.
médico.

PHYSICIAN-PATIENT PRIVILEGE.
V. PATIENT-PHYSICIAN PRIVILEGE.

PICKETING.
la actuación de piquetes o grupos de huelguistas, que manifiestan públicamente sus pretensiones, quejas o peticiones.

PICKPOCKET.
carterista.

PIECE RATE.
salario por pieza.

PIECEMEAL APPEALS.
apelaciones sucesivas contra una misma sentencia.

PIECEWORK.
trabajo a destajo.

PIERCING THE CORPORATE VEIL.
desestimación de la personalidad societaria.

PIGNORATIVE CONTRACT.
contrato pignoraticio.

PILFER.
ratear. Robar o hurtar en pequeña escala.

PILFERAGE.
hurto en pequeña escala. Robo hormiga. Ratería.

PILFERER.
ratero. Ladronzuelo.

PILLAGE.
pillaje.

PILOT LAWS.
leyes que regulan el ejercicio del pilotaje de navegación.

PILOTAGE.
pilotaje de navíos.

PILOTAGE DUES.
tasas de pilotaje.

PIMP.
proxeneta. Alcahuete.

PIONEER PATENT.
patente de una invención que introduce un avance o novedad fundamental en el área técnica pertinente.

PIRACY.
piratería.

PIRATE.
pirata.

PISCARY.
derecho de pesca en aguas ajenas.

PLACE.
lugar. ‖ como verbo (*to place*), colocar.

PLACE OF ABODE.
residencia. ‖ domicilio.

PLACE OF BUSINESS.
domicilio comercial.

PLACE OF CONTRACT.
lugar de firma del contrato.

PLACE OF DELIVERY.
lugar de entrega.

PLACE OF EMPLOYMENT.
lugar de trabajo.

PLACE OF INCORPORATION.
lugar donde se ha formado una persona jurídica.
V. CORPORATION.

PLACE OF MOST SIGNIFICANT CONTACTS.

lugar con el que un contrato u otro acto tiene los contactos más significativos.

PLACE OF PAYMENT.

lugar de pago.

PLACE OF PERFORMANCE.

lugar de cumplimiento de una obligación.

PLACE OF PRESENTMENT.

lugar de presentación de un título de crédito.

PLACE OF RESIDENCE.

residencia.

PLACE OF TRIAL.

lugar en que se desarrolla un juicio.

PLACEMENT.

colocación de una emisión de títulos o de un préstamo.

PLACER CLAIM.

pertenencia minera no formada por depósitos rocosos sino por minerales mezclados con arena, tierra u otros elementos acumulados en la superficie del terreno.

PLAGIARISM.

plagio.

PLAGIARIST.

plagiario.

PLAGIARIZE.

plagiar.

PLAIN ERROR RULE.

regla conforme a la cual un tribunal de apelación puede revocar una sentencia recurrida cuando ésta incluya errores evidentes, especialmente en materia de prueba, aunque esos errores no hayan sido impugnados en el momento procesal oportuno.

PLAIN VIEW DOCTRINE.

doctrina conforme a la cual pueden secuestrarse los bienes que se encuentran a la vista de las autoridades que efectúan un allanamiento, sin permiso judicial.

PLAINT.

demanda.

PLAINTIFF.

demandante. Actor.

PLAINTIFF IN ERROR.

apelante. Recurrente.

PLAINTIFF'S MOTION.

instancia del demandante.

PLAINTIFF'S MOVE.

instancia, acto o presentación del demandante.

PLAN.

plan. ‖ como verbo (*to plan*), planear.

PLANNING.

planificación.

PLANNING APPLICATION.

solicitud de permiso o licencia de edificación.

PLANNING AUTHORITY.

autoridad en cuestiones urbanísticas. ‖ ente planificador.

PLANNING COMMISSION.

comisión de planificación. ‖ comisión con competencia en cuestiones urbanísticas.

PLANNING PERMISSION.

permiso o licencia de edificación.

PLANT PATENT.

patente sobre obtenciones vegetales.

PLAT.

plano catastral.

PLATFORM.

plataforma, inclusive la plataforma política.

PLAY-DEBT.

deuda de juego.

PLC.

iniciales de PUBLIC LIMITED COMPANY (v.).

PLEA.

la presentación formal en juicio de las pretensiones y defensas de las partes. El concepto incluye a la demanda, reconvención y sus contrataciones, así como las demás presentaciones en las que se plantean pretensiones, defensas y excepciones. ‖ en sentido más estricto, la contestación a la demanda o acusación, o los hechos alegados en tal contestación.

PLEA AGREEMENT.

el acuerdo a que se llega como consecuencia del PLEA BARGAINING (v.).

PLEA BARGAINING.

negociación entre el fiscal y el acusado en la que aquél acuerda limitar las acusaciones que formulará o las penas que solicitará, y el acusado conviene reconocer su culpabilidad respecto de ciertas acusaciones.

PLEA FOR MERCY.

pedido de indulgencia, ante un juez penal.

PLEA IN ABATEMENT.

presentación en la que se impugna la demanda, no en razón de su fondo sino de la incompetencia del tribunal u otros motivos de orden puramente procesal, tales que no impiden la posterior presentación de la demanda, de un modo procesalmente correcto.

PLEA IN BAR.
presentación de defensas o excepciones perentorias.

PLEA IN CHARGE.
excepción o defensa de pago.

PLEA IN RECONVENTION.
reconvención.

PLEA NEGOTIATIONS.
V. PLEA BARGAINING.

PLEA OF ACCORD AND SATISFACTION.
defensa o excepción de transacción, en la que se afirma haber cumplido con los términos de tal transacción. V. ACCORD AND SATISFACTION.

PLEA OF AUTREFOIS CONVICTED.
defensa basada en haber sido el acusado ya condenado por el mismo delito.

PLEA OF CONCEALED FRAUD.
excepción o defensa basada en la existencia de fraude oculto.

PLEA OF CONFESSION AND AVOIDANCE.
defensa o excepción que admite los hechos alegados en la demanda pero plantea otros motivos para rechazar las pretensiones de la actora, particularmente el haber sido descartados tales hechos por motivos procesales.

PLEA OF DOUBLE JEOPARDY.
defensa o excepción de cosa juzgada.
V. DOUBLE JEOPARDY.

PLEA OF GUILTY.
admisión de culpabilidad.

PLEA OF ILLEGALITY.
excepción o defensa de ilegalidad o invalidez.

PLEA OF INCOMPETENCY.
excepción de incompetencia o defecto de jurisdicción,

PLEA OF LACHES.
excepción de prescripción. V. LACHES.

PLEA OF LACK OF JURISDICTION.
excepción o defensa de falta de jurisdicción.

PLEA OF NECESSITY.
defensa basada en el estado de necesidad del acusado.

PLEA OF NO CAUSE OF ACTION.
excepción o defensa de falta de acción.

PLEA OF NO RIGHT OF ACTION.
excepción o defensa de falta de legitimidad.

PLEA OF NOLO CONTENDERE.
V. NOLO CONTENDERE.

PLEA OF NOT GUILTY.
declaración de inocencia.

PLEA OF PAYMENT.
excepción o defensa de pago.

PLEA OF PRIVILEGE.
excepción o defensa basada en la existencia de inmunidades, exoneraciones o liberaciones de responsabilidad. V. PRIVILEGE.

PLEA OF RELEASE.
excepción o defensa basada en el pago o liberación de la obligación en base a la cual se formula la demanda.

PLEA OF STATUTE OF LIMITATIONS.
excepción o defensa de prescripción.

PLEA OF TENDER.
excepción o defensa basada en haberse ofrecido el cumplimiento de la obligación en base a la cual se formula la demanda, habiendo sido aquél rechazado por el actor, depositándose la suma demandada judicialmente.

PLEA TO THE GENERAL ISSUE.
declaración de inocencia.

PLEA TO THE JURISDICTION.
excepción de incompetencia o de defecto de jurisdicción.

PLEA WITHOUT MERIT.
excepción o defensa infundada.

PLEAD.
efectuar una presentación, defensa o articulación procesal. Alegar. Abogar.

PLEAD A CAUSE.
defender una causa.

PLEAD A STATUTE.
plantear una defensa o excepción basada en una norma legal determinada.

PLEAD AGAINST.
oponer una defensa o excepción.

PLEAD GUILTY.
declararse culpable.

PLEAD NOT GUILTY.
declararse inocente.

PLEAD OVER.
no observar o impugnar los defectos de las presentaciones procesales de la parte contraria.

PLEAD TO THE MERITS.
presentar defensas o excepciones respecto del fondo del litigio.

PLEADER.
quien efectúa una presentación, defensa o articulación procesal.

PLEADINGS.
las presentaciones en juicio en que se formu-

POLITICAL OFFENSE.
v. POLITICAL OFFENCE.

POLITICAL OFFICE.
cargo político.

POLITICAL PARTY.
partido político.

POLITICAL QUESTION.
cuestión política.

POLITICAL RIGHTS.
derechos políticos.

POLITICAL RISK.
riesgo político.

POLITICAL SCIENCE.
ciencia política.

POLITICAL SUBDIVISION.
subdivisión política.

POLITICAL TRIAL.
juicio que involucra cuestiones políticas.

POLITICIAN.
político, como sustantivo.

POLITICS.
política.

POLL.
elección. Votación. ‖ sondeo de opinión pública. ‖ cabeza. Cápita. Individuo. ‖ listado de electores. ‖ como verbo (*to poll*), cuestionar uno a uno a los miembros del jurado para que confirmen su veredicto. Efectuar un sondeo de opinión pública.

POLL TAX.
impuesto de capitación. ‖ impuesto sobre los electores.

POLLING.
votación. Elección. Sondeo de opinión pública.

POLLING BOOTH.
cabina electoral. Cuarto oscuro.

POLLING STATION.
recinto electoral. Mesa electoral.

POLLING THE JURY.
el acto de cuestionar uno a uno a los miembros del jurado para que confirmen su veredicto.

POLLS.
recintos o mesas electorales. Sondeos de opinión pública.

POLLUTE.
contaminar.

POLLUTION.
contaminación.

POLYANDRY.
poliandria.

POLYGAMOUS.
polígamo.

POLYGAMOUS MARRIAGE.
matrimonio poligámico.

POLYGAMY.
poligamia.

POLYGRAPH.
máquina copiadora ‖ aparato detector de mentiras.

POLYPSONY.
polipsonio.

POLYPOLY.
polipolio.

POOL.
contribución a un fondo o actividad común, a fin de llevar a cabo un propósito económico compartido por las partes. Se trata de un concepto amplio que comprende desde acuerdos monopolísticos hasta convenios de investigación en común, pasando por consorcios de aseguradores y otras prácticas asociativas o de colaboración empresaria. v. PATENT POOL ‖ como verbo (*to pool*), combinar recursos, con un propósito común.

POOLING AGREEMENT.
acuerdo mediante el que se crea un POOL (v.).

POOLING CONTRACT.
v. POOLING AGREEMENT.

POOLING COMMISSIONS.
práctica que consiste en compartir varios corredores las comisiones que les corresponden respecto de las distintas partes de una operación.

POOR.
pobre.

POOR MAN'S OATH.
juramento de pobreza, a fin de obtener la liberación de costas, garantías u otras cargas procesales.

POPULAR.
popular.

POPULAR ACTION.
acción popular.

POPULAR GOVERNMENT.
gobierno popular.

POPULAR SENSE.
el sentido usualmente dado a una ley, una palabra o una frase por los interesados comúnmente en ella.

POPULAR USE.
uso público.

POPULATION.
población.

PORNOGRAPHIC.
pornográfico.

PORNOGRAPHIC MATERIAL.
material pornográfico.

PORT.
puerto.

PORT AUTHORITY.
autoridad portuaria.

PORT CHARGES.
tasas o derechos portuarios.

PORT DUTIES.
V. PORT CHARGES.

PORT OF CALL.
puerto intermedio en una ruta naviera.

PORT OF DELIVERY.
puerto de entrega de la mercadería transportada.

PORT OF DEPARTURE.
puerto de salida o de partida.

PORT OF DESTINATION.
puerto de destino.

PORT OF DISCHARGE.
puerto de descarga.

PORT OF DISTRESS.
puerto en el que se ingresa por razones de emergencia.

PORT OF ENTRY.
puerta de entrada o ingreso de mercaderías o personas.

PORT OF REFUGE.
puerto en el que se ingresa para hallar refugio de peligros que afectan a la nave.

PORT OF REGISTRY.
puerto de matriculación.

PORT RISK.
riesgo a que está sujeta una nave durante su estadía en puerto.

PORT TOLL.
tasa o derecho que pesa sobre el ingreso de mercadería a un puerto.

PORTFOLIO.
cartera de valores.

PORTION.
porción. Cuota.

POSITIVE.
positivo.

POSITIVE CONDITION.
condición positiva, o sea la constituida por un hecho que debe cumplirse para que la condición se dé por cumplida.

POSITIVE EVIDENCE.
prueba directa, en contraposición a la meramente circunstancial.

POSITIVE FRAUD.
fraude real y no meramente presumido o imputado por la ley.

POSITIVE LAW.
derecho positivo.

POSITIVE PROOF.
prueba positiva o afirmativa, en contraposición a la que demuestra un hecho probando la imposibilidad de su contrario.

POSITIVE REPRESENTATION.
declaración no calificada o condicionada.
V. REPRESENTATION.

POSITIVE REPRISALS.
represalias contra un Estado extranjero efectuadas mediante ataques a sus bienes o personas.

POSITIVE RIGHT.
derecho subjetivo no calificado o condicionado.

POSITIVE SERVITUDE.
servidumbre positiva.

POSITIVE TESTIMONY.
testimonio en el que se afirma que algo ocurrió.

POSITIVE WRONG.
acto ilícito cometido dolosamente.

POSITIVISM.
positivismo.

POSSE.
posibilidad. ‖ la población adulta de un condado o distrito, o parte de ésta, que colabora en casos determinados con la autoridad policial en actividades de esta última naturaleza. También llamada POSSE COMITATUS.

POSSE COMITATUS.
V. POSSE.

POSSESS.
poseer.

POSSESSED OF.
en posesión de.

POSSESSION.
posesión.

POSSESSION COUPLED WITH AN INTEREST.
posesión ejercida con un interés propio en la cosa.

POSSESSION IN FACT.
posesión material.

POSSESSION IN LAW.
posesión no ejercida materialmente.

POSSESSION IS NINE-TENTHS OF THE LAW.
principio que indica la preeminencia de la posesión para el efectivo ejercicio de los derechos respecto de un inmueble.

POSSESSOR.
poseedor.

POSSESSOR BONA FIDE.
poseedor de buena fe.

POSSESSOR MALA FIDE.
poseedor de mala fe.

POSSESSORY.
posesorio.

POSSESSORY ACTION.
acción posesoria.

POSSESSORY CLAIM.
ejercicio de la posesión de tierras públicas sin haber abonado el precio necesario para ser propietario de esas tierras.

POSSESSORY INTEREST.
derecho a ejercer la posesión de un inmueble.

POSSESSORY JUDGMENT.
sentencia que establece un derecho de posesión.

POSSESSORY LIEN.
privilegio o derecho de preferencia que se efectiviza mediante la posesión ejercida por el acreedor respecto de los bienes objeto de esos derechos. La figura se asemeja al derecho de retención.
V. LIEN.

POSSESSORY REMEDIES.
acciones y derechos otorgados para asegurar y hacer efectivo el derecho a la posesión.
V. REMEDY.

POSSESSORY RIGHT.
derecho a ejercer la posesión.

POSSESSORY SECURITY.
derecho de garantía ejercido mediante la posesión del bien objeto de esa garantía.

POSSESSORY TITLE.
título adquirido mediante prescripción.

POSSESSORY WARRANT.
mandamiento de reposesión de un bien mueble.

POSSIBILITY.
posibilidad. ‖ derecho condicional.

POSSIBILITY COUPLED WITH AN INTEREST.
derecho en expectativa. Derecho sujeto a condición suspensiva.

POSSIBILITY OF ISSUE EXTINCT.
posibilidad de que falte o se carezca de descendencia.

POSSIBILITY OF REVERTER.
el derecho en expectativa que corresponde a quien ha transferido derechos respecto de un inmueble sujetos a un plazo o condición resolutorios.

POSSIBILITY ON A POSSIBILITY.
posibilidad remota, por depender de varias contingencias.

POSSIBLE.
posible.

POST.
puesto. ‖ posteriormente. ‖ establecimiento militar. Destino militar. ‖ como verbo (*to post*), enviar por correo. ‖ también como verbo, colocar un anuncio en un lugar visible. ‖ también como verbo, asentar contablemente.

POST-ACT.
acto posterior.

POST-CONVICTION REMEDIES.
acciones y recursos que corresponden luego de la condena penal a quien ha sido objeto de ésta. V. REMEDY.

POST-DATE.
posdatar.

POST-DATED CHECK.
cheque posdatado.

POST DIEM.
con posterioridad al día.

POST FACTO.
post facto. Con posterioridad al hecho.

POST-FACTUM.
acto posterior.

POST LITEM MOTAM.
después de la iniciación del juicio.

POST-MORTEM.
después de la muerte. ‖ autopsia.

POST-MORTEM EXAMINATION.
autopsia.

POST NATUS.
el nacido con posterioridad a cierto hecho.

POST-NUPTIAL.
posterior al matrimonio.

POST-NUPTIAL AGREEMENT.
convenciones matrimoniales acordadas con

posterioridad a la celebración del matrimonio.

POST-NUPTIAL SETTLEMENT.

V. POST-NUPTIAL AGREEMENT.

POST OBIT.

contrato mediante el que una parte concede un préstamo a la otra que se compromete a devolverlo, con los intereses convenidos, una vez que fallezca un tercero del que el tomador del préstamo espera recibir una herencia o legado.

POST OBIT BOND.

garantía dada por el tomador de un préstamo bajo un contrato de POST OBIT (v.).

POST OBIT NOTE.

pagaré pagadero luego de un plazo que comienza con la muerte del librador.

POST OFFICE.

oficina de correos.

POST OFFICE MONEY ORDER.

orden de pago postal.

POST-TERMINAL SITTINGS.

sesiones de un tribunal una vez terminado su período ordinario.

POST TERMINUM.

fuera de término.

POST-TRIAL DISCOVERY.

medidas de prueba realizadas una vez dictada la sentencia pero antes de la apelación, para el caso de ser necesarias en etapas ulteriores del juicio.

POST-TRIAL MOTIONS.

peticiones, mociones o solicitudes presentadas con posterioridad al dictado de la sentencia.

POST-TRIAL REMEDIES.

acciones y recursos que corresponden luego del dictado de la sentencia.

POSTAGE.

franqueo.

POSTAL.

postal.

POSTAL LAWS.

leyes de correos.

POSTAL ORDER.

orden postal de pago.

POSTAL SERVICE.

servicio de correos. Servicio postal.

POSTED PRICE.

el precio comunicado o publicado de una mercadería o título.

POSTERIORITY.

posterioridad.

POSTERITY.

posteridad.

POSTHUMOUS.

póstumo.

POSTHUMOUS CHILD.

hijo póstumo.

POSTHUMOUS WORK.

obra póstuma.

POSTING.

acto de enviar por correo. ‖ notificación realizada mediante la fijación del auto a notificar en un lugar visible. ‖ anotación contable.

POSTING OF SECURITY.

depósito de la caución o garantía.

POSTLIMINIUM.

retorno de los territorios o de bienes capturados por el enemigo al poder del soberano original.

POSTLIMINY.

V. POSTLIMINIUM.

POSTMAN.

cartero.

POSTMARK.

sello de correos.

POSTMASTER.

director de una oficina de correos.

POSTPONE.

aplazar. Diferir.

POSTPONEMENT.

aplazamiento. Diferimiento.

POSTPONEMENT OF LIMITATIONS.

suspensión o interrupción de un término de prescripción liberatoria.

POSTPONEMENT OF TRIAL.

aplazamiento del juicio.

POSTSCRIPT.

postscriptum.

POTENTIA.

potencialidad. Posibilidad.

POTENTIAL.

potencial.

POTENTIAL POSSESSION.

el derecho sobre los frutos y productos futuros de un inmueble cuya propiedad se tiene.

POTESTATIVE.

potestativo.

POTESTATIVE CONDITION.

condición potestativa.

POUND.

libra. ‖ depósito de bienes secuestrados.

POUND BREACH.
violación del secuestro impuesto sobre los bienes de un deudor.

POUNDAGE FEES.
derecho o tasa pagaderos al SHERIFF (v.) o a otros oficiales de justicia por su participación en el embargo o secuestro u otros actos dirigidos a la ejecución de una sentencia.

POUR-OVER.
cláusula testamentaria que dispone que los fondos remanentes de la destribución sean destinados a un Fideicomiso.

POUR-OVER TRUST.
fideicomiso formado en virtud de una disposición testamentaria que dispone que los fondos remanentes de la correspondiente sucesión sean destinados a tal fideicomiso.
v. TRUST.

POVERTY.
pobreza. Indigencia.

POVERTY AFFIDAVIT.
declaración de pobreza.

POWER.
poder. Derecho. Facultad. Atribución.

POWER APPENDANT.
poderes o facultades de hombramiento de beneficiarios de derechos respecto de inmuebles, otorgados a quien goza de derechos propios sobre tales inmuebles.

POWER APPURTENANT.
v. POWER APPENDANT.

POWER CONFERRING WILL.
testamento que confiere poderes o facultades.

POWER COUPLED WITH AN INTEREST.
poder con interés del apoderado en su objeto.

POWER IN GROSS.
poderes o facultades de nombramiento de beneficiarios de derechos respecto de inmuebles, otorgados a quien goza de derechos propios sobre tales inmuebles, pero sin que el nombramiento de tales beneficiarios afecte a los derechos de quien lo efectúa, particularmente porque los derechos del beneficiario recién comienzan al terminar el plazo de los que tiene quien efectúa el nombramiento.

POWER OF ADJUDICATION.
poder jurisdiccional. Facultad de juzgar.

POWER OF ALIENATION.
poder o facultad de disposición.

POWER OF APPOINTMENT.
poder o facultad de nombramiénto, particularmente de beneficiarios de derechos respecto de inmuebles.

POWER OF APPOINTMENT TRUST.
fideicomiso en el que el beneficiario goza de un POWER OF APPOINTMENT (v.) respecto de determinados bienes. v. TRUST.

POWER OF ATTORNEY.
poder. Mandato con representación.

POWER OF DISCLAIMER.
poder o facultad de renunciar a un derecho.

POWER OF DISPOSITION.
poder o facultad de disposición.

POWER OF REVOCATION.
poder o facultad de revocar el nombramiento de un beneficiario de derechos respecto de un inmueble.

POWER OF SALE.
poder de venta. ‖ poder mediante el que se autoriza a un acreedor a vender una propiedad a fin de hacer efectivo su crédito.

POWER OF SEARCH.
facultad de realizar registros, reconocimientos o allanamientos.

POWER OF TERMINATION.
facultad o poder de dar por terminado un derecho otorgado a un tercero, bajo cargo o condición, al no cumplirse con estas modalidades.

POWER TO SELL.
poder para realizar una venta.

PRACTICABLE.
practicable. Factible.

PRACTICAL.
práctico.

PRACTICAL CONSTRUCTION.
interpretación de un acto por las partes que lo han suscripto. ‖ interpretación de una ley o contrato conforme a sus fines y a los resultados prácticos que presenta la regla interpretada.

PRACTICE.
práctica. Uso. Costumbre. ‖ el ejercicio de una profesión. ‖ como verbo (to practice), practicar.

PRACTICE ACT.
ley procesal. Ley relativa a cuestiones de procedimiento.

PRACTICE LAW.
practicar la abogacía. Ejercer profesionalmente la abogacía.

PRACTICE OF LAW.
práctica o ejercicio profesional de la abogacía.

PRACTICE OF MEDICINE.

práctica o ejercicio profesional de la medicina.

PRACTICING CERTIFICATE.

certificado que autoriza el ejercicio de la abogacía.

PRACTICING LAWYER.

abogado que ejerce su profesión.

PRACTITIONER.

quien ejerce determinada profesión.

PRAECIPE.

orden o mandamiento judicial.

PRAEDIAL SERVITUDE.

servidumbre predial.

PRAY.

solicitar. Rogar. Pedir. Peticionar.

PRAYER.

petitorio. Solicitud. Moción.

PRAYER FOR PROCESS.

individualización del demandado en una acción que ha sido entablada bajo el régimen de EQUITY (v.).

PRAYER FOR RELIEF.

petitorio de una demanda.

PRAYER IN THE ALTERNATIVE.

petitorio en el que se formulan pretensiones alternativas.

PRE-TRIAL.

V. PRETRIAL.

PREAMBLE.

preámbulo.

PREAPPOINTED EVIDENCE.

prueba preestablecida. La prueba que conforme a la ley debe ser producida para acreditar determinado extremo.

PREAUDIENCE.

el derecho a ser oído en primer término en el curso de audiencias judiciales.

PREBEND.

prebenda.

PRECARIOUS.

precario. Incierto.

PRECARIOUS LOAN.

préstamo que debe ser devuelto cuando así lo solicite el prestamista.

PRECARIOUS POSSESSION.

posesión precaria. Posesión revocable a voluntad del que la ha autorizado.

PRECARIOUS TRADE.

comercio precario, por realizarse entre partes beligerantes, que pueden suspenderlo a su voluntad.

PRECATORY.

lo que supone una súplica o solicitud.

PRECATORY TRUST.

fideicomiso creado mediante expresiones de solicitud o súplica, en contraposición al que utiliza un lenguaje imperativo respecto del fideicomisario. v. TRUST.

PRECATORY WORDS.

lenguaje de súplica o solicitud, en contraposición al que emplea términos imperativos.

PRECAUTION.

precaución.

PRECEDENCE.

precedencia.

PRECEDENT.

precedente. ‖ precedente judicial o jurisprudencial.

PRECEDENT CONDITION.

V. CONDITION PRECEDENT.

PRECEDENTS SUB SILENTIO.

precedentes que resultan de la práctica jurídica, aunque no estén incorporados a fallos.

PRECEDING ESTATE.

derecho respecto de un bien inmueble en base al cual se otorgan derechos futuros sobre el mismo bien. v. ESTATE. FUTURE INTEREST.

PRECEPT.

precepto. Orden. Orden o mandamiento judicial.

PRECEPT OF ATTACHMENT.

orden de embargo.

PRECINCT.

precinto. ‖ circunscripción o distrito electoral.

PRECISE.

preciso. Exacto.

PRECLUDE.

precluir. Impedir. Prevenir.

PRECLUSION.

preclusión.

PRECLUSION ORDER.

orden judicial mediante la que se ordena la preclusión de acciones o defensas si la parte correspondiente no produce las pruebas necesarias.

PRECOGNITION.

examen preliminar de testigos en una causa penal.

PRECONCEIVED MALICE.

premeditación.

PRECONDITION.

precondición. Prerrequisito.

PRECONTRACT.
precontrato.

PRECONTRACTUAL.
precontractual.

PRECONTRACTUAL LIABILITY.
responsabilidad precontractual.

PRECONTRACTUAL STATEMENTS.
declaraciónes precontractuales.

PREDATORY.
predatorio. Depredatorio.

PREDATORY INTENT.
intención depredatoria.

PREDATORY PRACTICE.
práctica depredatoria.

PREDATORY PRICING.
precios depredatorios.

PREDECEASE.
promorir. Morir antes que otra persona.

PREDECESSOR.
predecesor.

PREDECESSOR IN TITLE.
causante.

PREDESTINED INTERPRETATION.
interpretación fundada en resultados precon-
cebidos respecto de la cuestión que se ha de
resolver.

PREDIAL SERVITUDE.
servidumbre predial.

PREDOMINANT.
predominante.

PREEMPTION.
prelación. Primacía. Prioridad. ‖ derecho de
preferencia. ‖ la exclusión de las facultades o
atribuciones de un órgano o de un estado en
razón de que otro órgano o autoridad han sido
investidos con tales facultades o atribuciones.

PREEMPTION RIGHT.
derecho de prelación, prioridad o preferencia.

PREEMPTIVE POWERS.
poderes que excluyen el ejercicio de facultades
concurrentes con las de otros órganos.
V. PREEMPTION.

PREEMPTIVE RIGHT.
derecho de preferencia, en particular el de un
accionista respecto de la suscripción de nuevas
acciones.

PREFECT.
prefecto.

PREFER.
dar prioridad o preferencia. ‖ promover una
acción, particularmente una acción penal.

PREFERENCE.
preferencia. Prioridad.

PREFERENCE SHARE.
acción preferida o privilegiada.

PREFERENCE SHAREHOLDER.
accionista preferido o privilegiado.

PREFERENCE STOCK.
acciones preferidas o privilegiadas.

PREFERENCE STOCKHOLDER.
V. PREFERENCE SHAREHOLDER.

PREFERENTIAL.
preferencial. Privilegiado.

PREFERENTIAL ASSIGNMENT.
cesión de bienes en favor de ciertos acreedores, efectuada por un deudor insolvente, en
detrimento de los restantes.

PREFERENTIAL CLAIM.
crédito privilegiado.

PREFERENTIAL CREDITOR.
acreedor privilegiado.

PREFERENTIAL DEBTS.
deudas privilegiadas, o sea los créditos privilegiados mirados desde el punto de vista del
deudor.

PREFERENTIAL DIVIDEND.
dividendo preferencial, de las acciones privilegiadas.

PREFERENTIAL RIGHT.
derecho privilegiado.

PREFERENTIAL SHARE.
V. PREFERENCE SHARE.

PREFERENTIAL SHOP.
empresa en la que se da preferencia en materia de empleo a los trabajadores que se encuentran agremiados.

PREFERENTIAL TARIFF.
tarifa preferencial.

PREFERENTIAL TRANSFER.
V. PREFERENTIAL ASSIGNMENT.

PREFERENTIAL VOTING.
voto preferencial.

PREFERRED.
preferido. Privilegiado.

PREFERRED CREDITOR.
acreedor privilegiado.

PREFERRED DIVIDEND.
dividendo correspondiente a las acciones preferidas.

PREFERRED DOCKETS.
causas judiciales a ser tratadas con urgencia o
preferencia.

PREFERRED LEGACY.
legado con prioridad sobre otras disposiciones testamentarias.

PREFERRED LIEN.
derecho de privilegio o preferencia, con prioridad sobre otros derechos similares.
V. LIEN.

PREFERRED MORTGAGE.
hipoteca de primer grado.

PREFERRED SHARE.
acción preferida o privilegiada.

PREFERRED SHAREHOLDER.
accionista preferido o privilegiado.

PREFERRED STOCK.
acciones preferidas o privilegiadas.

PREFERRED STOCKHOLDER.
V. PREFERRED SHAREHOLDER.

PREGNANCY.
embarazo.

PREGNANT.
embarazada.

PREGNANT AFFIRMATIVE.
V. AFFIRMATIVE PREGNANT.

PREGNANT NEGATIVE.
V. NEGATIVE PREGNANT.

PREJUDGE.
prejuzgar.

PREJUDGMENT ATTACHMENT.
embargo preventivo.

PREJUDGMENT INTEREST.
intereses que forman parte de una condena de daños y perjuicios.

PREJUDICE.
prejuicio. ‖ daño. Perjuicio. ‖ como verbo (to prejudice), prejuiciar.

PREJUDICIAL ALTERATION.
alteración perjudicial de un instrumento.

PREJUDICIAL ERROR.
error cometido en un acto procesal, que causa perjuicios substanciales a alguna de las partes.

PREJUDICIAL EVIDENCE.
prueba tendiente a crear prejuicios en el jurado respecto del acusado. ‖ prueba que, por su importancia, de ser admitida erróneamente da lugar a la revocación de la sentencia en ella basada.

PREJUDICIAL PUBLICITY
publicidad perjudicial al acusado, por predisponer al jurado o al juez en su contra.

PRELIMINARY.
preliminar.

PRELIMINARY ACT.
acto preliminar.

PRELIMINARY ARREST.
arresto o prisión preventiva. ‖ arresto sin orden judicial.

PRELIMINARY COMPLAINT.
acción preliminar, que permite investigar un caso sin llevar a cabo formalmente un juicio penal.

PRELIMINARY EVIDENCE.
prueba preliminar.

PRELIMINARY EXAMINATION.
interrogatorio preliminar. ‖ examen preliminar de la causa, a fin de determinar si existe *prima facie* una sospecha fundada de culpabilidad del acusado.

PRELIMINARY EXPENSES.
gastos preliminares, particularmente de constitución de una sociedad.

PRELIMINARY HEARING.
audiencia en la que se realiza un examen preliminar de la causa.
V. PRELIMINARY EXAMINATION.

PRELIMINARY INJUNCTION.
orden judicial preliminar, dictada antes de la sentencia definitiva.
V. INJUNCTION.

PRELIMINARY INQUIRY.
investigación preliminar.
V. PRELIMINARY EXAMINATION.

PRELIMINARY INVESTIGATION.
V. PRELIMINARY INQUIRY.

PRELIMINARY PROCEEDINGS.
procedimiento preliminar.

PRELIMINARY PROOF.
prueba preliminar, por ejemplo la de un siniestro, entregada al asegurador.

PRELIMINARY TERM INSURANCE.
seguro preliminar, hasta tanto entre en vigencia el definitivo.

PRELIMINARY WARRANT.
orden de arresto preliminar, emitida antes de la iniciación de un juicio a efectos de hacer comparecer a un imputado a una audiencia preliminar. V. PRELIMINARY HEARING.

PREMARITAL.
premarital.

PREMARITAL AGREEMENT.
V. PRENCEPTIAL AGREEMENT.

PREMATURE ACTION.
acción entablada prematuramente, por no ha-

berse cumplido los plazos o condiciones para su viabilidad.

PREMATURE BIRTH.
nacimiento prematuro.

PREMATURE JUDGMENT.
sentencia en rebeldía dictada antes del plazo en que la ley la autoriza.

PREMATURE SALE.
subasta efectuada antes de la fecha fijada por la ley o de la fecha anunciada para tal acto.

PREMATURE TENDER.
oferta de cumplimiento de una obligación antes del vencimiento del plazo de éste.

PREMEDITATED DESIGN.
intención premeditada.

PREMEDITATED MALICE.
dolo resultante de premeditación. v. MALICE.

PREMEDITATION.
premeditación.

PREMISES.
premisas. ‖ instalaciones. Construcción. Edificio. Local. Inmueble.

PREMIUM.
prima. ‖ premio. Bonificación. ‖ calidad superior, o el sobreprecio que por ella se paga.

PREMIUM EARNED.
prima ganada.

PREMIUM INCOME.
ingreso derivado de las primas.

PREMIUM LOAN.
préstamo destinado al pago de primas de seguro.

PREMIUM NOTE.
pagaré dado, por el asegurado en pago provisional de la prima.

PREMIUM RATE.
tasa para el cálculo de primas.

PREMIUM STOCK.
acciones emitidas con prima.

PREMIUM TAX.
impuesto sobre las primas de seguro.

PRENATAL INJURIES.
lesiones prenatales.

PRENUPTIAL AGREEMENT.
acuerdo prematrimonial.

PREPAID.
prepago. Pagado por adelantado.

PREPAID EXPENSES.
gastos por adelantado. Gastos prepagos.

PREPAID INCOME.
ingresos recibidos por adelantado, o sea antes

de cumplirse con la contraprestación correspondiente.

PREPAID LEGAL SERVICES.
servicios jurídicos prepagos.

PREPARATION.
preparación.

PREPARATION WORKS.
trabajos preparatorios.

PREPAY.
prepagar. Pagar por adelantado.

PREPAYMENT.
prepago. Pago por adelantado. ‖ gastos por adelantado.

PREPAYMENT PENALTY.
pena o multa por efectuar pagos por adelantado.

PREPENSE.
premeditado.

PREPONDERANCE OF EVIDENCE.
preponderancia de la prueba. Preponderancia de las pruebas producidas por una parte, respecto de las de su oponente.
v. EVIDENCE.

PREREQUISITE.
prerrequisito. Presupuesto.

PREROGATIVE.
prerrogativa.

PREROGATIVE ACT.
acto discrecional.

PREROGATIVE COURT.
tribunal con competencia en cuestiones testamentarias.

PREROGATIVE POWER.
poder discrecional.

PREROGATIVE WRIT.
órdenes judiciales emitidas a criterio del tribunal, por no depender meramente de los derechos del que las solicite, sino también de la evaluación de la necesidad de la orden a los efectos del juicio en que se emite.
v. WRIT. EXTRAORDINARY WRIT.

PRES.
v. CY PRES.

PRESCRIBE.
prescribir. Dictar. Ordenar. Dirigir. Definir. Guiar.

PRESCRIPTION.
prescripción.

PRESCRIPTIVE EASEMENT.
servidumbre adquirida por prescripción.

PRESCRIPTIVE LICENCE.
licencia o autorización a utilizar un inmueble, adquirida por prescripción.

PRESCRIPTIVE LICENSE.
v. PRESCRIPTIVE LICENCE.

PRESCRIPTIVE PERIOD.
período de prescripción.

PRESENCE.
presencia.

PRESENCE OF THE COURT.
presencia del tribunal.

PRESENT.
presente. ‖ regalo. Donación. ‖ inmediato. Actual. Corriente. ‖ como verbo (*to present*), presentar.

PRESENT ABILITY.
la posibilidad de realizar materialmente un acto en un momento inmediato.

PRESENT CONVEYANCE.
transmisión de derechos con efectos inmediatos. v. CONVEYANCE.

PRESENT DANGER.
peligro inmediato.

PRESENT ENJOYMENT.
el goce actual de un bien.

PRESENT ESTATE.
derecho respecto de un inmueble del que se goza en el presente, en contraposición al que se hará efectivo en un futuro. v. ESTATE.

PRESENT FOR PAYMENT.
presentar al pago.

PRESENT HEIRS.
herederos en vida al momento de fallecer el causante.

PRESENT INTEREST.
derecho presente o inmediato a ejercer la posesión de un inmueble. v. INTEREST.

PRESENT PRICE.
precio presente. Precio corriente.

PRESENT SALE.
compraventa cuyas prestaciones se cumplen conjuntamente con la suscripción del contrato.

PRESENT USE.
uso actual dado a un inmueble. v. USE.

PRESENT VALUE.
el valor actual de un bien.

PRESENT WORTH.
el valor actualizado de un bien, particularmente el valor descontado del derecho respecto de una suma futura.

PRESENTATION.
presentación.

PRESENTENCE HEARING.
audiencia que precede al dictado de la sentencia en los juicios penales.

PRESENTENCE INVESTIGATION.
investigación de los antecedentes de un acusado, a ser utilizada en la sentencia.

PRESENTENCE REPORT.
informe respecto de los antecedentes de un acusado, a ser utilizado a efectos de la sentencia.
v. PRESENTENCE INVESTIGATION.

PRESENTER.
quien presenta una letra de cambio u otro título de crédito para su aceptación o pago.

PRESENTING BANK.
banco que presenta un documento para su aceptación o pago.

PRESENTLY.
en el presente. Inmediatamente.

PRESENTMENT.
decisión de un jurado de llevar adelante la acusación o procesamiento de un imputado ‖ presentación de un título de crédito para su aceptación o pago.

PRESENTMENT FOR ACCEPTANCE.
presentación para aceptación.

PRESENTMENT FOR PAYMENT.
presentación para pago.

PRESENTS.
el presente. El presente instrumento. ‖ regalo. Donación.

PRESERVATION.
preservación. Conservación.

PRESERVATION ORDER.
orden de conservación de una cosa, especialmente las de interés histórico, artístico o ecológico.

PRESIDE.
presidir.

PRESIDENT.
presidente.

PRESIDENT JUDGE.
presidente de un tribunal.

PRESIDENTIAL.
presidencial.

PRESIDENTIAL ELECTION.
elección presidencial.

PRESIDENTIAL ELECTOR.
elector presidencial.

PRESIDENTIAL POWERS.
poderes presidenciales.

PRESIDING JUDGE.
juez que preside un tribunal.

PRESS.
prensa. Periodismo escrito.

PRESS CHARGES.
acusar formalmente.

PRESSURE GROUP.
grupo de presión.

PRESUMABLY.
presumiblemente.

PRESUME.
presumir.

PRESUMED AGENCY.
representación presunta. v. AGENCY.

PRESUMED INTENT.
intención presunta.

PRESUMPTION.
presunción. Indicio.

PRESUMPTION AGAINST RETROSPECTIVE EFFECT.
presunción de irretroactividad.

PRESUMPTION OF ACCESS.
presunción de acceso carnal.

PRESUMPTION OF DEATH.
presunción de fallecimiento.

PRESUMPTION OF FACT.
presunción simple. Presunción de hecho.

PRESUMPTION OF FAULT.
presunción de culpa.

PRESUMPTION OF GUILT.
presunción de culpabilidad.

PRESUMPTION OF INNOCENCE.
presunción de inocencia.

PRESUMPTION OF INTENTION.
presunción de intención.

PRESUMPTION OF LAW.
presunción legal.

PRESUMPTION OF LEGITIMACY.
presunción de legitimidad, particularmente en materia de filiación.

PRESUMPTION OF MARRIAGE.
presunción de valiez de un matrimonio. ‖ presunción de que quienes conviven como marido y mujer lo hacen en virtud de un matrimonio previo.

PRESUMPTION OF PATERNITY.
presunción de paternidad.

PRESUMPTION OF PAYMENT.
presunción de pago.

PRESUMPTION OF REGULARITY.
presunción de regularidad o validez.

PRESUMPTION OF SANITY.
presunción de goce de las facultades mentales.

PRESUMPTION OF SURVIVORSHIP.
presunción de supervivencia, en casos de conmoriencia.

PRESUMPTIVE.
presunto. Presuntivo.

PRESUMPTIVE AUTHORITY.
poder o autorización presuntos.
v. AUTHORITY.

PRESUMPTIVE DAMAGES.
daños presumidos o presuntos. ‖ daños punitorios.

PRESUMPTIVE DEATH.
muerte presunta.

PRESUMPTIVE EVIDENCE.
prueba de indicios o de presunciones. Prueba indiciaria.

PRESUMPTIVE HEIR.
heredero presunto. ‖ quien tiene carácter de heredero de no nacer otro con mejores derechos.

PRESUMPTIVE NOTICE.
notificación presunta.

PRESUMPTIVE PROOF.
v. PRESUMPTIVE EVIDENCE.

PRESUMPTIVE SENTENCING.
acto de sentenciar en base a penas fijadas por la ley, de las cuales el juzgador puede apartarse solamente en situaciones especiales.

PRESUMPTIVE TITLE.
derecho o título presunto.

PRESUMPTIVE TRUST.
fideicomiso presumido por la ley, sobre la base de la intención presunta de las partes o de la naturaleza de un acto.
v. TRUST.

PRETENCE.
falsas apariencias. Fingimiento.

PRETEND.
fingir. Simular.

PRETENDED.
fingido. Simulado.

PRETER LEGAL.
ilegal.

PRETERITION.
preterición.

PRETERMISSION.
preterición de herederos.

PRETERMIT.
preterir.

PRETERMITTED CHILD.
V. PRETERMITTED HEIR.

PRETERMITTED DEFENCE.
defensa perdida por no haber sido opuesta en término.

PRETERMITTED HEIR.
heredero preterido.

PRETEXT.
pretexto.

PRETIUM AFFECTIONIS.
valor afectivo.

PRETIUM DOLORIS.
indemnización del sufrimiento personal, de orden físico o moral.

PRETIUM PERICULI.
prima de un seguro. Contraprestación por asumir un riesgo o peligro.

PRETRIAL.
etapa procesal anterior a las audiencias principales de un juicio civil. Como adjetivo, lo relativo a esa etapa.

PRETRIAL CONFERENCE.
audiencia previa a las audiencias principales de un juicio civil, destinada a acordar entre las partes cuáles son los puntos en litigio, cuáles los hechos controvertidos, y otras cuestiones procesales que hacen al mejor curso del juicio. Puede también obrar como audiencia de conciliación, buscando el juez una transacción entre las partes.

PRETRIAL DISCOVERY.
actos anteriores a las audiencias principales de un juicio civil destinados a la ubicación y producción de pruebas que serán utilizadas en tal juicio.

PRETRIAL DIVERSION.
confinamiento de un acusado en una institución especial, a fin de observar su comportamiento durante cierto período, que de ser favorable da lugar al abandono de la acusación.

PRETRIAL HEARING.
audiencia previa a las audiencias principales de un juicio civil. v. PRETRIAL CONFERENCE.

PRETRIAL PROCEDURE.
V. PRETRIAL.

PREVAIL.
prevalecer.

PREVAILING PARTY.
parte vencedora en un juicio.

PREVARICATION.
prevaricato.

PREVENT.
prevenir.

PREVENTATIVE.
V. PREVENTIVE.

PREVENTION.
prevención.

PREVENTIVE.
preventivo.

PREVENTIVE DETENTION.
arresto preventivo.

PREVENTIVE INJUNCTION.
orden preventiva de hacer o abstenerse de determinada conducta.
V. INJUNCTION.

PREVENTIVE JUSTICE.
prevención judicial de delitos.

PREVENTIVE MEASURE.
medida preventiva.

PREVENTIVE REMEDIES.
acciones o derechos ejercitables con propósitos preventivos o precautorios. v. REMEDY.

PREVENTIVE RIGHT.
derecho concedido a fin de prevenir la violación de otros derechos.

PREVIOUS.
previo. Precedente.

PREVIOUS CONVICTIONS.
condenas penales previas.

PRICE.
precio.

PRICE CONTROL.
control de precios.

PRICE DISCRIMINATION.
discriminación de precios.

PRICE EARNINGS RATIO.
relación precio-beneficio de una acción.

PRICE FIXING.
fijación de precios entre competidores.

PRICE INDEX.
índice de precios.

PRICE LEADERSHIP.
liderazgo de precios.

PRICE MAINTENANCE AGREEMENT.
acuerdo de mantenimiento de precios.

PRICE SUPPORT.
programa de mantenimiento de niveles mínimos de precios o de precios sostén.

PRIMA FACIE.
prima facie.

PRIMA FACIE CASE.

conjunto de elementos que *prima facie* son suficientes para fundar una acción, y que deben ser rebatidos mediante pruebas suficientes en contrario para que la acción no prospere.

PRIMA FACIE EVIDENCE.

prueba *prima facie* suficiente para probar un hecho, o fundar una acción o defensa.

PRIMA FACIE PRESUMPTION.

presunción *prima facie,* rebatible o *juris tantum.*

PRIMARY.

primario. Principal.

PRIMARY ACTIVITY.

la conducta laboral colectiva dirigida contra el empleador con el que se tiene un conflicto de trabajo. ‖ actividad principal.

PRIMARY AUTHORITIES.

V. AUTHORITIES.

PRIMARY BENEFICIARY.

el beneficiario previsto en un acto, en contraposición al que obtiene beneficios indirectamente de ese acto, por ejemplo por ser sucesor del beneficiario inmediato.

PRIMARY BOYCOTT.

el boicot dirigido contra el empleador con el que se mantiene un conflicto colectivo de trabajo.

PRIMARY CONTRACT.

contrato primario u original, al que se le efectúan modificaciones o adiciones.

PRIMARY CONVEYANCE.

acto mediante el que se crea un derecho respecto de un bien inmueble, en contraposición al que transmite un derecho preexistente.

V. CONVEYANCE.

PRIMARY EASEMENT.

servidumbre primaria o principal, en base o en relación a la cual existe otra servidumbre.

PRIMARY ELECTION.

primaria. Elección interna, en el ámbito de un partido político.

PRIMARY EVIDENCE.

prueba directa o inmediata.

PRIMARY JURISDICTION.

jurisdicción primaria. Expresión que se aplica a la competencia principal de órganos administrativos o judiciales respecto de determinadas cuestiones, que prevalece sobre la de otros órganos, en particular los judiciales, que sólo pueden intervenir en tales casos, normalmente, una vez ejercidas las funciones del organismo con "jurisdicción primaria".

PRIMARY LIABILITY.

responsabilidad u obligación principal.

PRIMARY MARKET.

el mercado primario de títulos y acciones, o sea aquél en que se colocan inicialmente al ser emitidos, en contraposición al mercado secundario, o sea aquél en que se negocian los títulos y acciones ya emitidos.

PRIMARY OBLIGATION.

la obligación principal asumida por cada una de las partes de un contrato, como ser el pago del precio, respecto del comprador.

PRIMARY POWERS.

poderes o facultades principales dados a un mandatario o representante, de los cuales pueden derivarse otros.

PRIMARY PURPOSE.

el propósito principal de un acto.

PRIMARY RECEIVERSHIP.

administración o liquidación judicial principal, de la cual dependen las que se practican en otras jurisdicciones.

V. RECEIVERSHIP.

PRIMARY RIGHTS.

derechos que pueden ser creados sin referirse a otros derechos preexistentes.

PRIME.

primero. Principal. Directo. ‖ el mejor estado o situación. ‖ como verbo (*to prime*), preparar a alguien o algo con determinado fin.

PRIME CONTRACTOR.

contratista principal de una obra, que opera a través de subcontratistas.

PRIME COST.

costo originario.

PRIME INTEREST RATE.

V. PRIME RATE.

PRIME MAKER.

librador de un título de crédito.

PRIME MINISTER.

primer ministro.

PRIME RATE.

tasa de interés cobrada por los bancos a sus clientes de primera línea por créditos no garantizados de corta duración.

PRIMOGENITURE.

primogenitura.

PRINCE.

príncipe.

PRINCIPAL.

principal. ‖ capital. ‖ concedente. Autorizante. Mandante. Comitente. ‖ el autor principal de un delito. ‖ patrón. Empleador. ‖ el obligado principal, en contraposición al que se obliga como garante o fiador.

PRINCIPAL ACTION.

acción principal de la cual derivan otras acciones y derechos.

PRINCIPAL ADMINISTRATION.

administración principal de una sucesión de la cual dependen otras en distintas jurisdicciones.

PRINCIPAL CONTRACT.

contrato principal.

PRINCIPAL COVENANT.

estipulación relativa a la materia principal del acto en que se encuentra incluida.

V. COVENANT.

PRINCIPAL CREDITOR.

acreedor principal, por el volumen de sus créditos.

PRINCIPAL DEBT.

deuda principal en contraposición a la que resulta de intereses, garantías u otros elementos accesorios.

PRINCIPAL DEBTOR.

deudor principal, en contraposición al garante o fiador.

PRINCIPAL DEFENDANT.

demandado principal, en contraposición al que es demandado en relación con las deudas de aquél.

PRINCIPAL FACT.

hecho principal, a ser objeto de prueba mediante la comprobación de otros hechos.

PRINCIPAL IN THE FIRST DEGREE.

autor principal de un delito, que lleva a cabo la conducta constitutiva de éste.

PRINCIPAL IN THE SECOND DEGREE.

quien toma parte de un delito, estando presente en el lugar del hecho, pero sin realizar la conducta constitutiva de éste.

PRINCIPAL MONEYS.

el capital de un préstamo o inversión.

PRINCIPAL OBLIGATION.

obligación principal.

PRINCIPAL OFFICE.

casa central. Casa matriz.

PRINCIPAL OFFICER.

funcionario o representante principal.

PRINCIPAL PLACE OF BUSINESS.

asiento principal de los negocios.

PRINCIPLE.

principio.

PRIOR.

anterior. Previo. Precedente.

PRIOR ADJUDICATION.

sentencia anterior sobre la misma causa.

PRIOR APPROPRIATION.

apropiación prioritaria, en particular la de aguas.

PRIOR ART.

anterioridades. El conjunto de antecedentes en base a los cuales se determina la novedad de una invención.

PRIOR CLAIM.

derecho superior o preferido.

PRIOR CONVICTION.

condena previa.

PRIOR CREDITOR.

acreedor preferido o privilegiado.

PRIOR EQUITY.

derecho derivado del régimen de EQUITY (v.), con preferencia bajo dicho régimen.

PRIOR LIEN.

privilegio o derecho de preferencia de rango superior.

V. LIEN.

PRIOR LOSSES.

en materia de seguros, las pérdidas o siniestros experimentados anteriormente respecto del objeto a ser asegurado.

PRIOR MORTGAGE.

hipoteca de rango preferente.

PRIOR RESTRAINT.

restricción sobre una publicación antes de su aparición.

PRIOR TESTIMONY.

testimonio anterior, inclusive el que ha sido dado en otro juicio.

PRIOR TITLE.

título prioritario o preferente.

PRIOR USE.

uso previo o anterior.

PRIORITY.

prioridad. Prelación. Preferencia.

PRIORITY OF ATTACHMENT.

precedencia del embargo.

PRIORITY OF LIENS.

prioridad o precedencia de un privilegio o derecho de preferencia. v. LIEN.

PRISON.
prisión. Cárcel. Presidio.
PRISON BREACH.
fuga de una prisión.
PRISON BREAKING.
v. PRISON BREACH.
PRISON RULES.
reglas carcelarias.
PRISON SENTENCE.
condena de prisión.
PRISON TERM.
término de encarcelamiento.
PRISONER.
prisionero.
PRISONER AT THE BAR.
la condición de quien se encuentra en libertad bajo fianza, cuando comparece en juicio.
PRISONER OF CONSCIENCE.
prisionero de conciencia. Prisionero por motivos ideológicos.
PRISONER OF WAR.
prisionero de guerra.
PRIVACY.
privacidad. Intimidad. Reserva.
PRIVACY ACTS.
leyes que tutelan la privacidad y el derecho a la intimidad.
PRIVATE.
privado. Personal.
PRIVATE ACT.
ley aplicable a una persona determinada, exclusivamente. ‖ instrumento privado.
PRIVATE AGENT.
representante o mandatario de personas de Derecho Privado.
PRIVATE ANNUITY.
renta vitalicia otorgada por un ente privado.
v. ANNUITY.
PRIVATE AUCTION.
subasta privada.
PRIVATE BANK.
banco formado mediante sociedades de personas o de propiedad de un individuo.
PRIVATE BILL.
proyecto de ley relativa a una persona determinada.
v. BILL. PRIVATE ACT.
PRIVATE BOUNDARY.
lindes artificiales.
PRIVATE BUSINESS.
empresa privada.

PRIVATE CAPACITY.
carácter privado. Capacidad o personalidad de Derecho Privado.
PRIVATE CARRIER.
empresa de transporte particular. Transportador que no atiende al público en general.
PRIVATE CEMETERY.
cementerio privado.
PRIVATE COMPANY.
sociedad de capital cuyas acciones no cotizan en bolsa y se encuentran concentradas en un número limitado de personas.
PRIVATE CORPORATION.
persona jurídica privada. v. CORPORATION. ‖ v. PRIVATE COMPANY.
PRIVATE COURT.
tribunal interno de una institución privada.
PRIVATE DETECTIVE.
detective privado.
PRIVATE DWELLING.
vivienda privada.
PRIVATE EASEMENT.
servidumbre particular.
PRIVATE ENTERPRISE.
empresa privada.
PRIVATE EXAMINATION.
interrogatorio no realizado en público.
PRIVATE FOUNDATION.
fundación privada.
PRIVATE FUNCTION.
función o actividad privada o propia de instituciones privadas.
PRIVATE GAIN.
beneficio privado. Ganancia privada.
PRIVATE INJURY.
lesión a derechos privados.
PRIVATE INTERNATIONAL LAW.
Derecho Internacional Privado.
PRIVATE LAND GRANT.
concesión de tierras públicas a una persona privada.
PRIVATE LAW.
Derecho Privado.
PRIVATE LETTER RULING.
dictamen especialmente en materia impositiva, formulado en una carta dirigida a un particular.
PRIVATE NUISANCE.
hecho o conducta que interfiere con el goce o uso de un inmueble determinado.
v. NUISANCE.

PRIVATE OFFERING.
oferta privada de títulos o acciones. En la mayoría de los estados y en la legislación federal estadounidense existen definiciones especiales de tal oferta.

PRIVATE PERSON.
persona privada.

PRIVATE PLACEMENT.
búsqueda de padres adoptivos por los padres naturales o por los parientes del menor a ser adoptado, o por sus representantes, y no por un ente u organización dedicado a ese tipo de operaciones. ‖ Colocación de títulos o acciones en un círculo determinado de clientes, en contraposición a la que se realiza mediante oferta pública.

PRIVATE POLICE.
policía particular. Cuerpo de vigilancia particular.

PRIVATE PROPERTY.
propiedad privada.

PRIVATE PROSECUTOR.
acusador particular o privado.

PRIVATE PURPOSE.
propósito o fines privados.

PRIVATE RIGHTS.
derechos particulares. Derechos individuales. Derechos privados.

PRIVATE RULING.
dictamen de un ente público que es emitido a pedido de y en relación a una persona determinada.

PRIVATE SALE.
venta directa. Venta privada.

PRIVATE SEAL.
sello utilizado por una persona determinada, con fines privados.

PRIVATE SECRETARY.
secretario privado.

PRIVATE SESSION.
sesión a puertas cerradas.

PRIVATE STATUTE.
ley aplicable exclusivamente a personas predeterminadas.

PRIVATE TRUST.
fideicomiso constituido con fines privados.
v. TRUST.

PRIVATE USE.
uso privado. Uso con fines privados.

PRIVATE WATER.
aguas privadas.

PRIVATE WRONG.
violación de derechos privados o individuales.

PRIVATION.
privación.

PRIVIES.
quienes tienen una relación directa entre sí.
v. PRIVY.

PRIVIES IN ESTATE.
las personas entre las que se ha transmitido en forma directa un derecho respecto de un inmueble.
v. ESTATE.

PRIVIES IN LAW.
quienes tienen una relación directa entre sí, de representación o de transmisión de derechos, por efecto legal.

PRIVIES IN REPRESENTATION.
quienes tienen una relación de representación entre sí.

PRIVIES IN RESPECT TO CONTRACT.
las partes vinculadas directamente entre sí contractualmente.

PRIVIES OF BLOOD.
quienes tienen una relación directa de consanguinidad.

PRIVIES TO A JUDGMENT.
las partes cuyos derechos se encuentran determinados en forma directa por una sentencia.

PRIVILEGE.
privilegio. Prerrogativa. ‖ inmunidad. Inviolabilidad. ‖ exención. Exoneración. ‖ derecho a mantener reservada o secreta cierta información.

PRIVILEGE AGAINST SELF-INCRIMINATION.
derecho a no declarar contra sí mismo.

PRIVILEGE CLAIM.
derecho o pretensión a una inmunidad o privilegio.

PRIVILEGE FROM ARREST.
inmunidad de arresto.

PRIVILEGE OF JURISDICTION.
inmunidad de jurisdicción.

PRIVILEGE NECESSITY.
justificación derivada del estado de necesidad.

PRIVILEGE OF PARLIAMENT.
inmunidad parlamentaria.

PRIVILEGE OF SELF-DEFENCE.
justificación derivada de la legítima defensa.

PRIVILEGE OF SELF-DEFENSE.
v. PRIVILEGE OF SELF-DEFENCE.

PRIVILEGE TAX.

tasa o derecho por concesiones o licencias.

PRIVILEGED.

privilegiado. Preferido. ‖ inmune. Inviolable. ‖ exento. Exonerado. ‖ condición de la información respecto de la cual se tiene el derecho a mantener reserva o secreto.

PRIVILEGED COMMUNICATION.

informaciones y comunicaciones respecto de las cuales se tiene derecho a mantener reserva o secreto, y que en consecuencia no pueden ser usadas como prueba.

PRIVILEGED DEBT.

deuda respecto de la cual existe un privilegio o preferencia.

PRIVILEGED DOCUMENT.

documento que puede ser mantenido en reserva o secreto pese a solicitarse su exhibición en juicio.

PRIVILEGED EVIDENCE.

medios de prueba que pueden ser mantenidos en reserva o secreto por su poseedor.

V. PRIVILEGED COMMUNICATION.

PRIVILEGED DOCUMENT.

PRIVILEGED FROM ARREST.

quien goza de inmunidad de arresto.

PRIVILEGED FROM EXECUTION.

inembargable. No ejecutable.

PRIVILEGED FROM TESTIFYING.

exento de la obligación de testificar.

PRIVILEGED OCCASIONS.

circunstancias que obran como causales de justificación de una conducta.

PRIVILEGED PLACE.

lugar en relación al cual existe una inmunidad.

PRIVILEGED SHARE.

acción privilegiada.

PRIVILEGED SHAREHOLDER.

accionista privilegiado.

PRIVILEGED STOCK.

acciones privilegiadas.

PRIVILEGED STOCKHOLDER.

V. PRIVILEGED SHAREHOLDER.

PRIVILEGED STATEMENT.

declaración exenta de las prohibiciones sobre calumnias e injurias.

PRIVILEGED WILL.

testamento exento de las formalidades usuales, especialmente el hecho por un miembro de las fuerzas armadas.

PRIVILEGIUM.

privilegio. ‖ derecho excepcional o concedido en contradicción a una regla general.

PRIVITY.

relación jurídica directa entre dos o más personas.

PRIVITY IN DEED.

la relación directa entre varias personas resultante de un DEED (v.).

PRIVITY IN LAW.

la relación directa entre varias personas, de representación o de transmisión de derechos, por efecto legal.

PRIVITY IN REPRESENTATION.

la relación directa de representación entre varias personas.

PRIVITY IN SUCCESSION.

la relación directa entre varias personas, una de las cuales sucede a la otra.

PRIVITY OF BLOOD.

relación directa de consanguinidad.

PRIVITY OF CONTRACT.

la relación contractual directa entre las partes de determinado contrato.

PRIVITY OF ESTATE.

la relación directa entre varias personas respecto de derechos relativos al mismo inmueble, de suerte que el derecho de una de ellas deriva directamente del de la otra, o bien comparten tales partes el mismo derecho.

V. ESTATE.

PRIVITY OF POSSESSION.

la relación directa entre quienes se suceden unos a otros en la posesión de un inmueble, o bien son compradores del mismo.

PRIVY.

quien tiene una relación directa con otra persona o con determinado objeto o derecho. ‖ quien tiene un interés en un asunto, cuestión o derecho. ‖ quien tiene conocimiento de su aquiescencia a un acto.

PRIVY COUNCIL.

en Gran Bretaña, consejo privado del monarca.

PRIVY COUNCILLOR.

miembro del PRIVY COUNCIL (v.).

PRIVY EXAMINATION.

interrogatorio o examen de una persona, en privado, sin la presencia de otras personas interesadas en la materia de ese interrogatorio o examen.

PRIVY IN REPRESENTATION.
el albacea o también, el administrador de una herencia.

PRIVY PURSE.
en Gran Bretaña, los fondos del Tesoro destinados a uso privado del monarca.

PRIVY SEAL.
en Gran Bretaña, sello del monarca.

PRIVY TO A CONTRACT.
quien es parte de un contrato.

PRIVY VERDICT.
veredicto comunicado privadamente por el jurado al juez.

PRIZE.
premio. Recompensa. ‖ presa. Botín. ‖ como verbo (*to prize*), valorar.

PRIZE COURT.
tribunal de presas.

PRIZE GOODS.
bienes tomados como presas.

PRIZE LAW.
derecho de presas.

PRIZE OF WAR.
presa de guerra.

PRIZE SALVAGE.
premio por el salvataje de naves capturadas por el enemigo.

PRO.
para. A favor. ‖ por.

PRO AND CON.
pro y contra.

PRO BONO.
gratuitamente.

PRO BONO PUBLICO.
para el bien público.

PRO CONFESSO.
por confeso.

PRO DEFENDENTE.
por el demandado.

PRO DIVISO.
cuota o parte divisa.

PRO DOMINO.
en carácter de propietario.

PRO EMPTORE.
como comprador. A título de comprador.

PRO FORMA.
pro forma.

PRO FORMA INVOICE.
factura pro forma.

PRO HAC VICE.
por una sola ocasión. La condición de una au-torización otorgada excepcionalmente para un único acto u ocasión.

PRO INDIVISO.
pro indiviso. Por una parte o cuota indivisa.

PRO INTERESSE SUO.
en interés propio. ‖ en la medida de su interés, como en los casos en que se admite la intervención de un tercero en juicio, en la medida de su interés.

PRO RATA.
prorrata. Proporcionalmente.

PRO RATE.
prorrateo. Asignar o dividir proporcionalmente.

PRO RETORNO HABENDO.
fallo que ordena la devolución de bienes.

PRO SE.
por sí. Por derecho propio. Por su propio derecho.

PRO SOLIDO.
por el total. Por el conjunto. Solidariamente.

PRO TANTO.
por tanto. En tal magnitud. Por tal parte. En la medida de lo posible. En la medida de lo realizado o pagado. Un pago *pro tanto* tiene efectos en la medida de su valor, sin afectar los derechos del acreedor por el resto de la deuda que permanece impaga.

PRO TANTO ACQUITTANCE.
recibo parcial.

PRO TANTO ADEMPTION.
cumplimiento parcial de un legado.

PRO TANTO VALIDATION.
convalidación de un acto del deudor mediante el consentimiento otorgado de parte de los acreedores.

PRO TEMPORE.
interino. Temporal. Provisional.

PROBABILITY.
probabilidad.

PROBABLE.
probable.

PROBABLE CAUSE.
causa probable. Causa razonable.‖ la existencia de elementos suficientes para considerar *prima facie* fundada una acción o un arresto.

PROBABLE CAUSE HEARING.
audiencia destinada a determinar, en una causa penal, si existen elementos suficientes que justifiquen llevar adelante una acción que se inicia.

PROBABLE CONSEQUENCE.

la consecuencia probable de un hecho.

PROBABLE EVIDENCE.

prueba basada en la inferencia respecto de las consecuencias probadas de ciertos hechos.

PROBABLY.

probablemente.

PROBATE.

procedimiento mediante el que se determina la validez de un testamento y se le da efecto. ‖ como verbo (*to probate*), convalidar u homologar un testamento.

PROBATE ASSETS.

activos sucesorios.

PROBATE BOND.

garantía exigida en relación con la homologación o ejecución de un testamento, como la que deben prestar los albaceas.

V. BOND.

PROBATE BUSINESS.

actos y procedimientos relativos a la homologación y ejecución de un testamento.

PROBATE CODE.

cuerpo de normas en materia testamentaria.

PROBATE COURT.

tribunal con competencia en cuestiones testamentarias.

PROBATE DUTY.

impuesto que grava los testamentos o los bienes mediante ellos transmitidos.

PROBATE ESTATE.

el patrimonio de una sucesión testamentaria.

PROBATE HOMESTEAD.

inmueble excluido de las disposiciones testamentarias por ser destinado a habitación de la familia supérstite del testador.

PROBATE IN COMMON FORM.

procedimiento no contencioso relativo a una sucesión testamentaria.

PROBATE IN SOLEMN FORM.

procedimiento contencioso relativo a una sucesión testamentaria.

PROBATE JURISDICTION.

jurisdicción en materia testamentaria.

PROBATE LAW.

Derecho aplicable a las sucesiones testamentarias.

V. PROBATE.

PROBATE PROCEEDING.

procedimiento relativo a cuestiones testamentarias. V. PROBATE.

PROBATE SALE.

venta ordenada en el marco de un proceso de sucesión testamentaria.

PROBATE VALUE.

valor de un legado.

PROBATION.

período de prueba. ‖ libertad condicional, consecuencia de haberse determinado la existencia de un delito que no da lugar a penas de prisión inmediata. ‖ prueba.

PROBATION OFFICER.

funcionario encargado de controlar la libertad condicional de quien está sujeto a ese estado.

PROBATION ORDER.

orden judicial mediante la que se dispone la libertad condicional del acusado, como consecuencia de su condena.

PROBATION SYSTEM.

régimen de libertad condicional.

PROBATIONARY CUSTODY.

custodia provisional de los hijos, en el marco de un juicio de divorcio.

PROBATIONARY STATUS.

condición de quien está sujeto a un período de prueba. ‖ condición de quien se encuentra en libertad condicional.

V. PROBATION.

PROBATIONER.

persona sujeta a libertad condicional.

PROBATIVE.

probatorio.

PROBATIVE DOCUMENT.

documento probatorio.

PROBATIVE EVIDENCE.

elemento que tiene efecto o valor de prueba.

PROBATIVE FACTS.

hechos probatorios. Hechos con valor de prueba.

PROBATIVE VALUE.

valor probatorio.

PROBATOR.

examinador. Acusador.

PROBATORY.

probatorio.

PROBATORY TERM.

término para la producción de una prueba.

PROBE.

investigación. ‖ como verbo (*to probe*), investigar.

PROCEDENDO.

orden de un tribunal superior a otro inferior

para que éste dicte sentencia, aunque sin indicar el contenido de ésta.

PROCEDURAL.
procesal.

PROCEDURAL DUE PROCESS.
debido proceso.

PROCEDURAL LAW.
Derecho Procesal.

PROCEDURE.
procedimiento. Proceso.

PROCEED.
proceder.

PROCEEDING.
procedimiento. Proceso. Actuación. Trámite.

PROCEEDINGS.
procedimiento. Proceso. Actuación. Trámite. ‖ Actas. Memoria.

PROCEEDS.
producido de un acto, particularmente una venta. ‖ ingreso. Frutos. Productos. Rendimiento.

PROCESS.
proceso. Procedimiento. ‖ procedimiento, en cuanto objeto posible de una patente. ‖ intimación a comparecer en juicio. ‖ como verbo (*to process*), procesar. Industrializar. Tramitar.

PROCESS AGENT.
persona autorizada a recibir notificaciones procesales en representación de su mandante. Suele traducirse la expresión como "agente del proceso", pero ésta no es una expresión técnica-jurídica de la lengua castellana sino una traducción literal del inglés.

PROCESS IN REM.
procedimiento dirigido al ejercicio de un derecho IN REM (v.).

PROCESS OF GARNISHMENT.
procedimiento de embargo.
V. GARNISHMENT.

PROCESS OF INTERPLEADER.
procedimiento que se obtiene como resultante de una INTERPLEADER (v.).

PROCESS OF LAW.
debido proceso legal.

PROCESS PATENT.
patente de procedimiento.

PROCESS SERVER.
oficial notificador.

PROCHEIN AMI.
quien interpone una demanda en interés de un menor, pese a no ser representante legal de éste.

PROCHEIN AMY.
V. PROCHEIN AMI.

PROCLAIM.
proclamar. Anunciar. Publicar. ‖ promulgar.

PROCLAMATION.
proclama. Proclamación. Anuncio. Publicación. ‖ promulgación.

PROCREATION.
procreación.

PROCTOR.
procurador. Apoderado. Mandatario. Quien controla una prueba o examen escolar o universitario.

PROCURACY.
procuración. Poder. Mandato.

PROCURATION.
procuración. Poder. Mandato.

PROCURATOR.
procurador. Apoderado. Mandatario.

PROCURATOR IN REM SUAM.
apoderado, procurador o mandatario con interés propio en el objeto de la representación.

PROCURATOR NEGOTIORUM.
gestor de negocios.

PROCURE.
causar. Instigar. Inducir. ‖ obtener. Procurar. ‖ realizar actos de corretaje.

PROCUREMENT.
obtención. Adquisición. ‖ instigación. Motivación. ‖ adquisición pública de bienes y servicios.

PROCUREMENT CONTRACT.
contrato mediante el que un ente estatal adquiere bienes y servicios.

PROCUREMENT LAW.
conjunto de normas que regulan la adquisición de bienes y servicios por entes estatales.

PROCURER.
instigador. ‖ alcahuete. ‖ proxeneta. ‖ intermediario. Corredor.

PROCURING BREACH OF CONTRACT.
instigar a violar un contrato con un tercero.

PROCURING CAUSE.
causa próxima o inmediata.

PRODIGAL.
pródigo.

PRODUCE.
producir. ‖ exhibir. Presentar. ‖ vegetales y frutas comestibles.

PRODUCE A DOCUMENT.
exhibir un documento.
PRODUCE EVIDENCE.
producir pruebas.
PRODUCENT.
la parte que produce una prueba testimonial.
PRODUCER.
productor.
PRODUCER'S LIABILITY.
responsabilidad del productor o del fabricante.
PRODUCING CAUSE.
causa eficiente.
PRODUCT.
producto.
PRODUCT LIABILITY.
responsabilidad del productor o del fabricante. Responsabilidad por productos manufacturados o comercializados.
PRODUCT LIABILITY INSURANCE.
seguro de responsabilidad del productor.
v. PRODUCT LIABILITY.
PRODUCT MARKET.
mercado de un producto.
PRODUCTION.
producción.
PRODUCTION CERTIFICATE.
certificado de producción.
PRODUCTION OF DOCUMENTS.
exhibición o presentación de documentos.
PRODUCTION PAYMENT.
regalía sobre la producción.
PRODUCTION TAX.
impuesto sobre la producción.
PRODUCTIVE.
productivo.
PRODUCTIVITY.
productividad.
PROFANE.
profano.
PROFANITY.
profanidad.
PROFESS.
profesar.
PROFESSIO JURIS.
facultad de determinar la ley aplicable a un acto, por las partes de éste, bajo el régimen de Derecho Internacional Privado pertinente.
PROFESSION.
profesión.

PROFESSIONAL.
profesional.
PROFESSIONAL ADVISER.
asesor profesional.
PROFESSIONAL ASSOCIATION.
asociación profesional. ‖ asociación de profesionales.
PROFESSIONAL CAPACITY.
capacidad profesional. ‖ en ejercicio de la profesión.
PROFESSIONAL CORPORATION.
persona jurídica mediante la que se instrumenta una sociedad o asociación entre profesionales. v. CORPORATION.
PROFESSIONAL ETHICS.
ética profesional.
PROFESSIONAL EXPERT.
experto profesional. Perito profesional.
PROFESSIONAL INDEMNITY INSURANCE.
seguro de responsabilidad profesional.
PROFESSIONAL JOURNAL.
revista o periódico especializado, dirigido a un grupo profesional determinado.
PROFESSIONAL JUDGMENT.
juicio o parecer profesional. Apreciación vertida en ejercicio del saber profesional.
PROFESSIONAL LIABILITY.
responsabilidad profesional.
PROFESSIONAL LIABILITY INSURANCE.
seguro de responsabilidad profesional.
PROFESSIONAL NEGLIGENCE.
culpa o negligencia profesional.
PROFESSIONAL PARTNERSHIP.
sociedad de personas constituida entre profesionales. v. PARTNERSHIP.
PROFESSIONAL PRIVILEGE.
derecho de un profesional a no revelar en juicio la información que ha recibido en el ejercicio de su profesión.
v. PRIVILEGE.
PROFESSIONAL RESPONSABILITY.
responsabilidad profesional.
PROFESSIONAL SECRET.
secreto profesional.
PROFESSIONAL SERVICES.
servicios profesionales.
PROFESSIONAL SOCIETY.
sociedad entre profesionales.
PROFFER.
ofrecer como prueba.

PROFFERED EVIDENCE.
prueba cuya admisibilidad depende de otras pruebas preliminares.
V. EVIDENCE.

PROFIT.
ganancia. Utilidad. Beneficio. Lucro. ‖ frutos y productos derivados de un inmueble. ‖ como verbo (to profit), ganar. Obtener beneficios o utilidades. Beneficiarse.

PROFIT A PRENDRE.
beneficios a ser derivados de un inmueble de propiedad de un tercero.

PROFIT A RENDRE.
rentas y servicios a ser abonadas o cumplidos en favor de otra persona, como consecuencia de los derechos que ésta otorga sobre sus inmuebles.

PROFIT AND LOSS.
ganancias y pérdidas.

PROFIT AND LOSS ACCOUNT.
cuenta de ganancias y pérdidas.

PROFIT AND LOSS STATEMENT.
estado de resultados. Estado de ganancias y pérdidas.

PROFIT CORPORATION.
persona jurídica con fines de lucro.
V. CORPORATION.

PROFIT MARGIN.
margen de utilidades o de ganancia.

PROFIT-SHARING.
participación en las utilidades. ‖ división de las utilidades.

PROFIT-SHARING PLAN.
plan o sistema de participación de los empleados en las utilidades de la empresa.

PROFITABLE.
lucrativo. Productivo de ganancias.

PROFITEERING.
agio. Ganancia excesiva producida mediante el abuso de situaciones excepcionales de mercado.

PROFITS TAX.
impuesto sobre los beneficios o sobre las utilidades.

PROGRESS PAYMENTS.
pagos realizados a un contratista según el progreso de la obra.

PROGRESSIVE TAX.
impuesto progresivo.

PROHIBIT.
prohibir.

PROHIBITED.
prohibido.

PROHIBITED DEGREES.
grados de parentesco que crean un impedimento matrimonial.

PROHIBITION.
prohibición. ‖ ley seca. Prohibición de la fabricación y venta de bebidas alcohólicas.

PROHIBITION WRIT.
decreto judicial mediante el que un tribunal superior ordena a uno inferior abstenerse de ejercer su jurisdicción respecto de determinada causa, por no corresponder ella a su competencia. V. WRIT.

PROHIBITIVE.
prohibitivo.

PROHIBITIVE IMPEDIMENT.
impedimento prohibitivo.

PROHIBITORY INJUNCTION.
orden o decreto judicial que prohíbe cierta conducta.
V. INJUNCTION.

PROLETARIAT.
proletariado.

PROLIXITY.
exposición excesivamente detallada de los hechos o argumentos de una causa, por una de las partes de ésta.

PROLONGATION.
prolongación. Prórroga.

PROMISE.
promesa. ‖ obligación contractual. ‖ como verbo (to promise), prometer.

PROMISE BY DEED.
promesa formal. V. DEED.

PROMISE IMPLIED IN FACT.
promesa u obligación contractual presumida en función de la conducta de quien es objeto de esa presunción.

PROMISE IMPLIED IN LAW.
promesa u obligación contractual que es imputada a una persona aunque ésta no haya realizado una conducta de la que surja la intención efectiva de formular tal promesa o de asumir la citada obligación.

PROMISE OF IMMUNITY.
compromiso de no acusar o actuar contra quien realiza una confesión de hechos delictivos o colabora de otra forma en la justicia.

PROMISE OF MARRIAGE.
promesa matrimonial.

PROMISE TO PAY.
promesa de pagar.
PROMISE TO PAY THE DEBT OF ANOTHER.
delegación imperfecta.
PROMISE.
aquél a quien se realiza una promesa o respecto de quien se contrae una obligación contractual.
PROMISOR.
prominente. Quien realiza una promesa o contrae una obligación contractual.
PROMISSORY.
consistente en una promesa o relativo a ésta.
PROMISSORY ESTOPPEL.
impedimento a una conducta, derecho o pretensión, que se deriva de una promesa formulada por quien es objeto de ese impedimento. v. ESTOPPEL. Generalmente una promesa unilateral no crea una obligación exigible. La doctrina de *promissory estoppel* crea una excepción, al impedir escapar a esa promesa si la otra parte se basó razonablemente en tal promesa, modificando su conducta en consecuencia, de forma que el incumplimiento de lo prometido causaría un daño injustificable.
PROMISSORY FRAUD.
especie de defraudación, derivada de contraerse una obligación contractual sabiéndose que la misma no será cumplida.
PROMISSORY NOTE.
pagaré. Vale.
PROMISSORY OATH.
promesa bajo juramento.
PROMISSORY REPRESENTATION.
declaración contractual respecto de determinados hechos, que aplica una promesa respecto de la existencia o permanencia de esos hechos.
v. REPRESENTATION.
PROMISSORY WARRANTY.
garantía contractual respecto de la existencia o permanencia de ciertos hechos o circunstancias, particularmente la que se exige de un asegurado.
PROMOTE.
promover. Fomentar.
PROMOTER.
promotor. Gestor.
PROMOTION.
promoción. ‖ ascenso.

PROMPT.
rápido. Inmediato. ‖ como verbo (*to prompt*), instigar. Impulsar.
PROMPT DELIVERY.
entrega inmediata.
PROMPTLY.
rápidamente. Inmediatamente.
PROMULGATE.
promulgar. Publicar.
PROMULGATION.
promulgación. Publicación.
PRONOUNCE.
pronunciar. Emitir. Dictar.
PRONOUNCE JUDGMENT.
pronunciar o dictar una sentencia.
PROOF.
prueba.
PROOF BEYOND REASONABLE DOUBT.
probar sin dejar lugar a dudas razonables.
PROOF OF CLAIM.
prueba de un crédito, particularmente en materia concursal o sucesoria.
PROOF OF DEBT.
prueba de un crédito.
PROOF OF FOREIGN LAW.
prueba del Derecho extranjero.
PROOF OF LOSS.
prueba del siniestro.
PROOF OF SERVICE.
prueba de la notificación judicial.
PROOF OF WILL.
determinación de la validez de un testamento.
PROOF TO A MORAL CERTAINTY.
v. PROOF BEYOND REASONABLE DOUBT.
PROPAGATE.
propagar.
PROPER.
apropiado. Apto. Conveniente. Debido.
PROPER BOOKS OF ACCOUNT.
libros contables llevados en regla.
PROPER CARE.
cuidados o precauciones razonables.
PROPER DISTRICT.
distrito judicial con competencia respecto de una causa.
PROPER EVIDENCE.
prueba admisible.
PROPER INDORSEMENT.
endoso en regla. Endoso regular.
PROPER LAW OF THE CONTRACT.
en Derecho Internacional Privado, la ley que

rige un contrato en caso de silencio de las partes respecto del Derecho aplicable.

PROPER PARTY.
parte apropiada o admisible en un juicio, aunque no sea parte necesaria en el mismo.

PROPER POWERS.
poderes apropiados para el ejercicio de una función.

PROPER TITLE.
título suficiente para cumplir con una obligación de venta.

PROPERTY.
propiedad.

PROPERTY COVERED.
propiedad cubierta por un seguro.

PROPERTY DAMAGE.
daño patrimonial.

PROPERTY DEVELOPMENT.
construcción en un terreno o aprovechamiento económico del mismo mediante obras.

PROPERTY DIVIDEND.
dividendo en especie.

PROPERTY IN ACTION.
bienes intangibles, consistentes en créditos y bienes inmateriales.

PROPERTY IN POSSESSION.
bienes tangibles o materiales.

PROPERTY INJURY.
daños materiales o patrimoniales.

PROPERTY INSURANCE.
seguro de daños a bienes materiales.

PROPERTY LOSS.
daños o pérdidas materiales o patrimoniales.

PROPERTY OF ANOTHER.
propiedad ajena.

PROPERTY RIGHT.
derecho de propiedad.

PROPERTY SETTLEMENT.
acuerdo entre los cónyuges divorciados respecto de cuestiones patrimoniales de la separación.

PROPERTY TAX.
impuesto sobre la propiedad o sobre el patrimonio.

PROPERTY TORT.
delito civil o cuasidelito contra la propiedad. Acto ilícito mediante el que se causa un perjuicio patrimonial. v. TORT.

PROPONENT.
proponente.

PROPORTION.
proporción.

PROPORTIONAL REPRESENTATION.
representación proporcional.

PROPORTIONAL SYSTEM.
sistema proporcional.

PROPORTIONAL TAX.
impuesto proporcional.

PROPORTIONALITY.
proporcionalidad.

PROPORTIONATE.
proporcionado.

PROPOSAL.
propuesta. Oferta. Proposición.

PROPOSER.
proponente. Oferente.

PROPOSITION.
propuesta. Oferta. Proposición.

PROPOSITION OF LAW.
cuestión de Derecho.

PROPOUND.
proponer. Ofrecer.

PROPOUNDER.
proponente. Oferente.

PROPRIETARY.
patrimonial. Relativo a un derecho de propiedad u objeto de éste. || propio. De propiedad de una persona.

PROPRIETARY ARTICLES.
artículos respecto de los cuales existe un derecho exclusivo, sea de origen contractual o vinculado con la propiedad industrial.

PROPRIETARY CAPACITY.
capacidad en materia patrimonial de un ente de Derecho Público.

PROPRIETARY CAPITAL.
capital o patrimonio neto del dueño de una empresa o correspondiente a los socios que participan en ésta.

PROPRIETARY DUTIES.
los deberes de un ente de Derecho Público respecto de la administración y manejo de sus bienes, en contraposición a los de orden gubernativo.

PROPRIETARY ESTOPPEL.
impedimento respecto de la posibilidad de negar que se es o que se era propietario de un bien, por haberse adoptado una conducta incompatible con esa negación. v. ESTOPPEL.

PROPRIETARY FUNCTIONS.
v. PROPRIETARY CAPACITY.

PROPRIETARY INFORMATION.

información de propiedad de una persona, en particular por constituir un secreto industrial o comercial.

PROPRIETARY INSURANCE.

seguro sobre los bienes del asegurado.

PROPRIETARY INTEREST.

derecho o interés patrimonial. Derecho de propiedad.

PROPRIETARY LEASE.

derecho formalmente equivalente al de un locatario, pero que se acerca en realidad al de propiedad o dominio, debido a las condiciones que acompañan a la locación, como ser el control que el locatario ejerce sobre quien es formalmente locador. Se lo utiliza para instrumentar relaciones similares a las derivadas de la propiedad horizontal.

V. LEASE.

PROPRIETARY POWERS.

V. PROPRIETARY CAPACITY.

PROPRIETARY RIGHT.

derecho patrimonial. ‖ derecho de propiedad o de dominio.

PROPRIETARY SECURITY.

derecho de garantía en el que la propiedad del bien que obra como tal es formalmente transmitida al acreedor.

PROPRIETOR.

propietario.

PROPRIETORSHIP.

propiedad. ‖ empresa individual o unipersonal.

PROPRIETY.

idoneidad. Rectitud. Corrección.

PROROGATION.

prórroga. Extensión.

PROROGATION AGREEMENT.

acuerdo de prórroga de jurisdicción.

PROROGATION OF JURISDICTION.

prórroga de jurisdicción.

PROSCRIBE.

proscribir.

PROSECUTE.

enjuiciar. Encausar. ‖ entablar e impulsar una acción judicial, especialmente de naturaleza penal.

PROSECUTE A CRIMINAL.

V. PROSECUTE AN OFFENDER.

PROSECUTE A SUIT.

entablar e impulsar un juicio.

PROSECUTE AN OFFENDER.

enjuiciar a un delincuente.

PROSECUTING ATTORNEY.

abogado acusador. Fiscal.

PROSECUTING OFFICER.

funcionario que realiza una acusación.

PROSECUTING WITNESS.

testigo de la acusación.

PROSECUTION.

iniciación e impulso de una acción judicial, especialmente de naturaleza de penal. ‖ la parte que promueve la acción, en un juicio penal. Fiscal. Acusador. Querellante.

PROSECUTOR.

quien promueve una acción penal. Fiscal. Acusador. Querellante.

PROSECUTRIX.

femenino de PROSECUTOR (v.).

PROSPECT.

perspectiva. Expectativa. ‖ como verbo (to prospect), catear. Explorar en busca de yacimientos minerales.

PROSPECTIVE.

prospectivo. Eventual.

PROSPECTIVE DAMAGES.

daños liquidados anticipadamente.

PROSPECTIVE LAW.

ley que se aplica únicamente a hechos o relaciones futuros.

PROSPECTIVE OVERRULING.

decisión que deja sin efecto un precedente jurisprudencial, sustituyéndolo por otra regla de igual carácter, a ser aplicada en los casos futuros.

PROSPECTIVE STATUTE.

V. PROSPECTIVE LAW. STATUTE.

PROSPECTUS.

prospecto. Manifestación o declaración de emisión, mediante la que se indican las condiciones de los títulos ofrecidos al público.

PROSTITUTE.

prostituta. ‖ como verbo (to prostitute on eself), prostituirse.

PROSTITUTION.

prostitución.

PROTECT.

proteger. Amparar. Tutelar.

PROTECTED.

protegido. Amparado. Tutelado.

PROTECTED EARNINGS.

ingresos inembargables.

PROTECTED TENANCY.
arrendamiento de vivienda controlado o tutelado por leyes especiales protectoras del inquilino.

PROTECTED TRANSACTION.
operación o acto no impugnable en caso de quiebra de una de las partes.

PROTECTING POWER.
país protector.

PROTECTION.
protección. Amparo. Tutela.

PROTECTIVE AGENCY.
agencia o empresa que brinda servicios de seguridad.

PROTECTIVE COMMITTEE.
comité de accionistas o de debenturistas, destinado a controlar o supervisar la administración de la sociedad correspondiente.

PROTECTIVE CUSTODY.
custodia judicial de una persona para su protección.

PROTECTIVE ORDER.
orden judicial destinada a proteger a una persona respecto de acciones procesales abusivas u otras molestias o perjuicios.

PROTECTIVE RIGHT.
derecho concedido a fin de proteger el ejercicio de otro derecho.

PROTECTIVE TARIFF.
derecho de importación proteccionista.

PROTECTIVE TRUST.
fideicomiso destinado a atender las necesidades económicas de una persona y que por lo tanto se encuentra normalmente limitado a la vida de ésta, incluyendo cláusulas para proteger su objeto de actos de disposición y de acciones de los acreedores.
V. TRUST.

PROTECTORATE.
protectorado.

PROTEST.
protesta. ‖ protesto. ‖ como verbo (to protest), protestar.

PROTEST FEE.
suma cobrada por realizar un protesto.

PROTEST OF AVERAGE.
protesta de avería.

PROTEST ON DISHONOR.
V. PROTEST ON DISHONOUR.

PROTEST ON DISHONOUR.
protesta por falta de pago o aceptación.

PROTESTATION.
protesta. Objeción a una afirmación o negación de la parte contraria.

PROTESTER.
quien efectúa un protesto.

PROTMONOTARY.
oficial principal de un tribunal.

PROTOCOL.
protocolo.

PROVABLE.
susceptible de ser probado.

PROVABLE DEBT.
crédito verificable en un concurso.

PROVE.
probar. Demostrar. ‖ establecer la validez de una pretensión de la documentación en que ésta se funda.

PROVIDE.
disponer. Establecer. ‖ proveer. Suministrar. Atender determinada necesidad.

PROVIDED.
siempre que. A condición que. ‖ proveído. Suministrado. ‖ dispuesto.

PROVIDED BY LAW.
dispuesto por la ley.

PROVINCE.
provincia. ‖ el objeto y límites de una actividad, disciplina o rama del saber.

PROVING A WILL.
homologación de un testamento.

PROVISION.
disposición. Norma. ‖ provisión.

PROVISIONAL.
provisional. Provisorio. Temporario. Preliminar.

PROVISIONAL AGREEMENT.
contrato provisorio, sujeto a una redacción posterior más detallada.

PROVISIONAL APPOINTMENT.
nombramiento provisional.

PROVISIONAL COMMITTEE.
comité provisional.

PROVISIONAL COURT.
tribunal provisional.

PROVISIONAL GOVERNMENT.
gobierno provisional.

PROVISIONAL INJUNCTION.
orden judicial provisional de hacer o de no hacer.
V. INJUNCTION.

PROVISIONAL JUDGMENT.
sentencia provisional, por estar sujeta a impugnaciones o recursos.

PROVISIONAL ORDER.
orden provisional emitida por una autoridad.

PROVISIONAL RECEIVER.
V. PENDENTE LITE RECEIVER.

PROVISIONAL REMEDY.
medidas precautorias o conservatorias dictadas judicialmente para proteger provisionalmente un derecho o interés. V. REMEDY.

PROVISIONAL SEIZURE.
embargo preventivo.

PROVISO.
condición o restricción que limita un derecho u otros efectos de una norma.

PROVISO FOR REDEMPTION.
cláusula hipotecaria que reconoce el derecho de rescate del bien hipotecado.

PROVISO FOR RE-ENTRY.
cláusula de un arrendamiento que prevé, bajo ciertas circunstancias, que la tenencia del bien regrese al arrendador.

PROVOCATION.
provocación.

PROVOKE.
provocar.

PROVOST-MARSHALL.
funcionario que dirige a la policía militar en determinada jurisdicción o lugar.

PROXIMATE.
próximo. Inmediato.

PROXIMATE CAUSE.
causa próxima o inmediata.

PROXIMATE CONSEQUENCE.
consecuencia próxima o inmediata.

PROXIMATE DAMAGES.
daños próximos o inmediatos.

PROXIMATE RESULT.
resultado próximo o inmediato.

PROXIMATELY.
directamente. Inmediatamente.

PROXIMITY.
proximidad. ‖ vinculación familiar.

PROXY.
poder. Mandato. Carta poder. ‖ apoderado. Mandatario.

PROXY MARRIAGE.
matrimonio por poder.

PROXY RULES.
reglas que se aplican a la solicitud de poderes para representar accionistas en la asamblea societaria.

PROXY STATEMENT.
información que debe ser suministrada a los accionistas por quien solicita de estos poderes para representarlos en la asamblea societaria.

PRUDENCE.
prudencia.

PRUDENT.
prudente.

PRURIENT INTERES.
interés en cosas libidinosas.

P. S.
V. POSTCRIPT.

PSEUDO-CORPORATION.
ente que presenta la apariencia de una persona jurídica independiente pero cuya realidad económica difiere de tal apariencia.
V. CORPORATION.

PSEUDONYM.
seudónimo.

PSYCHOSIS.
psicosis.

PUBERTY.
pubertad.

PUBLIC.
público, como adjetivo y como sustantivo.

PUBLIC ACCOUNTABILITY.
responsabilidad pública.

PUBLIC ACCOUNTANT.
contador público.

PUBLIC ACT.
acto público. ‖ instrumento público. ‖ ley aplicable en forma general, en contraposición a la dirigida a una persona o lugar determinado.

PUBLIC ADMINISTRATION.
administración pública.

PUBLIC ADMINISTRATOR.
administrador público, en particular el que actúa como administrador de una herencia a falta de otras personas autorizadas a actuar en tal carácter.

PUBLIC ADVOCATE.
quien representa los intereses del público ante organismos administrativos.

PUBLIC AFFAIRS.
asuntos públicos.

PUBLIC AGENCY.
repartición estatal o pública.

PUBLIC AGENT.
funcionario público.

PUBLIC APPOINTMENTS.
cargos públicos cubiertos mediante designación por los organismos pertinentes y no mediante lecciones.

PUBLIC ATTORNEY.
abogado. Letrado.

PUBLIC AUCTION.
subasta pública.

PUBLIC AUDITOR.
auditor público.

PUBLIC AUTHORITY.
autoridad pública. ‖ ente descentralizado que ejerce funciones públicas.

PUBLIC BILL.
proyecto de ley con efectos generales, en contraposición a los que se refieren a leyes dirigidas a regular los derechos de individuos predeterminados. v. PUBLIC ACT.

PUBLIC BODY.
ente u órgano público.

PUBLIC BOND.
bono emitido por un ente del sector público.

PUBLIC BONDED WAREHOUSE.
almacenes o depósitos públicos, en particular los usados con fines aduaneros.

PUBLIC BUILDING.
edificio público.

PUBLIC BUSINESS.
empresa pública. ‖ empresa de servicios públicos o cuyas prestaciones son de interés público. ‖ asunto público.

PUBLIC CARRIER.
transportador público.

PUBLIC CHARACTER.
personalidad pública.

PUBLIC CHARGE.
persona indigente cuya manutención está a cargo del Estado.

PUBLIC CHARITY.
caridad pública. ‖ organización pública de caridad.

PUBLIC COMPANY.
sociedad cuyas acciones se negocian en los mercados de valores. Sociedad abierta.

PUBLIC COMPETITION.
concurso público.

PUBLIC CONTRACT.
contrato en el que alguna de las partes es un ente público.

PUBLIC CONVENIENCE.
conveniencia o necesidad pública.

PUBLIC CONVENIENCE AND NECESSITY.
conveniencia y necesidad pública.

PUBLIC CORPORATION.
ente público. Persona jurídica de Derecho Público. v. CORPORATION.

PUBLIC DEBT.
deuda pública.

PUBLIC DEFENDER.
defensor público.

PUBLIC DEPOSITARY.
entidad que recibe depósitos del público.

PUBLIC DISCLOSURE.
revelación de información al público.

PUBLIC DOCUMENT.
documento público.

PUBLIC DOMAIN.
dominio público.

PUBLIC DUTY.
deber público. Obligación de Derecho Público.

PUBLIC EASEMENT.
servidumbre pública.

PUBLIC EMERGENCY.
emergencia pública.

PUBLIC EMPLOYEE.
empleado público.

PUBLIC ENEMY.
enemigo público.

PUBLIC ENTERPRISE.
empresa pública.

PUBLIC ENTITY.
entidad pública.

PUBLIC EXAMINATION.
examen o interrogatorio al que se somete un concursado, respecto de las razones de su insolvencia y otros aspectos de sus actividades.

PUBLIC FIGURE.
figura pública.

PUBLIC FUNDS.
fondos públicos.

PUBLIC GOOD.
bienestar público.

PUBLIC GRANT.
concesión pública de un derecho, licencia o privilegio.

PUBLIC HEALTH.
salud pública.

PUBLIC HEARING.
audiencia pública.

PUBLIC HOLIDAY.
festividad pública.

PUBLIC HOUSE.
casa donde se expenden bebidas y comidas al público.

PUBLIC IMPROVEMENT.
mejora de utilidad pública.

PUBLIC INDECENCY.
indecencia pública.

PUBLIC INJURY.
lesión que afecta derecho o intereses de orden público.

PUBLIC INQUIRY.
investigación pública.

PUBLIC INSTITUTION.
institución pública.

PUBLIC INTEREST.
interés público.

PUBLIC INTEREST ACTION.
acción entablada en defensa de un interés público.

PUBLIC INTERNATIONAL LAW.
Derecho Internacional Público.

PUBLIC INTOXICATION.
ebriedad en público.

PUBLIC INVITEE.
persona que ingresa en un inmueble abierto al público.

PUBLIC LAND.
tierra pública.

PUBLIC LAW.
Derecho Público. ‖ v. PUBLIC STATUTE.

PUBLIC LIABILITY.
responsabilidad frente a terceros.

PUBLIC LIABILITY INSURANCE.
seguro de responsabilidad frente a terceros.

PUBLIC LIMITED COMPANY.
sociedad por acciones, con responsabilidad limitada, cuyas acciones son cotizables en los mercados de valores. Sociedad abierta.

PUBLIC MARKET.
mercado público.

PUBLIC MEETING.
reunión pública.

PUBLIC MINISTER.
representante diplomático de alta graduación.

PUBLIC MISCHIEF.
delito contra la colectividad o contra la administración pública.

PUBLIC MORAL.
buenas costumbres. Moral pública.

PUBLIC NECESSITY.
utilidad o necesidad pública.

PUBLIC NOTARY.
escribano público. Notario.

PUBLIC NOTE.
título de la deuda pública, a plazos cortos y medianos.

PUBLIC NOTICE.
aviso del público.

PUBLIC NUISANCE.
conducta, condición o circunstancia que causa un daño al interés público, sea por perjudicar o impedir el uso de bienes públicos o por ocasionar molestias al público.
v. NUISANCE.

PUBLIC OFFENCE.
delito que afecta un interés público.

PUBLIC OFFENSE.
v. PUBLIC OFFENCE.

PUBLIC OFFERING.
oferta pública de títulos o valores.

PUBLIC OFFICE.
función pública.

PUBLIC OFFICER.
funcionario público.

PUBLIC OFFICIAL.
v. PUBLIC OFFICER.

PUBLIC ORDER.
orden público.

PUBLIC PASSAGE.
derecho del público a circular o navegar libremente.

PUBLIC PEACE.
orden público. Tranquilidad pública.

PUBLIC PERIL.
peligro al que está sujeto el público en general.

PUBLIC PLACE.
lugar público.

PUBLIC POLICY.
orden público. El concepto de *public policy* es más estrecho, sin embargo, que el de orden público, limitándose a aquellos aspectos en que existe una política pública respecto de la materia considerada. ‖ la política u objetivos estatales en determinada materia. La política legislativa que subyace a determinada norma.

PUBLIC PROCEEDINGS.
procedimientos ante una autoridad pública.

PUBLIC PROPERTY.
bienes públicos. Bienes que son de dominio público.

PUBLIC PROSECUTION.
acción penal entablada por un órgano público.

PUBLIC PROSECUTOR.
funcionario u órgano estatal que promueve acciones penales.

PUBLIC PURPOSE.
utilidad pública.

PUBLIC RECORD.
inscripto en un registro o en archivos judiciales o públicos.

PUBLIC RECORDS.
archivos públicos. Documentos conservados por instituciones públicas.

PUBLIC REGISTER.
registro público.

PUBLIC RELATIONS.
relaciones públicas.

PUBLIC REVENUE.
rentas públicas. Ingresos del Estado.

PUBLIC RIGHT.
derecho subjetivo tutelado por normas de Derecho Público.

PUBLIC SAFETY.
seguridad pública.

PUBLIC SALE.
subasta pública.

PUBLIC SEAL.
sello de una autoridad o ente público.

PUBLIC SECURITIES.
títulos emitidos por entes públicos.
v. SECURITY.

PUBLIC SERVICE.
servicio público.

PUBLIC SERVICE COMMISSION.
comisión estatal que controla la prestación de servicios públicos.

PUBLIC SERVICE CORPORATION.
entidad que presta servicios públicos.
v. CORPORATION.

PUBLIC SHIP.
nave que está destinada a servicios o usos públicos.

PUBLIC STATUTE.
ley de aplicación general, en contraposición a la ley que es aplicable a personas determinadas.

PUBLIC STOCK.
título público.

PUBLIC TAX.
impuesto público. ‖ impuesto con fines públicos generales.

PUBLIC TREASURY.
tesoro público.

PUBLIC TRIAL.
juicio público. Juicio cuyas audiencias están abiertas al público.

PUBLIC TRUST.
fideicomiso constituido para atender propósitos de interés público. v. TRUST. ‖ confianza pública.

PUBLIC USE.
utilidad pública. ‖ uso público. ‖ uso público de una invención, tal que ésta sea accesible a las personas en ella interesadas.

PUBLIC UTILITY.
servicio público. ‖ empresa de servicios públicos.

PUBLIC VEREDICT.
veredicto dictado públicamente.

PUBLIC VESSEL.
v. PUBLIC SHIP.

PUBLIC WATERS.
aguas públicas.

PUBLIC WAY.
camino público.

PUBLIC WELFARE.
bienestar público.

PUBLIC WORKS.
obras públicas.

PUBLIC WORSHIP.
ejercicio público del culto.

PUBLIC WRONG.
delito o acto ilícito que afecta un interés público.

PUBLICATION.
publicación.

PUBLICI JURIS.
perteneciente al dominio público.

PUBLICIST.
publicista. ‖ experto en Derecho Internacional Público.

PUBLICITY.
publicidad.

PUBLICLY.
públicamente.

PUBLICLY OWNED.
de propiedades del Estado o de un ente público. ‖ la condición de una sociedad cuyas acciones se encuentran en manos de un gran número de accionistas.

PUBLICLY TRADED.
comercializado en los mercados de valores.

PUBLISH.
publicar.

PUBLISHER.
editor.

PUFFER.
quien actúa en las subastas haciendo ofertas fingidas, para elevar los precios.

PUFFING.
la práctica de exagerar las condiciones y ventajas de las mercaderías en venta. ‖ la actividad del PUFFER (v.).

PUISNE.
menor. De menor edad. De inferior rango o jerarquía.

PUNISH.
castigar. Penar.

PUNISHABLE.
punible. Penable. Castigable.

PUNISHMENT.
pena. Castigo. Sanción.

PUNITIVE.
punitivo. Punitorio.

PUNITIVE DAMAGES.
daños punitorios.

PUNITIVE STATUTE.
ley punitoria.

PUPILLAGE.
período previo de práctica, necesario para ser admitido al ejercicio de la abogacía. Aprendizaje. Condición de quien efectúa un programa de entrenamiento o práctica.

PUR AUTRE VIE.
literalmente, por otra vida. La condición de un derecho cuya duración se encuentra limitada al término de la vida de una persona distinta de la que lo ejerce.

PURCHASE.
compra. Adquisición. ‖ también, como verbo (*to purchase*), comprar. Adquirir.

PURCHASE AGREEMENT.
contrato de compraventa.

PURCHASE CONTRACT.
v. PURCHASE AGREEMENT.

PURCHASE MONEY.
el precio o parte de éste que se paga en forma inmediata al acordarse o perfeccionarse una compraventa. ‖ el precio de una compraventa.

PURCHASE-MONEY MORTGAGE.
hipoteca que garantiza el pago del precio de una compraventa del bien hipotecado.

PURCHASE-MONEY PAPER.
pagarés o letras de cambio dadas en pago de una compra.

PURCHASE-MONEY RESULTING TRUST.
fideicomiso imputable en favor de quien suministra fondos para la compra de una propiedad, respecto de este bien. El adquirente formal actúa en carácter de fideicomisario en beneficio del proveedor de los fondos. v. TRUST.

PURCHASE-MONEY SECURITY INTEREST.
ddrecho de garantía respecto del pago del precio de una compraventa de bienes muebles, constituido respecto de tales bienes.

PURCHASE OF BUSINESS.
adquisición de una empresa. Adquisición de un fondo de comercio.

PURCHASE ORDER.
orden de compra.

PURCHASE PRICE.
precio de compra.

PURCHASE TAX.
impuesto sobre las compraventas.

PURCHASER.
comprador. Adquirente.

PURCHASER FOR VALUE.
adquirente a título oneroso.

PURCHASER IN BAD FAITH.
adquirente de mala fe.

PURCHASER IN GOOD FAITH.
adquirente de buena fe.

PURCHASER OF A BILL.
quien adquiere una letra de cambio mediante cesión y no mediante endoso.

PURCHASER WITHOUT NOTICE.
adquirente sin conocimiento de un acto o circunstancia que afecta al bien adquirido.

PURCHASING AGENT.
agente o representante de compras.

PURE.
puro.

PURE ACCIDENT.
accidente puramente casual. Accidente totalmente fuera del control de las personas involucradas.

PURE BILL OF DISCOVERY.
acción solamente destinada a obtener el suministro de documentos e información al juzgado. v. BILL OF DISCOVERY.

PURE BILL OF REVIEW.
recurso destinado a que se corrija un error aparente del auto recurrido.
v. BILL OF REVIEW.

PURE CHANCE.

suerte pura. En forma totalmente aleatoria.

PURE CHARITY.

ente que sólo tiene fines de beneficencia. v. CHARITY.

PURE DEMOCRACY.

democracia pura.

PURE OBLIGATION.

obligación pura.

PURE RACE STATUTE.

ley que otorga prioridad, particularmente respecto de inmuebles, al primero que registra su derecho, con independencia de la existencia de títulos no registrados.

PURGATION.

purgación.

PURGATORY OATH.

juramento destinado a purgar a quien lo hace dc acusaciones o sospechas.

PURGE.

purga. ‖ como verbo (*to purge*), purgar.

PURPORT.

significado. Sentido. ‖ también, como verbo (*to purport*), significar. Expresar. Indicar cierta intención o sentido.

PURPOSE.

propósito. Intención.

PURPOSE OF STATUTE.

fin o propósito de una ley.

PURPOSELY.

intencionalmente. Intencionadamente.

PURPOSIVE APPROACH.

interpretación de la ley conforme a la intención del legislador.

PURSE.

cartera. ‖ premio recompensa.

PURSUANT.

de conformidad. De acuerdo con.

PURSUE.

seguir. Perseguir. ‖ continuar. Llevar adelante. Realizar. ‖ llevar adelante una acción judicial. ‖ practicar un oficio, profesión u ocupación.

PURSUIT.

persecución. Seguimiento. ‖ mantenimiento de una acción judicial. ‖ práctica de un oficio, profesión u ocupación.

PURSUIT OF HAPPINESS.

literalmente, búsqueda de la felicidad. Implica, en el Derecho Constitucional estadounidense, la realización de las actividades que cada cual considera conveniente para su propio bienestar.

PURVEY.

proveer comercialmente, particularmente alimentos.

PURVIEW.

parte dispositiva de una ley.

PUSHER.

traficante de drogas, en particular el que las vende directamente a sus consumidores.

PUT.

opción de venta de acciones u otros títulos, a un precio predeterminado.

PUT IN FEAR.

atemorizar. Intimidar. Amedrentar.

PUT IN ISSUE.

cuestionar. Observar. Negar. Oponerse.

PUT IN SUIT.

plantear en juicio.

PUT OFF.

posponer. Diferir.

PUT TO A VOTE.

someter a votación.

PUTATIVE.

putativo.

PUTATIVE FATHER.

padre putativo.

PUTATIVE MARRIAGE.

matrimonio putativo.

PUTATIVE RISK.

riesgo putativo.

PUTATIVE SPOUSE.

cónyuge putativo.

PYRAMID SALES SCHEME.

plan (generalmente ilegal) mediante el que el comprador de bienes recibe un beneficio por cada nuevo comprador que proporciona.

PYRAMIDING.

la adquisición del control de una sociedad mediante la formación de una cadena de sociedades controlantes, de suerte que el capital en base al cual se ejerce el control represente una porción reducida del valor de la empresa controlada. ‖ financiamiento de la compra de acciones utilizando como garantía las ya adquiridas.

Q

Q. B.
iniciales de QUEEN'S BENCH (v.).

QUA.
en cuanto. En carácter de.

QUACK.
quien practica la medicina sin autorización y sin contar con la formación profesional exigida. ‖ loco. Demente.

QUALIFICATION.
idoneidad. Requisitos exigibles para ocupar un cargo o función. ‖ condicionamiento o limitación impuestos a una regla, derecho o afirmación.

QUALIFIED.
calificado. Idóneo. ‖ condicionado. Limitado. V. QUALIFACTION.

QUALIFIED ACCEPTANCE.
aceptación condicionada o limitada.

QUALIFIED DISCHARGE.
liberación del quebrado que no se extiende a la totalidad de sus deudas.

QUALIFIED ELECTOR.
elector habilitado.

QUALIFIED ESTATE.
derecho respecto de un inmueble sujeto a una condición o limitación.
V. ESTATE.

QUALIFIED FEE.
V. QUALIFIED ESTATE.

QUALIFIED INDORSEMENT.
endoso condicionado o limitado.

QUALIFIED MAJORITY.
mayoría calificada.

QUALIFIED NUISANCE.
actividad lícita en sí, pero que por su realización descuidada o imprudente produce daños injustificados a terceros. V. NUISANCE.

QUALIFIED OATH.
juramento condicionado.

QUALIFIED OWNER.
propietario con derechos limitados o condicionados. ‖ propietario que reúne los requisitos legales a cierto efecto.

QUALIFIED PRIVILEGE.
inmunidad limitada o condicionada respecto de imputaciones de difamación o injuria.

QUALIFIED PROPERTY.
derecho de propiedad sujeto a limitaciones o condiciones.

QUALIFIED RIGHT.
derecho limitado o condicionado.

QUALIFIED SURVIVOR.
cónyuge supérstite que adquiere el derecho a disponer de la parte de la comunidad conyugal que pertenecía al difunto.

QUALIFIED VOTER.
V. QUALIFIED ELECTOR.

QUALIFY.
condicionar. Limitar. ‖ reunir las condiciones necesarias para acceder a un cargo o posición o para ejercer un derecho.

QUALIFYING CLAUSES.
cláusulas condicionantes.

QUALITATIVE RULE OF EVIDENCE.
regla que determina la admisibilidad de la prueba.

QUALITY.
calidad. Condición. ‖ posición. Rango. Estado.

QUALITY OF ESTATE.
condiciones, plazos y modalidades de un derecho relativo a un inmueble. V. ESTATE.

QUANGO.
iniciales que se refieren a la expresión *quasi-autonomous non-government organization*, o

sea organismo no gubernamental cuasiautónomo. Se trata, en Gran Bretaña, de entes descentralizados que operan en el ámbito del sector público, realizando funciones económicas y administrativas.

QUANTITY.
cantidad.

QUANTITY DISCOUNT.
descuento por cantidad.

QUANTITY OF ESTATE.
el plazo a que está sujeto un derecho respecto de un inmueble. v. ESTATE.

QUANTUM CONTRACT.
contrato relativo a una cantidad determinada de mercaderías.

QUANTUM MERUIT.
acción destinada a la determinación y cobro del valor de servicios prestados, cuando no se ha acordado expresamente tal valor.

QUANTUM OF DAMAGES.
monto de los daños y perjuicios.

QUANTUM VALEBANT.
acción destinada a la determinación y cobro del valor de bienes suministrados, cuando no se ha acordado expresamente tal valor.

QUARANTINE.
cuarentena.

QUARE CLAUSUM FREGIT.
acción fundada en el ingreso no autorizado del accionado en una propiedad ajena.

QUARREL.
altercado. Disputa.

QUARTER.
cuarto. Cuarta parte. ‖ trimestre. ‖ cuartel. Instalaciones militares. ‖ también, como verbo (*to quarter*), alojar personal militar.

QUARTERLY.
trimestralmente.

QUASH.
revocar. Anular. Invalidar.

QUASH A DECISION.
anular o revocar una decisión.

QUASH THE ARRAY.
invalidar la designación de un jurado.

QUASI.
cuasi.

QUASI ADMISSION.
admisión o reconocimiento de un hecho o circunstancia, susceptible de ser dejada sin efecto mediante pruebas contrarias a la existencia de ese hecho o circunstancia.

QUASI CONTRACT.
cuasicontrato.

QUASI CORPORATION.
ente que, aunque no ha sido constituido como persona jurídica, reviste ciertas características y realiza ciertas funciones de ésta.
v. CORPORATION.

QUASI CONTRACTUAL.
cuasicontractual.

QUASI CRIME.
delito que no alcanza la gravedad propia de los crímenes.

QUASI EASEMENT.
cuasiservidumbre.

QUASI ESTOPPEL.
v. EQUITABLE ESTOPPEL.

QUASI GUARDIAN.
tutor o guardián de hecho.

QUASI IN REM.
v. JURISDICTION QUASI IN REM.

QUASI INDIVIDUAL.
persona jurídica.

QUASI JUDICIAL.
cuasijudicial. Se dice en particular de órganos que desempeñan funciones judiciales aunque formalmente tienen carácter administrativo.

QUASI LEGISLATIVE.
condición de las funciones de tipo legislativo realizadas por un órgano de otro carácter.

QUASI LIEN.
privilegio o derecho de preferencia resultante de una orden judicial y no de una norma general que lo disponga.
v. LIEN.

QUASI MUNICIPAL CORPORATION.
ente formado para desarrollar funciones municipales, sin tener las características formales de un ente municipal.
v. CORPORATION.

QUASI PARTNER.
socio aparente.

QUASI PERSONALTY.
bienes muebles que se encuentran vinculados a inmuebles determinados o son accesorios de éstos. v. PERSONAL PROPERTY.

QUASI POSSESSION.
cuasiposesión. Posesión de un derecho.

QUASI PUBLIC CORPORATION.
persona jurídica que, sin ser de Derecho Público, tiene ciertas características propias de éste. v. CORPORATION.

QUASI PURCHASE.

conducta que aunque no constituye una compra tiene los efectos de ésta.

QUASI REALTY.

bienes que, aunque físicamente muebles, tienen carácter jurídico de inmuebles, en particular por su carácter representativo.

QUASI TENANT.

subarrendatario que mantiene la tenencia de un inmueble mediante tácita reconducción.

QUASI TORT.

la conducta de quien, aunque no ha cometido un acto ilícito, es responsable como si lo hubiera hecho. v. TORT.

QUASI TRUSTEE.

fideicomisario que tiene esa condición por habérsela imputado la ley y no en virtud de un acto expreso mediante el que se haya creado el fideicomiso.

v. TRUST. TRUSTEE.

QUASI USUFRUCT.

cuasiusufructo.

QUAY.

muelle.

QUEEN.

reina.

QUEEN'S BENCH.

el nombre del KING'S BENCH (v.), cuando reina una mujer.

QUEEN'S COUNSEL.

nombre de los miembros del KING'S COUNSEL (v.), cuando reina una mujer.

QUEEN'S EVIDENCE.

el nombre de la KING'S EVIDENCE (v.), cuando reina una mujer.

QUEEN'S PROCTOR.

el nombre del KING'S PROCTOR (v.), cuando reina una mujer.

QUERELA.

acción. Demanda.

QUERULOUS.

quejoso.

QUERY.

pregunta. Cuestión. ‖ como verbo (to query), preguntar. Cuestionar. Investigar.

QUEST.

investigación. Examen. Indagatoria.

QUESTION.

pregunta. ‖ cuestión. Controversia. ‖ como verbo (to question), interrogar. Poner en duda. Disputar. Cuestionar.

QUESTION IN CHIEF.

pregunta que integra el interrogatorio formulado a un testigo.

QUESTION OF FACT.

cuestión de hecho.

QUESTION OF LAW.

cuestión de Derecho.

QUESTION OF TITLE.

cuestión relativa a la titularidad de un bien.

QUESTIONING.

interrogatorio.

QUESTIONNAIRE.

cuestionario.

QUI TAM ACTION.

acción penal en la que el accionante tiene derecho a una parte de la multa que eventualmente se imponga.

QUIA TIMET.

acción destinada a obtener una orden judicial preventiva o conservatoria, en razón de temerse un perjuicio futuro en contra de un derecho.

QUIBBLE.

objeción o cuestionamiento superficial, caprichoso o innecesario. ‖ también, como verbo (to quibble), objetar o cuestionar en forma superficial, caprichosa o innecesaria.

QUICK ASSET RATIO.

índice de liquidez.

QUICK ASSETS.

activos líquidos.

QUICK CONDEMNATION.

expropiación sumaria, tomándose en forma inmediata la posesión del bien expropiado, determinándose el valor del bien posteriormente.

QUICK DISPATCH.

pronto despacho.

QUIET.

pacífico. Sin interferencias. ‖ como verbo (to quiet), eliminar los vicios o defectos de un derecho o los motivos que dan lugar a acciones contrarias al mismo.

QUIET ENJOYMENT.

goce pacífico.

QUIET TITLE ACTION.

v. ACTION TO QUIET TITLE.

QUIETUS.

liberación de una obligación.

QUIT.

absuelto. Liberado de una obligación o responsabilidad. ‖ como verbo (*to quit*), abandonar. Dejar la posesión o tenencia.

QUITCLAIM.

renuncia a una acción, derecho o título. ‖ como verbo (*to quitclaim*), renunciar a una acción, derecho o título.

V. QUITCLAIM DEED.

QUITCLAIM DEED.

acto de transferencia de propiedad mediante el cual el otorgante renuncia a todos sus derechos o títulos a un inmueble, que se transfiere al adquirente, sin garantizarse que los derechos o títulos sean superiores a los de posibles terceros.

QUITTANCE.

V. ACQUITTANCE.

QUO ANIMO.

el elemento subjetivo intencional de un delito. ‖ la investigación o determinación que se efectúa del elemento subjetivo o intencional de un delito.

QUO WARRANTO.

orden judicial contra el ejercicio de una autoridad o poder que se ejerce en nombre o representación del Estado o de sus órganos. Supone la suspensión de tal ejercicio hasta que quien lo ejerza demuestre tener las facultades que se arroga.

QUOD COMPUTET.

que rinda cuentas. El nombre de la orden judicial mediante la que se establece que una parte rinda cuentas ante una persona designada al efecto.

QUOD PARTES REPLACITENT.

orden judicial mediante la que se establece que las partes repitan la formulación de sus pretensiones y defensas, ante la insuficiencia de las ya presentadas para decidir la causa.

QUOD PARTITIO FIAT.

fallo que ordena una partición de bienes.

QUOD RECUPERET.

la sentencia mediante la que se falla a favor del actor.

QUORUM.

quórum.

QUOTA.

cuota. Cupo. Contingente.

QUOTA-SHARE REINSURANCE.

reaseguro de cuotaparte.

QUOTATION.

cita. ‖ cotización.

QUOTATION OF SECURITIES.

cotización bursátil de acciones u otros títulos.

V. SECURITY.

QUOTE.

citar. ‖ cotizar.

QUOTED COMPANY.

sociedad cuyas acciones cotizan en bolsa.

QUOTIENT VERDICT.

veredicto relativo al monto de daños y perjuicios, que se obtiene mediante el promedio del monto fijado por cada miembro del jurado.

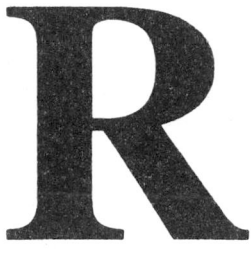

R

R. AND D.
iniciales de *research and development*, investigación y desarrollo.

RACE.
raza. ‖ carrera. ‖ como verbo (*to race*), correr. Participar en una carrera.

RACE ACTS.
V. RACE RECORDING STATUTES.

RACE DISCRIMINATION.
discriminación racial.

RACE-NOTICE ACTS.
leyes conforme a las cuales los derechos respecto de un inmueble se determinan en base a la prioridad de registro, salvo cuando una parte tiene conocimiento por otros medios de un acto anterior.

RACE-NOTICE RECORDING ACTS.
V. RACE-NOTICE ACTS.

RACE RECORDING STATUTES.
leyes conforme a las cuales los derechos respecto de un inmueble se determinan exclusivamente en base al registro de los actos correspondientes, con prescindencia del conocimiento que se tenga de acto que no sean registrados.

RACE RELATIONS.
relaciones raciales.

RACIAL DISCRIMINATION.
discriminación racial.

RACIAL RESTRICTION.
restricción racial.

RACK-RENT.
el alquiler máximo que se puede derivar de un inmueble.

RACKET.
extorsión. Exigencia de sumas de dinero mediante amenazas, violencias o a cambio de protecciones ilícitas. ‖ actividad ilícita continua con fines de lucro.

RACKETEER.
extorsionador. V. RACKET.

RACKETEERING.
la práctica organizada y continua de actos de extorsión u otros que constituyen RACKET (v.).

RAILROAD.
ferrocarril.

RAILROAD BILL OF LADING.
V. RAILWAY BILL OF LADING.

RAILROAD CARRIAGE.
V. RAILWAY CARRIAGE.

RAILROAD CARRIER.
V. RAILWAY CARRIER.

RAILWAY.
ferrocarril.

RAILWAY BILL OF LADING.
carta de porte ferroviaria.
V. BILL OF LADING.

RAILWAY CARRIAGE.
transporte por ferrocarril.

RAILWAY CARRIER.
transportista ferroviario.

RAIN INSURANCE.
seguro contra lluvia.

RAISE.
alzar. Elevar. ‖ aumentar. ‖ recaudar. Obtener fondos. ‖ plantear. Formular. ‖ producir. Criar. Cultivar. ‖ inferir. Deducir.

RAISE A CHECK.
alterar fraudulentamente el valor de un cheque.

RAISE A LOAN.
obtener un préstamo.

RAISE A POINT.
plantear una cuestión o un argumento.

RAISE A PRESUMPTION.
dar lugar a una presunción.

RAISE AN ISSUE.
plantear una cuestión. Dar origen a una disputa o controversia.

RAISE AN OBJECTION.
formular una objeción.

RAISE CAPITAL.
obtener o reunir capitales.

RAISE FUNDS.
recaudar u obtener fondos.

RAISE MONEY.
obtener recursos. Procurar dinero.

RAISE REVENUE.
recaudar impuestos o fondos.

RAISED CHECK.
cheque cuyo valor ha sido alterado fraudulentamente.

RAISING A PROMISE.
inferir una promesa de la conducta de la persona a quien se atribuye tal promesa o de otras circunstancias.

RAISING A USE.
inferir un derecho de uso respecto de un inmueble en base a la conducta observada por las partes.

RAKE-OFF.
participación en ganancias ilícitas.

RANK.
rango. Posición. Grado. ‖ grosero. Podrido. En mal estado. ‖ flagrante. Totalmente violatorio. ‖ como verbo (*to rank*), ordenar. Determinar el rango, grado o posición.

RANKING.
orden. Rango.

RANKING OF CLAIMS.
orden de preferencia o prioridad de los créditos.

RANKING OF CREDITORS.
orden de preferencia o prioridad de los acreedores.

RANSOM.
rescate. ‖ también, como verbo (*to ransom*), rescatar.

RANSOM MONEY.
rescate.

RAP.
imposición de una sanción penal.

RAPE.
violación (de una persona). ‖ como verbo (*to rape*), violar.

RAPINE.
rapiña.

RAPIST.
violador (de una persona).

RAPPORTEUR.
relator.

RASURE.
raspadura de un documento.

RATABLE.
proporcional. ‖ gravable. Imponible.

RATABLE DISTRIBUTION.
distribución proporcional.

RATABLE PROPERTY.
propiedad gravable o imponible.

RATABLE VALUE.
valor gravable o imponible.

RATE.
tasa. Proporción. Razón. Relación. Alícuota. ‖ tarifa. ‖ tipo. Precio. ‖ impuesto inmobiliario. ‖ como verbo (*to rate*), tasar. Valuar. Clasificar. Calificar.

RATE BASE.
valuación fiscal, que sirve de base para la determinación de impuestos.

RATE MAKING.
proceso de determinación de tasas o tarifas.

RATE OF DUTY.
tasa de derechos, en particular derechos de importación.

RATE OF EXCHANGE.
tipo de cambio.

RATE OF INTEREST.
tasa de interés.

RATE OF RETURN.
tasa de rendimiento de una inversión.

RATE OF WAGES.
nómina de salarios. Escalafón salarial. Niveles o escalas salariales.

RATE TARIFF.
tarifa de transporte.

RATEABLE VALUE.
V. RATE BASE.

RATIFICATION.
ratificación.

RATIFY.
ratificar. Confirmar.

RATING.
clasificación. Evaluación.

RATIO.
proporción. Relación. ‖ razón. Fundamento de una sentencia, ley o decisión.

RATIO DECIDENDI.
las razones en base a las cuales se dicta una sentencia.

RATIONAL.
racional.

RATIONAL BASIS.
fundamento razonable. El fundamento o motivo que razonablemente cabe atribuir a una ley.

RATIONAL DOUBT.
duda razonable.

RATIONAL PURPOSE.
V. RATIONAL BASIS.

RATIONING.
racionamiento.

RATTENING.
la práctica consistente en hurtar u ocultar los instrumentos de trabajo de un obrero, de forma de presionarlo a afiliarse a un sindicato.

RAVISH.
violar (a una mujer).

RAVISHER.
violador (de una mujer)

RAVISHMENT.
violación (de una mujer).

RAW LAND.
tierra sin mejoras.

RAW MATERIALS.
materias primas.

RE.
en la materia de. En el caso de.

REACQUIRED STOCK.
acciones readquiridas por la sociedad emisora.

REACTIVATE.
rehabilitar.

READILY REALIZABLE MARKET VALUE.
valor de realización inmediata.

READINESS.
preparación. Condición de estar preparado, listo y disponible para una determinada acción.

READING.
conferencia. Lección. Lectura.

READJUSTMENT.
reajuste. Reestructuración extrajudicial de una empresa o de su capital.

READMISSION.
readmisión.

READY.
preparado. Listo.

READY AND WILLING.
preparado y dispuesto a cumplir un acto o prestación.

READY FOR TRIAL.
el estado de una causa que está lista para ser sometida a la etapa de prueba y sentencia.

READY MONEY.
dinero en efectivo.

READY TO LOAD.
la condición de un navío preparado para recibir carga.

READY TO SAIL.
preparado para zarpar.

READY WILLING AND ABLE.
preparado, dispuesto y capaz de cumplir un acto o prestación.

REAL.
real.

REAL ACTION.
acción real.

REAL ASSETS.
bienes inmuebles.

REAL CHATTELS.
bienes consistentes en derechos relativos a inmuebles, no siendo en sí mismos bienes inmuebles. La categoría comprende básicamente al derecho del arrendatario.

REAL CLAIM.
pretensión fundada. v. CLAIM.

REAL CONTRACT.
contrato real.

REAL CONTROVERSY.
controversia real, en contraposición a la simulada.

REAL COVENANT.
obligación *propter rem*.

REAL DEFENCE.
defensa oponible ante cualquier tercero.

REAL DEFENSE.
V. REAL DEFENCE.

REAL ESTATE.
propiedad inmueble. Bienes inmuebles.

REAL ESTATE AGENT.
agente inmobiliario.

REAL ESTATE BROKER.
corredor inmobiliario.

REAL ESTATE CORPORATION.
persona jurídica con objeto inmobiliario.
V. CORPORATION.

REAL ESTATE INVESTMENT TRUST.
fideicomiso cuyo objeto consiste en inversio-

nes inmobiliarias y cuyos beneficiarios son las personas que aportan los fondos necesarios para tales inversiones.

v. TRUST.

REAL ESTATE LAW.
derecho inmobiliario. Derecho aplicable a bienes inmuebles.

REAL ESTATE LISTING.
contrato con un corredor inmobiliario, para la venta de un inmueble.

REAL ESTATE PARTNERSHIP.
sociedad de personas con objeto inmobiliario.
v. PARTNERSHIP.

REAL ESTATE SYNDICATE.
grupo de inversores inmobiliarios que realizan operaciones en común.

REAL ESTATE TAX.
impuesto inmobiliario.

REAL EVIDENCE.
prueba material.

REAL FIXTURE.
inmueble por accesión.

REAL GUARANTEE.
garantía real.

REAL INJURY.
perjuicio material.

REAL ISSUE.
controversia real o sustancial. v. ISSUE.

REAL LAW.
Derecho Inmobiliario. Derecho aplicable a bienes inmuebles.

REAL MONEY.
dinero metálico.

REAL OBLIGATION.
obligación real.

REAL PARTY IN INTEREST.
la parte con un interés sustancial en el objeto de un litigio.

REAL PROPERTY.
propiedad inmueble.

REAL PROPERTY ARRANGEMENT.
procedimiento concursal en el que los bienes inmuebles del deudor quedan en poder de éste, obrando como garantía del cumplimiento de sus obligaciones.

REAL PROPERTY TRANSACTION.
operación inmobiliaria.

REAL RELATION.
relación real.

REAL RELEASE.
liberación plena del deudor.

REAL RIGHT.
derecho real.

REAL SECURITY.
garantía real.

REAL SERVITUDE.
servidumbre real.

REAL STATUTES.
leyes relativas a la propiedad inmueble y a los derechos reales.

REAL SUBROGATION.
subrogación real.

REAL THINGS.
bienes inmuebles.

REAL TIME.
tiempo real.

REAL WRONG.
daño a la propiedad inmueble.

REALISM.
realismo. ‖ realismo jurídico.

REALIZATION VALUE.
valor de realización.

REALIZE.
realizar. Obtener una ganancia. Cambiar por dinero.

REALIZED GAIN.
ganancia realizada.

REALIZED LOSS.
pérdida realizada.

REALM.
reino.

REALTOR.
corredor o agente inmobiliario.

REALTY.
propiedad inmobiliaria.

REAPPORTIONMENT.
redistribución que se hace de los distritos electorales.

REAPPRAISE.
reevaluar. Realizar una nueva estimación del valor de un bien.

REAPPRAISER.
quien realiza una nueva estimación del valor de un bien.

REARGUE.
formular un nuevo alegato o defensa respecto de una cuestión ya debatida.

REARGUMENT.
nuevo alegato o defensa respecto de una cuestión ya debatida.

REARRAIGNMENT.
nuevo procesamiento de un acusado, en base

a la modificación o reemplazo de las acusaciones formuladas.

REARREST.
repetición del arresto de una persona que ha escapado a un arresto anterior. ‖ como verbo (*to rearrest*), repetir un arresto.

REASON.
razón. ‖ como verbo (*to reason*), razonar. Inferir.

REASON OF STATE.
razón de estado.

REASON TO KNOW.
tener motivos para saber algo. ‖ estar en situación de tener cierto conocimiento.

REASONABLE.
razonable. Prudente. Equitativo.

REASONABLE ACT.
acto razonable.

REASONABLE AND PROBABLE CAUSE.
la imputación razonable de un delito, ante la probabilidad de que el imputado sea su autor.

REASONABLE BELIEF.
creencia razonablemente fundada en la existencia de ciertos hechos o circunstancias. En materia penal, la creencia fundada de que una persona ha cometido un delito.

REASONABLE CARE.
cuidados o prudencia razonables.

REASONABLE CAUSE.
V. REASONABLE AND PROBABLE CAUSE.

REASONABLE CERTAINTY.
certeza razonablemente fundada.

REASONABLE DISPATCH.
con solicitud o diligencia razonables.

REASONABLE DILIGENCE.
diligencia razonable.

REASONABLE DOUBT.
duda razonable.

REASONABLE EXCUSE.
excusa razonable.

REASONABLE FORCE.
la fuerza o violencia razonable para la defensa de la persona o de los bienes.

REASONABLE GROUNDS.
fundamentos o motivos razonables.

REASONABLE INFERENCE.
inferencia razonable.

REASONABLE MAN.
literalmente, hombre razonable. Stándard de conducta, comparable al del buen padre de familia.

REASONABLE NOTICE.
aviso razonable. Aviso que informa claramente.

REASONABLE PRECAUTION.
precaución razonable.

REASONABLE PROBABILITY.
probabilidad razonable de que un hecho haya ocurrido, a la luz de las pruebas con que al respecto se cuenta.

REASONABLE PROVOCATION.
provocación que razonablemente produce la reacción de la persona que es objeto de aquélla.

REASONABLE RATE.
tasa o tarifa razonable.

REASONABLE REGULATION.
reglamentación razonable.

REASONABLE RENT.
alquiler justo o razonable.

REASONABLE RESTRAINT.
restricción razonable, en particular la que se impone en un marco contractual, a los fines del efectivo cumplimiento del contrato.

REASONABLE SUSPICION.
sospecha razonable.

REASONABLE TIME.
plazo prudencial. Término razonable.

REASONABLE USE.
el uso razonable de un bien.

REASONABLE VALUE.
valor justo o razonable.

REASONABLENESS.
razonabilidad.

REASONING.
razonamiento.

REASSESSMENT.
reestimación del valor de un bien.

REASSIGNMENT.
cesión efectuada por un cesionario.

REASSURANCE.
reaseguro.

REATTACHMENT.
repetición de un secuestro, respecto de un objeto anteriormente sujeto a tal acto.
V. ATTACHMENT.

REBATE.
descuento o devolución de parte del precio o de parte de otro pago.

REBEL.
rebelde. Insurrecto. ‖ como verbo (*to rebel*), rebelarse.

REBELLION.
rebelión.

REBORROW.
renovar un préstamo.

REBUT.
refutar. Rebatir.

REBUT EVIDENCE.
refutar una prueba.

REBUTTABLE.
refutable. Rebatible.

REBUTTABLE PRESUMPTION.
presunción rebatible.

REBUTTAL.
refutación.

REBUTTAL EVIDENCE.
prueba aportada para rebatir la del oponente.

REBUTTER.
respuesta a la tríplica.

RECALL.
remoción de un funcionario, juez o legislador, en particular la que tiene lugar mediante voto popular. ‖ como verbo (*to recall*), remover a un funcionario, juez o legislador. ‖ también como verbo, recordar.

RECALL A JUDGMENT.
revocar una sentencia.

RECALL A WITNESS.
someter a un testigo a nuevo interrogatorio.

RECALL ELECTION.
elección mediante la que se puede decidir la remoción de un funcionario. v. RECALL.

RECALL OF PARDON.
revocación de un indulto.

RECANT.
retractarse.

RECANTATION.
retractación.

RECAPITALIZATION.
la modificación de la estructura de capital de una sociedad, alterando el valor o cantidad de las acciones correspondientes a distintos grupos, como ser los accionistas ordinarios o preferidos, o los debenturistas.

RECAPITULATION.
recapitulación.

RECAPTION.
el rescate físico de bienes tomados o poseídos ilícitamente por un tercero.

RECAPTURE.
recapturar. ‖ recuperar un beneficio impositivo derivado de deducciones y créditos fiscales.

RECAPTURE CLAUSE.
cláusula que autoriza el rescate físico de bienes objeto del contrato correspondiente. ‖ cláusula que permite a una de las partes acceder a una proporción de los beneficios que la otra derive del contrato durante el término de éste.

RECEIPT.
recibo.

RECEIPT IN FULL.
recibo por la totalidad del importe adeudado.

RECEIPT OF GOODS.
recepción de mercaderías.

RECEIPTING FOR PROPERTY.
depósito de los bienes embargados ante un tercero.

RECEIPTOR.
depositario de bienes de un tercero sujetos a embargo.
v. RECEIPTING FOR PROPERTY.

RECEIVABLES.
obligaciones a cobrar.

RECEIVE.
recibir.

RECEIVER.
administrador judicial. Síndico. Liquidador. Curador. Depositario judicial. ‖ receptor. ‖ quien recibe bienes robados. ·

RECEIVER IN BANKRUPTCY.
síndico de la quiebra.

RECEIVER OF CARGO.
consignatario o receptor de la carga.

RECEIVER OF STOLEN GOODS.
quien recibe bienes robados.

RECEIVER PENDENTE LITE.
depositario judicial, que actúa en tanto se resuelve judicialmente el destino de los bienes depositados.

RECEIVER'S CERTIFICATE.
certificado en el que se acredita la existencia de un crédito privilegiado contra una empresa en liquidación o administración judicial.

RECEIVERSHIP.
administración o liquidación judicial.

RECEIVERSHIP IN AID OF EXECUTION.
administración o depósito judicial ordenado como parte de un proceso de ejecución.

RECEIVERSHIP IN FORECLOSURE.
administración judicial de un bien ordenada como parte de un proceso de ejecución hipotecaria.

RECEIVING ORDER.
orden judicial mediante la que se dispone el secuestro de los bienes del fallido.

RECEIVING STOLEN GOODS.
recepción de bienes robados.

RECEPTION.
recepción.

RECEPTION OF VERDICT.
acto mediante el cual el jurado comunica su veredicto al juez.

RECESS.
receso. ‖ como verbo (*to recess*), entrar en receso.

RECESSION.
recesión.

RECIDIVIST.
recidivista. Reincidente.

RECIPIENT.
receptor.

RECIPROCAL.
recíproco.

RECIPROCAL CONTRACT.
contrato sinalagmático o bilateral.

RECIPROCAL COVENANTS.
obligaciones contractuales recíprocas.

RECIPROCAL DEMANDS.
pretensiones o créditos recíprocos.

RECIPROCAL EASEMENT.
servidumbre recíproca.

RECIPROCAL INSURANCE.
aseguración recíproca.

RECIPROCAL LAWS.
leyes que disponen un trato de reciprocidad entre distintos países.

RECIPROCAL PROMISES.
promesas u obligaciones contractuales recíprocas.

RECIPROCAL TRADE AGREEMENT.
tratado de comercio con concesiones recíprocas.

RECIPROCAL TRUSTS.
fideicomisos recíprocos, tal que el fideicomitente de uno es beneficiario de otro, y viceversa. v. TRUST.

RECIPROCAL WILLS.
testamentos recíprocos.

RECIPROCITY.
reciprocidad.

RECISION.
rescisión.

RECITALS.
preámbulo. Premisas. Consideraciones preliminares.

RECITE.
describir las condiciones de hecho que sirven de fundamento o antecedente a un acto. ‖ transcribir en un instrumento el texto de otro instrumento o parte de éste.

RECKLESS.
con imprudencia o negligencia grave y evidente. Con indiferencia respecto de las consecuencias de la propia conducta.

RECKLESS CONDUCT.
conducta temeraria o que supone culpa o negligencia graves. v. RECKLESS.

RECKLESS DRIVING.
acto de conducir un automóvil con imprudencia grave o evidente.
v. RECKLESS.

RECKLESS HOMICIDE.
homicidio cometido en virtud de una conducta temeraria o que supone culpa o negligencia grave.

RECKLESS LITIGATION.
litigación temeraria.

RECKLESS MISCONDUCT.
v. RECKLESS CONDUCT.

RECKLESS MURDER.
v. RECKLESS HOMICIDE.

RECKLESS NEGLIGENCE.
negligencia temeraria.

RECKLESS STATEMENT.
afirmaciones imprudentes o temerarias.

RECKLESSNESS.
imprudencia o negligencia grave o evidente. La condición de quien actúa con indiferencia respecto de las consecuencias de su propia conducta.

RECLAIM.
efectuar un reclamo. ‖ solicitar o exigir la devolución de bienes.

RECLAMATION.
acto de dar mayor valor a tierras mediante trabajos de irrigación, drenaje o de otra naturaleza. ‖ acto de dejar sin efecto un cheque u otro valor debido a errores cometidos en el proceso de compensación bancaria. ‖ acción destinada a separar del patrimonio del fallido bienes correspondientes a un tercero.

RECLUSION.
reclusión.

RECOGNITION.
reconocimiento. Ratificación. Confirmación.

RECOGNITION OF FOREIGN JUDGMENT.
reconocimiento de sentencia extranjera.

RECOGNITION OF GOVERNMENT.
reconocimiento de gobierno.

RECOGNIZANCE.
caución judicial. ‖ obligación de comparecer judicialmente cuando así sea exigido. ‖ obligación reconocida judicialmente de cumplir una conducta o de someterse a órdenes judiciales.

RECOGNIZANCE OF GOOD BEHAVIOUR.
caución de buen comportamiento.

RECOGNIZE.
examinar. Investigar. Determinar la veracidad de un hecho. ‖ otorgar una caución judicial. ‖ reconocer.

RECOGNIZED.
reconocido. Conocido públicamente.

RECOGNIZED GAIN.
ganancia realizada.

RECOGNIZED LOSS.
pérdida realizada.

RECOGNIZEE.
la persona a favor de la cual se otorga una caución judicial.

RECOGNIZOR.
quien otorga una caución judicial.

RECOLLECTION.
recuerdo.

RECOMMEND.
recomendar.

RECOMMENDATION.
recomendación.

RECOMMENDATION OF MERCY.
veredicto del jurado que solicita clemencia para el acusado, aunque lo considera culpable.

RECOMMITMENT.
reencarcelamiento de un delincuente, al incumplir los términos de su libertad condicional.

RECOMPENSE.
recompensa. Remuneración. ‖ como verbo (*to recompense*), recompensar. Remunerar.

RECONCILIATION.
reconciliación.

RECONDUCTION.
reconducción.

RECONSIDER.
reconsiderar.

RECONSIDERATION.
reconsideración.

RECONSIGNMENT.
reconsignación. Cambio del destino de cierta carga una vez que la misma ha sido despachada.

RECONSTRUCT.
reconstruir.

RECONSTRUCTION.
reconstrucción.

RECONSTRUCTION OF COMPANY.
reconstitución de una sociedad en liquidación, mediante la formación de una nueva, a la que se transfieren los bienes de la anterior.

RECONVENE.
convocar a una nueva reunión o sesión. ‖ reunirse nuevamente.

RECONVENTION.
reconvención.

RECONVENTIONAL DEMAND.
demanda reconvencional.

RECONVERSION.
reconversión. La reconversión de un derecho a su estado original, cuando una conversión anterior es anulada o dejada sin efecto.
V. CONVERSION.

RECONVEY.
V. RECONVEYANCE.

REVONVEYANCE.
retrocesión inmobiliaria.

RECORD.
registro. Acta. Inscripción. Prueba instrumental. Archivo. ‖ antecedentes. ‖ expediente o actuaciones judiciales. ‖ también, como verbo (*to record*), registrar. Inscribir. Dejar constancia por escrito. Instrumentar.

RECORD A MORTGAGE.
registrar una hipoteca.

RECORD DATE.
fecha en que una persona o derecho deben estar inscriptos para acceder a cierto beneficio, como en el caso del ejercicio de los derechos correspondientes a los accionistas.

RECORD ON APPEAL.
el conjunto de las actuaciones que se elevan al tribunal de alzada en el curso de una apelación.

RECORD NOTICE.
la notificación que se imputa o presume en virtud del registro o inscripción de un acto.

RECORD OWNER.
el propietario de un bien conforme a los registros pertinentes.

RECORD TITLE.
título de propiedad debidamente registrado.

RECORDATION.
inscripción. Registro. Transcripción en un registro público.

RECORDED.
registrado. Inscripto. Instrumentado.
V. RECORD.

RECORDER.
el encargado de un registro o archivo. ‖ juez con competencia criminal limitada.

RECORDING.
registro. Inscripción. Instrumentación.
V. RECORD.

RECORDING ACTS.
leyes que establecen el registro de ciertos actos, particularmente los relativos a inmuebles, a efectos de su validez, oponibilidad o notificación.

RECORDS.
registro. Archivo. Actuaciones. Actas. Documentación.

RECORDS OF A CORPORATION.
actas de una persona jurídica.
V. CORPORATION.

RECORDS OF PROCEEDINGS.
actas de un procedimiento, congreso o conferencia.

RECOUP.
recuperar. ‖ compensar. Deducir. Rescatar.

RECOUPMENT.
recuperación. Reembolso. ‖ compensación. Deducción. Descuento. ‖ reconvención. ‖ defensa mediante la que se solicita la reducción o limitación del crédito reclamado por el actor, por motivos fundados en la relación o acto que ha dado origen a ese crédito.

RECOURSE.
regreso. El derecho contra un obligado de regreso. ‖ recurso, medio o remedio, en sentido no jurídico.

RECOURSE CLAIM.
crédito contra un obligado de regreso.

RECOURSE TO LAW.
acto de accionar judicialmente. Acto de recurrir a acciones judiciales.

RECOVER.
recuperar. Recobrar. ‖ obtener una sentencia

favorable en la que se ordena un pago.

RECOVER DAMAGES.
obtener la indemnización de daños y perjuicios.

RECOVERER.
el que ha obtenido una sentencia favorable en la que se ordena un pago.

RECOVERY.
recuperación. Recobro. Reintegración. ‖ sentencia favorable en la que se ordena un pago.

RECOVERY BACK.
recuperación de sumas pagadas.

RECOVERY OF COSTS.
reintegro de las costas de un juicio.

RECOVERY OF GOODS.
recuperación de la posesión de bienes muebles.

RECOVERY OF JUDGMENT.
obtención de una sentencia favorable. ‖ obtención del pago o cumplimiento de una sentencia.

RECOVERY OF LAND.
recuperación de la posesión de bienes inmuebles.

RECRIMINATION.
recriminación.

RECROSS EXAMINATION.
el segundo interrogatorio dirigido a un testigo por la parte que no lo ha propuesto, luego que ha sido objeto de repreguntas por la otra parte.

RECTIFICATION.
rectificación.

RECTIFY.
rectificar.

RECURRENT.
recurrente.

RECURRENT INSANITY.
insania recurrente.

RECURRING EMPLOYMENT.
empleo recurrente.

RECUSAL.
recusación.

RECUSATION.
recusación.

RED-HANDED.
la condición de quien es sorprendido en flagrante delito.

RED HERRING.
prospecto relativo a la emisión u oferta pública de títulos, no destinado a ser presentado al

a la intención real de las partes, por existir dolo o error que ha afectado la voluntad de alguna de ellas.

REFORMATION OF INSTRUMENT.
modificación de un instrumento, para adecuarlo a la verdadera voluntad de las partes, cuando aquélla hubiere estado afectada por vicios de la voluntad.

REFORMATORY.
reformatorio.

REFRESHING THE MEMORY.
la consulta de notas o documentos por un testigo, para refrescar su memoria.

REFUGE.
refugio.

REFUGEE.
refugiado.

REFUND.
reembolso. Devolución. Reintegro. ‖ como verbo (*to refund*), reembolsar. Devolver. Reintegrar.

REFUND ANNUITY.
renta vitalicia en la que a la muerte del beneficiario se paga a los sucesores una suma equivalente a la diferencia entre lo abonado por el beneficiario y lo percibido anteriormente por éste. v. ANNUITY.

REFUNDING.
refinanciación. Sustitución de un tipo de crédito por otro. ‖ cancelación de una deuda.

REFUNDING BOND.
bono de refinanciación.

REFUSAL.
rechazo. Negativa. Denegación.

REFUSE.
desperdicios. ‖ como verbo (*to refuse*), negar. Rechazar. Denegar. Rehusar.

REFUTATION.
refutación.

REFUTE.
refutar. Rebatir.

REGALIA.
prerrogativas reales.

REGENCY.
regencia.

REGENT.
regente.

REGICIDE.
regicidio. ‖ regicida

RÉGIME.
régimen.

REGION.
región.

REGIONAL.
regional.

REGISTER.
registro. Matrícula. ‖ como verbo (*to register*), registrar. Inscribir. Matricular.

REGISTER A LETTER.
certificar una carta.

REGISTER OF CASES FOR HEARING.
listado de audiencias.

REGISTER OF COMPANIES.
registro de sociedades.

REGISTER OF DEEDS.
registro de propiedad. v. DEED.

REGISTER OF ELECTORS.
registro electoral.

REGISTER OF MEMBERS.
registro de socios.

REGISTER OF MORTGAGES.
registro de las hipotecas que pesan sobre una sociedad, llevado en la órbitra de ésta.

REGISTER OF PATENTS.
registro de patentes. ‖ el funcionario a cargo de ese registro.

REGISTER OF SHIPS.
registro o matrícula de navíos.

REGISTER OF THE TREASURY.
funcionario que tiene a su cargo el registro de las operaciones del Tesoro.

REGISTER OF WILLS.
registro de los testamentos homologados y de diversos actos relativos a ellos. ‖ el funcionario a cargo de ese registro.

REGISTERED.
registrado. Inscripto. Matriculado.

REGISTERED BOND.
bono o debenture cuyos titulares se inscriben en un registro especial. Es una especie de título nominativo.

REGISTERED CHECK.
cheque de cajero. Cheque librado por el banco girado.

REGISTERED CHEQUE.
v. REGISTERED CHECK.

REGISTERED DEBENTURE.
v. REGISTERED BOND.

REGISTERED HOLDER.
tenedor registrado de una acción u otro título.

REGISTERED KEEPER.
poseedor registrado de un bien.

REGISTERED LAND.
tierras inscriptas en los registros inmobiliarios.

REGISTERED MAIL.
correo certificado.

REGISTERED OFFICE.
el domicilio societario que una sociedad ha constituido al inscribirse en los registros pertinentes.

REGISTERED OWNER.
propietario registrado.

REGISTERED REPRESENTATIVE.
el representante registrado de una persona, en particular el que ha sido así autorizado a comercializar las acciones y otros títulos de una sociedad.

REGISTERED SECURITY.
título nominativo cuyo titular se registra en los libros de la sociedad o ente emisor.
v. SECURITY.

REGISTERED STOCK.
acciones nominativas cuyo titular se registra en los libros de la sociedad emisora. ‖ acciones que han sido inscriptas ante las autoridades de control de los mercados de valores.

REGISTERED TRADE-MARK.
marca registrada.

REGISTERED VOTER.
votante empadronado.

REGISTRABLE.
registrable.

REGISTRANT.
registrante.

REGISTRAR.
el funcionario que tiene a su cargo un registro.

REGISTRATION.
registro. Inscripción.

REGISTRATION OF BIRTHS.
inscripción de nacimientos.

REGISTRATION OF COMPANY.
inscripción de una sociedad en el registro correspondiente.

REGISTRATION OF SECURITIES.
el registro de una propuesta de emisión de acciones u otros títulos, ante la autoridad competente, luego de haber sido aprobado por ésta.
v. SECURITY.

REGISTRATION OF STOCK.
el registro de acciones y de los actos relativos a éstas en los libros societarios correspondientes.

REGISTRATION STATEMENT.
declaración efectuada por quien desea emitir acciones u otros títulos, indicando las condiciones del emisor y los títulos emitidos, que es necesaria para el registro de la emisión propuesta ante las autoridades competentes.
v. REGISTRATION OF SECURITIES.

REGISTRY.
registro.

REGISTRY OF DEEDS.
v. REGISTER OF DEEDS.

REGISTRY OF SHIPS.
registro naval.

REGRESS.
retomar la posesión de un inmueble. ‖ como verbo (to regress), retroceder. Retrotraerse.

REGRESSIVE TAX.
impuesto regresivo.

REGULAR.
regular. Ordinario. Usual. ‖ legal. Lícito. Conforme a la ley.

REGULAR AND ESTABLISHED PLACE OF BUSINESS.
el lugar donde una empresa realiza regularmente operaciones.

REGULAR ARMY.
ejército regular.

REGULAR COURSE OF BUSINESS.
curso regular de los negocios.

REGULAR DEALER IN SECURITIES.
quien actúa legal y corrientemente como corredor de bursátil. v. SECURITY.

REGULAR DEPOSIT.
depósito regular.

REGULAR DIVIDEND.
dividendo ordinario.

REGULAR ELECTION.
elección ordinaria.

REGULAR EMPLOYMENT.
empleo regular.

REGULAR ENTRIES.
asientos contables ordinarios.

REGULAR MEETING.
asamblea ordinaria.

REGULAR MEMBER.
miembro o socio ordinario.

REGULAR NAVIGATION.
navegación regular.

REGULAR ON ITS FACE.
lo que en apariencia en conforme a la ley, en particular un procedimiento o título.

REGULAR PROCESS.
proceso cumplido regularmente o conforme a la ley.

REGULAR SESSION.
sesión ordinaria.

REGULAR TERM.
período ordinario.

REGULATE.
regular. Reglamentar. Regimentar.

REGULATION.
reglamento. Norma regulatoria. ‖ conjunto de reglas que regulan una actividad. ‖ regulación.

REGULATORY.
reglamentario. Regulatorio.

REGULATORY AGENCY.
organismo estatal que tiene a su cargo el control y regulación de una actividad.

REHABILITATION.
rehabilitación. ‖ acto efectuado para rehabilitar a un testigo cuya credibilidad ha sido impugnada.

REHABILITATIVE ALIMONY.
prestaciones alimentarias debidas a un cónyuge divorciado, a fin de que éste se reinserte en la sociedad.

REHEARING.
reexamen de una causa.

REHYPOTHECATION.
acto de someter un bien dado en garantía a nuevas operaciones de garantía, en particular por la persona a quien el bien fue entregado en primer lugar con ese carácter.

REIMBURSE.
reembolsar. Reintegrar.

REIMBURSEMENT.
reembolso. Reintegro.

REINCORPORATION.
reconstitución de una persona jurídica. V. CORPORATION. ‖ reincorporación.

REINDICTMENT.
reiteración de una acusación o procesamiento. V. INDICTMENT.

REINSCRIPTION.
reinscripción.

REINSTATE.
reponer. Restablecer. Reincorporar.

REINSTATE A CASE.
reponer una causa a su estado anterior.

REINSTATEMENT.
reposición. Restablecimiento. Reincorporación.

REINSTATEMENT OF APPEAL.
concesión de una apelación que había sido anteriormente rechazada.

REINSTATEMENT OF INDICTMENT.
acto de dar curso a una acusación o procesamiento que había sido anteriormente rechazado.

REINSTATEMENT OF POLICY.
acto de reponer la vigencia de una póliza cuyos efectos han caducado.

REINSURANCE.
reaseguro.

REINSURANCE RESERVE.
reserva con fines de reaseguro.

REINSURANCE TREATY.
contrato de reaseguro.

REINSURED.
asegurador reasegurado.

REINSURER.
reasegurador.

REINTEGRATION.
reintegración.

REISSUANCE.
reemisión. Reiteración de un acto de emisión.

REISSUANCE OF INSTRUMENT.
reiteración de la emisión de un instrumento, en particular de un título de crédito.

REISSUANCE OF PATENT.
V. REISSUED PATENT.

REISSUED PATENT.
patente concedida con modificaciones destinadas a eliminar defectos existentes en una patente anterior sobre el mismo objeto.

REJECT.
rechazar. Rehusar. Denegar.

REJECTED GOODS.
bienes rechazados.

REJECTION.
rechazo. Negativa. Denegación.

REJECTION OF GOODS.
rechazo de mercaderías.

REJECTION OF OFFER.
rechazo de una oferta.

REJOIN.
reincorporación. Reingresar. ‖ presentar una dúplica o contrarréplica. V. REJOINDER.

REJOINDER.
dúplica. Contrarréplica. Presentación mediante la que el demandado contesta a la réplica que el acto ha formulado contra sus defensas.

REL.
v. RELATOR.

RELAPSE.
recidiva.

RELATE.
relacionarse. ‖ relatar. Contar. Describir.

RELATED.
relacionado.

RELATED CLAIM.
pretensión relacionada.
v. CLAIM.

RELATED COMPANY.
compañía vinculada.

RELATED PARTIES.
partes vinculadas entre sí, en especial las que tienen intereses económicos comunes.

RELATION.
relación. ‖ relato. Narración. ‖ pariente.

RELATION BACK.
dar efecto retroactivo a un acto, o vincularlo a actos o circunstancias pasadas.

RELATION IN PERSONAM.
relación jurídica personal.

RELATION IN REM.
relación jurídica respecto de una cosa.

RELATION BACK.
principio según el cual una petición procesal no puede ser modificada sino en base a la acción o defensa inicialmente planteada.

RELATIONS.
parentela. Relaciones.

RELATIONS DEGREE.
grado de parentela.

RELATIONSHIP.
relación. ‖ parentela.

RELATIVE.
relativo. ‖ pariente.

RELATIVE CONFESSION.
confesión relativa o calificada.

RELATIVE FACT.
hecho secundario o vinculado a otro hecho que hace a la esencia de la cuestión debatida.

RELATIVE IMPEDIMENT.
impedimento relativo.

RELATIVE INJURY.
lesión contra un derecho relativo a una persona determinada.

RELATIVE POWERS.
poderes y facultades relativos a un inmueble.

RELATIVE RIGHTS.
derechos relativos.

RELATOR.
relator. ‖ la parte autorizada a actuar en el interés público en nombre o en lugar del procurador del Estado.

RELATOR ACTION.
la acción entablada por un individuo, en interés público, a nombre o en lugar del procurador del Estado.

RELEASE.
liberación. Descargo. Remisión. Renuncia. ‖ certificado de liberación, descargo o remisión. ‖ como verbo (*to release*), liberar de una deuda u obligación. Relevar. Descargar. Remitir. Renunciar a un derecho creditorio.

RELEASE A GUARANTY.
liberar una garantía.

RELEASE BOND.
garantía exigida para liberar un bien embargado o secuestrado. v. BOND.

RELEASE BY ESTOPPEL.
liberación de un deudor resultante de una conducta del acreedor tal que éste no puede válidamente alegar que no existe tal liberación. v. ESTOPPEL.

RELEASE FROM AN OBLIGATION.
liberar o relevar de una obligación.

RELEASE FROM LIABILITY.
liberar o relevar de responsabilidad.

RELEASE OF CLAIM.
renuncia a un crédito o pretensión. v. CLAIM.

RELEASE OF DEBT.
remisión de una deuda.

RELEASE OF EXPECTANCY.
cesión de derechos en expectativa, particularmente los que corresponden como heredero.

RELEASE OF MORTGAGE.
acto de levantar o liberar una hipoteca.

RELEASE OF PRISONER.
liberación de un prisionero.

RELEASE OF RIGHT OF ACTION.
renuncia a entablar o continuar determinada acción. Es un concepto más amplio que el de renuncia a una acción, pues incluye también las acciones futuras, afectando así el ejercicio efectivo del derecho correspondiente.

RELEASE OF SHIP.
liberación de un buque secuestrado.

RELEASE ON BAIL.
poner en libertad bajo fianza.

RELEASE ON LICENCE.
liberar condicionalmente a un prisionero.

RELEASE ON LICENSE.
V. RELEASE ON LICENCE.

RELEASE ON OWN RECOGNIZANCE.
liberar bajo fianza personal.
V. RECOGNIZANCE.

RELEASE TO USES.
transferencia de derechos reales a una persona, para ser usados o ejercidos por un tercero.
V. USE.

RELEASEE.
el que es liberado de una obligación.
V. RELEASE.

RELEASER.
el que libera de una obligación o remite una deuda. V. RELEASE.

RELEASOR.
V. RELEASER.

RELET.
realquilar.

RELEVANCY.
relevancia. Pertinencia.

RELEVANT.
relevante. Pertinente.

RELEVANT EVIDENCE.
prueba relevante o pertinente.

RELEVANT MARKET.
mercado relevante, especialmente a fin de determinar la situación competitiva en el mismo.

RELIABLE.
confiable.

RELIANCE.
la condición de quien, confinado o basándose en afirmaciones o promesas de otra persona, modifica su posición jurídica o su conducta para adecuarla a esas afirmaciones o promesas.

RELIANCE INTEREST.
gastos efectuados por una parte confiando o basándose en las afirmaciones o promesas de otra.
V. RELIANCE.

RELIANCE ON PROMISE.
V. PROMISSORY ESTOPPEL. RELIANCE.

RELICTION.
adquisición por accesión resultante del retiro de las aguas.

RELIEF.
reparación judicial de un ilícito o protección judicial de un derecho. ‖ socorro. Ayuda. Asistencia. Liberación de una carga o responsabilidad. ‖ sustituto o reemplazante en un empleo o carga.

RELIEVE.
ayudar. Socorrer. Asistir. ‖ liberar de una carga o responsabilidad. ‖ sustituir a una persona en un empleo o carga.

RELIGIOUS CORPORATION.
persona jurídica de objeto religioso.
V. CORPORATION.

RELIGIOUS FREEDOM.
libertad religiosa.

RELIGIOUS LAW.
derecho religioso.

RELIGIOUS LIBERTY.
V. RELIGIOUS FREEDOM.

RELIGIOUS USE.
destino religioso dado a un bien o actividad.

RELINQUISH.
renunciar. Abandonar.

RELINQUISHMENT.
renuncia. Abandono.

RELIQUIA.
el saldo deudor derivado de una cuenta corriente.

RELIQUIDATION.
repetición de una liquidación, por errores o modificaciones que afecten a su versión original.

RELOCATION.
reubicación. Reinstalación. Traslado. ‖ la modificación de los límites de una pertenencia minera.

REMAINDER.
residuo. Resto. Remanente. ‖ el derecho relativo a un inmueble cuyo ejercicio efectivo se adquiere al extinguirse el derecho de otra persona sobre el mismo inmueble.

REMAINDER ESTATE.
V. REMAINDER. ESTATE.

REMAINDERMAN.
el titular de un derecho de REMAINDER (v.).

REMAND.
devolver. Reenviar. ‖ devolver las actuaciones a un tribunal, especialmente un tribunal inferior, a fin de que éste realice trámites adicionales o adecue su sentencia a lo dispuesto en el fallo o resolución del tribunal de alzada. ‖ orden judicial mediante la que se establece que el acusado debe comparecer ante el tribunal periódicamente o en determinados momentos.

REMAND IN CUSTODY.
régimen de custodia preventiva de un acusado

sujeto a comparecer ante determinado tribunal. V. REMAND.

REMAND ON BAIL.

libertad provisional bajo fianza concedida a un acusado sujeto a comparecer ante determinado tribunal. V. REMAND.

REMANET.

cuestión que, por no haber podido ser considerada en determinada audiencia, es trasladada a una audiencia posterior.

REMARRY.

volver a casarse.

REMEDIAL.

destinado a reparar un ilícito o a proteger un derecho. V. REMEDY.

REMEDIAL ACTION.

acción destinada a reparar un ilícito o proteger un derecho.

REMEDIAL LAWS.

leyes que disponen acciones o mecanismos dirigidos a reparar ilícitos o proteger derechos preexistentes. ‖ leyes que corrigen defectos en la legislación preexistente.

REMEDIAL RIGHTS.

derechos concedidos para hacer posible el ejercicio de otro derecho. V. REMEDY.

REMEDIAL STATUTES.

V. REMEDIAL LAWS.

REMEDIES.

el conjunto de medios judiciales o extrajudiciales a través de los cuales se hace efectivo o protege un derecho, o se repara o evita un ilícito. V. REMEDY.

REMEDY.

medio judicial o extrajudicial a través del cual se hace efectivo o protege un derecho o se repara o evita un ilícito. Es un concepto más amplio que el de acción o el de procedimiento, pues incluye también medidas de autotutela jurídica. Con cierta licencia, puede traducirse como "recurso", sobre la base del sentido no estrictamente jurídico de este término.

REMEDY BY DUE COURSE OF LAW.

reparación de un daño o ilícito mediante instrumentos jurídicos regulares, en particular mediante acciones judiciales. V. REMEDY.

REMEDY OVER.

el derecho que se tiene contra un tercero como consecuencia de una acción entablada por otra persona, respecto de la cual tal tercero es el definitivo responsable.

REMISE.

remitir. Renunciar.

REMISSION.

remisión. Renuncia. Perdón.

REMISSNESS.

morosidad o renuencia en el cumplimiento de una conducta.

REMIT.

remitir. Renunciar.

REMITTANCE.

remesa. Envío. Giro.

REMITTEE.

aquél a quien se efectúa una remesa.

REMITTER.

la situación jurídica que tiene lugar cuando se adquiere una propiedad mediante un título nulo, existiendo un título válido anterior en favor del mismo adquirente; en ese caso la propiedad se entiende válidamente adquirida, si no existe mejor derecho de tercero, en base al título anterior.

REMITTING BANK.

banco remitente.

REMITTITUR.

procedimiento de reducción de la suma de la condena decidida por el jurado, por ser la misma excesiva, ordenado por el juez interviniente.

REMITTITUR FOR JURISDICTION.

procedimiento de reducción del valor demandado, para que la acción entre dentro de la competencia del tribunal ante el cual se acciona.

REMITTITUR OF RECORD.

remisión de las actuaciones al tribunal inferior, por el de apelación que haya dictado sentencia de alzada, para que aquél dé cumplimiento a lo dispuesto por el tribunal de apelación.

REMITTOR.

remitente.

REMNANT.

remanente.

REMODEL.

remodelar.

REMONSTRANCE.

protesta. Acto de realizar declaraciones o formular argumentos contra una propuesta, política o conducta.

REMOTE.

remoto.

REMOTE CAUSE.
causa remota.

REMOTE DAMAGES
daños remotos.

REMOTE INDORSEE.
endosatario ulterior, por mediar un endoso intermedio entre el endosante y el endosatario considerados.

REMOTE POSSIBILITY.
posibilidad remota.

REMOTENESS.
carácter remoto.

REMOTENESS OF DAMAGE.
el carácter remoto de un daño.

REMOTENESS OF EVIDENCE.
la vinculación remota de una prueba con el objeto del juicio o con los hechos relevantes, que lleva a rechazarla por irrelevante.

REMOVAL.
remoción. Destitución. Supresión. Transferencia.

REMOVAL BOND.
la garantía exigida para autorizarse la exportación de mercaderías. ‖ la garantía exigida para autorizar el traslado del juicio a otra jurisdicción. v. BOND.

REMOVAL FOR CAUSE.
destitución con justa causa.

REMOVAL FROM OFFICE.
destitución de un cargo.

REMOVAL OF CAUSE.
transferencia de una causa a otro tribunal.

REMOVAL RIDER.
autorización de traslado de bienes, especialmente respecto de aquéllos que están asegurados.

REMOVAL TAX.
impuesto aplicable al traslado de bienes heredados de una jurisdicción a otra.

REMOVER.
v. REMOVAL OF CAUSE.

REMOVING CLOUD FROM TITLE.
eliminar los vicios o defectos de un título.

REMUNERATION.
remuneración.

RENDER.
ceder. Otorgar. Entregar. Restituir. ‖ cumplir. Pagar. ‖ pronunciar. Emitir. ‖ someter. Presentar.

RENDER A SERVICE.
Prestar un servicio.

RENDER AN ACCOUNT.
rendir cuenta.

RENDER JUDGMENT.
pronunciar sentencia.

RENDER VERDICT.
emitir un veredicto.

RENDITION.
entrega de prisioneros a las autoridades de otra jurisdicción.

RENDITION OF JUDGMENT.
emisión o dictado de una sentencia.

RENDITION OF VERDICT.
emisión o dictado de un veredicto.

RENDITION WARRANT.
orden de extradición.

RENEGOTIATION.
renegociación.

RENEW.
renovar. Prorrogar.

RENEWABLE.
renovable.

RENEWABLE TERM INSURANCE.
seguro renovable.

RENEWAL.
renovación. Prórroga.

RENEWAL NOTE.
pagaré emitido para renovar una deuda contenida en un pagaré anterior.

RENEWAL OF CONTRACT.
renovación de contrato.

RENEWAL OF INDEBTEDNESS.
prórroga o extensión del plazo de una deuda.

RENOUNCE.
renunciar.

RENT.
renta. ‖ alquiler. Canon. Arrendamiento. ‖ como verbo (to rent), alquilar. Locar. Arrendar.

RENT-CHARGE.
una renta pagada a quien ha perdido todo derecho a retomar la posesión del bien respecto del cual se paga tal renta.

RENT CONTROL.
régimen de control de las locaciones urbanas.

RENT INSURANCE.
seguro sobre la percepción de alquileres.

RENT-ROLL.
lista de las rentas pagaderas a una persona.

RENT-SERVICE.
la renta pagada por el derecho a usar un inmueble durante cierto período. Corresponde al concepto usual de renta o alquiler.

RENT TRIBUNAL.

tribunal a cargo de la aplicación de regímenes de control de las locaciones urbanas.

RENTAGE.

V. RENT.

RENTAL.

alquiler, en particular que se reefiere a las cosas muebles. ‖ el precio de un alquiler, en particular de cosas muebles. ‖ locativo. Relativo a las locaciones.

RENTAL VALUE.

valor locativo.

RENUNCIATION.

renuncia. Abandono de derechos.

RENUNCIATION OF A CLAIM.

renuncia a un derecho, acción o pretensión.

V. CLAIM.

RENUNCIATION OF AUTHORITY.

renuncia a una representación.

RENUNCIATION OF CITIZENSHIP.

renuncia a la ciudadanía.

RENUNCIATION OF PROPERTY.

abandono de propiedad.

RENVOI.

reenvío.

REOPEN A CASE.

reabrir una causa.

REOPEN AN ACCOUNT.

reconsiderar una cuenta o una rendición de cuentas.

REOPENING ESTATE.

reapertura de una sucesión o de una quiebra por surgir nuevos elementos que afectan a los patrimonios objeto de aquellos procesos.

REORGANIZATION.

reorganización. ‖ proceso concursal en el que se reestructuran los pasivos de una sociedad, convirtiéndose parte de las deudas en capital o modificándose el carácter preferido de debenturistas o accionistas. ‖ la reestructuración del capital de una sociedad como consecuencia de su adquisición por otra.

REORGANIZATION BOND.

V. ADJUSTMENT BOND.

REPAIR.

reparación. Restauración. ‖ también, como verbo (to repair), reparar. Restaurar.

REPAIRS.

reparaciones.

REPAIRMAN'S LIEN.

el privilegio o derecho de preferencia de quien

realiza reparaciones, respecto del bien reparado. V. LIEN.

REPARABLE INJURY.

daño reparable.

REPARATION.

reparación. Indemnización. Resarcimiento.

REPARATORY RIGHT.

derecho concedido para lograr la reparación de la violación de un derecho preexistente.

REPATRIATION.

repatriación.

REPAY.

reembolsar. Reintegrar. Devolver.

REPAYMENT.

reembolso. Reintegro.

REPEAL.

anulación. Revocación. Derogación. ‖ como verbo (to repeal), anular. Revocar. Derogar.

REPEAL BY IMPLICATION.

derogación tácita.

REPEAL OF STATUTE.

derogación de una ley o de otros tipos de legislación. V. STATUTE.

REPEALING CLAUSE.

cláusula derogatoria.

REPEATER.

reincidente. Recidivista.

REPETITION.

acción de repetición.

REPLACE.

reemplazar.

REPLACEMENT COST.

costo de reposición.

REPLACEMENT INSURANCE.

seguro en virtud del cual deben reemplazarse a costo del asegurador los bienes dañados o perdidos.

REPLACEMENT RESERVE.

reserva para el reemplazo o amortización de bienes.

REPLEAD.

renovar una presentación, defensa o articulación procesal, en particular cuando las que fueron formuladas presentaban defectos que las hacían impropias para sus propósitos procesales. V. PLEAD.

REPLEADER.

decreto judicial mediante el que se ordena repetir una presentación, defensa o articulación procesal, en particular cuando las que fueron formuladas presentaban defectos que las hacían impropias para sus propósitos procesales. V. PLEAD. REPLEAD.

REPLEVIABLE.
condición de una cosa mueble susceptible de ser reivindicada. v. REPLEVIN.

REPLEVIN.
reivindicación de cosas muebles.

REPLEVIN BOND.
garantía otorgada respecto de los daños que resultan de una acción de REPLEVIN (v.)
V. BOND.

REPLEVISABLE.
V. REPLEVIABLE.

REPLEVISOR.
reivindicante. El acto que se efectúa en una acción de REPLEVIN (v.).

REPLEVY.
devolución al accionante de los bienes muebles que han sido objeto de una acción de reivindicación. V. REPLEVIN.

REPLEVY BOND.
garantía dada por el accionante a quien se han devuelto los bienes muebles objeto de una acción de reivindicación, para el caso en que esa devolución sea dejada sin efecto. V. REPLEVIN. REPLEVY. BOND.

REPLIANT.
V. REPLICANT.

REPLICANT.
replicante. Quien formula una réplica.

REPLICATION.
réplica.

REPLY.
contestación. Respuesta. ‖ réplica. ‖ contestación a una reconvención. ‖ como verbo (*to reply*), responder. Contestar. Replicar.

REPORT.
informe. Relación. Memoria. Dictamen. ‖ colección de fallos. ‖ como verbo (*to report*), informar. Relatar. Presentar un dictamen o memoria.

REPORTER.
relator. Recopilador de los fallos de un tribunal. ‖ colección de jurisprudencia. ‖ reportero. Periodista.

REPORTING.
crónica periodística.

REPOSE STATUTE.
V. STATUTE OF LIMITATIONS.

REPOSSESS.
recuperar la posesión. ‖ retomar la posesión

de un bien mueble por los propios medios, sin intervención judicial.

REPOSSESSION.
readquisición de la posesión. ‖ el acto de retomar la posesión de un bien mueble por los propios medios, sin intervención judicial.

REPRESENT.
representar. ‖ exhibir. Exponer. ‖ declarar la existencia de una situación de hecho.

REPRESENTATION.
representación. ‖ declaración, especialmente en el curso de negociaciones contractuales, de que existe una situación de hecho, que induce o sirve de base para que la contraparte dé su consentimiento contractual.

REPRESENTATION BY COUNSEL.
representación letrada.

REPRESENTATION IN THE NATURE OF GUARANTEE.
declaración respecto de situaciones de hecho, en el curso de negociaciones contractuales, que opera como una garantía respecto de las situaciones fácticas objeto de tal declaración.

REPRESENTATIVE.
representante. ‖ diputado. ‖ representativo.

REPRESENTATIVE ACTION.
la acción entablada contra un miembro de un grupo determinado, cuyas consecuencias son susceptibles de afectar al grupo en su conjunto.

REPRESENTATIVE CAPACITY.
carácter de representante.

REPRESENTATIVE DEMOCRACY.
democracia representativa.

REPRESENTEE.
aquél a quien se formulan declaraciones de hecho, en el curso de negociaciones contractuales. v. REPRESENTATION.

REPRESENTOR.
aquél que formula declaraciones de hecho, en el curso de negociaciones contractuales.

REPRIEVE.
aplazamiento. Suspensión de la ejecución de una pena. ‖ como verbo (*to reprieve*), suspender la ejecución de una pena.

REPRIMAND.
reprimenda. Censura. Represión. Admonición. ‖ como verbo (*to reprimand*), reprender. Censurar.

REPRISAL.
represalia. ‖ acto de retomar la posesión de un

bien mueble, del que se ha sido desposeído ilícitamente.

REPRODUCE.
reproducir. Copiar.

REPRODUCTION.
reproducción.

REPUBLIC.
república.

REPUBLICAN.
republicano.

REPUBLICAN GOVERNMENT.
gobierno republicano. Forma republicana de gobierno.

REPUBLICATION.
republicación. ‖ renovación o reconfirmación de un testamento previamente revocado.

REPUDIATE.
repudiar. Desconocer. Rechazar.

REPUDIATION.
repudio. Desconocimiento. Rechazo.

REPUDIATION OF CONTRACT.
repudio de obligaciones contractuales.

REPUDIATION OF GIFT.
repudio o repudiación de donación.

REPUGNANCY.
incompatibilidad. Contradicción. ‖ repugnancia.

REPUGNANT.
incompatible. Contradictorio.

REPUGNANT CLAUSE.
cláusula de un acto que es incompatible con el resto de tal acto o con las normas aplicables al mismo.

REPUGNANT CONDITION.
V. REPUGNANT CLAUSE.

REPUGNANT PROVISION.
V. REPUGNANT CLAUSE.

REPURCHASE.
recompra. Readquisición. Redención. ‖ como verbo (*to repurchase*), recomprar. Readquirir. Redimir.

REPUTABLE.
honorable. Honrado. De buena reputación.

REPUTATION.
reputación.

REPUTE.
reputación. ‖ como verbo (*to repute*), reputar.

REPUTED.
reputado. Aparente.

REPUTED OWNER.
propietario aparente.

REPUTED OWNERSHIP.
propiedad aparente.

REQUEST.
pedido. Petición. Solicitud. ‖ como verbo (*to request*), solicitar. Peticionar. Pedir.

REQUEST FOR ADMISSION.
traslado efectuado a una de las partes respecto de hechos declarados por la otra, para que los niegue o acepte.

REQUEST FOR INSTRUCTIONS.
solicitud al juez para que dé al jurado las instrucciones expuestas en esa solicitud, sobre la base de las cuales el jurado deberá adoptar su decisión.
V. INSTRUCTIONS TO JURY.

REQUIRE.
requerir. Exigir. Ordenar. Instruir.

REQUIREMENT.
requisito. Exigencia.

REQUIREMENT CONTRACT.
contrato de suministro. ‖ contrato mediante el cual una de las partes se obliga a adquirir la totalidad de sus insumos de cierta empresa, y ésta a suministrarlos.

REQUISITION.
pedido. Solicitud. Requisitoria. ‖ requisición. ‖ como verbo (*to requisition*), requisar. Confiscar. Solicitar.

REQUISITIONIST.
solicitante. ‖ quienes solicitan la convocatoria de una asamblea.

REQUISITIONS ON TITLE.
solicitud del vendedor de un inmueble de información respecto de los actos que afectan al título relativo a aquél, a efectos de confeccionar la documentación necesaria para el perfeccionamiento de la venta.

REREGISTRATION.
reinscripción.

RES.
cosa. Objeto. ‖ el objeto de un fideicomiso o de un testamento.

RES GESTAE.
cosas hechas. Los actos y manifestaciones que se formulan en ocasión de un hecho objeto de prueba y que pueden también ser introducidos en la prueba, sin considerárselos como objeto de un testimonio de oídas.
V. HEARSAY RULE.

RES INTEGRA.
el objeto de un litigio respecto del cual no exis-

ten antecedentes jurisprudenciales aplicables directamente.

RES IPSA LOQUITUR.
presunción de que quien tiene el control y manejo de una cosa es culpable por los daños que sean causados por esa cosa.

RES JUDICATA.
cosa juzgada.

RESALE.
reventa. ‖ venta de una cosa ya vendida a un tercero.

RESALE PRICE.
precio de reventa.

RESALE PRICE MAINTENANCE.
imposición del precio de reventa.

RESCIND.
rescindir. Resolver.

RESCINDING CLAUSE.
cláusula resolutoria.

RESCISSION.
rescisión. Resolución. Revocación.

RESCISSION FOR BREACH OF CONTRACT.
resolución por incumplimiento.

RESCISSION IN PAIS.
resolución decidida y efectuada por una de las partes, en contraposición a la que se ordena judicialmente.

RESCISSION OF A CONTRACT.
rescisión de contrato. Resolución de contrato.

RESCISSION OF A DECISION.
revocación de una decisión.

RESCISSORY.
rescisorio.

RESCISSORY ACTION.
acción de rescisión.

RESCISSORY DAMAGES.
daños y perjuicios debidos por la parte culpable de la rescisión de un contrato.

RESCRIPT.
orden de un tribunal superior a uno inferior, o de un juez a un funcionario judicial, relativa a la decisión de un caso o a cierta actividad procesal.

RESCUE.
rescate. Socorro. Salvataje. ‖ como verbo (*to rescue*), rescatar.

RESCUE DOCTRINE.
doctrina que libera de responsabilidad respecto de los daños resultantes de un esfuerzo razonable de efectuar un rescate.

RESELL.
revender.

RESERVATION.
reserva.

RESERVATION OF A POINT OF LAW.
reserva de una cuestión jurídica, en un fallo, a ser resuelta definitivamente en otra oportunidad.

RESERVATION OF CLAIM.
reserva de un derecho o pretensión.

RESERVATION OF OWNERSHIP.
reserva de dominio. Reserva o retención del título o de la propiedad.

RESERVATION OF RIGHTS.
reserva de derechos.

RESERVATION OF TITLE.
V. RESERVATION OF OWNERSHIP.

RESERVE.
reserva. ‖ como verbo (*to reserve*), reservar. Constituir una reserva o destinar algo a ella.

RESERVE AN EXCEPTION.
dejar asentada una objeción, a ser tenida en cuenta en una etapa ulterior del procedimiento.

RESERVE AN OBJECTION.
reservarse el derecho a efectuar una objeción en una etapa ulterior del procedimiento.

RESERVE BANKS.
en los Estados Unidos, bancos miembros de la Reserva Federal.

RESERVE DECISION.
reservar una decisión.

RESERVE FOR BAD DEBTS.
reserva para deudores incobrables.

RESERVE FUND.
fondo de reserva.

RESERVE RATIO.
relación de reservas. Encaje.

RESERVE RIGHTS.
reservar derechos.

RESERVED.
reservado.

RESERVED JUDGMENT.
sentencia reservada.

RESERVED.
tierras reservadas por el Estado para fines determinados.

RESERVED POINT.
V. RESERVATION OF A POINT OF LAW.

RESERVED POWERS.
poderes reservados o no delegados, particu-

larmente los de los estados dentro de un régimen federal.

RESERVED SHARES.
acciones reservadas para su futura emisión.

RESERVED STATE POWERS.
V. RESERVED POWERS.

RESERVED SURPLUS.
V. APPROPRIATED SURPLUS.

RESETTLEMENT.
la modificación de una orden o providencia judicial ya dictada, para incluir aspectos omitidos.

RESIDE.
residir.

RESIDENCE.
residencia. ‖ domicilio.

RESIDENCE OF CORPORATION.
domicilio de una persona jurídica.
V. CORPORATION.

RESIDENCY REQUIREMENTS.
requisitos de residencia.

RESIDENT.
residente.

RESIDENT AGENT.
representante de una persona en una jurisdicción, especialmente a efectos de recibir notificaciones.

RESIDENT ALIEN.
extranjero residente.

RESIDENTIAL.
residencial.

RESIDUAL.
residual.

RESIDUAL ESTATE.
V. RESIDUARY ESTATE.

RESIDUAL ESTATE POWERS.
V. RESERVED POWERS.

RESIDUARY.
residual. Remanente.

RESIDUARY ACCOUNT.
rendición de cuentas del administrador de una sucesión, formulada una vez abonados los legados y deudas que pesan sobre aquélla.

RESIDUARY BENEFICIARY.
legatario del residuo de los bienes de una sucesión, una vez satisfechos los demás derechohabientes.

RESIDUARY BEQUEST.
legado del residuo de los bienes de una sucesión.
V. RESIDUARY BENEFICIARY. BEQUEST.

RESIDUARY CLAUSE.
cláusula testamentaria relativa a la disposición de los bienes residuales de la sucesión, una vez satisfechos los legados y las deudas que pesan sobre aquélla.

RESIDUARY DEVISEE.
legatario del residuo de los bienes inmuebles de una sucesión. V. RESIDUARY BENEFICIARY.

RESIDUARY ESTATE.
los activos remanentes de una sucesión, una vez satisfechos los legados y deudas que pesan sobre ella.

RESIDUARY GIFT.
V. RESIDUARY BEQUEST.

RESIDUARY LEGACY.
legado del residuo de los bienes muebles de una sucesión. V. RESIDUARY BENEFICIARY.

RESIDUARY LEGATEE.
legatario que es beneficiario de un RESIDUARY LEGACY (v.).

RESIDUE.
V. RESIDUARY ESTATE.

RESIDUUM.
residuo. Remanente. ‖ V. RESIDUARY ESTATE.

RESIGNATION.
renuncia. Dimisión.

RESIST.
resistir. Oponerse.

RESISTANCE.
resistencia.

RESISTING AN OFFICER.
acto de resistirse a la autoridad.

RESOLUTION.
resolución. Decisión. Voto.

RESOLUTION OF COMPANY.
resolución societaria.

RESOLUTION OF CREDITORS.
resolución de los acreedores, en el marco de un proceso concursal.

RESOLUTION OF PARLIAMENT.
resolución parlamentaria.

RESOLUTIVE CLAUSE.
cláusula resolutoria.

RESOLUTORY CONDITION.
condición resolutoria.

RESOLVE.
acordar. Resolver. Solucionar. Decidir. Determinar.

RESORT.
recurso. Instancia. ‖ ayuda. ‖ lugar de turismo o recreo. ‖ como verbo (*to resort*), recurrir a

determinado medio para lograr algo. ‖ también como verbo, frecuentar.

RESOURCES.
recursos. Medios.

RESPITE.
suspensión. Prórroga. Dilación. Diferimiento. ‖ aplazamiento de una sentencia, especialmente de pena de muerte. ‖ espera concedida por los acreedores.

RESPITE OF APPEAL.
diferimiento de la apelación.

RESPITE OF DEBT.
diferimiento del pago de una deuda.

RESPITE OF SENTENCE.
suspensión de la ejecución de una sentencia penal.

RESPOND.
responder. Ser responsable.

RESPONDEAT OUSTER.
resolución judicial mediante la que se rechaza una defensa dilatoria.

RESPONDEAT SUPERIOR.
doctrina conforme a la cual el mandato o el empleador es responsable por los hechos de su mandatario o empleado.

RESPONDENT.
apelado. Quien contesta o se opone a una apelación. ‖ demandado, en los juicios bajo el régimen de EQUITY (v.). ‖ fiador.

RESPONDENTIA.
préstamo naval garantizado con la carga del buque.

RESPONSE.
respuesta. Contestación.

RESPONSIBILITY.
responsabilidad.

RESPONSIBILITY OF STATES.
responsabilidad internacional que tienen los Estados.

RESPONSIBLE.
responsable.

RESPONSIBLE BIDDER.
proponente técnicamente capaz y económicamente solvente.

RESPONSIBLE CAUSE.
la causa a la que es atribuible un daño.

RESPONSIBLE GOVERNMENT.
sistema de gobierno en el que los ministros son responsables ante el parlamento y están sujetos a remoción por éste.

RESPONSIVE.
condición de quien da respuesta. ‖ consistente en una réplica.

RESPONSIVE PLEADING.
contestación a una demanda o reconvención, en la que se da respuesta a lo alegado en éstas. V. PLEADING.

REST.
descanso. ‖ fondo de reserva. ‖ resto. Residuo. Remanente. ‖ como verbo (*to rest*), descansar. ‖ también como verbo, la conducta mediante la cual una parte da por terminada la producción de las pruebas a su cargo.

REST A CASE.
dar por terminada la producción de pruebas de una parte. V. REST.

RESTATEMENT OF THE LAW.
trabajos de doctrina, elaborados por el American Law Institute, que exponen y analizan, en forma similar a un código comentado, las principales reglas jurídicas de origen jurisprudencial aplicables en los Estados Unidos en distintas materias.

RESTITUTION.
restitución. Reparación. Indemnización. Devolución.

RESTITUTION IN KIND.
restitución en especie.

RESTITUTION INTEREST.
derecho a la restitución de bienes, particularmente el que resulta del incumplimiento de las obligaciones contractuales de la contraparte.

RESTITUTION OF STOLEN GOODS.
restitución de cosas robadas.

RESTORATION.
restauración. Indemnización. Restitución.

RESTORATION OF INSTRUMENT.
acto de volver a suscribir un instrumento destruido o perdido.

RESTORATION OF RECORD.
reconstrucción de expediente.

RESTORATION OF STATUS QUO.
acto de restaurar la situación preexistente a determinado acto.

RESTRAIN.
restringir. Limitar. Prohibir.

RESTRAINING ORDER.
orden judicial mediante la que se prohíbe determinada conducta.

RESTRAINT.
restricción. Limitación. Prohibición.

RESTRAINT OF COMPETITION.
restricción sobre la competencia.

RESTRAINT OF MARRIAGE.
restricción de la libertad matrimonial.

RESTRAINT OF PRINCES AND RULERS.
restricción impuesta por las autoridades de un país al movimiento de las naves de otro Estado.

RESTRAINT OF SHIP.
secuestro de navío.

RESTRAINT OF TRADE.
restricción o limitación de la competencia o del comercio.

RESTRAINT ON TRADE.
restricción o limitación sobre la competencia o el comercio.

RESTRAINT ON ALIENATION.
restricción sobre la disponibilidad de un bien.

RESTRAINT ON USE.
restricción sobre el uso de un bien, en particular la que impone quien ha transferido derechos respecto de tal bien.

RESTRICT.
restringir. Limitar.

RESTRICTED DATA.
información reservada.

RESTRICTED STOCK.
acciones cuya transferibilidad está limitada.

RESTRICTED STOCK OPTION.
opción de compra de acciones con limitaciones en cuanto a la diferencia entre el precio de mercado en el momento de ejercicio de la opción y el precio de ésta. v. STOCK OPTION.

RESTRICTION.
restricción. Limitación.

RESTRICTION OF COMPETITION.
restricción de la competencia.

RESTRICTION ON COMPETITION.
restricción sobre la competencia.

RESTRICTION UPON USE.
restricción sobre el uso o empleo de un bien.

RESTRICTIVE.
restrictivo. Limitativo.

RESTRICTIVE BUSINESS PRACTICES.
prácticas restrictivas de la competencia.

RESTRICTIVE CONDITION.
condición restrictiva, por subordinar un derecho a la no realización de una conducta por el beneficiario de ese derecho.

RESTRICTIVE COVENANT.
cláusula contractual mediante la que se limita

la libertad de una de las partes de emprender diversas actividades o de dar ciertos destinos a bienes allí determinados.

RESTRICTIVE INDORSEMENT.
endoso en el que se imponen limitaciones a la sucesiva transferencia del título endosado.

RESTRICTIVE INTERPRETATION.
interpretación restrictiva.

RESTRICTIVE PRACTICES.
prácticas restrictivas.

RESTRICTIVE PRESCRIPTION.
prescripción liberatoria.

RESTRICTIVE VOTING.
voto por lista incompleta.

RESUBDIVISION.
división de una subdivisión.

RESUBMISSION.
reiteración del sometimiento de una cuestión a consideración.

RESULT.
resultado. ‖ como verbo (*to result*), resultar.

RESULTING.
resultante.

RESULTING POWERS.
los poderes y atribuciones que se derivan de otros otorgados expresamente.

RESULTING TRUST.
fideicomiso presumido o imputado por la ley. v. TRUST.

RESULTING USE.
derecho de uso sobre un inmueble, presumido o imputado por la ley. v. USE.

RESUME.
recomenzar. Reanudar.

RESUMMONS.
reiteración del emplazamiento a comparecer en juicio.
v. SUMMONS.

RESURRENDER.
devolver lo que se ha tomado. ‖ recuperación de derechos sobre un inmueble por el propietario de éste, al cancelarse una hipoteca que pesaba sobre el mismo.

RETAIL.
venta al por menor o al detalle. ‖ como verbo (*to retail*), vender al detalle o al por menor.

RETAIL INSTALLMENT CONTRACT.
contrato de venta en cuotas al público consumidor.

RETAIL SALE.
venta al por menor o al detalle.

RETAILER.
minorista.

RETAIN.
retener. ‖ contratar un abogado para un asunto determinado o también para un conjunto de ellos.

RETAINED EARNING.
utilidades no distribuidas.

RETAINER.
retención. ‖ el acuerdo con un abogado para que éste se haga cargo de un asunto determinado o de un conjunto de ellos. ‖ pago fijo o adelantado a un abogado o a otro profesional.

RETAINING FEE.
el honorario de un abogado que ha sido contratado para atender una generalidad de asuntos de un cliente.

RETAINING LIEN.
derecho de preferencia o privilegio respecto de los créditos por honorarios profesionales de un abogado, ejercido mediante retención. V. LIEN.

RETAKING.
acto de retomar la posesión de un bien.

RETALIATION.
represalia. Retorsión.

RETALIATORY ARGUMENT.
argumento retorsivo.

RETALIATORY EVICTION.
desalojo de un inquilino como represalia de conductas de éste.

RETALIATORY LAW.
ley retorsiva.

RETALIATORY STATUTE.
ley retorsiva.

RETENTION.
reserva. Retención.

RETENTION OF OWNERSHIP.
reserva de la propiedad. Reserva de dominio.

RETENTION OF TITLE.
reserva de título.
V. RETENTION OF OWNERSHIP.

RETIRE.
retirarse. Jubilarse. ‖ retirar. Rescatar.

RETIREMENT.
receso. ‖ retiro. Rescate. ‖ jubilación.

RETIREMENT ANNUITY.
jubilación.

RETIREMENT BENEFITS.
beneficios jubilatorios u otorgados en razón de la terminación del empleo.

RETIREMENT INCOME INSURANCE.
seguro de vida que incluye el pago de una renta vitalicia si el asegurado llega a cierta edad.

RETIREMENT OF DEBT.
rescate de obligaciones.

RETIREMENT OF JURY.
retiro del jurado a una sala separada, para deliberar sobre el veredicto a emitir.

RETIREMENT OF PARTNER.
retiro de un socio, en una sociedad de personas. v. PARTNERSHIP.

RETIREMENT OF SECURITIES.
rescate de títulos. v. SECURITIES.

RETORNO HABENDO.
orden judicial mediante la que se manda devolver al demandado los bienes muebles de que ha sido despojado como consecuencia de una acción reivindicatoria que en definitiva ha sido rechazada.

RETORSION.
retorsión.

RETRACT.
retractar. Revocar.

RETRACTATION.
V. RETRACTION.

RETRACTION.
retractación. Revocación.

RETRANSFER.
retransferir.

RETRAXIT.
desistimiento de la demanda.

RETREAT.
retiro. Asilo. ‖ como verbo (to retreat), retirarse.

RETREAT TO THE WALL.
retirarse frente a un peligro o amenaza, en lugar de enfrentarlo.

RETRIAL.
repetición de un juicio o de las audiencias del mismo.

RETRIBUTION.
retribución.

RETRIBUTIVE.
retributivo.

RETROACTIVE.
retroactivo.

RETROACTIVE DECISION.
sentencia retroactiva.

RETROACTIVE INFERENCE.
inferencia de un hecho pasado en base a hechos o elementos presentes.

RETROACTIVE LAW.
ley retroactiva.

RETROACTIVITY.
retroactividad.

RETROCESSION.
retrocesión.

RETROSPECTIVE.
retroactivo.

RETROSPECTIVE LAW.
ley retroactiva.

RETROSPECTIVE OPERATION.
efecto retroactivo.

RETRY.
repetir un juicio o las audiencias del mismo. ‖ reintentar.

RETURN.
retorno. Regreso. ‖ devolución. Restitución. ‖ utilidad. Ganancia. ‖ informe. Declaración. ‖ acta mediante la cual un SHERIFF (v.) u otro oficial de justicia informa sobre el resultado de un embargo, notificación u otro trámite a su cargo. ‖ elección de un miembro de la Cámara de los Comunes. ‖ como verbo (*to return*), retornar. Regresar. Devolver. Restituir.

RETURN A VERDICT.
emitir un veredicto.

RETURN DAY.
el día en que el SHERIFF (v.) u otro oficial de justicia debe informar al juzgado el resultado de las gestiones que les fueron encomendadas por éste.

RETURN NULLA BONA.
V. NO GOODS.

RETURN OF ATTACHMENT.
asentamiento en una orden de embargo, efectuado por un SHERIFF (v.) u otro oficial de justicia a cargo de cumplirla, respecto del resultado de la diligencia realizada.

RETURN OF EXECUTION.
informe al juzgado, respecto del resultado del cumplimiento de una orden de embargo o secuestro.

RETURN OF INDICTMENT.
presentación de una acusación o procesamiento ante un juzgado en sesiones.

RETURN OF INQUISITION.
presentación de las conclusiones de una investigación forense sobre la presunta insania de una persona.

RETURN OF PREMIUM.
devolución de primas.

RETURN OF PROCESS.
acta mediante la cual un SHERIFF (v.) u otro oficial de justicia informa sobre el resultado de un embargo, notificación u otro trámite a su cargo.

RETURN OF WARRANT.
informe al juzgado, respecto del cumplimiento de una orden de arresto.

RETURN ON INVESTMENT.
rendimiento de una inversión.

RETURN TO WRIT.
respuesta a una orden o mandamiento judicial. v. WRIT.

RETURN WITHOUT PROTEST.
retorno sin protesto o sin gastos.

RETURNING BOARD.
comisión de control electoral.

REVALUATION.
revaluación. Revalúo.

REVALUATION SURPLUS.
reserva por revalúo de activos.

REVENUE.
ingreso. Renta. Rédito. ‖ ingresos fiscales.

REVENUE AUTHORITIES.
autoridades fiscales o tributarias.

REVENUE BILL.
proyecto de ley impositiva.

REVENUE BOND.
bono de un ente público a ser atendido con recursos determinados de éste.

REVENUE CASE.
controversia tributaria.

REVENUE LAW.
ley tributaria.

REVENUE MEASURE.
medida tributaria.

REVENUE OFFICER.
funcionario fiscal o impositivo.

REVENUE PROCEDURE.
proceso tributario.

REVENUE RULING.
dictamen tributario.

REVENUE STAMP.
estampilla o timbre fiscal.

REVENUE TARIFF.
derechos de importación impuestos con fines de recaudación fiscal.

REVERSAL.
revocación.

REVERSAL OF JUDGMENT.
revocación de una sentencia.

REVERSE.
revocar. Anular. Derogar.

REVERSED.
revocado.

REVERSE DISCRIMINATION.
discriminación inversa, o sea la que se realiza para corregir una ventaja, privilegio o mayor oportunidad de quien es objeto de esa discriminación.

REVERSE STOCK SPLIT.
acto de cambiar las acciones de una sociedad por un número menor de ellas, aumentándose así el valor nominal de cada una.

REVERSIBLE ERROR.
error en una sentencia apelada que justifica su revocación.

REVERSION.
reversión. ‖ la reversión de derechos respecto de un inmueble en favor de la parte que los ha otorgado, o en favor de sus sucesores, una vez cumplido cierto plazo o condición.

REVERSIONARY.
relativo al derecho de reversión. v. REVERSION.

REVERSIONARY INTEREST.
el derecho en expectativa que se tiene respecto de un inmueble en relación con el cual se goza de un derecho de reversión.
V. REVERSION.

REVERSIONARY LEASE.
locación de un inmueble que tiene efecto luego del vencimiento del plazo de una locación preexistente.

REVERSIONER.
quien tiene derecho a la reversión de derechos respecto de un inmueble. v. REVERSION.

REVERSOR.
V. REVERSIONER.

REVERT.
revertir.

REVERTER.
V. REVERSION.

REVEST.
devolver o restaurar un derecho o atribución.

REVIEW.
reexamen. Revisión. Reconsideración. Control. ‖ revista. ‖ como verbo (*to review*), someter una sentencia a revisión en segunda o ulterior instancia. ‖ como verbo, reexaminar. Revisar. Reconsiderar.

REVIEWABLE.
apelable.

REVISE.
revisar. Reconsiderar. Reexaminar.

REVISED STATUTES.
textos legales revisados y actualizados.

REVISION.
revisión. Reexamen. Reconsideración.

REVISION OF JUDGMENT.
reexamen o revisión de una sentencia.

REVISION OF STATUTES.
revisión y actualización de textos legales.

REVIVAL.
renovación de los efectos de un acto que ha quedado sin aplicación durante un período determinado.

REVIVAL OF ACTION.
renacimiento de una acción que había quedado prescripta. ‖ procedimiento en virtud del cual una acción dirigida contra una persona que ya ha fallecido o entablada por ésta es continuada respecto de los sucesores del difunto o por los representantes de éste.

REVIVAL OF CAUSE.
renacimiento de una acción que había quedado prescripta.

REVIVAL OF CONTRACT.
acto de dar nuevamente efecto a un contrato anterior entre las mismas partes que había quedado resuelto o extinguido.

REVIVAL OF CORPORATION.
reconducción de una persona jurídica.
V. CORPORATION.

REVIVAL OF JUDGMENT.
ejecución de una sentencia que había quedado largo tiempo sin cumplimiento.

REVIVAL OF OFFENCE.
renovación de los efectos de una conducta ilícita, que se efectúa por la reiteración de tal conducta.

REVIVAL OF OFFENSE.
V. REVIVAL OF OFFENCE.

REVIVAL OF OFFER.
renovación de oferta.

REVIVAL OF POLICY.
renovación de una póliza.

REVIVAL OF WILL.
acto de dar nuevamente efecto a un testamento antes revocado.

REVIVE.
revivir. ‖ renovar los efectos de un acto que ha quedado sin aplicación durante un período prolongado.

REVIVOR.
la reiniciación de un juicio que ha quedado suspendido.

REVOCABLE.
revocable.

REVOCABLE CREDIT.
crédito revocable.

REVOCABLE LETTER OF CREDIT.
carta de crédito revocable.

REVOCABLE TRANSFER.
transferencia revocable de un derecho.

REVOCABLE TRUST.
fideicomiso que puede ser dejado sin efecto por el fideicomitente.
v. TRUST.

REVOCATION.
revocación.

REVOCATION BY ACT OF LAW.
revocación *ope legis*.

REVOCATION BY ACT OF THE PARTY.
revocación voluntaria.

REVOCATION BY ORDER OF A COURT.
revocación judicial.

REVOCATION IN LAW.
v. REVOCATION BY ACT OF LAW.

REVOCATION OF AUTHORITY.
revocación de un poder o de una facultad de representación.

REVOCATION OF GIFT.
revocación de donación.

REVOCATION OF LETTERS.
revocación de la designación de un administrador sucesorio.

REVOCATION OF OFFER.
revocación de una oferta.

REVOCATION OF POWER OF ATTORNEY.
revocación de poder.

REVOCATION OF PROBATE.
revocación de la homologación o aprobación de un testamento. v. PROBATE.

REVOCATION OF WILL.
revocación de testamento.

REVOKE.
revocar.

REVOLT.
revuelta. Rebelión. ‖ como verbo (*to revolt*), rebelarse.

REVOLUTION.
revolución.

REVOLUTIONARY.
revolucionario.

REVOLVING CHARGE ACCOUNT.
cuenta corriente entre un vendedor y un comprador.

REVOLVING CREDIT.
línea de crédito rotativo.

REVOLVING FUND.
fondo o crédito renovable.

REVOLVING LETTER OF CREDIT.
carta de crédito automáticamente renovable dentro de los límites en ella previstos.

REVOLVING LOAN.
préstamo renovable.

REWARD.
recompensa. Remuneración. Premio. ‖ como verbo (*to reward*), recompensar. Remunerar. Premiar.

REWRITING CONTRACT.
práctica judicial de modificar las cláusulas contractuales acordadas por las partes.

RHODIAN LAWS.
leyes de Rodas.

RIDER.
cláusula adicional de un documento o contrato. ‖ cláusula o conjunto de ellas añadido a un proyecto legislativo. ‖ cláusula de un contrato de seguros que modifica al contrato original.

RIGGING THE MARKET.
manipular el mercado.

RIGHT.
derecho, en el sentido de derecho subjetivo. ‖ Justo. Correcto.

RIGHT AND WRONG TEST.
v. M'NAGHTEN RULE.

RIGHT HEIRS.
herederos legales.

RIGHT IN ACTION.
v. CHOSE IN ACTION.

RIGHT IN PERSONAM.
derecho personal, en el sentido del derecho correlativo a una obligación personal.

RIGHT IN REM.
derecho real.

RIGHT OF ACTION.
el derecho a entablar acciones para tutelar un interés o derecho sustantivo.

RIGHT OF ALIENATION.
derecho de alienación.

RIGHT OF ANGARY.
derecho de angaria.

RIGHT OF APPEAL.
derecho a apelar o a interponer un recurso.

RIGHT OF APPROACH.
derecho a visitar navíos extranjeros, a efectos de su inspección.

RIGHT OF ASSEMBLY.
derecho de reunión.

RIGHT OF ASYLUM.
derecho de asilo.

RIGHT OF DRAINAGE.
servidumbre de drenaje.

RIGHT OF ENFORCEMENT.
derecho a hacer efectivo otro derecho preexistente.

RIGHT OF ENTRY.
derecho a tomar la posesión de un inmueble.

RIGHT OF FIRST REFUSAL.
opción de compra. Con mayor generalidad, derecho de opción respecto de la realización de una operación determinada.

RIGHT OF FISHERY.
derecho de pesca.

RIGHT OF HABITATION.
derecho de habitación.

RIGHT OF LIEN.
el derecho de preferencia o privilegio que surge de un LIEN (v.).

RIGHT OF LOCAL SELF-GOVERNMENT.
derecho a gobernarse mediante sus propias autoridades, gozado por ciudades, localidades u otras divisiones territoriales.

RIGHT OF PETITION.
derecho a peticionar ante las autoridades.

RIGHT OF POSSESSION.
derecho de posesión.

RIGHT OF PREEMPTION.
V. PREEMPTION RIGHTS.

RIGHT OF PRIVACY.
derecho a la privacidad o a la intimidad.

RIGHT OF PROPERTY.
derecho de propiedad.

RIGHT OF REDEMPTION.
derecho a rescatar o redimir un bien objeto de embargos o gravámenes.

RIGHT OF REPRESENTATION.
derecho de representación, en sus distintos sentidos.

RIGHT OF RETAINER.
derecho de retención.

RIGHT OF RESTITUTION.
derecho a obtener la restitución de un bien.

RIGHT OF RESTORATION.
derecho a ser restaurado en un estado o posi-

ción que ha sido alterado en forma ilícita.

RIGHT OF SEARCH.
derecho a allanar un inmueble, a fin de obtener elementos probatorios.
V. SEARCH.

RIGHT OF SURVIVORSHIP.
derecho de supervivecia.

RIGHT OF WAY.
derecho de paso. Servidumbre de pago. ‖ el espacio físico respecto del cual se goza una servidumbre o derecho de paso.

RIGHT TO ATTORNEY.
derecho a asesoramiento o representación letrada.

RIGHT TO BEAR ARMS.
derecho a llevar armas, integrando una milicia, ejército o cuerpo armado organizado.

RIGHT TO BEGIN.
derecho a la parte sobre quien pesa la carga de la prueba a expresar sus argumentos en primer término, en la audiencia correspondiente.

RIGHT TO CHALLENGE.
derecho a recursar.

RIGHT TO DISCHARGE.
derecho a despedir a un obrero o empleado.

RIGHT TO FOLLOW A TRADE.
derecho a ejercer un oficio u ocupación.

RIGHT TO HOLD OFFICE.
derecho a desempeñar cargos públicos.

RIGHT TO INDEMNIFICATION.
V. RIGHT TO INDEMNITY.

RIGHT TO INDEMNITY.
derecho a indemnización.

RIGHT TO MARRY.
derecho a contraer matrimonio.

RIGHT TO PRIVACY.
V. RIGHT OF PRIVACY.

RIGHT TO REDEEM.
V. RIGHT OF REDEMPTION.

RIGHT TO RELY.
derecho a confiar y basarse en las afirmaciones de la contraparte.

RIGHT TO RETAINER.
derecho de un albacea o administrador de retener fondos necesarios para atender sus gastos.

RIGHT TO STRIKE.
derecho de huelga.

RIGHT TO TRAVEL.
derecho a trasladarse de una parte a otra del país.

RIGHT TO VOTE.
derecho de voto.

RIGHT TO WORK.
derecho al trabajo.

RIGHT WITHOUT REMEDY.
derecho sin acción. El correlativo a una obligación natural.

RIGHTFUL.
justo. Con derecho. Legítimo.

RIGHTS OF MAN.
derechos humanos.

RING.
sindicato. Camarilla. Conjunto de operadores que actúan de acuerdo para incidir sobre el precio de algún bien.

RINGING UP.
en los mercados de futuro, compensación entre las órdenes de compra y de venta de los distintos operadores.

RIOT.
tumulto. Desorden. Motín. Rebelión. Disturbio. ‖ como verbo (to riot), participar en un disturbio, desorden o rebelión.

RIOTER.
amotinado. Rebelde. Quien participa de un disturbio o tumulto.

RIOTOUS.
sedicioso. Desordenado. Causante de disturbios o tumultos o consistente en éstos.

RIOTOUS ASSEMBLY.
reunión sediciosa o que degenera en un disturbio o tumulto.

RIPARIAN.
ribereño.

RIPARIAN OWNER.
propietario ribereño.

RIPARIAN RIGHTS.
derechos del propietario ribereño.

RIPARIAN STATE.
estado ribereño.

RIPARIAN TENEMENT.
fundo o terreno ribereño.

RIPE FOR JUDGMENT.
el estado de un juicio en el que se han cumplido las etapas procesales necesarias para el dictado de sentencia.

RIPE FOR REVIEW.
el estado de un procedimiento administrativo en el que se han cumplido las etapas que son necesarias para la apertura de la instancia judicial.

RIPENESS.
el estado de una controversia o conflicto, tal que existe una cuestión concreta a ser decidida judicialmente, en contraposición a las que sólo implican cuestiones abstractas o no listas para ser objeto de decisión.

RIPENESS DOCTRINE.
doctrina que exige que las decisiones judiciales se limiten a cuestiones concretas, en contraposición a las abstractas o no listas para ser objeto de decisión. v. RIPENESS.

RISING.
alzamiento.

RISING OF THE COURT.
levantamiento de la sesión de un tribunal. ‖ finalización de un período de sesiones de un tribunal.

RISK.
riesgo. Peligro. Alea. ‖ como verbo (to risk), arriesgar.

RISK AND CAUSES OF LOSS.
riesgos cubiertos por una póliza de seguros.

RISK ASSESSMENT.
evaluación del riesgo.

RISK ASSUMED.
riesgo asumido.

RISK CAPITAL.
capital de riesgo. El capital plenamente expuesto a los riesgos y pérdidas de una empresa.

RISK INCIDENT TO EMPLOYMENT.
riesgo laboral.

RISK PREMIUM.
prima o pago adicional ofrecido como contraprestación por correr un riesgo.

RISK INCURRED.
riesgos asumidos.

RISKS OF NAVIGATION.
riesgos de la navegación.

RIVAL.
rival.

RIVER.
río.

RIVER AUTHORITY.
autoridad fluvial.

RIVER BOUNDARY.
frontera fluvial.

ROAD.
camino. Carretera.

ROAD ACCIDENT.
accidente carretero.

ROAD CARRIER.
transportista por carretera.

ROAD HAULAGE.
transporte de mercaderías por carretera.

ROAD OFFENCE.
delito o infracción caminera.

ROAD OFFENSE.
V. ROAD OFFENCE.

ROAD TAX.
impuesto destinado a atender la construcción y conservación de carreteras.

ROAD TOLL.
peaje carretero.

ROB.
robar.

ROBBER.
ladrón. Autor de un robo.

ROBBERY.
robo.

ROBBERY INSURANCE.
seguro contra robo.

ROGATORY LETTERS.
cartas rogatorias.

ROGUE.
mendigo. Vagabundo. Truhan.

ROLL.
lista. Registro. ‖ protocolo de actuaciones judiciales. ‖ como verbo (to roll), robar.

ROLL OVER.
renovar un crédito.

ROLL-OVER PAPER.
títulos de deuda renovables.

ROLLING CREDIT.
crédito renovable indefinidamente, dentro de ciertos límites y condiciones.

ROLLING OVER.
renovación de un crédito.

ROMAN-DUTCH LAW.
sistema jurídico romano-holandés, en vigor en Sudáfrica y en otros países de influencia colonial holandesa, que incluye elementos de Derecho Romano, de Derecho holandés y del COMMON LAW (v.).

ROMAN LAW.
Derecho Romano.

ROOT OF TITLE.
el documento que sirve de base a un título de propiedad, por derivar de él los restantes actos que conforman ese título.

ROSTER.
lista de personas. Nómina.

ROTATION.
rotación.

ROTTEN BOROUGHS.
burgos podridos. El nombre dado a circunscripciones electorales británicas que, por haber perdido la población en base a la cual habían sido constituidos, carecían de representatividad real.

ROUGH DRAFT.
borrador.

ROUND TRIP.
viaje de ida y vuelta.

ROUNDUP.
redada. Batida policial.

ROUT.
disturbio. Desorden. Tumulto. ‖ como verbo (to rout), derrotar totalmente. Poner en fuga.

ROUTE.
ruta. Itinerario.

ROYAL.
real.

ROYAL ASSENT.
consentimiento real o del monarca.

ROYAL GRANT.
concesión real o del monarca.

ROYAL PRERROGATIVE.
prerrogativa real o del monarca.

ROYAL PROCLAMATION.
proclama real o del monarca.

ROYALTY.
regalía. Canón.

ROYALTY POOL.
acuerdo entre distintos licenciantes u otorgantes de concesiones a fin de compartir las regalías derivadas de tales actos. V. POOL.

ROYALTY TAX.
impuesto sobre las regalías.

RUBBER CHECK.
cheque sin fondos.

RUBBER CHEQUE.
V. RUBBER CHECK.

RULE.
regla. Norma. Principio. Orden. Reglamento. ‖ como verbo (to rule), regir. Ordenar. Decidir. Dictaminar. Fallar.

RULE ABSOLUTE.
orden judicial final e imperativa.

RULE AGAINST.
fallar en contra.

RULE AGAINST ACCUMULATIONS.
regla que impide imponer la acumulación de

rentas e intereses a un fondo o patrimonio, más allá de ciertos límites, en los testamentos o actos entre vivos relativos a ese fondo o patrimonio.

RULE AGAINST PERPETUITIES.

regla que impide crear derechos respecto de un inmueble que recién serán efectivos luego de un plazo en exceso de veintiún años, contados a partir del fallecimiento de una persona en vida al momento de crearse el derecho y cuya vida forma parte del plazo para el inicio del ejercicio del derecho en cuestión.

RULE AGAINST POSTPONEMENT OF ENJOYMENT.

regla de orden público contra las limitaciones excesivas sobre el ejercicio efectivo del derecho de propiedad.

RULE AGAINST RESTRAINT ON ALIENATION.

regla contra las cláusulas de inenajenabilidad.

RULE AGAINST SUSPENSIÓN OF POWER OF ALIENATION.

regla que prohíbe las restricciones sobre la enajenabilidad de un bien, cuando exceden de cierto plazo.

RULE DAY.

día en que el demandado debe comparecer ante el juzgado.

RULE-MAKING POWER.

poder normativo. Poder de dictar reglas generales.

RULE NISI.

orden judicial provisional, que se convierte en definitiva si la parte a ella sujeta no demuestra que existen motivos para poder dejarla sin efecto.

RULE OF APPORTIONMENT.

regla para la división de bienes entre distintas personas.

RULE OF CONSTRUCTION.

regla de interpretación.

RULE OF COURT.

regla procesal. ‖ providencia u orden judicial.

RULE OF INTENDMENT.

regla procesal en virtud de la cual se admite que el veredicto del jurado supla las deficiencias en la formulación de las pretensiones del actor, pero no las deficiencias de tales pretensiones en sí.

RULE OF LAW.

régimen de derecho. ‖ principio de legalidad.

RULE OF LENITY.

regla de interpretación de la ley basada en el principio *in dubio pro reo*.

RULE OF NECESSITY.

regla conforme a la cual un juez debe declararse competente si ello es necesario para que la causa sea resuelta.

RULE OF PRESUMPTION.

regla de la que surge una presunción.

RULE OF REASON.

regla de la razón. Regla conforme a la cual, para juzgar si un acto es restrictivo de la competencia, deben analizarse todos sus efectos sobre ésta, de forma de determinar si sus posibles efectos restrictivos son necesarios para el funcionamiento del mercado correspondiente, teniendo así ese acto consecuencias globales procompetitivas.

RULE TO SHOW CAUSE.

V. RULE NISI.

RULES OF APPELLATE PROCEDURE.

conjunto de reglas aplicables al procedimiento en segunda instancia.

RULES OF CIVIL PROCEDURE.

conjunto de reglas aplicables al procedimiento civil.

RULES OF COURT.

reglas de procedimiento judicial.

RULES OF CRIMINAL PROCEDURE.

conjunto de reglas aplicables al procedimiento penal.

RULES OF EVIDENCE.

conjunto de reglas procesales en materia de prueba.

RULES OF NAVIGATION.

reglas de navegación.

RULES OF PROCEDURE.

V. RULES OF COURT.

RULING.

fallo. Decisión.

RULING CASES.

precedentes jurisprudenciales aplicables a una cuestión determinada.

RUN.

correr, como en el caso de un plazo que corre. ‖ tener vigencia o aplicabilidad. ‖ manejar. Conducir. ‖ corrida bancaria. ‖ el funcionamiento de una línea de producción durante un período determinado, particularmente el tiempo que transcurre entre dos detenciones de la misma.

RUNNER.

persona encargada de atraer clientes para un abogado, de entre las víctimas de accidentes. ‖ persona que colabora con quien otorga fianzas y garantías respecto de personas detenidas (v. BAIL), realizando lo necesario para la comparecencia del liberado bajo fianza cuando ésta sea requerida.

RUNNING ACCOUNT.

cuenta corriente.

RUNNING AT LARGE.

la condición de los animales vagabundos o que se encuentran en libertad.

RUNNING DAYS.

días corridos.

RUNNING EXPENSES.

gastos corrientes.

RUNNING OF THE STATUTE OF LIMITATIONS.

decurso del término de prescripción.

RUNNING OF TIME.

decurso del tiempo o de un término.

RUNNING POLICY.

póliza de seguros susceptible de cubrir distintos tipos de riesgo y de sufrir modificaciones a lo largo de su término de vigencia.

RUNNING WITH THE LAND.

la condición de una obligación, derecho o relación jurídica que se transfiere junto con el inmueble a que se refiere.

RURAL.

rural.

RURAL SERVITUDE.

servidumbre rural.

RUSTLER.

abigeo.

RUSTLING.

abigeato.

SABBATICAL LEAVE.
licencia periódica, en favor del personal acadé-
mico, consistente generalmente en un semes-
tre o un año cada siete años de servicios.

SABOTAGE.
sabotaje. ‖ como verbo (*to sabotage*), sabo-
tear.

SACK.
saquear. Pillar.

SACRILEGE.
sacrilegio. ‖ hurto de objetos religiosos.

SADISM.
sadismo.

SAFE.
seguro. Libre de peligros. ‖ caja de seguridad.

SAFE BILL.
letra de cambio de cobro seguro, en tanto se
actúe diligentemente a efectos de tal cobro.

SAFE-CONDUCT.
salvoconducto.

SAFE-DEPOSIT BOX.
caja de seguridad.

SAFE-DEPOSIT COMPANY.
compañía que alquila cajas de seguridad.

SAFEGUARD.
salvaguardia. Garantía. ‖ también, como verbo (*to safeguard*), proteger.

SAFEKEEPING.
custodia.

SAFETY.
seguridad.

SAFETY AT SEA.
seguridad de la navegación.

SAFETY STATUTES.
leyes sobre seguridad laboral.

SAID.
dicho.

SAILING INSTRUCTIONS.
instrucciones de navegación.

SAILOR'S WILL.
testamento nuncupativo otorgado por un
miembro que forma parte de la tripulación de
un navío.

SALABLE.
vendible. Enajenable. Comercializable.

SALABLE VALUE.
valor de realización.

SALARY.
salario.

SALE.
venta. Compraventa.

SALE AGAINST DOCUMENT.
venta contra documentos. Venta documenta-
ria.

SALE AGAINST THE BOX.
venta de futuro efectuada por quien ya tiene
en su haber los bienes que vende.

SALE AND LEASE-BACK.
venta seguida del alquiler al vendedor del bien
vendido.

SALE AND RETURN.
venta con derecho de devolución.

SALE AS IS.
venta sin garantías sobre la cosa vendida. En
ciertos casos el uso del término se asemeja al
de *venta ad corpus*, sin que ambos conceptos
sean iguales.

SALE AT RETAIL.
venta al por menor.

SALE BY AGENT.
venta mediante representante.

SALE BY DESCRIPTION.
venta basada en la descripción de los bienes
vendidos.

SALE BY PRIVATE CONTRACT.
venta privada.
SALE BY SAMPLE.
venta sobre muestras.
SALE BY THE COURT.
venta judicial.
SALE BY THE TRACT.
venta *ad corpus* de un inmueble determinado.
SALE EN MASSE.
venta por junto.
SALE EX WORKS.
venta ex-fábrica.
SALE F.O.B.
V. F.O.B.
SALE FOR DEBT.
venta como parte de una ejecución judicial o
realizada para cubrir deudas del causante.
SALE FOR TAXES.
venta como parte de una ejecución fiscal.
SALE IN BULK.
venta por junto. ‖ V. BULK SALE.
SALE IN EXECUTION.
venta realizada en el curso de una ejecución
judicial.
SALE IN GROSS.
venta por junto.
SALE IN PARCELS.
venta judicial realizada por lotes separados de
los bienes del ejecutado.
SALE-NOTE.
nota o memorándum de una operación de
compraventa, dada a las partes por el corredor
que en ella ha intervenido.
SALE ON APPROVAL.
venta a satisfacción del comprador. Venta sujeta a aprobación por el comprador de los bienes objeto de la operación.
SALE ON ARRIVAL.
venta que se perfecciona al llegar los bienes
vendidos al destino que ha sido acordado entre las partes.
SALE ON CONDITION.
venta condicional.
SALE ON CREDIT.
venta a crédito.
SALE ON OPTION.
opción de compra.
SALE ON TRIAL.
V. SALE ON APPROVAL.
SALE OR RETURN.
venta con derecho de devolución.

SALE PER AVERSIONEM.
venta *ad corpus*.
SALE PUFFS.
manifestaciones exageradas que hacen los
vendedores respecto de la calidad y condiciones de los bienes que ofrecen.
SALE UNDER POWER.
venta por poder.
SALE UPON CREDIT.
venta a crédito.
SALE WITH ALL FAULTS.
venta sin garantías respecto de posibles defectos de los bienes vendidos.
SALE WITH RIGHT OF REDEMPTION.
venta con pacto de retroventa.
SALE WITH STRINGS
venta que da al vendedor derechos sobre el
bien vendido, por vía de un pacto de retroventa o mediante la locación del bien vendido a su
favor.
SALES AGREEMENT.
contrato de compraventa.
SALES AREA.
área de ventas.
SALES CONTRACT.
V. SALES AGREEMENT.
SALES DEPARTMENT.
departamento de ventas.
SALES FINANCE COMPANY.
compañía que financia operaciones de compraventa adquiriendo los créditos contra los
compradores derivados de esas operaciones.
SALES GUARANTEED.
cláusula acordada con un distribuidor, en virtud de la cual éste puede devolver los bienes
adquiridos de un fabricante o mayorista en caso de no poder venderlos en ciertos plazos o
condiciones.
SALES INVOICE.
factura de venta.
SALES POLICY.
política de ventas.
SALES TAX.
impuesto a las ventas.
SALESMAN.
vendedor. Viajante de comercio.
SALVAGE.
salvataje. Salvamento. ‖ bienes recuperados
de un accidente o naufragio. ‖ el valor de una
maquinaria u otros bienes, una vez que los
mismos han sido amortizados o son puestos

fuera de uso. ‖ la compensación debida a quien colabora en una operación de salvamento marítimo. ‖ como verbo (*to salvage*), salvar. Recuperar.

SALVAGE AT SEA.
salvataje marítimo.

SALVAGE BOND.
garantía de pago de la compensación debida en caso de salvamento marítimo.
V. BOND. SALVAGE.

SALVAGE CHARGES.
gastos incurridos por quien participa en una operación de salvataje marítimo.

SALVAGE EXPENSES.
V. SALVAGE CHARGES.

SALVAGE LIEN.
derecho de preferencia o privilegio respecto de los bienes que han sido objeto de un salvataje marítimo, a favor de quien resulta acreedor como consecuencia de ese salvataje.
V. LIEN.

SALVAGE LOSS.
las pérdidas que se derivan de una operación de salvataje marítimo, equivalente a la diferencia entre el valor de los bienes involucrados en el siniestro y el valor de los bienes rescatados.

SALVAGE MONEY.
compensación debida a la tripulación de buques que participan en una operación de salvataje marítimo.

SALVAGE REMUNERATION.
remuneración debida a quien colabora en una operación de salvataje marítimo.

SALVAGE REWARD.
V. SALVAGE REMUNERATION.

SALVAGE SERVICE.
servicio de salvataje marítimo.

SALVAGE VALUE.
el valor de un bien luego de amortizado o puesto fuera de uso.

SALVAGE VESSEL.
nave que participa en una operación de salvataje marítimo.

SALVOR.
quien colabora o lleva a cabo un salvamento.

SAME.
igual. Equivalente.

SAME OFFENCE.
delito respecto del cual ya existe una sentencia anterior.

SAME OFFENSE.
V. SAME OFFENCE.

SAMPLE.
muestra.

SAMPLING.
muestreo.

SANCTION.
sanción. Pena. ‖ aprobación. Confirmación. Ratificación. ‖ como verbo (*to sanction*), aprobar. Confirmar. Ratificar.

SANCTUARY.
asilo.

SANDWICH LEASE.
locación en base a la cual se efectúa una sublocación.

SANE.
sano. La condición de la persona mentalmente sana.

SANE OR INSANE CLAUSE.
cláusula que excluye al suicidio de los beneficios de un seguro de vida, sea que el suicida fuere sano o insano.

SANITARY CODE.
código sanitario.

SANITARY REGULATIONS.
reglamentos de sanidad y salud pública.

SANITY.
el estado del mentalmente sano. Salud mental.

SANITY HEARING.
procedimiento de insania.

SANITY TRIAL.
juicio de insania.

SANS FRAIS.
sin gastos.

SANS RECOURS.
sin regreso.

SATISFACTION.
satisfacción. ‖ pago. Cumplimiento. ‖ indemnización. Resarcimiento.

SATISFACTION BY LEGACY.
cumplimiento de una obligación mediante un legado.

SATISFACTION CONTRACT.
contrato celebrado a satisfacción de una de las partes.

SATISFACTION OF JUDGMENT.
cumplimiento de una sentencia. ‖ documento en el que se deja constancia del cumplimiento de una sentencia.

SATISFACTION OF LIEN.
documento mediante el que se liberan ciertos

bienes de los derechos de preferencia o privilegios que pesan sobre ellos. v. LIEN.

SATISFACTION OF MORTGAGE.
pago de un crédito hipotecario. ‖ documento mediante el que se acredita el pago de un crédito hipotecario.

SATISFACTION OF THE COURT.
convencimiento del tribunal respecto de un extremo.

SATISFACTION OF THE JURY.
convencimiento del jurado respecto de un extremo.

SATISFACTION ON THE ROLL.
anotación en los registros de un tribunal del cumplimiento de una sentencia.

SATISFACTION PIECE.
carta de pago. Documento en el que un acreedor deja constancia del cumplimiento de una obligación.

SATISFACTION WITH PERFORMANCE.
satisfacción de una parte respecto del cumplimiento de las obligaciones a cargo de la otra.

SATISFACTORY.
satisfactorio.

SATISFACTORY DEAL.
operación satisfactoria, desde el punto de vista del interés de aquél por cuya cuenta se hace.

SATISFACTORY EVIDENCE.
prueba suficiente.

SATISFACTORY INDORSER.
endosante satisfactorio, desde el punto de vista de su solvencia, para quien exige su endoso como garantía.

SATISFACTORY NOTE.
pagaré satisfactorio desde el punto de vista de su cobrabilidad.

SATISFACTORY PROOF.
prueba suficiente.

SATISFACTORY TITLE.
título satisfactorio, a efectos de determinado acto.

SATISFY.
satisfacer. ‖ cumplir una obligación. ‖ indemnizar. Resarcir.

SAVE.
salvar. ‖ ahorrar. ‖ exceptuar. ‖ suspender el curso de un plazo.

SAVE HARMLESS CLAUSE.
cláusula indemnizatoria mediante la que una parte se compromete a liberar a la otra respecto de la responsabilidad que resulte frente a terceros.

SAVING.
ahorro. ‖ preservación de un riesgo o peligro. ‖ reserva. Salvedad. Excepción.

SAVING CLAUSE.
cláusula que introduce una excepción, especialmente manteniendo la validez de una ley derogada, respecto de ciertos supuestos. ‖ cláusula destinada a mantener la validez de una ley en su conjunto en caso de que una parte de ella sea declarada inconstitucional.

SAVING TO SUITORS CLAUSE.
cláusula de la legislación federal estadounidense que permite a un accionante respecto de cuestiones de navegación demandar ante un tribunal estadual, el que debe aplicar el mismo Derecho que en tal caso utilizaría un tribunal federal.

SAVINGS.
ahorro.

SAVINGS ACCOUNT.
cuenta de ahorro.

SAVINGS ACCOUNT TRUST.
fideicomiso instrumentado mediante una cuenta de ahorros, abierta a nombre del fideicomisario en favor del beneficiario. v. TRUST.

SAVINGS AND LOAN ASSOCIATION.
sociedad de ahorro y préstamo.

SAVINGS BANK.
banco o caja de ahorro.

SAVINGS BOND.
bono o título de ahorro, emitido por el Estado o por entidades financieras.

SAVINGS NOTES.
títulos de ahorro de corto plazo, emitidos por el Estado o por entidades financieras.

SAVINGS DEPOSIT.
depósito en una cuenta de ahorros.

SCAB.
esquirol.

SCALE.
escala. Tabla. Tarifa.

SCALE-DOWN AGREEMENT.
acuerdo de quita con los acreedores.

SCALE OF COSTS.
tarifa de gastos y honorarios.

SCALE OF FEES.
tarifa de honorarios.

SCALE ORDER.
orden bursátil graduada en función del precio

de los títulos que rija al momento de hacerse
efectiva.

SCALE TOLERANCE.
tolerancia de pesos y medidas.

SCALPER.
especulador en pequeña escala. ‖ revendedor
de entradas para espectáculos públicos.

SCANDAL.
escándalo. ‖ injurias y rumores denigrantes o
escandalosos. ‖ expresiones ofensivas y escandalosas incluidas en actuaciones procesales.

SCANDALOUS ACTION.
acción procesal vejatoria o abusiva.

SCHEDULE.
planilla. Lista. Plan. Programa. ‖ anexo agregado a un acto, ley o documento. ‖ como verbo (*to schedule*), programar. Planificar.

SCHEDULE OF DILAPIDATIONS.
lista de daños imputables al locatario de un inmueble.

SCHEDULE OF EXEMPT PROPERTY.
listado de bienes no ejecutables, presentado
por el deudor en un proceso concursal.

SCHEDULE OF PLIGHT.
lista de vicios y defectos de la cosa locada, accesoria del contrato de locación.

SCHEDULE OF REPEALS.
lista de normas derogadas por una ley, incluida
en ésta.

SCHEDULED INJURIES.
lesiones respecto de las cuales existe una indemnización tarifada bajo el régimen de riesgos laborales.

SCHEDULED PROPERTY.
listado de propiedades, generalmente las cubiertas por un seguro, y de sus correspondientes valores.

SCHEME.
sistema. Plan. Propuesta. Esquema. ‖ plan o
conjunto de actividades dirigidas a defraudar.

SCHEME TO DEFRAUD.
plan o conjunto de actividades dirigidas a defraudar.

SCHEME OF ARRANGEMENT.
propuesta de concordato.

SCHISM.
cisma.

SCHOLARSHIP.
beca. ‖ erudición. Saber.

SCHOOL.
escuela.

SCHOOL BOND.
bono para financiar construcciones escolares.

SCHOOL BOARD.
consejo escolar.

SCHOOL DISTRICT.
distrito escolar.

SCIENTER.
dolo. Conocimiento de los daños que se causarán con la propia conducta, acompañado de
la intención de efectuar esa conducta.

SCILICET.
a saber.

SCINTILLA.
partícula. Cantidad mínima.

SCINTILLA JURIS.
existencia de un derecho de mínima importancia, especialmente en lo que respecta a un inmueble.

SCINTILLA OF EVIDENCE.
mínimo de prueba. Elementos de prueba de
un valor escaso o mínimo.

SCIRE FACIAS.
procedimiento en el que se intima a una parte
a que demuestre por qué motivo una sentencia u otro instrumento judicial o administrativo, como una patente, no puede ser aplicado
contra esa parte. Es aplicable a la ejecución de
sentencias.

SCIRE FARI.
documento que deja constancia de haberse
efectuado una modificación a un procedimiento de SCIRE FACIAS (v.).

SCOLD.
regañar. Reprender. Amonestar.

SCOPE.
ámbito. Extensión. Campo de aplicación.

SCOPE OF A PATENT.
el ámbito jurídico de aplicación de una patente, en el que la misma da derechos exclusivos
a su titular.

SCOPE OF APPLICATION.
ámbito de aplicación.

SCOPE OF AUTHORITY.
ámbito en el que una persona tiene facultades
para actuar. El límite de un poder, representación o autoridad.

SCOPE OF EMPLOYMENT.
el ámbito en el que una persona ejerce su empleo y dentro del cual su conducta puede resultar en la responsabilidad del empleador por
los hechos de su empleado.

SCOPE OF REVIEW.
cuestiones objeto de revisión por un tribunal de alzada.

SCORN.
desprecio. Desdeño. ‖ como verbo (*to scorn*), despreciar. Desdeñar.

SCOTS LAW.
Derecho escocés.

SCRAMBLING POSSESSION.
posesión litigiosa o disputada.

SCRAMMING CONTRACT.
contrato mediante el que se autoriza a explotar una mina ya explotada con anterioridad, a fin de extraer los restos de mineral que aún quedan en ella.

SCRAP VALUE.
Valor de desguace.

SCREEN CREDIT.
reconocimiento expreso dado al autor, productor, ejecutante, actor, director o participante de una obra filmada, incluido en esa misma obra.

SCRIP.
talón. Vale. Certificado provisional.

SCRIPT CERTIFICATE.
certificado provisorio.

SCRIPT DIVIDEND.
dividendo pagado mediante pagarés, a hacerse efectivo en una fecha futura.

SCRIPT.
acto o documento original o principal. ‖ manuscrito de un libreto cinematográfico o teatral.

SCRIVENER.
persona que redacta documentos relativos a operaciones inmobiliarias y participa en los trámites que requieren tales operaciones. ‖ persona que realiza inversiones con dineros que terceros le encomiendan con tal propósito.

SCROLL.
marca o signo que hace las veces de sello. ‖ rollo de papel que incluye un documento u otro cuerpo de escritura.

SCRUTINY.
examen. Investigación. ‖ escrutinio.

SCUTTLING.
acto de encallar o hundir un buque deliberadamente.

SDR.
iniciales de *Special Drawing Rights*, los Derechos Especiales de Giro emitidos por el Fondo Monetario Internacional.

SE DEFENDENDO.
en defensa propia.

SEA.
mar.

SEA BED.
lecho marino.

SEA BRIEF.
v. SEA LETTER.

SEA CARRIER.
transportista marítimo.

SEA COAST.
litoral marítimo.

SEA DAMAGE.
daño causado por la acción y peligros del mar.

SEA FISHERIES.
pesquerías marítimas.

SEA LAWS.
leyes marítimas.

SEA LETTER.
manifiesto de a bordo.

SEA MARKS.
señales marítimas.

SEA PERILS.
riesgos marítimos.

SEA-SHORE.
orilla del mar.

SEABOARD.
litoral marítimo.

SEAFARERS.
gente de mar.

SEAL.
sello. Timbre. ‖ como verbo (*to seal*), sellar. Lacrar. Timbrar. Cerrar.

SEAL OF CORPORATION.
sello de una persona jurídica utilizado para autenticar sus actos.
v. CORPORATION.

SEAL OF COURT.
sello de un tribunal.

SEALED.
sellado. Cerrado.

SEALED BID.
propuesta en sobre cerrado.

SEALED INSTRUMENT.
instrumento sellado.

SEALED VERDICT.
veredicto de un jurado que se coloca en un sobre cerrado, a ser abierto por el juez en ocasión de la audiencia correspondiente.

SEALING.

acto de sellar o cerrar objetos a fin de asegurar su conservación.

SEALING OF RECORDS.

acto de cerrar en un sobre los antecedentes penales de una persona, de modo que queden fuera del acceso de terceros no autorizados judicialmente o por funcionarios determinados.

SEALING UP.

acto de clausura particularmente de un inmueble, mediante fajas o sellos.

SEAMAN'S WILL.

V. SAILOR'S WILL.

SEAMEN.

gente de mar.

SEARCH.

registro. Examen. Reconocimiento. Allanamiento. Búsqueda. ‖ como verbo (*to search*), registrar. Examinar. Reconocer. Allanar. Buscar. Investigar.

SEARCH AND RESCUE.

búsqueda y rescate de una nave.

SEARCH AND SEIZURE.

allanamiento y secuestro.

SEARCH INCIDENT TO ARREST.

allanamiento incidental al ejercicio de una orden de arresto.

SEARCH OF ENCUMBRANCES.

investigación de los gravámenes que pesan sobre un bien. V. ENCUMBRANCES.

SEARCH OF TITLE.

investigación del título relativo a un inmueble.

SEARCH-WARRANT.

orden de allanamiento. Mandamiento de inspección o de allanamiento.

SEARCH WITHOUT WARRANT.

allanamiento sin orden o allanamiento judicial.

SEARCHES.

examen del título de propiedad de un inmueble y del estado de éste.

SEARCHING RECORD.

examen de un expediente en su totalidad, para determinar a qué parte son imputables los defectos procesales que aquél presente.

SEASHORE.

costa marítima. La zona que media entre las líneas de altas y bajas mareas.

SEASONABLE.

en tiempo útil. Dentro de un plazo razonable. Dentro del plazo previsto o autorizado.

SEASONABLE APPEARANCE.

comparecencia procesal dentro del plazo legal.

SEASONABLE MOTION.

moción procesal efectuada dentro del plazo legal.

SEASONABLY.

V. SEASONABLE.

SEASONAL.

estacional.

SEASONAL EMPLOYMENT.

empleo estacional.

SEAT.

asiento. Sede.

SEAT OF A CORPORATION.

sede de una persona jurídica.

V. CORPORATION.

SEAT OF COURT.

sede de un tribunal.

SEAT OF GOVERNMENT.

sede de gobierno.

SEAT ON EXCHANGE.

condición de miembro de un mercado de valores, autorizado a operar en éste.

SEATED LAND.

terreno cultivado o explotado.

SEAWORTHINESS.

condición de navegabilidad de una nave. Idoneidad de una nave para la navegación.

SEAWORTHY.

idónea para la navegación, como condición de una nave.

SECESSION.

secesión.

SECOND.

segundo. Sucesivo. Subordinado. ‖ substituto. Suplente. Reemplazante. ‖ también, como verbo (*to second*), secundar. Apoyar.

SECOND DEGREE BURGLARY.

entrada ilegal y violenta en una propiedad, cometida con intención de cometer un delito grave, realizada durante el día. V. BURGLARY.

SECOND DEGREE CRIME.

crimen de gravedad media, dentro de una escala de tres grados adoptada bajo diversas legislaciones.

SECOND DEGREE MURDER.

homicidio doloso, pero sin premeditación ni alevosía.

SECOND DELIVERY.

entrega de un instrumento de transmisión de

derechos sobre un inmueble por el depositario de tal instrumento.

SECOND-HAND.

segunda mano. De segunda mano.

SECOND-HAND EVIDENCE.

prueba indirecta. Prueba de oídas.

SECOND-HAND VALUE.

valor de segunda mano.

SECOND LIEN.

derecho de preferencia o privilegio que ocupa el segundo lugar en el orden de preferencia respecto de determinado bien.

V. LIEN.

SECOND MORTGAGE.

hipoteca de segundo grado. Segunda hipoteca.

SECOND OF EXCHANGE.

segunda de cambio.

SECOND OFFENDER.

reincidente. Delincuente reincidente.

SECOND OFFENCE.

reincidencia.

SECOND OFFENSE.

V. SECOND OFFENCE.

SECOND PREFERRED STOCK.

acciones preferidas de segundo grado u orden, o sea aquéllas respecto de las cuales existen otras con derechos preferentes.

SECOND THE MOTION.

secundar o apoyar la moción.

SECONDARY.

secundario. Indirecto. Subordinado. Accesorio.

SECONDARY AUTHORITIES.

las fuentes jurídicas no formales aplicables a una cuestión determinada, particularmente las constituidas por obras de doctrina.

V. AUTHORITIES.

SECONDARY BENEFICIARY.

beneficiario subordinado o substituto.

SECONDARY BOYCOTT.

boicot secundario. Boicot dirigido contra un empleador con el cual, quienes lo realizan, no se encuentran en conflicto, a fin de presionar indirectamente al empleador con que sí existe conflicto.

SECONDARY CONTRACT.

contrato modificatorio o substitutivo de otro anterior.

SECONDARY CONVEYANCE.

transferencia de derechos respecto de un in-mueble derivada de otra transferencia precedente. V. CONVEYANCE.

SECONDARY CREDITOR.

acreedor subordinado.

SECONDARY DISTRIBUTION.

la distribución de acciones u otros títulos por quienes los han adquirido luego de su emisión, o sea la que no es realizada directamente por el emisor o en su representación.

SECONDARY DISTRIBUTION VALUE.

el valor de realización de acciones y títulos, cuando éstos se realizan gradualmente mediante su venta a intermediarios.

V. SECONDARY DISTRIBUTION.

SECONDARY EASEMENT.

servidumbre accesoria, por estar destinada a asegurar o complementar los efectos de otra servidumbre.

SECONDARY EVIDENCE.

prueba secundaria o indirecta. La prueba a que se recurre en ausencia de medios de prueba directos, por no ser éstos disponibles o haber desaparecido.

SECONDARY FRANCHISE.

el conjunto de facultades y atribuciones otorgadas a una persona jurídica, al constituirse la misma, aparte de la personalidad misma que surge de tal constitución.

SECONDARY LENDER.

acreedor, especialmente hipotecario, que lo es por haber adquirido el crédito del acreedor original.

SECONDARY LIABILITY.

obligación accesoria.

SECONDARY MEANING.

significado secundario. El significado que adquiere un signo, que originalmente carece de capacidad distintiva, para identificar y distinguir a los bienes o servicios de quien lo utiliza, operando así como marca.

SECONDARY OBLIGATION.

obligación accesoria o secundaria.

SECONDARY OFFERING.

la oferta de acciones u otros títulos por quien los ha adquirido luego de su emisión, o sea la que no es realizada directamente por el emisor o sus representantes.

SECONDARY PARTIES.

el librador y los endosantes de una letra de cambio, en cuanto potenciales obligados de regreso.

SECONDARY PICKETING.
demostraciones sindicales contra un establecimiento respecto del cual los que las realizan
no se encuentran en conflicto, a fin de realizar
indirectamente presión respecto de la empresa con la que existe un conflicto. v. PICKETING.
SECONDARY BOYCOTT.

SECONDARY RIGHT.
derecho que sólo existe en relación a otro derecho preexistente.

SECONDARY STRIKE.
huelga realizada contra una empresa respecto
de la cual no existe un conflicto, a fin de realizar indirectamente presión respecto de la empresa con la que existe un conflicto laboral.
  V. SECONDARY BOYCOTT.

SECONDARY USE.
derecho de uso de inmueble ejercitable al
cumplirse una condición que da fin al derecho
de otra persona a realizar tal uso. v. USE.

SECONDING A MOTION.
acción de secundar o apoyar una moción.

SECONDS.
segundos, en particular los que actúan como
tales en un duelo.

SECRECY.
secreto. Carácter secreto.

SECRET.
secreto.

SECRET BALLOT.
escrutinio secreto.

SECRET EQUITY.
  V. LATENT EQUITY.

SECRET LIEN.
derecho de preferencia o privilegio que se
mantiene en secreto. v. LIEN.

SECRET PARTNER.
socio oculto.

SECRET PARTNERSHIP.
sociedad oculta. v. PARTNERSHIP.

SECRET POLICE.
policía secreta.

SECRET PROCESS.
proceso de fabricación o producción secreto.

SECRET PROFIT.
ganancia oculta.

SECRET SERVICE.
servicio secreto. Departamento de seguridad
secreto.

SECRET SOCIETY.
sociedad secreta.

SECRET TRUST.
fideicomiso oculto o secreto.
  v. TRUST.

SECRET VOTE.
voto secreto.

SECRETARIAT.
secretariado. Secretaría.

SECRETARY.
secretario. Secretaría.

SECRETARY GENERAL.
secretario general.

SECRETARY OF CORPORATION.
secretario de una persona jurídica.
  v. CORPORATION.

SECRETARY OF EMBASSY.
Secretario de embajada.

SECRETARY OF STATE.
Secretario de Estado.

SECRETE.
ocultar. Esconder.

SECT.
secta.

SECTARIAN.
sectario. ‖ relativo a una secta.

SECTION.
sección. ‖ artículo.

SECULAR.
secular. Seglar.

SECURE.
garantizar. Dar garantías. ‖ asegurar. Proteger.

SECURED.
garantizado.

SECURED CLAIM.
derecho con garantía o privilegio.
  V. CLAIM.

SECURED CREDIT.
crédito garantizado o privilegiado.

SECURED CREDITOR.
acreedor garantizado o privilegiado.

SECURED DEBT.
obligación respecto de la cual existe una garantía o privilegio.

SECURED LOAN.
préstamo respecto del cual existe una garantía
o privilegio.

SECURED NOTE.
pagaré respecto del cual se ha otorgado una
garantía o privilegio.

SECURED PARTY.
acreedor garantizado o privilegiado.

SECURED TRANSACTION.
operación de la que resultan créditos garantizados o privilegiados.

SECURITIES.
V. SECURITY.

SECURITIES ACTS.
leyes que regulan la emisión y oferta pública
de acciones y otros artículos.
V. SECURITY.

**SECURITIES AND EXCHANGE
COMMISSION.**
comisión de Valores de los Estados Unidos.
Ente federal estadounidense que tiene a su
cargo el control de la emisión, oferta pública y
negociación de acciones y otros títulos.
V. SECURITY.

SECURITIES BROKER.
agente bursátil. Corredor de valores.

SECURITIES EXCHANGE.
mercado de valores.

SECURITIES MARKET.
V. SECURITIES EXCHANGE.

SECURITIES OFFERING.
oferta de acciones y otros valores.

SECURITY.
garantía. Caución. ‖ seguridad. ‖ acción u
otros títulos de deuda, emitidos en serie, y que
se comercializan en mercados de valores. Se
utiliza generalmente el plural, *securities*, para
referirse a estos valores.

SECURITY AGREEMENT.
contrato mediante el que se crea una garantía
respecto de bienes muebles.

SECURITY COUNCIL.
consejo de Seguridad.

SECURITY DEPOSIT.
depósito de garantía.

SECURITY FOR COSTS.
caución respecto de costas judiciales.

SECURITY FOR GOOD BEHAVIOUR.
caución respecto del buen comportamiento
de un acusado o demandado.

SECURITY HOLDERS.
tenedores de acciones y otros títulos.
V. SECURITY.

SECURITY INTEREST.
derecho de garantía real. La expresión se utiliza generalmente respecto de garantías sobre
bienes muebles.

SECURITY OVER MOVABLES.
derecho de garantía sobre bienes muebles.

SECURITY REGULATIONS.
normas regulatorias de la emisión, oferta y circulación de valores. V. SECURITY.

SEDITION.
sedición. ‖ instigación a la desobediencia de las
leyes o a la alteración del orden público.

SEDITIOUS.
sedicioso.

SEDITIOUS LIBEL.
comunicación escrita de carácter sedicioso.

SEDITIOUS SPEECH.
discursos y comunicaciones orales de carácter
sedicioso.

SEDUCE.
seducir. Corromper.

SEDUCTION.
seducción.

SEGREGATION.
segregación.

SEIGNIORAGE.
señoreaje. Monedaje. Derecho que se paga
expresa o implícitamente al soberano en razón
de la acuñación de moneda.

SEIGNORY.
señorío.

SEISIN.
posesión de un inmueble respecto del cual se
goza un derecho de dominio.

SEISIN IN DEED.
V. SEISIN IN FACT.

SEISIN IN FACT.
posesión efectiva de un inmueble respecto del
cual se goza un derecho de dominio.

SEISIN IN LAW.
derecho a la posesión de un inmueble respecto
del cual se goza un derecho de dominio.

SEIZE.
secuestrar. Embargar. ‖ apoderarse. Ocupar.

SEIZED.
secuestrado. Embargado. ‖ detenido. Apresa-
do. ‖ apoderado. Ocupado.

SEIZIN.
V. SEISIN.

SEIZURE.
secuestro. Embargo. Apoderamiento. Ocupación. ‖ detención. Aprehensión.

SELECT.
selecto. Escogido. ‖ como verbo (*to select*),
elegir. Seleccionar.

SELECT COUNCIL.
concejo superior de una municipalidad.

SELECT JURORS.
seleccionar miembros de un jurado.

SELECTIVE SALES TAX.
impuesto selectivo a las ventas.

SELECTIVE SERVICE.
servicio militar selectivo.

SELF-CONTRACTING.
autocontratación. Contratación consigo mismo.

SELF-DEALING.
el acto de un representante o fideicomisario realizado en interés propio.

SELF-DEFENCE.
defensa propia.

SELF-DEFENSE.
V. SELF-DEFENCE.

SELF-DETERMINATION.
autodeterminación.

SELF-DESTRUCTION.
autodestrucción.

SELF-EMPLOYED.
quien desarrolla una actividad autónoma o independiente. Corresponde al neologismo "cuentapropista".

SELF-EMPLOYMENT.
ejercicio autónomo de una actividad. Autoempleo.

SELF-EMPLOYMENT INCOME.
ingreso derivado de actividades realizadas por cuenta propia.
V. SELF-EMPLOYMENT.

SELF-EXECUTING.
de aplicación inmediata. Autoejecutable.

SELF-EXECUTING JUDGMENT.
sentencia de aplicación inmediata, sin necesidad de medidas o decisiones complementarias.

SELF-EXECUTING PROVISION.
norma directamente aplicable, en contraposición a las programáticas y a las que requieren de reglamentación.

SELF-FINANCING.
autofinanciación.

SELF-GOVERNMENT.
autogobierno.

SELF-HELP.
autotutela.

SELF-INCRIMINATION.
autoincriminación. Declaración contra sí mismo.

SELF-INFLICTED.
autoinfligido. Usado para referirse al daño causado a sí mismo.

SELF-INSURANCE.
autoaseguración.

SELF-MURDER.
suicidio.

SELF-PRESERVATION.
defensa propia.

SELF-PROVED WILL.
testamento en el que, mediante el cumplimiento de ciertas formalidades, se eliminan requisitos de prueba al dársele efecto.

SELF-PROVING INSTRUMENT.
instrumento que no requiere de pruebas adicionales respecto de su carácter genuino.

SELF-REDRESS.
autotutela.

SELF-REMEDY.
V. SELF-HELP.

SELF-SERVING DECLARATION.
declaración en beneficio de quien la formula.

SELL.
vender.

SELL AT AUCTION.
vender en subasta. Rematar.

SELL OFF.
liquidar mercaderías.

SELL ON CONSIGNMENT.
vender en consignación.

SELL SHORT.
vender, para su entrega futura, bienes de los que todavía no se dispone. ‖ menospreciar. Vender o cotizar debajo de su valor.

SELL UP.
liquidar los bienes de una empresa o de una persona.

SELLER.
vendedor.

SELLER'S LIEN.
privilegio o derecho de preferencia sobre la cosa vendida, del que goza el vendedor por el saldo impago de precio. V. LIEN.

SELLER'S MARKET.
mercado que favorece al vendedor, por la escasez relativa de la oferta.

SELLER'S OPTION.
opción de venta. ‖ opción del vendedor entre varias contraprestaciones.

SELLER'S RETENTION OF TITLE.
reserva de dominio a favor del vendedor.

SELLER'S RISK.
riesgo de la cosa vendida que pesa sobre el vendedor.

SELLING AGENT.
representante o agente de ventas.

SELLING STOCKS SHORT.
venta de acciones a ser entregadas en el futuro, de las que todavía no se dispone, en la expectativa de que su precio bajará. También la operación en la que las acciones se entregan inmediatamente, pero son adquiridas de un tercero a quien se promete entregar una cantidad igual en cierto término.

SEMBLANCE.
apariencia.

SEMBLE.
en apariencia. Aparentemente. La calificación que se introduce a una afirmación jurídica cuando existen dudas respecto de la validez de la misma.

SEMINARY.
seminario.

SEMINAUFRAGIUM.
echazón destinada a evitar el naufragio. ‖ daños sufridos por una nave que impiden su reparación por el costo que ella implicaría.

SEMI-PLENA PROBATIO.
semiplena prueba.

SENATE.
senado.

SENATOR.
senador.

SEND.
enviar. Remitir.

SENDER.
remitente.

SENILE.
senil.

SENILE DEMENTIA.
demencia senil.

SENILITY.
senilidad.

SENIOR.
privilegiado. Superior. Preferente. ‖ anciano. De mayor edad o antigüedad.

SENIOR CITIZEN.
persona de edad avanzada.

SENIOR COUNSEL.
abogado principal. Abogado que conduce la representación de una parte en un juicio, asistido por otros.

SENIOR CREDITOR.
acreedor preferente. Acreedor con un mejor privilegio.

SENIOR INTEREST.
derecho preferente. Derecho con un mejor privilegio.

SENIOR JUDGE.
juez decano. El juez de mayor antigüedad de un tribunal colegiado.

SENIOR LIEN.
privilegio o derecho de preferencia de rango superior a otro. V. LIEN.

SENIOR MORTGAGE.
hipoteca de rango superior a otra.

SENIOR PARTNER.
socio principal, en particular el de un estudio jurídico.

SENIOR SECURITY.
derecho de garantía preferente o de rango superior.

SENIORITY.
antigüedad. ‖ precedencia o preferencia de un derecho o privilegio, o de una persona dentro de un cuerpo colegiado u otra organización.

SENIORITY RIGHTS.
derechos de antigüedad.

SENTENCE.
condena. Sentencia. ‖ oración. ‖ como verbo (*to sentence*), sentenciar. Condenar.

SENTENCE IN ABSTENTIA.
sentencia en ausencia o rebeldía.

SENTENCE OF DEATH.
sentencia de muerte.

SENTENCING.
imposición o determinación de la pena.

SENTENCING COUNCIL.
panel de jueces que determina la pena aplicable a quien ha sido declarado culpable de un delito.

SENTIMENTAL VALUE.
valor afectivo.

SEPARABILITY CLAUSE.
cláusula contractual en la que se establece que la nulidad de una cláusula del mismo contrato no afectará la validez del resto del mismo.

SEPARABLE.
separable. Divisible. Escindible.

SEPARABLE CONTRACT.
contrato divisible.

SEPARABLE CONTROVERSY.
controversia o conflicto que puede ser separa-

do de la litis, a fin de ser objeto de juicio independiente ante otro tribunal.

SEPARATE.
separado. Distinto. Diviso. ‖ como verbo (*to separate*), separar. Dividir. Escindir.

SEPARATE ACTION.
acción entablada separadamente, en contraposición a la entablada conjuntamente por varios demandantes.

SEPARATE BUT EQUAL.
separados pero iguales. Doctrina que reconoce la igualdad de derechos de las razas, al tiempo que mantiene su separación.

SEPARATE COVENANT.
estipulación contractual que obliga a varias partes, separada e individualmente.
V. COVENANT.

SEPARATE COUNTS.
pretensiones distintas y con entidad propia, incluidas en una demanda civil o acusación penal.

SEPARATE DEBT.
obligación no solidaria.

SEPARATE DEFENCE.
defensa opuesta por uno de entre varios codemandados.

SEPARATE DEFENSE.
V. SEPARATE DEFENCE.

SEPARATE ESTATE.
patrimonio individual. Bienes propios de un cónyuge o de un socio.

SEPARATE EXAMINATION.
interrogatorio de un testigo realizado de forma que el mismo no sea escuchado por los restantes testigos.

SEPARATE FUND.
patrimonio separado o autónomo.

SEPARATE-GENERAL VERDICT.
veredicto del jurado sobre una de las diversas cuestiones que se le someten.

SEPARATE MAINTENANCE.
cuota alimentaria abonada a la esposa en casos de separación, aunque no exista formalmente divorcio.

SEPARATE OFFENCES.
concurso de delitos.

SEPARATE OFFENSES.
V. SEPARATE OFFENCES.

SEPARATE OPINION.
voto individual de un miembro de un tribunal colegiado, que se aparta del voto de la mayoría.

SEPARATE PROPERTY.
bienes propios de un cónyuge.

SEPARATE RETURN.
declaración individual de un cónyuge a efectos del impuesto a las ganancias.

SEPARATE TRIAL.
juicio separado e independiente, en particular respecto de varias personas que son juzgadas individualmente en juicios diversos.

SEPARATION.
separación. División. Partición. ‖ separación matrimonial.

SEPARATION A MENSA ET THORO.
V. DIVORCE A MENSA ET THORO.

SEPARATION AGREEMENT.
acuerdo de separación matrimonial.

SEPARATION FROM BED AND BOARD.
V. DIVORCE A MENSA ET THORO.

SEPARATION OF HUSBAND AND WIFE.
separación matrimonial

SEPARATION OF JURY.
separación de los miembros de un jurado. Finalización de sus reuniones o sesiones como tal.

SEPARATION OF PATRIMONY.
separación de patrimonio.

SEPARATION OF POWERS.
división de poderes.

SEPARATION OF PROPERTY.
separación patrimonial.

SEPARATION OF SPOUSES.
V. SEPARATION OF HUSBAND AND WIFE.

SEPARATION OF WITNESSES.
mantenimiento de los testigos fuera del recinto donde se desarrolla la audiencia en que los mismos han de declarar.

SEPARATION ORDER.
orden de separación matrimonial.

SEQUESTER.
secuestrar. ‖ aislar. Mantener apartado. ‖ confiscar. Expropiar. ‖ embargar.

SEQUESTERED ACCOUNT.
cuenta embargada.

SEQUESTRATION.
secuestro. ‖ expropiación. Confiscación. ‖ depósito de bienes ante un tercero, para que éste los entregue a quien corresponda una vez determinado en juicio tal beneficiario.

SEQUESTRATION OF JURY.

reunión de un jurado de forma de mantenerlo aislado del público durante el curso del juicio correspondiente.

SEQUESTRATION RECEIVERSHIP.

intervención de una persona jurídica, nombrándose un interventor o síndico que toma el control de sus bienes. V. RECEIVERSHIP.

SEQUESTRATOR.

quien efectúa un secuestro.

V. SEQUESTRATION.

SERF.

siervo.

SERGEANT.

sargento.

SERIAL BONDS.

bonos emitidos en un momento determinado, con fechas de vencimiento sucesivas.

SERIAL NOTE.

pagaré cancelable en cuotas sucesivas.

SERIAL NUMBER.

número de serie.

SERIAL RIGHT.

derecho a publicar una obra en forma de serie.

SERIES.

serie.

SERIES BONDS.

bonos emitidos en serie.

SERIES OF NOTES.

pagarés emitidos en serie, con diferentes fechas de vencimiento.

SERIOUS.

serio. Grave.

SERIOUS ACCIDENT.

accidente grave.

SERIOUS AND WILFUL MISCONDUCT.

inconducta grave y maliciosa.

SERIOUS AND WILLFUL MISCONDUCT.

V. SERIOUS AND WILFUL MISCONDUCT.

SERIOUS BODILY HARM.

daños físicos graves.

SERIOUS BODILY INJURY.

V. SERIOUS BODILY HARM.

SERIOUS CRIME.

delito grave.

SERIOUS DAMAGE.

daño grave.

SERIOUS ILLNESS.

enfermedad grave.

SERIOUS MISCONDUCT.

inconducta grave.

SERJEANT.

V. SERGEANT.

SERVANT.

dependiente. Empleado. Trabajador en relación de dependencia. ‖ sirviente.

SERVE.

servir. ‖ notificar. Diligenciar. ‖ cumplir.

SERVE A NOTICE.

notificar.

SERVE A SENTENCE.

cumplir una condena.

SERVE A SUMMONS.

notificar una citación, emplazamiento o demanda.

SERVICE.

servicio. Trabajo subordinado. ‖ servicio público. ‖ notificación judicial. ‖ como verbo (*to service*), pagar o atender una deuda. ‖ también como verbo, dar un servicio. Atender.

SERVICE ASSOCIATION.

asociación de servicios. Asociación que presta servicios a sus miembros.

SERVICE BY MAIL.

notificación postal.

SERVICE BY PUBLICATION.

notificación mediante publicaciones o edictos.

SERVICE CHARGE.

cargos por servicios, especialmente en materia bancaria. ‖ propina o porcentaje por servicios, sumado a los precios de restaurantes u hoteles.

SERVICE CONTRACT.

contrato de mantenimiento de una maquinaria u otro bien.

SERVICE ESTABLISHMENT.

establecimiento donde se prestan servicios.

SERVICE FEE.

honorario cobrado por un SHERIFF (v.) u otro oficial de justicia, como contraprestación por la realización de notificaciones judiciales.

SERVICE LAW.

Derecho Militar.

SERVICE LETTER.

carta de recomendación. Certificado de trabajo.

SERVICE LIEN.

derecho de preferencia o privilegio, respecto de un bien en el que se realizan trabajos, por el valor de éstos. V. LIEN.

SERVICE LIFE.

vida útil de un bien.

SERVICE-MAN.
militar en servicio.

SERVICE MARK.
marca de servicios.

SERVICE OCCUPATION TAX.
impuesto sobre la prestación de servicios.

SERVICE OF ARREST OF SHIP.
notificación de la orden de secuestro de un navío.

SERVICE OF DOCUMENTS.
notificación de documentos.

SERVICE OF EXECUTION.
actos procesales que integran un proceso de ejecución.

SERVICE OF NOTICE.
notificación judicial.

SERVICE OF PLEADING.
notificación de la demanda o la reconvención.

SERVICE OF PROCESS.
notificación de actos procesales.

SERVICE OF SUMMONS.
notificación de la citación a comparecer en juicio.

SERVICE OF THE SHIP.
servicio a bordo. Trabajo en relación de dependencia realizado en una nave.

SERVICE ON THE CROWN.
en Gran Bretaña, notificación a la administración pública.

SERVICE ORGANIZATION.
agencia de empleo.

SERVICE OUT OF THE JURISDICTION.
notificación a personas situadas fuera de la jurisdicción del juzgado.

SERVICE REAL.
servidumbre real.

SERVICEMAN.
V. SERVICE-MAN.

SERVICES RENDERED.
servicios prestados.

SERVIENT.
sirviente.

SERVIENT OWNER.
propietario del fundo sirviente.

SERVIENT TENEMENT.
fundo sirviente.

SERVING SENTENCE.
cumplimiento de una pena de prisión.

SERVITUDE.
servidumbre.

SESSION.
sesión.

SESSION LAWS.
las leyes aprobadas durante un período parlamentario.

SESSION OF COURT.
sesión de un tribunal.

SESSION OF PARLIAMENT.
sesión parlamentaria.

SET APART.
separar. Dividir. Apartar.

SET ASIDE.
anula. Revoca. Cancela.
V. SET APART.

SET DOWN.
fijar la fecha de una audiencia.

SET FOR TRIAL.
fijar la fecha de la audiencia principal de un juicio.

SET OF BOOKS.
juego de libros.

SET OF EXCHANGE.
juego de letras de cambio, formado por el original y sus copias.

SET OFF.
compensar. Oponer una excepción de compensación.

SET-OFF.
compensación. ‖ excepción de compensación.

SET-OFF OF JUDGMENTS.
compensación entre créditos recíprocos derivados de diversas sentencias.

SET OUT.
describir. Exhibir. Presentar.

SET UP.
plantear. Alegar. Oponer como defensa.

SETBACK.
línea de edificación. Receso. ‖ contratiempo. Retroceso. Deuda.

SETT AND SALE.
acción del copropietario de una nave dirigida a terminar la copropiedad mediante la adquisición de las partes de los otros copropietarios, la venta a éstos de la parte del accionante o la venta de la nave.

SETTLE.
transar. Componer. Transigir. Arreglar. ‖ acordar. Convenir. ‖ aprobar. Determinar. Establecer. ‖ cancelar el saldo de una cuenta. ‖ destinar un bien al goce futuro de determinadas personas.

SETTLE OUT OF COURT.
transar extrajudicialmente.

SETTLE UP.
liquidar un patrimonio.

SETTLED ACCOUNT.
cuenta aprobada. ‖ cuenta saldada.

SETTLED ESTATE.
derecho respecto de un inmueble que está destinado a su goce futuro por determinadas personas.

SETTLED LAND.
inmueble destinado al goce futuro de determinadas personas.

SETTLEMENT.
transacción. Arreglo. Composición. Conciliación. ‖ acuerdo. Convenio. ‖ aprobación. Determinación. ‖ pago del saldo de una cuenta. Liquidación de una cuenta. ‖ disposición por acto entre vivos o *mortis causa*, mediante la que se destinan bienes al goce futuro de determinadas personas.

SETTLEMENT OF A DISPUTE.
transacción de una controversia.

SETTLEMENT OF ACCOUNTS.
liquidación de cuentas.

SETTLEMENT OF ACTIONS.
transacción de una controversia judicial.

SETTLEMENT OF CASE.
decisión por el *a quo* respecto de la validez de una expresión de agravios, cuando las partes no logran ponerse de acuerdo respecto de tal validez. ‖ transacción de una controversia judicial.

SETTLEMENT OF CLAIMS.
cancelación de créditos.

SETTLEMENT OF COMMITMENTS.
cancelación de pasivos.

SETTLEMENT OPTION.
opción dada al beneficiario de un seguro de vida respecto de la forma de pago del seguro.

SETTLEMENT OUT OF COURT.
transacción extrajudicial.

SETTLEMENT PROCEDURE.
procedimiento de conciliación o transacción.

SETTLEMENT STATEMENT.
cuenta de liquidación de los gastos de una operación.

SETTLER.
poblador. Ocupante de un terreno.
V. SETTLOR.

SETTLING DAY.
día de liquidación de una operación, especialmente de las de orden bursátil.

SETTLOR.
quien destina un bien al goce futuro de determinadas personas.

SETTLOR OF THE TRUST.
fideicomitente.
V. TRUST.

SEVER.
separar. Dividir.

SEVERABILITY.
divisibilidad.

SEVERABILITY CLAUSE.
cláusula mediante la que se dispone que un elemento nulo o inválido de una ley o contrato puede ser separado de éstos, manteniéndose en vigencia el resto de las disposiciones de la misma ley o contrato.

SEVERABILITY OF CONTRACT.
divisibilidad de un contrato. Posibilidad de separar sus cláusulas válidas de las inválidas, manteniendo la vigencia de aquéllas.

SEVERABILITY OF DEPOSITION.
divisibilidad de una declaración en juicio.

SEVERABILITY OF STATUTE.
divisibilidad de una ley. Posibilidad de separar sus disposiciones válidas de las inválidas, manteniendo la vigencia de aquéllas.
V. STATUTE.

SEVERABLE.
divisible. Separable.

SEVERABLE ACTION.
acción susceptible de ser entablada independientemente de otra a la que se encuentra vinculada.

SEVERABLE CLAIM.
crédito o derecho que es exigible independientemente de otro al que se encuentra vinculado. V. CLAIM.

SEVERABLE CONTRACT.
contrato divisible.

SEVERABLE JUDGMENT.
sentencia divisible de forma tal, que aunque una de sus partes sea revocada, las restantes puedan permanecer en vigor.

SEVERABLE STATUTE.
ley que permanece en vigor, en su conjunto, aunque alguna de sus disposiciones sea declarada inconstitucinal.

SEVERAL.

varios. ‖ divisible. Separado. Individual. Independiente.

SEVERAL ACTIONS.

acciones independientes. ‖ pluralidad de acciones.

SEVERAL CONTRACT.

contrato que prevé derechos ejercitables independientemente contra varias partes.

V. SEVERABILITY.

SEVERAL COVENANT.

V. SEPARATE COVENANT.

SEVERAL DEFENSES.

defensas independientes.

SEVERAL INHERITANCE.

herencia dividida en partes independientes.

SEVERAL LIABILITY.

responsabilidad independiente de dos o más partes respecto de una obligación, tal que una de ellas puede ser objeto de acciones con independencia de la otra. No supone una responsabilidad solidaria sino una pluralidad de responsabilidades independientes.

SEVERAL OBLIGATION.

obligación independiente de la de otra parte.

V. SEVERAL LIABILITY.

SEVERAL OBLIGOR.

el obligado en forma independiente de otra parte. V. SEVERAL LIABILITY.

SEVERAL OWNERSHIP.

propiedad individual, en contraposición a las diferentes formas de condominio o copropiedad.

SEVERAL PASTURE.

derecho de pastoreo que excluye al del propietario del terreno en el que aquél se ejerce.

SEVERAL TAIL.

derecho de FEE TAIL (v.) otorgado a una pluralidad de partes que son cotitulares del mismo.

SEVERAL TENANCY.

posesión compartida entre varias partes independientes, sin derecho a sucederse recíprocamente.

SEVERALLY.

separadamente. Individualmente. Independientemente. Ni solidariamente ni en común.

SEVERALLY LIABLE.

responsable individualmente.

V. SEVERAL LIABILITY.

SEVERALTY.

separación. ‖ división. Separación. Exclusión. ‖ condición de un derecho respecto de un inmueble ejercido individualmente y no en común con otras personas.

V. ESTATE IN SEVERALTY.

SEVERANCE.

separación. División. ‖ despido. Cesantía. ‖ partición de un condominio o de otras formas de copropiedad. ‖ separación de las disposiciones nulas de un contrato, manteniéndose en vigor las restantes.

SEVERANCE DAMAGE.

daños resultantes de la división de un inmueble.

SEVERANCE OF ACTIONS.

separación de distintas acciones, susceptibles de continuar individualmente.

SEVERANCE OF CRIMINAL PROSECUTION.

enjuiciamiento en forma separada de distintos acusados o de causas relativas al mismo acusado, aunque exista vinculación respecto de los delitos que se les imputan.

SEVERANCE OF DIPLOMATIC RELATIONS.

ruptura de relaciones diplomáticas.

SEVERANCE OF ISSUES.

separación, para su enjuiciamiento independiente, de distintas cuestiones, planteadas en un juicio.

SEVERANCE PAY.

V. SEVERANCE PAYMENT.

SEVERANCE PAYMENT.

indemnización por despido.

SEVERANCE TAX.

impuesto sobre la extracción de minerales y productos forestales.

SEVERE.

severo. Grave.

SEX DISCRIMINATION.

discriminación sexual.

SEXUAL ASSAULT.

abuso deshonesto.

SEXUAL INTERCOURSE.

acceso carnal.

SEXUAL OFFENCE.

delito sexual. Delito contra la honestidad.

SEXUAL OFFENSE.

V. SEXUAL OFFENCE.

SHADOW CABINET.

en Gran Bretaña, gabinete formado por el

principal partido de oposición, sin ejercicio de funciones de gobierno.

SHAKEDOWN.
extorsión.

SHAM.
ficticio. Falso. Simulado. ‖ operación ficticia o simulada.

SHAM ANSWER.
V. FRIVOLOUS ANSWER.

SHAM BID.
oferta ficticia, formulada en una subasta pública para elevar los precios allí cotizados.

SHAM CONVICTION.
condena obtenida por colusión entre el acusador y el delincuente, en la que éste se declara culpable de un delito menor, de forma de no ser procesado por otro delito de mayor entidad.

SHAM DEFENCE.
defensa manifiestamente infundada, interpuesta con fines dilatorios.

SHAM DEFENSE.
V. SHAM DEFENCE.

SHAM GIFT.
donación simulada.

SHAM PLEA.
defensa o excepción manifiestamente infundadas, interpuestas con fines dilatorios o de otra índole.

SHAM PLEADING.
V. SHAM PLEA.

SHAM TRANSACTION.
operación ficticia o simulada.

SHANTHAI.
inducir a realizar algo, generalmente ilegal, mediante engaños.

SHARE.
parte. Cuota. Porción. Participación. ‖ acción (de una sociedad). ‖ como verbo (*to share*), participar. Compartir. Repartir.

SHARE AND SHARE ALIKE.
compartir en partes o proporciones iguales.

SHARE CAPITAL.
capital accionario.

SHARE CERTIFICATE.
certificado accionario.

SHARE LEASE.
arrendamiento pagadero con una participación en las cosechas u otros producidos del bien arrendado. Puede ser equivalente a operaciones de aparcería.

SHARE LIEN.
derecho de preferencia o privilegio respecto de acciones societarias. V. LIEN.

SHARE OF CORPORATE STOCK.
acción de una sociedad.

SHARE SPLIT.
división de una acción de una sociedad en varias.

SHARE TENANT.
el arrendatario de un SHARE LEASE (v.). Aparcero.

SHARE WARRANT.
warrant. Certificado que da derecho a recibir o adquirir cierta cantidad de acciones, bajo ciertas condiciones.

SHARECROPPER.
aparcero.

SHARECROPPING.
aparcería.

SHAREHOLDER.
accionista.

SHAREHOLDER'S AGREEMENT.
contrato parasocial entre accionistas.

SHAREHOLDER'S MEETING.
asamblea de accionistas.

SHAREPUSHING.
venta a domicilio acciones de sociedades.

SHARP CLAUSE.
cláusula de una hipoteca o de otro instrumento que permite al acreedor accionar sumariamente contra el deudor en caso de incumplimiento.

SHEET.
hoja. Planilla.

SHELF.
plataforma. ‖ como verbo (*to shelf*), archivar. Desestimar o dejar para posterior consideración.

SHELF REGISTRATION.
presentación de la documentación necesaria para una emisión de títulos ante las autoridades competentes, con miras a efectuar tal emisión en un momento futuro, aún no precisado, en que se considere conveniente.

SHELTER.
refugio. Protección. ‖ como verbo (*to shelter*), proteger. Amparar. Dar refugio.

SHERIFF.
alguacil. Auxiliar de la justicia, que es también la autoridad administrativa superior de un juzgado. Provee lo necesario para la ejecución de

sentencias y providencias judiciales, y para la conservación del orden público.

SHERIFF'S DEED.

instrumento mediante el que se transfiere el título respecto de una propiedad vendida en una subasta judicial. v. SHERIFF'S SALE.

SHERIFF'S INDEMNITY.

garantía de indemnización que un SHERIFF (v.) puede exigir de un acreedor ejecutante, respecto de los actos que aquél realice en el curso de la ejecución.

SHERIFF'S JURY.

jurado que emite veredicto respecto de la propiedad que ha sido objeto de embargo ejecutivo.

SHERIFF'S RETURN.

informe del SHERIFF (v.) al tribunal respecto del cumplimiento de una diligencia ordenada por éste.

SHERIFF'S SALE.

venta o subasta judicial realizada bajo el control y dirección de un SHERIFF (v.) o de otro auxiliar de la justicia dependiente de aquél.

SHERMAN ACT.

ley Sherman; la principal ley antimonopólica de los Estados Unidos, del año 1890.

SHIELD.

excepción. Defensa. ‖ como verbo (to shield), defender. Proteger.

SHIELD LAWS.

leyes que permiten a los periodistas mantener en secreto información obtenida en el curso de sus investigaciones y actividades.

SHIFTING.

sustitución. Mutación. Movimiento. Traslado.

SHIFTING BURDEN OF TAX.

trasladar un impuesto.

SHIFTING CLAUSE.

cláusula que permite alterar el objeto de un derecho futuro transmitido respecto de un inmueble. v. SETTLEMENT.

SHIFTING INCOME.

acto de trasladar el ingreso imputable a una persona a otra u otras, con fines impositivos.

SHIFTING RISK.

el riesgo asegurado o asegurable respecto de un inventario flotante o variable.

SHIFTING SECURITY.

garantía flotante.

SHIFTING THE BURDEN OF PROOF.

inversión de la carga de la prueba.

SHIFTING STOCK OF MERCHANDISE.

inventario flotante de mercaderías.

SHIFTING TRUST.

fideicomiso cuyos beneficiarios cambian en función de determinadas condiciones o circunstancias.

v. TRUST.

SHIFTING USE.

derecho de uso de un inmueble que se traslada a otra persona al cumplirse cierta condición. v. USE.

SHIP.

barco. Buque. Nave. Navío. ‖ como verbo (to ship), embarcar. Enviar. Transportar.

SHIP BROKER.

agente naviero.

SHIP-MASTER.

v. MASTER OF A SHIP.

SHIP MORTGAGE.

hipoteca naval.

SHIP RECEIPT.

conocimiento de embarque.

SHIP'S ARTICLES.

contrato de trabajo con el personal embarcado.

SHIP'S BILL.

copia del conocimiento de embarque que queda en poder del capitán del buque transportador.

SHIP'S PAPERS.

documentación de un navío.

SHIP'S PASSPORT.

carta de mar.

SHIP'S PROTEST.

protesta de avería.

SHIP'S RECEIPT.

recibo de embarque.

SHIP'S REGISTRY.

registro naval.

SHIPBUILDER.

constructor naval.

SHIPMENT.

embarque. Expedición. ‖ carga. Embarque. Cargamento.

SHIPMENT CONTRACT.

contrato que requiere el transporte de mercaderías.

SHIPOWNER.

propietario de una nave.

SHIPOWNER'S LIABILITY.

responsabilidad del propietario de una nave.

SHIPOWNER'S LIEN.
derecho de preferencia o privilegio a favor del propietario de una nave respecto de fletes y otros créditos derivados de la nave. v. LIEN.

SHIPPED BILL OF LADING.
conocimiento de embarque que acredita la carga de la mercadería a bordo del buque correspondiente.

SHIPPER.
cargador. Quien expide o entrega carga para su transporte.

SHIPPER'S CERTIFICATE.
declaración de embarque.

SHIPPER'S LIEN FOR LOSS.
derecho de preferencia o privilegio a favor de los créditos del cargador derivados de la pérdida de la mercadería transportada, sobre el buque del transportador. v. LIEN.

SHIPPING.
atinente a la navegación. ‖ transporte naval. ‖ envío. Expedición. Embarque.

SHIPPING ACTS.
leyes de navegación.

SHIPPING AGENT.
agente marítimo o naviero.

SHIPPING ARTICLES.
v. SHIP'S ARTICLES.

SHIPPING CASUALTY.
siniestro naval o marítimo.

SHIPPING COMMISSIONER.
funcionario encargado de controlar la contratación de personal embarcado.

SHIPPING COMPANY.
compañía de navegación o naviera.

SHIPPING CONFERENCE.
conferencia naviera o marítima. Conferencia de fletes.

SHIPPING DOCUMENTS.
documentación de una operación de compraventa a distancia.

SHIPPING ENTERPRISE.
empresa naviera o de navegación.

SHIPPING INQUIRY.
investigación de un siniestro naval.

SHIPPING INSTRUCTIONS.
instrucciones del cargador respecto del transporte de la carga.

SHIPPING LAW.
derecho de la Navegación.

SHIPPING ORDER.
copia de un conocimiento de embarque en la que se incluyen instrucciones para el transportador respecto del destino de los bienes transportados.

SHIPPING PAPERS.
v. SHIPPING DOCUMENTS.

SHIPREPAIRER.
reparador naval. Reparador de buques.

SHIPWRECK.
naufragio.

SHOP.
negocio. Tienda. Comercio. Taller. ‖ como verbo (to shop), ir de compras.

SHOP RIGHT.
derecho del empleador respecto de las invenciones de sus empleados.

SHOP STEWARD.
delegado sindical.

SHOPBOOKS.
libros contables.

SHOPLIFTER.
ratero de tiendas.

SHOPLIFTING.
raterismo de tiendas. Hurto de mercaderías en una tienda o comercio.

SHOPPING.
compras. ‖ v. FORUM SHOPPING.

SHOPPING CENTER.
centro comercial.

SHORE.
costa.

SHORE LANDS.
tierras que median entre las líneas de altas y bajas mareas.

SHORT.
corto. Breve. Menor. ‖ la posición de quien tiene una posición deudora respecto de una mercadería, título o moneda. ‖ como verbo (to short), entregar menos de lo debido.

SHORT CAUSE.
causa de corta duración.

SHORT CAUSE LIST.
lista de causas cuya audiencia principal es de breve duración.

SHORT COVERING.
cobertura respecto de posiciones de futuro vendidas. Compra de acciones u otros bienes para cubrirse en relación al compromiso adquirido de entregar tales acciones o bienes en un momento futuro.

SHORT DATED.
de corto plazo.

SHORT DELIVERY.
entrega de un cargamento con un faltante respecto de las cantidades indicadas en la documentación.

SHORT ENTRY.
acreditación provisional de un depósito bancario, pendiente del cobro del valor depositado.

SHORT FORM.
forma de acusación simplificada, exigida por la ley en ciertos juicios penales. ‖ forma simplificada de demanda, aplicable en juicios basados en títulos de crédito. ‖ tipo de demanda en la que sólo se exponen los hechos en que se funda. ‖ contrato simplificado. ‖ formulario simplificado.

SHORT INTEREST.
en los casos en que se han vendido acciones u otros bienes para su entrega futura, la parte de la cantidad cuya entrega se ha comprometido que aún no ha sido adquirida.

SHORT LEASE.
locación de cosa por un plazo breve. V. LEASE.

SHORT MEASURE.
faltante. Entrega de menor cantidad que la que se cobra o factura.

SHORT NOTICE.
dentro de un breve plazo luego de la notificación, aviso o intimación.

SHORT ORDER.
orden judicial a ser notificada en un plazo abreviado.

SHORT POSITION.
posición sobrevendida. La posición de quien ha vendido acciones u otros bienes, para su entrega futura, en la medida en que las acciones o bienes a entregar aún no se han adquirido.

SHORT SALE.
venta de acciones u otros bienes, que aún no se poseen, para su entrega futura.

SHORT SIGHT.
dentro de un plazo breve luego de la presentación o vista. A pocos días vista.

SHORT STATUTE OF LIMITATION.
prescripción liberatoria de corta duración. V. STATUTE OF LIMITATION.

SHORT SUMMONS.
notificación de la citación a comparecer en juicio, que debe ser atendida dentro de un plazo abreviado. V. SUMMONS.

SHORT SWING PROFITS.
ganancias derivadas de operaciones de compra y reventa de acciones u otros títulos en un plazo corto.

SHORT-TERM.
corto plazo.

SHORT-TERM DEBT.
deuda de corto plazo.

SHORT-TERM LOAN.
préstamo a corto plazo.

SHORT-TERM PAPER.
títulos de deuda a corto plazo.

SHORT-TERM SECURITY.
título de corto plazo. V. SECURITY.

SHORT-TERM TRUST.
fideicomiso de corto plazo. V. TRUST.

SHORT TITLE.
título abreviado de una ley.

SHORT TON.
tonelada corta, equivalente aproximadamente a 908 kilogramos.

SHORT WEIGHT.
peso menor al estipulado, del que hace entrega fraudulentamente un vendedor.

SHORTAGE.
escasez.

SHORTHAND.
taquigrafía. Estenografía.

SHORTHAND-WRITER'S NOTES.
notas taquigráficas oficiales.

SHOTGUN WEDDING.
matrimonio viciado por violencia o intimidación sobre una de las partes.

SHOW.
demostración. Exhibición. Muestra. Espectáculo. ‖ como verbo (to show), mostrar. Demostrar. Probar.

SHOW CAUSE.
fundamentar jurídicamente una pretensión.

SHOW CAUSE ORDER.
V. ORDER TO SHOW CAUSE.

SHOW OF HANDS.
votación que se realiza alzando la mano.

SHOW UP.
careo.

SHRINKAGE.
merma. Pérdida de peso.

SHUT DOWN.
cerrar. Detener el funcionamiento de un establecimiento.

SHUT-IN ROYALTY.
regalía pagadera aunque no exista producción.

SHYSTER.
picapleitos. Ave negra. Abogado inescrupuloso.

SICK.
enfermo.

SICK LEAVE.
licencia por enfermedad.

SICK PAY.
remuneración durante la licencia por enfermedad.

SICKNESS.
enfermedad.

SICKNESS BENEFIT.
indemnización por enfermedad.

SICKNESS INSURANCE.
seguro contra enfermedad.

SIDE.
lado. ‖ parte de un juicio. ‖ un fuero judicial dentro de determinada jurisdicción. ‖ como verbo (*to side*), tomar partido.

SIDE LINES.
líneas comerciales secundarias de una empresa. ‖ líneas laterales de una pertenencia minera.

SIDE REPORTS.
publicación extraoficial de fallos judiciales.

SIDEWALK.
vereda. Acera.

SIGHT.
vista. ‖ como verbo (*to sight*), avistar.

SIGHT BILL.
letra a la vista.

SIGHT DRAFT.
letra o giro a la vista.

SIGN.
signo. ‖ como verbo (*to sign*), firmar.

SIGNAL.
señal. ‖ como verbo (*to signal*), señalar. Indicar.

SIGNATORY.
signatario.

SIGNATORY STATE.
estado signatario.

SIGNATURE.
firma. Rúbrica.

SIGNATURE AD REFERENDUM.
firma *ad referendum* o que está sujeta a ratificación.

SIGNATURE BY MARK.
firma mediante la impresión digital u otro signo, por quien no sabe escribir.

SIGNATURE BY PROCURATION.
firma en nombre o representación de otra persona.

SIGNATURE BY PROXY.
V. SIGNATURE BY PROCURATION.

SIGNATURE CARD.
tarjeta utilizada para el registro de firmas.

SIGNED, SEALED AND DELIVERED.
firmado, sellado y entregado. Formulismo mediante el que se deja constancia del perfeccionamiento de un acto escrito.

SIGNER.
firmante.

SIGNIFICANCE.
significado. Importancia.

SIGNIFY.
significar. Expresar. Manifestar. Declarar.

SILENCE.
silencio. ‖ como verbo (*to silence*), silenciar. Callar. Acallar.

SILENT PARTNER.
socio oculto. ‖ socio que no participa en la administración de una sociedad.

SIMILAR.
similar.

SIMILITER.
del mismo modo. Formalismo mediante el que se acepta la existencia de una cuestión litigiosa formulada por la contraparte.

SIMILITUDE.
similitud.

SIMPLE.
simple. No agravada.

SIMPLE ASSAULT.
violencia o agresión física contra las personas, no agravada.
V. ASSAULT.

SIMPLE AVERAGE.
V. PARTICULAR AVERAGE.

SIMPLE BATTERY.
violencia física contra las personas, no agravada. V. BATTERY.

SIMPLE BOND.
obligación de garantía que no prevé penalidades en caso de incumplimiento. V. BOND.

SIMPLE CONFESSION.
confesión simple.

SIMPLE CONTRACT.
contrato no formal.

SIMPLE CONTRACT DEBT.
deuda nacida de un contrato no formal.

SIMPLE INTEREST.
interés simple.

SIMPLE KIDNAPPING.
secuestro no agravado.

SIMPLE LARCENY.
hurto simple.

SIMPLE LICENCE.
licencia simple.

SIMPLE LICENSE.
V. SIMPLE LICENCE.

SIMPLE LICENSEE.
licenciatario simple.

SIMPLE LOSS PAYABLE CLAUSE.
cláusula de una póliza de seguros que reconoce el derecho de los acreedores hipotecarios,
prendarios o con otras garantías a recibir el valor asegurado en caso de siniestro, pero sin
que tales acreedores tengan mayores derechos que los que corresponderían al deudor
en caso de ser beneficiario directo del seguro.

SIMPLE NEGLIGENCE.
negligencia simple o no calificada.

SIMPLE TRUST.
fideicomiso simple, sin calificaciones, regido
por las normas generales en materia de fideicomisos, no alteradas por la voluntad de las
partes. V. TRUST.

SIMULATE.
simular. Fingir

SIMULATED CONTRACT.
contrato simulado.

SIMULATED FACT.
hecho aparente o simulado.

SIMULATED JUDGMENT.
sentencia resultante de una connivencia fraudulenta entre actor y demandado.

SIMULATED SALE.
venta simulada.

SIMULATION.
simulación.

SIMULTANEOUS.
simultáneo.

SIMULTANEOUS DEATH.
conmoriencia.

SIMULTANEOUS DEATH CLAUSE.
cláusula testamentaria aplicable en casos de
conmoriencia.

SIMULTANEOUS SENTENCES.
sentencias impuestas simultáneamente.

SINCERE.
sincero.

SINECURE.
sinecura.

SINGLE.
único. Solo. Simple. ‖ soltero. Célibe.

SINGLE ADULTERY.
adulterio cometido entre una persona casada
y otra soltera.

SINGLE BILL.
letra de cambio que no incluye intereses punitorios.

SINGLE BOND.
obligación incondicionada de pagar una suma
de dinero en una fecha determinada. v. BOND.

SINGLE CREDITOR.
acreedor con un derecho de preferencia o privilegio respecto de un único bien o una única
categoría de éstos. v. LIEN.

SINGLE JUROR CHARGE.
instrucción al jurado en la que se establece
que el voto en contra de un solo miembro será
suficiente para impedir una sentencia contraria al acusado.

SINGLE OBLIGATION.
obligación respecto de la cual no existe una
cláusula penal.

SINGLE ORIGINAL.
original único.

SINGLE OUT.
separar. Apartar.

SINGLE PREMIUM INSURANCE.
seguro en el que se paga una única prima.

SINGLE PROPRIETORSHIP.
V. SALE OWNERSHIP.

SINGLE PUBLICATION RULE.
regla conforme a la cual, en casos de calumnias e injurias derivadas de publicaciones pe-
riodísticas, existe una única acción por cada
publicación, no pudiendo multiplicarse en
función del número de ejemplares, que sólo es
relevante a efectos de determinar los daños y
perjuicios.

SINGLE SUBJECT.
materia o tema único. Requisito constitucional aplicable en ciertos casos a las leyes, que
han de referirse a una única materia o tema.

SINGLE TAX.
impuesto único.

SINGULAR.
singular.

SINGULAR SUCCESSION.
sucesión a título singular.

SINGULAR SUCCESSOR.
sucesor a título singular.

SINGULAR TITLE.
título singular.

SINKING FUND.
fondo de amortización.

SINKING FUND DEBENTURE.
bono o debenture respaldado por un fondo de amortización.

SINKING FUND RESERVE.
reserva para la formación de un fondo de amortización.

SINKING FUND TAX.
impuesto sobre fondos de amortización.

SISTER.
hermana.

SISTER CORPORATIONS.
sociedades por acciones controladas por los mismos accionistas. v. CORPORATION.

SISTER-IN-LAW.
cuñada.

SISTER SHIP.
buque perteneciente al mismo armador.

SISTER STATE.
en los Estados Unidos, nombre que las autoridades de un estado dan a los restantes estados de la Unión.

SIT.
sentarse. ‖ sesionar. ‖ ser miembro de un tribunal u otro cuerpo colegiado.

SIT DOWN STRIKE.
huelga pasiva.

SITE.
lugar. Sitio. Localización.

SITTING.
sesión de un tribunal u otro cuerpo colegiado.

SITTING IN BANK.
sesión de un tribunal colegiado.

SITTING IN CAMERA.
audiencia judicial a puertas cerradas.

SITTING OF COURT.
sesión de un tribunal.

SITUS.
lugar. Ubicación. El lugar donde se encuentra un bien o actividad, o donde un acto ha sido realizado.

SKELETON BILL.
letra de cambio emitida, endosada o aceptada en blanco.

SKELETON KEY.
llave maestra.

SKILL.
habilidad. Pericia. Conocimientos de un oficio.

SKILLED WITNESS.
perito judicial.

SKIP-TRACING AGENCY.
agencia especializada en la localización de deudores.

SLANDER.
difamación. Calumnia. Injuria. Denigración. El *slander* se caracteriza por ser oral. ‖ como verbo (*to slander*), difamar. Calumniar. Injuriar. Denigrar; en todos los casos en forma oral.

SLANDER OF GOODS.
denigración de bienes de un competidor.

SLANDER OF PROPERTY.
denigración de las cualidades de una propiedad.

SLANDER OF TITLE.
imputaciones falsas sobre el título de una persona respecto de bienes muebles o inmuebles.

SLANDERER.
el que difama, calumnia, injuria o denigra oralmente.

SLANDEROUS.
difamatorio. Denigratorio.

SLANDEROUS PER QUO.
condición de los términos potencialmente difamatorios, que requieren prueba de los daños causados por su uso para dar lugar a una indemnización basada en tal uso.

SLANDEROUS PER SE.
condición de los términos que son por sí mismos difamatorios o denigratorios, con independencia de sus consecuencias en un caso concreto.

SLATE.
lista de candidatos.

SLAUGHTER.
masacrar. Matar en masa. Matar o sacrificar animales.

SLAVE.
esclavo.

SLAVE TRADE.
trata de esclavos.

SLAVERY.
esclavitud.

SLAY.
matar.

SLEEPING PARTNER.
v. SILENT PARTNER.

SLIGHT.
leve.

SLIGHT CARE.
los cuidados normales en asuntos de escasa importancia.

SLIGHT DAMAGE.
daño leve.

SLIGHT DILIGENCE.
diligencia leve.

SLIGHT EVIDENCE.
pruebas insuficientes.

SLIGHT FAULT.
culpa leve.

SLIGHT NEGLIGENCE.
negligencia leve.

SLIP.
talón. Boleto.

SLIP LAW.
ley publicada inmediatamente de su aprobación, en forma separada.

SLIP OPINION.
fallo publicado inmediatamente de su emisión, en forma separada.

SLOWDOWN.
trabajo a desgano o a reglamento.

SLUSH FUND.
fondo empleado con fines de corrupción o soborno.

SMALL.
pequeño.

SMALL BANKRUPTCY.
pequeña quiebra, sujeta a un procedimiento especial.

SMALL BUSINESS.
pequeña empresa.

SMALL BUSINESS CORPORATION.
forma de sociedad por acciones utilizable por pequeñas empresas.
v. CORPORATION.

SMALL CLAIM.
crédito o demanda de pequeña entidad.
v. CLAIM.

SMALL CLAIMS COURT.
tribunal que atiende causas de escasa entidad o monto.

SMALL CLAIMS PROCEDURE.
procedimiento utilizado en un SMALL CLAIMS COURT (v.).

SMALL DAMAGES.
daños y perjuicios de escaso valor, aunque no puramente nominales.

SMALL PRINT.
cláusulas de un contrato de adhesión impresas en un tipo de letra pequeño.

SMART MONEY.
daños punitorios.

SMUGGLE.
contrabandear.

SMUGGLER.
contrabandista.

SMUGGLING.
contrabando.

SMUT.
obscenidad. Lenguaje indecente.

SOCIAL.
social.

SOCIAL CONTRACT.
contrato social.

SOCIAL CLUB.
club social.

SOCIAL INSURANCE.
seguro social.

SOCIAL POSITION.
posición social.

SOCIAL SECURITY.
seguridad social.

SOCIAL SERVICES.
servicios sociales.

SOCIETAS LEONINA.
sociedad leonina.

SOCIETY.
asociación. ‖ sociedad, en el sentido extrajurídico del término, equivalente al conjunto del pueblo o comunidad. ‖ relaciones sociales.

SOCIOLOGICAL JURISPRUDENCE.
teoría sociológica del Derecho.

SOCIOLOGY.
sociología.

SOCIOLOGY OF LAW.
sociología del Derecho.

SOCRATIC METHOD.
método socrático.

SODOMIZE.
someter a sodomía.

SODOMY.
sodomía.

SOFT GOODS.
bienes no durables de consumo.

SOFTWARE.
soporte lógico. Soporte o elemento lógico de la computación.

SOLAR DAY.
día solar.
SOLAR YEAR.
año solar.
SOLATIUM.
compensación del daño moral.
SOLD.
vendido.
SOLDIER'S WILL.
testamento militar.
SOLE.
único. Solo. Exclusivo.
SOLE ACTOR DOCTRINE.
doctrina en virtud de la cual el conocimiento
de un mandatario o representante respecto de
ciertas circunstancias es imputado al mandante o representado.
SOLE AGENCY.
V. SOLE AGENT.
SOLE AGENT.
agente o representante exclusivo.
SOLE ARBITRATOR.
árbitro único.
SOLE CAUSE.
causa única de un hecho.
SOLE COPY.
copia única.
SOLE CORPORATION.
sociedad o persona jurídica de un solo socio o
integrante.
V. CORPORATION.
SOLE DIRECTOR.
integrante de un directorio unipersonal.
SOLE DISCRETION.
discreción exclusiva.
SOLE HEIR.
heredero único.
SOLE JUDGE.
tribunal unipersonal.
SOLE LICENCE.
V. SOLE LICENSE.
SOLE LICENSE.
licencia exclusiva. V. SOLE LICENSEE.
SOLE LICENSEE.
licenciatario exclusivo, con la condición de que
el licenciante se compromete a no dar más licencias respecto del mismo objeto, pero reser-
vándose el derecho a explotar ese objeto por sí
mismo.
SOLE OWNER.
propietario exclusivo. V. SOLE OWNERSHIP.

SOLE OWNERSHIP.
propiedad exclusiva correspondiente a un único propietario, en contraposición a la derivada
del condominio u otras formas de copropiedad.
SOLE PROPRIETORSHIP.
V. SOLE OWNERSHIP.
SOLE REPRESENTATIVE.
representante exclusivo.
SOLE RIGHT.
derecho exclusivo.
SOLE TENANT.
quien tiene derecho exclusivo a la posesión de
un inmueble. || inquilino exclusivo.
SOLE TRADER.
empresario individual.
SOLEMN.
solemne. Formal.
SOLEMN OATH.
juramento solemne.
SOLEMN WAR.
guerra declarada formalmente.
SOLEMNITY.
solemnidad. Formalidad.
SOLEMNIZE.
formalizar, en particular un matrimonio.
SOLICIT.
solicitar. Peticionar. || incitar. Instigar.
SOLICITATION.
solicitud. Petición. || búsqueda de clientes me-
diante la realización de ofertas u otras formas
de contrato o comunicación con aquéllos. ||
instigación. Incitación.
SOLICITATION OF ADULTERY.
incitación a cometer adulterio.
SOLICITATION OF BRIBE.
solicitar sobornos o dádivas.
SOLICITATION OF BUSINESS.
búsqueda de clientela. V. SOLICITATION.
SOLICITATION OF PROXIES.
solicitud de cartas poder, especialmente a
efectos de una asamblea de accionistas.
SOLICITATION OF VOTES.
propaganda electoral.
SOLICITATION TO COMMIT A CRIME.
instigación a cometer un delito.
SOLICITOR.
abogado. Procurador. En Inglaterra, el abogado autorizado a patrocinar en juicio y a tratar
directamente con los clientes, no pudiendo actuar ante los tribunales superiores. Éste obra

como un intermediario entre los clientes y el BARRISTER (v.), que es el letrado autorizado a comparecer ante los distintos tribunales.

SOLICITOR'S LIEN.
privilegio o derecho de preferencia que tiene un SOLICITOR (v.), respecto de créditos correspondientes a sus honorarios. v. LIEN.

SOLIDARITY.
solidaridad.

SOLIDARY.
solidario.

SOLIDARY OBLIGATION.
obligación solidaria. La expresión se utiliza en relación al CIVIL LAW (v.).

SOLIDUM.
v. IN SOLIDUM.

SOLITARY CONFINEMENT.
confinamiento solitario.

SOLUS AGREEMENT.
contrato o acuerdo de exclusividad.

SOLVENCY.
solvencia.

SOLVENCY INSURANCE.
seguro contra insolvencia.

SOLVENT.
solvente.

SOLVENT DEBT.
deuda o crédito cobrable.

SOLVENT ESTATE.
patrimonio solvente. ‖ patrimonio sucesorio solvente.

SOMNAMBULISM.
sonambulismo.

SON.
hijo.

SON ASSAULT DEMESNE.
argumento de legítima defensa opuesto a una acción de TRESPASS (v.).

SON-IN-LAW.
yerno.

SORORICIDE.
el asesino de su propia hermana. ‖ el asesinato de su propia hermana.

SOUND.
sonido. ‖ sano. Correcto. Prudente. ‖ como verbo (to sound), apuntar a determinado propósito.

SOUND AND DISPOSING MIND AND MEMORY.
capacidad testamentaria de hecho, resultante de una mente y una memoria sanas.

SOUND HEALTH.
buena salud.

SOUND JUDICIAL DISCRETION.
discrecionalidad judicial ejercida razonablemente y con observancia de las reglas procesales que rigen el caso.

SOUND MIND.
mente sana.

SOUND TITLE.
título válido. Título de propiedad no viciado.

SOUND VALUE.
valor real de una propiedad.

SOUNDING IN DAMAGES.
la condición de una acción cuyo objeto principal es el resarcimiento de daños y perjuicios.

SOURCE.
fuente. Origen.

SOURCE OF AUTHORITY.
fuente de obligatoriedad. Fuente de poder o autoridad.

SOURCE OF INCOME.
fuente de ingreso.

SOURCE OF INFORMATION.
fuente de información.

SOURCE OF INTERNATIONAL LAW.
fuente del Derecho Internacional.

SOURCES OF THE LAW.
fuentes del Derecho.

SOVEREIGN.
soberano.

SOVEREIGN IMMUNITY.
inmunidad soberana.

SOVEREIGN LEGISLATION.
legislación en sentido formal.

SOVEREIGN PEOPLE.
pueblo soberano. El pueblo en cuando fuente y detentador de la soberanía.

SOVEREIGN POWER.
poder derivado de la soberanía. Poder soberano.

SOVEREIGN PREROGATIVE.
prerrogativa derivada de la soberanía.

SOVEREIGNTY.
soberanía.

SPACE LAW.
Derecho Espacial.

SPEAK.
hablar. Conversar.

SPEAKER.
orador. Portavoz. Presidente de una cámara legislativa.

SPEAKING DEMURRER.
excepción o defensa irrelevante por no guardar relación suficiente con los hechos o articulaciones formulados en la demanda.
V. DEMURRER.

SPEAKING MOTION.
moción o petición que se refiere a cuestiones no planteadas en la demanda, en la reconvención o en sus contestaciones.

SPEAKING ORDER.
orden que incluye elementos ilustrativos de la aplicación que de la misma debe hacerse.

SPEAKING WITH THE PROSECUTOR.
negociación con la parte acusador a fin de llegar a un acuerdo amigable.

SPECIAL.
especial. Extraordinario.

SPECIAL ACCEPTANCE.
aceptación condicional de una letra de cambio.

SPECIAL ACT.
ley especial, por aplicarse únicamente a personas determinadas o a asuntos privados.

SPECIAL ADMINISTRATION.
administración especial.

SPECIAL AGENCY.
mandato o representación especial.
V. AGENCY.

SPECIAL AGENT.
mandatario o representante especial.

SPECIAL APPEARANCE.
comparecencia en juicio solamente a efectos de impugnar la competencia del tribunal.
V. APPEARANCE.

SPECIAL ASSESSMENT.
contribución de mejoras, basada en obras concretas. V. ASSESSMENT.

SPECIAL ASSUMPSIT.
acción basada en una obligación contractual expresa.
V. ASSUMPSIT.

SPECIAL AUTHORITY.
autorización o poder especial.

SPECIAL BAIL.
fianza que garantiza que un demandado abonará la condena y las costas de un juicio.
V. BAIL.

SPECIAL BAILIFF.
funcionario judicial designado para realizar un acto determinado. Oficial de justicia *ad hoc*.
V. BAILIFF.

SPECIAL BILL OF EXCHANGE.
letra de cambio intransferible.

SPECIAL CALENDAR.
calendario de las causas en las que se ha designado fecha para las audiencias principales del juicio.

SPECIAL CASE.
caso sujeto a un procedimiento sumario por no debatirse cuestiones de hecho.

SPECIAL CHARGE.
instrucciones del juez al jurado respecto de una cuestión o aspecto específico del juicio.
V. CHARGE.

SPECIAL COMMISSION.
comisión especial o *ad hoc*.

SPECIAL CONDITION.
cláusula contractual exonerativa o liberatoria de responsabilidad.

SPECIAL CONTRACT.
contrato sellado, en carácter de formalidad. ‖ contrato expreso.

SPECIAL COUNSEL.
abogado designado por el Estado para atender una cuestión específica.
V. COUNSEL.

SPECIAL COUNT.
pretensión procesal que hace a las particulares circunstancias del caso, en contraposición a la que se incluye en la demanda como cláusula común al tipo de acción de que se trate.
V. COUNT.

SPECIAL COVENANT.
cláusula que crea un derecho de preferencia o privilegio respecto de un inmueble determinado.

SPECIAL CUSTOMS.
costumbres que sólo rigen en una región o grupo social determinados.

SPECIAL DAMAGES.
daños que son la consecuencia posible pero no necesaria de una conducta, que deben, por lo tanto, ser objeto de prueba específica.

SPECIAL DEMURRER.
defensa o excepción dirigida contra aspectos formales de la demanda, por carecer ésta de la precisión necesaria. V. DEMURRER.

SPECIAL DEPOSIT.
depósito regular, por deberse entregar las mismas cosas depositadas.

SPECIAL DEPUTY.
funcionario designado para reemplazar a otro

solamente al efecto de una parte específica de sus funciones. V. DEPUTY.

SPECIAL DILIGENCE.

diligencia especial.

SPECIAL DISPOSITION.

legado de un bien específico.

SPECIAL DISTRICT.

organismo o repartición estatal ubicado fuera de la estructura administrativa general y con atribuciones en una materia específica.

SPECIAL DRAWING RIGHTS.

derechos especiales de giro.

V. SDR.

SPECIAL ELECTION.

elección extraordinaria, como la que debe realizarse para reemplazar a un legislador o funcionario fallecido o renunciante.

SPECIAL ENDORSEMENT.

V. SPECIAL INDORSEMENT.

SPECIAL ERRORS.

contestación a un escrito de apelación, indicando motivos ajenos al fundamento mismo de la apelación por los que se considera que la apelación es improcedente.

SPECIAL EXCEPTION.

excepción de naturaleza formal opuesta a una demanda.

SPECIAL EXECUTION.

orden de embargo o de secuestro dirigida contra bienes específicos.

SPECIAL EXECUTOR.

albacea testamentario con facultades limitadas a una parte de los bienes de la sucesión.

SPECIAL FACTS DOCTRINE.

doctrina conforme a la cual los administradores de la sociedad deben comunicar a los accionistas los hechos específicos que puedan incidir sobre operaciones que tales administradores realicen con los accionistas.

SPECIAL FINDING.

determinación judicial o de un jurado respecto de una cuestión de hecho específica, en contraposición a la que se refiere en general a la validez de las pretensiones de las partes.

V. FINDING.

SPECIAL FRANCHISE.

autorización administrativa especial.

V. FRANCHISE.

SPECIAL GRAND JURY.

GRAND JURY (v.) formado para participar en un caso específico.

SPECIAL GUARANTY.

fianza ofrecida solamente en favor de un acreedor determinado.

SPECIAL GUARDIAN.

tutor o curador especial, por tener sus funciones limitadas a aspectos específicos de los intereses del incapaz.

SPECIAL IMPARLANCE.

término otorgado al demandado para oponer determinadas excepciones y defensas, pudiendo oponerse las restantes una vez vencido el mismo.

V. IMPARLANCE.

SPECIAL INDORSEMENT.

endoso a favor de una persona determinada.

SPECIAL INTEREST GROUP.

grupo con intereses especiales, que ejerce presión sobre las autoridades a favor de tales intereses.

SPECIAL INTERROGATORIES.

cuestiones específicas de hecho sometidas a un jurado.

SPECIAL ISSUE.

negativa de los fundamentos en que se basa una pretensión de la parte contraria, que implica así oponerse a tal pretensión.

SPECIAL JUDGE.

conjuez. Juez suplente.

SPECIAL JUDGMENT.

V. JUDGMENT IN REM.

SPECIAL JURISDICTION.

la condición de un tribunal que sólo tiene competencia respecto de cuestiones específicas.

SPECIAL JURY.

jurado formado, en casos especiales, a solicitud de alguna de las partes, y cuyos integrantes son seleccionados de una lista formada por el tribunal de la cual las partes van tachando alternativamente a quienes no desean incluir en tal jurado. V. STRIKING A JURY.

SPECIAL LAW.

ley que se aplica a personas determinadas, en contraposición a la que incluye normas de aplicación general.

SPECIAL LEGACY.

legado de bienes específicos.

SPECIAL LEGISLATION.

V. SPECIAL LAW.

SPECIAL LETTER OF CREDIT.

carta de crédito dirigida a una persona determinada.

SPECIAL LICENCE.
autorización especial. Autorización limitada a actos específicos. v. LICENCE.

SPECIAL LICENSE.
V. SPECIAL LICENCE.

SPECIAL LIEN.
privilegio o derecho de preferencia ejercitable respecto de bienes específicos. Privilegio especial. v. LIEN. ‖ privilegio o derecho de preferencia que sólo puede ser ejercido respecto de ciertas obligaciones. v. LIEN.

SPECIAL LIMITATION.
condición resolutoria que pesa sobre derechos relativos a un inmueble.

SPECIAL MALICE.
intención dolosa dirigida contra una persona determinada.

SPECIAL MASTER.
funcionario judicial designado para actuar en representación del tribunal que lo designa en un trámite o cuestión determinados.

SPECIAL MEETING.
asamblea especial o extraordinaria.

SPECIAL MORTGAGE.
hipoteca que pesa sobre bienes específicos, en contraposición a la que afecta a la generalidad de los bienes del deudor.

SPECIAL MOTION.
moción o petición que requiere ser fundamentada y que debe ser resuelta con traslado a la contraparte.

SPECIAL NOTICE.
preaviso o notificación especial, como el que corresponde al convocarse una asamblea extraordinaria.

SPECIAL OCCUPANT.
el ocupante de un inmueble con derecho a ejercer la posesión del mismo durante el término de la vida de otra persona.

SPECIAL OWNER.
quien tiene derechos específicos sobre un bien, pero no el de dominio.

SPECIAL PARTNER.
socio comanditario.

SPECIAL PARTNERSHIP.
sociedad de personas cuyo objeto está limitado a actividades específicas.
V. PARTNERSHIP.

SPECIAL PERMIT.
permiso especial, que crea una excepción respecto de reglas o prohibiciones generales.

SPECIAL PLEAS.
excepciones perentorias planteables por el acusado en un juicio penal.

SPECIAL POWERS.
poderes limitados. Poderes especiales. ‖ poderes otorgados a una persona respecto de la disposición de derechos relativos a un inmueble, que sólo pueden ejercerse efectuando la disposición en favor de personas predeterminadas o transmitiendo derechos parciales sobre tal inmueble y no el dominio pleno de éste.

SPECIAL POWERS IN TRUST.
SPECIAL POWERS (v.) que sólo pueden ejercerse en favor de personas determinadas o, que de ejercerse, dan lugar a que el producido del acto de disposición deba ser entregado a personas preestablecidas.

SPECIAL PRIVILEGE.
privilegio especial.

SPECIAL PROCEEDINGS.
procedimientos especiales.

SPECIAL PROPERTY.
derecho de propiedad sujeto a condición, plazo u otros tipos de limitaciones.

SPECIAL PROSECUTOR.
fiscal especial. Fiscal *ad hoc.*

SPECIAL RATE.
tarifa especial.

SPECIAL RECEIVER.
depositario judicial de un bien en particular que es objeto de ejecución. v. RECEIVER.

SPECIAL REGISTRATION.
registro con propósitos específicos, particularmente el registro de un votante a los fines de una elección determinada.

SPECIAL REPRISALS.
derecho de represalia otorgado a personas determinadas.

SPECIAL RETAINER.
acuerdo con un abogado para que éste se haga cargo de un caso determinado. v. RETAINER.

SPECIAL RULE.
norma especial.

SPECIALSEAL.
sello aplicable en casos determinados, en contraposición al utilizado en forma general por un ente.

SPECIAL SESSION.
sesión extraordinaria.

SPECIAL STATUTE.
ley que se aplica a personas o asuntos determi-

nados, en contraposición a la que incluye normas generales.

SPECIAL TAX.
impuesto sobre artículos o actos específicos. ‖ impuesto con afectación de destino.

SPECIAL TERM.
sala de un tribunal con competencia en cuestiones específicas.

SPECIAL TRAVERSE.
contestación a una afirmación de la parte contraria, formada por una afirmación de hechos o extremos, en base a la cual se formula la negativa a las afirmaciones de la parte contraria. V. TRAVERSE.

SPECIAL TRUST.
fideicomiso en el que el fideicomisario debe cumplir con ciertas condiciones específicas respecto del destino, utilización o administración del objeto del fideicomiso, en contraposición a aquéllos en los que carece de tales limitaciones.
V. TRUST.

SPECIAL USE.
uso de un inmueble para un destino que se aparta de lo que especifican las normas edilicias generales.

SPECIAL USE PERMIT.
permiso de un SPECIAL USE (v.).

SPECIAL USE VALUATION.
valuación de un bien inmueble en base a su destino para un fin especial y no conforme al valor de mercado que alcanzaría si se lo destinara a actividades más rentables.

SPECIAL VENIRE.
citación de jurados adicionales, ante la insuficiencia de los ya convocados.

SPECIAL VERDICT.
el veredicto de un jurado respecto de cuestiones específicas, en base a las cuales se dictará la sentencia.

SPECIAL WARRANTY.
garantía respecto de hechos, personas o derechos de terceros predeterminados.

SPECIAL WARRANTY DEED.
acto de transmisión de derechos respecto de bienes inmuebles en el que sólo se otorgan garantías respecto de hechos, personas o derechos de terceros predeterminados.
V. DEED.

SPECIALIST.
especialista.

SPECIALIZED AGENCIES OF THE UNITED NATIONS.
agencias o instituciones especializadas de las Naciones Unidas.

SPECIALTY.
contrato sellado, como formalidad. ‖ inmueble que sólo puede ser destinado, en los hechos, a fines económicos determinados. ‖ especialidad.

SPECIALTY DEBT.
deuda instrumentada en un documento sellado como formalidad.

SPECIE.
monedas con valor metálico intrínseco. ‖ especie, como en el caso de pagos u obligaciones en especie.

SPECIES.
especie.

SPECIFIC.
específico.

SPECIFIC BEQUEST.
legado de cosas ciertas. ‖ legado de bienes determinados.

SPECIFIC COVENANT.
estipulación contractual relativa a bienes específicos. V. COVENANT. ‖ V. SPECIAL COVENANT.

SPECIFIC DENIAL.
negativa de una alegación específica formulada en la demanda..

SPECIFIC DEPOSIT.
depósito efectuado con un propósito determinado, como ser el cobro del instrumento depositado.

SPECIFIC DEVISE.
legado de inmuebles específicos.

SPECIFIC DUTIES.
derechos aduaneros específicos. Obligaciones específicas.

SPECIFIC ENFORCEMENT.
ejecución específica del objeto de una obligación, en contraposición con los casos en que el incumplimiento de una obligación sólo da lugar a la indemnización de los daños y perjuicios así causados.

SPECIFIC GOODS.
bienes individualizados. Cosas ciertas.

SPECIFIC INSURANCE.
seguro contra un riesgo determinado o por un monto específico.

SPECIFIC INTENT.
intención de realizar una conducta determina-

da. ‖ dolo específico. Dolo imputable respecto de un delito determinado.

SPECIFIC LEGACY.
legado de un bien determinado.

SPECIFIC LIEN.
V. SPECIAL LIEN.

SPECIFIC PERFORMANCE.
cumplimiento del objeto específico de una obligación. ‖ condición de un decreto judicial que ordena el cumplimiento del objeto específico de una obligación, en contraposición al que establece la indemnización de los daños y perjuicios causados por el incumplimiento de esa obligación.
V. SPECIFIC ENFORCEMENT.

SPECIFIC PROPERTY.
bienes determinados.

SPECIFIC REDRESS.
la reparación de los efectos del incumplimiento de una obligación mediante una orden judicial de cumplimiento de tal obligación, en lugar de la indemnización de los daños y perjuicios causados.

SPECIFIC RELIEF.
V. SPECIFIC REDRESS.

SPECIFIC REMEDY.
V. SPECIFIC REDRESS. REMEDY.

SPECIFIC TAX.
impuesto específico. V. SPECIAL TAX.

SPECIFICATION.
especificación. ‖ descripción de una invención a efectos de su patentamiento.

SPECIFY.
especificar.

SPECIMEN.
espécimen. Muestra.

SPECIMEN SIGNATURE.
firma utilizada como muestra para su cotejo con otras atribuidas a la misma persona.

SPECULATION.
especulación.

SPECULATIVE.
especulativo.

SPECULATIVE DAMAGES.
daños eventuales, conjeturales o contingentes. Los que aún no se han manifestado pero pueden hacerlo en el futuro.

SPECULATIVE SECURITY.
título de valor especulativo. V. SECURITY.

SPECULATOR.
especulador.

SPEECH.
discurso. ‖ palabra, como en el caso de la libertad de palabra.

SPEED.
velocidad.

SPEEDY.
veloz.

SPEEDY EXECUTION.
ejecución inmediata.

SPEEDY REMEDY.
protección inmediata de un derecho.
V. REMEDY.

SPEEDY TRIAL.
juicio penal conducido con la rapidez y diligencia razonables que se compadezcan con su naturaleza y con las cuestiones debatidas.

SPEND.
gastar.

SPENDING POWERS.
poderes de disponer gastos, especialmente gastos públicos.

SPENDTHRIFT.
pródigo.

SPENDTHRIFT TRUST.
fideicomiso que, para evitar los efectos de la prodigalidad del beneficiario, sólo le permite acceder a sumas periódicas o reducidas derivadas del objeto de tal fideicomiso. V. TRUST.

SPIN-OFF.
escisión instrumentada mediante la constitución de una nueva sociedad a la que se transfiere parte de los bienes de la sociedad escindida. Las acciones de la nueva sociedad pasan a la sociedad escindida, la cual a su vez las transfiere a sus accionistas, por vía de dividendo o por otros medios jurídicos.

SPIRITUAL.
espiritual. ‖ eclesiástico. Religioso.

SPIRITUAL CORPORATION.
persona jurídica de objeto religioso.
V. CORPORATION.

SPIRITUAL COURT.
tribunal eclesiástico o religioso.

SPITE FENCE.
valla o muro divisorio construidos con el propósito de molestar al vecino.

SPLIT.
dividido. ‖ como verbo (*to split*), dividir.

SPLIT DECISION.
decisión judicial dividida, de un tribunal colegiado.

SPLIT DOLLAR INSURANCE.
seguro en el que parte de las primas se destinan a la cobertura de los riesgos y el resto a fines de inversión.

SPLIT DOWN.
conversión de varias acciones de una sociedad en una única acción o en un menor número de ellas.

SPLIT GIFT.
donación que es imputada separadamente, como donantes, a ambos cónyuges, a los fines impositivos.

SPLIT INCOME.
división de los ingresos de los cónyuges, a los fines impositivos, presentándose declaraciones separadas de ingresos.

SPLIT INTEREST TRUST.
fideicomiso en el que se otorgan derechos de por vida a una persona respecto de ciertos bienes, que luego pasan a instituciones o fines de beneficencia. v. TRUST.

SPLIT-OFF.
escisión instrumentada mediante la constitución de una nueva sociedad a la que se transfiere parte de los bienes de la sociedad escindida. Las acciones de la nueva sociedad pasan a la sociedad escindida, la cual a su vez las transfiere a sus accionistas a cambio de sus propias acciones.

SPLIT ORDER.
orden de compra o venta de acciones a un agente bursátil, que prevé distintos precios para distintas partes de la misma.

SPLIT SENTENCE.
condena penal con distintos elementos o sanciones, como ser una pena de prisión a ser cumplida efectivamente y otra adicional que se impone en forma condicional.

SPLIT-UP.
escisión instrumentada la constitución de dos o más sociedades cuyas acciones pasan a los accionistas de la que fue disuelta. ‖ división de una acción de una sociedad en varias acciones. ‖ separación conyugal. Divorcio.

SPLITTING APPEAL.
práctica consistente en realizar apelaciones sucesivas respecto de la misma decisión.

SPLITTING CAUSE OF ACTION.
división de una acción procesal en varias.

SPOIL.
arruinar. Inutilizar.

SPOILED BALLOT.
voto nulo.

SPOILED CHECK.
cheque inutilizado.

SPOILED CHEQUE.
v. SPOILED CHECK.

SPOILS SYSTEM.
sistema de gobierno en el que el partido triunfante adjudica a sus partidarios cargos administrativos de importancia, como premio, compensación o suerte de botín electoral.

SPOLIATION.
destrucción o alteración de material probatorio.

SPOLIATOR.
quien destruye o altera material probatorio.

SPONSOR.
garante. Fiador. ‖ patrocinante. ‖ como verbo (to sponsor), patrocinar.

SPONTANEOUS COMBUSTION.
combustión espontánea.

SPONTANEOUS DECLARATION.
dichos o declaraciones espontáneas que en tal carácter pueden ser objeto de prueba, no estando sujetos a las limitaciones sobre las pruebas de oídas.

SPONTANEOUS EXCLAMATION.
v. SPONTANEOUS DECLARATION.

SPORTS FRANCHISE.
autorización o licencia para formar parte de una sociación, liga o campeonato deportivo.

SPOT.
entrega inmediata, en las operaciones de compraventa de títulos y mercaderías fungibles en mercados institucionalizados. ‖ momento inmediato.

SPOT PRICE.
el precio de entrega inmediata, en las operaciones de compraventa de títulos y mercaderías fungibles en mercados institucionalizados.

SPOT SALE.
venta para entrega inmediata.
v. SPOT.

SPOT TRADING.
las operaciones de compraventa de títulos y mercaderías fungibles, para su entrega inmediata, en mercados institucionalizados.

SPOT ZONING.
normas de planificación urbana dictadas para atender un caso determinado, y no en función de reglas de aplicación general, ni respondien-

do a motivos de salud, moral u otros de interés general.

SPOUSE.

cónyuge.

SPOUSE-BREACH.

adulterio.

SPREAD.

margen. Diferencia entre valores de compra y de venta. || como verbo (*to spread*), propagar. Divulgar.

SPREAD SHEET.

planilla.

SPRINGING USE.

derecho de uso de un inmueble sujeto a una condición suspensiva. v. USE.

SPRINKLING TRUST.

fideicomiso que prevé el pago periódico de determinadas sumas a los distintos beneficiarios. V. TRUST.

SPURIOUS.

espurio. Falso.

SPURIOUS BILL.

billete falso.

SPY.

espía. || como verbo (*to spy*), espiar.

SQUARE.

plaza. || justo. Igual. Equitativo. || como verbo (*to square*), cuadrar. Igualar. Ajustar. Conciliar.

SQUATTER.

intruso. Usurpador de tierras o inmuebles.

SQUATTER'S RIGHTS.

los derechos que pueden nacer de la ocupación ilegal de un inmueble.

SQUATTING.

ocupación ilegal de un inmueble.

SQUEEZE-OUT.

maniobra societaria destinada a excluir a los socios minoritarios o a limitar sus derechos.

STABILIZATION.

estabilización.

STABILIZE.

estabilizar.

STAFF.

personal. Conjunto de empleados. Personal administrativo.

STAFF REGULATIONS.

reglamento de personal.

STAG.

especulador bursátil que suscribe acciones o adquiere derechos respecto de las que se ofre-

cen por vez primera en la bolsa, a fin de lucrar con la venta inmediata de tales acciones al ser emitidas o al comenzar su cotización. || hombre soltero. Soltero.

STAKE.

depósito de garantía. Depósito de bienes objeto de disputa o litigio. || premio. Apuesta. Puesta. || señal lindera. || también, como verbo (*to stake*), demarcar los límites de un terreno. || también como verbo, arriesgar un bien o capital.

STAKE-OUT.

rodear con policía un lugar para detener a quienes allí se encuentran.

STAKEHOLDER.

depositario de un depósito de garantía o de bienes que son objeto de disputa o litigio. || apostador, quien corre un riesgo. || interesado, quien tiene un interés o beneficio en una operación o hecho.

STAKING.

demarcación de los límites de un terreno.

STALE CHECK.

cheque incobrable por haber vencido el plazo para su presentación.

STALE CHEQUE.

V. STALE CHECK.

STALE CLAIM.

derecho que, aunque no se encuentra prescripto, no puede ser ejercido judicialmente debido a que la demora en ejercitarlo hace imposible obtener las pruebas necesarias o hace injusto su ejercicio.

V. CLAIM.

STALE DEMAND.

V. STALE CLAIM.

STAMP.

estampilla. Sello. Timbre. || como verbo (*to stamp*), sellar. Estampillar. Imprimir. Timbrar.

STAMP DUTY.

impuesto de sellos.

STAMP LAW.

ley de sellos.

STAMP TAX.

V. STAMP DUTY.

STAND.

comparecer. Someterse. || continuar. Permanecer en vigencia. || posición.

STAND-BY.

V. STANDBY ARRANGEMENT.

STAND SURETY.

contraer una obligación como garante o fiador.

STANDARD.

tipo. Modelo. ‖ criterio. Regla. Parámetro. Patrón.

STANDARD CLAUSE.

cláusula tipo.

STANDARD CONTRACT.

contrato tipo.

STANDARD CONTRACT TERM.

cláusula contractual tipo.

STANDARD DEDUCTION.

deducción impositiva fija.

STANDARD MORTGAGE CLAUSE.

cláusula de una póliza de seguro contra incendio destinada a proteger los intereses de un acreedor hipotecario respecto del inmueble asegurado.

STANDARD OF CARE.

criterio o parámetro para determinar los cuidados debidos en determinadas circunstancias.

STANDARD OF MEASURE.

unidad o patrón de medida.

STANDARD OF NEED.

criterio o parámetro para determinar el estado de necesidad que permite acceder a ciertos beneficios sociales.

STANDARD OF PROOF.

tipo y carácter de las pruebas exigidas para prevalecer en cierta causa o para probar determinado extremo.

STANDARD OF WEIGHT.

unidad o patrón de peso.

STANDARD POLICY.

póliza tipo.

STANDARDS.

criterios de calidad, medidas, funcionamiento u otras características utilizados en la industria con fines de uniformidad, compatibilidad entre productos o mantenimiento de niveles mínimos de calidad.

STANDBY.

V. STANDBY ARRANGEMENT.

STANDBY ARRANGEMENT.

arreglo financiero en el que un prestamista se compromete a mantener cierta disponibilidad de crédito a favor del tomador durante cierto período en el que tal tomador puede solicitar desembolsos.

STANDBY LETTER OF CREDIT.

carta de crédito que opera como una garantía de cumplimiento de ciertas obligaciones por la persona a favor de la cual aquélla ha sido emitida.

STANDBY UNDERWRITING.

compromiso de una entidad financiera de adquirir las acciones u otros títulos cuya colocación en el mercado está a cargo de esa entidad, en caso de que no sean vendidos dentro de determinado plazo.

STANDING.

legitimación procesal. ‖ posición. Reputación social. Categoría. ‖ permanente. Titular.

STANDING ASIDE JURORS.

recusación sin causa de jurados.

STANDING BY.

la situación de quien al tener acceso a ciertos conocimientos tiene la obligación de comunicarlos. ‖ mantenerse en silencio o inacción, frente a un hecho o circunstancias. ‖ en situación de espera hasta ser necesitado.

STANDING COMMITTEE.

comisión permanente, especialmente de índole parlamentaria.

STANDING MASTER.

funcionario judicial designado en forma permanente para presidir ciertos tipos de audiencias y realizar determinados actos procesales.

STANDING MUTE.

no contestar a las acusaciones formuladas en un juicio penal.

STANDING OF MEMBER.

situación de un miembro de un club, asociación o sociedad, en cuanto al cumplimiento de sus obligaciones y el goce de derechos.

STANDING ORDER.

reglamento parlamentario. ‖ reglamento judicial. ‖ orden dada a un banco de realizar pagos periódicos a un tercero.

STANDING RULE.

regla permanente.

STANDING TO BE SUED.

legitimación procesal pasiva.

STANDING TO SUE.

legitimación procesal activa.

STAPLE.

producto básico, en particular de naturaleza agrícola ‖ producto susceptible de ser utilizado en relación con productos o procesos no patentados.

STARE DECISIS.
obligatoriedad de los precedentes judiciales. Principio jurídico conforme al cual los tribunales deben basar sus decisiones en las reglas jurisprudenciales preexistentes.

STARE IN JUDICIO.
estar en juicio. Comparecer ante los tribunales.

STASH.
dinero o bienes ocultos. ‖ como verbo (*to stash*), ocultar dinero u otros bienes.

STATE.
estado, en general. ‖ condición. ‖ estatal. ‖ estadual. ‖ como verbo (*to state*), declarar. Enunciar. Manifestar.

STATE ACTION.
acción estatal. Acto o procedimiento estatal.

STATE AGENCY.
departamento o repartición estatal.

STATE AID.
ayuda estatal.

STATE BANK.
banco estatal.

STATE BAR.
colegio de abogados de un estado.

STATE BOND.
bono estatal.

STATE COURTS.
tribunales estaduales.

STATE DEPARTMENT.
Departamento de Estado. En los Estados Unidos equivale al Ministerio de Relaciones Exteriores de otros países.

STATE FUNDS.
fondos públicos.

STATE IMMUNITY.
inmunidad estatal o soberana.

STATE INSURANCE FUND.
fondo estatal que atiende los siniestros cubiertos por determinados seguros a cargo del estado.

STATE LAWS.
leyes estaduales.

STATE LIABILITY.
responsabilidad del Estado.

STATE OF FACTS.
descripción de los hechos en que una parte funda sus pretensiones en un juicio.

STATE OF MIND.
la condición subjetiva o intencional de una persona.

STATE OF THE ART.
estado actual de la técnica, ciencia, arte o profesión.

STATE OF THE CASE.
el estado de un juicio en un momento determinado.

STATE OF WAR.
estado de guerra.

STATE OFFICER.
funcionario estadual.

STATE-OWNED SHIP.
nave de propiedad del Estado.

STATE PAPER.
documento oficial. ‖ diario oficial.

STATE POLICE.
policía estadual.

STATE POLICE POWER.
poder de policía estadual.

STATE PRISON.
prisión estadual.

STATE PROPERTY.
propiedad estatal.

STATE RESPONSIBILITY.
responsabilidad del Estado.

STATE'S ATTORNEY.
abogado o procurador estatal. ‖ fiscal.

STATE'S EVIDENCE.
testimonio dado en un juicio penal, que incrimina a cómplices o coautores de quien lo presta, siendo dado en la expectativa de obtener un tratamiento favorable del fiscal.

STATE'S RIGHTS.
derechos de los estados, dentro del sistema federal.

STATE SEAL.
sello oficial.

STATE SECRET.
secreto de estado.

STATE SERVITUDE.
servidumbre internacional.

STATE SOVEREIGNTY.
soberanía estatal.

STATE SUCCESSION.
sucesión entre Estados.

STATE TAX.
impuesto estadual.

STATE TERRITORY.
territorio del Estado.

STATE TRIALS.
juicios en que se debaten cuestiones importantes de Derecho Público. ‖ juicios estatales.

STATED.
establecido. Determinado.

STATED ACCOUNT.
saldo de una cuenta acordado entre las partes.

STATED CAPITAL.
capital nominal de una sociedad, según consta en su contabilidad.

STATED MEETING.
asamblea o reunión ordinaria.

STATED TERM.
período ordinario de sesiones de un tribunal.

STATED TIMES.
períodos o momentos preestablecidos.

STATED VALUE.
valor contable. ‖ valor nominal.

STATEHOOD.
condición de Estado, sea desde el punto de vista internacional o en el marco de un régimen federal.

STATELESS.
sin nacionalidad.

STATELESS PERSON.
apátrida.

STATELESSNESS.
condición de apátrida. Carencia de nacionalidad.

STATEMENT.
declaración. Afirmación. Informe. ‖ rendición de cuentas.

STATEMENT OF ACCOUNT.
estado de cuenta.

STATEMENT OF AFFAIRS.
informe sobre el estado financiero y operaciones del deudor, presentado en una quiebra.

STATEMENT OF CASE.
forma simplificada de demanda. ‖ expresión de las causas que justifican la nulidad de lo actuado en un juicio.

STATEMENT OF CLAIM.
declaración en juicio mediante la cual el actor manifiesta sus pretensiones y el fundamento o causa de las mismas.

STATEMENT OF CONDITION.
estado de situación.

STATEMENT OF CONFESSION.
escrito de allanamiento en juicio.

STATEMENT OF DAMAGE.
declaración o acta de avería.

STATEMENT OF DEFENCE.
declaración en juicio mediante la cual el demandado manifiesta sus defensas a las preten-

siones del actor y el fundamento de tales defensas.

STATEMENT OF DEFENSE.
V. STATEMENT OF DEFENCE.

STATEMENT OF DEMAND.
demanda.

STATEMENT OF FACT.
declaración de hecho.

STATEMENT OF INCOME.
declaración de ingresos, con fines impositivos.

STATEMENT OF LAW.
proposición jurídica.

STATEMENT OF LOSS.
denuncia de un siniestro.

STATEMENT OF PARTICULARS.
demanda basada en un crédito líquido.

STATEMENT OF REASONS.
declaración de los motivos de un acto. Exposición de motivos. Fundamentación.

STATEMENT OF VALUE.
declaración de valor.

STATING AN ACCOUNT.
rendición de cuentas.

STATION.
estación. ‖ posición social.

STATION HOUSE.
destacamento policial. Comisaría.

STATION LICENCE.
licencia radial o televisiva.

STATION LICENSE.
V. STATION LICENCE.

STATISM.
estatismo.

STATIST.
estadista. Político.

STATUS.
estado. Condición. Posición social.

STATUS CRIME.
delito que no resulta de un acto determinado, sino de un estado o condición, como la vagancia o el alcoholismo.

STATUS QUO.
status quo.

STATUTABLE.
V. STATUTORY.

STATUTE.
ley escrita. Legislación. ‖ estatuto. Acto constitutivo. ‖ reglamento.

STATUTE BARRED.
condición de la acción prescripta conforme a

un término de prescripción previsto por la legislación.

STATUTE BARRED DEBT.
deuda prescripta. v. STATUTE BARRED.

STATUTE LAW.
ley escrita. Legislación.

STATUTE MERCHANT.
obligación formal de un comerciante.

STATUTE OF AMENDMENT.
ley que permite la corrección de ciertas omisiones o imperfecciones en las presentaciones judiciales.

STATUTE OF FRAUDS.
ley de fraudes. Ley, o conjunto de normas, según los casos, que requiere que determinados contratos sean realizados por escrito a fin de tener validez.

STATUTE OF LIMITATIONS.
ley que fija términos de prescripción.

STATUTE OF USES.
ley que regula el otorgamiento de derechos de uso respecto de inmuebles.
v. USE.

STATUTE OF WILLS.
ley sobre testamentos.

STATUTES AT LARGE.
compilación acumulativa y cronológica de las leyes dictadas en determinada jurisdicción.

STATUTES OF DISTRIBUTION.
ley que establece la distribución de las sucesiones intestadas.

STATUTORY.
relativo a las leyes escritas o derivado de éstas.

STATUTORY ACTION.
acción basada en una ley determinada.

STATUTORY AUTHORITY.
órgano o autoridad creados por una ley escrita.

STATUTORY BODY.
ente creado por una ley escrita.

STATUTORY BOND.
garantía exigida por la legislación o que reúne las condiciones previstas por ésta. v. BOND.

STATUTORY COMPANY.
compañía constituida conforme a una ley especial.

STATUTORY CONSTRUCTION.
interpretación de la legislación.

STATUTORY COPYRIGHT.
derecho de autor creado o protegido por la legislación.

STATUTORY COSTS.
costas atribuidas o previstas por la legislación.

STATUTORY CRIME.
delito definido por la legislación, en contraposición al que deriva de la jurisprudencia.

STATUTORY DAMAGES.
daños y perjuicios derivados de la violación de una obligación prevista por la legislación.

STATUTORY DECLARATION.
declaración jurada prevista por la legislación.

STATUTORY DEDICATION.
aplicación o dedicación de un inmueble a uso público, conforme a las condiciones previstas por la legislación.
v. DEDICATION.

STATUTORY DUTY.
obligación derivada de la legislación.

STATUTORY EXCEPTION.
excepción a una obligación legal, prevista por la legislación.

STATUTORY EXEMPTION.
exención respecto de una obligación legal, prevista por la legislación.

STATUTORY EXPOSITION.
interpretación auténtica de una ley, efectuada por una ley posterior.

STATUTORY EXTORTION.
delito de extorsión definido por la legislación, en contraposición al que deriva de la jurisprudencia.

STATUTORY FORECLOSURE.
ejecución extrajudicial de una hipoteca, realizada conforme a la legislación que regula tales ejecuciones.

STATUTORY FORM.
formas de un acto exigidas por la legislación.

STATUTORY GUARDIAN.
guardián, tutor o curador designado conforme a la legislación.

STATUTORY HOLIDAY.
feriado legal.

STATUTORY INQUIRY.
indagatoria prevista por la legislación.

STATUTORY INSTRUMENTS.
en Gran Bretaña, normas administrativas dictadas en base a poderes delegados por la legislación.

STATUTORY INTERPLEADER.
INTERPLEADER (v.), exigido por la legislación.

STATUTORY JURISDICTION.
jurisdicción emanada de la legislación.

STATUTORY LAW.
ley escrita.

STATUTORY LIABILITY.
responsabilidad fijada por la legislación.

STATUTORY LIEN.
privilegio o derecho de preferencia que deriva de la legislación. v. LIEN.

STATUTORY MEETING.
asamblea prevista por la legislación.

STATUTORY OBLIGATION.
obligación derivada de la legislación.

STATUTORY OBSCURITY.
oscuridad de la legislación.

STATUTORY PARDON.
amnistía.

STATUTORY PARENT.
progenitor legal, en contraposición al natural.

STATUTORY PARTNERSHIP.
PARTNERSHIP (v.) creada conforme a la legislación.

STATUTORY PENALTY.
sanción prevista en la legislación respecto de la violación de determinadas obligaciones.

STATUTORY POWER.
poder o facultad que deriva de la legislación.

STATUTORY PRESUMPTION.
presunción incluida en la legislación.

STATUTORY PROCLAMATION.
en Gran Bretaña, norma dictada por el monarca, mediante delegación legislativa.

STATUTORY PROVISION.
norma escrita.

STATUTORY RAPE.
estupro.

STATUTORY RECEIVER.
síndico, liquidador o interventor judicial designado conforme a exigencias de la legislación.

STATUTORY RELEASE.
liberación de una obligación, prevista en disposiciones legales o derivada de éstas.

STATUTORY RESERVE.
reserva legal.

STATUTORY RULE.
regla escrita.

STATUTORY SECURITIES.
títulos de deuda negociables previstos por la legislación o emitidos en base a ésta.
v. SECURITIES.

STATUTORY SUCCESSOR.
sucesor de una persona jurídica previsto por la legislación.

STATUTORY TENANCY.
derecho a la tenencia derivado de la legislación.
v. TENANCY.

STATUTORY TRUST.
fideicomiso que deriva de normas legislativas.
v. TRUST.

STAY.
suspensión o interrupción de un procedimiento, ordenada por el juez. ‖ como verbo (*to stay*), suspender un procedimiento. ‖ también como verbo, quedar. Permanecer.

STAY LAWS.
leyes que ordenan la suspensión de procedimientos.

STAY OF ACTION.
suspensión o interrupción de una causa, ordenada judicialmente.

STAY OF ARBITRATION.
suspensión de un arbitraje, ordenada judicialmente.

STAY OF EXECUTION.
suspensión de la ejecución de una sentencia, ordenada judicialmente.

STAY OF PROCEEDING.
suspensión del procedimiento, por orden judicial.

STAY ORDER.
orden judicial de suspensión de un procedimiento.

STEAL.
hurtar.

STEALING CHILDREN.
secuestro de menores.

STEALTH.
sigilo.

STELLIONATE.
estelionato.

STENOGRAPHER.
estenógrafo.

STEP-CHILD.
hijastro.

STEP-DOWN IN BASIS.
disminución del valor impositivo de un bien.

STEP-FATHER.
padrastro.

STEP-MOTHER.
madrastra.

STEP-RATE PREMIUM INSURANCE.
seguro en el que las primas son susceptibles de ser variadas por el asegurador.

STEPPED-UP BASIS.
valor impositivo de un bien, derivado de un acto gravable.

STERILITY.
esterilidad.

STERILIZATION.
esterilización.

STERLING.
esterlina.

STEVEDORE.
estibador.

STEWARD.
encargado. ‖ Substituto. Reemplazante. ‖ delegado sindical. ‖ mayordomo. ‖ camarero.

STICK UP.
asalto a punta de pistola.

STIFLING A PROSECUTION.
renunciar a una acción penal a cambio de una suma de dinero.

STIFLING BIDS.
conducta tendiente a impedir o dificultar la formulación de ofertas en una subasta.

STILLBORN.
nacido sin vida.

STIPEND.
estipendio.

STIPENDIARY MAGISTRATE.
magistrado remunerado.

STIPITT.
relativo a estirpes.

STIPULATE.
estipular. Acordar.

STIPULATED DAMAGES.
daños y perjuicios preestablecidos contractualmente para el caso de incumplimiento de una obligación.

STIPULATION.
estipulación. Pacto.Cláusula contractual. ‖ acuerdo entre las partes de un proceso respecto de ciertos aspectos de éste.

STIPULATION FOR EXCHANGE.
cláusula de pago en moneda extranjera, incluida en un título de crédito.

STIPULATION FOR JUDGMENT.
acuerdo entre las partes para que se dicte sentencia.

STIPULATION OF FACTS.
acuerdo entre las partes respecto de ciertos hechos que hacen a la decisión de un juicio.

STIPULATION POUR AUTRUI.
contrato o cláusula a favor de un tercero.

STIPULATOR.
estipulante.

STIRPES.
estirpe.

STOCK.
existencias. Inventario. ‖ capital accionario. Acciones. ‖ ganado. ‖ origen familiar. ‖ usual. Común. ‖ como verbo (*to stock*), abastecer. Proveer. Aprovisionar. Almacenar.

STOCK ASSESSMENT.
exigencia o solicitud de integración del capital, formulada a los suscriptores del mismo o a los accionistas preexistentes. ‖ tasación de acciones.

STOCK ASSOCIATION.
sociedad por acciones.

STOCK ATTRIBUTION.
imputación de la titularidad de acciones.

STOCK BAILOUT.
emisión de acciones preferidas en carácter de dividendo.

STOCK CAPITAL.
capital social.

STOCK CERTIFICATE.
título o certificado accionario.

STOCK COMPANY.
sociedad por acciones.

STOCK CONTROL.
control o registro de existencias.

STOCK CORPORATION.
sociedad por acciones.
V. CORPORATION.

STOCK DEBENTURE.
debenture cuya transferencia se efectúa mediante inscripción en un registro.

STOCK DIVIDEND.
dividendo en acciones.

STOCK EXCHANGE.
bolsa o mercado de valores.

STOCK EXCHANGE SECURITIES.
títulos cotizados en mercados de valores.
V. SECURITY.

STOCK IN TRADE.
capital circulante. Inventario.

STOCK INSURANCE COMPANY.
compañía de seguros constituidas en forma de sociedad por acciones.

STOCK JOBBER.
especulador bursátil.

STOCK MARKET.
V. STOCK EXCHANGE.

STOCK NOTE.

pagaré utilizado para pagar o integrar acciones.

STOCK OF MERCHANDISE.

existencia de mercaderías.

STOCK OPTION.

opción de compra o suscripción de acciones.

STOCK POWER.

poder para vender acciones a un tercero.

STOCK PURCHASE PLAN.

plan para la adquisición de acciones por el personal de la empresa emisora.

STOCK REDEMPTION.

rescate de acciones.

STOCK RIGHTS.

derecho de preferencia, respecto de la suscripción de acciones.

STOCK SPLIT.

división de una acción de una sociedad en varias.

STOCK SUBSCRIPTION.

suscripción de acciones.

STOCK SWAP.

intercambio de acciones de distintas sociedades.

STOCK TRANSFER.

transferencia de acciones.

STOCK TRANSFER TAX.

impuesto sobre la transferencia de acciones.

STOCK TURNOVER.

rotación de existencias.

STOCK WARRANT.

título que da derecho a la suscripción de acciones a un precio determinado.

STOCK WATERING.

aguamiento de capital.

STOCKBOOK.

libro de registro de accionistas.

STOCKBROKER.

agente o corredor bursátil.

STOCKHOLDER.

accionista.

STOCKHOLDER'S DERIVATIVE ACTION.

V. DERIVATIVE ACTION.

STOCKHOLDER'S EQUITY.

participación de un accionista en el patrimonio neto de una sociedad.

STOCKHOLDER'S LIABILITY.

responsabilidad de un accionista por las obligaciones de la sociedad.

STOCKHOLDER'S MEETING.

asamblea de accionistas.

STOCKHOLDER'S REPRESENTATIVE ACTION.

acción entablada por un accionista en representación de un conjunto o categoría de accionistas.

STOCKHOLDER'S SUIT.

V. DERIVATIVE ACTION.

STOLEN.

robado. Hurtado.

STOLEN GOODS.

bienes robados.

STOP.

detención. Suspensión. ‖ como verbo (*to stop*), detener.

STOP AND FRISK.

detener y palpar de armas.

STOP-LIMIT ORDER.

orden de adquirir acciones u otros títulos si su precio es inferior a cierto nivel, y de venderlos si excede de otro nivel determinado.

STOP-LOSS ORDER.

orden de adquirir o vender acciones u otros títulos cuando llegan a determinados precios, de forma de limitar las pérdidas derivadas de operaciones de futuro.

STOP ORDER.

orden de no innovar, respecto de la titularidad de acciones, títulos o valores. ‖ V. STOP-LOSS ORDER.

STOP PAYMENT ORDER.

orden de suspender el pago de un cheque.

STOPPAGE IN TRANSITU.

acto mediante el cual un vendedor suspende el transporte o entrega de mercaderías en tránsito, generalmente por falta de pago.

STOPPAGE OF WORK.

cese de tareas. Paro realizado con asistencia al lugar de trabajo.

STORAGE.

depósito de mercaderías.

STORAGE LIEN.

derecho de preferencia o privilegio del depositario, por los gastos de depósito. V. LIEN.

STORE.

tienda. Comercio. Negocio. ‖ almacén. Depósito. ‖ como verbo (*to store*), almacenar. Mantener mercaderías en depósito.

STOREHOUSE.

depósito. Almacén.

STOWAGE.

estibaje.

STOWAWAY.

polizón.

STRADDLE.

contrato bursátil que da derecho a una de las partes a vender a la otra o comprar de la otra, al mismo precio, una determinada cantidad de acciones u otros títulos, permitiendo lucrar con la diferencia entre ese precio y el de mercado.

STRAIGHT ANNUITY.

obligación de realizar pagos periódicos fijos por un tiempo determinado. v. ANNUITY.

STRAIGHT BILL OF LADING.

conocimiento de embarque intransferible.

STRAIGHT LIFE.

seguro de vida ordinario.

STRAIGHT LINE DEPRECIATION.

amortización lineal.

STRAIGHT MORTGAGE.

hipoteca en la que abonan intereses durante el plazo del préstamo hipotecario, devolviéndose el principal al finalizar ese plazo.

STRAIGHT SENTENCE.

sentencia fija, determinada por la ley.

STRAIT.

estrecho.

STRANDING.

encallamiento. ‖ dejar en situación de desamparo. Abandonar.

STRANGER.

extranjero. ‖ tercero. Extraño.

STRANGER IN BLOOD.

persona con quien no se tiene vínculo de parentesco.

STRANGER TO A CONTRACT.

tercero extraño a un contrato.

STRATAGEM.

estratagema.

STRAW BAIL.

fianza sin valor o meramente nominal. v. BAIL.

STRAW BOND.

garantía sin valor o meramente nominal. v. BOND.

STRAW MAN.

hombre de paja. Testaferro.

STREAM OF COMMERCE.

el curso o flujo del comercio.

STREET OFFENCES.

delitos cometidos en la vía pública.

STREET OFFENSES.

v. STREET OFFENCES.

STRICT.

estricto.

STRICT CONSTRUCTION.

interpretación estricta.

STRICT FORECLOSURE.

orden judicial mediante la que se intima a abonar una deuda garantizada con hipoteca dentro de cierto plazo, vencido el cual la propiedad del inmueble pasa al acreedor hipotecario, sin subasta y sin derecho al rescate de tal propiedad.

STRICT INTERPRETATION.

interpretación estricta.

STRICT LAW.

Derecho estricto. ‖ el COMMON LAW (v.), en contraposición al régimen de EQUITY (v.). ‖ el Derecho positivo, en contraposición al natural.

STRICT LIABILITY.

responsabilidad objetiva.

STRICT LIABILITY STATUTE.

ley que crea responsabilidades objetivas.

STRICT PERFORMANCE.

cumplimiento estricto de una obligación.

STRICT PRIORITY.

prioridad estricta de un acreedor sobre otro, tal que el acreedor preferente o privilegiado excluye al subordinado hasta tanto se pague completamente el crédito de aquél.

STRICT RECORD.

los elementos esenciales de un expediente judicial.

STRICT SETTLEMENT.

disposición mediante la que se destinan bienes al goce futuro de determinadas personas, sin dejar libertad a quien posee los bienes durante el plazo que media hasta ese goce futuro respecto de la determinación de la persona que tendrá derecho a ese goce futuro. v. SETTLEMENT.

STRICT TORT LIABILITY.

v. STRICT LIABILITY.

STRICTLY.

estrictamente.

STRICTLY CONSTRUED.

interpretado estrictamente.

STRICTLY MINISTERIAL DUTY.

poder o atribución en cuyo ejercicio se carece de facultades discrecionales.

STRICTUM JUS.
V. STRICT LAW.

STRIKE.
huelga. Paro. ‖ como verbo (*to strike*), realizar un paro o huelga. Parar.

STRIKE A BARGAIN.
llegar a un acuerdo.

STRIKE A BENEFITS.
pagos realizados por un sindicato a sus miembros durante una huelga.

STRIKE BREAKING.
violación de un paro o huelga. Actuación como rompehuelgas.

STRIKE CLAUSE.
cláusula contractual relativa a huelgas o paros.

STRIKE DOWN.
anular. Declarar ilegal o inválido.

STRIKE FUND.
fondo sindical para huelgas.

STRIKE MISCONDUCT.
conducta ilícita o dañina relacionada con una huelga.

STRIKE OFF.
declarar una mercadería vendida, en una subasta. ‖ eliminar un caso de los registros de un tribunal, al declararse éste incompetente. ‖ tachar.

STRIKE OUT.
tachar. Testar. Suprimir. Eliminar.

STRIKE SUIT.
juicio entablado por un accionista contra la sociedad a la que pertenece sin intención de beneficiar a sus intereses societarios sino de obtener un acuerdo transaccional que le resulte ventajoso.

STRIKEBREAKER.
rompehuelgas. Esquirol.

STRIKING A JURY.
selección de un jurado mediante la eliminación de posibles candidatos realizada alternativamente por las partes, de una lista preparada al efecto por el tribunal.

STRIKING COUNTERCLAIM.
dícese de la acción de rechazar una reconvención *in limine*, por improcedente.

STRIKING EMPLOYEE.
empleado huelguista.

STRIKING EVIDENCE.
eliminación de pruebas improcedentes.

STRIKING OFF THE ROLL.
eliminación de un abogado de los registros profesionales, por razones de incumplimiento de sus deberes profesionales.

STRIKING OUT.
eliminación de una demanda o defensa de las actuaciones, por no cumplir con requisitos procesales o por ser manifiestamente improcedente.

STRIKING PLEADING.
V. STRIKING OUT.

STRIKING PRICE.
el precio al que puede ejercerse una opción.

STRIP.
explotar abusivamente un terreno, por un locatario o por otra persona con derechos temporarios sobre ese terreno. ‖ escindir o separar los derechos derivados de un título de deuda.

STRONG HAND.
con fuerza o violencia.

STRUCK JURY.
jurado que es designado mediante el sistema de STRIKING A JURY (v.).

STRUCTURAL ALTERATION.
alteración o modificación estructural.

STRUCTURAL CHANGE.
V. STRUCTURAL ALTERATION.

STRUCTURAL DEFECT.
defecto estructural.

STRUCTURE.
estructura.

STRUCTURED SETTLEMENT.
transacción judicial que prevé pagos periódicos al autor.

SUA SPONTE.
de oficio. De motu proprio.

SUABLE.
susceptible de ser demandado.

SUABLE CAUSE.
acción susceptible de ser ejercitada.

SUB COLORE JURIS.
bajo apariencia de legalidad o de ejercicio de un derecho.

SUB CONDITIONE.
bajo condición.

SUB CURIA.
sujeto a la jurisdicción de un tribunal.

SUB JUDICE.
pendiente de resolución judicial.

SUB MODO.
bajo condición.

SUB MODO GIFT.
donación modal.
SUB NOMINE.
bajo el nombre de.
SUB ROSA.
confidencialmente. En secreto.
SUB SILENTIO.
bajo silencio. Respondiendo con el silencio.
SUBAGENT.
subagente. ‖ mandatario delegado o substituto.
V. AGENT.
SUBALTERN.
subalterno.
SUBBAILMENT.
entrega de una cosa ajena detentada en depósito o en otro carácter *a non domino* a otra persona que la detenta en igual carácter.
V. BAILMENT.
SUBBID.
propuesta de subcontratación.
SUBCHAPTERS CORPORATION.
sociedad por acciones de pequeña escala cuyos ingresos, conforme al Subcapítulo S del Código Tributario estadounidense, se atribuyen directamente a los accionistas.
V. CORPORATION.
SUBCONTRACT.
subcontrato. ‖ como verbo (*to subcontract*), subcontratar.
SUBCONTRACTOR.
subcontratista.
SUBDIVIDE.
subdividir.
SUBDIVISION.
subdivisión.
SUBJACENT SUPPORT.
el soporte de la superficie de un terreno en los estratos subterráneos correspondientes.
SUBJECT.
súbdito. Ciudadano. ‖ el objeto de una ley. ‖ sujeto a condición o a una fuerza externa. v. SUBJECT TO. ‖ sujeto. Materia. Tópico. Asunto. Tema. ‖ como verbo (*to subject*), someter. Sujetar. Condicionar.
SUBJECT MATTER.
objeto de un juicio, ley, acto o derecho.
SUBJECT MATTER JURISDICTION.
competencia en razón de la materia.
SUBJECT MATTER OF CONTRACT.
objeto del contrato.

SUBJECT MATTER OF STATUTE.
objeto de una ley. v. STATUTE.
SUBJECT OF STATUTE.
V. SUBJECT MATTER OF STATUTE.
SUBJECT OF THE ACTION.
objeto de la acción.
SUBJECT TO.
sujeto a condición o a una fuerza externa. ‖ Sometido a una ley, norma o persona.
SUBJECT TO APPROVAL.
sujeto a aprobación.
SUBJECT TO AVERAGE CLAUSE.
cláusula que determina un valor máximo a un bien asegurado, a fines indemnizatorios, sin que el mayor valor de ese bien dé derecho a una mayor indemnización.
SUBJECT TO COLLECTION.
condición de una acreditación, sujeta al cobro del efecto correspondiente.
SUBJECT TO CONTRACT.
condición de una aceptación de una propuesta, sujeta a un acuerdo posterior respecto de los términos del contrato mediante los que tal aceptación se perfecciona.
SUBJECT TO DUTY.
sujeto a impuestos, gravámenes o derechos.
SUBJECT TO EQUITIES.
condición de la cesión de un derecho, sujeta a las excepciones que pueda oponer el deudor cedido.
SUBJECT TO FINAL PAYMENT.
condición de la acreditación bancaria de un efecto, sujeta al cobro de éste.
SUBJECT TO RESTRICTION.
sujeto a restricción.
SUBJECT TO TAX.
imponible. Gravable.
SUBJECTION.
sujeción.
SUBJETIVE.
subjetivo.
SUBJETIVE IMPOSSIBILITY OF PERFORMANCE.
imposibilidad de cumplimiento resultante de las condiciones subjetivas del obligado.
SUBJETIVE STANDARD OF SATISFACTION.
criterio subjetivo de satisfacción.
SUBLEASE.
sublocación. Subarriendo. v. LEASE. ‖ como verbo (*to sublease*), sublocar. Subarrendar.

SUBLESSEE.
sublocatario. Subarrendatario.

SUBLESSOR.
sublocador. Subarrendador.

SUBLETTING.
sublocación. Subarriendo.

SUBLICENCE.
sublicencia. ‖ como verbo (*to subicence*), sublicenciar.

SUBLICENSE.
v. SUBLICENCE.

SUBLICENSEE.
sublicenciatario.

SUBLICENSOR.
sublicenciante.

SUBMERGED LANDS.
tierras sumergidas.

SUBMERGENCE.
desaparición o hundimiento de tierras bajo las aguas.

SUBMISSION.
sumisión. Sometimiento. ‖ compromiso arbitral.

SUBMISSION BOND.
garantía del sometimiento a un compromiso arbitral y a las resultas del laudo correspondiente. v. BOND.

SUBMISSION OF CONTROVERSY.
sometimiento de una controversia a un tribunal o árbitro. ‖ acuerdo entre las partes respecto de los hechos que dan origen a una causa, que se convierte así en una de puro derecho.

SUBMISSION OF LAW.
planteamiento del Derecho aplicable, por una de las partes de un juicio.

SUBMISSION TO A VOTE.
sometimiento a votación.

SUBMISSION TO ARBITRATION.
sometimiento a arbitraje.

SUBMISSION TO FOREIGN JURISDICTION.
sometimiento a la competencia de tribunales extranjeros.

SUBMISSION TO JURISDICTION.
sometimiento a la jurisdicción de un tribunal.

SUBMISSION TO JURY.
sometimiento de un caso al veredicto de un jurado.

SUBMIT.
someter. Proponer. ‖ someterse.

SUBMORTGAGE.
garantía no hipotecaria basada en los derechos de hipoteca del deudor contra un tercero. ‖ como verbo (*to submortgage*), dar los derechos que como acreedor se tienen bajo una hipoteca en garantía del cumplimiento de una obligación.

SUBNORMALITY.
debilidad mental.

SUBORDINATE.
subordinado.

SUBORDINATE BODY.
cuerpo u organismo subordinado.

SUBORDINATE LEGISLATION.
legislación delegada.

SUBORDINATE OFFICER.
funcionario subordinado.

SUBORDINATED BOND.
bono o debenture subordinado, frente a otras obligaciones, en cuanto a preferencias de cobro.

SUBORDINATED DEBENTURE.
v. SUBORDINATED BOND.

SUBORDINATED DEBT.
deuda subordinada frente a otras obligaciones, en cuanto a preferencia de cobro.

SUBORDINATION.
subordinación.

SUBORDINATION AGREEMENT.
contrato mediante el que un acreedor acuerda que sus créditos tengan rango subordinado. v. SUBORDINATED DEBT.

SUBORDINATION CLAUSE.
cláusula de una hipoteca mediante la que se prevé su subordinación a otra hipoteca.

SUBORN.
sobornar.

SUBORNATION.
soborno. Cohecho.

SUBORNATION OF PERJURY.
soborno a efectos de que se incurra en perjurio.

SUBORNER.
sobornador.

SUBPARTNER.
socio de un socio, en cuanto participa en las utilidades de éste en una sociedad con terceros. v. PARTNERSHIP. SUBPARTNERSHIP.

SUBPARTNERSHIP.
sociedad o asociación de participación con un socio de otra sociedad, para participar en las

utilidades que ese socio derive de esta última sociedad. V. PARTNERSHIP.

SUBPOENA.
orden a una persona para que comparezca en juicio, testifique o presente cierta documentación u otros elementos probatorios. ‖ como verbo (*to subpoena*), someter a una persona a una orden de comparecencia en juicio, de dar testimonio o de presentar documentación u otros elementos probatorios.

SUBPOENA AD TESTIFICANDUM.
orden judicial a una persona para que testifique en juicio. V. SUBPOENA.

SUBPOENA DUCES TECUM.
orden judicial a una persona para que comparezca en juicio con documentación u otros elementos probatorios.

SUBPOENA TICKET.
orden de comparecencia en juicio, particularmente a fin de dar testimonio.

SUBRENTAL.
subarriendo. Sublocación.

SUBROGATE.
subrogar.

SUBROGATION.
subrogación.

SUBROGATION OF INSURER.
subrogación del asegurador.

SUBROGEE.
subrogatario.

SUBROGOR.
subrogante.

SUBSALE.
reventa.

SUBSCRIBE.
suscribir. ‖ firmar.

SUBSCRIBED CAPITAL.
capital suscripto.

SUBSCRIBED STOCK.
acciones suscriptas. Capital suscripto.

SUBSCRIBER.
suscriptor. ‖ firmante.

SUBSCRIBING WITNESS.
testigo firmante de un acto.

SUBSCRIPTION.
suscripción. ‖ firma.

SUBSCRIPTION BOOK.
registro contable de las suscripciones de acciones.

SUBSCRIPTION CONTRACT.
contrato de suscripción.

SUBSCRIPTION LIST.
lista de firmantes de un acto. ‖ lista de suscriptores.

SUBSCRIPTION RIGHTS.
derechos de preferencia de un accionista. Derechos de suscripción.

SUBSCRIPTION TO STOCK.
suscripción de acciones.

SUBSCRIPTION WARRANT.
certificado o cupón de derechos de suscripción.

SUBSECTION.
inciso. ‖ subsección.

SUBSEQUENT.
subsecuente. Subsiguiente.

SUBSEQUENT CONDITION.
V. CONDITION SUBSEQUENT.

SUBSEQUENT CREDITOR.
acreedor posterior a determinado acto o fecha.

SUBSEQUENT ENDORSER.
endosante posterior.

SUBSEQUENT NEGLIGENCE.
negligencia subsiguiente a una conducta que coloca a la víctima en situación de riesgo.

SUBSEQUENT PURCHASER.
comprador subsiguiente.

SUBSERVANT.
dependiente o empleado de quien es a su vez dependiente o empleado de otra persona. V. SERVANT.

SUBSIDENCE.
hundimiento del terreno.

SUBSIDIARY.
subsidiario. ‖ empresa o sociedad subsidiaria.

SUBSIDIARY BODY.
órgano subsidiario.

SUBSIDIARY COMPANY.
compañía o sociedad subsidiaria.

SUBSIDIARY CORPORATION.
sociedad por acciones subsidiaria. V. CORPORATION.

SUBSIDIARY FACT.
hecho de importancia secundaria o meramente indiciaria en cuanto elemento probatorio.

SUBSIDIARY ORGAN.
órgano subsidiario.

SUBSIDIARY TRUST.
fideicomiso constituido en forma accesoria a otro fideicomiso. V. TRUST.

SUBSIDIZE.
subsidiar.

SUBSIDY.
subsidio.

SUBSISTENCE.
subsistencia. ‖ recursos necesarios para la subsistencia. Prestaciones alimentarias. ‖ manutención.

SUBSISTENCE WAGE.
salario de subsistencia.

SUBSOIL.
subsuelo.

SUBSTANCE.
substancia.

SUBSTANCE OF INDICTMENT.
el objeto esencial de una acusación.
V. INDICTMENT.

SUBSTANDARD.
de inferior calidad. Inferior a los requisitos exigidos. ‖ de dudosa cobrabilidad. Económicamente inconveniente.

SUBSTANTIAL.
substancial.

SUBSTANTIAL ADVERSE CLAIM.
pretensión o acción fundada de un tercero, especialmente contra una de las partes de un
contrato.

SUBSTANTIAL CAPACITY.
capacidad substancial.

SUBSTANTIAL COMPLIANCE.
cumplimiento substancial de una norma u
obligación contractual.

SUBSTANTIAL DAMAGES.
resarcimiento substancial.

SUBSTANTIAL DESTRUCTION.
destrucción substancial de un objeto.

SUBSTANTIAL EQUIVALENT.
equivalente substancial, en especial el de un
invento patentado o el de un elemento de éste.

SUBSTANTIAL ERROR.
error substancial.

SUBSTANTIAL EVIDENCE.
prueba idónea o suficiente.

SUBSTANTIAL JUSTICE.
cumplimiento de los requisitos substanciales
de la justicia, aunque no se hayan observado
ciertos requisitos que son formales o secundarios.

SUBSTANTIAL PERFORMANCE.
cumplimiento de las obligaciones esenciales
derivadas de un contrato, aunque exista un in-

cumplimiento formal o secundario respecto
de las mismas.

SUBSTANTIAL POSSESSION.
posesión real y efectiva.

SUBSTANTIAL RIGHT.
derecho subjetivo sustantivo, en contraposición a los derechos subjetivos de valor puramente procesal o adjetivo.

SUBSTANTIALLY.
substancialmente.

**SUBSTANTIALLY PREVAILING
PARTY.**
la parte que prevalece en lo sustancial de un
juicio, a efectos de la imposición de costas.

SUBSTANTIALLY REVERSED.
condición de la sentencia que es sustancialmente revocada.

SUBSTANTIATE.
fundamentar. Probar.

SUBSTANTIVE.
sustantivo. Substantivo. ‖ substancial. Esencial.

SUBSTANTIVE DUE PROCESS.
garantía constitucional respecto de la protección de los derechos básicos de una persona,
que no pueden ser afectados arbitrariamente
o sin cumplimiento de las salvaguardas jurídicas que los tutelan. Se halla en contraposición
a PROCEDURAL DUE PROCESS.

SUBSTANTIVE EVIDENCE.
prueba destinada a probar un hecho, en contraposición a la que cumplen otras funciones
como ser el corroborar o rebatir un testimonio.

SUBSTANTIVE FELONY.
delito independiente. V. FELONY.

SUBSTANTIVE LAW.
Derecho substantivo.

SUBSTANTIVE OFFENCE.
delito independiente.

SUBSTANTIVE OFFENSE.
V. SUBSTANTIVE OFFENCE.

SUBSTANTIVE PLEA.
excepción, defensa o formulación de pretensiones relativa a los méritos o substancia de la
causa.
V. PLEA.

SUBSTANTIVE PROVISIONS.
disposiciones substantivas.

SUBSTANTIVE RIGHTS.
derechos substantivos.

SUBSTITUTE.
substituto. Sustituto. ‖ también, como verbo (*to substitute*), sustituir.

SUBSTITUTE BILL OF LADING.
conocimiento de embarque que sustituye a otro perdido, robado o destruido. v. BILL OF LADING.

SUBSTITUTE DEFENDANT.
demandado que reemplaza a otra persona en tal carácter.

SUBSTITUTE JUDGE.
juez suplente. Conjuez.

SUBSTITUTED BASIS.
el valor de un bien a fines impositivos, derivados del valor impositivo del mismo para un anterior titular, o del valor de los bienes que fueron entregados a cambio del bien cuyo valor se determina.

SUBSTITUTED EXECUTOR.
reemplazante o substituto de un albacea testamentario.

SUBSTITUTED SERVICE.
notificación judicial no realizada personalmente a la persona notificada dentro de la jurisdicción territorial del tribunal, sino por otros medios como publicaciones, correo o mediante notificación a un domicilio ubicado fuera de tal jurisdicción.

SUBSTITUTED SHIPMENT.
embarque de bienes en sustitución de los indicados en un conocimiento de embarque.

SUBSTITUTED TRUSTEE.
fideicomisario sustituto, por reemplazar a quien ejerció tal cargo con anterioridad. V. TRUSTEE. TRUST.

SUBSTITUTION.
substitución. Sustitución testamentaria.

SUBSTITUTION BY WILL.
sustitución testamentaria.

SUBSTITUTION OF ATTORNEY.
sustitución de letrado.

SUBSTITUTION OF DEBTOR.
delegación.

SUBSTITUTION OF PARTIES.
sustitución de las partes de un juicio, mediante presentación en la que se solicita tal cambio en virtud de la muerte, sucesión o transferencia de titularidad de una de las partes.

SUBSTITUTIONAL LEGACY.
legado sustitutivo.

SUBSTITUTIONARY EVIDENCE.
prueba sustitutiva.

SUBSTITUTIONARY EXECUTOR.
V. SUBSTITUTED EXECUTOR.

SUBSURFACE.
subterráneo.

SUBTENANT.
sublocatario. Subarrendatario. v. TENANT.

SUBTERFUGE.
subterfugio.

SUBTERRANEAN WATER.
aguas subterráneas.

SUBTITLE.
subtítulo.

SUBTRACTION.
retención indebida de bienes o incumplimiento de ciertas obligaciones, susceptibles de constituir delito.

SUBTRACTION OF CONJUGAL RIGHTS.
incumplimiento de los deberes de cohabitación conyugal.

SUBVERSION.
subversión.

SUBVERSIVE.
subversivo.

SUBVERSIVE ACTIVITIES.
actividades subversivas.

SUCCESSION.
sucesión.

SUCCESSION DUTY.
impuesto o gravamen sucesorio.

SUCCESSION OF STATES.
sucesión entre Estados.

SUCCESSION TAX.
impuesto sucesorio.

SUCCESSIVE.
sucesivo.

SUCCESSIVE ACTIONS.
acciones sucesivas.

SUCCESSIVE ASSIGNESS.
cesionarios sucesivos.

SUCCESSIVE CARRIERS.
transportistas sucesivos.

SUCCESSIVE DISABILITIES.
causas sucesivas de incapacidad sufridas por una persona. ‖ incapacidades sufridas por los sucesivos titulares de un bien.

SUCCESSIVE LOSSES.
siniestros sucesivos.

SUCCESSIVE TREATIES.
tratados sucesivos sobre la misma materia.

SUCCESSOR.
sucesor.

SUCCESSOR IN INTEREST.
sucesor o derechohabiente respecto de un decreto sobre un inmueble.

SUCCESSOR STATE.
estado sucesor.

SUCCESSOR TRUSTEE.
fideicomisario que reemplaza a otro. v. TRUST. TRUSTEE.

SUCCESSORS.
sucesores. ‖ sucesores *mortis causa*.

SUCCESSORS AND ASSIGNS.
sucesores y cesionarios.

SUCCINT.
sucinto.

SUDDEN.
súbito. Inesperado.

SUDDEN EMERGENCY.
emergencia súbita e inesperada.

SUDDEN HEAT OF PASSION.
emoción violenta.

SUDDEN INJURY.
lesión súbita e inesperada.

SUDDEN PERIL.
peligro súbito e inesperado.

SUE.
demandar. Accionar.

SUE AND LABOR CLAUSE.
cláusula de reembolso de los gastos de conservación y salvaguarda, en los seguros marítimos.

SUE AND LABOUR CLAUSE.
v. SUE AND LABOR CLAUSE.

SUE FOR DAMAGES.
demandar por daños y perjuicios.

SUE IN TORT.
entablar una acción por hechos ilícitos. v. TORT.

SUE OUT.
obtención de una orden judicial, mediante la correspondiente acción.

SUFFER.
sufrir. ‖ tolerar. Permitir. Admitir.

SUFFER A LOSS.
sufrir una pérdida.

SUFFERANCE.
tolerancia. Consentimiento. Aquiescencia.

SUFFERANCE WHARVES.
muelles en que está permitida la descarga de mercaderías sin pago de derechos de importación.

SUFFERING.
sufrimiento.

SUFFICIENCY.
suficiencia.

SUFFICIENCY OF EVIDENCE.
suficiencia de la prueba.

SUFFICIENT.
suficiente.

SUFFICIENT CAUSE.
causa suficiente de un efecto jurídico.

SUFFICIENT CONSIDERATION.
contraprestación suficiente o adecuada. v. CONSIDERATION.

SUFFICIENT DESCRIPTION.
descripción suficiente.

SUFFICIENT EVIDENCE.
prueba suficiente.

SUFFICIENT POSSESSION.
posesión suficiente para fundamentar acciones posesorias o basadas en la posesión como las de usucapión.

SUFFICIENT SURETIES.
garantías suficientes.

SUFFRAGE.
voto. Sufragio.

SUGGEST.
sugerir.

SUGGESTED PRICE.
precio sugerido.

SUGGESTION.
sugerencia. Sugestión. Propuesta. ‖ declaración en juicio de un hecho que no puede ser alegado en la demanda o contestación, en particular por haber vencido la oportunidad procesal al efecto.

SUGGESTION AWARD.
premios otorgados a los empleados de una empresa, en razón de sugerencias hechas a ésta.

SUGGESTION OF DEATH.
acción de denunciar en juicio la muerte de una parte, a los efectos procesales que correspondan.

SUGGESTION OF ERROR.
recurso en el que se solicita el reexamen de una causa. v. REHEARING. ERROR.

SUGGESTION OF INMUNITY.
excepción de inmunidad.

SUGGESTIVE INTERROGATION.
planteamiento de preguntas sugestivas a un testigo.

SUI JURIS.
persona capaz.

SUICIDE.
suicidio.

SUING AND LABORING CLAUSE.
V. SUE AND LABOR CLAUSE.

SUIT.
juicio. Procedimiento. Acción.

SUIT FOR ANNULMENT.
acción de nulidad, generalmente respecto de un matrimonio.

SUIT FOR DAMAGES.
acción de daños y perjuicios.

SUIT FOR DISCOVERY.
acción tendiente al descubrimiento de elementos probatorios.
V. DISCOVERY.

SUIT FOR LIBEL.
acción por difamación. V. LIBEL.

SUIT FOR PARTITION.
acción de partición o división de condominio.

SUIT IN EQUITY.
acción fundada en las reglas de EQUITY (v.).

SUIT MONEY.
alimentos provisorios. ‖ costas judiciales.

SUIT OF A CIVIL NATURE.
juicio civil. Acción civil.

SUITABLE.
apropiado. Adecuado.

SUITOR.
accionante. Demandante. Actor. ‖ pretendiente. Novio.

SUM.
suma. ‖ sumario. Resumen. Compendio. ‖ como verbo (*to sum*), sumar.

SUM AT RISK.
riesgo máximo contraído por un asegurador bajo una póliza.

SUM CERTAIN.
suma cierta.

SUM IN GROSS.
valor bruto.

SUM INSURED.
suma asegurada.

SUM PAYABLE.
suma pagadera. Suma debida.

SUMMARILY.
sumariamente.

SUMMARY.
sumario. ‖ compendio. Resumen. Extracto. ‖ abreviado. Resumido.

SUMMARY ABATEMENT.
eliminación de un elemento dañino o perjudicial en forma directa, sin participación judicial.
V. ABATEMENT.

SUMMARY CONTEMPT PROCEEDING.
procedimiento sumario por desacato o desobediencia a un tribunal.
V. CONTEMPT.

SUMMARY CONVICTION.
condena penal emitida por un juez sin intervención de un jurado.

SUMMARY DISMISSAL.
despido sin sumario o procedimiento previo.

SUMMARY DISPOSAL.
rechazo de una demanda antes de la apertura de la causa a prueba, ante su evidente improcedencia por razones de derecho.

SUMMARY EJECTMENT.
juicio sumario de desalojo.

SUMMARY EVICTION.
V. SUMMARY EJECTMENT.

SUMMARY FORFEITURE.
expropiación irregular, por realizarse sin permitirse la intervención del dueño desposeído.

SUMMARY JUDGMENT.
sentencia emitida sin apertura de la causa a prueba, por no existir cuestiones de hecho debatidas.

SUMMARY JURISDICTION.
ejercicio de jurisdicción sin la participación de un jurado.

SUMMARY OFFENCE.
delito juzgado sin la participación de un jurado.

SUMMARY OFFENSE.
V. SUMMARY OFFENCE.

SUMMARY POSSESSORY PROCEEDING.
procedimiento sumario de desalojo.

SUMMARY PROCEEDING.
procedimiento sumario.

SUMMARY PROCESS.
juicio o procedimiento sumario. ‖ juicio de desalojo.

SUMMARY TRIAL.
juicio conducido sin la participación de un jurado.

SUMMATION.
V. SUMMING UP.

SUMMING UP.
resumen de las actuaciones y formulación de instrucciones, efectuados por el juez respecto

del jurado, a efectos de que éste dicte su veredicto. ‖ alegatos.

SUMMING UP EVIDENCE.

alegatos. Alegatos de bien probado.

SUMMON.

citar. Intimar. Ordenar la comparecencia. Emplazar en juicio.

SUMMONER.

notificador. Oficial notificador. En Estados Unidos la función la cumplen personas o entidades privadas.

SUMMONING.

convocatoria. Citación. ‖ intimación. Emplazamiento.

SUMMONS.

citación. Intimación. Orden de comparecencia. Emplazamiento en juicio. ‖ notificación de la demanda.

SUMMONS AD RESPONDENDUM.

intimación a comparecer en juicio civil y contestar la demanda.

SUMMONS BY PUBLICATION.

emplazamiento por edictos.

SUMMONS DUCES TECUM.

V. SUBPOENA DUCES TECUM.

SUMMONS FOR DIRECTIONS.

solicitud de apertura de la causa a prueba, mediante la fijación de la audiencia necesaria para la producción de aquélla.

SUMPTUARY.

suntuario.

SUMPTUARY LAWS.

Leyes que prohíben o limitan la comercialización o consumo de productos suntuarios.

SUNDAY CLOSING LAWS.

leyes que prohíben el trabajo y el comercio los días domingo.

SUNDAY LEGISLATION.

legislación que determina las actividades que pueden realizarse los días domingo.

SUNDRY.

varios. Diversos.

SUNSET LAWS.

leyes que requieren que las reparticiones y entes administrativos justifiquen periódicamente ante la legislatura los motivos para su existencia.

SUNSHINE LAWS.

leyes que requieren que las audiencias y reuniones de entes administrativos sean públicas.

SUPERADDED LIABILITY.

responsabilidad de los accionistas por las obligaciones de su sociedad.

SUPERCARGO.

persona que el propietario pone a cargo de la custodia y venta de mercaderías expedidas a otras plazas y de adquirir allí otras mercaderías, a cuyo efecto viaja en el buque que transporta tales cargas.

SUPEREMINENT PRINCIPLES.

principios superiores del Derecho.

SUPERFICIES.

derecho de superficie.

SUPERFLUOUS LAND.

terreno expropiado en exceso de lo necesario a los fines de la expropiación.

SUPERINSTITUTION.

institución de una persona en un cargo, oficio o posición en el que otra persona ha sido ya instituida.

SUPERINTEND.

supervisar. Controlar. Practicar funciones de superintendencia.

SUPERINTENDENCE.

superintendencia.

SUPERINTENDENT.

superintendente.

SUPERIOR.

superior, como adjetivo y como sustantivo.

SUPERIOR AGENT.

V. HIGH MANAGERIAL AGENT.

SUPERIOR BODY.

cuerpo superior de una organización o entidad.

SUPERIOR COURT.

tribunal superior.

SUPERIOR ESTATE.

derecho de mayor duración respecto de un inmueble. V. ESTATE.

SUPERIOR FELLOW SERVANT.

empleado que tiene autoridad o poder sobre otro.

SUPERIOR FORCE.

fuerza mayor.

SUPERIOR LIEN.

privilegio o derecho de preferencia de rango superior. V. LIEN.

SUPERIOR ORDER.

orden superior.

SUPERIOR SERVANT.

V. SUPERIOR FELLOW SERVANT.

SUPERIOR TITLE.
título superior. Mejor título.

SUPERIOR USE.
uso de mayor importancia, desde el punto de vista del interés público.

SUPERSEDE.
reemplazar. Anular. Revocar.

SUPERSEDEAS.
orden judicial de suspensión de un procedimiento o de la ejecución de una sentencia o providencia.

SUPERSEDEAS BOND.
garantía exigida a quien solicita la suspensión de un procedimiento o de la ejecución de una sentencia o providencia. v. SUPERSEDEAS. BOND

SUPERSEDED PLEADING.
demanda, contestación o reconvención reemplazada por otra presentación de igual naturaleza. v. PLEADING.

SUPERSEDING CAUSE.
causa de un hecho que se interpone en una cadena causal y reemplaza a otra a la que hubiere sido de otro modo atribuible ese hecho.

SUPERSTITIOUS TRUST.
fideicomiso nulo por destinarse a actividades religiosas no reconocidas. v. TRUST.

SUPERSTITIOUS USE.
destino de un inmueble o de sus partes a actividades religiosas no reconocidas.

SUPERVENING.
sobreviniente.

SUPERVENING CAUSE.
causa sobreviniente. v. SUPERSEDING CAUSE.

SUPERVENING ILLEGALITY.
ilegalidad sobreviniente.

SUPERVENING IMPOSSIBILLITY OF PERFORMANCE.
imposibilidad sobreviniente de cumplimiento.

SUPERVENING NEGLIGENCE.
culpa o negligencia que tiene lugar una vez que la situación de peligro de la que resulta un daño ya ha sido creada.

SUPERVISE.
supervisar.

SUPERVISING COMMISSIONER.
oficial de justicia *ad hoc* encargado de recibir testimonios.

SUPERVISING OFFICER.
oficial de justicia encargado de recibir testimonios.

SUPERVISION.
supervisión.

SUPERVISION ORDER.
orden de supervisar, en particular de una persona sujeta a libertad condicional o vigilada.

SUPERVISOR.
supervisor.

SUPERVISORY CONTROL.
control de los tribunales superiores sobre los inferiores.

SUPERVISORY EMPLOYEE.
empleado supervisor.

SUPERVISORY JURISDICTION.
jurisdicción de control, ejercida por los tribunales superiores sobre los inferiores.

SUPERVISORY WRIT.
orden dirigida por un tribunal superior a uno inferior, en ejercicio de las facultades de control propias de aquél.

SUPPLEMENT.
suplemento. ‖ como verbo (*to supplement*), suplementar.

SUPPLEMENTAL.
suplementario.

SUPPLEMENTAL ACCOUNT.
cuenta o rendición de cuentas suplementaria.

SUPPLEMENTAL ACT.
ley suplementaria.

SUPPLEMENTAL AFFIDAVIT.
declaración jurada suplementaria.

SUPPLEMENTAL ANSWER.
escrito que suplementa una contestación de demanda.

SUPPLEMENTAL BILL.
en el procedimiento realizado bajo el régimen de EQUITY (v.), escrito o prestación suplementaria. v. BILL.

SUPPLEMENTAL CLAIM.
pretensión suplementaria, formulada en juicio.

SUPPLEMENTAL COMPLAINT.
escrito que suplementa a la demanda, basado en hechos nuevos.

SUPPLEMENTAL DEED.
instrumento formal suplementario de otro precedente.
v. DEED.

SUPPLEMENTAL INJUNCTION.
orden judicial destinada a asegurar el ejercicio de la jurisdicción de un tribunal o la efectividad de una sentencia. v. INJUNCTION.

SUPPLEMENTAL LEVY.
secuestro suplementario de bienes, de modo de completar lo exigido por una orden de embargo. v. LEVY.

SUPPLEMENTAL PETITION.
petición suplementaria formulada en un juicio, en particular las que resultan de hechos nuevos.

SUPPLEMENTAL PLEADING.
presentación o denuncia de hechos nuevos o formulación de pretensiones o defensas suplementarias basadas en tales hechos.

SUPPLEMENTAL STATUTE.
legislación suplementaria.

SUPPLEMENTAL SURETY.
garante de un garante.

SUPPLEMENTAL TAX.
impuesto suplementario.

SUPPLEMENTARY.
suplementario.

SUPPLEMENTARY BENEFITS.
beneficios suplementarios, derivados del régimen de seguridad social.

SUPPLEMENTARY PROCEEDINGS.
procedimiento suplementario al de ejecución de sentencia, destinado a ubicar los bienes del deudor y a su aplicación al pago de sus deudas.

SUPPLETORY.
supletorio.

SUPPLETORY OATH.
juramento supletorio de otras pruebas.

SUPPLIANT.
actor. Demandante.

SUPPLIER.
proveedor. Vendedor. Productor. ‖ oferente.

SUPPLIES.
suministros. Provisiones.

SUPPLY.
oferta. Provisión. Abastecimiento. ‖ como verbo (to supply), aprovisionar. Abastecer. Vender. Ofrecer.

SUPPORT.
apoyo. Ayuda. Sostenimiento. ‖ mantenimiento. Sostén. Prestaciones alimentarias. ‖ apoyo o soporte de un inmueble. ‖ como verbo (to support), apoyar. Ayudar. Sostener. Mantener.

SUPPORT OF CHILD.
sostenimiento y cuidado de un menor.

SUPPORT OF FAMILY.
sostenimiento y cuidado de la familia.

SUPPORT PRICE.
precio sostén.

SUPPORT TRUST.
fideicomiso en el que sólo se dan al beneficiario las sumas necesarias para su manutención. v. TRUST.

SUPPORTING DOCUMENTS.
documentos probatorios o justificativos que complementan a otros medios de prueba.

SUPPOSITION.
suposición.

SUPPRESS.
suprimir. Reprimir.

SUPPRESS EVIDENCE.
eliminar pruebas de un juicio. Puede efectuarse legalmente, demostrando la improcedencia de esas pruebas, o ilegalmente, ocultándolas o destruyéndolas.

SUPPRESSIO VERI.
disimulación de la verdad, particularmente en el curso de negociaciones contractuales.

SUPPRESSION.
supresión. Represión.

SUPPRESSION HEARING.
audiencia en la que se discute la eliminación de pruebas en un juicio.

SUPPRESSION OF COMPETITION.
supresión de la competencia.

SUPPRESSION OF DEPOSITION.
supresión de un testimonio en cuanto prueba utilizable, debido a irregularidades en su producción.

SUPPRESSION OF EVIDENCE.
eliminación de pruebas de un juicio, particularmente las que se han obtenido ilegalmente. ‖ retención, ocultación o no suministro de pruebas que pueden ser favorables a la contraparte. v. SUPPRESS EVIDENCE.

SUPPRESSION OF WILL.
supresión u ocultamiento de un testamento.

SUPRA.
supra.

SUPRA PROTEST.
aceptación o pago de una letra de cambio por intervención. ‖ bajo protesto.

SUPREMACY.
supremacía.

SUPREMACY CLAUSE.
cláusula de supremacía de la constitución.

SUPREMACY OF THE LAW.
supremacía de la ley.

SUPREMACY OF PARLIAMENT.
supremacía del Parlamento.

SUPREME.
supremo. Superior.

SUPREME COURT.
Corte Suprema.

SUPREME LAW OF THE LAND.
el Derecho superior de un país, conforme a las disposiciones constitucionales que así lo declaran.

SUPREME POWER.
el poder superior, dentro de un Estado.

SURCHARGE.
recargo. Sobretasa. Sobreprecio. ‖ impuesto adicional o suplementario. ‖ sanción impuesta a un administrador o representante, por el incumplimiento de sus deberes. ‖ hipotecas posteriores a la primera. ‖ también, como verbo (*to surcharge*), imponer sanciones a un administrador o representante, por el incumplimiento de sus deberes. ‖ también como verbo, demostrar que una rendición de cuentas es incompleta, siendo así perjudicial para la contraparte. ‖ imponer un recargo, sobretasa, sobreprecio o impuesto adicional.

SURCHARGE AND FALSIFY.
derecho a que una parte inspeccione e impugne una rendición de cuentas formulada por la opuesta.

SURETIES OF THE PEACE AND GOOD BEHAVIOUR.
garantes de la buena conducta de quien se encuentra bajo libertad provisional.

SURETY.
fiador. Garante. Se distingue del GUARANTOR (v.) por estar el *surety* sólo obligado a responder subsidiariamente en caso de incumplimiento del obligado principal. ‖ fianza. Garantía.

SURETY BOND.
garantía de cumplimiento de obligaciones contractuales. v. BOND. SURETY.

SURETY COMPANY.
compañía que otorga fianzas y otras garantías, a cambio de una contraprestación. v. SURETY.

SURETY CONTRACT.
contrato de fianza. v. SURETY.

SURETY INSURANCE.
v. GUARANTY INSURANCE. SURETY.

SURETY OF THE PEACE.
v. SURETIES OF THE PEACE.

SURETYSHIP.
fianza. Garantía. Caución. v. SURETY.

SURETYSHIP BOND.
fianza. v. BOND. SURETY.

SURETYSHIP CONTRACT.
contrato de fianza. v. SURETY.

SURFACE.
superficie.

SURFACE WATERS.
aguas superficiales.

SURGEON.
cirujano.

SURGERY.
cirujía.

SURMISE.
sospecha. Conjetura. ‖ también, como verbo (*to surmise*), sospechar. Conjeturar.

SURNAME.
apellido.

SURPLUS.
superávit. Utilidad. Excedente. ‖ patrimonio neto en exceso del capital social.

SURPLUS EARNINGS.
ganancias no distribuidas.

SURPLUS FUND.
fondos excedentes o no utilizados.

SURPLUS MONEY PROCEEDING.
procedimiento para determinar el destino de los fondos resultantes de una venta en un proceso de ejecución que no han sido publicados bajo éste.

SURPLUS PERSONAL ESTATE.
haber sucesorio una vez canceladas las obligaciones y gastos de la sucesión.

SURPLUS PROCEEDS.
producido de una venta en un proceso de ejecución que excede lo necesario para pagar las obligaciones objeto de ese proceso.

SURPLUS PROFITS.
v. SURPLUS EARNINGS.

SURPLUS PROPERTY.
bienes embargados en exceso de lo necesario para el cumplimiento de las obligaciones que dan lugar a ese embargo. ‖ bienes no utilizados o que exceden de los necesarios.

SURPLUS RESERVES.
reservas voluntarias.

SURPLUS WATERS.
aguas excedentes.

SURPLUSAGE.
exceso. Remanente. ‖ inclusión de expresio-

nes superfluas, innecesarias o impertinentes en un escrito judicial.

SURPRISE.

sorpresa. ‖ como verbo (*to surprise*), sorprender.

SURREBUTTER.

respuesta del actor a la contestación del demandado a la tríplica del actor.

SURREJOINDER.

tríplica. Respuesta que da el actor a la dúplica o REJOINDER (v.).

SURRENDER.

abandono. Renuncia. Cesión. Devolución. ‖ como verbo (*to surrender*), abandonar. Renunciar. Ceder. Devolver. ‖ también como verbo, transferir derechos respecto de un inmueble a quien goza de los restantes derechos sobre el mismo, de forma de unificar la titularidad sobre aquél.

SURRENDER BY BAIL.

entrega en custodia judicial de quien se encuentra en libertad bajo fianza, realizada por el fiador a fin de quedar él liberado de su responsabilidad.

SURRENDER BY OPERATION OF LAW.

pérdida de derechos respecto de un inmueble en virtud de una conducta mediante la que se reconocen a terceros derechos incompatibles con los que así se pierden.

SURRENDER CHARGE.

cargo impuesto por una compañía de seguros al solicitar el asegurado la devolución de sus primas y la cancelación del seguro, especialmente en los seguros de vida. v. SURRENDER CLAUSE.

SURRENDER CLAUSE.

cláusula de rescate. Cláusula que permite al asegurado obtener la devolución de las primas abonadas, con determinados intereses, cancelándose el seguro.

SURRENDER IN FACT.

transferencia de los derechos respecto de un tercero respecto de un inmueble al titular de la nuda propiedad o de otros derechos sobre el mismo bien, mediante un contrato expreso o tácito. v. SURRENDER.

SURRENDER IN LAW.

v. SURRENDER BY OPERATION OF LAW.

SURRENDER OF A PREFERENCE.

renuncia a una preferencia o a un beneficio

derivado de ésta, en el curso de un procedimiento concursal.

SURRENDER OF BILL OF LADING.

devolución de un conocimiento de embarque.

SURRENDER OF CHARTER.

renuncia de una persona jurídica a la autorización para actuar como tal.

SURRENDER OF CRIMINAL.

entrega de un criminal a las autoridades competentes de otra jurisdicción.

SURRENDER OF POLICY.

renuncia a un seguro mediante devolución de la póliza correspondiente.

SURRENDER OF SOVEREIGNTY.

renuncia a la soberanía.

SURRENDER OF TENANCY.

renuncia al derecho de locatario de un inmueble o a otros derechos de tenencia sobre éste. v. SURRENDER. TENANCY.

SURRENDER TO CUSTODY.

comparecencia ante las autoridades de quien se encuentra en libertad bajo fianza.

SURRENDER VALUE.

valor de rescate de una póliza de seguro de vida.

SURRENDEREE.

persona a favor de la cual se efectúa una renuncia o abandono de derechos. v. SURRENDER.

SURRENDEROR.

quien efectúa una renuncia o abandono de derechos. v. SURRENDER.

SURREPTITIOUS.

subrepticio.

SURROGATE.

sustituto. Suplente. Subrogado.

SURROGATE COURT.

tribunal con competencia en juicios sucesorios.

SURROGATE JUDGE.

juez con competencia en juicios sucesorios.

SURROGATE PARENT.

quien de hecho actúa como progenitor.

SURROUND.

rodear.

SURROUNDING CIRCUMSTANCES.

circunstancias de un hecho.

SURTAX.

sobretasa. Impuesto adicional o suplementario.

SURVEILLANCE.

superintendencia. Suspensión. Vigilancia. Control.

SURVEY.

inspección. Investigación. Pericia. Relevo. ‖ relevo catastral. ‖ como verbo (*to survey*), inspeccionar. Investigar. Relevar terrenos.

SURVEY OF A VESSEL.

inspección de un navío.

SURVEY REPORT.

informe pericial.

SURVEYOR.

inspector. Perito. Controlador. ‖ agrimensor. Quien realiza relevos catastrales.

SURVIVAL.

supervivencia.

SURVIVAL ACTIONS.

acciones que sobreviven a la persona respecto de la cual han nacido, particularmente en materia de responsabilidad extracontractual.

SURVIVAL OF CAUSES OF ACTION.

supervivencia de derechos a la muerte de su titular o del obligado correspondiente.

SURVIVAL STATUTES.

leyes que establecen la supervivencia de derechos a la muerte de su titular.

SURVIVING.

supérstite. Sobreviviente. Superviviente.

SURVIVING CHILDREN.

hijos sobrevivientes.

SURVIVING PARTNER.

socio sobreviviente.

SURVIVING SPOUSE.

cónyuge supérstite.

SURVIVOR.

supérstite. Sobreviviente. Superviviente.

SURVIVORSHIP.

supervivencia.

SURVIVORSHIP ANNUITY.

renta vitalicia que se extiende a determinados sobrevivientes del beneficiario original. V. ANNUITY.

SUSCEPTIBLE.

susceptible. Capaz.

SUSPECT.

sospechoso. ‖ como verbo (*to suspect*), sospechar.

SUSPECT CLASSIFICATIONS.

clasificaciones o categorías, incluidas en leyes u otras normas, que crean una presunción de introducir discriminaciones ilegales por motivos de raza, religión, sexo u otras.

SUSPEND.

suspender.

SUSPENDED.

suspendido. En suspenso.

SUSPENDED SENTENCE.

pena en suspenso. Condena condicional.

SUSPENDS.

cesación de pagos, particularmente la de una entidad financiera.

SUSPENSE.

la condición de un derecho respecto de un inmueble que encuentra suspendido por la confusión de la persona de su titular con la quien se vería, como propietario del inmueble, a los efectos de aquel derecho.

SUSPENSION.

suspensión.

SUSPENSION FROM THE PRACTICE OF LAW.

suspensión del ejercicio de la abogacía.

SUSPENSION OF A RIGHT.

suspensión de un derecho.

SUSPENSION OF ACTION.

suspensión de una acción.

SUSPENSION OF ARMS.

suspensión de hostilidades.

SUSPENSION OF BUSINESS.

suspensión de las operaciones de una empresa.

SUSPENSION OF INTEREST.

suspensión de intereses.

SUSPENSION OF MEMBER.

suspensión de un miembro de una entidad.

SUSPENSION OF PAYMENT.

suspensión de pagos.

SUSPENSION OF PERFORMANCE.

suspensión del cumplimiento de un contrato.

SUSPENSION OF POLICY.

suspensión de la vigencia de una póliza de seguros.

SUSPENSION OF SENTENCE.

suspensión de la aplicación de la pena. ‖ suspensión de la fijación de la pena.

SUSPENSION OF STATUTE OF LIMITATIONS.

suspensión de la prescripción.

SUSPENSIVE CONDITION.

condición suspensiva. La expresión sólo se utiliza respecto del CIVIL LAW (v.).

SUSPICION.
sospecha.

SUSPICIOUS CHARACTER.
carácter sospechoso de un acusado.

SUSTAIN.
sostener. Mantener. ‖ conformar. Aprobar. ‖
conceder lo peticionado. ‖ sufrir.

SUSTAIN AN OBJECTION.
aprobar una impugnación. Conceder lo peticionado en una objeción respecto de determinado acto procesal.

SUSTAIN DAMAGES.
sufrir daños.

SUSTENANCE.
sustento. Alimentos. ‖ subsistencia. Mantenimiento. ‖ apoyo. Respaldo.

SUZERAINTY.
relación de protectorado o soberanía de una
nación sobre otra.

SWAP.
en general, operación en la que se intercambian activos financieros. ‖ operación en la que
se intercambian los flujos financieros derivados de distintos títulos o instrumentos. ‖ pase.
Operación de cambio combinada con otra
operación inversa de cambio, a realizarse en el
futuro a un tipo de cambio predeterminado. ‖
intercambio de bienes. ‖ como verbo (*to
swap*), intercambiar.

SWATCH.
muestra de mercaderías.

SWEAR.
jurar. ‖ maldecir. Decir malas palabras.

SWEARING.
juramento.

SWEARING IN.
acto de tomar juramento a un testigo o a un
funcionario.

SWEARING THE PEACE.
demostrar ante un juez las razones por las que
se temen determinadas amenazas.

SWEARING WITNESS.
juramentar a un testigo.

SWEAT EQUITY.
adquisición de derechos sobre un inmueble
mediante la realización de trabajos en el mismo.

SWEAT SHOP.
establecimiento en el que se trabaja en condiciones abusivas de salarios, horarios o forma
de trabajo.

SWEATING.
interrogatorio ilegal de un acusado por realizarse bajo presiones o amenazas.

SWEEPING.
amplio. Comprensivo.

SWEETENERS.
incentivos adicionales introducidos en una
oferta contractual.

SWEETMEART CONTRACT.
contrato entre un empleador y un sindicato,
dirigido a evitar el ingreso de otro sindicato en
la empresa del empleador.

SWINDLE.
estafa. Defraudación. ‖ también, como verbo
(*to swindle*), estafar. Defraudar.

SWINDLER.
estafador.

SWINDLING.
estafa. Defraudación.

SWORN AFFIDAVIT.
declaración jurada.
    v. AFFIDAVIT.

SWORN APPRAISAL.
juramento estimatorio.

SWORN COPY.
copia certificada bajo juramento.

SWORN EVIDENCE.
prueba producida bajo juramento.

SWORN STATEMENT.
declaración jurada.

SYLLABUS.
resumen de un caso o de una sentencia.

SYLLOGISM.
silogismo.

SYMBOLIC DELIVERY.
tradición o entrega simbólica.

SYMBOLIC POSSESSION.
posesión simbólica. Posesión ficta.

SYMBOLIC SPEECH.
conducta que tiene un carácter simbólico o ex-
presivo de ideas, y que como tal puede ser protegida bajo las normas sobre libertad de palabra y expresión.

SYMMETRY.
simetría.

SYMPATHETIC STRIKE.
huelga de simpatía. Huelga de solidaridad.

SYMPATHY STRIKE.
    v. SYMPATHETIC STRIKE.

SYNALLAGMATIC CONTRACT.
contrato sinalagmático.

SYNDIC.

síndico concursal. ‖ representante de una persona jurídica respecto de materias determinadas.

SYNDICALISM.

sindicalismo.

SYNDICATE.

sindicato o consorcio financiero. Grupo de inversores. ‖ sociedad u otra forma de colaboración empresaria entre distintos inversores o agentes financieros para realizar una operación en común. ‖ asociación con fines periodísticos, sea para obtener o publicar materiales de esa naturaleza. ‖ como verbo (*to syndicate*), formar un consorcio o sindicato, u operar a través de ellos.

SYNDICATED LOAN.

préstamo sindicado. Préstamo cuyos fondos son suministrados por una pluralidad de bancos.

SYNDICATING.

reunión de materiales periodísticos para su distribución y posterior publicación en una pluralidad de diarios y revistas.

SYNDICATION.

sindicación de un préstamo u otra operación financiera. ‖ formación de un SYNDICATE (v.), en alguna de sus posibles acepciones.

SYNOD.

sínodo.

SYNONYMOUS.

sinónimo.

SYNOPSIS.

sinopsis.

SYSTEM.

sistema.

T: ACCOUNT.
cuenta de partida doble, usada comúnmente a fines contables.

TABLE.
tabla. Índice. Lista. ‖ como verbo (*to table*), suspender la consideración de un proyecto.

TABLE OF CASES.
lista de fallos citados o incluidos en una obra.

TACIT.
tácito.

TACIT ACCEPTANCE.
aceptación tácita.

TACIT ADMISSION.
reconocimiento tácito de un hecho o circunstancia.

TACIT COMMAND.
imperativo tácito. Orden tácita o implícita.

TACIT CONSENT.
consentimiento tácito o implícito.

TACIT DEDICATION.
acto de dedicar un bien al uso público, en forma tácita. v. DEDICATION.

TACIT HYPOTHECATION.
constitución de una hipoteca legal.

TACIT LAW.
normas que resultan de su aceptación generalizada y no de una ley en sentido formal.

TACIT MORTGAGE.
hipoteca legal.

TACIT RELOCATION.
tácita reconducción.

TACK.
unir varios actos o relaciones jurídicas para darles un único efecto. v. TACKING.

TACKING.
unión de los períodos de posesión de un inmueble por varias personas, a efectos de computar el término de prescripción. ‖ considerar que un derecho de garantía es la continuación de un derecho similar preexistente, de forma de oponerlo a acreedores que hayan constituido derechos contra el mismo deudor en el período que media entre los derechos de garantía así vinculados.

TACKING DISABILITIES.
adicionar los períodos en que un acreedor se ha visto imposibilitado de accionar, a fin de determinar el tiempo de prescripción transcurrido.

TAIL.
la condición de un derecho limitado a ciertas personas. ‖ la condición de un derecho de FEE TAIL (v.).

TAIL AFTER POSSIBILITY OF ISSUE EXTINCT.
derecho respecto de un inmueble que puede ejercerse al fallecer el último descendiente directo del causante de ese derecho. v. FEE TAIL.

TAIL FEMALE.
derecho respecto de un inmueble que sólo puede transmitirse a la descendencia femenina. v. FEE TAIL.

TAIL GENERAL.
derecho respecto de un inmueble que sólo puede ser transmitido a los descendientes.
v. FEE TAIL.

TAIL MALE.
derecho respecto de un inmueble que sólo puede ser transmitido a los descendientes masculinos. v. FEE TAIL.

TAIL SPECIAL.
derecho respecto de un inmueble que sólo puede ser transmitido a determinados herederos. v. FEE TAIL.

TAKE.
tomar. Recibir. Tomar la posesión o el título. ‖ confiscar. Expropiar. Apropiarse. Desposeer.

TAKE AN INVENTORY.
realizar un inventario.

TAKE AN OATH.
prestar juramento.

TAKE AS HEIR.
recibir por testamento.

TAKE AWAY.
llevar. ‖ incitar a un menor a abandonar el hogar paterno.

TAKE BACK.
revocar. Retractar. Retomar.

TAKE BIDS.
subastar. Licitar. Recibir ofertas.

TAKE BY STEALTH.
hurtar.

TAKE CARE.
tener cuidado.

TAKE CARE OF.
atender. Tener bajo el cuidado.

TAKE CHARGE.
encargar. Hacerse cargo.

TAKE DELIVERY.
tomar posesión. Recibir.

TAKE EFFECT.
tener efecto. Entrar en vigencia.

TAKE EXCEPTION.
oponerse. Impugnar. Protestar.

TAKE FOR PUBLIC USE.
apropiarse de un bien para destinarlo a uso público. Es un concepto más amplio que el de expropiación, comprendiendo todo tipo de desposesión formal o de hecho.

TAKE-HOME PAY.
el salario neto y líquido, una vez realizados todos los descuentos que pesan sobre el mismo.

TAKE IN INTESTACY.
recibir por sucesión intestada.

TAKE ISSUE.
disputar. Oponerse. Impugnar.

TAKE NOTE.
tomar razón.

TAKE-NOTHING JUDGMENT.
sentencia que no reconoce ninguna de las pretensiones del actor.

TAKE OATH.
prestar juramento.

TAKE OFF.
arranque. Comienzo. Partida. Despegue.

TAKE OFFICE.
asumir un cargo.

TAKE OVER.
hacerse cargo de un puesto o responsabilidad ‖ adquisición del control de una empresa. ‖ como verbo (*to take over*), tomar el control de una empresa, mediante la adquisición de un número suficiente de acciones, fusión u otros medios.

TAKE OVER BID.
propuesta de adquisición de las acciones necesarias para asumir el control de una empresa.

TAKE POSSESSION.
tomar posesión.

TAKE PRECEDENCE.
tener precedencia.

TAKE TESTIMONY.
recibir testimonio.

TAKE TITLE.
tomar o adquirir el título respecto de un bien.

TAKE UNDER A WILL.
recibir por sucesión testamentaria.

TAKE UP.
pagar. Cancelar una deuda. ‖ adquirir un pagaré u otro título de crédito. ‖ empezar. Emprender.

TAKER.
tomador. Adquirente.

TAKING.
toma de la posesión de un bien. ‖ captura. Secuestro. ‖ expropiación. v. EMINENT DOMAIN.

TAKING CASE FROM JURY.
privación al jurado de su facultad de decidir un caso mediante su veredicto.

TAKING FOR PUBLIC USE.
V. TAKE FOR PUBLIC USE.

TAKING FROM THE PERSON.
desposesión de los bienes de una persona, particularmente en el curso de un robo.

TAKING THE FIFTHM.
negativa a responder a un interrogatorio sobre la base de garantías constitucionales al respecto.

TAKING UNCONSCIONABLE ADVANTAGE.
tomar una ventaja abusiva del estado de necesidad, inexperiencia o impericia de la contraparte en una operación.

TALES.
jurados designados para reemplazar a los que faltan para reunir el número necesario, por

haber impugnaciones, ausencias u otros motivos que obliguen a tal reemplazo.

TALESMAN.
V. TALES.

TALLY.
contar. Contramarcar.

TALLY TRADE.
venta de artículos a crédito, pagaderos semanal o mensualmente.

TALWEG.
talweg. El canal más profundo de un curso de agua, que sirve de límite.

TAME.
domesticado. Manso. ‖ como verbo (*to tame*), domesticar.

TAMPER.
alterar fraudulentamente. Modificar. Falsificar.

TAMPERING WITH JURY.
acción de corromper a un jurado o de interferir ilegalmente en sus funciones.

TANGIBLE.
tangible. Corporal.

TANGIBLE ASSETS.
bienes tangibles o corporales.

TANGIBLE EVIDENCE.
pruebas físicas, en contraposición a las derivadas de testimonios.

TANGIBLE PERSONAL PROPERTY.
bienes muebles.
V. PERSONAL PROPERTY.

TANGIBLE PROPERTY.
bienes corporales.

TAPPING.
intercepción de comunicaciones telefónicas.

TARE.
tara, en materia de bienes transportados.

TARGET COMPANY.
empresa que se desea adquirir, en particular mediante la oferta pública de compra de sus acciones.

TARGET OFFENCE.
el delito que es objeto de una conspiración.

TARGET OFFENSE.
V. TARGET OFFENCE.

TARGET PRICE.
precio garantizado por el Estado a los productores.

TARGET WITNESS.
testigo cuyo testimonio se requiere a efectos de una investigación o instrucción.

TARIFF.
tarifa. ‖ derecho o arancel de importación.

TARIFF ACT.
ley aduanera. Ley sobre derechos de importación.

TARIFF PREFERENCE.
preferencia aduanera.

TARIFF SCHEDULE.
nomenclatura arancelaria. ‖ lista de tarifas por diferentes servicios.

TARIFF TREATY.
tratado aduanero.

TARIFF UNION.
unión aduanera.

TAUTOLOGY.
tautología.

TAX.
impuesto. Gravamen. ‖ como verbo (*to tax*), gravar. Imponer. ‖ también como verbo, tasar. Avaluar. ‖ también como verbo, exigir. Poner a prueba.

TAX ADVANTAGE.
beneficio fiscal. Desgravación impositiva.

TAX ALLOWANCE.
exención impositiva.

TAX ASSESSMENT.
valuación fiscal.

TAX ASSESSOR.
perito que determina la valuación fiscal.

TAX AUDIT.
auditoría impositiva. Examen fiscal.

TAX AVOIDANCE.
elusión impositiva.

TAX BASE.
base imponible.

TAX BENEFIT.
beneficio impositivo.

TAX BRACKET.
en los impuestos progresivos, el nivel impositivo de un contribuyente, a efectos de determinar la tasa tributaria aplicable.

TAX BURDEN.
carga tributaria.

TAX CASE.
controversia o juicio tributario.

TAX CERTIFICATE.
certificado de la adquisición de un inmueble en una subasta destinada a satisfacer deudas impositivas.

TAX CLAUSE.
cláusula testamentaria destinada a disminuir

la carga impositiva que pese sobre la sucesión.

TAX COLLECTION.
recaudación impositiva.

TAX COLLECTOR.
recaudador de impuestos.

TAX COMPROMISE.
transacción respecto de una disputa sobre cuestiones impositivas.

TAX COURT.
tribunal fiscal.

TAX CREDIT.
crédito fiscal.

TAX-DEDUCTIBLE.
deducible de impuestos.

TAX DEDUCTION.
deducción impositiva.

TAX DEED.
instrumento extendido a favor del adquirente de un inmueble en una subasta destinada a satisfacer deudas impositivas.

TAX DISTRICT.
distrito fiscal, utilizado para la recaudación de impuestos.

TAX EVASION.
evasión impositiva.

TAX-EXEMPT.
exento de impuestos.

TAX EXEMPTION.
exención impositiva.

TAX FERRETS.
personas que localizan propiedades omitidas de las declaraciones impositivas.

TAX FORECLOSURE.
ejecución fiscal.

TAX FRAUD.
fraude fiscal o impositivo.

TAX FREE.
libre o exento de impuestos.

TAX-FREE EXCHANGE.
intercambio de activos libre de impuestos.

TAX HAVEN.
paraíso fiscal.

TAX HOME.
el domicilio de un contribuyente a efectos de determinar sus gastos de movilidad.

TAX INVESTIGATION.
inspección impositiva.

TAX LAW.
ley impositiva. ‖ Derecho Fiscal.

TAX LEASE.
el instrumento extendido a favor del adquiren-te de un derecho limitado a cierto número de años respecto de un inmueble en una subasta destinada a satisfacer deudas impositivas.
V. LEASE.

TAX LEGISLATION.
legislación impositiva.

TAX LEVY.
imposición y recaudación de gravámenes conforme a la legislación fiscal aplicable.

TAX LIABILITY.
obligación fiscal o impositiva.

TAX LIEN.
privilegio o derecho de preferencia a favor de los créditos impositivos.
V. LIEN.

TAX LIMIT.
límite constitucional a las tasas de impuestos.

TAX LIST.
lista de bienes presentadas como parte de una declaración impositiva.

TAX OFFENCE.
delito fiscal.

TAX OFFENSE.
V. TAX OFFENCE.

TAX ON REALTY.
impuesto inmobiliario.

TAX-PAYING ABILITY.
capacidad impositiva.

TAX POWERS.
poderes de crear y recaudar impuestos.

TAX PURCHASER.
quien adquiere un bien en una subasta destinada a satisfacer deudas impositivas.

TAX PURPOSE.
el fin público en miras al cual se crea un impuesto.

TAX RATE.
tasa impositiva.

TAX REBATE.
V. TAX REFUND.

TAX REDEMPTION.
rescate de una propiedad embargada por obligaciones fiscales.

TAX REFUND.
devolución de impuestos.

TAX RELIEF.
desgravación fiscal.

TAX RETURN.
declaración impositiva.

TAX ROLL.
censo o registro de contribuyentes.

TAX SALE.
subasta de bienes destinada a satisfacer deudas impositivas.

TAX SHELTER.
activos u operaciones utilizados para eludir obligaciones fiscales.

TAX SITUS.
la localización de un bien a los fines impositivos.

TAX SURCHARGE.
recargo impositivo.

TAX TABLES.
tablas impositivas, para el cómputo de gravámenes.

TAX TITLE.
el título respecto de un bien adquirido en una subasta destinada a satisfacer deudas impositivas.

TAX WARRANT.
orden de embargo en un proceso de ejecución fiscal.

TAX YEAR.
año fiscal. Ejercicio impositivo.

TAXABLE.
imponible. Gravable. Tributable.

TAXABLE COSTS.
costas judiciales susceptibles de ser incluidas en la sentencia como debidas por la parte perdidosa.

TAXABLE CREDIT.
crédito exigible judicialmente.

TAXABLE ESTATE.
patrimonio sucesorio sujeto a impuestos.

TAXABLE GIFT.
donación gravable.

TAXABLE INCOME.
ingreso imponible.

TAXABLE PROFITS.
ganancias imponibles.

TAXABLE PROPERTY.
propiedad sujeta a impuestos.

TAXABLE VALUE.
valor imponible.

TAXABLE YEAR.
V. TAX YEAR.

TAXATION.
tributación. Imposición.

TAXATION OF COSTS.
imposición de las costas de un juicio.

TAXATION POWER.
V. TAX POWERS.

TAXING DISTRICT.
V. TAX DISTRICT.

TAXING MASTER.
funcionario judicial que tiene a su cargo la determinación de los impuestos aplicables sobre las costas de un juicio.
V. TAXATION OF COSTS.

TAXING POWERS.
V. TAX POWERS.

TAXPAYER.
contribuyente.

TAXPAYER'S ACTION.
acción entablada por un contribuyente a quien se le reconoce legitimación para actuar en casos de mala utilización de los fondos públicos o de aplicación de éstos a destinos ilegales. Puede referirse a cuestiones no impositivas.

TEACH.
enseñar.

TEACHER.
maestro.

TEACHING.
enseñanza.

TEAMWORK.
trabajo en equipo.

TEARING OF WILL.
anulación de un testamento mediante su destrucción o rotura.

TECHNICAL.
técnico.

TECHNICAL AGREED CASE.
caso sometido a un tribunal para su decisión, sobre la base de hechos reconocidos por las partes, sin entablarse formalmente una acción.

TECHNICAL BATTERY.
ataque físico contra una persona, derivado del exceso en el ejercicio de las atribuciones profesionales, especialmente por médicos o dentistas. V. BATTERY.

TECHNICAL CONVERSION.
venta de un bien ajeno, actuándose de buena fe. V. CONVERSION.

TECHNICAL ERROR.
error técnico o formal. Error procesal.

TECHNICAL INTERPRETATION.
interpretación técnica.

TECHNICAL MALICE.
dolo imputado a una persona, aunque no exista realmente la condición subjetiva de esa figura.

TECHNICAL MORTGAGE.
hipoteca que reúne las condiciones formales exigidas para su constitución.

TECHNICAL RELEASE.
liberación de una obligación, mediante un acto que reúne las formalidades necesarias para tal liberación aunque no haya existido realmente pago.

TECHNICAL RULE OF LAW.
normas que responden a motivos técnicos, incluidas en la legislación, en contraposición a las derivadas del COMMON LAW (v.).

TECHNICAL TRUST.
fideicomiso existente por constituirse los elementos propios del mismo, aunque no haya un acto formal que lo cree.
v. TRUST.

TECHNOLOGY.
tecnología.

TECHNOLOGY TRANSFER.
transferencia de tecnología.

TELEGRAM.
telegrama.

TELEGRAM RACKET.
fraude realizado mediante la utilización de telegramas.

TELEPHONE TAPPING.
intercepción de comunicaciones telefónicas.

TELLER.
cajero de un banco. ‖ quien tiene a su cargo contar los votos en una elección.

TEMPERATE DAMAGES.
daños y perjuicios que son estimados prudentemente, aunque no existan pruebas efectivas de su existencia.

TEMPORAL LORDS.
miembros laicos de la Cámara de los Lores.

TEMPORARLILY.
temporariamente.

TEMPORARY.
temporario. Provisorio.

TEMPORARY ADMINISTRATION.
administración temporaria, en particular de una sucesión.

TEMPORARY ALIMONY.
alimentos provisorios. v. ALIMONY.

TEMPORARY ALLOWANCE.
condena provisoria a pagar una suma mensual de dinero, hasta que se dicte una sentencia definitiva, particularmente en materia de alimentos.

TEMPORARY APPROPRIATION.
apropiación u ocupación temporal de un bien, con fines públicos, particularmente ante la imposibilidad de recurrir a procedimientos expropiatorios regulares.

TEMPORARY COMMITMENT.
reclusión temporaria de una persona hasta que se decida definitivamente la existencia de su posible insania.

TEMPORARY COURT.
tribunal temporario.

TEMPORARY CUSTODY.
tenencia temporal de los hijos, dispuesta en un juicio de divorcio.

TEMPORARY DAMAGES.
daños derivados de causas temporales, susceptibles de desaparecer.

TEMPORARY DETENTION.
prisión preventiva. Detención temporaria.

TEMPORARY DISABILITY.
invalidez temporaria.

TEMPORARY INJUNCTION.
orden judicial temporaria de realizar o abstenerse de una conducta. v. INJUNCTION.

TEMPORARY INSANITY.
demencia temporaria o pasajera.

TEMPORARY INSURANCE.
seguro temporario, vigente hasta la entrada en vigor del seguro defintivo.

TEMPORARY JUDGE.
juez provisional o sustituto.

TEMPORARY NUISANCE.
molestia causada respecto de una propiedad, de duración limitada. v. NUISANCE.

TEMPORARY ORDER.
orden provisional o temporaria.

TEMPORARY RESTRAINING ORDER.
orden provisional de cesar una conducta o abstenerse de ella.

TEMPORARY STATUTE.
ley temporaria.

TENANCY.
tenencia de un inmueble. ‖ el derecho del locatario de un inmueble. ‖ el período de locación de un inmueble. ‖ derecho a ejercer la posesión de un inmueble.

TENANCY AT SUFFERANCE.
locación por tácita reconducción. Locación de un inmueble resultante luego de la expiración del contrato que la preveía, mediante la permanencia del arrendatario en el inmueble.

TENANCY AT WILL.

locación de un inmueble sin plazo establecido.

TENANCY BY THE ENTIRETY.

JOINT TENANCY (v.) entre marido y mujer.

TENANCY FOR A PERIOD.

locación de un inmueble por un período determinado.

TENANCY FROM MONTH TO MONTH.

locación de un inmueble renovada mensualmente.

TENANCY FROM PERIOD TO PERIOD.

locación de un inmueble renovada periódicamente.

TENANCY FROM YEAR TO YEAR.

locación de un inmueble renovada anualmente.

TENANCY IN COMMON.

copropiedad de un inmueble, tal que al fallecer un copropietario sus derechos pasan a sus herederos y legatarios.

TENANCY IN FEE.

locación de un inmueble, sin plazo de terminación, y que continúa en tanto el locatario cumpla con el pago del alquiler. v. TENANT IN FEE.

TENANCY IN PARTNERSHIP.

derechos sobre un inmueble pertenecientes a una PARTNERSHIP (v.).

TENANT.

tenedor de un inmueble. ‖ locatario o arrendatario de un inmueble.

TENANT AT SUFFERANCE.

El locatario en el caso de una TENANCY AT SUFFERANCE (v.).

TENANT AT WILL.

el locatario en el caso de una TENANCY AT WILL (v.).

TENANT FOR LIFE.

quien tiene derecho a la tenencia de un inmueble por el término de su vida.

TENANT FOR YEARS.

locatario cuyos derechos duran por un número determinado de años.

TENANT FROM YEAR TO YEAR.

locatario de un inmueble cuyos derechos son renovados anualmente.

TENANT IN COMMON.

copropietario que se halla bajo las condiciones de TENANCY IN COMMON (v.).

TENANT IN FEE.

quien goza de un derecho ilimitado de tenencia, particularmente en cuando locatario, en

tanto pague la contraprestación por tal derecho. v. TENANCY IN FEE.

TENANT IN FEE SIMPLE.

v. TENANT IN FEE.

TENANT IN POSSESSION.

locatario que ejerce efectivamente el uso y goce de un inmueble locado. ‖ poseedor legítimo.

TENANT IN SEVERALTY.

quien tiene derechos exclusivos, durante determinado período, a la tenencia de un inmueble.

TENANT IN TAIL.

quien tiene derechos respecto de un inmueble con limitaciones a las personas a quienes pueden transmitirse tales derechos.

v. FEE TAIL.

TENANT RIGHTS.

derechos del locatario, por ejemplo a la indemnización de las mejoras introducidas a la propiedad.

TENANT'S FIXTURES.

muebles adheridos a un inmueble que el locatario tiene derecho a separar al terminar la locación. v. FIXTURES.

TENANTABLE REPAIRS.

reparaciones necesarias para la habitabilidad de un inmueble.

TEND.

tender. Propender. ‖ cuidar. Vigilar.

TENDENCY.

tendencia. Propensidad.

TENDER.

oferta formal. Propuesta contractual. ‖ ofrecer el pago de una deuda o el cumplimiento de una obligación. ‖ como verbo (to tender), ofrecer. Proponer.

TENDER BEFORE ACTION.

ofrecer el cumplimiento de una obligación antes de que se entable una acción relativa a tal obligación.

TENDER BOND.

garantía de una oferta contractual.

v. BOND.

TENDER OF AMENDS.

oferta de resarcimiento de los daños y perjuicios, por el responsable de los mismos.

TENDER OF ISSUE.

fórmula procesal mediante la que se somete una cuestión a la decisión del tribunal interviniente.

TENDER OF PERFORMANCE.
ofrecimiento de ejecución de obligaciones contractuales.

TENDER OFFER.
oferta pública de adquirir las acciones de una sociedad. Desde el punto de vista contractual no es una oferta sino una invitación a los accionistas a realizar ofertas, que son o no aceptadas. Es un mecanismo para adquirir el control de una sociedad.

TENEMENT.
inmuebles y derechos relativos a los mismos. ‖ heredad. Fundo. ‖ edificio, en particular el dedicado a viviendas. ‖ edificio de alquiler de baja calidad.

TENEMENT HOUSE.
edificio de alquiler de baja calidad.

TENOR.
tenor literal de un documento.

TENTATIVE.
tentativo.

TENTATIVE FINDING.
conclusión provisional a la que llega, respecto de cierta cuestión, un organismo técnico, en base a la cual un órgano administrativo o judicial debe adoptar una decisión.

TENTATIVE TRUST.
fideicomiso en el que el fideicomitente deposita fondos en una cuenta a su nombre, en carácter de fideicomisario, a favor de un tercero que reviste carácter de beneficiario. El fideicomiso así creado es susceptible de ser revocado hasta el fallecimiento del fideicomisario.
V. TRUST.

TENURE.
derecho en base al cual se ejerce la posesión o tenencia de un inmueble. ‖ derecho a la estabilidad en el cargo, particularmente de los profesores universitarios. ‖ término o duración de un cargo público o educacional.

TENURE IN OFFICE.
derecho a ocupar un cargo público durante determinado plazo. ‖ término o duración de un cargo público.

TENURE OF TRUSTEE.
el ejercicio del cargo de fideicomisario. v. TRUSTEE. ‖ el derecho a tal ejercicio. ‖ la duración en el cargo de fideicomisario.

TENURE STATUTES.
leyes que otorgan derecho a la estabilidad en los cargos públicos.

TENURED FACULTY.
el conjunto de los profesores de un establecimiento de enseñanza, con estabilidad en el cargo. v. TENURE. FACULTY.

TERM.
término. ‖ duración. Plazo. Vigencia. ‖ sesión. Período de sesiones. ‖ condición o cláusula de un contrato.

TERM ANNUITY.
pensión u otro derecho a pagos periódicos susceptible de ser terminado voluntariamente por el beneficiario.
V. ANNUITY.

TERM ATTENDANT ON THE INHERITANCE.
V. ATTENDANT TERMS.

TERM BAILMENT.
depósito por tiempo determinado.
V. BAILMENT.

TERM BONDS.
bonos o debentures emitidos en serie y que vencen simultáneamente.

TERM FEE.
honorarios judiciales determinados en función de las sesiones judiciales en que el abogado participe.

TERM FOR DELIBERATING.
término dentro del cual el heredero debe decidir la aceptación o rechazo de la herencia.

TERM FOR YEARS.
V. ESTATE FOR YEARS.

TERM IN GROSS.
derecho temporario respecto de un inmueble, que no depende de otros derechos respecto del mismo inmueble.

TERM INSURANCE.
seguro cuya cobertura se encuentra limitada a un plazo cierto.

TERM LOAN.
préstamo por un plazo cierto.

TERM OF ART.
término técnico.

TERM OF CONTRACT.
cláusula contractual.

TERM OF COURT.
período de sesiones de un tribunal.

TERM OF IMPRISONMENT.
término o plazo de encarcelamiento.

TERM OF LEASE.
término o plazo de un arrendamiento.
V. LEASE.

TERM OF OFFICE.
término o plazo de un cargo público.

TERM OF YEARS.
plazo de un arrendamiento.

TERM POLICY.
póliza de seguros que otorga protección por un período determinado.

TERMINABLE.
sujeto a plazo, resolución u otra forma de extinción.

TERMINABLE INTEREST.
derecho respecto de un inmueble sujeto a plazo o prescripción.

TERMINABLE PROPERTY.
V. TERMINABLE INTEREST.

TERMINAL.
terminal.

TERMINATE.
terminar. Resolver. Extinguir.

TERMINATION.
extinción. Conclusión. Resolución. Terminación.

TERMINATION OF AN APPOINTMENT.
despido. Extinción de un contrato de trabajo.

TERMINATION OF AUTHORITY.
extinción de un poder o autoridad.

TERMINATION OF ENPLOYMENT.
despido. Extinción de la relación laboral.

TERMINOLOGY.
terminología.

TERMINUS.
término. Límite. Confín.

TERMOR.
locatario de un inmueble. Arrendatario.

TERMS NET CASH.
cláusula de un contrato de compraventa que exige el pago al contado.

TERMS OF REFERENCE.
condiciones e instrucciones bajo las cuales se somete una cuestión a un organismo o tribunal.

TERMS OF SALE.
condiciones contractuales de una compraventa. ‖ términos usuales utilizados en los contratos de compraventa.

TERMS OF SHIPMENT.
condiciones de expedición o transporte.

TERMS OF TRADE.
términos de intercambio.

TERMS OF TRUST.
los términos bajo los cuales el fideicomitente constituye un fideicomiso. V. TRUST.

TERMS TO BE UNDER.
las condiciones a que está sujeta una parte bajo una orden judicial que exige el cumplimiento de aquéllas con amenaza de sanciones o indemnizaciones en caso de incumplimiento.

TERRE-TENANT.
quien tiene la posesión efectiva de un inmueble.

TERRITORIAL.
territorial.

TERRITORIAL COURTS.
en los Estados Unidos, tribunales que actúan en los territorios sujetos a jurisdicción federal.

TERRITORIAL GOVERNOR.
en los Estados Unidos, gobernador de un territorio sujeto a jurisdicción federal.

TERRITORIAL JUDGE.
juez a cargo de un TERRITORIAL COURT (v.).

TERRITORIAL JURISDICTION.
jurisdicción territorial.

TERRITORIAL LAW.
ley territorial, o sea aquélla cuya aplicación se encuentra limitada a un territorio determinado. ‖ Derecho nacional, en contraposición al internacional.

TERRITORIAL POSSESSION.
posesiones territoriales de un país.

TERRITORIAL PROPERTY.
las tierras y aguas dentro de la jurisdicción de un Estado.

TERRITORIAL SCOPE.
ámbito territorial de aplicación.

TERRITORIAL SEA.
mar territorial.

TERRITORIAL SOVEREIGNTY.
soberanía territorial.

TERRITORIAL WATERS.
aguas territoriales.

TERRITORIALITY.
carácter territorial. Territorialidad.

TERRITORY.
territorio.

TERRITORY OF A JUDGE.
competencia territorial de un juez.

TERROR.
terror. Miedo.

TERRORISM.
terrorismo.

THIRD ARBITRATOR.
árbitro designado por las partes conjuntamente, o por los árbitros nombrados por cada una de ellas, para formar como tercer integrante un tribunal arbitral.

THIRD CONVICTION.
imposición por tercera vez de penas respecto de delitos, de forma de constituir habitualidad.

THIRD DEGREE.
tercer grado. Interrogatorio de tercer grado, en el que median amenazas o violencias.

THIRD MARKET.
mercado accionario informal, especialmente por no realizarse las operaciones en un recinto sino por medio de telecomuncaciones.

THIRD PARTY.
tercero. Persona ajena a una relación jurídica.

THIRD PARTY ACTION.
citación de terceros en juicio, especialmente como citación en garantía. v. THIRD PARTY COMPLAINT.

THIRD PARTY ATTACHMENT.
embargo de créditos.

THIRD PARTY BENEFICIARY.
tercero beneficiario de un contrato.

THIRD PARTY CLAIM PROCEEDING.
juicio de tercería.

THIRD PARTY COMPLAINT.
demanda dirigida por un demandado contra un tercero, respecto de la responsabilidad de ese tercero en relación con el objeto de la acción dirigida contra el demandado que a su vez acciona contra el tercero. Se asemeja, pero no equivale, a la citación en garantía.

THIRD PARTY LIABILITY INSURANCE.
seguro de responsabilidad frente a terceros.

THIRD PARTY PLAINTIFF.
quien entabla una THIRD PARTY COMPLAINT (v.).

THIRD PARTY PRACTICE.
citación en garantía de un tercero. Demanda contra un tercero. Procedimientos destinados a hacer efectiva la responsabilidad de un tercero en relación al objeto de la acción dirigida contra el demandado.

v. THIRD PARTY COMPLAINT.

THIRD PARTY PROCEEDINGS.
v. THIRD PARTY PRACTICE.

THIRD PARTY SUMMONS.
notificación de la demanda en una THIRD PARTY COMPLAINT (v.).

THIRD PERSON.
tercero.

THIRD POSSESSOR.
quien adquiere una propiedad hipotecada sin asumir responsabilidad por el pago de la hipoteca.

THIRD STATE.
estado que no es parte de un tratado.

THIS DAY SIX MONTHS.
expresión parlamentaria británica que indica el rechazo de un proyecto, que sólo puede ser presentado nuevamente en el siguiente período parlamentario.

THOROUGHFARE.
vía pública. Pasaje público.

THOUSAND-YEAR LEASE.
arrendamiento prácticamente sin límite temporal, por tener un plazo expreso de mil años.

THREAT.
amenaza. Intimidación.

THREAT BY MAIL.
amenazas que son efectuadas por correspondencia.

THREATEN.
amenazar.

THREATENING CLOUD.
vicio potencial, inminente o probable, de un título de propiedad.

THREE-JUDGE COURT.
tribunal integrado por tres jueces.

THREE-MILE LIMIT.
límite de tres millas, del mar territorial.

THRESHOLD AGREEMENTS.
convenios colectivos de trabajo que prevén la indexación de los salarios o su vinculación al costo de vida, particularmente mediante ajustes una vez que el aumento del costo de vida excede de cierto nivel.

THRIFT.
ahorro. Economía. Frugalidad. ‖ sociedad de ahorro y préstamo.

THROUGH.
mediante. A través. ‖ directo. ‖ de un extremo a otro.

THROUGH BILL OF LADING.
conocimiento de embarque directo, comprendiendo un transporte a ser realizado por varios transportistas.

THROUGH FREIGHT CONTRACT.
contrato de transporte que prevé una tarifa única de origen a destino, aunque intervengan varios transportistas.

THROUGH LOT.
lote o terreno con frente a dos calles.

THROW OUT.
rechazar.

THRUST.
empuje. Fuerza propulsora. Embestida. ‖ como verbo (*to thrust*), golpear con un arma. ‖ también como verbo, empujar abruptamente.

THUS.
por lo tanto. En consecuencia.

TICKET.
billete. Boleto. Talón. ‖ lista de candidatos. ‖ citación por violación de reglas de tránsito.

TICKET OF LEAVE.
libertad condicional.

TIDAL.
relativo a las mareas.

TIDE.
marea.

TIDELAND.
tierras entre las líneas de altas y bajas mareas.

TIDE-WATER.
aguas de las mareas.

TIDEWAY.
V. TIDELAND.

TIE.
empate. ‖ como verbo (*to tie*), empatar. ‖ también como verbo, atar. Vincular.

TIE-IN.
operación atada. Cláusula atada. Imposición de cláusulas atadas. Contratos en los que una parte exige la aceptación de prestaciones suplementarias, no vinculadas por su naturaleza con el objeto principal de un contrato, como condición para la aceptación de éste.

TIE-OUT.
cláusula o acuerdo mediante las que una parte exige que la otra no opere con terceros, como condición para la suscripción de un contrato.

TIE VOTE.
votación empatada.

TIED PRODUCT.
producto atado, cuya adquisición se exige en virtud de una cláusula atada.
V. TIE-IN.

TIGHT MONEY.
iliquidez.

TILL MONEY.
caja chica.

TILL TAPPING.
hurto de dinero de caja.

TILLAGE.
tierra cultivada. ‖ castos de cultivo.

TIMBER LEASE.
arrendamiento en el que el arrendatario está autorizado a explotar la madera de los bosques del inmueble arrendado.

TIME.
tiempo. Término. Plazo.

TIME AND ONE-HALF.
salario con recargo pagado por horas extraordinarias.

TIME BAR.
término de prescripción liberatoria o de caducidad.

TIME BARGAIN.
operación bursátil de futuro.

TIME BILL.
letra de cambio a término.

TIME CHARTER.
fletamento a término por tiempo determinado.

TIME DEPOSIT.
depósito a plazo.

TIME DRAFT.
V. TIME BILL.

TIME FOR APPEALING.
plazo para apelar.

TIME IMMEMORIAL.
tiempo inmemorial.

TIME INSURANCE.
seguro por plazo determinado.

TIME IS OF THE ESSENCE OF THE CONTRACT.
condición de un contrato en virtud de la cual el cumplimiento de las obligaciones allí previstas en el plazo convenido, hace a la esencia de tales obligaciones.

TIME-LIMIT.
término de prescripción o caducidad.

TIME-LIMIT CLAUSE.
cláusula que fija un término de prescripción o caducidad.

TIME-LIMIT ON PROSECUTION.
término de prescripción de la acción penal.

TIME LOAN.
préstamo por un plazo determinado.

TIME NOTE.
pagaré que es pagadero en un plazo determinado.

TIME OF LEGAL MEMORY.
tiempo respecto del cual existe memoria. En Gran Bretaña se considera que comienza en 1189, con el reinado de Ricardo I.

TIME OF LIVING MEMORY.
tiempo respecto del cual existen personas vivas que recuerden lo entonces sucedido.

TIME OF LOSS.
tiempo del siniestro.

TIME OF MEMORY.
v. TIME OF LEGAL MEMORY.

TIME OF PERFORMANCE.
término para el cumplimiento de una obligación.

TIME OF PRESCRIPTION.
término de prescripción.

TIME OF THE ESSENCE OF THE CONTRACT.
v. TIME IS OF THE ESSENCE OF THE CONTRACT.

TIME OPTION.
opción con vigencia durante un plazo determinado.

TIME ORDER.
orden de realizar una operación bursátil en un momento futuro determinado.

TIME OUT OF MEMORY.
tiempo inmemorial.

TIME OUT OF MIND.
v. TIME OUT OF MEMORY.

TIME PAPER.
título de crédito pagadero en un plazo determinado.

TIME POLICY.
póliza de seguro marítimo por un plazo determinado.

TIME-PRICE DIFFERENTIAL.
diferencias de precio en función del término de pago.

TIME-SHARING.
operación de tiempo compartido.

TIME STUDY.
estudio de tiempos.

TIME ZONE.
zona horaria.

TIP.
propina. ‖ información confidencial.

TIP OFF.
dar información confidencial.

TIPPEES.
aquéllos a quienes se da información confidencial respecto de una empresa, a fin de que la utilicen en su provecho en operaciones bursátiles.

TITHE.
diezmo.

TITLE.
título.

TITLE BOND.
garantía de título. v. BOND.

TITLE BY ADVERSE POSSESSION.
título adquirido mediante prescripción.
v. ADVERSE POSSESSION.

TITLE BY BANKRUPTCY.
el título sobre un bien, otorgado al síndico como parte de un proceso concursal.

TITLE BY CESSION.
el título sobre un territorio, en el Derecho Internacional, derivado de una cesión entre Estados.

TITLE BY CONQUEST.
título por derecho de conquista, en el Derecho Internacional.

TITLE BY DESCENT.
título adquirido por un descendiente en carácter de heredero.

TITLE BY DISCOVERY AND OCCUPATION.
el título sobre un territorio, en el Derecho Internacional, adquirido mediante su descubrimiento y ocupación.

TITLE BY ESTOPPEL.
título adquirido mediante impedimentos o preclusiones que pesan sobre un anterior propietario. v. ESTOPPEL.

TITLE BY INVENTION.
título sobre una invención.

TITLE BY LIMITATION.
título adquirido mediante prescripción.

TITLE BY POSSESSION.
v. TITLE BY ADVERSE POSSESSION.

TITLE BY PRESCRIPTION.
título adquirido mediante prescripción.

TITLE BY PURCHASE.
título adquirido a título oneroso.

TITLE BY RECORD.
título derivado de una concesión u otro acto similar del Estado.

TITLE COVENANTS.
cláusulas relativas al título, y a las garantías en

su respecto, incluidas en el instrumento mediante el que se transmite tal título.

v. COVENANT.

TITLE DEED.

título de propiedad. Instrumento mediante el que se adquiere el título sobre una propiedad.

v. DEED.

TITLE DEFECTIVE IN FORM.

título formalmente defectuoso.

TITLE DOCUMENTS.

documentos de título. Documentos mediante los que se adquiere el título a una propiedad.

TITLE GUARANTY

Garantía de título.

TITLE GUARANTY COMPANY.

compañía que otorga garantías respecto de títulos de propiedad.

TITLE IN FEE SIMPLE.

título de dominio pleno. v. FEE SIMPLE.

TITLE INSURANCE.

seguro contra vicios de los títulos de propiedad.

TITLE NOTE.

pagaré extendido a favor del vendedor de un bien mueble, bajo la condición de que la titularidad de ese bien sólo se transmite al comprador una vez abonado el pagaré.

TITLE OF A CAUSE.

carátula o nombre de una causa.

TITLE OF AN ACT.

nombre o título de una ley.

TITLE OF DECLARATION.

carátula de un documento.

TITLE OF ENTRY.

título que da derecho a ingresar a un inmueble.

TITLE OF RECORD.

título que ha sido objeto de registro.

TITLE PARAMOUNT.

título superior. Mejor título.

TITLE REGISTRATION.

registro de títulos inmobiliarios.

TITLE RESERVATION CONTRACT.

contrato de venta con reserva de dominio.

TITLE RETENTION.

retención de título.

TITLE SEARCH.

investigación de título.

TITLE STANDARDS.

criterios para determinar si un título es perfecto y transferible. v. MARKETABLE TITLE.

TITLE TO SUE.

legitimación activa. ‖ interés en que se funda una acción.

TITLE TRANSACTION.

acto que incide sobre el título relativo a una propiedad.

TO HAVE AND TO HOLD.

poseer legalmente.

TO WIT.

a saber.

TOGETHER.

conjuntamente. Junto. En conjunto.

TOKEN.

signo. ‖ simbólico. ‖ ficha. Cóspel.

TOKEN PAYMENT.

pago simbólico.

TOLERANCE.

tolerancia.

TOLERATE.

tolerar.

TOLERATION.

tolerancia.

TOLL.

peaje. ‖ como verbo (*to toll*), dejar sin efecto. Suspender. Interrumpir.

TOLL OF STATUTE OF LIMITATIONS.

suspender o interrumpir la prescripción.

TOLLAGE.

peaje.

TOLLS.

derechos o impuestos sobre el comercio exterior.

TOMB.

tumba.

TOMBSTONE.

lápida. ‖ el anuncio público de una operación financiera, con fines de publicidad y sin constituir una oferta de los títulos objeto de tal operación, cuando ésta se refiera a tales títulos.

TOMBSTONE AD.

v. TOMBSTONE.

TON.

tonelada.

TONNAGE.

tonelaje.

TONNAGE DUES.

derechos de tonelaje.

TONNAGE-DUTY.

impuesto o derecho sobre el tonelaje.

TONNAGE-RENT.

renta o regalía sobre una explotación minera,

calculada en base al tonelaje extraído.

TONNAGE TAX.

impuesto sobre el tonelaje.

TONTINE.

tontina.

TOOK AND CARRIED AWAY.

tomó y llevó. La conducta constitutiva del hurto.

TOOL.

instrumento. Herramienta.

TOOLS OF TRADE.

instrumentos de trabajo, o del oficio o profesión.

TOP LEASE.

MINERAL LEASE (v.) concedido respecto de un inmueble en el que ya se ha otorgado un derecho similar a un tercero.

TOPPING UP.

completar. Complementar.

TOPPING UP CLAUSE.

cláusula mediante la que se dispone que, en ciertas circunstancias, el deudor debe ampliar las garantías otorgadas respecto de un préstamo.

TORRENS SYSTEM.

V. TORRENS TITLE SYSTEM.

TORRENS TITLE SYSTEM.

sistema Torrens de registro inmobiliario. El certificado emitido en base al registro correspondiente es, en general, título inimpugnable respecto del inmueble a que se refiere. El Estado garantiza la validez de tales certificados.

TORT.

acto ilícito. Acto del que resulta una responsabilidad extracontractual. El concepto de *tort* se aplica a los actos ilícitos desde el punto de vista civil. Comprende tanto a los delitos como a los cuasidelitos.

TORT-FEASOR.

culpable de un acto ilícito civil. v. TORT.

TORT LIABILITY.

responsabilidad civil por actos ilícitos. Responsabilidad extracontractual. v. TORT.

TORTFEASOR.

V. TORT-FEASOR.

TORTIOUS

ilícito. v. TORT.

TORTIOUS ACT.

acto ilícito. v. TORT.

TORTIOUS LIABILITY.

V. TORT LIABILITY.

TORTURE.

tortura.

TORY.

perteneciente o relativo al Partido Conservador británico.

TOTAL.

total.

TOTAL BREACH.

incumplimiento total de un contrato.

TOTAL DEPENDENCY.

dependencia absoluta.

TOTAL DISABILITY.

invalidez total.

TOTAL EVICTION.

desposesión total.

V. EVICTION.

TOTAL FAILURE OF EVIDENCE.

falta total de pruebas.

TOTAL INCAPACITY.

incapacidad total.

TOTAL LOSS.

pérdida total.

TOTAL MENTAL DISABILITY.

incapacidad mental total.

TOTAL PHYSICAL DISABILITY.

incapacidad física total.

TOTALLY-HELD SUBSIDIARY.

sociedad subsidiaria totalmente controlada.

TOTTEN TRUST.

V. TENTATIVE TRUST.

TOUCH.

tocar o recalar en un puerto.

TOUCH AND STAY.

tocar un puerto y permanecer durante un tiempo determinado.

TOWAGE.

remolque.

TOWAGE SERVICE.

servicio de remolque o de remolcadores.

TOWING.

V. TOWAGE.

TOWN.

pueblo. Ciudad.

TOWN CLERK.

secretario de una municipalidad.

TOWN COLLECTOR.

funcionario a cargo de la recaudación de impuestos municipales.

TOWN COMMISSIONER.

funcionario a cargo de la administración de una municipalidad.

TOWN MEETING.
asamblea pública de los electores de una municipalidad, para discutir y decidir cuestiones de interés común.

TOWN ORDER.
v. TOWN WARRANT.

TOWN PURPOSE.
motivos, propósitos o fines municipales o edilicios.

TOWN TAX.
impuesto municipal.

TOWN WARRANT.
orden de pago dirigida a un tesorero municipal.

TOWNSHIP.
división o distrito municipal, dentro de un condado.

TOWNSHIP TRUSTEE.
funcionario a cargo de la administración de una municipalidad.

TOXIC.
tóxico. Venenoso.

TOXICAL.
tóxico. Venenoso.

TOXICANT.
agente tóxico. Veneno.

TOXICATE.
intoxicar. Envenenar.

TOXICOLOGY.
toxicología.

TOXIN.
toxina.

TRACE.
investigar. Perseguir. Buscar. Averiguar. Ubicar. ‖ trazar. Delinear.

TRACING.
derecho de persecución de bienes determinados, aunque se hallen en poder de terceros.

TRACING FUNDS.
acción de distinguir y separar ciertos fondos sobre los que se tiene determinado derecho, una vez confundidos con otros fondos.

TRACT.
terreno. Parcela.

TRADE.
comercio. Tráfico. ‖ oficio. Profesión. ‖ comercial. ‖ como verbo (*to trade*), comerciar. Negociar. Traficar.

TRADE ACCEPTANCE.
aceptación cambiaria respecto de documentos emitidos contra un comprador.

TRADE AGREEMENT.
acuerdo comercial.

TRADE ASSOCIATION.
asociación comercial.

TRADE BILL.
letra de cambio comercial.

TRADE COMBINATION.
acuerdo entre trabajadores o entre empleadores.

TRADE DESCRIPTION.
descripción de mercaderías.

TRADE DISCOUNT.
descuento comercial.

TRADE DISPUTE.
conflicto colectivo de trabajo.

TRADE FIXTURES.
muebles utilizados con fines comerciales, adheridos a un inmueble. v. FIXTURES.

TRADE LABEL.
etiqueta comercial.

TRADE LAW.
Derecho Comercial o Mercantil.

TRADE LIBEL.
denigración de mercaderías.

TRADE LICENCE.
licencia para ejercer el comercio.

TRADE LICENSE.
v. TRADE LICENCE.

TRADE-MARK.
marca. Marca comercial o de comercio.

TRADE-MARK LAW.
Derecho marcario. Derecho de marcas.

TRADE-MARK LICENCE.
licencia de marca.

TRADE-MARK LINCENSE.
v. TRADE-MARK LICENCE.

TRADE-NAME.
nombre comercial. Designación comercial.

TRADE PRACTICE.
práctica comercial.

TRADE SECRET.
secreto industrial o comercial.

TRADE STOCK.
mercaderías en inventario.

TRADE TERMS.
términos comerciales.

TRADE TRUST.
fideicomiso formado con fines restrictivos de la competencia. v. TRUST.

TRADE UNION.
sindicato. Gremio. Asociación profesional.

TRADE VOYAGE.
viaje de una nave que realiza operaciones de carga y descarga en distintos puertos.

TRADEMARK.
V. TRADE-MARK.

TRADER.
comerciante.

TRADING.
comercio. ‖ comercial.

TRADING COMPANY.
compañía comercial.

TRADING CONTRACT.
contrato comercial.

TRADING CORPORATION.
sociedad por acciones dedicada a actividades comerciales.
V. CORPORATION.

TRADING ENTERPRISE.
empresa comercial.

TRADING INCOME.
utilidad operativa.

TRADING PARTNERSHIP.
sociedad de personas dedicada a actividades comerciales. V. PARTNERSHIP.

TRADING STAMPS.
estampillas dadas como bonificación a los clientes de un comercio, que dan derecho a diversos beneficios.

TRADING VOYAGE.
V. TRADE VOYAGE.

TRADING WITH THE ENEMY.
comercio con el enemigo.

TRADITIO.
tradición.

TRADITIO BREVI MANU.
tradición brevi manu.

TRADITIO REI.
tradición de la cosa.

TRADITION.
tradición.

TRADITIONARY EVIDENCE.
pruebas derivadas de las afirmaciones de personas ya fallecidas, respecto de cuestiones no susceptibles de ser probadas de otra forma.

TRAFFIC.
tráfico. Trámite. Comercio. Circulación. ‖ como verbo (*to traffic*), traficar. Comerciar.

TRAFFIC ACCIDENT.
accidente de tránsito.

TRAFFIC COURT.
juzgado de infracciones de tránsito.

TRAFFIC OFFENCE.
infracción de tránsito.

TRAFFIC OFFENSE.
V. TRAFFIC OFFENCE.

TRAFFIC REGULATIONS.
reglas o reglamentos de tránsito.

TRAFFIC RULES.
reglas de tránsito.

TRAFFICKING.
comercio o tráfico ilegal.

TRAINEE.
aprendiz.

TRAINING.
aprendizaje. Instrucción. Formación. Entrenamiento.

TRAITOR.
traidor.

TRAITOROUSLY.
a traición. Con traición.

TRAMP.
vagabundo.

TRAMP CORPORATION.
persona jurídica que no opera en el estado en que se encuentra constituida.
V. CORPORATION.

TRAMP SHIP.
nave que no opera en líneas regulares.

TRAMP STEAMER.
V. TRAMP SHIP.

TRAMPING.
transporte naviero no realizado por líneas regulares.

TRANSACT.
operar. ‖ gestionar. Negociar. Tramitar. ‖ realizar una operación o transacción comercial.

TRANSACTING BUSINESS.
operar comercialmente. Realización de operaciones comerciales.

TRANSACTION.
operación. Negocio. Transacción comercial. ‖ transacción, respecto de un litigio o conflicto.

TRANSACTION FOR PROFIT.
operación a título oneroso.

TRANSACTIONAL.
transaccional.

TRANSACTIONAL IMMUNITY.
inmunidad penal otorgada a un testigo en relación a los hechos sobre los que verse su testimonio.

TRANSCRIBE.
transcribir. Copiar.

TRANSCRIPT.
transcripción. Copia. Copia oficial de actuaciones judiciales. v. TRANSCRIPT OF RECORD.

TRANSCRIPT OF RECORD.
Transcripción de actuaciones judiciales, generalmente a efectos de elevarlas al tribunal de alzada.

TRANSFER.
transferencia. Remesa. Cesión. Transmisión. Disposición. ‖ como verbo (*to transfer*), transferir. Remesar. Ceder. Transmitir. Disponer.

TRANSFER AGENT.
agente que tiene a su cargo el registro de las transferencias de acciones.

TRANSFER IN CONTEMPLATION OF DEATH.
transferencia de bienes realizada en consideración al futuro fallecimiento de quien la realiza.

TRANSFER OF A CAUSE.
v. TRANSFER OF ACTION.

TRANSFER OF ACTION.
transferencia de un juicio de un juzgado a otro.

TRANSFER OF BLANK SHARES.
transferencia en blanco de acciones, sin designar el beneficiario de la transferencia.

TRANSFER OF BUSINESS.
transferencia de fondo de comercio.

TRANSFER OF JUDGMENT.
cesión o transferencia de los derechos objeto de un juicio.

TRANSFER OF JURISDICTION.
transferencia de la jurisdicción sobre un caso.

TRANSFER OF OWNERSHIP.
transferencia de la propiedad.

TRANSFER OF PROCEEDINGS.
v. TRANSFER OF ACTION.

TRANSFER OF PROPERTY.
transferencia de la propiedad.

TRANSFER OF SHARES.
transferencia de acciones.

TRANSFER OF STOCK.
v. TRANSFER OF SHARES.

TRANSFER OF TECHNOLOGY.
transferencia de tecnología.

TRANSFER OF TITLE.
transferencia de título.

TRANSFER PAYMENTS.
pagos de transferencia. Pagos que se realizan sin que exista una contraprestación en sentido económico, como en el caso de ciertas prestaciones de seguridad social.

TRANSFER TAX.
impuesto a las transferencias.

TRANSFERABILITY.
transferabilidad. Transmisibilidad.

TRANSFERABLE.
transferible. Transmisible.

TRANSFEREE.
receptor de una transferencia o transmisión.

TRANSFERENCE.
transferencia.

TRANSFEROR.
transmisor. Transferente. Quien realiza una transferencia o transmisión.

TRANSFEROR BY DELIVERY.
quien transfiere un título de crédito mediante su entrega material.

TRANSFERRED INTENT.
intención imputada al autor de un acto, cuando su intención real era la de realizar un acto similar respecto de otra víctima.

TRANSFORM.
transformar.

TRANSFORMATION.
transformación.

TRANSFORMATION DOCTRINE.
doctrina conforme a la cual los tratados internacionales adquieren vigencia en el orden jurídico interno mediante una ley que los adopte como tales.

TRANSGRESS.
transgredir.

TRANSGRESSION.
transgresión.

TRANSGRESSIVE TRUST.
fideicomiso en que se viola la RULE AGAINST PERPETUITIES (v.). v. TRUST.

TRANSGRESSOR.
transgresor.

TRANSHIPMENT OF CARGO.
transbordo de carga.

TRANSIENT.
transeúnte. ‖ transitorio. Temporario.

TRANSIENT ALIEN.
v. TRANSIENT FOREIGNER.

TRANSIENT DEALER.
v. TRANSIENT MERCHANT.

TRANSIENT FOREIGNER.
extranjero transeúnte. Extranjero sin residencia permanente en el país.

TRANSIENT JURISDICTION.
jurisdicción transeúnte sobre una persona, que se adquiere cuanto ésta se encuentra, aunque con carácter transitorio, en el territorio en el que el tribunal ejerce su jurisdicción.

TRANSIENT MERCHANT.
comerciante ambulante.

TRANSIENT PERSON.
persona transeúnte.

TRANSIT.
tránsito.

TRANSIT DUTIES.
derechos o tasas de tránsito.

TRANSIT FREEDOM.
libertad de tránsito.

TRANSIT IN REM JUDICATAM.
convención de una cuestión en cosa juzgada.

TRANSITIONAL.
transitorio. De transición.

TRANSITIONAL RULE.
norma transitoria. Norma de transición.

TRANSITIVE COVENANT.
obligación contractual que se transfiere a los sucesores de quien la ha acordado.
V. COVENANT.

TRANSITORY.
transitorio.

TRANSITORY ACTION.
acción que puede ser entablada en diversas jurisdicciones.

TRANSITORY CRIME.
delito que puede ser juzgado por tribunales de distintos distritos judiciales.

TRANSITORY PROVISION.
norma transitoria.

TRANSLATION.
traducción.

TRANSLATIVE FACT.
hecho translativo de derechos.

TRANSLATOR.
traductor.

TRANSMISSION.
transmisión.

TRANSMIT.
transmitir.

TRANSNATIONAL.
transnacional.

TRANSNATIONAL CONTRACT.
contrato transnacional.

TRANSNATIONAL CORPORATION.
sociedad transnacional. v. CORPORATION.

TRANSNATIONAL ENTERPRISE.
empresa transnacional.

TRANSNATIONAL LAW.
derecho transnacional.

TRANSNATIONAL TRANSACTION.
operación transnacional. v. TRANSACTION.

TRANSPORT.
transporte. ‖ como verbo (*to transport*), transportar.

TRANSPORTATION.
transporte. ‖ deportación de condenados a colonias penales.

TRAP.
trampa. ‖ como verbo (*to trap*), atrapar. Hacer víctima de una trampa.

TRAUMA.
trauma. Lesión.

TRAUMATIC.
traumático.

TRAUMATISM.
traumatismo.

TRAVEL.
viaje. Movimiento. ‖ como verbo (*to travel*), viajar.

TRAVEL AGENCY.
agencia de viajes.

TRAVEL EXPENSES.
gastos de viaje.

TRAVELER.
viajero.

TRAVELER'S CHECK.
cheque de viajero.

TRAVELER'S LETTER OF CREDIT.
carta de crédito dirigida a un banco corresponsal de otra localidad.

TRAVELING SALESMAN.
viajante de comercio.

TRAVERSABLE.
susceptible de ser negado o de ser objeto de contestación o réplica.

TRAVERSE.
negativa de los hechos formulados por la contraparte.

TRAVERSE JURY.
jurado que emite el veredicto respecto del fondo del juicio, en contraposición al que actúa respecto de aspectos parciales del procedimiento.

TRAVERSE OF INDICTMENT.
contestación a la acusación penal.
V. INDICTMENT.

TRAVERSE OF OFFICE.

contestación u oposición a una investigación o informe.

TRAVERSER.

quien formula una oposición o negativa a las afirmaciones de la contraparte.

TRAVERSING NOTE.

presentación mediante la que el demandante, en nombre del demandado, niega hechos formulados anteriormente por aquél, de forma de acelerar la apertura de la causa a prueba.

TREACHER.

traidor. Voz fuera de uso.

TREACHERY.

traición.

TREASON.

traición.

TREASONABLE.

traicionero.

TREASURE.

tesoro. ‖ como verbo (*to treasure*), dar valor. Amar. Apreciar.

TREASURE-TROVE.

tesoro, de propiedad desconocida, encontrado o desenterrado.

TREASURER.

tesorero.

TREASURY.

tesorería.

TREASURY BILL.

letra de Tesorería. Las TREASURY BILLS, TREASURY NOTES y TREASURY BONDS (v.) se distinguen por su plazo, siendo las primeras de plazos inferiores a un año.

TREASURY BOND.

bono o debenture emitido por una sociedad que posteriormente lo readquiere. ‖ bono de Tesorería. Se trata de títulos con plazos superiores a cinco años. v. TREASURY BILL.

TREASURY CERTIFICATE.

certificado de Tesorería. Instrumenta deudas de corto plazo.

TREASURY DEPARTMENT.

Departamento del Tesoro.

TREASURY NOTE.

en los Estados Unidos, título emitido por el Tesoro, a plazos de uno a cinco años.
v. TREASURY BILL. ‖ billete de curso legal.

TREASURY SECURITIES.

acciones y otros títulos readquiridos por la sociedad emisora. v. SECURITY.

TREASURY SHARES.

v. TREASURY STOCK.

TREASURY STOCK.

acciones de tesorería. Acciones readquiridas por la sociedad emisora.

TREASURY WARRANT.

orden de pago dirigida a la tesorería.

TREATING.

realizar pagos a los votantes, a efectos de influir sobre su sufragio.

TREATISE.

tratado, en cuanto obra de doctrina o científica.

TREATMENT.

tratamiento.

TREATY.

tratado. Acuerdo.

TREATY MAKING CAPACITY.

capacidad de suscribir tratados.

TREATY OF PEACE.

tratado de paz.

TREATY POWER.

v. TREATY MAKING CAPACITY.

TREBLE COSTS.

costas que han sido triplicadas en carácter punitorio.

TREBLE DAMAGES.

daños triplicados. Figura, particularmente de la legislación antimonopólica estadounidense, en virtud de la cual la indemnización de ciertos daños y perjuicios equivale al triple de los daños efectivamente causados.

TREBLE PENALTY.

pena triplicada, en razón de reincidencia.

TRESPASS.

violación de derechos, de la que resulta un ilícito civil. ‖ acción de daños y perjuicios por violación de derechos. ‖ acción de entrar o estar ilegalmente o sin derecho en un inmueble ajeno. ‖ como verbo (*to trespass*), violar derechos ajenos, de forma tal que se configura un acto ilícito.‖ también como verbo, entrar o estar ilegalmente o sin derecho en un inmueble ajeno.

TRESPASS AB INITIO.

la situación de quien entra lícitamente en un inmueble, pero que, mediante su conducta posterior, hace que su ingreso sea calificable como ilícito desde un principio.

TRESPASS DE BONIS ASPORTATIS.

violación de derechos de propiedad resultante

de la sustracción de bienes. ‖ la acción dirigida contra la violación precitada.

TRESPASS FOR MESNE PROFITS.

acción dirigida contra quien es objeto de un desalojo, respecto de los daños y perjuicios derivados de los lucros de que se ha apropiado ilícitamente en el curso de la tenencia del inmueble correspondiente.

TRESPASS ON THE CASE.

acción de daños y perjuicios respecto de un acto que viole derechos y que no resulte encuadrado en otra acción civil específica.

TRESPASS QUARE CLAUSUM FREGIT.

acción de daños y perjuicios contra quien ingresa ilícitamente en un inmueble.

TRESPASS TO CHATTELS.

violación de los derechos relativos a bienes muebles.

V. TRESPASS. CHATTELS.

TRESPASS TO LAND.

violación de los derechos relativos a bienes inmuebles.

V. TRESPASS.

TRESPASS TO TRY TITLE.

acción destinada a recuperar la posesión de un inmueble y la indemnización de los daños y perjuicios derivados de la privación de esa posesión.

TRESPASS VI ET ARMIS.

violación de derechos realizada mediante el uso de armas o violencia.

TRESPASSER.

quien viola derechos ajenos.

TRESPASSER AB INITIO.

el culpable de un TRESPASS AB INITIO (v.).

TRIABLE.

enjuiciable.

TRIAL.

juicio. Proceso. ‖ prueba. Ensayo. Tentativa. ‖ la audiencia principal de un juicio, en la que se producen y debaten las pruebas. Audiencia de causa. Puede comprender una pluralidad de audiencias de estos tipos.

TRIAL AT BAR.

juicio sujeto a la consideración de un tribunal.

TRIAL AT NISI PRIUS.

juicio que tramita ante un juez de primera instancia, con un jurado.

V. NISI PRIUS.

TRIAL BALANCE.

balance de comprobación.

TRIAL BY BATTLE.

juicio por las armas.

TRIAL BY COURT.

juicio ante un tribunal, sin auxilio de jurado.

TRIAL BY FIRE.

ordalía mediante el fuego.

TRIAL BY JUDGE.

juicio ante un juez, sin auxilio de jurado.

TRIAL BY JURY.

juicio con la participación de un jurado.

TRIAL BY NEWS MEDIA.

la situación en la que los medios de prensa consideran a una persona culpable o inocente de un delito, y difunden esa impresión, antes de haberse celebrado el juicio correspondiente.

TRIAL BY PAIS.

juicio con la participación de un jurado.

TRIAL BY PAYS.

V. TRIAL BY PAIS.

TRIAL BY PRESS.

V. TRIAL BY NEWS MEDIA.

TRIAL BY THE COUNTRY.

juicio por jurado.

TRIAL BY THE RECORD.

juicio en el que la prueba se basa en la documentación ofrecida por una de las partes, que de no ser producida da lugar a una sentencia favorable a la contraria.

TRIAL CALENDAR.

calendario de las causas pendientes y de las fechas de sus respectivas audiencias principales.

TRIAL COUNSEL.

abogado litigante. Procurador. ‖ letrado que actúa en un juicio.

TRIAL COURT.

tribunal de primera instancia.

TRIAL DE NOVO.

nuevo juicio respecto de una causa que ha sido objeto de otro anterior que ha sido anulado.

TRIAL DOCKET.

registro de los actos correspondientes a un juicio. V. DOCKET. ‖ registro de los juicios que están en el calendario judicial durante un término dado.

TRIAL EXAMINER.

funcionario administrativo, encargado de las audiencias que se celebren ante el ente público al que pertenece.

TRIAL JUDGE.

juez de primera instancia.

TRIAL JURY.

jurado que emite veredicto respecto de los aspectos sustantivos de un juicio.

TRIAL LAWYER.

abogado litigante.

TRIAL LIST.

lista de causas cuyas audiencias principales se celebrarán en un determinado período judicial.

TRIAL MARRIAGE.

matrimonio a prueba.

TRIAL ON MERITS.

juicio sobre los méritos de una causa.

TRIAL PER PAIS.

v. TRIAL BY PAIS.

TRIAL PER TESTES.

juicio en el que comparecen los testigos ante un tribunal que actúa sin el auxilio de un jurado.

TRIAL TERM.

período de sesiones de un tribunal.

TRIBAL LANDS.

tierras tribales.

TRIBUNAL.

tribunal.

TRIBUTARY.

tributario.

TRIBUTE.

tributo.

TRIER OF FACT.

quien juzga respecto de cuestiones de hecho.

TRIP.

viaje.

TRIPARTITE.

tripartito.

TRIVIAL.

trivial. Frívolo.

TROPHY.

trofeo.

TROVER.

acción contra quien ha encontrado bienes ajenos, apropiándose de ellos sin derecho.

TRUANCY.

la conducta del menor que se ausenta sin permiso de un establecimiento educativo.

TRUCE.

tregua.

TRUCE OF GOD.

tregua de Dios.

TRUCK.

trueque. Pago en especie. ‖ camión.

TRUCK SYSTEM.

sistema de pago a los trabajadores mediante vales de mercaderías.

TRUE.

verdadero.

TRUE ADMISSION.

reconocimiento de hechos alegados por la contraparte.

TRUE BILL.

aprobación de una acusación o procesamiento por un jurado reunido al efecto. v. GRAND JURY.

TRUE COPY.

copia fiel.

TRUE ESTATE.

el patrimonio hereditario, a los efectos sucesorios, en contraposición a su determinación con fines impositivos.

TRUE OWNER.

propietario verdadero, en contraposición al que sólo lo es en apariencia.

TRUE VALUE.

valor de mercado.

TRUE VERDICT.

veredicto de un jurado, no viciado por compulsión o instrucciones erradas.

TRUST.

fideicomiso. La figura de *trust* tiene ciertas diferencias con la de fideicomiso, respondiendo a las particularidades del sistema jurídico anglonorteamericano. En el *trust*, el fideicomitente, llamado *settlor of the trust* o *trustor* transfiere ciertos bienes al fideicomisario o *trustee*, quien ejerce la propiedad de tales bienes bajo el régimen de Derecho estricto o COMMON LAW (v.), administrándolos en favor del beneficiario, llamado *cestui que trust* o *beneficiary*. Los derechos de éste, bajo la relación fiduciaria que lo une con el *trustee*, se encuentran tutelados por el régimen de EQUITY (v.). ‖ relación fiduciaria, en virtud de la cual el propietario de ciertos bienes bajo el régimen de Derecho estricto o COMMON LAW (v.), debe administrarlos en beneficio de terceros, por disposición legal, aunque no exista un acto expreso que vincule a aquel propietario con tales terceros. En general se trata en tales casos de un TRUST BY OPERATION OF LAW. ‖ acuerdo con propósitos monopolistas o restrictivos de la competencia, en particular los que utilizan la figura del *trust*, conforme a la acepción descripta *supra*, para controlar la conducta de las empresas que participan de tal acuerdo. || confianza. Relación fiduciaria. || como verbo (*to trust*), confiar.

TRUST AGREEMENT.
contrato mediante el que se crea un TRUST (v.).

TRUST BY ACT OF PARTIES.
fideicomiso creado por voluntad de las partes. v. TRUST.

TRUST BY OPERATION OF LAW.
fideicomiso creado o impuesto por la ley, con independencia de la voluntad de las partes. v. TRUST.

TRUST CERTIFICATE.
certificado mediante el que se acredita la participación en un TRUST (v.), como beneficiario del mismo.

TRUST COMPANY.
compañía formada para realizar operaciones en carácter de fideicomisaria. v. TRUST.

TRUST DE SON TORT.
v. TRUST EX MALEFICIO.

TRUST DEED.
instrumento formal mediante el que se crea un trust. v. DEED. TRUST.

TRUST DEPOSIT.
depósito en el que el depositario debe cumplir las instrucciones del depositante respecto del destino a dar a los bienes depositados.

TRUST ESTATE.
el conjunto de bienes que constituye el objeto de un TRUST (v.).

TRUST EX DELICTO.
v. TRUST EX MALEFICIO.

TRUST EX MALEFICIO.
fideicomiso creado *ex lege* en razón de una conducta ilícita que obliga a quien la realiza a actuar como fideicomisario respecto de los bienes objeto de tal conducta. v. TRUST.

TRUST FOR SALE.
fideicomiso cuyo objeto debe ser objeto de venta por el fideicomisario, quedando el producido de dicha venta sujeto a las condiciones del fideicomiso. v. TRUST.

TRUST FUND.
fondo destinado o perteneciente a un TRUST (v.).

TRUST IN INVITUM.
fideicomiso creado por la ley, contra la voluntad del fideicomisario. v. TRUST. TRUST BY OPERATION OF LAW.

TRUST INDENTURE.
instrumento formal mediante el que se determinan los términos que rigen a un fideicomiso. v. TRUST. INDENTURE.

TRUST INSTRUMENT.
instrumento mediante el que se crea un fideicomiso. v. TRUST.

TRUST INSURANCE.
fideicomiso cuyo objeto está constituido por el producido de determinado seguro. v. TRUST.

TRUST INTER VIVOS.
TRUST (v.) cuyos efectos tienen lugar en vida de quien lo crea.

TRUST LEGACY.
legado de bienes de carácter de fideicomiso, quedando el legatario en carácter de fideicomisario. v. TRUST.

TRUST OFFICER.
fideicomisario a cargo de la administración de fideicomisos en una sociedad con tal objeto. v. TRUST.

TRUST POWER.
poder de designar al titular o beneficiario de los derechos relativos a un inmueble, que sólo puede ejercerse en favor de quienes no sean la persona a quien se otorga tal poder.

TRUST PROPERTY.
propiedad objeto de fideicomiso. v. TRUST.

TRUST RECEIPT.
recibo o certificado de fideicomiso, mediante el que se acredita que quien lo otorga tiene en su posesión ciertos bienes en carácter de fideicomisario y en beneficio de quien ha financiado la adquisición de tales bienes. v. TRUST.

TRUST RES.
la cosa o los bienes objeto de un fideicomiso. v. TRUST.

TRUST TERRITORY.
territorio en fideicomiso. Territorio sujeto a administración fiduciaria.

TRUSTEE.
fideicomisario. Fiduciario. v. TRUST. || síndico. Interventor. Liquidador.

TRUSTEE AD LITEM.
fideicomisario designado judicialmente. v. TRUST.

TRUSTEE DE SON TORT.

persona que la ley considera como fideicomisaria respecto de ciertos bienes, en razón de
una conducta ilícita imputable a aquélla respecto de tales bienes. v. TRUST. TRUST DE SON
TORT. TRUST EX MALEFICIO.

TRUSTEE EX MALEFICIO.

el fideicomisario en un TRUST EX MALEFICIO
(v.).

TRUSTEE IN BANKRUPTCY.

síndico concursal.

TRUSTEE PROCESS.

procedimiento de embargo, sobre bienes del
deudor en poder de terceros.

TRUSTEE SAVINGS BANK.

banco que realiza operaciones fiduciarias de
ahorro y préstamo.

TRUSTOR.

el que crea un fideicomiso, contribuyendo los
bienes objeto del mismo.

v. TRUST.

TRUTH.

verdad.

TRUTH IN LENDING.

veracidad o transparencia en las condiciones
de préstamos al público en general.

TRY.

tratar. Probar. ‖ juzgar. ‖ litigar.

TUITION.

matrícula. Arancel universitario o escolar.

TUMULT.

tumulto.

TUMULTOUS ASSEMBLY.

desórdenes causados por un grupo numeroso
de personas.

TURNING STATE EVIDENCE.

testimonio a favor de la acusación por quien
está acusado o implicado en el juicio.

TURNCOAT WITNESS.

testigo que testifica en forma contraria a la
parte que lo ha ofrecido como tal.

TURN-KEY CONTRACT.

contrato llave en mano.

TURNOVER.

facturación. Ingresos brutos. Volumen de ventas.

TURNOVER ORDER.

orden judicial de entrega de determinados
bienes, por ejemplo al acreedor o a un síndico.

TURNOVER PROCEEDING.

procedimiento destinado a ubicar y entregar

bienes, particularmente al síndico los bienes
de un deudor concursado.

TURNOVER TAX.

impuesto sobre los ingresos brutos.

TURNPIKE.

carretera de peaje.

TURNTABLE DOCTRINE.

doctrina en virtud de la cual quien instala en
su propiedad maquinarias peligrosas susceptibles de atraer a menores y causarles daños es
responsable respecto de éstos, si no adopta las
medidas necesarias para que tales maquinarias dejen de ser atractivas para los menores o
accesibles para éstos.

TURPITUDE.

conducta ilícita o inmoral.

TUTELAGE.

tutela.

TUTOR.

tutor.

TUTORSHIP.

tutoría. Tutela.

**TUTORSHIP BY
NATURE.**

tutela natural, ordenada por la ley bajo ciertas
circunstancias.

TUTORSHIP BY WILL.

tutela testamentaria.

TUTRIX.

tutora.

TWELVE-MAN JURY.

jurado integrado por doce miembros, su composición usual.

TWELVE TABLES.

las Doce Tablas.

TWICE IN JEOPARDY.

v. DOUBLE JEOPARDY.

TWISTING.

acto de retorcer (palabras, cosas, argumentos,
etc.). ‖ declaraciones dolosas en relación con
la suscripción de un contrato de seguro.

TWO-COURTS RULE.

regla de no cuestionar las conclusiones de hecho aceptadas por dos tribunales, cuando el
caso se encuentra en apelación ante un tercer
tribunal.

TWO-DISMISSAL RULE.

regla que considera que el desistimiento por
segunda vez de una acción equivale a una sentencia firme contra el actor respecto del objeto
de tal acción.

TWO-ISSUE RULE.

regla conforme a la cual un veredicto no debe ser anulado, aunque las instrucciones al jurado presenten vicios, si el veredicto se funda suficientemente en la parte válida de tales instrucciones.

TWO-LEVEL APPELLATE SYSTEM.

sistema procesal que prevé un doble derecho de apelación, ante sucesivos tribunales superiores.

TWO-PARTY SYSTEM.

sistema bipartidista.

TWO-WITNESS RULE.

regla conforme a la cual el perjuicio debe ser probado mediante dos testigos, o mediante un testigo cuyo testimonio sea corroborado por otros elementos probatorios. ‖ en general, regla que requiere dos testigos para acreditar un extremo.

TYING.

la práctica de imponer cláusulas u operaciones atadas. v. TIE-IN.

TYING ARRANGEMENT.

operación atada. Cláusula atada. v. TIE-IN.

TYING CLAUSE.

cláusula atada. v. TIE-IN.

TYING CONTRACT.

contrato que incluye cláusulas u operaciones atadas. v. TIE-IN.

TYING UP.

establecimiento de restricciones sobre la disponibilidad de un bien.

TYRANNY.

tiranía.

TYRANT.

tirano.

TYTHE.

diezmo.

U

UBERRIMA FIDES.
máxima buena fe.

U.C.C.
iniciales de UNIFORM COMMERCIAL CODE (v.).

ULTERIOR.
ulterior.

ULTERIOR ESTATE.
V. ESTATE IN REMAINDER.

ULTERIOR MOTIVE.
motivo ulterior de un acto, no revelado.

ULTERIOR PURPOSE.
propósito ulterior de un acto, no revelado.

ULTIMATE.
último. Final. Definitivo.

ULTIMATE FACTS.
hechos decisivos para el éxito de una acción o defensa.

ULTIMATE FINDINGS.
decisión respecto de hechos calificables como ULTIMATE FACTS (v.). V. FINDING.

ULTIMATE ISSUE.
la cuestión decisiva o esencial de un juicio.

ULTIMATE PAYMENT.
pago final de una obligación.

ULTIMATUM.
ultimátum.

ULTRA.
ultra. Más allá. En exceso.

ULTRA DAMAGES.
daños y perjuicios en exceso de las sumas depositadas por el demandado.

ULTRA MARE.
ultramar.

ULTRA REPRISES.
neto de deducciones y gastos.

ULTRA VIRES.
actos en exceso de las atribuciones de quien los realiza; en particular, los que efectúan los órganos de una persona jurídica fuera del marco del objeto de ésta.

UMBRELLA POLICY.
póliza de seguros que extiende los límites de cobertura de otras pólizas de seguro mediante el pago de primas adicionales.

UMBRELLA RULE.
tipo de regla que da amplias facultades a los jueces para declararse competentes respecto de litigios con elementos extranjeros.

UMPIRAGE.
laudo arbitral.

UMPIRE.
árbitro.

U.N.
iniciales de UNITED NATIONS (v.).

UNABLE.
incapaz.

UNABLE TO SATISFY ITS OWN LIABILITIES.
insolvente.

UNACCRUED.
no devengado.

UNADJUSTED.
pendiente de acuerdo o determinación. ‖ ilíquido.

UNALIENABLE.
inalienable.

UNAMBIGUOUS.
inequívoco. No ambiguo.

UNANIMITY.
unanimidad.

UNANIMOUS.
unánime.

UNANIMOUS DECISION.
decisión unánime.

UNASCERTAINED.
no determinado. Indeterminado.

UNASCERTAINED DUTIES.
derechos o gravámenes sujetos a determinación definitiva, por no haberse fijado el monto preciso sobre el que se aplican.

UNASCERTAINED GOODS.
bienes no individualizados.

UNATTACHED.
libre de embargos. || soltero.

UNATTESTED INSTRUMENT.
instrumento no certificado por testigos.

UNAUTHORIZED.
no autorizado.

UNAUTHORIZED INDORSEMENT.
endoso no autorizado.

**UNAUTHORIZED PRACTICE
OF LAW.**
práctica no autorizada de la abogacía.

UNAUTHORIZED USE.
uso no autorizado.

UNAVAILABILITY.
indisponibilidad.

UNAVAILABLE.
no disponible. Indisponible.

UNAVOIDABLE.
inevitable.

UNAVOIDABLE ACCIDENT.
accidente inevitable.

UNAVOIDABLE CASUALTY.
accidente, siniestro o pérdida inevitable.

UNAVOIDABLE CAUSE.
causa imprevisible o cuyos efectos son inevitables.

UNAVOIDABLE DANGERS.
peligros inevitables.

UNAVOIDABLE OCCURRENCE.
hecho inevitable.

UNBIASED.
imparcial.

UNBORN.
no nacido.

UNBORN CHILD.
persona por nacer.

UNBROKEN.
continuo. Continuado. Ininterrumpido.

UNCALLED CAPITAL.
capital cuya integración no ha sido aún solicitada.

UNCERTAIN.
dudoso. Incierto.

UNCERTAINTY.
incertidumbre. || vaguedad u oscuridad de un instrumento.

UNCHALLENGEABLE.
irrecusable. || inatacable.

UNCHASTITY.
falta de castidad. Impureza de motivos o de conducta.

UNCITRAL.
iniciales de UNITED NATIONS COMMISSION ON INTERNATIONAL TRADE LAW (v.).

UNCLAIMED.
no reclamado. No solicitado.

UNCLAIMED DIVIDEND.
dividendo no cobrado.

UNCLAIMED GOODS.
bienes no reclamados.

UNCLAIMED PROPERTY.
bienes no reclamados. || derechos no ejercidos.

UNCLAIMED RIGHT.
derecho no ejercido.

UNCLEAN BILL OF LADING.
conocimiento de embarque con reservas u observaciones.

UNCLEAN HANDS.
V. CLEAN HANDS DOCTRINE.

UNCLEARED GOODS.
bienes no despachados a plaza.

UNCOLLECTIBLE.
incobrable.

UNCONDITIONAL.
incondicional. Incondicionado.

UNCONDITIONAL CREDIT.
crédito incondicional.

UNCONDITIONAL DELIVERY.
entrega no condicionada.

UNCONDITIONAL DISCHARGE.
libertad incondicional de un penado. || liberación incondicional de una obligación.

UNCONDITIONAL HEIR.
heredero sin beneficio de inventario.

UNCONDITIONAL OWNERSHIP.
propiedad incondicional.

UNCONDITIONAL PARDON.
indulto incondicionado.

UNCONFIRMED CREDIT.
crédito no confirmado.

UNCONSCIONABILITY.
irrazonabilidad. Carácter abusivo u opresivo. Iniquidad. La condición de un contrato, o de

alguna de sus cláusulas, que los hacen opresivos, abusivos o manifiestamente irrazonables en perjuicio de una de sus partes.

UNCONSCIONABLE.
irrazonable. Opresivo. Abusivo. Inicuo. Injusto. v. UNCONSCIONABILITY.

UNCONSCIONABLE AGREEMENT.
v. UNCONSCIONABLE CONTRACT.

UNCONSCIONABLE BARGAIN.
contrato abusivo u opresivo.
v. UNCONSCIONABILITY.

UNCONSCIONABLE CLAUSE.
cláusula abusiva u opresiva.
v. UNCONSCIONABILITY.

UNCONSCIONABLE CONTRACT.
contrato abusivo u opresivo.
v. UNCONSCIONABILITY.

UNCONSCIOUS.
inconciente.

UNCONSOLIDATED.
no consolidado.

UNCONSTITUTIONAL.
inconstitucional.

UNCONSTITUTIONALITY.
inconstitucionalidad.

UNCONSTITUTIONALLY.
inconstitucionalmente.

UNCONTESTED.
indisputado. No controvertido.

UNCONTRADICTED.
no impugnado. No contradicho.

UNCONTROLLABLE.
incontrolable. Ingobernable.

UNCONTROLLABLE.
hecho incontrolable.

UNCONTROLLED DISCRETION.
discrecionalidad no sujeta a control.

UNCOVERED.
descubierto.

UNDATED.
sin fecha. No datado.

UNDEFEASIBLE.
irrevocable. Absoluto. Incondicionado.

UNDEFENDED.
sin defensa, particularmente en materia de juicios penales en los que no se ejerce el derecho de defensa.

UNDEFENDED CASE.
juicio en el que no se formulan defensas.

UNDER AVERAGE.
con avería. En estado de avería.

UNDER BOND.
bajo fianza o garantía. v. BOND.

UNDER COLOUR OF LAW.
v. COLOUR OF LAW.

UNDER CONTRACT.
contratado. Bajo contrato.

UNDER CONVICTION.
bajo la convicción de. ‖ bajo sentencia condenatoria, pendiente de cumplimiento.

UNDER DATE OF.
con fecha de.

UNDER HAND.
ológrafo.

UNDER HERD.
la condición del ganado que se encuentra bajo cuidados junto un rebaño o manada.

UNDER INSTRUCTIONS.
bajo instrucciones.

UNDER INSURANCE.
aseguración parcial. Seguro que no cubre el valor del bien asegurado.

UNDER-LEASE.
subarriendo. Sublocación. v. LEASE.

UNDER-LESSEE.
subarrendatario. Sublocatario.

UNDER-LESSOR.
subarrendador. Sublocador.

UNDER OATH.
bajo juramento.

UNDER OBLIGATION.
bajo obligación. Obligado.

UNDER PROTEST.
bajo protesta o protesto. Con reservas.

UNDER SEAL.
sellado. v. SEAL.

UNDER SECRETARY.
subsecretario.

UNDER-SHERIFF.
ayudante o segundo de un SHERIFF (v.).

UNDER-TENANT.
subarrendatario. Sublocatario. v. TENANT.

UNDER TERMS.
la condición de quien se encuentra sujeto a una orden judicial cuyo incumplimiento puede tener distintos efectos procesales negativos, incluso a ser determinados recién en caso de incumplimiento de esa orden.

UNDER THE INFLUENCE.
bajo la influencia. Bajo los efectos.

UNDERCAPITALIZATION.
la condición de una sociedad cuyo patrimonio

neto es insuficiente frente al volumen de sus deudas.

UNDERCAPITALIZED.
V. UNDERCAPITALIZATION.

UNDERCOVER AGENT.
agente secreto.

UNDERDEVELOPED.
subdesarrollado.

UNDERGROUND.
subterráneo.

UNDERLEASE.
V. UNDER-LEASE.

UNDERLET.
subarrendar. Sublocar.

UNDERLYING.
subyacente. Básico. Fundamental.

UNDERSIGNED.
infrascripto. Suscripto. Firmante.

UNDERSTAND.
entender. Comprender. Acordar.

UNDERSTANDING.
entendimiento. Comprensión. ‖ acuerdo. Arreglo.

UNDERTAKE.
emprender. ‖ asumir. ‖ garantizar.

UNDERTAKE AN OBLIGATION.
asumir una obligación.

UNDERTAKER.
empresario. ‖ empresario de pompas fúnebres.

UNDERTAKER'S WORKS.
obras públicas. ‖ ataúdes u otros elementos funerarios.

UNDERTAKING.
empresa. ‖ obligación. Compromiso. Estipulación contractual. ‖ garantía. ‖ actividad funeraria.

UNDERWRITE.
el obligarse a colocar una emisión de títulos en los mercados correspondientes, haciéndose cargo, mediante la suscripción o compra, de los títulos que no sean así colocados. ‖ asegurar.

UNDERWRITER.
quien se obliga a colocar una emisión de títulos en los mercados correspondientes, haciéndose cargo, mediante suscripción o compra, de los títulos que no sean así colocados. ‖ asegurador.

UNDERWRITING.
la actividad del UNDERWRITER (v.).

UNDERWRITING AGREEMENT.
V. UNDERWRITING CONTRACT.

UNDERWRITING CONTRACT.
contrato mediante el que una entidad financiera se obliga a colocar una emisión de títulos en los mercados correspondientes, haciéndose cargo, mediante suscripción o compra, de los títulos que no sean así colocados.

UNDISBURSED.
no desembolsado. Retenido.

UNDISBURSED INCOME.
ingresos retenidos.

UNDISCHARGED BANKRUPT.
fallido no rehabilitado.

UNDISCHARGED OBLIGATION.
obligación pendiente de cumplimiento.

UNDISCLOSED.
oculto. No revelado. Encubierto.

UNDISCLOSED AGENCY.
mandato o representación oculta. V. AGENCY.

UNDISCLOSED AGENT.
mandatario o representante que no revela su mandato o representación. V. AGENT.

UNDISCLOSED ASSETS.
activos del concursado, no denunciados al síndico.

UNDISCLOSED DEFECTS.
defectos ocultos.

UNDISCLOSED PARTNER.
socio oculto.

UNDISCLOSED PRINCIPAL.
mandante o comitente oculto.

UNDISPUTED.
no disputado. Incuestionado.

UNDISPUTED FACT.
hecho incuestionado.

UNDISPUTED PROFITS.
ganancias no distribuidas.

UNDISTRIBUTED PROFITS TAX.
impuesto sobre las ganancias no distribuidas.

UNDIVIDED PROFITS.
ganancias no distribuidas.

UNDIVIDED RIGHT.
derecho indiviso.

UNDIVIDED SHARES.
participaciones indivisas, respecto de bienes en copropiedad.

UNDUE.
indebido. Injustificado. Excesivo.

UNDUE HARDSHIP.
dificultades o cargas excesivas, impuestas so-

bre una de las partes de una relación jurídica.

UNDUE INFLUENCE.

coacción. Presiones o influencias indebidas sobre una persona.

UNDUE MEANS.

medios indebidos.

UNDUE PREFERENCE.

preferencia otorgada indebidamente a un acreedor.

UNDUE RETURN.

acta mediante la que un oficial de justicia informa sobre un embargo u otro trámite, viciada por defectos de forma o de fondo. V. RETURN.

UNDULY.

indebidamente.

UNEARNED.

no ganado. No devengado.

UNEARNED INCOME.

ingresos no derivados del trabajo personal, sino de rentas, utilidades e intereses.

UNEARNED INCREMENT.

incremento en el valor de un bien que no resulta de mejoras introducidas al mismo, sino de circunstancias ajenas, como un aumento en la demanda, que elevan su valor.

UNEARNED PREMIUM.

primas de seguro que no corresponden a un riesgo efectivo asumido por el asegurador. ‖ primas de seguro percibidas pero no devengadas.

UNEARNED SURPLUS.

patrimonio neto de una sociedad, en exceso de su capital social, que no se deriva de la acumulación de utilidades, sino de otras fuentes, como ser primas de emisión, revalúos de activos, etc.

UNEDUCATED.

no educado. De escasa educación.

UNEMPLOYMENT.

desempleo. Desocupación. Paro.

UNEMPLOYMENT BENEFIT.

subsidio de desempleo.

UNEMPLOYMENT COMPENSATION.

V. UNEMPLOYMENT BENEFIT.

UNEMPLOYMENT INSURANCE.

seguro de desempleo.

UNEMPLOYMENT TRUST FUND.

fondo estructurado en forma de fideicomiso, destinado a centralizar los recursos destinados a seguro de desempleo. V. TRUST.

UNENACTED LAW.

Derecho no escrito. ‖ ley no promulgada.

UNENCLOSED PLACE.

lugar abierto.

UNENCUMBERED.

libre de gravámenes.

UNENFORCEABILITY.

inoponibilidad. Imposibilidad de hacer cumplir judicialmente una pretensión.

UNENFORCEABLE.

inoponible. No susceptible de ejecución o reclamo judicial.

UNEQUAL.

desigual.

UNEQUAL RELATIONSHIP.

relación desigual entre las partes.

UNEQUIVOCAL.

inequívoco.

UNERRING.

incapaz de error. Infalible.

UNETHICAL.

no ético. Contrario a la ética.

UNETHICAL CONDUCT.

conducta contraria a la ética.

UNEXCEPTIONABLE.

inobjetable. Inimpugnable. Inatacable.

UNEXPECTED.

inesperado.

UNEXPIRED.

no vencido. Vigente.

UNEXPIRED INSURANCE.

seguro vigente.

UNEXPIRED TERM.

plazo no vencido.

UNFAIR.

injusto. Ilegítimo. Desleal.

UNFAIR COMMENT.

comentarios públicos que exceden los límites de lo razonable, por tener contenido o propósitos manifiestamente injuriosos.

UNFAIR COMPETITION.

competencia desleal.

UNFAIR CONTRACT TERMS.

condiciones contractuales injustas o vejatorias.

UNFAIR DEALING.

relación contractual injusta o desleal. Práctica desleal.

UNFAIR DISMISSAL.

despido injusto.

UNFAIR HEARING.
audiencia en la que no se cumplen las condiciones necesarias para la debida protección de las partes. v. HEARING.

UNFAIR LABOR PRACTICE.
v. UNFAIR LABOUR PRACTICE.

UNFAIR LABOUR PRACICE.
práctica desleal en materia sindical.

UNFAIR PRODUCTS.
productos objeto de boicoteo, por provenir de un fabricante que incurre en prácticas laborales desleales.

UNFAIR TRADE.
competencia desleal.

UNFAIR TRADE PRACTICES.
prácticas comerciales desleales.

UNFAITHFUL.
infiel. Desleal.

UNFAITHFUL EMPLOYEE.
empleado infiel o desleal.

UNFAITHFUL SPOUSE.
cónyuge infiel.

UNFINISHED.
incompleto. No terminado. Pendiente.

UNFINISHED BUSINESS.
asunto pendiente. Negocio no terminado.

UNFINISHED CASE.
caso pendiente.

UNFIT.
inadecuado. Inapropiado. Incompetente.

UNFORESSEN.
imprevisto.

UNFOUNDED.
infundado.

UNFULFILLED.
incumplido.

UNFUNDED.
no financiado. Sin respaldo financiero. Sin fondos.

UNFUNDED DEBT.
deuda flotante.

UNGROUNDED.
infundado.

UNHARMED.
no dañado. Sin lesiones o heridas.

UNIFICATION.
unificación.

UNIFICATION OF LAW.
unificación del Derecho.

UNIFIED.
unificado.

UNIFIED TRANSFER TAX.
impuesto unificado sobre las transferencias a título gratuito.

UNIFORM.
uniforme.

UNIFORM CODE OF MILITARY JUSTICE.
Código Uniforme de Justicia Militar.

UNIFORM COMMERCIAL CODE.
Código Uniforme de Comercio. Se trata de un código adoptado por la totalidad de los estados de Estados Unidos, salvo Luisiana, con pequeñas diferencias entre cada uno de ellos. No constituye legislación federal.

UNIFORM CONSUMER CREDIT CODE.
Código Uniforme de Crédito de Consumo.

UNIFORM CUSTOM.
costumbre uniforme.

UNIFORM LAW.
ley o Derecho uniforme. ‖ ley adoptada por todos o la mayoría de los estados de la Unión, con pequeñas diferencias entre cada uno de ellos.

UNIFORM NEGOTIABLE INSTRUMENTS ACT.
Ley Uniforme de Títulos Negociables.

UNIFORM OPERATION OF LAWS.
aplicación no discriminatoria de las leyes.

UNIFORM PARTNERSHIP ACT.
Ley Uniforme de Sociedades de Personas.
v. PARTNERSHIP.

UNIFORM STATUTES.
leyes uniformes.

UNIFORMITY.
uniformidad.

UNIFY.
unificar.

UNILATERAL.
unilateral.

UNILATERAL CONTRACT.
contrato unilateral.

UNILATERAL MISTAKE.
error unilateral.

UNILATERAL RECORD.
registro o instrumento derivado de una sola de las partes de una causa o litigio.

UNIMODAL.
unimodal.

UNIMPEACHABLE.
intachable. Irrecusable. Inimpugnable.

UNIMPROVED LAND.
tierra sin mejoras.

UNINCLOSED PLACE.
lugar abierto.

UNINCORPORATED.
carente de personalidad jurídica.

UNINCORPORATED ASSOCIATION.
asociación sin personalidad jurídica.

UNINFECTED.
no contaminado. No viciado.

UNINSURABLE.
no asegurable.

UNINSURED.
no asegurado.

UNINSURED MOTORIST COVERAGE.
seguro contra conductores de vehículos no asegurados.

UNINTELLIGIBLE.
incomprensible. Ininteligible.

UNION.
unión. ‖ sindicato. Gremio. Asociación profesional.

UNION CERTIFICATION.
certificación de que un sindicato tiene facultades para representar a los empleados u obreros de una industria o establecimiento.

UNION CONTRACT.
contrato colectivo de trabajo.

UNION FLAG.
la bandera del Reino Unido.

UNION-JACK.
V. UNION FLAG.

UNION LABEL.
etiqueta u otra indicación que señala que el producto ha sido fabricado por obreros pertenecientes a un sindicato.

UNION LABOR.
V. UNION LABOUR.

UNION LABOUR.
trabajadores agremiados.

UNION MEMBER.
afiliado a un sindicato.

UNION MEMBERSHIP.
afiliación a un sindicato. Agremiación.

UNION MORTGAGE CLAUSE.
cláusula de un contrato de seguro contra incendio que establece que el seguro que favorece a un acreedor con hipoteca sobre el bien asegurado no puede verse afectado por hechos ajenos a ese acreedor.

UNION RATE.
salario mínimo que es determinado por un sindicato.

UNION SECURITY CLAUSE.
cláusula que requiere que todos los trabajadores representados por un sindicato sean afiliados de éste, como condición para su permanencia en el empleo.

UNION SHOP.
V. CLOSED SHOP.

UNIONIZE.
agremiar. Sindicalizar.

UNISSUED STOCK.
acciones no emitidas.

UNIT.
unidad.

UNIT ASSESSMENT.
valuación de bienes mediante la formación a tal fin de unidades independientes.

UNIT OF ACCOUNT.
unidad de cuenta.

UNIT OF PRODUCTION.
unidad de producción.

UNIT OWNERSHIP ACTS.
leyes que rigen la propiedad horizontal.

UNIT-PRICE CONTRACT.
contrato por unidad de medida. Contrato cuyo precio se fija por unidad.

UNIT PRICING.
precio fijado por unidad.

UNIT RULE.
regla conforme a la cual el valor de las acciones que cotizan en bolsa se obtiene multiplicando el número de acciones por su cotización bursátil.

UNIT TRUST.
fondo común de inversión, organizado mediante el instrumento jurídico de un TRUST (v.).

UNITARY AWARD.
sentencia que reconoce varios derechos de distinta naturaleza en favor del actor, particularmente en materia de Derecho de Familia.

UNITARY DOMICIL.
domicilio matrimonial.

UNITARY TAXATION.
impuesto que se aplica sobre todas las operaciones de una empresa que actúa en cierta jurisdicción, aunque tales operaciones hayan sido realizadas en otras jurisdicciones.

UNITE.
unir.

UNITED.
unido.

UNITED IN INTEREST.
personas con intereses iguales o similares.

UNITED KINGDOM.
Reino Unido.

UNITED KINGDOM OF GREAT BRITAIN AND NORTHERN IRELAND.
Reino Unido de Gran Bretaña e Irlanda del Norte.

UNITED NATIONS.
Naciones Unidas.

UNITED NATIONS COMMISSION ON INTERNATIONAL TRADE LAW.
Comisión de las Naciones Unidas sobre Derecho del Comercio Internacional.

UNITED NATIONS COMMISSION ON TRADE AND DEVELOPMENT.
Comisión de las Naciones Unidas sobre Comercio y Desarrollo.

UNITED STATES.
Estados Unidos.

UNITED STATES ATTORNEY.
procurador oficial federal, designado en los Estados Unidos en cada uno de los distritos judiciales federales.

UNITED STATES CODE.
Código de los Estados Unidos. Compilación oficial de la legislación federal de los Estados Unidos.

UNITED STATES CODE ANNOTATED.
versión privada, anotada con antecedentes y jurisprudencia, del UNITED STATED CODE (v.).

UNITED STATES COURTS.
tribunales federales de los Estados Unidos.

UNITED STATES OF AMERICA.
Estados Unidos de América.

UNITED STATES REPORTS.
colección oficial de los fallos de la Corte Suprema de los Estados Unidos.

UNITED STATES STATUTES AT LARGE.
STATUTES AT LARGE (v.) federales de los Estados Unidos.

UNITED STATES SUPREME COURT.
Corte Suprema de los Estados Unidos.

UNITRUST.
fideicomiso en el que una parte proporcional del valor de los bienes que lo constituyen es repartida anualmente a sus beneficiarios.
V. TRUST.

UNITY.
unidad. ‖ la relación jurídica entre copropietarios, propia de la JOINT TENANCY (v.).

UNITY OF INTEREST.
la unidad de derechos de los copropietarios en una relación de JOINT TENANCY (v.), tal que los mismos comparten iguales derechos sobre el objeto de esa copropiedad.

UNITY OF OWNERSHIP.
V. UNITY OF INTEREST.

UNITY OF POSSESSION.
la confusión de derechos respecto de un inmueble, cuando coinciden en una misma persona la titularidad de ciertos derechos respecto de ese inmueble y las cargas u obligaciones correlativas a esos derechos. ‖ la unidad de posesión propia de una relación de JOINT TENANCY (v.), de forma que esa posesión es ejercida por cada uno de ellos sobre la totalidad del bien, con las limitaciones y derechos característicos de esa relación.

UNITY OF SPOUSES.
unidad jurídica de los esposos, resultante del matrimonio.

UNITY OF TIME.
la simultaneidad con que los distintos copropietarios adquieren derechos sobre un inmueble en el marco de una JOINT TENANCY (v.).

UNITY OF TITLE.
la unidad del título mediante el que los distintos copropietarios adquieren derechos sobre un inmueble en el marco de una JOINT TENANCY (v.).

UNIVERSAL.
universal. General.

UNIVERSAL AGENCY.
representación o poder general. V. AGENCY.

UNIVERSAL AGENT.
representante o apoderado general.
V. AGENT.

UNIVERSAL FRANCHISE.
sufragio universal.

UNIVERSAL LEGACY.
legado universal.

UNIVERSAL MALICE.
tendencia generalizada a cometer delitos contra cualquier persona, y no contra una en particular. V. MALICE.

UNIVERSAL PARTNERSHIP.
sociedad de personas a la que los socios contribuyen la totalidad de su patrimonio.
V. PARTNERSHIP.

UNIVERSAL SUCCESSION.
sucesión universal.

UNIVERSAL SUCCESSOR.
sucesor universal.

UNIVERSAL SUFFRAGE.
sufragio universal.

UNIVERSITAS.
universalidad. Voz no utilizada comúnmente.

UNIVERSITY.
universidad.

UNJUST.
injusto.

UNJUST ENRICHMENT.
enriquecimiento sin causa.

UNJUSTIFIABLE.
injustificable.

UNJUSTIFIED.
injustificado.

UNJUSTIFIED ENRICHMENT.
V. UNJUST ENRICHMENT.

UNKNOWN.
desconocido.

UNKNOWN PARTIES.
partes no identificadas de un juicio, por desconocerse su nombre o identidad precisa, aunque se tengan datos suficientes sobre ellas como para ser tenidas como partes.

UNKNOWN PERSONS.
personas desconocidas.

UNLAWFUL.
ilegal. Ilícito. Ilegítimo.

UNLAWFUL AB INITIO.
ilegal desde el inicio. La condición de un acto viciado desde su formación.

UNLAWFUL ACCUMULATION.
acumulación ilegal de derechos respecto de un inmueble.

UNLAWFUL ACT.
acto ilícito.

UNLAWFUL ARREST.
arresto ilícito.

UNLAWFUL ASSEMBLY.
reunión ilícita.

UNLAWFUL ASSOCIATION.
asociación ilícita.

UNLAWFUL BELLIGERENTS.
beligerantes que violan las normas del Derecho de la guerra.

UNLAWFUL CONDITION.
condición ilícita.

UNLAWFUL CONSPIRACY.
conspiración delictiva.
V. CONSPIRACY.

UNLAWFUL CONTRACT.
contrato ilícito.

UNLAWFUL DETAINER.
retención ilícita de la posesión de un inmueble por quien ha ingresado lícitamente en él por haber perdido o terminado el derecho a permanecer en el mismo.

UNLAWFUL ENTRY.
ingreso ilegal a un inmueble.

UNLAWFUL FORCE.
uso ilícito de la fuerza.

UNLAWFUL INJURY.
daño ilícito.

UNLAWFUL ORDER.
orden ilegal.

UNLAWFUL PICKETING.
manifestaciones o demostraciones ilícitas de huelguistas. V. PICKETING.

UNLAWFUL POSSESSION.
posesión ilegítima. ‖ posesión ilegal.

UNLAWFUL RESTRAINT.
restricción ilegal de la libertad de una persona. ‖ restricción ilegal de la competencia.

UNLAWFUL SEARCH.
allanamiento ilegal. V. SEARCH.

UNLAWFUL SEIZURE.
secuestro ilegal.
V. SEIZURE.

UNLAWFULNESS.
ilegalidad.

UNLAWFULLY.
ilegalmente. Ilícitamente.

UNLESS.
salvo que.

UNLESS LEASE.
concesión de explotación de hidrocarburos que caduca automáticamente en caso de cumplirse ciertas condiciones resolutorias, como la falta de pago de regalías.

UNLICENSED.
no autorizado. ‖ sin licencia. No licenciado.

UNLIMITED.
ilimitado.

UNLIMITED AUTHORITY.
autorización o poder no limitado.
V. AUTHORITY.

UNLIMITED COMPANY.
sociedad cuyos socios son ilimitadamente responsables por las deudas de aquélla.

UNLIMITED LIABILITY.
responsabilidad ilimitada.

UNLIQUIDATED.
no liquidado. Ilíquido. Indeterminado.

UNLIQUIDATED CLAIM.
derecho o pretensión sujetos a disputa, litigio o determinación.

UNLIQUIDATED DAMAGES.
daños y perjuicios sujetos a liquidación o determinación.

UNLIQUIDATED DEBT.
deuda ilíquida.

UNLIQUIDATED DEMAND.
demanda cuyo monto está sujeto a liquidación o determinación.

UNLISTED SECURITIES.
títulos que no cotizan en bolsa.
V. SECURITY.

UNLISTED STOCK.
acciones que no cotizan en bolsa.

UNLIVERY.
descarga de mercaderías en el puerto de destino.

UNLOADING.
descarga.

UNMARKETABLE TITLE.
título sujeto a gravámenes, vicios o limitaciones, que restringen o impiden su transmisibilidad. V. MARKETABLE TITLE.

UNMARRIED.
soltero. ‖ condición de una persona no casada, por ser soltera, viuda o divorciada.

UNNATURAL.
no natural. ‖ contra natura. Contrario a la naturaleza.

UNNATURAL OFFENCE.
delito contra natura. V. UNNATURAL.

UNNATURAL OFFENSE.
V. UNNATURAL OFFENCE.

UNNATURAL WILL.
testamento antinatural, por contener legados que destinan la mayor parte del patrimonio del causante a extraños.

UNNECESSARY.
innecesario.

UNNECESSARY CRUELTY.
crueldad innecesaria, particularmente la dirigida contra los animales.

UNNECESSARY HARDSHIP.
dificultades y perjuicios innecesarios, particularmente los causados al dueño de un inmueble por las disposiciones relativas al destino a darse a éste.

UNOCCUPIED.
no ocupado. Desocupado.

UNOFFERED LANDS.
tierras públicas no ofrecidas a particulares para su compra o uso.

UNOFFICIAL.
no oficial.

UNOFFICIAL NOTES.
notas sobre una audiencia tomadas extraoficialmente.

UNOFFICIAL OPINION.
opinión informal sobre una causa.

UNOFFICIAL PUBLICATION.
publicación no oficial, en particular la de leyes o fallos.

UNOFFICIAL STRIKE.
huelga no oficial.

UNOFFICIOUS WILL.
testamento inoficioso.

UNORGANIZED TERRITORY.
territorio no sujeto a un gobierno propio.

UNPAID.
impago. Pendiente de pago.

UNAPAYABLE.
impagable.

UNPERFECTED.
no perfeccionado.

UNPLEADED.
no alegado en juicio.

UNPOSSESSED.
desocupado. No sujeto a posesión.

UNPRECEDENTED.
sin precedentes.

UNPREJUDICED.
sin prejuicio. Desprejuiciado.

UNPREMEDITATED.
impremeditado. Indeliberado. Sin premeditación. No premeditado.

UNPROFESSIONAL.
contrario a las reglas de la profesión.

UNPROFESSIONAL CONDUCT.
conducta que es contraria a las reglas de la profesión.

UNPROVED.
no probado.

UNQUALIFIED.
sin salvedades. Sin limitaciones.

UNQUALIFIED CERTIFICATE.
certificado sin salvedades u observaciones.

UNQUALIFIED ENDORSEMENT.
V. UNQUALIFIED INDORSEMENT.

UNQUALIFIED INDORSEMENT.
endoso puro y simple. Endoso sin limitaciones
o salvedades.

UNQUESTIONABLE.
incuestionable. Indiscutible.

UNQUOTED.
no cotizado.

UNQUOTED CORPORATION.
sociedad por acciones cuyas acciones no cotizan en bolsa. v. CORPORATION.

UNQUOTED SECURITIES.
títulos que no cotizan en bolsa.
v. SECURITY.

UNREASONABLE.
irrazonable. Irracional. Absurdo. Exorbitante.

UNREASONABLE COMPENSATION.
remuneración irrazonable, particularmente a
efectos de su deducción con fines impositivos.

**UNREASONABLE RESTRAINT OF
TRADE.**
restricción de la competencia irrazonable o no
justificada por la regla de la razón. v. RULE OF
REASON.

**UNREASONABLE RESTRAINT ON
ALIENATION.**
restricción irrazonable o injustificada sobre la
disponibilidad de un bien.

UNREASONABLE SEARCH.
allanamiento arbitrario. v. SEARCH.

UNREASONABLE SEIZURE.
secuestro arbitrario. v. SEIZURE.

UNRECORDED.
no registrado. No inscripto.

UNRECOVERABLE.
irrecuperable. Incobrable.

UNRECOVERABLE DEBT.
crédito incobrable.

UNREDEEMABLE.
irredimible. No amortizable.

UNREDEEMABLE BONDS.
bonos o debentures no amortizables.

UNREFUNDABLE.
no restituible. No susceptible de devolución.

UNREFUSABLE.
indeclinable. No susceptible de ser rechazado.

UNREGISTERED SECURITIES.
títulos al portador o cuya titularidad no se
transmite mediante inscripción en los registros
de la sociedad emisora v. SECURITY.

UNRELATED.
no relacionado. No vinculado.

UNRELATED OFFENSES.
delitos no vinculados a aquél que es objeto de
un juicio.

UNRESPONSIVE ANSWER.
v. UNRESPONSIVE EVIDENCE.

UNRESPONSIVE EVIDENCE.
testimonio en el que no se contesta a las preguntas formuladas en el interrogatorio, o se lo
hace con respuestas evasivas.

UNRESTRICTED.
irrestricto.

UNRESTRICTED INTERPRETATION.
interpretación libre o irrestricta.

UNRULY AND DANGEROUS ANIMALS.
animales peligrosos.

UNSAFE.
peligroso. Inseguro.

UNSATISFACTORY TITLE.
título de propiedad defectuoso o viciado.

UNSATISFIED.
impago. Insatisfactorio.

UNSCRUPULOUS.
inescrupuloso.

UNSEAWORTHINESS.
innavegabilidad de un navío.

UNSEAWORTHY.
condición de la nave no idónea para la navegación.

UNSECURED.
no garantizado. Quirografario.

UNSECURED CREDIT.
crédito quirografario.

UNSECURED CREDITOR.
acreedor quirografario.

UNSECURED DEBT.
deuda quirografaria.

UNSECURED NOTE.
pagaré respecto del cual no existen privilegios
ni garantías.

UNSERVED.
no notificado.

UNSETTLED.
impago. Insatisfactorio. ‖ indeterminado. ‖
despoblado.

UNSOLEMN WAR.
guerra no declarada formalmente.

UNSOLEMN WILL.
testamento informal. Se utiliza en relación al
CIVIL LAW (v.).

UNSOLICITED GOODS AND SERVICES.
bienes y servicios no solicitados.

UNSOUND.
impropio. Incorrecto. Enfermo. Fallado.

UNSOUND MIND.
debilidad o enfermedad mental.

UNSOUND SECURITIES.
títulos especulativos o de alto riesgo.
V. SECURITY.

UNSUBSCRIBED STOCK.
acciones no suscriptas.

UNSWORN.
no juramentado.

UNTENABLE.
insostenible.

UNTENANTABLE CONDITION.
condiciones deficientes de un inmueble que lo hacen impropio para su locación como vivienda. Inhabitabilidad.

UNTHRIFT.
pródigo.
V. SPENDTHRIFT.

UNTIL.
hasta que.

UNTIMELY.
impuntualmente. Fuera del tiempo debido.

UNTOWARD EVENT.
hecho inesperado.

UNTRANSFERABLE.
intransferible.

UNTRUE.
falso. Engañoso.

UNUS NULLUS RULE.
regla conforme a la cual el testimonio no corroborado de un único testigo es nulo.

UNUSUAL.
inusual.

UNUSUAL CASE.
caso inusual. Caso para el cual no existen precedentes.

UNUSUAL PUNISHMENT.
castigo inusual.

UNVALUED.
no evaluado. No justipreciado.

UNVALUED POLICY.
póliza en la que no se fija el valor de los bienes asegurados.

UNWARRANTABLE.
injustificable. Infundado. || no garantizable.

UNWARRANTED.
injustificado. Infundado. || no garantizado.

UNWHOLESOME.
dañino. En mal estado. Insalubre.

UNWORTHY.
carente de valor. || no merecedero de determinado derecho o beneficio.

UNWRITTEN.
no escrito.

UNWRITTEN CONSTITUTION.
constitución no escrito.

UNWRITTEN CONTRACT.
contrato no escrito.

UNWRITTEN LAW.
derecho no escrito.

UP TO.
hasta (pero no incluyendo).

UP TO AND INCLUDING.
hasta e incluyendo.

UPA.
iniciales de *Uniform Partnership Act*, la Ley Uniforme de Sociedades de personas.
V. PARTNERSHIP.

UPKEEP.
mantenimiento.

UPHOLD.
confirmar. Ratificar.

UPHOLD A DECISION.
confirmar una sentencia.

UPON CONDITION.
bajo condición.

UPON INFORMATION AND BELIEF.
conforme al saber y entender.

UPPER HOUSE.
cámara alta.

UPSET BID.
oferta realizada luego de una subasta judicial, pero antes de su aprobación, por un valor superior al ofrecido en esa subasta.

UPSET PRICE.
base o precio mínimo de una subasta.

URBAN.
urbano.

URBAN EASEMENT.
servidumbre urbana.

URBAN HOMESTEAD.
bien de familia urbano. V. HOMESTEAD.

URBAN SERVITUDE.
servidumbre urbana.

U.S. SAVINGS BONDS.
bonos de ahorro de los Estados Unidos.

USAGE.
uso. Costumbre. Práctica.

USAGE OF TRADE.
usos del comercio.

USANCE.
usanza. Práctica. ‖ plazo usual.

USANCE BILL.
letra pagadera en el plazo usual de la plaza del girado.

U.S.C.
iniciales de UNITED STATES CODE (v.).

USE.
uso. Empleo. Beneficio. Aprovechamiento. Goce. ‖ costumbre. ‖ derecho de uso. ‖ el derecho de una persona, llamada *cestui que use* a utilizar un inmueble de propiedad de otra persona o aprovechar sus frutos. ‖ como verbo (*to use*), usar. Emplear. Utilizar. Abusar.

USE AND HABITATION.
uso y habitación.

USE AND OCCUPATION.
nombre de la acción dirigida por el propietario de un inmueble, contra quien detenta su uso y ocupación, por las deudas derivadas de la concesión de tales derechos.

USE INMUNITY.
inmunidad de un testigo respecto del uso de su testimonio en juicios penales.

USE PLAINTIFF.
beneficiario de una acción entablada por otra persona.

USE TAX.
impuesto sobre la utilización de bienes.

USE VALUE.
valor de uso.

USE VARIANCE.
V. VARIANCE.

USEE.
V. USE PLAINTIFF.

USEFUL.
útil.

USEFUL LIFE.
vida útil.

USEFUL OWNERSHIP.
dominio útil.

USER.
usuario. ‖ utilización de un derecho. ‖ uso de un inmueble.

USUAL.
usual.

USUAL COURSE OF BUSINESS.
curso usual o regular de los negocios.

USUAL COVENANTS.
pactos o cláusulas usuales.

USUAL INTERPRETATION.
interpretación usual.

USUAL PLACE OF ABODE.
residencia habitual.

USUAL PLACE OF BUSINESS.
lugar de ejercicio usual del comercio.

USUAL PLACE OF RESIDENCE.
residencia habitual.

USUCAPIO.
usucapión.

USUFRUCT.
usufructo. Sólo se usa en relación con el CIVIL LAW (v.).

USUFRUCTUARY.
usufructuario. Sólo se usa en relación con el CIVIL LAW. (v.).

USURA MARITIMA.
préstamo a la gruesa.

USURER.
usurero.

USURIOUS.
usurario.

USURIOUS CONTRACT.
contrato usurario.

USURP.
usurpar.

USURPATION.
usurpación.

USURPATION OF FRANCHISE.
usurpación de un cargo público.

USURPATION OF OFFICE.
V. USURPATION OF FRANCHISE.

USURPED POWER.
poder usurpado.

USURPER.
usurpador.

USURPER OF A PUBLIC OFFICE.
usurpador de cargo público.

USURY.
usura.

USURY LAWS.
leyes sobre usura.

UTERINE.
uterino.

UTILITY.
utilidad. ‖ servicio público.

UTILITY COMPANY.
compañía de servicios públicos

UTILITY SERVICES.
servicios públicos.

UTMOST.
máximo.

UTMOST CARE.
máximo cuidado.

UTMOST RESISTANCE.
máxima resistencia posible a un ataque.

UTTER.
absoluto. Completo. Total. ‖ como verbo (*to utter*), poner en circulación o hacer circular, particularmente dinero o documentos falsificados. ‖ también como verbo, decir. Expresar. Divulgar. Revelar. Publicar.

UTTER BAR.
V. OUTER BAR.

UTTERANCE.
declaración. Manifestación.

UTTERING.
delito consistente en poner en circulación o hacer circular dinero o documentos falsos.

UTTERING FORGED INSTRUMENT.
ofrecimiento de la entrega de un instrumento falsificado, con intención fraudulenta.

UTTERING WORTHLESS CHECK.
libramiento de cheque sin fondos.

UTTERING WORTHLESS CHEQUE.
V. UTTERING WORTHLESS CHECK.

UXORICIDE.
uxoricidio. ‖ uxoricida.

V

VACANCY.
vacancia.

VACANT.
vacante.

VACANT POSSESSION.
posesión vacante. ‖ libre de poseedores.

VACANT SUCCESSION.
sucesión vacante.

VACATE.
anular. Revocar. ‖ abandonar. Dejar vacante. Ceder la posesión. Desocupar.

VACATION.
vacación. ‖ anulación. Revocación. ‖ acto de abandonar o dejar vacante.

VACATION OF AWARD.
revocación de laudo arbitral.

VACATION OF COURT.
receso judicial. Feria de tribunales. Feria judicial.

VACATION OF EXECUTION.
procedimiento para suspender o revocar los efectos de una ejecución.

VACATION OF JUDGMENT.
anulación o revocación de sentencia.

VACATION OF JUDICIAL SALE.
anulación de subasta judicial.

VACATION OF TERM.
vacaciones judiciales. Feria judicial.

VACATION SITTING.
sesiones de un tribunal durante el período de feria o vacaciones judiciales.

VACATIONS.
vacaciones. ‖ receso judicial. Feria de tribunales. Feria judicial.

VACUITY.
vacío.

VADIUM.
prenda.

VADIUM MORTUUM.
hipoteca.

VADIUM PONERE.
otorgar una fianza respecto de la comparecencia de una persona ante un tribunal. v. BAIL.

VAGABOND.
vagabundo.

VAGRANCY.
vagancia. Vagabundeo.

VAGRANCY LAWS.
leyes sobre vagancia.

VAGRANT.
vagabundo.

VAGUE.
vago. Incierto. Indefinido. Impreciso.

VAGUENESS.
vaguedad. Imprecisión.

VAGUENESS DOCTRINE.
doctrina que considera inconstitucionales las leyes que por su vaguedad carecen de contenido preciso.

VALID.
válido.

VALID DEFENCE.
defensa válida.

VALID DEFENSE.
v. VALID DEFENCE.

VALID REASON.
razón válida.

VALIDATE.
convalidar. Legalizar.

VALIDATING STATUTE.
ley de convalidación.

VALIDATION OF STATUTE.
convalidación de una ley. Validación de una ley

VERDICT OF GUILTY.
veredicto de culpabilidad.

VERDICT OF INNOCENT.
veredicto absolutorio.

VERDICT OF MISADVENTURE.
veredicto de absolución por caso fortuito.

VERDICT OF NON LICEN.
solicitud de prórroga por un jurado ante la imposibilidad de llegar a un veredicto en el término establecido.

VERDICT OF NOT GUILTY.
veredicto absolutorio.

VERDICT SUBJECT TO OPINION OF COURT.
veredicto del jurado que está sujeto a determinaciones de Derecho subsiguientes a cargo del juez.

VERIFICATION.
verificación.

VERIFIED ACCOUNT.
cuenta verificada y conformada.

VERIFIED COPY.
copia cuya veracidad ha sido verificada. Copia autenticada.

VERIFIED NAMES.
nombres de firmantes verificados por un oficial o secretario de un condado.

VERIFY.
verificar.

VERILY.
verdaderamente.

VERITY.
verdad.

VERSUS.
versus. Contra.

VERTICAL AGREEMENT.
acuerdo vertical, entre una empresa y sus proveedores o clientes.

VERTICAL ARRANGEMENT.
acuerdo u operación vertical, entre una empresa y sus proveedores o clientes.

VERTICAL INTEGRATION.
integración vertical, entre una empresa y sus proveedores o clientes.

VERTICAL MERGER.
fusión vertical, entre una empresa y alguno de sus proveedores o clientes.

VERTICAL PRICE-FIXING.
fijación vertical de precios, impuesta por una empresa a sus mayoristas, distribuidores, revendedores o minoristas.

VERTICAL TRUST.
combinación anticompetitiva vertical.

VERTICAL UNION.
sindicato vertical, que actúa en los distintos niveles de actividad de una industria.

VERY LORD AND VERY TENANT.
relación inmediata entre un locatario u otro tenedor de un inmueble, por una parte, y el titular de derechos sobre ese inmueble, respecto del cual aquéllos derivan sus derechos, por la otra.

VESSEL.
nave. Navío. Buque. Medio de navegación.

VESSEL AT FAULT.
nave responsable de un daño.

VESSEL IN FAULT.
v. VESSEL AL FAULT.

VEST.
conferir, transferir o transmitir un derecho. ‖ transferir la posesión.

VEST TITLE.
transferir el título respecto de una propiedad.

VESTED.
transferido. Conferido. Perfeccionado. Efectivo. Incondicional.

VESTED DEVISE.
legado de inmuebles perfeccionado a la muerte del testador, por no estar sujeto a condición aunque pueda estarlo a plazo. v. DEVISE.

VESTED ESTATE.
derecho respecto de un inmueble perfeccionado y susceptible de ser ejercitado. v. ESTATE.

VESTED GIFT.
donación no sujeta a condición, aunque pueda estarlo a plazo.

VESTED IN INTEREST.
derecho respecto de un inmueble sujeto a plazo cierto y no sometido a condición alguna.

VESTED IN POSSESSION.
ejercicio presente y futuro de la posesión.

VESTED INTEREST.
derecho presente sobre un bien, susceptible de ser transmitido y no sujeto a condición, aunque el goce efectivo de la posesión de tal bien pueda estar sujeto a plazo.

VESTED INTERESTS.
intereses creados. ‖ forma plural de VESTED INTEREST (v.).

VESTED LEGACY.
legado de bienes muebles perfeccionado a la muerte del testador, por no estar sujeto a con-

dición, aunque pueda estarlo a plazo.
v. LEGACY.

VESTED PENSION.
derecho adquirido a una pensión, jubilación o retiro.

VESTED REMAINDER.
derecho futuro sobre un inmueble a ejercitarse al extinguirse el derecho de otra persona respecto del mismo, y que no está sujeto a condición sino meramente a plazo. v. REMAINDER.

VESTED RIGHTS.
derechos adquiridos.

VESTING.
conferimiento o perfeccionamiento de un derecho.

VESTING ASSENT.
acto de transferir un derecho a las personas designadas como titulares del mismo, por una persona a cargo de tal designación, al fallecer el anterior derechohabiente.

VESTING DAY.
día en que se transfiere un derecho.

VESTING DECLARATION.
declaración mediante la que se transfiere un derecho, en particular la que corresponde sobre el objeto de un fideicomiso, transmitido de uno a otro fideicomisario. v. TRUST.

VESTING INSTRUMENT.
instrumento mediante el que se transfiere la titularidad de un derecho.

VESTING ORDER.
orden judicial mediante la que se transfiere la titularidad de un derecho.

VETERAN.
veterano.

VETO,
veto. ‖ como verbo (to veto), vetar.

VETO POWER.
poder de veto.

VETTING.
v. JURY-VETTING.

VEX.
vejar. Molestar.

VEXATION.
vejación. Molestia.

VEXATIOUS.
vejatorio.

VEXATIOUS ACTION.
acción maliciosa o vejatoria, entablada oin otro propósito que el de crear molestar o inconvenientes a la contraparte.

VEXATIOUS APPEAL.
apelación interpuesta con fines meramente dilatorios o maliciosos.

VEXATIOUS DELAY.
demora injustificada en el pago de una deuda, en particular las derivadas de un seguro, por no existir motivos reales para oponerse a tal pago.

VEXATIOUS LITIGANT.
litigante que entable una acción con fines maliciosos o vejatorios. v. VEXATIOUS ACTION.

VEXATIOUS LITIGATION.
v. VEXATIOUS ACTION.

VEXATIOUS PROCEEDING.
procedimiento malicioso o vejatorio.
v. VEXATIOUS ACTION.

VEXATIOUS REFUSAL TO PAY.
v. VEXATIOUS DELAY.

VEXATIOUS SUIT.
v. VEXATIOUS ACTION.

VEXED QUESTION.
cuestión debatible o dudosa.

VIABILITY.
viabilidad. ‖ aptitud de continuar con vida.

VIABLE.
viable. ‖ apto de continuar con vida.

VIABLE CHILD.
nacido con aptitud de continuar con vida. ‖ el no nacido que ha llegado a tal punto en su desarrollo fetal que tiene aptitud de continuar con vida de ser separado del seno materno.

VICAR.
vicario. ‖ sustituto. Reemplazante. Suplente.

VICARAGE.
vicariato.

VICARIOUS.
sustituto. Delegado. En reemplazo o representación.

VICARIOUS LIABILITY.
responsabilidad indirecta por los hechos de terceros.

VICARIOUS PERFORMANCE.
cumplimiento de una obligación, especialmente las de naturaleza contractual, por un tercero.

VICE.
vicio. Defecto. ‖ como prefijo, vice. Suplente.

VICE-ADMIRAL.
vicealmirante.

VICE-CONSUL.
vicecónsul.

VICE CRIMES.
delitos vinculados con el vicio, como la prostitución.

VICE-PRESIDENT.
vicepresidente.

VICE-PRINCIPAL.
persona a la cual el patrón o empleador delega sus funciones como tal, inclusive la facultad de despedir empleados.

VICE-VERSA.
viceversa.

VICEROY.
virrey.

VICINAGE.
vecindad. Localidad. Condado. ‖ jurado designado entre las personas del condado en que el juicio tiene lugar.

VICINITY.
vecindad. Proximidad. Cercanía.

VICIOUS.
vicioso. ‖ nocivo. Malvado. Maligno.

VICIOUS ANIMAL.
animal peligroso o agresivo.

VICIOUS PROPENSITY.
propensión dañosa, en particular la de un animal de hábitos peligrosos.

VICOUNTEL JURISDICTION.
la jurisdicción de los funcionarios de un condado, como el SHERIFF (v.). Expresión fuera de uso.

VICTIM.
víctima.

VICTIMIZE.
hacer una víctima de alguien. ‖ engañar. Estafar.

VICTIMLESS CRIMES.
delitos en los cuales no existe una víctima precisa, como en los casos de la tenencia de drogas.

VICTUALS.
vituallas. Provisiones.

VIDELICET.
a saber.

VIE.
vida.

VIEW.
vista. ‖ inspección ocular. ‖ como verbo (to view), mirar. Inspeccionar. Contemplar.

VIEW BY COURT.
inspección ocular realizada por los miembros de un tribunal.

VIEW BY JURY.
inspección ocular realizada por los integrantes de un jurado.

VIEW OF AN INQUEST.
inspección ocular del lugar o cosa objeto de una investigación.

VIEW OF THE BODY.
inspección de un cuerpo sin vida.

VIEWER.
persona encargada de realizar una inspección ocular. ‖ funcionario encargado de determinar las sumas debidas en concepto de contribución de mejoras.

VIGILANCE.
vigilancia.

VIGILANT.
vigilante. Atento. Alerta.

VIGILANTES.
personas privadas que toman a su cargo el mantenimiento del orden público o la prevención del crimen.

VILLAGE.
pueblo. Villa. Aldea.

VILLAIN.
villano.

VILLENOUS JUDGMENT.
pena de prisión, acompañada de la pérdida de ciertos derechos civiles.

VINDICATE.
vindicar. Librar de culpas, acusaciones o sospechas.

VINDICATORY PARTS OF LAWS.
partes sancionatorias o punitivas de las leyes.

VINDICTIVE DAMAGES.
daños punitorios.

VIOLATE.
violar o infringir una ley, una norma o un derecho.

VIOLATION.
violación de la ley, de una norma o de un derecho.

VIOLENCE.
violencia.

VIOLENT.
violento.

VIOLENT DEATH.
muerte violenta.

VIOLENT MEANS.
medios violentos.

VIOLENT OFFENCE.
delito que supone el uso de violencia.

VIOLENT OFFENSE.

v. VIOLENT OFFENCE.

VIOLENT PRESUMPTION.

presunción corroborable por circunstancias atinentes al hecho que se pretende probar.

VIRES.

poderes. Atribuciones. v. ULTRA VIRES.

VIRTUAL.

virtual.

VIRTUAL POSSESSION.

posesión parcial de un inmueble que, por la extensión de éste, se imputa a la totalidad del mismo.

VIRTUAL REPRESENTATION.

suerte de gestión de negocios, en que una parte ejerce representación en juicio de otra que tiene intereses idénticos o similares, aunque aquélla no haya otorgado a ésta poderes u otra forma expresa de representación.

VIRTUE.

virtud.

VIRTUE OF OFFICE.

la condición en que un acto se efectúa dentro del marco de la competencia de un funcionario, aunque pueda estar viciado en cuanto a su legitimidad.

VIS.

fuerza. Violencia.

VIS-A-VIS.

en relación uno con otro.

VIS MAJOR.

fuerza mayor.

VISA.

visa.

VISIBLE.

visible.

VISIBLE MEANS OF SUPPORT.

medios aparentes de vida.

VISIT.

visita. ‖ como verbo (to visit), visitar.

VISIT AND SEARCH.

visita y registro de un inmueble. v. SEARCH.

VISITATION.

visita, especialmente la de padres divorciados respecto de sus hijos. ‖ inspección. Control. Supervisión.

VISITATION RIGHTS.

derechos de visita respecto de los hijos que viven con el cónyuge divorciado.

VISITOR.

visitante. ‖ inspector. Supervisor.

VITAL.

vital.

VITAL STATISTICS.

estadísticas vitales, o sea las relativas a los nacimientos, matrimonios, defunciones y otros aspectos de la vida humana.

VITIATE.

viciar. Anular.

VITILIGATE.

litigar caprichosa o abusivamente. Voz no usada frecuentemente.

VIVA VOCE.

de viva voz.

VIZ.

a saber. Es la abreviatura de VIDELICET (v.).

VOCATION.

vocación.

VOCIFEROUS.

vociferante. Ruidoso. Clamoroso.

VOICE.

voz. ‖ como verbo (to voice), expresar o manifestar oralmente.

VOICE EXEMPLARS.

grabaciones de una voz, a ser usadas como prueba.

VOICE IDENTIFICATION.

identificación de una voz, con fines probatorios.

VOICEPRINT.

registro impreso de las características de una voz, que permite identificarla con fines probatorios.

VOID.

nulo. ‖ vacío. Laguna. ‖ como verbo (to void), anular.

VOID AB INITIO.

nulo, en contraposición a anulable.

VOID CONTRACT.

contrato nulo.

VOID FOR VAGUENESS.

nulidad, especialmente de una ley, en razón de vaguedad.

VOID JUDGMENT.

sentencia nula.

VOID LEGACY.

legado nulo.

VOID MARRIAGE.

matrimonio nulo.

VOID ON ITS FACE.

nulo de nulidad manifiesta.

VOID PROCESS.
proceso o procedimiento nulo.

VOID TAX.
impuesto nulo.

VOIDABILITY.
anulabilidad.

VOIDABLE.
anulable.

VOIDABLE CONTRACT.
contrato anulable.

VOIDABLE JUDGMENT.
sentencia anulable.

VOIDABLE MARRIAGE.
matrimonio anulable.

VOIDABLE PREFERENCE.
preferencia anulable o revocable, por ejemplo, la otorgada por un deudor insolvente en favor de determinados acreedores.

VOIDANCE.
anulación.

VOIDNESS.
nulidad. Invalidez.

VOIR DIRE.
examen preliminar de un testigo o jurado, a fin de determinar su capacidad y posibles intereses en el juicio, y decidir si se acepta su participación en tal juicio.

VOLUME.
volumen.

VOLUNTARILY.
voluntariamente.

VOLUNTARINESS.
voluntariedad.

VOLUNTARY.
voluntario.

VOLUNTARY ABANDONMENT.
abandono voluntario, en particular el del hogar.

VOLUNTARY AGREEMENT.
acuerdo en el que una de las partes no recibe contraprestación.
V. CONSIDERATION.

VOLUNTARY APPEARANCE.
comparecencia voluntaria.

VOLUNTARY ARBITRATION.
arbitraje voluntario.

VOLUNTARY ASSIGNMENT.
cesión voluntaria, en particular la de bienes en favor de los acreedores.

VOLUNTARY ASSOCIATION.
asociación voluntaria.

VOLUNTARY BANKRUPTCY.
quiebra voluntaria, declarada a pedido del fallido.

VOLUNTARY BOND.
garantía otorgada voluntariamente. V. BOND.

VOLUNTARY CONFESSION.
confesión voluntaria o espontánea.

VOLUNTARY CONVEYANCE.
disposición o transferencia a título gratuito.
V. CONVEYANCE.

VOLUNTARY COURTESY.
acto a título gratuito.

VOLUNTARY DEPOSIT.
depósito voluntario.

VOLUNTARY DISCONTINUANCE.
abandono o desistimiento voluntario de una acción.

VOLUNTARY DISMISSAL.
desestimación de una acción por voluntad del que la ha entablado.

VOLUNTARY DISSOLUTION.
disolución voluntaria de una persona jurídica. || divorcio voluntario.

VOLUNTARY DOMICILE.
domicilio voluntario.

VOLUNTARY ESCAPE.
evasión consentida por los custodias.

VOLUNTARY EXPOSURE TO DANGER.
exposición voluntaria a un peligro.

VOLUNTARY IGNORANCE.
ignorancia que resulta de la omisión culposa de tomar conocimiento de ciertos hechos.

VOLUNTARY JURISDICTION.
jurisdicción voluntaria.

VOLUNTARY LIQUIDATION.
liquidación voluntaria de una persona jurídica.

VOLUNTARY MANSLAUGHTER.
homicidio cometido voluntariamente, pero en circunstancias de emoción violenta.
V. MANSLAUGHTER.

VOLUNTARY NONSUIT.
sentencia contraria a la parte actora, motivada voluntariamente por ésta durante el curso del juicio.
V. NONSUIT.

VOLUNTARY OATH.
juramento voluntario.

VOLUNTARY PARTITION.
partición voluntaria.

VOLUNTARY PAYMENT.
pago voluntario.

VOLUNTARY PETITION.

petición o solicitud voluntaria. ‖ solicitud del deudor de declaración de su propia quiebra.

VOLUNTARY REORGANIZATION.

reestructuración voluntaria del capital de una sociedad.

V. REORGANIZATION.

VOLUNTARY SALE.

venta voluntaria.

VOLUNTARY SEPARATION.

separación voluntaria de los cónyuges.

VOLUNTARY SETTLEMENT.

disposición de bienes para el goce futuro de otras personas, sin contraprestación por quien la realiza.

V. SETTLEMENT. CONSIDERATION.

VOLUNTARY STATEMENT.

declaración o manifestación voluntaria.

VOLUNTARY TRUST.

fideicomiso creado por la voluntad de las partes. V. TRUST.

VOLUNTARY WASTE.

daños causados voluntariamente a un inmueble.

V. TRUST.

VOLUNTEER.

voluntario. ‖ quien presta servicios a título gratuito. ‖ donatario o legatario sin cargos. ‖ quien paga deudas de terceros sin tener obligación legal de hacerlo. ‖ quien recibe bienes a título gratuito. ‖ como verbo (to volunteer), ofrecer servicios voluntariamente o como voluntario.

VOTE.

voto. Sufragio. ‖ como verbo (to vote), votar.

VOTE BY BALLOT.

voto secreto.

VOTE BY PROXY.

voto por poder.

VOTE BY ROLL CALL.

voto mediante el llamado de los votantes por su nombre, uno a uno, para que emitan aquél, propio de la práctica parlamentaria.

VOTE BY SHOW OF HANDS.

voto mediante el alzado de las manos.

VOTE DOWN.

rechazar por votación.

VOTE OF CENSURE.

voto de censura.

VOTE OF CONFIDENCE.

voto de confianza.

VOTE RIGGING.

fraude electoral.

VOTER.

votante. Elector.

VOTING AGE.

edad que otorga capacidad de voto.

VOTING AGREEMENT.

acuerdo de accionistas, respecto de su voto en las asambleas.

VOTING RIGHTS.

derechos de voto. Derechos electorales.

VOTING SECURITY.

título que da derecho de voto en la sociedad emisora. V. SECURITY.

VOTING STOCK.

acciones con derecho de voto.

VOTING STOCK RIGHTS.

derechos de voto que son correspondientes a acciones.

VOTING TAX.

especie de impuesto de capitación, que pesa sobre los electores.

VOTING TRUST.

acuerdo de sindicación de acciones. Sindicato accionario. Fideicomiso formado por distintos accionistas, que dan a un fideicomisario atribuciones de voto respecto de las acciones que forman el objeto de tal fideicomiso. V. TRUST.

VOUCH.

garantizar. Certificar. ‖ exigir el cumplimiento de una garantía. ‖ demostrar. Comprobar.

VOUCHEE.

persona llamada en garantía. ‖ quien debe defender o garantizar un título.

VOUCHER.

recibo. Vale. Comprobante. Resguardo. ‖ título de legitimación.

VOUCHER TO WARRANTY.

citación en garantía.

VOUCHING-IN.

notificación de la existencia de un juicio a un garante o a otra persona que deberá responder de las resultas del mismo frente a quien efectúa la notificación.

VOYAGE.

viaje.

VOYAGE CHARTER

contrato de fletamento para un viaje determinado.

VOYAGE INSURANCE.

seguro marítimo respecto de un cierto viaje.

VOYAGE POLICY.
póliza de seguro marítimo respecto de un viaje determinado.

VOYEUR.
persona que se gratifica sexualmente mirando actos u órganos sexuales ajenos.

VOYEURISM.
la conducta de un VOYEUR (v.).

VULGAR.
vulgar.

W

WAGE.
salario. Sueldo. Jornal.

WAGE AND HOUR LAWS.
leyes que regulan el salario mínimo y la jornada laboral.

WAGE ASSIGNMENT.
cesión de salarios.

WAGE BOARD.
junta con competencia en cuestiones salariales.

WAGE DISPUTE.
disputa salarial.

WAGE EARNER.
asalariado.

WAGE EARNER'S PLAN.
plan de pagos de las deudas de un asalariado fallido, dispuesto en el marco de un proceso concursal.

WAGE GARNISHMENT.
embargo de salarios.

WAGER.
apuesta. Contrato de juego. || como verbo (*to wager*), apostar.

WAGER INSURANCE POLICY.
póliza de seguros en la que el asegurado no tiene interés directo en el bien asegurado, independiente del derivado de tal seguro.

WAGER POLICY.
v. WAGER INSURANCE POLICY.

WAGERING.
juego. Apuesta.

WAGERING CONTRACT.
contrato de juego o apuestas.

WAGERING GAIN.
ganancias derivadas de juegos y apuestas.

WAIF.
bienes mostrencos.

WAITING LIST.
lista de causas pendientes.

WAITING PERIOD.
período de espera.

WAIVE.
renunciar o abandonar un derecho, sea expresa o implícitamente.

WAIVER.
renuncia o abandono de un derecho, sea en forma expresa o implícita.

WAIVER BY ELECTION OF REMEDIES.
renuncia a ciertas o derechos, mediante el ejercicio de otra acción o derecho que es incompatible con el ejercicio simultáneo de otras acciones o derechos que en consecuencia se consideran renunciados. v. REMEDY.

WAIVER CLAUSE.
cláusula de renuncia. Cláusula contractual que determina las condiciones en que los derechos derivados del contrato se consideran renunciados.

WAIVER OF CLAIM.
renuncia a un derecho, acción o pretensión. v. CLAIM.

WAIVER OF CONTRACT.
renuncia a derechos contractuales.

WAIVER OF EXEMPTION.
renuncia a una exención, defensa o exoneración.

WAIVER OF IMMUNITY.
renuncia a la inmunidad, en particular la que se tiene respecto de prestar testimonios que puedan incriminar a quienes los realizan.

WAIVER OF JURY.
renuncia al derecho de ser juzgado con intervención de un jurado.

WAIVER OF JURY TRIAL.

V. WAIVER OF JURY.

WAIVER OF NOTICE.

renuncia al derecho a ser notificado de determinados actos.

WAIVER OF NOTICE OF DISHONOR.

renuncia de un endosante de un título de crédito al derecho de ser notificado de la falta de pago o aceptación de ese título como condición de las obligaciones asumidas por ese endosante.

WAIVER OF NOTICE OF DISHONOUR.

V. WAIVER OF NOTICE OF DISHONOR.

WAIVER OF PREMIUM CLAUSE.

cláusula de una póliza de seguros mediante la que se suspende el pago de primas en caso de invalidez del asegurado.

WAIVER OF PERFORMANCE.

renuncia a exigir el cumplimiento de una obligación contractual.

WAIVER OF PRESENTMENT.

renuncia a que la presentación de un título de crédito para su pago o aceptación por el girado sea condición de una obligación emergente de tal título.

V. PRESENTMENT.

WAIVER OF PROTEST.

renuncia al protesto.

WAIVER OF RIGHTS.

renuncia de derechos.

WAIVER OF TORT.

renuncia a accionar por responsabilidad extracontractual, cuando de los mismos hechos nacen acciones contractuales o cuasicontractuales.

V. TORT.

WALK OUT.

abandonar tareas. ‖ dejar un lugar.

WALKOUT.

paro. Abandono de tareas.

WALL.

muro. Pared.

WANDER.

vagar.

WANT.

falta. Carencia. Necesidad. ‖ como verbo (*to want*), querer. Desear.

WANT OF CONSIDERATION.

falta de contraprestación suficiente para hacer exigible un contrato.

V. CONSIDERATION.

WANT OF ISSUE.

falta de descendencia.

WANT OF JURISDICTION.

falta de jurisdicción o de competencia.

WANT OF MUTUALITY.

V. WANT OF CONSIDERATION.

WANT OF PRECEDENT.

falta de precedentes.

WANT OF PRIVITY.

falta de relación inmediata entre las partes.

V. PRIVITY.

WANT OF PROSECUTION.

inactividad procesal del actor o acusador.

WANT OF REPAIR.

falta de reparaciones o de mantenimiento.

WANTON.

temerario. Malicioso. Con culpa grave. Condición gravemente desordenada de una conducta. ‖ licencioso. Lascivo. Libertino.

WANTON ACT.

acto temerario o con un grado de culpa asimilable al dolo o malicia.

WANTON CONDUCT.

conducta temeraria o con un grado de culpa asimilable al dolo o malicia. ‖ conducta gravemente desordenada.

WANTON INJURY.

daño causado por una conducta temeraria o con un grado de culpa asimilable al dolo o malicia.

WANTON MISCONDUCT.

V. WANTON CONDUCT.

WANTON NEGLIGENCE.

negligencia grosera, asimilable por su gravedad al dolo o malicia.

WANTON OMISSION.

omisión temeraria o que implica culpa grave.

WANTONNESS.

temeridad. Culpa grave. Desorden grave de conducta.

WAR.

guerra.

WAR CLAUSE.

cláusula constitucional sobre cuestiones de guerra. ‖ cláusula contractual relativa a los efectos de una guerra sobre las obligaciones de las partes.

WAR CRIME.

crimen de guerra.

WAR DAMAGE.

daños de guerra.

WAR EXCLUSION CLAUSE.
cláusula de exclusión de los riesgos de la guerra, de un contrato de seguro.

WAR POWERS.
poderes gubernamentales en materia de guerra.

WAR REPARATIONS.
reparaciones de guerra.

WAR RISKS.
riesgos de guerra.

WAR RISKS INSURANCE.
seguro contra los riesgos de la guerra.

WARD.
tutela. Cuidado. Protección. || pupilo. Persona sujeta a tutela, curatela o protección judicial. || distrito o circunscripción con fines electorales o administrativos. || pabellón de una cárcel u hospital. || como verbo (to ward), tutelar. Cuidar. Vigilar.

WARD OF COURT.
persona sujeta a tutela, curatela o protección determinadas por un tribunal.

WARD OFF.
parar. Apartar. Desviar. Rechazar.

WARDEN.
guardián. Custodia. Guardiacárceles.

WARDSHIP.
custodia. Cuidado. Tutela. Curatela. Protección judicial de una persona.

WAREHOUSE.
depósito. Galpón. Barraca. Almacén.

WAREHOUSE BOOK.
registro de mercaderías recibidas, despachadas y en existencia en un depósito.

WAREHOUSE CERTIFICATE.
certificado de depósito emitido por un almacén o barraca. v. WAREHOUSE RECEIPT.

WAREHOUSE RECEIPT.
certificado de almacenaje. Recibo de depósito de mercaderías, emitido por un almacén o depósito.

WAREHOUSE SYSTEM.
sistema de depósitos y almacenes, controlados por el Estado, en los que pueden depositarse mercaderías sin pago de derechos de importación, que sólo son debidos en caso de despacharse mercaderías a plaza desde esos depósitos y almacenes.

WAREHOUSE WARRANT.
certificado o warrant de mercaderías depositadas en almacenes. Documento de título respecto de mercaderías depositadas en almacenes.

WAREHOUSEMAN.
persona a cargo de un almacén o depósito. Barraquero.

WAREHOUSEMAN'S LIABILITY INSURANCE.
seguro de responsabilidad civil del barraquero.

WAREHOUSEMAN'S LIEN.
privilegio o derecho de preferencia de un barraquero o de una persona a cargo de un almacén o depósito, respecto de los bienes allí depositados, en relación con las obligaciones derivadas de esa operación de depósito.
v. LIEN.

WAREHOUSEMEN'S LIABILITY INSURANCE.
v. WAREHOUSEMAN'S LIABILITY INSURANCE.

WAREHOUSEMEN'S LIEN.
v. WAREHOUSEMAN'S LIEN.

WAREHOUSING.
operación de financiación de mercaderías con la garantía de éstas, depositadas en almacenes. || almacenamiento.

WARN.
avisar. Intimar. Advertir.

WARNING.
aviso. Intimación. Advertencia.

WARRANT.
comprobante. Certificado. || orden de pago. Libramiento. || certificado de depósito. Warrant. || concesión. Permiso. Autorización. || orden judicial. || cupón mediante el que se instrumenta un derecho a suscribir acciones. || como verbo (to warrant), garantizar.

WARRANT CREDITOR.
acreedor cuyo crédito se encuentra incorporado a una orden de pago o libramiento.

WARRANT IN BANKRUPTCY.
orden de secuestro dirigida contra los bienes del fallido.

WARRANT IN DEED.
v. WARRANTY DEED.

WARRANT IN LAW.
fundamento jurídico. Fuerza de Derecho.

WARRANT OF ARREST.
orden de arresto.

WARRANT OF ATTORNEY.
garantía instrumentada mediante el otorgamiento de un poder en favor de un abogado

autorizando el allanamiento en caso de interponerse una demanda basada en el crédito garantizado.

WARRANT OF COMMITMENT.
orden de detención y custodia de una persona.

WARRANT OF MERCHANTABILITY.
garantía de comerciabilidad.
V. MERCHANTABILITY.

WARRANT OF POSSESSION.
orden de entrega de la posesión de un bien a quien lo ha adquirido en una subasta judicial.

WARRANT OFFICERS.
oficiales y funcionarios de menor graduación, nombrados por sus superiores.

WARRANTED.
garantizado. || justificado. Fundamentado.

WARRANTEE.
acreedor garantizado. Persona a favor de la cual se otorga una garantía.

WARRANTLESS ARREST.
arresto sin orden judicial.

WARRANTOR.
garante.

WARRANTY.
garantía. || estipulación contractual en la que se asevera la existencia o inexistencia de un hecho.

WARRANTY DEED.
instrumento en el que se otorgan garantías respecto del título relativo al inmueble objeto de ese instrumento.
V. DEED.

WARRANTY FOR HIDDEN DEFECTS.
garantía por vicios ocultos.

WARRANTY OF AUTHORITY.
garantía de que se cuenta con poderes o facultades necesarios para determinado acto.

WARRANTY OF DOCUMENTATION.
garantía respecto de la documentación de una nave.

WARRANTY OF FITNESS.
garantía de aptitud de un bien para su destino.

WARRANTY OF HABITABILITY.
garantía de habitabilidad.

WARRANTY OF TITLE.
garantía de título.

WASH SALE.
venta en forma inmediata a una compra del mismo bien, sea que ésta sea anterior o posterior, de forma de crear un movimiento artificial en el mercado correspondiente a ese bien.

WASTE.
desperdicio. Deterioro. || daño a un bien inmueble, de forma de disminuir injustificadamente su valor, causado por un ocupante. || administración negligente o fraudulenta. || tierra inculta o desaprovechada. || como verbo (*to waste*), desperdiciar. Desaprovechar.

WASTE-BOOK.
libro borrador.

WASTE-LAND.
tierra inculta.

WASTE WATER.
agua no utilizada.

WASTEFUL.
causante de derroche o de una utilización antieconómica de recursos. Ruinoso. Antieconómico.

WASTING ASSETS.
bienes no renovables o que pierden valor mediante su explotación o utilización.

WASTING PROPERTY.
V. WASTING ASSETS.

WASTING TRUST.
fideicomiso en el que los bienes destinados al mismo pueden ser utilizados para realizar pagos al beneficiario, de forma de producirse el gradual agotamiento de tales bienes. V. TRUST.

WATCH.
vigilar. Mirar.

WATCHMAN.
vigía. Centinela. Sereno.

WATER.
agua.

WATER-COURSE.
curso de agua.

WATER DISTRICT.
distrito determinado a efectos de la distribución de agua.

WATER-FRONT.
costa. Terrenos o edificios con vista o frente al mar.

WATER GAVEL.
canon pagadero por la utilización o extracción de aguas.

WATER LICENCE.
licencia para la utilización de aguas.

WATER LICENSE.
V. WATER LICENCE.

WATER-MARK.
marca del lugar a donde llegan las aguas. || marca de agua.

WATER NUISANCE.
daños a un inmueble causados por las aguas provenientes de otra propiedad. v. NUISANCE.

WATER POLLUTION.
contaminación de las aguas.

WATER PRIVILEGE.
v. WATER LICENCE.

WATER RENT.
canon por el uso de agua.

WATER RIGHTS.
derechos a la utilización de aguas.

WATER TAX.
v. WATER GAVEL.

WATERED STOCK.
capital aguado.

WATERWAY.
aguas navegables. Vía de navegación.

WATERWAY NAVIGATION.
navegación fluvial.

WAY.
manera. || medio. Recurso || vía. Camino. Pasaje.

WAY-BILL.
carta de porte.

WAY-LEAVE.
v. WAY LEAVE.

WAY OF NECESSITY.
camino o salida necesarios para acceder a la vía pública desde un inmueble.

WAYLEAVE.
servidumbre de acueducto o de pasaje.

WAYS AND MEANS.
medios y arbitrios, en particular los de la administración pública para atender sus erogaciones.

WEALTH.
riqueza.

WEAPON.
arma.

WEAR AND TEAR.
desgaste y depreciación resultante del uso de un bien.

WEDLOCK.
matrimonio.

WEEK.
semana.

WEIGHT.
peso.

WEIGHT OF EVIDENCE.
peso de las pruebas. Preeminencia de las pruebas producidas.

WEIGHTS AND MEASURES.
pesos y medidas.

WELFARE.
bienestar.

WELFARE CLAUSE.
cláusula constitucional de bienestar o de prosperidad, que autoriza a dictar leyes con ese propósito.

WELFARE FUND.
fondo de previsión social.

WELFARE LAWS.
leyes de previsión social.

WELFARE STATE.
estado de bienestar. Estado en el que existe un sistema de seguridad social amplio que garantiza las necesidades fundamentales del individuo.

WHARF.
muelle.

WHARFAGE.
derecho pagadero por la utilización de un bien.

WHARFINGER.
persona a cargo del control de un muelle.

WHEN ISSUED.
cuando sea emitido.

WHEREAS.
considerando que. Visto que. Por cuanto.

WHEREAS CLAUSES.
considerando.

WHEREBY.
por lo cual. Mediante lo cual.

WHIM.
capricho. Impulso.

WHIP.
líder de un grupo parlamentario o de un bloque partidario en una cámara legislativa. || como verbo (to whip), azotar. Fustigar. Dar latigazos.

WHIPPING.
castigo a latigazos.

WHITE BOOK.
libro blanco. Libro que en Gran Bretaña incluye reglas procesales aplicables en tribunales superiores.

WHITE-COLLAR.
cuello blanco. v. WHITE-COLLAR CRIME.
WHITE-COLLAR WORKERS.

WHITE-COLLAR CRIME.
crimen de cuello blanco. Crímenes no violentos de naturaleza económica, centrados en el

abuso de confianza, la defraudación y la violación de normas económicas, por ejemplo estafas, prácticas anticompetitivas, etc.

WHITE-COLLAR WORKERS.
trabajadores de cuello blanco. Trabajadores no manuales.

WHITE PAPER.
libro blanco. En Gran Bretaña, publicación oficial sobre un tema determinado, presentada al Parlamento.

WHITE SLAVE TRAFFIC.
trata de blancas.

WHOLE.
completo. Entero. Total.

WHOLE BLOOD.
parentesco por vía materna y paterna.

WHOLE LIFE INSURANCE.
seguro de vida entera, en el que las primas son pagaderas en forma uniforme durante el curso total de la vida del asegurado.

WHOLESALE.
mayorista. Al por mayor.

WHOLESALE DEALER.
comerciante mayorista.

WHOLESALE PRICE.
precio mayorista o al por mayor.

WHOLESALE PRICE INDEX.
índice de precios mayoristas.

WHOLESALER.
mayorista.

WHOLLY.
totalmente. Completamente. Enteramente.

WHOLLY AND PERMANENTLY DISABLED.
afectado por invalidez total y permanente.

WHOLLY DEPENDENT.
totalmente dependiente.

WHOLLY DESTROYED.
totalmente destruido.

WHOLLY DISABLED.
totalmente inválido.

WHOLLY-OWNED.
totalmente controlado. Totalmente de propiedad de determinada persona.

WHOLLY-OWNED SUBSIDIARY.
subsidiaria totalmente controlada.

WHORE.
prostituta.

WHOREMASTER.
proxeneta.

WIDOW.
viuda.

WIDOW'S ALLOWANCE.
asignación a la viuda en la sucesión del cónyuge difunto.

WIDOW'S CLAIM.
elección de la viuda entre sus derechos bajo un testamento y los que le corresponden como heredera legítima.

WIDOW'S ELECTION.
v. WIDOW'S CLAIM.

WIDOW'S PENSION.
pensión de viudez.

WIDOWER.
viudo.

WIFE.
esposa.

WIFE DE FACTO.
esposa de hecho. Mujer que en los hechos mantiene una relación similar a la de una esposa, no estando formalmente casada con su marido aparente.

WIFE'S PART.
parte legítima de la esposa.

WILD.
salvaje.

WILD ANIMALS.
animales salvajes.

WILD LAND.
tierras incultas o vírgenes.

WII DCAT STRIKE.
huelga salvaje. Huelga espontánea, no organizada por el sindicato correspondiente.

WILFUL.
intencional. Voluntario. Deliberado. Doloso.

WILFUL ACT.
acto voluntario.

WILFUL AND MALICIOUS INJURY.
daño intencional y malicioso.

WILFUL AND WANTON ACT.
acto intencional realizado con temeridad respecto de sus posibles consecuencias.
v. WILFUL. WANTON.

WILFUL DEFAULT.
incumplimiento doloso de una obligación.

WILFUL INJURY.
daño causado dolosamente.

WILFUL MISCONDUCT.
acto ilícito intencional. v. MISCONDUCT.

WILFUL MISSTATEMENT.
declaración intencionalmente falsa.

WILFUL MURDER.
homicidio doloso.

WILFUL NEGLECT.
abandono intencional de las obligaciones y cuidados exigidos a quien así actúa.

WILFUL NEGLIGENCE.
negligencia grave, atribuible a una situación de indiferencia conciente respecto de sus consecuencias dañosas.

WILFUL TORT.
delito civil. Acto ilícito intencional.
v. TORT.

WILFUL VIOLATION.
violación intencional de una norma.

WILFULLY.
voluntariamente. Intencionalmente. Deliberadamente. Dolosamente.

WILFULLY FALSE.
declaración falsa, con intención fraudulenta.

WILL.
voluntad. Albedrío. Intención. ‖ testamento. ‖ como verbo (to will), disponer por testamento. Legar. ‖ también como verbo, mandar. Ordenar. Decretar.

WILL CONTEST.
juicio testamentario.

WILL SUBSTITUTES.
instrumentos susceptibles de reemplazar o tener efectos similares a un testamento.

WILLFUL.
v. WILFUL.

WILLING.
la condición de quien consiente, acepta o está de acuerdo. Estar dispuesto. ‖ dispuesto. Listo. Deseoso.

WILLINGLY.
voluntariamente. Intencionalmente.

WIND UP.
v. WINDING UP.

WINDFALL PROFITS.
ganancias inesperadas o imprevistas.

WINDING UP.
Liquidación de una persona jurídica.

WINDING UP ORDER.
orden judicial de liquidación de una persona jurídica.

WINDOW DRESSING.
operaciones realizadas a fin de mejorar la apariencia contable de una empresa.

WINNING LITIGANT.
litigante victorioso.

WIRETAPPING.
intercepción de comunicaciones telefónicas.

WISH.
deseo. ‖ como verbo (to wish), desear.

WIT.
v. TO WIT.

WITCHCRAFT.
brujería. Hechicería.

WITH ALL FAULTS.
con todos los defectos. Tal cual. A riesgo del comprador.

WITH CONSENT.
con consentimiento o aprobación.

WITH INTEREST.
con intereses.

WITH MALICE AFORETHOUGHT.
con premeditación dolosa o maliciosa.

WITH NO PROFIT INSURANCE.
seguro sin participación del asegurado en los beneficios del asegurador.

WITH NOTICE.
con aviso previo.

WITH PREJUDICE.
condición de una sentencia que indica que la misma tiene valor de cosa juzgada para las partes.

WITH PROFIT INSURANCE.
seguro con participación del asegurado en los beneficios del asegurador.

WITH RECOURSE.
con acción de regreso.

WITH STRONG HAND.
con uso de fuerza o violencia, para ingresar a un inmueble. v. FORCIBLE ENTRY.

WITHDRAW.
retirar. Retractar.

WITHDRAW A BID.
retirar una oferta o propuesta. v. BID.

WITHDRAW A MOTION.
retirar una moción o petición. v. MOTION.

WITHDRAW A SUIT.
desistir de una acción. v. SUIT.

WITHDRAW CHARGES.
retirar acusaciones.

WITHDRAW FROM MEMBERSHIP.
desafiliarse. Retirarse de una sociedad, asociación u otra organización.

WITHDRAW FUNDS.
retirar fondos.

WITHDRAWAL.
retiro. Retractación. Receso. Revocación.

WITHDRAWAL FEE.
cargo por retiro anticipado de fondos o por retirarse de una organización.

WITHDRAWAL FROM PARTNERSHIP.
receso de un socio de una sociedad de personas. v. PARTNERSHIP.

WITHDRAWAL OF APPEAL.
retirar una apelación o renunciar a ella.

WITHDRAWAL OF CHARGES.
retiro de acusaciones.

WITHDRAWAL OF FUNDS.
retiro de fondos.

WITHDRAWAL OF MEMBERSHIP.
retiro de un miembro de la organización.

WITHDRAWAL OF PLEADING.
acto de dejar sin efecto las afirmaciones hechas en la demanda, contestación o reconvención. v. PLEADING.

WITHDRAWAL OF SUBSCRIPTION.
acto de dejar sin efecto una suscripción de acciones.

WITHDRAWAL VALUE.
valor de una cuota parte correspondiente a un plan de ahorro en una entidad financiera, en caso de retiro de los fondos por el ahorrista.

WITHDRAWING A JUROR.
retiro de un miembro del jurado, de forma que éste no pueda seguir actuando, como medio de suspender o terminar un juicio.

WITHDRAWING RECORD.
acto mediante el que el demandante retira actuaciones del expediente, con autorización del demandado, de forma de impedir la continuación del juicio.

WITHHELD SENTENCE.
sentencia cuyo dictado ha sido suspendido.

WITHHOLD.
retener.

WITHHOLDING.
retención.

WITHHOLDING AGENT.
agente de retención.

WITHHOLDING OF EVIDENCE.
la supresión, destrucción u ocultamiento de pruebas.

WITHHOLDING TAX.
retención impositiva.

WITHOUT DAY.
sin fecha fija.

WITHOUT DEDUCTION.
sin deducción.

WITHOUT DEFALCATION.
cláusula que prohíbe efectuar compensaciones contra una deuda instrumentada en un título de crédito.

WITHOUT DELAY.
sin demora.

WITHOUT DUE NOTICE.
sin debido aviso. Intempestivamente.

WITHOUT DUE PROCESS.
sin debido proceso. Sin cumplimiento de las garantías procesales constitucionales.

WITHOUT EXPENSE.
sin gastos.

WITHOUT FIXED ABODE.
sin residencia fija.

WITHOUT IMPEACHMENT OF WASTE.
cláusula de una locación que libera al locatario de responsabilidad por actos que de lo contrario serían considerados ilícitamente dañosos. v. WASTE.

WITHOUT ISSUE.
sin descendencia. ‖ sin argumento.

WITHOUT JURISDICTION.
sin jurisdicción. Incompetente.

WITHOUT JUSTIFICATION.
injustificado. Sin justificación.

WITHOUT LEGAL CAUSE.
sin causa lícita. Sin justificación.

WITHOUT LEGAL RECOURSE.
sin recurso legal.

WITHOUT NOTICE.
sin aviso o notificación. Sin conocimiento. De buena fe.

WITHOUT PAR VALUE.
sin valor par.

WITHOUT PREJUDICE.
sin perjuicio. ‖ sin efectos jurídicos. Sin producir efectos de cosa juzgada.

WITHOUT PROTEST.
sin protesto.

WITHOUT RECOURSE.
sin recurso.

WITHOUT RESERVE.
sin reserva.

WITHOUT THE STATE.
fuera del estado. Domiciliado en otro estado.

WITHOUT WAIVER OR PREJUDICE.
sin renuncia o perjuicio a derechos. Cláusula que indica que ciertos actos no importan ni renuncia ni limitación de determinados derechos.

WITNESS.
testigo. ‖ como verbo (*to witness*), atestiguar. Testificar. Dar fe. ‖ también como verbo, presenciar. Ser testigo de un hecho.

WITNESS AGAINST HIMSELF.
testigo que testifica contra sí mismo.

WITNESS BOX.
banquillo de los testigos.

WITNESS CLAUSE.
cláusula de un acto relativa a los testigos del mismo.

WITNESS FEES.
contraprestación abonada a los testigos por su actuación como tales, como compensación por el tiempo perdido y otros perjuicios que les ocasiona el cumplimiento de su carga de testificar.

WITNESS FOR THE DEFENCE.
testigo de descargo. Testigo de la defensa.

WITNESS FOR THE DEFENSE.
v. WITNESS FOR THE DEFENCE.

WITNESS FOR THE PLAINTIFF.
testigo de la parte actora.

WITNESS FOR THE PROSECUTION.
testigo de cargo. Testigo de la acusación.

WITNESS STAND.
banquillo de los testigos.

WITNESS SUMMONS.
citación de testigos.

WITNESS TO WILL.
testigo de un testamento.

WITNESSING PART.
parte de un DEED (v.) u otro instrumento formal en la que se indica el objeto del acto y se incluyen sus partes dispositivas.

WITTINGLY.
a sabiendas. Intencionalmente.

WOMAN.
mujer.

WORDS.
palabras.

WORDS ACTIONABLE IN THEMSELVES.
palabras que son en sí mismas injuriosas o difamantes, con independencia de su contexto.

WORDS OF ART.
términos técnicos.

WORDS OF DEMISE.
términos de una locación que establecen la transferencia de la tenencia del bien locado, al locatario.

WORDS OF INHERITANCE.
términos de un instrumento en el que se transfieren derechos respecto de un inmueble, indicándose que tales derechos carecen de limitación temporal.

WORDS OF LIMITATION.
palabras destinadas a limitar los derechos transmitidos o concedidos en un acto u otros efectos de éste.

WORDS OF NEGOTIABILITY.
palabras de un título o instrumento, que indican el carácter negociable o circulatorio del mismo.

WORDS OF PROCREATION.
palabras relativas a los descendientes de la persona a quien se transfiere un derecho relativo a un inmueble, necesarios para crear un estate in FEE-TAIL (v.).

WORDS OF PURCHASE.
palabras de un instrumento en las que se indica a quién se transfieren los derechos allí previstos, tratándose de actos entre vivos.

WORDS OF SEVERANCE.
palabras de un instrumento mediante las que se dividen distintos derechos entre varias personas.

WORK.
trabajo. ‖ como verbo (*to work*), trabajar.

WORK-IN-PROGRESS.
trabajo en curso.

WORK OF NECESSITY.
trabajo necesario, que puede realizarse aun en días feriados.

WORK PRODUCT RULE.
regla que limita la posibilidad de ofrecer como prueba instrumental los papeles y documentos preparados por otros abogados o por otras partes en anticipación al juicio de que se trate.

WORK RELEASE PROGRAM.
programa que autoriza a los detenidos a trabajar durante el día fuera del establecimiento carcelario.

WORK WEEK.
semana laboral.

WORKER.
trabajador.

WORKER PARTICIPATION.
participación laboral en el control de la empresa.

WORKER S' COMPENSATION.
v. WORKER S'COMPENSATION.

WORKER S' COMPENSATION INSURANCE.
seguro de accidentes de trabajo.

WORKHOUSE.
prisión, en particular aquélla en que se realizan trabajos forzados como pena por delitos de menor gravedad.

WORKING.
operativo. Que trabaja.

WORKING CAPITAL.
capital de trabajo.

WORKING CLAIM.
realización de trabajos minerds a fin de explotar una pertenencia.

WORKING CLASSES.
clases trabajadoras.

WORKING CONTROL.
control efectivo de una sociedad.

WORKING DAY.
día laborable.

WORKING GROUP.
equipo de trabajo.

WORKING HOURS.
horario de trabajo.

WORKING PLACE.
lugar de trabajo.

WORKING TIME.
tiempo de trabajo.

WORKMAN.
trabajador.

WORKMANLIKE PERFORMANCE.
cumplimiento diligente y técnicamente satisfactorio de una prestación.

WORKMEN'S COMPENSATION.
indemnización de accidentes de trabajo.

WORKMEN'S COMPENSATION ACTS.
leyes de accidentes de trabajo.

WORKS.
trabajos. ‖ construcción. Obras.

WORKS OF ART.
obras de arte.

WORKSHEET.
hoja de trabajo. Borrador en base al cual se efectúan trabajos o se preparan documentos.

WORKSHOP.
taller.

WORLD BANK.
Banco Mundial.

WORLD COURT.
v. INTERNATIONAL COURT OF JUSTICE.

WORLDLY.
temporal. Terrenal. Secular.

WORLDLY GOODS.
bienes temporales.

WORTH.
valor. ‖ como verbo (*to worth*), valer.

WORTHIER TITLE RULE.
regla en virtud de la cual quien puede adquirir un título sobre un inmueble como heredero o como legatario, se considera como adquiriéndolo en el primer carácter.

WORTHLESS.
sin valor.

WORTHLESS CHECK.
cheque sin valor, por girarse contra una cuenta cerrada o sin fondos.

WORTHLESS CHEQUE.
v. WORTHLESS CHECK.

WORTHLESS SECURITIES.
títulos carentes de valor. v. SECURITY.

WORTHLESS STOCK.
acciones sin valor, por corresponder a una sociedad anónima sin patrimonio neto.

WORTHY.
valioso. De valor. ‖ merecedor.

WOUND.
herida. ‖ como verbo (*to wound*), herir.

WRAP-AROUND MORTGAGE.
hipoteca adicional otorgada en carácter subordinado respecto de una hipoteca anterior otorgada para financiar la misma operación.

WRECK.
naufragio. Destrucción de una nave. ‖ resto de un naufragio o de un navío destruido. ‖ ruina. ‖ como verbo (*to wreck*), destruir. Dañar.

WRECK REMOVAL.
remoción de los restos de un naufragio.

WRECKED VESSEL.
navío naufragado.

WRIT.
orden o mandamiento judicial. Decreto judicial mediante el que se ordena realizar una conducta o se da autorización para realizarla.

WRIT OF ASSISTANCE.
orden judicial emanada de un tribunal de EQUITY. (v.), mediante la que se ordena la transferencia de la posesión de un inmueble.

WRIT OF ATTACHMENT.
mandamiento de secuestro. ‖ orden de hacer comparecer a una persona ante el tribunal que la emite.

WRIT OF CERTIORARI.
auto de avocación. Orden de un tribunal supe-

rior, mediante la cual éste declara su avocación al conocimiento de una causa, solicitando al tribunal inferior correspondiente su elevación.

WRIT OF COVENANT.
mandamiento judicial emitido respecto de las acciones de daños y perjuicios por incumplimiento de obligaciones contractuales.

WRIT OF DEBT.
mandamiento judicial emitido respecto de las acciones de cobro de deuda.

WRIT OF DECEIT.
mandamiento judicial emitido respecto de las acciones basadas en actos realizados en nombre de un tercero, mediante los que se defrauda a otra persona.

WRIT OF DELIVERY.
mandamiento judicial de entrega de bienes muebles a la persona a quien le corresponden conforme a sentencia, sea mediante su secuestro o por otros medios.

WRIT OF EJECTMENT.
mandamiento de desalojo.

WRIT OF ENTRY.
orden judicial de devolución o entrega de la posesión de un inmueble. ‖ acción posesoria.

WRIT OF ERROR.
decreto judicial dirigido por un tribunal superior a otro inferior, ordenando la elevación de los autos en que se ha dictado una sentencia, a fin de revisar ésta en relación a una apelación u otro recurso interpuesto contra ella por errores de derecho.

WRIT OF ERROR CONTRA NOBIS.
decreto judicial mediante el que se resuelve someter a revisión o reconsideración una sentencia dictada por el propio tribunal que emite tal decreto, debido a que esa sentencia fue emitida sin conocimiento de ciertos hechos relevantes.

WRIT OF EXECUTION.
mandamiento de ejecución.

WRIT OF HABEAS CORPUS.
mandamiento de hábeas corpus.

WRIT OF INQUIRY.
mandamiento judicial ordenando la formación de un jurado para determinar el monto de una condena en daños y perjuicios.

WRIT OF MANDAMUS.
V. MANDAMUS.

WRIT OF POSSESSION.
orden judicial, emanada de un tribunal de Derecho estricto (V. COMMON LAW), mediante la que se ordena la transferencia de la posesión de un inmueble.

WRIT OF PREVENTION.
orden judicial emitida con fines preventivos o cautelares.

WRIT OF PROCESS.
orden judicial mediante la que se intima a un demandado a comparecer en juicio.

WRIT OF PROHIBITION.
inhibitoria. Decreto judicial mediante el que un tribunal superior ordena a uno inferior abstenerse de extender su jurisdicción a determinada causa.

WRIT OF PROTECTION.
orden judicial prohibiendo el arresto de un testigo.

WRIT OF QUO WARRANTO,
V. QUO WARRANTO.

WRIT OF RECAPTION.
orden judicial mediante la que se reitera lo dispuesto en una orden que dispone la reivindicación de cosas muebles, agregándose los daños y perjuicios derivados del incumplimiento de la orden anterior.

WRIT OF REPLEVIN.
mandamiento judicial mediante el que se ordena la reivindicación de cosas muebles reclamadas en juicio. V. REPLEVIN.

WRIT OF RESTITUTION.
mandamiento judicial mediante el que se ordena la restitución de cosas secuestradas judicialmente.

WRIT OF REVIEW.
mandamiento judicial mediante el que un tribunal superior ordena a otro inferior la elevación de los autos a efectos de revisar una sentencia u otros actos apelados, recurridos o impugnados.

WRIT OF SUMMONS.
mandamiento judicial mediante el que se emplaza al demandado a comparecer en juicio.

WRIT OF SUPERSEDEAS.
V. SUPERSEDEAS.

WRIT OF SUPERVISORY CONTROL.
mandamiento judicial dirigido por un tribunal superior a otro inferior, a fin de remediar errores de éste no susceptibles de ser corregidos mediante recursos de apelación.

WRIT PRO RETORNO HABENDO.
mandamiento judicial mediante el que se ordena la entrega al demandado de los bienes muebles reclamados por el actor, al abandonar éste su acción.

WRITE.
escribir.

WRITE-DOWN.
disminución del valor contable de un bien. ‖ como verbo (*to write-down*), disminuir el valor contable de un bien.

WRITE IN.
votar mediante la inclusión por escrito de candidatos en boletas, por cada votante. ‖ como verbo (*to write in*), intercalar. Insertar.

WRITE-OFF.
eliminar una contabilidad, por haber perdido su valor.

WRITE-UP.
actualización del valor contable de un bien. ‖ como verbo (*to write up*), actualizar el valor contable de un bien.

WRITING.
escrito. Acto escrito.

WRITTEN.
escrito.

WRITTEN AGREEMENT.
acuerdo o contrato escrito. V. AGREEMENT.

WRITTEN CONSTITUTION.
constitución escrita.

WRITTEN CONTRACT.
contrato escrito.

WRITTEN EVIDENCE.
prueba documental.

WRITTEN INSTRUMENT.
instrumento. Acto escrito.

WRITTEN LAW.
ley escrita. ‖ Derecho escrito.

WRITTEN NOTICE.
notificación por escrito.

WRITTEN WARRANTY.
garantía escrita.

WRONG.
mal. Equivocado. Erróneo. Incorrecto. ‖ ilícito. Ilegal. Ilegítimo. ‖ acto ilícito. ‖ como verbo (*to wrong*), causar ilícitamente un daño. Violar un derecho.

WRONGDOER.
autor de un acto ilícito.

WRONGED PARTY.
parte agraviada.

WRONGFUL.
ilícito. Ilegal. Ilegítimo.

WRONGFUL ABSTRACTION.
apropiación indebida de fondos.

WRONGFUL ABUSE OF PROCESS.
V. MALICIOUS ABUSE OF LEGAL PROCESS.

WRONGFUL ACT.
acto ilícito.

WRONGFUL ARREST.
arresto ilegal o ilícito.

WRONGFUL ATTACHMENT.
embargo decretado o trabado ilegalmente.

WRONGFUL COMMITMENT.
reclusión ilegal en un establecimiento de salud mental.

WRONGFUL CONDUCT.
conducta ilícita.

WRONGFUL DEATH.
homicidio culposo.

WRONGFUL DEATH STATUTES.
leyes que dan derecho a litigar en nombre de un accidentado muerto en beneficio de sus sucesores.

WRONGFUL DELIVERY.
entrega de un bien a quien no corresponde.

WRONGFUL DETENTION.
detención ilícita o ilegal.

WRONGFUL DISMISSAL.
despido ilegal o ilegítimo. Despido injusto.

WRONGFUL EXECUTION.
ejecución ilegal, por ser jurídicamente infundada.

WRONGFUL GARNISHMENT.
embargo sobre bienes en poder de terceros, decretado o trabado ilegalmente.
V. GARNISHMENT.

WRONGFUL IMPRISONMENT.
detención o reclusión ilegal.

WRONGFUL INJUNCTION.
orden judicial ilegal, infundada o anulable. V. INJUNCTION.

WRONGFUL JAILING.
V. WRONGFUL IMPRISONMENT.

WRONGFUL LEVY.
embargo ejecutivo ilegal, infundado o anulable.
V. LEVY.

WRONGFUL LIFE ACTION.
acción contra un doctor u otro profesional por cuya culpa se produce un nacimiento no deseado por los padres de la criatura.

WRONGFULLY.

ilícitamente. Ilegalmente. Ilegítimamente.

WRONGFULLY INTENDING.

con intención de realizar una conducta ilícita o ilegítima.

XENOPHOBIA.
 xenofobia.

YARD.
yarda.
YARDSTICK.
medida. Patrón. Criterio de evaluación.
YEA.
voto afirmativo.
YEAR.
año.
YEAR BOOK.
colección de fallos correspondientes a un año.
‖ anuario.
YEAR-END.
fin de año.
YEAR-END DIVIDEND.
dividendo de fin de ejercicio.
YEAR-TO-YEAR.
anual. Renovable anualmente.
YEAR-TO-YEAR TENANCY.
arrendamiento renovable anualmente.
V. TENANCY.
YELLOW-DOG CONTRACT.
contrato laboral en el que el empleado acuerda no afiliarse a un sindicato.
YELLOW JOURNALISM.
periodismo amarillo. Prensa amarilla.

YIELD.
rendimiento. ‖ como verbo (*to yield*), rendir. Producir. Rentar. ‖ también como verbo, renunciar. Ceder.
YIELD TO MATURITY.
rendimiento de un título hasta la fecha de su amortización.
YIELD UPON INVESTMENT.
rendimiento de una inversión.
YIELDING AND PAYING.
cláusula de un arrendamiento en la que se determina la renta pagadera por el arrendatario.
YORK-ANTWERP RULES.
reglas de York-Amberes.
YOUNG.
joven. Juvenil.
YOUNG OFFENDER.
delincuente juvenil.
YOUNG PERSON.
menor.
YOUTH.
juventud.
YOUTHFUL OFFENDER.
V. YOUNG OFFENDER.